Ludwig Große

Einspruch!

Ludwig Große

Einspruch!

Das Verhältnis von Kirche und Staatssicherheit
im Spiegel gegensätzlicher Überlieferungen

 Evangelische Verlagsanstalt · Leipzig

Bibliografische Information der Deutschen Nationalbibliothek

Die Deutsche Nationalbibliothek verzeichnet diese Publikation in der
Deutschen Nationalbibliografie; detaillierte bibliografische Daten sind
im Internet über <http://dnb.d-nb.de> abrufbar.

© 2009 by Evangelische Verlagsanstalt GmbH, Leipzig
2., verbesserte Auflage 2010
Printed in Germany · H 7318
Alle Rechte vorbehalten
Gedruckt auf alterungsbeständigem Papier
Satz: Kai-Michael Gustmann, Leipzig
Umschlaggestaltung: Evangelische Verlagsanstalt, Leipzig
Druck und Binden: Fuldaer Verlagsanstalt & Co. KG
ISBN 978-3-374-02713-2
www.eva-leipzig.de

Geleitwort

Ohne „Zorn und Eifer" wird kaum jemand die Hinterlassenschaften des Ministeriums für Staatssicherheit betrachten können. Sie stellen eine giftige Mischung dar aus Denunziation, Kleingeisterei, Routine und Erpressungswissen, von leider Richtigem und offensichtlich falsch Verstandenem, von unmenschlichen Absichten, von erheblichen Verfehlungen, also von schwerer Sünde, und Misserfolgen, die zu Planerfüllung umstilisiert und dadurch auch noch nachträglich gefährlich wurden. Natürlich lassen sich auch die kleinen und großen Heldengeschichten entdecken, wenn man die Texte gegen den Strich bürstet. Das alles kann nur den kalt lassen, der damit selbst nichts zu tun hatte und auch sonst menschliche Verirrungen und Schicksale nüchtern und kühl verfolgen kann.

Mit dieser Studie jedenfalls liegt eine Streitschrift vor, die von vornherein das heiße Herz, die eigene Betroffenheit und den Bezug auf persönlich Erlebtes nicht versteckt. Wer den Christen, den Pfarrer, den Superintendenten, den Synodalen oder den Oberkirchenrat Ludwig Große aus älterer oder neuerer Zeit kennt, weiß, wie energisch er für das kämpfen kann, was er als wahr erkannt hat. Von ihm sind viele in seinen Gemeinden, in seiner Superintendentur, in seiner Thüringer Landeskirche und darüber hinaus inspiriert, ermutigt und zur Ausdauer befähigt worden. Das geschah zu Zeiten, als noch keiner wusste, wann und wie die „Diktatur des Proletariats" in Deutschland enden würde. Als Leiter der Lutherischen Bekenntnisgemeinschaft, dem bis heute aktiven Teil der Bekennenden Kirche in Thüringen, blieb er dem Erbe des Kirchenkampfs im Nationalsozialismus verpflichtet. So war er in der Landes- wie in der Bundessynode ein gefürchteter und überzeugender Kritiker einer zu weitgehenden Anpassung an die Vorgaben staatlicher Kirchenpolitik in der DDR. Ich habe die Folgen seines Mutes selbst erlebt: Der aufmüpfige Dorfpfarrer durfte – Mitte der 60er Jahre – nicht unser Studentenpfarrer in Jena werden. Eindrucksvoll sind Geschehnisse in und um Saalfeld, wo die erfolgreiche Jugendarbeit mit staatskriminellen Mitteln unterbunden werden sollte. Ludwig Großes Kritik aber erwuchs nicht so sehr aus einer anderen politischen Auffassung oder dem Kampf um Einfluss, sondern war durch seine theologische Erkenntnis vom christlichen Auftrag in der Gegenwart begründet. Wer ihm unmittelbar begegnen wollte, konnte genau das in seinen berühmten zupackenden Predigten in oft großen Gemeinde erleben.

Das vorliegende Werk ist aus einer Beschäftigung mit den Hinterlassenschaften der Staatssicherheit entstanden, die allen einen Lernprozess aufgenötigt haben, als seit der Besetzung der Dienststellen des MfS 1989/90 Akten öffentlich wurden. In diesen Papieren wird eine eigene Geheimsprache geschrieben, die der Übersetzung bedarf. In ihnen begegnen sprachliche Ungetüme, die nur im historischen Zusammenhang zutreffend gedeutet werden können. Sie sind von einem kruden Weltbild beherrscht, das schon einen umfangreicheren Freundeskreis und spontane Versammlungen als Verschwörungen ansehen ließ.

Unsere Kirchen mussten sich nach 1990 in besonderer Weise mit den gelungenen und misslungenen Einflussversuchen des MfS beschäftigen, weil sie die einzigen Organisationen in der DDR bildeten, die nicht unmittelbar unter staatlicher und Parteikontrolle standen. An einer redlichen und selbstkritischen Aufarbeitung führt kein Weg vorbei. Im Lauf vieler Untersuchungen wurde immer deutlicher, dass die Schemata der Stasi und die Wirklichkeit, wie wir Zeitgenossen sie erlebt hatten, erst durch eine komplizierte Interpretation aufeinander bezogen werden können. Eine schlichte Umkehrung der Wertungen des MfS wie bei einem Negativ, durch das aus Schwarz ein Weiß wird, wäre demgegenüber eine (Anti-)Fixierung auf das Weltbild der Stasi. Darum hat der Landeskirchenrat der Evangelisch-Lutherischen Kirche in Thüringen einen Arbeitsauftrag an OKR i. R. Ludwig Große vergeben. Er richtete sich auf die notwendige Hermeneutik dieser Geheimdienstakten, also auf Interpretationsregeln für eine angemessene Deutung. Sie können helfen, die Akten des MfS möglichst zutreffend zu interpretieren, indem sie an anderen unabhängigen Quellen kontrolliert werden. Ludwig Große hat lange Zeit und erhebliche Mühe aufgewandt, um diese Aufgabe zu erfüllen, differenziert und gründlich zu recherchieren, wie seine Thesen gut zu belegen. Das Faszinierende an seinem Text besteht darin, dass vielfältige eigene Erfahrungen in ihn einfließen. Er bringt aus der Zeit vor 1989 von der Gemeindeebene, über den Kirchenkreis bis zur Bundessynode und zur Konferenz der Kirchenleitungen eine selten zu findende authentische Kenntnis aus jeder Stufe der Kirchen- und Gemeindeleitung in seine Studie ein. Dazu kommt, dass er Zugänge als Zeitzeuge, aus seinem eigenen Archiv wie aus verschiedenen anderen Quellenbeständen so kombiniert, dass die sehr einseitige Perspektive der „Kundschafter" und verdeckt arbeitenden Staatsmacht beleuchtet, ergänzt, korrigiert und nachprüfbar gemacht wird.

Herausgekommen ist nun diese Streitschrift, die ganz gewiss auf Widerspruch und andere Schlüsse treffen wird. Aber auch hier gilt: Die Methoden und das Menschenbild des Geheimdienstes können nur dadurch überwunden werden, dass eine freie Debatte geführt wird. Aus ihr darf niemand ausgeschlossen und in ihr nur der eine Zwang des besseren Arguments anerkannt werden. In diesem Sinne wünsche ich dem Buch viele aufgeschlossene und angeregte Leser.

Eisenach, am Pfingstfest 2009

Christoph Kähler
Landesbischof

Inhalt

Dritter Teil:
»Die Sprache ist dem Menschen gegeben, dass er seine Gedanken verberge«

Vierter Teil: Von Fall zu Fall: der »Fall Kirche«

Fünfter Teil: Von Fall zu Fall: der »Fall Stasi«

Sechster Teil: »Sucht ihr mich, dann lasst diese gehen!« Wer auf die Kirche zielt, trifft Christus

Siebenter Teil: Bilanz ohne Erfolge

Achter Teil: Die Saat der Drachenzähne geht auf

Neunter Teil: Wirklichkeit und Wahrheit

ERSTER TEIL:

ZURÜCK ZU DEN QUELLEN?

Prolog auf der Straße und anderswo –
Tage im Frühling 1982

Straßenszene an einer Erweiterten Oberschule in Thüringen:

Schwatzend streben Jungen und Mädchen vom Schulhof und wandern in Grüppchen davon. Zwei Polizisten treten einer Gruppe entgegen: »Deutsche Volkspolizei. Entfernen Sie das pazifistische Symbol von Ihrer Kleidung!« Der Polizist deutet auf einen Stoffkreis mit Aufdruck an der Parka des Schülers: Ein Schmied schwingt seinen Hammer, ein breites Schwert zur Pflugschar umzuschmieden. Umschrift: »Schwerter zu Pflugscharen.«

»Wieso? Das hat ein sowjetischer Künstler geschaffen,[1] weil er Frieden will. Und Frieden wollen wir doch alle!« Der Polizist: »Diskutieren Sie nicht! Das Tragen pazifistischer Symbole ist ungesetzlich. Entfernen Sie den Aufnäher. Und zwar jetzt!«

»Mit welchem Recht …«

»Sie widersetzen sich der Staatsmacht. Entfernen Sie den Aufnäher!«

Die Gruppe wird unruhig. Einige feixen: Wer gewinnt? Andere protestieren, aber …

Einer der Polizisten hat mit raschem Griff die Jacke des Jungen gepackt, der wehrt sich. Da dreht ihm der andere die Hände auf den Rücken, treibt ihn vor sich her zu einem in der Nähe parkenden Auto, presst ihn hinein – und schon fahren sie ab, noch ehe die Gruppe sich aus ihrer Erstarrung gelöst hat.[2] Was war das?

Das Symbol »Schwerter zu Pflugscharen« soll aus der Öffentlichkeit der DDR verschwinden.

Ministerium für Staatssicherheit, Anlage 1 zur Information 173/82, BV[3] Gera:

---

[1]   Das Zeichen bildet ein Denkmal ab, das der sowjetische Bildhauer Jewgenij Wutschetitsch (Ehrenmal für die Gefallenen der Roten Armee im Treptower Park, Berlin) nach Micha 4,3 und Jesaja 2,4 schuf. Die Regierung der SU schenkte es der UNO. Es steht vor deren Hauptquartier in New York.

[2]   Nach Bericht der Betroffenen und ihrer Mitschüler an den Verf. (vgl. Protest beim Volkspolizei-Kreisamt Saalfeld am 29.03.1982, s. u. 24 ff.

[3]   BV = Bezirksverwaltungen des MfS für die Bezirke der DDR, in diesem Fall für den Bezirk Gera.

»… Durch Kräfte der DVP[4] wurden insgesamt 80 Aufnäher und 5 Losungen mit pazifistischem Inhalt festgestellt. 8 Personen wurden zugeführt.«[5]

Die Information des MfS täuscht. Sie benennt nur die von der Polizei »festgestellten« und »zugeführten« Träger des Friedenssymbols. Die Zahl der Opfer von Übergriffen ist um ein Vielfaches größer: In den Betrieben und an Schulen wird überall, wo junge Menschen den Aufnäher tragen, psychische oder physische Gewalt gegen Kinder, Heranwachsende und Erwachsene angewandt, um das Zeichen wegen seines »pazifistischen Inhaltes« aus der Öffentlichkeit zu verdrängen.

Beispiel Betrieb: Manfred Nagat[6] (*1952), Angestellter im VEB Brauhaus Saalfeld, trägt im April 1982 das Symbol »Schwerter zu Pflugscharen«. Aus beruflichen Gründen fährt er zur Abteilung Umwelt, Wasser, Energie (»UWE«) beim Rat des Kreises S. Er berichtet:

>»Als ich im Vorhof des Rates des Kreises ankam und vom Fahrrad stieg, kam gerade ein Polizist die Treppe herunter, sah mich kurz an, stutzte und ging auf mich zu. Ich wusste nicht, was jetzt kam. Er zeigte auf meinen Arm am Parker[7] und verlangte, dass ich das Zeichen ›Schwerter zu Pflugscharen‹ sofort entfernen sollte. Ich weigerte mich und sagte, dass ich hier dienstlich bin. Er wollte jetzt den Funkwagen holen und ging mit mir in die ›UWE‹.
>
>Anwesend waren Herr Stelzner, mit dem ich ein gutes persönliches und dienstliches Verhältnis hatte und sein Chef, Herr Schwope (als IM enttarnt). Beide redeten auf mich ein, doch diesem Verlangen des Polizisten nachzugeben, da der Vorgang sonst mit ungewissem Ausgang für mich und meine Familie endet. Irgendwann gab ich nach, da ich nicht wollte, dass mein Betrieb davon erfuhr. Herr Stelzner löste mit einer Rasierklinge dieses Abzeichen und der Polizist verschwand, da sich die beiden Mitarbeiter für mich einsetzten.«

---

[4] DVP = Deutsche Volkpolizei, diese hatte in der DDR nicht nur ordnungspolitische Aufgaben, sondern diente per definitionem auch der Durchsetzung der gesellschaftspolitischen Ziele der SED.

[5] »Zuführen« heißt, eine Person auch gegen ihren Willen zu einer Polizeidienststelle oder einer anderen Untersuchungstelle zu bringen, sie bei Widerstreben mit Gewalt dazu zu zwingen. Begründung der Volkspolizei in der Regel: »Zur Klärung eines Sachverhaltes.«

[6] Manfred Nagat, Mitarbeiter für Umweltfragen im Landratsamt Saalfeld-Rudolstadt, bis 1987 im VEB Brauhaus Saalfeld zuständig für Wasser, Abwasser und Energie, deshalb in ständigen Arbeitskontakten mit Abt. UWE (Umwelt, Wasser, Energie) beim Rat des Kreises, Mitglied des Wochenendgesprächskreises der Kirchgemeinde Saalfeld, Eigenbericht 14.01.08.

[7] Parka oder Parker, Jugendmode in den siebziger und achtziger Jahren, z. T. bewusst als Protestkleidung getragen, bis es eine Art FDJ-Parka gab.

Beispiel Schule: Bertram Fritzenwanker[8] (*1968), Schüler:

»… Wir hatten uns im Konfirmandenunterricht auch mit der Friedensdekade und dem Motto ›Schwerter zu Pflugscharen‹ befasst und waren der Ansicht, dass dies die richtige Antwort auf die weltweite Aufrüstung war …

Als ich mir den Aufnäher auf die Jacke nähen ließ, hatte ich schon ein mulmiges Gefühl … In der Schule erklärte mir mein Klassenlehrer, dass dieses Symbol gegen die Politik der DDR-Friedenssicherung gerichtet sei, da der Friede bewaffnet sein müsse. Ich weigerte mich natürlich, den Aufnäher zu entfernen …

Kurze Zeit später wurde ich eines schönen Morgens vor dem Betreten meiner Schule von drei ›Leerkörpern‹[9] in ein belangloses Gespräch verwickelt. Sie erklärten mir, dass es etwas zu besprechen gäbe und ich heute etwas später in den Unterricht gehen kann. Nachdem alle Schüler in den Klassenräumen waren, wurde ich in die Umkleidekabinen, die sich im Erdgeschoss befanden, geleitet. Ich sollte den Aufnäher sofort entfernen. Ich habe mich lautstark geweigert und aus meiner Schultasche die seit einiger Zeit ständig mitgeführte Verfassung gezogen und auf die garantierte Glaubens- und Meinungsfreiheit verwiesen … Dann flog erst die Verfassung in die Ecke. Ich wurde am Arm festgehalten und der Aufnäher von der Jacke gerissen. Er wurde als angebliches westliches Provokationsmaterial eingezogen …«[10]

Fazit: Wenn die Partei befiehlt, einen Aufnäher aus der Öffentlichkeit verschwinden zu lassen, »*fliegt die Verfassung in die Ecke*« und körperliche Gewalt wird ohne Skrupel von sozialistischen Pädagogen gegen die ihnen anvertrauten Kinder und Jugendlichen angewandt, um den Willen der Partei »*durchzustellen*«.[11]

Die Konferenz der Evangelischen Kirchenleitungen in der DDR stellt sich auf die Seite der Bedrängten und erklärt am 14.03.1982[12] öffentlich:

»Das biblische Wort von den ›Schwertern, die zu Pflugscharen umgeschmiedet werden‹ (Micha 4,3) hat in den letzten Monaten für verschiedene christliche Friedensinitiativen in unserem Land besondere Bedeutung erlangt. Die Konferenz der evangelischen Kirchenleitungen hat diesen Satz für die Friedensdekade 1981 gebilligt.[13] Um dieses Pro-

---

8   Bertram Fritzenwanker, Rechtsanwalt in Saalfeld, 1982 Schüler einer »Polytechnischen Oberschule in Saalfeld«, jahrelang »Thüringer Sängerknabe« im Chor des Kantorates Saalfeld: Eigenbericht vom 14.01.2008. Am 18.08.2008 nach einem ungeklärten Unfall verstorben.

9   Ironie der Schüler.

10   Schriftlicher Bericht B.F. vom 16.02.2008, im Besitz des Verf.

11   »Durchstellen« – Begriff der Staats- und Parteiorgane der DDR: anordnend nach unten durchsetzen.

12   Im Wortlaut vollständig abgedruckt BStU ZA, MfS – HA XX/4, Nr. 3470, 16.

13   Mit diesem Satz wird das Symbol zur Sache der Kirche gemacht, denn die Friedensgebete und Friedensdekade waren von Anfang an Sache aller evangelischen Kirchen in der DDR – von der Jugendarbeit angestoßen und von der Konferenz der Kirchenleitungen für den

phetenwort hat es Mißverständnisse und auch Auseinandersetzungen mit Staatsorganen gegeben …

Wir betonen, daß die jungen Christen in den Bau-Einheiten, ja auch die Wehrdienstverweigerer im Gefängnis ein Zeichen für Abrüstung und nicht gegen den Staat geben wollen.

Wir stehen zu den jungen Christen, die mit Worten oder Taten anzeigen, daß auch die Friedensbemühungen unseres Staates den christlichen Abrüstungsimpuls nicht erübrigen.«

Und »Thüringen« geht keinen eigenen Weg, wie SED und MfS immer behaupten – Brief der Synode der Ev.-Luth. Kirche in Thüringen an die Gemeinden[14] (in allen Gottesdiensten am Palmsonntag, 04.04.1982, zu verlesen):

>»Das Symbol der Friedensdekade 1981 ist von der Konferenz der Kirchenleitungen für die evangelischen Kirchen in der DDR übernommen worden. Es ist ein Zeichen, das den Friedensdienst der Kirchen verdeutlicht. Die Angriffe auf dieses Zeichen treffen nicht einzelne Jugendliche, sondern die ganze Kirche. Die Kirche steht zu den jugendlichen Trägern dieses Abzeichens. Sie muß aber den Jugendlichen gegenüber aussprechen, dass sie keine Macht hat, die Jugendlichen vor Schwierigkeiten zu schützen. Daher muß jeder die Folgen seiner Entscheidung in seine Überlegungen einbeziehen und sich prüfen, ob er bereit ist zum Leiden …

Wir bitten euch, die jungen Glieder der Gemeinde: … Lasst euch nicht in die Vereinzelung drängen, sondern macht Gebrauch von der Gemeinschaft, in der ihr schon steht: Haltet euch an erfahrene Gemeindeglieder, sprecht mit Kirchenältesten, geht zu eurem Pfarrer …

Wenn einer von euch doch in Schwierigkeiten gerät, die über seine Kräfte gehen, dann soll er wissen: Die Fürbitte der Gemeinde umgibt und trägt ihn. Wir gehören mit euch zusammen in der Gemeinschaft, von der Paulus schreibt: >Wenn ein Glied leidet, so leiden alle Glieder mit; wenn ein Glied geehrt wird, so freuen sich alle Glieder mit.< (1Kor 12,26).

Wir grüßen euch herzlich.

Die Synode der Evangelisch-Lutherischen Kirche in Thüringen.«

Auch Superintendenturen protestieren in aller Form gegen die Polizeimaßnahmen, so beispielsweise am 29.03.1982 im Volkspolizei-Kreisamt Saalfeld anlässlich eines Gesprächs des Superintendenten und des Stadtjugendpfarrers mit dem Amtsleiter.[15]

Bund übernommen. Über Partnerschaftsbeziehungen und die Konsultationsgruppe BEK – EKD beteiligten sich bald auch Partnergemeinden und Partnerkirchen in Westdeutschland.

[14] BStU ZA, MfS – HA XX/4, Nr. 347o, 23.

[15] BStU ZA, MfS – HA XX/AKG, Nr. 6978, 29; ergänzt durch eigene Aufzeichnungen im »Thür. Pfarrertaschenbuch 1982«, Notiz vom 29.03.1982, Mitschrift des Superintendenten, im Besitz des Verf. Amtsleitertext in Kursivzeilen ist wörtlich der MfS-Aufzeichnung

Die eingangs wiedergegebenen Augenzeugenberichte belegen: Auch in Stadt und Superintendentur Saalfeld gibt es Übergriffe gegen Symbolträger auf der Straße, in Betrieben und Schulen. Als sie sich häufen, führen Stadtjugendpfarrer Arnd Morgenroth und der Superintendent Beschwerde beim Leiter des Volkspolizei-Kreisamtes Saalfeld. Sie dringen darauf, Gewissens- und Glaubensfreiheit zu respektieren und Übergriffe gegen Kinder und Heranwachsende zu verhindern.

Der Amtsleiter erklärt zu den Protesten der beiden Geistlichen und auf die Frage der Beschwerdeführer nach dem Rechtsgrund für die Polizeimaßnahmen gegen die Träger des Friedenssymbols laut eigenem Bericht an die Stasi:

>»Das Tragen der Symbole ist rechtswidrig, deshalb schreiten wir ein, wo sie in der Öffentlichkeit erscheinen. Die Bürger werden in jedem Falle darauf verwiesen, das Symbol freiwillig zu entfernen.
>
>Der Pazifismus steht der Friedensabsicht von Partei- und Staatsführung entgegen …
>
>Die Rechtswidrigkeit ist nach § 4 der Verordnung über Ordnungswidrigkeiten belegbar. Wer sie begeht, ist wegen ungebührlicher Belästigung jeden Bürgers, der echt bemüht ist, das Waffenhandwerk zu erlernen, zur Verantwortung zu ziehen.
>
>In jedem Falle haben die Bürger das Abzeichen selbst entfernt …«

Die Vertreter von Jugendarbeit und Kirchenkreis stellen die Gegenposition entsprechend der Stellungnahme der Konferenz der Evangelischen Kirchenleitungen dar, nennen aktuelle Übergriffe der Polizei und verweisen auf die Folgen der Polizeimaßnahmen für die Ökumene und für die innere Entwicklung der jungen Leute.

Der Amtsleiter:

>»Die jungen Leute wurden irregeführt und in Opposition gegen die Friedenspolitik des Staates gebracht … Denn § 220 StGB der DDR[16] untersagt, bestimmte Symbole zu tragen … Er stellt Staatsverleumdung[17] unter Strafe, wenn uns unterstellt werden sollte, daß wir den Frieden gefährden.«

Die beiden Geistlichen schildern extrem harte Polizeimaßnahmen. So werden von Jugendlichen auf dem Bahnhof Saalfeld nicht nur die aufgenähten Sym-

---

entnommen und überprüft, und entspricht der Darstellung des Leiters der Polizeidienststelle in dessen Bericht an das MfS.

[16] Strafgesetzbuch der DDR 1968–1990.

[17] § 220 StGB der DDR in der Fassung von 1968, GBl. I 1968 Nr. 1., 41, drohte für Staatsverleumdung Freiheitsstrafen bis zu zwei Jahren oder Verurteilung auf Bewährung, Haftstrafe, Geldstrafe oder öffentlichen Tadel an.

bole, sondern die Jacke eines der Kontrollierten »eingezogen«. Danach entwickelt sich eine Grundsatzdiskussion darüber, was dem Frieden nach innen und außen dient und was ihn gefährdet oder bricht. Die Standpunkte bleiben unvereinbar.

Die Übergriffe der Staatsgewalt und die verfassungswidrige Einschränkung von Gewissens- und Glaubensfreiheit rufen die ganze evangelische Kirche auf den Plan.

07.04.1982 – »Klub der Kulturschaffenden« in Berlin(Ost), Gespräch der Konferenz der Evangelischen Kirchenleitungen[18] mit Staatssekretär Klaus Gysi über das Wehrdienstgesetz, das Gesetz zur Staatsgrenze und die Auseinandersetzungen um den Aufnäher »Schwerter zu Pflugscharen«:

Staatssekretär Klaus Gysi lud für den 7. April zu einem schon lange vom Vorstand des Bundes der Evangelischen Kirchen in der DDR dringlich erbetenen Gespräch über das Wehrdienstgesetz von 1982[19] und das neue Gesetz zur Staatsgrenze[20] ein. Wegen des inzwischen ergangenen Verbotes des Aufnähers »Schwerter zu Pflugscharen« und wegen seitdem sich häufender Auseinandersetzungen zwischen der Volkspolizei einerseits und den Trägern des Zeichens in den evangelischen Kirchen andererseits sollte dabei auch auf diesen Konflikt eingegangen werden.

Die mehrstündige harte Konfrontation wird mit zeitlich geordneten Zitaten aus Originaldokumenten[21] wiedergegeben:[22]

Staatssekretär Klaus Gysi kanzelt 115 Minuten lang die 25 Vertreter der evangelischen Kirchenleitungen in rüder Weise ab, nachdem er sie schon 40 Minuten über die vereinbarte Zeit hinaus warten ließ, erklärt Wehrdienstgesetz und Grenzgesetz als Zeichen des Friedenswillens der DDR und als absolut

---

[18] Im Folgenden »KKL«.

[19] Wehrdienstgesetz vom 25.03.1982 (GBl. I, 221).

[20] Gesetz über die Staatsgrenze der DDR vom 25.03.1982 (GBl. I, 197).

[21] Sekretariat des BEK, Aktenzeichen 1831-410/82, vom 07.04.1982, die Stellungnahme der KKL vom 14.03.1982, Schnellinformation des Sekretariats des Bundes vom 08.04.1982 und Mitschrift des Verf. vom 07.04.1982 (beim Verf.).

[22] Folgende Zeilen zitieren wörtlich in zeitlich geordneter Abfolge folgende schriftliche Quellen:
a) Vertrauliches KKL-Protokoll von Dr. Christoph Demke und Frau Christa Lewek vom 07.04.1982;
b) gemeinsam verabschiedete Stellungnahme der KKL vom 14.03.1982;
c) Schnellinformation des BEK vom 08.04.1982;
d) Zitate aus den MfS-Akten geben die staatliche Reaktion wieder.
e) Mitschrift des Verf., der als KKL-Mitglied am Gespräch teilnahm.

notwendig und den von ihm als »Abzeichen« bezeichneten Aufnäher »Schwerter zu Pflugscharen« zu einer öffentlichen Verleumdung der Friedenspolitik der DDR: »Wir lassen polnische Zustände nicht zu. Wir lassen das Erreichte nicht gefährden.«[23]

— In einer kurzen Pause verabreden die KKL-Vertreter, zum Wehrdienst- und Grenzgesetz nur schriftliche Äußerungen vorzulegen und um schriftliche Rückäußerung zu bitten, um Zeit für die »Aufnäher«-Kampagne zu gewinnen.

   Bischof Dr. Werner Krusche, Magdeburg, der Vorsitzende der Konferenz der Kirchenleitungen, beginnt:

> »Sie treffen auf Leute, die schwer irritiert, bestürzt und verletzt sind. Sie haben uns eine Menge zugemutet. Ich halte nichts von Verschleierung. Billigen Sie uns das auch zu.« Zum Vorwurf, »die Kirchen« äußerten und säten Zweifel an der Friedenspolitik, fragt Dr. Krusche: »Wer? Die Stellungnahme der KKL? Die Beschlüsse der Synoden? Diese Jacke ziehen wir uns nicht an.«

— Konsistorialpräsident Martin Kramer, Magdeburg, trägt fünf vorbereitete Anfragen der KKL zur neuen Wehrgesetzgebung und zum Gesetz über die Staatsgrenze vor und ergänzt sie mit der Frage, wie Wehrdienstleistende, »die aus Überzeugung nicht Mitglied der SED sind, dieser Partei gegenüber zu Treue und Ergebenheit genötigt werden können«. Gysi: »Es gibt kein Einschwören auf die SED.«

— Zu den Auseinandersetzungen um das Symbol »Schwerter zu Pflugscharen« stellt Gysi Thüringen als vorbildlich heraus, weil dort alles ruhig sei. Er konnte nicht ahnen, dass der thüringische Landesbischof Werner Leich von der KKL beauftragt ist, den solennen Protest aller evangelischen Kirchen gegen das Vorgehen der Polizei auszusprechen.

   Landesbischof Dr. Werner Leich setzt ein: »Herr Staatssekretär, ich muss Sie enttäuschen. Es geht in Thüringen so zu wie überall in der DDR.«[24] Die Ev.-Luth. Kirche in Thüringen stimme eindeutig der Stellungnahme der Konferenz der Kirchenleitungen vom 14.03.1982 zu und stehe zu allen Aussagen dieser gemeinsamen Erklärung.

   Was er nun zu sagen habe, sei ein Protest. Dieser Protest beziehe sich

— auf die Einschränkung des öffentlichen Zeugnisses der Kirche,
— die damit verbundene Einschränkung der Glaubens- und Gewissensfreiheit,

---

[23] Mitschrift des Verf.
[24] Ebd.

– die Beeinträchtigung der Entwicklung der Jugendlichen zu eigenständigen Persönlichkeiten,
– die Störung des Vertrauens zwischen Staat und Kirche.

Der innere Friede werde in Frage gestellt, bei Eingriffen keine rechtliche Grundlage genannt. Unter dem bewährten Prinzip der Trennung von Kirche und Staat hätten die Kirchen – im Sinne dieses Protestes – eine eigenständige Friedensarbeit zu betreiben und zu vertreten. In der Ökumene hätten sie deutlich gemacht, dass die Kirche kein verlängerter Arm der Außenpolitik des Staates sei.

Schließlich setzt sich Bischof Leich mit dem Pazifismusvorwurf auseinander, weist auf die Unangemessenheit des Sammeletiketts »Pazifismus« hin und macht deutlich, dass Pazifismus durchaus politikfähig sei und dass ihm in unserer gegenwärtigen Situation der Aufrüstung bzw. des Wettrüstens politische Rationalität innewohne.

– Konsistorialpräsident Manfred Stolpe, aus der Leitung des Sekretariats des Bundes eben in das Konsistorium der Evangelischen Kirche von Berlin-Brandenburg gewechselt, schildert Übergriffe aus »hunderten Gesprächen mit jungen Leuten, die erschreckt und verwirrt« zu ihm gekommen seien. »Schwarzseher im staatlichen Bereich bringen Dinge in Gang, die nicht verheilen.«

– Präsident Domsch, Landeskirchenamt Dresden, widerspricht ebenfalls dem Staatssekretär direkt. Es gehe bei den Maßnahmen des Staates keineswegs gegen den Missbrauch des Symbols, sondern gegen seinen Inhalt. Es werde sogar behauptet, dass zwischen Staat und Kirchen Abmachungen über den Einzug des Zeichens bestünden.

Er erklärt wörtlich und in aller Form: »Das sind Verleumdungsbehauptungen!«[25]

Opfer werden mit Namen genannt.
– Pfarrer Helmut Stier, Rostock:[26] »Ich sehe mit Sorge die Reaktion von Jugendlichen, die es ernst meinen, auch als Christen für den Frieden einzu-

---

[25] Leider zeigten diese Verleumdungen Wirkung, weil sie durch inoffizielle Mitarbeiter des MfS auch unter die Jugendlichen getragen wurden. Bis heute werden sie von manchen, damals in der Jugendarbeit Tätigen, dienstwillig kolportiert: »Die Kirche« sei vor dem Staat eingeknickt und habe das Zeichen eingezogen. Auch das sind – mit Präsident Domsch gesprochen – Verleumdungen.

[26] Pfarrer Christoph Stier, Rostock, war zu dieser Zeit noch synodales Mitglied der KKL, 1984 Bischof von Mecklenburg. Sein Sohn ist nach dem »Gespräch« vom 07.04.1982 nicht rehabilitiert und nicht wieder zur EOS zugelassen worden. Er hat in seiner Verbitterung die

treten … Mein Sohn ist von der Erweiterten Oberschule zurückversetzt worden. Schüler, die ihm ein Passbild zum Abschied schenken wollten, wurden als Staatsfeinde angesehen und behandelt.«[27] Missbrauch werde durch das Vorgehen der Staatsorgane hervorgerufen und dann bestraft.

– Bischof Dr. Krusche fasst zusammen: »… Wir sehen uns nicht mehr in der Lage, das staatliche Vorgehen verständlich zu machen, wenn keine öffentliche Entschuldigung kommt …

Und Bischof Dr. Forck verlangt:

– Eine Erklärung, die im Neuen Deutschland und in allen Tageszeitungen veröffentlicht werden sollte, müßte Folgendes enthalten:

Ein Bedauern darüber, daß Übergriffe vorgekommen sind, die Feststellung, daß die Regierung der DDR nichts gegen das Zeichen ›Schwerter zu Pflugscharen‹ habe, und daß es Pannen gegeben habe, die überwunden werden müßten.«

Der Staatssekretär kann der ihn überraschenden Geschlossenheit der evangelischen Kirchen nur eine Drohung entgegensetzen: »Ich vertrete hier die Erwartungen des Staates. Staat ist Staat. Verfassung ist Verfassung. Gesetze sind Gesetze. Es ist nicht erforderlich, jedem Bürger alles zu erklären.«

Die Rechtsfrage, ob das Zeichen nun verboten sei, was Gysi bestreitet, dann doch wohl getragen werden könne, was Gysi ebenfalls bestreitet, bleibt offen. Schließlich Gysi wörtlich: »Wenn Sie ein Verbot haben wollen – bitte – das Zeichen ist nicht gestattet. Sie haben einem jungen Menschen zu erklären, daß er Mißbrauch treibt.«

Konsistorialpräsident Stolpe:

Ausreise beantragt und ist insgesamt einen sehr schweren Weg gegangen (mündliche Auskunft von Pfarrer Helmut Stier 2007).

[27] Zu dieser »*Maßnahme*« gibt es eine »*Einschätzung der Wirksamkeit durchgeführter Maßnahmen*« der Hauptabteilung XX/4 vom 06.08.1982 (BStU ZA, MfS – HA XX/4, 145, BStU-Zählung), in der sich die groteske Wahrnehmungsschwäche des MfS gegenüber eigenen Fehlern kundtut:

»Durch die Maßnahmen im Bereich der Volksbildung wurde das öffentliche Tragen der pazifistischen Symbole erheblich zurückgedrängt. Es kann eingeschätzt werden, daß an den Schulen insgesamt im wesentlichen konsequent, differenziert und offensiv die erforderlichen Maßnahmen durchgesetzt wurden. Solche klugen und abgestimmten Maßnahmen wie sie gegen die Schüler Stier (Rostock), Sohn des Pfarrers Stier (Umsetzung in eine andere Schule) und XXXXXXXXX (Grünheide), Tochter des Pfarrers XXXXXXXXX (Zurücknahme der Delegierung an die EOS) wirksam wurden, mußten letztendlich auch von den kirchlichen Kräften akzeptiert werden.« Kluge Maßnahmen? Akzeptiert von wem? – bleibt zu fragen.

- Die Rechtsfrage, ob § 214[28] des Strafgesetzbuches wirklich Grundlage der Auseinandersetzung sein dürfe, sei »*nicht im Stehen zu erledigen*«.
- Gysi habe sich als zuständig erklärt und sei bereit, die Gespräche fortzusetzen,
- Es sei nun beim Staat, die Sache zu beenden, erst dann könnten wieder ruhigere Formen der Zusammenarbeit einkehren.

Bischof Dr. Krusche muss das Ansinnen zurückweisen, als Kirche die staatlichen Maßnahmen zu interpretieren: »Es ist nicht zumutbar, uns zum Transmissionsriemen staatlicher Verbote zu machen.«

Und wo bleiben die »IM«, die nach Meinung der Partei und manches MfS-Aktenlesers den Kurs der Regierung gegen feindlich-negative Kirchenführer in der Kirche selbst »*durchsetzen*«?

Der einzige Gesprächsteilnehmer von kirchlicher Seite, der nach Abschluss des Treffens gewissermaßen im Gehen ein freundliches Wort nachzuschieben versucht, was noch gar nichts über seine Hintergründe aussagt, ist der Greifswalder Bischof Horst Gienke. Er dankt dem Staatssekretär ausdrücklich dafür, dass in Greifswald Gottesdienste auch während der Quarantänemaßnahmen gegen die Maul- und Klauenseuche zugelassen wurden. Dieser nicht zur Sache gehörende und dem Ernst des Konfliktes nicht angemessene Satz aber wirkt auf alle eher peinlich.

Damit endet die Begegnung ergebnislos. Die Teilnehmer des Gespräches werden so frostig entlassen, wie sie empfangen wurden.

Tatsächlich war kaum anderes zu erwarten, nachdem Staatssekretär Klaus Gysi im März 1981 gegenüber dem sächsischen Landesbischof Dr. Johannes Hempel von einer »*illegalen Friedensbewegung*« gesprochen und gegen den Vorwurf der fehlenden Rechtsgrundlage für die staatlichen Sanktionen aus einem »Dokument« (offenbar aus einem staatlichen Arbeitspapier) zitiert hatte:

---

28 § 214 StGB der DDR, »Beeinträchtigung staatlicher oder gesellschaftlicher Tätigkeit«. Dafür werden Freiheitsstrafe bis zu drei Jahren oder Verurteilung auf Bewährung, Haftstrafe, Geldstrafe oder öffentlicher Tadel angedroht. Schon der Versuch gilt als strafbar.

Aufgrund eines Schreibens des Ministers Mielke vom 17.03.1982 an die Leiter aller Diensteinheiten (BStU ZA, MfS – HA XX/4, Nr. 3469, 54 ff.), dem als Anlage 1 schriftliche »Empfehlungen für ein Gespräch des Staatssekretärs für Kirchenfragen …« beigefügt wurden (a.a.O., 59 ff.) hieß es bereits, dass »… die Herstellung, Verbreitung oder Verwendung in der Öffentlichkeit von Aufklebern, Abzeichen, sonstigen Gegenständen und Symbolen sowie Texten, durch die die Friedenspolitik der DDR in Zweifel gezogen, mißachtet oder herabgewürdigt wird, eine Beeinträchtigung staatlicher Tätigkeit darstellt und strafrechtliche Konsequenzen gemäß § 124 Abs.1 StGB nach sich ziehen kann.«

»Die lächerliche Gesetzeslücke werden wir schließen. Wir werden dieses Zeichen zerschlagen ohne Erbarmen«.[29]

Für die vorliegende Untersuchung ist zu unterstreichen:

Kein Vorwurf der Kirchen konnte entkräftet werden, was der Staatssekretär nach Lage der Dinge auch gar nicht versuchte. Dennoch behaupte das MfS selbst im internen Text: »Insgesamt kann eingeschätzt werden, daß sich die erneute konsequente Zurückweisung des politischen Mißbrauchs kirchlicher Tätigkeit als wirksam erwiesen hat.«[30]

> Die Illusion staatlicherseits, »Thüringen« auf einen zur »Differenzierung«, also Spaltung der Landeskirchen untereinander brauchbaren Sonderweg gebracht zu haben, und die Behauptung, Thüringen habe sich dem ergeben, kann angesichts solcher Texte nicht länger ernst genommen werden.[31] Die thüringischen Mitglieder der KKL haben sich ebenso wie ihre Synode und wie ihr Bischof und die übrigen Gesprächsteilnehmer vor die angegriffenen Jugendlichen gestellt.

Nach den offenen und klaren Voten der Mitglieder der Konferenz der Kirchenleitungen in diesem grundlegenden Konflikt durfte man gespannt sein, welches Maß an Offenheit und Klarheit die »Gesprächspartner« in ihrer Reaktion noch an den Tag zu legen vermögen und welche Instruktionen von ihnen ausgehen würden.

Statt einer öffentlichen Entschuldigung, wie sie von Bischof Dr. Forck als Voraussetzung für die Rückkehr zur Normalität vom Staat gefordert wurde, reagiert zuerst das MfS. Ein Fernschreiben wird bereits am Tage nach dem Tref-

---

[29] Das wörtliche Zitat von Gysi entstammt der Niederschrift des Verf. aus der Sitzung der KKL vom 12.03.1982 nach dem mündlichen Bericht von Bischof Dr. Hempel, Dresden.

[30] BStU ZA, MfS – XX/4, Nr. 3469, 112.

[31] Besier zitiert aus »Grundorientierungen«, dem MfS-Papier, das »eine äußerst differenzierte Haltung« der Kirchenleitungen erfindet: »Sie reicht von der offenen Distanzierung, z. B. durch die Ev.-Luth. Kirche in Thüringen, bis hin zur politisch-negativen Haltung der Mehrheit« der Kirchenleitung Berlin-Brandenburg. Grundorientierungen für die politisch-operative Arbeit des MfS zur Aufdeckung, vorbeugenden Verhinderung und Bekämpfung des Versuche des Feindes zum Missbrauch der Kirchen für die Inspirierung und Organisierung politischer Untergrundtätigkeit und die Schaffung einer antisozialistischen »inneren Opposition« in der DDR. Erarbeitet von dem Forschungskollektiv: OSL Roßberg, OSL Steiniger, OSL Stirzel, OSL Tronicke, Major Groch, Major Hermann, Major Jonak, Hptm. Ehrhardt, Hptm. Schlippes, Hptm. Weißleder (VVS JHS o00 – 147/83). Besier: »Diese Beurteilung erwies sich als durchaus richtig.« Gerhard Besier/Stefan Wolf (Hg.): Pfarrer, Christen und Katholiken: das Ministerium für Staatssicherheit der ehemaligen DDR und die Kirchen, Neukirchen-Vluyn, 1991, 37. Nein, es handelt sich um eine gezielte Lüge.

fen des Staatssekretärs mit den Kirchenleitungen von Minister Mielkes Stellvertreter, Generalleutnant Mittig, im Flugzeug diktiert:

08.04.1982 – Fernschreiben von Generalleutnant Mittig, Stellvertreter des Ministers für Staatssicherheit, vom Flugzeug aus an alle Bezirksverwaltungen des MfS, Stellvertreter Operativ:[32]

> »In zunehmendem Maße[33] wurde festgestellt, daß durch eine Reihe von kirchenleitenden und feindlich-negativen Personen Verleumdungen, Entstellungen und sogenannte Proteste[34] vorgetragen und kolportiert[35] werden, die sich gegen die Durchführung der Maßnahmen der VP zur Verhinderung des Mißbrauchs von Symbolen, Aufnähern u.ä. richten.
> Um diesen Verleumdungen entgegentreten zu können, werden Informationen über festgestellte Träger und Verbreiter von Symbolen, Aufnähern u.ä. benötigt,[36] die vom Persönlichkeitsbild her für eine Auswertung geeignet sind (Asoziale, Kriminelle, in der Öffentlichkeit schlecht beleumundete, als Rowdy oder durch nicht gesellschaftsgemäßes Verhalten bekannte Personen und solche, die eine verfestigte feindlich-negative Einstellung besitzen und operativ bearbeitet werden).
> Die Informationen haben zu enthalten:
> – die Personalien
> – eine kurze Einschätzung zur Person
> – wann und wo wurden sie beim Tragen bzw. Verbreiten festgestellt
> – welche Maßnahmen wurden gegen diese Personen angewandt bzw. eingeleitet
> – in welcher Beziehung stehen sie zur Kirche
> – wer von den Kirchenkreisen setzt sich für diese ein
>
> Die Informationen müssen beweiskräftige und auswertbare Fakten enthalten. Es ist davon auszugehen, daß diese Materialien bei Gesprächen mit kirchenleitenden Persönlichkeiten ausgewertet werden können.
> Die Informationen sind bis zum 14. April 1982 an den Leiter der Hauptabteilung XX zu übersenden.   Generalleutnant«

Im Klartext: Die Träger des Aufnähers sollen als Kriminelle, Asoziale, Rowdys und als Personen mit schlechtem Leumund abgestempelt werden. Das ist in Gesprächen mit kirchlichen Amtsträgern »auszuwerten«. Durch den so organi-

---

[32] BStU ZA, MfS – HA XX/4, Nr. 3470, 33.

[33] Es geht um *ein* Gespräch! – typische SED-Sprache, die immer zu ihren Gunsten übertreibt.

[34] Die KKL trug nicht einen »*sogenannten*« Protest vor, sondern der thüringische Landesbischof Dr. Leich protestierte in aller Form im Namen der evangelischen Landeskirchen in der DDR.

[35] Mit »*kolportiert*« sind wohl die Schnellinformationen des Bundes, die Briefe an die Gemeinden, die Kanzelabkündigungen und die Stellungnahmen der Synoden gemeint.

[36] Argumente gegen den kirchlichen Protest werden »*benötigt*«, d.h. sie müssen erst beschafft werden.

sierten Trick sollen alle, die das Symbol »Schwerter zu Pflugscharen« weiterhin tragen, ebenfalls als kriminell, asozial und schlecht beleumundet gelten, gesellschaftlich ausgegrenzt und entsprechenden »Maßnahmen« unterworfen werden – basierend auf § 214 StGB[37] – wie auch alle, die sich für sie einsetzen.

Wer die staatlichen Texte mit den kirchlichen vergleicht, muss sich fragen: Ist hier von der gleichen Veranstaltung die Rede? Wurde überhaupt zur Kenntnis genommen, was die Konferenz der Kirchenleitungen einstimmig vorgetragen hatte?

So zwingt allein schon die hier vorgelegte Zusammenstellung authentischer Zitate zu der Schlussfolgerung: Ausgangspunkt für zeitgeschichtliche Studien zum Verhältnis Staat – Kirche dürfen Texte ausschließlich der staatlichen Seite oder gar nur des MfS nicht sein. Dieses immer noch geübte Verfahren transportiert lediglich die ideologisch verzerrte Sicht der SED und verlängert deren ungefilterte Wirkung in die Gegenwart.

Wie »*abgestimmt*« die staatlichen Texte sind und dass in der primitiven Machtsprache der SED kaum Spielraum für verbale oder sachliche Differenzierungen offen bleibt, zeigt ein Brief Erich Honeckers vom 16.04.1982:[38]

»Fernschreiben an die 1. Sekretäre der Bezirks- und Kreisleitungen der SED

Liebe Genossen !
Wir Ihr wißt, versuchen in letzter Zeit einige Kräfte aus Kreisen der Evangelischen Kirchen in der DDR das Verhältnis zwischen Staat und Kirche durch provokatorisches Auftreten zu belasten. Als Vorwand dient ihnen dabei oftmals die Unterbindung des Tragens nichtgenehmigter Abzeichen, besonders durch kirchlich stark beeinflußte Jugendliche …
Der Staatssekretär für Kirchenfragen, Genosse Klaus Gysi, führte am 7. April 1982 mit leitenden Vertretern der Evangelischen Kirchen in der DDR ein ausführliches Gespräch. In diesem Gespräch legte er dar, daß die Handlungen bestimmter Kirchenvertreter im Widerspruch zu früheren Erklärungen leitender Personen der Evangelischen Kirchen stehen, wonach sich die von ihnen vertretenen Kirchen in der DDR nicht in die Rolle eines ›trojanischen Pferdes‹ drängen lassen, sondern sich als Kirche im Sozialismus verstehen. Von Seiten leitender Vertreter der Evangelischen Kirchen in der DDR wurde erklärt, daß ihre Kirche weiterhin zu den Ergebnissen des Treffens des Vorsitzenden des Staatsrates der DDR mit dem Vorstand der Konferenz der evangelischen Kirchenleitungen in der DDR stehe. In der Friedensfrage müßten sie jedoch aus christlicher Sicht Auffassungen vertreten, die über den Rahmen der Friedenspolitik der DDR

---

[37] § 214 StGB: »Beeinträchtigung staatlicher oder gesellschaftlicher Tätigkeit«; angedrohte Strafen: Freiheitsstrafe bis zu drei Jahren oder Verurteilung auf Bewährung oder Haftstrafe, Geldstrafe oder öffentlicher Tadel. Der Versuch ist strafbar.

[38] SAPMO »Nur für den Dienstgebrauch« Kopie von Dok. 60-40-00, 73.

hinausgingen. Die evangelischen Kirchen seien, wie es in einer Mitteilung des Vorstandes der Konferenz der evangelischen Kirchenleitungen in der DDR heißt, ›nicht einfach Verstärker der Außenpolitik des Staates‹.

Es ist offensichtlich, daß bestimmte kirchliche Kräfte unter dem Vorwand einer ›eigenständigen‹, ›unabhängigen‹ Friedensbewegung bestrebt sind, im Interesse imperialistischer Kreise oppositionelle Kräfte gegen die Arbeiter- und Bauernmacht zu organisieren …«

Wer an dem Gespräch vom 07.04.1982 teilgenommen hat, vermag nur sehr schwer zu begreifen: Kann ein Politiker, der in der Welt um Verständnis für den eigenen Beitrag zu Frieden und Bewahrung des Lebens wirbt, wirklich so auf das Bemühen der Kirchen reagieren, die sich im Schulterschluss mit ihren jungen Menschen und Gruppen auf ihre ganz eigene Weise für Frieden einsetzen?

Bitteres Fazit heute: keine Chance für Vernunft und Sachlichkeit! Die Ideologen marschierten stumpf und dumpf in ihren Untergang. Es sollten nur noch die biblischen sieben Jahre vergehen, bis es so weit war.

Damit ist die Geschichte »Schwerter zu Pflugscharen« aber noch nicht zu Ende. In dieser Auseinandersetzung begegnet uns – in dieser Arbeit zum ersten Mal – die Sprache als Instrument der Macht.[39]

Die Begriffe »Frieden« und »Eigenständigkeit« meinen in der Auseinandersetzung um die kirchliche Friedensarbeit sehr unterschiedliche, ja gegensätzliche Sachverhalte, je nachdem, ob sie von staatlicher Seite oder von Mitarbeitern der Kirche verwandt werden. Im konkreten Gesprächsverlauf werden sie zwar angesprochen, aber nicht in ihrer grundsätzlichen Gegensätzlichkeit ausdiskutiert. Spricht die kirchliche Seite von dem Frieden, der auf Gerechtigkeit gründet (Jesaja 32,17) und als Schalom die ganze Schöpfung einschließt (Jesaja 11,1–9) und in dem Schwerter zu Pflugscharen umgeschmiedet werden,[40] so meint die staatliche Seite einen Nichtkriegszustand in einer künftigen Weltordnung durch den Sieg der »antiimperialistischen Kräfte im weltweiten Befreiungskampf der Völker«.[41]

Die staatlichen Angriffe auf die von den Kirchen postulierte »Eigenständigkeit« ihrer Friedensarbeit stellen im Grunde genommen einen Streit um die hermeneutische Frage dar: Was ist nach den Prämissen der sich für Frieden Einsetzenden unter »Frieden« zu verstehen, welche Rahmenbedingungen setzt

---

[39] Vgl. auch Armin Burkhardt/Peter K. Fritzsche, (Hg.): Sprache im Umbruch. Politischer Sprachwandel im Zeichen von »Wende« und »Vereinigung«, Berlin/New York 1992.

[40] Jesaja 2,4 und Micha 4,3.

[41] Georg Klaus/Manfred Buhr: Philosophisches Wörterbuch, Leipzig 1966⁵, 204 f. »Frieden«, und 206 f. »friedliche Koexistenz«.

der sachgemäße Gebrauch des Begriffes voraus und welche Ziele verfolgt sein Nutzer wirklich?

Denn eine weitere Notiz der HA XX/4 vom 19.05.1982[42] »*schätzt ein*«:

> »Die Kirchenleitungen beharren auch weiter darauf, einen ›eigenständigen Beitrag zur Friedenssicherung‹ leisten und nicht ›einfach Verstärker der Außenpolitik der DDR‹ sein zu wollen. Es gibt aber auch bisher keine eindeutige Definition dieses ›eigenständigen Beitrages‹, und in der bisherigen Praxis besteht er hauptsächlich in der Bekundung von Haltungen, die die Ursachen für die Kriegsgefahr negieren, und auf Forderungen und Aktivitäten, die objektiv auf die Schwächung der Verteidigungsfähigkeit der DDR und der sozialistischen Staaten gerichtet sind. Die sowjetischen Moratoriumsvorschläge wurden bisher nur halbherzig oder überhaupt nicht zur Kenntnis genommen.
>
> (Wobei eine Ausnahme lediglich Bischof LEICH bildet, der zu den unterschiedlichsten Anlässen sowohl innerkirchlich als auch im Gespräch mit staatlichen Vertretern die positive Bedeutung der Moratoriumsvorschläge und die Notwendigkeit der Bewaffnung des Friedens unterstrich.)
>
> Im Zusammenhang mit dieser Haltung reduzieren sie die Auseinandersetzungen um das Friedensengagement der Kirchen und seinen Mißbrauch im wesentlichen auf eine Symboldiskussion und gehen der Beantwortung grundsätzlicher Fragen aus dem Weg.«

In dieser Darstellung taucht der alte SED-Wunschtraum von der besonderen Haltung Thüringens wieder auf, die für den Symbolstreit »Schwerter zu Pflugscharen« weder durch die Texte vom 7. April noch in den Worten an die Gemeinden oder durch Synodalbeschlüsse, geschweige denn mit Beispielen aus Voten des LKR[43] oder dem Leben der Gemeinden jener Monate belegt werden kann.

Auch das Märchen vom »Burgfrieden« zwischen Kirchenleitungen und Staat, während die Jugendlichen den Repressalien angeblich ohne Fürsprecher ausgesetzt gewesen seien, hat keinen Rückhalt in der Realität, sondern übernimmt die zweckgesteuerte MfS-Propaganda.[44]

Welche Beurteilung des Treffens vom 7. April setzt sich beim Staat schließlich durch? Am 07.05.1982 heißt es in der Einschätzung des MfS – HA XX/4[45] auffällig widersprüchlich:

---

[42] BStU ZA, MfS – HA XX/4, Nr. 3469, 124 ff., das Zitat findet sich auf 126 – BStU-Zählung.

[43] LKR = Landeskirchenrat der Ev.-Luth. Kirche in Thüringen.

[44] Ehrhart Neubert: Vergebung oder Weißwäscherei, Freiburg im Breisgau 1993, 76.

[45] BStU ZA, MfS – HA XX/4, Nr. 3469, 112 ff.

»… Insgesamt kann eingeschätzt werden, daß sich die erneute konsequente Zurückweisung des politischen Mißbrauches kirchlicher Tätigkeit als wirksam erwiesen hat und der Polarisations- und Differenzierungsprozeß unter den Amtsträgern der evangelischen Kirchen in der DDR weiter verstärkt und vorangetrieben wurde …«

Wenige Zeilen später wird eingestanden:

»Allerdings ist zu konstatieren, daß die kirchenleitenden Persönlichkeiten und Gremien insgesamt sich nicht bereit zeigen, die staatliche Argumentation zum Verbot des öffentlichen Tragens von Aufnähern mit pazifistischer Aussage zu akzeptieren …«

»Die Kirchenleitungen beharren auch weiter darauf, einen ›eigenständigen Beitrag zur Friedenssicherung leisten‹ und nicht ›einfach Verstärker der Außenpolitk der DDR‹ sein zu wollen. Es gibt aber auch bisher keine eindeutige Definition dieses ›eigenständigen Beitrages‹, und in der bisherigen Praxis besteht er hauptsächlich in der Bekundung von Haltungen, die die Ursachen für die Kriegsgefahr negieren, und auf Forderungen und Aktivitäten, die objektiv auf die Schwächung der Verteidigungsfähigkeit der DDR und der sozialistischen Staaten gerichtet sind …«

In der »Einschätzung« des MfS vom 19.05.1982, die ich soeben erst zitiert habe, wurden diese Sätze wörtlich abgeschrieben.[46]

Neu ist allerdings, dass sich alte Differenzierungsversuche wieder melden, ohne dass es die geringsten Anhaltspunkte dafür gibt. So wird unverfroren die Behauptung wiederholt, die Bischöfe Leich und Gienke »lassen weitgehend Realismus sichtbar werden … Ihr Auftreten wirkte auch im Gespräch des Staatssekretärs für Kirchenfragen mit der Konferenz der Evangelischen Kirchenleitungen vom 07.04.1982 entkrampfend.«

Wahr ist vielmehr, dass Bischof Leichs »Protest« im Namen der Konferenz der Evangelischen Kirchenleitungen dem Staatssekretär das Konzept verdarb, Thüringen gegen die anderen auszuspielen, worauf Gysi mit sichtlicher Betroffenheit reagierte.

Aber die Verfälschungen seitens des Staates gehen noch weiter: Die HA XX/4 des MfS ordnet am 06.08.1982 das Gespräch vom 7. April als »*Maßnahme*« zur Zurückdrängung einer »*unabhängigen Friedensbewegung*« ein:

»Einschätzung[47]
der Wirksamkeit durchgeführter Maßnahmen gemäß der Weisung des Genossen Minister vom 17.3.1982 zur Zurückdrängung von Versuchen, in der DDR eine ›unabhängige Friedensbewegung‹ zu etablieren

Feindliche Organisationen, Einrichtungen und Kräfte entwickeln im Zusammenwirken mit reaktionären kirchlichen und anderen feindlich-negativen Kräften im Innern

---

[46] A. a. O., 124.
[47] A. a. O., 145.

der DDR seit längerer Zeit und mit zunehmender Intensität Aktivitäten, unter dem Deckmantel des Eintretens für Frieden und Abrüstung in der DDR eine sogenannte staatlich unabhängige, pazifistische Friedensbewegung zu etablieren …

In Gesprächen des Staatssekretärs für Kirchenfragen mit den Mitgliedern der Konferenz Evangelischer Kirchenleitungen in der DDR am 7.4.1982 und am 8.7.1982[48] wurden die grundsätzlichen Standpunkte von Partei und Regierung in Kirchenfragen und zu den Aktivitäten negativer kirchlicher Kräfte wiederholt dargelegt …

Während vorwiegend die Bischöfe RATHKE (Schwerin), KRUSCHE (Magdeburg) und FORCK (Berlin) uneinsichtige Verhaltensweisen zeigten, wurden durch die Bischöfe HEMPEL (Dresden), GIENKE (Greifswald), LEICH (Eisenach) und Kirchenpräsident NATHO (Dessau) Positionen bezogen, die nicht zur Verschärfung von Konflikten und weiteren Belastungen des Verhältnisses Staat/Kirche beitrugen.«

Im Vergleich zu den vorher zitierten protokollarischen Vermerken zeigt diese Aufzählung, dass die alten Schubkästen »Freund« und »Feind« samt Inhalt unverändert beibehalten wurden. Das MfS hat nicht zur Kenntnis genommen (nehmen wollen?/nehmen dürfen?): Wir haben es im Streit um das Symbol mit einer geschlossenen Front der Kirchen zu tun.

Solche Erfahrungen mit MfS-Berichten lassen die angebliche Zuverlässigkeit dieses Quellenmaterials in einem anderen Licht erscheinen: Eine einmal vorgenommene Differenzierung wird nicht wieder revidiert, man müsste sonst einen flächendeckenden Misserfolg eingestehen.

Ganz lässt sich die Wirklichkeit freilich nicht kaschieren. Denn in direktem Widerspruch zur eben als gelungen beschriebenen »Differenzierung« unter den Leitenden Geistlichen muss im gleichen Text eingestanden werden:

»Zusammenfassend wurden von den Vertretern der Konferenz Evangelischer Kirchenleitungen folgende Positionen vertreten:
– die Friedensbemühungen der DDR erübrigen nicht den kirchlichen Abrüstungsimpuls;
– die Kirche betreibt eine eigenständige Friedensarbeit;
– sie ist nicht einfach Verstärker der Außenpolitik des Staates.
Sie erhoben dagegen Einspruch,
– daß das eigenständige christliche Friedenszeugnis als Bildung einer »unabhängigen Friedensbewegung« verdächtigt wird;
– daß das Tragen des ›Friedenssymbols – Schwerter zu Pflugscharen‹ als Bestreitung der Friedenspolitik der DDR und als Versuch der Schwächung der Verteidigungsbereitschaft angesehen wird;

---

[48]   Die Angabe ist ungenau. Es handelte sich am 08.07.1982 um ein Gespräch nur des Vorstandes der KKL mit dem Staatssekretär für Kirchenfragen zur Friedensdekade 1982, die das Symbol »Schwerter zu Pflugscharen« unbeeindruckt von den staatlichen Drohungen beibehielt.

– daß seitens der Sicherheitsorgane den Trägern dieses Symbols ohne Unterschied mißbräuchliche Absichten unterstellt und sie durch weiterhin unangemessene Maßnahmen kriminalisiert, in ihrer persönlichen Würde verletzt und in ihrem Vertrauen
nachhaltig beeinträchtigt werden.
Außer den Gesprächen des Staatssekretärs für Kirchenfragen mit den Mitgliedern der
Konferenz der Evangelischen Kirchenleitungen in der DDR wurden mit ca. 55 leitenden Geistlichen[49] und 40 Pfarrern zu politisch-operativen Schwerpunkten durch staatliche Organe Aussprachen geführt, die überwiegend zur Veränderung der Situation im
Sinne der Politik von Partei und Regierung beitrugen.«

Zu unterstreichen ist, dass sich die Verfasser selbst widersprechen: Eben noch
teilen sie differenzierungsgemäß die »Leitenden Geistlichen« in ein paar Uneinsichtige und überwiegend Konfliktabgeneigte ein, da müssen sie zugeben,
dass alle Amtsträger gegenüber dem Staat die gleichen ausgesprochen »kritischen Positionen« vertreten.

Noch weiter von der Wirklichkeit entfernt sind Interpretationen der Auseinandersetzung vom 07.04.1982, die in einer Sammlung von MfS-Texten unter
Zuarbeit von hauptamtlichen und inoffiziellen Mitarbeitern des MfS durch
Gerhard Besier und Stephan Wolf zusammengetragen wurden.[50]

Einer der von den Herausgebern und Kommentatoren immer wieder zitierten Gewährsleute war Zeuge des Vorganges vom 07.04.1982: Dr. Horst
Dohle, Büroleiter des Staatssekretärs für Kirchenfragen, als IM »Horst« registriert. Dann kann die »zeitgeschichtliche Einordnung« des Vorganges nicht
mehr überraschen. Die Prinzipien der Auswahl und Interpretation der Texte
überraschen, weil sie nicht nur von der Zuarbeit ehemaliger MfS-Leute zeugen, sondern der eindeutigen Tendenz folgen: Die evangelische Kirche hat
mehr zu verbergen als das MfS.

Da handelt es sich gewissermaßen um nachsozialistische Traditionspflege mit
Hilfe des IM »Horst«. Ich zitiere eine apokryphe Überlieferung aus dritter
Hand zum 07.04.1982:

»Nun erhielten die Kirchen, die man in den 70er Jahren unaufhörlich gedrängt hatte,
sich stärker für die Friedenspolitik der DDR zu engagieren, von der SED den definitiven ›Rat‹, sich von der ›staatsunabhängigen Friedensbewegung‹[51] innerhalb und außer-

---

[49] Zu keiner Zeit gab es in den evangelischen Kirchen der DDR 55 Leitende Geistliche, also
Bischöfe und Kirchenpräsidenten – gemeint sind hier vermutlich auch Visitatoren und Superintendenten.
[50] Besier/Wolf: Pfarrer.
[51] Anführungszeichen im Text nach der Vorlage.

halb der Kirchen zu distanzieren. Mit wenigen Ausnahmen leisteten die Kirchen dem in einem Gespräch mit Klaus Gysi, seit 1979 neuer Staatssekretär für Kirchenfragen, auch Folge.«[52]

Das behauptet Gerhard Besier 1991 in der »Einleitung« zu seiner ersten Auswahl nachgedruckter Texte des MfS,[53] in der er die Dissertation des vom MfS als IM »Horst« geführten Dr. Horst Dohle[54] seitenweise abschreibt,[55] und mit konspirativer Hilfe früherer SED-Funktionäre und MfS-Offiziere, denen Besier ausdrücklich dankt, weil sie ihn

> »weder behindert noch bedroht« haben: »Unter Wahrung einer beiderseitigen, selbstgesetzten Zurückhaltung erhielten die Herausgeber von dieser Seite sogar einige unterstützende Hinweise und wichtige Auskünfte.« (Vorwort, VII)

Um den wissenschaftlichen Wert der SED- und MfS-Zitatensammlung in der Auswahl Besier[56] nüchtern zu beurteilen, genügt es, die voranstehenden Dokumente zum Streit »Schwerter zu Pflugscharen« von Opfern des Polizeiterrors der SED über den misslungenen Maßregelungsversuch des Staatssekretärs gegenüber der KKL bis zu deren solennem Protest gegen den Verfassungsbruch der Regierung der DDR aus dem Munde des thüringischen Landesbischofs und die Worte und Briefe an die Gemeinden mit dem Besiertext zu vergleichen.

Besier übernimmt die Beurteilung der Konfrontation vom Frühjahr 1982 – Staat contra Kirche und ihre Jugend ähnlich massiv wie 1953 – aus einem Stasipapier von 1983[57] und macht sich dessen Darstellung völlig zu eigen (60).

---

52 Besier/Wolf sagen nicht einmal, welches der Gespräche sie meinen.

53 A. a. O., 36 in der Einleitung, die in Wahrheit einen Kommentar aus der Sicht der hilfreichen MfS-Zeugen Besiers darstellt. In die »Dokumente«, die als Belege gelten sollen, wurden »störende« nicht aufgenommen, wie z. B. das Fehlen der s. o. 21 bis 36 zitierten MfS-Texte belegt.

54 Horst Dohle: Grundzüge der Kirchenpolitik der SED zwischen 1968 und 1978, Berlin 1988.

55 19, 20, 25, 26, 27, 28, 29, 30, 31, 32, 33 usw.; er gibt im Index aber nur drei (!) Stellen an. Ebenso extensiv zitiert B. die »Grundorientierungen«, vgl. Anm. 54, und tauscht auch diese MfS-Strategiepapiere ohne kritische Rückfragen in bare Münze um. Aber: Passagen, die der Kirche ein hohes Widerstandspotential zugestehen, werden unterschlagen. Der Leser muss den Eindruck gewinnen: Nichts kann zuverlässiger und wertbeständiger sein als ein Papier mit MfS-Stempel oder mit Briefkopf der Hochschule des Ministeriums für Staatssicherheit in der »Ausgabe Besier/Wolf«.

56 Vgl. oben 38 – Text und Anm. 50.

57 Grundorientierungen für die politisch-operative Arbeit des MfS.

Im Klartext: Gerhard Besier, Theologe und Professor für »Neuere und Neueste Kirchengeschichte« an der Kirchlichen Hochschule Berlin, nutzt strategische Texte der Staatssicherheit, die der grundsätzlichen theoretischen Vorbereitung der SED-Versuche zur Überwindung von Religion und Kirche dienen sollten,[58] nach 1989 als »wissenschaftliche« Wertung von DDR-Vorgängen und als zutreffende Darstellung kirchlichen Handelns. Er benutzt dabei ohne Anführungszeichen die Einschätzungen von MfS-Offizieren und des Staatssekretärs Gysi im Kampf gegen die evangelischen Kirchen und hält die Namen seiner MfS-Zuarbeiter bis auf wenige Ausnahmen konspirativ unter Verschluss.

---

[58] Das Papier nennt sich »Grundorientierung« und Dr. Dohles Dissertation beschreibt die »Grundzüge der Kirchenpolitik der SED«, um festzustellen, »daß die Politik der SED bei aller Entschlossenheit von großer Behutsamkeit, bei aller langfristigen Strategie von einer sehr flexiblen Taktik, bei aller Richtigkeit der Generallinie auch von einer Revision und Modifizierung bisher gültiger Verhaltensmuster, also von einem echten, zähen, schöpferischen Prozess der Verarbeitung bisheriger Erfahrungen in Richtung auf neue, dynamische, konzeptionelle Fragestellungen und Einsichten gekennzeichnet ist.«, Dohle: Grundzüge.

Nachdenken über einen Prolog:
ein Symbol und tausend Akten

Zum Streit um das Symbol »Schwerter zu Pflugscharen« sind innerhalb dieses Prologes sehr verschiedene Akteure zu Wort gekommen. Ihre Berichte, geheimen Anweisungen, öffentlichen Kommentare und Gegenargumente im Konflikt spiegeln den gleichen Vorgang von verschiedenen Seiten wider, der innerhalb einer sehr kurzen Zeit ablief.

Von den authentischen Opfererfahrungen über die vergeblichen Versuche seitens der Kirchen, die Zurücknahme der Maßnahmen zu erreichen, bis zu den Auszügen aus Anweisungen des MfS und den späten MfS-Abschriften von Gerhard Besier wurden um den Symbolstreit »Schwerter zu Pflugscharen« in zeitlicher Abfolge unterschiedliche bis gegensätzliche Äußerungen der Kontrahenten gruppiert, um ein gewissermaßen räumliches Bild des Ringens zu gewinnen.

Die bewusst nicht ganz knapp zugeschnittenen Zitate noch vor dem Anfang der eigentlichen Untersuchung beziehen sich alle auf wenige Wochen und einen begrenzten Raum: auf März/April 1982, die Konfrontation Kirchen – Staat in den Leitungen und auf Erfahrungen evangelischer Jugendlicher und Pfarrer im Raum Saalfeld.

Daraus folgt: Nur in der Zusammenschau der Überlieferung beider Fronten können wir uns dem Geschehen von damals annähern. Nur so vermögen wir die verschiedenen »Schichten« freizulegen, aus denen »Geschichte« sich »aufschichtet«. Nur im mühsamen Vergleich der Texte damals Handelnder und Erleidender und – falls auffindbar – Neutraler wird Geschichte »wahrnehmbar«, als wahr annehmbar.

- Das Gefühl der Ohnmacht gegenüber aggressiv eingreifenden Polizisten kann nur jemand vermitteln, der es erlitt (Straßenszene nach Augenzeugen).[59]
- Fern von der Realität polizeilicher Übergriffe auf den Straßen im Dienstzimmer eines Volkspolizeikreisamtes erteilte Auskünfte des Amtsleiters[60] (»... *wir haben die Bürger auf Freiwilligkeit verwiesen* ...«) brauchen das

---

[59] S. o., Prolog, 21.
[60] A. a. O., 24 ff.

Gegenüber der Straßenszene, um die Scheinsachlichkeit der Büroatmosphäre zu durchbrechen.[61]

— Wer sich nur auf die Texte des MfS stützt, wird hinters Licht geführt und wird selbst andere hinters Licht führen.

— Gerhard Besiers stasigestützte Spätüberlieferung[62] lässt die Härte der Konfrontation zwischen Kirchenleitungen und Staatsvertretern mittels MfS-Zitaten und mit wohlwollender Unterstützung durch seine Stasi-Berater in Funktionärsphrasen verschwinden. Er übernimmt deren Unwahrheiten ohne Prüfung an kirchlichen Quellen, die ihm zugänglich gewesen wären, wenn er sich darum bemüht hätte.[63] Als Zeitzeugen fungieren nur Staatsfunktionäre – anonym.

— Die Ergänzung durch Texte aus völlig anderen Quellen ist unumgänglich, wenn die Realität ins Blickfeld kommen soll. Das erweisen die hier mitgeteilten Ausschnitte aus Briefen an die Gemeinden und Kanzelabkündigungen.[64] An ihnen wird z. B. klar, dass die Rede des MfS von der gelungenen Differenzierung und »Polarisation«[65] der Landeskirchen gegeneinander oder gar die Spaltung zwischen den Trägern des Symbols und den Kirchen nicht der Wahrheit entspricht.

---

[61] Wie hart die Polizei in der gesamten Republik »durchgriff«, lassen die Zahlen erkennen, die von der HA XX/4 in einer Einschätzung der Wirksamkeit durchgeführter Maßnahmen gemäß der Weisung des Genossen Minister vom 17.03.1982 nach Sachstand vom 06.08.1982 angegeben werden:
»3 676 Personen mit pazifistischen Aufnähern festgestellt,
872 Personen durch Sicherheitsorgane zugeführt,
36 Personen wiederholt zugeführt«.
In diesen Zahlen sind lediglich die dienstlichen Mitteilungen der Sicherheitsorgane erfasst. Zahlen für die Auseinandersetzungen in Schulen und Betrieben (»Maßnahmen im Bereich der Volksbildung«) liegen vor. Sie dürften insgesamt sehr viel höher liegen (nach BStU ZA, MfS – HA XX/4, Nr. 3469, 145 ff. und 158 f.).

[62] Besier/Wolf: Pfarrer, 36 f.

[63] Die den MfS-Einschätzungen widersprechenden, hier zitierten Abkündigungen, Briefe an die Gemeinden und KKL-Beschlüsse sind alle veröffentlicht und waren bereits 1990 und früher zugänglich. Einem Historikerkollegen Besiers, der von »schludriger Recherche« und »skandalöser Einfalt« redet, muss dennoch teilweise widersprochen werden. Es kann angesichts der religionswissenschaftlichen und zeitgeschichtlichen Qualifikation B.s nur tendenzorientierte Absicht gewesen sein, sich mit so hohem Lob ausschließlich auf die Texte der Gegner von Christen und Kirchen zu stützen.

[64] S. o. 40.

[65] »Polarisation« meint hier natürlich Polarisierung, um die sich das MfS im Auftrag der SED immer gemüht hat: »Divide et impera!« (Bringe sie gegeneinander, dass du sie leichter beherrschen kannst!)

– Um dieses Gesamteindruckes willen können wir auf jemanden, »der dabei war« im Zentrum des Geschehens, nicht verzichten, weil Zeitzeugenschaft sehr bald nur noch in schriftlichen Hinterlassenschaften zu finden sein wird oder gerade noch durch Interviews erfragt werden kann.

– Zeitzeugen bleiben unersetzbar. Die ständige Verdächtigung von Augen- und Ohrenzeugen durch einige Thesenformulierer mit ihrem sehr subjektiven Bild der Vergangenheit führt sich selbst ad absurdum. Denn was sind die vorgeblich so viel zuverlässigeren schriftlichen Quellen im besten Falle anderes als »eingefrorene« Hinterlassenschaften vergangener Augen- und Ohrenzeugen? Der Subjektivität entkommen wir weder so noch so. Und die Methode, eine These aufzustellen und sie dann erst dem »Diskurs« auszusetzen, um so zur »Wahrheit« vorzudringen, verfiele bei derart disparaten Texten ganz und gar der Subjektivität des »Forschers«, insbesondere, wenn der Diskurs ausfällt.

– Die Mitschrift der Begegnung vom 07.04.1982 und das vertrauliche Protokoll des Sekretariates des BEK[66] geben etwas von der Atmosphäre des Wortwechsels wieder und erfassen die damals neuralgischen Punkte. Dass z. B. der Staatssekretär ungebremst die Sprache der Macht gebraucht oder Bischof Dr. Krusche seine klaren Forderungen als Voraussetzung für die Wiederherstellung von Normalität formuliert – dergleichen findet naturgemäß in staatsoffizielle Texte keinen Eingang.[67]

– Deshalb gilt: Kaum ein Text im großen Spiel von Macht und Vollmacht, Ohnmacht und Übermacht gibt – für sich genommen – neutrale Auskunft, sondern er dient allenthalben einem bestimmten Interesse, das – wo möglich – durch Parallel- oder Gegentexte aufzudecken ist.[68]

– Im Falle eines Geheimdienstes sind außerdem die Grundsätze des jeweils gewählten Konspirationsmusters mit einzurechnen, wenn wir der in den vorliegenden Texten angesprochenen »Wirklichkeit« auf die Spur kommen wollen.[69]

---

[66] BEK – Abk. »Bund der Evangelischen Kirchen in der DDR«. Sekretariat A 2 1831-410/82 vom 07.04.1982.

[67] S. o. 26 und 29.

[68] Vgl. dazu die Auskünfte des VPKA-Leiters mit dem Fernschreiben des Mielke-Stellvertreters aus dem Flugzeug und die Äußerungen Gysis – s. o. 24 ff. und 31 ff. mit 26 ff. Drei Welten und drei Sprachen innerhalb einer Partei!

[69] Vgl. die »Einschätzung« der HA XX/4 vom 06.08.1982 mit den hier abgedruckten kirchlichen Verlautbarungen und die gleichzeitig laufenden Vorbereitungen für das Lutherjahr 1983. Von Seiten des Staates war überaus wichtig, der Welt den Eindruck eines modernen und weltoffenen, demokratisch geordneten Gemeinwesens »Deutsche Demokratische Republik« zu vermitteln. Das hinderte aber die Partei- und Staatsführung nicht daran, gegen

Rückschlüsse aus dem Vergleich hier zitierter Texte können einen sachgemäßen Umgang mit den MfS-Akten erleichtern. Es geht zwei Jahrzehnte nach der »Friedlichen Revolution« nicht mehr an, Hinterlassenschaften eines Unterdrückungsapparates als zeitgeschichtliche Primärquelle zu benutzen und ihren Inhalt, der klaren Zielstellungen entsprang und auf diese Zielstellung hin konzipiert war, heute noch ohne Weiteres als zuverlässige Quelle und glaubhafte Offenlegung des Denkens einer ganzen Epoche – einschließlich der unangepassten Kräfte – auszugeben, ohne auf die Signale zu achten, die aus anderen Richtungen kommen. Dies war von Anfang an ein falscher Weg.

Die bisher angestellten Textvergleiche zwingen vielmehr zu der Schlussfolgerung: Die Frage nach Absicht, Verlauf und Wirkung der großen Anstrengungen des MfS, Einfluss auf die evangelischen Kirchen in der DDR zu nehmen, die sich als Ursprung, Hort und Schutzraum widerständiger Kräfte erwiesen haben, kann ohne hermeneutische Überlegungen nicht beantwortet werden. Wenn dies für das Ganze der Republik gilt, dann auch für die Untersuchung einer Region – wie hier der Ev.-Luth. Kirche in Thüringen.

Durch Gegenüberstellung von Texten zu einem einzigen Konflikt das disparate Quellenmaterial in seiner spezifischen Auslegungsproblematik vorzuführen, um dem tatsächlichen Geschehen näherzukommen, entspricht der Verantwortung des Historikers gegenüber den Grundsätzen der Forschung ebenso wie gegenüber den Betroffenen und darf nicht als Apologetik abgetan werden.

Zugleich kann der begrenzte Ausschnitt helfen, charakteristische Voraussetzungen für das Verstehen gegensätzlicher Texte schärfer zu sehen, als in großen summarischen Darstellungen erreicht werden könnte.

Daraus folgt methodisch:

Weil umstrittene Texte in ihren wechselseitigen Abhängigkeiten und konfrontativen Tendenzen zur Debatte stehen, wird versucht, durch *Zitate*, *Verweise* und *Fußnoten* die Ergebnisse dieser Untersuchung nachprüfbar zu belegen, aus dem Detail in größere Zusammenhänge zu rücken und so im Kern zu verstehen.

Das kann nicht ohne einen entsprechenden *Apparat* gelingen, wenn der fortlaufende Text nicht unlesbar werden soll.

Angesichts der Flut von Veröffentlichungen zum Thema »Staatssicherheit« wird auch ein ergänzender und kritischer Apparat für die Auseinander-

---

die als Konkurrenz empfundene und als besonders gefährlich eingestufte eigenständige Friedensbewegung der Kirche mit unangemessener Härte vorzugehen.

setzung mit anderen Meinungen und Untersuchungsergebnissen kaum ausreichen. Deshalb kann auch auf das Instrument des *Exkurses* nicht verzichtet werden.

Angesichts rasch schwindender Erinnerungen an DDR-spezifische Begriffe und ihren Sprachraum wird nicht mehr überall damit gerechnet werden können, dass die MfS-Sprache allgemein von jedem Leser verstanden wird. Neben der Erklärung einiger *Sprachformen* des MfS und ihrer Inhalte muss der Anmerkungsapparat außer dem Verweis auf die Herkunft eines Textes auch das Umfeld seiner Sachbeziehung in Erinnerung rufen, in die er gehört.

Schon im Laufe der Recherchen für diese Studie, die sich über Jahre hinzogen, trat immer deutlicher hervor, dass die Auslegung der MfS-Akten eine gewissermaßen unendliche Geschichte darstellt, weil ihre rechtlichen Rahmenbedingungen ständig wechselten. Es wird noch zu erörtern sein, von welchem Stand der Dinge diese Arbeit ausgehen musste.

Eingrenzung und Präzisierung des Themas

Wozu brauchen wir trotz der Fülle bereits vorliegender literarischer Aufarbeitungsversuche über das Wirken des Ministeriums für Staatssicherheit (MfS) der ehemaligen DDR gegen die evangelischen Kirchen eine weitere Untersuchung zum Verhältnis beider Institutionen anhand der MfS-Akten?

a)   Es geht in dieser Arbeit um einen begrenzten regionalen Ausschnitt – um das MfS-Gefechtsfeld »Ev.-Luth. Kirche in Thüringen«. Es gehört zum größeren Kriegsschauplatz des MfS und seiner Ideologen gegen die einzige nicht gleichgeschaltete Großorganisation »Kirche« im Allgemeinen und darin den Hauptgegner der SED »evangelische Kirche« im Besonderen. Es muss deshalb auch die Beziehung zum Bund der Evangelischen Kirchen erörtert werden.

Angesichts des zur Untersuchung vorgesehenen Zeitraumes und der Fülle von Quellenmaterial war das Feld von vornherein einzuschränken.

> Der mir von der Theologischen Fakultät der Friedrich-Schiller-Universität Jena erteilte Forschungsauftrag lautet, Einflussversuche des MfS auf die thüringische Landeskirche und über sie auf Organe des Bundes exemplarisch zu prüfen und zugleich – auf den Ergebnissen solcher Prüfung fußend – den Umgang mit den MfS-Akten nach deren Öffnung aus hermeneutischer Sicht zu erörtern.[70]

Das aber heißt: Es wird in dieser Arbeit weder die Geschichte der Ev.-Luth. Kirche in Thüringen jener Jahre noch die Geschichte aller MfS-Einflussversuche dargestellt, sondern es werden Beispiele für solche Versuche unter der Frage erörtert: Welche Voraussetzungen sind für das Verständnis dieser Gruppe der MfS-Akten hilfreich?

b)   Eine weitere Beschränkung erweist sich im Durchforsten der Quellenbestände von sibirischen Ausmaßen als zwingend: Selbst für dieses begrenzte Thema ist die überfließende Fülle der Akten allein des MfS innerhalb einer normalen, das heißt auf die Möglichkeiten eines Menschen zugeschnittenen Aufgabenstellung unüberschaubar.

---

[70]   Schreiben der Fakultät vom 25.04.1999, unterzeichnet von Prof. Dr. Michael Trowitzsch.

Niemand kann alles lesen. Niemand kann alles bearbeiten. Niemand vermag alles in seine Urteilsfindung einzubeziehen. Denn niemand lebt so lange.[71]

Das Studium unerlässlicher »Gegenakten« und den ganzen Zeit-Raum erhellender Parallelüberlieferungen sind dabei noch gar nicht in den Blick genommen.

Daraus folgt zwingend: Nur exemplarisch, nur am Beispiel kann das Feld abgeschritten werden. Es wird hier keine weitere IM-Liste vorgelegt. Die erörterten Fälle müssen für alle vergleichbaren stehen. Das wird freilich erst im Verlauf der Untersuchung klar:

> »Erst in dem regelmäßigen Umgang mit dem Material erschließt sich in vollem Umfang seine quellenkundliche Problematik«, schreibt Jens Gieseke.[72] »Insbesondere für die siebziger und achtziger Jahre, auf die sich zusammen rund 90 % der MfS-Überlieferung beziehen, stößt der Historiker schon aufgrund ihrer Redundanz an die objektiven Grenzen der Auswertbarkeit. »Der für Historiker normalerweise geltende Anspruch zu einem bestimmten Thema ›alle‹ einschlägigen Akten auswerten zu können, rückt damit in weite Ferne: ›Angesichts des Massencharakters der hier vorliegenden Quellen ist die Forderung, alles zugängliche Material durchzuarbeiten, ein Hirngespinst‹«,

zitiert Gieseke den polnischen Historiker Marcin Kula »*mit Blick auf die kommunistischen Polizeiarchive«.*[73]

Und Jan Foitzik, der sich zu dem zeitlich begrenzten Thema »Entstalinisierungskrise in Ostmitteleuropa« äußert,[74] muss gleich anfangs eingestehen:

---

71 Vgl. Martin Jankowski: Der Tag, der Deutschland veränderte. 9. Oktober 1989, Leipzig 2007. Der Autor versucht nur einen einzigen Tag zu dokumentieren – den 9. Oktober 1989 in Leipzig, also etwa 24 Stunden in einer einzigen Stadt – und umfasst 151 Seiten Text, sieben Seiten Personenregister, zehn Seiten Literaturverzeichnis. Anke Silomon erörtert nur fünf Tage Bundessynode 1987 in Görlitz auf 458 plus 17 Seiten: Anke Silomon: Synode und SED-Staat. Die Synode des Bundes der Evangelischen Kirchen in der DDR in Görlitz vom 18.–22. September 1987, Göttingen 1997.

72 Jens Gieseke (Hg.): Staatssicherheit und Gesellschaft. Studien zum Herrschaftsalltag in der DDR, Göttingen 2007, 15.

73 Ebd. zitiert nach Marcin Kula: »Was ich aus den legendären ›Mappen‹ erfahren möchte.« In: Agnès Bensussan u. a. (Hg.): Die Überlieferung der Diktaturen. Beiträge zum Umgang mit Archiven der Geheimpolizei in Polen und in Deutschland nach 1989, Essen 2003, 195–203.

74 Jan Foitzik, Dr. phil., Jg. 1948, Politologe und Historiker am Institut für Zeitgeschichte München–Berlin, in: Roger Engelmann u. a. (Hg.): Kommunismus in der Krise. Die Entstalinisierung 1956 und die Folgen, Göttingen 2008, 35, Anm. 1.

»Es war nicht einfach, das Material zu bändigen. Um gleichermaßen den Leser wie den Autor zu schonen, werden nicht alle Detailaussagen belegt. Sofern sie nicht in den Spezialreferaten genannt werden, können die Belege mithilfe der angegebenen Literatur erschlossen werden.«

Von diesem kleinen und dennoch nicht eingrenzbaren Felde aus – eine einzige Landeskirche in der Bearbeitung durch die Mammutorganisation MfS – sind größere Zusammenhänge wenigstens anzudeuten und zu benennen, innerhalb deren Prozesse abliefen, die sich auf diese Landeskirche beziehen.

Solche »Grenzüberschreitungen« wollen den Gegenstand der Untersuchung von verschiedenen Standorten aus in den Blick nehmen, gewissermaßen räumlich erfassen. Dafür wurde im Prolog der Arbeit am Beispiel des Symbolstreites »Schwerter zu Pflugscharen« eine erste, einführende Gegenüberstellung einander widersprechender Texte zum Fall »Kirche und MfS« versucht.

Im Paradox: Nur aus den Widersprüchen der Quellen ist Klarheit über den Gegenstand zu gewinnen.

c) Untersuchungen zur Zersetzungsarbeit des MfS gegenüber der Ev.-Luth. Kirche in Thüringen lagen mit spezifischer Zielsetzung z. T. schon sehr früh vor.

In Auswahl werden genannt:
— Autorenkollektiv: Die »andere« Geschichte, Erfurt 1993;
— Bürgerkomitee des Landes Thüringen e. V., Heft 6: »Im Interesse eines guten Verhältnisses« I, Suhl, ohne Jahrgang;
— dieselben, Heft 8: »Im Interesse eines guten Verhältnisses« II, Suhl 1997;
— Walter Schilling: Die »Bearbeitung der Landeskirche Thüringen« durch das MfS.[75]

Später dann erschien von Walter Weispfenning: Der Umgang mit MfS-Belastungen kirchlicher Mitarbeiter in der Ev.-Luth. Kirche in Thüringen. Dieser »Bericht im Auftrag des Landeskirchenrates« stellt die dienstrechtliche Auseinandersetzung mit Stasibelastungen in der Ev.-Luth. Kirche in Thüringen dar.[76]

---

[75] In: Clemens Vollnhals (Hg.): Die Kirchenpolitik von SED und Staatssicherheit. Eine Zwischenbilanz, Berlin 1996, 211–266.

[76] Walter Weispfenning: Der Umgang mit MfS-Belastungen kirchlicher Mitarbeiter in der Evangelisch-Lutherischen Kirche in Thüringen. Aufarbeitung von Stasi-Verstrickungen – Ein Bericht im Auftrag des Landeskirchenrates der Evangelisch-Lutherischen Kirche in Thüringen von Oberkirchenrat i. R. Walter Weispfenning, Eisenach, September 2006, epd-Dokumentation 40/2006, Frankfurt am Main 2007.
Walter Weispfenning/Dietmar Wiegand: Der Umgang mit MfS-Belastungen in der Evangelisch-Lutherischen Kirche in Thüringen, in: Stasi-Aufarbeitung in der Thüringer

Das MfS selbst ließ bereits 1982 eine thüringenspezifische Studie erarbeiten: Artur Hermann:[77] »Die Kenntnis der Entwicklung und des Charakters der Ev.-Luth. Kirche in Thüringen, ihrer Stellung, ihrer wichtigsten organisatorischen Strukturen und Regimefragen, ihrer materiellen, sozialen und geistigen Basis als Voraussetzung für eine zielgerichtete und wirkungsvolle politisch-operative Abwehrarbeit des MfS.«

Die Arbeit bietet eine Fülle von zutreffenden Informationen, was nicht zuerst auf IM-Zuarbeit beruht, sondern der offenen und öffentlichen Arbeit von Kirche entspricht. Faktendeutung und Ursachenanalyse bleiben anfechtbar. Das Ziel »wirkungsvolle politische Abwehrarbeit« wurde nicht erreicht, was die Auflistung selbst andeutet.[78]

d)   Die genannten relativ früh erschienenen kirchlichen Titel – mit Ausnahme des Weispfenning-Berichtes – nutzten nach der Öffnung der MfS-Akten nahezu ausschließlich die Akten nur einer Seite, nämlich die Konkursmasse des ehemaligen Ministeriums für Staatssicherheit der DDR.

In dieser Hinsicht entsprechen sie bedauerlicherweise der einsetzenden Flut von »Enthüllungsliteratur« seit 1990. Ihre Verfasser hätten zumindest die veröffentlichten kirchlichen Dokumente – gerade die aus Thüringen – vergleichend heranziehen müssen. Es unterblieb in den meisten Fällen.

e)   Einige Veröffentlichungen gehen von der Prämisse aus, dass »Thüringen« und die »Thüringer Kirche« besonders vom MfS »durchdrungen«[79] gewesen sei, zumindest aber als besonders »staatsnah«[80] habe gelten können.

Landeskirche. Dokumentation einer Tagung der Evangelischen Akademie Thüringen, Guthmannshausen, 29. September bis 1. Oktober 2006, epd-Dokumentation 16/2007, Frankfurt am Main 2007, 11 f.

77   BStU ZA, MfS – HA XX/4, Nr. 2422; Major Artur Hermann, später Oberstleutnant und Stellvertretender Abteilungsleiter der HA XX in Berlin, Typoskript, Gera, 1982.

78   Sowohl die Bilanz des »Differenzierungsprozesses« (Ziffer 8, 172 – BStU) als auch die Erfüllung der »politisch- operativen Abwehraufgaben« (Ziffer 9, 178 BStU) lassen Besorgnisse erkennen und deuten Misserfolge an. Diese sind dann auch flächendeckend eingetreten.

79   So Dr. Ehrhart Neubert bei seinem mündlichen Vortrag der Tagung der Evangelischen Akademie Thüringen vom 29.09–01.10.2006. in Guthmannshausen nach Mitschrift des Verf. Im gedruckten Beitrag spricht N. nur noch von »partieller Unterwanderung«. Vgl. Ehrhart Neubert: »Kirche und Stasi in Thüringen – Erträge und Perspektiven«, epd-Dokumentation 16/2007, 45 ff.

80   Klaus Wähler: Zur Rechtsprechung der kirchlichen Disziplinargeschichte in sogenannten»Stasifällen«, in: ZevKR 45 (4/2000), 567: Die Thüringer Kirche, die »während des Bestehens der DDR als besonders staatsloyal gelten konnte ...«

Nach dem Ursprung auch solcher Rede ist zu fragen und zu prüfen, ob die Vorgänge um »Kirche in Thüringen« – nicht nur um einzelne ihrer Vertreter! – von verschiedenen Quellen aus gesehen dem Bilde entsprechen, das sich inzwischen verfestigt hat. Es ist nach dem Begriff von Kirche zu fragen, der in der Verwechslung einzelner Leitungspersonen mit der Kirche als Ganzer erkennbar wird.

f)   Werden einseitige Quellen einseitig ausgewählt, müssen die Argumentationslinien sich so einseitig Informierender zwangsläufig in den Duktus geraten, den die MfS-Akten in ihrer ideologisch verengten Sicht und ihrer taktisch ausgerichteten Darstellung der Staat-Kirche-Beziehung vorgeben.[81]

Deshalb werden in der vorliegenden Untersuchung veröffentlichte und interne Paralleltexte aus kirchlichen Verlautbarungen, Gremienprotokollen und handschriftlichen Quellen, Augenzeugenberichte und Interviews und mir vorliegende interne Papiere von Tagungen und Ausschussberatungen zur Erhellung der Sachverhalte herangezogen.

Es wird versucht, wenigstens einen Dreiklang der Stimmen aus der Überlieferung zu Gehör zu bringen:

– Neben zwangsläufig nur ausgewählten Beispielen aus den Textmassen des MfS
– wird die jeweilige Gegenüberlieferung aus dem kirchlichen Raum mit
– Erfahrungsberichten noch lebender Zeitzeugen[82] konfrontiert, um etwas vom herrschenden Zeitgefühl und der Atmosphäre jener Tage zu vermitteln.

g)   Die Akten des MfS geben ein ideologisch verfremdetes Bild der Wirklichkeit wieder.

Durch die Arbeit in vielen Thüringer Kirchgemeinden, in der thüringischen Grenzsuperintendentur Saalfeld, in Landes- und Bundessynode, in der Konferenz der Kirchenleitungen, im Landeskirchenrat und nach 1989 im landeskirchlichen Überprüfungsausschuss für kirchliche Mitarbeiter mit Stasibeschuldigungen und mit eigenen Erfahrungen als Angriffsobjekt von bisher drei

---

[81]   Ausnahmen bilden die Abschlussberichte der kirchlichen Untersuchungsausschüsse, die kirchlichen Berichte über die »Bearbeitung von Landeskirchen« und die Dokumentation: Uwe-Peter Heidingsfeld/Ulrich Schröter: »Meister«. Die MfS-Vorlaufakte des Thüringer Landesbischofs Werner Leich im Spiegel seiner Vermerke, herausgegeben von Idea e.V., Idea-Dokumentation (15/1996).
[82]   Zur Problematik von Zeitzeugen vgl. Exkurs: Zeitzeugen und Zeitgeschichte, 123.

bekannten Operativen Vorgängen[83] mit dem Ziel der Zersetzung über drei Jahrzehnte stieß ich in neueren zeitgeschichtlichen Darstellungen dieser verschiedenen Ebenen immer wieder auf einen krassen Widerspruch:

Zwischen dem Bild kirchlicher Arbeit in der Sicht maßgeblicher Staatsfunktionäre im Allgemeinen sowie den MfS-Akten im Besonderen und der von mir erlebten Wirklichkeit, die durch Fakten sowie durch schriftliche, zugängliche kirchliche Unterlagen belegbar ist, dehnt sich eine tiefe Kluft.

Ihre erkennbaren Gründe auf Seiten des Staates sind ideologisch-taktische:

– Die Kirche stellt nach den »Klassikern« des Marxismus-Leninismus nur ein absterbendes Relikt der bürgerlichen Klassengesellschaft dar. Sie verschwindet mit dem Sieg des Sozialismus.[84] Alles, was dieser Prophetie widerspricht und von kräftigem Leben zeugt, kann nur den perfiden Unterwanderungsversuchen des Klassenfeindes entspringen. Dem ist nach Meinung der sozialistischen Ideologen auf verschiedene Weise zu begegnen:

– Durch direkte Konfrontation: »Zurückdrängen« des Religionsunterrichtes, »Zersetzung« der Jungen Gemeinde, Studentengemeinden, Jungakademikerarbeit, Bibelkreise und Gesprächsgruppen junger Erwachsener und viele Formen von Unterdrückung Einzelner.

– In ständiger Konkurrenz mit einem »spätbürgerlichen« System auf deutschem Boden nebenan erschien es den Strategen der SED nötig, die Partnerschaftsarbeit mit westlichen Kirchen zu verdächtigen und möglichst einzuschränken, gesamtdeutsches Gedankengut zu überwinden und grenzüberschreitende Entwicklungen in der Friedensarbeit zu paralysieren – es sei denn, ausgewählte Vorgänge im *antiimperialistischen Friedenskampf der Völker* ließen sich in die SED-eigene Propaganda integrieren, wie das z. B. auf dem Wege über die »Christliche Friedenskonferenz Prag« immer wieder versucht wurde.

---

[83] »Operativer Vorgang« ist in der Sprache des MfS Terminus technicus für die direkte »Bearbeitung« von Personen, deren »Einfluss zurückgedrängt« werden sollte und die zu »zersetzen« waren. S. u. Abschnitt 4.1 bis 4.3 zur Sprache des MfS.

[84] Selbst Lexika, Strategiepapiere und aktuelle Einschätzungen über das MfS gehen immer wieder von diesen »Grundpositionen« und Lehrbuch-Vorstellungen aus, z. B. Klaus/Buhr: Philosophisches Wörterbuch, 475 ff.: »Religion ist der Wissenschaft … entgegengesetzt und speist sich aus denselben Quellen wie der Aberglaube, dem sie wesensverwandt ist … Mit der Entwicklung der kommunistischen Gesellschaftsordnung und der umfassenden Verbreitung der wissenschaftlichen Weltanschauung der Arbeiterklasse, des dialektischen und historischen Materialismus, wird die Religion aus dem Leben der Gesellschaft schwinden.« Vgl. auch Dohle: Grundzüge, 10, und Grundorientierungen für die politisch-operative Arbeit des MfS, 87 ff.

– Durch »*Einbeziehung*« der Christen in die politische Arbeit an der »neuen Gesellschaft« – vor allem in und mittels der CDU, aber auch in der »Christlichen Friedenskonferenz«, in den Arbeitsgruppen «Christliche Kreise« bei der »Nationalen Front« und anderen Organisationen sollten nicht etwa »*die heilenden Kräfte des Evangeliums in das Volk getragen*«,[85] sondern der »*ideologische Rest bürgerlichen Denkens in den Kirchen*« überwunden werden.

h)   Manche Medien übernehmen die optischen Täuschungen ideologiegeblendeter Funktionäre von damals in ihre eigene Ideologie von heute.

Die Sicht der MfS-Akten überträgt sich zwangsläufig auch auf das Abbild der evangelischen Kirchen in jenen Medien, die sich vorwiegend auf diese Akten oder ihre schnell fertigen Ausleger stützen und noch immer wenig Interesse für kirchliche Dokumente der fraglichen Zeit aufbringen. Aber auch Historiker erliegen dem Trend: Aus Zeitzeugen wird ausgewählt, wer die eigene Position stützt. Von Historiker zu Historiker wiederholte Zitate verfestigen sich zu scheinbar begründeten Erkenntnissen.

Dieser »Überlieferungsvorgang« könnte bildlich als endloser »Pilgerweg der Farbe Rot« umschrieben werden: »Rot zitiert Rot zitiert Rot zitiert Rot« und so ad infinitum, da bleiben alle anderen Farben auf der Strecke. Ein ungeprüft übernommenes Urteil oder auch Vorurteil tritt teils mit teils ohne Angabe seiner Herkunft die Reise durch Analysen und Kommentare an. Und kommt ans Ziel: Es wird zum nicht mehr hinterfragten und auch nicht mehr zu hinterfragenden unumstößlichen Urteil.

Als Beispiel eines solchen »Pilgerweges der Farbe Rot« stoßen wir auf ein nach 1989 ständig wieder abgeschriebenes ideologisches Vorurteil über den Weg der evangelischen Kirche in der DDR. In zwei Sätzen könnte es etwa so lauten:

Satz eins: »Kirche« – was auch immer darunter verstanden werden mag – hätte sich stärker um vergleichsweise »rechtsstaatliche Verhältnisse« bemüht müssen. Sie habe ein »*gebrochenes Verhältnis zum Recht*«.[86]

---

[85] Stereotyp wiederkehrende Aufgabenbeschreibung des Mandates der Kirche bei Moritz Mitzenheim, dem Landesbischof der thüringischen Kirche: »Raum zu schaffen für das Evangelium, die Gemeinde unter dem Wort zu sammeln und die Heilkräfte des Evangeliums ins Volk zu tragen, das ist und bleibt der Auftrag Gottes für die Prediger des Evangeliums.« 122. und letzter Rundbrief Mitzenheims vom 26.6.1970, in Moritz Mitzenheim/Thomas Björkman (Hg.): Ein Lebensraum für die Kirche. Die Rundbriefe von Landesbischof D. Mitzenheim 1945–1970, Lund 1991, 344.

[86] Erhart Neubert: »Die partielle Unterwanderung der Kirchen mit MfS-Mitarbeitern ist ein Symptom für ein gebrochenes Verhältnis der Kirchen und ihrer Mitarbeiter zum Recht.«

Satz zwei: Aus den MfS-Akten wird stattdessen erschreckend deutlich, in welchem Maße auch die Kirchen »*mit dem MfS verstrickt*« waren.[87]

Was letzten Endes nach dem Gang der Herbstrevolution von 1989 zu der abenteuerlichen Konsequenz führen muss: »*Die Staatssicherheit hat mit Hilfe der Kirche(n) die DDR und damit sich selbst aufgelöst.*«[88]

Auch solche sonderbaren Urteile sind zu untersuchen. Schon jetzt ist festzuhalten, dass der Vergleich der wenigen im Prolog zitierten Texte miteinander weder den ersten noch den zweiten Satz, geschweige denn deren Schlussfolgerung bestätigt. Am eingangs dokumentierten Streit um die Aufnäher »Schwerter zu Pflugscharen« kann eines der oben genannten Fehlurteile – Kirche habe ein gebrochenes Verhältnis zum Recht gehabt – leicht widerlegt werden: In scheinbaren Einzelkonflikten und darauf sich beziehenden Protesten stand die Frage des verbrieften oder zu sichernden oder verweigerten Rechtes immer im Mittelpunkt. Dass sich der Staat jeder einklagbaren Rechtsregelung entzog, kann nicht der Kirche angelastet werden.

Um das auch in der DDR-Verfassung garantierte Recht auf Gewissens- und Glaubensfreiheit ging es im »Symbolstreit« Schwerter zu Pflugscharen ebenso wie um andere Bürgerrechte. Und die Kirchen schwenkten keineswegs auf die vom MfS vorgegebene Linie ein, nur über Einzelfälle zu streiten. Zitate aus der Konfrontation der evangelischen Kirchen mit dem Staatssekretär am 07.04.1982 belegen das.[89]

In der Auseinandersetzung mit Staatssekretär Klaus Gysi traf der Vorwurf sowohl von Bischof Krusche, wie von Bischof Leich, wie des sächsischen Präsidenten des Landeskirchenamtes Domsch den skandalös willkürlichen Umgang des Staates mit dem Recht und darin seine spezifische Rechtsauffassung: Recht ist, was der Partei nützt und was sie zum Recht erklärt. Die harsche Reaktion des Staatssekretärs bestätigt das ungewollt: »*Staat ist Staat und Gesetz ist Gesetz. Man muss nicht jedem Bürger alles erklären:*«[90]

Ehrhart Neubert: »Kirche und Stasi in Thüringen – Erträge und Perspektiven«, epd-Dokumentation 16/2007. Aus dem möglicherweise bei einzelnen Mitarbeitern gerade noch nachzuweisenden »gebrochenen Verhältnis zum Recht« die Behauptung abzuleiten, dies charakterisiere die ganze Kirche, ist so einleuchtend wie der Schluss von einem ungeschneuzten Kind auf die unhygienische Lebensweise seiner ganzen Familie.

[87] A. a. O., 50 f.

[88] So nachzulesen etwa bei Henryk M. Broder, Eine schöne Revolution, in: »Die Zeit« vom 10.01.1992. Oder in der FAZ vom 30.01.1992: Stefan Wolle: Die Wende im Untergrund, War die Herbstrevolution 1989 vom MfS gesteuert?

[89] S. o. im Prolog, 21. Vgl. dazu auch Dokumente 4.1 bis 4.4.

[90] Persönliche Mitschrift des Verf. als Teilnehmer an der Begegnung.

i)   Ideologische Vorurteile bezichtigen evangelische Kirche der »Sozialismusnähe«.

»Evangelische Kirche pflegte immer eine gewisse Sozialromantik, hatte deshalb von vornherein eine Art Sozialismusaffinität und war sozialistischen Ideen nicht abhold.[91]« So schlicht darf die gesellschaftliche Diakonie der Nächstenliebe nach dem Liebesgebot des Evangeliums mit dem im gesamten Ostblock angestellten marxistisch-leninistischen Welterneuerungsversuch eigentlich nicht verwechselt oder gar in eins gesetzt werden, wie Angriffe des MfS auch auf die Diakonie beweisen.

Dieses Vorurteil entspringt wohl einer sich als »konservativ« verstehenden Ideologie.

k)   Suchend nach »Einfallstoren für die Stasi«[92] und nach »verknechteter Theologie«[93] werden rätselhafterweise preußische Obrigkeitsvorstellungen und alte »Allianzen von Thron und Altar« hervorgeholt und Theologen der DDR-Zeit unterstellt, um als Beweis für »*Defizite in Theologie und Kirchenverständnis*« zu dienen.

Dabei wird beispielsweise überspielt, dass sich etwa im Konflikt zwischen Bischof Mitzenheim und Bischof Dibelius eine sublimierte und prowestlich adaptierte preußische Tradition bei Dibelius gegen den Bischof auf der nichtpreußischen Kleinäckerflur Thüringen richtete und gegen dessen allerdings eigenwillige Art, stur und starrköpfig wie ein Thüringer Bauer um sein »Feld« – die Ev.-Luth. Kirche in Thüringen – zu kämpfen.[94]

l)   Sonderbare Interpretationen kirchlicher Territorialgeschichte von außen her bedürfen unter dem begrenzten Aspekt von Einflussversuchen des MfS auf

---

[91]   So geistert durch die, von der wissenschaftlich sich gebenden Faktenaufzählung nicht zu unterscheidende, Kommentierung bei Besier der schillernde Begriff des »Sozialdemokratismus« als Vorwurf an die Evangelischen Kirchen, wofür ausgerechnet Mielke zustimmend zitiert wird: »Aus einer isoliert gesellschaftspolitischen Betrachtungsweise nicht einmal zu Unrecht sprach Mielke Ende Juni 1989 vom ›Sozialdemokratismus‹ im Konzept des ...« (Satz bricht hier ab, Rest fehlt!). Nach dem Zusammenhang, der dem MfS den Versuch bescheinigt, »den seit Jahren betriebenen innerkirchlichen Zersetzungsprozeß noch zu beschleunigen« (als ob diese Versuche irgendwo und irgendwann nennenswerten Erfolg gehabt hätten!), kann sinngemäß nur vom Konzept des Bundes der Evangelischen Kirchen die Rede sein (Besier/Wolf: Pfarrer, 62).

[92]   Götz Planer-Friedrich: Einfallstore für die Stasi. Der Thüringer Weg systemkonformer Kirchenpolitik, Evangelische Kommentare 25 (2/1992), 75 ff.

[93]   Neubert: Vergebung, 149 ff.

[94]   Zu anderen Prägungen »Thüringer Kirche« vgl. unten Abschnitt 19.

die Landeskirche einer vorläufigen Überprüfung – hinsichtlich der »Thüringer Isolation«, der »Thüringer Alleingänge«, der »Thüringer Staatsnähe« in den verschiedenen Phasen der Geschichte unserer Landeskirche.

Zwar kann es in bewusster Begrenzung dieser Arbeit nicht einmal um Ansätze einer thüringischen Kirchengeschichte gehen, sondern »nur« um das Gegenüber einer vergleichsweise kleinen und territorial wie glaubensgeschichtlich zersplitterten, aber insgesamt sich als lutherisch verstehenden Landeskirche zum *»gewaltigen Imperium des Ministeriums für Staatssicherheit, das 30 Jahre lang von Erich Mielke geführt und zu unvorstellbarer Größe aufgebläht wurde«.*[95]

Leider findet sich die bruchlose Tradierung von Vor-Urteilen auch in Artikeln als seriös verstandener Veröffentlichungen zeitgeschichtlicher Forschung, die sich mit dem Weg der evangelischen Kirchen in der DDR im Allgemeinen und mit dem verdeckten Kampf des MfS gegen die evangelischen Kirchen im Besonderen befassen, sofern sie sich im Wesentlichen auf die MfS-Akten stützen und dabei zu recht sonderbaren Ergebnissen gelangen. Warum?

Fehlleistungen in der Beurteilung der Tätigkeit des MfS
Während der Arbeit an dieser Untersuchung begegneten als hermeneutische Fehlleistungen im Umgang mit den MfS-Akten folgende Vorgänge:
– Die Sicht des MfS wird kritiklos übernommen – entweder aus Unkenntnis des besonderen Charakters dieser Überlieferung oder mit der Absicht, das Aktenmaterial den eigenen Zwecken dienstbar zu machen.[96]
– Der Staatssicherheitsdienst verstand sich als *»Schild und Schwert der Partei«* und muss deshalb als integraler Bestandteil des Herrschafts- und Ideologieapparates der SED angesehen werden. Die Realitätsferne seiner Verantwortungsträger ist am Tage – nicht erst seit 1989. Auch wenn ehemalige Funktionäre heute behaupten, sie hätten das Debakel kommen sehen, die Texte, die um den 40. Jahrestag der DDR entstanden, beweisen das Gegenteil, nämlich die traumtänzerischen Vorstellungen der gerade noch Regierenden.[97]

---

[95] David Gill/Ulrich Schröter: Das Ministerium für Staatssicherheit, Anatomie des Mielke-Imperiums, Reinbek bei Hamburg 1993, 12.

[96] Das gilt zuerst von der Flutwelle des Enthüllungsjournalismus der frühen neunziger Jahre. Alt-neue Ostzeitungen versuchten, mit dem Finger auf andere zu zeigen, um von sich selbst abzulenken. Chefredakteure hatten zwar gewechselt, aber die »Belegschaft« blieb noch lange die alte. Und westliche »Kollegen« beruhigten sich und die Öffentlichkeit: Die Kirche taugt auch nichts.

[97] »Den Sozialismus in seinem Lauf halten nicht Ochs noch Esel auf.« Erich Honecker am 40. Jahrestag der DDR – lt. DDR-Fernsehübertragung vom 7. Oktober 1989.

Geradezu bestürzend wirkt Erich Honeckers unerschüttertes Bekenntnis zum Sozialismus noch im Gefängnis zu Moabit 1993:[98]

>Der Untergang der DDR hat mich hart getroffen, aber er hat mir und nicht wenigen Kampfgefährten nicht den Glauben an den Sozialismus als der einzigen Alternative für eine menschliche, eine gerechte Gesellschaft genommen. Die Kommunisten gehören, seit es den Kapitalismus gibt, zu den Verfolgten dieser Erde; aber sie gehören nicht zu den Zukunftslosen.«

Schottet der Inhaftierte sich bewusst ab, um nicht den Sinn seines bisher geführten Lebens zu verlieren? Oder flackert in dem schon einmal als Gefängnis erlebten »Moabit« zum Feuer auf, was unter der Asche verbrauchter Herrschaftsjahre noch glimmen mochte?

Tatsächlich wird grundsätzliche Unkenntnis der DDR-Führung und wohl auch bewusste Abschottung[99] gegenüber gesellschaftlichen Entwicklungen von erheblicher Tragweite Zug um Zug durch »Geheimdokumente« bestätigt, die nun an den Tag gelangen.

Fallbeispiel: Verstopfte Quellen: Illusionen verschleiern die Wirklichkeit

Noch am 28.11.1989 – drei Wochen, nachdem die Grenze zur Bundesrepublik »geflutet« worden war,[100] drückt ein Arbeitspapier zur Umbildung der Staatssicherheit in das »*Amt für Nationale Sicherheit*« die Hoffnung aus:

>Die Auflösung der Kreisämter für Nationale Sicherheit könnte ein deutliches Zeichen setzen, daß das Amt für Nationale Sicherheit konsequent den Weg der revolutionären Erneuerung des Sozialismus in der DDR mitgestaltet und unterstützt, bereit ist, Kräfte des ehemaligen MfS radikal abzubauen, was mit hoher Wahrscheinlichkeit zu einer

---

98 Erich Honecker: Moabiter Notizen. Letztes schriftliches Zeugnis und Gesprächsprotokolle vom BRD-Besuch 1987 aus dem persönlichen Besitz Erich Honeckers, Berlin 1994², 10.

99 »Weil nicht sein kann, was nicht sein darf« nach Christian Morgensterns »Palmström«: Die unmögliche Tatsache. Christian Morgenstern: Alle Galgenlieder. Galgenlieder, Palmström, Palma Kunkel, Gingganz. Gedichte, Leipzig 1953, 164. Diese von der sozialistischen Parteiführung vorgeschriebene ideologische Selbstbeschränktheit hat in der Geschichte der DDR stets zu Konflikten mit eben der geleugneten Wirklichkeit geführt und schließlich zum Zusammmenbruch des gesamten Systems kräftig beigetragen.

100 Meldung vom ersten geöffneten Grenzübergang in Berlin an die Vorgesetzten am 9. November 1989.

spürbaren Verringerung von Angriffen bestimmter Kräfte auf diesem Gebiet führen dürfte.«[101]

So pflegt die alte Garde verbrauchte Illusionen. Sie verschanzt sich hinter einer zum Ritual erstarrten Sprache – 14 Tage nach der Demonstration vom 04.11.1989 auf dem Berliner Alexanderplatz mit fast einer Million Teilnehmern und eindeutigen Spruchbändern: *»Rechtssicherheit ist die beste Staatssicherheit«*, *»Pässe für alle – der SED den Laufpaß«*.

– Zu den besonders folgenreichen Fehlleistungen gegenüber dem MfS-Erbe gehört die Übernahme der Sicht der Aktenschreiber dort, wo diese sich selbst widersprechen und damit ihre ideologisch begründete Verzeichnung der Wirklichkeit ungewollt kundtun.[102]

– Die immer mitlaufenden ideologischen Denkmuster und Zielsetzungen des MfS, die sich gegen die Realität in der sogenannten *»widersprüchlichen Entwicklung«* durchsetzen sollten, werden zuweilen selbst durch Historiker vernachlässigt und mit der Darstellung von Wirklichkeit verwechselt.[103]

– Seit 1990 haben sehr unterschiedliche Interessenten, von denen jeder seinen eigenen Nutzen suchte, eine zielgerichtete Auswahl unter diesen Akten getroffen, um sie eigenen aktuellen Zielen dienstbar zu machen. Die so entstandene Tendenz der Auslegung trägt nicht gerade zur Erhellung der Zu-

---

[101] Karl-Heinz Arnold: Schild und Schwert. Das Ende von Stasi und Nasi, Berlin 1995, 125, ehemals enger Mitarbeiter von Hans Modrow, 1989–1990 letzter SED-Ministerpräsident der DDR. Arnold überschreibt nicht ohne Grund dieses Kapitel seiner Rückschau mit »Sorgen, Illusionen, Realitäten«.

[102] Eindrucksvollstes Beispiel von Selbstüberschätzung die »Verpflichtung« Franz Sgrajas, eines »Führungsoffiziers« des MfS, vom 30.04.1969: Er sieht die Gründung des Bundes der Evangelischen Kirchen in der DDR als seine Selbstverpflichtung im Wettbewerb zum 20. Jahrestag der DDR an und will sie durch eine weitere IM-Werbung »festigen«. (BStU ZA, MfS – HA XX/4, Nr. 3571, 112). Er konnte diese anmaßende »Selbstverpflichtung« nur deshalb abgeben, weil – ganz ohne sein Zutun! – die große Mehrheit der Synoden schon entschlossen war, in einer »engeren Gemeinschaft« dem atheistischen und alles andere als demokratischen Staat Paroli zu bieten. Vgl. Abschnitt 20.5.2.

[103] Vgl. die »Protokolle« der staatlichen Seite in den »Gesprächen« mit kirchlichen Beauftragten, denen überall solche Denkmuster und Sprachformen zu Grunde liegen, die aber dennoch als korrekte Wiedergabe der Äußerungen von Vertretern der Kirche zitiert werden. So in Katharina Lenski/Reiner Merker: Zwischen Diktat und Diskurs. Oppositionelle Handlungsräume in Gera in den 80er Jahren, Thüringer Archiv für Zeitgeschichte »Matthias Domaschk«, Jena 2006. Alle Argumente für die These: Staat und Kirche haben in Gera die »Offene Arbeit zerschlagen«, stützen sich auf die Niederschriften des Rates des Kreises und des Rates des Bezirkes Gera. Ein Interview mit damaligen Gesprächsteilnehmern der kirchlichen Seite wäre bis zur Stunde noch möglich gewesen, fällt aber aus.

sammenhänge bei, erhebt aber den Anspruch der »Aufarbeitung«. Sie fließt je länger je mehr in einen Mainstream der Einschätzungen zusammen, in dem man sich gegenseitig zitiert und die bisher zusammengetragenen Teileinsichten zu einem kaum noch hinterfragbaren Meinungsstrom verfestigt.[104]

Fallbeispiel: An der Masse erstickt. Wer kann 178 000 m Akten lesen?

Die Tonnenproduktion des MfS und seiner Mitarbeiter von mal mehr, mal weniger zuverlässigen und sehr unterschiedlich verwertbaren »Informationen« kann für nahezu jede Arbeitshypothese »Belege« liefern. Man muss nur das auswählen, was die eigenen Thesen zu bestätigen scheint, und weglassen, was der gewünschten »Beweisführung« widerspricht.[105]
Selbst MfS-Offizier Klaus Roßberg gesteht 1995 ein:

> »Die im ganzen Land grassierende Tonnenideologie schlug auch auf unser Ministerium durch – und zwar auf allen Ebenen. Mit Strichlisten und Punktetabellen sollten ständig steigende Leistungen nachgewiesen werden. So kam es vor, daß der gleiche Vorgang bis zu fünfmal gemeldet und aus einer Information zwei oder drei Papiere gemacht wurden.«[106]

Die Masse des vorliegenden Materials der Institution, die alles wissen wollte, kann also von keinem Einzelnen und keiner Arbeitsgruppe wirklich überschaut, geschweige denn zu einem Thema wirklich durchgearbeitet werden. In den Archiven der BStU Berlin mit ihren Außenstellen lagern:[107]

39 Millionen	Karteikarten
ca. 1,4 Millionen	Fotodokumente
ca. 169 000	Film-, Video- und Tondokumente
21 500	elektronische Datenträger
178 000 lfm	Schriftgut[108]
15 000	Säcke mit »vorvernichteten« = zerrissenen Unterlagen

---

[104] Das erscheint mir beim Umgang mit dem Begriff »IM« besonders deutlich und mit besonderen Folgen belastet. Vgl. dazu Abschnitt 17.

[105] Eine probate Methode zur Verzeichnung der Wirklichkeit, die Karl Eduard von Schnitzler bis zur Perfektion entwickelt hat, die von Stefan Heym aber schon 1974 im Roman »Der König-David-Bericht«, 92–97, karikiert wird, Stefan Heym: Der König-David-Bericht, Berlin 1974².

[106] Klaus Roßberg/Peter Richter: Das Kreuz mit dem Kreuz. Ein Leben zwischen Staatssicherheit und Kirche, Berlin 1995, 62.

[107] BStU-Mitteilung per Flyer im Januar 2008.

[108] Roger Engelmann: Zu Struktur, Charakter und Bedeutung der Unterlagen des Ministeriums für Staatssicherheit, in: BF informiert, 3/1994, 6, nennt 178 lfd. Kilometer Akten.

In mageren Worten: Allein 178 Kilometer Schriftgut begünstigen und erzwingen selektiven Gebrauch der Akten. Daraus kann schnell eine »Belegsammlung« für vorgefasste Thesen werden. Für diese Arbeit ergibt sich daraus der Zwang zur Beschränkung auf eine ausschließlich exemplarische Darstellung.

– Aus *Fallbeispielen* sollen Einsichten gewonnen werden, die zu einem Bild der Einflussversuche des MfS auf eine Landeskirche beitragen könnten, das sich nicht ausschließlich auf Stasiakten stützt. So entsteht im günstigen Falle ein »räumliches Bild« der nachwirkenden Vergangenheit.

– *Schlüsseltexte* werden unverzichtbar, wenn die ganze Fülle der wichtigen und der noch mehr unwichtigen Informationen für die Interpretation nicht aufgearbeitet werden kann. Es ist der Teil der Texte aufzuspüren, von dem aus die Gesamtheit der Überlieferung zu verstehen ist oder wenigstens der Versuch einer Annäherung an ihre Hintergründe begründet werden kann.

Hermeneutisch wirken Schlüsseltexte wie in mathematischen Formeln Zahlen oder Zeichen vor der Klammer. Mathematisch gilt: Wird das Zeichen oder die Zahl vor der Klammer übersehen oder fehlgedeutet, kann sich zwar innerhalb der Klammer u. U. noch ein schlüssiges Ergebnis ableiten lassen, es wird aber falsch.

Diese Gefahr besteht im Umgang mit den Stasitexten immer dort, wo eine Auswahl von zitierten oder kommentierten Texten außerhalb ihrer Grundbestimmung und ohne Rücksicht auf ihre unterschwellige oder auch erklärte Absicht als in sich schlüssig behandelt und ihr besonderer Charakter vernachlässigt wird, hermeneutisch gesagt: Wo ihr *»Sitz im Leben«* außer Acht bleibt.

An einem einfachen Tatbestand ist das zu überprüfen:

Fallbeispiel: »Konspiration«

Ohne Kenntnis der durchgängigen Konspiration in allen Aktionen des MfS, auf allen Ebenen dieser Behörde und sogar in deren operativen Texten schließen Spätere nach der Lektüre einzelner Textausschnitte auf Verhältnisse, die dem eigenen Lebenshintergrund entsprechen. So kann der Leiter einer Tagung über Stasi-Aufarbeitung zum Beispiel ganz arglos fragen: *»Wie fühlten Sie sich eigentlich damals mit vier IM*[109] *an einem Tisch?«*

In dieser so harmlosen Frage verbergen sich drei Fehlannahmen.

---

[109] IM = Inoffizieller Mitarbeiter des MfS, s. Abschnitt 17.2.

— Zunächst: »*Damals*«, also vor der Besetzung der Dienststellen und Öffnung der Akten, kannten nur hauptamtliche Mitarbeiter des MfS den Begriff »IM« und allenfalls einige wenige IM selbst.

Weil es ohne Zweifel sehr schwerfällt, sich in eine Situation einzufühlen, deren bedrückende Realität einem nur aus zweiter oder gar dritter Hand bekannt wurde, rechnen von außen Kommende kaum damit, dass der Begriff »IM« bis zur Erstürmung der Stasi-Zentralen ausschließlich in einer unzugänglichen Geheimwelt und deren Eigensprache vorkam.

— Sodann: Dass vor 1989 in der DDR an allen Ecken und Enden mit »Spitzeln« zu rechnen war, ahnte jeder. Zugleich gilt: Wer »damals« irgendwo an irgendeinem Tische saß, wusste in der Regel nicht, wer ihn auszuhorchen trachtete — selbst wenn er gleich von mehreren dieser Schatten umgeben gewesen sein sollte.

Verdacht konnte wohl aufkommen. So hat mancher nach Öffnung der Archive keine allzu große Überraschung erlebt, endeckte er diesen und jenen aus seinem Umfeld auf den Listen der »Inoffiziellen Mitarbeiter«.

— Schließlich: Das MfS sah als gefährlich an, wenn hauptamtliche Mitarbeiter den von ihnen Belauerten bekannt waren.

Also mussten sie ihrer Umgebung mit »Legenden« aufwarten und in eine angenommene Scheinrolle hineinschlüpfen, um nicht erkannt zu werden. Hätte jeder sie in solchem Tarnanzug erkennen können, wären es keine Geheimagenten mehr gewesen.[110] Mit manch stereotypen und anderen, recht intelligent gesponnenen Legenden kompliziert sich die Deutung der Texte noch einmal.

---

[110] Vgl. Abschnitt 11.7 und Abschnitt 15.1.

Hermeneutik für Stasiakten?

Der Gründe für die unverändert hohe Wertschätzung der Regalkilometer geheimdienstlicher Niederschriften sind so viele, wie sich Interessenten ihrer bedienen. Jeder bringt sein eigenes Vorverständnis, seine Suchrichtung und seine Absichten mit. Eine hermeneutische Prüfung dieser Gemengelage an gegensätzlichen und sich ergänzenden Interessen findet durchaus nicht immer statt. Mit den daraus sich ergebenden Fehlschlüssen werden wir noch lange zu tun haben.

Für eine Reihe von Auslegungsfehlern gilt eine hermeneutische Beobachtung:

Wer dem auf besondere Weise problematischen Charakter dieser Quellen nicht Rechnung trägt, liefert sich dem aus, was die Verfasser bezweckten. Er wird unbewusst oder bewusst ihr Transporteur und setzt im ungünstigsten Falle gewollt oder unbeabsichtigt ihr Zerstörungswerk fort.

Dazu Jens Gieseke:[111]

> »Mit der Öffnung der Archive prägte nun der bürokratieförmige Nachlass wesentliche Teile des Bildes mit allen Vor- und Nachteilen, die dies hat … bis hin zur unwillkürlichen Übernahme der Logik und Sprache aus der geistigen Welt des ›Tschekismus‹. Auch das umgekehrte Risiko liegt nahe: die unkritische Reproduktion der Stasi-Feindperspektive, die Apparatzuschreibungen und Selbstverständnis von Akteuren verwechselt.«

Gerade weil immer wieder versucht wird, mit Akten Politik zu machen, darf sich verantwortlich betriebene Forschung nicht davon abhalten lassen, der Instrumentalisierung der Aktenmassen zu widerstehen.

Vor allem den Medien aber kommt eine sehr hohe Verantwortung im Umgang mit dem geistigen und politischen Erbe einer untergegangenen Zwangsordnung zu, dass dieses nicht weiterhin Ehen bedroht,[112] Familien zerstört,[113] frühere Opfer unmenschlicher Politik erneut an den Pranger stellt, Menschen-

---

[111] Gieseke: Staatssicherheit, 15.

[112] Die – wahrscheinlich grundlose – Beschuldigung der Schauspielerin Jenny Gröllmann (†) durch ihren zweiten Ehemann Ulrich Mühe (†) zeigt die Brisanz leichtfertigen Umganges mit Stasiakten.

[113] Nicht nur die Ehe Gröllmann/Mühe, sondern sehr viele »Fälle« begegnen in der Seelsorge.

leben kostet und das Zusammenwachsen von Ost und West im allmählich auf-atmenden Volk erneut vergiftet.[114]

Soweit ich sehe, werden diese vom Gesetzgeber im Stasi-Unterlagen-Gesetz nicht intendierten Wirkungen in der Öffentlichkeit selten erörtert. Parallel dazu spielt sich eine schleichende Umfunktionierung der Akten ein, die deren Missbrauch erleichtert.

»Freiheit für meine Akte!« hieß die ursprünglichste aller Forderungen zu-gunsten einer Öffnung der Archive. Das verlangten die Opfer. Und sie hatten und haben alles Recht dazu. Das Erbe einer Diktatur zur Rehabilitierung der Unterdrückten zu verwenden, erklärten sich Parlament und Justiz und – Öf-fentlichkeit bereit.

Die Öffentlichkeit auch? Von Anfang an – nein, eigentlich schon vor dem Anfang waren da ganz andere Interessen im Spiel: Es öffnete sich ein bis dahin verschlossener Raum, der jede Menge Sensationen zu verbergen schien, Men-schen und ihre Schicksale gewissermaßen von innen – oder doch eher von un-ten? – für bares Geld der immer nach Neuem begierigen Menge auszuliefern. *»Freiheit für Forschung und Medien!«* hieß das Zauberwort, das Tor und Türen öffnete.

Scharf formuliert: Das vermeintlich höchste Gut der Informationsfreiheit wurde dem geringer geachteten der nach Grundgesetz unantastbaren Men-schenwürde übergeordnet. Und im allgemeinen Durcheinander bedienten sich die Geheimdienste recht gegensätzlicher Interessengruppen fleißig der Akten und ihrer Experten. Ja, auch der »Experten«. Die Justiz zog erst die Bremsen an, als öffentlich werden sollte, dass und wie sich die MfS-Lauschgeräte auf den früheren Bundeskanzler Dr. Helmut Kohl richteten.

Wer sich aber von Anfang an der Stasi-Hysterie widersetzte, also grundsätz-lich verantwortlichen Umgang mit Menschenwürde, Respekt vor der Wahr-heit und wissenschaftliche Sauberkeit gerade gegenüber Akten anmahnte, die zur Zersetzung angelegt wurden und noch immer geeignet sind, sah sich sofort dem Verdacht ausgesetzt, er habe Gründe, sich die Vergangenheit zurechtzu-biegen.

---

[114] Diese Wirkung mancher Aufarbeitungsversuche wird gemeinhin schamhaft verschwiegen oder rundweg geleugnet. Wer sie benennt, schwimmt gegen den Strom und setzt sich dem Verdacht aus, MfS-Arbeit im Nachhinein beschönigen zu wollen. Das Gegenteil ist wahr: Auch die verheerenden Wirkungen missbrauchter oder fahrlässig gehandhabter Akten gehö-ren zur Wirkungsgeschichte des MfS und in gleicher Weise zur Wirkungsgeschichte seiner Erben. Sie dürfen deshalb in einer Erörterung dieser Geschichte und ihrer Wirkung gerade nicht unterschlagen werden.

In Wahrheit geht es einmal darum, den lobenswerten Vorsatz: Wir wollen mit den »Tätern« von damals nicht umgehen, wie sie mit ihren »Opfern« umgegangen sind, einzulösen und nicht nur im Munde zu führen. Zum anderen zwingt der Respekt vor den Opfern des Unterdrückungsapparates und der »sozialistischen Klassenjustiz« – und das waren nicht nur Inhaftierte! –, auch ihnen Gerechtigkeit widerfahren zu lassen. Das gilt selbst für den leider recht häufigen Fall, dass in den Akten behauptet wird, IM z. B. seien Täter *aus Überzeugung«* in den Diensten von MfS und SED gewesen. Recht heißt: Das ist erst nachzuweisen!

Letztendlich reicht die schlichte Alternative von »Tätern und Opfern« überhaupt nicht aus, um dem Phänomen Staatssicherheit und Gesellschaft in der DDR gerecht zu werden. Mag es für den Zeitraum unmittelbar nach Öffnung der Akten gerade noch verständlich erscheinen, die gesamte DDR-Bevölkerung rasch in »Schuldige« und »Unschuldige« aufzuteilen, um den Schockwellen immer neuer vermeintlicher »Enthüllungen« standhalten zu können, inzwischen ist die Geschichte weitergegangen. Dessen ungeachtet werden die Klischees weiter durchgehalten und nicht entmythologisiert. Wichtige und gegenüber dem allgemeinen Trend kritische Untersuchungen[115] werden kaum zitiert, geschweige denn zur Korrektur der Klischees eingesetzt.

Dazu rechne ich die Arbeit des Historikers Rudolf Mau, der nachweist, dass und wie die evangelische Kirche ein Problem der SED war und blieb.[116]

Daraus ergeben sich *fatale Folgen* – grobe Vereinfachungen können dazu führen, die vorgegebenen Klassifizierungen der Stasi spiegelbildlich zu übernehmen: Über Nacht galt seit 1990 einfach als »positiv« und unbelastet, was in den Akten als »feindlich-negativ« und als »ideologisch« oder »politisch fremdgesteuert« bezeichnet wird. Und umgekehrt: Wer in den Stasiakten als »realistisch« oder »progressiv« oder gar als »IM« verzeichnet stand, galt als überführt.

Warum wollen viele immer noch nicht wahrhaben, dass damit dem MfS unversehens eine Kompetenz und juristisch akzeptierte negative Beweiskraft

---

[115] Z. B. Rudolf Mau: Eingebunden in den Realsozialismus? Die evangelische Kirche als Problem der SED, Göttingen 1994.

[116] Ebd. Diese gründliche und umfassende Arbeit von Mau: Realsozialismus? – wohlgemerkt mit einem Fragezeichen – finde ich kaum irgendwo zitiert oder gar als Beleg für eine gemeinsame Sicht der Geschichte der Kirchen in der DDR herangezogen. Das liegt offensichtlich an der von Mau schon im Untertitel vertretenen Position: Die evangelische Kirche als Problem der SED. Weil solche Position sich dem Hauptstrom der zeitgeschichtlichen Wertung der Rolle der Kirchen in der DDR entgegenstellt, wird sie für alte und neue Ideologen unbrauchbar und deshalb verschwiegen.

zuerkannt wurde, deren Brüchigkeit Betroffenen durch eigene Erfahrungen vor 1989 längst klar war?[117]

Deshalb eine persönliche Beobachtung:
— Im seelsorgerlichen Umgang mit den Schicksalen »Bearbeiteter«,
— in Begegnungen mit ehemaligen MfS-Mitarbeitern, wirklichen und angeblichen,
— in eigenen bitteren Erfahrungen durch insgesamt drei Jahrzehnte als belauertes und »bearbeitetes« Zersetzungsobjekt der Staatssicherheit
— sowie in der Forschungsarbeit mehrerer Jahre hat sich für mich der Verdacht bestätigt, dass manche Leser und Interpreten der MfS-Akten entweder unbewusst, fahrlässig oder gezielt[118] die Denkmuster des MfS und die eingefärbte oder gefilterte Sicht der Welt und der Menschen übernommen haben, die in den nun schon vergilbenden Papieren durch deren Verfasser konstruiert wurde.

Dem ist zu widerstehen – zuerst aus Respekt vor den Menschen, die Opfer skrupelloser Ausspähung und eines würdelosen Missbrauches bienenfleißig gesammelter Informationen geworden sind und immer noch werden. Dann aber auch in der Verantwortung für Zeitgenossen von damals, die ohne eigenes Verschulden in die unerbittlich schrotende Mühle der großen Umformungsmaschine zur Zersetzung oder Anwerbung gerieten. Sie war für vermeintliche oder wirkliche Gegner der »Partei aller Parteien«[119] bestimmt und wurde immer unentrinnbarer konstruiert. Auch wer nicht oder nicht gleich die Kraft fand, sich daraus wieder zu befreien, muss als Opfer des MfS angesehen werden.

---

[117] »Die Aufarbeitung und Überprüfung wurde erschwert durch die überhitzte Phase der Enthüllungspublizistik der Jahre 1991/1992 … Im Juli 1992 wurden in der Halleschen Ausgabe der Bildzeitung vollständige Listen der im Bezirk Halle als IM registrierten Personen mit Klarnamen und Decknamen publiziert. Damit wurden auch einzelne kirchliche Mitarbeiter enttarnt. Freilich war das ein illegaler Vorgang.« Harald Schultze: Die Stasi-Aufarbeitung der Kirchenprovinz Sachsen, in: epd-Dokumentation 16/2007, 28.

[118] Wenn IM »Mischa« im Sekretariat des BEK Berlin dem »vergeblich verehrte[n] Chef alle möglichen Affären andichtet«, (Neubert: Vergebung, 32), kann die genüßliche Wiedergabe durch den Journalisten Wensierski in einem DDR-Rückblick wohl kaum als Beitrag zur »Aufarbeitung« dienen.

[119] Die SED verstand sich nicht nur als *die* Partei, sie hat auch alle anderen Parteien und »Massenorganisationen« – spätestens seit 1953 – dirigiert und zu mehr oder weniger willfährigen Handlangern degradiert.

Inzwischen – 2009 – sollte das vielfach verästelte Geflecht von sehr verschiedenen Unterwerfungsmethoden des MfS und Nachgiebigkeiten seiner Opfer eigentlich viel deutlicher hervortreten, als dass die alten Schwarz-Weiß-Klischees noch Geltung beanspruchen dürften. Trotz und gerade wegen des so verfilzten Wustes von gewollten oder ungewollten Fehlinterpretationen, in dem mancher nur das zitiert, was ihm ins »Bild« passt, hat sich seriöse Auslegungsarbeit an den Akten um größtmögliche Annäherung an die Wirklichkeit zu bemühen. Erlebtes und Erlittenes den Verfälschungen in den Zerstörungstexten des MfS und mancher Erben entgegenzustellen, erfordert schon wieder Stehvermögen und darf nicht leichthin als »Apologie« oder gar als Selbstrechtfertigung verdächtigt werden, wenn wir nicht die zerstörende Wirkung der Texte prolongieren wollen.

Die schlichte Feststellung, Geschichtsschreibung sei immer interessengeleitet und jeder Historiker habe sein eigenes Geschichtsbild,[120] ist kein hinreichender Grund, schon den Versuch zu verdächtigen, mit gebotener Akribie und unter Verwendung der gegebenen Zugangsmöglichkeiten wenigstens am *Ziel* festzuhalten, sich dem »wirklich Geschehenen«, also dem »Geschehen, das noch wirkt«, anzunähern. Deshalb ist zu fragen: Hätte es nicht von Anfang an hermeneutischer Überlegungen hinsichtlich der MfS-Akten bedurft, wie dieses besondere, in vielerlei Hinsicht problematische Material zu erschließen und zu verstehen sei? Mit dieser Frage stehe ich nicht allein.[121] Schon 1992 hat Richard Schröder eine »Auslegungskunde« für die Akten des MfS verlangt. Ehrhart Neubert schließt sich dem an, führt aber den Gedanken leider dann doch nicht aus.[122] Neuerdings fordert Jens Giesecke eine »kritische Hermeneutik im Umgang mit den Stasiunterlagen – aber auch die Suche nach alternativen Quellen.«[123]

Die immer wieder notwendigen Veränderungen der Zugangsbestimmungen und damit der Rechtslage erscheinen mir auch als eine Folge unterlassener Hermeneutik. Aber sie lösen das Problem nicht. Sie kurieren den Patienten an seinen Symptomen. Darüber hinaus scheint es an der Zeit, die Wirkungsgeschichte der Institution Staatssicherheit mit deren Anspruch und Aufwand zu

---

[120] Diese wohlfeile Behauptung wird immer dann aufgestellt, wenn Texte oder eigene, verbürgte Erfahrungen der gerade gängigen Interpretationslinie zuwiderlaufen.

[121] »Wir brauchen eine Auslegungskunde für Stasi-Akten«, schrieb Prof. Dr. Richard Schröder schon 1992 in einem Beitrag für die Wochenzeitung »die Kirche« (Nr. 20 vom 17.05.1992), als er Mitglied des von der EKD eingesetzten Vorermittlungsausschusses war, der die Stasi-Vorwürfe gegen Manfred Stolpe zu untersuchen hatte. In diesem Artikel weist er z.B. auf den Unterschied zwischen »Treffberichten« und »Informationen« des MfS hin.

[122] Neubert: Vergebung, 32.

[123] Gieseke: Staatssicherheit, 16.

vergleichen. Es kann nicht angehen, einerseits von dem mageren Ertrag des aufgeblähten Apparates mit seinen hohen Kosten zu reden, andererseits aber ständig die Akten als Beleg für immense Infiltrationserfolge der Einrichtung Staatssicherheit zu zitieren.[124]

Um nicht missverstanden zu werden: Einer Schließung der Stasi-Archive rede ich gerade nicht das Wort. Diese ist nach der Besetzung der MfS-Dienstellen, nach der Beschlagnahme ihrer Archivbestände und der Öffnung der Akten zunächst durch Betroffene und später durch immer mehr Personen und Einrichtungen gar nicht mehr möglich und nicht zu verantworten. Aber im noch immer andauernden Öffnungsprozess und den ständig neu ansetzenden Versuchen, einen »rechtsstaatlichen Umgang« mit dem Material zu finden, liegt eines der hermeneutischen Probleme. Die Rechtslage wurde durch den Gesetzgeber mehrfach verändert, so dass wir es heute mit Untersuchungen sehr unterschiedlicher Dignität zu tun haben, je nachdem, zu welchem Zeitpunkt und unter welchem Gesetzesrahmen und durch wen sie angestellt wurden. Das zwingt zu Überlegungen hinsichtlich der Rechtslage für den Zugang zu MfS-Akten.

---

[124] Nach Neubert: Vergebung oder Weißwäscherei, 72, »… ist letztendlich die Kirchenpolitik der SED und der Staatssicherheit gescheitert.« Dazu passt schlecht, dass »bis zu 50 % der Mitglieder [der Synoden, Anm. d. A.] als IM registriert waren, weil gerade dieser Personenkreis besonders anfällig war.«, 156.

1. Unterschiedliche Erschließungsstände und wiederholte Veränderungen der Zugänge zu den MfS-Akten komplizieren die ohnehin problematische Quellenlage

»Die Akten liegen nunmehr offen.« Liegen sie wirklich offen? Nach 15 Jahren »Einsicht in die Stasi-Unterlagen« stellt die Bundesbeauftragte für die Stasi-Unterlagen, Frau Marianne Birthler, fest:

> Es »gerät leicht in Vergessenheit, dass gerade der Blick in die ›eigene‹ Akte einst zu den umstrittensten Regelungen im Umgang mit den Hinterlassenschaften des Ministeriums für Staatsicherheit gehörte.«[125]

Dem ist hinzuzufügen: und noch gehört. Denn die Rahmenbedingungen für den Umgang mit den MfS-Akten sind immer wieder aus jeweils aktuellem Anlass verändert worden. So erweist sich die Rechtsprechung zur Nutzung der MfS-Hinterlassenschaften inzwischen als offener Veränderungsprozess, der mit jedem neuen Schritt die Rechtsgrundlage für den Umgang mit den Akten modifiziert und damit – nach meiner Überzeugung – die Rechtssicherheit über einen längeren Zeitraum in Frage stellt – zum Nachteil für die einen und zum Vorteil für andere.

1.1 Die Folgen des Kohl-Urteils

Die bisher spektakulärste Veränderung für den Umgang mit den Stasiakten trat im Jahre 2000 durch das sogenannte »Kohl-Urteil«[126] ein. Es reagierte auf den Protest des ehemaligen Bundeskanzlers Dr. Helmut Kohl als eines Betroffenen gegen die Herausgabe von Tonbandprotokollen von ihm selbst geführter Gespräche, die das MfS abhörte.

Vor allem in der westdeutschen Öffentlichkeit wurde auf diesem Hintergrund die Forderung erhoben: »Beschränkt die Untersuchungen auf Ost-

---

[125] BStU: Entscheidung gegen das Schweigen. 15 Jahre Einsicht in die Stasi-Unterlagen, Berlin 2007, 3 (Vorwort von Marianne Birthler).

[126] Dr. Helmut Kohl erwirkte mit Urteil des Verwaltungsgerichtes Berlin vom 04.07.2001 einen vorläufigen Rechtsschutz gegen die Herausgabe von Unterlagen des MfS über seine Person durch die Behörde der Bundesbeauftragten für die Stasiunterlagen (BStU).

deutschland, denn dafür wurde das Stasi-Unterlagen-Gesetz schließlich geschaffen!«

Solche Auffassung stand gegen die Erwartung: »Gleiches Recht für alle und deshalb gleiche Offenlegung der Akten über Westdeutsche wie für DDR-Bürger.« Die Behörde der Bundesbeauftragten war gezwungen, sich gegen den Vorwurf zu verwahren, unterschiedliche Auskunftsverfahren hinsichtlich westdeutscher oder ostdeutscher Betroffener zu praktizieren.[127]

Bis dahin wurden im Rahmen der geltenden gesetzlichen Regelungen Auskünfte erteilt und Einsichtnahmen zugelassen, oft ohne besondere Rücksicht auf das Zustandekommen der Stasi-Texte – soweit ich sehen kann. Die immer wieder einmal auftauchende Forderung, *nicht rechtsstaatlich zustande gekommene Informationen dürfen nicht zugänglich gemacht oder verwertet werden*, bleibt schwer verständlich angesichts einer Informationsmasse, die als Ganze *»nicht rechtsstaatlich zustande gekommen«* ist. Denn von der Existenz eines Geheimdienstes in der Bundesrepublik Deutschland ausgehend auf eine gewisse Rechtsstaatlichkeit des MfS in der DDR als Geheimdienst zu schließen, dürfte institutionskritisch kaum akzeptabel sein.

Die angesprochenen, jeweils aus aktuellem Anlass einander folgenden Veränderungen in den gesetzlich geregelten Zugangsmöglichkeiten haben zu unterschiedlichen Rechtslagen in verschiedenen Zeiträumen geführt. Was bedeutet das für den Umgang mit den Akten in den unterschiedlichen Phasen der Gesetzesfassungen seit ihrer Öffnung?

1.2   Veränderungen der Rechtslage für Akteneinsicht

Gegenwärtig (2009) ist von einem mehrstufigen Veränderungsprozess in der Rechtsprechung zum Umgang mit den MfS-Akten auszugehen, in dem die bestehende Rechtslage in einander folgenden Phasen z. T. gravierend »modifiziert« wurde:

1.2.1   Die Besetzung der Dienststellen des MfS seit Januar 1990 verhinderte einerseits die systematische Vernichtung der Akten, öffnete andererseits einen quasi rechtsfreien Zeitraum im Umgang mit ihnen, der bis zum Inkrafttreten des Stasiunterlagengesetzes (StUG) 1992 währte.

---

[127] U.a. im achten Tätigkeitsbericht der Bundesbeauftragten Marianne Birthler, BStU 2007, 12 ff.

Diesen rechtsfreien Raum nutzten »gesetzesfreie« Veröffentlichungen aus, die weder dem bestehenden Datenschutz noch späteren Regelungen im StUG entsprachen. Sie sind nicht rückholbar. Deshalb ist an eine nachträgliche Schließung der Akten nicht zu denken. Ihre Folgen für Einzelne reichen von Berufsverlust bis zum Suizid.

1.2.2   Der regelungsfreie Zustand dauerte fast ein Jahr.

Veröffentlichungen dieser ersten Nutzungsphase haben einen uneinholbaren Vorsprung gegenüber allen folgenden Forschungen: Sie unterlagen keinerlei Beschränkungen, wie sie in den Jahren seit Inkrafttreten der ersten Fassung des Stasiunterlagengesetzes[128] aus archivrechtlichen, datenschutzrechtlichen und Gründen der »Aufarbeitung« gesetzlich festgelegt wurden.

Das gilt beispielsweise für die ohne gesetzliche Grundlage bereits 1990 mit Hilfe ehemaliger MfS-Mitarbeiter und SED-Funktionäre entstandene und strukturierte, 1991 noch vor der Verabschiedung des Stasi-Unterlagen-Gesetzes durch den Bundestag erschienene »Dokumentation« von Gerhard Besier und Stephan Wolf: »*Pfarrer, Christen und Katholiken*«.

Nachdem noch vor der Besetzung der MfS-Dienststellen die Aktenvernichtung durch die Mitarbeiter des Staatssicherheitsdienstes selbst begonnen worden war, gingen nach Öffnung der Archive in der gesetzlosen Frist Akten für die Opfer und für die »Aufarbeitung« wie für Forschung und Medien verloren, die von verschiedenen Interessenten beiseitegebracht wurden. Dazu gehören vermutlich Teile der auf geheim gehaltene Weise an den CIA verkauften »Rosenholzdateien« aus der Spionage des Ministeriums für Staatssicherheit der DDR im »Operationsgebiet« Westdeutschland und darüber hinaus. Aber auch in Privathand befinden sich seit Besetzung der MfS-Dienststellen Akten und Aktenteile, die sich einer öffentlichen Kontrolle entziehen. Unter der Hand jedoch werden sie verbreitet. Das geschieht zu einem den Besitzern günstig erscheinenden Zeitpunkt und für einen Zweck, der ihren Interessen dient.

1.2.3   Am 12.12.1990 – erst ein Jahr nach der Besetzung der MfS-Dienststellen und damit der schrittweisen Öffnung ihrer »personenbezogenen Unterlagen« – wurde eine »Vorläufige Benutzerordnung«[129] erlassen.

---

[128] BGBl. I 1991, 2272, bis zur 7. Änderung vom 21.12.2006 (BGBl. I, 3326).

[129] »Vorläufige Ordnung für die Nutzung personenbezogener Unterlagen des ehemaligen Ministeriums für Staatssicherheit/Amt für Nationale Sicherheit«.

Mit ihr wurde versucht, den Umgang mit dem brisanten Material bis zu Gesetzesregelungen zu ordnen. Diese »*Vorläufige Ordnung*« hatte den Charakter einer Verwaltungsvorschrift. Noch diente sie vor allem dem Bürger, der ein Recht darauf hat, die zu seiner Person gespeicherten Informationen zu lesen. Innerhalb des vorher ungeregelten Zeitraumes von zwölf Monaten griffen natürlich auch andere zu und nutzten offene Türen, in das Leben Fremder ungebeten und unbefugt einzutreten.

1.2.4 Erst am 14.11.1991 verabschiedete der Deutsche Bundestag das »Gesetz über die Unterlagen des Staatssicherheitsdienstes der ehemaligen Deutschen Demokratischen Republik« (StUG), das nach seiner letzten Beratung im Bundesrat[130] am 29.12.1991 in Kraft trat.

Seit dessen erster Fassung samt folgenden Teilnovellierungen[131] bestand eine vergleichsweise angemessene Rechtslage. Aufgrund der Debatten im Deutschen Bundestag trug sie sowohl den Erfordernissen des Datenschutzes als auch den Erwartungen der Opfer wie der interessierten Öffentlichkeit und den Anliegen der Forschung in ausgehandelten Kompromissen annähernd Rechnung.

1.2.5 Das änderte sich, als Tonbandaufzeichnungen von Gesprächen des ehemaligen Bundeskanzlers Dr. Helmut Kohl von der Bundesbeauftragten für die Stasiunterlagen herausgegeben werden sollten.

Der sich über drei Jahre hinziehende Rechtsstreit zwischen Altbundeskanzler Dr. Helmut Kohl[132] und der Behörde der Bundesbeauftragten endete am 23.06.2004 mit einem Grundsatzurteil des Bundesverwaltungsgerichtes, das den Zugang zu den personenbezogenen Unterlagen des ehemaligen MfS für Forschung und Medien, aber auch für die Opfer erheblich erschwerte und die Rahmenbedingungen für die Veröffentlichung von Inhalten der MfS-Archive stark einengte. Im Gegensatz zur bis dahin geübten Praxis dürfen nunmehr Informationen zu Amtsträgern, Inhabern politischer Funktionen und Personen der Zeitgeschichte nur noch nach deren Einwilligung genutzt werden, sofern sie nicht Mitarbeiter des MfS waren. Weil sich diese Regelung auch auf SED- und Staatsfunktionäre der DDR sowie Richter bezieht, werden durch die Neu-

---

[130] Abschließende Beratung im Bundesrat am 19.12.1991.
[131] Vorläufig letzte Änderung vom 21.12.2006 (7. StUÄndG), BGBl. I, 3326 ff.
[132] Ausgelöst durch aufgefundene Abhörmitschnitte des ehemaligen Bundeskanzlers, gegen deren Veröffentlichung Dr. Helmut Kohl Klage führte.

regelung auch die Machthaber der DDR geschützt. Denn alles, was in den Akten einen Rückschluss auf deren Identität zulässt, ist zu schwärzen.

1.2.6   Daraufhin wurde die 5. Novelle des StUG erarbeitet, um Rechtssicherheit für den weiteren Umgang mit den Akten zu erreichen. Sie trat am 02.09.2002[133] in Kraft.

1.2.7   Die ursprünglich nur für 15 Jahre vorgesehene Geltungsdauer des StUG lief am 31.12.2006 ab.

Nach Vorarbeiten auch der Behörde der Bundesbeauftragten und entsprechenden Entscheidungsprozessen im Deutschen Bundestag gemäß seiner Geschäftsordnung wurde am 21.12.2006 das bisher siebte Gesetz zur Änderung des Stasi-Unterlagen-Gesetzes (7. StUÄndG) vom Deutschen Bundestag verabschiedet.[134] Einzelne Bestimmungen wurden prolongiert (z. B. Ende der Regelüberprüfung mit Ausnahme von Funktionsträgern in herausgehobenen Positionen). Nach Feststellung der Bundesbeauftragten geht es »bei den Neuerungen durchweg um Erleichterungen des Aktenzuganges«.[135] Die Folgen dieser vorläufig letzten Veränderung der Rechtslage sind derzeit noch nicht überschaubar.

Nunmehr eingetretene Verjährungsfristen für bestimmte Formen von Rechtsbruch durch offizielle und inoffizielle Mitarbeiter des MfS haben zur Folge, dass die Täter seit 2006 in der Öffentlichkeit stellenweise aggressiv auftreten, zugleich aber von ebenden Rechten Gebrauch machen, die sie gegenüber ihren Opfern missachtet, bewusst eingeschränkt oder gezielt außer Kraft gesetzt haben.

In kurzem zeitlichen Abstand von 15 Jahren so tief eingreifende Veränderungen für den Umgang mit den Stasiakten stellen ein Problem für die Rechtsgleichheit dar. Im Ergebnis dieses Novellierungsprozesses für den Umgang mit den Akten und mit daraus gewonnenen Ergebnissen wird nun mit vielerlei Maß gemessen. Die Rechtssicherheit ist tangiert, wenn Institutionen, Gruppen und Einzelne je nach dem Zeitpunkt ihrer Aktenstudien privilegiert oder benachteiligt werden. Keine Neuregelung kann Veröffentlichungen aus zu-

---

[133] BGBl. I, 3446.

[134] A. a. O., 3326 ff.

[135] So die Bundesbeauftragte, Marianne Birthler, vor dem 3. Akten-Nutzerforum in Berlin am 15.02.2007.

rückliegenden Geltungszeiträumen erfassen, im Nachhinein verändern oder aus der Welt schaffen.

Insbesondere scheint dem Verfasser eine Entwicklung bedenklich, die dem ursprünglichen Anliegen der Aktenöffnung zuwiderläuft: Während der Forschung immer größere Möglichkeiten eingeräumt werden, stagnieren die Zugangsmöglichkeiten für die Opfer. Gegen eine Ausweitung der Einsichtnahmen für Forschung und Medien wäre nur dann nichts zu sagen, wenn für »Opfer« und für das ursprüngliche Ziel des StUG »*Freiheit für meine Akte!*« die Zugangsbedingungen sich in gleicher Weise öffneten. Im Vergleich zu denen von »Forschung und Medien« verschlechtern sie sich faktisch.[136]

Wie wird im Übrigen schlüssig nachgewiesen, dass es sich bei den Forschungsanträgen immer um Anträge »ausgewiesener Forscher« handelt?[137] Der kritische Nutzer fragt sich: Wer prüft das und welche Kriterien werden bei der Entscheidungsfindung angewandt?

In gleicher Weise ist im Blick auf Einsicht nehmende Vertreter der Medien zu fragen: Wer prüft, wie seriös sie sind? Wie lauten im Falle einer Entscheidung über ihren Antrag die Kriterien und wer sieht auf deren Einhaltung? Könnte nicht unter dem Etikett »Medien- und Forschungsantrag« auch manches laufen, das der Medien ständigem Verlangen nach Neuem Rechnung zu tragen sucht und eigentlich in die Spalte »Klatsch und Tratsch« gehört?[138]

Je länger, je mehr werden Stasigerüchte und Stasistreitfälle zu einem wenig ergötzlichen Medienfundus, aus dem sich immer wieder »Spannendes« – im Doppelsinne des Wortes – herausfischen lässt. Dem Ernst der Vorgänge und den Wunden, die sie Menschen zugefügt haben, trägt dergleichen »Nutzung« keine Rechnung. Wir müssen offenbar damit leben – ohne Hoffnung darauf, dass eines Tages nur noch sachgemäß und unter Wahrung der Menschenwürde mit den Hinterlassenschaften tiefster Menschenverachtung umgegangen werde.

---

[136] Die Entschlüsselung von Decknamen in Opferakten wird nur vorgenommen, wenn sich auch in der Arbeitsakte des besagten IM der Name des Opfers als eines Bearbeiteten findet. Mündliche Auskunft i. A. der BStU, Frau Birthler, durch Herrn Ziehn, Mitarbeiter der Behörde (Dezember 2007), und Schreiben der BStU ASt Gera vom 18.01.2008. Sind aber die Unterlagen des betreffenden IM vernichtet oder sonst verschwunden, werden die Decknamen für das Opfer nicht entschlüsselt. »Forscher« hingegen haben die Möglichkeit zur Suche ohne Eingrenzung auf eine Opferakte.

[137] Als Antwort auf die Frage nach der erweiterten Einsichtnahme für Forschung und Medien anlässlich der 3. Nutzerkonferenz der BStU gebrauchte Frau Marianne Birthler, die Bundesbeauftragte für die Stasiunterlagen, den Begriff »ausgewiesene Forscher«.

[138] Vgl. Nachricht über Verbreitung von IM-Erfindungen (Neubert: Vergebung, 32).

1.2.8   Andererseits gibt es gute Gründe, das weidlich beackerte Feld »MfS – Kirche« neuerlich aufzugraben.

Sie liegen u. a. darin, dass der Streit um schriftliche Nachlässe des MfS und deren Deutung durch neue Aktenfunde (z. B. Die »Rosenholz«-Dateien)[139] und durch die Rekonstruktion »vorvernichteter« Akten[140] ständig von Neuem aufflammt. Deshalb muss sich die Forschung dem jeweils neuesten Stand der Quellenerschließung mit ergänzenden Untersuchungen zu nähern versuchen.

Seit der allmählichen Rückführung der sogenannten Rosewood-Dateien wie auch der Entschlüsselung der sogenannten »SIRA«[141] öffnet sich ein bisher nur sporadisch bedachter Untersuchungsraum, der größer ist, als ursprünglich angenommen werden konnte: Die Bundesrepublik Deutschland (»BRD« im offiziellen Staatsjargon der DDR bis 1989) soll demnach von Inoffiziellen Mitarbeitern des MfS stärker durchsetzt gewesen sein, als bisher untersuchte MfS-Papiere vermuten ließen.

Zugleich liefern die Vorgänge um die Protokolle von Ausspähungen und Lauschangriffen im westlichen »Operationsgebiet«[142] einen zusätzlichen Grund, sich mit den hermeneutischen Aspekten der »Aufarbeitung« belasteter Vergangenheit näher zu befassen. Denn die »vertikalen« Kontroll- und Berichtslinien – nur dem jeweiligen Vorgesetzten war der Mitarbeiter berichtspflichtig und wurde von ihm kontrolliert – erschwerten Querkontrollen sehr. Sie konnten eigentlich nur durch übergeordnete Dienststellen und dort angestellte Vergleiche vorliegender Berichte vorgenommen werden.

Eine bis heute offene Frage bleibt allerdings, wie im Einzelfall von außen der rechtskräftige Nachweis geführt werden kann, dass eine als IM geführte Person wissentlich und willentlich für das MfS gearbeitet hat.[143] Für das Rechts-

---

139   »Rosewood«-Dateien, Akten der DDR-Auslandsspionage, die ohne Kenntnis der deutschen Behörden wohl über den russischen Geheimdienst KGB unter dem Decknamen »Rosenholz« an die CIA gelangten und bis 2003 teilweise der Bundesbeauftragten für die Unterlagen des ehemaligen Staatssicherheitsdienstes (BStU) zurückgegeben wurden.

140   Seit Jahren werden Akten des Staatssicherheitsdienstes, die z. B. als Schnipsel in Säcken aufgefunden wurden oder in anderer Weise als »vorvernichtet« galten, zunächst in zeitaufwändiger Handarbeit und seit Mai 2007 als Pilotprojekt auch mit elektronischen Hilfsmitteln rekonstruiert. Auch diese Arbeit wird sich noch über einen langen Zeitraum ausdehnen, so dass immer neuer Streit vorprogrammiert sein dürfte.

141   »SIRA« ist die Kurzbezeichnung des MfS für das »System der Informationsrecherche der HV A« und enthält vor allem Unterlagen der DDR-Auslandsspionage.

142   Im Sprachgebrauch des MfS hieß die Bundesrepublik Deutschland das »Operationsgebiet«.

143   Vgl. dazu den Abschnitt 17.

empfinden anstößig bleibt die Verschiebung der Beweislast vom Nachweis der Schuld durch die Beschuldigenden oder die Justiz auf die Beschuldigten, als sei nach Vorliegen einer Karteikarte beim MfS oder dubioser »Berichte« vom Beschuldigten der Nachweis seiner »Unschuld« zu erbringen. Wie sollte das zugehen?[144]

1.2.9   Als Folge der Veränderungen des Gesetzesrahmens für den Umgang mit den Stasi-Unterlagen wächst die Bandbreite in der Bewertung der Unterlagen für die zeitgeschichtliche Forschung. Gleichzeitig differenzieren sich die Urteile hinsichtlich ihres dokumentarischen Wertes stärker:

– »Die Akten lügen überhaupt nicht« (Gauck[145]) erwies sich inzwischen als eine Anfangsillusion mit Folgen.[146]

– »Die Akten lügen immer«, sagen verständlicherweise manche Belastete, aber nicht nur sie.

– Daran ist eines jedenfalls richtig: Die Akten des MfS und ihre Verfasser stehen weder in ihren gedanklichen Voraussetzungen noch in ihren nun offenliegenden Schriftsätzen außerhalb des Selbsttäuschungsgeflechtes der DDR-Ideologie. Das dieser Ideologie entsprungene Wunschdenken durchzieht auch die hinterlassenen Schriftstücke.[147]

---

[144] Vgl. dazu den Fall des Kirchenältesten U. S. in U., der trotz erkennbaren Widerstandes – selbst in den Akten vom Führungsoffizier konstatiert – als IM geführt und nach 1989 deshalb verurteilt und seiner Ämter enthoben wurde, vgl. Abschnitt 12.

[145] Joachim Gauck: »Diese Arbeitsakten waren das Handwerkszeug des Stasi-Apparates. Daß ausgerechnet da freie Phantasie walten durfte, ist unlogisch. Die Leute, die diese These verbreiten, übersehen zudem, daß die Staatssicherheit sich permanent selbst kontrolliert hat ...«, »Der Spiegel« vom 24.02.1992.

[146] Bischof Klaus Wollenweber, Görlitz, Rundbrief an alle Kirchengemeinden ... der schlesischen Oberlausitz im Januar 1996, 2, schreibt nach Widerlegung des Vorwurfes der IM-Tätigkeit gegen Bischof i. R. D. Fränkel, Görlitz: »Die mehrfach geäußerte These: ›Akten lügen nicht‹ ist auch aus der Perspektive eines Betroffenen falsch und kann zu irrigen Schlussfolgerungen führen.«

[147] Vgl. dazu die Dienstbesprechung bei Minister Erich Mielke vom 31.08.1989. MfS. ZAIG, B/215: Nach stundenlangen Berichten der Leiter der Bezirksdienststellen des MfS über ungelöste Probleme und den wachsenden Unmut im Volk erklärt Erich Mielke wörtlich: »Da zeigt sich die Kompliziertheit der Zusammenballung der Kirchen und Einrichtungen. Wir haben einschätzend festgestellt, wir haben die Sache einigermaßen im Griff.« Den unauflösbaren Widerspruch mitten im Satz hat er wohl selbst nicht bemerkt. Die eben erstatteten Berichte der Leiter der Bezirksdienststellen hatten zugestanden, dass die Staatssicherheit ziemlich viel nicht mehr »im Griff« habe. Das wird vom Minister entweder nicht zur Kenntnis genommen oder von ihm um seiner eigenen Wunschwirklichkeit willen geleugnet, »weil nicht sein kann, was nicht sein darf«.

Die Behauptung trifft nicht zu, die sich in einer »Dokumentation« der »Deutschen Welle« 1997 unter Berufung auf die BStU-Behörde[148] findet:

> »Opfer betonen den Aussagewert der Akten, während ehemalige oder hauptamtliche oder inoffizielle Mitarbeiter der Staatssicherheit sowie ehemalige und heutige politische Hauptfiguren die Zuverlässigkeit der schriftlichen Hinterlassenschaften des MfS bezweifeln.«[149]

Es wird im Folgenden noch darzustellen sein, dass gerade auch aus der Opferperspektive die personenbezogenen Unterlagen erstaunliche Fehldeutungen und bewusste Lügen enthalten.

Als gegenwärtiger Stand der Erkenntnis kann gelten:
- Der Wahrheitsgehalt der Akten kann weder pauschal behauptet noch pauschal bestritten werden.[150] Beispielsweise muss in der Nomenklatur »IM« zwischen bewusst für das MfS tätigen »IM« und ohne ihre Zustimmung »als IM Geführte« – »*Kartei-IM*«? – streng unterschieden werden, wie das Auskunftsberichte der BStU versuchen.[151]
- Erschwerend für die Überprüfung der IM-Qualifikationen ist u. a. die Tatsache, dass von Mitarbeitern der Kirchen in der Regel keine Verpflichtungserklärungen verlangt wurden[152] – aus Sorge, es könne damit die angestrebte »Zusammenarbeit« gar nicht erst zustande kommen. Kann danach noch ohne weitere Beweisführung von einem »*wissentlich und willentlich*« dem MfS Zuarbeitenden gesprochen werden?
- Daraus folgt zwingend: Jeder Vorgang kann nur für sich bewertet werden. Es gilt von Karteikarten ohne zusätzliches Material: »*Ob und gegebenenfalls*

---

[148] »BF informiert – zu Struktur, Charakter und Bedeutung der Unterlagen des MfS« 3, 1994, 4.

[149] Günter Ingo Bill (Hg.): Die »Gauck-Behörde«. Institutionalisierung der Erinnerung durch »Aufarbeitung der Vergangenheit«, Dokumentation Deutsche Welle, Köln 1997.

[150] Peter Maser spricht deshalb von der insgesamt »problematischen Aktenüberlieferung der SED-Machthaber«, in deren »Spiegel« im Wesentlichen die Vorwürfe von »Anpassung«, »Kumpanei« etc. gegenüber den Kirchen entwickelt wurden (vgl. Peter Maser: Die Einwirkungen der SED-Diktatur auf die [evangelischen] Kirchen imSpiegel einer problematischen Aktenüberlieferung, in: Helmut Baier [Hg.]: Kirche und sozialistischer Staat. Umbruch und Wandel 1945–1990, Neustadt an der Aisch, 1996, 149 ff.).

[151] Vgl. dazu Abschnitt 17.

[152] Vgl. Roßberg/Richter: Kreuz, 79: »Wenn wir ... bewußt auf eine schriftliche Verpflichtung verzichteten, dann geschah das nicht in erster Linie aus dem heute bevorzugt kolportierten Grund, sie nicht zu überfordern«, sondern: »Bei ihnen handelte es sich tatsächlich nicht um Inoffizielle Mitarbeiter im landläufigen Sinne, sondern um Kontaktpersonen, um Gesprächspartner ...«.

in welchem Umfang N. N. für das MfS gearbeitet hat, geht aus den Unterlagen nicht hervor«. So lautet die Regelfeststellung in den Auskunftsberichten der BStU, wenn z. B. nur Karteikarten zu einem »Inoffiziellen Mitarbeiter« (IM) ohne weitere Akten aufgefunden werden.

– Insgesamt freilich unterliegen auch MfS-Akten der systemimmanenten DDR-Schönfärberei und sind, wie etwa die politischen Kommentare Karl Eduard von Schnitzlers zum Tagesgeschehen im »Schwarzen Kanal« des DDR-Fernsehens, mit großer Vorsicht zu werten: Selbst dort, wo den Stasiakten belegbare Fakten zugrunde liegen, vermittelt deren Auswahl, Verknüpfung und Interpretation keineswegs ein realistisches Bild der beschriebenen Wirklichkeit.

Eine sehr nüchterne Sicht vertrat Bundespräsident Richard von Weizsäcker:

> »Die Akten bringen immer die Sicht des Auftraggebers. Sie lügen darin nicht, sind aber einseitig und müssen bewertet werden. Sie sind keine objektive und moralische Instanz und keine unwiderlegbaren Verurteilungsbeweise.«[153]

Funktionäre fallen in der Lagebeurteilung und der Einschätzung erreichter »Erfolge« sogar in Krisensituationen ihrer eigenen Verzeichnung der Wirklichkeit zum Opfer.[154]

1.2.10   Die Jahre 2009/2010 werden als »Gedenken nach zwanzig Jahren« eine neue Welle von Veröffentlichungen über die Friedliche Revolution und damit auch zur Besetzung der MfS-Dienststellen im Januar 1990 bringen.

Auch deshalb legt es sich nahe, bisher gewonnene Einsichten für den Umgang mit Spuren von Diktaturen einmal anhand eines »Falles« zusammenzufassen, hier des Falles »Kirche«.

1.2.11   Nach einer Zeit des Schweigens in der künstlerischen Auseinandersetzung mit dem Stasi-Thema hatte sich 2006 der Film »Das Leben der Ande-

---

[153] Auf diese anlässlich eines Besuches in Bautzen getroffene Feststellung bezieht sich Joachim Gauck in seiner Erwiderung im »Spiegel«, s. Anm. 146, 74.

[154] Egon Krenz, Generalsekretär des ZK der SED nach Erich Honecker, erklärt am 24.10.1989 in einem Fernschreiben an alle 1. Sekretäre der Bezirks- und Kreisleitungen der SED: »… Das entscheidende ist, daß in allen Betrieben die Planerfüllung gewährleistet und diszipliniert gearbeitet wird … Wir gehen davon aus, daß alle Probleme mit politischen Mitteln gelöst werden.«

ren« damit befasst und die Frage nach dem Unterdrückungsapparat der SED und seinen Methoden auch in den sogenannten »alten Bundesländern« wieder ins öffentliche Interesse gerückt.

Er löste neues Nachdenken über das bisher verbreitete Bild von der »Firma«[155] und Diskussionen über ihren »Nachlass« aus[156] und ruft längst schon gestellte Fragen wieder ins Bewusstsein. Aber ebendie Art, sich mit der Vergangenheit und ihren Lasten im Medium eines Spielfilmes auseinanderzusetzen, drängt dazu, die hermeneutische Frage zu stellen und zusätzlich die Wirkungsgeschichte des MfS und seiner Papiergebirge zu erörtern.

1.2.12 Die Fülle des Materials wächst immer noch.

Seit Mai 2007 wird die Wiederherstellung sogenannter »vorvernichteter Akten«[157] elektronisch mit Hilfe einer durch das Fraunhofer-Institut entwickelten Technik betrieben. Weil davon ausgegangen werden kann, dass in der kurzen Zeit vor und während der Besetzung der MfS-Dienststellen zuerst Akten mit hoher Brisanz vernichtet wurden, wird auch dieser sich noch eine Weile hinziehende Prozess mit der Wiederherstellung öffentlichkeitsrelevanter Texte neuen Stoff für Diskussionen liefern, die vielfach verhandelte Fragenkomplexe wieder ins Licht der Öffentlichkeit rücken.

1.2.13 Haben ehemalige MfS-Mitarbeiter in den letzten Jahren die Möglichkeit gehabt, Teile der Bestände zu »bearbeiten« oder für sie oder andere brisantes Material bis in die Gegenwart hinein verschwinden zu lassen?

Frühere hauptamtliche Mitarbeiter des MfS und des letzten Innenministeriums der DDR wurden schon beim Aufbau der Behörde des Bundesbeauftragten Joachim Gauck zu Rate gezogen und arbeiten z. T. noch bis heute dort mit unbefristeten Arbeitsverträgen. Dieses Verfahren war immer schon einmal Gegenstand von Anfragen an die Behördenleitung und bot Anlass zu heftigen

---

[155] Die »Firma« gilt volkstümlich als salopper Deckname für die Staatssicherheit, ursprünglich wohl aus der populären Bezeichnung »Firma Horch & Guck« entstanden.

[156] In zwei Unterrichtsstunden über »Erfahrungen mit der Staatssicherheit« in der 13. Klasse eines beruflichen Gymnasiums in Berlin-Weißensee im November 2006 erlebte ich die über Zwanzigjährigen als gespannt Zuhörende und intensiv Nachfragende. Über die gesetzte Frist hinaus wünschten sie ausdrücklich eine Fortsetzung des Gespräches und fragten nach schriftlichen Berichten, um das Gehörte noch zu ergänzen.

[157] »Vorvernichtet« heißt weder verbrannt noch durch den Reißwolf gedreht, sondern lediglich zerrissen, in Schnipseln säckeweise aufbewahrt und nicht mehr zur endgültigen Vernichtung gelangt.

Auseinandersetzungen bis in die Mitarbeiterschaft der Behörde hinein. Anfangs allerdings wurden Zahlen solcher »Aufbauhelfer« unterhalb 20 genannt – von »höchstens« sieben, 15 oder 17 Übernommenen war verschiedentlich die Rede. Die Unterschiedlichkeit der Zahlenabgaben wurde nicht ganz geklärt.

Im Herbst 2006 wurde die Frage wiederum akut. Pressemeldungen und öffentliche Diskussionen des Problems führten zu einer behördeninternen Überprüfung, nach der die Behördenleitung durch Frau Birthler öffentlich erklärte, dass derzeit 52 ehemalige hauptamtliche Mitarbeiter des MfS bei der Behörde angestellt seien.[158] Daraufhin wurde vom BKM eine unabhängige Arbeitsgruppe mit Prof. Klaus Schroeder[159] und dem ehemaligen Verfassungsrichter Prof. Hans Klein beauftragt, die Einstellung von ehemaligen hauptamtlichen Mitarbeitern als »Experten« beim BStU zu untersuchen und zugleich zu prüfen, ob frühere hauptamtliche Tätigkeit beim MfS den Einsatz bei der Behörde ausschlösse.[160] Um deren Bericht entstand unmittelbar nach seiner Vorlage ein heftiger Streit, der noch in das Jahr 2007 hinein heftig geführt wurde.

1.2.14   Kundschaftermix oder: die wissbegierigen Kollegen von nebenan.

Eine umfassende und den zeitgeschichtlichen Zusammenhängen entsprechende Deutung der MfS-Akten wird zusätzlich dadurch erschwert, dass Bundesnachrichtendienst und ausländische Geheimdienste (z. B. CIA und KGB) sich der MfS-Mitarbeiter oder ihrer Akten bedienen, sie als Doppelagenten schon vor 1989 angeworben oder danach in eigene Dienste übernommen haben.[161] Wie viele ehemalige Mitarbeiterinnen und Mitarbeiter des Staatssicherheitsdienstes der DDR vom BND und anderen Geheimdiensten nach 1989 übernommen worden sind, kann nur vermutet werden. Versuche, we-

---

[158] Pressemitteilung der Pressestelle bei der BStU vom 12.12.2006.

[159] Prof. Klaus Schroeder, Leiter des Forschungsverbundes SED-Staat an der FU Berlin.

[160] Es soll geklärt werden, warum ehemalige MfS-Mitarbeiter und IM eingestellt wurden, wie sie derzeit verwendet werden und ob in dieser Verwendung der Anschein von Befangenheit entstehen kann. Es soll eine Empfehlung gegeben werden, ob Handlungsbedarf besteht (Werkvertrag BKM mit der Kommission).

[161] Der Überprüfungsausschuss der Ev.-Luth. Kirche in Thüringen stieß bei dem Versuch, den Umfang und die Wirkung der Zuarbeit des Pfarrers T. für das MfS zu erheben, auf geheimdienstliche Aktivitäten über das MfS hinaus. Bei einem der Gespräche in der Wohnung des erkrankten Pfarrers erschien unangekündigt und »rein zufällig« ein »Freund«, der als amerikanischer Chaplain vorgestellt wurde und darauf bestand, an dem Gespräch teilzunehmen. Der gleiche rätselhafte Besucher tauchte auch anlässlich eines Empfanges des BStU-Behörde in Berlin auf, ließ sich aber vom Verf. nicht ansprechen, sondern tauchte im Gedränge der Gäste ab.

nigstens eine annähernde Zahl in Erfahrung zu bringen, stoßen »aus Sicherheitsgründen« – da es sich ja um arbeitende Geheimdienste handelt – überall auf Stillschweigen. Weder Mitarbeiter der Behörde der BStU noch solche des Innenministeriums sehen sich in der Lage, darüber Auskunft zu geben. Damit taucht ein Teil des Unterdrückungsapparates der DDR – über den ja umfassend aufgeklärt werden sollte – in der Tabuzone der ganz Geheimen unter, um dort – beim ehemaligen »Feind« – für immer zu verschwinden.

Von solchen Begrenzungen der »Aufarbeitung« ist freilich in der Öffentlichkeit nur selten die Rede. Angesichts alter Doppelagenten und neuer Frontenwechsler gerät jeder Versuch, ihre Hinterlassenschaften zu interpretieren, an Grenzen: Für wen wurde wann von wem wozu geschrieben und wogegen getarnt?

Vergleichs- oder Ergänzungstexte in den Händen noch funktionierender Geheimdienste sind nicht zugänglich. Und wer könnte zu andernorts oder später angelegten Akten oder aus den Archiven des MfS verschwundenen, entwendeten oder verkauften Schriftstücken gelangen? Sie sind für die Forschung verloren.

1.3   Grundsätzliche Ausgangsfragen

Mit den Akten befassen sich Interessenten, die aus sehr gegensätzlichen Erfahrungen kommen: aus persönlichen Verfolgungserfahrungen, die immer noch nachwirken, oder aus Beobachtungen der DDR über große Distanz oder aus Momentaufnahmen während eines Besuches in der DDR – vielleicht gar nur in Ostberlin. In allen Fällen handelt es sich um DDR-Erfahrungen, die nun bei der Lektüre als Vorverständnisse wirksam werden. Wo diese Vorverständnisse in der Auseinandersetzung mit der Vergangenheit auf die nicht aktenkundigen, weil nie »verschrifteten« Eigen-Erfahrungen Beschuldigter stoßen, sind Konflikte und Missverständnisse vorprogrammiert. Sie ergeben sich aus gegensätzlichen Erfahrungen und daraus erwachsenen Verständnisunterschieden angesichts des gleichen Stoffes. Wir haben es also mit einem hermeneutischen Problem zu tun. Wie wäre es zu lösen?

Die Antwort scheint einfach:

– Durch den Vergleich von Doppelunterlagen über den gleichen Vorgang, falls solche vorhanden sind und auch aufgefunden werden.[162] Dafür sollten

---

[162] Noch immer kann die archivalische Aufarbeitung nicht als abgeschlossen gelten. Das gilt für Stasiakten ebenso wie für die der Kirchen. Sie unterliegen außerdem der Vertrauenspflicht, Personalakten erst nach dem angemessenen, auch für staatliche Archive geltenden

gerade die Akten der Gegenseite herangezogen werden. Z. B. können die veröffentlichten Stellungnahmen oder Kurzinformationen der kirchlichen Dienststellen – etwa die »Schnellinformationen« des Bundes der Evangelischen Kirchen nach wichtigen Vorgängen – mit den Berichten der MfS-Mitarbeiter verglichen werden. Es fällt auf, dass dies gerade dort unterbleibt, wo die Kirche als MfS-gesteuert »entlarvt« werden soll.

– Indem Erfahrungen von Zeitzeugen in die Interpretation einfließen. Gerade diese aber sind sehr umstritten. Jeder von ihnen bringt sozusagen seine eigene »Hermeneutik« mit. Sie erfreuen sich einer nur mäßigen Akzeptanz.[163] Dennoch werden Interviews und die persönlichen Aufzeichnungen der Augen- und Ohrenzeugen immer wichtiger. Dazu gehören auch handschriftliche Anmerkungen in Entwürfen von kirchenamtlichen Stellungnahmen, tagebuchartige Aufzeichnungen und Parallelentwürfe für nicht oder anders veröffentlichte Texte.

Doch die Zeit läuft ab, in der Interviews noch möglich sind. Leider werden auch schriftliche Hinterlassenschaften viel seltener den Archiven zugänglich gemacht oder weitergegeben, als für Bewahrung und Vergleich vielstimmiger Zeugnisse nötig wäre.

– Aus Anweisungen oder Richtlinien beider Seiten[164] kann zusätzlich versucht werden, den tatsächlichen Verlauf eines aktenkundigen Vorganges und die darin sichtbar werdenden Vorverständnisse und Positionen zu rekonstruieren.

– Dabei ist das irrationale Wunschdenken der staatlichen Seite, von dem das MfS keineswegs frei war, immer in Rechnung zu stellen. Weil das oft vernachlässigt wird, ergeben sich groteske Fehlbeurteilungen – nahe bei den Positionen der MfS-Papiere.

Als ein besonders häufig diskutiertes Beispiel für folgenträchtige Irrtümer in den Akten kann gelten: die Wertung der Gründung des Bundes der Evangelischen Kirchen in der DDR 1969 entweder als stasigesteuerte Trennung von der EKD oder als schmerzliche Folge staatlicher Abschnürungs-

---

Karenzzeitraum öffnen zu dürfen. Aus aktuellem Anlass und um des Zeitgeistes willen diese Vertrauenspflicht zu brechen, würde die heutige Generation in die Nähe der angeblich oder wirklich schuldigen Bearbeiteten von damals rücken. Dienstliche Verschwiegenheit und der Schutz der Personalakten gilt entweder immer oder gar nicht.

[163] Beiläufige Bemerkung eines jungen Gemeindepfarrers bei Vorbereitung eines »Grenzkirchentages 2009« an der bayerisch-thüringischen Grenze: »Also mit Zeitzeugen ist das immer so eine Sache.«

[164] Wobei dem kirchlichen Archivgut nicht nur die MfS-Aktenmasse gegenübersteht, sondern auch die durch das MfS direkt veranlassten oder indirekt ausgelösten Maßnahmen und Anordnungen in einer Vielzahl von Akten der staatlichen Stellen in Frage kommen.

politik – mit der Folge einer fehlenden Gesamtvertretung für die evangelischen Kirchen in der DDR und deshalb als notwendiges Zusammenrücken der Landeskirchen.[165]

1.3.1   Gerade für die brisante Materie des ersten in der Geschichte weitgehend offengelegten Aktenbestandes eines Geheimdienstes ist ein Nachdenken über die Voraussetzungen für sein Verständnis geboten. Denn:
–   Diese Akten sollten nie in die Öffentlichkeit gelangen.
–   Sie geben die einseitige Sicht der Dinge aus dem Blickwinkel eines Geheimdienstes wieder.
–   Sie sind zum Zwecke der Unterdrückung Andersdenkender angelegt.
–   Sie lassen weg, was diesem Zwecke hinderlich wäre, auch wenn es für die Beobachteten und Bearbeiteten wahr und wichtig sein sollte.
–   Sie sammeln nur, was ihrem Zwecke förderlich erscheint, und produzieren so ein von vornherein verzerrtes Abbild der Wirklichkeit.
–   Vom vermeintlichen oder wirklichen Feind bilden sie vor allem die negativen Seiten seines bespitzelten Lebens ab, um ihn mittels kompromittierenden Materials bis zur »Zersetzung« bekämpfen zu können. Es ergibt sich eine Negativbiographie als äffische Karikatur der Wirklichkeit.
–   Mangelt es aber an kompromittierendem Material, wird es »beschafft«, also hergestellt oder erfunden.
    Dergleichen wird leider nicht in jedem Proseminar für Historiker gelehrt, wie mancher meint.[166] Sollte die Wissenschaft vom Verstehen fremder Texte im Falle eines so spezifischen Gegenstandes nicht *vorab* versuchen, die besonderen Beziehungen zwischen den verschiedenen Auslegern und den in Rede stehenden Auslegungsobjekten einerseits und die daraus resultierenden unterschiedlichen bis kontroversen Auslegungen andererseits so weit als möglich zu klären? Zumindest sollte die hermeneutische Frage eine wesentlich größere Rolle spielen als bisher.[167]

---

[165] Vgl. dazu Abschnitt 20.

[166] Maser: Einwirkungen, in: Baier: Kirche.

[167] Darauf weist auch Jens Gieseke in seinen Überlegungen zur »Quellenproblematik« der Stasiforschung hin: Auf einer Tagung der BStU mit Wissenschaftlern zum Stand der Stasiforschung im Jahre 2006 in Berlin wird von einem Paradigmenwechsel in der Stasiforschung gesprochen. Bei aller Vorsicht gegenüber solchen Forderungen stellt Gieseke angesichts allzu unkritischen Umgangs mit den Quellen dennoch fest: »Die Frage nach den methodischen Korrektiven ist also an der Tagesordnung. Hierzu gehört der Wille zur kritischen Hermeneutik im Umgang mit den Stasiunterlagen, aber auch die Suche nach alternativen Quellen.« In: Gieseke: Staatssicherheit, 16 und 79 ff.

1.3.2   Hermeneutisches Bemühen um die Voraussetzungen für das Verstehen der MfS-Hinterlassenschaft erzwingt nicht nur die Besonderheit des problematischen Quellenmaterials an sich, sondern auch die gesellschaftliche Wirkung, die von den Akten ausgeht.

Kaum ein anderer Forschungsgegenstand ist so mit existentiellen Vorverständnissen, mit Vorurteilen und Vorverurteilungen belastet wie die Geheimakten eines durch Jahrzehnte gewachsenen und immer schärfer geschliffenen Überwachungsapparates. Seine detaillierten, aber zugleich sehr einseitig interpretierenden Beschreibungen bespitzelter Personen und Institutionen und der Umgang mit ihnen haben im Leben Einzelner wie auch im Selbst- und Fremdverständnis von Gruppen und Institutionen nicht nur Spuren, sondern Wunden hinterlassen, die eine neutrale Beurteilung sehr erschweren, im besonderen Falle schier unmöglich machen.

Auch eine sich als »wissenschaftlich« verstehende Untersuchung der Texte kann sich – wenn wir ehrlich bleiben – davon gar nicht ganz lösen und wird immer einer gewissen Parteilichkeit anheimfallen oder von ihr ausgehen. Werden Wissenschaftler ohne DDR-Bezug und DDR-Erfahrung mit der Untersuchung von DDR-Geschichte beauftragt, gilt das als eine gute Voraussetzung besonderer Objektivität und als geradezu ideale Verstehensvoraussetzung auch für die MfS-Materie.

Aber kann überhaupt jemand an diese Quellen, mit deren Wirkungen wir in Ost und West noch lange zu tun haben werden, ohne Vorverständnis oder gar Vorurteil herangehen? Das ist zu überprüfen. Wenn es außerdem richtig ist, dass »Konspiration« ein Wesensmerkmal politischen Handelns der Regierenden und aus Selbsterhaltungstrieb auch der Regierten in der DDR darstellte, dürften die Quellenlage und der Umgang mit ihr ähnlich problematisch sein wie in anderen totalitären Systemen auch.[168]

Die Mehrzahl der ehemaligen Träger des Überwachungs- und Unterdrückungsapparates lebt unter uns – zum allergrößten Teil unangefochten. Niemand hat sie für die begangene Missachtung der Menschenwürde und der Persönlichkeitsrechte zur Verantwortung gezogen. Mit Ablauf jeder weiteren Verjährungsfrist ist damit zu rechnen, dass sie immer öfter sich zu Wort melden und zu korrigieren versuchen, was inzwischen als Bild ihrer Un-Taten offenbar geworden ist.[169] Auch gegenüber solch neuerlicher Verzeichnung gibt

---

[168] Maser: Einwirkungen, in: Baier: Kirche, 152: »In Zeiten, wo Hausdurchsuchungen und ähnliche Maßnahmen reale Gefahren darstellen, überlegt man sich sehr genau, was man aufschreibt und archiviert.«

[169] Im achten Tätigkeitsbericht der Bundesbeauftragten, Berlin 2007, 5, wird dies bestätigt.

es nur das Mittel, sich um größtmögliche Genauigkeit in der Erhebung und Erhellung der bis 1989 und danach ablaufenden Prozesse zu mühen.

1.3.3   Schließlich: Kaum eine andere Textsammlung und ihre Veröffentlichung hatten und haben für ihre Verfasser und Mitverfasser so gravierende Folgen wie die MfS-Akten – vom Ehrverlust bis zum Berufsverbot für als *»inoffizielle Mitarbeiter des MfS«* geführte Personen. Wir haben es eben nicht mit der vergleichsweise neutralen Aktensammlung eines Schwarzburgisch-Rudolstädtischen Rechnungsamtes aus dem 18. Jahrhundert zu tun.

1.3.4   Wer sich mit den Akten des ehemaligen MfS befasst, hat dafür gewichtige Gründe. Und sie bestimmen seine Weise, sich den Texten zu nähern. Das gilt zwar grundsätzlich von jedem Versuch, fremde Texte zu verstehen, aber im Fall der nun über sehr verschiedene Zugangswege[170] offenliegenden Geheimakten greift jede Interpretation in biographische Bezüge ein mit Folgen für das Selbstgefühl der Betroffenen, die niemand ohne Weiteres bewältigen kann. Das gilt
– sowohl für den Leser – der ja in der Regel und nach dem Gesetz bereits besondere Voraussetzungen mitbringen muss, um überhaupt an die Texte heranzukommen,[171]
– als auch für die Verfasser der Texte und
– die von ihnen beschriebenen oder zitierten Personen[172] und darüber hinaus
– für scheinbar völlig unbeteiligte Dritte.[173]

---

[170] A. a. O., 13 f., wird der neueste Stand für den Zugang zu den Akten von der BStU dargestellt.

[171] Nach dem Stasiunterlagengesetz (StUG 3. Abschnitt, §§ 12–25) haben außer bestimmten öffentlichen Stellen bisher grundsätzlich nur drei Gruppen Zugang zu den Akten:
– die Mitarbeiter der Behörde der Bundesbeauftragten mit ihren Abteilungen uneingeschränkt;
– die Opfer zu ausgewählten, sie persönlich betreffenden Vorgängen;
– Forschungsbeauftragte und Journalisten im Rahmen ihres Auftrages.

[172] Nach § 32 Abs. 1 Nr. 5 StUG bedarf es der Einwilligung Betroffener, wenn deren Akten »durch Forscher, Medienvertreter und Einrichtungen der politischen Bildung für Zwecke der politischen und historischen Aufarbeitung« eingesehen werden sollen. Wird eine solche Zustimmung nicht erteilt, muss die Bundesbeauftragte konkrete Hinweise auf Betroffene (Namen, Lebensumstände u. Ä.) anonymisieren (Achter Tätigkeitsbericht der BStU 2000, 43 f.).

[173] Zum Beispiel, wo Mitarbeiter des MfS Nachbarschaftsbeziehungen missbrauchten und völlig unbeteiligte Personen und Gruppen in ihre Operationen einbezogen, ohne dass diese um

1.3.5   Um dieser Folgen willen muss zumindest der Versuch gemacht werden,
– Verstehensvoraussetzungen der Urheber der Akten,
– ihrer Leser
– und der am Interpretationsprozess Beteiligten zu prüfen, soweit die eingeschränkte Zugänglichkeit und die von keinem Einzelnen zu bewältigende Masse des Untersuchungsmaterials dies erlaubten.
– Andererseits ist zu fragen, ob aufgrund solcher Prüfung spezifische hermeneutische Kriterien für das Verständnis der Hinterlassenschaften von Diktaturen überhaupt gewonnen werden können, z. B. für das Verstehen postkommunistischer Hinterlassenschaften in unserer östlichen Nachbarschaft, also in Osteuropa.[174]

Eine solche Prüfung geht über die Aufgabenstellung und die Untersuchungsmöglichkeiten dieser Arbeit weit hinaus. Sie sollte aber als Aufgabe genannt und für künftige Konsultationen und Kooperationen mit den ausländischen Erben »problematischer« Geheimdienstunterlagen im Blick bleiben.[175]

1.3.6   Das System »Sozialismus« war von Anfang an und bis zum Erlöschen in der DDR und in Osteuropa transnational. Deshalb wird auch der Umgang mit dem »Herrschaftswissen« der Diktatoren in den ehemaligen sozialistischen Staaten durch Aufarbeitungsgruppen und entsprechende Untersuchungs- und Forschungsinstitutionen mit den in Deutschland entwickelten Verfahren verglichen. Wo aber von außen – besonders aus Osteuropa – nach dem Fazit der »Aufarbeitung« hierzulande gefragt und darauf reagiert wird, muss auch von

---

ihre »Mitwirkung« wissen konnten oder die eigentlichen Absichten der Kontakpersonen zu durchschauen vermochten.

[174] Eine Zusammenarbeit mit den sehr unterschiedlich aufgebauten und unter recht verschiedenen Rahmenbedingungen arbeitenden Aufarbeitungsinstitutionen Osteuropas kommt allgemach in Gang. Von dort werden die besonderen Möglichkeiten der Stasiunterlagenbehörde in Deutschland aufmerksam studiert, nicht überall kopiert, wohl aber als praktikable Form des Umgangs mit Diktaturaltlasten angesehen und mancherorts als beispielhaft empfunden.

Als diese Sätze schon geschrieben waren, meldete die FAZ am 02.02.2008, dass der Rumänische Verfassungsgerichtshof dem »Nationalen Rat für das Studium der Archive der Securitate« die gesetzliche Grundlage für die Aufarbeitung entzog. Wird das Urteil vom Parlament nicht aufgehoben, gibt es wohl in Kürze keinen Zugang mehr zu den Akten des rumänischen Staatssicherheitsdienstes »Securitate« – Ende der »Aufarbeitung« und Sicherheit für die »Sicherheit«.

[175] Maser: Einwirkungen, in: Baier: Kirche.

den kritisch zu beurteilenden Entwicklungen in diesem Prozess der »Aufarbeitung« in der Nach-DDR die Rede sein. Fehler sind schlechte Exportartikel.

1.3.7 Aktennachlässe aus der NS-Zeit kommen z. T. in den MfS-Akten selbst vor, weil das MfS ein hohes Interesse an ihnen hatte.[176] Gerade Überbleibsel von Akten der NS-Zeit hat das MfS eifrig gesammelt und fleißig »ausgeschlachtet«, um sie je nach Bedarf

– zu Erpressungen auch unter kirchlichen Mitarbeitern zu nutzen, um neue IM-Kandidaten zu gewinnen,[177]

– oder ehemalige Mitglieder von Führungsgruppen der Wehrmacht, der Wirtschaft vor 1945 oder auch der NS-Apparate für die eigenen Ziele einzusetzen,

– oder mit deren Bloßstellung und gerichtlicher Verfolgung sich als »antifaschistisch« zu erweisen.

So entwickelte sich aus fallbezogen gesammelten NS-Akten und herbeigetragenen Funden ein eigenes »NS-Archiv« des MfS.[178]

1.3.8 Für die Kirchen wurde eigens die Recherche »Pfarrer und Offiziere« angelegt, um gegebenenfalls kompromittierendes Material zur Verfügung zu haben. Bei Durchsicht solcher Archivalien begegnen frei erfundene Fälle.[179] Deshalb bedarf jeder einzelne einer genauen Prüfung.

---

[176] In den sechziger Jahren gab es im Zentralen Staatsarchiv Potsdam das Referat »Familienforschung«, das systematisch NS-Akten prüfte, ob sie für die Kompromittierung oder Anwerbung neuer Mitarbeiter eingesetzt werden könnten. So dienten beispielsweise die von der Sowjetunion zur Verfügung gestellten Akten aus dem ehemaligen »Reichskirchenministerium« dem MfS als Instrumentarium für Erpressungsversuche im Raum der Kirche.

[177] Erpressungsfall Pf. B. in M.

[178] Vgl. Dagmar Unverhau: Das »NS-Archiv« des Ministeriums für Staatssicherheit. Stationen einer Entwicklung, Münster 2004².

[179] Der als IM »Vestis« registrierte Richard Kittel, ehem. Isserstedt (Reg.-Nr. X 478/62, BStU ASt Gera, Nr. 253/71, 59 und 62), erfindet für meinen Vater Rudolf Große eine Stabsoffizierskarriere in der Wehrmacht. Weil dieser außerdem im gehobenen Schuldienst gewesen sei, habe er nach 1945 nicht mehr Lehrer sein dürfen und Pfarrer werden müssen. Nachweislich amtierte der angebliche Offizier (1918 als Gefreiter verwundet nach Leipzig entlassen, am 13.2.1920 als Theologe ordiniert) ohne jede Unterbrechung seines Pfarrdienstes von 1921 bis 1933 in Großkröbitz bei Jena und von 1933–1964 in Zeutsch, Superintendentur Kahla. Das ist in den Kirchenbüchern beider Pfarrämter beurkundet und nachzulesen in den Akten der kirchlichen Besoldungsstelle im Landeskirchenamt Eisenach.

Innerhalb der vorliegenden Untersuchung können lediglich Einzelbeispiele für die Instrumentalisierung von NS-Akten gegenüber Mitarbeitern und Gliedern der Ev.-Luth. Kirche in Thüringen genannt und untersucht werden, wie sie durch den Überprüfungsausschuss aktenkundig wurden.

1.3.9 Für die Zeit nach der noch nicht gesetzlich geregelten Offenlegung der Akten wird die sofort einsetzende Verschleierungstaktik der ehemaligen Mitarbeiter des entmachteten Geheimdienstes und seiner Erben innerhalb und außerhalb Deutschlands berücksichtigt werden müssen.[180] Deren Interesse liegt sowohl in der Spurentilgung als auch der eigenen Rehabilitation wie auch in der Schuldzuweisung an andere – im äußersten Falle sogar an die Opfer.

1.3.10 Auch der gesetzlich geregelte Datenschutz berührt sensible Persönlichkeitsrechte und begrenzt die Möglichkeiten vergleichender Forschung. Das ist nicht nur rechtens, sondern geboten, wenn die Aktenleser nicht in die Methoden des MfS zurückfallen sollen. Gerade die Privatsphäre hat das MfS schamlos ausgespäht und so gewonnene Erkenntnisse (meist als »*kompromittierendes Material*«) gegen seine Opfer eingesetzt. Ebendeshalb wäre der sittenwidrige und menschenverachtende Umgang der Stasi mit der Privatsphäre der Bespitzelten gründlich zu untersuchen. Für die Kenntnis von Methoden des MfS einerseits, aber auch für das Verhalten der Ausgespähten und ggf. ihre Rehabilitierung andererseits hätten so gewonnene Einsichten erhebliche Bedeutung.

Wir stoßen damit aber an eine Grenze, die nur um den Preis neuer Verletzungen der Grundrechte des Einzelnen überschritten werden könnte. In diesen Fällen muss der Schutz der Persönlichkeitsrechte Vorrang vor jedem Aufklärungsinteresse behalten. Zugleich aber sollte man sich der Einschränkungen bewusst bleiben, denen wirklich umfassende Recherchen immer unterliegen. Als Lösung kommt nur die Bereitschaft Betroffener in Betracht, einer Einsichtnahme selbst zuzustimmen.

---

[180] Die im November 2006 öffentlich diskutierte Weiterbeschäftigung ehemaliger hauptamtlicher Mitarbeiter des MfS in der Behörde der Bundesbeauftragten warf die Frage auf, ob diese Mitarbeiter der Behörde in der Lage gewesen sein könnten, Akten zu manipulieren, auszusortieren oder auf andere Weise für sich und andere »unschädlich« zu machen. Dem widersprach die BStU.

1.3.11 Ein neues Herrschaftswissen?

Immer wieder kommt es zu Auseinandersetzungen zwischen Medien und der Bundesbeauftragten für die Stasiunterlagen. Sie haben ihre Ursache in dem Argwohn, dass sich innerhalb dieser Behörde durch deren Abteilungen und ihren notwendigerweise freien Zugang zu allen Unterlagen ein neues Herrschaftswissen herausgebildet habe, das zwar hinsichtlich der Herausgabe strengen gesetzlichen Vorgaben unterliegt, aber intern keinen gesetzlichen Einschränkungen unterliegen kann. Insofern ist dieser Konflikt nicht vermeidbar.

Die Fronten verhärten sich, sobald in einem konkreten Fall die Herausgabe von Akten nach Meinung der Nutzer verzögert wird oder gar der Eindruck entsteht, sie würde bewusst unterbunden. Wenn dann noch ehemalige Mitarbeiter des MfS oder ehemalige Mitarbeiter der Behörde in den Streit eingreifen oder deren Veröffentlichungen nach dem Eindruck von Verfassern oder Journalisten im Nachhinein »zensiert« werden sollen, wird rasch die Forderung erhoben: Löst die Behörde auf und übernehmt die Akten in das Bundesarchiv, wo sie zu behandeln sind wie andere Archivbestände auch.

Damit fielen nach meinem Eindruck aus heutiger Sicht wichtige vom Gesetzgeber eingebaute Sicherungen gegen den Missbrauch der unter Missachtung der Menschenwürde und der Freiheit des Einzelnen zustande gekommenen Akten weg.

Immer wieder werden in diesem Grundkonflikt die gleichen Fragen gestellt:
- Entspricht die Herausgabepraxis der Behörde in allen Fällen den gesetzlichen Vorgaben?
- Vermutungen kursieren: Was wird möglicherweise zurückgehalten und warum?
- Werden Akten über Bürger der Bundesrepublik Deutschland West anders behandelt als solche der ehemaligen DDR-Bürger?
- Können Mitarbeiter der Behörde ihre privilegierte Stellung für die eigene wissenschaftliche Arbeit und ihren beruflichen Aufstieg nutzen?

Am Beispiel der ursprünglich ungesichert zitierbaren – mit Ausnahme der Schutzbestimmungen des allgemeinen Datenrechts im engeren Sinne und bis zu den vom »Kohl-Urteil« erzwungenen Einschränkungen[181] –, ohne besondere Auflagen einsehbaren Unterlagen zu »Personen der Zeitgeschichte« wird deutlich: Die Diskussion ist nicht zu Ende.

---

[181] Urteil des Bundesverwaltungsgerichtes vom 23.06.2004: Einsichtnahme in und Verwendung von Informationen nur noch mit Zustimmung der Betroffenen, sofern es sich nicht um ehemalige Mitarbeiter des MfS handelt.

Fallbeispiel: Klarnamen von IM in Opferakten

Nicht in allen Fällen kann überzeugend erklärt werden, warum nach Gesetz hier restriktiv verfahren oder dort großzügig Zugang gestattet wird.[182] Nach Auskunft der BStU können Klarnamen von IM, die sich in einer »Opferakte« finden, nicht per Antrag dem Betroffenen zur Verfügung gestellt werden, wenn sich der Name des Bespitzelten nicht auch in der Akte des entsprechenden IM findet. Sind dessen Akten aber vernichtet oder nicht auffindbar, erfährt der Mensch, der in den ihn betreffenden Protokollen liest, die Klarnamen seiner Peiniger nicht. Er hätte also von vornherein – auch vor Ablauf von Verjährungsfristen – keine Möglichkeit gehabt, das Gespräch mit ihnen zu suchen oder gerichtlich gegen sie vorzugehen.

1.4 Schriftliche Quellen aus Diktaturen brauchen Ergänzungen

1.4.1 Schriftliche Quellen aus Diktaturen bedürfen *grundsätzlich* der Ergänzung durch mündliche Überlieferungen von Zeitzeugen. Die Geschichte selbständig urteilender und mehr oder weniger unabhängig handelnder, erst recht widerständiger Kräfte in Diktaturen schlägt sich kaum in Schriftstücken nieder, wenn sich die Kritiker und Widerstehenden nicht selbst ans Messer liefern wollten. Deshalb muss die Erforschung der Widerstandskräfte über die Interpretation schriftlicher Quellen hinausgehen und in besonderer Weise auf die Erfahrungen von Zeitzeugen zurückgreifen, solange das möglich ist. Denn:

– Diktaturen zwingen die Vertreter widerständigen oder »ideologisch abweichenden« Gedankengutes, sich vor der Auslieferung an die Unterdrücker durch unbedachten Umgang mit gerichtsverwertbarem Schriftmaterial sorgfältig zu hüten.[183] Darauf hatten sich die Menschen im vermeintlich allgegenwärtigen Überwachungsstaat DDR eingestellt.

---

[182] BStU ASt Gera, Schrb. 001402/02G vom 21.08.2007.

[183] Ein sehr altes Beispiel für die Verschlüsselung von Texten haben wir in der Apokalypse des Johannes vor uns. Um Besitzer und Verbreiter dieser Christustexte während Verfolgungszeiten vor den Nachstellungen römischer »Sicherheitsorgane« und ihrer »inoffiziellen Zuträger« zu schützen, werden Sprachformen und Bilder verwendet, die nicht sofort als Zeugnisse christlichen Glaubens erkennbar sind. Deshalb konnten apokalyptische Bilder und Symbole in ihrer Auslegungsgeschichte zu abenteuerlichen Erklärungen führen. So stützen sich Weltuntergangsspekulationen oft auf Bilder und Symbole dieser biblischen Überlieferung, die

- Protokolle oder Notizen von Teilnehmern an grenzüberschreitenden Begegnungen oder Konferenzen stellten hochbrisantes Material dar, das am besten nur im Kopf zu transportieren war. Denn bei jedem Grenzübertritt war – auch im Falle von sogenannten »Dienstreisen« im kirchlichen Auftrag – mit Gepäckkontrollen bis hin zu Leibesvisitationen zu rechnen.
- Auch innerhalb der DDR trug niemand innerkirchlich wesentliche und innergemeindlich aktuelle Aufzeichnungen oder die Partnergemeinden außerhalb der DDR betreffende Verabredungen von Treffen, Entwürfe von Veranstaltungen, Vorarbeiten für Erklärungen grundsätzlich kritischen Charakters oder vorläufige Skizzen kircheninterner Meinungsbildung zu gesellschaftlichen Themen schwarz auf weiß mit sich herum.
- Mündliche Übermittlung von Nachrichten und Informationen von Person zu Person haben immer Vorrang, wenn der Zugriff von Sicherheitsdiensten auf gerichtsverwertbare Materialien in Meinungsbildungsprozessen oder die direkte Gefährdung von Boten befürchtet werden muss.
- Nachrichten zu verschlüsseln war seit der Antike gang und gäbe, um sich Spähern zu entziehen oder sie zu täuschen. Sie in Klartext zu übertragen, wird umso schwieriger, je mehr der Abstand zur geschichtlichen Konstellation wächst, der sie entstammen.
- Gleichzeitig aber muss festgehalten werden – und solche Gleichzeitigkeit ist Außenstehenden schwer zu erklären: Offenheit in der eigenen Urteilsbildung und ebenso offen und öffentlich begründete Darlegung unabhängiger und kritischer Meinungen konnte davor bewahren, sich in Widersprüche zu verwickeln, und auch davor, von Gleichgesinnten und Gegnern missverstanden zu werden. Allerdings setzt das die Bereitschaft voraus, gegebenenfalls ernste Folgen zu tragen. Das war der Preis der Freiheit, und er konnte hoch ausfallen. In den Stasiakten wird sich solche Offenheit freilich nicht widerspiegeln. Sie hätte eine Aufwertung des Bespitzelten dargestellt, der ja gerade gefügig gemacht werden sollte und deshalb moralisch herabzusetzen war. Zudem passte es nicht in die Vorstellungswelt vieler MfS-Leute und ihrer Vorgesetzten, dass jemand eine »abweichende« Meinung als seine eigene Überzeugung unerschrocken äußern könne, geschweige denn, dass er Recht habe. Also musste dem, der unabhängig auftrat, Abhängigkeit vom Klassenfeind unterstellt werden.[184] DDR-Erfahrung lehrt: Alles, was du sagst, muss wahr sein. Aber nicht alles, was wahr ist, musst

---

tatsächlich für die Botschaft des kommenden Christus stehen und alles andere als Science-Fiction-Chiffren darstellen.

[184] Beleg: Protokollauszug von Gesprächen mit dem Rat des Kreises Saalfeld, BStU MfS BV Gera, AOP 659/77, Bd. I, 292–295.

du sagen. Zu dieser Einsicht half auch der *Rat eines entlassenen Häftlings* im Predigtvorbereitungskreis Tannroda, Superintendentur Weimar-Süd.

Schon um 1960 riet uns der längere Zeit auf Betreiben des MfS inhaftierte Pfarrer Martin Giersch, Blankenhain, Kreis Weimar (Thüringen),[185] überall – zu Hause wie in der Öffentlichkeit – nur das zu sagen, was wir auch vor Gericht begründet vertreten könnten. Im Übrigen sei das für Leute mit einem schlechten Gedächtnis ohnehin die einzige Chance, glaubwürdig zu bleiben und sich nicht in immer kompliziertere Widersprüche zu verwickeln.

1.4.2   Wie sollen für die gegenwärtige Forschung die Lücken in der schriftlichen Überlieferung widerständigen Lebens aufgefüllt werden?

Interviews von Zeitzeugen gewinnen gegenüber den Geheimakten eine größere Bedeutung als gemeinhin üblich.[186] Für die Forschung ergibt sich – bei kritischem Umgang mit den so erlangten Informationen – ein doppelter Gewinn: Phasen erzwungenen Schweigens füllen sich mit Leben, vielleicht mit neuen Einsichten, und zum anderen wird der Blick auf die bisher notgedrungen schweigende Seite der Konfliktparteien möglich. Für unseren Zusammenhang bedeutet das aufschlussreiche Ergänzungen der sonst alleinunterhaltenden Stasiakteure und ihrer Monologe im Dunkel.[187]

---

[185] Pfarrer Martin Giersch, bis 1957 Studentenpfarrer in Weimar, wurde im Juli 1957 aus politischen Gründen inhaftiert. Nach seiner Entlassung aus der Haft übertrug ihm die Kirchenleitung ab 01.08.1959 die Pfarrstelle I in Blankenhain/Thür., Superintendentur Weimar.

[186] Vgl. Hagen Findeis/Detlef Pollak (Hg.): Selbstbewahrung oder Selbstverlust. Bischöfe und Repräsentanten der evangelischen Kirchen in der DDR über ihr Leben – 17 Interviews, Berlin 1999, 10. Sie nutzen durchgängig das Interview als Untersuchungsmethode für die Biographien von 17 »Kirchenführern«. Sie wollten »etwas über die Bedingungen herausfinden, die ihre Intentionen, Handlungsprinzipien und Weltdeutungen prägten, und auf diese Weise besser verstehen lernen, aus welchen Quellen sich die Resistenzkraft der Kirchen und ihrer Repräsentanten speiste und worin die Grenzen dieser Kraft begründet lagen.«

[187] Martin Jankowski gewinnt in: Der Tag, der Deutschland veränderte, einer minutiösen Chronologie des 9. Oktober 1989, mittels Interviews von Augenzeugen aller beteiligten Gruppen – auch mit Verantwortlichen der Sicherheitsorgane und Mitgliedern der von ihnen befehligten Einsatzkräfte – ein authentisches und umfassendes Bild der »Leipziger Oktoberrevolution«.

1.5 Die Wirkung der besonderen Quellenlage – Vorliegendes fasziniert und bindet die Aufmerksamkeit der Forscher

Wer sich nach althergebrachter Historikerart vorzugsweise auf schriftliche Quellen stützt, wird sich angesichts der Regalkilometer schriftlichen Nachlasses des MfS nur schwer der Faszination des Vorliegenden entziehen können: »Es steht geschrieben.« Das gilt erst recht, wenn auf der Gegenseite und im insgesamt zu untersuchenden Bezugsfeld lediglich sehr spärliche schriftliche Quellen vorliegen bzw. aus Selbsterhaltungsgründen brisante Gegenstände gar nicht enthalten sein können.

Fallbeispiel: Konsultationsgruppe EKD – BEK[188]

Notizen der paritätisch zusammengesetzten Konsultationsgruppe zwischen EKD und BEK, bei denen stets die Hälfte der Gruppe die DDR-Grenze zu passieren hatte, durften nicht der Kontrolle durch die Grenzbehörden der DDR ausgesetzt werden.

Demzufolge konnte es keine beiderseits ratifizierten Verlaufsprotokolle der Konsultationen geben. Lediglich einseitige und sehr knapp gehaltene Vermerke des Teiles der Gruppe, der nicht die Grenze zu passieren hatte, wurden angefertigt und aufbewahrt. Das war je nach Tagungsort entweder die Gruppe der EKD-Vertreter oder die des BEK. Erst nach 1989 wurde es möglich, aus diesen Teilnotizen eine Art Protokollband dieser für den gemeinsamen Weg des Bundes Evangelischer Kirchen in der DDR mit der EKD so wichtigen Konsultationen zusammenzustellen.[189]

---

[188] Konsultationsgruppe zwischen EKD und BEK von 1980 bis 1990.

[189] Walter Hammer/Uwe-Peter Heidingsfeld: Die Konsultationen. Ein Ausdruck der »besonderen Gemeinschaft« zwischen der Evangelischen Kirche in Deutschland und dem Bund der Evangelischen Kirchen in der Deutschen Demokratischen Republik in den Jahren 1980 bis 1990.

1.6   Beredtes Schweigen: auch Lücken sprechen

Wer aus Texten – geschrieben unter Diktaturen – die Wahrheit heraus-finden will, muss lesen lernen, was nicht darin steht.

Aber: Wie soll gelesen werden, was nicht geschrieben steht? Müssen *»argumenta e silentio«* – Argumente aus dem Schweigen – nicht stumm bleiben? Nicht für den, der sie ent-deckt. Denn sie reden – verdeckt. Dafür im Folgenden ein Beispiel aus der DDR-Lyrik.

Fallbeispiel: Reiner Kunze

Das Unausgesprochene zum Sprechen zu bringen, beherrschte Reiner Kunze, Jahrgang 1933, der Schriftsteller aus Oelsnitz im Erzgebirge. Im operativen Vorgang »Lyrik« 1968 wollte das MfS ihn zersetzen. 1977 ließ er die DDR hinter sich, ohne sie aufzugeben.

Meisterhaft aussprechen, was nicht gesagt, nicht einmal gedacht werden darf, so dass es dennoch alle verstehen, für die es gedacht ist, galt in der DDR als unabhängige Literatur. Dennoch – wenigstens dann und wann – auch unter Aufsicht des »Amtes für Literatur und Verlagswesen« in der DDR gedruckt zu werden, das hat Reiner Kunze verstanden, damit wir ihn lesen und verstehen könnten. Kaum ein schlüssigerer Text ist zu finden, der Verständnis für das Schreiben in Diktaturen erschließt und lyrisch zum Verstehen hilft, wo nichts verstanden werden durfte, als ein Gedicht, in dem Reiner Kunze mit seiner Tochter redet:

> »Erster Brief der Tamara A.[190]
> Geschrieben habe dir
> Tamara A., vierzehn jahre alt, bald
> Mitglied des Komsomol
> In ihrer stadt, schreibt sie, stehen
> vier denkmäler: Lenin
>   Tschapajew
>   Kirow
>   Kuibyschew
> Schade, dass sie nichts erzähle
> von sich
> Sie erzählt
> von sich, tochter«

---

[190]   Reiner Kunze: Brief mit blauem Siegel, Leipzig 1974, 54.

Fallbeispiel: Lutherische Bekenntnisgemeinschaft in Thüringen[191]

Die Lutherische Bekenntnisgemeinschaft in Thüringen wurde in den Einschätzungen des MfS als »feindlich-negativ«[192] qualifiziert. Sie folgte dem Grundsatz, als Bekennende Kirche dafür einzutreten, dass Kirche Kirche bleibe, dass z. B. die Barmer Theologische Erklärung in ihren Abgrenzungen gegenüber falscher Lehre und gegen Anpassung an den Zeitgeist zur Geltung gebracht werde. Sie arbeitete besonders in der Vorbereitung von Synoden und durch Rundbriefe mit Theologen und Gemeindegliedern daran, dass Schrift und Bekenntnis Grundlage der Verkündigung bleiben. Sie hatte sich besonders davor zu hüten, gerichtsverwertbares Material für die Späher des MfS zu liefern.

Sitzungen ihres Leitungskreises, des Landesbruderrates[193], in der DDR-Zeit, bei denen *Interna* verhandelt wurden (z. B. Vorüberlegungen für Personalentscheidungen in der Landessynode angestellt wurden), und Beratungen mit Mitgliedern und Sympathisanten am Rande der Synodaltagungen haben kein Protokoll. Einzelne Sachpunkte wurden allenfalls in Kurzform knapp handschriftlich auf Zetteln, in Kalendern o. Ä. notiert und alsbald vernichtet. Deshalb fehlen schriftliche Zeugnisse, insbesondere solche mit staatskritischem Hintergrund, dieser kirchenpolitisch wirksamen Arbeitsgemeinschaft fast durchweg.

Daraus aber ist gerade nicht zu schließen, dass es diese Gruppe und ihren Einfluss nicht gab. Nicht nur in Beobachtungsberichten und Einschätzungen ihrer Gefährlichkeit durch das MfS, sondern viel stärker in wichtigen Entscheidungen der Synode zeigte sich die Wirkung ihrer Arbeit.[194] Das aber

---

[191] Die »Lutherische Bekenntnisgemeinschaft in Thüringen« wurde 1934 im Widerstand gegen die sogenannten»Deutschen Christen« und die Reichskirchenregierung gegründet. Sie wurde zum Zentrum des Widerstandes gegen die Verfälschung des Evangeliums und gegen die »deutsch-christliche« Irrlehre in Thüringen. In den besonders nach 1950 heftigen Auseinandersetzungen der Kirchen mit SED und Staatsführung der DDR lebte sie durch den Beitritt junger Pfarrer der Nachkriegsgeneration wieder auf. Sie arbeitet bis heute mit dem Ziel, dass Ev.-Luth. Kirche in Thüringen Kirche Jesu Christi bleibe. Vgl. zum Ursprung Erich Stegmann: Der Kirchenkampf in der Thüringer Evangelischen Kirche 1933–1945, Berlin 1984.

[192] In einem Bericht vom 17.01.1958 über den IM-Vorlauf »Ingo«, Ingo Braecklein, damals noch Superintendent in Weimar, wird der Leiter der Lutherischen Bekenntnisgemeinschaft in Thüringen, Superintendent Pabst, Gotha, genannt, der für den Fall unkritischer Politik seiner Landeskirche gegenüber dem Staat gedroht habe, mit »zwei Kirchenkreisen« aus der Landeskirche auszuscheiden. Gemeint ist in dieser Notiz die Lutherische Bekenntnisgemeinschaft. IMV »Ingo«, BStU ZA, MfS 24028/91, Teil II, 16.

[193] Der Landesbruderrat – gewählter Leitungskreis der LBG mit zwei Vorsitzenden.

[194] So waren es vor allem Synodale aus dieser Gemeinschaft, die in der Landessynode Thüringen durchsetzten, dass die vom Staat geforderte Versetzung des Pfarrers Walter Schilling

heißt für unseren Zusammenhang: Die Wirkungsgeschichte muss in die Wertung kirchlichen Handelns einbezogen werden – ungeachtet der in den MfS-Akten spezifischen Beurteilungen von Kirche unter dem Gesichtspunkt ihres »feindlich-negativen« Charakters.

1.7 Geistliche Quellen des Widerstandes

Obwohl schriftliche Quellen aus widerständigen Kreisen über deren Denken, Reden und Handeln in der Regel gar nicht erst angelegt oder alsbald vernichtet wurden, ist herauszufinden, was für die Menschen und innerhalb unseres Untersuchungsgegenstandes für die Kirchen unter der Diktatur wichtig war und aus welchen geistlichen Quellen sich ihr eigenes Urteil und unabhängiges Handeln speiste.

Wie soll das zugehen? Mehrere Möglichkeiten bleiben verfügbar:
– Die schon erwähnten Interviews von Zeitzeugen können zur Überwindung des Schweigens der Quellen an wichtigen Punkten verhelfen.
– Erhellend aber können auch die noch im Negativbild des MfS erkennbaren widerständigen Wirkungen sein, die ja nicht aus dem Nichts hervorgingen. Biblisch gesprochen hieße das: »An ihren Früchten sollt ihr sie erkennen.« (Matthäus 7,16)

Für die kirchliche Arbeit und deren Einfluss ergibt sich daraus als Konsequenz: Auch und vor allem *die* Quellen müssen für die zeitgeschichtliche Analyse mit herangezogen werden, aus denen sich kirchliche Existenz eigentlich speist und gestaltet: der geistliche Dienst. Das aber geschieht– soweit ich sehe – bisher kaum.

Aus der Fülle solcher geistlichen Quellen und ihrer verändernden Kraft seien hier nur zwei Bereiche genannt – die Predigttexte und die geistlichen Themen der Synoden.

---

aus Braunsdorf, der einem NVA-Deserteur Unterschlupf gewährt und ihn gegenüber den Sicherheitsorganen verleugnet hatte, nicht zustande kam, obwohl Teile des Landeskirchenrates sich geneigt zeigten, dem staatlichen Ansinnen nachzugeben, um Pfarrer Schilling »aus der Schusslinie« zu ziehen.

Die Synode übernahm die Argumentation der Bekenntnisgemeinschaft, keinen Präzedenzfall zuzulassen: »Der erste Pfarrer, der auf Betreiben staatlicher Organe versetzt oder gemaßregelt wird, wird der erste in einer langen Reihe von Pfarrern und Mitarbeitern sein, deren Versetzung oder Maßregelung vom Staat erzwungen wird. Deshalb muss Pfarrer Schilling in Braunsdorf bleiben.«

Die nach der Ordnung der Kirche auf jeweils sechs Jahre im Voraus festgelegten Predigttexte gaben den Theologen und Gemeindegliedern auf ihre ganz eigene Weise Orientierung und Rückhalt. Nicht nur Funktionäre und Spitzel haben die Wirkung der biblischen Texte in einer reformatorischen Kirche zu ihrem eigenen Schaden oft unterschätzt. Auch in Medienberichten der DDR-Zeit und in der zeitgeschichtlichen Forschung nach 1989 spielen sie eine erstaunlich geringe Rolle. In den MfS-Akten und deren Interpretationen werden sie bis auf wenige ausgeblendet.

Hier haben viele Leser einen blinden Fleck, der genau dem blinden Fleck der Aktenschreiber entspricht. »Nur Religiöses« wird als politisch nicht bedeutsam übergangen. Weil selbst westliche Medienberichte über kirchliches Handeln in der DDR immer wieder einmal solcher partiellen Wahrnehmungsfinsternis anheimfielen, fehlte ihnen damals und fehlt vielen Analysen jener Zeit heute die Einsicht in eine Quelle kirchlichen Handelns, die viel wichtiger und wirkungsvoller war als die immer wieder traktierte falsche Doppelfrage nach den Motiven von »Anpassung« und/oder »Widerstand«.

Innerhalb dieser grundsätzlichen Erwägungen für eine Auseinandersetzung um die Frage der Wirkung des MfS auf die kirchliche Arbeit soll deshalb zunächst nur ein Beispiel für die unmittelbar politische Wirkung der Auslegung biblischer Texte nach der Ordnung der Evangelisch-Lutherischen Kirche angeführt werden. Auf andere Wirkungen geistlicher Quellen evangelischen Glaubens in den politischen Raum hinein wird an anderer Stelle noch einzugehen sein.[195]

Fallbeispiel: Predigttext für den Heiligabend 1981

Nachdem der polnische Ministerpräsident Jaruzelski im Dezember 1981 das Kriegsrecht über Polen verhängt und einen Militärrat in Warschau eingesetzt hatte, um die Gewerkschaftsbewegung »Solidarność« zu unterdrücken, lautete der Predigttext für die Gottesdienste in den evangelischen Kirchen am 24. Dezember:[196]

»Das Volk, das im Finstern wandelt, sieht ein großes Licht, und über denen, die da wohnen im finstern Lande, scheint es hell ... Denn jeder Stiefel, der mit Gedröhn dahergeht, und jeder Mantel, durch Blut geschleift, wird ver-

---

[195] Vgl. dazu Abschnitt 7.
[196] Thüringer Pfarrertaschenbuch 1981, herausgegeben v. Landeskirchenrat der Ev.-Luth. Kirche in Thüringen, 245.

brannt und vom Feuer verzehrt. Denn uns ist ein Kind geboren, ein Sohn ist uns gegeben, und die Herrschaft ruht auf seiner Schulter.« (Jesaja 9,1–6)

Dieser Text war zu lesen und zu entfalten in der Johanneskirche zu Saalfeld am 24. Dezember 1981. Unmittelbar nach dem Verlesen dieses Prophetenwortes verließ ein Ehepaar die überfüllte Kirche, andere folgten. Sie hatten die Sprengkraft des uralten Textes sofort verstanden – wie die ganze übrige Gemeinde natürlich auch. Aber sie durften diese Sätze nicht gehört haben und ihre nachfolgende Auslegung erst recht nicht.

Erstaunlich genug, dass sich in der sonst recht umfänglichen Akte des Verfassers bisher nichts über diesen Vorgang findet, obwohl doch die Angst vor Ansteckung der Bevölkerung der DDR durch den Virus »Solidarność« bei den Regierenden und den Sicherheitsorganen groß war. Aber gerade in der Unaufmerksamkeit der MfS-Leute gegenüber geistlichen Vorgängen und ihren theologischen Voraussetzungen offenbart sich ein fundamentaler Irrtum der Lauscher und eine ihrer für sie gefährlichsten Schwächen: »*Religiöses ist politisch nicht relevant*«.[197] Im Übrigen zeigt dieses Beispiel, dass gerade die schon lange im voraus vorgesehenen Texte für Predigten, Lesungen und Andachten oft bereits bei ihrer Verlesung durch ihre Aktualität Anstoß erregten oder überraschte Zustimmung auslösten, weil sie einen von dieser Seite kaum erwarteten Gegenentwurf gegen die jeweils herrschende Meinung im Lande anboten.

Wenn von der »zweiten Öffentlichkeit« in der DDR die Rede ist und damit inoffzielle Versuche gegenseitiger Information gemeint sind, sollte eine solche Beurteilung m. E. zuerst dieser staatlich nicht beeinflussbaren und weit über die Grenzen der Gemeinde und über die Grenzen der DDR hinaus spürbaren Öffentlichkeitswirkung biblischer Texte zuerkannt werden. Zudem haben sie eine grenzüberschreitende Gemeinschaft hör- und sichtbar werden lassen, die für den Zusammenhalt nicht nur der christlichen Gemeinde eine kaum zu überschätzende Wirkung hatte.

Freilich, das hat mancher wohl bis heute nicht begriffen – in unserer »weltanschaulich neutralen« Medienwelt. Sie ist tatsächlich alles andere als neutral. Denn schon an der Berichterstattung westlicher Medien über kirchliche Arbeit in der DDR fiel auf, wie die Geringschätzung geistlicher Faktoren zu Fehleinschätzungen kirchlichen Handelns führte.

---

[197] Vgl. auch den Abschnitt 20.

Fallbeispiel: Fritz Pleitgen und die Arbeit der Laien in der Kirche

Während einer Tagung der Bundessynode in Görlitz, die das Thema »Die Rolle des Laien in der Gemeindearbeit« erörterte, konnte der Verfasser eine im Vorhinein abgeschlossene Wette gewinnen. Im Bericht der Konferenz der Kirchenleitungen nahmen Überlegungen einen breiten Raum ein, welche Aufgaben in »Zeugnis und Dienst« der Kirche durch Gemeindeglieder übernommen und wie sie dafür ausgebildet werden könnten.

Einer der letzten Abschnitte dieses mehr als 20 Seiten umfassenden Berichtes enthielt die Bemerkung, dass Gemeindeglieder in »Volkseigenen Betrieben« keinen leichten Stand hätten, wenn sie sich ehrenamtlich in der kirchlichen Jugendarbeit betätigten.

Wie gewettet, so geschah es: Der im Saal anwesende Korrespondent Fritz Pleitgen hatte wie alle anderen den Text des Berichtes in der Hand. Er legte kurz vor Erreichen der betreffenden Passage seinem Kameramann die Hand auf die Schulter: »Jetzt!« und am Abend des gleichen Tages erfuhren die Fernsehzuschauer als Quintessenz der Synode diese politische Neuigkeit: »*Wer sich als Laie in der kirchlichen Jugendarbeit engagiert, handelt sich Schwierigkeiten ein.*« Das war nach vorangegangenen Erfahrungen in der Bundessynode zu vermuten. Der Verfasser hatte gewissermaßen zur eigenen Bestätigung die Wette »Pleitgen und das politisch Relevante« abgeschlossen und erwartungsgemäß gewonnen.

Dem ist im Blick auf Synodalberichte und ihre verengte »Auswertung« in der westlichen und östlichen Öffentlichkeit hinzuzufügen: Das Synodalthema »Mitarbeit des Laien in der Gemeinde« – wie auch andere »nur religiöse« Synodalthemen – durfte keineswegs als unpolitisch beurteilt werden. In Wahrheit stellte die Überlegung, wesentlich mehr sogenannte Laien, also Gemeindeglieder aus den verschiedensten Berufen, in die Arbeit unter Jugendlichen einzubeziehen und sie dafür auch gründlich auszubilden, eine politisch brisantere Materie dar als die längst bekannte Erfahrung, dass Gemeindeglieder, die sich ehrenamtlich in der Jugendarbeit engagierten, sich berufliche Schwierigkeiten einhandelten.

Denn im Kern ging es um Aktualisierung und Lebensnähe der Jugendarbeit; sodann um eine Ausweitung, die sich der staatlichen Kontrolle viel leichter zu entziehen vermochte. Schließlich sollte erreicht werden, die Zahl der für diese Kernaufgabe kirchlicher Arbeit Auszubildenden nicht mehr von den begrenzten kirchlichen Personalmitteln abhängig zu machen, aber auch nicht durch staatliche Einflussnahme auf die kleine Zahl kirchlicher Ausbildungsstätten manipulieren zu lassen. Diese Sprengkraft gegen den niemals aufgegebenen staatlichen Alleinvertretungsanspruch für die Erziehung der Jugend war sowohl den Sicherheitsorganen als auch den westlichen Beobachtern entgangen.[198]

Die Stasi wusste es diesmal wirklich besser. Sie fürchtete die Bibel und die vielen ehrenamtlichen, gut ausgebildeten und motivierten Gemeindeglieder. Gerade geheime Texte der Staatssicherheit lassen zuweilen erkennen, dass sie besser als ihre Diensteinheiten vor Ort und sehr viel besser als westliche Beobachter die Wurzeln kirchlicher Widerständigkeit in den biblischen Überlieferungen begriffen.

Laut »*Seminarhinweisen*« der Hochschule des Ministeriums für Staatssicherheit,[199] die

> »Grundorientierungen für die politisch-operative Arbeit zur Aufdeckung, vorbeugenden Verhinderung und Bekämpfung des Mißbrauchs der Kirchen« liefern wollen, »versucht der Gegner gegenwärtig verstärkt, die in den Kirchen objektiv vorhandenen Möglichkeiten für die Realisierung seiner Pläne und Absichten zu nutzen.
> Als »besonders bedeutungsvoll« zählt das Papier unter den »materiellen, geistigen und ideologischen Positionen, Strukturen und Organisationsformen« auf:
> – »Der für Auseinandersetzungen gut ausgebildete und sehr umfangreiche und differenzierte Kaderbestand;
> – ca. 50 000 hauptamtliche Kräfte;
> – viele ehrenamtlich tätige, teils hochqualifizierte Personen (in Gemeindekirchenräten, Synoden, Werken, Organisationen);
> – eigene Hoch- umd Fachschulausbildung;
> Die für die Manipulierung nutzbaren Einflußmöglichkeiten auf breite Bevölkerungsschichten ...«
> An erster Stelle dieser Einflussmöglichkeiten steht:
> »Nutzung der Bibel, des theologischen Pluralismus und des religiösen Fanatismus.«

Die Beschreibung des Widerstandskernes der Kirchen hinsichtlich der Bibel und angesichts theologisch unterschiedlich flexibler Textauslegung trifft exakt zu. Erstaunlich bleibt, dass sie sich nicht herumgesprochen hat. Sie löste keinen Wandel in der Beurteilung von Gottesdiensten, Predigten, Andachten und Bibelstunden durch die Genossen aus. Partei und Staatsführung der DDR und MfS konnten weder gedanklich noch in der »*politisch-operativen Arbeit*« über ihren materialistischen Schatten springen und die Geringschätzung des

---

[198] Bericht der KKL vor der Synode des Bundes in Görlitz (13.–17.05.1977).
[199] BStU Erfurt, KD Erfurt Nr. 641, VVS – o001, MfS JHS – Nr. 90/84, 9.

Religiösen und alles Geistlichen aufgeben. Deshalb musste alle unerwünschte Kritik aus religiösen Motiven dem imperialistischem Gegner und seinen Einflüssen angelastet werden.

So blendet der totalitäre Materialismus seine Gläubigen.

Will jemand aus der Auseinandersetzung mit dem Erbe Mielkes etwas lernen, dann sollte er die via »weltanschaulicher Neutralität« in unsere gegenwärtige Denkweise getragene Geringschätzung geistlicher und geistiger Resistenz hinter sich lassen. Mit dem heutzutage wieder grassierenden Fundamentalismus-Vorwurf gegenüber zeitbezogener Textauslegung und mit leichtfertiger Parallelisierung christlicher Sozial- und Globalisierungskritik mit terroristischen Spielarten des Islams betrügen sich vermeintlich »weltanschaulich Neutrale« selbst und ihre Leser gleich mit.

So blendet der totale Relativismus seine Anhänger.

Neben der Unterschätzung geistlicher Faktoren spielt für heutige Missverständnisse der MfS-Akten auch eine Fehleinschätzung des pseudoamtlichen Charakters der Aktengestalt eine nicht unerhebliche Rolle:

1.8   Die Faszination des Amtlich-Bürokratischen

Für eine Hermeneutik der Stasitexte muss auf eine Falle hingewiesen werden, die in den unendlich vielen Seiten damals für wichtig gehaltener Informationen lauert: die Faszination durch den scheinbar korrekten amtlich-bürokratischen Charakter der MfS-Akten.

Wer die im Großen und Ganzen säuberlich geführten Akten in allgemein üblichen Heftern und Ordnern in die Hand nimmt, erliegt leicht der Täuschung, die Arbeitsergebnisse einer korrekt arbeitenden Behörde – wenn auch in diesem Falle eines Sicherheitsdienstes – vor sich zu haben. Korrektheit weckt Vertrauen.

Seit Adolf Eichmann mit seinen penibel geführten Vernichtungsakten und seiner erschreckenden Emotionslosigkeit wissen wir: Der Teufel ist auch ein Bürokrat. Alle Lesenden – und besonders die nachgeborenen – werden sich beim Studium von Stasiakten vor dem gewissermaßen »urkundlichem« Schriftbild und dem scheinbar objektiven und amtlichen Äußeren der Akten hüten müssen:

- Sauber ausgefüllte Vordrucke für nahezu jeden Vorgang.[200]
- Gegengezeichnete Niederschriften mit anscheinend genauer Wiedergabe des Festzuhaltenden.[201]
- Sorgfältig ausgewählte Verteilerangaben mit Adressaten in den höheren Stufen der Amtshierarchie.[202]
- Korrekt geführte Verzeichnisse der Ordnerinhalte mit knappen Inhaltsangaben am Anfang jeden Ordners.[203]
- Prüfvermerke der Vorgesetzten.[204]

---

[200] Allein 98 allgemeine MfS-Vordrucke zählt das Abkürzungsverzeichnis der BStU, von der F 1 a (»F« steht für »Form« bzw. »Formular«, die Ziffer dient zur Unterscheidung der Sachbezüge) für die Eröffnung eines IM-Vorganges, seine Umregistrierung bzw. dessen Abschluss und Archivierung, bis zur F 906, der Planung einer Ausnahmeentscheidung. Dazu kommen noch Vordrucke für IM-Akten, Reiseverkehr, Finanzen, Postkontrolle sowie für Pass- und Meldewesen, BStU: Abkürzungsverzeichnis. Häufig verwendete Abkürzungen und Begriffe des Ministeriums für Staatssicherheit, Bonn 2007⁸, 105 ff.

[201] Vgl. dazu als Beispiel BStU ASt Gera, MfS BV Gera, AOP 659/77, Bd. 1, 35 und 37 (BStU-Zählung) oder BStU ZA, MfS 24028/91, Teil II, 8 (BStU-Zählung) u. ö. Bei wichtigen Operativen Vorgängen finden sich sogar vier und mehr Gegenzeichnungen: BStU ASt Gera AOP 659/77, Bd. 1, 67 (BStU-Zählung).

[202] Eine schriftliche Erklärung des Verf. zur Wahl am 07.05.1989, abgegeben im Wahllokal in Saalfeld, an dem Stimmzettel mit Heftklammer befestigt, wird in Hinweisen der ZAIG »an Mittag, Neiber, Schwanitz, intern MfS« weitergereicht. MfS, ZAIG, K 3/103, »Hinweise über ausgewählte bedeutsame Probleme im Zusammenhang mit den Ergebnissen der Kommunalwahlen am 7. Mai 1989«, zitiert bei Armin Mitter/Stefan Wolle (Hg.): »Ich liebe euch doch alle!« Befehle und Lageberichte des MfS Januar – November 1989, Berlin 1990, 102.

[203] Wenn in der Auflistung der Akteninhalte in der Akte IMV »Ingo«, Reg.-Nr. 10679/60, im Index alle Akteninhalte als »Treffbericht« verzeichnet sind, muss der Leser davon ausgehen, es handle sich um Niederschriften von »Treffs«, die von den Beteiligten bewusst vereinbart wurden. Tatsächlich bezeichnet Sgraja unangemeldete Besuche und regelrechte Überfälle als »Treffbericht«. Und behauptet wider besseres Wissen: »Es ist zu merken, dass sich die Kontaktperson gern mit uns trifft, um Neues innerhalb der Ev. Kirche zu erfahren.« Daraus ist zu schließen: Es handelt sich keineswegs um den »Treff« eines IM mit seinem »Führungsoffizier«, bei dem dieser »Berichte« entgegennimmt, Vielmehr soll durch den vom MfS organisierten Besuch die »Kontaktperson« (KP) in eine bestimmte Richtung gedrängt werden, indem ihr »Neues« aus der Ev. Kirche erzählt wird (IMV »Ingo«, Reg.-Nr. des MfS 10679/60, in BStU ZA, MfS 24028/91, 2 (BStU-Zählung).

[204] In einem »Zwischenbericht zum OV…« wird vom Vorgesetzten handschriftlich am Rande kritisiert: »Die Qualität entspricht nicht meinen Erwartungen und auch nicht dem op. Können des Gen. Specht.« Eindruck des Uneingeweihten: »Die Mitarbeiter des MfS wurden streng kontrolliert.« Tatsächlich wird gerügt, dass der Mitarbeiter die ihm gesetzten Ziele nicht erreicht hat, obwohl sie nicht zu erreichen waren (BStU ZA, MfS – HA XX/4 an BV Gera, 06.06.1983, Zwischenbericht OV »Synodaler«, Reg.-Nr. X/1311/82, Berichtszeitraum November 1982 bis März 1983).

– Vorgedruckte, aufgestempelte oder handschriftlich eingetragene und gegengezeichnete Geheimhaltungsvermerke der verschiedenen Sicherheits-
stufen.[205]

Aus der Gruppierung der Textgattungen und den sie ergänzenden Anmerkungen lässt sich ablesen: Das äußere Bild der »Akten« und ihre pseudopreußische
Amtsstruktur suggerierten dem unvoreingenommenen Leser, man habe es mit
exakt und redlich geführten Niederschriften einer korrekten, verwaltungskon-
trollierten Bürokratie zu tun. Hier liegt auch einer der Gründe dafür, dass sich
manche heutigen Leser »Einschätzungen« des MfS z. T. erstaunlich kritiklos
aneignen und dass immer noch und wohl auch weiterhin Sichtweisen des MfS
unangefochten in Analysen der zeitgeschichtlichen Forschung einwandern.

---

[205] Formblatt-Aufdruck: »Ministerium für Staatssicherheit«, im Kästchen eingedruckt: »Streng
geheim! Um Rückgabe wird gebeten!« Nachsatz am Ende des Schriftstückes: *Die Information ist wegen der äußersten Quellengefährdung nur zur persönlichen Kenntnisnahme bestimmt!*«
Offenbar kann sich heute kaum jemand vorstellen, dass der Wahrheitsgehalt von Informationen solch hohen Geheimhaltungsgrades an höchste Regierungsstellen ebenso dürftig ist,
weil als ideologisch gefärbt anzusehen, wie die meistenn offiziellen staatlichen Schriftsätze
der SED-Administration in der DDR überhaupt; z. B. aus BStU ZA, MfS – HA XX/AKG,
Nr. 829, 17.

ZWEITER TEIL:

»VERSTEHST DU AUCH, WAS DU LIEST?«

2. Hermeneutische und methodische Überlegungen

Ein bewusst oder unbewusst wirksames Vorverständnis liegt jeder Untersuchung zugrunde, auch dieser. Das soll im Folgenden – soweit das dem Untersuchenden selbst gelingen kann – aus
- biographischen Daten,
- Milieueinflüssen,
- Dienstbeauftragungen und deren Erfahrungsräumen
- sowie genutzten schriftlichen Quellen, die aufzuschlüsseln sind, erhoben werden.

2.1 Zum biographischen Hintergrund des Verfassers

Geboren 1933 im Pfarrhaus von Zeutsch an der Saale.

Als die DDR gegründet wurde, war ich Schüler der zehnten Klasse der Zwölfjahresschule in Rudolstadt. Dort – am ehemaligen »Gymnasium Fridericianum« – war ich 1943 als Fahrschüler aufgenommen worden. Seitdem fuhren wir Zehnjährigen täglich in vollen Arbeiterzügen mit Dauerpendlern aus der Landbevölkerung zum Besuch des Gymnasiums Rudolstadt.

Als Augenzeuge eines »Todesmarsches« von Buchenwaldhäftlingen durch unser Dorf und der rohen Behandlung von Zwangsarbeitern durch SS und Polizei halte ich »Antifa-Jugend« für nötig und werde mit Schulkameraden 1949 FDJ-Mitglied. Aber gleichzeitig entwickeln wir uns zu sehr kritischen Schülern: Kriegsende und Ideologienwechsel haben uns Skepsis anerzogen. Nach 1945 unterrichten uns Lehrer, die sich entweder im Prozess der sogenannten Entnazifizierung als unbescholten erwiesen hatten oder als nicht belastet aus dem Ruhestand wieder in den Schuldienst zurückgeholt worden waren, oder sogenannte Neulehrer – uns im Alter sehr nahe. Bald gehen einige »nach dem Westen«.

Sonntags im Gottesdienst unserer Dorfkirche singen wir mit den Freunden der Kindheit von dem, der bleibt.[206]

---

[206] »Alles vergehet, Gott aber stehet ohn alles Wanken, seine Gedanken, sein Wort und Wille hat ewigen Grund.« EG 449,8.

Fünf Jahre Studium an der Theologischen Fakultät der Friedrich-Schiller-Universität Jena im Umbruch zur sozialistischen Hochschule seit 1951. Frontalangriff von SED und FDJ und Volksbildung auf Junge Gemeinde und Evangelische Studentengemeinde 1952/53. Würdelos werden die letzten neukantianischen Philosophen aus dem Lehramt[207] und von der Universität vertrieben und zugleich wird uns das Pflichtfach »ML«: »Marxismus – Leninismus« aufgezwungen. Das gilt für alle Fakultäten, auch für Physiker, Mediziner und uns Theologen.

Sonntags mit dem Vater über die Dörfer, Orgel spielend und später den Prediger vertretend, wenn er selbst andernorts zu predigen hat.

Tief geht die Erfahrung des 17. Juni in Jena und der Unterdrückung der Arbeiter von Zeiss, von Schott & Gen. und anderer Volkseigener Betriebe durch die Rote Armee und die »Partei der Arbeiterklasse«. Ein junger Zeissianer wird »standrechtlich« erschossen, mein Kommilitone und Freund Rupprecht Ruff verhaftet und mit dem Tode bedroht. Nach unerwarteter und ungeklärter Entlassung flieht er nach Westberlin.[208]

1956/57 Vikariat in der Porzellanarbeiterstadt Kahla.

Im August 1957 eingewiesen in die durch jähe Flucht des Pfarrers[209] vakant gewordene Pfarrstelle des Korbflechterstädtchens Tannroda an der Ilm.

Seit 1957 verheiratet mit der Ärztin für Allgemeinmedizin Dr. med. Ursula Große, Fachärztin für Allgemeinmedizin in Tannroda, ab 1971 Betriebsärztin im VEB Carl Zeiss, Betrieb Saalfeld, seit 1983 praktische Ärztin in Bad Blankenburg.

Wir haben vier Kinder großgezogen – wegen der vollen Berufstätigkeit meiner Frau auch den »sozialistischen Kindergarten« in Anspruch genommen – dank verständnisvoller und zur Gemeinde gehörender Kindergärtnerinnen ohne Schaden für die Kinder. Ohne Pionier- und FDJ-Zugehörigkeit und ohne Jugendweihe durften alle vier nur die Zehnjahresschule, die »Polytechnische Oberschule«, besuchen. Allen Bemühungen zum Trotz wurden sie

---

[207] Prof. Dr. Johannsen und Prof. Dr. Paul Ferdinand Linke, beide lehrten an der Philosophischen Fakultät der Friedrich-Schiller-Universität in Jena bis zu ihrer Vertreibung 1953/54.

[208] Stud. theol. Rupprecht Ruff wurde wegen Beteiligung am Volksaufstand des 17.06.1953 von der FDJ-Hochschulgruppenleitung denunziert, unter ungeklärten Umständen am 25.06.1953 freigelassen. Er floh über Westberlin nach Westdeutschland. (BStU ASt Gera, Kartei F 16, Archiv-Nr. A. P. 62/54). Ich habe nie wieder von ihm gehört.

[209] Mein Vorgänger im Pfarramt von Tannroda war befreundet mit Studentenpfarrer Martin Giersch in Weimar. Am Tage, an dem dieser verhaftet wurde (s. unter Abschnitt 17.6.1 zu »Ingo«), musste er selbst Verhaftung befürchten und floh mit seiner Familie unter Zurücklassung allen Eigentums über Westberlin nach Westdeutschland.

ausnahmslos nicht zur »EOS«[210] – zur Erweiterten Oberschule mit Abitur – zugelassen.[211]

Von 1970 an Superintendent in der Grenzsuperintendentur Saalfeld unter Dauerkonflikten mit den staatlichen Stellen bis zu unmittelbaren Konfrontationen Auge in Auge mit dem MfS.

Seit 1961 unter aktenkundiger Kontrolle von MfS und IM. Seit 1970 in drei aufeinanderfolgenden und nur kurzzeitig unterbrochenen »Operativen Vorgängen« mit dem Ziel der Zersetzung bis 1989 »bearbeitet«.[212] Nach der brutalen Logik des MfS: »Entweder – oder!« gab es in der gleichen Zeit außerdem drei vergebliche Anwerbungsversuche.

1988 Dezernent für Ausbildung und Erziehung in der Ev.-Luth. Kirche in Thüringen.

Wegen jahrzehntelanger Erfahrungen als Zielobjekt des MfS von der Landessynode 1990 zum Mitglied des landeskirchlichen Überprüfungsauschusses für Stasikontakte berufen und von da an bis zur Emeritierung 1998 und darüber hinaus dort tätig gewesen. Aus ebendiesem Grunde vom Freistaat Thüringen in den Beirat der Gauck-Birthler-Behörde entsandt. Seit 1998 im Ruhestand.

2.2 Eine persönliche Zwischenbemerkung zur Sache

Wer nicht gerade eine Bewerbung zu schreiben hat, sträubt sich innerlich wohl wie ich, solche autobiographischen Daten in einer methodisch geordneten Untersuchung historischer Abläufe vorzulegen. Drei triftige Gründe zwingen mich dazu:

– Wenn ich in dieser Arbeit fordere, auch nach biographischen Hintergründen bei »Opfern« und »Tätern« *zum Verständnis der Texte* zu fragen, also hermeneutisch zu arbeiten, darf ich mich selbst nicht heraushalten.

– Um die Skrupellosigkeit und die menschenverachtenden Methoden dieses besonderen »Geheimdienstes« und seinen abstoßenden Voyeurismus belegen zu können, musste ich auf Akten zurückgreifen, die aus Schutzgrün-

---

[210] EOS – »Erweiterte Oberschule« mit Abitur gegenüber der POS = »Polytechnische Oberschule«, in der DDR allgemein verbindliche Zehnklassenschule mit Abschluss.

[211] S. unten »Sippenhaftung« in Abschnitt 13.

[212] In der BV Gera fanden sich noch im Jahre 2000 die roten Reiter der Postkontrollfahndung (PZF), die vierteljährlich zu erneuern waren, auf Kopien und Originalen meiner Post. Diese Fahndung wurde demnach bis 1989 nicht eingestellt und blieb deshalb »zur Besichtigung« erhalten.

den nur dem Betroffenen zur Verfügung gestellt werden, auf meine eigenen Opferakten also.

–   Ebensowenig konnte ich ehrenrührige Unterstellungen und herabwürdigende Personenbeschreibungen des MfS durch Akten über andere belegen, wenn ich mich nicht der gleichen Verletzung der Menschenwürde schuldig machen wollte, wie sie beim MfS gang und gäbe waren.

Dass diese in der Besonderheit der Quellen begründete Methode als Selbstdarstellung diffamiert werden kann, muss ich aushalten. Für mich entspringt sie der gottgebotenen Achtung vor dem »Leben der Anderen«,[213] dessen kranke Widerspiegelung in Stasiakten nicht als Material für eine Abrechnung mit der Stasi missbraucht werden darf, selbst wenn ringsum bedenkenlos anders verfahren wird.[214]

So ist auch die Auswahl von Konflikttexten Stasi – Kirche aus den Gremien, zu denen ich selbst gehörte, unvermeidbar gewesen: Nur diese standen mir zu freier Verfügung und waren an jedem Tage zur Hand. Nur mit meinen eigenen Dokumenten, Aufzeichnungen und Erfahrungen konnte ich authentisch und beweiskräftig gegen Paralleltexte der Stasi argumentieren. Gerade die Bemühung um größtmögliche Objektivität und Annäherung an die Realität damals erzwang paradoxerweise den Rückgriff auf personenbezogene Quellen und Zeugnisse.

Im Übrigen ergibt sich aus der Aufzählung biographischer Daten ein Doppeltes: Mir erscheinen diese biographischen Notizen vor allem wichtig, weil unsere Geburtsjahrgänge 1932/33 schon einmal den Zusammenbruch einer Diktatur bewusst miterlebt und inzwischen unter vier Regimen gelebt haben, bzw. leben. Als eben Zwölfjährige mussten wir schon 1945 mit ansehen, wie unterschiedlich Menschen sich auf veränderte politische Rahmenbedingungen einstellen, z. B. unsere Lehrer:

–   Unbelehrbare, die sich der Verantwortung durch Flucht nach Westen oder Abtauchen in andere Gegenden entziehen;

–   dreiste Wendehälse, die nach dem Zusammenbruch unverfroren erklären, sie seien immer schon »dagegen« gewesen;[215]

---

[213] Vgl. den gleichnamigen Film über die Stasi von Florian Henckel von Donnersmarck (Oscar-Preisträger 2008).

[214] Der regelmäßig erscheinende hausinterne Pressespiegel der BStU liefert erschreckende Beispiele für die Ausschlachtung von Stasimaterial für aktuelle politische Zwecke oder Enthüllungsjournalistik ohne Rücksicht auf Betroffene.

[215] Dazu gehörte z. B. der Parteigenosse Lehrer am Gymnasium in Rudolstadt, der im Spätwinter 1945 in goldbrauner Uniform die Schüler der 10. und 11. Klasse als »Flakhelfer« für

- und ernsthaft nach Neuorientierung Suchende. Deren Zahl erscheint mir in der Erinnerung geringer als die der Unbelehrbaren und Wendehälse.
- Die größte Zahl freilich umfasste Mitläufer in einem Volk von Mitläufern und Begeisterten, die dennoch oder deshalb entlassen wurden.

Nach 1989 läuft dieser Vorgang wie ein Déjà-vu-Erlebnis[216] als Wiederholungsfilm ab: Alle vier Gruppen begegnen wieder und manche vollziehen bereits die zweite oder dritte »Wende«.

Allerdings haben wir auch die bittere Erfahrung gemacht – beide Male in unserer deutschen Geschichte –, dass kleine Leute für Fehler und Verbrechen der Großen zu büßen haben, während die für Unrecht und Unterdrückung Verantwortlichen sehr bald wieder den Ton angeben. Mit einem »Schein des Rechtes«[217] gehen sie nicht nur straflos aus, sondern mit Billigung und teilweise sogar Unterstützung der Justiz ziehen sie persönlichen Vorteil aus ihrer Unterdrückung des Volkes: Nutznießer einer vergangenen Diktatur – von den Rüstungsmagnaten der Nazis bis zu den Pensionen für hochdekorierte NS-Würdenträger und von Schalck-Golodkowski am Tegernsee bis zu den dank eines bundesdeutschen Verwaltungsgerichtsurteiles wohldotierten Pensionären des Ministeriums für Staatssicherheit.

Im Pfarrhaus hingegen bestimmte eine ganz andere Erfahrung mein Leben: Mein Vater – in der Nazizeit verspottet und angefeindet – predigte unbeirrt die biblische Botschaft und trat für Schwache und Geächtete ein, auch wenn es verboten war.[218] Unter der sowjetischen Besatzung erschien er eine kurze Zeit als geachtet und respektiert – und tat unbeirrt seinen Dienst mit Predigt, Seelsorge, christlicher Unterweisung und Hilfen für Bedürftige in bis zu neun Gemeinden weiter. In der DDR wurde er wieder angefeindet, weil er sich auch dort um alle mühte, die ihm anvertraut waren – ohne Unterschied der Herkunft, des Standes, der religiösen Prägung, der sozialen Lage oder der politischen Haltung.

Im raschen Wechsel der politischen Verhältnisse erlebte ich den Dienst meines Vaters, an dem meine Mutter sich nach Kräften beteiligte, im Gegensatz zu den gängigen und öfter wechselnden Haltungen ringsum als eine auffällig sich abhebende Konstante. Ihn selbst begriff ich als einen oft Verspotte-

---

den »Sieg Großdeutschlands« in die Bombardements der Alliierten schickte und seine markige Rede mit »Sieg Heil« schloss.

216 Déjà-vu: Es drängt sich der Eindruck auf, das alles schon einmal erlebt zu haben.

217 Martin Luthers Kleiner Katechismus, Erklärung zum 9. Gebot.

218 So z. B. für Kriegsgefangene, die im unterirdischen Flugzeugwerk »Reimahg« (Reichsmarschall-Hermann-Göring-Werk) im Walpersberg bei Großeutersdorf als Zwangsarbeiter ausgebeutet wurden.

ten, der bei der Machtübernahme durch ein neues politisches System nichts zurückzunehmen hatte. Seine Arbeit begegnete mir als das einzig Wesentliche und Beständige in der Flucht der Erscheinungen. Auch deshalb entschied ich mich für diesen Beruf, für den nach meiner Erfahrung am Beispiel der Eltern durch nichts ersetzbaren Dienst unter den Menschen.

Weil Milieustudien in der zeitgeschichtlichen Forschung an Bedeutung gewinnen, sollen auch dazu Hinweise gegeben werden.

2.3 Zum »Milieu«: evangelische Kirche in Thüringen unter wechselnden Regimen

Ich erlebte vier Jahre Dorfschule mit einem Kantor, der sonntags im Gottesdienst die Orgel spielte, unter quicklebendigen Schulkameraden aus Bauern-, Arbeiter- und Handwerkerfamilien, mit Alteingesessenen und »Evakuierten«[219] aus dem Westen und »Umsiedlern«[220] von Osten.

Gemeinsame Heimat aller ist nur die *Kirche*, in der wir Evangelischen wie auch heimatlose Katholiken beten und glauben. Gemeinsame Aufgabe aller: das Überleben trotz Hunger und Kälte zu ermöglichen – auch für die Schwächsten.

Kirche Jesu Christi unter wechselnden Herrschaftsansprüchen und politischen Regimen erwies sich für meine Familie und mich als das einzig tragfähige Kontinuum – ein Cantus firmus des Lebens. Die mit ihren Schwächen und Stärken erfahrene Gemeinschaft der gerechtfertigten Sünder: Die eine wahre Kirche in, mit und unter der wirklichen, in diesem Falle der Ev.-Luth. Kirche in Thüringen wie auch im Bund der Evangelischen Kirchen in der DDR und schließlich in der EKD, war und ist mein Leben.

Oder mit anderen Worten: Christus in seinen fehlsamen, aber zu Zeugnis und Dienst befähigten Gliedern – nicht erdachten Heiligen oder glorifizierten »Oppositionellen«, sondern handfesten Bauern, pfiffigen Handwerkern, sich aufopfernden Müttern und manchen Lehrern, denen wir vertrauten, weil sie uns liebten. Das war und blieb die eine, die lebenerhaltende Seite der Welt.

---

[219] Umgangssprachlich für die zeitweilig aus den Bombengebieten nach Thüringen »evakuierten« Familien, von denen manche nach Verlust ihres Zuhauses und Arbeitsplatzes infolge der Kriegshandlungen blieben und integriert wurden, während andere – vorwiegend aus Westberlin und Westdeutschland stammend – dorthin zurückkehrten.

[220] DDR-Begriff für die Heimatvertriebenen aus Osteuropa.

Die andere, unmenschliche und menschenverachtende Seite war zur gleichen Zeit zu ertragen und – zu verändern.

Notvoll erfahrene Daueranwesenheit von ungebetenen Lauschern und ideologischen Voyeuren: vor 1945, als Vater BBC[221] hörte, nach 1945 unter der Roten Armee, als das Denunziantentum blühte und mancher verschwand wie z. B. mein Patenonkel Oberförster Schache nach Sibirien. Seit 1953 das MfS im Schatten aller meiner Tage, eine seit 1961 notifizierte Dauerbespitzelung, deren Folgen auch meine Frau und die Kinder aushalten mussten und deren Nachwirkungen z.b. im Berufsleben der Kinder bis heute nicht überwunden sind.

Solche »Aufsicht« des MfS wird 1971 in eine Bearbeitung mit drei aufeinanderfolgenden »Operativen Vorgängen«[222] umgewandelt mit dem Ziel:

> Die Mehrzahl der vorgeschlagenen Maßnahmen dürfen keine einmaligen Handlungen, sondern müssen vielmehr permanenter Bestandteil der operativen Arbeit der KD Saalfeld und der Abt. XX/4 der BV Gera sein.[223]

Des Weiteren sind »*Disziplinierungsmaßnahmen komplex und stabil zu halten*« und »*Zersetzung*« zu erreichen[224] – bis 1989. Das heißt: durch rund 10 220 Tage und Nächte mit der ganzen Familie beobachtet und in drei besonders konfliktreichen Phasen jahrelang operativ bearbeitet zu werden. Hinter den Zeilen dieser Studie stehen die Erfahrungen von rund 28 Jahren Leben als eine der vielen Zielpersonen »des größten Geheimdienstes deutscher Geschichte«.

Deshalb entwickelte sich in dieser Zeit durch die geistliche Verantwortung für viele Menschen innerhalb und außerhalb der Kirche, sensibilisiert durch eine nicht mehr überschaubare Zahl seelsorgerlicher Gespräche, lange vor 1989 eine Art geistigen Tastsinnes, zwischen »Spitzeln aus Berufung«, zum Spitzeldienst Erpressten, Unbehelligten und den Tapferen zu unterscheiden, die sich in chancenloser Abhängigkeit dennoch nicht bereit fanden, jemand ans Messer der Tschekisten zu liefern. Das alles freilich bis 1990 ohne Kenntnis von Struktur und Nomenklatur des MfS.

---

[221] »British Broadcasting Corporation« (BBC). Die vier dumpfen Paukenschläge als Erkennungssignal des englischen Rundfunks gehören zu meiner Kindheit.

[222] OV »Ufer« Reg.-Nr. X/183/71; OV »Stänker« Reg.-Nr. X/776/78.lt. MfS – HA XX/AKG, Nr. 6978, 16, AOP 1488/88,I,43; OV »Synodaler«, Reg.-Nr. X/1311/82; 1988 in OPK umgewandelt.

[223] BStU MfS BV Gera, AOP 659/77, Bd. I, 110.

[224] BStU ZA, MfS – HA XX/AKG.

Deshalb musste ich seit Bekanntwerden des »IM«-Begriffes und seiner leichtfertigen Verwendung in der Öffentlichkeit aus eigenem Erleben Einspruch
einlegen: Pauschalverurteilungen kritisieren, genaues Recherchieren und Skepsis gegenüber den Akten einklagen und gründliches Prüfen vor der Brandmar-
kung einer Person als »Inoffizieller Mitarbeiter« verlangen. Und das in begin-
nenden Verfahren gegen IM, nicht etwa – wie mit Fug und Recht zu erwarten
gewesen wäre – gegen MfS-Leute! Solches Bemühen blieb in einer von sensati-
onsinteressierten Medien und Haltet-den-Dieb-Rufen Belasteter angeheizten
Öffentlichkeit Anfang der neunziger Jahre ohne erkennbaren Erfolg.

Auf diesem Hintergrund sehe ich mich verpflichtet, die mir im Laufe dieser Jahre durch den Dienst zugewiesenen schriftlichen Zeugnisse aus der Zeit
der DDR zu sichten und für eine Auseinandersetzung mit dem Thema zu nutzen.

Sie gliedern sich folgendermaßen auf:

2.4   Verfügbare Primär- und Sekundärquellen

Zugänglich waren und genutzt wurden für diese Untersuchung schriftliche,
persönliche sowie dienstlich interne und veröffentlichte Unterlagen aus den
verschiedenen Lebensräumen und den Beauftragungen der oben genannten
Ebenen innerhalb der Ev.-Luth. Kirche in Thüringen und des Bundes der
Evangelischen Kirchen in der DDR sowie die einschlägigen Spiegeltexte in
den Akten des MfS, soweit mir diese als »Opferakten« und innerhalb des Forschungsauftrages der Friedrich-Schiller-Universität Jena zugänglich gemacht
werden konnten.

Im Einzelnen handelt es sich dabei um:
- Familienpapiere und persönliche Aufzeichnungen aus sieben Jahrzehnten;
- chronistische Aufzeichnungen im Gemeindepfarramt Tannroda an der Ilm,
  Superintendentur Weimar 1957–1970;
- Aktenbestand der Superintendentur Saalfeld mit Niederschriften während
  meiner Dienstzeit September 1970 bis Januar 1988;
- Landeskirchenratsprotokolle und dienstliche Vermerke 1988–1998, Unter-
  lagen aus der Synodalarbeit und synodalen Ausschüssen;
- Synodalakten der Synode der Ev.-Luth. Kirche in Thüringen 1964–1998;
- Akten der Synode des Bundes der Ev. Kirchen in der DDR 1974–1998;
- Texte Konferenz der Ev. Kirchenleitungen in der DDR (KKL) 1973–1990;
- Vermerke der Beratergruppe zwischen Bund und EKD 1973–1990;

- Notizen aus der Konsultationsgruppe Bund – EKD, 1980 bis Dezember 1983;

außerdem die mir als Zielobjekt dreier Operativer Vorgänge zugänglichen »Opferakten« des MfS aus den Jahren 1957 bis zu dessen Auflösung sowie die innerhalb des Forschungsauftrages der hermeneutischen Forschungsstelle der Friedrich-Schiller-Universität Jena zur Einsichtnahme vorgelegten Unterlagen des MfS aus den Beständen der BStU und SAPMO, insbesondere

- der HA XX/4 Berlin;
- des Staatssekretärs für Kirchenfragen;
- der Juristischen Hochschule des MfS in Potsdam-Eiche;
- der MfS-Kreisdienststellen in Weimar und Saalfeld;
- und der MfS-Bezirksdienststellen in Erfurt, Gera und Suhl;

und schließlich

- Zeitzeugeninterviews bzw. -berichte;
- Gesprächsprotokolle und Niederschriften des Rates des Kreises Saalfeld aus den Jahren 1970–1988 durch Einsichtnahme im Archiv des Landratsamtes des Kreises Saalfeld-Rudolstadt und des Thüringischen Staatsarchives auf der Heidecksburg in Rudolstadt.

Dass laut »Vernichtungsprotokoll« vom 21.06.1982 aus den OV-Bearbeitungsakten vom 20.04.1982 bis 18.12.1986[225] allein 469 Berichte aus der Telefonüberwachung vernichtet wurden, lässt auf eine viel höhere Zahl von Beobachtungsberichten und Abhörprotokollen des MfS schließen, als mir vorgelegt werden konnten.

Aus dieser Zusammenstellung wird deutlich, dass sogenannte »Opferakten« z. B. des Verfassers und Opferakten anderer mit deren Einverständnis in die Quellen dieser Arbeit einbezogen wurden. Dafür musste ich mich aus zwei Gründen entscheiden:

- Bestimmte Arten von Akten sind aus Gründen des Datenschutzes und des Rechtes auf Unverletzbarkeit der privaten Sphäre bisher nur den Mitarbeitern der Behörde der Bundesbeauftragten und dem »Bearbeiteten« selbst zugänglich. Auch wenn es seitens der Medien und der Forschung immer weitergehende Forderungen gibt, z. B. die Stasiakten zu behandeln wie alle anderen Archivmaterialien auch, oder gar, sie um ihres besonderen Charakters willen jetzt allgemein zugänglich zu machen. Noch hält der Damm des StUG.

---

225 BStU MfS BV Gera, A 1488 / 88, Bd. II, 168.

– Die Mitarbeiter des MfS machten mit ihren Bearbeitungsmethoden und beabsichtigten Wirkungen für Einzelne, für Familien, Gruppen und Institutionen an der Grenze der Menschenwürde nicht halt. Manche dieser Wirkungen sind nur zu verstehen, wenn an ausgewählten Beispielen Zynismus, Verfassungsbruch und Menschenverachtung der »Bearbeitung« wie der »Bearbeiter« benannt und belegt werden. Das aber kann – nach Gesetzeslage und Respekt vor der Würde anderer – nur an den eigenen Akten geschehen. Deshalb kann ich häufig nur diese zitieren.

2.5 Motivation: wechselnde Regime

Für die Motivation zu dieser Arbeit erscheinen mir aus den genannten Erfahrungsfeldern und Prägungen zwei von besonderer Bedeutung:
– Der erlebte und erlittene Durchgang durch vier Regime – von der Nazizeit über die Periode der sowjetischen Besatzung und die DDR bis zum Beitritt zur Bundesrepublik. Diese »Wechseljahre« relativierten die jeweils erhobenen Ansprüche wechselnder »Obrigkeiten« für mich schließlich auf die Frage aus der fünften These von Barmen: »Nehmen sie – die jeweiligen Staatsgebilde und deren Vertreter – ihr begrenztes Mandat, ›für Recht und Frieden zu sorgen‹, mit der ihnen nur geliehenen Macht wahr oder nicht?« In jedem Falle steht für mich Gottes Gebot und Gerechtigkeit über der konkreten irdischen Ordnung, die an seinem Gebot und seiner Gerechtigkeit zu messen und deren Regierung und Regierte mit ihrem politischen Handeln an »Gottes Reich (Herrschaft), an Gottes Gebot und Gerechtigkeit« zu erinnern sind[226] in jedem Staat und in jeder »Gesellschaftsordnung« und unter jeder Rechtsform und allen denkbaren Wirtschaftsverhältnissen.
– Die Konflikte mit Staatsorganen im Allgemeinen und mit dem MfS im Besonderen sowie mein Beruf als Seelsorger haben mich *vor* Öffnung der Akten und eigener Einsichtnahme zu einer Einsicht geführt, die durch das Aktenstudium nicht in Frage gestellt wurde: Person und Sache sind auch in wechselnden Beziehungen zu Institutionen immer zu unterscheiden.
Für Personen trage auch ich als ihr Gegenüber meinen Teil an Verantwortung, wo immer und wie immer sie mir begegnen, selbst wenn ich ihre Aufgabe kritisch beurteile oder ihnen gar als Gegner in der Sache und mit konträrer Aufgabenstellung entgegentreten muss. Das gilt nach meiner Überzeugung für

---

[226] Barmer Theologische Erklärung, These 5.

ordinierte Theologen uneingeschränkt in allen Begegnungen mit Menschen, auch mit Mandatsträgern einer inakzeptablen Institution.

Von dieser Mitverantwortung für die Person des Gegenübers ist die Sache zu unterscheiden, die das Gegenüber vertritt oder die vor einem Gegenspieler zu vertreten ist. Einander ausschließende Sachinteressen heben die personale Verantwortung für den Partner innerhalb der menschlichen Beziehung nicht auf. Sie erschweren möglicherweise einen Umgang miteinander, innerhalb dessen noch anderes Platz haben sollte als die sachliche Auseinandersetzung, wie immer sie ausgehen mag. Aber Christen überhaupt und Geistliche im Besonderen bleiben für den Menschen, auch für den Gegner, mitverantwortlich.

Konfrontation in der Sache muss nicht in jedem Falle zum persönlichen Konflikt führen, der in keinem Falle der zu vertretenden Sache dient.[227] Im Gegenteil: Es kam immer wieder vor, dass ich um des Anderen willen das, was er zu vertreten hatte, also »seine Sache«, hart angreifen musste und mit allen vertretbaren und mir zu Gebote stehenden Mitteln zu überwinden suchte und gerade darin »seine Sache« verfocht.[228]

Andererseits bedingen sich Person und Sache wechselseitig: Zum Verstehen einer Handlung, eines Textes, einer Maßnahme gehört der Versuch, die handelnden Personen abgesehen von ihrer jeweiligen Stellung und Handlung wahrzunehmen und beispielsweise zu prüfen, ob sie sich mit ihrer Stellung und Aufgabe und der Art ihrer Ausführung identifizieren oder selbst einem fremden Druck nachgeben oder von Motiven aus ganz anderen Hintergründen bestimmt werden. Mir scheint: Nur so kann grobe Schwarz-Weiß-Ideologie ausgeschlossen und Annäherung an komplexe Wahrheit und vielschichtige Wirklichkeit versucht werden.

2.6 »Differenziert aufklären« – Stasitexte und exegetische Wissenschaft

Mit der Interpretation von Texten gehen geisteswissenschaftliche Fakultäten beruflich um. Für Theologen und Historiker stellt Interpretation die Ausgangsbasis aller folgenden Arbeit dar. So ist das gesamte Instrumentarium exegetischer Wissenschaft zu nutzen, gerade dort, wo so spezifische Texte zu untersuchen sind wie die vom MfS hinterlassenen Akten. Die Welt der Geheimsprachen bedarf einer besonders sorgfältigen Exegese.

---

[227] S. u. Abschnitt 7.

[228] Den staatlichen Partner in seinen eigenen Grundsätzen ernstzunehmen, hieß auch, ihn bei diesen Grundsätzen zu behaften und ihn selber u. U. ernster zu nehmen als er sich selbst.

2.6.1   Die Frage nach dem »Sitz im Leben« von Texten, die auf schleichende Auslöschung einer bestimmten Gruppe von vermeintlichen Gegnern aus sind, kann in ihrer Antwort lebensrettend oder lebenszerstörend wirken. Deshalb wird mit einer Reihe von W-Fragen nach dem spezifischen Schlüssel gesucht, der den Zugang zum »Ort« der Texte öffnet: Welchem Umfeld entstammen sie und was ist aus diesem Umfeld in den Texten mitzudenken? Also: Wer schreibt/redet? Was? Wann? Wo? In wessen Auftrag? Woraufhin? Und so weiter.

Weil es in dieser Arbeit um Verstehensversuche geht, ist in ihrem Fortgang auf hermeneutische Fragen immer wieder zurückzugreifen.[229]

2.6.2   Vom Sitz im Leben gewinnen die verwendeten »Begriffe« ihre spezifische Bedeutung und lassen zu, sie gegenüber anderem Gebrauch abzugrenzen. Das erscheint besonders dort dringlich, wo eine Diktatur überwunden wird und mit ihrer Sprache auch die von ihr im Denken hinterlassenen Spuren zu überwinden sind.[230] Hier stehen wir noch ganz am Anfang.

2.6.3   Ein Vorverständnis oder Vorurteil darf deshalb um des Lebens willen nicht erkenntnisleitend durchgehalten werden. Nicht akzeptabel erscheint mir deshalb die Methode: Es wird eine These aufgestellt, die dann angegriffen werden kann, und erst in dieser Auseinandersetzung[231] erfolgt ihre »Differenzierung«.[232]

Nach Karl Eduard von Schnitzler[233] und seinen ideologischen Spielchen mit der Wirklichkeit sollte dergleichen nicht mehr ernsthaft als »wissenschaftliches« Verfahren angewandt werden dürfen. Es stellt in meinen Augen die Kapitulation vor der Manipulierbarkeit von Geschichte und Gegenwart dar.

---

[229] S. u. Abschnitt 6 und 10.

[230] S. o. Abschnitt 4, besonders in den Unterabschnitten 4.1, 4.2, 4.3, 4.10.

[231] Modebegriff: »Diskurs«.

[232] Eine solche These ist zum Beispiel der Satz: »N. N. muss als IM angesehen werden.« Vor Gericht steht der so Angeklagte außerhalb eines interpretierenden Diskurses. Alles, was er sagt, »kann gegen ihn verwendet werden«.

[233] Karl Eduard von Schnitzler, Kommentator des DDR-Fernsehens im »Schwarzen Kanal«, nutzte in der Regel für seine Propagandasendungen nur Fakten. Aber ihre Auswahl, ihr Zuschnitt und ihre Interpretation bauten imaginäre Gegenwirklichkeiten zur realen politischen Wirklichkeitserfahrung der Zuschauer auf. In seinen Halbwahrheiten verbarg sich die ganze Lüge.

Wenigstens der Versuch muss gemacht werden, den Vorgängen auf den Grund zu gehen, die unser Leben gefährdeten und noch auf eine geraume Zeit nachwirken. Sie haben schon zu viele Opfer gekostet.

2.6.4   Interpretieren will übersetzen, sich in die Eigenart einer Sprache verstehend einhören, sie in die Sprache der Gegenwart und den Verständnishorizont potentieller Leser übertragen.

Solche Übersetzungsarbeit hört im Prozess der immer sich verändernden Sprache niemals auf. Gerade wenn Interpreten bewusst ist, dass sie in ihren Vorlagen auf eine Begrifflichkeit stoßen, die wahrscheinlich andere Inhalte transportiert, als im sonstigen Sprachumfeld zu erwarten sind, brauchen sie Übersetzungshilfen, die über »Wörterbücher«, sofern diese überhaupt schon vorliegen, hinausgehen. Es erscheint deshalb nur als folgerichtig, dass die Bundesbehörde für die Stasiunterlagen seit 1993 eine Lesehilfe herausgibt, die sich »Handbuch des MfS« nennt und an der ständig weitergearbeitet werden muss.[234]

Um auf die Voraussetzungen der besonderen Übersetzungsarbeit an den MfS-Texten aufmerksam zu machen, war es für diese Arbeit unerlässlich, auf die Mehrsprachenwelt hinzuweisen, die nicht nur Diktaturen, diesen aber in besonderer Weise eigen ist.[235]

2.6.5   Mit dem Begriff »Diktatur« berühren wir ein weiteres Verstehensproblem im Umgang mit den Texten des ehemaligen Staatssicherheitsdienstes: Es haben politische Denk- und Verhaltensweisen in den Texten ihren »Ausdruck« gefunden. Sie leiten sich aus einem *»philosophischen«* und zugleich *»historischen«* Ideologiesystem ab, das für sich reine *»Wissenschaftlichkeit«* beanspruchte, jedoch als politisches System pragmatischen Aus- und Umdeutungen je nach politischer Lage unterworfen wurde.

Dem kann nur mit dem vergleichenden Rückgriff auf die *»Theorie des historischen und dialektischen Materialismus«* Rechnung getragen werden. Gerade in der DDR spielte die Auseinandersetzung auf theoretischem Felde mit den *»bürgerlichen Ideologien«* eine grundlegende Rolle, so dass sie sich in MfS-Texten bis in die Ausbildungsgänge für die »operative Praxis« niedergeschlagen hat

---

[234] Siegfried Suckut (Hg.): Das Wörterbuch der Staatssicherheit. Definitionen des MfS zur »politisch-operativen Arbeit«, Berlin 1993.
[235] Vgl. Abschnitt 4.

und deren Zielsetzung bestimmte, ebenso im gesamten Sprach- und Denksystem von Partei, MfS und Staatsorganen. In den begründenden Einleitungen von Berichten zur Lage, strategischen Entwürfen und Analysen der »feindlichen Aktivitäten« und den Maßnahmeplänen haben wir es stets auch mit theoretischen Auslassungen zu tun, weil diese Texte sich gemäß der herrschenden Parteidoktrin als *wissenschaftlich* verstehen mussten und das in der Sprache der herrschenden Ideologie nachzuweisen versuchten.[236]

Der im Marxismus ungeschulte Leser möge darauf achten, dass die Texte in sich *»dialektisch«* gemeint sind und deshalb ihren ganz eigenen Umgang etwa mit offensichtlichen Widersprüchen pflegen. Wo möglicherweise der arglose Leser sich die Augen reibt und herauszufinden versucht, wo denn die Wahrheit ende und die Dichtung beginne, erfährt er: Widersprüche gehören zu jeder Entwicklung und werden im »Weiterschreiten« überwunden.[237] Die Utopie als *»Traum nach vorn«*[238] und der Alptraum der Gegenwart schließen sich nicht aus, sondern bedingen sich gegenseitig. Hier gerät der theoretische Marxismus in die Nähe einer säkularen Religion.

Fallbeispiel: »Kampf gegen die Religion« im Schulungsmaterial des MfS[239]

Die »dialektische« Denkweise im marxistischen Verständnis der Religion kann ein Zitat aus Lehrmaterialien der MfS-Hochschule belegen. *»Wesentliche Grundpositionen der marxistisch-leninistischen Politik von Partei und Regierung in Kirchenfragen, ihre Stabilität und kontinuierliche Verwirklichung bei der Gestaltung der entwickelten sozialistischen Gesellschaft«* sollen die theoretische Grundorientierung des praktischen tschekistischen Handelns liefern:

> »Unsere Partei hat unter schöpferischer Anwendung der Lehren der Klassiker des Marxismus-Leninismus und in Auswertung der Erfahrungen aus den Kämpfen der interna-

---

236 Z.B. in den Schulungsmaterialien der »JHS«, der Juristischen Hochschule des MfS in Potsdam, VVS (Vertrauliche Verschlußsache) o001, JHS-Nr. 125/83, 27 (BStU-Zählung: 87).

237 Argumentationsfigur z.B. der Dozenten für »Marxismus-Leninismus« gegenüber kritischen Anfragen an die Politik der Partei und ihre sehr pragmatische Anwendung scheinbar eherner Grundsätze philosophischer Natur. Mit dieser Art »Dialektik« sind Theologiestudenten an den staatlichen Universitäten seit 1951 im »Gesellschaftswissenschaftlichen Grundstudium« vertraut gemacht worden – sehr zu ihrem Missfallen, aber zugleich sehr zum Nutzen späterer Auseinandersetzungen mit gebildeten Funktionären.

238 Ernst Bloch: Werkausgabe, Bd. 5, Das Prinzip Hoffnung, Frankfurt am Main 2004[7].

239 Grundpositionen, MfS JHS ASt Erfurt, KD Erfurt, Nr. 531, 58 ff.

tionalen Arbeiterbewegung[240] eine strategische und taktische Grundlinie ihrer Politik in Kirchenfragen entwickelt, die als eigenständiger und konstruktiver Beitrag zum Erfahrungsschatz der revolutionären Bewegung international anerkannt und hoch eingeschätzt wird.

Sie ließ sich dabei stets von der marxistisch-leninistischen Grundüberzeugung leiten, daß die Kirchen und Religionen gesellschaftliche Erscheinungen sind, die auf einer bestimmten Stufe der historischen Entwicklung entstanden sind, auch nach der Machtergreifung der Arbeiterklasse für einen längeren Zeitraum weiterexistieren und auf einer bestimmten Stufe der gesellschaftlichen Entwicklung allmählich wieder verschwinden werden.

Die Zählebigkeit jahrhundertealter Traditionen und ihre mögliche zeitweilige Wiederbelebung durch insbesondere äußere ideologische Einflüsse[241] verbietet jedoch jeden Versuch, Religionen oder Kirchen im Sozialismus abschaffen zu wollen. Jede Bestrebung in diese Richtung würde lediglich ihre Lebensfrist verlängern. Religionen und Kirchen verschwinden aber auch nicht im Selbstlauf.

Die Klassiker des Marxismus-Leninismus begründeten die unbedingte Notwendigkeit des Kampfes der Arbeiterklasse und ihrer Partei gegen die Religion und zeigten zugleich den Weg, auf dem dieser Kampf zu führen ist. In seiner Schrift ›Über das Verhältnis der Arbeiterpartei zur Religion‹ schrieb Lenin dazu:

›Marxismus ist Materialismus. Als solcher steht er der Religion schonungslos feindlich gegenüber. Wir müssen die Religion bekämpfen. Das ist das ABC des Materialismus und folglich auch des Marxismus. Aber der Marxismus ist kein Materialismus, der beim ABC stehengeblieben ist. Der Marxismus geht weiter. Er sagt: Man muß verstehen, die Religion zu bekämpfen.

Der Kampf gegen die Religion muß in Zusammenhang gebracht werden mit der konkreten Klassenbewegung, die auf die Beseitigung der sozialen Wurzeln der Religion abzielt.‹[242]

Dieser Kampf schließt auch die ideologische Auseinandersetzung mit der Religion ein. Diese findet ihren Ausdruck vor allem in der Propagierung und streitbaren Durchsetzung der wissenschaftlichen Weltanschauung der revolutionären Arbeiterklasse, des Marxismus-Leninismus, der sich mit keinerlei Aberglauben, keinerlei Reaktion, keinerlei Verteidigung bürgerlicher Knechtung vereinbaren lässt …[243]

… Die SED und unser sozialistischer Staat haben in allen gesellschaftlichen Entwicklungsphasen diese Hinweise Lenins konsequent beachtet und jeglichen Religions- und Kirchenkampf vermieden.«[244]

---

[240] Man beachte das Ineinander philosophischer und politischer Argumentation im Grundlagendiskurs!

[241] Die hier zu verstehen sind als aus dem »Westen« herüberschwappende Einflüsse des noch existenten spätbürgerlichen Klassengegners und seiner Ideologen.

[242] Wladimir Iljitsch Lenin: Werke, Bd. 15, Berlin 1963², 407.

[243] Lenin: Werke, Bd. 19, 4.

[244] Um diesen Satz aufrechtzuerhalten, müsste einiges aus der Geschichte des Verhältnisses von Staat und Kirche in der DDR gestrichen werden. Das Zitat steht a. a. O., VVS JHS 0001 – 125/83, 28 f. (BStU-Zählung: 88 f.)

Wer sich bis hierher durch die sehr eigene Sprache des Parteiwelsch hindurcharbeitet, könnte ein Gespür dafür bekommen, warum in den Schriften der Theoretiker der Partei Schlagworte und politisch pragmatische Handlungsmaximen so unvermittelt nebeneinanderstehen und warum im politischen Handeln der Partei und ihrer verlängerten Arme alles nach ganz anderen Grundsätzen abzulaufen scheint: Es kommt immer darauf an, das situationsbedingte Handeln wenigstens im Nachhinein den großen theoretischen Entwürfen anzupassen und so zu legitimieren. Unter diesen Legitimationszwang eines streng verordneten Denkens fügt sich jeder schnell, der einmal kurze Prozesse gegen »Abweichler« aus der Nähe miterlebt hat oder selbst gerade noch davonkam. Schließlich geht es im Ernstfall der innerparteilichen oder auch »revolutionär« gesellschaftlichen Auseinandersetzung nicht mehr nur um Worte und mehr oder weniger passende Phrasen, sondern um Kopf und Kragen. Denn im Zentrum *»steht die Machtfrage«*.[245]

Ob die zitierten theoretischen Einleitungen im Schulungsmaterial der MfS-Hochschule zur Überzeugung der Auszubildenden beigetragen haben, steht dahin.

Eine Wirkung jedoch scheint sicher zu sein: Bis heute hat sich unter ehemaligen Mitarbeitern des »Apparates« aller Bereiche und Abteilungen, keineswegs nur des MfS, die materialistische Denkweise mit dem Anspruch *»wissenschaftlicher«* Dignität durchgehalten.[246] Deshalb hatte die große Masse der Funktionäre keinerlei Schwierigkeiten, vom theoretischen Materialismus auf den praktischen Materialismus der kapitalistischen »Marktwirtschaft« umzusteigen und viel schneller und viel kräftiger dort mitzumischen, als die Träger der sanften Revolution imstande waren.

Und das gilt im Großen und Ganzen auch von vielen Teilen der Bevölkerung, sofern sie sich unauffällig-angepasst verhielten oder aus beruflichen Gründen Partei ergriffen und von dieser ergriffen wurden. Denn auch das können wir *»von der DDR lernen«*: Niemand kann auf Dauer gegen sich selbst denken, ohne »verrückt«, ohne schizophren zu werden. So gesehen ist recht

---

[245] Wo der Satz fiel: »Die Machtfrage steht«, ging es nicht mehr um Dialektik und Diskussionen, sondern nur noch um die Diktatur der herrschenden Klasse – nicht des »Proletariats«.

[246] Zitat Roßberg/Richter: Kreuz, 14: »Die Werke von Marx, Engels, Lenin, Stalin und Mao Tse Tung … überzeugten mich von der Gültigkeit des dialektischen und historischen Materialismus – eine Auffassung, der ich trotz des schmählichen Untergangs der DDR und ihres gescheiterten Sozialismusversuchs noch heute verbunden bin.« Geschrieben nach 1992; gedruckt 1996.

verstandene »*Anpassung*« – ohne Preisgabe des eigenen Wesens und der absoluten Lebensmitte – auch eine Überlebensstrategie, wie uns nicht nur Biologen nachgewiesen haben.[247]

2.6.6   Es gehört nicht nur für Theologen zur Interpretation von vorzugsweise theologischen Texten, sie in Beziehung zur eigenen Existenz zu setzen – über die rein exegetische Arbeit hinaus. Es bedarf wohl einer eigenen hermeneutischen Überlegung, ob und gegebenenfalls wie sich »rein exegetische« Arbeit an Stasitexten zur eigenen Existenz verhält und wie sie jeden ihrer Exegeten verändert.

Aus dem jahrelangen Studium der Aktenbände und aus Gesprächen mit Lesern durch zwei Jahrzehnte ergibt sich für mich: Diese Texte kann niemand in Deutschland und wohl auch darüber hinaus in Europa keiner lesen, ohne sich selbst innerlich dazu zu verhalten.

Denn dieser Lebensraum – Deutschland und Mitteleuropa – ist in mehr als 60 Jahren nach dem Krieg und im geteilten und noch nicht wieder innerlich geeinten Deutschland von Vorverständnissen durch und durch geprägt. Deshalb gibt es gegenüber den Stasitexten keine Neutralität. Schon gar nicht für den, der sich selbst für neutral hält. Er verfällt ihnen gedankenlos am schnellsten. Wenn das richtig ist, sollte es auch selbstverständlich sein, sich darüber klar zu werden, was die Unterwerfungstexte »mit uns machen«, also zu prüfen, wie sie den Lesenden verändern oder bestätigen oder sein gegenwärtiges Leben vom vergangenen her in Frage stellen.

Es erscheint mir eher fragwürdig, dass »Außenstehenden« und »Nichtbetroffenen« (wo gibt es diese?) für die historische Analyse und kritische Auseinandersetzung mit dieser speziellen Art »Literatur« von vornherein mehr Abstand und deshalb mehr »Objektivität« zugesprochen wird.[248] Mich verblüfft, wie unbekümmert Promovenden und Habilitanden aus anderen Erfahrungsräumen als der früheren DDR sich der Interpretation dieses mehrfach »verstellten« Quellenmaterials widmen und die vorsichtige Einrede der Zeitzeugen: »Verstehst du auch, was du liest?« höflich zur Kenntnis nehmen,

---

[247] Vgl. dazu Abschnitt 4.6 zum Begriff »Anpassen«.

[248] Ein heute Vierzigjähriger empfing als Kind einen Eindruck von DDR und Staatsmacht, als ihn während der Kontrolle seiner Eltern beim Grenzübertritt eine Mitarbeiterin des Zoll bedrohte: »Wenn du nicht gleich still bist, bleibst du hier und deine Eltern fahren ohne dich weiter.« Dies wird zum Schlüsselerlebnis, von dem aus er andere DDR- und Nach-DDR-Erscheinungen beurteilt.

ohne sich sonderlich davon beeindrucken zu lassen. Deshalb kommen wir an einer Diskussion des Problems von Zeitzeugen und Zeitgeschichte nicht vorbei.

Exkurs: Zeitzeugen und Zeitgeschichte

Vor dem eben beschriebenen Hintergrund will die vorliegende Arbeit den Ernst methodisch reflektierter Auseinandersetzung mit erfahrener Geschichte verbinden. Hier liest ein Zeitzeuge die schriftliche Überlieferung ehemaliger Gegner und vergleicht sie mit seinen und anderen Zeugnissen und Erlebnissen der gleichen Zeit. Damit begibt er sich bewusst in die Auseinandersetzung um den Wert von Zeitzeugnissen im scheinbaren Gegensatz zu wissenschaftlicher Arbeit, was immer das sei.

Der Streit um die Zuverlässigkeit von Zeitzeugen einerseits und der Anspruch von Forschern und Forschungsergebnissen auf einen hohen oder doch akzeptablen Grad wissenschaftlicher »Objektivität« andererseits wird nie enden. Im Falle der Untersuchung von Diktaturen und ihrer Geschichte wird er nach meinem Eindruck besonders heftig geführt. Denn hier ist die Skepsis der Forscher (die nach meiner Erfahrung selbst in irgendeiner direkten oder indirekten Weise als Mitbetroffene gelten müssen) gegenüber den Zeugen besonders groß, sich im Nachhinein ein stimmiges oder doch erträgliches Bild der eigenen Vergangenheit erträumen zu wollen.[249] Die Skepsis der Zeitzeugen dagegen hat ihren Grund in der Haltung: »Wer nicht dabei war, hat keine Ahnung, kann gar keine Ahnung haben.«

Jüngste Reflexion zu diesem Problem findet sich im Vorwort einer Dokumentation der Ereignisse vom 9. Oktober 1989 in Leipzig.[250] Dort wird über den Verfasser gesagt:

---

[249] Hagen Findeis und Detlef Pollack beschreiben in der Absicht, im Spiegel von 17 Interviews kirchenleitender Persönlichkeiten den Weg der Kirche in der DDR nachzuzeichnen, ihr eigenes, immer wachsames Misstrauen gegenüber den Zeitzeugen z. B. so: »Wir hatten auch die voluminösen Bände von Gerhard Besier nach einschlägigen Stellen über die Untaten unserer Gesprächspartner durchforstet, um sie notfalls mit unangenehmen Fragen überraschen zu können ...«. Und sie beschreiben, dass ihre »gelegentlichen Interventionen das Ziel verfolgten, genau jene über Jahre hinweg eingeübten Abwehrstrategien aufzubrechen, die man bei Personen des öffentlichen Lebens vermuten muss.« Zum Misstrauen gegen den erzählenden Zeitzeugen tritt auch noch das Misstrauen gegen den versierten Interviewpartner. Vgl. Findeis/Pollack (Hg.): Selbstbewahrung, 12 f., in der resümierenden Einleitung.

[250] Jankowski: Tag, 10.

»Hervorzuheben ist, dass der Autor dieses Buches, Martin Jankowski, selbst an jenem Tag aktiv am Geschehen beteiligt war, das Friedensgebet in der Nicolaikirche mitgestaltet hat und er bereits Jahre vorher den Leipziger oppositionellen Gruppen angehörte, die die Vorgeschichte des 9. Oktober 1989 beeinflusst und geprägt haben.

Gewiss, es ist ungewöhnlich, dass die historische Bewertung durch einen Zeitzeugen und Akteur des Ereignisses vorgenommen wird – aber genau darin liegt auch eine besondere Chance: Jemand, der selbst dabei war, weiß die Atmosphäre des Tages und den Stellenwert der damals anstehenden Fragen einzuordnen; aus einer solchen Erfahrung können Aspekte einfließen, die der reinen Aktenforschung verborgen bleiben.

In der Verbindung von Zeitzeugen-Perspektive und rückschauender Analyse der historischen Fakten kommt der Autor auch zu neuen und interessanten Interpretationen …

Ob man alle Schlussfolgerungen Martin Jankowskis teilt oder nicht: Seine Position resultiert aus eigener Erfahrung und sein Buch ist eine authentische Stimme, die im weiteren Diskurs über die Leipziger Ereignisse der Friedlichen Revolution einen festen Platz einnehmen wird.«[251]

Wie anders Zeitzeugen heute auch beurteilt werden können, hat fast schon Sprichwortcharakter angenommen:

»Zeitzeugen sind mumifizierte Individuen am Rande der Zurechnungsfähigkeit, die dauernd von dem reden, das niemand mehr hören will.«[252]

Dass es sich hier um mehr als ein Bonmot handelt, hat schon jeder erfahren, der sich herrschenden Interpretationsmoden aus gutem Grunde widersetzte.[253] Diese auf zeitgeschichtlichen Foren zuweilen vertretene Position muss aber gerade aus der Sicht von Zeitzeugen der DDR-Geschichte sehr kritisch betrachtet werden:

»Es wird eine Arbeitshypothese aufgestellt und an den Quellen ihre Haltbarkeit geprüft. Wir fragen heute nicht mehr, wie etwa Leopold von Ranke fragte, wie es denn wirklich gewesen sei.«[254]

---

[251] Vgl. ebd., Michael Beleites, Sächsischer Landesbeauftragter für die Stasiunterlagen, im Vorwort.

[252] Zitat Bischof i. R. Binder auf einer Tagung »Diakonie im geteilten Deutschland«, Berlin 1998, Mitschrift des Verf.

[253] Als ich Joachim Gauck in den neunziger Jahren nach zuverlässigen Kriterien für die IM-Klassifizierung fragte, reagierte er mit einer mich völlig überraschenden Gegenfrage: »Haben Sie ein IM-Problem?« Wer eine so naheliegende Frage gar nicht zulässt, hat ein Problem mit der Antwort.

[254] Zitat Prof. Lutz Niethammer, Jena, auf einem Forum des Instituts für Zeitgeschichte an der Universität Jena 1999 zu Landesbischof em. Ingo Braecklein und dem Buch »Selbstbewahrung oder Selbstverlust« von Findeis/Pollack (Hg.) mit Interviews ehemaliger Bischöfe.

Gewiss kann die ganze Vielschichtigkeit des Vergangenen nicht rekonstruiert werden, als vermöchten wir, Gewesenes noch einmal zu leben. Aber wo von vornherein der Versuch aufgegeben wird, größtmögliche Annäherung an die zu untersuchenden Geschehnisse zu erreichen, wird da nicht beliebigen, im schlimmsten Falle erwünschten Deutungen Tür und Tor geöffnet?

Wer in seiner Arbeitshypothese schon weiß, was das Ergebnis sein muss, liefert der sich nicht der Gefahr aus, Geschichte nach seinem Bild und nach seinen Absichten zu formen – probaterweise wie es eigenen angestrebten Zwecken entspricht? Auf diese Frage soll nach Abschluss der Untersuchung noch einmal eingegangen werden.[255]

---

[255] Vgl. die Erwägung zum »hermeneutischen Parallelogramm« s. u. Abschnitt 30.

3. Arbeitsziel und Methode

Diese Arbeit strebt keine Chronik der MfS-Einflussversuche auf Thüringen an. Ebenso wenig bringt sie eine weitere Auflistung von IM. Diese findet sich im sogenannten Weispfenningbericht (epd-Dokumentation Nr. 40/2006), wo auch die dienstrechtliche Auseinandersetzung mit ihnen dargestellt ist.

Hier wird vielmehr versucht, an ausgewählten Beispielen Verstehensvoraussetzungen für die Texte des MfS zu prüfen, soweit sie sich auf die geheimdienstliche Bearbeitung von Kirche beziehen. Dafür werden Texte des MfS, Gegentexte aus kirchlichem und außerkirchlichem Raum und Zeitzeugenberichte einander gegenübergestellt, wie im Prolog exemplarisch geschehen.

Weil Vorverständnis und gewählte Interpretationsschritte auch bei ernstem Bemühen um »Objektivität« das Ergebnis mitbestimmen, wird von Schritt zu Schritt Rechenschaft über die jeweiligen hermeneutischen Aspekte des Verfahrens abzulegen sein.

3.1 Gliederungsprinzip

Es ist der inneren Logik von Grundsatz – Entfaltung – Überprüfung – Fazit zu folgen, belegt durch
– Fallbeispiele, aus denen jeweils
– hermeneutische Hinweise und/oder daraus abgeleitete methodische Konsequenzen erörtert werden.
– Exkurse wollen eine detaillierte Darstellung des Sachgegenstandes in weiteren Zusammenhängen ermöglichen oder dehnen die Untersuchung auf benachbarte Probleme aus.

Die vorliegenden Beispiele für die MfS-Methoden gegenüber der Landeskirche Thüringen wurden ausgewählt nach
– der Zugänglichkeit ihrer Akten;
– wo diese fehlen oder aus datenrechtlichen Gründen nicht nutzbar sind, war ich gezwungen, nach Spuren der MfS-Tätigkeit vor allem in meinen eigenen Opferakten zu suchen, auch um schutzwürdige Interessen Dritter nicht zu berühren;

– schließlich nach Bereichen, aus denen mir Parallel- und Gegentexte vorliegen, weil ich dort tätig war bzw. von dort aus bearbeitet wurde.

3.2 Zur Textgestalt

– Fußnoten sollen kritische Nachprüfung von Zitaten und Interpretationen ermöglichen und zugleich den fortlaufenden Text lesbar erhalten.
– Namen werden in Klarform mitgeteilt, sofern die Betroffenen zugestimmt haben oder »Personen der Zeitgeschichte« sind, deren Lebensgang und Wirken bereits öffentlich gemacht ist, bzw. Autoren von zitierten Veröffentlichungen oder Herausgeber einschlägiger Literatur. Bei Einverständnis der Betroffenen stehen die Klarnamen im Text, um einen möglichst hohen Grad von Authentizität zu erreichen.
– In personenbezogenen Texten werden Namen mit »N. N.« wiedergegeben, wenn die gebotene Rücksichtnahme oder die Regeln des Datenschutzes dies erzwingen.
– Für die Erörterung von Opferschicksalen verbietet sich zuweilen auch diese verkürzte Namensangabe. Allzu leicht kann es gelingen, im noch immer kurzen zeitlichen Abstand nach den Stasi-Jahren aus dem Geschriebenen auf die wirklichen Personen zu schließen, um die es geht. Sofern sie einwilligen, mag das angehen. Im Übrigen hilft auch die Verschlüsselung mit falschen Kürzeln nicht weiter, etwa nach dem journalistischen Trick: »Die Namen der handelnden Personen wurden von der Redaktion geändert.« Welchen Sinn können fingierte Namen für das Verständnis der Texte haben?
– Kopien von MfS-Akten oder längere Zitate wurden um der Nähe zur Sache willen sowohl meinen eigenen »Opferakten« entnommen und in der von der BStU geschwärzten Form kopiert oder zitiert
– als auch von Akten beigefügt, die mir aufgrund des erteilten Forschungsauftrages nach den bestehenden Gesetzesregelungen (StUG in der jeweils geltenden Fassung)[256] durch die Behörde der BStU zugänglich gemacht wurden.

---

[256] S. Abschnitt 1.2.

3.3 Interpretationsschlüssel: W-Fragen

Um einen Interpretationsschlüssel in dem vielfach verzweigten Geflecht der uns zugänglichen MfS-Akten und ihrer Gegenstände zu finden, soll zunächst von ganz einfachen Regeln für das Verstehen ausgegangen werden.

Eine Reihe von schlichten »W-Fragen« könnte den ersten Zugang zu den fremden, nicht für unsere Augen bestimmten Texten, speziell aus dem MfS-Bereich, ermöglichen: Wer redet/schreibt/handelt? Was? Wann? Wo? Wie? In wessen Auftrag? Diese simplen Fragestellungen entsprechen genau den Fragemustern des MfS, so dass dessen Interpretationen und Arbeitsergebnisse mit solchen Parallel-Fragestellungen leichter erschlossen werden können.

Zum Vergleich:
Im Arbeitsplan der Hauptabteilung XX/4, Berlin, wird für das Jahr 1969[257] zum Werbungs- und Qualifizierungsplan des IM-Netzes von den Leitern der Abteilungen und Arbeitsgruppen eine Übersicht verlangt:[258]

> »Wann, wo, welcher IM-Kandidat mit welcher Zielstellung im Jahre 1969/70 zur Werbung vorgesehen ist bzw. welche Qualifizierung der betreffende IM erhalten soll.«

Fünf W-Fragen in einem Atemzug. Diesem einfachen Schema ist nachzugehen.

3.4. Entfaltung und Interpretation der Fragenfolge

3.4.1 WER (redet/schreibt/handelt in der vorliegenden Akte?) – Ein Mitarbeiter des MfS? Ein IM? Ein Dritter?

Liegt ein handschriftlicher Eigenbericht vor, ein Tonbandmitschnitt oder Abhörprotokoll, eine Gedächtnisnachschrift des »Führungsoffiziers«[259] oder dessen vorgesetzter Dienststelle; der Kreis- oder Bezirksdienststelle des MfS? Oder haben wir es mit einem Ahnungslosen zu tun, der gar nicht weiß, wohin seine Meinungsäußerung wandert? »Wer ist wer?« war eine der Grundfragen

---

[257] BStU ZA, MfS – HA XX/4, Nr. 3571 vom 14.01.1969, 1.
[258] A. a. O., 8.
[259] S. kurze Textkunde unter Abschnitt 4.1 unf 4.2.

des MfS.[260] Denn als (unerreichbares) Ziel galt, möglichst alles von allen zu wissen.[261]

Wenn im Folgenden durch die Aufreihung der W-Fragen versucht wird, einen gegenstandsangemessenen Weg zum Verstehen der MfS-Texte zu finden, könnte eine Art Spiegelbildverfahren diese Aufgabe erleichtern, weil wir damit gewissermaßen die Gedankenrichtung der Aktenschreiber aufnehmen und für die Analyse der Texte nachzeichnen. Legen wir an die Akten das Raster, in das sie eingetragen wurden, kann das vielleicht helfen, bis zu den Denkpfaden vorzudringen, die ihnen zugrunde liegen.

»Wer ist wer?«, hinter dieser Frage stand das »tschekistische«[262] Bild einer Gesellschaft, in der während des Kampfes um die Macht des Proletariats und um den Sieg der Arbeiterklasse förderliche und hinderliche Kräfte zu unterscheiden und letztere zu »entlarven«[263] und bis zu ihrer »Liquidation« zu bekämpfen sind. Dem nachdenkenden Beobachter erschließt sich das stalinistische Gesellschaftsbild als Wurzel solcher Redeweise: Wer selbst unentwegt maskiert herumläuft, seine eigenen Absichten hinter menschenfreundlichen Larven verbirgt, Offenheit um seiner gesellschaftspolitischen Ziele willen nicht dulden kann, dennoch überall den Feind wittert, der muss auch dem Gegenüber Maskeraden unterstellen und es deshalb zu »entlarven« suchen.

Welche illusionären Hoffnungen Staatssicherheitsminister Mielke an die Wirksamkeit seiner »Wer ist wer?«-Doktrin knüpfte, geht aus seinem Referat vom 21.10.1989 hervor, das ein Dokument der blinden Hilflosigkeit darstellt. Zwölf Tage nach der nicht mehr aufzuhaltenden Großdemonstration in Leip-

---

[260] In einem Kontrollbericht zur »Überprüfung des Standes und der Wirksamkeit der politisch-operativen Arbeit und deren Führung und Leitung/im Referat XX/4« (Januar 1984), BStU ASt Erfurt, Abt. AKG Bd. VI, 5, wird anlässlich der Überprüfung des Unterreferates einer MfS-Abteilung kritisiert: »Ungenügend ausgeprägt ist im Referat die Aufgabenstellung des Gen. Minister, die Frage ›Wer ist wer?‹ als einen ständigen Prozess und hier speziell bezogen auf die hauptamtlichen Kirchenkräfte zu planen und zu organisieren ...«. Zur Sprache vgl. oben Abschnitt 4.1 bis 4.3.

[261] Vgl. Andrea Herz: Das MfS in Thüringen. Ein erster Überblick, 1998², 14: »Unter der übergreifenden Stichwortfrage ›Wer ist wer?‹ sollte es sowohl in der allgemeinen als auch der direkten Bevölkerungskontrolle zu einer Einordnung einzelner Bürger in ... Charakteristika wie ›loyal‹, ›ideologisch schwankend‹, ›Feind des Sozialismus‹, ›politisch irregeleitet‹ ... und derglichen kommen.«

[262] Das MfS sah in der »Tscheka«, dem sowjetischen Geheimdienst der Revolution, sein großes Vorbild.

[263] »Entlarvt« werden konnte tödlich sein. Denn mit der Entlarvung des Klassenfeindes begann der Prozess, ihn ohne Aufenthalt und Aufhebens unschädlich zu machen, notfalls zu liquidieren.

zig am 9. Oktober 1989 glaubt Mielke noch, dass mit Beäugen und Bespitzeln bis in die eigenen Reihen hinein irgendetwas aufgehalten oder abgefangen werden könnte:

> »Wir können heute noch nicht beantworten, wie wir mit diesen Veränderungen,[264] die noch zunehmen können – zukünftig fertig werden wollen und müssen. Sicherlich ist es erforderlich, an die gesamte Klärung der Frage ›Wer ist wer?‹ von neuen Überlegungen aus heranzugehen.
>
> Ausgehend von der jetzigen Lage muß es uns zunächst darum gehen:
> 1. In allen Verantwortungsbereichen schnellstmöglich zu erkennen, wer sind die dort als Organisatoren und Inspiratoren … in Erscheinung tretenden Kräfte …
> 2. Wer sind … die offen als Feinde handeln.
> 3. Personen, die mit gegnerischen Kräften von außen bzw. ihren legalen Basen bei uns zusammenwirken …
> 4. Wer sind die eigentlichen … Rädelsführer?
> Im Zusammenhang mit der Klärung der Frage: ›Wer ist wer?‹ noch ein Wort zu folgenden Problemen:
> … Wir haben deshalb ständig an der Frage: ›Wer ist wer?‹ bei den IM/GMS zu arbeiten,[265] insbesondere deren Ehrlichkeit und Zuverlässigkeit lagebezogen einzuschätzen und Unsicherheitsfaktoren auszuschließen. Die Frage ist, wie haben die IM die jetzigen Bewährungsproben bestanden? …«[266]

Einschub:

In dieser Arbeit sollen Prozesse im Verhältnis zweier asymmetrischer, nicht auf gleicher Ebene handelnder Größen – MfS und Kirche – untersucht werden. Beide Größen leiten sich aus völlig verschiedenen Ursprüngen her und verfolgen konträre Ziele. Also müssen die Grundprägungen beider immer mitbedacht werden, um kurzschlüssige Fehldeutungen ihrer Beziehungen zu vermeiden: Ähnliches Vokabular und selbst scheinbar verwandte Denkmuster können in Wahrheit sehr weit voneinander entfernt sein und sind nur von der ursprünglichen Prägung und Zielsetzung her sachgemäß zu deuten.[267]

---

[264] Gemeint sind die Demonstrationen und der Umschlag des Protestes von Einzelnen und wachsenden Gruppen in eine Volksbewegung.

[265] Rettung soll nun also auch noch von der Verdächtigung und Überwachung der eigenen Leute kommen – eine wahnwitzige Umsetzung des Leninschen Grundsatzes: »Vertrauen ist gut, Kontrolle ist besser!«

[266] MfS, ZAIG, B 216, zitiert nach Mitter/Wolle: »Ich liebe euch doch alle«, 229 f.

[267] In den Einschätzungen von Personen (z.B. eines IM) bedeutete die Charakterisierung »N.N. muss als unehrlich angesehen werden« genau das Gegenteil: Der Betreffende war nicht bereit, die Erwartungen seines Gegenübers zu erfüllen, »ehrlich« zu denunzieren, sondern versuchte gegenüber den Personen, für die sich die Stasi interessierte, im echten Sinne »ehrlich« zu bleiben und sie zu schützen. Er war also alles andere als »unehrlich«.

So ist beispielsweise genau zu unterscheiden, ob es sich um das Schriftstück eines Rates des Bezirkes handelt, das für die öffentliche Diskussion bestimmt war und sich deshalb im Duktus der gerade aktuellen politischen Sprachregelungen bewegte, oder um die interne Notiz einer MfS-Kreisdienststelle im »Geheim«-Jargon der Führungsoffiziere. Anders wäre hingegen der Ausschnitt aus einem »Operativen Vorgang« zu verstehen, der zur »Zersetzung« eines Menschen in Gang gesetzt wurde und deshalb die Täuschungsabsichten seiner Initiatoren verbergen muss.

Einzelanweisungen für hauptamtliche Mitarbeiter zur Observierung und »Bearbeitung« einer Person unterscheiden sich in Sprache und Zielangabe von der Redeweise der MfS-Agenten bei verdeckten Anwerbungsversuchen und den dort fast stereotyp gebrauchten Argumentationsketten und Sprachformen, die stets – wie an einem psychologischen Behandlungsplan entlang – auf den besonderen Gesprächspartner zugeschnitten wurden.[268] Auch gegenüber bestimmten Gruppen oder Institutionen wurde oft eine spezifische Redeweise durchgehalten, um die gewünschte Wirkung zu erzielen. In solcher Redeweise wurde noch einmal eine eigene, auf die Gruppe oder Institution zugeschnittene Begrifflichkeit genutzt.[269]

3.4.2 WAS?

Was steht wirklich im Mittelpunkt eines Aktenvorganges, des Interesses seines Verfassers, der eingeleiteten Maßnahme? Worum geht es dem MfS im Kern gerade dieses Papiers, dieses Planes, dieser Aktion?

Handelt es sich um Faktenberichte, kommentiert oder unkommentiert, reinen Kommentar, Anweisungen für IM/FO/Dienststellen außerhalb des MfS, um Zitate aus anderen Quellen oder um legal/illegal erlangte Papiere anderer Autoren außerhalb des MfS und seiner Mitarbeiterkategorien; um Originale oder Interpretationen? Die wirkliche Zweckbestimmung eines Gespräches oder einer Aktion kann dem Bearbeiteten lange verborgen bleiben, zuweilen nur ganz am Rande auftauchen, obwohl es dem MfS-Mitarbeiter von vornherein um nichts anderes ging als um diese eine, beiläufig berührte »Randfrage«.[270]

---

[268] Vgl. Abschnitt 6.3.

[269] Zu diesen auf die jeweilige Zielgruppe formulierten, oft stereotypen Redewendungen gehört zum Beispiel gegenüber Gliedern der Kirchen die Behauptung »gemeinsamer humanistischer Ziele«, wie etwa »Frieden« und »Wohlstand«, mit denen sie vor allem auch über die CDU gewonnen werden sollten.

[270] Vgl. Abschnitt 6.3. In der quälend langen Unterhaltung eines MfS-Mitarbeiters mit seiner »Kontaktperson« über Urlaubsfragen, Kindererziehung und persönliche Interessen ging es

3.4.3 WANN?

Für die hier zu untersuchende Tätigkeit des MfS auf dem Feld der Beziehungen von DDR-Staat und Evangelischen Kirchen in der DDR ist in Rechnung zu stellen, dass es sich um Größen handelte, die in ständigem Wandel begriffen waren. Zugleich wiesen sie ihre je eigenen Konstanten auf, die sich raschen Veränderungen entzogen.

Jede Akte und jede materiale Aussage ist also daraufhin zu prüfen, in welchen geschichtlichen Zeitabschnitt sie gehört und welcher Entwicklungsstand der Beziehungen sich darin spiegelt. Der Zeitpunkt der Abfassung eines Textes kann u. U. wesentliche Kriterien für dessen Zuverlässigkeit, Faktentreue oder Nachprüfbarkeit liefern.

Fallbeispiel 1968: »Aufspringen, wenn der Zug schon fährt«

So könnte die »*Selbstverpflichtung*« eines MfS-Offiziers überschrieben werden, die evangelischen Landeskirchen aus der EKD herauslösen zu wollen, als die Gründung des Bundes der Ev. Kirchen aus vom Staat erzwungenen (Ein- und Ausreiseverhinderung von EKD-Synodalen und Kirchenleitungen) und aus kircheninternen Gründen (Schaffung einer engeren, ohne staatliche Einflussmöglichkeiten funktionsfähigen Gemeinschaft gegenüber dem Staat) längst im Gange ist.[271]

Fallbeispiel 1969: »Ran an den Feind!«

Akten aus der Zeit, da die DDR-Regierung um internationale Anerkennung rang, setzen andere Zielstellungen voraus und gebrauchen ein anderes Vokabular, als der SED und den Sicherheitsorganen in den ersten Jahren des »Aufbaus der Grundlagen des Sozialismus« nach 1952 opportun erschien.[272]

– wie das nun zugängliche Protokoll des Stasimannes zeigt – allein um die erst zum Schluss im Gehen ganz beiläufig gestellte Frage: »Wie gehen Pfarrer in der Superintendentur W. mit Kanzelabkündigungen von Landesbischof Mitzenheim um?« Methode »Kommissar Columbo« in MfS – HA XX/4, BStU Zentralarchiv 14593/69, 17.

[271] BStU ZA, MfS – HA XX/4 Nr. 3571, 109: Verpflichtungen des Kollektivs der Hauptabteilung XX/4 anläßlich des 20. Jahrestages der Gründung der Deutschen Demokratischen Republik und des Ministeriums für Staatssicherheit.

[272] Belege: In MfS – HA XX/4, Nr. 3474, 167 f. (BStU-Zählung).

Im Arbeitsplan der HA XX vom 14.01.1969 heißt es mit dem Vermerk:

»Streng vertraulich! Persönlich aufbewahren!«

im Exemplar Nr. 7, nach Ziffer I »Offensive Abwehrarbeit«, unter Ziffer II:

»Die Bekämpfung des Feindes im Innern.
Alle Diensteinheiten haben die Hauptkraft der politisch-operativen Arbeit auf die Bekämpfung des Feindes – besonders der politisch-ideologischen Diversion – mit dem
Ziel der weiteren Stärkung und Sicherung der Deutschen Demokratischen Republik
auf politischem, ökonomischem und militärischem Gebiet zu konzentrieren.
    1. Die Pläne und Maßnahmen feindlicher und negativer Personen aus den Berei-
chen der Kunst, Kultur, des Hoch- und Fachschulwesens und der Volksbildung sowie
der reaktionären klerikalen Kräfte sind durch Qualifizierung der politisch-operativen
Arbeit, besonders der IM- und Vorgangsarbeit noch rascher aufzudecken und durch
geeignete Maßnahmen zu bekämpfen …«

Fallbeispiel 1981: »Bitte staatspolitisch behutsam vorgehen!«

1981 heißt es dagegen in einer

»Einschätzung der politisch-operativen Situation bei der Bearbeitung feindlicher Angriffe auf dem Gebiet der Kirchen und Religionsgemeinschaften«:
»Entscheidungen zu kirchlichen Personen, Veranstaltungen, Konferenzen, Reisegenehmigungen usw. sind letztlich staatspolitische Entscheidungen. Sektiererische Handlungen sowie die Mißachtung verfassungsmäßig fixierter Rechte und Pflichten der Kirchen und Religionsgemeinschaften, die das Verhältnis Staat-Kirche belasten, sind demzufolge zu unterbinden. Die Bezirksverwaltungen des MfS haben zu gewährleisten, daß
wesentliche Entscheidungen, die die Kirchen und Religionsgemeinschaften betreffen,
gemeinsam mit der Partei, dem Staatsapparat, der Volkspolizei und dem MfS abgestimmt und entschieden werden …«

3.4.4 WO?
Bezieht sich der MfS-Text auf Äußerungen in staatlichen oder kirchlichen oder
privaten oder konspirativen oder allgemein zugänglichen öffentlichen Räumen?
    Je nach Raum und Umfeld kann ein Text in seiner Absicht das Gegenteil
von dem meinen, das da zu lesen steht.

133

Fallbeispiel: Rüstzeitheim

Betont sorgenvolle Darstellungen der staatlichen Seite gegenüber kirchenleitenden Personen von innerkirchlichen Abläufen (etwa von Vorgängen in Rüstzeitheimen) in Diensträumen der einen wie der anderen Seite sind für den Außenstehenden nicht sofort als Versuche erkennbar, die auf die Einschränkung oder Kanalisierung oder »Zurückdrängung« kirchlicher Aktivitäten aus sind (und im Falle der Rüstzeitheime etwa ihre Schließung oder zumindest stärkere Kontrolle erreichen wollen).[273]

3.4.5 WIE?

Wie geht der MfS-Mitarbeiter vor und welche Bespitzelungsmethode wählt er und warum:

– Persönliche Besuche oder Beauftragung von vorgeschobenen inoffiziellen Mitarbeitern;
– Abhörmaßnahmen, von denen der Belauschte nichts ahnen konnte;[274]
– oder solche, von denen der Abgehörte ahnte, dass es sie gab, und selbst schon entsprechend verschlüsselt redete:[275]
– Telefonterror, der die Zielperson(en) zermürben sollte;
– Briefspitzelei im Inlande und/oder grenzüberschreitend.

War der im nun vorliegenden Text Genannte Adressat der »Botschaft« und als solcher erkennbar oder sollte er bewusst oder unbewusst als Transporteur zu erhoffter Wirkung missbraucht werden?

3.4.6 IN WESSEN AUFTRAG?

Die Kenntnis, von welcher Person oder Dienststelle ein Auftrag erteilt wurde, kann Aufschluss darüber geben, ob es sich um konzertierte (MfS-Begrifflichkeit: »abgestimmte«) Aktionen oder Spontanentschlüsse einer Diensteinheit oder gar einzelner Mitarbeiter handelte.[276]

---

[273] Für das Rüstzeitheim in Braunsdorf bei Saalfeld wurden der thüringischen Kirchenleitung mündlich und schriftlich immer wieder angeblich jugendgefährdende Umgangsformen sorgenvoll beschrieben.

[274] A-Maßnahme (Abt. 26, deshalb auch einfach M 26 genannt).

[275] B-Maßnahme (»Wanze« – also stationäres Mikrofon oder Richtmikrofon von außerhalb).

[276] Eine anonyme Briefaktion mit höchst seltsamen Unterstellungen und Zielpersonen scheint aus Ärger über eine misslungene IM-Werbung vom Leiter einer Kreisdienststelle ohne Kenntnis der vorgesetzten Dienststelle in Gang gesetzt worden zu sein (lt. Pfarrer Schilling, Braunsdorf).

3.4.7 WORAUFHIN?

Was soll mit dem Text erreicht werden?

- Sollen beispielsweise dem Stasi-Vorgesetzten Leistungsnachweise des Schreibenden vorgelegt werden – etwa innerhalb eines Wettbewerbes – oder steht der Berichtende aus anderen Gründen unter Erfolgsdruck?
- Soll mit dem Text Druck ausgeübt oder Druckausübung für den Vorgesetzten als Leistung nachgewiesen werden?
- Dient der Text zur Beeinflussung der Öffentlichkeit, einer auf Seiten des Angesprochenen zu beeinflussenden Dienststelle oder dazu, einen »Operativen Vorgang«[277] voranzutreiben?
- Ein für die Öffentlichkeit bestimmtes Schriftstück z.B. des Rates eines Kreises wird sich in der Regel der jeweils aktuellen Ideologiebegriffe bedienen und sehr viel harmloser klingen als die interne Notiz etwa der dortigen Kreisdienststelle des MfS für ebendiesen Rat des Kreises, wenn sie sich auf einen »Operativen Vorgang«, also die Bearbeitung eines missliebigen Bürgers bezieht. Zum gleichen Zeitpunkt und mit der gleichen Absicht kann der MfS-Mitarbeiter gegenüber seinem Opfer eine völlig andere Sprache sprechen, als er in den Akten gebraucht, weil er seine wahren Absichten verheimlichen und das Objekt seiner Bemühungen mit einer »Legende«, also mittels bewusster Unwahrheiten, gewinnen oder vernichten (»zersetzen«) will.
- Will der Mitarbeiter intern positiv wirken, also u.U. nachweisen, dass er erfolgreich Einfluss genommen hat – auch wenn dies gar nicht den Tatsachen entspricht, um bei seinen Vorgesetzten einen guten Eindruck zu machen?[278]

Eine Einschränkung sollte sich angesichts der Konspirationsmanie von MfS und Partei- und Staatsführung eigentlich von selbst verstehen: Die wirklichen Absichten der Aktenschreiber sind auch aus dem von ihnen Niedergeschriebenen nicht ohne weiteres ablesbar.[279]

---

[277] Definition des »Operativen Vorganges«: Maßnahmen zur Disziplinierung von Personen und Gruppen oder zur Liquidierung ihres vermeintlich »schädlichen« Einflusses.

[278] Selbst Leiter von Bezirksdienststellen im Rang eines Generalmajors werden von Minister Mielke wie kleine Schuljungen abgekanzelt, wenn sie seine Anweisungen nicht erfolgreich umsetzen: Dienstkonferenz vom 31.08.1989 nach MfS, ZAIG, B/215.

[279] Bei einem Streitgespräch z.B. über die staatliche Veranstaltungsverordnung und deren Anwendung musste nach bitteren Erfahrungen angenommen werden, dass es der staatlichen Seite nur formal um die Einhaltung des gegebenen Rechtsrahmens ging. In Wahrheit aber sollte die angemeldete oder nicht angemeldete »Veranstaltung« selbst verhindert oder erschwert werden. (Z.B. Einspruch Große gegen die Einstufung von Bestattungen als »Veranstaltung im Freien«: Nach Veranstaltungsordnung zehn Tage vorher anzumelden!) Oft ging

Für das Verständnis und die Interpretation ihrer Argumente und die Überprüfung der von ihnen genannten angeblichen Fakten ergibt sich deshalb:

— Das ganze ideologische Denksystem mit seiner spezifischen Begrifflichkeit ist mitzudenken, wo jemand in leitender staatlicher Funktion »ex cathedra« redet bzw. schreibt.

— Zugleich kann die persönliche Überzeugung des Funktionärs sich von dem sehr unterscheiden, was er mündlich oder gar schriftlich von sich gibt.[280]

— Viel häufiger, als im Allgemeinen vermutet wird, muss die groteske Möglichkeit angenommen werden, dass der Funktionär aufgrund langjähriger Gewöhnung an vorgeschriebene Denk- und Sprachmuster selbst nicht mehr in der Lage ist, die lange Zeit nur vorgespiegelte ideologische Position von seiner ursprünglich eigenen zu unterscheiden. Eine immer getragene Maske wächst an.

— Die persönliche Biographie des Schreibenden — soweit zugänglich — darf deshalb für die Exegese der Texte nicht außer Acht gelassen werden.[281]

3.4.8 Fragen an den Leser bzw Interpreten der MfS-Texte

Dieses Fragenraster gilt in paralleler Entsprechung natürlich auch für die Leser der Texte und ihr jeweiliges Vorverständnis, also:

— Wer liest / interpretiert / kommentiert — ein Opfer, ein Forscher, ein Medienvertreter und von welcher Zeitung / TV / Filmgesellschaft usw.?

— Was wird gelesen oder zum Lesen erbeten? Die Bestimmungen über die Einsichtnahme ziehen dafür zwar eine teilweise enge Grenze, aber es ist viel flottierendes Material unterwegs. Werden Ausschnitte aus welchen Dokumenten oder ganze Abhandlungen gesucht?

— Werden Zitate gesucht, wenn ja, von wem und wofür?

---

es auch um die Disziplinierung des unbotmäßigen Amtsträgers. Innerkirchlich galt nämlich: nichts anmelden, das eindeutig kirchlichen Charakter trägt, um zu verhindern, dass unter der Hand eine — in der ČSSR allgemein übliche — Anmeldepflicht für alle kirchlichen Veranstaltungen entwickelt werde.

[280] Das macht es im Einzelfalle sehr schwer, im ideologischen Jargon die Stimme des Menschen zu erkennen, den man vor sich hat. Und fast unmöglich scheint es, im Nachhinein bei Spähern oder Ausgespähten flinke »Wendehälse« von wirklich »Bekehrten« zu unterscheiden.

[281] Die Rolle der Biographie im politischen Handeln von Funktionären: Als Beispiele für besondere biographische Prägungen verschiedener Funktionäre, die deren politisches Verhalten beeinflussten, werden im Abschnitt 11.3 vier »Funktionärs-Typen« vorgestellt.

- Wann soll ein Text eingesehen werden? Eingebettet in eine Serie, einen Trend, eine Kampagne?[282]
- Wo wird gelesen – in Ostdeutschland oder Westdeutschland oder im Ausland oder in einer wissenschaftlichen Institution? Wenn ja, in welcher?
- Wo soll ein Text verwendet werden?
- Wie wird er untersucht – quellenadäquat und mit welchem wissenschaftlichen *Knowhow*?
- Woraufhin? Was soll dabei herauskommen? Z. B. Aktenstudium zur Prozessführung oder zur Sensationsmache oder gar Aufarbeitungsübereifer: *Wir wollen alles von allen wissen!* Dann freilich wäre das Niveau des MfS-Ministers Mielke wieder erreicht.

---

[282] »Spiegel«-Reporter Wensierski berichtete zum 90. Geburtstag von Altbischof Braecklein über dessen IM-Registrierung, als ob es um eine anlassbezogene Verunglimpfung des Jubilars *und* der Evangelisch-Lutherischen Kirche in Thüringen ginge. Er erschien mit Kameramann auch in der Andacht, die dem Jubilar gehalten wurde, bis ihn Landesbischof Hoffmann des Raumes verwies (29.08.1996).

DRITTER TEIL:

»DIE SPRACHE IST DEM MENSCHEN GEGEBEN, DASS ER SEINE GEDANKEN VERBERGE«

(Talleyrand)

Charles Maurice de Talleyrand kannte den Staatssicherheitsdienst nicht. Aber in diplomatischen Diensten rasch aufeinanderfolgender Herren lernte er die Kunst, mittels der Sprache Menschen in die gewünschte Richtung zu führen, ohne seine wahren Absichten immer kundzutun.[283] Sein Zitat, das schon manche Vorläufer hatte, könnte geradezu als Motto für Sprache in Diktaturen und Umbruchszeiten stehen.

In paradoxer Spannung zu Talleyrands Bonmot steht, dass für bewegte Zeiten auch die gegenteilige Aussage zutrifft: Sprache verrät, was sie verbergen will. Denn in Diktaturen und Umbruchszeiten widerfährt der Sprache ein Doppelschicksal: Zum einen wandelt sie sich unter dem Druck der Verhältnisse. Tarnsprachen helfen den Unterdrückten zu überleben. Sprache verbirgt mehr, als sie kundtut. Zum anderen dient sie der Machtausübung der Herrschenden. Und gerade in der Sprache der Macht spricht sich aus, was zu verbergen war. Sprache tut mehr kund, als sie verbergen will.

Davon muss nun die Rede sein. Denn Aufmerksamkeit für diese Dialektik gehört zu den hermeneutischen Voraussetzungen für das Verständnis verschlüsselter Texte.

Gerade die VVS – die »vertraulichen Verschlusssachen« also – offenbaren viel mehr von Angst und Unsicherheiten und wirklichen Absichten der Herren des Sicherheitsapparates, als sie eigentlich hinter ihrem Ton, mit dem sie Beherrschte oder »Abweichler« »anherrschen«, verbergen wollten. So werden manche von ihnen zu »Schlüsseltexten« für die vor dem »Feind« zu verbergenden Schwächen.[284]

---

[283] Charles Maurice de Talleyrand, vom Bischofsamt in der katholischen Kirche über die Generalstände in der Revolution 1789, Exil in England und den USA, Außenminister und Vertreter der Interessen Frankreichs auf dem Wiener Kongress 1814/15.

[284] Dazu gehört die Beschreibung der Kirchen als ausersehene Helfer des »Gegners«, wie er sie »missbrauchen« will. Die »Grundorientierungen« der Seminaristen in der Juristischen Hochschule malt eine Schreckensvorstellung der SED von der Kirche und ihren Möglichkeiten. Wirkte unsere Kirche tatsächlich so eindrucksvoll in der Sicht der Partei? BStU Erfurt, KD Erfurt Nr. 641, VVS – o001, MfS JHS-Nr. 90/84, 8–18.

4. Die Sprache des Vierten Reiches (»Lingua quarti imperii«) – Mehrsprachenwelt einer Diktatur am Beispiel der DDR

Die Texte der Stasi altern. Zwischen ihren Anfängen (Februar 1950) und den ersten Interpretationsversuchen nach ihrer Öffnung 1990 liegen mehr als 40 Jahre. Seither sind fast weitere zwei Jahrzehnte vergangen. In dieser Zeit schwindet das Gefühl dafür, dass wir bei der Lektüre von Stasitexten wie bei der Erforschung anderer Texte aus DDR-Archiven auf verschiedene »Sondersprachen« stoßen.

Sie entspringen dem Wesen einer Diktatur. Jede Diktatur entwickelt eine Sprache, die der Ausübung und Konsolidierung ihrer Macht dient. Sie spaltet das Volk in Schichten, die an der Macht teilhaben und ihre Sprache mitsprechen oder nachplappern, und andere, die auf der Hut sein müssen und deshalb eine eigene, verdeckte Sprache entwickeln oder in gängigen Phrasen doppeldeutig zu reden gelernt haben. Gewaltsam »Angesprochene« reagieren mit der Ausformung eigener Redeweisen, mittels deren sie sich schützen oder schlicht die Übernahme der Sprache der Machthaber verweigern. Victor Klemperer[285] hat die »Sprache des Dritten Reiches«[286] festgehalten und unter solchen Aspekten untersucht.

Kann auch im Hinblick auf das »Vierte Reich Provinz West« (Bundesrepublik Deutschland) und das »Vierte Reich Provinz Ost« (die DDR, kurz nach der Bundesrepublik Deutschland-West ausgerufen) vermutet werden, dass in beiden Teilbereichen Deutschlands sich ganz spezifische Sprachformen herausgebildet haben? Wäre dies der Fall, dürfte die »Variante DDR« nach 1990 erst allmählich in der »Sprache« der Bundesrepublik als einer Sprache für Gesamtdeutschland aufgehen. Aber zu ihrer Zeit hatte »DDR-Sprache« daran teil, Macht auszuüben oder zu erleiden.[287] Im Umfeld des Staatssicherheitsdienstes sind ihre Nachklänge am ehesten noch hörbar.

---

[285] Victor Klemperer, Jg. 1881, Sohn eines Rabbiners in Landsberg (Warthe), Studium der Philosophie, Romanistik und Germanistik, 1920 Lehramt für Romanistik an der TH Dresden, 1935 als »Jude« entlassen, Bibliotheksverbot, Autobiographie »Curriculum vitae«, 1947 »LTI« (Lingua Tertii Imperii), eine Untersuchung der Sprache des »Dritten Reiches«; Tagebücher und philologische Arbeiten.

[286] Lat.: lingua tertii imperii (LTI).

[287] Wie Sprache in der »BRD« übrigens auch. Zu ihrer raschen Verbreitung leisten »Massenmedien« einen wirksamen Beitrag.

Aber auch die Sprache des »Kalten Krieges« hat sich noch längst nicht »ausgesprochen«. Niemand hat sie bisher so untersucht wie einst Klemperer die Sprache der Henker seines Volkes in der NS-Zeit. Und deshalb schlüpft sie unbemerkt in die Auseinandersetzungen unserer Tage – z. B. vom „Weißen Haus" her, das die Welt in »gute und böse Achsen« aufteilt, bis in die Streitfragen der Ausländerpolitik und angeblicher „Sozialromantik" hinein.

Politisch, gesellschaftlich, wirtschaftlich oder kulturell bedingte »Sondersprachen« sind nicht leicht als solche zu erkennen. Für diese Arbeit mit ihrer speziellen Zielsetzung – nur ganz holzschnittartig angedeutet – könnten in der DDR etwa folgende »Sprachen« unterschieden werden:
– die Tarnsprache des MfS;[288]
– Funktionärsdeutsch[289] und Machtsprache;
– die »wachsende Rolle der Bedeutung«;[290]
– verdeckte Redeweise der DDR-Bürger;[291]
– Reizworte für Lauscher;[292]
– Soldatensprache;[293]
– leise Töne aus dem Hintergrund (»Lyrik« – Fuchs, Kunze u. a.);
– Dokumente mit doppeltem Boden;
– Widerstand kommt zu Wort;[294]
– Gewalt in der Sprache der Verletzten (Randtexte der »Anderen Geschichte«).

---

[288] Dafür gibt es eine eigene Dokumentation: Suckut (Hg.): Wörterbuch der Staatssicherheit.

[289] Zu DDR-Zeiten wurde das Funktionärsdeutsch als Phrasendrescherei meist belächelt. Aber die Funktionärssprache war keineswegs harmlos. Auch sie stellte ein Instrument der Machtausübung dar, das heute noch nachwirkt in der politischen Artikulation »beigetretener« Funktionäre ehemaliger Blockparteien, wie natürlicherweise in der Erinnerungsliteratur der Machthaber von damals (z. B. Honeckers »Moabiter Notizen«).

[290] Ein Beispiel mit Bezug auf die Stasi: Wo ein verabredeter Termin bestätigt wurde mit der Floskel: »Mit Sicherheit!«, war durchaus gemeint und am Gesichtsausdruck des Bestätigenden u. U. abzulesen: »Der Termin ist sicher« – und: Wir werden mit der ›Sicherheit‹ rechnen« – also mit den ungebetenen Lauschern der Stasi.

[291] Erste Sammlungen mit Unterhaltungswert für »Ehemalige«: Das dicke DDR-Buch, Berlin 2002.

[292] »Eigenständig, unabhängig, basisdemokratisch, neutral …«, also alle Begriffe, die sich semantisch als emanzipierte Sprache gaben.

[293] Zusammengetragen und analysiert bei Klaus-Peter Möller: Der wahre E. Ein Wörterbuch der DDR-Soldatensprache. Berlin 2000. Kirchlich besonders für Bausoldaten aufschlussreich.

[294] Z. B. die präzise Lyrik Reiner Kunzes, Wolf Biermanns laute Lieder, Gedichte von Jürgen Fuchs u. a.

Für diese Arbeit sollen nur einige Bereiche mit vorwiegend kirchlichem Bezug angesprochen werden, weil es um das Verständnis von Texten geht, in denen sich die Machtausübung der Staatssicherheit gegenüber der Kirche im Allgemeinen und der Ev.-Luth. Kirche in Thüringen im Besonderen widerspiegelt.

Eine aktuelle Zwischenfrage zu den »Sprachen« der Nachwendezeit und Gegenwart drängt sich auf:

Weil für die Betrachtung der Vergangenheit immer postuliert wird, wenn nicht aus Geschichte zu lernen – da sind wir sehr skeptisch geworden –, wohl aber Zukunft auch auf dem Hintergrund überstandenen Übels zu verstehen, führt solches Bemühen unausweichlich zu Anfragen an die Gegenwart. »Dass es so nie wieder vorkomme«, lautet die Begründung für Beschäftigung mit der Vergangenheit.

Angesichts der Machtsprüche und Macht-Sprachen zu Zeiten der DDR, mit deren Erbe wir noch leben müssen, kann der für den Osten Deutschlands neuen Frage nicht ausgewichen werden: Kommt eine neue Herrschaftssprache über uns oder kommt sie nun erst – 20 Jahre nach der »Wende« – so prononciert in der Öffentlichkeit Ostdeutschlands zur Sprache: die Sprache des »alles und alle beherrschenden Marktes« nämlich?

»Der Markt wird's richten«[295] – oder sollte direkt von der »Sprache des alles und alle beherrschenden Kapitals« die Rede sein? Vermischungen mit der Sprache der Macht aus der untergegangenen DDR sind fatalerweise hier und da schon einmal zu hören.[296] Kein Wunder, wenn prolongierte Machtverhältnisse als »Elitenwechsel« deklariert werden – weder Elite, noch Wechsel![297]

Darauf kann im Rahmen dieser Arbeit nicht eingegangen werden. Aber eine Untersuchung verrohender Sprache und brutaler Machtzynismen darf nicht mehr aufgeschoben werden. In der alljährlichen Kür der »Unworte des Jahres« sind schon erstaunliche Phänomene beschrieben, wie wirtschaftlich

---

[295] Den Theologen graust's: Denn das ist die Sprache angesichts einer Gottheit, die sowohl ausrichtet – im Sinne von zurechtbringen – als auch das letzte Gerichtswort hat, am Ende richtet.

[296] Angela Merkel kritisierte im März 2003 die Weigerung von Gerhard Schröder, sich am Krieg gegen den Irak zu beteiligen, mit der Feststellung, er habe damit das »Druckpotential« gegen den Irak vermindert. Mit fast wortgleicher Begründung wurde von der DDR-Regierung 1968 die Beteiligung von Einheiten der »Nationalen Voksarmee« am Einsatz der Truppen des Warschauer Paktes gegen den »Prager Frühling« verteidigt.

[297] Robert Havemann hat sich zu den sogenannten Eliten und ihren »Wechseln« sehr kritisch geäußert.

begründete Machtausübung sich auch des Mittels der Sprache bedient und darin sich als unmenschlich, demokratiefeindlich und ideologisch überfremdet erweist.[298] Wie Sprache unter solchem Druck verkommt, wird inzwischen mit dem Begriff »Denglisch« umschrieben, der nicht nur Sprachimporte und Begriffsveränderungen aus dem Computerbereich in die Umgangssprache hinein meint, sondern den Sprachwandel des ganzen öffentlichen Lebens unserer monetär dirigierten Gesellschaft anspricht.

Fragen wir zuerst nach den sprachlichen Besonderheiten, mit denen es der Leser der MfS-Texte zu tun bekommt, und vergessen wir dabei nicht, dass sie zugleich auch Instrumente vergangener Macht darstellen, mittels deren ein Überwachungsapparat die Gesellschaft zu gängeln versuchte und bis zu einem gewissen Grade auch gegängelt hat.

Deshalb beunruhigt besonders, dass gerade im Prozess der Auseinandersetzung mit den Stasitexten – z. B. beim Lesen von Nachwendeschriften zur Tätigkeit des MfS – auffällt, wie sich gewaltsame Sprache und ideologisierte Begriffe der Machtausübung fast unbemerkt in die Schriften erklärter Gegner von Gewaltanwendung und Sprachunterdrückung eingeschlichen haben, als ob nur die Farbe gewechselt wurde.

4.1 Die Tarnsprache der MfS-Mitarbeiter nach außen und nach innen – das MfS konspiriert gegen sich selbst

Wer meint, die MfS-Akten seien von »innerer Konspiration« frei gewesen, in ihnen begegne man der Stimme von Partei und MfS ungeschützt, begeht einen methodischen Fehler: Er blendet die Widersprüche aus, die gerade in den MfS-Akten einen tieferen Einblick in die Gedanken- und Traumwelt der Funktionäre zulassen – und das nicht im einfachen Text, als müsse man den nur lesen, um an der Quelle zu sein, sondern in den gegensätzlichen, sich eigentlich wechselseitig ausschließenden Feststellungen der Aktenschreiber. So werden in den Widersprüchen der Niederschriften des gleichen Führungsoffiziers das Meinungs- und Beziehungsgeflecht im Hintergrund und die geheimgehaltenen Machtkämpfe wie in der Lücke eines nicht sorgfältig geschlossenen Vorhanges sichtbar.

---

[298] Als drei Beispiele für das noch zu untersuchende Feld seien nur »Rentnerschwemme«, »Entlassungsproduktivität« und »soziale Hängematte« genannt.

Insofern ist der Feststellung zu widersprechen: »*Nirgendwo sonst haben sich die Diktatoren ungeschminkter geäußert. Hier war man unter sich und konnte Klartext reden.*«[299] Eben nicht! Die Konspiration selbst zwischen den verschiedenen Ebenen der Partei- und der MfS-Hierarchie widerlegten diese Annahme.[300]

Wie jeder Geheimdienst bediente sich das MfS eines Vokabulars, das seine eigentlichen Interessen und die Ziele seiner Operationen dem nicht erwünschten Zeugen oder Mithörer zu verbergen sucht. Gegenüber dem MfS als »Schild und Schwert der Partei«[301] sollten auch die im eigenen Lager Bespitzelten ahnungslos bleiben. Das erzwang nicht nur eine mindestens doppelte oder sogar vielfache Buchführung (Normalakten und gleichzeitig Geheimakten verschiedener Stufen) mit strenger Geheimhaltung der »internen« Texte nach außen, sondern auch Sprachregelungen nach »innen«, also gegenüber den Genossen Mitarbeitern der unteren Chargen. Das galt groteskerweise bis hin zur eingeschränkten, nur bestimmten Ranginhabern innerhalb der quasi militärischen Hierarchie vorbehaltenen Kenntnis und Verwendung von Kürzeln.[302] An diesem Verfahren wird deutlich: Selbst treue Mitarbeiter innerhalb der Stasi wurden von ihrer Führung entmündigt und zu bloßen Befehlsempfängern degradiert, die nicht mehr zu wissen hatten, als für die Ausführung der an sie ergangenen Order nötig war:

> »Konspirative Spielregeln waren auf jeder Ebene der Parteihierarchie genauestens zu beachten. Jeder durfte nur so viel wissen, wie er auf seiner Ebene brauchte, um eine gute Parteiarbeit zu leisten.«[303]

---

[299] Zitat nach Maser: Einwirkungen, in Baier: Kirche, 151.

[300] Vgl. dazu BStU: Abkürzungsverzeichnis, 3.

[301] Arnold: Schwert, Mitarbeiter Hans Modrows, berichtet aus der Sicht eines Insiders »zwischen den Zeiten« über das »Ende von Stasi und Nasi«. »Nasi« wurde die Nachfolgeeinrichtung der Stasi, das von Modrow begründete und nur kurze Zeit sich konstituierende, aber gar nicht mehr wirksame »Amt für Nationale Sicherheit«, genannt.

[302] In der Einführung zum Abkürzungsverzeichnis der BStU, 3, wird festgestellt: »Selbst Mitarbeitern des MfS waren aus Gründen der Konspiration und der Arbeitsteilung nicht alle im Ministerium gebräuchlichen Abkürzungen und Kurzformen und deren Varianten geläufig. Ein MfS-eigenes Verzeichnis konnte es wegen der äußeren und inneren Konspiration nicht geben.«

[303] Zitat nach Maser: Einwirkungen, in Baier: Kirche, 150.

4.1.1   Die interne Konspiration des MfS bezieht sich zunächst auf die mehr-fach abgestufte Zugänglichkeit der gesammelten Informationen.

So hatte der MfS-Mitarbeiter in der Regel nur einen umständlichen und überprüfbaren Informationszugang über das hinaus, was er selbst »entdeckte« und weiterleitete.

Ein Beispiel: Aus einer Beobachtungsakte, in der ein IM-Bericht gegen den Beobachteten verwendet wurde, geht nicht hervor, wie dieser IM wirk-lich hieß. Zur Feststellung bedarf es der Nutzung mindestens zweier getrenn-ter Karteien, es sei denn der »Bearbeiter« der Beobachtung war zugleich IM-Führungsoffizier.

4.1.2   *Suchaufträge und Informationsverarbeitung*

Ein zweites Beispiel: Wollte ein Hauptamtlicher zu einer Person Informatio-nen aus dem MfS-»Netz« haben, so musste er sogenannte »Suchaufträge« an verschiedene Stellen richten, die jederzeit nachvollziehbar waren.«[304]

Rechnet man weiterhin ein,

– dass die Informationsverarbeitung[305] zentral und regional allein auf Be-zirks- und Kreisebene ein Zwölftel aller hauptamtlichen Mitarbeiter um-fasste, weil in jeder »operativen« Abteilung der Bezirksverwaltung und je-der Kreisdienststelle ein »Referat Auswertung und Information« bestand mit wöchentlichen Lageberichten, Führung der VSH-Kartei und Registra-tur der Personen-Materialablagen,

– außerdem in jeder Bezirksverwaltung des MfS eine »Auswertungs- und Ko-ordinierungsgruppe« Suchaufträge bearbeitete und dazu die »Zentrale Per-sonendatenbank« führte,

– schließlich in jeder Bezirksverwaltung (BV) die Abt. XII bestand, die alle Operativen, Untersuchungs- und IM-Akten, Kaderakten[306] und bestimmte »Erfassungsarten« (Kerblochkarteien und Sicherungsvorgänge) registrierte, nach Abschluss lagerte und von da an für diesbezügliche Auskünfte zustän-dig war, innerhalb dieser Zuständigkeit auch die meistbenutzten Karteien F 16 (Personen-), F 22 (Vorgangs-), F 77 (Decknamen-) und F 78 (Stra-ßenkartei) zu betreuen hatte,

rechnet man das alles zusammen und versucht allein in dieser vielfach ver-ästelten Struktur den Überblick zu gewinnen – geschweige denn zu behal-

---

[304] Zitiert nach Herz: MfS, 5.

[305] »Informationsverarbeitung« umfasst die Abrufbarkeit, Sacheinordnung, Analysen, ebd., 6.

[306] »Kaderakten« = Personalakten der hauptamtlichen Mitarbeiterschaft.

ten –, wird deutlich, dass dieses Instrumentarium auch für den Insider kaum noch beherrschbar sein konnte. Und wie stand es mit der schnellen Anwendung?

4.1.3 Fazit für unsere Untersuchung

Für den Einfluss auf »Kirche« im weitesten Sinne muss als hermeneutische Konsequenz aus der überorganisierten Informationsverwertung geschlossen werden: Die vielfach abgestimmten Operationen zur Informationsgewinnung und die Mengen sehr detaillierter Berichte überwucherten sich gegenseitig.[307]
Für ihr Verständnis hat das eine doppelte Folge:
– Die Ansicht, MfS-Informationen seien deshalb so zuverlässig und nicht mehr zu hinterfragen, weil eine gegenseitige (zwischen den Mitarbeitern) und von den Vorgesetzten ausgeübte Kontrolle Fehlinformationen oder Beschönigungen der Berichte verhindert habe, muss als erledigt gelten.
– Interessengeleitete Auswahl aus der Fülle der Informationssammlungen ist nach der beschriebenen Informationsverwertung nicht erst für die Leser und Zitatsucher heute symptomatisch, sondern bestimmte damals schon die Bearbeitung von Personen, Institutionen und Sachverhalten.
Im Klartext: Die Massenproduktion des MfS ist an sich selbst erstickt.[308] Prüfen wir das dennoch zusätzlich nach, und zwar an der hierarchisch gegliederten Informationsaufbereitung: Rein theoretisch müsste ein vergleichsweise umfassender Überblick wenigstens auf der obersten Ebene angenommen werden. Aber auch manche sehr schlichten Berichte über keineswegs spektakuläre Vorkommnisse tragen den Vermerk, sie Minister Mielke und vielfach sogar dem Staatsratsvorsitzenden vorzulegen.[309]

---

[307] Vgl. Maser: Einwirkungen, in Baier: Kirche, 149: »Zu den entscheidenden Wesensmerkmalen jeder totalitären Diktatur gehören ihre konspirativen Strukturen. Konspiration war das alles umfassende und bestimmende Grundprinzip auch der SED-Diktatur. Über die Beschlüsse der Leitungsgremien wurde die Öffentlichkeit nur durch sorgfältig abgestimmte und das meiste verschweigende Beschlüsse informiert.«

[308] Darin ist Roger Engelmann: Struktur, 6, zu widersprechen. Es gilt: »tschekistische Sammelwut« und »der Schutz gesellschaftlicher Entwicklung und staatlicher Sicherheit« gleichzeitig. Aber die geforderte wirksame Verarbeitung war so unmöglich, dass Major Klaus Roßberg angesichts der nicht mehr erfüllbaren Sichtungs- und Auswertungsaufgabe in Tränen ausbrach und einen Nervenzusammenbruch erlitt *und nicht mehr weiter wußte ...«*. Roßberg/Richter: Kreuz, 20.

[309] In *»Hinweisen über ausgewählte bedeutsame Probleme im Zusammenhang mit den Ergebnissen der Kommunalwahlen am 7. Mai 1989«* aus der ZAIG (s. Anm. 202) finden sich Berichte

Diese gewissermaßen letzte Aufbereitung der Masseninformationen für die Entscheidungen des Ministers oblag der »Zentralen Auswertungs- und Informationsgruppe« (ZAIG).[310] Dass ein Überblick aus der Überfülle des Materials tatsächlich zutreffend extrahiert und praktisch nutzbar gemacht werden konnte, muss füglich bezweifelt werden. Im Bild: Die Informationsrinnsale vereinigten sich zum Fluss, drängten zu Strömen zusammen, täglich breiter, täglich tiefer – ohne Ende, und gingen in ein Meer über wie die Mündung des Mississippi. Und diese fließenden Massen sollte dann eine Handvoll ganz von der Wirklichkeit Abgehobener noch überschauen, klären und bewältigen? Eben nicht.

Sonst hätte doch zumindest vermieden werden müssen, dass ein angeblich schon jahrelang »geführter IM in Spitzenposition« doppelt und dreifach belauert und sogar polizeilichen Ermittlungen und geheimdienstlichen Sofortmaßnahmen ausgesetzt wurde. So widerfuhr es u. a. der »KP« (Kontaktperson) »Ingo«, OKR Ingo Braecklein, dem späteren Landesbischof der Ev.-Luth. Kirche in Thüringen , bei Treffen mit westdeutschen Bekannten auf der Autobahn bei Eisenach und am Hermsdorfer Kreuz.[311] Deshalb drängt sich die Frage auf: Kann es sein, dass die sogenannten Sicherheitsorgane im Jahre 1989 auch aus der Unüberschaubarkeit ihrer Informationsmasse heraus auf so unerklärliche Weise falsch oder gar nicht reagierten und von den Ereignissen bereits seit Frühsommer 1989 überrollt waren?

über das »Wahlverhalten« einzelner kirchlicher Amtsträger. Darunter die Zusammenfassung einiger vom Verf. dem Stimmzettel angehefteter Forderungen an die Kandidaten mit dem Vermerk: *»ZAIG an Mittag, Neiber, Schwanitz, intern MfS«*.

[310] Die ZAIG wurde 1965 gebildet und ging aus vorher bestehenden Arbeitsformen hervor, so der Arbeitsgruppe Informationsbedarf (AGIB – 1953 wohl als Reaktion auf die außer Kontrolle geratenen Ereignisse um den 17. Juni installiert) und der Zentralen Informationsgruppe (ZIG – nicht ohne Zusammenhang mit der wachsenden Zahl von »Republikflüchtigen« bis zum Mauerbau 1961 nötig geworden).

[311] S. u. 346: Bericht und Ermittlungsanordnung für die DVP.

4.2 Die Sprache der Macht – von »Abschöpfen« bis zu »Zurückdrängen«

4.2.1 Wer spricht, übt Macht aus

In den Urgeschichten der Bibel begegnet das Wort als Ausdruck der Vollmacht: »Gott sprach: Es werde Licht! Und es ward Licht.«[312] Gott gibt auch dem Menschen die Sprache als ein Mittel, seine Hirtenrolle[313] als Großwesir Gottes auf Erden auszuüben:

> »Und Gott der Herr brachte alle Tiere zu dem Menschen, dass er sähe, wie er sie nennte; denn wie der Mensch jedes Tier nennen würde, so sollten sie heißen. Und der Mensch gab einem jeden Vieh und Vogel unter dem Himmel und Tier auf dem Felde seinen Namen.«[314]

Die Propheten reden in der Vollmacht Gottes, wenn sie ihren Spruch einleiten: »*So spricht der Herr …*« – und das geht alle an: »*Höret, ihr Himmel, und Erde, nimm zu Ohren, denn der Herr redet!*«[315]

Die Erinnerung an die Macht, die Sprache über den anderen ausübt, dass allein der Gebrauch des Namens einen anderen zu unterwerfen vermag, ist auch in Märchen aufbewahrt: »*O wie gut, dass niemand weiß, dass ich Rumpelstilzchen heiß!*« So geschützt ist das kleine böse Männlein nur, bis jemand seinen Namen kennt und ihn auch ausspricht.

Menschen daran zu hindern, die Dinge »beim Namen zu nennen«, den Verhältnissen damit ihre unterdrückende Macht zu nehmen, sie »anzusprechen« und »auszusprechen«, scheint mir einer der Gründe dafür zu sein, dass die DDR-Apparatschiks[316] bis zur Selbstverleugnung konspirieren mussten.[317]

---

[312] Genesis 1,3.

[313] Genesis 1,28, »*Macht euch (die Erde) untertan*«, verwendet den gleichen Begriff, der für die Tätigkeit der Hirten gebraucht wird, und folgt den Sätzen, in denen der Mensch »*als Gottes Ebenbild*«, als sein verantwortliches Gegenüber eingesetzt wird, wie im Orient das Bild des Herrschers auch in seiner Abwesenheit die Autorität seines Stellvertreters, des Großwesirs, begründet.

[314] Genesis 2,20.

[315] Jesaja 1,2.

[316] Das übernommene Fremdwort verrät: Nicht nur ein Wort kam da nach Deutschland, sondern auch, was es transportierte – der unerbittliche, unmenschliche Partei- und Staatsapparat, der aus Versklavten bestand, die andere versklaven.

[317] Heutige Strippenzieher im Schatten, z. B. Lobbyisten, fürchten nichts mehr als »Transparenz«.

Die Sprache des MfS diente allein und uneingeschränkt der Macht der Partei *über* das Proletariat. Dass gleichzeitig die Lenkung aus dem Osten von der SED zu respektieren war, komplizierte zwar die Abläufe im Falle von Meinungsverschiedenheiten zwischen Moskau und Berlin,[318] gehört aber zum Gesamtbild des Machtgeflechtes »im Sozialismus«.[319]

Nicht nur die zahllosen Abkürzungen, die im MfS gebräuchlich waren,[320] sondern auch die ins Gegenteil verkehrten moralischen Begriffe, die von einer tiefen Menschenverachtung zeugen, machen die Akten stellenweise zu einem Buch mit mehr als sieben Siegeln. Vor allem aber hat die Machtsprache des MfS Menschen in Angst versetzt, geschwächt, in Abhängigkeit gebracht und verächtlich gemacht. Man muss nur das Begriffspaar »feindlich-negativ« prüfen und sich daran erinnern lassen, welche Folgen daraus erwuchsen, wenn ein Mensch mit seiner Familie oder Gruppe oder seinen Freunden sich unter dieses Machtwort gestellt sah.

Alle Verleumdungen und »Kompromittierungen« üben Macht aus, die bis zur Zerstörung des so »Angeherrschten« führen konnten. Sie wird vorbereitet, wo in den Charakteristiken der »Auskunftsberichte« die Persönlichkeitsmerkmale des »Gegners« in der negativsten Form ausgedrückt werden, dass der Gemeinte als Karikatur gerade noch erkennbar erscheint: Treffverweigerung heißt »*Bequemlichkeit*« oder »*Trägheit*«,[321] entschlossener Einsatz »*Fanatismus*«, wer eine abweichende Meinung vertritt, ist ein »*Irrender*« oder gar »*Feind*«.[322] Wer Ruhe nicht für die erste Bürgerpflicht hält, »*stänkert*«.[323] Wer das Seine unter den besonderen wirtschaftlichen Bedingungen der DDR zu mehren versteht, wird »*geizig*« oder »*geldgierig*«, im unauffälligen Maße immerhin »*materiell interessiert*« genannt. Wer in Debatten auch gegen deren Ende seine Meinung

---

[318] Die Genossen in Berlin hatten seit »Glasnost« und »Perestroika«, seit Gorbatschows Drängen auf »Durchschaubarkeit« und (gesellschaftlichen) »Umbau«, erhebliche Schwierigkeiten, dem Volke klarzumachen, warum z. B. die Zeitschrift »Sputnik« aus dem Lande des Großen Bruders nicht gut für DDR-Leser sei und die Forderung nach Durchschaubarkeit und Umbau in der DDR offene Türen einrenne, weil man das hier längst abgearbeitet habe.

[319] Tina Krone u. a.: Wenn wir unsere Akten lesen. Handbuch zum Umgang mit den Stasi-Akten, Berlin 1992, 7: »Weil die Sprache der Akten die Sprache der Macht ist: zynisch, bürokratisch, verschlüsselt, ist sie eines der größten Hindernisse für das Verständnis der Unterlagen.«

[320] Das Abkürzungsverzeichnis der Bundesbeauftragten 2007 in der achten und wiederum erweiterten Auflage umfasst allein 88 DIN A4-Seiten Abkürzungen, die unkommentiert nur übersetzt werden, und 37 Seiten Anhänge mit Tabellen.

[321] BStU ZA, MfS 24028/91, Teil II, 50.

[322] BStU MfS 7 BV Gera, A 1488 / 88, II, 126.

[323] BStU MfS BV Gera XX/4, Zw.bericht OV »Synodaler« – Reg.-Nr. X/1311/82, 76.

nachdrücklich vertritt, hat »*Diabetis*«[324]. Der ruhig Abwägende heißt »*dümm-lich*«. Wer als Wortführer einer Gruppe bestimmt wird, »*arbeitet an seiner Kar-riere*« und »*will im Mittelpunkt stehen*«. Wer sich in seinen Entscheidungen nicht gängeln lässt, sondern in verschiedenen Situationen frei entscheidet, heißt »*Schaukelmann*«.[325] Die schlimme Folge: Etwas bleibt immer hängen und bleibt in den Sudelbüchern aufbewahrt.

Auch diese Aufgabe bleibt der Zukunft vorbehalten: den Prozess zu un-tersuchen, mit dem eine eigene, DDR-spezifische Sprache einerseits die Kraft früherer oder in anderen Teilen Deutschlands wirkender Sprache brechen oder ersetzen und andererseits eine andere, »neue« Sprache an ihre Stelle setzen wollte.[326]

Besondere Sorgfalt ist bei der Deutung der internen »Fachsprache« des MfS dort geboten, wo verbaler Gleichklang der geheimdienstlich verwendeten Be-griffe mit der Umgangssprache vorliegt. Semantisch muss das noch lange nicht heißen, dass gleichlautende Begriffe die gleiche Bedeutung haben. Im Gegen-teil: Schillernde Begrifflichkeit oder bewusst unterlegte gegenteilige Wortbe-deutung sollten der Täuschung des »Klassenfeindes« oder der Öffentlichkeit dienen, waren also meist beabsichtigt. Außerdem ergeben sich Sprachverne-belung und Sprachverkehrung aus der ins Neurotische gesteigerten Konspi-rationssucht des MfS und seiner Führung. Eine gründliche hermeneutische Untersuchung dieser Sprache der Unterdrückung mit ihren semantischen Eigenheiten steht allerdings an. Denn die Zeugenschaft für die eigentliche Bedeutung MfS-eigener Begrifflichkeit wird von Tag zu Tag kleiner. Im Zu-sammenhang dieser Arbeit kann nur auf einige wenige Beispiele verwiesen werden.

---

[324] Originalschreibweise MfS. »Diabetis« wurde dem Verf. zugeschrieben, weil er in Debatten intervenierte, was (nach einem IM) auf »Unterzuckerung« zurückzuführen sei.

[325] IM »Fortschritt« BV Gera, Reg.-Nr. X/1125/60, 62.

[326] Ein in den neuen Ländern allgemein bekanntes und gleichzeitig in seiner Leere armselig tö-nendes »Unwort« ist die DDR-erfundene »Jahresendflügelfigur«, mit dem die Weihnachts-engel ihrer bildhaften Kraft und Verwurzelung im biblischen Denken und in der Vorstel-lung von Kindern und Erwachsenen beraubt und auf eine bloße Schmuckfigur am Jahres-ende reduziert werden sollten.

4.2.2 Operative Schritte des MfS im Klartext: von »Abschöpfen« bis »Zurückdrängen« – exemplarische Vorgänge aus dem Gruselkabinett des Schattenreiches

Die Wertung der MfS-Akten und ihrer Inhalte im Einzelnen ist sowohl eine Sprach- als auch eine Methodenfrage: Wie werden MfS-Methoden begrifflich verschleiert und wie kann die Verschleierung aufgehoben werden, um zu erschließen, was die gemeinten Vorgänge für die »*bearbeiteten*« Menschen wirklich auslösten? Wohl nur durch die Gegenüberstellung von Tarnbegriff und Ausführung.

Deshalb wird im folgenden Katalog – z. T. in Anlehnung an die Begriffsfolge in der Überschrift zu diesem Kapitel – der Versuch unternommen, die MfS-Begriffe durch Schilderung der tatsächlich gemeinten Abläufe aus den Akten in Klartext zu übertragen, um aufzudecken, was sich in Wahrheit hinter Operativbegriffen verbirgt. Dafür sind besonders häufig verwendete Ausdrücke der Staatssicherheit mit Bezug auf kirchliche Arbeit ausgewählt und durch ihre in den Akten belegte wahre Bedeutung ergänzt worden. Sie sind alphabetisch gruppiert, um gegebenenfalls vergleichendes Nachschlagen zu erleichtern.

»**Abschöpfen**«[327] bedeutet: Unwissende als Quelle missbrauchen
Durch offizielle oder inoffizielle Kontakte gewann das MfS ohne Wissen und Zustimmung der Ausgehorchten Informationen.

In den staatlichen Stellen, mit denen über alles und jedes zu verhandeln war, das in der Zuständigkeit der »Räte« aller Ebenen lag – vom Rat der Gemeinde über den des Kreises und Bezirkes bis hin zum Staatsrat, vermuteten Verantwortliche der Kirchen stets auch Informationsquellen des MfS, die anstelle oder im Vorfeld von gezielten und direkten Kontaktversuchen Informationen »abschöpften« und weitergaben. Tatsächlich wurden die für die Kontakte der Räte der Kreise und Bezirke mit den Kirchen zuständigen »Stellvertreter Inneres« vom MfS als »IM« geführt oder für besonders kritische Regionen sogar »Offiziere im besonderen Einsatz« auf solche Stellen lanciert.[328]

»**Anschleusen**« bedeutet: sich durch Lügner Vertrauen erschleichen
Um »feindlich-negative Kräfte« direkt beobachten oder sie kompromittieren zu können, wurden in ihr Lebensumfeld inoffizielle oder – gegenüber beson-

---

[327] BStU BV Gera, IM »Fortschritt« Reg.-Nr. 1125/60, MfS-Archiv-Nr. 373/80, I, 64 und 66 (MfS-Zählung).

[328] So in den Kreisen Greifswald, Dessau, Görlitz, Eisenach, Naumburg lt. »Hinweisen« des MfS in BStU ZA, MfS – HA XX/4, Nr. 3474, 167.

ders wichtigen Zielpersonen – auch hauptamtliche Mitarbeiter des MfS lanciert. Zu ihrer Tarnung waren nahezu alle Mittel recht, wenn sie nur nahe genug an die zu Bearbeitenden gelangten.[329]

Dazu gehört die Vortäuschung von Liebeswerben, in der Abteilung von Markus Wolf zynisch als Methode »Romeo und Julia« deklariert. Dergleichen wurde auch mit leitenden Angestellten der Kirche versucht.[330]

»**Beobachten**« heißt: Ahnungslose immer und überall belauern

»Wir wollen alles über alle wissen«, hieß das angestrebte, aber unerreichbare Ziel des MfS nach seinem stalinistischen Selbstverständnis in der Ära Mielke.

Dieser Seite seiner »geheimdienstlichen« Operationen nachzuspüren, tut niemandem gut: Lächerlich bis menschenverachtend und zynisch wirken die Beschreibungen in Operativen Vorgängen, für die alles darauf ankam, den »Feind« auf Schritt und Tritt »aufzunehmen« wie der Jagdhund die Schweißspur eines angeschossenen Rehs. Die Beobachtungsprotokolle sprechen für sich und offenbaren den Charakter einer Organisation, die Heulen und Zähneklappen[331] über viele Menschen gebracht hat. Zur Illustration dieser besonderen Art der Beobachtung wird ein Text wiedergegeben, der auf einem gedruckten Formular harmlos daherkommt, aber minutengenau eines arglosen Menschen Schritte dokumentiert und die seiner Familie auch.[332]

---

[329] Vgl. Affäre Günter Guillaume, ein Spion des MfS als Berater Willy Brandts.

[330] Zu diesem Zwecke wurde IMB »Micha« in das Sekretariat des Bundes Berlin »eingeschleust«, allerdings erfolglos. Vgl. »Dokumente« zu »Micha« – Regina Fabers, in: Tina Krone/Reinhard Schult (Hg.): »Seid untertan der Obrigkeit«: Originaldokumente der Stasi-Kirchenabteilung XX/4, Berlin 1992, 166 ff.

[331] Matthäus 8,12 beschreibt so die Hölle.

[332] BStU ASt Gera, MfS BV Gera, Abt. VIII, BB 43/83, 1 ff.

Fallbeispiel: Ein feindlich-negatives Element wird observiert

»Ministerrat
der Deutschen Demokratischen Republik
Ministerium für Staatssicherheit
Hauptabteilung/Abteilung XX Bezirksverwaltung/
Verwaltung BV Gera
Sachbearbeiter Specht

Operativgruppe
HA VIII/Abt. VIII 43/83

Auftragsersuchen-Beobachtung

…

Zu welchem Geheimdienst/feindliche Organisation besteht Verbindung bzw. der Verdacht als was tätig …, Verletzung welcher Strafrechtsnormen (§§ – auch bei Verdacht)? Wird nach §§ 98[333], 106[334] operativ bearbeitet …

Welche anderen Diensteinheiten arbeiten koordiniert an diesem Vorgang mit? …

Eine Beobachtung wurde von Ihrer DE wegen Verdacht der Konspiration vorzeitig abgebrochen.

Ziel und Aufgabe der Beobachtung:

Die Person soll vom »25.5. bis 5.6.83 – hierbei werden vorwiegend erkannte Schwerpunkttage gewählt …« beobachtet werden.

Konkrete Begründung …

G. gehört zu den feindlich negativen Kräften des Bundes Evang. Kirchen in der DDR …

Donnerstag, den 26.5.1983, von 8.00 Uhr bis 18 Uhr

12.50 Uhr wurde der Pkw von Synodaler[335], Wartburg 353, weinrot, pol. Kennzeichen NW 21-64, an seinem Wohnhaus, Saalfeld, Kirchplatz Nr. 3 aufgenommen.

15.15 Uhr verließen Synodaler und sein Sohn Hans-Ulrich das Wohnhaus und gingen zu dessen weinrotem Pkw. Hans-Ulrich fuhr anschließend mit dem Wartburg, während Synodaler mit einem weißen Wartburg 353

poliz. Kennz. NNA 3-61

abfuhr, der neben dem weinroten Wartburg abgeparkt war. Gemeinsam fuhren sie über Beulwitz, Unterwirbach nach Bad Blankenburg. Hier fuhren sie in die Dr.-Hans-Loch-Straße. In Höhe der Flaschenbierhandlung bogen beide nach rechts, in einen schmalen Weg ab. Dieser Weg ist gekennzeichnet mit dem Schild »kein Durchgang«.

In diesem Weg befinden sich drei Wohngrundstücke. Vor dem letzten dieser Grundstücke hielten sie an. Synodaler öffnete die Garage, welche sich im Hause befindet. Danach stellte er den Pkw Wartburg weiß, pol. Kennz. NNA 3-61 darin ab.

---

[333] § 98: (seit 1979) Sammlung von Nachrichten (Freiheitsstrafe nicht unter fünf Jahren, Vorbereitung und Versuch sind strafbar) – nach BStU Abkürzungsverzeichnis, 97.

[334] Ebd., § 106: Delikt Staatsfeindliche Hetze (Strafe: Freiheitsstrafe von ein bis zu acht Jahren).

[335] »Synodaler« = Tarnbezeichnung des »Operativen Vorganges« mittels dessen G. »bearbeitet« wurde und »zersetzt« werden sollte.

Es konnte in Erfahrung gebracht werden, daß es sich bei dem Wohngrundstück um das Sommerhaus[336] von Synodaler handelt.

15.43 Uhr kamen Synodaler und sein Sohn Hans-Ulrich mit dem weinroten Wartburg die Dr.-Hans-Loch-Straße zurück. Hans-Ulrich saß am Steuer des Pkw. Beide fuhren über Schwarza nach Saalfeld zum Wohnhaus von Synodaler zurück, welches beide 16.02 Uhr betraten.

Freitag, den 27.5.1983 von 8.00 bis 20.00 Uhr
11.43 Uhr verließ Synodaler sein Wohnhaus und ging zur Sparkasse, welche er betrat. Hier hob er 250,-- M[337] ab und ging danach unmittelbar zu seinem Wohnhaus zurück, welches er
11.58 Uhr betrat.
17.15 Uhr kam Synodaler mit seinem Pkw Wartburg weinrot, pol. Kennzeichen, NW 21-64, vor sein Wohnhaus gefahren und betrat dieses.
Nach ca. zwei Minuten kam er zurück und fuhr mit dem Pkw über Schwarza nach Bad Blankenburg, in die Dr.Hans-Loch-Straße zu seinem Sommerhaus.
20.00 Uhr wurde die Beobachtung unterbrochen.

Dienstag, den 31.5.1983, von 10 bis 22.30 Uhr
In der Zeit von 13.30 Uhr bis 17.30 Uhr betreute … N.N., in zeitlichen Abständen von ca. einer Stunde, mehrere Gruppen von Kindern und Jugendlichen. Dabei führte er sie in das Kirchengebäude.
18.05 Uhr verließ Synodaler mit einer Aktentasche sein Wohnhaus und fuhr anschließend mit seinem Dienstwagen Wartburg, pol. Kennzeichen NW 21-64 nach Leutenberg.
18.30 Uhr parkte er den Pkw unmittelbar neben der Kirche in Leutenberg. Danach betrat er das Wohngrundstück Kirchgasse Nr. 6. Die Aktentasche hatte er bei sich.
19.25 Uhr kam Synodaler von hier mit einer männlichen Person zur Leninstraße. Vor der Gaststätte »Goldkuppe« warteten bereits mehrere Personen.
Drei von ihnen kamen kurz zuvor mit dem Pkw Moskwitsch 412 pol. Kennzeichen NL 48-39
hier an. Der Fahrer des Pkw wurde mit »Bürgermeister« angesprochen.
Nach der Begrüßung vor der Gaststätte betraten ca. zehn männliche und zwei weibliche Personen den Klubraum der Gaststätte »Goldkuppe«. Synodaler hatte seine Aktentasche bei sich.
21.30 Uhr verließen die Personen den Klubraum der Gaststätte und verabschiedeten sich. Synodaler ging zusammen mit fünf Personen in die Kirchgasse, wo alle das neben der Kirche befindliche Wohnhaus Nr. 6[338] betraten.
21.58 Uhr verließen Synodaler und vier Personen das Wohnhaus Nr. 6.
22.00 Uhr fuhr Synodaler allein von der Kirche in Leutenberg zu seinem Wohnhaus in Saalfeld., wo er

---

336 Tatsächlich handelte es sich um das Elternhaus der Ehefrau des Beobachteten.
337 Woher kennt der »Beobachter« den Betrag?
338 Es handelte sich um das Pfarrhaus des Ortes.

22.21 Uhr den Pkw gegenüber abstellte und anschließend sein Wohnhaus gegenüber betrat.

Kurz vor Synodaler ist der Moskwitsch, pol. Kennzeichen

NL 48-39

mit vier Personen von der Gaststätte in Richtung Saalfeld abgefahren.

22.30 Uhr wurde die Beobachtung unterbrochen.

Mittwoch, den 1.6.1983, von 12.00 Uhr bis 22.30 Uhr

16.54 kam Synodaler mit seinem Dienst-Pkw Wartburg, weinrot, pol. Kennzeichen

NW 21-64

vor sein Wohnhaus gefahren und betrat dieses.

19.17 Uhr fuhr er mit seinem Dienst-Pkw, nachdem er vorher die Kirche kurz betreten hatte vom Wohnhaus in Richtung Bahnhof ab. Er konnte nicht aufgenommen werden.

19.53 Uhr traf »Synodaler« allein wieder an seinem Wohnhaus ein und stellte den Pkw an der Kirche ab.

Danach betrat er sein Wohnhaus.

20.58 Uhr verließ Synodaler seine Wohnung wieder, kaufte am Haupteingang der Kirche eine Eintrittskarte und betrat diese.[339]

Zu diesem Zeitpunkt fand hier ein Konzert, mit der Bezeichnung »596. Abendmotetten« statt –

21.32 Uhr verließen die Besucher des Konzerts die Kirche.

21.44 Uhr verließ Synodaler mit vier männlichen Personen die Kirche durch den Seiteneingang. Sie blieben alle stehen, und Synodaler zeigte auf die fertiggestellten Restaurierungsarbeiten der Kirchenfassade.

Gegen

22.00 Uhr betrat Synodaler sein Wohnhaus.

22.30 Uhr brannte noch Licht in seiner Wohnung.

Zu diesem Zeitpunkt wurde die Beobachtung unterbrochen ...

In diesem Stil füllt das Späherprotokoll 22 DIN A 4-Seiten, von denen hier nur der Anfang wiedergegeben wurde. In den Beobachtungen tauchen als weitere »operativ bedeutsame« Personen, Orte und Gegenstände auf:

– Tochter Christina und Sohn Stefan (mehrfach) mit Freundin;
– Bauleute an der Kirche mit Sohn Hans-Ulrich (mehrfach);
– Frauen, Männer und Kinder, die das Wohnhaus von »Synodaler« »betreten und wieder verlassen«; mit jeweils minutengenauer Zeitangabe;
– »Eine ältere weibliche Person«, nämlich die Nachbarin und Ehefrau des Kantors, Frau Edith Schönheit, die wegen eines Hüftgelenksleidens mit ihrem

---

[339] »Humor ist, wenn man trotzdem lacht!« oder: »Wie betritt man eine Eintrittskarte?«

Handwägelchen zu ihrem Garten am Eckardtsanger gefahren wurde, *samt einer weiblichen Person (Brillenträgerin)*;
– die Wohnung der Schwester des Observierten in Saalfeld-Gorndorf;
– eine KFZ- Werkstätte;
– *»festliche Kleidung (dunkler Anzug)«* – nämlich auf dem Wege zum Friedhof – und immer wieder
– *»eine schwarze Aktentasche«.*

Außerdem wurden mehrere Gottesdienste, eine Lutherehrung in Lehesten und neun PKW mit Typ, Farbe, pol. Kennzeichen und Insassen *»operativ dokumentiert«.*

In dieser Rundumbespitzelung vom 26.05. bis 05.06.1983 waren ständig mindestens zwei Mitarbeiter des MfS im Einsatz, ohne dass – nach dem Eindruck des Belauerten – auch nur eine einzige verwertbare, also *»operativ bedeutsame«* Information gewonnen werden konnte.

Das bewertet die MfS-Einsatzleitung im abschließenden Bericht[340] zur Dokumentierung anders:

> »Einsatz der Abt.VIII (Beobachtung und Dokumentierung) im Zeitraum vom 25.05. bis 06.06.1983 zu G. Es konnten eine Reihe Verbindungen des G. festgestellt werden. Überprüfungen zu den Personen und Fahrzeugen werden eingeleitet.«[341]

Die sinnlose Schnüffelei geht also noch weiter. Der Anfang des Observierungsprotokolls wird wörtlich zitiert, um die Dichte der Beschattung und die minutiöse Aufzeichnung aller Bewegungen und der mit ins Blickfeld geratenen Personen wiederzugeben.

Belauern per Telefon heißt »Maßnahme 26 A« – *abhören gegen Recht und Gesetz*.[342]

Nicht genug mit der Dauerobservierung, lief parallel zur Außenbeobachtung die *»Maßnahme M 26 A«* – Abhören des Telefons, bei der sich wegen technischer Störungen im Gespräch die Telefonierenden lautstark über die Untauglichkeit der Abhöranlage direkt beschwerten, wie ein Abhörprotokoll des MfS penibel vermerkt:

---

[340] BStU ZA, MfS – HA XX/4, Nr. 6978, 44 ff.: »Zwischenbericht zum OV ›Synodaler‹ vom 18.08.83«.
[341] A.a.O., 51.
[342] Auch in der DDR stand der Bruch des Brief- und Postgeheimnisses unter Strafe, wenn auch durch staatliche Regelungen begrenzbar.

»Quelle Abt.26 /A 27.2.1975

G. spricht mit dem Tannrodaer Pfarrer Heyner.[343] Während des Gesprächs traten in der Leitung Störungen auf. Am Ende des Telefonates sagte G.: »Die Mithörer sollen endlich ihren Apparat in Ordnung bringen, damit man nicht mehr durch die Banditen gestört wird …«[344]

Abhörmaßnahmen wurden zunächst für einen Zeitraum von zehn Monaten angeordnet, aber danach immer wieder verlängert bzw. neu aufgenommen. Für dieses M 26 Protokoll ist von erheblicher Bedeutung, dass es in der operativen Information 60/75 einem arglosen Rentner und Kirchenältesten zugeschrieben wird.

Bedrohen« nennt das MfS den Einsatz von Machtmitteln
Das MfS setzte auf die Angst der Bürger[345] – die es doch zu schützen vorgab! Deshalb standen Drohungen als Druckmittel hoch im Kurs. Staatsorgane hatten sie an den Mann oder an die Frau zu bringen.

Fallbeispiel: Veranstaltungsverordnung wird zur Genehmigungspflicht

Unter dem Vorwand, es werde ständig gegen die Veranstaltungsverordnung vom 26.11.1970 verstoßen,[346] bestellte der Rat des Kreises S. den örtlichen Superintendenten und schloss eine stundenlange Philippika mit direkten Drohungen:

»Insbesondere untersagen wir Ihnen, ohne staatliche Genehmigung folgende Veranstaltungen durchzuführen:
– Jugendtreffen aller Art
– Aufführung von Laienspielen und das Auftreten von Musikkapellen, Abspielen von Tonträgern – gleich welchen Charakters
– die Durchführung von Lichtbildvorträgen und Filmabenden sowie alle anderen Veranstaltungen, die über den Rahmen religiöser Handlungen hinausgehen.

---

[343] Typischer Abhörfehler: Es handelt sich um Pfarrer Hayner, Tannroda.

[344] BStU MfS BV Gera, AOP 659/77, Bd. I, 93.

[345] Ein ehemaliger Mitarbeiter des MfS 2008 zum Verf.: »Angst, Angst, Angst – das war unsere Macht.«

[346] Die sogenannte VAVO stellte alle kirchlichen Veranstaltungen nicht »rein religiösen Charakters« unter Anmeldepflicht, was de facto einem Genehmigungszwang entsprach. Denn Nichtanmeldung wurde mit Ordnungsstrafen belegt. Eine nicht angenommene Anmeldung wurde als Nichtanmeldung gewertet.

Nehmen Sie zur Kenntnis, daß der Rat des Kreises nicht länger gewillt ist, die Umgehung der sozialistischen Rechtsnormen in Ihrem Verantwortungsbereich zu dulden.«[347]

Das hieß im Klartext: Aus der Anmeldepflicht gemäß Veranstaltungsverordnung wird eine Genehmigungspflicht und zugleich eine Disziplinierungspeitsche gegenüber nicht fügsamen kirchlichen Mitarbeitern.

»Deckmantel« unterstellt getarnte Staatsgefährdung
Das Sprachbild »unter dem Deckmantel« diente als Instrumentalbegriff, lautere Absichten oder wirkliche Beweggründe eines missliebigen Gegenübers als nur vorgetäuscht zu diffamieren und sie bei Bedarf im Falle ihrer »Öffentlichkeitswirksamkeit« zu kriminalisieren.

So galt 1953 alle Jugend- und Studentenarbeit der Evangelischen Kirchen nur als getarnter Angriff und gewollte, aber verdeckte Störung und Gefährdung des staatlichen Einflusses auf die Jugend. Sie vollzog sich nach Ansicht der Partei- und Staatsführung »unter dem Deckmantel« der verfassungsrechtlich garantierten religiösen Betätigung. Weil die evangelischen Kirchen Einfluss auf Leben und Denken junger Menschen gewannen oder in den Augen der Partei zu gewinnen drohten, sollten vor allem diese kirchlichen Arbeits- und Gemeinschaftsformen »zerschlagen« werden. Die Sprache verrät Emotionen und zugleich Absichten ihrer Verfasser. Stalinisten gebrauchen den Begriff vor »Säuberungsaktionen« und in Entlarvungsprozessen, um die Stimmung gegen die kriminalisierte Gruppe anzuheizen. Die SED-Sprache entspricht 1953 bis in die Wortwahl hinein dem tschekistischen Vorbild.[348]

»Unter dem Deckmantel der Religion« wurde als Stereotyp-Vorwurf immer dann eingesetzt, wenn genuin religiöse Handlungen oder Lebensäußerungen der Kirchen dem Staat zumindest verdächtig und gefährlich erschienen oder als subversiv und konterrevolutionär ausgegeben werden sollten. Wo dieser Begriff auftauchte, stand hartes Eingreifen bevor, wie ein Maßnahmekatalog für Ostern 1982 zeigt.[349] 1982 hatte sich zwar die Diktion in der Öffentlich-

---

[347] BStU MfS BV Gera, AOP 659/77, Bd. I, 298.

[348] In einem Flugblatt der FDJ-Hochschulgruppe der Friedrich-Schiller-Universität Jena gegen die Junge Gemeinde und die Evangelische Studentengemeinde in Jena im Mai 1953 heißt es unter der Überschrift: »Studenten! Verjagt die Feinde unserer Republik von den Universitäten und Hochschulen! Seit längerer Zeit versuchen verbrecherische Elemente ihre Arbeit gegen den Friedenskampf und den Aufbau des Sozialismus in der Deutschen Demokratischen Republik mit dem Mantel religiöser Tätigkeit in illegalen Organisationen, wie sie die Evangelische Studentengemeinde und die Junge Gemeinde sind, zu tarnen.« Flugblatt im Besitz des Verf.

[349] BStU ZA, MfS – HA XX/4, Nr. 3470, 33.

keit gegenüber 1953 geändert, nicht aber die tschekistisch-stalinistische Denkweise, die in der Sprache des Mielke-Ministeriums ungebrochen transportiert wird.

Das Friedensengagement der Kirchen, das doch der Staat immer forderte und in dem er keineswegs die übliche »Zurückdrängung der Kirchen auf das rein Religöse« anwandte, wird dort als »Deckmantel« bezeichnet, wo sich Kirchen und Gemeinden nicht auf die offizielle Linie der »Friedensauffassung« des Staates festlegen lassen. In einer »Geheimen Verschlußsache«[350] werden *»Maßnahmen zur Unterbindung öffentlichkeitswirksamer sogenannter Friedensaktivitäten feindlich-negativer Kräfte in der DDR im Zeitraum Ostern 1982«* folgendermaßen begründet:

> »… Diese Aktivitäten stellen den Versuch dar, die Friedens- und Verteidigungspolitik der DDR öffentlichkeits- und massenwirksam zu diskreditieren und feindlich-negative Kräfte unter dem Deckmantel kirchlicher Friedensaktivitäten zu formieren …«[351]

»**Differenzieren**« will unterscheiden und gegeneinander ausspielen

Gruppen und Einzelne sind zunächst nach Loyalität, Neutralität oder Gegnerschaft gegenüber dem Staat zu unterscheiden und dann gegeneinander auszuspielen, lateinisch: »Divide et impera!« Teile und herrsche! Denn eine Gruppe, die du spaltest, kannst du leichter beherrschen. Der so gewonnenen Unterscheidung »realistischer« und »feindlich-negativer« Gruppen oder Einzelner entsprach dann auch die »differenzierte Behandlung«:

In der Auseinandersetzung mit den Bemühungen der Evangelischen Kirchen in der DDR um die Einführung eines echten Wehrersatzdienstes in der Form eines »Sozialen Friedensdienstes«[352] (Kurz: SoFD) anstelle der »Bausoldaten«, die in die Nationale Volksarmee als »Dienst ohne Waffe« integriert waren, an militärischen Einrichtungen eingesetzt und innerhalb von Militärstützpunkten kaserniert wurden, empfahl das MfS den staatlichen Organen

---

[350] BStU Zentralarchiv. MfS BdL/Dok. Nr. 007609, 1 (BStU) GVS 0008 – 9/82.

[351] Unter den im Anhang dieses Maßnahmekataloges aufgeführten »Organisatoren« findet sich für den Bezirk Gera u. a. auch der Name des Verf., der wie alle anderen dort Verzeichneten »… durch die Abteilungen XX und Abteilungen IX der Bezirksverwaltungen auf der Grundlage der §§ 12 (2), 20 (2) des VP-Gesetzes Befragungen zu unterziehen ist …« und »mit dem ausdrücklichen Hinweis auf die rechtlichen Konsequenzen im Falle der Fortsetzung der rechtswidrigen Aktivitäten zu belehren und zu verwarnen« ist. Außerdem werden Veranstaltungsverbote und Ordnungsstrafverfahren angedroht.

[352] Eine von der evangelischen Jugendarbeit in Sachsen ausgehende Initiative für echten Wehrersatzdienst.

nachstehende »differenzierte Behandlung« kirchlicher Amtsträger je nach ihrer Haltung zum »Sozialen Friedensdienst«:

> »1. Kirchliche Amtsträger in der DDR sollten entsprechend ihrer politischen Haltung zur DDR, ihres Engagements im Friedenskampf, ihrer Einflußmöglichkeiten in den entsprechenden Gremien oder ihrer bisherigen ablehnenden oder antisozialistischen Stellung differenzierter behandelt werden. Das soll sich z. B. beziehen auf
> – Reisegenehmigung ins Ausland und in die VR Polen[353]
> – die Erteilung von Genehmigungen für den Bau kirchlicher Objekte sowie zur Einfuhr von Fertigteilhäusern aus nichtsozialistischen Staaten
> – die Erteilung von Druckgenehmigungen für Presseerzeugnisse
> – die Erteilung von Genehmigungen für die Durchführung von Veranstaltungen in kircheneigenen Räumlichkeiten unter differenzierter Anwendung der Veranstaltungsverordnung[354] …
> 2. …
> 3. Im Zusammenhang mit dem Kampf um Frieden und Abrüstung sollen solche kirchlichen Gremien, wie ›Christliche Friedenskonferenz‹ und ›Berliner Konferenz europäischer Katholiken‹ mehr als bisher für sozialistische Friedensinitiativen gewonnen und unterstützt werden.«[355]

Nach der »Wende« erklärte ein ehemaliger MfS-Mitarbeiter in Erfurt auf die Frage, ob ihm im Oktober 1989 angesichts der Demonstrationen neue Aufgaben gestellt worden seien:

> »Es waren die alten: Teile und herrsche, bringe sie gegeneinander auf, diffamiere sie, wenn es nützt, nur sorge dafür, dass sie die Mehrheit der Bevölkerung nicht hinter sich bringen.«[356]

---

[353] Seit Entstehen der Gewerkschaftsbewegung »Solidarność« in Polen 1980 und ihrem rasch wachsenden politischen Einfluss galt die »Volksrepublik Polen« nicht mehr als »Bruderland«, sondern wurde in den Reisebestimmungen wie nichtsozialistisches Ausland behandelt. Druckerzeugnisse von dort galten als subversiv und waren zu beschlagnahmen. S. Abschnitt 20.8.

[354] »Differenzierte Anwendung« heißt hier schlicht, die Veranstaltungsverordnung (VAVO) von 1970 als Druckmittel einzusetzen, politisches Wohlverhalten zu erreichen. Diese Verordnung versuchte, kirchliche Arbeit auf kultische Handlungen zurückzudrängen, indem sie alle anderen kirchlichen Veranstaltungen einer Anmeldepflicht unterwarf, die immer wieder als restriktive Genehmigungspflicht gehandhabt wurde, was immer öfter zu aufreibenden lokalen und regionalen Konflikten zwischen Staat und Kirche führen musste. Erst nach langen, zähen Bemühungen seitens der Kirchen wurde sie seit 1973 freier gehandhabt und sieben Jahre später am 30.06.1980 neu gefasst (veröffentlicht im GBl. I, 235).

[355] MfS – HA XX/ 4, Nr. 3474, 169 f.

[356] Eberhard Stein: »Sorgt dafür, dass sie die Mehrheit nicht hinter sich kriegen.« MfS und SED im Bezirk Erfurt, BStU, Berlin 1999.

Wo »Einfallstore für die Stasi« gesucht werden,[357] sollte *vor* einer Auflistung theologischer Grundkonzeptionen, die vielleicht »systemkonform« erscheinen mögen, darauf hingewiesen werden: Gegenüber den Differenzierungsversuchen der staatlichen Gewalthaber konnte es nur eine wirklich wirksame Abwehr geben, nämlich größtmögliche Geschlossenheit nach außen bei allen theologischen und kirchenpraktischen »innerbetrieblichen Differenzen«, die ja gerade die Vielfalt der evangelischen Kirchen ausmachen und nicht nur als deren Schwäche missverstanden werden dürfen.

Denn erstens gehen viele theologische Differenzen auf das Neue Testament zurück. Das bietet keine in sich geschlossene Lehre, die per Lehramt dann verteidigt werden könnte, sondern versteht sich als lebendiges Wort Gottes. Es gibt auf unterschiedliche Lagen und Fragen und Klagen unterschiedliche Antworten. Zum anderen verleiht der mehrstimmige Chor der neutestamentlichen Zeugen den Kirchen jene Vielfalt und Flexibilität, die sie durch Jahrhunderte in die Lage versetzte, neuen Herausforderungen auf verschiedene Weise zu begegnen, ohne die Gemeinschaft im Leibe Christi einer ideologischen Geschlossenheit zu opfern – immer vorausgesetzt, sie trägt ihre durchaus begründeten Auslegungsdifferenzen nicht vor den Augen ihrer Gegner oder gar mit deren freundlicher Unterstützung aus. Ständig nach den Schwächen der Kirche ausspähende Gegner von Glaube und Kirche spüren ganz schnell jede Differenz zwischen Kirchenleuten und ihren Interessengruppen auf, um sie zur »*Differenzierung*«, also zur Aufspaltung zu nutzen. Dies ist auch zwischen 1949 und 1989 immer wieder geschehen und hat den Gemeinden in der Gemeinschaft der Kirchen geschadet.

Es ist nicht zu übersehen, dass z. B. die Erfindung einer »Kirche von unten« oder Auseinandersetzungen um die Kirchlichkeit oder Nichtkirchlichkeit von »Gruppen« und die Aversion mancher Gruppe gegen jede Form von »Leitung« – mit Ausnahme ihrer eigenen natürlich – als »*Einfallstor für die Stasi*«, wenn auch unbeabsichtigt, genutzt werden konnte. Gruppenstreit in der Kirche Jesu Christi – gleichgültig, ob von »unten nach oben« oder in der Gegenrichtung von »oben nach unten« – erleichtert jedem Gegner de facto sein »*Divide et impera!*« Das gilt nicht nur für die Zeit der Auseinandersetzung damals, sondern auch für die Beurteilung aus heutiger Sicht. Noch immer sind die Erfahrungsräume, um die es in der Stasidiskussion geht, für davon Betroffene aller Seiten emotional so besetzt, dass schon die Frage nach möglichen Wirkungen gegen die eigene Absicht Protest auslöst. Das muss ausgehalten wer-

---

[357] Planer-Friedrich, Einfallstore, 75, zum sogenannten »Thüringer Weg systemkonformer Kirchenpolitik«, fragt nach »theologischen Einstellungen und Verhaltensweisen, die möglicherweise von der Stasi benutzt und gegen die Kirche verwendet werden konnten«.

den, wenn die Suche nach den Wurzeln von Konflikten gemeinsam betrieben werden soll. Es sei denn, die unsachgemäße, aus der Zeit vor 1989 bis heute nachwirkende MfS-»*Differenzierung*« würde billigend in Kauf genommen. Ihr entspricht eine schlichte Selbstrechtfertigung, z. B. in manchen »Gruppen«: »*Alles, was daneben ging, hat die ›Kirche‹ verschuldet – durch ihre Konfliktscheu, ihre Halbherzigkeit und ihre hierarchische Struktur; was aber gelang, haben wir erreicht.*« Eine Denkfigur, die hoffentlich nur unbewusst von der SED übernommen wurde: »*Alle Hemmnisse kommen vom Klassenfeind, alles Gelingen von der Partei.*« Solche Denkfehler nicht zu korrigieren, heißt MfS-Denken prolongieren.

»**Disziplinieren**« heißt, wer sich der von der Partei befohlenen Marschrichtung nicht willig einfügt, muss »auf Vordermann gebracht« werden.[358]
Das entspricht dem Gesellschaftsbild der SED: Seit Mitte der siebziger Jahre versuchte das MfS, eine innerkirchliche Disziplinierung durch »*IM in Spitzenpositionen*« zu erreichen.[359] In solchen Fällen trug der MfS-Mann oft die Maske des aufrichtigen Helfers, der sich um das eigentlich religiöse Wesen der Kirche sorge und sie gegen »unkirchliche« Themen, Musik, Verhaltensweisen, Haartracht[360] sichern wolle.[361] Freilich erbrachte die allzu durchsichtige Taktik kaum »disziplinierende« Erfolge.[362]

»**Diversion**« heißt, gezielt geistige Verwirrung stiften[363]
»Ideologische Diversion« oder »Politisch-ideologische Diversion« (PiD) wird von der SED bis 1990 dem ideologischen Gegner vorgeworfen.

Den Agentenwahn der Partei im Angstbild der drei immer wieder beschworenen »Schädlinge«: »Diversanten, Saboteure, Agenten« der fünfziger und sechziger Jahre karikierte das Volk mit dem Spottbegriff: »Diversabogenten«. Was in »PiD« harmlos als Kürzel daherkommt, gehört in Wahrheit zu den »Schlagworten« der DDR-Führung im gefährlichsten Sinne: Gedankengänge, Zeitanalysen, Begriffe, die von den Wächtern der reinen politischen Lehre mit diesem Etikett beklebt wurden, waren nicht mehr »gesellschaftsfähig« und ihre

---

[358] Verwandte Klänge zwischen der Sprache der SED und der NSDAP sind nicht zu überhören.

[359] S. Abschnitt 17.6.

[360] Z. B. »Langhaarige«, die dem Idealbild des sozialistischen Bürgers nicht entsprachen.

[361] Bei Lichte besehen, fiel alle kirchliche Arbeit unter dieses Verdikt, sofern sie Erfolg hatte.

[362] Im Gegenteil: Die FDJ schwenkte mit langen Haaren selbst im »Oktoberklub« auf die Mode ein. Vgl. auch Abschnitt 14: Das MfS als »Freund und Helfer« – zur Disziplinierung.

[363] Nach Jankowski: Tag, 130.

Verfechter, sofern sie sich im Herrschaftsraum des Sozialismus aufhielten, in akuter Gefahr »zerschlagen« oder »zersetzt« zu werden.

Fallbeispiel: Tagung der Ev. Akademie Thüringen in Hermsdorf 1971[364] *–*
  ideologische Koexistenz gefährdet den Sozialismus

Dr. Walter Saft, damals Pfarrer in Gotha, hatte im Rahmen der Evangelischen Akademie Thüringen auf einer Tagung im Mai 1971 in Hermsdorf, Kreis Stadtroda, über »empirische Theologie« und das Verhältnis von Glaube und Naturwissenschaft referiert. Darüber wird berichtet: In Anlehnung an Heinz Zahrnt habe er den Dialog zwischen Christen und Nichtchristen (auch Marxisten) gefordert und eine »ideologische Koexistenz« angestrebt.

Aufgrund eines IMV-Berichtes[365] von dieser Tagung wendet sich der Leiter der MfS-Kreisdienststelle Stadtroda über die Bezirksverwaltung in Gera an den »Rektor der Juristischen Hochschule Potsdam des MfS« mit der Bitte um ideologische Schützenhilfe.[366] Die Analyse durch einen »Gen. Dr. Klotz« wird prompt geliefert. Darin heißt es unter Abschnitt IV, »Einschätzung der Darlegungen«, Ziffer 3:

> »Mit seinen Darlegungen zur Thematik Prognose – Utopie – Planung hat ...... (Name geschwärzt) ... ganz eindeutig politisch-ideologische Diversion betrieben und die Zuhörer direkt im Sinne der antikommunistischen Futurologie beeinflußt.«

Die politisch-ideologische Diversion bestand nach »Gen. Klotz« darin, *»auf dem Umwege über die Wissenschaft der Kirche Gläubige zu erhalten und zuzuführen.«*[367]

Die Arbeit der Evangelischen Akademie stand immer dann im Mittelpunkt der MfS-Kritik, wenn sie gesellschaftliche Themen und Grenzfragen von Theologie und Naturwissenschaft behandelte. Als ideologisch besonders gefährlich galt ein »Dialog zwischen Christen und Marxisten«, wenn er von kirchlicher Seite gefordert wurde.

---

[364] Dokumentiert in: Bund der Stalinistisch Verfolgten e. V., Landesverband Thüringen (Hg.): Warum die Stasi ausgezeichnete Fachleute des ITK in Hermsdorf/Thür. zersetzen wollte, Gera 2000.

[365] IMV bis 1979 = IM mit vertraulichen Beziehungen zu einer bestimmten »bearbeiteten« Person.

[366] 24 nach eingestempelter BStU-Zählung.

[367] 18 der Analyse (BStU-Zählung 42).

Fallbeispiel: Lutherische Bekenntnisgemeinschaft greift den Marxismus an? – das MfS verhindert einen Dialog[368]

Für den 15.03.1986 hatte die Lutherische Bekenntnisgemeinschaft in Thüringen zu einer Tagung unter dem Thema eingeladen: »Der Marxismus-Leninismus eine Heilslehre?« Vorgesehen war dazu eine Disputation zwischen Dr. Ulrich Woronowiecz, Bad Wilsnack, (Pro) und dem marxistischen Philosophen Dr. Franklin Bormann (Contra) von der Universität Jena. Ihm wurde auf Veranlassung des MfS über den Rat des Bezirkes eine schon zugesagte Teilnahme verboten.

Als Hintergrund dieses Verbotes muss die Sorge des Staates vor der »Politisch-ideologischen Diversion« angenommen werden: Den Marxismus-Leninismus als Religion zu verdächtigen, hieß, ihn im Kern, in seiner »Wissenschaftlichkeit« anzugreifen. So erklärt sich auch die Intervention des Rates des Kreises Saalfeld:

> »Vor dem XI. Parteitag könne ein solches Gespräch nicht stattfinden und es sollte sich doch die Thür. Bekenntnisgemeinschaft vor dem Parteitag mit brennenderen Fragen ... beschäftigen ...«[369]

In Wahrheit fürchtete die Partei das unabhängig kritische Denken und die Infragestellung ihrer *»wissenschaftlichen«* ideologischen Grundlage.

»**Ehrlich**« heißt unehrlich – »unehrlich« heißt ehrlich
Das MfS verkehrt Begriffe in ihr Gegenteil.

»Ehrlich« wird der IM genannt, wenn er – wie ihm auferlegt – Leute aushorcht, ihre kritischen Meinungen zu Partei und Staat postwendend an die Staatssicherheit weiter berichtet – kurz: sich zu allen Menschen seiner Umgebung unehrlich und unaufrichtig verhält – außer gegenüber seinem MfS-Mann. »Unehrlich« umschreibt Versuche eines bedrängten Menschen, letzte Reste von Ehrlichkeit zu praktizieren: nicht alles zu sagen, was einer weiß, zu meldende Vorgänge nur lückenhaft mitzuteilen oder mit Rücksicht auf andere gar schönzureden oder zu unterschlagen, über ganze Bereiche zu schweigen.

Bei der Lektüre von »Einschätzungen«, in denen das Begriffspaar in seiner eben beschriebenen Perversion erscheint, empfindet der aufmerksame Leser, die »Gehirnwäsche« sei auf Seiten des Agenten bereits so weit wirksam, dass er »ehrlich« beleidigt ist, wenn er sich über »unehrliches« Verhalten des von

---

[368] BStU MfS BV Gera, A 1488/88, Bd. III, 171 f.
[369] A.a.O. 172.

ihm Geführten beklagt. Niemand kann auf Dauer gegen sich selbst denken. Niemand kann auf Dauer Begriffe ständig ins Gegenteil verkehren, ohne eines Tages nicht mehr zu wissen, dass er sie bereits pervertiert verwendet und denkt – wie vorgeschrieben.

»Eigenständigkeit« galt es als Unabhängigkeitsstreben zu verhindern
Der Begriff »eigenständig« gehörte zu den Reizworten für die Sicherheitsorgane der DDR und ihre politische Führung.

Gebärdeten sich Einzelne oder Gruppen oder Institutionen »eigenständig« in politischen Zusammenhängen außerhalb der SED-Generallinie, läuteten im MfS die Alarmglocken. Wer sich für alles und jedes im Lande zuständig fühlt und alles »im Griff« zu haben glaubt, muss Gefahr wittern, wenn nichtstaatliche Gruppen oder Organisationen Eigenständigkeit auf irgendeinem Felde beanspruchen. Das galt politisch vor allem von der Friedensarbeit. Eine »eigenständige« oder gar sich als »unabhängig« verstehende Friedensarbeit der Kirchen konnte ein Staat nicht zulassen, der als »erster Friedensstaat auf deutschem Boden« den Alleinvertretungsanspruch für alle »Friedenskräfte« auf dem Boden der DDR erhob, um seine sehr spezielle Vorstellung von einem »bewaffneten Frieden« durchzusetzen. »Eigenständige« Friedensbemühungen der Kirchen und ihrer Jugendlichen wurden deshalb als Spaltungsversuche des imperialistischen Gegners verdächtigt und kriminalisiert, wie im »Prolog« dieser Arbeit hinreichend dargestellt.

In »Hinweisen über Pläne, Absichten und Machenschaften gegnerischer und reaktionärer kirchlicher und anderer feindlich-negativer Kräfte in der DDR zur Organisierung von Aktivitäten gegen die sozialistische Staats- und Gesellschaftsordnung und zur Formierung einer sogenannten politischen Opposition in der DDR«[370] wird behauptet, dass hinter eigenständiger kirchlicher Friedensarbeit eine vom »Gegner« initiierte und gesteuerte Opposition steht:

»Feindliche Organisationen, Einrichtungen und Kräfte enwickeln im Zusammenwirken mit reaktionären kirchlichen und anderen feindlich-negativen Kräften im Innern der DDR seit längerer Zeit und mit zunehmender Intensität Aktivitäten, unter dem Deckmantel des Eintretens für Frieden und Abrüstung in der DDR eine sogenannte staatlich unabhängige pazifistische Friedensbewegung zu etablieren.

---

[370] BStU ZA, MfS – HA XX/4, Nr. 3474, 41 ff.

Der Gegner[371] sieht darin die gegenwärtig erfolgversprechendste Variante, um die politische und organisatorische Basis für das Wirken einer inneren Opposition und die Inspirierung und Organisierung politischer Untergrundtätigkeit zu schaffen.«[372]

»Einschalten« heißt Druck durch andere ausüben

Mechanistische Vorstellungen prägten die Sprache in der DDR.

Wer Welt und Geschichte als ein determiniertes Konstrukt von Regelmechanismen materiell-mechanisch ablaufender »Gesetzmäßigkeiten«[373] versteht, kann die Begriffe der Technik auf interpersonelle Beziehungen ohne Weiteres anwenden, auch wenn er damit dem komplexen Geschehen zwischen Menschen in keiner Weise gerecht wird. Eine solch technische Sprache bietet sich erst recht dort an, wo Funktionsträger sich an den »Schalthebeln« der Macht wähnen und die ihnen zugeordneten Dienststellen als »einzuschaltende« Transporteure der ihnen aufgetragenen Inhalte oder als »ausführende Organe« in der Gesellschaft ansehen.

Allerdings beschränkte sich der Gebrauch solch mechanistischer Begriffe im Sprachgebrauch des MfS nicht nur auf das parteilich-staatliche Regelsystem, sondern wurde auch auf den Umgang mit Kirchen und ihren Mitarbeitern angewandt. Um Widerständige zu disziplinieren, wurde versucht, Vorgesetzte »einzuschalten«. Das aber funktionierte nur selten, weil Kirche kein zentralistisch organisiertes System darstellt, in dem eine Order einfach von oben nach unten »durchgestellt« werden kann.

---

[371] Als Belege für diese Sicht der Bewegung werden Äußerungen des amerikanischen Außenministers Haig vom 17.02.1982, des SPD-Präsidiumsmitgliedes Erhard Eppler aus einem Interview vom 07.04.1982, Vertreter der Initiative für ein atomwaffenfreies Europa (Russel-Initiative«) von Anfang 1982 und »pseudolinke Organisationen in der BRD und Westberlin« mit ihren Ostermarsch-Vorbereitungen aufgeführt.

[372] BStU Zentralarchiv MfS – HA XX/4, Nr. 3474, 41 ff.

[373] So die marxistisch-leninistische Welt- und Geschichtsformel als die Geschichte der Prozesse innerhalb der Gesetzmäßigkeiten in Natur und Gesellschaft, die es nur noch zu erkennen und zu beherrschen gilt, um »Freiheit« zu erfahren: »Der dialektische und historische Materialismus versteht unter einem objektiven Gesetz einen notwendigen, allgemeinen und wesentlichen Zusammenhang zwischen Erscheinungen der Natur, der Gesellschaft oder des Denkens. Gesetze der Wissenschaft sind Widerspiegelungen objektiv wirkender Gesetze im Bewußtsein der Menschen.« (Klaus/Buhr: Philosophisches Wörterbuch, 221 f.)

Fallbeispiel: Ephorenkonvent Süd – Meiningen

In einem Maßnahmeplan wird vorgeschlagen, OKR[374] von Frommannshausen, Meiningen, bei der »Bearbeitung« und »Disziplinierung« eines Superintendenten seines Aufsichtsbezirkes »einzuschalten«,[375] eine Überlegung, die offenbar in völliger Unkenntnis der fehlenden Bereitschaft dieses Visitators angestellt wurde, sich »einschalten« und damit einspannen zu lassen, um die Arbeit des MfS zu tun. Sollte nach irgendeiner Statistik oder Kartei auch er zu den »IM« in »Spitzenpositionen« gezählt worden sein, reduziert sich die Zahl der angegebenen und angenommenen »inoffiziellen Mitarbeiter« um einen weiteren Namen. Denn dieser Visitator besprach im Konvent der ihm zugeordneten Superintendenten des Aufsichtsbezirkes Süd – Meiningen nicht nur die Tatsache, dass z. B. »*Herr König vom Rat des Bezirkes S., Abt. Inneres*«, sich bei ihm eingefunden habe, sondern auch in aller wünschenswerten Breite und Klarheit, was dieser im Gespräch von sich gegeben und als Erwartung ausgesprochen hatte.

»*Herr König*«,[376] Offizier des MfS, musste die Maske eines Mitarbeiters im Bezirk beibehalten, wenn er weitere Kontaktmöglichkeiten aufrechterhalten wollte. Seine »Arbeit« verlief unter den kirchlichen Mitarbeitern im Visitationsbezirk Süd unter OKR von Frommannshausen ohne jede »Konspiration«, weil sich die dortigen Superintendenten mit ihrem Visitator nicht auf »vertrauliche« Gespräche mit Staatsvertretern einließen – mit einer bitteren Ausnahme, auf die noch einmal eingegangen werden muss.[377]

Auf diese Weise waren die Superintendenten im Aufsichtsbezirk Süd von den Kontaktbemühungen des MfS ständig unterrichtet und wussten durch den Vergleich der Berichte während ihrer Ephorenkonvente[378], worauf sich das Interesse des »Herrn König« jeweils aktuell richtete. Trotz seiner »Legende«, er komme vom Rat des Bezirkes, waren sich alle im Aufsichtsbezirk Süd – Meiningen – darüber klar, dass es sich bei den Besuchen und »Gesprächen« des »Herrn König« um die eines mit dem Staatssicherheitsdienst in Verbindung stehenden Funktionär handelte. Alle Versuche, die Mitglieder des Ephoren-

---

[374] OKR = Kürzel für Oberkirchenrat, im Fallbeispiel der Visitator (geistliche Begleitung und Dienstaufsicht über Superintendenten, Pfarrer und Mitarbeiter eines der vier Aufsichtsbezirke in der Ev.-Luth. Kirche in Thüringen.

[375] BStU Archiv ASt Gera, MfS BV Gera, A 1488/88 Bd. I, 27 f.

[376] Nach Aktenlage war »*Herr König*« Führungsoffizier des MfS, der immer mit einem Unterton genannt wurde, als handle es sich um des Teufels Großmutter, freilich weniger geschickt als diese.

[377] Vgl. Abschnitt 16.1.

[378] Arbeitstagungen der Superintendenten eines Aufsichtsbezirkes, in diesem Falle Meiningen.

konventes womöglich zur Konspiration zu bewegen, scheiterten an der Offenheit des Visitators und seiner Superintendenten.

Mitarbeiter oder Pfarrer durch Vorgesetzte zu »disziplinieren« oder »maßregeln« zu wollen, entsprach aber der Vorstellung von »sozialistischer Demokratie«, speziell des »demokratischen Zentralismus«[379], worin eine »straffe Führung« seit Lenins Zeiten als Voraussetzung für den Erfolg parteilicher Abeit angesehen wurde.[380]

»Elemente« sind zu isolierende Kräfte mit niederen Motiven
Dies ist eine schon in der Sprache der Nazis vorkommende verächtliche und kriminalisierende Einstufung Andersdenkender sowie unangepasster Gruppen oder Einzelner.

Angeblich begegnen »Elemente« nur vereinzelt und sind deshalb zu eliminieren oder »zurückzudrängen«, im schlimmsten Falle zu liquidieren. Die Funktion dieser abfälligen Kennzeichnung eines politischen Gegners oder nicht genau definierter, aber als Feind angesehener Institutionen, Kräfte und Gruppen ist eindeutig: Setzt du Andersdenkende herab und moralisch ins Unrecht, machst du sie gegenüber Dritten verdächtig und erscheinst selbst als der Überlegene, dem vertraut werden kann! In kritischen Situationen wird der Begriff zum »Schlagwort« im Doppelsinne.

Fallbeispiel: Evangelische Studenten gelten 1953 als verbrecherische Elemente

Unter dem Begriff »Deckmantel« wurde bereits ein Flugblatt der FDJ Jena 1953 zitiert, das im Juni 1953, auf dem Höhepunkt der von Walter Ulbricht und Genossen angeordneten und von Erich Honecker geleiteten brutalen Angriffe auf die Jugendarbeit der evangelischen Kirchen in der Jungen Gemeinde, in den Studentengemeinden und in der Jungakademikerschaft erschien. Darin heißt es:

---

[379] »Der demokratische Zentralismus ist die Form, in der die objektiven Notwendigkeiten, die aus der Entwicklung der sozialistischen Gesellschaft entstehen, vermittels der Bewußtheit der Volksmassen durchgesetzt werden ... bedeutet Leitung der gesamtstaatlichen Angelegenheit von einem Zentrum aus und Unterordnung der örtlichen Organe unter das Zentrum bei Wählbarkeit aller Machtorgane und Rechenschaftspflicht vor dem Volk.« Klaus/Buhr: Philosophisches Wörterbuch, 617.

[380] *»Die wichtigste Schlußfolgerung, die Lenin aus den tiefgreifenden Veränderungen um die Jahrhundertwende zog, bestand darin, daß die neue Zeit wirklich revolutionäre, straff organisierte, disziplinierte und vom Opportunismus freie Parteien erforderte.«* Geschichte der SED (Abriß), Berlin 1978, 27. Sie wurde die »Partei neuen Typs« genannt.

»Seit längerer Zeit versuchen verbrecherische Elemente ihre Arbeit gegen den Friedenskampf … mit dem Mantel religiöser Tätigkeit in illegalen Organisationen, wie sie die
Evangelische Studentengemeinde und die Junge Gemeinde sind, zu tarnen …«

Der Begriff »verbrecherische Elemente« entspringt der menschenverachtenden
Sprache der stalinistischen Tscheka, der politischen Geheimpolizei, die »Liqui-
dierungsoperationen« auf Befehl Stalins auszuführen hatte. Allerdings pfiffen
im Jahre 1953 gerade die Genossen aus Moskau ihre übereifrigen Nachahmer
in der DDR wohl aus europapolitischen Gründen zurück. Die Bischöfe der
evangelischen Kirchen reisten zu Ministerpräsident Otto Grotewohl und erreichten das Kommunique vom 10.06.1953, das die Verfolgung der evangelischen Jugend zunächst beendete. Freilich konnte dieser Teilerfolg keinerlei
entspannende Wirkung auf alles das haben, was sich inzwischen in der ganzen Bevölkerung und seit der angedrohten Arbeitsnormerhöhung auch in der
Arbeiterschaft an Zorn gegen Partei und Regierung aufgestaut hatte.[381]

Der Begriff »*Elemente*« taucht 1989 in dem Augenblick wieder auf, da in der
DDR alles auf Messers Schneide steht. Denn wo und wann immer von »Elementen« gesprochen wird, ist Gefahr im Verzuge. Das muss als Signal zum
brutalen Eingreifen für staatliche Sicherheitskräfte oder »*revolutionäre Kräfte*«
verstanden werden, das der Kriminalisierung und Herabwürdigung des ideologischen Gegners unmittelbar folgen soll.

Fallbeispiel: »Leipziger Volkszeitung« vom 06.10.1989

Drei Tage vor der alles verändernden Demonstration der 70 000 von Leipzig bläst die »Leipziger Volkszeitung« am 06.10.1989 unter der Überschrift:
»Staatsfeindlichkeit nicht länger dulden« zum Angriff auf die Demonstranten.
3 000 Bewaffnete stehen für den Fall einer weiteren großen Demonstration
am 9. Oktober zu deren blutiger Niederschlagung bereit. Es geht natürlich
nicht gegen Leipziger Bürger, nicht einmal gegen Menschen, nein, nur gegen
»Elemente«:

---

[381] Die Rundbriefe von Landesbischof D. Mitzenheim Nr. 23 bis 28 vom März bis zum Juli
1953 (im Wortlaut abgedruckt bei Mitzenheim/Björkman: Lebensraum, 74–89), lassen Demagogie und skrupellosen Rechtsbruch der Partei- und Staatsführung gegen die schwächsten Glieder der Kirche, aber auch das entschlossene Eintreten des thüringischen Landesbischofs für die Jugend heute noch nachempfinden.

»Die Angehörigen der Kampfgruppenhundertschaft ›Hans Geiffert‹ verurteilen, was gewissenlose Elemente seit einiger Zeit in der Stadt Leipzig veranstalten ... Wir sind bereit und Willens[382], das von uns mit unserer Hände Arbeit Geschaffene wirksam zu schützen, um diese konterrevolutionären Aktionen endgültig und wirksam zu unterbinden. Wenn es sein muß, mit der Waffe in der Hand!

Wir sprechen diesen Elementen das Recht ab, für ihre Zwecke Lieder und Losungen der Arbeiterklasse zu nutzen ...

Kommandeur Günter Lutz im Auftrag der Kampfgruppenhundertschaft ›Hans Geiffert‹«.[383]

Aber 70 000 Demonstranten stellen keine Elemente dar, die man isolieren und *»liquidieren«* kann. Selbst für 3 000 *»erprobte Kämpfer«* demonstrierten einfach zu viele, so dass Leipzig das Blutbad vom »Platz des himmlischen Friedens« in Peking erspart blieb, über das sich Egon Krenz unmittelbar vorher an Ort und Stelle wohl nicht ohne Absicht hatte informieren lassen.

»Erniedrigung« soll den politischen Gegner schwächen
Wie im Prolog dieser Arbeit an der Auseinandersetzung zwischen Staatssekretär Gysi und der Konferenz der Ev. Kirchenleitungen bereits dargestellt,[384] spiegeln Vertreter des Staates Überlegenheit vor, um ihr Gegenüber zu erniedrigen und ihm ein Gefühl der Unterlegenheit zu vermitteln. Der Begriff »erniedrigen« wird vermieden, die Sache bewusst eingesetzt.

Die Überlegenheit der staatlichen Seite sollte den 25 Teilnehmern der KKL von vornherein durch eine über Gebühr lange Wartezeit demonstriert werden. Der zu spät kommende Staatssekretär überging sein Imponiergehabe ohne jede Entschuldigung. Im Ton der dann folgenden Strafrede und durch die wohlbedachte Sitzordnung wurde den »Gesprächspartnern« vermittelt: *Wir sind die Staatsmacht und ihr seid nur Bittsteller!* Ein einziges Fenster im sonst halbdunklen Raum im Rücken des Staatssekretärs ließ ihn nur als Silhouette erkennen, während seine Gesichtszüge im Verborgenen blieben.[385]

Gegenüber anderen fielen Akte der Erniedrigung freilich sehr viel härter aus: Schläge, stundenlanges Stehen in »Fliegerstellung« an Kellerwänden, zotige Bemerkungen gegenüber Frauen und Mädchen.

---

[382] Schreibweise im Original.
[383] Zitiert aus Jankowski: Tag, 22.
[384] Gespräch KKL mit Staatssekretär Gysi am 07.04.1981, s. o. im »Prolog«, 26 ff.
[385] Verf. war Augenzeuge.

Eine persönliche Erfahrung:
Als ich wegen Nichtanmeldung von Veranstaltungen zum Rat des Kreises bestellt worden war, um »*diszipliniert*« zu werden, wurde mein Begleiter, Pfarrer Hans-Georg Roth, Saalfeld, in der Tür mit Ellbogeneinsatz von Ratsmitgliedern abgedrängt. Gegenüber einem Halbkreis von sitzenden Funktionären wollte ich ebenfalls Platz nehmen. Da herrschte mich der Vorsitzende des Rates, Herr Triebel, an: »*Sie bleiben stehen!*« Ich teilte mit, Landesbischof Braecklein habe angewiesen, sich nicht mehr auf Gespräche ohne kirchliche Zeugen einzulassen, und verweigerte das Gespräch.

Resultat: Der Vorsitzende richtete eine Beschwerde an den Landeskirchenrat, ich lehne Gespräche ab. Der Landeskirchenrat solle meine Abberufung verfügen. Das lehnte Landesbischof Braecklein ab.

»Erpressen« war ein Grundprinzip der Arbeit des MfS
Zu den schwer verständlichen Irrtümern in der Beurteilung der MfS-»Arbeit« gehört die nach 1989 vielfach begegnende Unterschätzung der Erpressung. Vermutlich spielt dabei eine Rolle, dass das MfS den Begriff natürlich nicht als Charakterisierung der eigenen Arbeit benutzte.[386]

Vorab soll hier eine besondere Form der Erpressung von kirchlichen Mitarbeitern und Geistlichen in Erinnerung gerufen werden: die besonders unmenschliche Erpressung durch Ausbildungsblockaden für Kinder, wie sie unter dem NS-Regime als Sippenhaftung für Gegner des Systems und angeblich »*Fremdrassige*« angewandt wurde. War jemand so abgestempelt, hatte er keine Chance mehr in Hitlers Deutschland. Ähnlich erging es Kindern »*feindlichnegativer Elemente*« in der DDR, deren Eltern auf diese Weise unter einen besonders schmerzhaften Druck gesetzt werden sollten: ohnmächtig zusehen zu müssen, wie Kinder für die politische Haltung ihrer Eltern gedemütigt wurden. Einzige Alternative: unterwerfen und anpassen.

Fallbeispiel: Erpressungsversuch durch Druck auf Kinder

Nach der Einführung des Wehrunterrichtes 1978 und den vergeblichen Protesten der Kirchen unter dem Hinweis auf Gewissens- und Glaubensfreiheit nahm meine Tochter Christina wie schon ihr älterer Bruder Ekkehard am Wehrunterricht nicht teil.

---

[386] Wird in Abschnitt 13 ausführlich dargestellt.

Bei dem Versuch meiner Frau, der Tochter die Teilnahme an den Erste-Hilfe-Kursen zu ermöglichen, weil die Mutter ja Ärztin sei, schaltete sich das MfS *»inoffiziell«* ein. In vier Schritten sollte aus dem »Probebesuch« des Kindes in der Sanitäterausbildung eine doppelte Erpressung gemacht werden.

- Erster Schritt: Trotz verfassungsmäßig garantierter Gewissensachtung wird Christinas »Verweigerung« des Wehrunterrichtes als »unentschuldigt« eingetragen.
- Zweiter Schritt: Das MfS nimmt sich Direktor Plommer der »Wladimir-Komarow-Oberschule« vor, recherchiert und stellt fest, dass es um den Vorgang Wehrunterricht »unliebsame Auseinandersetzungen« unter den Berufskollegen des Vaters gegeben habe.
- Dritter Schritt: Abhörergebnisse werden geprüft, um herauszufinden, wer sich gegen die Teilnahme Christinas an der Sanitäterausbildung ausgesprochen hat. »Durch die Abt.26.A wurde bekannt ... daß Pfarrer Victor, Leutenberg, bei G. anfragte, ob es stimmt, daß die Tochter von G. zum Wehrunterricht geht.«
- Vierter Schritt: Ein »legendiertes Publizieren in der Presse hinsichtlich der Teilnahme der Tochter des G. am Wehrunterricht bzw. das Ableisten des Wehrdienstes durch einen Sohn konnte durch einen vorgesehenen IM/Journalist aus objektiven Gründen nicht realisiert werden. Mit dieser Maßnahme sollte G. in Widerspruch zu seiner eigentlichen Haltung gebracht werden.« Handschriftliche Randnotiz des Vorgesetzten: »Warum? Gibt es da überhaupt objektive Gründe?«

Christina nahm weiterhin nicht am Wehrunterricht teil und wurde nicht zur Erweiterten Oberschule (Abiturstufe) zugelassen.

»Erschöpfen« soll Ungebeugte gefügig machen

Gemäß einer »Konzeption zur Realisierung des Op.-Vorganges ›Ufer‹«[387] mit dem Ziel der Werbung oder Zersetzung wird als eine der insgesamt 25 vorgesehenen Maßnahmen systematischer Telefonterror geplant. Zu diesem Zwecke wird die Maßnahme 26 A angeordnet, die eine Telefonüberwachung rund um die Uhr vorsieht. Um die Zielperson und ihre Familie innerhalb kurzer Zeit zu erschöpfen, wird vorgesehen:

> »In dem ... genannten Zeitraum erfolgen konzentriert zur Tages- und Nachtzeit anonyme Telefonanrufe bei G. mit der Zielstellung, diesen zu verunsichern.
> V: Oltn.Türk.«[388]

---

[387] BStU MfS BV Gera, AOP 659/77, Bd. I, 59 ff. vom 13.01.1975.
[388] BStU MfS BV Gera, AOP 659/77, Bd. I, 64, im *»Maßnahmeplan zum OV ›Ufer‹, Reg.-Nr. X/183/70, vom 22.1.1975«* (Deckblatt, 63).

Im Klartext: Der Leiter einer Kreisdienststelle des MfS ist dafür verantwortlich, dass die ins Visier Genommenen einschließlich ihrer Familie rund um die Uhr telefonisch gefoltert werden, was allzu harmlos »*verunsichern*« heißt. Und das für Zeiträume, die sich über zehn Monate erstrecken:

> »Grundlage der zwei Etappen für die Zersetzungsmaßnahmen bilden die festgelegten Tagungen der Synoden der Thür. Landeskirche und des Bundes der Evangelischen Kirchen in der DDR.
> a) Beginn: Jan. 1975
>   Abschluß: Ende März 1975
>   (Frühjahrssynode der Thür. Landeskirche vom 9.–14.4.1975)
> b) Beginn: April 1975
>   Abschluß: Herbst 1975
>   (Tagung der Bundessynode)«

Um den Zermürbungsdruck ohne Pause aufrechtzuerhalten, werden IM zu belastenden »Hausbesuchen« animiert. Hier nur ein Beispiel von vielen:

> »Der IMV ›Baier‹ der KD Saalfeld suchte die Ehefrau des N. N. auf. Diese wirkte verstört und verzweifelt. Der IM wollte der Ehefrau des N. N. einen anonymen Brief übergeben. Diese nahm den Brief jedoch nicht an.«[389]

Der IMV »*Baier*«, Töpfermeister Kleinschmidt aus der Nachbarschaft der »*Zersetzungsobjekte*«, hat mit weiteren bedrängenden Vorstößen sein sozialistisches Soll übererfüllt. Auch IM-Ehepaare beteiligen sich an anonymen Anrufaktionen, bis die Angerufenen sie mit ihrem Klarnamen anreden und mit Anzeige drohen.[390] Ziel aller Aktionen war, einen Dauerdruck aufzubauen und durchzuhalten:

> »Die Mehrzahl der vorgeschlagenen Maßnahmen dürfen keine einmaligen Handlungen, sondern müssen vielmehr permanenter Bestandteil der operativen Arbeit der KD Saalfeld und der Abt. XX/4 der BV Gera sein.«[391]

»**Feindlich-negativ**« heißen Kritiker der DDR-Verhältnisse und ist Sammelbegriff für alle Personen und Gruppen, die sich nicht auf die Parteilinie der SED einschwören lassen[392]

---

[389] A. a. O., 99.

[390] So konnte die Ehefrau des Verf. »wohlmeinende« Anrufer schließlich abschrecken (1975).

[391] BStU MfS BV Gera, AOP 659/77, Bd. I, 110.

[392] Vgl. zum Begriff auch Ulrich von Saß und Harriet von Suchodoletz: »Feindlich-negativ«. Zur politisch-operativen Arbeit einer Stasi-Zentrale, Berlin 1990.

Hierunter fiel schon, wer dann und wann kritische Meinungen kundtat. Auch wer offen Missstände in der DDR benannte, um zu deren Überwindung beizutragen, musste damit rechnen, als »*feindlich-negativ*« eingestuft zu werden. Die Bezeichnung diente auch als Differenzierungsinstrument, innerhalb von Gruppen und Institutionen Freund und Feind zu unterscheiden und sie dann gegeneinander zu treiben. Immer aber handelte es sich um eine Klassifizierung, die niemand leicht wieder los wurde.[393] Sie verhinderte freilich auch, dass ernst gemeinte Kritik als Hilfe zur Besserung aufgefasst und womöglich sogar beachtet werden konnte.

Gegen Versuche der Evangelischen Kirchenleitungen, zur Überwindung von Missständen in der DDR durch Sach- und Fachgespräche mit Ministerien oder deren Beauftragten beizutragen, sperrten sich bis zuletzt zwei Ministerien: das Ministerium für Nationale Verteidigung und das Ministerium für Volksbildung. Öffentliche Kritik an Maßnahmen dieser Ministerien geriet sofort unter das Verdikt »*feindlich-negativ*«, wie und von wem auch immer sie vorgetragen wurde.

Das aber muss auch festgehalten werden: Die nur »formale«, also automatisch gehandhabte Qualifizierung als »feindlich-negativ« wird von Minister Mielke selbst kritisiert.

»Führen« heißt, Menschen wie Marionetten zu steuern

Zunächst bedeutet der Begriff, dass ein Mensch in der Kartei des MfS unter einer ihm selbst nicht bekannnten »Registriernummer« als »inoffizieller Mitarbeiter« erfasst und einem »Führungsoffizier« zugeordnet worden war. Der »*Führungsoffizier*« hatte die IM anzuleiten, zu überwachen und ihnen die Aufträge zu erteilen, die sie erfüllen sollten. In der Regel waren Werber und Führungsoffizier identisch – schon um keine Irritationen beim »Geworbenen« auszulösen. Je weniger Mitarbeiter des MfS ein IM kannte, umso leichter konnte die Konspiration eingehalten werden.

Im Begriff Führungsoffizier tritt deutlich hervor, dass »geführt werden« sehr viel mehr bedeuten sollte als nur in einer Kartei erfasst zu sein. So stellte sich das MfS den IM-Einsatz vor: Akteur blieb der »FO«[394], dem die IM untergeordnet wurden – ob sie es wussten oder nicht –, und zog die Fäden, an denen sie sich auftragsgemäß zu bewegen hatten.

---

[393] Der Verf. galt über 19 Jahre (1970–1989) als »sattsam bekannt« und »feindlich-negativ«.
[394] FO = Kürzel für Führungsoffizier.

Bis in die innere Motivation hinein sollte der IM gesteuert werden. Deshalb schärfen Dienstanweisungen wie auch die Ausbildungsrichtlinien die psychologische Einfühlung auf das zu steuernde Objekt Mensch ein. Es muss so aussehen, als ob der IM selbst wolle, was ihm aufgetragen wird.[395] Unwillkürlich drängt sich das Bild einer Marionette auf, die an Fäden gezogen herumhampelt, wie es der Puppenspieler will. Genau so war es gemeint.

Hermeneutisch bleibt wichtig für das Verstehen der FO-Texte: Das war das Wunschbild des MfS, nicht die Realität! Aber als Beleg für Erfüllung des Wunschbildes wurden die Texte gestaltet. Es finden sich ausgesprochene »Trittbrettfahrer«-Machwerke. Wenn z. B. MfS-Offiziere behaupten, erwünschte Kandidaten in ökumenische Gremien lanciert zu haben, dann ist das angesichts der Vorschlags-, Auswahl- und Delegierungsverfahren in ökumenischen Arbeitsgruppen, in KKL und gliedkirchlichen Gremien nichts als Hochstapelei, schlimmer: eine Zwecklüge mit bitteren Folgen. Denn dergleichen vergiftet über allzu blauäugige Leser und Nutzer der Akten noch heute die Atmosphäre.[396] Widerlegt wird es von Delegierungen »negativ-feindlicher« oder – im Sinne der SED – »nicht realistischer« Geistlicher und Gemeindeglieder. In jedem Falle ist genau zu prüfen, ob der als IM Registrierte wirklich wunschgemäß »hampelte«. Aber bis dahin dringen Analysten selten vor.

»Gespräche« sollen Informationen beschaffen und Einfluss nehmen
In der Sicht des MfS werden Gespräche immer mit verteilten Rollen geführt: Die Informationen hat der »Partner« zu liefern, die Beeinflussung erfolgt durch den MfS-Mann. Austausch ist zu vermeiden.

Nicht echter Meinungsstreit oder gegenseitige Information zur Bereicherung im partnerschaftlichen Umgang waren in »Gesprächen« mit staatlichen Stellen oder gar dem MfS gefragt, wie Naive meinen konnten. Gespräche mit staatlichen Partnern sollten die kirchliche Seite beeinflussen, sie steuern und alles herauslocken, woran die staatliche Seite bzw. MfS-Mann und seine Institution interessiert sein konnten. In diesem Sinne handelte es sich um »Informationsgespräche«, die vor allem der Information des MfS dienten, während

---

[395] Lehrmaterial der JHS Potsdam: Die psychischen Prozesse – ihre Wirkung und Nutzung in der politisch-operativen Arbeit, MfS JHS-Nr. 75/85/II, BStU ZA, JHS 24446.

[396] Wie 1992 ahnungslose Aktenleser die Erfolgsmeldungen des MfS z. B. über gesteuerte Synoden ungeprüft übernahmen und Wunschträume des MfS als historische Wirklichkeit verkauften, kann ehemaligen Synodalen nur ein Kopfschütteln abnötigen: Krone/Schult: »Seid untertan der Obrigkeit«. In mehr als 30 Jahren Synodalarbeit bin ich ein einziges Mal aufgefordert worden, »positiv« zu votieren: Durch Dr. Wilke, Mitarbeiter des Staatssekretärs für Kirchenfragen, während der Synode des Bundes September 1989 in Eisenach.

kirchliche Gesprächspartner möglichst wenig erfahren sollten, eher gezielten Fehlinformationen aufsaßen. Die staatliche Seite verstand sich als die informierende und lehnte deshalb die kirchliche Bezeichnung »Sachgespäche« bis zuletzt ab. Wer anders verfuhr, und das tat jeder kirchliche Gesprächspartner, der sich an die geltenden innerkirchliche Verabredungen über den Charakter von Gesprächen mit staatlichen Stellen hielt, wurde bezichtigt, »Gespräche« umfunktionieren zu wollen. Das allerdings war unsere Absicht, wann immer wir an solchen Gesprächen teilgenommen haben und uns vorher mit den Kollegen im gleichen Amt abgesprochen hatten.

Wird »in-form-ieren« als »in die gewünschte Form bringen« aufgefasst, dann trifft dies genau die Absicht der staatlichen »Gesprächspartner«: eine Gruppe, eine Sache, einen Prozess, eine Haltung in die gewünschte Form zu bringen. Dennoch gab es für die Sachwalter kirchlicher Interessen keinerlei Alternative zum »Gespräch«.[397]

Während das MfS von IM (und allen anderen »Gesprächspartnern«, z. B. »Kontaktpersonen«) erwartete, dass Kontakt, Gespräch und Gesprächsinhalt *»vertraulich«* blieben, wozu in der Regel irgendeine Bitte geäußert wurde, hielt der *»Führungsoffizier«* sich natürlich nicht an die Regeln vertraulicher Gespräche, sondern fertigte ausführliche Berichte an, die er nicht nur auf dem Dienstwege weitergab.

»Legendieren« heißt belügen und arglistig täuschen[398]
Mit Lügen – vornehm *»Legendierungen«* genannt – versuchte sich das MfS an seine Opfer anzupirschen. »Legende« oder »Lesart« kann das nur nennen, wer »Wahrheit« parteilich definiert: »Wahr ist, was der Partei nützt«. Lüge wird im MfS von oben ausdrücklich angeordnet:

> »Ziel der Anwendung operativer Legenden ist … das Eindringen in die Konspiration des Feindes, indem verdächtige Personen durch vorgegebene Motive, Begründungen, Erklärungen und Aussagen veranlaßt werden, Hinweis auf ihre feindlich-negativen Absichten … preiszugeben.«[399]

Für die »Zersetzung« ist Lüge die gebotene Arbeitsform, wenn

---

[397] Vgl. dazu Abschnitt 7.4.
[398] »Legendieren« als Teil der »Fangnetze des MfS« wird in Abschnitt 11.7 ausführlich behandelt.
[399] Gill/Schröter: MfS, 385 ff.

»… systematische Diskreditierung des öffentlichen Rufes, des Ansehens und des Prestiges auf der Grundlage miteinander verbundener wahrer, überprüfbarer und diskreditierender sowie unwahrer, glaubhafter, nicht widerlegbarer und damit ebenfalls diskreditierender Angaben …«[400]

erreicht werden soll.

Fallbeispiel: Erfolgslüge

Im Abschlussbericht zum OV »Stänker«, Reg.-Nr. X/776/78[401] vom 11.10. 1980 wird »weitere operative Kontrolle« der Vorgangsperson festgelegt, zur »weiteren Verunsicherung und Disziplinierung« werden »längerfristige Verhaltensrichtlinien« für die eingesetzten IM geplant und: »Die Möglichkeit der Disziplinierung durch die Fortführung des bestehenden Kontaktes des Referatsleiters« zur Zielperson »wird weiterhin planmäßig genutzt.«[402] Tatsächlich erschien besagter Referatsleiter, Artur Hermann, nach gescheitertem, weil noch am gleichen Tage dekonspirierten Werbungsversuch nie wieder.

Die in der Literatur ständig wiederholte Behauptung, die Struktur des MfS habe mit ihrer innerbetrieblichen Kontrolle fiktive Erfolgsmeldungen nicht zugelassen, muss nicht nur durch dieses Beispiel als widerlegt gelten.

MfS-Mitarbeiter verbreiten, um erfolgreich zu sein, gezielt auch Lügen über andere: In einem »Bericht« des IM »Vestis«[403] wird behauptet, mein Vater, Rudolf Große, sei ursprünglich Lehrer, in der NS-Zeit aber als hoher Offizier im Stab der Wehrmacht tätig gewesen und habe deshalb nach dem Krieg nicht wieder als Lehrer tätig sein können, sondern Pfarrer werden müssen. Diese »Recherche« gehört zum Projekt des MfS »Pfarrer und Offiziere«, mittels dessen die »dunkle Vergangenheit« von Pfarrern aufgespürt werden sollte, um die Funde dann »operativ« zur Anwerbung oder Kompromittierung zu nutzen.[404]

Zur Ehefrau Ursula des im Operativen Vorgang »Synodaler«[405] bearbeiteten Superintendenten G. werden von der KD Saalfeld verlangt: *Ermittlungen im Arbeitsbereich, Mißbrauch ihrer beruflichen Tätigkeit als Ärztin (Prüfung*

---

[400] A. a. O., 390 f.

[401] BStU ZA, MfS – HA XX/AKG, Nr. 6978, 20.

[402] BStU ZA, MfS – HA XX/AKG, Nr. 6978, 28.

[403] IM »Vestes« oder »Vestis«, Reg.-Nr. X 478/62, BStU ASt Gera, Nr. 253/71, 59 und 62.

[404] Ausgeführt in Abschnitt 1.3.8.

[405] OV »Synodaler«, Reg.-Nr. X/1311/82 ab 15.11.1982.

vorhandener Hinweise) Koordinierung Referat XX/1[406] *und KD Saalfeld«.* Wohl konnten der Betriebsärztin im VEB Carl Zeiss, Betrieb Saalfeld, regelmäßig unabhängige Entscheidungen bei Unterschriftenaktionen und Verweigerung politischer Akklamationen vorgeworfen werden, aber von einem *»Mißbrauch ihrer beruflichen Tätigkeit als Ärztin«* zu reden und dafür *»vorhandene Hinweise«* zu erfinden, erfüllt den Tatbestand gezielter Verleumdung.

»Operativ« heißt konkretes Handeln oder nur Handlungsbedarf: die Umsetzung eines Befehles innerhalb eines laufenden Vorganges, die Ausführung einer Richtlinie, also stets das, was unmittelbar zu geschehen hat oder auch zu geschehen hätte.
Deshalb wird der Leiter der für direktes Handeln zuständigen Gruppe, Abteilung oder Diensteinheit als *»Leiter Operativ«* bezeichnet.

Bei Lektüre einer größeren Anzahl von Erich Mielkes nachgelassenen Werken ist nicht zu übersehen, dass *»operativ«* häufig als Ersatz für zielgerichtetes Handeln herhalten muss und Leerräume verdeckt, in denen gar nicht »operiert« wird. In unterschiedlichen Wortverbindungen bezeichnet der Begriff das eigentliche geheimdienstliche Handeln des MfS:
– *»Operativpläne«* zum Beispiel entwerfen detaillierte Maßnahmenkataloge für
– *»Operative Vorgänge«* zur Anwerbung oder Zersetzung von Einzelnen oder Gruppen.

»Politisch-operatives Zusammenwirken«[407] meint die Einflussnahme des MfS auf andere staatliche Organe, Institutionen und Einrichtungen, im Sinne des MfS tätig zu werden und die Zusammenarbeit an Aufgaben, die das MfS stellt.
Die Nutzung der gegebenenfalls bei den Partnern des »Zusammenwirkens« vorliegenden Kenntnisse über Personen und Sachverhalte kann darin ebenso inbegriffen sein wie die Kontrolle und Überwachung dieser Partnerbereiche. Verantwortung und Federführung liegt beim MfS, hinsichtlich der Kirchen bei der Hauptabteilung XX/4, weil Kirchen *»staatspolitisch«* zu behandeln sind:

> »Entscheidungen zu kirchlichen Personen, Veranstaltungen, Konferenzen, Reisegenehmigungen usw. sind letztlich staatspolitische Entscheidungen ... Die Bezirksverwaltungen des MfS haben zu gewährleisten, daß wesentliche Entscheidungen, die die Kirchen und Religionsgemeinschaften betreffen, gemeinsam mit der Partei, dem Staatsapparat,

---

[406] Gesundheitswesen.
[407] Kürzel »POZW«.

der Volkspolizei und dem MfS abgestimmt und entschieden werden. Das operative Zusammenwirken aller beteiligten Diensteinheiten und ihr koordiniertes Vorgehen ist unter Federführung der Haupabteilung XX des MfS zu gewährleisten.[408]

Als »POZW«-Partner in der Bearbeitung der Kirchen steht die CDU an erster Stelle. Ihr bestätigt der als IM »Horst« registrierte Dr. Horst Dohle,[409] einen

> »beispielhaften Einsatz der Kräfte der CDU, der Nationalen Front, der CFK und progressiver innerkirchlicher Gruppierungen …, ohne deren tagtäglichen, mühevollen und engagierten Einsatz wäre jener kirchenpolitische Fortschritt nicht erreichbar gewesen, der sich am Ende des Untersuchungszeitraumes[410] eingestellt hat …«[411]

»**Realistisch**« sein heißt, die Aufassung von SED und Staat teilen

Dies betrifft Personen und Amtsträger, die nach Auffassung von Partei- und Staatsführung und des MfS die Sicht der Welt und der Geschichte teilen, wie sie der Marxismus-Leninismus vorschreibt und das ZK sie auslegt.

Im Klartext: Es wird erwartet, dass sie die unrealistische Wirklichkeitsinterpretation dieser Philosophie und ihre daraus abgeleiteten politischen Wunschvorstellungen übernehmen, die von den Ideologen als »Gesetzmäßigkeit« ausgegeben werden. Dieser Gebrauch des Realismus-Begriffes steht in auffallendem Widerspruch zur philosophischen Interpretation von »Realismus« durch einige marxistische Philosophen: »Idealistisch-neuscholastische Philosophie, die in ›Neuscholastik‹ und ›Neuthomismus‹ besonders durch die katholische Kirche als theoretische Waffe gegen den Materialismus der marxistisch-leninistischen Philosophie eingesetzt wird«.[412]

Dass die Blockpartei CDU-Ost mit ihrem Programm des »christlichen Realismus« einerseits dem philosophischen Verdikt der marxistischen Theoretiker als »*idealistisch*« verfällt, andererseits im praktisch politischen Leben zu den »*realistischen Kräften*« gerechnet wird, die als Sammelbegriff für staatsloyale Gruppen und Einzelne fungieren, weil sie eine den staatlichen Erwartungen entsprechende Haltung einnehmen, nötigt zu dem Schluss: »*Philosophisch*«

---

[408] BStU ZA, MfS – HA XX/4, 168, »Einschätzung der polit. operativ. Situation … auf dem Gebiet der Kirchen und Religionsgemeinschaften«.

[409] Promovent der Akademie der Gesellschaftswissenschaften beim ZK der SED, Institut für Geschichte der deutschen Arbeiterbewegung, und Büroleiter des Staatssekretärs für Kirchenfragen, Klaus Gysi.

[410] Untersuchungszeitraum 1968–1978.

[411] Dohle: Grundzüge, 9 f.

[412] Klaus/Buhr: Philosophisches Wörterbuch, 461 ff.

theoretische Grundsatzbegriffe und deren pragmatische Interpretation klaffen auseinander. Ihre Bedeutung ist von Fall zu Fall zu prüfen.

Wahrscheinlich kommen wir der pragmatischen MfS-Definition am nächsten, wenn wir unter sogenannten »*realistischen Kräften*« diejenigen Personen und Gruppen verstehen, die sich auf eine Diskussion der »*Machtfrage*«[413] nicht mehr einlassen, die SED als die »*führende Kraft der Arbeiterklasse*« nicht mehr in Frage stellen und deshalb keine Gundsatzdiskussionen mehr führen.[414]

»**Rechtswidrig**« heißt, eine Handlung als rechtswidrig einstufen, wenn mit Hilfe dieser Einstufung Disziplinierung oder Erpressung, Anwerbung oder Zersetzung missliebiger Personen möglich wird – unabhängig davon, ob sie tatsächlich gegen in der DDR geltende Gesetze verstößt.
Im Schulungsmaterial der Hochschule des MfS liest sich das so:

> »… Die Rechtsanwendung stets aus politischer Sicht vornehmen. (Die gesamte Breite des Rechts ausnutzen, auch unter Beachtung internationaler Wirkungen)
> In den Mittelpunkt der politisch-operativen Arbeit Zersetzungsmaßnahmen stellen.«[415]

»*Die Rechtsanwendung*« dient also nicht etwa der Wahrung des Rechtes, sondern der Zersetzung des zum »*feindlich-negativen Element*« erklärten Gegners. Dazu der aufgrund »*rechtswidrigen Verhaltens*« inhaftierte Pfarrer Martin Giersch:

> »Es ist völlig gleichgültig, ob jemand Gesetze der DDR einhält oder nicht, es kommt nur darauf an, ob er als störend angesehen wird oder nicht. Wer politisch als hinderlich erscheint, kann mit Hilfe der nahezu unbegrenzten Möglichkeiten des MfS in jedem Falle inhaftiert und rechtskräftig verurteilt werden.«

Solches Verfahren und die Einstufung einer Handlung als rechtswidrig erleichterten dehnbare Begriffe in den Gesetzestexten, z. B. die interpretationsbedürftige Formel von »*Vergehen gegen die sozialistische Gesetzlichkeit*«.[416] Selbst eine

---

[413] A. a. O., 318: Die herrschende Klasse »erhebt mit Hilfe des Staates ihre Ideologie zur herrschenden in der Gesellschaft und errichtet damit auch ihre geistige Macht, die von der ideologischen Beeinflussung der Werktätigen bis zum geistigen Terror und dem Gewissenszwang geht.«

[414] Kritische Anfragen an die Partei und ihre Politik wurden immer barsch zurückgewiesen: *»Über die Machtfrage lassen wir nicht mit uns diskutieren.«*

[415] BStU MfS Archiv ASt Erfurt: KD Erfurt Nr. 641, MfS JHS Nr. 90/84, 12.

[416] Das gilt z. B. nach dem StGB vom 12.01.1968 für die §§ 106, Abs. 1, Ziffern 1–3: »Staatsfeindliche Hetze«, und 107, Abs. 1 und 2: »Staatsfeindliche Gruppenbildung«, § 218: »Ver-

auf staatliche Veranlassung verfasste Zusammenstellung durch Zeugen beleg-
ter Übergriffe staatlicher Stellen gegen Glieder der Kirche konnte als »Staatsverleumdung« angesehen und die Anwendung der entsprechenden Paragraphen des Strafgesetzbuches erwogen werden.[417]

»**Überzeugung**« meint immer »nach Überzeugung des MfS«, nicht des »Überzeugten«[418]
Die Behauptung, ein zu Werbender habe sich *»aus Überzeugung«* zur Zusammenarbeit mit dem MfS bereit erklärt, lässt sich in einer solchen Zahl von
Einzelfällen als plumpe Täuschung des Werbers erweisen (vgl. Abschnitt 16.2),
dass gerade daran nachgewiesen werden kann, mit welcher »besonderen Hermeneutik« die MfS-Texte zu analysieren sind: In der MfS-Tarnsprache begegnen Wendungen, die bewusst mehr verdunkeln, als sie erhellen. Das gilt auch
für die Behauptung, ein Bearbeiteter oder Ausgenutzter stelle sich mit Informationen »aus Überzeugung« zur Verfügung. Oft führte das zu Fehlschlüssen,
weil angenommen wurde, es habe sich in jedem Falle solcher Etikettierung um
einen Überzeugungstäter gehandelt.[419]
Nach mehr als einem Jahrzehnt Aktenlektüre bei persönlicher Kenntnis
vieler dort »Bearbeiteter« und ihrer Schicksale ist mein Eindruck ein anderer:
Wenn kein triftiger Grund für die angebliche Bereitschaft zur »Kooperation«
zu finden war, weil z. B. der »Geworbene« brutal erpresst wurde und es ihm
nur noch darum gehen konnte, seine Haut zu retten, was natürlich nicht pro-

---

einsbildung zur Verfolgung gesetzwidriger Ziele« und § 220, Abs. 1 und 2: »Staatsverleumdung«. Mit der 3. Strafrechtsänderung vom 28.06.1979 wurden die Bestimmungen verschärft und ergänzt um weitere diffuse Gummiparagraphen: »Beeinträchtigung staatlicher
und gesellschaftlicher Tätigkeit (§ 214, Abs. 1), »Rowdytum« (§ 215, Abs. 1), »Zusammen-
rottung« (§ 217, Abs. 1), »Zusammenschluß zur Verfolgung gesetzwidriger Ziele« (§ 218,
Abs. 1), »Ungesetzliche Verbindungsaufnahme« (§ 219, Abs. 2, Ziffer 1 und 2), »Öffentliche Herabwürdigung« (§ 220, Abs. 1–2), Unterlassung der Anzeige (§ 225).

[417] § 106 StGB: Staatsfeindliche Hetze; 220 StGB: (bis 1977) Staatsverleumdung, (nach 1977)
Öffentl. Herabwürdigung. Gegen diese Ausweitungen und Verschärfungen hat die KKL in
einem Sachgespräch am 06.12.1979 Beauftragten des Ministeriums für Justiz ernste Bedenken vorgetragen und dringlich gebeten, statt Strafen zu verschärfen, vielmehr den Ursachen
für die Zunahme von Straftaten nachzugehen und durch deren Beseitigung einen Rückgang
der Gesetzesverletzungen zu erreichen (Schnellinformation des Sekretariates des Bundes,
internes Protokoll: EZA 2746, Bd. 1, 1979, und Eigenprotokoll des Verf.).

[418] S. dazu auch Abschnitt 17.

[419] Ehrhart Neubert irrt, wo er das Etikett »aus Überzeugung« 1:1 in die Normalbedeutung
überträgt und daraus auf innere Zustimmung »Geworbener« schließt (in: Ders.: Vergebung,
94 ff.).

tokolliert wurde, dann schrieb der Werber flugs *»aus Überzeugung«*. Damit war der Werbungserfolg belegt.

Selbst wer gar keine Bereitschaft zur Mitarbeit mit dem MfS zeigte, vielmehr hinters Licht geführt wurde, kann unter die »Legende« von der *»Mitarbeit aus Überzeugung«* subsummiert werden. Geschah das, um einen noch wackligen oder gar ahnungslosen »Kandidaten« nicht wieder zu verlieren, muss heute aus anderen Quellen erschlossen werden, ob überhaupt Zuarbeit für das MfS geleistet wurde und ggf. aus welchen Gründen.[420] Keinesfalls sind aus der Behauptung allein, jemand arbeite *»aus Überzeugung mit«*, Rückschlüsse auf Zuarbeit für das MfS möglich.

»**Unehrlich**« heißt, dem MfS erwünschte Informationen nicht zu liefern, meint also das Gegenteil von dem, was im Wörterbuch steht[421]
Daraus ergibt sich ein hermeneutisches Problem für weitere Forschungen: Haben die Funktionäre und MfS-Spießgesellen eigentlich diese völlige Verdrehung der Begriffe selber verinnerlicht? Oder leisteten sie sich nicht nur eine doppelte, sondern eine drei- und mehrfache Buchführung in ihrer verpressten Denkweise? Empfanden sie einen IM, der sie belog, wie er belogen worden war, wirklich als »unehrlich«? Das wird kaum beweisbar sein. Vermutlich mussten sie, um überhaupt vor sich und ihrem Gewissen bestehen zu können, die Ideologie der Innenwelt aller roten Diktatoren zu ihrer eigenen machen, falls sie ihr Gewissen nicht irgendwann als »inneren Schweinehund«[422] liquidierten und durch die Stimme der *»immer rechthabenden Partei«* ersetzten.[423]

Immerhin störte ein nicht total »zuverlässig« arbeitender IM die Karrierebemühungen seines Führungsoffiziers, erlaubte sich ein eigenes Innenleben und maßte sich ein »Doppeldenken« an, leistete sich also eine Maske, wie sie sein Stasigegenüber für sich selbst ohne Skrupel benutzte. Grund genug für den aus Beruf und Überzeugung »ehrlich« lügenden Stasifunktionär, einen solch unsicheren »Partner« auch emotional »ehrlich« der »Unehrlichkeit« zu bezichtigen.

---

[420] Vgl. dazu den Bericht von einer missglückten Werbung unter Abschnitt 6.3.

[421] Vgl. dazu oben zum Begriffspaar »ehrlich – unehrlich«, 166 f.

[422] Als »innerer Schweinehund« sollte in meiner Schulzeit zwischen 1939 und 1951 alles abgetötet werden, das sich nicht zur verlangten Haltung und erwarteten Sprache bequemen wollte: Gewissen, Anstand, Ehrgefühl, Verantwortung, Mitleid usw. Das blieb auch nach 1945 so – mit den hoch zu rühmenden Ausnahmen der in drei politischen Systemen menschlich gebliebenen Lehrer.

[423] Entsprechend dem Bekenntnis Adolf Eichmanns im Prozess: »Mein Gewissen war Adolf Hitler.«

Was für ein krauses Durcheinander der Selbst- und Fremdverständnisse! Es dürfte eine schwierige, aber lohnende Aufgabe sein, solche Doppel- und Dreifachmaskeraden in ihren Wirkungen für eine einzelne Persönlichkeit zu untersuchen: Was konnte in so verbogenem Denken eigentlich noch als Entscheidungskern und Mitte des »Selbst« wirken? Wer bin ich – eigentlich? So überhaupt nur zu fragen, hieß doch, sich von der »gesellschaftlich« zugewiesenen Rolle zumindest prüfend zu distanzieren, und konnte lebensgefährliche Folgen auslösen.

Verblüffenderweise schwenkten die »Schichtexistenzen« mit Doppel- und Dreifachbindung ohne Schwierigkeiten nach 1989 auf »demokratisches Denken« um, wobei sie meist »demokratisch« mit »marktwirtschaftlich« verwechselten.[424] Die Wende vieler alter Führungskader bestand darin, dass sie ihre alten Feindbilder nun in der Ideologie der »Marktwirtschaft« einfach weiter pflegten, ohne jemals eines von ihnen aufzugeben.

Hier wäre weiterzudenken, wie der alte Sauerteig verdorbenen Denkens in der Nachwendegesellschaft giftige Blasen treibt. Soweit ich sehen kann, gehen Ehemalige wieder recht offen mit der alten Sprache zerfallener Macht um, als wären es nicht Scheine einer verfallenen Währung.

Fallbeispiel: Innenansichten[425] *des Stasi-Offiziers Klaus Roßberg*

Aufschlüsse über eine »Wende ohne Wandel« kann die Selbsteinschätzung von Klaus Roßberg, alias »Roßbach« geben, eines Top-Agenten der Stasi, für seine besondere Art »innerkirchlicher Arbeit«, der im Untersuchungsausschuss 1/3 des Brandenburger Landtages zu Dr. Manfred Stolpe auszusagen hatte. In seinen Erinnerungen[426] beschwert sich Roßberg, dass die Linie seiner »*Grundsatzerklärung*« vor dem Ausschuss von den ehemaligen »*Gesprächspartnern*« aus dem kirchlichen Raum nicht voll übernommen wurde:

> »Keiner meiner zahlreichen hochrangigen Gesprächspartner hat jemals gegen die Kirche gearbeitet oder Personen geschadet.« Roßberg wörtlich: »Zugeständnisse wurden ge-

---

[424] Ein Funktionär der SED und Kontrahent aus vielen Jahren pries mir bei der ersten Begegnung nach 1989 als Symbol der neuen Zeit Kosmetikartikel an, die sein Sohn für eine bayerische Firma vertrieb.

[425] Am 29.08.1993 legte der parlamentarische Untersuchungsausschuss des Brandenburger Landtages seinen Abschlussbericht vor, mit dem Stolpe – trotz eines Gegengutachtens – vom Vorwurf der Zuarbeit für das MfS freigesprochen wurde.

[426] Roßberg/Richter: Kreuz, bes. 8 f.

185

genseitig gemacht – im Interesse der Lösung eines Problems. Und diese Lösungen sind dann in der Regel von beiden gebilligt worden.«

Sein Unverständnis dafür, dass die Gewährsleute Stolpes und dieser selbst seine Argumentation nicht übernehmen, wirkt fast echt, wenn er fortfährt:

> »Daß Stolpes Widersacher gegen eine solche Einschätzung Sturm liefen, konnte ich nachvollziehen. Nie verstanden habe ich aber, daß Stolpes Parteigänger und auch er selbst diese Tatsachen nicht so selbstverständlich und souverän genommen haben, wie sie nun einmal waren.«

Selbstverständlich? Souverän? Waren die Tatsachen *»nun einmal so«*? Zeitzeugen muss sehr verblüffen, wie Roßberg selbst die Aufgabe seiner Abteilung HA XX/4 versteht oder zumindest nach 1989 öffentlich interpretiert: Er sieht sich als Mitarbeiter der HA XX/4, »... dieser für die Aufklärung, Bearbeitung und Sicherung der Kirchen und Religionsgemeinschaften zuständigen Diensteinheit.«

»Sicherung der Kirchen«? Hat Major Roßberg seine Arbeit wirklich so gesehen? Hatte er nicht die SED vor den Kirchen und Religionsgemeinschaften zu schützen? Wogegen wären die Kirchen ausgerechnet durch das MfS zu »sichern« gewesen? Die Akten antworten schlicht: gegen Missbrauch. Missbrauch durch wen? Mit dieser Frage geraten wir in eine Ausstellung von Feindbildern des Kalten Krieges:

> »Die politisch-operativen Erkenntnisse belegen, daß der Gegner mit seinen Plänen und Absichten zur Inspirierung und Organisierung politischer Untergrundtätigkeit sowie der Schaffung einer ›inneren Opposition‹ in der DDR, insbesondere in Form einer sogenannten ›staatsunabhängigen Friedensbewegung‹ versucht, die Handlungsmöglichkeiten der Kirchen in der DDR zu mißbrauchen.«[427]

Das MfS missbrauchte die Kirchen nicht? Wird nicht in den eben zitierten *»Seminarhinweisen der Hochschule des MfS«* als *»Ziel des Seminars«* auch gefordert:

> »Es ist Aufgabe des MfS mit seinen spezifischen Mitteln und Methoden, den Differenzierungsprozeß in den Kirchen in der DDR zu fördern, was die Unterstützung progressiver und loyaler kirchlicher Kreise, die Isolierung und Zersetzung feindlich-negativer Kräfte und Gruppierungen sowie die Verlagerung aller Auseinandersetzungen in die Kirchen erfordert«?[428]

---

[427] BStU ASt Erfurt, KD Erfurt 641, Seminarhinweise, Zentrale politisch-operative Fachschulung der Juristischen Hochschule des MfS Nr. 90/84, 5.

[428] Ebd., zweiter Anstrich.

– Differenzieren, d. h. die Kirchen spalten,
– als *»progressiv«* Eingestufte gegen die als »feindlich-negativ« Deklarierten hetzen
– und *»alle Auseinandersetzungen in die Kirchen verlagern«* – ist das kein Missbrauch?

»Ungeziefer« – Tarnbezeichnung einer »Säuberung« an der Grenze
Im Mai und Juni 1952 wurden zur Säuberung des Grenzstreifens von *»feindlichen, verdächtigen und kriminellen Elementen«*[429] mehr als 11 000 DDR-Bürger aus dem Grenzgebiet[430] zur Bundesrepublik ins Binnenland der DDR zwangsdeportiert. Diese Aussiedlungsaktion trug intern die Bezeichnung *»Aktion Ungeziefer«*. Trotz der Gegenwehr z. T. ganzer Dörfer und trotz scharfen Protestes seitens der Kirchen und insbesondere von Landesbischof Moritz Mitzenheim, der in das thüringische Grenzgebiet fuhr und sich den mit der Räumung Beauftragten entgegenstellte,[431] wurden auch in Thüringen, das eine sehr lange Grenze zu Westdeutschland hat, vor allem kirchentreue und als nicht staatskonform geltende Einwohner innerhalb weniger Stunden nach der Benachrichtigung abtransportiert. Augenzeugen berichten von Beschimpfungen durch die Räumkommandos und das Gefängnispersonal gegenüber den Ausgewiesenen und Inhaftierten: *»Lumpen, Verbrecher ...«* oder auch *»CDU-Schwein«*. Das lässt darauf schließen, dass zumindest Teile der eingesetzten Polizei- und Sicherheitsgruppen die Aktion emotional akzeptierten und die Auszuweisenden als gesellschaftliches *»Ungeziefer«* ansahen.

Die zweite große Aussiedlungswelle (nach dem Mauerbau vom 13. August 1961 in Berlin) hieß nur scheinbar weniger aggressiv und verächtlich *»Kornblume«* und *»Festigung«*. Aber auch die Kornblume ist für den Kornbauern ein Unkraut. Die Nähe zum Begriff *»Ungeziefer«* ist offensichtlich gewollt. Auch diese Tarnbezeichnung für eine unmenschliche Aktion legt die Menschenverachtung ihrer Urheber offen.

---

[429] Inge Bennewitz/Rainer Potratz: Zwangsaussiedlungen an der innerdeutschen Grenze. Analysen und Dokumente, Berlin 1994, 226.

[430] Die sogenannte »Sperrzone« entlang der »Staatsgrenze West« war als ein durchgängiger Streifen von ungefähr 5 km Tiefe und mehr nur mit besonderem Passierschein betretbar. Einwohner trugen einen regelmäßig zu erneuernden Stempel im Personalausweis.

[431] Von Augenzeugen aus Mendhausen am 04.03.2004 in Römhild bei Hildburghausen berichtet.

»Verfolgen« soll Einzelne verunsichern und einschüchtern

Der »*Machtmittel*«[432] im Gruselkabinett des MfS sind viele. In dieser Beispiel-auswahl sind einige aufgelistet, deren schriftlicher Niederschlag dem Verfasser zugänglich war, die aber für unzählige vergleichbare stehen. Zu ihnen gehört auch die Methode »Verfolgungsfahrten«.

Landesbischof em. Dr. Leich beschreibt in seinen Lebenserinnerungen, wie auf der Autobahn ein Lastwagen mit westlichem Kennzeichen[433] fünf Mal versucht, ihn von der Fahrbahn zu drängen.[434]

Unter dem anspruchsvollen Briefkopf:

»Ministerrat der Deutschen Demokratischen Republik   Geheim!
Ministerium für Staatssicherheit
Hauptabteilung VIII/5
Bezirksverwaltung Gera«

usw. findet sich ein »*Beobachtungsbericht*«[435], der in Wahrheit eine Verfolgungsfahrt des MfS wiedergibt, die dem Bedrängten keineswegs so harmlos erschien, wie der Bericht glauben machen will. Während eines Superintendentenkonventes in Friedrichroda, Haus Reinhardsberg, sollte ein zufällig freier Abend für ein Werbungsgespräch mit einem Mitarbeiterehepaar in Tambach-Dietharz genutzt werden, das die Stelle wechseln wollte und in Saalfeld dringend gebraucht wurde. Gleichzeitig mit meinem Dienstwagen setzt sich ein zweites Fahrzeug in Bewegung, das zunächst nicht auffällt. Nach Passieren der dritten Kreuzung bleibt der unbekannte PKW zum dritten Male hinter mir. Aufmerksam geworden wechsle ich nochmals die Richtung, beschleunige und sehe den Verfolger prompt hinter mir auftauchen. Wer könnte das sein und welche Absicht mögen die Insassen verfolgen?

In Erinnerung an Berichte von Synodalen, die verfolgt wurden, um »verunsichert« zu werden, und die dann auch von SSD-Mitarbeitern auf offener Straße gestoppt und bedroht wurden,[436] war zu klären, ob es sich auch hier um ein MfS-Fahrzeug handle. In rascher Fahrt mehrere Querstraßen benutzend, um so schnell als möglich die Rückfahrt antreten zu können, während der Wagen in wechselnden Abständen folgt, gerate ich in fremder Ortschaft

---

[432] Zitat Roßberg/Richter: Kreuz, 17.

[433] Eine Tarnung, die Fahrzeuge des MfS zur Irreführung von Beobachtern aus dem reichhaltigen Vorrat ihrer »Reservekennzeichen« häufig benutzten.

[434] Werner Leich: Du aber bleibst – im Wechsel der Horizonte. Lebenserinnerungen, 149 f.

[435] BStU MfS BV Gera, AOP 659/77, Bd. I, 219 ff.

[436] Z. B. die Straßenmeisterin und spätere Synodalpräsidentin Christina Schultheiß, Quirla bei Stadtroda, im Ruhestand in Pillingsdorf/Thüringen.

in eine Sackgasse. Was nun? Wenden. Licht aus. Abwarten. Schon tauchen die Scheinwerfer des »Nachfolgers« von der Hauptstraße her auf, nähern sich langsam und erlöschen, als das Fahrzeug in geringer Entfernung hält. Um mit den Verfolgern keine nähere Bekanntschaft machen zu müssen, bleibt mir nur übrig, die Flucht nach vorn anzutreten: ohne Licht starten und so schnell wie möglich an dem PKW vorbei zur Hauptstraße und zurück zum Tagungsheim. Das gelingt – wohl wegen des Überraschungseffekts.

Mehr als 20 Jahre später findet sich ein »Beobachtungsbericht« aus der Sicht der abendlichen – tatsächlich zum MfS gehörenden Begleiter. Sehr kurz und scheinbar völlig harmlos notieren sie:

»5. November 1974[437]
19.11 Uhr wurde N. N. beim Verlassen des Wohnheims[438] aufgenommen. Er fuhr mit seinem PKW ohne Aufenthalt nach Tabarz. Zu dieser Zeit befand er sich noch auf der Hauptstraße nach Eisenach. In Tabarz verließ er die Hauptstraße und befuhr eine gesperrte Nebenstraße. Kurz hinter der Straßeneinmündung wendete er, fuhr zurück auf die Hauptstraße und von hier aus weiter in Richtung Waltershausen.

In Waltershausen verließ er wiederum die Hauptstraße und fuhr auf einer unbefestigten Straße weiter in Richtung Langenhahn. Am Ortsende hielt er, wendete und fuhr zurück in Richtung Friedrichroda.

Auf der ganzen Fahrt fuhr er mit überhöhter Geschwindigkeit. Die gesamte Fahrweise und das Verhalten von ›Synodaler‹ auf dieser Fahrt wurde von den Beobachtern als Kontrollmethoden eingeschätzt.

Aus diesem Grunde wurde
19.40 Uhr die Beobachtung wegen Gefahr der Dekonspiration abgebrochen.

Leiter der Abteilung
gez. Dix
Major«

Den eigentlichen Zweck der Aktion wird wohl – außer den Verfolgern – niemand mehr erfahren, am wenigsten der Verfolgte selbst. Der erzählte seinem Zimmernachbarn von dem »Räuber-und-Gendarm-Zirkus«, worauf dieser lachte: »Das kenne ich!« und eine ziemlich ähnliche Story zum Besten gab.

»Verleumden« soll Menschen Ruf, Würde und Wirkung nehmen
Anonyme Briefaktionen gehörten zu den Techniken des in seinen eigenen Augen so ehrenwerten MfS. Sie wurden ohne jede Achtung vor Mitbetroffenen als Mittel zur Zerstörung von widerständigen Kräften, deren Ehepartnern und

---

[437] BStU ASt Gera, MfS BV Gera, AOP 659/77, Bd. I, 220.
[438] Gemeint ist die Tagungsstätte »Haus Reinhardsberg« in Friedrichroda.

Familien eingesetzt. Und dafür waren dem MfS alle Mittel recht – auch »unwahre«. Mielkes »Richtlinie Nr. 1/76 zur Entwicklung und Bearbeitung Operativer Vorgänge (OV)«[439] empfiehlt:

> »als bewährte anzuwendende Formen der Zersetzung:
> – systematische Diskreditierung des öffentlichen Rufes, des Ansehens und des Prestiges auf der Grundlage miteinander verbundener wahrer, überprüfbarer und diskreditierender sowie unwahrer, glaubhafter, nicht widerlegbarer und damit ebenfalls diskreditierender Angaben; ...
> – Erzeugen von Mißtrauen und gegenseitigen Verdächtigungen innerhalb von Gruppen, Gruppierungen und Organisationen; ...
> Bewährte Mittel und Methoden der Zersetzung sind ...
> – Die Verwendung anonymer oder pseudonymer Briefe, Telegramme, Telefonanrufe usw.; kompromittierende Fotos von stattgefundenen oder vorgetäuschten Begegnungen;
> – Die gezielte Verbreitung von Gerüchten über bestimmte Personen einer Gruppe, Gruppierung oder Organisation; ... usw.

Ein einschlägiger »Maßnahmeplan«[440] sieht »folgende Detailmaßnahmen« vor:

> »1. Einleitung der Verunsicherungs- und Zersetzungsmaßnahmen durch Mitarbeiter des MfS
>
> Ziel: – Schaffung der Voraussetzungen für eine öffentliche Kompromittierung des N.N. in kirchlichen Kreisen,
> – Schaffung von Voraussetzungen für einen zielgerichteten IM-Einsatz zum Zwecke der Streuung und späteren Realisierung der Zielstellung (Sanktion des Landeskirchenrates gegenüber N.N.)
> – Gewährleistung der Konspiration, damit das MfS nicht als Urheber in Erscheinung tritt.
>
> 1.1 Erarbeitung von kompromittierenden Texten für mehrere Etappen der Realisierung des OV
> T: 22.1.1975
> V.: Oltn. Hermann/Oltn. Türk
>
> 1.2 Erarbeitung von Aufträgen für die zum Einsatz kommenden IM aller beteiligten Diensteinheiten
> T: 22.1.1975
> V: Oltn. Hermann/Oltn. Türk
>
> 1.3 Streuung der verfaßten Texte an den festgelegten Personenkreis (s. Anlage)
> T: Beginn der etappenweisen Streuung: 27.1.1975
> V: Oltn. Hermann/Oltn. Türk
> 1.3.1 1. Phase

---

[439] GVS MfS 008-100/76, zitiert bei Gill/Schröter: MfS, 346 ff.

[440] A.a.O., 63 ff., Kreisdienststelle des MfS Saalfeld im Operativen Vorgang »Ufer« vom 22.01. 1975.

Versenden der Texte 1 und 2 unter Aufgabeort Eisenach
T: 27.1.1975
V: Oltn.Hermann/Oltn.Türk
1.3.2 2. Phase
Versenden des Textes 3 unter Aufgabeort Eisenach, Zella-Mehlis und Jena
Hierbei muß der Eindruck entstehen, daß Empfänger des Textes 3 diesen
spontan vervielfältigen und weiterstreuen.
T: ab 10.2.1975
V: Oltn.Hermann/Oltn.Türk
1.3.3 Versenden der Texte 4 und 5 sowie abgeschriebener Text von 1–3 unter
Aufgabeort Saalfeld, Rudolstadt, Jena und Gräfenthal.
Beginn: 28.2.1975
V: Oltn.Hermann/Oltn.Türk
1.3.4 Bei der Vorbereitung der Synodaltagungen in Eisenach (Thüringer Synode und
Bundessynode) werden je nach erreichtem operativen Stand weitere Texte in
Umlauf gesetzt.
T: Ende März 1975
Ende August 1975
V: Oltn.Hermann«

Die »*Detailmaßnahmen*« dieses einen Planes füllen insgesamt vier DIN A 4-Sei-
ten. Und wie »*schafft*« man die »*Voraussetzungen für eine öffentliche Kompromittierung*«? Die Frage wird von einer Quittung über den Kauf eines Mantels im
VEB »Modelinie« Leipzig und eines Tuches im Werte von insgesamt 296,25 M
beantwortet, die zur »*Rekonstruktion von Aufnahmen zum OV ›Ufer‹, Reg.-
Nr. X/183/71 benötigt*« wurden. Die Quittung trägt die Unterschrift von RL
XX/4 Hermann.[441]

»**Verführen**« liefert nutzbare Menschen und Zielräume dem MfS aus
Markus Wolfs »Romeo-und-Julia«-Methoden zur Verführung einsamer Sekretärinnen von auszuspähenden Politikern im »Operationsgebiet« Westdeutschland sind inzwischen so etwas wie eine Klatsch-und-Tratsch-Literatur geworden, ganz boulevardblattreif – für Betroffene weniger unterhaltsam als für Zei-
tungsleser.

Aber Verführungen im MfS-Repertoire hatten viele Gesichter. In jedem
Fall brauchte es dazu harmlos-freundlich wirkende Verführer. Und solche Gesichter finden sich gegenüber kirchlichen Verantwortungsträgern naheliegen-
derweise im Album der »christlichen« Bündnispartner der SED – in den Reihen der CDU also.

---

[441] BStU MfS/Gera, AOV »Ufer« X /183/71 Nr. 659/77.

Fallbeispiel: Werbungsversuch als Hilfsangebot

Bedrängt von unehrlichen Maklern, machttrunkenen Funktionären und schlichten Gemeinheiten, angefochten von diversen Frontalangriffen aller Couleur, als ob sich alle Truppen der Stasi zum Stelldichein in der Mitte Thüringens verabredet hätten, wurde mir eines unguten Tages der Besuch des CDU-Bezirksvorsitzenden Eberhard Sandberg gemeldet. Er kam auch gleich ohne Umschweife zur Sache: Er habe von meinen Schwierigkeiten gehört. (Das bezweifelte ich nicht.) Ich solle doch einmal erzählen. Vielleicht könne er mir ja helfen. »*Das also war des Pudels Kern!*« fuhr es mir heraus – ganz nach Goethe, also gut thüringisch. Und die Quintessenz des überraschenden Besuches? Gesagt hat er, er sei unterwegs, mit Menschen über deren Hoffnungen und Sorgen zu sprechen. Und er habe von den meinen gehört. Und nun komme er, um mir seine Hife anzubieten.

Er müsse natürlich zugeben, dass er einem »*Parteifreund Große*« sehr viel wirksamer helfen könne als einem Superintendenten Große. (Aha! Im Klartext: »Tritt in die CDU ein und du bist – fast – alle Schwierigkeiten los.«) Und damit ging er – nicht ohne noch das Sonderangebot einer Reise nach Moskau an den Mann zu bringen. Auf beide Angebote habe ich verzichtet.

»**Verpflichten**«[442] galt vor allem in den Augen des MfS als bindend
Das MfS verwandte regelrechte Täuschungsbegriffe, die so eingesetzt wurden, dass eines Tages die Mitarbeiter des MfS selbst nicht mehr zwischen Wirklichkeit und Täuschung unterscheiden konnten. Das gilt auch von dem Vorgang, dessen Auslegung und rechtliche Beurteilung über das Schicksal Einzelner und ganzer Familien entscheiden konnte: »*Verpflichtung*«.

Die angeblich immer vollzogene Verpflichtung zu Werbender konnte so unauffällig geschehen, dass der »Geworbene« sich im Nachhinein die Augen rieb, wann und wie er denn verpflichtet worden sei. So konnte die beliebte Formel: »*mit Handschlag verpflichtet*« bedeuten, bei der Verabschiedung eine leicht als Höflichkeitsfloskel misszuverstehende Bemerkung einzuflechten, dass »das Gespräch« so wertvoll war, dass es gelegentlich fortzusetzen sei. Reagierte der so »Behandelte« nicht unhöflich genug, sofort scharf zu widersprechen, war's um ihn geschehen. Fortan durfte er sich als dem MfS »*wissentlich und willentlich verpflichtet*« betrachten – mit allen Folgen.

---

[442] Vgl. auch die ausführlichere Darstellung im Abschnitt 16.

Noch schwerer wiegt und erfüllt den Tatbestand der Verleumdung, wenn der Werber in seinem Kontaktbericht vermerkt, dass auf eine förmliche Verpflichtung verzichtet wurde, weil sonst Abbruch des Gespräches zu befürchten gewesen sei. In Fällen der Werbung von Gliedern der Kirche begegnet diese Ausflucht eher häufig.[443] Welchen Wert hat dann noch eine »Verpflichtung«, wenn dem angeblichen »IM« nicht einmal der Verdacht kommen darf, das MfS habe sich um seine Dienste gemüht?

Allen leichtfertigen Auslegungen[444] zum Trotz: Wir haben es in solchen Fällen nach meiner Überzeugung nicht mit einem IM, sondern mit einer gefälschten Erfolgsmeldung zu tun. Von ihnen hat die DDR gelebt, bis sie auch wegen der Summe solcher Falschmeldungen nicht mehr lebensfähig war.[445] Ein Kontrollbericht der AKG Erfurt[446] stellt 1984 fest: »*Von insgesamt 27 IM wurden 11 schriftlich zur Zusammenarbeit verpflichtet und davon 1 IM mit Schweigeverpflichtung.*«[447]

»**Zermürben**« heißt, Wehrlose durch Dauerdruck zugrunde richten
Der Zermürbungsdruck umfasste alle Formen psychischen, physischen und sozialen Terrors, die geeignet erschienen, einem Menschen, seiner Familie, seiner Gruppe alle Widerstandskraft zu nehmen und sie gefügig zu machen. Menschen zu zermürben, gehörte in allen Phasen angeblich sich verfeinernder Taktik zu den bevorzugten Mitteln des MfS. Im Dezember 1975 sieht es eine »*längerfristige Bearbeitungskonzeption*« – also eine auf Dauer angelegte – vor:

> »Als Hauptmethode der weiteren Bearbeitung des Op.-Vorganges ›Ufer‹ ist der zielgerichtete und differenzierte IM-Einsatz der Abt. XX/4 der BV Gera und der KD Saalfeld zu betrachten … Maßgeblich bei der Auswertung kritikwürdigen Verhaltens des N. N. ist hier nicht die Massivität, sondern die Permanenz, um den N. N. weiter zu verunsichern und zu zermürben.«[448]

---

[443] Kontrollbericht der AKG Erfurt, BStU MfS BV Erfurt, Nr. 6, 5 ff.

[444] Der Satz: »*IM haben immer gewusst, was sie taten und für wen sie arbeiteten*« hält trotzig fest, was nicht zu halten ist.

[445] Vgl. die ausführliche Erörterung in Abschnitt 16 mit allen möglichen Varianten.

[446] Auswertungs- und Kontrollgruppe.

[447] Weil die Frage: »Verpflichtet oder nicht?« für eine IM-Einstufung immer wieder als entscheidend angesehen wird, müssen im Zusammenhang mit der Erörterung des umstrittenen »IM«-Begriffes in Abschnitt 16 dieser Arbeit die widersprüchlichen Aspekte des Begriffes »*Verpflichtung*« ausführlich dargestellt werden.

[448] BStU MfS BV Gera, AOP 6459/77 Bd. I, 107.

Der »*Abschlussbericht zum Operativ-Vorgang ›Ufer‹*« zitiert fast wörtlich:[449]

> »Während bei der Feststellung von Fehlverhaltensweisen des N. N. IM das Primat besaßen, wurden bei der Auswertung neben Vertretern staatlicher Institutionen stärker Personenkreise und Einzelpersonen in der Öffentlichkeit herangezogen. Hiermit sollte erreicht werden, daß N. N. ständigen Kritiken, nicht zuletzt seitens des Landeskirchenrates, ausgesetzt war.
>
> Maßgeblich bei der Auswertung kritikwürdigen Verhaltens des N. N. war nicht die Massivität, sondern Permanenz, um den N. N. weiter zu verunsichern und zu zermürben. Hierdurch sollte N. N. gezwungen werden, sich ständig mit derartigen Fragen zu beschäftigen, um ihm damit die Offensivhaltung völlig zu nehmen.«

»Zermürben« auf Dauer durch ständige Auseinandersetzungen und niemals endende Kritik – so sollte der Delinquent von allem anderen abgelenkt und auf die vom MfS gelieferten Fiktionen negativ fixiert werden. Die Mittel reichten vom täglichen und nächtlichen Telefonterror über Behinderungen des Dienstes (Passierscheinentzug), Postkontrolle und -beschlagnahme, angedrohte oder verhängte Ordnungsstrafverfahren, Verkehrskontrollen und gezielte Verkehrsgefährdung, über berufliche Diskriminierung auch des Ehepartners bis zur Ausgrenzung der Kinder in Schule und Ausbildung.

Im »*Eröffnungsbericht zum OV ›Synodaler‹ X 1311/82*«[450] wird neben detaillierter Aufzählung seiner gesellschaftsgefährdenden Aktivitäten eine Reihe Maßnahmen geplant, die insgesamt einen Zermürbungsprozess in Gang setzen, der sich über Monate erstreckt und tief in das familiäre und dienstliche Leben einschneiden wird. Es wird beschlossen, den Bearbeiteten

- »innerkirchlich und staatlich zu isolieren«;
- deutlich zu machen, »daß er ›Ballast‹ für die Kirche bedeutet«;
- »Diffamierung, Isolierung im Zusammenwirken mit anderen BVen;
- »intensive Aufklärung der persönlichen Sphäre … um geeignete Grundlagen und Ansatzpunkte für Verunsicherungsmaßnahmen zu finden«;
- Aufklärung der Verbindungen zu anderen negativen klerikalen Kreisen innerhalb der DDR und im Operationsgebiet, Nachweisführung ideologischer Beeinflussung, »Steuerung«, Nachrichtensammlung, -übermittlung im Sinne § 98[451], materielle Abhängigkeiten;

---

[449] BStU ZA, MfS – HA XX/ AKG, Nr. 6978, 8: Reg.-Nr. X 183/ 71.

[450] BStU MfS BV Gera, A 1488/88, Bd. I, 7.

[451] Seit 1979 droht § 98 für »Anwerbung zur Spionage« eine Freiheitsstrafe nicht unter fünf Jahren an.

– Einleitung geeigneter operativer Maßnahmen zur Zurückdrängung des … im kirchlichen Bereich, sofern sich keine strafrechtlichen Maßnahmen einleiten lassen;
– Isolierung im eigenen Konvent und in der Kirchgemeinde durch Schüren erkannter Widersprüche und Differenzen.

Alle diese Mühlen wurden in Gang gesetzt. Aber Familie, zuverlässige Mitarbeiter, eine sehr wache Kirchgemeinde mit einträchtig arbeitenden Gruppen und Kreisen und einem aktiven Gemeindekirchenrat, ein Pfarrkonvent, der zusammenstand, viele solidarisch Handelnde in Superintendentur und Kirchgemeinden, in Superintendentenkonvent, Synoden und Kirchenleitung, in KKL und Partnergemeinden und treue Freunde vielerorts – mit einem Wort: Gott hat seine Kirche mit dem Bearbeiteten am Leben erhalten und die Arbeit weitergeführt, die »zerschlagen« werden sollte.

»Zersetzen« will zersplittern, isolieren und lähmen[452]

Zersetzen galt als eine der beiden Möglichkeiten, mit Renitenten fertig zu werden. Die andere hieß: anwerben! Und beides wurde zugleich verfolgt.[453] Zersetzen bedeutet Terror in allen Formen gegen Einzelne, Familien, Gruppierungen, Gemeinden und Kirchen,[454] der vom MfS skrupellos ausgeübt wurde. Die Wirkung reicht vom Zerbrechen enger persönlicher Beziehungen (zum Beispiel Briefdiebstähle durch das MfS beim Sohn von Landesbischof D. Leich)[455] bis zu ungeklärten Todesfällen (Matthias Domaschk in der Stasihaft in Gera).[456]

Wer das MfS immer noch für einen normalen Geheimdienst und die Zuerkennung der Sonderrenten an MfS-Offiziere durch OVG-Urteil für Rechtswahrung hält, sollte statt vieler Akten zuerst Mielkes »*Richtlinie Nr. 1/76 zur Entwicklung und Bearbeitung Operativer Vorgänge*«[457] aufmerksam lesen. Deren Kenntnis ist eine der Voraussetzungen für das Verstehen »Operativer Vorgänge«. Als Beleg nur einige Ausschnitte:

---

[452] Richtlinie Nr. 1/76 zur Entwicklung und Bearbeitung Op. Vorgänge, GVS MfS 008-100/76, abgedruckt in: Gill/Schröter: Anatomie, 346 ff., hier 389.

[453] Eine Auflistung der BV Gera »*personeller Schwerpunkte … und deren zielgerichtete operative Bearbeitung*« nennt diese beiden Alternativen, die »*nach Schaffung kompromittierenden Materials im Dezember 1974*« zu entscheiden sind: Zersetzen oder anwerben, BStU MfS BV Gera.

[454] Richtlinie 1/76, Ziffer 2.6.1, Anstrich 4: »*gegen Personen, Personengruppen und Organisationen …*«.

[455] Leich: Du aber bleibst, 154.

[456] Renate Ellmenreich: Matthias Domaschk. Die Geschichte eines politischen Verbrechens in der DDR und Schwierigkeit, dasselbe aufzuklären, Erfurt 1996.

[457] Gill/Schröter, a. a. O., 346 ff.

»Bewährte anzuwendende Formen der Zersetzung sind:
- sytematische Diskreditierung des öffentlichen Rufes, des Ansehens und des Prestige auf der Grundlage ... wahrer, überprüfbarer und diskreditierender sowie unwahrer, glaubhafter, nicht widerlegbarer und damit ebenfalls diskreditierender Angaben ...«

Im Klartext: Mit Lügen schützen wir die wahre Gesellschaft.

- ... systematische Organisierung beruflicher und gesellschaftlicher Mißerfolge zur Untergrabung des Selbstvertrauens einzelner Personen ...«

Im Klartext: Organisiere den Seelenmord und das gesellschaftliche Aus!

- ... Erzeugen von Mißtrauen und gegenseitigen Verdächtigungen innerhalb von Gruppen, Gruppierungen und Organisationen;

Im Klartext: Hetze einen gegen den anderen und missbrauche dann beide!

- Erzeugen bzw. Ausnutzen von Rivalitäten innerhalb von Gruppen ... durch zielgerichtete Ausnutzung persönlicher Schwächen einzelner Mitglieder;

Im Klartext: Suche die schwächste Stelle und nutze Schwächen zur Spaltung!

- Beschäftigung von Gruppen, Gruppierungen und Organisationen mit ihren internen Problemen ...«

Im Klartext: So lassen wir uns heute noch ablenken, wenn auch von anderen.

»Bewährte Mittel und Methoden der Zersetzung sind:
- das Heranführen bzw. der Einsatz von IM, legendiert als Kuriere der Zentrale, Vertrauenspersonen des Leiters der Gruppe, übergeordnete Personen, Beauftragte von zuständigen Stellen aus dem Operationsgebiet ...«

Im Klartext: IM aus der Bundesrepublik wirken als besonders vertrauenswürdig und deshalb als zuverlässige »Zersetzer«.

- »die Verwendung anonymer oder pseudonymer Briefe, Telegramme, Telefonanrufe usw.; kompromittierender Fotos, z.B. von stattgefundenen oder vorgetäuschten Begegnungen; ...«

Im Klartext: »So primitiv arbeitet der Staat nicht!«, meinten viele bei Rufmordverdacht gegen das MfS. Diese Bemerkung war MfS-geplanter Teil der »Zersetzung«.

- »die gezielte Verbreitung von Gerüchten über bestimmte Personen einer Gruppe, Gruppierung oder Organisation; ...
- die Vorladung von Personen zu staatlichen Dienststellen oder gesellschaftlichen Organisationen mit glaubhafter oder unglaubhafter Begründung.

Diese Mittel und Methoden sind entsprechend den konkreten Bedingungen des jeweiligen Operativen Vorganges schöpferisch und differenziert anzuwenden, auszubauen und weiterzuentwickeln.«

Im Klartext: Ihr dürft machen, was ihr wollt, wenn es nur zum Erfolg führt.

»**Zerschlagen**« löscht Menschen, Gruppen und Arbeitsformen aus – Parallelbegriffe: »Liquidieren«; »Vernichten«

Vernichten gilt seit den Zeiten der GPU und der Sowjetmilizen als das letzte Mittel zur Überwindung des »Feindes«, wenn alle anderen versagen. Die dazu vom MfS empfohlenen und angewandten Methoden reichen von der seelischen bis zur körperlichen Vernichtung, der »Liquidation«. Liquidieren bedeutete in der Sprache der Tschekisten und ihrer DDR-Nachkommen: vernichten mit allen Mitteln. Dafür dürfte ein Zitat von Erich Mielke genügen:

> »Man muß solche jungen Tschekisten heraussuchen, herausfinden und erziehen, daß man ihnen sagt, du gehst dorthin, den erschießt du dort im Feindesland. Da muß er hingehen und selbst wenn sie ihn kriegen, dann steht er vor dem Richter und sagt: ›Jawohl, den hab ich im Auftrag meiner proletarischen Ehre erledigt!‹ So muß es sein! Das sind Aufgaben der FDJ. So war es im KJVD, davon komme ich auch, aus dem kommunistischen Jugendverband. (Der) Auftrag, der gegeben wird, wird durchgeführt und selbst, wenn man dabei kaputt geht.«[458]

Erich Mielke hielt also die Tötung des Gegners *»im Auftrag proletarischer Ehre«* für eine Pflicht junger Tschekisten und hat sie in dieser unbedachten Rede brutal verlangt.[459] Vor solchem Hintergrund wirkt eine Pressemeldung dieser Tage besonders makaber, die das Zitat unterstreicht: Erich Mielkes Pistole, eine Walther 8, Kaliber 6,35, die mit einem Polizistenmord im August 1931 am Bülowplatz in Berlin in Zusammenhang gebracht wird und als Mordwaffe gilt, soll 2008 durch einen Erfurter Auktionator versteigert werden. Düsterer noch als diese Versteigerung wirkt, dass der Geheimdienstchef diese Waffe ein Leben lang wie eine Reliquie aufbewahrte.[460]

Ob »zerschlagen«, »zerstören« und »liquidieren« die Tötung immer einschließt, bleibt offen:

---

[458] Zitiert nach BStU, Abt. BF, Reihe B, Analysen und Berichte, Nr. 1, 1995, Thomas Auerbach: Vorbereitung auf den Tag X. Die geplanten Isolierungslager des MfS, Berlin 2000², 126. Vgl. dort auch den Exkurs, 115 ff. »Liquidieren«.

[459] Delegiertenkonf. der SED-Grundorganisation der BV Cottbus 1979, BStU, ASt Frankfurt/Oder C Tb/G/081 (zitiert nach Auerbach, a. a. O., 126).

[460] Nach »Leipziger Volkszeitung« vom 31.03.2008, 5.

»Die semantische Unschärfe von zentralen Begriffen ... wie ›Liquidierung‹, ›Vernichtung‹ ... war dabei keine Zufälligkeit, sondern eine der ideologiegeleiteten Wahrnehmung entspringende und höchstwahrscheinlich intendierte Mehrdeutigkeit, die für die konkrete Situation ein breites Spektrum der Handlungsoptionen offen ließ.«[461]

Waren die Optionen wirklich immer offen? Der Befehl für Grenztruppen lautete: *»Grenzverletzer sind festzunehmen oder zu vernichten.«*

Fallbeispiel: Tötung eines wehrlosen Flüchtlings

07.02.1966: Der Kommandeur des 34. Grenzregiments im Bezirk Potsdam, Karl Bandemer, verschießt ein Magazin seiner Dienstpistole auf einen wehrlos im Stacheldraht liegenden Flüchtling. Weil die Schüsse nicht treffen, schießt Bandemer aus 20 m Entfernung mit der Maschinenpistole weiter. Der Getroffene stirbt. Nach Zeugen prahlt der Täter: *»Da muß erst der Kommandeur kommen und zeigen, wie's gemacht wird.«* Er wird im April 1997 vom Berliner Kriminalgericht verurteilt. Wenig später wird ihm Haftunfähigkeit bescheinigt.[462]

Das Beispiel belegt aus mehr als 100 anderen den Tatbestand der »kollektiven Geiselnahme«. Es unterstreicht aber auch, wie notwendig der Einsatz für die Geiseln, also für die gesamte Bevölkerung der DDR, insbesondere aber für Inhaftierte oder von Haft Bedrohte durch die Beauftragten der Kirche an den verschiedensten Orten und zu den verschiedensten Zeiten war. »Freikauf«[463] als Systemstabilisierung zu diffamieren, entspricht der Menschenverachtung des Regimentskommandeurs.

»Zurückdrängen« heißt, Einflüsse so weit als möglich begrenzen
Das Bild lässt ungewollt Rückschlüsse auf die Skepsis derer zu, die es gebrauchten: Eine Polizeikette schafft die Protestierenden nicht aus der Welt. Lässt der Polizeidruck nach, fluten sie wieder nach vorn. Deshalb wird von »Zurückdrängen« gesprochen, wo mit einer endgültigen Überwindung des Gegners nicht oder noch nicht zur rechnen ist. Es kann praktisch heißen: den Einfluss von Personen oder Institutionen, die als Gegner angesehen werden oder nach MfS zu viel Wirkung etwa im kirchlichen Raum haben, durch Kompromittie-

---

[461] A. a. O., 126 f.
[462] Wiedergegeben nach Roman Grafe: Deutsche Gerechtigkeit. Prozesse gegen DDR-Grenzschützen und ihre Befehlshaber, München 2004, 286 ff.
[463] Freikauf von Häftlingen durch die BRD lief unter der Bezeichnung »Kirchengeschäft B« über die EKD.

rung zu schmälern oder durch Einbeziehung in die Blockparteien, wie CDU oder andere Parteien, Gruppen und Arbeitskreise, ihren Ruf zu verderben.

Der Begriff wird verwendet, wo eine »Zersetzung« nicht erfolgen kann oder »staatspolitische Gründe« härtere Maßnahmen zunächst nicht zulassen – beispielsweise bei gewählten Mitgliedern kirchlicher Leitungsgremien. Oder wo mit längerer Auseinandersetzung zu rechnen ist: »Den bürgerlichen Einfluss von Religion und Kirche zurückdrängen.«[464]

4.3 »Die wachsende Rolle der Bedeutung« oder »Kaderwelsch«[465]

Die interne Terminologie des MfS vermischte sich mit der ganz eigenen Begriffswelt sozialistischer Ideologie, die grundsätzlich Erfolgsvergrößerung und Misserfolgsminderung betrieb, also eine Art »Zoomsprache« pflegte: Sie maximierte Erwünschtes und minimierte Unerwünschtes wenigstens sprachlich.

Als Beispiel für so entstehende Verzeichnungen sei zitiert aus einer

»Berichterstattung zur Entwicklung der politisch-operativen Lage und der Wirksamkeit der politisch-operativen Abwehrarbeit und Bekämpfung von Erscheinungsformen der politischen Untergrundtätigkeit sowie zum Stand der Durchsetzung der DA 2/85 des Genossen Minister im Verantwortungsbereich der BV Erfurt«.[466]

Schon die Überschrift zwingt dazu, mehrmals innezuhalten und mit dem Lesen neu anzusetzen, um dem Gemeinten auf die Spur zu kommen. Vor allem: Die »Durchsetzung« darf nicht mehr bezweifelt werden, sie geschieht. Nur der Stand ist noch zu beschreiben.

»…Wenn es auch befriedigend ist, einschätzen zu können, daß wir die im Sinne der DA 2/85 des Genossen Minister[467] operativ-relevanten politisch-negativen bzw. feindlichen Personen/Personenkonzentrationen kennen, unter operativer Kontrolle halten und wissen, wann, wo, wer, mit welchem Ziel etwas durchführen will, so ist nicht zu übersehen, daß verschiedentlich noch eine unmittelbare operative Bearbeitungsform anzutreffen ist, die sich auf das passive Registrieren operativer Erscheinungen und Entwicklungen stützt …

---

464 BStU MfS – HA XX/4, Nr. 3474, 2 f.
465 Populäre Beispiele als Persiflage für leeres Wortgeklingel der Funktionäre, der »Kader«.
466 BStU ASt Erfurt, Ltr. BV (Bezirksverwaltung) 824, 12 (BStU-Zählung).
467 Dienstanweisung Mielke 2/85.

Das Problem liegt darin begründet, daß im Berichtszeitraum eine Reihe ausgereifter theoretischer Überlegungen zum Einsatz gesellschaftlicher Kräfte, der zielgerichteten Nutzung gesellschaftlicher Potenzen entwickelt werden konnte, diese jedoch noch keinen entsprechenden Niederschlag in der operativen Praxis fanden. Hieraus resultiert auch die zwischenzeitlich gewonnene Erkenntnis von der Notwendigkeit, sogenannte Bezugspersonen zu ausgewählten operativ bearbeiteten Personen zu schaffen[468] und diese zur Rückgewinnung irregeleiteter Personen und damit zur Dezimierung politisch-feindlicher Kräfte zu nutzen.

Mit anderen Worten, das Differenzierungsprinzip bei der Analysierung und Bearbeitung politisch-feindlicher Personenkreise muß zukünftig noch stärker zur Grundlage der politisch-operativen Abwehrarbeit gemacht werden, bei Gewährleistung der Einheit von IMB-Arbeit, Nutzung inoffizieller Einflußpositionen, Einsatz gesellschaftlicher Kräfte und Bezugspersonen sowie ausgewählter operativer Zersetzungsmaßnahmen.

Der Einsatz der gesellschaftlichen Kräfte, sowie die Formulierung und Durchsetzung operativer Zersetzungsmaßnahmen kann nur personen- und sachverhaltsbezogen bei einem Maximum an Konkretheit durchgesetzt werden.

Operative Zersetzungsmaßnahmen tragen häufig den Charakter formaler Aufgabenstellungen, mittels denen die angestrebte Zielstellung objektiv nicht erreicht werden kann ...«

Es gerät zur Denksportübung, allein die schillernden, weil ständig wechselnden Bedeutungen des Wortes »operativ« herauszufiltern und dann dem jeweiligen »Fundort«, also den gemeinten Bedeutungszusammenhängen, zuzuordnen.

An diesem Beispiel ist außerdem hermeneutisch zu beachten, dass hier – typisch für DDR-spezifischen Umgang mit der Wahrheit – eine Misserfolgsmeldung unter der Hand mit sich wissenschaftlich gebenden Worten in eine Bemerkung zum Zwischenstand einer aufs Ganze positiven Entwicklung umgefälscht wird. Solche Umfälschungen von Misserfolgen in Teil- oder Ganzerfolge gehörten zur Sprache der Funktionäre ebenso wie zur verordneten Sprachregelung in einem politisch nur wenig erfolgreichen System. Die Sprache hatte Erfolge zu liefern, die real nicht erreicht wurden. Die (geglaubte) Erfolgslinie musste wenigstens begrifflich dargestellt werden: »*Wachsend, zunehmend, fortschreitend, sich entwickelnd,*« und mit dem aus der Theologie bekannten eschatologisch[469] offenen Doppelbegriff »*Schon*« und »*noch nicht*« ideologisch gestützt.

---

468 Zwischenfrage des Verf.: Wie »schafft« man Bezugspersonen? Gemeint ist doch wohl: Wie können bereits vorhandene Bezugspersonen ausgenutzt, bzw. wie können vom MfS gesteuerte Personen zum Bespitzelten in Beziehung gebracht werden? Es handelt sich demnach um sogenannte »Anschleusungen«.

469 »Eschatologie« – die Lehre von der »Endzeit« – »schon jetzt« beginnt, was »noch nicht« erfüllt ist.

Deshalb ist gegenüber Erfolgsmeldungen in den schriftlichen Hinterlassenschaften des MfS besondere Vorsicht geboten: Sie sind ebenso skeptisch zu beurteilen wie stundenlange Erfolgsreferate auf Parteitagen oder in öffentlichen Versammlungen und wie die täglichen »Sondermeldungen« der sozialistischen Presse.

4.4 Die verdeckte Redeweise der DDR-Bevölkerung

Die verdeckte Redeweise muss als weitere »Sondersprache« gelten, auf die spätere Leser auch in den Hinterlassenschaften des MfS stoßen. Sie kann hier nicht untersucht werden. Nur so viel: DDR-Bürger entwickelten für heikle Themen ihr eigenes Vokabular, wenn Mithörerschaft zu befürchten war – also in der Öffentlichkeit und in unabgeschirmter Umgebung. Diese Redeweise beschränkte sich zumeist auf Bilder und knappste Andeutungen. Auch persiflierender Gebrauch des Parteijargons war weit verbreitet:

Beispiel »Sozialistischer Gang«: *»Geht seinen sozialistischen Gang«* konnte sowohl bedeuten: »Geht in Ordnung!« als auch: Es geht den *»sozialistischen Gang«*, also in der Regel bergab oder *»versandet auf der langen Bank«*.

»Hier zieht's!« verstand bei geschlossenen Fenstern und Türen wohl fast jeder DDR-Bürger als Mahnung zur Vorsicht wegen ungebetener Mithörer. *»Kraftverkehr Moskau«* oder *»Friedenstauben«* hießen Truppenbewegungen der Roten Armee, die in den grenznahen Gebieten ziemlich häufig bei Nacht vorgenommen wurden.

Eine erste Sammlung von spezifischen DDR-Ausdrücken findet sich im »dicken DDR-Buch«[470] – zwischen Satire und augenzwinkernder Sachauskunft spielend, stellenweise nur für »gelernte DDR-Bürger« komisch, anrührend oder echte Erinnerungsstütze. Für das MfS *»operativ interessant«* wirkten jedoch die im Folgenden beschriebenen Texte und Redeweisen.

---

[470] Das dicke DDR-Buch, Berlin 2002 (erschienen im Eulenspiegel-Verlag), 157 ff.: Die deutsche Sprache der DDR. Die satirische Zeitschrift »Der Eulenspiegel« diente vor 1989 als bescheidenes Ventil für Unmut, karikierte aber gleichzeitig »Gegner« der Partei und des »Sozialismus« auf drastische Weise.

4.5 Texte »mit doppeltem Boden«

Texte »mit doppeltem Boden« kommen in der Regel von nicht gleichgeschalteten Institutionen, Gruppen oder kritischen Einzelnen. Ein eher bescheidenes Maß an doppelbödigem Humor ließ die Zensur, die es offiziell nicht gab, Kabaretts und dem zahm-satirischen »Eulenspiegel« durchgehen. Sie transportierten staatskritische oder nicht ideologiekonforme Inhalte und umschrieben das eigentlich Gemeinte um der Veröffentlichung in der DDR willen, verlegten es in die Vergangenheit oder übermittelten es in einer nicht leicht angreifbaren Sprache oder Bildgestalt, um niemanden unmittelbar zu gefährden.

Kirchenzeitungen und kirchenamtliche Texte, wo sie politische Sachverhalte berührten oder Lebensumstände in politischen Bezügen ansprachen, mussten gerade wegen ihrer kritischen Inhalte einerseits klar und eindeutig ausfallen, aber wegen der Aufsicht des Amtes für Literatur und Verlagswesen auch noch »druckbar« bleiben. Das galt nicht minder für die Schnellinformationen und Sammelrundschreiben des Sekretariates des Bundes der Evangelischen Kirchen in der DDR. Liest man sie heute, fällt auch dem Zeitzeugen nicht mehr sofort auf, worin eigentlich das beargwöhnte kritische Potential dieser Veröffentlichungen lag. Von ihnen wird erzählt, dass sie in besonderen Situationen unter den Druckern mit bedeutsamen Mienen herumgereicht und als *»Frühstückseinwickelpapier«* mit nach Hause genommen wurden.

Fallbeispiel: Andacht zum Predigttext in »Glaube und Heimat«

Während im Allgemeinen den Predigttexten als eindeutig »religösen Charakters«, also vermeintlich unpolitisch, kaum das Interesse der Staatssicherheit galt, weil sie – irrtümlicherweise – ausschließlich in den gottesdienstlich-kultischen Funktionsraum eingeordnet wurden, reagierte das überwachende *»Amt für Literatur und Verlagswesen«* doch gegenüber einigen biblischen Texten nervös, falls die in den Kirchenzeitungen auftauchten. Dazu gehörten alttestamentliche Texte und unter diesen besonders die der Propheten. Der Verdacht lag nahe, es könnten Parallelen zur geschlossenen Gesellschaft der DDR gezogen werden. Und sie wurden gezogen. Schon die Erwähnung der »babylonischen Gefangenschaft« etwa im Zusammenhang mit einem Jesajatext konnte telefonische Anfragen auslösen, was es denn damit auf sich habe.[471]

---

[471] Jesaja 42,1–9 für den 1.Sonntag nach dem Epiphaniasfest (6. Januar) in der Reihe VI der Textordnung als Predigttext vorgesehen: »Ich, der Herr, habe dich gerufen ... dass du die

Im Falle einer für die thüringische Kirchenzeitung »Glaube und Heimat« geschriebenen Andacht zu »Babylon« schlug die Redaktion vor, durch genaue historische Angaben zur »Babylonischen Gefangenschaft« Einwände des Presseamtes zu entkräften, aber die Parallelisierungsmöglichkeit für Bibelkundige offenzuhalten.

In der »Juristischen Hochschule des MfS«[472] wird 1983 unter den *»für die Manipulierung nutzbaren Möglichkeiten auf breite Bevölkerungsschichten, zu denen insbesondere auch Zielgruppen des Gegners gehören«,* ausdrücklich auch die Bibel genannt und vor ihr gewarnt als einem Instrument, *»mit dem alles ›belegbar‹ und ›begründbar‹ ist, … mit dem Demagogie und Manipulation im großen Stil getrieben wird«.*[473]

Neben diesem äußerst gefährlichen Buch wird zugleich besorgt auf Einflüsse des *»theologischen Pluralismus und des religiösen Fanatismus«* als Einwirkungsmöglichkeiten auf die Massen hingewiesen.[474] Verdeckter Sprache und althergebrachter Bilder bediente sich aber laut JHS nicht nur

> »der gut ausgebildete und sehr umfangreiche und differenzierte Kaderbestand[475] … mit ca. 50 000 hauptamtlichen Kräften«, sondern auch »viele ehrenamtlich tätige, teils hochqualifizierte Personen (in Gemeindekirchenräten, Synoden, Werke, Organisationen)«.

Bedrohlich müssen den in militärischen Kategorien denkenden Staatsschützern die Kolonnen des Gegners schon erschienen sein, bedenkt man, dass auch den Intellektuellen außerhalb der Kirchen überhaupt nicht zu trauen war, je souveräner sie mit Geschichte, Sprache und deren Bildern umzugehen verstanden.[476]

Augen der Blinden öffnen sollst und die Gefangenen aus dem Gefängnis führen und, die da sitzen in Finsternis, aus dem Kerker.«

[472] Im Folgenden »JHS«.

[473] MfS JHS 21941, Grundorientierungen für die politisch-operative Arbeit des MfS, 101.

[474] BStU KD Erfurt, Nr. 641, 9.

[475] Womit die kirchliche Mitarbeiterschaft gemeint ist.

[476] Bei den Nutzern der Lehrschrift fällt auf, dass Besier/Wolf die Abschnitte nicht zitieren, die den Kirchen Chancen zur »Massenbeeinflussung«, »gut ausgebildete Kader« und »geschulte Laien« bescheinigen.

Fallbeispiel: Stefan Heyms »König-David-Bericht«[477]

Literatur lebt von ihrer Veröffentlichung. Vor jeder Freigabe zu ihrer Drucklegung durch Verlage in der DDR und außerhalb aber lagen die Texte dem
»Amt für Literatur- und Verlagswesen« vor, das unter dieser relativ harmlosen
Tarnbezeichnung eine sehr scharfe Kontrolle aller Druckerzeugnisse durchführte. Dennoch kam es vor, dass überaus kritische Texte passieren durften –
rein zufällig?

Als Beispiel für eine verschlüsselte Kritik an DDR-Herrschaftsformen im
Gewand eines historischen Romans kann der »König-David-Bericht« von Stefan Heym gelten. Dort wird sogar – als Nachdenken über den Umgang mit
Geschichte im alten Königreich Davids und den dort entstandenen biblischen
Texten – eine dem kundigen und gelernten DDR-Bürger erkennbare Kritik
am erzwungenen Umgang mit der »historischen Wahrheit« in autoritären und
totalitären Systemen entfaltet – und das im Jahre 1974!

4.6 Die Sprache des »Vierten Reiches« –
eine neue »Herrschaftssprache«?

In der Zeit von 1949 bis 1990 gab es kein »Viertes Reich«, allenfalls eine »Sprache in drei deutschen Teilprovinzen«: BRD D-West, DDR D-Ost und Westberlin.[478] Wie sie sich in dieser Zeit verändert hat und auseinanderdriftete –
einschließlich der Sprache des »Insulaners«, der *»unbeirrt globt, dass seine Insel
wieder 'n schönes Festland wird«,*[479] wird noch genau zu untersuchen sein. Bezogen auf die Geschichte der DDR und speziell auf die Einflussversuche des
MfS begegnen allerdings im Deutschland nach 1989 Begriffe, die diese Geschichte nicht nur neutral deuten, sondern z. T. aus dem ideologischen Sprach-
material des MfS übernommen wurden, mit ihnen Geschichte aus heutigem
Blickwinkel werten und deshalb Züge einer neuen Herrschaftssprache tragen.
Einige seien genannt.

---

[477] Stefan Heym: Der König-David-Bericht, Berlin 1974², (Klappentext; 142: »Verhöhnt in
der Maske des Alten«; »Abweichungen«, 9; Kernsätze, 96).

[478] Man ergötzte sich an den Texten des RIAS-Kabaretts (RIAS = Rundfunksender im amerikanischen Sektor Berlins) der »Insulaner«, die nicht nur »berlinisch« tönten, sondern auch
ihre spezifischen Chiffren für das verwendeten, was jedem (West-)Berliner ohne Weiteres
verständlich war, weil selbst erlebt. 1948 vom Kabarettkomponisten und -texter Günter
Neumann gegründet, galt es in Ost und West als die kecke Stimme Westberlins.

[479] Abgesang jedes »Insulaner«-Programms, der SED ein Ärgernis, von vielen Menschen in
ganz Deutschland als Ermutigung empfunden.

»Anpassen« – gehört in disparater Deutung zu diesen Lehnwörtern

Zunächst soll damit in Übereinstimmung mit allgemeinem Sprachgebrauch wohl ausgedrückt werden, dass jemand – aus welchen Gründen auch immer – bewusst *»alles, was verlangt wurde, sagte, schrieb und tat«*.[480] Davon zu unterscheiden ist die in weiten Teilen der Bevölkerung verbreitete Grundhaltung, unter den herrschenden Machtverhältnissen Überlebensstrategien zu entwickeln, ohne diese Machtverhältnisse selbst zu akzeptieren.

Eine solche rein äußerliche Anpassung kann nur für kurze Zeit funktionieren. Früher oder später muss um der eigenen Selbstachtung und Selbsterhaltung willen ein Minimum an innerer Zustimmung zum *status quo* aufgebracht werden. Dann freilich wird die Dämmerungszone schnell erreicht, in deren Zwielicht zwischen ursprünglich eigener und mehr oder weniger widerwillig vertretener Meinung kaum noch unterschieden werden kann und faktisch auch immer weniger unterschieden wird.[481]

Vergleichbare Prozesse haben in der DDR viele Menschen allein aus beruflichen Gründen durchmachen müssen, und zwar immer dann, wenn schon die Ausübung des Berufes an ideologische Vorgaben gekoppelt war oder eine berufliche Qualifikation bzw. ein beruflicher Aufstieg nur mit dem Anschein innerer Zustimmung zur Politik von Partei und Regierung erreicht werden konnte. Immer öfter freilich wurde als Beweis für die loyale oder sozialistische Gesinnung von Bewerbern für bestimmte Berufe der Austritt aus der Evangelischen Kirche gefordert.[482] Dazu gehörten Juristen, Lehrer, Ausbilder, Verwaltungsmitarbeiter öffentlicher Behörden, Techniker im Sicherheitsbereich der industriellen Produktion und in technischen Kontrollbereichen, Inhaber von Leitungsfunktionen in wirtschaftlichen, kulturellen oder medizinischen Einrichtungen, Mitglieder und Funktionäre von Parteien und Massenorganisati-

---

[480] Ein im Übrigen recht freundlicher und durchaus als fromm geltender Vertreter aus einer anderen Abteilung der Christenheit formulierte das so: *»Am Sonntag gehe ich zur Messe. Da lebe ich eigentlich. Vom Montag an rede und schreibe und tue ich alles, was verlangt wird.«* Zitiert aus einem Gespräch mit dem Verf. in einem ökumenischen Arbeitskreis der achtziger Jahre.

[481] Ein Techniker fuhr mich in den sechziger Jahren an, als ich eine Meinung angriff, die er im Grunde auch ablehnte: »Du kannst dir eine eigene Meinung leisten. Ich nicht!«

[482] N.N. aus Bernsdorf, wohnhaft Arnsgereuth, hatte sich um eine Stelle bei der Feuerwehr beworben und auf dem Einstellungsfragebogen die Frage nach der Religionszugehörigkeit nicht beantwortet. Da die Feuerwehr damals als Abt. F zur Volkspolizei und damit zu den »waffentragenden Einheiten« zählte, wurde seine Bewerbung abgelehnt. Laut bezeugter Aussage eines Mitarbeiters des Volkspolizeikreisamtes »alles wegen der Scheißkirche«. Aus dem gleichen Grunde wurde er aus dem Jagdkollektiv ausgeschlossen. Eine Intervention des Superintendenten führte nicht weiter. Einfacher Schluss: Kirchenaustritt blieb Voraussetzung einer Einstellung. Darauf ließ sich der Sohn eines Kirchenältesten nicht ein.

onen, Angehörige von waffentragenden Einheiten usw. – also ein sehr großer Teil der Bevölkerung.

Nicht einmal in diesen »Fällen« darf flach und verständnislos von »Anpassung« als Unterwerfung gesprochen werden. Menschen in der DDR haben versucht, mit einer eigenen Meinung trotz zurückhaltenden oder scheinbar angepassten Redens zu überleben. Sie trugen Wunden und Verbiegungen davon, die unter dem NS-Regime Dietrich Bonhoeffer benennt und angesichts deren er sich selbst und seine Zeitgenossen in dem Rückblick 1943 »Nach zehn Jahren«[483] befragt:

> »Sind wir noch brauchbar?
>
> Wir sind stumme Zeugen böser Taten gewesen, wir sind mit vielen Wassern gewaschen, wir haben die Künste der Verstellung und der mehrdeutigen Rede gelernt, wir sind durch Erfahrung mißtrauisch gegen die Menschen geworden und mußten ihnen die Wahrheit und das freie Wort oft schuldig bleiben, wir sind durch unerträgliche Konflikte mürbe oder vielleicht sogar zynisch geworden – sind wir noch brauchbar?«

Wer diese Anfrage ernst nimmt, die Bonhoeffer 1943 eben nicht nur an andere, sondern zuerst an sich selbst richtete, kann auch »nach 40 Jahren« DDR nicht einfach den Stab über ehemalige DDR-Bürger brechen und sich als vermeintlich Unbescholtener über dergleichen »verbogenes Leben« erhaben fühlen.

Es ist leicht und sachlich falsch, von außen her fremdes Leben als »Anpassung« zu disqualifizieren, das bewusst eigenständig gestaltetes Leben sein wollte – gelebt unter Bedingungen, die sich niemand aussuchen konnte – wie im transnationalen Machtgefüge »*Sozialismus*«. Wer sich in der »*Diktatur des Proletariats*« ohne Zustimmung zu erwarteten oder verlangten Akklamationen auf gerade noch gegebene Handlungsmöglichkeiten einstellt, weil er sonst seinen Beruf nicht mehr ausüben, seine Familie nicht mehr ernähren oder selbst nicht mehr existieren könnte, zugleich aber seine vom befohlenen »Bewusstsein« abweichenden Grundüberzeugungen vertritt und seine in freier Entscheidung selbst gewählten Lebensziele nicht preisgibt, kann nicht einfach als »angepasst« gelten.

Erst recht nicht, wer beharrlich darum ringt, seiner Kirche und allen Menschen neue Handlungsräume zu öffnen, und so aus eigenen, niemals aufgegebenen Grundüberzeugungen das Gestaltungsfeld seiner Glaubensgemeinschaft zu erweitern sucht. Wo dies geschah – und so haben in unserer Landeskirche Lutherische Bekenntnisgemeinschaft in Thüringen (BK), Thüringer Kirchliche Konferenz und die ganze große Mehrheit der Gemeindeglieder, Mitarbei-

---

[483] Dietrich Bonnhoeffer: Widerstand und Ergebung. Briefe und Aufzeichnungen aus der Haft, herausgegeben v. Christian Gremmels u. a., Gütersloh 1998.

ter, Geistlichen und Synodalen in Bund und Landeskirchen den Weg unserer evangelischen Kirchen in der DDR verstanden und sind ihn durch Dornen und Gestrüpp und eiskalte Winde mitgegangen – dort darf noch weniger von »Anpassung« gesprochen werden als gegenüber manchen flinken Wendehälsen unserer Tage.

Einige tragen neben anderen Wechselmoden auch den Richtertalar zur Schau und sitzen über Menschen zu Gericht, die auf ihre eigene Weise *»der Stadt Bestes«* gegen den träge fließenden Mainstream der öffentlichen Meinung suchten, vor 1989 und danach auch.[484] Dazu könnte man schweigen, wenn so nicht vielen tüchtigen und gewissenhaften – »an ihrem Gewissen haftenden« – Menschen bitteres Unrecht geschähe und die Geschichte passiven und aktiven Widerstandes verfälscht würde. Deshalb: Das Gleichnis Jesu vom Zinsgroschen:[485] *»Gebt dem Kaiser, was des Kaisers ist, und Gott, was Gottes ist«* könnte helfen, einen unterscheidenden Blick auf die Vergangenheit zu werfen und zugleich die Gefahren heute erwünschter Anpassung deutlicher zu sehen, klarer zu benennen und ihnen kräftiger zu widerstehen.

Denn was »des Kaisers ist« und »was Gottes ist«, kann nicht »grundsätzlich« im Voraus entschieden werden, sondern: Wo das Wort der Bibel auf die Wirklichkeit, wo Kirche auf die Welt, auf Gesellschafts-, Staats- und Wirtschaftsformen trifft, dort ist es unter dem einen Zuspruch und Anspruch Gottes in Christus ständig neu zu bestimmen, was »Kirche« nach Barmen 1934 in These 5[486] dem Staat zu sagen habe. »Anpassung« vollzieht sich in diesem Prozess nur insofern, als im Lichte biblischer Texte klar wird, »was dem Leben dient und es fördert, und was das Leben krank macht und es zerstört.« Das eine hat Kirche zu bejahen und zu fördern, dem anderen zu widersprechen und zu widerstehen. So haben es Bundessynode und Konferenz der Kirchenleitungen wiederholt erklärt.

Von da aus ist die alte Frage heute neu zu beantworten, die in den Tagungen der Bundessynode mit Recht jedes Mal neu gestellt wurde: »Was heißt es im Jahre 20XX Kirche an diesem Ort, innerhalb eines Machtraumes zu sein, der transnational funktioniert und in dem Zeugnis und Dienst der Kirchen verändernd wirken sollen?« Deshalb konnte und durfte eine auf Dauer

---

[484] Jeremia 29,7.

[485] Vgl. Matthäus 22,17–21 mit Neubert: Vergebung, 16.

[486] Barmen V: »Der Staat hat … nach dem Maß menschlicher Einsicht und menschlichen Vermögens unter Androhung und Ausübung von Gewalt für Recht und Frieden zu sorgen … Die Kirche erinnert an Gottes Reich, an Gottes Gebot und Gerechtigkeit und damit an die Verantwortung der Regierenden und der Regierten.« In: Bekenntnissynode von Barmen, Heft 1,10 (W.-Barmen 1934).

angelegte inhaltliche Füllung der Ortsbestimmung »Kirche im Sozialismus« gar nicht erst versucht werden. Auch »Kirche im Kapitalismus« sive in der »Marktwirtschaft« oder im kaum noch pluralen »Pluralismus« oder in der die Welt einebnenden »Globalisierung« wird *sub specie aeternitatis* und unter Gottes Gebot und Verheißung täglich zu fragen haben, was das Leben fördert und wo sie mittun kann und was dem Leben schadet, wo sie zu widerstehen hat.

Um dieser Aufgabe willen soll hineingehört werden in die Sprache, mittels derer im veränderten Deutschland die Vorgänge »besprochen« werden, die Thema dieser Arbeit sind.

»Aufarbeiten«

Der Begriff »Aufarbeitung« hat sich für die Auseinandersetzung mit der DDR-Zeit und anderen verdorbenen Vergangenheiten zwar eingebürgert, verführt aber zur Annahme, es könne nachträglich Vergangenheit »aufgearbeitet« werden, so dass sie nicht mehr negativ wirksam sei.

Anders Prof. Dr. Klaus-Peter Hertzsch, Jena, der schon 1999 in einem Symposion vorschlug, besser von »Einarbeitung« zu sprechen, um deutlich zu machen, dass wir es noch heute mit der Stasiproblematik zu tun haben (»die Spitzel sind unter uns«) und nicht nur mit Folgen ihrer zerstörenden Tätigkeit, die irgendwie bereinigt werden könnten. Und weil wir damals auch Beteiligte waren: *»Es war unser Leben«.* »Aufarbeiten« suggeriert: »Erledigen«. Und so wirkt es auf manche Menschen auch. So einfach aber geht das nicht. »Einarbeiten« heißt dagegen, sich selbst stellen.

Damit wird eine Art von Auseinandersetzung gefordert, die unseren Umgang heute mit der Vergangenheit verändert, in neue Entscheidungen eingeht und Voraussetzungen für eine offenere Zukunft ermöglicht. Arbeite ich dagegen »Liegengebliebenes« auf, hat es fortan eine andere Gestalt. Das ist mit der Vergangenheit gar nicht möglich, weil an ihr nicht gearbeitet werden kann. Sie muss ausgehalten werden. Nur ihre Hinterlassenschaften in der Gesellschaft und ihre Folgen für Einzelne und Gruppen können »bearbeitet« werden.

»Dauerkontakt«

»Dauerkontakt« zu Mitarbeitern des MfS gilt als ein Beleg für »Kooperation« und vorzugsweise als Beleg für IM-Tätigkeit, also für bejahte Zuarbeit für das MfS. Entgegen dem landläufigen Gebrauch ist m. E. gegenüber solch leichtfertigem Urteil schärfer nachzufragen:
– Wie kam der (Dauer-)Kontakt zustande?
– Wer hielt ihn durch oder stellte ihn immer wieder her? Drängten sich MfS-Mitarbeiter trotz mehr oder weniger deutlicher Zurückweisung un-

angemeldet und uneingeladen oder sogar überfallartig[487] immer wieder auf?[488]

– Wurde das sogenannte »politisch-operative Zusammenwirken« von MfS mit staatlichen Organen, Parteien und »Massenorganisationen« verdeckt zur Informationsgewinnung und Einflussnahme für den Geheimdienst ausgenutzt?[489]

– Das MfS schuf eine Grauzone, in der kaum zu unterscheiden war, wer da in Ausübung seines Dienstes oder mit der Absicht, dem MfS zuzuarbeiten, selbst aktiv war oder nur benutzt wurde.

Fallbeispiel: Sicherheitsberatungen/Objektdienststellen[490]

In volkseigenen Betrieben,[491] in der technischen Überwachung und in anderen zivilen Bereichen gehörten »Sicherheitsberatungen« zum normalen Dienstablauf und konnten von niemandem ignoriert oder verweigert werden, der auch nur eine mittlere Verantwortung für Sicherungsbereiche unterschiedlichster Art trug. Schwerpunktbetrieben war ein hauptamtlicher Mitarbeiter des MfS nicht nur zugeordnet, den viele in seiner Funktion kannten, sondern dieser hatte innerhalb des Betriebes sein eigenes Büro, die sogenannte »Objektdienststelle«. Auch ein einfacher Polizist,[492] etwa als Abschnittsbevollmächtigter z. B. im grenznahen Gebiet oder im Umfeld eines wichtigen Großbetriebes, konnte in solche Beratungen eingebunden sein bzw. im Schadensfall zugezogen werden.

---

[487] Z. B. nach Mitternacht »auf offener Straße« lt. Eigenbericht des aus dem Dunkel auftauchenden angeblichen »Führungsoffiziers«, Hauptmann Sgraja. In BStU ZA, MfS 24028/91, Teil II, 39 (BStU-Zählung).

[488] So in der Akte IMV »Ingo« zu Landesbischof Ingo Braecklein BStU ZA, MfS 24028/91, 48: »Es muß in der Zusammenarbeit aber auch eingeschätzt werden, das (sic!) ›Ingo‹ einer eigenen Initiative zur Treffanbahnung aus dem Wege ging«, gesteht Major Sgraja ein.

[489] BStU ZA, MfS – HA XX/4, Nr. 3474, 168: Die Bezirksverwaltungen des MfS haben zu gewährleisten, daß wesentliche Entscheidungen, die die Kirchen und Religionsgemeinschaften betreffen, gemeinsam mit der Partei, dem Staatsapparat, der Volkspolizei und dem MfS abgestimmt und entschieden werden. Das operative Zusammenwirken ... ist unter Federführung des MfS zu gewährleisten.«

[490] Reinhard Buthmann: Die Objektdienststellen des MfS, Berlin 1999.

[491] BStU, MfS BV Gera, Nr. 1625/88, OPK »Prediger«, 120, Werbungsversuch Christfried Herklotz.

[492] Nach mündlichem Bericht von Wolfgang Krüger, ehemals Konfirmand und Glied der Jungen Gemeinde in Tannroda/Ilm während meiner Diesntzeit dort, der seiner Kirche die Treue hielt, aber als Polizist der Ermittlungsbehörde gegenüber auskunftspflichtig war.

Es versteht sich angesichts der Sabotagehysterie von Kontrollbehörden fast von selbst, dass solche Beratungen als vertraulich galten und durch entsprechende Auflagen für die Teilnehmenden, die unterschriftlich zu bestätigen waren, zusätzlich »abgesichert« wurden. Rein technische Abläufe und Kenntnisse gehörten zu »VVS« – Vertraulichen Verschlußsachen also, so dass Schweigeverpflichtungen unterschrieben werden mussten.[493]

Solche Verpflichtungen zur Vertraulichkeit konnten von MfS-Mitarbeitern zugleich als IM-Werbung missbraucht werden. Ohne um die Bedeutung des Begriffes »IM« wissen zu können und in völliger Unkenntnis der daraus vom MfS und erst recht später von Aktenlesern gezogenen Schlüsse auf die innere Einstellung des Unterschreibenden, geriet der Mensch, der seiner Berufsarbeit nachging, nicht nur in den Verdacht der IM-Tätigkeit, sondern wurde wegen angeblich »konkludenten Handelns« einer wissentlichen (eine Belehrung über die Vertraulichkeit der Beratung war erfolgt) und willentlichen (per vollzogener Unterschrift unter die Vertraulichkeitsinformation bzw. das Beratungsprotokoll angeblich nachgewiesen) Tätigkeit für das MfS bezichtigt und in der Regel nach 1989 dafür bestraft[494] – im Gegensatz zu den Verursachern seiner »freiwilligen Selbstbindung«.

»Jammern«

»Jammern« und »Jammerossi« gehören zu Begriffen der neuen Machtsprache, wie »Besserwessi« im Gegenzug. Sie verhindern einen dankbaren Umgang miteinander in der Gnade gottgeschenkter Freizügigkeit und deshalb sind sie verletzender als ein übler Scherz.

Der Vorwurf, Jammern sei typisch ostdeutsch, offenbart eine sträfliche Unkenntnis der Gründe für die unblutige Revolution: Zu den ersten und folgenreichsten Veränderungen im Inneren der DDR gehörte die wiedergefundene Sprache für persönliche und gesellschaftliche Not. Ihr Schutzraum waren die Kirchen. Ihre Einübung vollzog sich in den Friedensgebeten. Ihr liturgischer Ort waren die »Zeugnisse der Betroffenheit« nach dem Beispiel und mit Hilfe der Psalmen.

Menschen, die über 60 Jahre – NS-Zeit eingerechnet – dem Gesinnungsdruck zweier repressiver Systeme ausgesetzt waren, ohne sich völlig an sie zu

---

[493] Karl-Heinz Jagusch, lange thüringischer Synodalpräsident, galt als Dipl. math. in der Forschung bei Schott & Gen. in Jena aus rein beruflichen Gründen als Geheimnisträger mit entsprechender VVS-Verpflichtung.

[494] Anders Wolfgang Wiegand, heute Bürgermeister. Er kam davon, weil er vor dem MfS Nichtwissen angab und Synodaltagungen vermied, um »operativ Bedeutsames« gar nicht erst zu erfahren.

verkaufen, aber ihre Überlebensstrategien zu gebrauchen wussten, lernten die freie und selbstbewusste Rede nach Psalmentexten und Gebeten, indem sie zögernd erst und dann immer offener aussprachen, was sie und ihre Familien und alle Menschen bedrückte. Biblische Klagetexte halfen dazu, Not in Worte zu fassen.

Dieser Akt zur Befreiung darf nicht nachträglich lächerlich gemacht werden.

Dass dieselben Beter in den Enttäuschungen der letzten beiden Jahrzehnte nach allzu hohen Erwartungen[495] weiter ihre Klagen aussprechen, spricht für sie. Sie lassen sich nicht sofort wieder ducken, sondern sprechen offen aus, wovon ihnen das Herz schwer ist. Solche Nüchternheit ist auch Voraussetzung ernsten Dankes.

»Kungelei« und **»Kumpanei«** beschreiben salopp im Rückblick auf die DDR eine unangemessene Nähe zur Stasi oder ihren Vertretern. Das wird oft auch Verantwortungsträgern angedichtet, die zu Kontakten aufgrund ihres Dienstauftrages verpflichtet waren und dabei nicht umhin konnten, sich trotz erklärter und praktizierter politischer Gegnerschaft oder sachlicher Differenzen mit dem DDR-Staat und seinen Vertretern um minimale Formen sachlicher Begegnung und um einigermaßen höflichen Umgang zu bemühen.

»Wehe den Freundlichen!«, gilt dann. Denn wer von Haus aus Kontrahenten in Konflikten eher schroff begegnete, wird dem Vorwurf der Kungelei heutzutage leichter entgehen können. Aber Höflichkeit ist noch kein Verrat. Peter Maser urteilt mit Recht: »Die Kirchen erscheinen darin« – nämlich in den erst allmählich erschlossenen Akten – »zwar nicht als der Hort des Widerstandes schlechthin, sie können aber auch nicht unter den Stichworten ›Kumpanei‹ oder ›Anpassung‹ einfach abgeschrieben werden.«[496] Sachlich bleibt im Nachhinein zu fragen: Und welche Haltung wäre angemessen gewesen? Das Gegenüber brüskieren bis zum Erlöschen jeden Gesprächskontaktes? Also freiwillig darauf verzichten, in Konflikten die Stimme für Bedrängte zu erheben? Und wie müsste dann der Vorwurf heute lauten?

Eine spanische Parabel erzählt vom »guten Menschen am Höllentor«: Ihm sprach der Teufel als dem verworfensten von allen Menschen den letzten Platz in der überfüllten Hölle zu, weil er sich grundsätzlich heraushielt und nichts tat, obwohl Unrecht, das Dirnen und Diebe aus Not begingen, vor seinen

---

[495] Solche Erwartungen wurden auch von Wahlparolen genährt: z. B. »Blühende Landschaften«.

[496] Maser: Einwirkungen, in: Baier: Kirche, 158.

Augen geschah.[497] Wie beurteilt diese Parabel »Abstinenz« und nach 1989 ge-
priesenes »Sich-heraus-halten«?

»Verstricken« suggeriert: »Nolens volens«, also wohl oder übel habe sich jemand auf die Stasi (oder andere Institutionen der untergegangenen DDR)
»eingelassen« – »halb zog sie ihn, halb sank er hin.«[498]

Alle Kontakte mit dem MfS als »Verstrickung« zu bezeichnen, wird der
Rolle des Handelnden, des MfS also, so wenig gerecht wie der des zappelnden
Opfers. Das Bild des im Netz »Verstrickten« reicht nicht aus, verfälscht sogar
den Befund. Mit ihm wird das Subjekt des Handelns unter der Hand ausge-
wechselt: Der ins Netz Gegangene oder Gezwungene wird unversehens zum
Mittäter. Man sage das Barschen und Hechten, die der Fischer ins Netz zerrt,
und die sich natürlich wild und ohne Chance gegen diese Gefangenschaft
wehren. Unter Umständen »verstricken« sie sich immer tiefer in den Maschen
des Netzes, *weil* sie Widerstand leisten! Werden sie dadurch »Mittäter?« Nach
meinem Eindruck haben wir es auch bei diesem Begriff mit einer neuen Herrschaftssprache zu tun. Der wohlfeile Vorwurf der »Verstrickung« enthebt von
der Mühe, im Einzelnen und belegbar nachzuweisen, wer tatsächlich *»sich mit
der Stasi eingelassen hat«* oder böswillig getäuscht wurde und ahnungslos blieb.
Das Modewort liefert ein wohlfeiles Alibi für »Nicht-Verstrickte«.

Dagegen im Klartext: Über Jahre hin aufgebaute Vertrauensverhältnisse,
wie sie den Führungsoffizieren zur IM-Gewinnung immer wieder empfohlen wurden, bleiben Handlungen der MfS-Seite. Die hochmütige Spekulation:
»Das hätten sie wissen müssen!«, von vielen gesagt, die erst durch das Aktenstudium vergleichbare Vorgänge zur Kenntnis nehmen konnten, ohne je im
Leben in ähnlicher Lage gewesen zu sein, charakterisiert nur den, der so redet,
nicht die der »Verstrickung« Beschuldigten.

Der Begriff »Verstrickung« taugt nicht als *inflationär* eingesetzte *Chiffre* für
MfS-»Kontakte«. Weil es »Kontakte« sehr verschiedenen Ursprunges,[499] sehr
verschiedener Form[500], sehr verschiedenen Inhaltes[501] und sehr verschiedener
Wirkungen[502] gab, muss er durch andere ergänzt werden. Viele verschiedene

---

[497] Ein guter Mensch am Höllentor, eine Parabel aus dem Spanischen.

[498] »Loreley«, Gedicht von Heinrich Heine, in: Heinrich Heine: Buch der Lieder, Leipzig 2008,
206.

[499] S. Abschnitt 11.

[500] S. Abschnitte 1–14.

[501] S. Abschnitt 15.

[502] Die relative Wirkungslosigkeit einer großen Zahl von geknüpften Kontakten beklagt das
MfS selbst, wenn es von nur »formalen« Kontakten spricht: BStU ASt Erfurt, Leiter BV,
Nr. 824, 12.

Vorgänge brauchen viele verschiedene Bezeichnungen für den, der nicht in der alten Herrschaftssprache Rot-Schwarz oder der neuen Schwarz-Rot verharren will.

Es hat freilich einen politpsychologischen Grund, dass der Begriff »Verstrickung« so leichthin gebraucht wird: Er dient trefflich dazu, die eigene Reinheit von der Verworfenheit anderer abzuheben. Wer sich von offensichtlichen oder in den Akten (noch) nicht gefundenen »Kontakten« frei glaubt, gewinnt mit seinem Urteil über jene, die als »verstrickt« diffamiert werden, den eigenen politischen Freikauf aus den gottlosen Bindungen in Ost und West der Zeit des »real existierenden Sozialismus«.[503] Wo gibt es »Reinheit« z. B. in einer Wirtschaft, die Streckmetall für DDR-Grenzsperren lieferte, und in einer Lage, in der hohe Summen für den Freikauf von Gefangenen zu zahlen waren, die natürlich die DDR stützten, obwohl es andererseits ein Verbrechen genannt werden müsste, politische Gefangene nicht freizukaufen?

Von Verstrickung ist sauber zu unterscheiden, dass es aus der Verantwortung für Menschen dienstlich geboten sein konnte, die Staatsmacht, auch das MfS sehr direkt, z. B. bewusst über abgehörte Telefone anzusprechen.[504] Während eines Gruppenverhörs zugeführter Jugendlicher aus der Jungen Gemeinde Saalfeld am 08.01.1984, die mich zu Hilfe geholt hatten, informierte ich telefonisch den Landesbischof, der sein Kommen sofort zusagte. Auch dies wurde per Telefon weitergesagt. Ergebnis: Eine halbe Stunde vor seinem Eintreffen waren alle Zugeführten wieder auf freiem Fuß.

Dieser Vorgang findet sich in den MfS-Akten nicht, weil kein Stasibericht die Erfolge des »Gegners« vermeldet. Weil der interne kirchliche Hilfsversuch per Telefon ablief, war er mit Sicherheit in den Abhörprotokollen erfasst. Die einzigen, die davon hätten berichten können, wären demnach die MfS-Abhörer gewesen. Dass sie auf eine Veröffentlichung verzichteten und die betreffenden Lauschergebnisse vernichteten, liegt auf der Hand und nicht in den Akten.[505]

---

[503] Mittels dieser Formulierung sollte das mäßige Fazit des bisher Erreichten, also real Nachprüfbaren des sozialistischen Zukunftsentwurfes gewissermaßen entschuldigend von der Vision abgehoben werden. Gleichzeitig enthielt die Formel die trotzige Selbstbehauptung: »Es gibt ihn doch«, den Sozialismus nämlich.

[504] So etwa, wenn über vorausgesetzte Abhörmöglichkeiten dem eigenen Unmut Luft gemacht wurde. »Die sollen doch mal ihre verdammten Abhörgeräte in Ordnung bringen ...«, oder das MfS zu warnen: »Der Bischof kommt – lasst die Zugeführten frei!« BStU MfS BV Gera, AOP 659/77, Bd. II, 57.

[505] BStU MfS BV Gera, A 1488/88, Bd. II, 68: Dieses Gruppenverhör folgte einem Dachstuhlbrand im Hause des JG-Mitarbeiters Jürgen Vogel in Saalfeld in der Nacht vom 7. zum 8. Januar 1984 (BStU ASt Gera, MfS BV Gera, A 1488/88, Bd. II, OV »Synodaler«, 105 (BStU-Zählung). Vgl. auch Abschnitt 15.

Konfrontationen mit dem Sicherheitsdienst sind auch »Kontakte«, aber doch wohl alles andere als »Verstrickungen.« Ein »Weg in die Anpassung« sieht anders aus.[506] Und wie steht es mit den zahllosen Erpressungen,[507] aufgrund deren Menschen so unter Druck gesetzt wurden, dass sie keinen anderen Weg mehr sahen als sich scheinbar oder wirklich zur Verfügung zu stellen?

Im Gegensatz zu Feststellungen in der Literatur und aus der Arbeit der kirchlichen Disziplinarkammern, es sei bei den Belasteten kaum von Erpressung die Rede gewesen, sind sowohl in den Untersuchungen des Überprüfungsausschusses der Ev.-Luth. Kirche in Thüringen zwischen 1991 und 2001 als auch in den Erfahrungen mit Gemeindegliedern, die Anwerbungsversuchen widerstanden, kaschierte oder unverhohlene Erpressungsversuche nahezu die Regel gewesen.

Dennoch haben selbst als angeworben Geführte innerlich Abstand gewahrt, gerade die wesentlichen der von ihnen erwarteten Informationen zurückgehalten oder – nach ihrer Meinung – lediglich für Betroffene ungefährliche Nachrichten weitergegeben.[508] Sie der Mode gewordenen gesellschaftlichen Ächtung auszusetzen, tut nicht nur ihnen weh, sondern jedem, der in Seelsorge und »Aufarbeitung« tapfere einfache Leute begleitet hat, auf die alle angeblich »aufklärenden« Klischees nicht passen. Denn: Wer eigentlich ist anzuklagen? Das Erpressungskartell oder die Erpressten?

»**Vertuschen**« gehört zu den Regelvorwürfen gegenüber Personen oder Institutionen, die nicht bereit sind, auf bloßen Verdacht und auf zweifelhafte MfS-Anwürfe hin, Menschen dem Verkauf auf dem »Markt« auszuliefern, und sich weigern, vor jeder Zeitungsmeldung in die Knie zu gehen. Die Geisteshaltung hinter Begriffen wie »vertuschen, schönfärben, schönreden, halbherzig aufklären« entspricht der Denkweise des MfS, das kirchliche Parteinahme für Angegriffene als »unter religiösem Deckmantel« diffamierte.[509] Wer so redet, hat es gar nicht mehr nötig, Recherchen anzustellen, Zusammenhänge zu prüfen und auch die Akten kritisch zu lesen, er weiß Bescheid über zehntausende von

---

[506] So betitelt Gerhard Besier die mit freundlicher Unterstützung durch das MfS-Personal hergestellte Kopie des Bildes, das die MfS-Akten von der Kirche zeichnen: »Der SED-Staat und die Kirche. Der Weg in die Anpassung«, München 1993, Titelblatt.

[507] Vgl. Wähler: Rechtssprechung, 573.

[508] S. die brutalen Erpressungsmethoden bei der »Werbung« und »freiwilligen« Verpflichtung von IM, Lehrmaterial JHS (MfS-Hochschule Potsdam Eiche), BStU ZA, z. B. 79–81, JHS 24446.

[509] Vgl. auch Abschnitt 17.5.2.

Menschen, die er gar nicht kennt und deren Leben er nicht geteilt hat, weil es ihn gar nicht interessiert.

Im Klartext handelt es sich um: »*Systematische Diskreditierung des öffentlichen Rufes, des Ansehens und des Prestiges auf der Grundlage verbundener wahrer, überprüfbarer und diskreditierender sowie unwahrer, glaubhafter, nicht widerlegbarer und damit ebenfalls diskreditierender Angaben ...*« Dieser Text entstammt allerdings der Mielke-Richtlinie für »*Formen, Mittel und Methoden der Zersetzung*«.[510]

Wer hingegen für Anschuldigungen tragfähige Beweise verlangt, wer nicht sofort in allgemeine IM-Hysterie einstimmt, wer sich dem Trend zu leichtfertiger Verurteilung bis dato Unbescholtener widersetzt (»*IM sind immer IM – was bedarf es noch der Prüfung?*«), wird schnell als »Vertuscher« beschimpft, und es hilft ihm gar nichts, dass er selbst zu den bevorzugten Zielobjekten von Hauptamtlichen und ihren IM gehörte. Hinter diesem Lärm verschwinden ehemalige hauptamtliche MfS-Offiziere oder deren Zuträger in »demokratisch kontrollierten« Geheimdiensten und haben inzwischen die Dreistigkeit, von dort aus schon einmal »Bearbeitete« und nun um Klärung Bemühte per Gericht anzugreifen.[511]

4.7 Die Sprache der Lieder

Es gab und gibt auch eine befreiende Gegensprache: Für Heranwachsende in der »Jungen Gemeinde«, für Gemeinden und Einzelne, für die Kirche überhaupt haben überlieferte und neue Lieder auch in der Zeit der DDR gegen die öffentliche Gewaltanwendung ihre gewaltlose Vollmacht gesetzt. Die Singenden sind an ihnen gewachsen und gereift. Wie in der Freiheitsbewegung der Farbigen der USA erwuchsen aus überlieferter und neuer Musik Gruppen mit ihrem eigenen »Sound«.[512]

Zum Beispiel: »Jesus Christus, König und Herr; sein ist das Reich, die Kraft, die Ehr, gilt kein andrer Namen, heut und ewig. Amen.« Jesus Christus, der Name, in dem sich beugen sollen aller Knie, gesungen von Jugendlichen im Flammenschein eines Johannisfeuers mitten in der dunklen DDR der sech-

---

[510] Gill/Schröter: MfS, 390 f.

[511] So erging es Pfarrer Edmund Käbisch 2008 mit einer Ausstellung in Reichenbach i. V. und Roman Grafe mit seinem Buch »Deutsche Gerechtigkeit«.

[512] Z. B. die Jugendband »Gefahrenzone« in Saalfeld. BStU ASt Erfurt: »Stein auf Stein« Erfurt 1999.

ziger Jahre, befreite Ängstliche und nahm sie mit auf den Weg aus dem Dunkel: »Gilt kein andrer Namen, heut und ewig. Amen.«

Jugendliche haben sich in Zeiten der Auseinandersetzungen um die kirchliche Jugendarbeit mit solchen Liedern gegen die Sprache der Macht zur Wehr gesetzt. In den Schulen Bedrängte sangen zu Tausenden bei Landesjugendsonntagen so ihr Glaubensbekenntnis hinaus. Ungebetene Lauscher ahnten wohl, dass da eine Kraft am Werke war, die sich Gemeinschaft schuf und den Einzelnen schützend umgab.

Das Trutzlied der Reformation: »Ein feste Burg ist unser Gott« trug Glieder der Jungen Gemeinde, der Studentengemeinde und Eltern. Hunderte sangen es 1953 nach einem Protestgottesdienst mit Landesbischof D. Moritz Mitzenheim gegen die Verfolgung der Jungen Gemeinde und der Evangelischen Studentengemeinde – in und um die »Friedenskirche« in Jena. Es wirkte als geschlossener Widerstand, wie ein Bollwerk, an dem sich die Wellen von Verleumdung und Machtmissbrauch der SED, FDJ und ihrer Helfer brachen – in der Kirche und um ihre Jugend her.

Klare Sprache und kraftvolle Melodien trugen die Kraft der Kirche aus ihrer Glaubensgeschichte in die bedrohte Gemeinde ein – in Liedern, Gebeten und in Predigten.

4.8   Die »Sprache Kanaans« – eine befreiende Gegensprache?

Predigern wird gern vorgeworfen, sie sprächen die »Sprache Kanaans«, will sagen: eine überalterte Fremdsprache nur für Fromme, die alle Farben der Welt verloren habe. Mitnichten! Es gibt eine »unmittelbare« Sprache, die zeitliche Abstände und den Unterschied in Lebensverhältnissen aufhebt, weil sie aus Urerfahrungen von Menschen verschiedenster Zeiten, Kulturen, Lebensumstände und politischer Verhältnisse erwachsen ist. »Erwachsen« im Doppelsinne des Wortes: die Sprache der Bibel.

Denn beim Propheten Jesaja heißt »Sprache Kanaans« alles andere als unverständlich fremdes Gerede: »Fünf Städte in Ägyptenland werden die Sprache Kanaans sprechen und bei dem Herrn Zebaoth schwören« – sie werden in Gefangenschaft frei, sich zum Herrn zu bekennen – gegen den Druck des Pharao.[513] Diese Erfahrung gehört in alle vier Jahrzehnte der DDR-Episode hin-

---

[513] Jesaja 19,18: »Zu der Zeit werden fünf Städte in Ägyptenland die Sprache Kanaans sprechen und bei Jahwe Zebaoth schwören.« Im Lande fremder Gottheiten wird die Sprache des Gottesdienstes vor Jahwe gesprochen und auf ihn schwören, zu ihm bekennen sich fünf Gemeinden frei im Glauben.

ein: Die Sprache der Bibel war es, die im Sprachengewirr der Diktatur Klartext redete ohne gekünstelte Transformationen, kraftvoll Satz für Satz:

- Die Botschaft der Propheten Jesaja und Micha, dass Schwerter zu Pflugscharen umgeschmiedet werden,[514] begriffen sogar im Symbol die angeblichen Hüter des Friedens und schickten ihre Polizei ins Land, das Zeichen zu tilgen;

- das Weinberglied vom »Rechtsbruch statt Rechtsspruch«, von »Schlechtigkeit statt Gerechtigkeit«[515] beunruhigte nach der Ausbürgerung Wolf Biermanns Stadt, Staat und Stasi, obwohl es längst vorgeschriebener Predigttext war;

- die Kirchentagslosung »Umkehr führt weiter!«[516] im Jahre 1988 löste den Beifall Tausender auf dem Domplatz zu Erfurt aus und traf ins Zentrum der Gefühle nicht nur von Christen;

- es geschah, dass gedungene Lauscher die Sprengkraft der »Sprache Kanaans« sehr genau begriffen und zwei verschiedene »Abhörer« unabhängig voneinander den gleichen Satz aus einer Predigt über Galater 5,1[517] festhielten: »Das Maß des Glaubens ist das Maß der Freiheit«;[518]

- der Klartext biblischer Überlieferung wirkt auch über die Zeit der DDR hinaus in nachrevolutionären Zusammenhängen.

Zu einem Gewerkschaftstag am 20.05.1990 hatte ich in Württemberg zu predigen – in Bietigheim-Bissingen. Das geschah mit Zittern und Zagen. Denn nach der Ordnung der Predigttexte war dem »Ossi« auferlegt, vor den »Wessis« Gottes rettenden Willen in den zehn Geboten auszurufen, der den Tanz um das Goldene Kalb beendet – in Ost und West. Den Gott zu bekennen, den das Unheil reut, das sein Volk sich selbst zugezogen hat: *»Kommt die D-Mark nicht zu uns, kommen wir zur D-Mark!«* Nun aber: *»Kehrt um! Zerschlagt das Goldene Kalb und bittet Gott um Vergebung und Neuanfang!«*[519]

Genug der Beispiele für die »Sprache Kanaans«, die Sprache der Freiheit im Lande der Götzen. Sie sind beliebig vermehrbar. Diese Sprache dringt durch alle Sprachregelungen und verdeckte Redeweisen, behauptet sich einfach und überzeugend gegen Anmaßung, Verstellung und Machtworte der Gewalttäter

---

[514] Jesaja 2,4 und Micha 4,3.

[515] Jesaja 5,1–7.

[516] Amos 5,4.

[517] Galater 5,1: »So besteht nun in der Freiheit, zu der uns Christus befreit hat.«

[518] Operativinformation BV Erfurt der Abt. XX/4 zum Männertreffen am 28.09.1986 in Erfurt, BStU »OV Synodaler«, 168, außerdem: BV Gera, Abt. XX/4 im Zwischenbericht zum OV »Synodaler«, Reg.-Nr.X/1311/82, 143.

[519] Exodus 32, Tanz ums goldene Kalb.

– ohne gequält modernisierende Übertragungen: aktuell, eindeutig und unverstellt. Ganze Perikopenordnungen und Losungen wären zu zitieren, um zu beschreiben, wie Sprache der Freiheit aus Glauben ohne Aufenthalt »zur Sache« kommt und uns zu wirklich neuem Denken hilft – damals wie heute.

4.9 Stumme befreit Christus zu klarer Rede – »Die Fessel seiner Zunge wurde gelöst und er redete frei.«[520]

Den Mut zu freier Rede als einen ersten Schritt zur Freiheit überhaupt fanden viele DDR-Bürger im geistlichen Raum der Friedensgebete. Zunächst eher zaghaft dort, wo im Ablauf Raum gegeben wurde für persönliche oder öffentliche Gebetsanliegen, wie das von Anfang an – nämlich mit Beginn der Friedensgebete 1980 – zur Ordnung der Gebete um Frieden gehörte. Später erwuchsen daraus die *Zeugnisse der Betroffenheit*. In ihnen lernten Menschen aller Altersgruppen und sozialen Schichten die Freiheit, das auszusprechen – »aus sich herauszusprechen« –, was ihnen das Herz zu erdrücken drohte, weil es sonst ängstlich verschwiegen blieb und weiter quälte. Freilich bedurfte es dazu des besonderen, auf eigene Weise geschützten Raumes und der ermutigenden Gemeinschaft mit anderen, um mit ihnen »zur Sprache zu bringen«, was zu beklagen war. Diesen Schutzraum boten die evangelischen Kirchen und Gemeinden.

Einfache und deshalb unmittelbar nachvollziehbare Psalmengebete mit ihrem selbstverständlichen Ineinander von Klage und Lob erwiesen sich als sprachliche Entbindungshelfer für Sprachungewohnte. Naturgemäß lässt es sich leichter klagen als loben. Aber es galt in Staat und Gesellschaft als negativ, war unerwünscht und hieß »meckern«. Das offen vor anderen zu wagen, muss als ein entschlossener Schritt ins Freie begriffen werden.

Umso bitterer, dass unmittelbar nach dem Herbst 1989 Klage nur noch in einer Richtung zugelassen werden sollte: nach rückwärts als Klage über das Vergangene. Wer seine Enttäuschungen angesichts des Ganges der öffentlichen Dinge nach 1989 nicht verhehlen konnte und wollte, musste sich bald gefallen lassen, als »Jammerossi« abgestempelt zu werden. Und ehe sich's kritische Menschen in ihrer neu gewonnenen Freiheit zu Lob und Klage versahen, fanden sie sich solchermaßen herabgesetzt und verhöhnt.

Es hätte nicht so schnell vergessen werden dürfen, welche geistige und seelische Befreiung und Gefühlsentlastung die unzensierte Klage für zahllose

---

[520] Markus 7,35.

Einzelne und für eine ganze Gesellschaft bedeutete. Inzwischen verstummen wieder Menschen aus Verletzungen, aus Enttäuschungen und aus der Ohnmacht, sich auch nur annähernd anderen verständlich machen zu können, die in Denk- und Verhaltensweisen aus der Zeit vor 1989 gefangen blieben, sich nie veränderten und jede Umkehr verweigern.

4.10 Eine alte Sprache übt neue Gewalt

Wer Gewalt überwinden will, vermeidet auch gewalttätige Sprache. Um gewaltfreie Sprache mühten sich die Friedensgebete der evangelischen Kirchen seit 1980 in allen gemeinsam verantworteten Ordnungen. Die evangelischen Kirchen des Bundes setzten sich im Rahmen des KSZE-Prozesses und innerhalb des Programms »Erziehung zum Frieden« für Gewaltfreiheit in allen Lebensbereichen ein. Sie unterstützten ein »Moratorium für feindselige Rhetorik« und wandten sich gegen geistige Kriegsvorbereitung durch eine Sprache, die andere herabsetzt und mit brutalen Worten auf Gegner einschlägt.

Im DDR-Fernsehen tat sich viele Jahre hindurch Karl Eduard von Schnitzler mit aggressiver und brutaler Redeweise im »Schwarzen Kanal« besonders hervor. Andere »Kommentatoren« versuchten, es ihm gleichzutun.[521] Mit der gewaltfreien Revolution verschwand auch der »Schwarze Kanal« vom Bildschirm und die Hasstiraden Karl Eduard von Schnitzlers verstummten. Umso bitterer, dass gewalttätige Sprache nun von Menschen gesprochen wird, die einmal dagegen aufstanden.

> »Dem Bourgeois auf die Finger schaun – das genügt nicht! Auf die Pfoten haun wolln wir das fette Bürgerschwein – so soll es sein …«[522]
> »Ach, die ganze eitle Bande findet sich heute schon wieder in der bürgerlichen Westkirche ein und kokettiert mit den fetten Westgermanen, weil die Ostgermanen auch so gerne fett sein möchten.«[523]

Wird in dieser Sprache eine »Andere Geschichte«, die neue Geschichte geschrieben, in der ein Mensch Mensch sein darf? Nein, es ist die alte Geschichte von Geschlagenwerden und Zurückschlagen – vergessen ist: *»Keine Gewalt!«*

---

[521] Die Bundessynode wandte sich gegen diese »feindselige Rhetorik«, wofür der Verf. zur Zersetzung freigegeben wurde: BStU MfS BV Gera, Info des Leiters v. 30.09.82, Nr. XX/3905/82, Ref. 4, 12-27; BStU MfS BV Gera, Nr. A 1488/88, Bd. II, 20–24.

[522] Katharina Lenski u. a. (Hg.): Die »andere« Geschichte. Kirche und MfS in Thüringen, Erfurt 1993, 93.

[523] A. a. O., 364.

Gefangen in einer Sprache, die herabsetzt und tötet, verhalten sich nun die Schreiber solcher Texte genauso wie ihre einstigen Gegner. Wer für solche Hasstexte um Verständnis wirbt, weil Getretene schreien, hat das einst von Getretenen ausgerufene: »Keine Gewalt!« nicht akzeptiert.

Schauen wir genauer hin: War es nicht »die eitle Bande«, die sich im Plenum der Bundessynode gegen die feindselige Rhetorik von Karl Eduard von Schnitzler wandte, auf Änderung drängte und zum Protest aufforderte? Und war es nicht diese »eitle Bande«, die sich vor 1989 in Landessynode und gegen staatliche Stellen vor die Verfasser solcher Nachwende-Hassgesänge stellte und kompromisslos für sie eintrat und ihnen Luft verschaffte – allem staatlichen Drohen und Drängen zum Trotz? Wer als »Pastorengewäsch« diffamiert, dass über Vergebung für Schuldiggewordene der Gegenseite nachgedacht wird, muss sich fragen lassen, was er unter »feindseliger Rhetorik« verstand, als Christen öffentlich dagegen protestierten.[524]

---

[524] Ehrhart Neubert, in: Krone/Schult: »Seid untertan der Obrigkeit«, 7.

5. Zwischenbilanz zur Entschlüsselung der Sprache des MfS

Wie wird Stasisprache im Sprachenwirrwarr entschlüsselbar? Abschließende Urteile über den dokumentarischen Wert und das Verständnis wesentlicher Inhalte der Stasidokumente in ihrer höchst eigenen Sprache sowie über die uns dort begegnenden Bilder von Menschen und Vorgängen sind unter den beschriebenen Voraussetzungen und innerhalb des immer noch laufenden Erschließungsprozesses nicht möglich.

Was für die gerichtliche Bewertung von Stasikontakten heute gelten sollte, muss auch in diesem Zusammenhang wieder unterstrichen werden: Jeder »Fall« bedarf seiner eigenen Prüfung und Klärung. Aber auch jedes Sprachdokument des Geheimdienstes kann – manchen Klischees und vorgefertigten Formularmodellen zum Trotz – nur einzeln erschlossen, mit anderen verglichen und bewertet werden.

Ohne die Berücksichtigung der MfS-spezifischen hermeneutischen Kriterien im Zusammenhang mit dem jeweiligen »Sitz im Leben« der einzelnen Akte und ohne die Prüfung ihrer besonderen »Sprachen« kann dies nicht gelingen. Deshalb gelten für Urteile über Wert oder Unwert der Stasiakten und ihrer Inhalte in jedem Falle folgende Einschränkungen:
– soweit uns die Akten zugänglich und[525]
– die Umstände ihrer Entstehung bekannt sind,
– die persönlichen Beweggründe ihrer Verfasser und der in den Akten Bearbeiteten erhoben werden können,
– die eigentlichen Zielsetzungen hinter der ideologischen Tarnung erkennbar werden, und schließlich
– sofern nicht andere Quellen Abweichendes oder Gegenteiliges belegen.

---

[525] Nach Feststellungen der BStU sind Überraschungen nicht mehr zu erwarten. Dennoch darf nicht vergessen werden: Wochenlang haben die Diensteinheiten des MfS Zeit und Gelegenheit gehabt, Akten zu vernichten, und haben das ohne Zögern und Skrupel getan. Weil davon auszugehen ist, dass sie ihnen und ihren Freunden besonders brisant erscheinende Dokumente zuerst vernichtet haben, klafft in der Überlieferung eine Lücke, die durch Verweise in Opferakten nicht völlig geschlossen werden kann. Bis heute fehlen z. B. einige Unterlagen für die Einschleusung wichtiger inoffizieller Mitarbeiter, z. B. für IM »Küster«, »Franke«, »Hesselbarth« – die wechselnden Gewänder von Martin Kirchner. Zumindest der Forscher muss misstrauisch bleiben, wenn etwas allzu offensichtlich scheint.

Die Sprachen der Quellen in ihren unterschiedlichen Geheimhaltungsstufen und die Sprachformeln der Analysen, die sich im Zuge der Quellenbeurteilung entwickeln und immer weiter zitiert werden, sind in jedem Falle zu überprüfen. Nur so kann vermieden werden, neuerliche Verzeichnungen vorzunehmen, die womöglich ihren Ursprung den Legenden und Zweckparolen der untersuchten Schriftstücke verdanken und bei ihrer kritiklosen Anwendung wiederum Unrecht tun oder das schon verübte Unrecht in die Gegenwart hinein verlängern.

Letzten Endes kann nicht ausgeschlossen werden, dass es bei ehemaligen Mitarbeitern und ihren Gegnern noch »Privatarchive« gibt, die zur eigenen Sicherheit im Gefahrenfalle angelegt wurden. Das Bankgeheimnis lässt die Nutzung von Safes unbeschadet ihres Inhaltes zu.[526] Was haben wir von dort noch zu erwarten? Der Grundsatz: »Wir wollen mit den ›Tätern‹ nicht so umgehen, wie sie selbst mit Menschen und Schicksalen umgegangen sind«, bleibt bis heute und in Zukunft unabdingbar. Wird er aber durchgehalten?

Nach meinem Eindruck erwies er sich gerade in der ersten Welle der Auseinandersetzung mit den Akten als kaum wirksam. Es dominierte die Annahme, die Akten seien *cum grano salis* zuverlässig und zwängen zu rechtlichen Konsequenzen. Ein grobes Schwarz-Weiß-Denken bestimmte viele Äußerungen zur Stasiproblematik von Seiten der nicht Betroffenen oder derer, die sich für nicht betroffen hielten. Zeitweise steigerte sich die »öffentliche Meinung« in eine Art Pogromstimmung hinein, die von den früheren Machthabern – auch in den aus DDR-Zeiten weitergeführten Zeitungen mit fast unveränderter Belegschaft – noch angeheizt wurde und in die wirklich Belastete lauthals einstimmten, um von sich selbst abzulenken.

Fallbeispiel: Fahrlässige Kommentare

Als ein Beispiel aus der trüben Flut leichtfertiger Kommentare sei Steffen Winter nach der Thüringer Landeszeitung mit seinem Artikel »*Ahnungslose Diener*« vom 27.08.1996 über Altbischof Braecklein zitiert:

---

[526] In einem Streitgespräch über angebliche Aufzeichnungen des MfS, die zur Klärung der Mitarbeit oder Nichtmitarbeit eines Beschuldigten hätten dienen können, wurde die gewünschte Auskunft zwar prompt gegeben. Auf die Frage nach der Quelle der Mitteilung aber erfolgte die lakonische Antwort: »Das sage ich nicht. Ende der Durchsage.« Ähnliches findet sich in Texten der »Aufarbeitung«: So wirft Neubert nach Aktenlage Stolpe vor, mit dem MfS an einer politischen Neutralisierung der Gruppen kooperiert zu haben. Statt der fehlenden Belegstelle wird der Leser abgespeist: »Arbeitsmaterial des Verfassers« (Anm. 87), Neubert: Vergebung, 79, 189.

»Die mächtige Staatssicherheit der DDR stützte sich auf ein Heer Ahnungsloser. Nach Manfred Stolpe (IM Sekretär) erklärt auch Altbischof Ingo Braecklein (IM Ingo), er habe von einer Registrierung als Inoffizieller Mitarbeiter ›nichts gewußt‹. Landesbischof Roland Hoffmann überreicht seinem Vorgänger flugs den Persilschein: Braeckleins Stasi-Kontakte hätten ausschließlich dazu gedient, das Verhältnis zwischen Staat und Kirche erträglich zu gestalten.

Nein, der Umgang der evangelischen Kirche mit ihrer jüngsten Vergangenheit ist unerträglich. Nur zögerlich und wenn eine Veröffentlichung ins Haus steht, kommen Details der Verquickung zwischen Kirche und Staat zum Vorschein – und werden schöngeredet.«

In diesem Artikel folgt eine Unwahrheit der anderen. Wahr ist vielmehr:
– Begriff und Funktion »IM« waren vor 1989 nur dem MfS selbst bekannt, aber nicht den unter dieser Bezeichnung »Registrierten«.
– Keineswegs »zögerlich«, sondern sofort am Tage nach Eintreffen der entsprechenden Auskunft der Gauckbehörde hat der amtierende Landesbischof Roland Hoffmann mit Mitgliedern des Überprüfungsausschusses der Landeskirche Gespräche mit Altbischof Ingo Braecklein und seiner Ehefrau sowohl in seiner Wohnung als auch im Landeskirchenamt geführt. Aufgrund dieser Gespräche und der Aktenlage wurden die Vorwürfe durch den Landeskirchenrat geprüft.
– Danach – also keineswegs »flugs«, aber im Rahmen der gemäß rechtlichen Regelungen unbedingt einzuhaltenden Verfahrensschritte unverzüglich – wurde aufgrund der Verhandlung im Landeskirchenrat die Öffentlichkeit informiert und das Ergebnis der Überprüfung mitgeteilt.
Das Fazit trug korrekterweise der vor 1989 gegebenen Situation Rechnung:

»Aus damaliger Sicht dienten die Gespräche dem Zweck, alle Möglichkeiten für die kirchliche Arbeit offen zu halten und zu einem guten Verhältnis zwischen Staat und Kirche beizutragen.«

Sie wurden von Landesbischof Braecklein nicht »*konspirativ*« geführt, sondern mit Betroffenen und zuständigen Gremien besprochen.[527]
Ähnlich fahrlässigen Umgang mit aktenkundigen MfS-Wunschbildern wie im zitierten Zeitungsartikel gibt es bis zur Stunde, manch gründlicher Analyse

---

[527] Selbst das MfS musste seine »Dekonspiration« dokumentieren: BStU ZA, MfS 24028/91, I, 111. Mit vom Staat angegriffenen Mitchristen hat er die ihm vorgetragenen Beschuldigungen besprochen, so mit dem Verf., als dessen Abberufung verlangt wurde. Auch in stasigesteuerten Verleumdungskampagnen und formellen Anklagen wegen angeblicher Gesetzesverletzungen.

zum Trotz. Ein Differenzieren in Sachen »Stasibelastung« ist in der Öffentlichkeit der Bundesrepublik von vielen noch immer nicht erwünscht. Wer es dennoch fordert, wird rasch verdächtigt, er habe etwas zu verbergen.[528]

Fallbeispiel: Argumentationsfalle »Zwickmühle«

Wie eine „Zwickmühle" im Mühlespiel wirkt eine Argumentationsfalle in der Auseinandersetzung um vermeintliche IM-Belastungen.

Einerseits: Sich nicht zur Wehr zu setzen gegen Stasi-Beschuldigungen bedeutet, »Verstrickungen«[529] mit dem MfS zuzugeben. Denn: »Wer schweigt, gesteht ein.« Andererseits: Sich gegen den Vorwurf der Kooperation zur Wehr zu setzen bedeutet ebenfalls, »Verstrickungen« zuzugeben. Denn: »Wer sich entschuldigt, klagt sich an.« Was immer der damals ins Visier des MfS und heute in das mancher »Aufklärer« geratene Mensch tut, es wird zu seinem Schaden interpretiert.

Das hat Vorbilder in der Verleumdungstaktik der Stasi: Setze ich mich gegen anonyme Anschuldigungen zur Wehr, habe ich Gründe dafür. Setze ich mich nicht zur Wehr, gebe ich zu, dass die Anwürfe berechtigt sind. Grund genug, nach den aus dem Verborgenen wirkenden Beweggründen der Observierenden und der Observierten zu fragen und diese nicht geringe Mühe *vor* dem wohlfeilen Urteil als einen notwendigen, integralen Schritt für künftige Untersuchungen und für alle daraus gezogenen Rückschlüsse zu begreifen. Das gilt besonders für Wertungen, die dienstrechtliche oder zivilrechtliche Konsequenzen nach sich ziehen könnten. Es gilt aber ebenso für unüberprüfte Beschuldigungen in Medien und Aufarbeitungsbemühungen, denn der Ruf eines Menschen darf nicht leichtfertig aufs Spiel gesetzt werden – auch nicht gegenüber Stasivorwürfen.

Im Übrigen sollte auch in der Diskussion über unsere politische Vergangenheit der alte römische Rechtsgrundsatz wieder gelten: »*in dubio pro reo*« – im Zweifel *für* den Angeklagten.

---

[528] Vgl. Leich: Du aber bleibst, 287 ff.

[529] Der Begriff »Verstrickungen« ist geradezu Standardbezeichnung für Kontakte mit dem Staatssicherheitsdienst geworden – und das ohne Rücksicht darauf, wie und durch wen und zu welchem Zwecke diese Kontakte zustande kamen und welches Ergebnis sie zeitigten. Vgl. dazu oben Abschnitt 2.6 zur problematischen Sprache der »Aufarbeitung«.

VIERTER TEIL:

VON FALL ZU FALL:
DER »FALL KIRCHE«

6. Hermeneutische Voraussetzungen im »Fall Kirche«

Wenn von Kirche im Gegenüber zu den Zerstörungs- oder im MfS-Jargon »Missbrauchsabsichten« des Geheimdienstes der DDR die Rede ist, dann muss zuerst davon gesprochen werden, was diese Kirche aus dem Kern ihrer Überzeugung bestimmte. Es muss die Rede sein von dem, was sie geistlich trug und ihr die Richtung wies. Zugleich ist in Abgrenzung zu außer- oder innerkirchlichen Fehldeutungen auch zu sagen, was Kirche *nicht* sein kann.

»Kirche« wird sowohl in den Akten des MfS und anderer »Quellen« vor 1989 wie danach undifferenziert gebraucht, oft im Sinne eines unzulässigen »*Pars pro toto*«:[530] Ein einzelner Vorgang, das Verhalten einer kirchlichen Dienststelle, die Äußerung eines Bischofs, der möglicherweise sogar seiner eigenen Landessynode widerspricht, die persönliche Äußerung eines Mitgliedes der Kirchenleitung in der CDU-Parteipresse wird »*der Kirche*« angelastet.[531]

Wenn außerkirchliche Stellen den Begriff so unqualifiziert verwenden, erscheint mir das zwar nicht unbedingt als redlich, muss aber wohl hingenommen werden.

Wenn aber in zeitgeschichtlichen Schriften mit dem Anspruch wissenschaftlicher Zuverlässigkeit der Begriff »Kirche« auch von Theologen so pauschal und verwaschen gebraucht wird, ist das nicht mehr tolerabel.

6.1 Die geistliche Gemeinschaft

Das Bekenntnis reformatorischer Kirchen von Augsburg 1530 (Confessio Augustana), Artikel 7, beschreibt Kirche als »*die Versammlung aller Gläubigen, bei denen das Evangelium rein gepredigt und die heiligen Sakramente laut dem Evangelium gereicht werden.*« Der Rückgriff auf das reformatorische Bekenntnis ist angesichts der Stasifrage aus drei Gründen unumgänglich. Wo Glieder ebendieser »Kirche« das Wort nehmen, um sich von ihr abzuheben und sich ihr gegenüberstellen, »die Kirche« scharf zu kritisieren, entledigen sie sich der Verantwortung für das Ganze der Gemeinschaft, an der jedes ihrer

---

[530] »Ein Teil wird für das Ganze genommen.«
[531] Lenski/Merker: Zwischen Diktat und Diskurs, 20.

Glieder teilhat. Das gilt vor 1989 von IM und danach in gleicher Weise von »Nicht-IM«[532]

Dergleichen Unschärfen oder Verschleierungen sind unter wissenschaftlichen oder zeitkritischen Ansprüchen nicht hinnehmbar. Sie werden zur Gefahr, wenn ein individualistisches Denken fordert, dass Kirche durch den »werktätigen Einzelchristen« repräsentiert werde.[533] Nur in der Gemeinschaft lebt Kirche: »*Wo zwei oder drei beisammen sind in meinem Namen, da bin ich mitten unter ihnen*«, sagt Jesus.[534] Ein Einzelner ist nicht »Kirche«, wie die Rebe nicht der Weinstock ist und die Beere nicht die Traube. Kirche erfährt der Einzelne nur als eines ihrer Glieder unter anderen in der unverfügbaren Gegenwart Christi inmitten der Seinen – im Gottesdienst und im gemeinsamen Dienst an den Menschen.

Der SED-Satz: »*Wo ein Genosse ist, da ist die Partei*«,[535] kann nicht kurzschlüssig auf die Präsenz der Kirche in einem ihrer Glieder übertragen werden. Die Wirklichkeit dieser Kirche beschreibt Artikel 8 des Augsburgischen Bekenntnisses nüchtern:

> »Obwohl ... in diesem Leben unter den Frommen viele falsche Christen und Heuchler, auch öffentliche Sünder bleiben, sind die Sakramente gleichwohl wirksam, auch wenn die Priester, durch die sie gereicht sind, nicht fromm sind.«

Mit anderen Worten: Die »wahre Kirche« kann von der »wirklichen Kirche« zwar gedanklich unterschieden werden, aber es gibt keine »wahre Kirche« ohne die »wirkliche« oder außerhalb von ihr, keine Kirche Jesu Christi ohne die »Institution« Gemeinde, also ohne das Leben der Christen in Formen des Gottesdienstes und der Verwaltung der Sakramente und in den Bereichen des Dienstes der Liebe an allen Menschen – wie immer das in der Praxis aussehen mag. Im Streit um die Gestalt und Wirklichkeit dieser Kirche hat gerade Dietrich Bonhoeffer den Satz aus der Geschichte der Kirche zu wiederholen gewagt: »*Extra ecclesiam salus non est.*« Außerhalb der Kirche finden wir das

---

[532] Von »Nicht-IM« spricht Kirchenältester Christfried Herklotz, als er seine Bereitschaft zur eigenen Überprüfung erklärt, die Zwangsüberprüfung des Gemeindekirchenrates aber ablehnt: Dok. 7 im Anhang.

[533] Diesen individualistischen Kirchenbegriff vertrat OKR Gerhard Lotz zuweilen in Diskussionen um die Verfassung auf der thüringischen Landessynode.

[534] Matthäus 18,20.

[535] ThStA Rudolstadt, Kreisleitung der SED Saalfeld, Nr. 7, Disk.-beitrag 1. Sekr. Am 08.04. 1985, 8.

Heil nicht – weil Christus selbst sich an seine fehlsame Gemeinde, die Gemeinschaft begnadigter Sünder, gebunden hat.

Das hat Konsequenzen. In Zeiten, da Glaube und Kirche von außen angegriffen und ihre Glieder verfolgt werden – und wann wäre das mehr oder weniger offen oder verdeckt einmal nicht der Fall? –, löst sich von ihr, wer »*die* Kirche« angreift. Im innergemeindlichen Streitgespäch um ihre Gestalt und ihren Auftrag zu ringen, bleibt aller Christen Auftrag. Aber öffentlich die »Gemeinschaft derer, die miteinander Gottesdienst feiern, Brot und Wein teilen« anzugreifen, als gehörte ich nicht zu ihr, heißt, Christus in der schlichten Gestalt seiner Kirche öffentlich zu leugnen und sich innerlich von ihm zu lösen.

Fallbeispiel: Verwechslung OKR Lotz mit der Thüringer Landeskirche

In einer Darstellung »*oppositioneller Handlungsräume in Gera in den 80er Jahren*« stellen die Verfasser[536] fest:

> »Die Thüringer Landeskirche bot für kritische Meinungsäußerungen wenig Rückhalt. So hatte die Neue Zeit vom 23. September 1976 u. a. eine Stellungnahme des Eisenacher Oberkirchenrates Gerhard Lotz zur Berichterstattung der westlichen Medien im Fall Brüsewitz veröffentlicht. Dort äußerte er: ›Ich wende mich gegen die böswillige Zweckpropaganda der westlichen Massenmedien, die aus dem bedauerlichen Kurzschluß des Pfarrers Brüsewitz eine Diffamierung der DDR machen will‹.«

Aus einem Artikel der CDU-Zeitung »Neue Zeit« mit einer persönlichen Stellungnahme von Gerhard Lotz, der ausdrücklich schreibt: »*Ich wende mich gegen …*« den Schluss zu ziehen, »*die Thüringer Landeskirche bot für kritische Meinungsäußerungen wenig Raum*«, ist methodisch unzulässig, inhaltlich falsch und historisch widerlegt.

Hier wird der Artikel eines Mitgliedes des CDU-Hauptvorstandes und des Landeskirchenrates als Äußerung »*der Thüringer Landeskirche*« ausgegeben. Die solidarische Teilnahme zahlreicher Pfarrer der Thüringer Landeskirche auch aus dem Bezirk Gera etwa an der Beisetzung von Pfarrer Brüsewitz wird unterschlagen. Die »*kritischen Meinungsäußerungen*« vieler Geistlicher »*der Thüringer Landeskirche*« – nicht erst seit der Selbstverbrennung von Oskar Brüsewitz – werden nicht genannt und die eben von Superintendent Scriba berichtete[537] ausgeblendet. Die Zustimmung der meisten Thüringer Pfarrer zum (nach Meinung von Partei- und Staatsführung »*konterrevolutionären*«)

---

[536] Lenski /Merker: Zwischen Diktat und Diskurs, 22.
[537] Ebd.

Brief der Konferenz der Kirchenleitungen und dessen kommentierte Weitergabe wird geleugnet – auch noch unter Berufung auf eine Äußerung des Genossen Uerkvitz, Kirchenreferent beim Rat des Bezirkes und als IME »Kramer« geführt.[538]

Deshalb muss an den Grundsatz: Gemeinschaft hat Vorrang! erinnert werden. Zu den Grundvoraussetzungen von Zeugnis und Dienst der evangelischen Kirchen in der DDR unter den lauernden Augen von MfS und anderen »Diensten« des SED-Regimes und in der Verantwortung für besonders gefährdete Gemeindeglieder – Kinder, Jugendliche, Angestellte in volkseigenen Betrieben und staatlichen Einrichtungen und andere Exponierte – gehörte damals, dass der sachlich gebotene innerkirchliche Meinungsstreit oder die immer notwendige kritische Auseinandersetzung um Gestalt und Inhalt unserer Arbeit *innerhalb* unserer Zeugnis- und Dienstgemeinschaft ausgetragen wurde.

Trotz mancher Meinungsunterschiede die Gemeinschaft in Christus zu wahren, war überlebensnotwendig, obwohl manche ebendiese Gemeinschaft gering achteten und sie durch ihre eigenen Vorstellungen von Kirche ersetzen wollten. Wir mühten uns in Gemeinden und Mitarbeitergruppen und Synoden redlich, die Mahnung des Paulus nicht zu vergessen:

> »Wie kann jemand von euch wagen, wenn er einen Streit hat mit einem andern, sein Recht zu suchen vor den Ungerechten und nicht vor den Heiligen? ... Ist denn gar kein Weiser unter euch, auch nicht einer, der zwischen Bruder und Bruder richten könnte. Vielmehr rechtet ein Bruder mit dem andern und das vor Ungläubigen!«[539]

Als einer der Erträge jener schwierigen Jahre ist auch heute noch festzuhalten: Die Missachtung der nicht von uns begründeten, sondern uns geschenkten Gemeinschaft in Christus in, mit und unter der äußeren Gestalt auch einer Landeskirche, war vor 1989 falsch und ist es heute. Wer meint, begründete Anfragen öffentlich an kirchliches Handeln in der Gemeinschaft der Schwestern und Brüder richten zu müssen, nenne den Adressaten: Welches Gemeindeglied, welcher oder welche Kirchenälteste, Geistliche, Synodale, welcher Bischof oder welche Bischöfin oder welches kirchliche Gremium ist anzufragen oder zu kritisieren oder zu beurteilen?

Wer als getaufter Christ und Glied der Gemeinde in die Welt hinaus lamentiert: »Die »Kirche« hätte, sollte, müsste ...«, distanziert sich selbst von ihr, weil er offenkundig nicht bereit ist, ihre armselige Gestalt und ihr Wesen

---

[538] A. a. O., 21, zit. ThStA Rudolstadt, BPA SED Gera, IV C-2/14/577, Bl. 142 f. (Arbeitsberatg. Erfurt 12.11.76).

[539] 1.Korinther 6,1 ff.

als ihr Glied auch mit zu verantworten. Um des gemeinsamen Ursprunges willen und wegen der nicht selbstbeschafften, sondern geschenkten Gemeinsamkeit in Christus können Glieder der Kirche, wenn es um diese Kirche geht, nur »Wir« sagen.

Wenn wir Christen *die* Kirche als Ganze anfragen oder kritisieren, können wir sachgemäß und d. h. für Christen christusgemäß nur sagen: »*Wir* hätten, sollten, müßten das und das sagen, tun oder unterlassen.« Besser im Indikativ: »Wir haben das und das und das zu tun oder zu unterlassen.« Sich mit seiner Kritik ohne klar bezeichneten Adressaten einfach hinter dem Pauschalbegriff »Kirche« zu verstecken, ohne konkret zu werden, zerstört die Gemeinschaft, für die sich einzusetzen doch gerade Kritiker behaupten.

So lesen wir bei Dietrich Bonhoeffer:

> »Jedes menschliche Wunschbild, das in die christliche Gemeinschaft mit eingebracht wird, hindert die echte Gemeinschaft und muß zerbrochen werden, damit die echte Gemeinschaft leben kann. Wer seinen Traum von einer christlichen Gemeinschaft mehr liebt als die christliche Gemeinschaft selbst, der wird zum Zerstörer jeder christlichen Gemeinschaft, und ob er es persönlich noch so ehrlich, noch so ernsthaft und noch so hingebend meint.
>
> Gott haßt die Träumerei; denn sie macht stolz und anspruchsvoll. Wer sich das Bild einer Gemeinschaft erträumt, der fordert von Gott, von dem Andern und von sich selbst die Erfüllung.«

Das schreibt Dietrich Bonhoeffer aus den Erfahrungen gemeinsamen Lebens, nachdem die Gestapo – der Geheimdienst jener Jahre – gerade das »Bruderhaus« aufgelöst und die sich entwickelnden Formen gemeinsamen Lebens »zerschlagen« hat.[540] Mit dieser Schrift gibt er Anteil am Werden dichter Gemeinschaft in der Kirche und bringt ihre Frucht ein: gelebte Erkenntnis und bedachtes Leben. Deshalb gilt: Auch wir dürfen nicht so tun, als könnten wir absehen von unserer eigenen Beziehung zu Kirche und Gemeinde, in denen wir leben, und nur noch »rein theoretisch«, »rein historisch«, »rein wissenschaftlich« reden und gewissermaßen aus unserer eigenen Beziehung »wissenschaftlich« heraustreten.

Spätestens seit der NS-Zeit ist nicht mehr akzeptabel, sich mit der wohlfeilen Ausrede: »*Ich bin nur ein einfacher Alttestamentler, Landpfarrer, Unangepasster, Beobachter, Zeitgeschichtler, Kommentator usw.*« davonzustehlen, wo »ein Zeitalter besichtigt wird«, d. h. die Vergangenheit geprüft werden soll, indes die Gegenwart Entscheidungen erzwingt. Das heißt für diese Arbeit: Jede

---

540 Dietrich Bonhoeffer: Gemeinsames Leben, Berlin 1954, 15.

Erkenntnis, die unter dem düsteren Thema dieser Studie gewonnen werden könnte, hat Folgen für uns heute: Fragen, die wir stellen, richten sich zuerst an uns selbst. Ausrufezeichen, die wir setzen, meinen uns selbst. Grenzen, an die wir stoßen, zeigen unsere Grenzen an. Das allerdings ist im fortschreitenden Nachdenken auch auszusprechen.

Zum biblisch ekklesiologischen[541] Hintergrund dieser Überlegungen gehört außer 1.Korinther 6,1 ff. auch das Abschiedsgebet Jesu für seine Jünger.[542] Gemeinde Jesu Christi ist zu einmütigem Reden und Handeln gegenüber der nichtchristlichen Umwelt doppelt verpflichtet: Jesus bittet Gott darum, »*dass sie alle eins seien, gleich wie du, Vater, in mir und ich in dir, auf dass auch sie in uns eins seien, auf dass die Welt glaube, du habest mich gesandt.*«

Ursprung und Auftrag der Jünger Jesu begründen ihre Gemeinschaft in der Welt, in die sie gesandt sind. Diese Gemeinschaft ist gerade unter Belastungen und notwendigen, schmerzlichen Klärungsprozessen heute durchzuhalten.

Vor solchen biblischen Normen verschärft sich die Frage nach dem Umgang von Geistlichen und Gemeindegliedern mit Werbungsversuchen des MfS erst recht. Denn dessen Ansinnen zur »Kooperation« verbarg nur mäßig die eigentliche Absicht: Schwestern und Brüder der Gemeinschaft in Christus zu hintergehen und sie anderen Mächten auszuliefern – und sei es durch scheinbar harmlose Informationen.

Die Frage nach dem Verhalten von Geistlichen vor 1989 und heute heißt nicht: Bist du dir selbst treu geblieben oder hast du dich verloren?[543] Es geht nicht um Selbstbewahrung oder Selbstverlust. Es geht auch nicht darum: Hast du den Korpsgeist bewahrt und deinem Verein nicht geschadet? Sondern: Hast du Christus in den Schwestern und Brüdern die Treue gehalten oder hast du ihn in der Gemeinde verleugnet und mit denen paktiert, die ihn wiederum aus der Welt hinausdrängen wollten? Das ist die Frage gewesen, sie ist es noch heute und wird es angesichts neuer antichristlicher Versuchungen morgen sein.

Beim Studium der Akten scheint es zuweilen, als ob das die Verführer zur MfS-Mitarbeit mindestens so gut wussten oder besser noch als manche ihrer Zielpersonen. Meinten sie doch selbst, in den »Klassikern des Marxismus-Le-

---

[541] Ekklesiologie – das Verständnis von »Kirche« und »Gemeinde«.
[542] Johannes 17,20–23.
[543] Leitfrage von Findeis/Pollack: Selbstbewahrung. Darum kann es für Protestanten mit Luther und Paulus gar nicht gehen, auch nicht im Zusammenhang mit »Milieu«-Studien.

ninismus« ihre theoretische Letztinstanz und in der Parteiführung die Hüter der »reinen Lehre« zu besitzen. Sie haben deshalb nicht etwa abgelassen, um Christen zu werben. Aber sie mussten sich Argumente und Methoden ausdenken, die dem Umworbenen noch einigermaßen akzeptabel und mit christlichem Glauben vereinbar erschienen. Hier liegt ein Grund für die immer wiederkehrende Entschuldigung von MfS-Kontakten, sofern sie als solche erkannt und dennoch bejaht wurden:

> »Ich wollte doch nur zu einem ›guten Verhältnis von Staat und Kirche‹ beitragen«. Ich wollte »Missverständnisse ausräumen« und »Durchschaubarkeit« herstellen.

Dieses Argument vom »guten Verhältnis« war ein Werbungstrick, gegen den eigentlich niemand argumentieren konnte. Die Formel ohne nähere Prüfung des Einzelfalles von vornherein als bloße Schutzbehauptung abzutun, geht ebenso wenig an wie sie unbesehen gelten zu lassen. Natürlich musste und muss jeder verantwortungsbewusste Staatsbürger seine ganz persönliche Verantwortung für »ein gutes Verhältnis« zur Gesellschaft, in der er lebt, wahrnehmen. In einer militant atheistischen Welt kann das heißen – gegen sie zu stehen, wenn es denn sein muss, auch allein.

Mit den Worten des Propheten Jeremia: *»Suchet der Stadt Bestes und betet für sie zum Herrn!«*[544] ist ja gerade nicht eine »christliche Stadt« gemeint – falls es dergleichen überhaupt gibt –, sondern der Götzenstadtstaat Babylon.

Ein *»gutes Verhältnis zur Gesellschaft suchen«*, kann also durchaus heißen, dem heftig zu widersprechen und sich vielem zu widersetzen, was dort als »Gutes« ausgegeben wird. Wer damals dem historischen und philosophischen Materialismus widersprach und dabei einiges riskierte, wenn nicht drangab, wird auch heute dem Materialismus totalitärer Geldherrschaft und ihrer Maskierung durch den Propaganda-Slogan von der »Sozialen Marktwirtschaft« widersprechen.

Schwerer zu beantworten ist die Frage: Wie stand es mit der »Vertraulichkeit« angesichts der damals zeitgeschichtlich bedingten Nötigung zu »Offenheit« in gesellschaftlichen Beziehungen«? »Glasnost«[545] – »Durchschaubarkeit« hieß das Schlagwort, das mit Gorbatschow in die politische Diskussion eingeführt wurde und sich ganz schnell nicht nur im Osten Europas verbreitete.

---

[544] Jeremia 29,7.

[545] »Glasnost« (russ.): Offenheit und Durchschaubarkeit hieß eine der Zielvorstellungen Michail Gorbatschows für die »Perestroika«, den »Umbau« der Gesellschaft in der Sowjetunion.

Aus manchen Akten lese ich, wie sich als »IM« diffamierte Kollegen aufgrund ihrer dezidierten theologischen Auffassung, »Kirche für andere« sein zu wollen, schon früh um solche Durchschaubarkeit beider Seiten bemühten, ohne sich auf Konspiration und verpflichtende Bindung an das MfS einzulassen.[546] Und dies will mir unter den damaligen Umständen des Kalten Krieges und der Bedrückung vieler Einzelner im Lande verantwortungsbewusster erscheinen als sich herauszuhalten.[547]

Eingedenk der geistlichen Gemeinschaft, innerhalb deren alles kirchliche Geschehen sich vollzieht, kann die faktische Wahrnehmung von Amt und Auftrag der Kirche in ihren Gemeinden und in ihrer institutionellen Gestalt – auch gegenüber dem MfS – nur von ihrem Grundverständnis her beurteilt werden: Entsprach und entspricht das Denken, Reden und Handeln der Beauftragten dem Auftraggeber und seinem Auftrag oder nicht? Diente und dient es der »Zeugnis- und Dienstgemeinschaft« aller Beauftragten oder nicht? Aus diesem Grund erscheinen mir spezifische Vorüberlegungen zum Verständnis von Haltung, Reden und Handeln der Beauftragten im geistlichen Dienst unverzichtbar.

6.2 Der geistliche Auftrag

Seelsorgeauftrag und dienstliche Verschwiegenheit binden Geistliche jeder Konfession in doppelter Weise. Geistliche sind gehalten, Gesprächsersuchen unabhängig von ihrer jeweiligen Begründung stattzugeben, solange der Eindruck besteht, dass die vorgetragene Bitte aufrichtig gemeint ist und seelischer Notlage oder anderen redlichen Motiven des Bittenden entspringt.

---

[546] Als IM »Jörg« wird Pfarrer Harald Messlin in der Industriearbeit der Goßner-Mission 1972 ohne Werbungsgespräch und ohne Verpflichtung wegen allgemeiner »Gesprächsbereitschaft« von der BV Cottbus 1972 als »IMS« (Inoffizieller Mitarbeiter zur Sicherung eines Bereiches) registriert. Anknüpfungspunkt nach MfS-Text: Er sei nicht »kirchenleitungstreu« (!) und versuche in der Gemeindearbeit »neue Methoden«. Ziel der »Werbung«: Im Raum Lauchhammer müsse die Industrie »IM-mäßig abgesichert« werden und der »Differenzierungsprozess innerhalb der Kirchen« sei voranzutreiben. »Jörg« wird nach Pfarrstellenwechsel zunächst an die Bezirksverwaltung Erfurt des MfS, dann an die BV Gera, Hauptmann Specht, weitergereicht. 1975 heißt es in seiner Akte im Zusammenhang mit seiner »Übergabe«: »Der IMS stellte Bedingungen, die die konspirative Zusammenarbeit nicht mehr gewährleisten.« Weitere Kontaktversuche weist er ab. Dennoch führt ihn das MfS noch zwei Jahre bis 1977 als »IMS«, was er nie war. BStU MfS BV Gera, A 30/78.

[547] Manche unserer katholischen Schwestern und Brüder haben noch darzutun, wie sie es mit der Botschaft Jesu in Einklang gebracht haben, die unter die Räuber Gefallenen ihren Schicksalen in weitgehend durchgehaltener »Abstinenz« überlassen zu haben.

Zum anderen werden Geistliche aufgrund ihrer dienstlichen Verpflichtung zur Verschwiegenheit mit niemandem über geführte Gespräche persönlich-seelsorglicher Natur sprechen. Jedenfalls solange nicht zweifelsfrei feststeht, dass der Gesprächsteilnehmer andere als seelsorgliche Interessen mit dem Gespräch verknüpft. Geistliche werden sich also bis zum Äußersten hüten müssen, andere einzubeziehen, solange das ihr Gesprächspartner nicht ausdrücklich wünscht oder dem zustimmt.[548]

6.3 Nachtgespräch mit Nikodemus – Seelsorge, Dienstverschwiegenheit und »Konspiration«

Nach der Überlieferung im Johannesevangelium suchte ein Mitglied des Synhedrion, des Obersten Gerichtshofes Allisraels, namens Nikodemus den Wanderprediger Jesus im Dunkel der Nacht auf. Ihm lag an einem Gespräch mit dem umstrittenen Nazarener,[549] und dieser wies ihn nicht ab. Denn persönliche Gespräche und insbesondere Seelsorgegespräche bedürfen des geschützten Raumes. Wer sie erbittet, hat ein Recht auf die Bereitschaft des Seelsorgers, Verschwiegenheit zu wahren – unabhängig vom Grund der Nöte, um derentwillen ein Gespräch erbeten wird.

In der Sprache der Geheimdienste gälte ein solches Nachtgespräch als »konspirativ« und nach heutigen Kriterien außerhalb und sogar innerhalb der Kirche handelte es sich jedenfalls um einen »konspirativen Vorgang«, der auch nach der »Dekonspiration« durch den Evangelisten Johannes nichts von seiner Zwielichtigkeit verlöre.

Seelsorge muss Vorrang vor Bedenken behalten, wenn jemand ein vertrauliches Gespräch erbittet – unter der Voraussetzung der bei Seelsorgern lebenslang geltenden Pflicht zur Verschwiegenheit. Das aber heißt für die Beurteilung von nach Aktenlage »konspirativen« Kontakten Geistlicher und kirchlicher Mitarbeiter oder Gemeindeglieder im Seelsorgedienst: Die Rahmenbedingungen kirchlichen Handelns und ihre theologischen wie seelsorgepraktischen Voraussetzungen dürfen in der historischen Forschung und in der dienstrechtli-

---

[548] Den zu Ordinierenden und auch anderen Mitarbeitern mit Seelsorgeauftrag wird immer wieder eingeschärft, dass das Beichtgeheimnis absolut und gegenüber jedermann zu wahren ist bis in den Tod. Auch daraus erklärt sich das immer noch große Vertrauen, das bis heute selbst Nichtchristen bei informellen Gesprächen den Inhabern des geistlichen Amtes entgegenbringen. Erfahrung: Wer ein geistliches Gewand trägt, wird auch von Nichtchristen als vertrauenswürdiger Gesprächspartner angesehen.

[549] Johannes 3,1–21.

chen Wertung von »Kontakten« mit dem MfS nicht gering geachtet oder ganz außer Acht gelassen werden.

Dafür zwei Beispiele:

Fallbeispiel: Ein Anwerbungsversuch wird als Hilfsersuchen »legendiert«[550]

Erster Akt

Im Pfarrhaus von T. besucht eine junge Ärztin die Pfarrfrau, ihre Studienkollegin, mit der sie eng befreundet ist. Sie bringt die Kinder der Freundin noch mit zu Bett und fährt dann heimwärts. Nur einen Tag später nimmt sie sich das Leben. Später erst sollte sich herausstellen, dass dies aus enttäuschter Liebe geschah.

Es erscheinen Tage darauf unerwartet und unangemeldet zwei Herren, die sich als Mitarbeiter der Kriminalpolizei ausgeben. Sie befragen das Pfarrerehepaar, ob ihnen als den Freunden der Toten am Tag des Besuches etwas aufgefallen sei. Die Befragten können sich an keine auffälligen Bemerkungen oder ein außergewöhnliches Verhalten erinnern. Später fällt ihnen ein, dass die junge Frau beim Abendlied mit den Kindern still für sich gesagt hatte: »Ausgerechnet: ›Müde bin ich geh zur Ruh‹.«

Zweiter Akt

Wochen später erscheint einer der beiden »Kriminalpolizisten« allein. Er eröffnet dem Pfarrer, dass bei ihm und unter seinen Berufskollegen eine große Unkenntnis hinsichtlich kirchlicher Zusammenhänge herrsche, so dass sie in ihrem Dienst immer wieder Fehler machten, die bei besserem Verständnis für kirchliches Leben vermeidbar gewesen wären. Ob er darüber sprechen dürfe, um Antwort auf Fragen zu Kirche und Glauben zu finden? Er wage es freilich nicht, mit den Kollegen darüber zu sprechen, um nicht verspottet zu werden. Er brauche das aber für sich selbst und für seinen Dienst sehr. Als Beispiel nennt er die für ihn unbeantwortbare Frage: *»Warum ging die junge Frau zum Abendmahl, ehe sie aus dem Leben schied?«*

Der Pfarrer willigt arglos ein, gelegentlich über solche Fragen mit dem jungen Kriminalbeamten zu sprechen, wenn er auch auf die Frage nach der Teilnahme am Abendmahl nur mit Vermutungen antworten könne. Es kommt ihm gar nicht der Gedanke, dass es dem offensichtlich nach Wahrheit Suchenden um ganz anderes gehen könnte.

---

[550] BStU ZA, MfS 14593/69, 1–21.

Bei der Verabschiedung bittet der Besucher um Diskretion, damit ihm keine Schwierigkeiten seitens seiner Dienststelle entstünden. Antwort des Geistlichen sinngemäß, er sähe keine Veranlassung, andere über den Inhalt dieses vertraulichen Gespräches zu informieren. Er erzählt aber seiner Frau, dass einer der beiden Besucher wiedergekommen sei.

Dritter Akt

Nach weiteren Wochen erscheint der Fragesteller erneut. Diesmal fragt er nach Urlaub und ähnlichen privaten Dingen, so dass zunächst keine seelische oder berufliche Notlage, überhaupt kein Gesprächsziel erkennbar ist, auch keine Erklärung für innerkirchliche Zusammenhänge erbeten wird.

Eher beiläufig erkundigt sich der Besucher nach längerem Geplauder lediglich, warum nicht alle Pfarrer das Wort des Landesbischofs – damals Moritz Mitzenheim – verlesen hätten. Der Gefragte – noch verdutzt über diese plötzliche Wendung im Gespräch – weicht aus mit der Feststellung, das stehe in jedes Amtsbruders eigener Entscheidung. Die danach unvermittelt abgeschossene Frage: »Und Sie?« beantwortet er nicht mehr, sondern stellt die Gegenfrage: »Wen interessiert das schon?«

Im Gehen – während des verabschiedenden Handschlages – bittet der Besucher, auch die Pfarrfrau nicht über Besuch und »Gespräch« zu informieren, und kündigt weitere Besuche an. Auf die Gegenfrage: »Wieso? Meine Frau kennt Sie doch schon!« bleibt er die Antwort schuldig.

Vierter Akt

Nachdenkend über diesen merkwürdigen Seelsorgesuchenden bespricht der Besuchte seine ungenauen Bedenken mit der Ehefrau – immer noch in dem Glauben, es handle sich um einen Mitarbeiter der Kriminalpolizei. Immer noch im Vertrauen darauf, dieser sähe eine eher zufällige dienstliche Begegnung als willkommenen Anlass für vertrauliche Gespräche mit einem Geistlichen über Gewissensprobleme an. Das hatte er durchaus glaubhaft machen können. Und er suche eine Art Fortbildung in Kirchenfragen zur sachgemäßen Erfüllung seiner Berufsaufgaben. Der »unter Legendierung«[551] in Anspruch genommene Seelsorger bittet nun, da sein Misstrauen geweckt ist, den Superintendenten[552] um Rat. Und dieser fragt gezielt:

---

[551] So vermeldet die IM-Vorlauf-Akte mit der MfS-Reg.-Nr. XV/351/65 vom 28.05.1964 bis Ablage am 15.09.1969, da »trotz wiederholter Versuche keine Möglichkeit besteht, den Kand. … für die inoffizielle Zusammenarbeit zu gewinnen«.

[552] Superintendent Friedrich Victor, Weimar. Bei dem Besuchten handelt es sich um den Verf.

»Haben Sie sich den Dienstausweis zeigen lassen? Wir wollen doch einmal sehen, ob der Herr wirklich von der Kriminalpolizei kommt und tatsächlich nur zufällig an Sie geraten ist.

Sollte er aber von einer anderen Dienststelle kommen, etwa vom Staatssicherheitsdienst, dann rufen Sie mich an. Ich komme sofort – bis dahin kein Gespräch. Meldet er sich an, dann teilen Sie ihm meine Anordnung gleich mit.«

Fünfter und letzter Akt

Der bis dahin immer verbindlich Lächelnde erscheint in T. nach geraumer Zeit erneut ohne Anmeldung wieder.

Kaum ist vom Ortspfarrer die Frage nach dem Dienstausweis gestellt und die Anordnung des zuständigen Superintendenten übermittelt worden: »*Kein Gespräch ohne Anwesenheit meines Superintendenten!*«, verändern sich schlagartig Ton und Atmosphäre. Der Ausweis wird gezeigt: »*Ministerium für Staatssicherheit*«. Mit Schärfe wird festgestellt, das Vertrauen des Hilfesuchenden sei missbraucht und das Versprechen der »Diskretion« gebrochen worden. Dann geht der MfS-Mann – diesmal ohne Handschlag und Gruß – und kommt nie wieder.

Analyse des »legendierten« Werbungsversuches

Der Vorgang wurde so ausführlich geschildert, weil an ihm gleich mehrere Erkenntnisse über die verdeckten Methoden und getarnten Werbungsversuche der MfS-Mitarbeiter gegenüber Mitarbeitern der Kirche gewonnen werden können:

- Arglose Opfer werden dreist belogen. Hier wird die »Legende« aufgetischt, es gehe um eine Art vertraulichen Nachhilfeunterrichts »in Sachen Glaube und Kirche«, um Kriminalpolizei und Bürger vor Fehlentscheidungen zu schützen.
- Die Angesprochenen werden zudem über die Hintergründe arglistig getäuscht: Die Bitte um Vertraulichkeit wird mit der Furcht vor Repressalien im eigenen Dienstbereich des Besuchers begründet. Damit wird der Seelsorger erst recht bei seinem Berufsethos gepackt, das ihn zur Verschwiegenheit verpflichtet.
- Zugleich beginnt ein lautloser, weil in den Grundsätzen vertraulicher Seelsorge begründbarer Isolierungsvorgang:
- Der Besuchskontakt soll auch im Beratungsprozess der Pfarrer untereinander nicht erwähnt werden. Geht der Betroffene darauf ein, beraubt er sich selbst seiner wichtigsten Berater, Zeugen und möglichen Helfer.
- Die harmlose Bitte: Schweigen Sie auch gegenüber ihrer Ehefrau! scheint zwar ohnehin selbstverständlichen Grundsätzen der Seelsorge zu entspre-

chen, weckt aber gerade deshalb den Argwohn des Angesprochenen: Wenn durch Staatsorgane der DDR und ihre Dienststellen (der Angesprochene musste immer noch davon ausgehen, dass es sich bei dem Seelsorgeheischenden um einen Mitarbeiter der Kriminalpolizei handelte) besondere Fürsorge für die kirchliche Arbeit oder besonderes Interesse an ihr dargetan wurde, war erfahrungsgemäß Vorsicht geboten.[553]

Nachdenkenswert bleibt, wie der MfS-Mann auf die »Dekonspiration« reagierte. Hat der Besucher, der ohne Skrupel und Gewissensregungen sein geistliches Gegenüber von Anfang an belog, nicht auch seine wahre Meinung geäußert, als er vom »Vertrauensbruch« sprach? Die Veränderung in Ton, Gesichtsausdruck und Haltung – von verbindlichem Lächeln und freundlicher Erwartung zu Enttäuschung und Zorn – geschah so abrupt und erschien dem Geistlichen in ihrer Unmittelbarkeit durchaus echt. Tat sich da wirklich nur Zorn und Enttäuschung über einen missglückten Coup und die offensichtlich verlorene Mühe kund? Oder auch ein wenig darüber, dass eine erwartungsvoll aufgenommene Beziehung so jäh und ergebnislos abgebrochen wurde? Darauf könnte nur der abgewiesene Werber antworten. Seine Spur hat sich verloren.

Damit öffnen wir einen neuen Fragenkreis, der m. E. noch kaum abgeschritten ist: Wie mischen sich verinnerlichtes Berufsethos in der Seele des Stasimanns mit den – ebenfalls »berufsbedingten« – Verstellungen, die auch als Erlernen eines »Handwerks« begriffen werden können und wohl auch begriffen wurden?[554]

Von da aus ist der Zirkel noch einmal weiter zu schlagen: Weil »Legendierung« nicht nur eine gängige Methode des MfS ist, sondern weltweit in allen Geheimdiensten gang und gäbe, muss gefragt werden: Was geschieht mit jungen Mitarbeitern, die in solch schwarzer Kunst ausgebildet werden und bei Begabung einige Übung im Lügen und Verstellen erreichen können? Was geschieht mit ihrem Gewissen, ihrem Schamgefühl und damit der grundlegenden Vertrauenswürdigkeit ihrer Person? Kann das alles heutzutage und hierzu-

---

[553] Wie schnell solche Absicht durchschaut wurde, belegen kommentierende Bemerkungen der kirchlichen Insider im Falle allzu entgegenkommender Angebote: »Na, wer hat denn da wieder einmal Kreide gegessen?« Heute: »Wolf bleibt Wolf, auch wenn er Markus heißt.« Markus Wolf, Top-Agent und Führungskraft des MfS, gilt als Paradebeispiel für besonders schlitzohrige, glatte und harmlos-verbindlich auftretende »Kollegen der Firma«.

[554] Vgl. dazu Lehrmaterial der Juristischen Hochschule des MfS Potsdam, u. a. BStU ZA, JHS 24446.

lande mit dem Schutz des sogenannten Rechtsstaates erklärt oder gar entschuldigt werden?[555]

Diese Frage lässt sich jedenfalls nicht oberflächlich mit der billigen Floskel zurückweisen: Es kommt darauf an, welchem Staat die Legendenmacher und Rollenfälscher jeweils dienen. Gewissen und Verantwortung des Einzelnen können und dürfen nicht an gesellschaftliche Systeme, Parteien, Führer oder wie auch immer geartete staatliche Ordnungen delegiert werden.[556]

Muss nicht die Frage Dietrich Bonhoeffers auch für diese und verwandte Arten der »Berufsausübung« gelten: »Sind wir noch brauchbar?«[557] Gilt sie nicht auch für die Geheimdienste in unseren Gesellschaftsformen und für Menschen in vertraulichen Bereichen unterschiedlichster Art heute?

Ein spätes Nachspiel

Als der Betroffene fast 50 Jahre später den Bericht über die misslungene Werbung in seiner Stasiakte liest, beginnt er die Hilflosigkeit zu ahnen, mit der »Bearbeitete« den Täuschungsmanövern in den Akten und heute dem Inhalt dieses vergifteten und vergiftenden Nachlasses selbst ausgeliefert sind:

– Die Tarnung (»Legendierung«) als Mitarbeiter der Kriminalpolizei wird verschwiegen.
– Der Bericht enthält keinen Satz darüber, unter welcher persönlichen Legende der Mitarbeiter den Geistlichen beim zweiten Besuch umgarnen wollte: Er erbittet Hilfe für sich als kirchenfremden Mitarbeiter, »Kirchliches« zu verstehen, was z. B. die Teilnahme der jungen Ärztin am Abendmahl vor ihrem Suizid bedeute.
– Dass der »Mitarbeiter der K.« sich vor seinen Kollegen geniere, bei einem Pfarrer Nachhilfeunterricht in Sachen »Kirche« zu erbitten, und dass er deshalb für Vertraulichkeit dankbar sei, wird im Kontaktbericht nicht einmal angedeutet.

---

[555] Diese Frage ist *nicht* erledigt. Vgl. dazu den Widerspruch bei dem Kolumnisten Robert Leicht, der in der »Zeit« vom August 2007 zur Frage: Darf innere Sicherheit durch Verletzung von Grundrechten – z. B. Onlineschnüffeln – geschützt werden? zunächst trotzig behauptet: »Der Staat darf schnüffeln« – weil es ja ein Rechtsstaat ist! Als Innenminister Schäuble und Verteidigungsminister Jung munter weiter an den Grundrechten nagen, wird in der Ausgabe Nr. 38, 1 vom 13.09.2007 diese raumgreifende Erlaubnis fröhlich zurückgenommen und erklärt: »Alles, was Recht ist, muss der Staatsmacht im Kampf gegen den Terrorismus erlaubt sein. Mehr nicht.«

[556] Dann enden wir bei Adolf Eichmann, der seine minutiöse Völkermordplanung mit dem Satz erklärt haben soll: »Mein Gewissen war Adolf Hitler.«

[557] S. Abschnitt 4.6.

– Dieser Bericht enthält auch keinen Hinweis auf die »Dekonspirierung« durch Einbeziehung des zuständigen Superintendenten – im Gegenteil, die erfolgte Dekonspirierung wird in eine Zustimmung zum konspirativen Gespräch umgefälscht.
– Auf die dienstliche Anweisung des Superintendenten nach dessen Einbeziehung in den merkwürdigen »Seelsorgefall«, nur in seinem Beisein ein Gespräch zu führen, geht der Bericht mit der gegenteiligen Behauptung ein, der Besuchte habe sich der Mitteilungspflicht gegenüber seinem Dienstvorgesetzten bewusst entzogen.
– Dagegen findet sich die ungeheuerliche Unterstellung, der Besuchte sei »*aus Überzeugung*« zur Zusammenarbeit mit dem MfS bereit gewesen.

Daran ist nur richtig, dass der Pfarrer »aus Überzeugung« Seelsorger war. Deshalb versuchte er, sich in die Situation eines jungen Mitarbeiters der Kriminalpolizei hineinzuversetzen, der sich innerkirchlich nicht auskennt. Deshalb auch redete er freundlich mit ihm.[558] Deshalb glaubte er verstehen zu können, dass er sich natürlich scheut, vor den Kollegen zuzugeben, dass er sich Rat bei einem Pfarrer holt.

Selbst diese vorgetäuschte Unsicherheit gegenüber den Kollegen stellte eine reine Zwecklüge dar, um das Vertrauen des Besuchten zu gewinnen. In Wahrheit handelte es sich um eine »konzertierte Aktion«, mit Vorgesetzten und Kollegen Schritt für Schritt abgesprochen.

Schließlich gibt nicht einmal die scheinbar neutrale Mitteilung, worum es in diesem Gespräch gegangen sei, den Verlauf oder den Hauptinhalt des nach Erinnerung des Kontaktierten etwa einstündigen Palavers wieder: Mit Urlaubsgeplauder über Reisemöglichkeiten in die ČSSR[559] und Fragen nach dem Ergehen der Pfarrfamilie samt Kindern wurde so viel Zeit verbraucht, dass sich erneut Argwohn in dem angeblich als Seelsorger Besuchten regte, was der merkwürdige Gast denn nun eigentlich wolle. Das wurde erst klar, als dieser – scheinbar sich schon verabschiedend[560]– ganz beiläufig fragte, wann

---

[558] Jesaja 40,2: »Redet mit Jerusalem freundlich!«, und Matthäus 5,47: »So ihr nur zu euren Brüdern freundlich seid, was tut ihr Besonderes?«

[559] Nicht einmal dieser Gesprächsgegenstand wurde vom Besucher »zufällig« gewählt. Die Partnerschaft des Verf. mit Pfarrern und Gemeinden der Evangelischen Kirche der Böhmischen Brüder wurde von Anfang an durch evangelische und katholische Gemeindeglieder, die als IM geführt wurden, in ihren Berichten erwähnt, später durch die Kreisdienststelle des MfS in Saalfeld vor Reiseantritt an das »*Selbst. Referat XII*« nach Berlin direkt mitgeteilt (BStU Archiv ASt Gera, MfS BV Gera, AOP 659/77, Bd. I, 172).

[560] Billiger Kriminaltrick – Spezialmethode des Film-Kommissars »Columbo«.

das Wort von Landesbischof Mitzenheim im Gottesdienst verlesen worden sei. Nichts deutete vorher darauf hin, dass es in diesem Gespräch darum gehe, wie der Bericht später behauptet.

Hier erhebt sich für jeden Betroffenen, den der arglose Leser so sehen muss, wie der MfS-Mitarbeiter ihn darstellt, die unter Umständen existenzbedrohliche Frage: Wie soll im Konfliktfalle der Nachweis über den tatsächlichen Hergang geführt werden? Es gibt keine Zeugen. Und die schwierigste Frage für den Gewissenhaften wird im Nachwende-Denken überhaupt nicht gestellt: Wie weit geht in solch besonderen Konstellationen die »dienstliche Verschwiegenheit« gegenüber Vorgesetzten, wenn unter allen Umständen die seelsorgerliche Schweigepflicht einzuhalten ist?

Leser und Interpreten der Stasiakten übernehmen im Prozess der »Aufarbeitung« für vergleichbare Abläufe, die nach damals im kirchlichen Dienst geltenden Rechtsgrundsätzen einfach der gebotenen dienstlichen Verschwiegenheit und seelsorgerischen Schweigepflicht entsprachen, immer wieder einmal die Sprache des MfS und behaupten schlicht und falsch: N.N. verhielt sich »konspirativ«.

Demgegenüber ist festzuhalten: Der Grundsatz der Verschwiegenheit in der Seelsorge gilt für Geistliche auch und gerade in Diktaturen nach zwei Seiten:
– Der Ratsuchende muss mit der zuverlässigen Verschwiegenheit des Zuhörenden rechnen können – auch gegenüber dessen Verwandten, Nachbarn oder Kollegen.
– Zugleich muss der Seelsorger auch Verschwiegenheit gegenüber seinem Dienstvorgesetzten wahren – selbst für den Fall, dass er dessen Unterstützung oder Beratung um eines dubiosen Klienten oder eines schwierigen Falles willen braucht. Allenfalls ist – wie im oben beschriebenen Falle geschehen – eine anonyme Darstellung des Sachverhaltes denkbar, aus der die anscheinend ratsuchende Person dem Vorgesetzten nicht erkennbar und nicht identifizierbar werden darf.

Solche Verpflichtung zur doppelten Verschwiegenheit kann natürlich zu verdeckter Infiltration durch angeblich Ratsuchende missbraucht werden. Nichtsdestotrotz gilt: *In dubio pro reo* – im Zweifelsfalle ist redliche Absicht zu unterstellen. Dass Missbrauch möglich bleibt, muss ausgehalten werden.

Auf dem Hintergrund von Erfahrungen mit dem MfS und vielfach missbrauchtem Vertrauen galt und muss nach meiner Überzeugung in Zukunft gelten: Lieber zehn Mal falschem Seelsorgersuchen aufsitzen als einen einzigen wirklich Bedrängten abzuweisen oder Seelsorgeheischenden mit Misstrauen zu begegnen.

Eine von vornherein sichere Diagnose kann niemand stellen, wie wahrhaftig das Anliegen und wie aufrichtig der Fragende sei. Schon die Frage stellen: Was will der Fremde wirklich?, heißt den Boden für ein Seelsorgegespräch zu verlassen und vom aufmerksamen Zuhören zum Leninschen Misstrauen zu wechseln: Vertrauen ist gut, Kontrolle ist besser. Das soll an einem zweiten Beispiel erläutert werden.

Fallbeispiel: Ein Seelsorgeangebot für Konfirmanden wird missbraucht

Pfarrer Bernhard Jäger[561] bietet in Gesprächen unmittelbar vor der Konfirmation – wie andere Konfirmatoren auch – seinen Konfirmanden an, ehe sie unwiderrufliche Entscheidungen träfen oder falls sie in schweren persönlichen Belastungen Rat und Hilfe bräuchten: Wann immer ihr Hilfe nötig habt – ihr könnt mich jederzeit anrufen oder aufsuchen.

Nach Jahren macht einer seiner ehemaligen Konfirmanden davon Gebrauch und offenbart in einer Art Beichtgespräch seinem Konfirmator, er sei bei der Stasi gelandet, müsse aber jemanden haben, mit dem er über alle seelischen Belastungen dieser ihm hart aufliegenden Tätigkeit reden könne.

Gemäß seinem vor der Konfirmation gegebenem Versprechen führt der Pfarrer mit seinem ehemaligen Konfirmanden Seelsorgegespräche, wann immer dieser darum bittet. Und er behandelt sie als vertraulich, wie es seinem Ordinationsgelübde entspricht. Über die Tatsache aber hat er seinem Superintendenten immer berichtet.

Als ihm der angeblich »MfS-Abhängige« aus Dankbarkeit für die empfangene Seelsorge anbietet, ob er ihm nicht in irgendeiner Weise behilflich sein könne, erzählt ihm Pfarrer Jäger, dass er eine Reise nach Westdeutschland beantragt habe (Oktober 1987), um die von ihm erbetene Trauerfeier für seinen mit 45 Jahren verstorbenen Schwager zu halten, und keine Aussicht auf Genehmigung habe. Daran könne aber ein einfacher Mitarbeiter der Stasi wohl auch nichts ändern.

Die Reise kommt wider Erwarten zustande.

Nach dem Auskunftsersuchen des Landeskirchenrates bei der Gauckbehörde erfährt der Seelsorger, dass er von seinem eigenen Konfirmanden jahrelang als Inoffizieller Mitarbeiter des MfS geführt wurde. Da die Angaben von Pfar-

---

561 Pfarrer Bernhard Jäger, damals in Plaue, hat der Nennung seines Namens zugestimmt.

rer Jäger durch Amtsbrüder – auch vom Verfasser[562] – bestätigt werden konnten, waren dienstrechtliche Konsequenzen nicht zu ziehen.

6.4   Zusammenfassung: Vertraulichkeit und Konspiration

Ordinationsgelübde, Dienstverschwiegenheit, Beichtgeheimnis und »Konspiration« – wie verhalten sie sich zueinander unter den besonderen Bedingungen eines totalitären Gesellschaftssystems?

6.4.1   Ordinationsgelübde

Jeder Ordinierte hat das Gelübde abgelegt, das hier zitiert werden soll, weil dessen Kenntnis nicht allgemein vorausgesetzt werden kann.[563] Nach einer Schriftlesung[564] wendet sich der Ordinierende[565] an die Ordinanden:

> »Liebe Brüder und Schwestern,
> in diesen Worten der Heiligen Schrift habt ihr gehört, was uns befohlen ist, die wir zu Bischöfen, das ist zu Hirten und Predigern, berufen sind.
> So frage ich euch: Wollt ihr das Amt, das euch befohlen wird, nach Gottes Willen in Treue führen, das Evangelium von Jesu Christo, wie es in der Heiligen Schrift gegeben und im Bekenntnis unserer evangelisch-lutherischen Kirche bezeugt ist, lauter und rein predigen, die heiligen Sakramente ihrer Einsetzung gemäß verwalten, das Beichtgeheimnis unverbrüchlich wahren und mit eurem ganzen Hause, soviel an euch ist, in einem gottgefälligen Leben denen vorangehen, die euch anvertraut sind, so bezeuget es vor dem Angesichte Gottes und vor dieser christlichen Gemeinde mit eurem Ja.«

Die Ordinanden anworten:

> »Ja, dazu helfe mir Gott durch Jesus Christus in Kraft des Heiligen Geistes.«

---

[562] Die Übung, auf dem Wege zur Konfirmation jungen Menschen das lebenslang geltende Angebot zur Seelsorge auch und vor allem für Situationen besonderer innerer oder äußerer Gefährdung zu machen, hat Pfarrer Jäger vom Verf. übernommen.

[563] Hier zitiert in der Form der Agende für Evangelisch-Lutherische Kirchen und Gemeinden, Bd. IV: Ordination und Einsegnung, Einführungshandlungen, Einweihungshandlungen, Berlin/Hamburg 1966², 21, für alle lutherischen Kirchen und Gemeinden im deutschsprachigen Raum.

[564] Zur Wahl stehen als Lektionen: Matthäus 28,18b ff.; Johannes 20,21 ff.; 2.Korinther 5,19 f.; Epheser 4,11 ff.; 1Timotheus 3,1.4.12–13.

[565] In der Regel der Bischof oder ein von ihm beauftragter Vertreter.

In der 1987 neu bearbeiteten Ausgabe der Agende[566] wird zum Beichtgeheimnis die seelsorgerliche Verschwiegenheit ausdrücklich hinzugefügt.[567]

6.4.2 Dienstverschwiegenheit

Innerhalb der Ev.-Luth. Kirche in Thüringen wurde die »Amtsverschwiegenheit«[568] nicht nur durch die geltenden Gesetze (Pfarrerdienstrecht der VELKD bzw. Pfarrerdienstgesetz des BEK)[569] mit der Übernahme des Dienstes verbindlich gemacht, sondern durch bischöfliche Rundschreiben mehrfach zusätzlich angemahnt.

Fallbeispiel: Landesbischof Mitzenheim mahnt zur Verschwiegenheit

Bereits 1955 – wohl ausgelöst durch die schweren Angriffe von Partei und Staatsführung auf die kirchliche Jugendarbeit, aber auch durch Erfahrungen mit außerkirchlichen Einflussversuchen und dubiosen Vorgängen um Mitarbeiter im engeren Bereich und durch Vorgänge um den 17. Juni 1953 und danach – schärfte Landesbischof Mitzenheim die »Amtsverschwiegenheit« in einem Sammelrundschreiben so ein:[570]

> »Der Landeskirchenrat hat Veranlassung, alle Pfarrer und haupt-, neben- und ehrenamtliche Mitarbeiter darauf hinzuweisen, daß sie zur Amtsverschwiegenheit bezüglich aller ihnen amtlich bekannt gewordenen Angelegenheiten, deren Geheimhaltung ihrer Natur nach erforderlich oder dienstlich vorgeschrieben ist, verpflichtet sind (§ 48 der Verfassung der Ev.-Luth. Kirche in Thüringen). Sollten Versuche gemacht werden, sie zur Verletzung dieser Pflicht zu veranlassen, ist dies unverzüglich dem Dienstvorgesetzten oder dem Landeskirchenrat unmittelbar anzuzeigen.«

---

[566] Also zwei Jahre vor der Friedlichen Revolution und der Öffnung der Geheimakten des MfS.

[567] In der neu bearbeiteten Ausgabe von 1987, 30, des Bd. IV der Agende für Evangelisch-Lutherische Kirchen und Gemeinden, heißt es in der Ordinationsfrage: »Seid ihr bereit … das Beichtgeheimnis und die seelsorgerliche Verschwiegenheit zu wahren …«.

[568] Thüringens Landesbischof gebrauchte diesen Begriff unter Bezug auf das »Geistliche Amt«.

[569] § 24 Pfarrerdienstgesetz des Bundes der Evang. Kirchen (BEK) vom 28.09.1982.

[570] Rundschreiben des LKR Nr. 7/55 vom 21.04.1955 an alle Pfarrämter, Superintendenturen und Kreiskirchenämter zur »Amtsverschwiegenheit (R 210/21.4.)«.

Im Vergleich zu gesetzlichen Regelungen der Dienstverschwiegenheit für Ordinanden fällt auf, dass in Thüringen durch dieses bischöfliche Rundschreiben die Verschwiegenheitspflicht auf haupt-, neben- und ehrenamtliche Mitarbeiter ausgedehnt und dazu § 48[571] der Verfassung der Landeskirche herangezogen wird, obwohl im Wortlaut dort nur die Pfarrer genannt sind. Ausgerechnet OKR Gerhard Lotz verfasst dieses Rundschreiben, obwohl er bereits die Seiten gewechselt hat und konspirative Gespräche mit seinem MfS-Partner führt, in denen er nichts zurückhält und somit in jeder Weise der Anordnung zuwiderhandelt, die er selbst ins Land schicken lässt.

Es gibt immer wieder Anlass, Dienstverschwiegenheit erneut einzuschärfen: Die Lutherische Bekenntnisgemeinschaft bittet in einem Rundbrief vom 16.07.1982, besondere Vorgänge und ungebetene staatliche Besuche über Superintendent und Visitator dem Bischof mit einem Gedächtnisprotokoll unverzüglich zur Kenntnis zu geben.

Ein Jahr später und noch einmal 1988 weist Landesbischof D. Leich auf die Pflicht zur Verschwiegenheit hin und ergänzt sie durch Auflagen, die eine Vereinnahmung von Pfarrern und anderen Mitarbeitern verhindern sollen: In den Sammelrundschreiben Nr. 8/1983 und Nr. 3/1988[572] ordnet er dienstlich an, die kirchlichen Vorgesetzten über »Kontakte mit staatlichen Stellen«[573] unmittelbar zu unterrichten, den brüderlichen Rat und die Hilfe derselben anzunehmen, Gespräche nicht an »neutralen Orten« und nur im Beisein eines kirchlichen Zeugen zu führen, in keinem Falle auf eine Geheimhaltungsverpflichtung einzugehen und danach den Superintendenten und den Bischof über den Gang und ggf. das Ergebnis des Gespräches zu unterrichten.

---

[571] § 48 lautete: »(1) Pfarrer sind in den Grenzen der für alle geltenden Gesetze zur Amtsverschwiegenheit bezüglich aller ihnen amtlich bekanntgewordenen Angelegenheiten, deren Geheimhaltung ihrer Natur nach erforderlich oder ihnen dienstlich vorgeschrieben ist, verpflichtet. (2) Für Angelegenheiten, die ihnen unter dem Beichtsiegel oder in seelsorgerlicher Aussprache anvertraut wurden, sind sie unter allen Umständen zur absoluten Verschwiegenheit verpflichtet. Es gehört zu ihrem Amt, daß sie bereit sein müssen, für die Unverbrüchlichkeit des Beichtgeheimnisses zu leiden.«

[572] »Sammelrundschreiben« übermittelten Informationen aus dem Landeskirchenamt an alle Pfarrämter, Superintendenturen, Kreiskirchenämter und landeskirchlichen Einrichtungen.

[573] Im Gegensatz zu Wähler: Rechtsprechung, 577, muss festgestellt werden, dass mit dieser Anordnung keineswegs »*insbesondere das MfS und seine örtlichen Dienststellen gemeint waren*«, sondern in dem Verdacht, die staatlichen Stellen seien dem MfS gegenüber berichtspflichtig, tatsächlich alle Kontakte mit staatlichen Stellen. Es war allgemein bekannt, dass Gespräche mit Staatsvertretern dem MfS nicht verborgen blieben und mit oder ohne Zeugen immer in der Gefahr standen, instrumentalisiert zu werden.

Bei der Wiederholung dieser Ermahnung zur Dienstverschwiegenheit 1988 nach beunruhigenden Erfahrungen in den Gemeinden kam es in der Landeskirchenratssitzung zu einer Kontroverse zwischen dem damaligen Leiter der Rechtsabteilung, OKR Kirchner, und dem Verfasser. OKR Martin Kirchner behauptete, einer Aufforderung zur Verschwiegenheit durch das MfS sei unbedingt Folge zu leisten, anderenfalls entstünde ein Straftatbestand, der mit empfindlichen Strafen geahndet werde. Dem wurde vom Verfasser nachdrücklich und mit Fallbelegen widersprochen.[574] So blieb es bei der neuerlichen Ermahnung zur Information der Dienstvorgesetzten, damit aus dem »Kontaktfalle« keine »Kontaktfalle« werde.

Erst im Nachhinein – nach Öffnung der Akten des MfS – wurde klar, dass der Einwand des damaligen Leiters der Rechtsabteilung eigenen Erfahrungen mit einer Schweigeverpflichtung gegenüber dem MfS entsprang. Er hatte sich unter Strafandrohung wohl selbst zur Konspiration verpflichtet. Das ahnten wir, aber wussten es nicht. Sein Einwand sollte wohl zugleich dem Schutz von IM dienen. Tatsächlich machten Werber häufig darauf aufmerksam: »*Der Bruch der zugestandenen Vertraulichkeit – also der Konspiration – zieht strafrechtliche Konsequenzen nach sich.*«

In manchen Fällen war die Anerkennung solcher strafrechtlich wirksamen Folgen Bestandteil der schriftlichen »Verpflichtung«. Der Bedrängte hatte dann sinngemäß zu schreiben oder zu unterschreiben: »*Ich bin darüber belehrt worden, daß ich bei Bruch der Verpflichtung strafrechtlich zur Verantwortung gezogen werden kann.*«[575]

Mir ist in über 40 Jahren der Seelsorge und während meiner Zuständigkeit für eine Superintendentur und einen Grenzkreis kein einziger Fall bekannt geworden, dass Gemeindeglieder, Synodale oder Geistliche für den Bruch der Konspiration wirklich strafrechtlich zur Veranwortung gezogen worden wären. Zuweilen genügte es schon, Gefährdete oder potentielle Kandidaten in Gemeindeveranstaltungen innerhalb der ganzen Gruppe auf die gegenteilige Verpflichtung – nämlich zur Offenlegung aufgezwungener »Kontakte« gegenüber der anvisierten Gemeinschaft – hinzuweisen, um ungebetene Kontaktsuchende abzuschütteln.[576]

---

[574] Vgl. Abschnitt 15.2.

[575] »Werbung« der Postangestellten Chr. H. in S., schriftliche Erklärung als »Elke Lindner« unter Druck und Aufstiegsversprechen im August 1968, wenige Tage nach der Zerschlagung des Prager Frühlings.

[576] So wurde in Jungen Gemeinden und in Gottesdiensten immer wieder dazu aufgefordert, bei Werbungsversuchen Superintendenten, Pfarrer oder Kirchenälteste ins Vertrauen zu ziehen.

Mit Befremden liest der Zeitzeuge, der in vielen Fällen auf diese Weise Gemeindeglieder und Pfarrer vor weiteren Nachstellungen bewahren konnte,[577] die beiläufige Bemerkung des Juristen Klaus Wähler aus Disziplinarverfahren: »*... die praktische Wirksamkeit dieser Anordnungen war allerdings von vornherein sehr zweifelhaft.*«[578] Im Gegenteil! Wer sich daran hielt, hatte die Chance, lästige und gefährliche Schnüffler mit gutem Winde loszuwerden.[579] Und viele haben sie genutzt.

Ein bitterer Nachgeschmack bleibt angesichts der Formulierungen des Chefjuristen Kirchner in der Neuauflage der Anordnungen im Sammelrundschreiben Nr. 3/1988 des LKR, auch wenn den damals Beteiligten nichts Böses auffiel. Lese ich den Text heute mit dem Wissen um die 1988 allseits lauernden Späher noch einmal genau, sehe ich einerseits, dass er alles enthält, was insbesondere nach unseren Erfahrungen in den Gemeinden als Hilfe für Gefährdete oder schon Abhängige gemeint war:

> »Die Grundsätze gehen davon aus, daß jeder Pfarrer und Mitarbeiter, um die Verantwortung für seinen Dienst, für die Gemeinde und ihre Glieder in rechter Weise wahrnehmen zu können, den brüderlichen Rat und Beistand zu suchen und anzunehmen hat.«

Auch folgen hilfreiche Ratschläge, zum Teil mit Anweisungscharakter, die alle darauf hinauslaufen, sich mit den anderen Gliedern der Gemeinde und den Verantwortlichen im gleichen Amt vor Gesprächen mit außerkirchlichen Stellen zu verständigen. Darauf konnte sich jeder berufen und war in der Regel danach frei von den »listigen Anläufen« der Versucher.

Aber im Gegensatz zur urspünglichen Intention der Superintendenten, die eine entsprechende Hilfsanordnung erbeten hatten, hat schon in der ersten Fassung der Drucksache 3/1983 des Landeskirchenrates eine unauffällige Verschiebung stattgefunden:

– Es geht im Text in erster Linie um »*das mündliche oder schriftliche Vorbringen*« der kirchlichen Seite. Deren Gesprächsersuchen und Eingaben werden breit abgehandelt, also das, was die kirchlichen Mitarbeiter »*aus dienstlicher Veranlasssung*« selbst in Gang setzen.

---

[577] Ralf Herbig (*1964), Reichsbahnangestellter Saalfeld, wird am Arbeitsplatz angeworben, was er sofort verhindert, indem er Information an Kollegen und Superintendenten ankündigt. Ende der Werbung.

[578] Wähler: Rechtsprechung, 577.

[579] Der ehrenamtliche Mitarbeiter in der Jugendarbeit Manfred Schwebel, Saalfeld; Pfarrer Heinecke, damals Gräfenthal im Grenzgebiet u. a. entkamen schon durch Mitteilung der versuchten Anwerbung an den Superintendenten weiteren Werbungsversuchen und wurden nicht mehr behelligt.

– Gesprächsersuchen der staatlichen Stellen werden nur einmal genannt: In Ziffer 1 heißt es:

> »Pfarrer und Mitarbeiter, die von sich aus bei staatlichen Stellen vorsprechen … oder von einer staatlichen Stelle zum Gespräch gebeten werden, unterrichten davon ihren Superintendenten, der festlegt, ob er selbst oder ein anderer Pfarrer an dem Gespräch teilnimmt oder ob im Ausnahmefall eine Begleitung nicht notwendig erscheint …«

– Eine weitere Verschiebung findet statt, indem die *»Dienstaufsicht des Vorstandes des Kreiskirchenamtes«* eingeführt wird: *»Bezieht sich das Gespräch auf Angelegenheiten, die unter die Dienstaufsicht des Vorstands des Kreiskirchenamts fallen, ist dieser zu verständigen.«*

So weit ist der Fassung von 1983 zuzustimmen. Der Pferdefuß hält sich in einer 1988 durch den Leiter der Rechtsabteilung angefügten Ergänzung verborgen. Nach wörtlichem Zitieren der Anordnung von 1983:

> »Eingaben sind grundsätzlich nur auf dem Dienstweg zulässig, sofern sie nicht rein persönlicher Natur sind«, wird der Begriff »Eingaben rein persönlicher Natur« definiert:
> »… die tatsächlich persönliche Angelegenheiten des Eingebers, nicht jedoch eine Meinungsäußerung, die der Betreffende als Staatsbürger zu gesellschaftlichen oder staatlichen Problemen und Fragen der Politik machen möchte, betreffen. Solche Eingaben unterliegen den folgenden Grundsätzen, da hier nicht zwischen dem Pfarrer und kirchlichem Mitarbeiter und dem Staatsbürger getrennt werden kann … Solche Eingaben sollen dann aber in Abstimmung mit den Superintendenten, Vorständen der Kreiskirchenämter oder Visitatoren erfolgen.«

Ohne dienstrechtliche Folgen haben sich die meisten wohl instinktiv nicht an diese Grundsatzergänzung durch den Leiter der Rechtsabteilung, OKR Kirchner, gehalten.

6.4.3 Pflichtenkollision im Einsatz für Gefährdete

Zähe Verhandlungen mit dem Staat – zugunsten angegriffener Gemeindeglieder oder Mitarbeiter – konnten allerdings in Grenzsituationen führen, die nicht ohne Weiteres durch einfache Hinweise zu bewältigen waren. Immer wieder einmal kam es zum Konflikt zwischen gebotener Verschwiegenheit einerseits und offenem Eintreten für Gefährdete andererseits – nämlich gerade dann, wenn »brüderliche Beratung und Hilfe« gefragt waren.

Weil die Grenzen zwischen Beichte, seelsorgerlichem Gespräch und persönlicher Aussprache in der pastoralen Praxis tatsächlich immer fließend bleiben, ist Verschwiegenheit vom geistlichen Gesprächspartner zunächst gegenüber Dritten *strictissime* zu wahren. Selbst dann, wenn sich der Verdacht aufdrängt, ein Besucher verfolge ganz andere als geistliche Anliegen, muss zunächst gelten: Bis zum Beweis des Gegenteils ist lautere Absicht zu unterstellen.[580]

6.4.4 Dienstverschwiegenheit und Disziplinarrecht

Unter der Überschrift: »Spezifische Rechtsfragen in Stasifällen«[581] handelt Klaus Wähler Verletzungen der Pflicht zur Dienstverschwiegenheit ab. Er stellt fest, dass Dienstverschwiegenheit

> »alle Angelegenheiten umfaßt, die dem Pfarrer in Ausübung seines Dienstes bekannt wurden und ihrer Natur nach oder auch auf Grund besonderer Anordnung als vertraulich zu gelten haben«.[582]

Dem ist nicht zu widersprechen. Er fährt dann aber unter Berufung auf eine Entscheidung des Disziplinarhofes der EKU vom 09.12.1993[583] fort:

> »Eine Verletzung dieser Pflicht liegt immer vor, wenn ein kirchlicher Amtsträger ›mit Vertretern einer außerkirchlichen Dienststelle‹ (und insbesondere mit Bediensteten des MfS) ›über kirchliche Dinge‹ spricht, … wobei es ohne Belang ist, ob hierdurch die Kirche, einzelne kirchliche Mitarbeiter oder Gemeindeglieder nachweisbar geschädigt worden sind.«

Dieser sehr allgemein gehaltenen Feststellung ist mit Nachdruck zu widersprechen.

So gewiss »Angelegenheiten, die ihrer Natur nach oder aufgrund besonderer Anordnung als vertraulich zu gelten haben«, unter die Dienstverschwiegenheit fallen, geht die folgende Feststellung zu weit. Die Wahrnehmung der Interessen von Gemeindegliedern und der Interessen etwa einer Superintendentur gegenüber staatlichen Stellen wäre nicht mehr möglich gewesen, wenn das Gespräch eines »kirchlichen Amtsträgers mit Vertretern einer außerkirchlichen Dienststelle über kirchliche Dinge« als Dienstpflichtverletzung angesehen

---

[580] Vgl. dazu Abschnitt 6.3.
[581] Wähler: Rechtsprechung, 576.
[582] Wähler zitiert § 24 Pfarrerdienstgesetz des BEK u. a.
[583] EKU-Disziplinarhof 9.12.1993, DH 1/93.

und verweigert worden wäre. Wie sollten in einer durchweg staatlich gelenkten Wirtschaft z. B. Verhandlungen um Baugenehmigungen, Kapazitätszuweisungen geführt werden, ohne mit staatlichen Stellen »über kirchliche Dinge zu sprechen«? Wie sollten Regelungen für Großveranstaltungen mehrerer Gemeinden, die damit zusammenhängende Verkehrsleitung oder Versorgungsfragen für größere Gruppen, die Beschaffung von Passierscheinen, Zuzugsgenehmigungen usw. erreicht werden, »ohne über kirchliche Dinge zu sprechen«? Als Beispiel nenne ich »June«, die »Großveranstaltung« der Offenen Arbeit.[584]

Zu präzisieren wäre auch, was »kirchliche Unterlagen« sind, die ein Pfarrer »ohne besondere Genehmigung der zuständigen Kirchenbehörde nicht den Vertretern eines auf der Grundlage seiner atheistischen Weltanschauung grundsätzlich feindlich gegenüberstehenden Staates zugänglich machen darf«. So wenig als möglich, so viel als nötig, war die Devise bei allen unvermeidbaren Informationen z. B. gegenüber der Polizei über Veranstaltungstermine (gerade auch im Kampf um die Nichtanmeldung von kirchlicher Seite als rein religiös verstandener Lebensäußerung der Kirche),[585] aber auch so viel als nötig, um Verbote oder andere Eingriffe staatlicher Stellen zuungunsten von Veranstaltungen nicht von vornherein auszulösen oder deren Begründung wenigstens zu erschweren. Also: gerade noch Information nach Vorschrift oder möglichst darunter.[586]

---

[584] »June« – Streitpunkt zwischen Staat und Kirche – mit hartnäckiger Verteidigung anfechtbarer Formen auf Seiten mancher Vertreter der »Offenen Arbeit«. Z. B. waren sie nicht bereit, auf den durch nichts begründbaren Anglizismus »June« zu verzichten, womit sie der staatlichen Seite den Vorwurf westlicher Außensteuerung sehr erleichterten und ihre Verteidiger im Stich ließen, die diesen rein ideologischen »Gag« (so Pfarrer Uwe Koch zum Verf.) nämlich auch nicht zu begründen vermochten.

[585] In diesen Auseinandersetzungen wurden dem Verf. Ordnungstrafverfahren angehängt, für die er dann auch aufkommen musste: z. B. Ordnungsstrafe wegen Nichtanmeldung eines Jugendabends am 15.11.1973 mit Diakon Kudcsus, Gera, der innerhalb seines Vortrages Lichtbilder gezeigt hatte: BStU BV Gera, AOP 659/77, Bd. II, 11. Außerdem: Jugendabend am 04.12.1975 mit Vortrag Pfarrer Nenke, Jena; »Christen am Suez«, der Lichtbilder einfügte und selbst per Tonband an Gen. Specht, KD Saalfeld, berichtete. Trotz eingelegter Rechtsmittel wurde die Strafe aufrechterhalten. A. a. O., 195, Ordnungsstrafverfügung Nr. 1048 VPKA Saalfeld, und Ablehnung der Beschwerde durch die Bezirksbehörde der Polizei. Zahlte der Bestrafte nicht, wurde über die eigene Dienststelle gepfändet, wie in meinem Falle geschehen.

[586] Rüstzeitteilnehmer hatten sich noch am Tage der Anreise dem zuständigen »Abschnittsbevollmächtigten« (ABV) der Polizei mittels Meldeformular anzumelden. Unterlassung konnte erhebliche Strafmaßnahmen für die Teilnehmer selbst oder für die »Beherbergungsstätte« bis zu deren Schließung auslösen.

6.4.5 »Jede Lebensfrage ist eine Glaubensfrage. Jede Glaubensfrage ist eine Lebensfrage.«

Mit einer theologischen und zugleich lebenspraktischen Begründung haben wir uns gegen den staatlichen Eingriff in die freie Gestaltung unsres Dienstes gewehrt, wie er z. B. durch die Veranstaltungsverordnung versucht wurde. Diese Verordnung war – wie aus den folgenden Formulierungen z. B. des Rates des Kreises Saalfeld zu erkennen ist, auf Genehmigung und Einschränkung unseres Dienstes aus.[587]

> »Insbesondere untersagen wir Ihnen, ohne staatliche Genehmigung folgende Veranstaltungen durchzuführen:
> – Jugendtreffen aller Art
> – Aufführung von Laienspielen und das Auftreten von Musikgruppen und Kapellen, Abspielen von Tonträgern – gleich welchen Charakters
> – die Durchführung von Lichtbildvorträgen und Filmabenden sowie alle anderen Veranstaltungen, die über den rein religiösen Rahmen hinausgehen.
> Nehmen Sie zur Kenntnis, daß der Rat des Kreises nicht länger gewillt ist, die Umgehung der sozialistischen Rechtsnormen in Ihrem Verantwortungsbereich zu dulden. Sollten nicht umgehend von Ihrer Seite Maßnahmen ergriffen werden, die Forderung des Rates des Kreises voll zu verwirklichen, sehen wir uns gezwungen, die Zusammenarbeit mit Ihnen einzustellen ...«[588]

Die Antwort von »Kirche« in der Region Saalfeld war ein einfacher Satz. Wir lassen uns von niemandem vorschreiben, was religiös oder nicht religiös sei, darüber entscheidet Kirche allein: Denn jede Lebensfrage ist eine Glaubensfrage, und jede Glaubensfrage ist eine Lebensfrage. In allen Streitfällen um Jugendarbeit oder moderne Ausdrucksmittel des Glaubens haben wir uns darauf berufen – manchmal mit Erfolg, manchmal folgten dennoch Strafverfahren. Aber immer blieben wir bei diesem Grundsatz.

Fallbeispiel: Schweigende Solidarität oder Fürsprache für Bedrängte?

Schwerer, viel schwerer zu beantworten war im Einzelfall die Frage: Wie weit darf ein Vertreter der Kirche z. B. gegenüber den »Staatsorganen« bei Ausübung

---

[587] In der Auseinandersetzung um die Jugendarbeit in Saalfeld wurde den kirchlichen Mitarbeitern nicht Unterlassen der Anmeldung, sondern fehlende Genehmigung von Junge-Gemeinde-Abenden vorgeworfen: BStU MfS BV Gera, AOP 659/77, Bd. I, 292–298. Der Rat des Kreises hatte dazu den Superintendenten »bestellt«.

[588] A. a. O., 298.

seines Dienstes in der Beschreibung von Notlagen gehen, wenn es gilt, sich für Gemeindeglieder in Not vor staatlichen Stellen einzusetzen? Heute wird darüber gern mit dem Bild von der Funktion der Kirche als »Schutzmantelmadonna« gesprochen und ihre Berechtigung in Zweifel gezogen. Dem widerspreche ich mit Ernst.

Bittende oder Fragende oder gar Verzweifelte abzuweisen: »Da siehe du zu!«, mag einem Pharisäer anstehen, der sein Ziel erreicht hat und den ehemaligen Verbündeten Judas abweist, als der in innere Not gerät, weil er mit seinem Verrat an Jesus nicht fertig wird.[589] Für Geistliche bleibt unter allen Umständen und in allen Gesellschaftsformen und Verhältnissen eines unmöglich: sich abzuwenden wie weiland Priester und Levit von Menschen, die auf dem Wege von Jerusalem nach Jericho oder sonst in der Welt unter die Räuber fielen.[590]

Aber was heißt das im Vollzug? Was kann und muss gesagt werden, wenn ein solcher »Fall« vorzutragen ist, und was muss verschwiegen werden, um die nicht zu gefährden, für die einzutreten ist? Die Vertreter des Staates verlangten immer sehr konkrete Angaben[591] – und genau in diesem Augenblick setzten bei den Fürsprechern die Zweifel ein: Was wollen sie damit anfangen? Gewiss bedarf die Beschreibung einer Notlage, der Hinweis auf Übergriffe von »untergeordneten Organen des Staates« gegenüber Gemeindegliedern der Konkretion. Durfte sie aber bis zu Identifizierbarkeit der Betroffenen gehen, wie verlangt wurde, »um überhaupt etwas tun zu können«? Denn im Falle anonymer Beschwerden erfolgte gar nichts.[592] Allenfalls Schlimmes: Es wurde nach den vom Beschwerdeführer gemeinten Personen gefahndet. Das zwang uns – in diesen Beschwerdegängen oder Protesten oder als Einbestellte vor allem die Superintendenten, Visitatoren und den Landesbischof – zu einer Doppelstrategie:

– Wir baten die Betroffenen zuerst, ihre Namen nennen zu dürfen, freilich ohne Garantien geben zu können, die Not werde behoben. Und ohne Zusicherung, es werde daraus kein weiteres oder gar größeres Unheil werden. Mit einer negativen Entwicklung war immer zu rechnen. Einfache Leute

---

[589] Matthäus 27,3–5.
[590] Lukas 10,25–37 im Gleichnis vom barmherzigen Samariter.
[591] BStU Archiv ASt Gera, MfS BV Gera, AOP 659/77 Bd. I, 210 f. wird ein Gespräch im Rahmen der Arbeitsgruppe Christliche Kreise wiedergegeben, in dem die Vertreter des Rates des Kreises alle vorgetragenen Beschwernisse mit dem Hinweis zurückweisen, nur bei Namensnennung könne den Beschwerden nachgegangen und Abhilfe erreicht werden.
[592] BStU MfS BV Gera, AOP 659/77, Bd. I, 209.

fanden sich nach meiner Erfahrung zur Namensnennung eher bereit als Intellektuelle und Menschen, die ihren Beruf in der Öffentlichkeit ausübten.

– Konnten sie – aus welchen Gründen auch immer – sich dazu nicht verstehen, wurde die Angelegenheit mit ihrem Einverständnis trotzdem ohne die Namen der Betroffenen vorgetragen mit dem dringlichen Hinweis, dass Abhilfe gar nicht zu umgehen sei, wenn der »Staat« gegenüber den Bedrängten sein Gesicht wahren wolle. Und dabei wurde der Bezug zur Grundsatzfrage des »Rechtes auf …« (welches Recht auch immer gerade konkret anzusprechen war) hergestellt. Von »bloßer Einzelfallregelung« als Alibi, die Frage des Rechtes nicht mehr zu stellen, konnte in den mir bekannten Gesprächen keine Rede sein.[593]

Die Vertreter des Staates z. B. auf die selbst in der DDR-Verfassung garantierten (nicht gewährten!) Grundrechte der Gewissens- und Glaubensfreiheit anzusprechen, war unerlässlich und geschah im Konfliktgespräch ebenso wie in der Zuarbeit des Bundes der Evangelischen Kirchen als NGO[594] beispielsweise zur KSZE[595] und in der Öffentlichkeit der Bundessynode in Halle vom 22.–24.09.1982. Daran muss heute erinnert werden, wenn behauptet wird, die Kirche habe die Rechtsfrage gar nicht mehr gestellt.[596]

Fallbeispiel: Einsatz für das Recht statt Wahlverpflichtung

Sitzung der *Kommission »Christliche Kreise«* in Saalfeld vom 16.05.1974[597] – auf Veranlassung der SED-Bezirksleitung Gera und des MfS sollte in einer Sitzung der sogenannten »Arbeitsgruppe Christliche Kreise« durch SED-Genossen Sickel, SED-Kreisleitung Saalfeld, versucht werden, den Saalfelder Superintendenten zu einer Wahlentschließung zu bringen. Das lehnte dieser ebenso ab wie andere anwesende Pfarrer aus der Superintendentur. Es heißt in der »Abschrift«[598] dann wörtlich:

---

[593] Neubert: Kirche, 45 ff.

[594] »Non-governmental organisation« – Nichtregierungsorganisation, eine Form, die von den Kirchen genutzt wurde, sich auf ihre Weise an der Arbeit der Konferenz für Sicherheit und Zusammenarbeit wirksam zu beteiligen.

[595] Konferenz für Sicherheit und Zusammenarbeit in Europa.

[596] BStU MfS BV Gera, A 1488/88, Bd. I, 12–14.20–34.

[597] BStU Archiv ASt Gera, MfS BV Gera, AOP 659/77 Band I, 210 f.

[598] Dass es sich wohl um eine Tonbandnachschrift handelte, lassen Hör- und Verstehensfehler vermuten. Der IM-Bericht »Moritz« trägt nur den Vermerk »Abschrift«.

»Sup. G. sah noch zwei Gründe für die Ablehnung seiner Resolution darin, daß erwachsene und auch jugendliche Christen immer wieder zu ihm kämen und sich beklagen, weil sie benachteiligt werden, wenn sie sich zu ihrem Glauben bekennen. Damit gerieten sie unter seelischen Druck, der bis zum Kirchenaustritt entgegen der inneren Überzeugung ginge.

Koll. Schnappauf und besonders Gen. Stöcker (Gera) wiesen das in der allgemeinen Form zurück und versprachen aber, in konkreten Fällen solchen Dingen nachzugehen. Demgegenüber beriefen sich aber Pf...... (geschwärzt) und G. darauf, daß sie das Beichtgeheimnis zu wahren hätten und durch solche öffentliche Namensnennung das Vertrauen ihrer Gemeindeglieder verlören. Für diese bedeute meist schon das vertrauensvolle Aussprechen ihrer Belastungen eine Erleichterung, die sie manchmal mehr suchten, als daß sie direkte Hilfe erwarten.

Pfarrer ...... (geschwärzt) (Hoheneiche) sah in diesem Zusammenhang aber die größere Gefahr in den Gesprächen hinter vorgehaltener Hand zu Schülern und Jugendlichen kämen über Schwierigkeiten für die berufliche Entwicklung durch Konfirmation und Junge Gemeinde, auch wenn diese sogar gutgemeint sind.

Des weiteren brachte Sup. G. vor, daß Mitglieder der Jungen Gemeinde von Angehörigen der Staatssicherheit unter der strikten Anweisung, niemand etwas davon zu sagen, vernommen worden seien. Soweit Jugendliche ihm davon etwas gesagt hätten, dann vor allem deswegen, weil sie Protokolle hätten unterschreiben müssen, in denen Äußerungen von ihnen im Zusammenhang ganz anders geklungen hätten, als sie gemeint waren. Sie hätten nur aus Angst und Unsicherheit unterschrieben und müßten sich die »Lüge« von der Seele reden. Er selbst (G.) sehe auch darin eine gewisse Arbeit »hinter dem Rücken der kirchlichen Amtsträger«.

Die gewünschte Entschließung kam auch in abgeschwächter Form (Kerl)[599] nicht zustande, zumal auch Gen. Stöcker eine solche für nicht nötig erachtete.«

Das Beispiel wurde ausführlich zitiert, weil es wesentliche Einsichten vermittelt:

– Die »Arbeitsgruppe Christliche Kreise«, in der Überschrift fälschlich »*Kommission*« genannt, was auf einen eher schlichten oder uninformierten »Abschreiber« schließen lässt, wird als Instrument der SED-Bezirksleitung benutzt und ist auch so gemeint, denn niemand von staatlicher Seite protestiert dagegen.

– Vertreter der CDU – hier der Kreisvorsitzende Kerl – fungieren in jeder Phase als Handlanger der SED. Herr Kerl versucht noch gegen Ende, als die Fronten schon verhärtet sind, wenigstens eine »abgeschwächte« Form der »*Entschließung*« durchzubringen.

– Der anfänglich referierende Kreissekretär der Nationalen Front, dessen Referat vom Verfasser des Berichtes kritisiert wird – »*meines Erachtens zu sehr Routine-Referat mit vielen Zahlen, ohne Bezug zu den Problemen des Arbeits-*

---

[599] Kreisvorsitzender der CDU in S. und als IM »Hans Schuster« registriert.

kreises« wird namentlich nicht genannt und spielt auch im weiteren Verlauf der Sitzung keine Rolle mehr.

– Als eigentliches Gegenüber der kirchlichen Vertreter erscheinen *»Koll. Schnappauf«*[600] und *»Gen. Stöcker (Gera)«*.[601]

– Sie verfahren auf die bekannte Weise: Auf die von den Pfarrern genannten Verletzungen der Gewissens- und Glaubensfreiheit gehen sie gar nicht erst ein. Allgemeine Vorhaltungen ohne Namensnennung der betroffenen Gemeindeglieder werden zurückgewiesen. Konkreten Fällen mit Name und Adresse wolle man nachgehen.

– Ungeachtet dessen zählen die Geistlichen weitere Nöte von »Schülern und Jugendlichen« auf:

– Schwierigkeiten für die berufliche Entwicklung durch Konfirmation und Jugendweiheverweigerung;

– verdeckte Vernehmungen von Gliedern der Jungen Gemeinde durch MfS-Mitarbeiter;

– in diesen Vernehmungen erpresste Protokolle mit verfälschtem Inhalt, die nur aus Angst unterschrieben werden, so dass die Jugendlichen in Gewissensnot geraten, die sie sich »von der Seele reden müssen«;

– solche »Aktionen hinter dem Rücken der kirchlichen Amtsträger« werden kritisiert.

Aus dieser Aufzählung geht hervor: Kirchliche Mitarbeiter lassen sich nicht auf die ihnen bekannte Methode von SED und Staatsorganen ein, nur Einzelfallklärung zuzulassen, wie nach 1989 immer wieder von Uninformierten behauptet wurde. Sie benennen die Missachtung von Glaubens- und Gewissensfreiheit, ohne die Opfer preiszugeben, wie es die Genossen gern gehabt hätten. Damit fällt auch die Behauptung hin, Kirche habe das »Recht« nicht mehr thematisiert oder sei gar einer »verknechteten Theologie« erlegen.[602]

Der BEK und seine Mitgliedskirchen wie auch seine Beauftragten und Vertreter vor Ort haben das Recht und seine Verletzungen bis 1989 thematisiert:

– in Gesprächen auf nahezu allen Ebenen, stets auch durch und bei der Verhandlung von Einzelfällen, die als Beispiele angeführt wurden, wo die Betroffenen den Mut hatten, Namen und Adressen nennen zu lassen;

– in Synodalerklärungen;

---

[600] Stellvertreter des Vorsitzenden des Rates des Kreises S. für Inneres, IM »Erwin Kahn«.

[601] Sekretär der SED-Bezirksleitung in G., Schreibweise wechselt mit »Stöckert«.

[602] Neubert: Vergebung, 149 ff.

- im Gespräch vom 06.03.1978 grundsätzlich im Hinblick auf den »Christen vor Ort«, sein Recht auf »Gleichachtung und Gleichberechtigung«, auf berufliche Entfaltung bis zu Leitungspositionen usw.;
- in sogenannten »Sachgesprächen«, die von der staatlichen Seite immer als einseitige »Informationsgespräche« deklassiert werden sollten, worauf sich von kirchlicher Seite niemand einließ;[603]
- im Protest gegen die Verletzung des in der Verfassung der DDR garantierten Rechtes auf Gewissens- und Glaubensfreiheit gegenüber den Trägern des Symbols »Schwerter zu Pflugscharen«;[604]
- in der Mitarbeit als »NGO« am Prozess der KSZE von Helsinki und dem Einsatz für die individuellen und sozialen Menschenrechte – dort durch beauftragte Vertreter des BEK und in erweiterten »Informationsgesprächen« mit dem Leiter der DDR-Delegation im Helsinki-Prozess;
- im »Konziliaren Prozess für Gerechtigkeit, Friede und Bewahrung der Schöpfung« und bei vielen anderen Anlässen.

Es war die Stärke all dieser Bemühungen und begründete ihre Wirksamkeit, dass Leitung und Basis – wenn es denn in der Kirche so etwas in voneinander abgehobener Weise überhaupt geben kann – gemeinsam argumentierten und handelten. Es kann nur als untauglicher Versuch einer Umbiegung von Geschichte angesehen werden, dies alles nachträglich zurückzunehmen nach dem Motto: Was gut war, waren die »neuen sozialethisch interessierten Gruppen« – und was schiefging, war die »Kirche«, »Amtskirche«, »Kirche als Institution« und dergleichen Verfälschungen mehr.

Gelebt haben wir in der wirklichen und verbindlichen[605] Gemeinschaft unserer Kirche, in der wir mit ihren Fehlern und Unzulänglichkeiten auf allen Seiten bestehen durften – nicht aus unserer Kraft und auch nicht aus der Kraft »neuer Gruppen«, sondern nur dort, wo wir handelten »im Geist der Kraft, der Liebe und der Besonnenheit« in allen Gruppen und Schichten und Gemeinschaftsformen zusammen. Die törichte Aufteilung »von unten« und

---

[603] Z. B zu innen- und außenpolitischen Fragen mit Bezug auf Volksbildung und kommunistische Erziehung am 29.04.1981; zur »Sozialistischen Lebensweise« mit Bezug auf das Recht im pädagogischen Prozess am 09.12.1982, zur 3. Strafrechtsänderung explizit zum Recht und zur Gestaltung der Rechtspflege.

[604] Am 07.04.1982 mit Staatssekretär Gysi (Vorwurf des Verfassungsbruches durch die Regierung der DDR, vorgetragen vom thüringischen Landesbischof D. Leich) s. Prolog, 27 f.

[605] »Verbindliche Kirche« forderten Lutherische Bekenntnisgemeinschaft und »Thüringer Kirchliche Konferenz«, als einzelne Gruppen Vorstellungen einer pluralistischen Kirche zu verbreiten begannen.

»von oben« verschleiert nur, dass »oben« nur von Christus gilt: »Einer ist euer Meister – Christus!«[606]

In diesem Zusammenhang ist der Pauschalvorwurf zurückzuweisen, es habe der Einsatz für Bedrängte und für ihr Recht und für das Recht überhaupt als »Geheimdiplomatie« funktioniert.[607] Wie die Zusammenstellung von Übergriffen der staatlichen Organe – einschließlich des MfS – im Anhang zeigt, waren die Betroffenen mit der Namensnennung einverstanden. Wenn nicht, wurden ihre Beschwernisse ohne Namen vorgetragen. In jedem Falle wurden sie über Gesprächsabsicht, Gesprächsgang und seine Ergebnisse informiert. Da war nichts geheim – außer den Berichten die von verschiedenen Mitschreibern oder nach technischen Aufzeichnungen von Abschreibern *über* diese Gespräche innerstaatlich ausgetauscht wurden: MfS und SED und CDU und Staatsorgane einträchtig beieinander.

Meist nicht informiert wurde »Ost«- oder »Westpresse«. Denn »Kirche« hatte weder Absicht noch Auftrag, Munition für Kalte Krieger in Ost oder West zu liefern.

---

[606] Matthäus 23,8 und 1.Korinther 12,12 ff.:»Kirche von unten« verliert vor diesen Texten ihre Legitimation.

[607] Neubert: Kirche, 47. Dort ist zunächst die Rede von den konspirativen Gesprächen der IM, aber Sätze später werden »taktische Sprachspiele der Kirchenpolitik« dem »Satz aus Vollmacht« im Selbstopfer von Oskar Brüsewitz gegenübergestellt.

7. Geistlicher Auftrag im Sachgespräch mit zuständigen »Staatsorganen«?

In Abhandlungen über den Weg der evangelischen Kirchen im Raum der Sowjetischen Besatzungszone 1945 bis 1949 und in der Deutschen Demokratischen Republik 1949 bis 1989 dominieren die Fragen nach dem Verhältnis zwischen Staat und Kirche so stark, dass die eigentliche und wesentliche Aufgabe und Arbeit der Kirchen völlig aus dem Blick gerät. Symptomatisch dafür sind die einfallslosen und falschen Wiederholungen unbestimmter »Ortsangaben«: »Zwischen Anpassung und Verweigerung«[608], »Zwischen Diktat und Diskurs«[609], »Zwischen ...«

Alle diese Annäherungsversuche an eine Ortsbestimmung bis hin zu dem Begriff der »Gratwanderung« suggerieren dem Publikum einen Zickzackentscheidungsweg, als sei es Aufgabe und Thema der Kirchen gewesen, sich entweder an eine bestimmte Erwartungshaltung von politischer Seite anzupassen oder sich ihr zu verweigern. Weder das eine noch das andere kann als Motiv gelten.

Der eigene und eigentliche Auftrag der Kirche in Verkündigung, Seelsorge und Dienst stand und steht unter der Frage: »Herr, was willst du, das wir tun sollen?«

Alle diese »Zwischen« sind falsch, wo sie sich absolut setzen. Sie kommen aus einem Blickwinkel, den der Staat den Kirchen immer aufzwingen wollte, den sie sich als Kirchen Jesu Christi aber nie zu eigen machen konnten, wo immer sie ihrer »Sache« treu blieben. SED und ihre Helfershelfer beurteilten die Kirchen ausschließlich nach politischen Gesichtspunkten. Sie meinten, ihre »rein religiöse Betätigung« vernachlässigen und übersehen zu können, weil sie das »rein Religiöse« für politisch und operativ unbedeutend hielten. Diese Fehleinschätzung ist ein Grund dafür, dass die Partei schließlich scheiterte – nicht zuletzt an der Realität einer glaubenden und betenden und gewaltfrei handelnden Kirche.

---

[608] Bund der Evangelischen Kirchen in der DDR (Hg.): Zwischen Anpassung und Verweigerung, herausgegeben von Christoph Demke, Leipzig 1994.

[609] Titel einer Darstellung »oppositioneller Handlungsräume in Gera«, Lenski/Merker: Zwischen Diktat und Diskurs.

Wie falsch solche Reduktion kirchlichen Handelns auf ihre kultische Seite war, zeigt sich an der Inkonsequenz im vermeintlich marxistischen Denken der SED-Ideologen: Man musste notgedrungen zur Kenntnis nehmen, dass der »religiöse Kern« der Lehre und des Lebens der Christen nicht ohne Wirkung auf ihr gesellschaftliches Umfeld blieb. Wie damit umgehen, um weiter die religiöse Selbstbeschränkung der Christen fordern zu können?

Die gesellschaftswirksamen »Anteile« von Zeugnis und Dienst der Kirchen wurden flugs als kirchenfremde *Einflüsse spätbürgerlicher Ideologie* deklariert, wo sie den von den *»fortschrittlichen Kräften«* gewünschten Verhaltensweisen widersprachen. Andererseits wurden sie als »eigentliche Aufgabe der Christen« akzeptiert, wenn sie den angeblich sozialismusimmanenten, angeblich *»gemeinsamen humanistischen Zielen«* förderlich schienen – je nach herrschender politischer Lage.

Argwöhnisch wurde also die »ideologische Wirkung« der Kirche beäugt, ohne zu begreifen, dass ebendiese vermeintlich »bürgerlich infizierte Ideologie« – also z. B. der Widerstand gegen den Totalitätsanspruch des Staates – aus dem Kern biblischer Botschaft und kirchlicher Existenz kam und nicht »aus dem Westen«.

Den Weg der Kirchen bestimmt allein und ausschließlich ihr Auftrag. Und der ist klar und einfach am Ende des Matthäusevangeliums ausgesprochen: »Geht hin und macht zu Jüngern[610] alle Völker und tauft sie im Namen des Vaters und des Sohnes und des Heiligen Geistes und lehrt sie alles halten, das ich euch aufgetragen habe.« Zu ergänzen durch Johannes 20,31: »Dass ihr glaubt, dass Jesus der Christus ist, der Sohn Gottes, und damit ihr durch den Glauben das Leben habt in seinem Namen.«

Natürlich kann eine Untersuchung sich auf die politischen Aspekte eines bestimmten Ausschnittes der Kirchengeschichte beschränken. Es muss dann allerdings klar bleiben, dass so nur ein Ausschnitt der Außenseite von Kirche erkennbar wird – eben ihr Auftrag und ihr Handeln gegenüber der jeweils herrschenden Staats-, Gesellschafts- oder Regierungsrealität –, dies aber ist nur ein Aspekt kirchlichen Wirkens und nicht einmal der wichtigste und verfehlt ihren eigentlichen Auftrag.

Wer den Weg der Kirche auf ihre politischen Aussagen und Verhaltensweisen reduziert, verfehlt ihre Wirklichkeit und ihre Wirkung gründlich und wird

---

[610] Matthäus 28,20. Luthers Übersetzung »lehret« kann nach dem griechischen Urtext umfassender mit »macht zu Jüngern« wiedergegeben werden, weil Matthäus das der »Jüngerschaft« entsprechende Verb gebraucht: »mathetizestai« (»mathetai« – die Jünger).

nicht einmal über ihren politischen Einfluss sachgemäß urteilen können, weil auch dieser nur aus dem Kern ihres Wirkens verständlich wird. Im Übrigen erliegt, wer so verfährt, dem – manchmal als typisch protestantisch bezeichneten – Hang zur »Selbstverkleinerung«.

> »Wir verifizieren sozusagen die marxistische Behauptung, derzufolge Religion als Privatsache anzusehen ist, indem wir Bürgermeistern und Parteien erlauben, uns als Verein unter Vereinen zu betrachten; indem wir unsere Frömmigkeit privatisieren und unsere Umgebung möglichst nicht damit behelligen,[611] (und dabei vielleicht zugleich unsere Marginalisierung beklagen); indem wir uns selber zu religiösen Dienstleistern degradieren, jeweils ad hoc tätig werdend, aber bescheiden in unserem gesamtgesellschaftlichen Geltungsanspruch.«[612]

Vor diesem Hintergrund gilt zugleich: Die Verantwortung der kirchlichen Mitarbeiter reicht immer weiter als ihre sachliche Zuständigkeit für die ihnen übertragenen Aufgabengebiete. Sie umfasst auch den personalen Bezug zum jeweiligen Gegenüber: »Seid allezeit bereit zur Verantwortung vor jedermann, der von euch Rechenschaft fordert über die Hoffnung, die in euch ist.«[613] Das kann in den MfS-Texten nicht vorkommen, weil es außerhalb ihres Horizontes liegt. Aber zuweilen blitzte eine Ahnung davon auf, wenn z.B. Bischof Leich in Stasiakten zitiert wird: Mit dem Staat könne man nur nach Gottes Wort reden, auch Atheisten seien von Gott nicht aufgegeben.[614]

7.1 Sachbezogene Funktion im Dienstauftrag

Zunächst gilt die Verantwortung kirchlicher Mitarbeiter der sachbezogenen Funktion innerhalb ihres Dienstauftrages und ihres Verantwortungsbereiches. Insofern müssen sie z.B. gegenüber staatlichen Stellen erfolgsorientiert handeln. Sie wollen und müssen etwas für die ihnen anvertrauten Menschen und Sachgebiete erreichen. Das kann unnachgiebige, in der Taktik auch flexible und, wo es nötig erscheint, harte Verhandlungsführung erforderlich machen. Superintendenten hatten gegenüber den staatlichen Stellen die Aufgabe, Probleme ihrer Superintendentur, die staatliche Zuständigkeiten berührten, in di-

---

[611] Funktionäre wehrten Glaubensaussagen stets ab: »Wir lassen uns nicht weltanschaulich agitieren.«

[612] Konrad Fischer: »Ohn menschliche Gewalt, sondern allein durch Gottes Wort«. Melanchthons Konzept einer geistlichen Kybernetik, in: Deutsches Pfarrerblatt, 107 (12/2007), 635 ff.

[613] 1.Petrus 3,15.

[614] BStU ZA, MfS – HA XX74, Nr. 1096, 119.

rekten Gesprächen mit den Vertretern der Räte der Kreise, bei besonderen kreisübergreifenden Problemen auch mit denen der Räte der Bezirke einer Lösung zuzuführen.

Fallbeispiel: Sachgespräche mit Rat des Kreises/Bezirkes/Staatssekretär

Der Rat des Kreises[615] war für alles zuständig, was auf »seinem Territorium«[616] öffentlichkeitswirksam geschah. So auch der Rat des Bezirkes für sein Gebiet. Dementsprechend stellten beide zwangsläufig die gegebenen Ansprechpartner dar für Anträge kirchlicher Dienststellen auf Zuweisung von Handwerker-Kapazitäten[617] und Mitteln für Bauvorhaben, auf Genehmigung von Großveranstaltungen, für Einreisen und Zuzug ins Grenzgebiet mit seinen Sonderbestimmungen bis hin zur geistlichen Gestaltung von Veranstaltungen im Zusammenhang mit der sogenannten Veranstaltungsverordnung[618] und für vieles andere mehr.

In Schutzgesprächen für bedrängte Gemeindeglieder waren Verletzungen der Menschenwürde, der Gewissens- und Glaubensfreiheit in erster Instanz den Vertretern der Räte der Kreise vorzutragen. Jede außerhalb dieses vorgegebenen Geschäftsganges angesprochene übergeordnete Dienststelle gab den Vorgang unmittelbar an die untere zurück. Diese zu übergehen, bedeutete also immer Zeitverzug im Verfahren zum Nachteil der Gemeindeglieder. Niemand, der die Interessen seines Aufsichtsbereiches – z. B. einer Superintendentur bzw. eines Kirchenkreises – ernsthaft zu vertreten suchte, konnte sich seine Gesprächspartner aussuchen.[619]

---

[615] »Rat«, russisch: »Sowjet« nach dem Vorbild der Sowjetunion (SU) die Grundstruktur politischer Gliederung der DDR: Rat der Gemeinde bzw. Stadt – Rat des Kreises – Rat des Bezirkes (die Ländergliederung der DDR war 1952 aufgehoben und zentralistisch durch die Gliederung in Bezirke ersetzt worden) – Staatsrat.

[616] »Territorium«: Funktionärsbegriff für die Region, für die eine staatliche Stelle allgemein zuständig war, in der Regel der »Rat«.

[617] Die Verfügung über die Zuweisung von Handwerkern der Produktionsgenossenschaften Handwerk (PGH) und der volkseigenen Betriebe (VEB) lag gegenüber den Kirchen bei den Räten der Kreise und Bezirke. Es konnte vor einer solchen Zuweisung kein Auftrag erteilt werden.

[618] VAVO – Veranstaltungsverordnung, die als Instrument des Staates gehandhabt werden sollte und wurde, nur »religiöse Handlungen« als anmeldefrei gelten zu lassen und auf die anderen per Genehmigung Einfluss zu nehmen. Vgl. zur »VAVO« Abschnitt 20.7.

[619] In einem Tischgespräch des Verf. mit dem ersten Direktor der Gauckbehörde, Herrn Geiger, äußerte dieser seine Verwunderung über die Vielzahl von Gesprächen evangelischer Geistlicher mit staatlichen Stellen. In Wahrnehmung dienstlicher Obliegenheiten (Baufra-

7.2 Der Kampf mit staatlichen Stellen um das Recht im Allgemeinen und um das Recht des Einzelnen im Besonderen

Der kirchliche Dienstauftrag z. B. der Superintendenten gegenüber den Räten der Kreise und Bezirke in Sach- und Personalfragen einerseits ließ sich in der Praxis von der Auseinandersetzung um grundsätzliche Fragen des Rechtes und der Verfassungsgarantien und der fallbezogenen Anwendung des Rechtes für den Einzelnen nicht trennen. Dafür sei aus einem Dokument zitiert, das aus der Feder des »Mitarbeiters für Kirchenfragen beim Vorsitzenden des Rates des Kreises Saalfeld, Genosse Schnappauf« stammt und sich in der Opferakte des Verfassers innerhalb des Operativen Vorganges »Synodaler« findet. Das Dokument belegt zugleich die damals verdeckte, aber unlösbare Verbindung von Gesprächen mit staatlichen Stellen und dem MfS: Mindestens zwei Gesprächsteilnehmer von staatlicher Seite wurden als IM geführt.

Fallbeispiel: Sachgespräch Lutherjahr (Rat des Kreises S. am 25.01.1983)[620]

Gesprächsteilnehmer:
Leiter Sektor Kirchenfragen Rat des Bezirkes G., Herr Uerkvitz, IME »Kramer«
Stellvertreter Inneres beim Rat des Kreises Saalfeld
Mitarbeiter Kirchenfragen beim Rat des Kreises Saalfeld Schnappauf[621]
Pfarrer Kaufmann in Graba
Superintendent Große in Saalfeld

Das Gespräch fand statt zu Beginn des Lutherjahres 1983. In dessen Vorbereitung erfolgte 1982 eine umfangreiche Innenerneuerung der »Lutherstätte« Johanneskirche in S.[622] mit einem hohen Anteil von Mitteln der staatlichen

---

gen, Verwaltungsaufgaben, Veranstaltungsverordnungen, Einsatz für bedrängte Gemeindeglieder, Konflikte für Kinder in Schulen, Ausbildungsstätten usw.) gab es nur das staatliche Gegenüber. Dass die DDR-Behörden immer zugleich dem MfS berichtspflichtig waren und die Leiter der Abteilung Inneres beim Rat des Kreises in der Regel oft selbst als IM geführt wurden, kann schlechterdings nicht dem Bürger angelastet werden, der an dieses Gegenüber gewiesen war.

620 Zitate nach Niederschrift Mitarbeiter Kirchenfragen Rat des Kreises S. vom 01.02.1983 in OV »Synodaler« (BStU Archiv ASt Gera, MfS BV Gera, A 1488/88, Bd. II, 63–67).

621 Lt. Mitteilung der BStU ASt Gera als IM »Erwin Kahn« geführt.

622 Weil Luther und Melanchthon dort mehrfach predigten (Luther auf der Reise nach oder während der Rückkehr von der Coburg 1530, Melanchthon während einer Kirchenvisita-

Denkmalpflege. Die staatliche Seite dürfte deshalb kaum mit Konfliktfragen gerechnet haben, was auch die Anzahl ihrer Teilnehmer vermuten lässt. Aber es kam anders, wie der wörtlich zitierte Auszug aus der Niederschrift zeigt. Der wurde erst nach 1989 in der vorliegenden Fassung der BV Gera des MfS bekannt.

Nach einem einleitenden kurzen Gesprächsgang über das abgelaufene Jahr 1982 und die von kirchlicher Seite im Rahmen der Superintendentur geplanten Veranstaltungen im Lutherjahr 1983 heißt es in der Niederschrift wörtlich weiter: Es wurde

> »auch durch den Genossen Uerkvitz Sup'G … ersucht, die schon lange versprochene Auflistung über Fälle, bei denen angeblich religiös gebundene Bürger von staatlicher Seite benachteiligt würden, uns doch endlich zur Verfügung zu stellen.
>
> Sup'G… schlug sofort einen sehr scharfen Ton an und sagte, eine solche Auflistung wäre nicht notwendig, da er ja bereits im Gespräch mit dem Stellvertreter Inneres des Bezirkes, Herrn Krätzschmar, Herrn Uerkvitz sowie Herrn Stahl auf 5 Schreibmaschinenseiten die Probleme vorgetragen habe. Daran hätte sich bis jetzt noch nichts geändert und er würde nicht einsehen, diese Arbeit nochmals zu machen.
>
> »… 2. Anschließend wurde durch den Stellvertreter Inneres, Genossen Stahl, ihm entgegengehalten, daß er bereits mehrmals diese Auflistung versprochen habe, aber bis jetzt jedes Mal[623] den versprochenen Termin nicht einhält.
>
> Aufgrund des sehr scharfen Tones, den Sup'G gebrauchte, erklärte Genosse Uerkvitz, daß unter solchen Bedingungen kein vernünftiges Gespräch geführt werden könne, wenn dieser Ton beibehalten würde, wäre für ihn das Gespräch beendet.
>
> Daraufhin mäßigte sich Sup'G und legte im weiteren dar, daß er sich mit dem Stellvertreter Inneres, Herrn Stahl, und mit Herrn Schnappauf gut verstehe, allerdings würden auch hier nur bestehende Probleme behandelt, denn zentrale Weisungen der Regierung würden die Zusammenarbeit auf unterer Ebene stören. Er stellt die Behauptung auf, daß es in der DDR keine Religionsfreiheit geben würde. Christen würden sich wie zuvor im Leben und in der Arbeit behindert vorkommen.
>
> a) Dazu führte er folgende Beispiele an:
>   Ein Herr …… (Name geschwärzt) würde nach wie vor aufgrund seiner religiösen Bindung an der Weiterqualifizierung als Meister durch den Betrieb ausgeschlossen.
>
> b) Eine gewisse …… (Name geschwärzt) in Gorndorf, Klasse 6 (die Schule konnte er uns nicht nennen), hätte während des Geschichtsunterrichts von ihrem Lehrer nach Darlegung ihrer Gedanken die Antwort erhalten: »Ich könnte mich totlachen, was sie da erzählen.«
>
> c) gegenüber jungen religiös gebundenen Bürgern in Probstzella, die Briefkontakte

---

tion), galt die Johanneskirche in Saalfeld 1983 als eine der anerkannten »Lutherstätten« im Bezirk Gera.

623 Schreibweise, Grammatik und Ausdruck gemäß Original wiedergegeben.

mit der BRD führen, wäre erklärt worden, daß Besuche und Briefkontakte nicht erwünscht wären.

d) Die Mitarbeit von religiös gebundenen Bürgern sei in Elternvertretungen nicht möglich, wenn ihre Kinder nicht an der Jugendweihe teilnehmen. In diesem Zusammenhang führte er an, daß zum Beispiel kein Ehepartner eines kirchlichen Amtsträgers aus dem Sup'tur-Bereich in den Kreisen Saalfeld, Neuhaus und Lobenstein in einer Elternvertretung tätig wäre.

e) Eine gewisse …… (Name geschwärzt) aus Drognitz, sie wäre Leiterin des Kirchenchores, hätte Schwierigkeiten gehabt, um als Lehrschwester bestätigt zu werden.

In diesem Zusammenhang griff Pfarrer …… (Name geschwärzt) ein und erklärte, daß seine Frau, die Kinderärztin Dr. …… (Name geschwärzt) gerne in der Elternvertretung der OS III[624] mitarbeiten wolle – ihre Tochter besucht dort die 4. Klasse – das wäre aber bis jetzt noch nicht möglich gewesen.

Sup.Gr. wurde vom Genossen Uerkvitz nochmals aufgefordert, die Auflistung umgehend vorzunehmen, damit eine Abarbeitung der Probleme vorgenommen werden kann. Ihm wurde ausdrücklich erklärt, daß diese Auflistung vom Staatssekretär für Kirchenfragen, Genossen Gysi, gefordert wird.

3. Auf der Grundlage des überreichten Veranstaltungsplanes zur Luther-Ehrung wurde dann das Gespräch weitergeführt.

Entsprechend des Planes ist vorgesehen, daß alle kirchlichen Amtsträger der Sup‹tur an der Lutherehrung in Lehesten[625] teilnehmen.

In diesem Zusammenhang stellte er die Frage, ob Pfarrer …… (Name geschwärzt) aus Leutenberg für diese Zusammenkunft die Einreise nach Lehesten erhält.

Dabei verwies er darauf, daß doch Pfarrer …… (Name geschwärzt) schon Ende der 70er Jahre die Einreise erhalten habe, um an der Beisetzung des verstorbenen Pfarrers …… (Name geschwärzt) teilzunehmen.

Von uns wurde hierzu keine Zusage getroffen.[626]

Gleichzeitig informierte er, daß zu dem Nachbarschaftstreffen (Nachbarschaftstreffen mit den Kirchgemeinden aus dem Grenzgebiet, die zur Sup'tur Saalfeld gehören) vorgesehen

---

[624] OS III bedeutet »Oberschule III«. Alle allgemeinbildenden Schulen hießen »Oberschule«: Als Gesamtschule bis zum Abschluss mit 10. Klasse »POS« (Polytechnische Oberschule) und als Oberstufe »EOS« (Erweiterte Oberschule – also über die zehnklassige Gesamtschule hinaus »erweitert«).

[625] Lehesten, Kreis Saalfeld, lag damals im Sperrgebiet an der Grenze und konnte nur mit Sonderpassierschein besucht werden. In den Sammelpassierschein zur Lutherehrung sollte der benachteiligte Pfarrer bei der günstigen Gelegenheit des Lutherjahres auch deshalb aufgenommen werden, um für ihn im Blick auf künftige Einreiseanträge in das Grenzgebiet einen Präzedenzfall zu schaffen, wie er – siehe Hinweis auf die Beerdigung des Lehestener Pfarrers Heyl – schon einmal zugestanden worden war.

[626] Es ging der staatlichen Seite darum, sich gegenüber dem wegen seiner politischen Haltung von den staatlichen Stellen bei Passierscheinanträgen benachteiligten Pfarrer diese Disziplinierungsmöglichkeit nicht aus der Hand nehmen zu lassen. Tatsächlich bekam er die Erlaubnis zur »Einreise« in den Grenzstreifen zum Lutherjahr, von da an auch für Vertretungen – bis er mit seiner Familie einen Ausreiseantrag stellte und in die Bundesrepublik übersiedelte.

ist, daß aus Probstzella ca. 30 ältere Personen in Lehesten teilnehmen können (An- und Ausreise mit einem KOM[627] – Einreise auf gemeinsamer Liste für ca. 5 Stunden).[628] Auch hier wurde keine Zusage gegeben, allerdings ersuchten wir Sup'G …, in Kürze bereits den entsprechenden Antrag an die zuständigen Organe (VP) einzureichen.[629] Sup'G … trägt sich auch mit dem Gedanken, den Pfarrer aus Steinbach an der Heide/ BRD,[630] zur Teilnahme an der Lutherehrung in Lehesten einzuladen.

Dazu wurde ihm erklärt, daß eine solche Einladung nur durch die Landeskirche über das Staatssekretariat für Kirchenfragen erfolgen kann.[631]

Ergänzend zum vorgelegten Veranstaltungsplan teilte er mit, daß eventuell am 13.11. 1983 der Erzbischof von Canterbury/England in der Johanneskirche in Saalfeld predigen wird.[632]

---

[627] KOM – Omnibus der volkseigenen Busgesellschaften.

[628] Die große Bedeutung eines Nachbarschaftstreffens für die Kirchgemeinden und ihre Glieder im Grenzgebiet kann aus heutiger Sicht kaum noch nachvollzogen werden. Isoliert nach zwei Seiten, zu Westdeutschland hin und ebenso zum DDR-Inland, lebten die im 5-km-Sperrgebiet wohnenden Gemeindeglieder abgeschnitten von Verwandten und Freunden. Sie konnten Verwandte ersten und seltener zweiten Grades nur zu Besuch empfangen, wenn diese als »politisch unverdächtig« eingestuft worden waren und deshalb einen Passierschein bei besonderen Anlässen erhielten. Durch ein Nachbarschaftstreffen kehrten viele für Stunden in den Kreis der weiteren Verwandten, Freunde und Mitchristen zurück. Manche sahen nach Jahren ihr Geburtshaus einmal wieder. In besagter Superintendentur wurden deshalb diese Nachbarschaftstreffen vom Lutherjahr 1983 an jährlich organisiert, was zu dem ironischen Slogan führte: »Luther macht's möglich«.

[629] Eine so weitreichende Erlaubnis konnte von den Räten der Kreise und des Bezirkes gar nicht erteilt werden. Sie gehörte zu den sogenannten »staatspolitischen Entscheidungen« unter Einbeziehung auch der Abt. XX/4 des MfS. Im Rahmen des »Lutherjahres« waren mit Rücksicht auf die vielen in die DDR einreisenden ökumenischen Gäste die Voraussetzungen für positive »staatspolitische« Entscheidungen besonders günstig. Die DDR wollte sich als weltoffener Staat präsentieren. Waren aber einmal Genehmigungen erteilt, konnte auch außerhalb besonderer »Jahre« mit Wiederholungsgenehmigungen gerechnet werden. Hier lag auch der eigentliche kirchliche Grund der »Lutherjahr-Aktion Lehesten«: Schneisen in sonst unbegehbares Gebiet durch Präzedenzfälle zu schlagen.

[630] Gemeint ist Steinbach an der Haide bei Ludwigstadt in Oberfranken (Bayern), direkt an der Grenze zu Lichtentanne, Kreis Saalfeld, gelegen.

[631] Auch dies war klar. Aber da bei allen Anträgen auf höchster Ebene ohnehin die untergeordneten Dienststellen befragt wurden, konnte mit dieser beiläufigen Vorüberlegung viel Zeit gespart werden. Der Pfarrrer erhielt die Genehmigung nicht.

[632] Durch den Partnerdekan von Geislingen a. d. Steige, Paul Lempp, war die Einladung vorgeschlagen und übermittelt worden, um die staatlichen Stellen zur Einhaltung ihrer Lutherjahr-Zusagen zu bewegen. Die Rechnung ging auf, z.B. indem das Nachbarschaftstreffen im Grenzgebiet genehmigt wurde. Der Erzbischof hatte seine Zusage gegeben und den Termin 13.11.1983 vorgeschlagen. Als ihn dann eine Einladung nach Dresden erreichte, wurde der Stadt der Frauenkirche und des großen Bombardements vom Februar 1945 der Vorzug gegeben.

Er beabsichtigt hier einen Kinderumzug mit Laternen von der Johanniskirche zur Martinskapelle in der Rudolstädter Straße gegen 18.45 Uhr durchzuführen.

Teilnehmer: ca. 200–300 Kinder

Diesbezüglich will er einen Antrag an das VPKA Saalfeld auf Genehmigung stellen. Dabei verwies er darauf, daß solche Umzüge z. B. in Weimar und in Erfurt schon lange Tradition hätten.

Unsererseits wurde auf die Verkehrslage[633] aufmerksam gemacht und auch in Erwägung gezogen, daß auch ein solcher Umzug auf dem Kirchplatz rund um die Kirche möglich sei.

Auf jeden Fall muss dazu die Genehmigung des VPKA eingeholt werden.

1. Sup'G. und Pfarrer …… (Name geschwärzt) wurde durch Gen.Uerkvitz dargelegt, daß es für das Kirchenland, daß durch die Maxhütte benötigt wird, es nur den gesetzlich genehmigten Preis pro qm gibt.

Ebenfalls wird Austauschland für die Maßnahme der Maxhütte wie auch für die Kirche in Graba nicht zur Verfügung gestellt. Nur in ganz besonderen Ausnahmefällen, die von Berlin genehmigt werden müssen, kann Austauschland gegeben bzw. ein höherer Preis als gesetzlich festgelegt, gezahlt werden.

2. Zum Bau des Pfarrhauses in Gorndorf wurde durch Genossen Uerkvitz Sup'G … in Kenntnis gesetzt, daß der VEB Kreisbau Saalfeld lediglich Leistungen in Höhe von 160 DM[634] bringt. Sobald diese 160 DM verbaut sind, stellt dieser Betrieb seine Tätigkeit ein.

Die Fertigstellung des Gebäudes bis zur veranschlagten Summe von 244.000 M muß dann die Kirchgemeinde in Eigenleistung, einschließlich eigenen Material, bringen.

Sup'G … erhob keine Einwände und wies lediglich darauf hin, daß im Erdgeschoß 2 kleine Gemeinderäume eingebaut worden wären.

…

Das Gespräch begann 10.00 Uhr und endete gegen 12.00 Uhr.

(gez.) Schnappauf«.

Diese Gesprächsniederschrift wurde bewusst ausführlich wiedergegeben, weil sie eine ganze Reihe von Erkenntnissen im Rahmen dieser Arbeit zur MfS-Tätigkeit gegenüber den Kirchen bringt:

---

[633] Tatsächlich handelte es sich um die Hauptverkehrsstraße, die zur Zeit des Betriebsschlusses kaum zu sperren war. Die Bitte war mehr taktischer Natur: viel beantragen, um wenigstens etwas zu erreichen. Und das beweist die Reaktion:« Warum nicht Umzug auf dem Kirchplatz?« Der Zug ging dann – ohne ausdrückliche Genehmigung – zur katholischen Kirche durch ruhigere Gassen und wurde Erlaubnis-Präzedenzfall für folgende Jahre.

[634] Gemeint sind 160 TDM, wie mit dem Bund der Evangelischen Kirchen ausgehandelt (Valutabauten im sogenannten »Sonderbauprogramm« in Neubaugebieten der DDR, hier Gorndorf bei Saalfeld).

- Das Gespräch wurde mit den zuständigen Staatsorganen geführt und war in Wirklichkeit – ohne dass dies den kirchlichen Vertretern bekannt sein konnte – auch ein Gespräch mit MfS-Vertretern.[635] Das haben wir geahnt. Belegen konnten wir es freilich nicht. Ein Verzicht auf Gespräche mit dem zuständigen Rat des Kreises war um der kirchlichen Arbeit willen nicht zu verantworten.

- Damit ist von Auftrag und Dienst her die Frage beantwortet, ob »*mit der Stasi zu reden sei*«. Wer im Nachhinein verlangt, es hätte zwischen »Staatsorganen« und MfS unterschieden werden müssen – was tatsächlich von kirchlicher Seite gar nicht möglich war, aber dennoch versucht wurde –, wärmt Illusionen auf, die sich vor 1989 mancher gemacht hatte, als sei es möglich, zwischen den verschiedenen Armen des »Kraken« zu unterscheiden.

- Die zitierte Niederschrift findet sich in sogenannten »Opferakten«, unter der Nomenklatur »OV Synodaler«, ist also selbst Bestandteil und Materialsammlung der unter dieser Tarnbezeichnung gegen den Superintendenten gerichteten und »*abgestimmten Zersetzungsmaßnahmen*«.[636] Keiner der beiden kirchlichen Gesprächsteilnehmer konnte beweisen, dass es sich so verhalte. Allgemein ging allerdings die Rede, dass mit engen Beziehungen des MfS zu den »Vertretern Inneres der Räte« gerechnet werden müsse.[637]

- Dass im vorliegenden Falle Pfarrer Kaufmann, Graba, am Gespräch teilnehmen konnte, ist dem Lutherjahr geschuldet. Zwar wurde den Superintendenten von der Kirchenleitung empfohlen, solche Gespräche immer zu zweit zu führen. Das wurde regelmäßig versucht, aber selten zugestanden. Ungebetene Zeugen wurden z. T. unter Einsatz körperlicher Gewalt an der Tür abgedrängt.[638] Als der danach vor den Staatsvertretern stehende Superintendent sich weigerte, das Gespräch allein zu führen, ging beim Landesbischof eine Beschwerde des Vorsitzenden des Rates des Kreises ein, der Superintendent lehne es für sich ab, überhaupt noch Gespräche mit dem Rat

---

[635] Der im Protokoll erwähnte »Mitarbeiter für Kirchenfragen« und Unterzeichner des Protokolls, Otto Schnappauf, wurde vom MfS als IM »Erwin Kahn« geführt. Auskunft der BStU, ASt Gera, Zeichen 001402/02G vom 21.08.2007. Herr Uerkvitz als IME »Kramer«.

[636] BStU ASt Gera, MfS BV Gera, A 1488/88, Bd. II, 63–67.

[637] Ob das MfS per heimlich mitlaufendem Tonband, durch Anwesenheit eines Mitarbeiters oder mit Protokoll informiert wurde, konnten wir nicht herausfinden. Es spielt auch letztlich keine Rolle.

[638] Pfarrer Hans-Georg Roth, Saalfeld, wurde als Begleiter des Superintendenten mit brachialer Gewalt in der Tür abgedrängt, obwohl Landesbischof Braecklein angeordnet hatte: Keine Gespräche allein!

des Kreises zu führen. So schlicht und direkt wurde von staatlichen Stellen gelogen. Daraufhin entschied die Rechtsabteilung, zwar immer wieder einen zweiten Gesprächspartner vorzuschlagen, aber nicht unter allen Umständen auf dessen Teilnahme zu bestehen, sondern von Fall zu Fall neu zu entscheiden. So wurde verfahren.

– Nach diesem oben zitierten – wie wir heute erst wissen – von einem Inoffiziellen Mitarbeiter des MfS geschriebenen und unterzeichneten Protokoll lautet für mich die Frage nicht mehr: Durften wir mit der Stasi reden oder nicht?

– Im Klartext: Wer in der DDR – ganz gleich wo und wann! – das Wort nahm, musste damit rechnen, dass die Stasi mithört oder dass er sie direkt anspricht.

Die theologische Frage angesichts solcher Gespräche lautete für mich vielmehr klar und deutlich: Kämpfe ich um das Recht meiner Schwestern und Brüder, für die ich in der Stunde der Ordination und der Einführung in das Amt an einem konkreten Ort Verantwortung vor Gott und seiner Gemeinde übernommen habe – auf dem einzigen Wege, der mir damals vorgelegt war –, mit denen, die es beschneiden oder brechen? Ja oder nein?

Darauf musste jeder Christ in der DDR antworten – und jeder ordinierte Geistliche erst recht. Dann war nicht lange darüber zu diskutieren, *»ob der Verzicht auf die dritte Gewalt und die Machtkontrolle grundsätzlich eine legitime Art staatlicher Machtausübung sei.«*[639]

Zeugnis und Dienst – die Ansage der Herrschaft Jesu Christi gegenüber denen, die sich im Besitze der Macht wähnten, und der Dienst an den Menschen, die gefügig gemacht werden sollten oder verführt werden sollten, konnte nicht darauf warten, dass da *»rechtlich kontrollierte Räume«* wären oder zu erhoffen seien. Wir hatten und haben um der uns anvertrauten Menschen willen die Fehde mit der staatlichen Macht aufzunehmen, die wir vorfinden. Sie zu verändern mag uns als Hoffnung immer begleitet haben, und viele von uns haben wahrlich das Ihre dazu getan – darauf warten konnten und durften wir nicht.

---

[639] Dazu Mau: Realsozialismus, 182: »Der Vergleich der Gesamtsituation in der DDR mit einer kollektiven Geiselnahme illustriert die ›Situation‹ bei Gesprächen mit der Staatsmacht … Wichtig war eine Strategie für einen Situationswandel ohne Katastrophe (also für eine ›Umstimmung‹ der Geiselnehmer). Für die ungewisse Zeit bis dahin ging es darum, daß die Geiseln unversehrt blieben und ihre Lage erleichtert wurde.« Im Klartext: Wer auf den Unterhändler mit den Geiselnehmern schießt, will den Tod der Geiseln oder nimmt ihn billigend in Kauf.

Und nun die Frage: Durfte mit der Stasi »konspirativ« geredet werden?

Zunächst ist der in diesem Zusammenhang von Wolf Krötke[640] gebrauchte Begriff »*kirchliche Konspirationen*« zurückzuweisen. Sie sind *per definitionem* gar nicht möglich. Konspirieren können »Kirchen« nicht. Denn Kirche als »Gemeinschaft der Gläubigen« ist nur da, wo mindestens »*zwei oder drei beisammen sind in Jesu Namen*« (Matthäus 18,20). Der zweite oder dritte Hinzukommende aber beendet bereits jede Konspiration, wie oft genug erlebt. Konspirieren im Sinne des MfS können nur Einzelne.[641]

Auch aus dem »Zentrum theologischer Ethik« gesehen kann es immer wieder Gemengelagen geben, in denen – und das sprach Dietrich Bonhoeffer aus – gar nicht zwischen Gut oder Böse entschieden werden kann oder noch lange diskutiert werden darf, sondern zu handeln ist, wo immer sich eine Chance zu bieten scheint, Erniedrigten und Beleidigten zur Hilfe zu eilen. Zu eilen – nicht diskutierend stehen zu bleiben! Sich nicht nur um die Opfer des betrunkenen Kutschers zu kümmern, sondern ihm in den Arm zu fallen, darauf kam es Bonhoeffer und seinen späteren Schülern an.

Aber zurück zum Rat des Kreises in S.:

– Der Protokollverlauf gibt in exemplarischer Weise den jähen Wechsel von scheinbar freundlich kooperativer Haltung der Gäste zu harscher Zurechtweisung des Hausherrn wieder – eine Taktik der Machtausübung, die allen Diktaturen eigen ist.

Der Wechsel vom Konfliktgespräch (hier durch die Nachfrage nach der Auflistung von staatlichen Übergriffen gegenüber Gemeindegliedern innerhalb der Superintendentur ausgelöst, die längst übergeben worden war) zur relativ sachlichen Erörterung von kirchlichen Vorhaben im Lutherjahr kann für diese Art Verhandlungen als typisch gelten. Die Methode, zwischen Zuckerbrot und Peitsche abzuwechseln, gehört zu den ältesten Formen, Macht auszuüben und dem damit »Behandelten« seine Grenzen zu zeigen – allerdings nur, falls er sich davon beeindrucken lässt.

– Beschämend lässt die Niederschrift erkennen, wie subaltern die staatlichen Gesprächsteilnehmer sich fühlen mochten: Eine eigene Vorschlags- und Entscheidungsbefugnis stand ihnen allenfalls für Geringfügigkeiten zu.

Hinsichtlich der »Einreisen« von DDR-Bürgern ins 5-km-Sperrgebiet an der Grenze zu Bayern (als passiere man eine echte Grenze und bewegte

---

[640] Wolf Krötke: Mußte die Kirche mit der Stasi reden? Artikel in »Die Zeit« vom 04.09.1992, zitiert nach Neubert: Vergebung, 73 f.

[641] Darauf hat die Lutherische Bekenntnisgemeinschaft in Thüringen in ihrer Mitgliederversammlung vom 27.10.1990 schon hingewiesen.

sich doch nur wenige Kilometer innerhalb eines Landkreises der DDR!) – keine Befugnis.

Für die Einladung eines Pfarrers aus Bayern in ebendieses Grenzgebiet – trotz Lutherjahr – keine Befugnis.

Kinderumzug anlässlich des Martinstages – keine Befugnis.

Entschädigung für die Inanspruchnahme von Kirchenland durch die Maxhütte – keine Befugnis, sondern »Berlin ist zuständig«.

Ist es da ein Wunder, dass solcherart Entmündigte einerseits erleichtert sich auf »die da oben« beriefen, aber andererseits einen nicht geringen Zorn auf jeden verspüren mochten, der sich offenbar souveräner bewegte und bewegen konnte?

Fallbeispiel: Qualifizierung Carsta Koeppen[642]

Am 7. Januar und am 8. Januar 1975 wurde Carsta Koeppen aus Saalfeld, beschäftigt in der Großbäckerei Saalfeld, wegen ihrer Qualifizierung zum Betriebsleiter gerufen. Abt. XX/4 des MfS BV Gera berichtet:

>»Es wurde folgender Sachverhalt bekannt: ... Ihr wurde von Seiten des Betriebsleiters mitgeteilt, daß sie als Lehrfacharbeiter in der Großbäckerei eingesetzt werden soll. Desweiteren teilte er ihr mit, daß er eine ›Akte‹ besäße, in der u. a. vermerkt sei, daß sie enge Bindungen zur Kirche habe und das ihr Freund Ulrich Theologie studiert. Wenn sie in der Bäckerei als Lehrfacharbeiter eingesetzt werden soll, müsse sie sich von der Kirche trennen. Wie Frl. Köppen weiterhin mitteilte, müsse sie in Greiz ›so Parteizeug‹ machen, und da würde, wie ihr ihr Betriebsleiter sagte, die Kirche im Wege stehen. Sie soll sich das bis Freitag, den 10.01.1975 um 14 Uhr überlegen und ihre getroffene Entscheidung mitteilen.«

Der Betroffenen wurde seitens der Kirchgemeinde die Rechtslage geschildert und geraten, gegen die Verquickung ihrer Kirchenzugehörigkeit mit der Übernahme einer Ausbildungsfunktion und gegen den Eingriff in ihre privaten Angelegenheiten hinsichtlich ihres Theologie studierenden Freundes unter Berufung auf das in der Verfassung garantierte Recht auf Gewissens- und Glaubensfreiheit Einspruch zu erheben.

Und wie ging es nach dem ausführlich dargestellten Gespräch und Protokoll vom 25.01.1983 weiter?

---

[642] BStU MfS BV Gera, AOP 659/77, II, 278 f.

Fallbeispiel: Sammlung von Problemfällen

Trotz aller längst vorgebrachten Beschwerden wurden aufgrund der erneuten Vorhaltungen der Staatsvertreter am 25.01.1983 alle Beschwerdefälle noch einmal schriftlich zusammengestellt und mit Schreiben vom 01.02.1983, Tgb.-Nr. 111/83 der Superintendentur an den Rat des Bezirkes Gera, Stellv. des Vorsitzd., Herrn Krätzschmar, gesandt und gleichzeitig dem Landesbischof der Ev.-Luth. Kirche in Thüringen zur Kenntnis gegeben.

Dieses Schreiben umfasste 16 Seiten und fünf Blätter Anlagen mit Beleg-angaben.[643] Es wurde vom Vertrauenspfarrer der Superintendentur, Hans-Werner Modersohn, und Stadtjugendpfarrer Arnd Morgenroth mit unterzeichnet. In den Akten des MfS findet es sich innerhalb des Operativen Vorganges »Synodaler« im Archiv der Außenstelle Gera der BStU.[644]

In diesem Schreiben heißt es als »Klarstellung der Absicht« wörtlich:

> »… Schon am 5. November 1982 habe ich ausdrücklich erklärt: Die Forderung, ›abzu-arbeitende Einzelfälle zusammenzustellen‹, geht am Anliegen meines Gesprächsbeitra-ges auf der Bundessynode[645] vorbei und hebt die dort ausgesprochenen Belastungen des Verhältnisses Staat – Kirche nicht auf.
> Und das hat folgende Gründe:
> 1. Bemühung um Glaubens- und Gewissensfreiheit durch ›Klärung von Einzelfällen‹ geht von der Voraussetzung aus, daß Glaubens- und Gewissensfreiheit bestehen und lediglich Verstöße einzelner Personen zu Störungen der garantierten und prak-tizierten Grundfreiheiten führen. Diese Voraussetzung ist nicht gegeben. Die Er-fahrungen durch Jahre – nicht nur im Bereich der Superintendentur Saalfeld – ge-ben ein anderes Bild:
> 1.1 Glaubens- und Gewissensfreiheit sind grundsätzlich garantiert.
> 1.2 Maßgebende und autorisierte Repräsentanten der Staatsorgane bis hin zum Staatsratsvorsitzenden erklären öffentlich, daß die Politik des Staates gegen-über christlichen Bürgern von den Prinzipien der Gleichachtung und Gleich-berechtigung auch der Christen bestimmt sei.
> 1.3 Ausführungsbestimmungen, Richtlinien, Anweisungen und Festlegungen un-terhalb der Autorität der Verfassung in einzelnen Ministerien oder Territorien höhlen diese Grundsätze aus und heben ihre Wirkung auf oder schränken sie ein.

---

[643] Weil gegenüber der »evangelischen Kirche« nach 1989 immer wieder der Vorwurf erhoben wird, sie habe sich auf die Erörterung von Einzelfällen einschränken lassen, wird das gesam-te Schreiben in der Anlage im Wortlaut beigefügt.

[644] BStU MfS BV Gera, A 1488/88, Bd. I, 178–198.

[645] Bundessynode 24. bis 28. September 1982 in Halle. Dort hatte der Verf. sich gegen die Be-handlung von Einzelfällen gewandt und die Verantwortung der Regierenden und Regional-räte für die Einhaltung der Verfassung allgemein und im ganzen Lande durch entsprechende Richtlinien etc. eingeklagt.

Das gilt vor allem im Bereich der Volksbildung, der Landesverteidigung und dem Komplex Ordnung und Sicherheit.

1.4 Die Klärung von ›Einzelfällen‹ hilft hier überhaupt nicht weiter, weil sie die Verantwortung für Störungen einzelnen Mitarbeitern im staatlichen Bereich anlastet, die lediglich ausgeführt haben, was sie aus den ihnen erteilten internen Anweisungen als ihre Pflicht ansehen mußten.

2. Durch solches Verfahren entsteht vielmehr eine neue Belastung der Beziehungen zwischen Staat und Kirche …«

Dem folgen namentlich genannte Beispiele, die z. T. in den Anlagen von den Betroffenen unterzeichnet wurden, so z. B. im Falle der Ablehnung einer Pastorinnentochter vom Besuch der Erweiterten Oberschule, und solche ohne Namensnennung, wo die Bedrängten aus Angst vor Folgen nicht bereit waren, ihren Namen und ihre Adresse den Staatsvertretern mitteilen zu lassen.

Beide Vorgänge – das Gespräch vom 25.01.1983 und die schriftliche Zusammenstellung von Benachteiligungen der Gemeindeglieder – verstanden sich auf kirchlicher Seite als eine Form, die Verantwortung für »Regierende und Regierte« gemäß der Theologischen Erklärung von Barmen, These 5, wahrzunehmen: Die Kirche »*erinnert an Gottes Reich, an Gottes Gebot und Gerechtigkeit und damit an die Verantwortung der Regierenden und Regierten.*«[646]

Sie wurden der Kirchenleitung der Ev.-Luth. Kirche in Thüringen zur Kenntnis gegeben und fanden deren Billigung und Unterstützung. Das muss gegenüber der dank Propaganda des MfS weit verbreiteten Geschichtsfälschung, in Thüringen hätten »Staat und Kirche« gegen z. B. die Jugendarbeit »zusammengearbeitet«, leider immer noch betont werden.

Zur »Erinnerung an Gottes Gebot und Gerechtigkeit« gehört auch die persönliche und aus der Ordination erwachsene seelsorgerliche Verantwortung von Geistlichen gegenüber jedem Partner, auch gegenüber den staatlichen Verhandlungspartnern – selbst dann, wenn die Sachinteressen dies ausschließen oder auszuschließen scheinen. Auch daran ist heute und in Zukunft festzuhalten.[647]

Wer diese Doppelverantwortung »methodisch« oder gar »grundsätzlich« ablehnt, verkennt den Grundauftrag geistlichen Amtes, an dem in den Kirchen der Reformation alle Glieder der Kirche partizipieren: »Seid allezeit be-

---

[646] Unter »Theologische Zeugnisse aus dem 20. Jahrhundert«, EG Bayern und Thüringen, Nr. 907, 1577–1580, These 5, 1580.

[647] BStU ZA, MfS – HA XX/4, Nr. 1096, 119: Landesbischof Dr. Leich erklärt, dass man mit dem Staat nur nach Gottes Wort reden könne. Auch Atheisten seien von Gott nicht aufgegeben.

reit, Rechenschaft abzulegen gegenüber jedermann, der Grund fordert der Hoffnung, die in euch ist.«[648]

Und diese Frage nach dem Grund der Hoffnung steht im Hintergrunde jeder Auseinandersetzung oder Begegnung, in der es um »Zeugnis und Dienst der Kirche Jesu Christi« und deren praktischen Vollzug »vor Ort«, also in den Gemeinden und unter den Menschen überhaupt, geht. Dass damit auch die Kritik hervorgerufen werden kann, es habe sich um eine vom Staat durch »Gewöhnung«[649] herbeigeführte »Kumpanei«[650] gehandelt, muss von jedem ausgehalten werden, der nicht unseren Herrn Jesus Christus verleugnen will.

Der geistliche Auftrag schließt den Gegner in der Sache ein

Der geistliche Auftrag umgreift auch den sachlichen Gegner und schließt ihn als Person in eine seelsorgliche Beziehung besonderer Art ein.[651] Es gehört zum Wesen einer »Kirche für andere«,[652] dass sie nicht primär und schon gar nicht ausschließlich um ihren eigenen Fortbestand zu kämpfen, sondern im Gehorsam der Nachfolge »in alle Welt« – also auch in die angeblich sozialistische – zu gehen und »alle Völker«, also alle Menschen, zu Jüngern zu machen

---

[648] 1.Petrus 3,15.

[649] »Gewöhnung« gehört gerade nicht in den Bereich des Glaubenszeugnisses gegenüber Andersdenkenden, sondern galt als Mittel des MfS, Gespräche mit Vertretern der Gegenseite über einen längeren Zeitraum so zu führen, dass sie der »Kontaktierte« allmählich für normal hält.

[650] Seit 1989 immer wieder verwendeter Begriff für die Bemühungen von kirchlicher Seite, im Direktkontakt mit staatlichen Stellen für die Rechte der Gemeindeglieder und aller Bürger einzustehen. So – nach Neubert: Vergebung, 73, und Besier/Wolf: Pfarrer.

[651] Vgl. dazu Martin Niemöller und seine Begegnung mit Hitler, die ihm als ehemaligem U-Bootkommandanten des Ersten Weltkrieges »gewährt wurde«. Niemöller bereute lebenslang, dass er bei diesem Gespräch nicht den Versuch gemacht hatte, den »Führer« auch als einen Menschen anzusprechen, für den Christus gestorben sei und der deshalb seine Verantwortung vor Gott trage und ihm Rechenschaft schuldig bleibe. Als Mitglied der Lutherischen Bekenntnisgemeinschaft in Thüringen und damit der Bekennenden Kirche ist mir bei Gelegenheit der Treffen des ehemaligen »Reichsbruderrates« in Berlin-Ost in Gesprächen mit Kirchenpräsident Niemöller diese missionarische Grundhaltung begegnet. Mit meinen Freunden in der Lutherischen Bekenntnisgemeinschaft habe ich sie als Auslegung neutestamentlicher Botschaft verstanden und für unsere Situation in einem bewusst atheistischen Staatswesen als einen Teil unserer missionarischen Aufgabe angenommen.

[652] »Christus befreit und eint – darum Kirche für andere«. Synodalvortrag von Propst Dr. Heino Falcke auf der Bundessynode 30.06.1972 in Dresden; »Kirche für andere –Zeugnis und Dienst der Gemeinde«, Synodalvortrag von Landesbischof Dr. Heinrich Rathke vor der Bundessynode im Juli 1971 in Eisenach. Beide knüpfen an Dietrich Bonhoeffers Gedanken über eine Kirche an, die »für andere da ist«: Bonhoeffer: Widerstand, 211.

hat. Nur im Vollzug solchen Dienstes hat sie ihre Existenzberechtigung und die einzige aus ihrem Auftrag erwachsende »Bestandsgarantie«.

Das entspricht theologisch dem neutestamentlichen Befund. Gerade die nicht für »fromm« Gehaltenen stellt Jesus den als fromm Angesehenen oder sich für fromm Haltenden in seinem Volke immer wieder beispielhaft gegenüber – vom barmherzigen Samariter[653] bis zur Griechin aus Syrophönizien,[654] vom Hauptmann zu Kapernaum[655] bis zum Schächer am Kreuz.[656]

Das *unaufgebbare Konstitutivum seelsorgerischer Existenz der Ordinierten* und ihre damit unlösbar verbundene Beauftragung zum Seelsorgedienst gegenüber jedermann,[657] auch wo diese nicht erwartet oder erbeten wird, brachte Amtsträger der Kirche immer in eine schwierige Lage, wenn sie zu Gesprächen mit Vertretern der Staatsorgane aufgrund ihrer innerkirchlichen Funktion verpflichtet waren. Sie mussten den Spagat zwischen möglichst erfolgreicher Gesprächsführung, also um der dem Gegenüber abzutrotzenden Entscheidung willen zähen oder harten Verhandlungsführung einerseits, und dem Bemühen um den Menschen in der Person des staatlichen Partners andererseits durchhalten: »Auch für Sie ist Christus gestorben!«[658]

In den zuletzt genannten Fallbeispielen scheint die Konfrontation zu dominieren. Und das mag wohl auch tatsächlich so sein. Dennoch werden Bemühungen um Verständnis und der Appell an die persönliche Verantwortung der Partner im Konflikt nicht ausgeklammert. Selbst in der Verfremdung durch die staatliche Niederschrift klingt der Versuch deutlich an, Verständnis für die schwierige Situation der staatlichen Partner in ihrer Rolle als Beauftragte ihrer Dienstvorgesetzten auszudrücken. Er wird aus der Sicht des staatlichen Protokollanten zwar nur als *»Mäßigung«* nach dem *»scharfen Ton«* des Anfangs interpretiert, aber immerhin erwähnt:

---

[653] Markus 10,25–37.

[654] Markus 7,24–30.

[655] Markus 8,5–12.

[656] Lukas 23,39–43.

[657] Manfred Sondershaus (Superintendent in Rudolstadt/Thür. vom 01.08.1953 bis 31.03. 1980, verstorben 2006) formulierte die von ihm als Glied der Bekennenden Kirche praktizierte Verpflichtung zu Zeugnis und Dienst, die auch den Gegner einschließt, zuweilen mit einem einzigen Satz: »Wir sind ordiniert. Das genügt.«

[658] So auch der Apostel Paulus: »Die Liebe Christi drängt uns (auch übersetzbar: Sie lässt uns keine andere Wahl, zwingt uns geradezu) Menschen zu gewinnen ... dass sie hinfort nicht sich selber leben, sondern dem, der für sie gestorben und auferstanden ist.« 2.Korinther 5,11–15.

»Sup'G ... legte im weiteren dar, daß er sich mit dem Stellvertreter Inneres, Herrn Stahl, und mit Herrn Schnappauf gut verstehe, allerdings würden auch hier nur bestehende Probleme behandelt, denn zentrale Weisungen der Regierung würden die Zusammenarbeit auf unterer Ebene stören ...«

Freilich musste angenommen werden, dass jedes Bemühen um die Person des Funktionärs falsch interpretiert wird. Das geschah oft genug. Dennoch war es zu wagen. Im einlinigen Denken der SED-Funktionäre und ihrer »Verbündeten« hatte die Vorstellung keinen Platz – weder objektiv noch subjektiv –, dass kontingentes Handeln unter anderen Prämissen als den politischen im Allgemeinen und der »sozialistischen« Ideologie im Besonderen durchaus konsequent und in sich schlüssig sein kann, wenn es quer zu den Tagesparolen steht, manchen aber sporadisch auch entsprechen kann. Ein persönlich verbindlicher Umgangston und ernstgemeinte Fragen nach dem Wohlergehen des Gegenübers lösten oft Verwirrung aus, weil sie entweder als reine Taktik oder als Umschwenken in die Denk- und Vorstellungsweise des Partners missverstanden wurden. Im oben beschriebenem Fall eines »Sachgespräches« mit Rat des Kreises und Bezirkes wird ebendieser Versuch, Sache und Person zu unterscheiden und in der Verhandlungs- und Verfahrensweise wie Erwachsene miteinander umzugehen, missverstanden als »sich gut zu verstehen«, was im schlimmsten Falle – gemäß Funktionärsdenken – als Versuch gewertet wird, Keile zwischen die Gesprächspartner zu treiben oder sich anzubiedern.

Das Unverständnis für differenziertes Handeln kirchlicher Gesprächspartner verbirgt sich in den Akten des MfS und staatlicher Organe meist hinter der Feststellung, Pfarrer X, Bischof Y oder Superintendent Z handle »widersprüchlich«. Seelsorgerliche Motive werden offenbar nicht wahrgenommen oder dürfen nicht akzeptiert werden – so in Opferakten und deren »Operativplänen«.[659]

Die wirklich oder angeblich atheistischen Gesprächspartner hatten freilich dafür wenig Gespür. Sie waren verwirrt, wenn Unnachgiebigkeit in der Sache sich mit Freundlichkeit von Person zu Person verband. Meist schoben sie aber jede weitere Beunruhigung (»*Vielleicht meint's der wirklich ehrlich? Oder?*«) von sich weg und erklärten den Partner für »*doppelzüngig*« oder »*widersprüchlich*«, vielleicht auch als besonders mit Vorsicht zu genießen. Diese Charakteristik begegnet verschiedentlich in Gesprächsprotokollen der Räte der Kreise.

---

[659] Operativpläne zur »Zurückdrängung« oder »Disziplinierung« oder »Zersetzung« eines kirchlichen Amtsträgers oder Mitarbeiters legten bis in Einzelheiten fest, welche Maßnahmen von wem in welcher Zeit gegen das Opfer zu ergreifen seien.

276

7.3 Unterscheide Sachgespräch und Seelsorgeaufgabe? – Grundsätzlich: ja

Gleichwohl: Der Vorwurf, es habe jemand im kirchlichen Dienst schärfer zwischen Sachgespräch und Seelsorgeaufgabe unterscheiden müssen, geht an der Wirklichkeit vorbei, schränkt den umfassenden Zeugnis- und Seelsorgeauftrag der Gemeinde Jesu Christi unzulässig ein und verfehlt Erfahrungen im totalitären System. In der Regel war das aus gegebenem, sachbezogenem Anlass zu führende Gespräch die einzige Möglichkeit, die nach meiner Überzeugung immer zugleich bestehende Verantwortung für Zeugnis und Dienst – in diesem Falle vor dem »Gegner in der Sache« – zu praktizieren.

7.4 Keine Alternative zum Gespräch

Aus dem gleichen Grunde muss festgehalten werden, dass Ordinierte wegen ihrer niemals und nirgends aussetzbaren pastoralen Verantwortung für die ihnen begegnenden Menschen keine Alternative zum Gespräch haben. Sie dürfen die Bitte um ein Gespräch gar nicht ablehnen – ganz gleich, von wem und unter welchen Umständen sie um eine Aussprache gebeten werden.[660] Jeder Gesprächspartner bleibt auch im Falle sachlicher Gegnerschaft und in scharfer Auseinandersetzung der Mensch, an den Gott uns weist, »weil die Liebe Christi uns gar keine andere Wahl lässt«.[661]

Es geschah in den Partnerbegegnungen mit Pfarrern, Kuratoren und Gemeindegliedern der Evangelischen Kirche der Böhmischen Brüder in der damaligen ČSSR, dass dieser Grundsatz unteilbarer Seelsorgeverantwortung ins Gespräch gebracht und in der gemeinsamen Arbeit mit jungen Menschen aus den evangelischen Kirchen beider Länder als Aufgabe bejaht wurde.[662] Das

---

[660] So Ingo Braecklein, zitiert bei Findeis/Pollak: Selbstbewahrung, 54.

[661] S. o. den Verweis auf Johannes 3: das Nachtgespräch Jesu mit dem Mitglied des Hohen Rates Nikodemus, das dieser zu seinem eigenen Schutze nach Einbruch der Dunkelheit erbat. Auch 2.Korinther 5,14 (Predigttext im Gottesdienst einer deutsch-tschechischen Rüstzeit evangelischer Jugend im Altvatergebirge 1965) legt uns das »Amt der Versöhnung« auf und die Botschafterrolle an Christi Statt. Anders als Neubert: Vergebung, 166: »Kirche für andere ... wenn nicht gerade die SED und das MfS als ›die anderen‹ betrachtet wurden, für die da zu sein war.« Für die Institutionen gewiss nicht, für die darin gefangenen Menschen sehr wohl.

[662] Partner des Verf. aus der »Evangelischen Kirche der Böhmischen Brüder« waren beispielsweise die Pfarrer Lubomir Kabiček, damals Pfarrer in Jesenik im Altvatergebirge, und Jiří

wollten wir tun, daran festhalten und uns davon bestimmen lassen: Wir sind
es jedem Menschen schuldig, dass er in uns auch der Liebe Gottes begegnet –
im apostolischen Verständnis von 2.Korinther 5,14 selbst dann, wenn wir ihm
in einer Situation der Konfrontation gegenüberstehen sollten. So einfach und
klar sich für mich aus der Botschaft der Evangelien und aus dem apostolischen
Zeugnis eine solche Haltung ergibt,[663] so schwer ist sie durchzuhalten, und
am schwersten erschien uns damals und bis heute, sie vor Missverständnissen
zu schützen.

7.5 Freund-Feind-Denken oder Gewinnung des Partners?

Wo Freund-Feind-Denken dominiert und nun die Vergangenheit vor allem
als Holzschnitt in schwarz-weiß gesehen wird, setzt sich der um Gewinnung
des Gegenübers Ringende dem wohlfeilen Verdacht aus, er wolle sich nur
anbiedern oder im Nachhinein Anbiederung kaschieren. Eine solche Interpretation kommt dem Denken der Funktionärsriege sehr nahe. Sie entspricht
spiegelbildlich deren Schwarz-Weiß-Ideologie. Denn ebendieses Misstrauen
findet sich in den Akten dann, wenn versucht wurde – ohne jedes Zugeständ-
nis in dem kirchlicherseits zu vertretenden Sachanliegen – den Gesprächspartner über die gegebene Konfliktlage hinweg persönlich anzusprechen auf das
hin, was für ihn als wertvoll und grundlegend gilt, und ihn abzuholen dort,
wo er die positiven Werte seines Lebens sieht, die unter Umständen gerade der
Grund seiner Auseinandersetzung mit der Kirche oder deren Vertretern sind.
Denn weil diese ihm widersprechen und seine Grundüberzeugung in Frage
stellen – zuweilen durch ihre bloße Existenz –, stören sie seine Kreise und hindern ihn objektiv daran, den Entwurf seines Lebens und den einer erhofften
oder doch propagierten neuen Gesellschaft zu gestalten.

Kabiček, damals Pfarrer in Klašter o Dedinou, wie auch Ctirad Novak, Pfarrer in Zruč an
der Sazava.

[663] Die gefangenen Apostel vermeiden es, durch Flucht im Erdbeben ihren Kerkermeister in die
Verzweiflung zu treiben: »Wir sind alle hier!« ruft Paulus dem zum Suizid Entschlossenen
zu. Und dieser lässt sich taufen. (Apostelgeschichte 16,23–34).

Fallbeispiel: Zwischenbericht zum Operativen Vorgang »S...« vom 12.03.1985[664]

Aus skurrilerweise in sich selbst widersprüchlichen Feststellungen des MfS zur bearbeiteten Person geht hervor, dass die Berichterstatter Schwierigkeiten hatten, »loyales Verhalten« gegenüber staatlichen Stellen bei gleichzeitigem Festhalten an »feindlich-negativen« Positionen zu verstehen:

> »Die operative Bearbeitung des ... im Berichtszeitraum ergab:
> Im Ergebnis der vorliegenden IM-Berichte, Maßnahmen der Abteilung 26 A[665] sowie Überprüfungen der Abteilung M[666] und der Speicher des MfS[667] wurde deutlich, daß ... zur Zeit eine loyale Haltung gegenüber dem soz. Staat bzw. den örtlichen Organen bezieht. Das heißt aber nicht, daß er damit seine Einstellung zu unserer soz. DDR und zur Sowjetunion geändert hätte ...«

Nicht minder argwöhnisch verfolgen Scharfrichter von heute die Spuren solchen Bemühens in den Akten. Und dennoch kann nicht davon abgegangen werden, selbst wenn wir uns die falsche Einordnung in die Fronten damals (und heute) gefallen lassen müssen: Wir sind Freund *und* »Feind« die alle Fronten und willkürlichen Grenzziehungen überschreitende Botschaft schuldig: »Lasst euch versöhnen mit Gott!« (2.Korinther 5,20)

Für Glieder der Ev.-Luth. Kirche in Thüringen gehört dieser Satz aus dem 2.Korintherbrief zu den besonders prägenden Erfahrungen, weil er auf kirchliches Betreiben hin in der Todeszelle des »Predigers von Buchenwald«, Paul Schneider, angebracht worden ist. Als Paul Schneiders Konfirmationsspruch las ihn dort jeder, der die Zelle betrat. Den Aufruf zur Versöhnung an diesem Ort vorzufinden – im ehemaligen KZ Buchenwald, wo der Besucher die Vorstellung von Häftlingen und Wachmannschaften immer vor Augen hat – konnte im Gegenüber zu Staatsfunktionären, die auf ihre Weise eine nicht nur für die Kirche feindliche Macht repräsentierten, nicht vergessen werden.

---

[664] BStU MfS BV Gera, A 1488/88, Bd. II, 110.

[665] Abhören des Telefons.

[666] Postkontrolle bis zum Entzug von Einzelsendungen mit »operativer Bedeutung«, d. h. gegen den Kontrollierten verwendbar oder als Material in der Bearbeitung einsetzbar.

[667] Grundlegende »Speicher«: Personenkartei (Form 16 = F 16) und Vorgangskartei (F 22), außerdem Materialablagen (ZMA), Kerblochkarteien (KK), Vorverdichtungs-, Such- und Hinweiskarteien (VSH), Datenbanken wie z. B. die Zentrale Personendatenbank (ZPDB).

7.6 Einwände

Die Einwände lassen nicht auf sich warten: Hier ist von politischen Vorgängen und ihrer Wertung die Rede. Müssen da nicht Erwägungen über die missionarische Rolle von Beauftragten der Kirchen in Sachbeziehungen mit staatlichen Stellen unberührt bleiben? Und gar in einer Untersuchung, in der es um die Auseinandersetzung mit den Vertretern eines Unterdrückungsapparates und dessen Einflussversuche auf die Ev.-Luth. Kirche in Thüringen geht?

Gerade dort gehören sie hin! – wenn anders ernst genommen wird, dass die Glieder und Verantwortungsträger der Kirche auch und gerade in ihrem Handeln im politischen Raum von den Texten ausgehen, die ihnen in Schrift und Bekenntnis als Grundlage reformatorischer Theologie und kirchlichen Handelns aufgegeben sind.

Fallbeispiel: Sicherheitspartnerschaft auf bloßes Vertrauen hin

Politisch gesprochen: Der Gang der Dinge 1988 auf dem Wege zum Herbst 1989 hat bewiesen, dass unter der Überschrift »Sicherheitspartnerschaft«[668] Koalitionen zwischen den protestierenden Bürgern, der Polizei und gar Staatsanwälten für einen relativ geordneten Verlauf der größten Umwälzung der letzten 60 Jahre sorgten. Zur Überraschung vieler sicherte Polizei im Bündnis mit herbeigeholten Staatsanwälten der DDR-Justiz Aktenbestände der MfS-Diensteinheiten und bewahrte vieles vor der Vernichtung.[669]

Voraussetzung dafür war nicht nur die unentwegte Mahnung, gewaltfrei zu handeln, sondern auch das eigentlich kaum zu begründende Vertrauen, dass Teilhaber und Akteure eines repressiven Systems sich auf die Grundwerte hin ansprechen lassen, von denen sie vorgeblich oder wirklich in ihrem Leben ausgehen. Es gelang. In Einzelfällen nicht erst 1989 und nicht nur gegenüber der Polizei.

---

[668] Den Begriff der »Sicherheitspartnerschaft« hat der schwedische Ministerpräsident Olof Palme im Zusammenhang mit dem Vorschlag einer atomwaffenfreien Zone in die europäische Politik eingeführt: »Nur das macht uns sicher, was dem Gegner auch mehr Sicherheit verschafft. Was ihn ängstigt, gefährdet auch unsere Sicherheit.« Diese politische Einsicht hat in den Verhandlungen der KSZE, der »Konferenz für Sicherheit und Zusammenarbeit in Europa«, eine große Rolle gespielt und zu ihrem Erfolg beigetragen.

[669] Z. B. Rolf Wernicke: Zur Auflösung der MfS-Kreisdienststelle Saalfeld, Erfurt 2003, 102.

Fallbeispiel: Leipziger Appell an die Vernunft

Noch einmal politisch gedacht: Ein anderes weltbekanntes Beispiel für die Chance, an die Vernunft aller Beteiligten zu appellieren und so ohne Macht und Mittel gefährliche Entwicklungen aufzuhalten, stellt der »Aufruf der Leipziger Sechs« vom 9. Oktober 1989 dar.[670] Am 9. Oktober, als sich die Lage in Leipzig und andernorts so zuspitzt, dass der Einsatz staatlicher Gewalt gegen die wachsenden Demonstrationszüge unausweichlich erscheint, wenden sich der Musiker Prof. Kurt Masur, der Pfarrer Dr. Peter Zimmermann, der Kabarettist Bernd-Lutz Lange und drei Sekretäre der SED-Bezirksleitung, Dr. Kurt Meyer, Jochen Pommert und Dr. Roland Wötzel, an alle Leipziger in »gemeinsamer Sorge und Verantwortung« und bitten dringend um Besonnenheit, »damit der friedliche Dialog möglich wird.«

Dieser Aufruf war ein Schritt in die Richtung, in der dann – nach weiteren Schritten – die Freiheit gewonnen wurde. Deshalb kam alles darauf an, dass er gemeinsam von Vertretern beider Konfliktseiten unterzeichnet wurde.[671] Von Vertretern beider Seiten – und das schließt die Möglichkeit ein, dass auch ein IM zum Zustandekommen dieses Appells beigetragen hat. Nimmt ihm das seine politische Wirkung?

7.7   Anknüpfung

Es gehörte für viele von uns zur Gesprächsführung in den Konfrontationen zwischen Staat und Kirche, an die vorgetragenen »Perspektiven«, also Zielstellungen der staatlichen Seite, und auf diese Weise an die ihnen zugrunde liegenden ethischen Postulate anzuknüpfen. »Schließlich bestand ein wichtiges Mittel kirchlicher Gesprächsführung darin, das staatliche Gegenüber bei seinen eigenen Idealen zu packen und auf dessen Anspruch zu verpflichten«, erklärt Heino Falcke im Rückblick auf seine Gespräche mit den Vertretern der staatlichen Macht in der DDR in einem Interview.[672] Darin liegt natürlich die Gefahr, dass die positive Anknüpfung als Zustimmung zum Programm der SED missverstanden wird und die daraus abgeleiteten Forderungen gar nicht mehr zur Wirkung kommen. So viel zur politischen Ebene.

---

[670] Jankowski: Tag, 78.

[671] A. a. O., 94 f.

[672] Findeis/Pollack: Selbstbewahrung, hier 36. Das ganze Interview mit Propst Dr. Falcke findet sich auf den Seiten 420–461.

Auf der zwischenmenschlichen Ebene gilt Max Frischs Satz: Es habe keinen Sinn, dem anderen die Wahrheit um die Ohren zu schlagen wie einen nassen Lappen, dass ihm Hören und Sehen vergeht; sondern sie sei ihm hinzuhalten wie ein warmer Mantel, dass er hineinschlüpfe und sie so seine Wahrheit werden könne.[673] Im Übrigen gehört es zur Fairness, von niemandem Offenheit oder Aufrichtigkeit zu erwarten, dem wir selbst sie nicht gewähren wollen.

Und theologisch? Seit des Propheten Jona Flucht aus Ninive, aus der Stadt, die sich nach seiner persönlichen Überzeugung gar nicht bekehren kann und will, und seit seinem Zorn, als die Stadt es dennoch tut, kann es keine hinreichende Begründung mehr dafür geben, dem Auftrag entkommen zu wollen. Der Auftraggeber holt uns überall ein – und wenn er sich dazu eines märchenhaften Fisches bedienen müsste.[674]

7.8 Die Chance von Kirche gegenüber dem »Staatsapparat« – Menschen – die »Lücken« im System

Wer selbst Sachgespräche geführt hat in der Überzeugung, dass auch staatliche Gesprächspartner ein Recht darauf haben, der Sache Jesu Christi zu begegnen, der die Kirche mit allen ihren Gliedern verpflichtet ist, weiß um die Schwierigkeit, beides zugleich zur Geltung zu bringen – rein säkulares Sachanliegen (Baugenehmigungen, Veranstaltungskonflikte, Eintreten für Gewissens- und Glaubensfreiheit) und die geistliche Verantwortung für jedes Gegenüber. Wer das als überzogen abtun möchte, dem ist zu antworten: Geben Ordinierte die geistliche Verantwortung gegenüber jedermann auf, geben sie ihre Ordination auf.[675]

Unsere Chance aber gegenüber den Staatsvertretern aller Couleur selbst in einem totalitären Regime kann einfach benannt werden: Auch ein »Staatsapparat« besteht aus Menschen. Als »Staatsapparat« bezeichneten die Funktionäre selbst ihr eigenes Herrschaftssystem – und irrten sich gefährlich. Denn

---

673 Sinngemäß nach Max Frisch: Tagebuch 1946–1949, Frankfurt am Main 1950, 61.

674 Buch des Propheten Jona 1–4. Während eines Christenlehrefestes in Tannroda an der Ilm wurde in einem Gottesdienst die Geschichte von Jona nach Klaus-Peter Hertzsch: »So schön war die Stadt Ninive« (Berlin 1969) gespielt. Jahre später bat die alles beobachtende und »nach Weimar« meldende Pionierleiterin um Wiederaufnahme in die Kirche – aus »Enttäuschung über SED und Staatsorgane«. Ihre Kinder und Enkel arbeiten heute in den Gemeinden ihrer Wohnorte fröhlich mit.

675 Jesus selbst lässt sich auf ein theologisches Gespräch mit Pilatus ein (Johannes 18,33 ff.). Er verweigert es dem König Herodes, der nur auf ein »Zeichen«, ein Spektakel hofft (Lukas 23,6–12).

so mechanisch und konstruktionsgemäß wie ein gut geölter Apparat funktionierte weder die Partei der Parteien noch das Sicherheitsministerium noch die Verwaltung, geschweige denn das Gesamtsystem staatlicher Strukturen. Denn überall dort und auf »allen Ebenen« lebten und arbeiteten und wirkten Menschen. Und ebendas war unsere Chance – nicht nur für die Kirchen, sondern für jeden, der sich den Blick durch das ideologische Traumbild der Funktionäre und das spiegelbildlich gleiche Angstbild ihrer Gegner von einer angeblich geschlossenen Welt der *»sozialistischen Gesellschaft und ihrer führenden Kraft, der Partei der Arbeiterklasse«* nicht trüben ließ.

Menschen funktionieren nicht wie Maschinen. Und deshalb stellen sie in jedem als geschlossen geltenden System in ihrer niemals ganz korrumpierbaren oder mechanisch steuerbaren Freiheit der Entscheidung die »Lücken im System« dar. In allen Begegnungen und Beziehungen mit totalitären oder auch anders determinierten Gesellschaftssystemen – auch unter der Diktatur des »Marktes« etwa – stellen sie mehr als Funktionselemente dar. Sie können sich ändern und Veränderungen herbeiführen. Daher rührt das Grundmisstrauen gegenüber allem Menschlichen im materialistischen Menschenbild, aber auch in allen geistig-religiösen Zwangssystemen, in denen Visionäre, Agnostiker oder Zyniker der Gesellschaft ihr Bild von sich und der Welt aufzwingen wollen.

Zuweilen ließ ein Riss im Vorhang der angeblichen Geschlossenheit von Partei und Staatsführung und Gesellschaft hinter das Tarngewebe der Ideologie blicken. In einem sozialistische Zukunft verheißenden Spielfilm jener Tage, dessen Titel ich vergessen habe, wird ein denkender Roboter konstruiert und programmiert, gegen Menschen Schach zu spielen. Das gelingt – aber er gewinnt immer. Irgendetwas fehlt ihm, um »vollkommen« zu sein und seinem menschlichen Gegenspieler als echter Partner begegnen zu können. Nach langem Überlegen wird klar, was da fehlt: Der Schachroboter macht keine Fehler. Also gibt der Konstrukteur seinem Sprößling eine Software bei, die Fehler zulässt, eine Art Zufälligkeitskomponente – und schon wird die Maschine als dem Menschen ebenbürtig empfunden: Ihre »Unvollkommenheit« macht sie vollkommen.

Damit entlarvt die Ideologie ihr materialistisch-mechanistisches Menschenbild selbst: Das eigentlich »Menschliche« ist der Fehler im Getriebe, die (noch) unvollkommene Existenz, die man doch überwinden wollte. Das entspricht aber nicht nur dem »sozialistischen Menschenbild«, sondern auch dem Sprachgebrauch in Deutschland vor 1945, wo der »innere Schweinehund« nach Nazidiktion meist das Gewissen meinte, also ebendas, was sich nicht dem Kadavergehorsam unterordnen wollte. Auf die Spitze getrieben wird diese morbide Moral im Wahlspruch der SS: »*Unsere Ehre heißt Treue*«, gegenüber dem Führer natürlich und – nicht zum letzten Mal in deutscher Geschichte – gegenüber der einen, jeweils eigenen und deshalb allein selig machenden Partei.[676]

Jedes politische »System« begegnet uns in den Menschen, die es vertreten. Auch die viel beschworenen »Strukturen« (mehr ein Jokerbegriff der Ratlosigkeit als präzise Bezeichnung für eine bestimmte, klar definierte Sache) stellen nichts anderes dar als eine Zuordnung von und Beziehungen zwischen Menschen. Eine Lektion, die »gelernte DDR-Bürger« bis zum Umbruch 1989, im Umbruch und danach weitgehend begriffen haben. Deshalb dürfen biographische Prägungen von Funktionsträgern aller Seiten nicht außer Acht gelassen werden, wenn die Frage nach ihren Motiven, nach Schuld und »Verstrickung«,[677] aber auch nach dem Verständnis der von unterschiedlichen Menschen hinterlassenen Texte beantwortet werden soll: Aus welchem Milieu, aus welcher Familie, aus welcher Zeit kommen die Menschen, deren Spuren in den MfS-Akten wir entschlüsseln wollen?[678]

Nach den Grundsätzen der Hermeneutik handelt es sich um die Frage nach dem sogenannten »Sitz im Leben« eines Textes. Mit ihr nähern wir uns der Einsicht, welche Kräfte im Umfeld der Textverfasser wirksam waren und welche Wirkung von den Texten ausging – damals und erst recht heute, da sie

---

[676] Man muss gar nicht erst an das oft zitierte Lied denken: »Die Partei, die Partei, die hat immer recht gegen Lüge und Ausbeuterei.« Auch im »Fraktionszwang« der Parteien heute wird ein Systemzwang wirksam, der nur schlecht gegenüber der Verfassung begründet werden kann: Geschlossenheit soll nach GG durch das Gewicht von Sachargumenten, nicht durch parteiegoistisches Machtinteresse erreicht werden. Nach zwei Parteidiktaturen in Deutschland hätte man sich etwas mehr Flexibilität und Sachverstand bei allen Parteien und von ihren Mitgliedern vorstellen können und auf eine wirklich demokratische »große« Koalition gehofft – die der politischen Vernunft nämlich, die unterschiedliche Entwürfe und deren politische Gestaltung nicht aus-, sondern einschließt. Sie muss gegensätzliche Entscheidungen auch innerhalb einer Partei zulassen. Verantwortungsbereitschaft und echte Verantwortungsgemeinschaft wirken unabhängig vom Parteibuch und deshalb über Parteigrenzen hinweg, wie es das Grundgesetz eigentlich vorsieht (GG Artikel 38, Abs. 1: Die Abgeordneten »sind Vertreter des ganzen Volkes, an Aufträge und Weisungen nicht gebunden und nur ihrem Gewissen unterworfen«).

[677] Es bedarf mehr als einer Fußnote, die Eignung des Begriffes »*Verstrickung*« zu prüfen, wenn er im Rahmen einer »Bearbeitung« (MfS-Begriff) durch die Stasi von Historikern inflationär gebraucht wird. Der Begriff »Verstrickung« stellt m. E. das typische Werkzeug einer neuen Herrschaftssprache dar. Vgl. oben Abschnitt 4.6.

[678] Vgl. Erinnerungen an christliches Denken in den biographischen Notizen bei Roßberg/ Richter: Kreuz, 12.

gelesen werden können. Das gilt für die Aktenschreiber selbst, für die in den Akten Erfassten wie auch für die Leser, die nun im Nachhinein fremde Texte verstehen wollen: Was wäre ich in der zur Rede stehenden Zeit ohne meine Erziehung in meinem Elternhaus, ohne meine Familie, Gemeinde, Kirche, Freunde, Heimat geworden, und auf welcher Seite hätte ich möglicherweise gestanden?[679]

Weichen wir dieser Überlegung aus, verschließen wir uns selbst die Zugänge zum tieferen Verständnis der in und mit den Stasitexten handelnden Menschen.

---

[679] Vgl. dazu Ministerpräsident Dieter Althaus am 24.04.2004 in Arnstadt, BK-Tagung: »Ohne mein katholisches Elternhaus und die Haltung meiner Eltern stünde ich nicht hier.«

8. Der »Sonderfall Kirche«

Auf dem Hintergrund der Diskussion um angebliche oder wirkliche Verstrickungen kirchlicher Mitarbeiter in Stasibeziehungen, unter Beachtung ihrer besonderen gesellschaftlichen und beruflichen Voraussetzungen sollen deshalb im Folgenden die Einflussversuche des MfS auf den »Sonderfall Kirche« am Beispiel der Ev.-Lutherischen Kirche in Thüringen untersucht werden. Zugleich ist zu prüfen, ob geplante Einflussnahmen des MfS über Thüringer Vertreter auf den Bund Evangelischer Kirchen in der DDR gelungen oder gescheitert sind.

Dazu eine hermeneutische Vorbemerkung zur Ekklesiologie: Sowohl der undifferenzierte Gebrauch des Begriffes »Kirche« (»die Kirche hat«, »die Kirche hätte sollen«) als auch die pauschale Rede von Landeskirchen (»Thüringen«, »die KPS« etc.) trägt zur Klärung der Beziehungen zwischen staatlichen Organen und evangelischen Landeskirchen nichts bei, sondern vernebelt tatsächliche Konstellationen und Abläufe.

Sonderbarerweise sind es oft gerade Vertreter sogenannter »basisdemokratischer« Bewegungen, die ständig Meinungen einzelner Bischöfe oder einzelner Mitglieder von Leitungsgremien mit *der* Stimme *der* Kirche verwechseln ohne Rücksicht darauf, was in der Kirche – also der großen Mehrzahl der Gemeinden, der Synode und den kirchlichen Werken – tatsächlich galt oder gilt.[680] Von der »halbherzigen Kirche« ist immer dann die Rede, wenn »Kirche«, zu der auch heutige Kritiker damals gehörten und deren Schutz und Beistand durch Mitglieder einer Kirchenleitung – landeskirchlich und regional in den zuständigen Superintendenturen und Gemeinden – sie gern und oft in Anspruch nahmen, einen in Nuancen anderen Weg ging, als die in der Veröffentlichung zu Wort Kommenden ihn sich vorstellten.

Kirche ist aber mehr als einzelne Leitungsmitglieder. Das zeigte sich z. B. ganz konkret darin, dass die Landessynode Thüringen sich im Bedrohungsfalle ganz auf die Seite der Verfasser der »›anderen‹ Geschichte« stellte und eine vom Staat verlangte Versetzung z. B. von Walter Schilling – trotz der staatlichen Drohung von Prozess und Haft – ablehnte. Davon ist in der Ausarbeitung nicht die Rede. Angesichts dieses besonderen Charakters von »Kirche« stellt

---

[680] Lenski u. a.: Die »andere« Geschichte.

der Versuch des MfS, die evangelischen Kirchen zu unterwandern und sie auf das Ghetto einer reinen Kultkirche zurückzudrängen,[681] auch eine besondere Variante seiner »Differenzierungs- und Zersetzungsarbeit« dar.

8.1 Der besondere Sonderfall evangelische Kirche(n)

Die Evangelischen Kirchen in der DDR lebten neben der wesentlich kleineren und außerdem auf eine sehr spezielle Weise vom MfS behandelten Katholischen Kirche[682] als einzige Großorganisation, die »*ihre Angelegenheiten selbst ordnen*« konnte[683] und Weisungen von Partei- und Staatsführung nicht unterworfen war. Sie mussten dem eine totale Herrschaft anstrebenden Staat (Staatsziel: »Diktatur des Proletariats und seiner führenden Kraft, der Partei der Arbeiterklasse«) als Hauptgegner erscheinen und waren deshalb von Anfang an Hauptangriffsziel der Zersetzungsversuche des MfS.

»Seminarhinweise« innerhalb einer »Zentralen politisch-operativen Fachschulung« der »Juristischen Hochschule« des MfS in Potsdam erklären im Mai 1984 die Kirchen zum entscheidenden Kampfplatz in der Auseinandersetzung mit den subversiven Angriffen »des Gegners«:

> »Die operative Praxis der Gegenwart zeigt deutlich, daß mit der Aufdeckung, vorbeugenden Verhinderung und Bekämpfung des Mißbrauchs der Kirchen in der DDR zugleich der entscheidende Kampf gegen die Inspirierung und Organisierung der politischen Untergrundtätigkeit überhaupt geleistet wird.«[684]

Daraus erklärt sich die unverhältnismäßig hohe Zahl von Einflussversuchen des MfS auf Gruppen und Personen aus dem Bereich der evangelischen Kirchen,[685] obwohl das Verhältnis MfS – Kirche in mehr als einer Hinsicht als »Sonderfall« angesehen werden muss.

---

[681] Dass evangelische Kirchen nicht auf ihren Kult beschränkt werden können, stellen Mau: Realsozialismus, und Dohle: Grundzüge, von völlig verschiedenen Standorten aus fest. Mau konstatiert, dass sie darin ihrem Auftrag treu bleiben. Dohle versucht die SED zu einer taktischen Änderung der Politik zu bewegen: Bezieh die Christen in den sozialistischen Aufbau ein, und ihr werdet ihren »Stoff« – die Religion – verändern.

[682] Vgl. dazu Abschnitt 25.1.4.

[683] Verfassung der Deutschen Demokratischen Republik von 1968, Artikel 39: »Die Kirchen und andere Religionsgemeinschaften ordnen ihre Angelegenheiten selbst und üben ihre Tätigkeit aus in Übereinstimmung mit der Verfassung und den gesetzlichen Bestimmungen der DDR.«

[684] BStU KD Erfurt, Nr. 641, Seminarhinweise für die politisch-operative Fachschulung, 10.

[685] In der Beurteilung der kirchlichen Disziplinarkammern wird von einer »grundsätzlichen« Feindschaft zwischen den Kirchen und den »Vertretern eines auf der Grundlage seiner athe-

In einer Analyse[686] der durch den »*Gegner*« nutzbaren »*in den Kirchen objektiv vorhandenen Möglichkeiten für die Realisierung seiner Pläne und Absichten*« sieht das MfS »*besonders folgende Faktoren von Bedeutung*«:

- Die einerseits materielle und finanzielle Selbständigkeit der Kirchen in der DDR und andererseits die materielle und finanzielle Abhängigkeit von den Kirchen in der BRD.
- Kirchensteuer[687]
- Pachten[688]
- Zuwendungen des Staates[689]
- materielle und finanzielle Mittel von den BRD-Kirchen
- Die eigenständigen und institutionalisierten geistigen und ideologischen Positionen, die im Gegensatz zum Marxismus stehen und verbreitet werden können.
- Lehren und Lernen bürgerlichen Gedankengutes im sozialistischen Staat
- langjährige Erfahrungen im Kampf gegen die Ideologie der Arbeiterklasse
- Erfahrungen, Fähigkeiten und Fertigkeiten im Umgang mit Wort und Schrift zur Massenbeeinflussung
- Die vorhandenen Strukturen und Organisationsformen auf allen Ebenen...
- Der für Auseinandersetzungen gut ausgebildete und differenzierte Kaderbestand.
- ca. 50 000 hauptamtliche Kräfte
- Viele ehrenamtlich tätige, teils hochqualifizierte Personen (in Gemeindekirchenräten, Synoden, Werken, Organisationen)
- Eigene Hoch- und Fachschulausbildung
- Die für die Manipulierung nutzbaren Einflußmöglichkeiten, zu denen insbesondere auch Zielgruppen des Gegners gehören.
- Nutzung der Bibel, des theologischen Pluralismus und des religiösen Fanatismus ...
- Organisationsformen, Einrichtungen für alle Alters- und Interessenbereiche ...
usw.

Die aufgelisteten Mittel, Strukturen und Möglichkeiten ergeben insgesamt das Bild von Kirche, das die Stasi beunruhigte und zu der Konsequenz führte:

---

istischen Weltanschauung der Kirche grundsätzlich feindlich gegenüberstehenden Staates« gesprochen, so dass nicht einmal kirchliche Unterlagen »ohne besondere Genehmigung der zuständigen Kirchenbehörde« hätten übergeben werden dürfen. So laut Disziplinarhof der Evangelischen Kirche der Union nach Wähler: Rechtssprechung, 576.

686 BStU KD Erfurt, Nr. 641, 8.

687 In der Verfassung zwar garantiert, aber durch den Erlass der Justizministerin Hilde Benjamin seit 1953 nicht mehr eintreibbar, deshalb auf einen Bruchteil zurückgegangen.

688 Die »Pacht« wurde für die von der LPG bewirtschafteten Flächen seit 1960 kaum noch in Höhe der dafür anfallenden Grundsteuer gezahlt.

689 Je nach staatlichem Ermessen teilweise oder in voller Höhe oder auch gar nicht gezahlt. Außerdem als Erziehungssanktion für unbotmäßige Landeskirchen oder Regionen in willkürlich festgesetzter Höhe gezahlt.

»Die politisch-operative Arbeit des MfS gegenüber den Kirchen ist von hoher politischer Brisanz. Das Vorgehen gegenüber diesen Kreisen verlangt die genaue Kenntnis der Politik von Partei und Regierung in Kirchenfragen, denn alle Maßnahmen des MfS haben diese zu unterstützen und dürfen ihr keinswegs zuwiderlaufen …«[690]

8.2 Angstgegner behält das MfS im Auge

Als Indiz für die »Hochschätzung« der evangelischen Kirchen als widerständige Größe und Sammelbecken »feindlich-negativer« Kräfte kann gelten, dass für die Kirche die Unterabteilung 4 der Hauptabteilung XX dem sogenannten »Untergrund«[691] zugeordnet und eine besonders hohe Zahl von hauptamtlichen und inoffiziellen Mitarbeitern auf die Institution Evangelische Kirche angesetzt wurde.[692] Nur wer als gefährlich gilt, bedarf einer Sonderbehandlung durch einen auffallend hohen Aufwand von Undercover-Agenten. Doch die Argumentation lautet vielfach umgekehrt: Eine besonders hohe Anzahl von IM-Werbungsaktionen beweise »*Staatsnähe*« und Instrumentalisierung einer Institution.

Weil diese Untersuchung vor allem der Ev.-Luth. Kirche in Thüringen gilt und geprüft wird, ob und gegebenenfalls wie das MfS versucht hat, ebendiese Landeskirche zu instrumentalisieren, muss auch die Behauptung geprüft werden, dass es dort eine »Verdichtung« von »Inoffiziellen Mitarbeitern« gegeben habe. Die erste Frage lautet dann: Kann eine solche Verdichtung im Vergleich zu anderen Landeskirchen nach Aktenlage zweifelsfrei nachgewiesen werden und lässt sich aus den Wirkungen der »als IM Geführten« – immer vorausgesetzt, dass sie nachweisbar sind – ablesen, wie bewusst, in welcher Richtung und wie erfolgreich sie ihre Spitzelarbeit betrieben haben?

---

[690] A. a. O., 13.

[691] Die HA XX (seit 1954 bis 1964 als HA V geführt) unterstand dem Stellvertreter des Ministers und überwachte »Staatsapparat, Kultur, Kirche und Untergrund«. Sie bestand bis zur Überführung in das »Amt für Nationale Sicherheit« und hat unter diesem Namen (»Nasi«) bis zu dessen Auflösung gearbeitet.

[692] Der frühere Landesbeauftragte der BStU für Thüringen, Jürgen Haschke, erklärte in einem Symposion zur Rolle der Kirchen im Verhältnis zum MfS sinngemäß: Nur dort, wo ernsthafte Staatsgefährdung vermutet wurde, setzte das MfS eine besonders große Zahl von IM und anderen Mitarbeitern ein. So ist an der Zahl der wirklich oder angeblich für einen Bereich eingesetzten Spitzel direkt ablesbar, welchen Gefährdungsgrad eine Gruppe, eine Kirche, eine Organisation in den Augen der MfS-Führung darstellte. Dazu Helmut Müller-Enbergs: Es spreche nicht für den Bezirk Erfurt, dass dort weniger IM eingesetzt wurden als im viel kleineren Bezirk Cottbus (mündlich zum Verf.).

Eine hohe Zahl als »IM Geführter« lässt also sehr gegensätzliche Schlüsse zu: Wird angenommen, der betreffende Bereich, die betreffende Ebene oder in unserem Falle eben die betreffende Landeskirche wären von Seiten des Staates als tatsächlich leicht instrumentalisierbar angesehen worden, wozu hätte es dann einer größeren Anzahl von inoffiziellen Mitarbeitern als in den »weniger leicht manipulierbaren« Landeskirchen bedurft? Des Nachdenkens wert bleibt die Meinung des ehemaligen BStU-Landesbeauftragten für Thüringen, Haschke: »Wo viele IM eingesetzt wurden, hatte man seine besonderen Besorgnisse.« Die Aktionen dieser »Inoffiziellen Mitarbeiter« und die Maßnahmepläne des Ministeriums – insbesondere seiner Hauptabteilung XX/4 – sollen deshalb für die hier anzustellenden hermeneutischen Erwägungen als Fallbeispiele gelten.

8.3 Biblisches Welt- und Menschenbild und Klassenideologie sind unvereinbar

Das aus der biblischen Botschaft in der Interpretation der Bekenntnisse[693] sich ableitende Selbstverständnis der Kirchen und die von der herrschenden Staatsideologie vorgenommene geschichtliche Einordnung religiös sich begründender Institutionen, Gruppen und Gemeinschaften als Überbleibsel der Klassengesellschaft schlossen sich vom Grundsatz her gegenseitig aus. Deshalb ist bei allen Versuchen, das Verhältnis dieser beiden Größen zueinander zu bestimmen, dieser – nach der Terminologie marxistischer Philosophen und ihrer Lehrlinge – »antagonistische«, d. h. axiomatische und also nichtaufhebbare, Widerspruch ernst zu nehmen.

»Grundorientierungen für die politisch-operative Arbeit des MfS«[694] zitieren Lenin aus seiner Schrift *»Über das Verhältnis der Arbeiterpartei zur Religion«*:[695]

> »Marxismus ist Materialismus. Als solcher steht er der Religion schonungslos feindlich gegenüber. Wir müssen die Religion bekämpfen. Das ist das ABC des Materialismus und folglich auch des Marxismus. Aber der Marxismus ist kein Materialismus, der beim ABC stehengeblieben ist. Der Marxismus geht weiter. Er sagt: Man muß verstehen, die Religion zu bekämpfen.

---

[693] Der Geistliche ist gehalten, »auf der Grundlage von Bibel und Bekenntnis« zu reden und zu handeln. Wieweit er dem tatsächlich entspricht, kann nicht auf der politischen Ebene diskutiert werden.

[694] MfS-Hochschule (JHS), Studienmaterial, BStU-Archiv ASt Erfurt, KD Erfurt Nr. 531, 58 ff., hier 88.

[695] Lenin: Werke, Bd. 15, 407.

Der Kampf gegen die Religion muß in Zusammenhang gebracht werden mit der konkreten Klassenbewegung, die auf die Beseitigung der sozialen Wurzeln der Religion abzielt.«[696]

Ähnlich beschreibt einer der Top-Agenten des MfS bei der Bearbeitung der Kirchen, Klaus Roßberg, die grundsätzliche Gegnerschaft der »alten Kader aus der Arbeiterbewegung« und ihr Unverständnis für Kirchen und das Phänomen religiösen Glaubens:[697]

> »Sie hatten Schwierigkeiten, sich in die Gedankengänge von Kirchenleuten, von Gläubigen überhaupt hineinzuversetzen. Sie orientierten sich an Lenin, der die Religion als ›Opium des Volkes‹ charakterisiert hatte, weshalb ›für die Partei des sozialistischen Proletariats die Religion keine Privatsache‹ sei. ›Unsere Partei ist ein Bund klassenbewußter, fortschrittlicher Kämpfer für die Befreiung der Arbeiterklasse …‹ Ein solcher Bund kann und darf sich nicht gleichgültig verhalten zu Unaufgeklärtheit, zu Unwissenheit oder zu Dunkelmännern in Form von religiösem Glauben.«

Obwohl Roßberg selbst konfirmiert worden war, gilt für ihn:

> »Persönlich lehnte ich zwar jede religiöse Bindung ab, aber als Staatsfunktionär hatte ich Religion und Kirche zur Kenntnis zu nehmen und im Rahmen der Verfassung auch zu akzeptieren, was ihren Schutz vor Mißbrauch und Beschädigung einschloß. Politisch feindliche Haltungen kirchlicher Amtsträger leitete ich nicht originär aus ihren religiösen Dogmen und Lehren ab, sondern aus ihren politischen Überzeugungen. Wenn ich mich dagegen wandte, war das kein Kirchenkampf, sondern politische Auseinandersetzung – zugegeben, unter Einsatz von Machtmitteln.«

Beide Zitate zeigen: Die Kirchen in der DDR hatten es in SED und Staatsführung mit unversöhnlichen Gegnern zu tun – sowohl unter den alten Genossen als auch unter den Vertretern der jüngeren Generation, selbst dort, wo ein in zeitweise positiven biographischen Erfahrungen mit Gemeindeleben begründetes Verhältnis zu Kirche und Glauben vorausgesetzt werden konnte. Daraus folgt schlicht: Eine biblisch-theologisch begründete Assimilation der Kirchen an den »Arbeiter- und Bauernstaat« oder ihre ideologische Vereinnahmung durch den sozialistischen Staat kam deshalb von vornherein nach den Grundsätzen beider Seiten nicht in Betracht.

Dennoch wurde verschiedentlich versucht, »theologische Begründungen« für die Annäherung der Kirche an eine »mündige Welt« nach Dietrich Bon-

---

[696] Grundpositionen, JHS, von Archiv ASt Erfurt, KD Erfurt, Nr. 531.

[697] Roßberg/Richter: Kreuz, 16 f., zitiert Lenin: Sozialismus und Religion, Werke, Bd. 10, 72 f.

hoeffer[698] in der Gestalt der sozialistischen Gesellschaft zu liefern. Die Gleichsetzung von »mündiger Welt« und der »religionslosen sozialistischen Ideologie« (sofern diese nicht eine Religion par excellence in sich darstellt) sollte dann die theologische Voraussetzung für die Vereinnahmung von Theologie und Kirche für den Sozialismus liefern.

8.4 Sozialistische Theologie?
Hanfried Müller: »Von der Kirche zur Welt« der DDR

Als Folge des Druckes, der jahrzehntelang ausgeübt wurde, um eine »*Veränderung des Stoffes der Religion*«[699] zu erreichen und damit Religion und Kirche per »Zusammenarbeit« zu überwinden, sind der theologischen Versuche sehr wenige, die in Richtung einer Art »Integration« des christlichen Glaubens in »den Sozialismus« als Weltanschauung unternommen wurden, zumal die SED nicht müde wurde, die Unvereinbarkeit von Religion und Materialismus zu betonen.[700] Zu den Pionieren einer Integration der Theologie in die marxistisch sich begründende Gesellschaft oder Assimilation an diese rechnet sich der Theologe Hanfried Müller wohl selbst. Er versucht, eine »*Darstellung der Entwicklung*« und eine »*Einführung in die Theologie Dietrich Bonhoeffers*« zu geben[701] und zugleich auf eine »*neue, nicht mehr bürgerliche Zeit*« Ausschau zu halten. Müllers Sicht Bonhoeffers wird schon in § 1 zu »Thema und Methode« als eine aus Bonhoeffer gewonnene Erkentnis formuliert:[702]

> »Es ist der widerspruchsvolle und doch zielstrebige Weg eines Bürgers, der sich konservativen Traditionen verpflichtet weiß, bis zu jenem Punkt, von dem aus er freie Sicht in eine neue Zeit hat, die keine bürgerliche Zeit mehr ist. ... Er verwirft das Bürgertum nicht, sondern er öffnet dem Bürger die Augen für neue große Aufgaben. Er gibt dem bürgerlichen Menschen als Christen die Freiheit, mitzuarbeiten an den Aufgaben, die eine neue Zeit stellt ... Deshalb kommt es darauf an, stärker das Neue bei Bonhoeffer zu zeigen als das Alte. Denn hier hat ein Christ, der bewußt Bürger war, eine Richtung eingeschlagen, die beispielhaft ist für eine Kirche, die mit aller Schuld, die darin liegt, eine bürgerliche Kirche ist.

---

[698] Bonhoeffer: Widerstand, 174 ff.

[699] Dohle: Grundorientierungen, 194, unter Berufung auf Friedrich Engels: Ludwig Feuerbach und der Ausgang der klassischen deutschen Philosophie.

[700] Die Religion »ist der Wissenschaft (wissenschaftlichen Erkenntnis) entgegengesetzt und speist sich aus denselben Quellen wie der Aberglaube, dem sie wesensverwandt ist«. Klaus/Buhr: Philosophisches Wörterbuch, 475.

[701] Hanfried Müller: Von der Kirche zur Welt, Leipzig 1966².

[702] A.a.O., 9.

Diese Kirche darf nicht das Evangelium unter die Kritik ihrer Bürgerlichkeit stellen, sondern muß ihre Bürgerlichkeit unter die Kritik des Evangeliums stellen, damit sie trotz ihrer Bürgerlichkeit die ihr aufgetragene Botschaft in die kommende Zeit hinübertragen kann. Für diese Aufgabe kann sie bei Bonhoeffer lernen wie kaum bei einem anderen. Auf diese Möglichkeit in bescheidenstem Rahmen hinzuweisen, ist die Absicht dieser Arbeit …«[703]

Ohne hermeneutische Skrupel bezieht Müller die Analyse Dietrich Bonhoeffers »Nach zehn Jahren«,[704] zur Jahreswende 1942/43 – geschrieben im Rückblick auf die Zeit seit 1933 also – in die Begri[ff]lichkeit und Denkmuster der marxistisch-leninistischen Klassenkampftheorie ein: vorgeblich Bonhoeffers Hinweis auf die Unsicherheit der Entscheidung in eigenster Freiheit interpretierend, wird gut marxistisch doziert:

»Daß Bonhoeffer die Unsicherheit der Entscheidung offensichtlich nicht nur in der subjektiven Möglichkeit des individuellen Irrtums, sondern in der objektiven Unmöglichkeit sieht, die Folgen der Tat zu erkennen, zeigt die Grenzen des bügerlichen Kampfes selbst dort, wo er am lautersten ud konsequentesten geführt wurde.

Das objektive – für Bonhoeffer natürlich nicht durchsichtige – Ergebnis dieser Untersuchung ist nichts anderes, als daß das bürgerliche Klassenbewußtsein nicht fähig ist, den Kampf gegen den Faschismus zu tragen … Die genannten Tugenden sind im bürgerlichen Klassenbewußtsein gebunden: der Objektivismus, der anarchische Fanatismus, der Individualismus, Pflichtbewußtsein und Gewissenhaftigkeit …

Auch der Faschismus aber ist dem bürgerlichen Klassenbewußtsein verhaftet. So führen jene Tugenden in einen Widerspruch. In der Tat ist die ›freie Verantwortung‹ die Voraussetzung zur Lösung aller anderen genannten Tugenden aus diesem Widerspruch – sie ist die Voraussetzung zur Trennung von einer Klasse, die am Vorabend ihrer Selbstvernichtung steht …

Bonhoeffer beschreibt das tragische Ende der Besten einer untergehenden Klasse, die ihr wertvollstes Erbe, einen wahren Humanismus, nicht mehr zu verteidigen in der Lage sind und ihn nur noch weitergeben können an die – im Kampf gegen den Faschismus mit ihnen verbundene aufsteigende Klasse, damit sie ihn bewahre.«[705]

Kennzeichnen die von Hanfried Müller zitierten Stellen aus Bonhoeffers Entwurf ihren späten Interpreten präziser, als dessen Klassenkampfgedanken Bonhoeffers Denken auch nur annähernd entsprechen? Dazu sei Bonhoeffer selbst zitiert:

---

[703] A.a.O., 10.
[704] Bonhoeffer: Widerstand, 9 ff.
[705] Müller: Von der Kirche zur Welt, 271.

»Wer in eigenster Freiheit in der Welt seinen Mann zu stehen unternimmt, … wird leicht in das Schlimme willigen, um das Schlimmere zu verhüten … und er wird dabei nicht mehr zu erkennen vermögen, daß gerade das Schlimme, das er verhüten will, das Bessere sein kann.«[706]

Genauer lässt sich kaum beschreiben, was dem Theologen Hanfried Müller widerfährt, der in das Schlimme einer theologisch kaum noch verbrämten Klassenkampftheorie willigt, um an die »aufsteigende Klasse« unter der Führung der Partei Lenins und Stalins das wertvollste Erbe der Bürgerlichen weitergeben zu können, einen wahren Humanismus, *»damit sie ihn bewahre«*. So kommt an den Tag, wodurch die Brücke geschlagen werden soll von Gedanken Bonhoeffers zur Ideologie der herrschenden – nein, nicht Klasse, sondern zur Ideologie der herrschenden Partei: Im »wahren Humanismus« treffen sich die Geister Bonhoeffers und der ihn so wie Hanfried Müller Verstehenden wie Parallelen in der Unendlichkeit.

8.5 Kleinster gemeinsamer Nenner: »Humanismus«?

Damit stehen wir nun allerdings mitten in dem Versuch – sowohl der *»Partei der Arbeiterklasse«* als auch ihrer wichtigsten Verbündeten, der CDU –, im Ringen um die *»realistischen«* und *»fortschrittlichen Kräfte«* in den Kirchen eine praktikable Formel für den kleinsten gemeinsamen Nenner der beiden Antipoden – sozialistischer Staat und evangelische Kirche – zu finden. Als Ersatz für eine beiderseits akzeptierte Weltsicht und Wertordnung musste die Floskel *»gemeinsamer humanistischer Ziele«*[707] herhalten. Sie konnte freilich den Grunddissens beider Kontrahenten nie überbrücken. Zudem wurde sie von kirchlicher Seite immer wieder hinterfragt, obwohl Partner aus Staat und Parteien unerschütterlich und zäh aus solchen als gemeinsam behaupteten humanistischen Zielen zumindest zeitweilig scheinbare oder wirkliche Gemeinsamkeiten in praktisch-politischer Hinsicht abzuleiten versuchten, so etwa im Bereich Friedensarbeit.

---

[706] Bonhoeffer: Widerstand, 10 und Müller: Von der Kirche zur Welt, 270.

[707] Wie sehr Funktionsträger damals die Floskel von den »gemeinamen humanistischen Zielen« verinnerlicht hatten und nicht mehr als ideologische Formel zur Vereinnahmung Andersdenkender durchschauten, geht aus dem Brief eines ehemaligen Funktionärs hervor, der noch 2006 schreibt: »Ich dachte immer, Humanisten sind wir doch alle.« Aus einem persönlichen Briefwechsel des Verf. mit einem ehemaligen Verantwortungsträger in der DDR und nach eigener Aussage »bekennendem Atheisten«.

Insbesondere die CDU behauptete von Anfang an bis in das Jahr 1989 hinein, unter der Formel vom gemeinsamen humanistischen Erbe »eine gemeinsame Basis« von Kirche, »christlicher Partei« und »sozialistischer Gesellschaft« zu haben, von der aus »fortschrittliche Kräfte« in CDU und Kirche als Verbündete gelten sollten und politisch und gesellschaftlich gemeinsam zu handeln in der Lage seien. Kurios und aufschlussreich zugleich kommt auf diesem Hintergrund eine »Namensgebung« des MfS zu stehen: Einem IM aus den Reihen der CDU – Mitglied im Gemeindekirchenrat von S. – wurde der Deckname »Fortschritt« zugeteilt[708] und so gleich das ganze Programm der »fortschreitenden Gesellschaft« mit umgehängt.

Eine auffallende Nähe zwischen den Sprachregelungen der MfS-Akten einerseits und dem Sprachgebrauch der CDU andererseits ergibt sich durch einen Vergleich dreier Standardbegriffe beider Seiten: Das Programm der CDU als »christliche« Variante des SED-Programms nannte sich eine Zeit lang »christlicher Realismus«. Und »realistische Kräfte« hießen in den Kirchen und Religionsgemeinschaften diejenigen, die sich mit den politischen Verhältnissen abgefunden hatten, sich in der Gesellschaft – sie mochte heißen, wie sie wolle – einzurichten versuchten und solches auch den Mitschwestern und -brüdern in den Gemeinden empfahlen. Zu den »fortschrittlichen« oder auch »progressiven Kräften« zu gehören, bedeutete etwas mehr als nur »realistisch« an die Dinge heranzugehen. Dazu erklären die Theoretiker des Marxismus-Leninismus:

> »In der gegenwärtigen Epoche des Übergangs vom Kapitalismus zum Sozialismus im Weltmaßstab ist der Träger des gesellschaftlichen Fortschritts die Arbeiterklasse. Nur von ihr ist heute eine wissenschaftliche Theorie des Progresses (Fortschritts) zu erwarten. Diese wird im dialektischen und historischen Materialismus gegeben, der eine wissenschaftliche Verallgemeinerung der Resultate der Natur- und Gesellschaftswissenschaften sowie der revolutionären Praxis der Arbeiterklasse darstellt.«[709]

Eine Kontrolle des bisher beschrittenen Weges zwingt zur Frage: Führt es in der Erörterung der »Einflussversuche des MfS« auf unsere Landeskirchen und die evangelischen Kirchen überhaupt weiter, alle diese scheinbar so theoretischen Erwägungen anzustellen? Wer die Aktivitäten des MfS verstehen und sie anderen durchschaubar machen will, kann nicht darauf verzichten, ihre theoretischen Vorgaben zu untersuchen. Denn nach diesen theoretischen Vorgaben wurden die Späh- und Suchinstrumente des MfS justiert. Und was hier wie theoretisches Wortgeklingel wirken mag, lieferte die Definitionen dafür, wer

---

[708] BStU ASt Gera, Schreiben vom 21.08.2007, Zeichen 001402/02G, 2.
[709] Klaus/Buhr: Philosophisches Wörterbuch, 444.

als Gegner oder als Verbündete anzusehen und zu »bearbeiten« sei. Was manchem heute als Funktionärsphrase erscheinen mag, bestimmte unmittelbar die Richtung der »operativen Maßnahmen«. Im konkreten Fall konnten theoretische Vorgaben wider alle politische Vernunft über Förderung oder Zurückdrängung, über Privilegierung oder Zersetzung von Einzelnen und Gemeinschaften entscheiden. Hinter spektakulären Großeinsätzen, Verhaftungen wie auch hinter der lautlosen Arbeit im Schatten der Öffentlichkeit stehen theoretische Ideologiemuster.

»Wer ist wer?«, heißt danach, allmählich die Bevölkerung des Landes nach »positiv« und »negativ«, nach »progressiv« und »reaktionär« zu katalogisieren und den Fahrplan für die Eingreiftruppe bis ins Detail ausarbeiten zu können. Im schlimmsten Falle hießen die Alternativen Freiheit oder Haft oder – als »ultima ratio« – als allerletztes Mittel: *Liquidation.*

8.6 »Sozialistische Kirche« oder »Instrument des Klassenfeindes«?

Eine »sozialistische Kirche« lehnten nicht nur die Christen aller Kirchen und *Denominationen,* sondern auch die *Staatsideologen* selbst immer ab. Stereotype Floskel der Funktionäre, wenn Gesprächsgänge sich dem weltanschaulichen *Grunddissens* zu nähern drohten und die kirchliche Seite ihre Grundüberzeugungen aussprach: »Wir lassen uns in weltanschaulichen Fragen nicht agitieren.«

Der militante Atheismus von Partei- und Staatsführung ließ keinerlei Annäherung von staatlicher Seite an die Kirche(n) zu und demaskierte zugleich die sehr oft in den Akten begegnende Behauptung, der Umworbene habe sich »aus Überzeugung«[710] zur Mitarbeit mit dem MfS bereit erklärt. Das mag zuweilen zutreffen. Dann wäre noch zu klären, welche »Überzeugung« *Movens* seines Handelns gewesen sei. Oft aber wird dem Umworbenen einfach unterstellt, dass es da irgendeine »Überzeugung« gäbe, die ihn zur »Mitarbeit« gebracht habe. Im Klartext: Das MfS täuschte sich selbst. Auch wenn späte Leser manchmal nicht darauf kommen: Mitarbeit oder unterstellte Überzeugung – das eine wie das andere kann nur durch Prüfung im Einzelfall festgestellt werden. Und ist es nicht belegbar, sollte wohl unter den Prinzipien des viel beschworenen Rechtsstaates auch dieses Uralte gelten: *In dubio pro reo.*

---

[710] Die Behauptung, jemand habe sich »aus Überzeugung« zur Zusammenarbeit mit dem MfS entschlossen, muss sehr genau unter die Lupe genommen werden, vgl. dazu Abschnitt 16.3.

296

Und wie steht es mit einer »Kirche im Sozialismus«? Um auf diese heftig umstrittene Frage eine plausible Antwort zu finden, kommen wir an den »Klassikern des Marxismus-Leninismus« nicht vorbei. Kirche als »Instrument des Klassenfeindes«? Kirche musste der Partei und Staatsführung und erst recht dem MfS grundsätzlich als verdächtig gelten, da zu keiner Zeit bis 1989 die Grunddefinition von »Kirche« nach Marx und Engels aufgegeben wurde. In der marxistisch-leninistischen Religionsauffassung waren Kirche und Religion überhaupt als »geistiges und organisatorisches Instrument der herrschenden Ausbeuterklassen (ungeachtet der hier und da vorkommenden progressiven Rolle der Religion)« anzusehen.[711] Sie werden aber überwunden auf dem »Weg zu einer von Ausbeutung freien, sozialistischen Gesellschaft, in der die Menschen ihr Leben auf der Grundlage wissenschaftlicher Erkenntnisse selbst planen und lenken«.

Retardierende Momente gab es wohl. Aber sie rührten nicht an der grundsätzlichen Gegnerschaft von SED und Kirche. Im Bericht des Zentralkomitees der SED an den X. Parteitag[712] wird vorübergehend die klassenkämpferische Ideologie (wohl wegen der bestehenden wirtschaftlichen Schwierigkeiten) zumindest in der Öffentlichkeit zurückgestellt und hinsichtlich der Beziehungen zu den Kirchen überraschend behauptet:

> »Im Berichtszeitraum entwickelte sich das Verhältnis des sozialistischen Staates zu den Kirchen weiter auf der Grundlage des Prinzips der Trennung von Staat und Kirche. Die Beziehungen gewannen an Offenheit, Verständnis und Bereitschaft zu konstruktiven Regelungen.«[713]

Kennen Funktionäre ihre eigenen Texte nicht? Diese wohlwollende Beschreibung des Staat-Kirche-Verhältnisses steht als Parteitagszitat in der Einleitung zu einer »Analyse« der HA XX/4 *über feindlich-negative Angriffe im Verantwortungsbereich Kirchen*.[714] Sie beklagt:

---

[711] Wolfgang Eichhorn u. a.: Wörterbuch der marxistisch-leninistischen Soziologie, Berlin 1969, 386 f.

[712] Auf dem X. Parteitag (11.–16.04.1981) wurde zugesichert, »jeder Bürger« habe »unabhängig von seiner sozialen Herkunft, seinem religiösen oder weltanschaulichen Bekenntnis breiteste Möglichkeit zur aktiven Mitwirkung an der Gestaltung der entwickelten sozialistischen Gesellschaft«. Das Gespräch Erich Honeckers mit einer Delegation des Bundes der Evangelischen Kirchen vom 06.03.1978 wird als Grundlage für die »weitere Entwicklung sachlicher, verfassungsgerechter und verständnisvoller Beziehungen zwischen Staat und Kirche« dargestellt.

[713] BStU MfS – HA XX/4, Nr. 3474, 2 f. (BStU-Zählung).

[714] A. a. O., 16.

»... daß die Kirchen ihr sogenanntes ›Wächteramt‹ unterstreichen, Positionen der kritischen Distanz gegenüber Staat und Gesellschaft zum Ausdruck bringen und mittels Stellungnahmen, Briefen, Gesprächen u. a. ihre gegensätzlichen Ansichten offen vertreten.

Das trifft insbesondere zu auf
– die sozialistische Erziehungs- und Bildungspolitik
– die Friedens- und Verteidigungspolitik, besonders die Einführung des Unterrichtsfaches Wehrerziehung an den POS
– Kulturpolitik ...

Negative feindliche Kräfte praktizieren die sich herauskristallisierende Theorie von der ›Kirche als Freiraum für Andersdenkende‹. Entsprechende Aktivitäten stellen prinzipiell nichts anderes dar als bestimmten politisch-negativen Elementen eine Art Massenbasis zu verschaffen.«[715] Deutlicher geht es kaum:

»So findet die antisozialistische Haltung eines Teiles kirchlicher Amtsträger in der DDR seinen öffentlichen Niederschlag in der offenen Solidarisierung mit negativen Kulturschaffenden der DDR ....«

Was der Parteitag mit »Offenheit, Verständnis und Bereitschaft zu konstruktiven Regelungen ...« meinte, bedeutet in Wahrheit »stetige, erfolgreiche Durchsetzung der Politik von Partei und Regierung in Kirchenfragen, die auf die Zurückdrängung des bürgerlichen Einflusses von Religion und Kirche gerichtet ist.«[716]

Es konnte keine Rede davon sein, dass die Kirchen als »gleichgeachtete und gleichberechtigte Partner des Staates angesehen und behandelt würden«, wie es dem Vorstand der KKL, also der kirchlichen Seite im Gespräch vom 06.03.1978, zugesichert worden war. Denn die »aktive Einbeziehung der Christen in die Gestaltung der sozialistischen Gesellschaft« darf nicht als eine ideologische Rückzugsbewegung der »führenden Kraft der Partei der Arbeiterklasse« missverstanden werden. Sie stellt vielmehr geradezu das Instrument dar, mittels dessen es gelingen soll, den »bürgerlichen Einfluss von Religion und Kirche zurückzudrängen«! Gerade im Angebot der »Zusammenarbeit« respektiert die Partei nicht etwa Kirche und Religion, sondern versucht sie zu überwinden, indem sie vereinnahmt werden. Die evangelischen Kirchen bleiben Grundsatzgegner Nummer eins:

»Die operative Praxis der Gegenwart zeigt deutlich, daß mit der Aufdeckung, vorbeugenden Verhinderung und Bekämpfung des Mißbrauchs der Kirchen in der DDR zugleich der entscheidende Kampf gegen die Inspirierung und Organisierung der politischen Untergrundtätigkeit überhaupt geleistet wird.«[717]

---

[715] A. a. O., 20,

[716] A. a. O., 2.

[717] BStU, Archiv KD Erfurt, Nr. 641, Schulungsmaterial der MfS-Hochschule Potsdam, 10 (BStU Zählung).

Nach Einführung des Pflichtfaches »Marxismus-Leninismus« an den theologischen Fakultäten der staatlichen Universitäten konnten Theologiestudierende in dieser Hinsicht keinerlei Zweifel hegen. Sie hatten selbst unzählige Diskussionen über die Rolle der Kirche und die ihr ideologisch gerade noch zugestandene knappe Zukunft geführt, und zwar mit ihren »gesellschaftswissenschaftlichen Dozenten«, die samt und sonders aus der Sektion Gesellschaftswissenschaften der Philosophischen Fakultät kamen und im Regelfalle Mitglieder der SED waren.

Aber auch die Kriegsgeneration gab sich hinsichtlich der grundsätzlichen und praktischen Gegnerschaft der SED zur Kirche keinem Zweifel hin. So kann Landesbischof Ingo Braecklein sagen:

> »Wenn wir mit denen diskutierten, haben wir uns nie darüber getäuscht, daß wir mit dem Feind sprachen. Daß wir von der anderen Seite kein Umdenken erwarten konnten, war klar.«[718]

Die grundsätzliche Gegnerschaft zwischen dem sozialistischen Staat mit seiner administrativ durchgesetzten atheistischen Weltanschauung und den im Machtbereich des transnationalen Systems »Sozialismus« existierenden Kirchen ist also auch in den kurzen Perioden freundlicheren Redens und zuweilen sachlichen Umganges miteinander niemals aufgehoben worden. Das belegen wenige Zahlen z. B. aus dem Bezirk Gera: In der Rangfolge der »feindlich-negativen Elemente« standen 1989 im Bezirk Gera mit 996 observierten Personen »kirchlich gebundene Kräfte« an zweiter Stelle nach den »Übersiedlungsersuchenden« mit 3 100 Personen. In der Zeit vor dem KSZE-Abkommen von Helsinki und den danach überhaupt erst möglichen Übersiedlungsversuchen und der rasch anschwellenden Welle von »Antragstellern« oder »ÜSE«[719] nahmen die »kirchlich Gebundenen«[720] mit Abstand den Spitzenplatz in der Tabelle »feindlich-negativer«[721] Kräfte ein. »Wer also ist wer?«

---

[718] Findeis/Pollack: Selbstbewahrung, 53.

[719] ÜSE = Stasikürzel für Übersiedlungsersuchende.

[720] Die Bezeichnung »Kirchlich Gebundene« – also »in ihren Entscheidungen nicht Freie, sondern von der überholten Institution Kirche Bevormundete und Gebundene« hat etwas Diskriminierendes, weil sie Gemeindeglieder von vornherein als »Unfreie« klassifiziert. Dies gilt noch immer. Denn die Rede von praktizierenden Christen als »kirchlich Gebundenen« verstummte mit dem Untergang der DDR nicht.

[721] Stereotype Bezeichnung für alle nicht partei-ideologiekonform Denkenden und aus eigenen Entscheidungsgründen frei Handelnden, die sich in ihrer kritischen Haltung nicht beirren ließen. Vgl. Abschnitt 4.2.

Unterschiedlich gepolte Partner – im marxistisch-leninistischen Sprachgebrauch »antagonistische Größen« – sind in ihren Zielsetzungen auch innerhalb des gleichen Sprachraumes auseinanderzuhalten. Die Theoretiker des Marxismus-Leninismus und Väter der SED-Ideologie haben in dieser Hinsicht immer Klarheit walten lassen: Religion und »klassenlose kommunistische Gesellschaft« sind unvereinbar. Denn: Die Ursachen der Religion werden

> »mit der Aufhebung der Ausbeutung des Menschen durch den Menschen, mit der Errichtung der klassenlosen kommunistischen Gesellschaft und der Überwindung der Reste der Klassengesellschaft endgültig beseitigt. Mit der Entwicklung der kommunistischen Gesellschaftsordnung und der umfassenden Verbreitung der wissenschaftlichen Weltanschauung der Arbeiterklasse, des dialektischen und historischen Materialismus, wird die Religion aus dem Leben der Gesellschaft verschwinden.«[722]

Für Spätergeborene und von außen Kommende sei ausdrücklich unterstrichen: Die »Entwicklung der kommunistischen Gesellschaftsordnung« und »die umfassende Verbreitung der wissenschaftlichen Weltanschauung ... des dialektischen und historischen Materialismus« – die immerhin das sozialistische Bildungsziel darstellten, dem alle Kinder ohne Ausweg und Ausnahme unterworfen waren![723] – sind der Weg zur Überwindung der Religion. Das hat Konsequenzen, die schon in Vergessenheit geraten. Die immer wieder geforderte »Mitarbeit von Christen am Aufbau einer neuen Gesellschaftsordnung« galt tatsächlich in den Augen der Herrschenden als das wichtigste Mittel zur Überwindung von Kirche und Glaube. Auf diesem Felde vollzog sich der eigentliche Kirchenkampf.[724]

Mit wünschenswerter Deutlichkeit drückt das eine VVS – eine »Vertrauliche Verschlußsache« – der Hochschule des MfS in ihrem Schulungsmaterial aus:

---

[722] Klaus/Buhr: Philosophisches Wörterbuch, 475–481, unter dem Stichwort »Religion«, hier: 475 f.

[723] Vgl. unten Abschnitt 13.3.

[724] Nach einer »Einschätzung der politisch-operativen Situation« im Jahre 1981 (MfS – HA XX/4, BStU Nr. 3474, 130, BStU-Zählung), wurde durch das Gespräch Honeckers mit dem Vorstand der Konferenz der Evangelischen Kirchenleitungen unter Leitung von Bischof Albrecht Schönherr am 06.03.1978 die Grundlage für die weitere Entwicklung sachlicher, verfassungsgerechter und verständnisvoller Beziehungen gelegt. Das Gleiche gilt für den 15.01.1981 (Antrittsbesuch des Vorsitzenden der katholischen Berliner Bischofskonferenz, Bischof Schaffran, beim Staatsratsvorsitzenden Erich Honecker).

»Die Dialektik besteht darin, daß die Zusammenarbeit mit religiös gebundenen Menschen, ihre aktive Einbeziehung in den Kampf um Frieden und Sozialismus selbst eine entscheidende Voraussetzung für die allmähliche Zurückdrängung des Einflusses der Religion und ihre schließliche Überwindung ist.«[725]

Die *allseitig gebildete sozialistische Persönlichkeit* als Erziehungsziel des Volksbildungswesens muss als wichtiges Etappenziel auf dem Wege zur Überwindung von Religion und Kirche angesehen werden. Deshalb konnte im Raum der Schule eine wirkliche »Gewissens- und Glaubensfreiheit« niemals praktiziert werden. Die Schule blieb bis 1990 Hauptgefechtsfeld in der Auseinandersetzung zwischen Staat und Kirche um die Elternrechte und die unantastbare Würde des Kindes. Auch auf diesem Felde wurden die Einheiten der Armee Mielke skrupellos eingesetzt.

Einen »Kirchenkampf« zu führen, wurde seitens der Staatsvertreter immer bestritten.[726] Die Spitzenagenten des MfS gegenüber der Kirche bestreiten das noch heute. Die »antifaschistische DDR« konnte ja in dieser Hinsicht nicht Nachahmer der »Faschisten« sein. Diese Begründung findet sich in den Texten des MfS natürlich nicht. Vielmehr dient dort die Theorie von der Zurückdrängung der Religion und der Kirchen durch ihre Einbeziehung in den »Kampf um den Frieden und den Aufbau des Sozialismus« als Begründung dafür, dass es manchmal schädlich sei, die atheistische Propaganda zu betreiben, weil sie von der Hauptaufgabe ablenke, alle Kräfte in die Überwindung der Klassengesellschaft zu investieren. Also wird im Rückgriff auf Lenin – zu günstiger Zeit, wenn es opportun erscheint – der »Kampf gegen die Religion« als »sektiererisch« abgelehnt.[727]

Hier legen wir die theoretischen Wurzeln der Institution MfS frei, die ihren Mitarbeitern beizubringen sucht, dass sie »zur Sicherheit« der Kirchen tätig seien. Deshalb kann einer der Topagenten des MfS gegenüber den Kirchen, der Führungsoffizier Klaus Roßberg, das Selbstverständnis seiner Abt. XX/4 für manchen überraschend so ausdrücken: die »... für die Aufklärung, Bearbeitung und Sicherung der Kirchen und Religionsgemeinschaften zuständige Diensteinheit«.[728] Gerade dann, wenn der Staat – sogar in MfS-Texten – die

---

[725] Studienmaterial der Hochschule des MfS in Potsdam. VVS JHS – 125/83, 31, zitiert nach BStU KD Erfurt, Nr. 531, 91 (BStU-Zählung).

[726] JHS Potsdam, BStU KD Erfurt, Nr. 641, 5: »Die politisch-operativen Maßnahmen zur Verhinderung des Mißbrauchs der Kirchen in der DDR dürfen keinesfalls zu einem Kirchenkampf führen.«

[727] A. a. O., 29, BStU-Zählung 89.

[728] Roßberg/Richter: Kreuz, 7 ff.

Kirchen fürsorglich mahnte, dass sie sich doch »ihrer ureigensten Aufgaben, d. h. der Theologie, der Religion und Seelsorge besinnen sollten und im eigenen Selbstverständnis bei Äußerungen zu gesellschaftlichen (»weltlichen«) Fragen zurückhaltend sein sollten«,[729] versuchte er gemäß seiner Klassenkampftheorie, ihre *»Zurückdrängung«* und Selbstauflösung zu beschleunigen.

Selbst wo die DDR-Führung im Bemühen um ihre internationale Anerkennung die Kirchen zu instrumentalisieren versuchte und sich ihnen gegenüber weniger aggressiv gebärdete, hatte dies vom Staat und seinen Organen aus allenfalls einen zeitlich begrenzten und meist nur regionalen oder partiellen äußerlichen Waffenstillstand zur Folge.[730] Gab es nicht doch Koinzidenzen der unterschiedlich sich begründenden Strategien aus taktischen Gründen staatlichen und kirchlichens Handelns? Wird nicht in der »Friedensarbeit« der Evangelischen Kirchen in der DDR ein Einfluss von »hochrangigen IM« – wie zum Beispiel des Oberkirchenrates Gerhard Lotz – diagnostiziert und als Nachgeben gegen den Druck des Staates und seiner Agenten dargestellt?

Solche Unterstellungen halten einer einfachen Prüfung nicht stand:

---

[729] Wortlaut einschließlich der Sprachabsonderlichkeiten ebd. (MfS – HA XX/4, BStU Nr. 3474, 165, nach BStU-Zählung). Im gleichen MfS-Dokument (163 f.) werden nebeneinander Peitsche und Zuckerbrot empfohlen: Maßnahmen gegen den von den evangelischen Kirchen angestrebten zivilen Ersatzdienst (»Sozialer Friedensdienst« – SoFD) werden gefordert, z. B. »die Organisatoren und Hauptakteure … in Operativ-Vorgängen zu bearbeiten mit dem Ziel, ihre Verbindungen in der DDR und besonders in das Operationsgebiet (Westdeutschland. Anm. des Verf.), zu feindlichen Kräften in der VR Polen und in anderen sozialistischen Ländern aufzuklären und ihre feindliche Tätigkeit durch Beweise zu dokumentieren … Gegen die bearbeiteten Personen ist die ganze Breite der möglichen Anwendung des sozialistischen Rechts zu prüfen. Das betrifft die Straftatbestände der Staatsverbrechen und der allgemeinen Kriminalität ebenso wie Verstöße gegen Zoll- und Devisenbestimmungen oder die Anwendung des Gesetzes zur Bekämpfung von Ordnungswidrigkeiten.« Es geht darum, mit diesen Rechtsvorschriften die Organisatoren und Hauptakteure der Bewegung »Sozialer Friedensdienst« als Personen für von ihnen begangene Rechsverletzungen unabhängig und außerhalb ihrer Aktivitäten im Rahmen der Bewegung »Sozialer Friedensdienst« zur Verantwortung zu ziehen und die Kirchen zu zwingen, sich aus diesen Gründen von ihnen loszusagen.

[730] Etwas weiter unten (167 f., BStU-Zählung) heißt es dagegen: »Sektiererische Handlungen sowie die Mißachtung verfassungsmäßig fixierter Rechte und Pflichten der Kirchen und Religionsgemeinschaften, die das Verhältnis Staat-Kirche belasten, sind demzufolge zu unterbinden. Die Bezirksverwaltungen des MfS haben zu gewährleisten, daß wesentliche Entscheidungen, die die Kirchen und Religionsgemeinschaften betreffen, gemeinsam mit der Partei, dem Staatsapparat, der Volkspolizei und dem MfS abgestimmt und entschieden werden.«

Die Kirchen des Bundes arbeiteten in Fragen des Friedens mit der EKD ebenso eng zusammen wie mit den ökumenischen Gremien. 1979/1980 bildeten BEK und EKD eine »Konsultationsgruppe«. Ihr gehörten je sechs Vertreter der EKD und des BEK an.[731]

Die Aufgabe der Konsultationen wurde im internen »Vermerk« zum ersten Treffen der Gruppe am 13.03.1980 so beschrieben:

»Veranlaßt durch die Sorge um die Sicherung des Friedens treten Bund der Evangelischen Kirchen in der DDR und EKD zu Konsultationen zusammen, die einen Austausch von Überlegungen und Anregungen zu aktuellen Fragen ermöglichen, um gegebenenfalls beiden Seiten Vorschläge für kirchenleitendes Handeln zu unterbreiten. Die Beauftragten des Bundes und der EKD sind jeweils ihren Leitungen berichtspflichtig.«[732]

Von vornherein umfasste der Auftrag an die Gruppe also nicht nur die Friedensproblematik, sondern darüber hinaus auch andere »aktuelle Fragen« zur Aufbereitung für »kirchenleitendes Handeln«. In der vereinbarten Veröffentlichung heißt es dann freilich nur, dass eine Konsultation stattgefunden habe,

»die sich mit der Frage beschäftigte, wie die beteiligten Kirchen ihre Mitverantwortung für den Frieden in der gegenwärtigen weltpolitischen Situation wirksam und in der ihnen gemäßen Weise wahrnehmen können.«[733]

Die ausdrückliche Beschreibung »in der ihnen gemäßen Weise« lässt keinen Zweifel aufkommen, dass keine der beiden Seiten sich als Parteigänger eines der Kontrahenten in Europa, weder des östlichen noch des westlichen politischen Lagers vereinnahmen ließ. In den Akten des MfS aber galten nur die Christen und kirchlichen Mitarbeiter als »realistische Kräfte«, die nach Meinung der MfS-Spitzel und des MfS selbst »positiv« zum Aufbau des Sozialismus und zum Programm der SED standen. Gemeint war mit »realistisch« hier wie dort die von der »Partei der Arbeiterklasse« postulierte »Einsicht in die Notwendigkeit«, die als Definition der »Freiheit«[734] galt, sich mit dem »real existierenden Sozialismus« abzufinden und ihn nicht mehr zu hinterfragen,

---

[731] Hammer/Heidingsfeld: Konsultationen, Abschnitt 20.5.

[732] A.a.O., 32.

[733] A.a.O., 33.

[734] »Freiheit besteht in der auf Einsicht in die objektive Notwendigkeit beruhenden Fähigkeit, die Gesetzmäßigkeiten in Natur und Gesellschaft mit Sachkenntnis bewußt anzuwenden.« Eichhorn u.a.: Wörterbuch der marxistisch-leninistischen Soziologie, 130 f.

geschweige denn für »verbesserlich« oder gar überwindbar zu halten.[735] Denn
was als jeweils geltende Notwendigkeit anzusehen sei, definierte die »Partei als
führende Kraft der Arbeiterklasse«.

Hermeneutischer Schluss:
Die Einsicht, dass der Weltanschauungsstaat einerseits und die Gemeinschaft
der Gläubigen, also die Kirchen, andererseits sich immer als Gegner im Rin-
gen um die Menschen verstanden und verstehen mussten, gebietet äußerste
Sorgfalt im Umgang mit Begriffen wie »Anpassung« einerseits und »politischer
Widerstand« andererseits.

Anpassung der Kirche an die Weltanschauung des sozialistischen Staates
war vom Selbstverständnis beider Seiten her ohne Selbstaufgabe gar nicht
möglich.[736] Es gehört zu den irrealen Wunschvorstellungen von Partei und
MfS, durch

> »Einbeziehung der Staatsbürger christlichen Glaubens in den Kampf um Frieden und
> sozialen Fortschritt« zu erreichen, dass sich »ihr gesellschaftliches Bewußtsein weiter
> den friedlichen und humanistischen Grundzügen unserer Gesellschaft annähern« und
> »die Bestrebungen der Kirchen zur Anpassung an die gesellschaftlichen Verhältnisse im
> realen Sozialismus voranschreiten. Waren solche Anpassungsbestrebungen der Kirchen
> in den Jahrhunderten zuvor Elemente ihrer Überlebensstrategie, mit deren Hilfe sie
> verschiedene Gesellschaftsformen überdauerten, so erschüttern im Sozialismus derarti-
> ge Anpassungsbestrebungen, die ihrem Wesen nach Anpassungszwänge sind, letztlich
> ihre Fortexistenz.«[737]

Manche Kritiker des Weges der evangelischen Kirchen in der DDR ahnen vermutlich nicht, dass sie mit dem Vokabular des MfS arbeiten und Argumentationen des Marxismus übernommen haben, wenn sie die eigenständige Arbeit
der Kirchen unter den Bedingungen des Sozialismus als »Anpassung« diffamieren. Sie denken in den gleichen politisch-ideologischen Kategorien eines
Freund-Feind-Weltbildes wie die Theoretiker des real existierenden Sozialis-

---

[735] Von staatlicher Seite wurde die Formel vom »verbesserlichen Sozialismus« heftig angegriffen, die Propst Dr. Falcke, Erfurt, auf der Bundessynode in Dresden 1972 in einem Grund-
satzreferat: »Christus befreit und eint – darum Kirche für andere« einführte.

[736] In der Überprüfungstätigkeit ist mir ein einziges Mal begegnet, dass ein als »IM« registrierter Theologe auf meine direkte Nachfrage: »Von wem haben Sie die Änderung zum Besseren erwartet – von Ihren Gesprächspartnern in MfS und Regierung oder von Christus?«
ohne Zögern und Erröten geantwortet hat: »Von der Regierung.« (Pfarrer Franz, Kapellen-
dorf, registriert als IM »Johannes«, BStU ASt Apolda, Teilablage A-37/87, KD Apolda IX,
473/76).

[737] A.a.O., 30 (BStU-Zählung 90).

mus und werden für die tatsächlichen Gründe der niemals beendeten Auseinandersetzungen zwischen Staat und Kirche in der DDR blind.

Denn Widerstand aus den Kirchen verstand sich sachgemäßerweise zunächst als Widerstand gegen die materialistische Ideologie, gegen die »*Einbeziehung in den Friedenskampf*« als Übernahme der Freund-Feind-Bilder von Partei und Staatsführung und Vereinnahmung in das Parteidenken im Ost-West-Gegensatz, gegen die Einschränkung von Gewissens- und Glaubensfreiheit trotz ihrer Zusicherung in der Verfassung[738] und gegen die Beanspruchung der staatlichen und gesellschaftlichen Macht über alles und alle.

– »Raum für das Evangelium zu schaffen«, konnte deshalb Landesbischof D. Moritz Mitzenheim seine Aufgabe als Landesbischof und Vorsitzender der thüringischen Kirchenleitung selbst zusammenfassen.

– Um der Gleichachtung und Gleichberechtigung aller Bürger willen – auch der »Bürger christlichen Glaubens« – wurde am 06.03.1978 vom Vorstand der Konferenz der Evangelischen Kirchenleitungen ein Gespräch mit dem Vorsitzenden des Staatsrates der DDR, Erich Honecker, geführt. Man wollte »zitierfähige Zusicherungen« erreichen, die Gewissens- und Glaubensfreiheit im Leben der Bürger garantierten. Das schien mit dem Satz gelungen zu sein: »Die Beziehungen zwischen Staat und Kirche sind so gut, wie sie der einzelne Christ vor Ort erfährt.«[739] Alle Bürger sollten Gewissens- und Glaubensfreiheit in ihrem täglichem Leben praktizieren können. Als danach die evangelischen Christen in Konflikten auf diese Zusage pochten, wurde ihnen das Recht zur »Einmischung« in Form eines »Wächteramtes« über Staat und Gesellschaft zwar bestritten, dennoch wurde es weiterhin in vielen Formen bis zum Ende der DDR wahrgenommen.

– Gerade auf dem Felde, das von außen immer wieder einmal als Paradebeispiel für Vereinnahmung der Kirchen herhalten soll, fanden die heftigsten Auseinandersetzungen statt, auf dem Felde der Bemühungen um Frieden. Dass sich diese Auseinandersetzungen zwischen dem Staat mit seinen Machtinstrumenten (einschließlich MfS) und der Gesamtheit der evangelischen Kirchen in der DDR abspielten, nicht nur mit nach 1989 hochgespielten »Gruppen«, belegen die Konflikte um den »Sozialen Friedensdienst«, um das Symbol »Schwerter zu Pflugscharen«, um den Begriff der »Eigenständigkeit« kirchlicher Friedensarbeit, um die »Friedensdekaden« und »Friedensgebete«. Sie belegen auch, dass die Gründung des Bundes

---

[738] Es ist dem energischen Widerspruch der Kirchen zu danken, dass diese Verfassungsbestimmung in den Entwurf der Verfassung von 1968 überhaupt wieder aufgenommen wurde.

[739] Der Satz erschien gleichlautend in der kirchlichen Presse und im »Neuen Deutschland« vom 07.03.1978.

1969 ein notwendiger Schritt war, die Kirchen in der DDR zu eigenständigem, gemeinsamem Handeln als Kirche gegenüber dem Totalitätsanspruch der SED zu befähigen. Ihre Arbeit konnte danach nicht länger als westliches Infiltrat und Ausdruck struktureller und finanzieller und personeller Abhängigkeit von der EKD verdächtigt werden.

Dass dies hin und wieder dennoch geschah, nämlich wenn es Partei- und Staatsführung für opportun hielten oder keinen anderen Weg mehr sahen, unliebsame Entwicklungen aufzuhalten, sagt mehr über die »Dialektik«, die Sprünge im taktischen politischen Handeln der staatlichen Seite aus als über die Gründe kirchlichen Handelns im Bund der Evangelischen Kirchen in der DDR.

8.7 Keine sozialistische Massenorganisation

Kirche taugt nicht als »sozialistische Massenorganisation«. Die relativ unabhängige Gesetzgebung der Kirchen und ihre in der DDR völlig eigenständige Selbstverwaltung[740] (im Unterschied zu anderen Kirchen im »Ostblock«, etwa zur »Evangelischen Kirche der Böhmischen Brüder in der ČSSR«) verhinderten eine institutionelle Einebnung der Kirchen in die »Zusammenfassung aller demokratischen Parteien und Massenorganisationen in der Nationalen Front« (etwa – wie schon laut angedacht – als Untergruppe des »Kulturbundes«) und entzogen sie so einer offenen und öffentlichen Direktgängelung durch die SED. Das schloss Gängelungsversuche zwar nie aus, verbannte sie aber in verdeckte Abläufe oder »Gespräche«, die das MfS aus dem Hintergrund zu lenken sich bemühte.

8.8 Unvereinbare Intentionen

Zu immer neuen Konflikten mussten die unvereinbaren Intentionen führen: Staat und Partei strebten den Sieg des Sozialismus und in ihm über einen längeren oder kürzeren Zeitraum das Absterben der Kirchen an. Als Mittel zur Förderung dieses Prozesses galt

---

[740] Verfassung der DDR, Artikel 39, den zu unterlaufen Partei und Staatsführung mit ihren Organen zwar immer wieder versuchten, auf den sich aber im Konfliktfalle die Kirchen stets beriefen.

»die aktive Einbeziehung der Christen in die Gestaltung der sozialistischen Gesellschaftsordnung«, die »auf die Zurückdrängung des bürgerlich ideologischen Einflusses von Religion und Kirche gerichtet ist.«[741]

Dem totalen Herrschaftsanspruch einer Partei und ihrer Ideologie steht die Proklamation der Königsherrschaft Christi und seines kommenden Reiches *diametral* entgegen.[742]

Die Evangelischen Kirchen erkannten zwar gemäß Römer 13 in der Interpretation der Barmer Theologischen Erklärung, These 5, eine göttliche Beauftragung des Staates an, als Ordnungsmacht unter Androhung und Anwendung von Gewalt »für Recht und Frieden« zu sorgen. Sie sahen aber darin auch eine zeitlich begrenzte gnädige Ordnung Gottes und ließen keinen Zweifel daran, dass Kirche Jesu Christi nach biblischer Botschaft alle Staatsformen und Gesellschaftsordnungen überdauern wird. Die ihnen von Partei und Regierung immer wieder bestrittene Aufgabe, »Regierende und Regierte an Gottes Reich, an Gottes Gerechtigkeit und an seinen Frieden zu erinnern«,[743] nahmen sie auf sehr verschiedene Weise wahr – im öffentlichen Gottesdienst, in altersbezogenen Gruppen von der Jugendarbeit bis zu Seniorenkreisen und natürlich in direkten Gesprächen mit »der Staatsmacht«. Davon profitierten auch alle anderen christlichen Gruppen einschließlich der katholischen Kirche. Das Prinzip der Trennung von Staat und Kirche schloss diese Aufgabe gegenüber dem Staat niemals aus, sondern immer ein.

Auch der Versuch des Staates, rein theologische Aussagen als »*politisch irrelevant*« abzuqualifizieren, was westliche Kommentatoren oft in seltsamer Übereinstimmung mit ihren östlichen Kollegen äußerten, muss in der engen Verbindung von Glaubensaussage und politischer Tat als widerlegt gelten, wie sie nicht nur in den Friedensgebeten, sondern auch in den Protesten gegen die Verletzung der Bürgerrechte junger Leute in den Versuchen von 1953, Junge Gemeinde und Studentengemeinde zu unterdrücken, sichtbar wurde. Der gesamtkirchliche Protest aller Evangelischen Kirchen in der DDR gegen die Verdächtigungen des prophetischen Symbols »Schwerter zu Pflugscharen«

---

[741] »Analyse über feindlich-negative Angriffe im Verantwortungsbereich Kirchen« der HA XX vom 20.04.1981 in MfS – HA XX/4, Nr. 3474, 1.

[742] Vgl. Joachim Rogge/Helmut Zeddies: Kirchengemeinschaft und politische Ethik: Ergebnis eines theologischen Gesprächs zum Verhältnis von Zwei-Reiche-Lehre und Königsherrschaft Jesu Christi, Berlin 1980. Es ist kein Zufall, dass diese Ausarbeitung in der DDR erschien, weil sie aus dem Ringen der reformatorischen Kirchen in der DDR mit dem Alleinherrschaftsanspruch des sozialistischen Staates hervorging und so die Erfahrungen bündelte, die in diesem Ringen gemacht wurden.

[743] Barmer Theologische Erklärung, These V.

1982 gehört zu den eindrucksvollen Zeugnissen für die Wirkung des Glaubens in der Welt. Er zwang die Partei zum Einlenken gegen ihre ursprünglichen Pläne, zumal Moskau sich keinen Kirchenkampf im westlichsten Vorfeld der Systemauseinandersetzungen in Europa leisten konnte und wollte. Nach Gorbatschows Abrechnung mit dem Stalinismus und dem Beginn eines »Umbaues«, einer Perestroika der Gesellschaft in der Sowjetunion, war von dort keine ideologische oder politische Unterstützung einer massiven Christenverfolgung mehr zu erwarten. Der Herrschaftsanspruch von Partei- und Staatsführung einerseits und das Bekenntnis zur Herrschaft Gottes unter den Menschen andererseits kollidierten z. B. in jedem Vaterunser, das »im Sozialismus«, also im vermeintlichen Herrschaftsraum der Partei, gebetet wurde: »Denn dein ist das Reich und die Kraft und die Herrlichkeit in Ewigkeit.« Dieses Gebet und der darin sich aussprechende Glaube stellten die Herrschaft und Allmacht des Systems des marxistisch begründeten Sozialismus täglich hörbar und grundsätzlich in Frage.[744]

Fallbeispiel: Staatsvertreter als Gäste in Gottesdiensten

An Einweihungsgottesdiensten in renovierten Kirchen, die mit Hilfe auch staatlicher Mittel auf dem Wege über die Denkmalpflege restauriert wurden, nahmen oft Vertreter des Rates des Kreises, zuweilen auch des Bezirkes, auf Einladung der Kirchgemeinden teil. Sie sahen sich umgeben von hunderten Gemeindegliedern, die gemeinsam Glaubensbekenntnis und Vaterunser sprachen. Ins Angesicht der vermeintlichen Machthaber, die immer betonten: Die Machtfrage ist entschieden!, bekannte die versammelte Gemeinde einmütig und unüberhörbar: »Ich glaube an Gott, den Vater, den Allmächtigen ...« und erkannte ihm allein Macht und Gewalt und Herrschaft zu: »Denn dein ist das Reich und die Kraft und die Herrlichkeit in Ewigkeit.« Hier konnte niemand mehr wähnen, dem überholten Ritus eines absterbenden Restes bürgerlicher Ideologie ausgesetzt zu sein.

---

[744] Mit einem leitenden Mitglied des, vom MfS als vermeintlich staatsloyal protegierten, »Weimarer Arbeitskreises«, OKR Oskar Ziegner, Gotha, Mitglied des Landeskirchenrates, führte der Verf. 1957 einen nicht schriftlich überlieferten Disput im Predigerseminar über diesen Grundgegensatz zwischen Kirche und atheistischem Staat: »Wer das Vaterunser betet und ernst meint, kann weder den totalen Herrschaftsanspruch der SED noch irgendeine andere politische Totalherrschaft über sich und sein Leben anerkennen. Wir haben Gott zu gehorchen, nicht den Menschen«, worauf geantwortet wurde: »Was reden Sie da? Das gilt doch nur im Glauben.« Damit war das Gespräch an einem toten Punkt angekommen, über den hinaus eine Verständigung nicht mehr möglich war.

Stets war in solchem Aufeinandertreffen von freiem Bekenntnis lebendiger Kirche und formaler Anwesenheit von Vertretern einer erstarrten Ideologie zu spüren, dass sie davon nicht unberührt blieben – in welchem Sinne auch immer, obwohl die meisten von ihnen aus Selbsterhaltungstrieb ihre Theorie vom Absterben der Religion weiter festhielten. Unerwartete Reaktionen ließen ahnen, dass manche der unfreiwilligen Gottesdienstbesucher im Erleben einer singenden und betenden Gemeinde nachdenklich und zu einer veränderten Sicht christlicher Existenz geführt wurden – auch wenn es sich nur um eine Spur von mehr Respekt handeln mochte. Anbetung und Gottesdienst haben auch politische Wirkung, wie sich in den Friedensgebeten nicht nur im Herbst 1989 aller Welt zeigen sollte.

Hermeneutisches Fazit:
Schon von diesem Grundwiderspruch her wird deutlich, dass etwa die Rede von »Anpassung« und »Staatsnähe« der Kirchen übersieht, welche unversöhnlichen Gegensätze beide Größen bestimmten, so dass sie auch im Falle scheinbarer gemeinsamer Teilziele (z. B. Denkmalpflege) immer konträren Zielen verpflichtet blieben. Gab es nie den Versuch einer ideologischen Annäherung seitens der SED? Verbal ja.

8.9   Strategie der SED: Vereinnahmen durch Einpassen

Strategie der Einpassung der Religion statt Annäherung – IM »Horst« und die Veränderung des »religiösen Stoffes«
Mit einer vergleichsweise »neuen Sicht« von Religion setzte sich z. B. der IM »Horst« auseinander.[745] Unter diesem Decknamen verbirgt sich Genosse Horst Dohle, der Büroleiter des Staatssekretärs für Kirchenfragen und »Gewährsmann« von Gerhard Besier bei dessen unkritischer Weitergabe des Kirchenbildes des MfS. Seine Dissertation an der Humboldt-Universität[746] galt als »parteiinternes Material« (wie ein entsprechender Stempelaufdruck zeigt) und erschien in der Akademie für Gesellschaftswissenschaften beim ZK der

---

[745] Horst Dohle erklärte gegen Besier am 27.05.1994 im »Rheinischen Merkur«: »Ich hatte … dienstliche, durch Weisungen festgelegte strukturelle Kontakte zu Mitarbeitern des MfS. Ich habe von diesem Ministerium keine Aufträge erhalten und war zu keiner Zeit für dieses Ministerium tätig … Im Juli 1993 habe ich einen Antrag auf Auskunft bei der Gauckbehörde gestellt. Seit Anfang 1994 weiß ich nach dortiger schriftlicher Auskunft, daß ich in den Akten des MfS als Mitarbeiter geführt wurde.«

[746] Dohle: Grundzüge.

SED, Institut für Geschichte der deutschen Arbeiterbewegung, Forschungsbereich Geschichte der Bündnispolitik der SED.
Dohle stellt darin fest:

> »Die reformatorischen Kirchen sind keine Kultkirchen. Sie haben in fast fünf Jahrhunderten eine differenzierte Individual- und Sozialethik entwickelt, sind also im weitesten Sinne gesellschaftspolitischer Faktor. So unbequem und politisch nur schwer berechenbar eine solche Kirche ist, die für ihre Glieder und für ihr institutionelles Verhalten in den Wechselfällen des persönlichen und gesellschaftlichen Lebens einen Normenkatalog von Verhaltensmustern und eine Wertehierarchie bereithält, und so naheliegend der Wunsch deshalb ist, es mit einer auf den bloßen zeremoniellen innerkirchlichen Kult beschränkten Kirche zu tun zu haben, so galt es, erst einmal diese nicht leugbare historische Tatsache zur Kenntnis zu nehmen und sich in der kirchenpolitischen Konzeption der SED auf diesen unbequemen Partner einzustellen …«

Die evangelische Kirchen waren zwar

> »jahrhundertelang wesentliche Stützen der Macht der herrschenden Klasse. Zugleich waren und sind die Kirchen … Transporteure großer künstlerischer, kultureller und zivilisatorischer Werte, die bis heute Teile kultureller und historischer Identitätsfindung sind«.
>
> »Die Absicht ihrer Verdrängung, für die es in der Geschichte der SED auch Belege gibt, bedeutet letztlich nicht einen ideologischen Sieg über den Glauben, sondern eine Verödung des volkskulturellen Alltags, einen Verlust an Heimatbewußtsein und Heimatbindung, bedeutet Verlust und Defizit an sozialistischem Geschichts- und Staatsbewußtsein.
>
> Jede Zielbestimmung in der Politik der SED, diese Kirche auf eine reine Kultkirche zu minimieren, mußte illusorisch, weil ahistorisch sein. Solche Überlegungen hat es … am Beginn des Untersuchungszeitraumes noch gegeben …«[747]

Aber auch Horst Dohle, Autor von Gedanken, die nicht als typisch für das Denken im SED-Führungskreis gelten können, sondern eine Art Entwicklungsstufe im Denken von Funktionären mit »Feindberührung« darstellen (Ausgabe »Ende der Achtziger«), beharrt darauf, dass die Kirche »durch Veränderungen in ihrem Stoff« zu überwinden sei, und zitiert – wie stets, wenn die Wirklichkeit Belege nicht liefert, aber ein unschlagbares Argument gebraucht wird – die »Klassiker des Marxismus-Leninismus«, in diesem Falle Friedrich Engels:

---

[747] S. dazu Horst Haase u.a.: Die SED und das kulturelle Erbe. Orientierungen, Errungenschaften, Probleme, Berlin 1986. Birgid Gysi: Religiöse Aneignung der Welt als kulturelles Erbe, in: Thematische Information und Dokumentation, Berlin (63/1987), 85 f. (Anm. 8 in Dohle: Grundzüge).

»Die Religion, einmal gebildet, enthält stets einen überlieferten Stoff, wie denn auf allen ideologischen Gebieten die Tradition eine große konservative Macht ist. Aber die Veränderungen, die mit diesem Stoff vorgehen, entspringen aus den Klassenverhältnissen, also aus den ökonomischen Verhältnissen der Menschen, die diese Veränderungen vornehmen.

Es kommt darauf an, in diesem ›Stoff‹ das ›humanistische Potential, seine Menschen- und Weltverantwortung‹ zu entdecken.«[748]

Wie wenig sich Dohle der Wirklichkeit öffnet, geht aus seiner abschließenden Feststellung hervor:

»In dem Maße, in dem es der SED gelang, Gläubige in ›diese Veränderungen‹ gestaltend einzubeziehen, vollzog und vollzieht sich diese Veränderung in jenem christlichen ›Stoff‹, der zur Neuentdeckung seines humanistischen Potentials, seiner Menschen- und Weltverantwortung führt. Völlig zutreffend ist die Ergebnisbeschreibung der kirchenpolitischen Wirksamkeit der SED durch den X. Parteitag der SED im Jahre 1981: wenn dort das Staat-Kirche-Verhältnis mit den Vokabeln Offenheit, Vertrauen und Bereitschaft zu konstruktiven Regelungen charakterisiert wird.«[749]

Solcher Analyse widerspricht in diesem von Dohle hochgelobten Jahr 1981 eine geheime »Zuarbeit« des MfS[750] so scharf, als ob sie von einem anderen Lande redete:

»Besonders massiv wird die kirchliche Friedensarbeit von negativ-feindlichen Kräften mißbraucht, um die Kirchen auf einen öffentlichen Konfrontationskurs gegen den Staat zu drängen, öffentlichkeitswirksame Aktionen zu starten und damit die Friedens- und Verteidigungspolitik der DDR zu diffamieren, immer breiteren Einfluß zu gewinnen und ihre antisozialistischen Aktivitäten zu legalisieren, so z.B.
Friedensdekade
Mindestumtausch
Umtausch von sogenanntem Kriegsspielzeug
Sozialer Friedensdienst.
In der allgemeinen kirchlichen Tätigkeit auf diesem Gebiet dominieren pazifistische, den Klassenkampf leugnende Versöhnungskonzeptionen.
– siehe BV Dresden (Sozialer Friedensdienst) und Analyse feindlich-negativer Angriffe im Verantwortungsbereich Kirchen vom 20.4.1981, Seite 26 ff.
– siehe auch BV Frankfurt/Oder
Hetzplakate (Fürstenwalde), DITTEL
– siehe auch BV Karl-Marx-Stadt
»Panzersprengerproblematik« …

---

[748] Dohle: Grundzüge, 194.
[749] Ebd.
[750] MfS – HA XX/4, Nr. 3474, 88/89 (BStU-Zählung).

Es folgt die Aufzählung »Ermittlungsverfahren ohne Haft« und Straftaten gemäß § 218, Absatz 1 StGB.[751]

Vor dem Hintergrund dieser »Erkenntnisse über Erscheinungen der politischen Untergrundtätigkeit und artverwandte feindlich-negative Handlungen im Verantwortungsbereich«[752] nehmen sich die Einschätzung der Beziehungen zwischen Staat und Kirche, die Dohle vom X. Parteitag der SED zitiert, sowie seine eigene Beurteilung der Entwicklung sonderbar wirklichkeitsfern aus. Hat in den aufgeführten Konfliktfällen nur die gegenseitige »Abstimmung« nicht funktioniert oder müssen bei allen positiven Aussagen der ungebrochen weiterbestehende Grundgegensatz und das Ziel der Überwindung von Religion und Kirchen immer mitgedacht werden?

Letzteres ist der Fall. Alles andere ist dem dialektischen Wechselspiel von »Strategie und Taktik« zuzuordnen. Die Feindschaft zwischen Marxismus in Gestalt der sich auf ihn berufenden Partei und der Kirche endete nie. Aus der Sicht marxistischer Theoretiker und Praktiker blieben Staat und Kirche immer »antagonistische«[753] Größen – bis zum wenigstens theoretisch erhofften oder geglaubten endgültigen Verschwinden der Religion im Sieg des Sozialismus mit seiner »wissenschaftlichen«, d. h. für Sozialisten und Kommunisten immer atheistischen Weltanschauung.

Für die Interpretation von Stasitexten folgt daraus: Es muss genau unterschieden werden zwischen der Ordnungsfunktion und Rechtsbindung staatlicher Stellen einerseits, die alle Staatsbürger und alle in der DDR existierenden Institutionen – also auch die Kirchen und religiösen Gemeinschaften – in Anspruch nehmen mussten, und andererseits der Frage, ob sich der Einzelne oder eine Institution hat dazu bringen lassen, die von den Behörden insgeheim immer angestrebte oder auch offen verlangte Loyalität gegenüber Partei- und Staatsführung kritiklos zu praktizieren. Wer kirchlichen Funktionsträgern aufgrund unvermeidbar häufiger Kontakte mit staatlichen Stellen, z. B. im Rahmen einer Superintendentur durch den Superintendenten, pauschal Staatsnähe attestiert, verzeichnet die Wirklichkeit. Dass der DDR-Staat mit seinen Funktionären für jede »Gewährung« von Bürgerrechten Ergebenheitsbekun-

---

[751] »Herbeiführung eines sonstigen Zusammenschlusses zur Verfolgung gesetzwidriger« (sic!) »Ziele«.

[752] A. a. O., 87 (BStU-Zählung).

[753] »Antagonistisch ist ein Widerspruch, der auf dem unversöhnlichen Gegensatz zwischen den Interessen verschiedener gesellschaftlicher Klassen oder sozialer Gruppen beruht … Sie haben im allgemeinen die Tendenz, sich unaufhörlich zuzuspitzen und führen deshalb in der Regel zu heftigen Konflikten zwischen den sie verkörpernden bzw. hinter ihnen stehenden gesellschaftlichen Kräften«, Klaus/Buhr: Philosophisches Wörterbuch, 22.

dungen und Staatstreue erwartete, kennzeichnet das totalitäre System, nicht eine Ergebenheitsbereitschaft der Bürger oder ihrer Gemeinschaften. Deshalb ist auch der Begriff »Kooperation« genauer anzusehen.

8.10 »Kooperation« mit staatlichen Stellen?

Bürger der DDR – unabhängig von ihrer politischen Überzeugung, ihrer gesellschaftlichen Stellung und ihrem religiösen Bekenntnis – lebten innerhalb der Grundbestimmungen ihrer Rechte und Pflichten in der jeweils geltenden Verfassung und des (wenigstens nominell) daraus abgeleiteten Rechtsrahmens – offenbar wie jeder Bürger jedes anderen Landes auch. Allerdings waren Verfassungsbestimmungen und Rechtsrahmen in allen Bereichen der DDR im Laufe der Entwicklung der DDR und vor allem im fortschreitenden Prozess der von der Partei bestimmten Veränderung des öffentlichen Lebens zur »entwickelten sozialistischen Gesellschaft« zu jeder Zeit dem ideologischen Ziel verhaftet, die »Diktatur des Proletariats« durchzusetzen. Damit hatte sich die SED als »führende Kraft der Arbeiterklasse« im von ihr entworfenen »sozialistischen Staat« einen Freibrief zu taktischer Flexibilität und rein opportunistischem, nahezu rechtsfreiem Gebrauch der Macht selbst ausgestellt. Diese Macht setzte sie rigoros ein – mit Zustimmung und unter Mitwirkung der übrigen Parteien – von der CDU über die LDP und alle anderen sogenannten »Parteien« bis hin zur »Bauernpartei«. Sie hatten ihrer aller Selbstentmündigung immer wieder zu bekräftigen – was sie auch taten, wenn auch zuweilen gegen leises Murren von einigen Mitgliedern in den unteren Rängen.

Für alle Bürger aber hieß das: Sie fanden sich in einem Gemeinwesen vor, das von einem Tage zum anderen die Rechtslage verändern konnte und seine Gesetze immer passgenau den jeweiligen Politbürovorgaben der SED anglich. Tendenz: Alle und jeder im Lande, alles und jedes in der Gesellschaft ist »schöpferisch zu leiten«. Im Klartext: Das »Volk« war den wechselnden Vorgaben der Parteihierarchie chancenlos ausgeliefert. Weil diese bis in die kleinsten Verästelungen hinein das öffentliche und private Leben regelte, jede eigenständige Entwicklung argwöhnisch beobachtete und notfalls »zerschlug« oder doch zu zerschlagen suchte, erstickte sie selbst die »Entwicklung der schöpferischen Kräfte der Werktätigen«[754] im Keim.

---

[754] Dass gerade aus der Bewegung »schreibender Arbeiter« allein durch deren nüchterne Wahrnehmung der sozialistischen Wirklichkeit Persönlichkeiten aufwuchsen, die ihre »Kreativität« sehr zum Missfallen der Partei unübersehbar und unüberhörbar weiterentwickelten und damit das rote Korsett sprengten, zeigt, dass eine wirkliche schöpferische Leistung nie

Alle Bereiche zivilen und sozialen, öffentlichen und privaten Lebens wurden annäherungsweise staatlich geordnet und kontrolliert – vom Schwangerschaftsurlaub über die Geburtsurkunde bis zum Bestattungsrahmen.[755] Dass dabei der Staat an seine personellen und materiellen Grenzen geriet, schließt das nie aufgegebene Bemühen um Totalherrschaft nicht aus, sondern ergibt sich als dessen Folge.[756]

Angesichts der personellen und strukturellen Verflechtung der sogenannten Staatsorgane mit dem MfS heißt das aber: Es war nahezu ausgeschlossen, »Kontakten« mit dem Geheimdienst der DDR zu entgehen, auch wenn sie kaum jemand von sich aus suchte. Selbst bei »innerer Emigration« oder klarer Gegnerschaft zur Staatsideologie konnte es im Raum der DDR – wie in anderen Industriegesellschaften auch – keinen Lebensvollzug ohne Behörden, Ämter und deren Regelungen geben – von der Verwaltung einer Gemeinde, der Leitung einer Superintendentur oder einer Landeskirche ganz zu schweigen. Für die DDR allerdings muss eingerechnet werden, dass aus mindestens drei Gründen eine noch engmaschigere Bürokratisierung (vergleichbar einigen Ostblockstaaten) angestrebt wurde:

– Am Rande des Ostblockes gelegen, kleinerer Teil eines gespaltenen Landes mit nicht ausradierbaren Verwandtschafts-, Wirtschafts-, Verkehrs-, Kultur- und Kirchenbeziehungen zum größeren und von vornherein wirtschaftlich stärkeren westlichen Teil, entsprach der Vereinnahmungsfurcht der Regierenden ein zuweilen neurotisch anmutendes Sicherheitsbedürfnis.

---

erwünscht war. Sie müßten sich, Erwünschtes zu tun – nämlich von ihrer Wirklichkeit zu schreiben. Es kam aber höchst Unerwünschtes heraus: »Die Verhältnisse, die sind nicht so.« (Frei nach Bert Brecht.) Denn in Wahrheit gestand die Partei der Kunst und der Kultur überhaupt lediglich mehr oder weniger akklamatorische Aufgaben zu. Und es zeigte sich auch: »Wirklichkeitsfremde« vermögen mit »Wirklichkeitsnähe« nicht umzugehen.

[755] Zuweilen schossen die Verordner auch über das Ziel hinaus. So führte die »Veranstaltungsverordnung«, die vor allem religiöse Handlungen einengen und der staatlichen Aufsicht unterwerfen sollte, zu skurrilen Disputen: Da alle Veranstaltungen im Freien bis zu zehn Tagen im Voraus bei den Volkspolizeikreisämtern anzumelden waren, haben Pfarrer und Superintendenten gegen die Verordnung ins Feld geführt: »Wie sollen wir Erdbestattungen – zweifelsfrei ›kirchliche Veranstaltungen im Freien‹ – zehn Tage vorher anmelden?« Die Behörden reagierten verärgert und aggressiv, nahmen aber die undurchführbare Regelung keineswegs zurück und modifizierten sie nicht.

[756] Thomas Lindenberger: SED Herrschaft und soziale Praxis, in: Gieseke: Staatssicherheit, 35 ff., bezeichnet den SED-Staat deshalb als eine »Diktatur der Grenze(n)« im Anschluss an Michael Vester/Michael Hofmann/Irene Zierke (Hg.): Soziale Milieus in Ostdeutschland. Gesellschaftliche Strukturen zwischen Zerfall und Neubildung, Köln 1995.

Die abgedichtete Grenze und die angestrebte Überallanwesenheit der Stasi und ihrer »Mitarbeiter« sind ein Beleg dafür.

— Auf Lenin bezogen sich die Theoretiker und Parteistrategen der SED. Sie schadeten sich selbst und ihrer ursprünglichen Nähe zu den »Werktätigen«, indem sie das Leninsche Prinzip aus der Partei der Bolschewiki übernahmen: »Vertrauen ist gut, Kontrolle ist besser.«[757]

— Die ebenfalls aus der Praxis der großen Bruderpartei übernommene Räte-Struktur schloss auch deren Allherrschaftsanspruch ein und war deshalb gezwungen, sich und anderen Allzuständigkeit zu bescheinigen bis hin zu den tausend Papieren obskurer »Bescheinigungen« für alles und jedes.

Dagegen revoltierten selbst Intellektuelle, die sich als Marxisten verstanden: »Genie bleibt nicht, wenn es kontrolliert wird; Gesinnung bleibt nicht, wenn sie kontrolliert wird; Liebe bleibt nicht, wenn sie kontrolliert wird«, schreibt Bert Brecht im »Buch der Wendungen«.[758] Aber das hatten die Strategen und Taktiker der Partei der Parteien wohl nicht gelesen.

Dort, wo Bürger, ihre Gemeinschaften und Institutionen schlicht ihre Rechte im Kontakt mit den sich als Überwachungs- und Kontrollorgane verstehenden staatlichen Stellen wahrgenommen haben, von »Kooperation« als einer beiderseits angestrebten »Zusammenarbeit« zu reden, der womöglich auch noch eine durch »Anpassung« gewollte und gegebenenfalls erreichte »Staatsnähe« unterstellt wird, kann nicht als seriöse Erkenntnis zeitgeschichtlicher Forschung gelten. Der Wirklichkeit kommt näher, dass jeder Herrschaftsanspruch auf einen »Eigen-Sinn« der wirklich oder scheinbar Beherrschten stößt oder ihn geradezu erzeugt.[759] »Eigen-Sinn« meint dann »die Fähigkeit und das Bedürfnis, von der eigenen Person her im Rahmen einer Herrschaftsbeziehung zielgerichtet zu handeln«.[760] »Zielgerichtet zu handeln«, ohne die Ziele des Herrschaftsanspruches, nicht der Herrschaftswirklichkeit!, zu teilen, geschweige denn, sie zu übernehmen.

> »Der herrschaftlich intendierte und meist ideologisch definierte Sinn von Ordnungen, erzwungenen Verhaltensweisen und Verboten ist eine Sache. Die je eigene Bedeutung, die Individuen in ihr Mitmachen in diese Ordnungen hineinlegen, ist eine andere. Auch bei äußerlicher Übereinstimmung sind sie nicht identisch.«[761]

---

[757] »Nicht aufs Wort glauben, aufs strengste prüfen – das ist die Losung der marxistischen Arbeiter.« Lenin: Werke, Bd. 18, 358, bezeichnenderweise im Artikel »Über Abenteurertum«.

[758] Bertolt Brecht: Me-ti, Buch der Wendungen, Frankfurt am Main 1992⁷, 92.

[759] Thomas Lindenberger: SED-Herrschaft und soziale Praxis, in: Gieseke: Staatssicherheit, 23 ff.

[760] A. a. O., 32.

[761] A. a. O., 33.

Als geradezu absurd muss die Behauptung erscheinen, es habe – soziologisch gesehen – eine Art »Symbiose« zwischen Staat und Kirche gegeben. Völlig unbrauchbar ist der Begriff »Kooperation« für die Beschreibung eines Stasikontaktes über Vertreter staatlicher Organe, sofern nicht durch entsprechende Belege in Akten *beider Seiten* nachgewiesen ist, dass der Betreffende »wissentlich und willentlich« auf dem Wege über die Staatsorgane mit dem MfS zusammenarbeiten wollte und »*konkludent gehandelt*«, also im Sinne der MfS-Ziele kooperiert hat. Denn von »Kooperation« kann nur die Rede sein, wo beide Seiten eine Form von Zusammenarbeit bewusst gewollt und auch geleistet haben. Wo in der Diskussion der *Staat-Kirche-Beziehung* der Begriff »Kooperation« als Vorwurf begegnet, ist eigentlich »Kollaboration« im Sinne von Verrat und Preisgabe eigenen Urteils und eigenverantworteten Lebens gemeint. Das wäre dann freilich im Einzelnen nachzuweisen.

Stattdessen wird bis in rechtswissenschaftliche Abhandlungen hinein ohne weitere Prüfung auch dort von Kooperation geredet, wo Amtsträger der Kirche in ihrem Aufgabenbereich von MfS-Mitarbeitern mit und ohne »Legende« aufgesucht und angesprochen wurden, als ob dies eine gegenseitig bekannte und gewollte Zusammenarbeit gewesen sei.[762]

Es ist dem Totalherrschaft anstrebenden Staat und der ihn führenden Partei, nicht den in ihm lebenden Einzelnen, Gruppen und Institutionen anzulasten, dass Verwaltungskontakte und die Bearbeitung von Anträgen (z. B. für Baugenehmigungen, Materialzuweisungen, Stipendien für Studierende an staatlichen Universitäten, Dienstfahrten ins Grenzsperrgebiet etc.) wie eine großzügige Gewährung von Rechten gehandhabt wurden und nicht auf ihren sachlichen Bereich beschränkt blieben. Grundsätzlich wurde versucht, daraus Abhängigkeit oder zumindest Loyalität gegenüber Staat und Partei abzuleiten.[763] Und es gehört ebenso zur Verantwortung dieses untergegangenen Staates und seiner Partei, auch misslungene Versuche zur Infiltration in Erfolgsmeldungen verfälscht zu haben, die nun aus den Akten fröhliche Urständ feiern, obwohl ihr letzter und »durchschlagender Erfolg« im Zusammenbruch des gesamten Systems bestand.[764]

---

[762] Wähler: Rechtsprechung, 565–591.

[763] HA XX/4 empfiehlt z. B. 1982 ausdrücklich die Gewährung von Reise-, Bau-, Druck- und Veranstaltungsgenehmigungen zu »differenzierter Behandlung« der kirchlichen Amtsträger zu nutzen. In: BStU ZA, MfS – HA XX/4, Nr. 3474, 169 ff. (BStU-Zählung).

[764] Vgl. dazu die Reden vom 7. Oktober 1989 etwa im »Neuen Deutschland«, die zwei Tage vor der nicht mehr aufhaltbaren Großdemonstration in Leipzig ein heiles Bild der »sozialistischen Gesellschaft der DDR« malen.

Nur oberflächlich recherchierte Darstellungen können aus ideologiegeleiteten Selbstdarstellungen der Machthaber und ihrer Gehilfen den Schluss von Staatsnähe bei den Beauftragten der Kirchen ziehen, die sich um ihrer Gemeinden willen dem Druck in Gesprächen aussetzen mussten, weil es ihres Amtes war. Denn nicht die Tatsache, *dass* sie Gespräche mit staatlichen Stellen geführt, sondern allein *wie* sie von ihnen geführt wurden, kann als Erweis ihrer »Staatsnähe« oder Unabhängigkeit gelten. Ob sie sich durch diese Gespräche in Abhängigkeit begeben und ihren kirchlichen Dienstauftrag vernachlässigt haben oder ob sie unabhängig geblieben sind und ihrem Dienstauftrag entsprechend gehandelt haben, allein das ist zu erheben und unter Einrechnung aller zeitbedingten Faktoren gegebenenfalls auch zu bewerten. Insofern sind die Akten der staatlichen Seite allein für eine zutreffende Analyse untauglich. Wer sie verfasste, musste nachweisen, dass er etwas im Sinne der Partei- und Staatsführung geleistet und erreicht habe. Wird dies übergangen und obenhin von einem unangemessenem »Dauerkontakt« geredet,[765] begeben sich die Urteilenden in die Position von »Partei- und Staatsführung« der DDR bzw. deren hinterlassenen Schriftsätzen und übernehmen deren Maßstäbe und Wertungen.

Nur zu gern hätten Inhaber staatlicher Funktionen ihre tatsächlichen Genehmigungs- und Verweigerungsmöglichkeiten so oft als möglich gegen geltendes Recht als Hebel zur Unterwerfung eingesetzt. Wer dessen ungeachtet seine Anträge stellen musste und die Verantwortlichen in ihren Zuständigkeiten in Anspruch nahm, hat deshalb noch lange nicht den »Weg in die Anpassung«[766] beschritten.

---

[765] Mehr als 18 Jahre hatte der Verf. als Superintendent eines Grenzkreises die Aufgabe, alle Gravamina, Beschwerden, Anträge für die notwendigen Genehmigungsverfahren, über Zuweisungen von Baukapazitäten, Denkmalpflegemittel usw. dem Rat des Kreises, Stellvertreter für Inneres, bzw. dem Vorsitzenden selbst in Gegenwart seines Stellvertrers vorzutragen. Dass die Stellvertreter Inneres mit der Stasi in Verbindung standen, wurde allgemein angenommen. Dass sie als IM geführt wurden, ergab die Akteneinsicht nach 1989. Fazit: Jeder Superintendent, der diesen im Schnitt höchst unerfreulichen Begegnungen nicht ausweichen konnte, sondern sie als einen Teil seiner Dienstpflicht wahrnehmen musste, hatte einen »Dauerkontakt« für die gesamte Zeit seines Dienstes im Kirchenkreis. Gewiss hatte jeder in diesem Amt seine eigene Verhandlungstaktik. Aber heute ist am Tage, dass die Freundlichen unter uns es damals leichter hatten, jetzt aber arm dran sind: Sie werden ohne Nachprüfung ihrer Absichten und »Wirkungen« anhand der ihnen selbst oft nicht bekannten Stasitexte der Kumpanei bezichtigt.

[766] Gerhard Besier spricht vom *Weg in die Anpassung* der Kirchen und übernimmt damit die inzwischen durch den Gang der Geschichte widerlegte Sicht ehemaliger Funktionäre. Sie haben »ohne eine Spur von Unrechtsbewusstsein« Herrn Besier bereitwillig geholfen, ihre Illusionen von eigenen Erfolgen innerhalb der Kirchen als kirchenpolitische Wirklichkeit

Das soll an einem Fallbeispiel deutlich gemacht werden. Wie oft um ganz normale Voraussetzungen für die Arbeit der Kirchen, z. B. unter den Jugendlichen, gerungen werden musste, zeigte der Kampf um Rüstzeiten und um Rüstzeitheime. Auf diesem Gebiet wurden vor allem die gesetzlichen Hygienebestimmungen als Hebel eingesetzt.

Fallbeispiel: Hygienebestimmungen für Rüstzeitheime

Rüstzeitheime, insbesondere für Jugendliche, waren dem Staat immer ein Dorn im Auge. Lagen sie außerdem noch in der Nähe von Grenzgebieten, suchten die zuständigen Räte der Kreise stets nach einer Handhabe, sie schließen zu können. Dafür wurden häufig die geltenden Hygienevorschriften missbraucht. Die geltenden Hygienebestimmungen waren sehr eng gefasst. Sie setzten geprüftes Personal voraus, das im Zweifelsfalle einen Ausbildungsabschluss z. B. für Heimküchen oder Heimleiterfunktion nachweisen konnte. Innerhalb dieses gesetzlichen Rahmens mussten von der Rüstzeitgruppe selbst organisierte und in Eigenverantwortung gestaltete Heimaufenthalte eigentlich ausgeschlossen bleiben.

Wie nun sollten Bibelrüstzeiten (die im Übrigen auch die Veranstaltungsverordnung[767] strengen Auflagen unterworfen hatte) überhaupt stattfinden können, wenn die Kirchgemeinden und ihre Mitarbeiter in der Kinder- und Jugendarbeit ihren finanziellen Möglichkeiten oder genauer: ihren finanziellen Grenzen entsprechend außerstande waren, jede Ferien- oder Wochenendrüste mit ausgebildetem Küchen- und Heimpersonal zu beschicken? Also hieß die Devise: So lange es gutgeht, geht es gut. Und wenn es nicht gutgeht, müssen wir neu nachdenken.[768]

---

der Zeit vor 1989 zu verkaufen. Besiers Methode ist die von Karl Eduard von Schnitzler in der Seriensendung »Schwarzer Kanal« des DDR-Fernsehens verwendete, persifliert durch Stefan Heym in seinem »König-David-Bericht-Bericht«, sinngemäß: Berichte oder zitiere nur, was deinem vorgefassten Urteil entspricht oder dem von dir angestrebten Zwecke dient. Alles andere lasse weg, dann kannst du alles beweisen; d. h. »mit Diskretion« berichten, Heym: König-David-Bericht-Bericht, 96 f.

[767] S. Abschnitt 20.7.

[768] Eine solche Devise klang aus dem Munde eines tschechischen Pfarrers sehr schlicht und überzeugend. Vom Verf. befragt, ob eine von ihm geplante Busfahrt mit Jugendlichen aus seiner Gemeinde denn »erlaubt sei«, antwortete er fröhlich: »Ich weiß nicht.« Der im Umgang mit Bürokratie erfahrene DDR-Bürger fragte erstaunt nach: »Ja, haben Sie denn nicht nachgefragt?« Der Gefragte lächelt: »Warum? Um zu erfahren, dass es verboten ist?« Letzter Versuch, die Grenzen evangelischer Freiheit in Tschechien auszuloten: »Und wenn es ver-

Daraus wurde die Geschichte des Rüstzeitheimes Hoheneiche bei Saalfeld: Vom Jungmännerwerk um 1965[769] in einer ehemaligen Schule auf kirchlichem Grund und Boden eingerichtet, war das Rüstzeitheim Hoheneiche jahrzehntelang Mittelpunkt munteren Lebens und Treibens evangelischer Kinder und Heranwachsender. Die staatlichen Behörden schmerzte dieser Dorn im Auge von Anfang an, und deshalb richteten sich zahllose Beschwerden und Drohungen gegen das Heim, die schließlich in direkte Schließungsversuche übergingen.

Mit der Begründung, das Heim liege in unmittelbarer Nähe zur »Staatsgrenze West«,[770] was die Sicherheit gefährde und die Jugendlichen auch, die sich zu unbedachten Schritten hinreißen lassen könnten, drängten die staatlichen Stellen auf Schließung durch die Kirche selbst. Als sich kein landeskirchliches Gremium und erst recht nicht die regional Zuständigen in Superintendentur und Kirchgemeinde zur Schließung bereit fanden, wurde sie durch angeordneten Zugriff der Kreishygienebehörde endlich mittels enger Auslegung der Hygienevorschriften zum 01.09.1972 erzwungen.[771] Gleichzeitig aber verweigerte der Rat des Kreises Genehmigungen für die Bauarbeiten, die zur Erfüllung der Auflagen der staatlichen Hygienekommission nötig waren. Dieser Widerspruch wurde der Hebel, mittels dessen die verhärtete Situation schließlich aufgebrochen werden konnte.

Dazu bedurfte es aber eines Eklats während einer »Begegnung« des Rates des Bezirkes Gera mit kirchlichen Mitarbeitern. Nach einer Rede über die *»guten Beziehungen zwischen Staat und Kirche«* konnte dem Rat des Kreises vom zuständigen Superintendenten der Vorwurf gemacht werden, er hindere die Kirche daran, staatliche Gesetze einzuhalten. Wenn der Rat des Kreises Baugenehmigungen zur Verbesserung der sanitären und Versorgungseinrichtungen im Heim regelmäßig verweigerte, die er mittels erteilter Auflagen selber verlangte, verhinderte er selbst die Einhaltung der Gesetze. Dem widersprachen die anwesenden Staatsvertreter einschließlich eines Mitgliedes des Rates des Bezirkes und des Vertreters der SED-Bezirksleitung heftig. Der Rat des Kreises dürfe niemand hindern, Gesetze einzuhalten, sondern müsse zu deren Einhaltung helfen und tue das auch. Damit war dank des lauten Protestes der anwesenden Superintendenten und Synodalen die entscheidende Zusage

---

boten sein sollte?« Augenzwinkern des Partners: »O, das wäre schade! Dann müsste ich eine Weile warten, ehe ich es wieder versuchen könnte.«

[769] CVJM = Christlicher Verein Junger Männer, vor 1989 im Raum der Ev.-Luth. Kirche in Thüringen als »Jungmännerwerk« tätig.

[770] Luftlinie Hoheneiche bis »Staatsgrenze« Probstzella: 9 km, bis Sperrgebiet: 5 km.

[771] BStU BV Gera, AIM 909/88 »Erwin Kahn«, 74 f.

gegeben. Sie wurde wider Erwarten – gewiss wegen der etwa 40 Augen- und Ohrenzeugen der unfreiwilligen Zusage – schließlich erteilt, wenn auch mit neuen schärferen Auflagen gespickt.[772]

Dieses Beispiel führt den Pauschalvorwurf ad absurdum, durch Gespräche mit den jeweils regional zuständigen staatlichen Stellen habe sich die Kirche in Abhängigkeit begeben.[773] Es beweist vielmehr das Gegenteil: Nur durch diesen öffentlichen Coup vor vielen Zeugen wurde die Zuweisung der erforderlichen Baugenehmigung möglich und die Wiedereröffnung des Heimes Hoheneiche schließlich erreicht.

---

[772] In den MfS-Akten wie auch in denen des Rates des Kreises Saalfeld fand sich bisher keine entsprechende Notiz. Erfolge des »Gegners« werden wohl selten notifiziert.

[773] So zuletzt in Lenski/Merker: Zwischen Diktat und Diskurs, 147. Dort wird das Fazit gezogen: »In Gera lässt sich dagegen sehr deutlich nachvollziehen, dass das Bestehen eines Artikulationsraums Kirche davon abhing, inwieweit sich die jeweiligen Entscheidungsträger innerhalb staatlicher Richtlinien funktionalisieren ließen oder ob sie einen eigenen Handlungsfreiraum beanspruchten.« Gleichzeitig wird festgestellt, dass Superintendent Otto-Adolf Scriba bis 1978 die »Entwicklung, den kirchlichen Raum jugendlicher Subkultur zu öffnen«, unterstützte und dafür mit staatlichen Stellen in Konflikt geriet und mehrere Ordnungsstrafverfahren in Kauf nehmen musste. A. a. O., 18. Im Widerspruch dazu steht: »Die Geraer Kirchenleitung trug die staatliche Position gegenüber unangepassten Jugendlichen jedoch mit« (47). Auch wenn diese Pauschalfeststellung sich ausschließlich auf den Nachfolger von Superintendent Scriba, nämlich Otto-Heinrich Müller beziehen sollte, bleiben die Vf. den Beweis schuldig, zitieren vielmehr den Passus einer Niederschrift über die »Fortführung der Jugendarbeit in Gera«, in dem Superintendent Müller die Fürsorge für die »Randsiedler der Gesellschaft« kritisiert, wenn dadurch die Arbeit mit Jugendlichen vernachlässigt wird«, und in einem weiteren Zitat die »fehlende Koordination von herkömmlicher und offener Jugendarbeit« als das »eigentliche Problem« bezeichnet. Die Notwendigkeit offener Jugendarbeit wird nicht bestritten, wohl aber die Vernachlässigung Konfirmierter kritisiert. Die Kritik des Superintendenten am Inhalt der Arbeit des Jugendwartes Thalmann ist – wie die Niederschrift (47) belegt – theologischer Natur und mit inhaltlichen Differenzen über die Gestaltung »Offener Arbeit« zu vergleichen, die bis heute nicht zur Ruhe kommen. Mit Unterwerfung unter Positionen der DDR-Funktionäre haben sie nach dem vorliegenden Wortlaut nichts zu tun. Die negativen Äußerungen sind den Protokollen der Referentin für Kirchenfragen, Frau Maihorn, entnommen. Ein Interview, wie es die Verf. »nicht nur zur Auswertung von Quellen aus privaten Beständen, sondern auch für die Kritik der Quellen des Herrschaftsapparates« durchaus für notwendig halten und mit anderen Akteuren geführt haben, hätte Klarheit bringen können. Es wurde mit dem Superintendenten i. R. Müller in Gera nicht geführt.

8.11 Ein Brief an Gefangene: Jeremia

In der Beurteilung kirchlichen Handelns in der DDR fehlt sowohl im Klub der Kundschafter – also beim MfS – als auch bei den Kritikern der Nachwendezeit die Kenntnis von zwei ganz wesentlichen Vorgängen, die nach meiner Erfahrung Haltung und politische Grundentscheidungen in den evangelischen Kirchen in der DDR mitbestimmt haben: Da ist der Brief des Propheten Jeremia an die Verbannten in Babylon[774] mit der Aufforderung, »*der Stadt Bestes zu suchen*«, und mit seiner Warnung vor den »Lügenpropheten« und deren illusionären Durchhalteparolen. Dieser alttestamentliche Text gehört in Reihe IV der Perikopenordnung[775] als regulärer Predigttext zum 21. Sonntag nach Trinitatis. Im Turnus der regelmäßig aller sechs Jahre wiederkehrenden Texte ist nach der Ordnung der Ev.-Luth. Kirchen von allen Kanzeln seine Botschaft auszurichten.[776]

Unbeschadet der Tatsache, dass der 21. Sonntag nach Trinitatis ausfällt, wenn Ostern nach dem 16. April liegt, hat dieser Brief eine grundlegende Wirkung durch Predigtvorbereitungsliteratur und in Predigtvorbereitungskreisen in der DDR gehabt. Die Aufforderung Gottes an die Verbannten in Babylon durch den Propheten: »Suchet der Stadt Bestes, in die ich euch habe wegführen lassen, und betet für sie zum Herrn« haben wir in unsere Situation hineingehalten und uns in der DDR sagen lassen, gerade weil wir uns die politischen Verhältnisse unter einer Parteidiktatur weder gewünscht noch sie herbeigeführt hatten.

»*Suchet der Stadt Bestes!*«, nicht in einem flachen Sinne, wohl aber in der Überzeugung, dass eine religiöse und politische Gegnerschaft zur »Obrigkeit« von der Verantwortung vor Gott für den Gang der Dinge im Lande nicht entbindet, sondern sie geradezu fordert. »*Suchet der Stadt Bestes!*« kann nämlich auch heißen, gerade gegen das aufzutreten, was jeweils im Lande als Bestes ausgegeben wird. Das galt in Deutschland vor 1945 offensichtlich. Und das galt in der DDR immer öfter. Und es gilt heute in unserem Lande, in dem beispielsweise die Armen immer ärmer und die Reichen immer reicher gemacht werden – mit einem »Schein des Rechtes«.[777]

---

[774] Jeremia 29,1–10.

[775] Lektionar und Perikopenbuch der Vereinigten Evangelisch-Lutherischen Kirche in Deutschland (VELKD), 1. DDR-Aufl. 1988, 424 f.

[776] Mit Copyright des Luth. Verlagshauses Hannover 1985 im Einvernehmen mit der Konferenz der Ev. Kirchenleitungen für die Kirchen in der DDR.

[777] Luthers Erklärung zum 9. Gebot, EG 905.

Aber ebendeshalb ist zu unterstreichen: Sich um »ein gutes Verhältnis zwischen Staat und Kirche« zu bemühen, darf nicht von vornherein als »Anpassungsbereitschaft« oder als »Scheinbegründung« für Gespräche mit den ›anderen Seite‹ oder gar als durchsichtige »Schutzbehauptung« diffamiert werden. Denn darüber wurde damals und wird bis heute und gewiss auch morgen gestritten: Was ist das Beste der Stadt? Sollten die jeweils Regierenden von diesem stets aufs Neue notwendigen Meinungsstreit ausgeklammert werden?

Lange vor der »protestantischen Revolution«[778] drängten die evangelischen Kirchen in allen Phasen auf Dialog, den die Herrschenden endlich mit den nicht mehr Beherrschbaren »auf Augenhöhe führen sollten«. Als ihn einige SED-Funktionäre mit anderen gemeinsam zögernd aufnahmen, war es für den Sozialismus zu spät. Der »Appell der Leipziger Sechs« am 9. Oktober 1989 wurde von drei Mitgliedern der SED-Bezirksleitung, also von Funktionären der zweiten Reihe, mit unterzeichnet[779] und schloss mit dem Aufruf: »Wir bitten Sie dringend um Besonnenheit, damit der friedliche Dialog möglich wird.«[780] Und in diesem Dialog, der nicht ›den jeweils Herrschenden unter sich überlassen werden darf, wird auch in Zukunft – in allen Staatsformen und unter allen Gesellschaftsordnungen – immer neu zu bestimmen sein, was denn »der Stadt Bestes« sei. Für einzelne Christen, für ihre Gemeinden und Kirchen steht diese Neubestimmung zu allen Zeiten und in allen Formen gesellschaftlicher, politischer und wirtschaftlicher Ordnung unter der Frage: »Was willst du, Herr, das wir tun sollen?« Wer Jeremia nicht aus seiner Bibel streicht, sondern den schweren Weg des Gehorsams wählt, muss in jeder Lage neu fragen: Was ist heute das Beste für die »Stadt«, also für das Gemeinwesen, in das uns Gott geführt hat?

Aus dieser Frage – nicht im Zuge einer Anpassungsstrategie – entwickelte sich zu Zeiten der DDR die auf allen Ebenen kirchlichen Handelns notwendige Bemühung, für ein »gutes Verhältnis zwischen Staat und Kirche« zu sorgen. Sie verfolgte gleich mehrere Ziele. Zunächst: Dass Gemeindeglieder in allen Altersgruppen und sozialen Schichten unangefochten ihren Glauben sollten leben können, stand an erster Stelle. Also gerade nicht, sich zu unterwerfen, sondern wohl »mit jedermann Frieden zu halten, soweit es an uns liegt«[781] –

---

[778] Georg Wagner-Kroya: Eine protestantische Revolution in Halle, in: Günther Heydemann (Hg.): Revolution und Transformation in der DDR 1989/90, Berlin 1999.

[779] Die Sekretäre der SED-Bezirksleitung Leipzig Dr. Kurt Meyer, Jochen Pommert und Dr. Roland Wötzel, auf deren Mit-Unterschrift Prof. Kurt Masur, der Kabarettist Bernd-Lutz Lange und der Pfarrer Dr. Peter Zimmermann bestanden hatten.

[780] In: Jankowski: Tag, 91. Dort ist auch der Wortlaut des Aufrufes als Dokument abgedruckt.

[781] Römer 12,18 und Hebräer 12,14.

aber auch in der Gemeinschaft und als Einzelner zu widerstehen, wenn eine Haltung oder Handlung erwartet wurde, die sich mit dem Gehorsam des Glaubens nicht vereinbaren ließ – wie zum Beispiel beim »Wehrunterricht«. Sodann: dass Kirche »die heilenden Kräfte des Evangeliums ins Volk trage«.

So formulierte Landesbischof Moritz Mitzenheim gesellschaftliche Diakonie und »suchte der Stadt Bestes«, indem er kräftig und öffentlich auch widersprach, wo der Staat sein (begrenztes) Mandat überschritt, für »Recht und Frieden zu sorgen«.[782] So trat er Einsatzkommandos zur Zeit der Deportation von Gemeindegliedern und Nichtgemeindegliedern aus dem Sperrgebiet an der thüringischen Grenze zu Bayern und Hessen 1952[783] ebenso in den Weg wie mit seinem beispiellosen Einsatz gegen die Verfolgung der christlichen Jugend 1952/53[784] und im Protest gegen die Methoden brutaler Gewalt bei der Zwangssozialisierung der Landwirtschaft im Frühjahr 1960.[785] Nicht minder auf seinen Marathonfahrten mit bis zu fünf Gemeindeveranstaltungen pro Tag im Ringen um die Konfirmation und die Abwehr der Jugendweihe seit 1955.

---

[782] Barmer Theologische Erklärung 1934, These 5.

[783] Mitzenheim/Björkman: Lebensraum, 70 f., 21. Rundbrief: An alle Pfarrer unserer Thüringer Landeskirche.

Darin heißt es: »Ich erklärte wiederholt, daß die Kirche gegen diese Behandlung von Gliedern ihrer Gemeinden protestiere …« (gegenüber dem Stellvertreter des thüringischen Ministerpräsidenten und Innenminister Gebhardt am 06.06.1952 in Erfurt wie auch unmittelbar gegenüber den Deportationskommandos in den Grenzdörfern, so dass in einem Falle die Deportation verhindert werden konnte, was Augenzeugen 2006 in Römhild bei Hildburghausen berichten).

[784] Ebd. Im 22. bis 26. Rundbrief des Landesbischofs werden auch jeweils die Schritte benannt, die gegen die Verfolgung unternommen wurden. So im 25. Rundbrief: »Der Rat der Evangelischen Kirche in Deutschland hat beim Generalstaatsanwalt der Deutschen Demokratischen Republik Strafantrag wegen hetzerischer Beschimpfung der Kirche und ihrer Einrichtungen gestellt. Die Bedrängnis unserer Jugend, in der sie nach wie vor ist, bewegt uns alle tief. Von Seiten der Kirche ist alles geschehen, was nur geschehen konnte, um unserer Jugend zu helfen. Wir haben von der Presse die Berichtigung ihrer falschen Behauptungen gefordert. Wir haben die staatlichen Stellen um den verfassungsmäßigen Schutz unserer Jugend gebeten …«.

[785] Mitzenheim, a. a. O., 250 ff. Im 65. Rundbrief vom 07.04.1960 wird als Material XXIII der Brief der evangelischen Bischöfe in der DDR an Ministerpräsident Otto Grotewohl mit abgedruckt, in dem die Bischöfe erklären: »Hier werden Menschen in ihrer Würde verletzt und in ihrem Gewissen bedrängt … Menschen zu der Erklärung zu zwingen, sie hätten einen Schritt freiwillig getan, zu dem sie genötigt wurden, ist Gewissenszwang … Der Wille zu aufbauender Arbeit in unserem Lande wird nur lebendig bleiben, wenn die Menschenwürde gewahrt wird.«

Das Ringen des thüringischen Landesbischofs und seiner Amtsbrüder in den anderen Landeskirchen um das Beste der Stadt in scharfer Konfrontation gegenüber denen, die eigentlich für dieses Beste und die Einhaltung der von ihnen selbst gegebenen und allen Bürgern garantierten Verfassungsrechte zu sorgen hatten, wurde sehr ausführlich beschrieben und mit Zitaten belegt. Das ist leider notwendig geworden, seit Bemühungen »um ein gutes Verhältnis zwischen Staat und Kirche« einerseits als Anpassung und Liebedienerei gegenüber Partei und Staatsführung diffamiert und andererseits als wohlfeile Ausrede im Falle von vermeintlichen oder wirklichen Stasikontakten angesehen werden. Nicht selten erscheinen in diesem Zusammenhang gerade Stasiakten als dürftiger Beleg.

Dabei wird unterschlagen, dass die Werber diesen Satz als Tarnung verwendeten, hinter dem sie das Gegenteil dessen verbargen, was der Stadt, der *»polis«*, also der Politik damals zum Besten hätte dienen können. Dass auch kirchliche Mitarbeiter sich an solcher Geschichtsverfälschung beteiligen, die es eigentlich besser wissen müssten, weil sie selbst unter dem Schutz zeit- und kräfteraubender Bemühungen ihrer Kirchen um Gewissens- und Glaubensfreiheit Raum zu selbstbestimmtem Leben und zu eigener, auch öffentlicher freier Meinungsäußerung gefunden und ihn bis zur »Wende« kräftig genutzt haben, gehört in das Kapitel des Umganges mit dem Erbe Mielkes und seines Ministeriums.[786]

Jeremia aber brauchen wir auch heute als bitter notwendigen Mahner und Protestanten. Denn wer die Vergangenheit umdeutet und nach seinen Interessen zurechtbiegen will, verdirbt unsere Gegenwart und gefährdet die Zukunft.

8.12 Brief an einen Pfarrer in der DDR (Karl Barth)

Und noch ein Brief: Karl Barths Brief an einen Pfarrer in der DDR. Seine Wirkung in den evangelischen Kirchen der DDR – auch in den betont lutherischen Landeskirchen – verdankt der Brief des Propheten Jeremia nicht zuletzt auch Karl Barths »Brief an einen Pfarrer in der DDR«.[787] Darin nimmt Barth auf Jeremia 29 Bezug und wagt eine aktualisierte Deutung der Botschaft dieses Propheten an die nach Babylon Verbannten für die Position der evangelischen Kirche in der DDR.

---

[786] Vgl. dazu auch Abschnitt 28.

[787] Karl Barth: Brief an einen Pfarrer in der Deutschen Demokratischen Republik, St. Gallen 1958.

Sowohl Jeremia 29 als auch die Auslegung durch Karl Barth haben für die Standortfindung der evangelischen Kirchen in der DDR[788] schon lange vor der Gründung des Bundes eine Rolle gespielt. Sie wirkten bis in unsere wöchentlichen Predigtvorbereitungskreise[789] hinein, in denen wir die uns aufgegebenen Texte Alten und Neuen Testamentes mit der Frage gelesen haben: Was sagt uns dieser Text, wenn wir ihn in unsere heutige Wirklichkeit hineinhalten?

Barth schreibt beispielsweise zur Überlegung, ob die Durchsetzung der eigenen besseren Erkenntnis oder »taktische Rücksicht auf den inneren Zusammenhalt« mit den anderen wichtiger sei:[790]

> »Wollen wir … auf das uns Alle angehende und verpflichtende, uns Allen zur Bezeugung aufgetragene Wort Gottes zurückkommen, uns darüber Rechenschaft abgeben, was das Evangelium von seiner freien Gnade gerade uns und unseren Gemeinden gerade jetzt und hier zu sagen haben möchte – oder wollen wir das aus irgendeinem Grunde nicht tun? Wollen wir z. B. das erwähnte Kapitel Jer. 29 in jener vorbehaltlosen Offenheit zu uns sprechen lassen – oder können wir uns dazu nicht bereit finden?«

Dass sich Gemeinden mit ihren Pfarrern dazu bereit fanden und Karl Barth keineswegs als Verharmloser oder allzu unkritischer Beobachter der DDR-Situation wirkte, kann u. a. ein Gebet belegen, das 1957/58 in einer Evangelischen Studentengemeinde entstand, als über Jeremia 29 zu predigen war:

---

[788] Das galt besonders auch für die Pfarrerschaft der Geburtsjahrgänge der dreißiger Jahre, die seit 1955/57 in den kirchlichen Dienst traten und mitten in den von der SED und ihren Helfershelfern heraufbeschworenen schweren Konflikten mit Verkündigung, Seelsorge und diakonischem Einsatz auch in politischen Bedrängnissen der Gemeindeglieder ihren Dienst verantwortlich zu tun versuchten.

[789] Es kann nicht als Zufall angesehen werden, dass gerade in den evangelischen Kirchen der DDR Nachbarn sich in regelmäßiger gemeinsamer Predigtvorbereitung zusammenfanden unter dieser Frage: Was löst der uns aufgegebene Text aus, wenn wir ihn in unsere DDR-Situation hineinhalten? Alle unsere Aufgaben, unsere Anfechtungen und auch das Gelingende haben wir am Text geprüft. Und hier entwickelte sich eine Form theologischen Arbeitens in direkter Konfrontation mit der Feindschaft eines atheistischen Staates und seiner ideologisch begründeten Willkürakte, die bis heute ihre Bedeutung nicht verloren hat und mit den Klischees einiger westlicher Kommentatoren und Historiker nicht zu fassen ist.

[790] A. a. O., Barth, 35.

Gebet in atheistischer Umwelt[791]

Herr, wir Christen in der DDR
sind wie Israeliten in Babylon,
ungeduldig, voll falscher Hoffnung,
resigniert, verbittert, ängstlich,
voller Rachegedanken und Haß.
Herr, gib, daß wir nicht auf den Tag X,
sondern auf dich hoffen,
weil du Herr der ganzen Welt bist.

Herr, gib, daß wir an unserem Ort
das jeweils Nötige tun und nicht die Hände in den Schoß legen,
weil wir diesen Staat nicht mögen.

Herr, mach uns frei von der Angst vor den Menschen
und von Haß gegen die Menschen, die dich nicht ehren,
und den Glauben an dich als Aberglauben abtun.

Herr, hilf, dass unser Glaube nicht wirklich zum Aberglauben werde,
sondern ein hörbares Zeugnis in Wort und Tat
inmitten der kommunistischen und der kleinlich reaktionären Umwelt.

…

Herr, wir bitten dich für die Christen
in den anderen sozialistischen Ländern.
Laß sie an ihrem Ort der Stadt Bestes suchen.

Die Botschaft des Jeremia an die Gefangenen in Babylon, Römer 13 und das Gleichnis vom Zinsgroschen, auch Joseph in Ägypten stehen im Hintergrund, wenn von dem Ort die Rede ist, an den wir in der DDR »geführt« wurden: der Ort, an dem wir der Stadt Bestes suchen, der Ort, da wir nicht neben, nicht gegen, sondern in der Gesellschaft als Kirche leben, der Stadt Bestes zu suchen – und das zitierte Gebet kommt aus dieser Haltung.

»Bleiben, wohin uns Gott gestellt hat«,[792] überschreibt Reinhard Höppner Zeitzeugeninterviews über Kirche in der DDR. Das wollten wir mit unserer Kirche. Und deshalb haben wir versucht, in diesem Land, in dieser *Gesellschaft* als Kirche Christi zu wirken, dass Menschen »das Leben fänden in Jesu Namen.«[793]

---

[791] Aus: Spurensuche »Junge Gemeinde 1953«, Eisenach 1992, Landesjugendpfarramt der Ev.-Luth. Kirche in Thüringen Arbeitsmaterial.

[792] Reinhard Höppner (Hg.): Bleiben, wohin uns Gott gestellt hat. Zeitzeugen berichten über die Kirche in der DDR, Leipzig 2004.

[793] Johannes 20,31.

Exkurs: Theologische Erwägungen in einer Untersuchung der MfS-Tätigkeit?

Hier stehen die vermeintlichen oder wirklichen Einflüsse des staatlichen Überwachungsapparates Ministerium für Staatsicherheit auf die Ev.-Luth. Kirche in Thüringen zur Diskussion. Wie weit darf in einer solchen zeitgeschichtlichen und zugleich hermeneutischen Untersuchung eine theologische Frage überhaupt eine Rolle spielen? Die Frage zu stellen heißt m. E. schon, sich gründlicher Auseinandersetzung mit dem Gegenstand aus rein formalen oder methodischen Gründen zu verweigern.

Wie denn sonst sollen die hart aufeinanderprallenden Wirklichkeiten der evangelischen Kirchen einerseits und des MfS andererseits begriffen werden, wenn man zwar die theoretischen und ideologischen Voraussetzungen der staatlichen Seite gelten lässt und ausführlich darstellt, aber die theologischen Grundlagen der anderen Seite gar nicht zur Kenntnis nehmen will, als pure Ideologie abtut oder als unerheblich beiseiteschiebt?

Fallbeispiel: Ein Interview mit Landesbischof em. Ingo Braecklein

Hagen Findeis und Detlef Pollak[794] versuchten mit 17 Interviews ausschließlich kirchenleitender Persönlichkeiten, die bestimmenden Einflüsse insbesondere ihrer »Milieus«, aber auch ihrer theologischen Grundeinsichten zu erheben. Sie fallen aber in ihrer Kommentierung und in den verblüffenden Schlussfolgerungen – die aus den Interviews kaum zu begründen sind – in ihre vorgefassten Urteile zurück. Grund dafür scheint ihr eigenes, immer wachsames Misstrauen gegenüber den Zeitzeugen zu sein:

> »Wir hatten auch die voluminösen Bände von Gerhard Besier nach einschlägigen Stellen über die Untaten unserer Gesprächspartner durchforstet, um sie notfalls mit unangenehmen Fragen überraschen zu können ...«
> Und sie beschreiben, dass ihre »gelegentlichen Interventionen das Ziel verfolgten, genau jene über Jahre hinweg eingeübten Abwehrstrategien aufzubrechen, die man bei Personen des öffentlichen Lebens vermuten muss«.

---

794 Findeis/Pollak: Selbstbewahrung, 34.

> Zum Misstrauen gegen den erzählenden Zeitzeugen tritt auch noch das Misstrauen gegen den versierten Interviewpartner.[795]

Dennoch bleibt ihre Arbeit ein Gewinn, weil die Interviews Zeitnähe vermitteln und die Konflikte benennen, in denen von den Gesprächspartnern Kirche zu leiten und diese Leitung zu verantworten war. Unter den Interviews geben sie auch eines wieder, das ihnen Landesbischof Ingo Braecklein gewährte.[796]

Dem Leser und Zeitzeugen fällt auf: Sobald der Interviewte seine theologischen Grundentscheidungen darzustellen versucht, lenken die Befrager auf politische Fragestellungen zurück – und können natürlich nur noch politische Antworten erhalten. Diese Taktik muss zwangsläufig zu dem gesuchten, schon in der Einleitung der Herausgeber formulierten Ergebnis führen: »Dass sich die harten politischen Fakten gegenüber dem religiös kirchlichen Milieu als stärker erwiesen ...«.

Ein Ausschnitt aus dem Interview mit dem ehemaligen thüringischen Landesbischof sei deshalb zur Verdeutlichung zitiert. Eben hatte Braecklein ausgeführt:[797]

> »Für mich als Pfarrer, sowie für meine ganze Amtsführung war das Wichtigste die Weitergabe des Wortes Gottes. Und zwar im echten Sinne des Wortes Gottes, nicht im Sinne einer Vermittlung biblischer Wahrheiten, sondern im Sinne einer Aufgabe, den gegebenen Text als Botschaft den Menschen, die am nächsten Sonntag unter der Kanzel saßen, weiterzugeben: Was sagt Gott dir heute durch diesen Text in deine Lage hinein?«

Da lenkt der Interviewer – nach einigen Sätzen über Predigt und Sakrament und die Frage: Was trägt? – in den politischen Bereich zurück:

> »Ich würde gern das Thema wechseln und von diesem sehr persönlichen Bereich auf den politischen Bereich kommen ...«,

und geht zu einer Frage nach der Bereitschaft der Gemeinden über,

> »sich auch in schwierigen Zeiten zur Kirche zu halten«.[798]

---

[795] A.a.O., 12 f.
[796] A.a.O., 40–67.
[797] A.a.O., 50.
[798] A.a.O., 51.

Natürlich dient diese Frage dem Nachweis, der »*gesprächsleitend*« war, dass die »*christlichen Milieus*« dem Ansturm des militanten Atheismus der DDR und den dazu eingesetzten repressiven Maßnahmen nicht standhielten. Nach meinem Eindruck haben die Interviewer aber selbst übersehen, was sie von der Eigendynamik ihrer biographischen Leitfadeninterviews schreiben, um den »*aufdeckenden Charakter*« der von ihnen gewählten Methode[799] zu begründen:

> »Dem Erzählen wohnt eine Eigendynamik inne, die nicht immer voll unter Kontrolle zu halten ist. Vor allem, wenn man auf die Glättung seines Lebensweges besonderen Wert legt, treten die Brüche deutlich hervor. Hat man erst einmal angefangen, über sich zu reden, verwickelt man sich nahezu zwangsläufig in die Widersprüche seines Lebens. Schließlich besitzt auch die raffinierteste Selbstinszenierung noch eine Aussagekraft, die der Interpretation zugänglich ist. Zumindest die Frage danach, warum jemand gerade so, wie er sich darstellt, gesehen werden will, läßt sich aufwerfen und nicht selten auch beantworten.«[800]

Diese »Aussagekraft« haben die Interviews allerdings nach einer ganz anderen Seite. Weil den Interviewern nach ihrer eigenen Feststellung »ein sehr hohes Maß an Vertrauen und Aufgeschlossenheit entgegengebracht wurde«, wofür sie sich ausdrücklich bedanken, erreichen den Leser andere Eindrücke, als sie durch die korrigierenden, unvermittelt den Erzählduktus verändernden oder ihn unterbrechenden Zwischenfragen angestrebt werden. »*Es erzählt sich*« eine Geschichte, die durch Umlenkungseinwürfe nicht ausgelöscht oder auf Dauer umgeleitet werden kann, sondern allenfalls für Augenblicke überdeckt erscheint, um dann erst recht deutlich hervorzutreten. Ergebnis: Der Leser der Interviews reibt sich die Augen und fragt verblüfft, wie die Verfasser zu ihren anscheinend vorgefassten Urteilen kommen, die sich vor allem – unbeabsichtigt? – in harmlosen Nebensätzen aussprechen:

> »… um die im allgemeinen leitende Frage nach der Herrschaftskonformität der evangelischen Kirchen beantworten zu können, muß man zunächst die sozial gegebenen Möglichkeiten und Grenzen des politischen Handelns der Kirchen bestimmen sowie die theologischen und politischen Intentionen ihres Handelns herausfinden …«[801]

---

[799] Nach der Definition der Verfasser eine »Mischform aus hermeneutisch offener Selbstexploration und inhaltlich strukturiertem Experteninterview«, a.a.O., 12.

[800] A.a.O., 14.

[801] A.a.O., 10 f.

Die Herrschaftskonformität der Kirchen steht also schon fest – im Nebensatz. Nun müssen nur noch die Beweggründe, sozialen usw. Bedingungen für den Inhalt des Nebensatzes herausgefunden werden, dann stimmt alles.

Eben nicht. Die Irreführung des Lesers klingt dann so:

> »Wenn es in den Jahrzehnten nach dem Zweiten Weltkrieg zu einer zunehmenden Annäherung der evangelischen Kirchen in der DDR an das SED-Regime kam, dann …«

Diese mehrfach anzutreffende Behauptung – hier wiederum im nicht zu belegenden Nebensatz untergebracht – wird m. E. durch die Interviews nicht gestützt, sondern widerlegt. Denn die Lebensgeschichten, die sich da erzählen, machen eine erstaunliche innere Unabhängigkeit sichtbar, aus der heraus selbst dort frei entschieden werden kann, wo »um des Gespräches willen bis an die äußersten Grenzen verhandelt worden ist«.[802]

Als der Staat im Gespräch zwischen ZK-Mitglied Werner Jarowinsky und dem Vorsitzenden der Konferenz der Kirchenleitungen Landesbischof Dr. Werner Leich am 19.02.1988 die Kirche gefügig machen will und zu einer Distanzierung von den sogenannten »Oppositionellen« drängt, gleichzeitig mit rücksichtslosem Machteinsatz droht, gibt es kein Zögern, wie Werner Leich berichtet:

> »In dem Augenblick, in dem uns brutal und klar gesagt worden ist … entweder ihr lasst jetzt die Oppositionellen fallen und schwört euch wieder auf unseren Kurs ein, und zwar so, wie wir den 6. März 1978 verstehen, oder es ist Kirchenkampf – da war die Frage gleichsam entschieden.«

Landesbischof Dr. Leich verweigerte als Vorsitzender der Konferenz der Evangelischen Kirchenleitungen namens der evangelischen Kirchen in der DDR die Distanzierung von den Akteuren der Luxemburg/Liebknecht-Demonstration und den mit ihnen verbundenen Gruppen.[803] Da Jarowinsky androhte, nun durch die Räte der Bezirke die Superintendenten und Pfarrer regional direkt anzusprechen und auf die staatlich gewünschte Linie einzuschwören, wies der Bischof die Superintendenten und Visitatoren an, für solche Gespräche bis zur Änderung der von Jarowinsky erklärten harten Kirchenpolitik nicht mehr zur Verfügung zu stehen.[804]

---

[802] A. a. O., 351, Interview mit Landesbischof Leich.

[803] Die Schärfe der Auseinandersetzung belegen Jarowinskys Konzeption: BStU ASt Erfurt, KD Erfurt 486, 30 ff., und das Begleitschreiben Mielkes (a. a. O., 26 f.) mit Anweisungen für Gespräche mit Pfarrern.

[804] Ebd. Der Verf. ist damals im Auftrag von Landesbischof Dr. Leich zu den Superintendenten des Aufsichtsbezirkes Ost in Thüringen gefahren, um über das Gespräch Jarowinsky – Leich

Davon findet sich in Veröffentlichungen der »Oppositionellen« nach 1989 nichts, obwohl unsere evangelische Kirche mit ihren Verantwortlichen und den Gemeinden für sie eintrat und den staatlich angedrohten »Kirchenkampf« in Kauf zu nehmen bereit war. Wohl aber findet man allgemeine und haltlose Beschimpfungen »der Kirche«, die sich »in Thüringen – und anderswo – nicht wirklich für das ›gemeine‹ Volk entschieden« habe.[805]

Dem ist nur hinzufügen: Kirche war und ist in der Mehrzahl ihrer Glieder und Mitarbeiter – die Pfarrer und ihre Familien eingeschlossen – »gemeines Volk«.[806] Auch Autoren diverser Nachwendeschriften haben kräftig von dieser Kirche Gebrauch gemacht, bis einige glaubten, es nicht mehr nötig zu haben. Zu streiten ist darüber, aus welchen Wurzeln die Entscheidungen mancher Gruppen und ihrer Kirchenleitungen erwuchsen. Zu prüfen sind sie an Schrift und Bekenntnis. Ist ein so direkter Bezug vertretbar? Wenn Kirche Kirche Christi bleiben soll: ja.

8.13 Biblische Texte als Maxime politischen und öffentlichen Handelns?

Die Berufung auf biblische Texte als Maxime politischen und öffentlichen Handelns von Christen, Kirchen und Gemeinden steht bei Historikern nicht hoch im Kurs. Hinweise auf Einflüsse biblischer Texte auf den Gang der Dinge in Kirche und Gesellschaft kommen nach meiner Kenntnis allenfalls dann und wann in Erlebnisberichten der Friedlichen Revolution vor. Dort spielen sie im Zusammenhang mit Friedensgebeten aber eine eher bescheidene Rolle.

Warum finden sich Hinweise darauf nicht einmal in zeitgeschichtlichen Darstellungen von kirchlicher Seite? Scheut man eine »Grenzüberschreitung«[807] im methodischen Sinne? Dabei haben doch gerade biblische Texte an ent-

---

zu berichten. Er hatte zugleich die Bitte zu übermitteln, sich ab sofort allen Gesprächsangeboten des Staates zu entziehen. Die Bitte wurde erfüllt.

[805] Epilog (also doch wohl eine Art Fazit), in: Lenski u. a.: Die »andere« Geschichte, 364. Im Übrigen geht leider auch diese Veröffentlichung primär von Texten der staatlichen Seite aus, obwohl nicht erst 1993 auch die kirchlichen zur Verfügung standen und in den Händen des Pfarrers unter den Verfassern waren.

[806] Dohle: Grundzüge, 4.

[807] Eine »*Metabasis eis allo genos*« – der unvermittelte Übergang von einem Gesprächsgegenstand auf einen ganz anderen, kann im Gesprächsgang auch als Ausweichmanöver fungieren, wenn einem der Partner die Argumente ausgehen oder vom Gegenüber Argumente gebraucht werden, die nicht ins vorab konzipierte Bild passen. Eine Methode, die Findeis/ Pollack in ihren Interviews praktizieren.

scheidenden Stellen unserer DDR-Geschichte in die Öffentlichkeit und in das politisch Leben hinein Wirkungen ausgelöst, die beispielsweise die Gewaltlosigkeit der Revolution von 1989 überhaupt erst ermöglichten. Denn es waren biblische Texte in Gemeinden, ihren Gruppen und Kirchenleitungen, die seit den ersten Überlegungen zu gewaltlosem politischen Handeln eine Art Einübung in gewaltfreien Protest nach dem Beispiel von Martin Luther King bis in den Revolutionsherbst 1989 in Gang setzten.

Fallbeispiel: Gospels befreien – Etta Cameron

Zwei gottesdienstlich gestaltete Konzerte mit Etta Cameron, einer amerikanischen Gospelsängerin, am 29.06. und 22.09.1972 in der Johanneskirche zu Saalfeld hatten schon zu DDR-Zeiten alle Elemente der späteren Friedensgebete und waren ganz und gar geprägt von der freien und kraftvollen Sprache der Bibel. Sie trugen die Erfahrungen »des gefangenen Volkes« aus Babylon und den USA zu den »Gefangenen« in der DDR: »Nobody knows the trouble I've seen«, Freiheit fordernd im Namen Gottes: »Let my people go!«, bewegt von himmelan dringenden Gebeten – gesungen und gesprochen in einer zwei Mal nacheinander vom Anprall des Volkes fast berstenden Kirche. Mitten in der Gänge, Emporen und Treppen füllenden Menge Predigten von Martin Luther King: »We want freedom now!« Die Predigt geht über in das Vaterunser, stellt die zutiefst Bewegten unter den Segen des dreieinigen Gottes und schließt mit der Hymne der gewaltlosen Farbigenbefreiung in den USA, die in der DDR mit der Friedlichen Revolution Wirkung zeigte und sich in, mit und unter den Kirchen geistig vollzog: »We shall overcome!«

In der Menge der Hörenden fand sich eine nicht geringe Zahl von Genossen ein. Die Stasi indes steuerte gekonnt – nein, nicht das Konzert, sondern die Tonanlage:[808] Was hätte sie sonst auch tun können zur solidarischen Unterstützung der Botschafterin »aus dem antiimperialistischen Befreiungskampf«? In Wahrheit sang da eine Schwester aus Hoffnung für all die Hoffenden und Glaubenden und Betenden in der Kirche Jesu Christi.[809] Von dieser Realität

---

[808] Rudi Reißmann, beim MfS registriert als IM »Wolfgang Ludwig«. Für mich ein Beispiel der wundersamen Wege Gottes, dass damals ein als IM geführter Techniker mit unverkennbarer Begeisterung die Tonanlage bediente. Sein Mitschnitt muss den »Führungsoffzieren« gar übel in den Ohren geklungen haben.

[809] Nach eigenen und Aufzeichnungen von Vikar Wolfgang Gröger, damals Saalfeld, später Pfarrer an der Nikolaikirche in Leipzig und Mitgestalter der Friedensgebete dort.

ist zu reden, wo von der Stasi die Rede ist, der Schwache aus Gottes Kraft widerstanden (2.Korinther 12,9).

Prägende Einflüsse geistiger und geistlicher Natur auf die Haltung eines der Kontrahenten im Kirche-Staat-Konflikt in der Nachbetrachtung zu übergehen, Zeugnisse einer eben nicht »*verknechteten Theologie*«[810] zu überschweigen, kann doch wohl nicht als Ausweis kritischer Forschung gelten?

Der Brief des Jeremia nach Babylon wurde in den Debatten um den vom Auftrag der Kirchen her gebotenen Weg in der DDR viel häufiger zitiert, als irgendwo aufgeschrieben steht. Aus ihm entwickelte sich in der Arbeit des Bundes der Evangelischen Kirchen in der DDR nach meiner Erfahrung der Doppelsatz für das Handeln evangelischer Kirche, der seither seine Bedeutung nicht verloren hat: »Alles, was dem Leben dient, bejahen wir und werden es fördern; alles, was dem Leben schadet oder es gefährdet, lehnen wir ab und werden widerstehen.«[811]

Die Antwort darauf, was dem Leben diene und was nicht, fiel in den evangelischen Kirchen sehr anders aus als in der staatlichen Doktrin. Und wo sie verbal mit dem von Partei- und Staatsführung dem Volke verordneten Sprachgebrauch dann und wann ähnlich zu klingen schien, sind die verwendeten Begriffe auf ihre Bedeutung und die Institutionen auf ihr Handeln zu prüfen.

8.14 Kirche »hinkt nicht auf beiden Seiten«,[812] sondern folgt Christus nach

»Die Kirche nimmt sich das Recht zu einem freimütigen Ja und gegebenenfalls auch zu einem freimütigen Nein«, erklärt die Synode des Bundes der Evangelischen Kirchen am 23.09.1986 in Erfurt.[813] Damit zieht sie die Konsequenz aus dem Weg des Bundes bis dahin und in die Zukunft hinein: Aus freier Entscheidung folgen wir Christus nach. Und von diesem Christus her und aus seinem Wort ist zu begründen, wo wir Ja und wo wir Nein sagen. Angesichts der Verschleierungs- und Verunklarungsformeln nach 1989: »zwischen Anpassung und Verweigerung ...«, »zwischen Diktat und Diskurs«, »zwischen Opposition

---

[810] Neubert: Vergebung, 149.

[811] Mitteilungsblatt des Bundes 1–3/1987, 11.

[812] Nach dem Bild in 1.Könige 18,21, es jedem recht machen zu wollen.

[813] Vorher hatte es in der DDR genehmigte und nicht genehmigte Demonstrationen im Rahmen des »Olof-Palme-Friedensmarsches« für eine atomwaffenfreie Zone beiderseits der Ost-West-Grenze gegeben – mit Losungen für »Zivilen Ersatzdienst«, »gegen Wehrkunde«, »für Friedenserziehung« u. Ä.

und Unterwerfung«, »zwischen Freiheit und Unfreiheit« usw. muss nüchtern festgestellt werden, dass der Weg des BEK und der unserer Thüringer Kirche nicht ein Taumelkurs »zwischen« zwei negativen Extremen oder sich ausschließenden Alternativen war, bald der einen, bald der anderen Seite näher, sondern der Versuch, mit den uns gegebenen Möglichkeiten Christus nachzufolgen in der uns von ihm auferlegten Situation. Die Frage: Was sollen wir tun? war und ist an die Bibel und an die um das biblische Wort sich sammelnde Gemeinschaft der Glaubenden zu richten.

Wird eine Überschrift über die Zeit der Wegsuche gebraucht, kann dort außer der Aufforderung des Jeremia an die Gefangenen auch die Liedzeile stehen: »Vertraut den neuen Wegen, auf die der Herr uns weist.«[814] Diese Wegsuche endet nie. Es war weder Auftrag noch Absicht evangelischer Kirche, durch Stillhalten zu überwintern, sondern »hinauszutreten in den Sturm des Geschehens, nur von Gottes Gebot und ihrem Glauben getragen«.[815]

Auf diesem Wege kann es in jeder gesellschaftlichen Ordnung oder Unordnung zu harten Konfrontationen mit der öffentlichen oder der einer Öffentlichkeit aufgenötigten Meinung kommen, also »zu einem freimütigen Nein.« Und es kann Arbeitsbereiche in der Gesellschaft oder Entwicklungen geben, die dem Auftrag der Kirche – »dass Menschen das Leben haben in Jesu Namen«[816] – teilweise oder eine Zeitlang in der Praxis entsprechen. Dann wird Kirche aus ihrer Freiheit im Vertrauen auf Christus in jedem Staat und jeder politischen Entwicklung »sich das Recht zu einem freimütigen Ja nehmen«. Dies gehört zu ihrem Dienst, zu ihrer Diakonie.

Weil Kirche dort lebt, wo zwei oder drei beisammen sind in Jesu Namen, weil dort ihr Herr in ihrer Mitte sein will, starrt sie nicht auf Alternativen, die ihr die Welt anbietet. Sie fragt nicht, ob sie sich mal der einen, mal der anderen nähern müsse, sondern: »Was willst du, Herr, das wir tun sollen?« In der Antwort darauf gründet ihr Ja und ihr Nein. Sie sucht ihren Weg quer zu allen an sie gerichteten Erwartungen politischer, wirtschaftlicher und geistiger Kräfte. Sie kann überall mitarbeiten, wo Dienst am Leben geschieht, aber eben nur dort. Sie wird widerstehen, wo »Dienst« nur Machtgewinn anstrebt, andere entmündigt oder Besitz mehren will. Sie wird nicht auf jedes Pfeifen hören dürfen.[817]

Wer das von außen sieht, wird »widersprüchliches Verhalten« diagnostizieren. Denn die Wegführung Gottes deckt sich mit keiner politischen oder

---

[814] Klaus-Peter Hertzsch, EG 395,1.
[815] Dietrich Bonhoeffer: Stationen auf dem Wege zur Freiheit, in: Ders.: Widerstand, 570 f.
[816] Johannes 20,31.
[817] Lukas 7,32.

philosophischen Linie, passt in kein weltanschauliches System und widersteht dem »Zeitgeist«. Daran scheitern letztlich alle Deutungen, die – in Ost oder West innerhalb oder außerhalb religiöser Lebensformen – diesen Weg letztgültig von ihren Polit-Schemata her beurteilen wollen. Dafür ein Beispiel sonderbar wechselnder Nachrede.

Fallbeispiel: Zensuren für einen Landesbischof

Im kurzen Ablauf eines Menschenlebens galt Pfarrer Moritz Mitzenheim
- bei den Nazis als reaktionärer Vertreter der »Bekenntnisfront« und »Judenfreund«, zugleich in Saalfeld, später Eisenach, als rühriger Gemeinde- und BK-Pfarrer;
- als Landesbischof unter der Besatzung der Roten Armee als selbstbewusster Kirchenmann und penetranter Anwalt für kirchlichen Wiederaufbau, gleichzeitig in »seinen« thüringischen Gemeinden als treusorgender »Landesvater«;
- im Generalangriff der SED auf die kirchliche Jugend- und Studentenarbeit als »Vertreter des friedensfeindlichen Imperialismus« und »NATO-Bischof«, unter Christen als tapferer Verfechter von Glaubens- und Gewissensfreiheit;
- im Kampf um die Jugendweihe als starrsinniger Vertreter eines »Entweder-Oder« gegen seine eigene Landessynode, außerhalb Thüringens bald als Abweichler auf dem »Thüringer Weg« und willfähriges Werkzeug von Gerhard Lotz.

Die Etiketten wechselten schnell. Indessen suchte dieser Mann – so gut er es verstand und so weit er sehen konnte – seinen Weg vor allem als Pfarrer und Bischof seiner Kirche in Thüringen. Er schärfte seinen Vikaren unablässig ein: »Seid fröhlich in Hoffnung, geduldig in Trübsal, haltet an am Gebet.«[818]

Nachdem nun Akten des MfS zugänglich sind, kann klargestellt werden, dass eine Reihe Faktoren zu solch wechselnden Bildern beigetragen haben:
- Mitzenheims statische Auffassung der Zwei-Regimenten-Lehre Luthers, aufgelockert allerdings durch eine pragmatische thüringische Bauernschläue;
- seine Entschlossenheit, einmal als richtig Erkanntes auch zur Wirkung zu bringen, notfalls allein. Darin lag die Gefahr, sich gegen andere ausspielen

---

[818] Römer 12,12.

zu lassen. Und das unter vier politischen Systemen, die er alle als von Gott verordnete Obrigkeiten ansah, ohne sich einem der – auch in seinen Augen vergänglichen – Machtgebilde ganz anzuvertrauen.

– Das MfS versuchte – wohl über Lotz, dem Mitzenheim aber sogar nach MfS-Akten misstraute – ihn als »Trojanisches Pferd« zu missbrauchen. Das Jahr 1958 gilt bei Außenbeobachtern als Mitzenheims »Wandlung«. Seine Rundbriefe beweisen das Gegenteil: Er hält für sich am Entweder-Oder für Konfirmation und Jugendweihe fest – gegen die Synode. Die Situation 1958 vergleicht er mit dem Kirchenkampf von 1953. Gemeinsam mit allen Bischöfen verschickt er 1960 den scharfen Protest gegen die Verletzungen der Menschenwürde durch die LPG-Werber[819] an alle Pfarrämter und Dienststellen der Landeskirche.

– Dass eine gewisse persönliche Eitelkeit nicht wirkungslos blieb, gilt für ihn wie für seinen ärgsten Kontrahenten – Bischof Otto Dibelius. Ohne die persönliche und auch regionalgeschichtlich bedingte Konkurrenz dieser beiden Hardliner hätte das MfS viel weniger Chancen gehabt, den vom Staat erfundenen »Thüringer Weg« zum Spalthebel zu entwickeln.[820] Nur: Die »Thüringer« spielten nicht mit.

– Die unter die übrigen Landeskirchen ständig gestreuten Behauptungen des MfS, Thüringen sei loyal, wenn nicht sogar staatsnahe, was für die Landeskirche als Ganze nie zutraf,[821] trieben böse Blüten in innerkirchlicher Nachrede bis zur Behauptung: »In Thüringen hätte ich nie Pfarrer sein können!«, zu der sich Friedrich Schorlemmer auf dem Erfurter Kirchentag 1993 verstieg und gerade noch zugestand, dass es »ja ein paar tapfere Synodale« sogar in Thüringen gegeben habe. Er hat – wie viele andere – eine Landeskirche mit zwei oder drei Mitgliedern ihrer Kirchenleitung verwechselt. Das bekommt beiden Seiten nicht: weder den teilblinden Kritikern noch den zu Unrecht Kritisierten.

[819] Mitzenheim/Björkman: Lebensraum, 250.
[820] Ders.: Die Evangelisch-Lutherische Kirche in Thüringen 1945–1970, Kirche und Politik, Lund 1991.
[821] Vgl. den vergeblichen Versuch Klaus Gysis, Bischof Leich im Streit um »Schwerter zu Pflugscharen« am 07.04.1982 gegen die anderen KKL-Mitglieder auszuspielen, 26 f.

FÜNFTER TEIL:

VON FALL ZU FALL:
DER »FALL STASI«:

Belauern, belügen, bedrohen, erniedrigen, erpressen,
erschöpfen, verfolgen, verleumden, verführen,
zermürben, zersetzen, zerstören

9. Das MfS: Geheimdienst – Staat im Staate – krankes Denken – oder?

War das MfS ein »Staat im Staate«, säuberlich von den regulären »Staatsorganen«, Behörden usw. geschieden? Dann hätte prinzipiell die Möglichkeit bestanden, in unvermeidbaren Kontakten mit »staatlichen Stellen« am MfS vorbeizukommen. Daraus wird der Vorwurf besonderer Infamie für Menschen abgeleitet, denen die Stasi selbst nachsagt, sie hätten sich mit ihr eingelassen.

Längst wurde nachgewiesen,[822] dass dieser Geheimdienst, anders als andere »reguläre« Kundschafterdienste, die gesamte Gesellschaft durchwucherte – unsichtbar bis zu einem gewissen Grade, aber erkennbar in seiner Wirkung:

– konspirativ noch in seiner eigenen Struktur;
– nahezu omnipräsent, »immer und überall da«;
– was jeder DDR-Bürger einrechnete, der vor einer »unvorsichtigen«, also unerwünschten Äußerung über die Schulter sah oder das Telefon mit der Kaffeemütze abdeckte, dass da nicht jemand zuhöre – und nicht wusste, wirklich oft nicht einmal ahnte, dass er schon mit dem Gefürchteten »im Kontakt stand«, weil der unerkannt an seinem Tische saß und freundlich zuhörte.

Von der Stasi *durchdrungen* des deutschen Volkes amputierter Osten? Falsch! Die Stasi stand längst im Begriff – von westlichen Geheimdiensten viel zu spät bemerkt –, auch den westlichen Teil des Volkes zu durchwuchern. Denn eines bitteren Tages wird eine ihrer Metastasen im Zentrum der Macht – im Dienstzimmer von Bundeskanzler Willy Brandt – bloßgelegt und diagnostiziert: Guillaume, nein, Mielke, oder auch Mielke-Guillaume. Da hilft nur noch ein scharfer Schnitt, schmerzhaft, tief ins gesunde Gewebe fahrend: Rücktritt des Kanzlers, der den Schritt über die Grenze nach Erfurt und in Warschau den Kniefall vor dem Gedenkstein für Opfer einer anderen deutschen Krankheit und damit für ein neues Denken gewagt hatte.

»Unsichtbar wuchernd, lautlos wachsend fast überall, diagnostiziert und bloßgelegt hier und da, Metastasen, das Messer des Chirurgen tief ins Gewebe fahrend« – stimmt die Sprache, dann hören wir längst ihre Botschaft: Krebs.

---

[822] U. a. vielfach belegt bei Giesecke: Staatssicherheit.

Nicht einzelner Menschen von außen irregeleitetes Handeln, aber in ihnen, vergiftend und lähmend wucherte krankes Denken wie ein Karzinom oder ansteckend wie ein Virus. Keine »fremden«, implantierten Zellen, sondern die eigenen fraßen sich gegenseitig auf. Die Stasi war auf den Feind von draußen fixiert. Aber der war längst in ihr drinnen, drinnen im »Bau« – an der Normannenstraße zum Beispiel – im kranken Denken der Sicherheitsneurotiker.

Eine »Art bakteriologischer Kriegführung im Seelischen«, eine »Paranoia, ausgestattet mit Macht, Technik und Zynismus«, nennt Tilman Moser die Stasi.[823] Sicherheitsneurose und Sicherheitswahn von SED, DDR-Staat und Staatssicherheit und vergleichbaren Patienten andernorts wurden – als es diese Chargen noch gar nicht gab – prophetisch diagnostiziert in Franz Kafkas »Bau«:[824] Ein Erdbewohner, ein Maulwurf vielleicht, gräbt sich ein in seine Burg unter dem Moos. Er gräbt und sichert sich mit Stollen und Blendeingängen, Forschungsgängen, verdecktem Zugang und Notauslauf: »Ich habe den Bau eingerichtet, und er scheint wohlgelungen ... Freilich, manche List ist so fein, daß sie sich selber umbringt, das weiß ich besser als irgendwer sonst.«

Denn eines Tages ist da ein Geräusch – der Feind. Und der gräbt innen. Der Wahn vom Feind da draußen trog – und die Angst vor dem Gegner von drinnen auch: Es sind die eigenen »Zellen«, aber pervertiert, krank. Sie wuchern als Krankheit zum Tode.[825] Denn: »Manche List ist so fein, daß sie sich selber umbringt.«

Und deshalb kann es nicht als ausreichende Diagnose gelten, wenn auf ehemalige DDR-Bürger oder Bundesbürger mit dem Finger gewiesen wird: »Der da auch!« Die Untersuchung muss tiefer ansetzen. Wie tief? Im Denken. Auch im »eigenen«, sofern es das gibt. Erlaubt war es nicht, damals.

Befreit wurden ein ganzes Land und ein Teil Europas durch das *»neue Denken«*: Von Willy Brandts *»neuer Ostpolitik«* über Michail Gorbatschows *»neues Denken«* mit Glasnost – dem Gegenteil von Verbergen und Eingraben! – bis zu den 70 000 Demonstranten des 9. Oktober in Leipzig: *»Keine Gewalt!«*, zu Pfarrer Naumann in Schmalkalden, den die eingeschlossenen Mitarbeiter des MfS anriefen, als sie um ihr Leben fürchteten, und der die gewaltbereite Menge zur Vernunft brachte, und Superintendent Zimmermann in Saalfeld, der Kinder von MfS-Mitarbeitern durch Gemeindeglieder zur Schule begleiten

---

823 Zitiert nach Planer-Friedrich, Trojanische Pferde, in: Thomas A. Seidel (Hg.): Gottlose Jahre? Rückblicke auf die Kirche im Sozialismus der DDR, Leipzig 2002, 55.

824 Franz Kafka: Romane und Erzählungen, Ausgabe für die DDR, Berlin 1965, 163 ff.

825 Nach einem Werk von Søren Kierkegaard: Die Krankheit zum Tode, München 1969.

ließ. Der Wandel im Verhalten ergab sich erst als Folge des neuen Denkens, das biblischen Ursprunges ist.[826] Von den Friedensgebeten seit 1980: »Wir tragen selber dazu bei, dass Angst, Vergeltung und Gewalt von Neuem mächtig werden. Herr, gib uns einen neuen Anfang!«, bis zu Christen in Gotha, die sich mit ihren Leibern zwischen die eingeschlossene Staatsgewalt und die drohende Gegengewalt von verzweifelt Zornigen warfen, Arm in Arm: »Keine Gewalt«! Von der »Charta 77« bis zum »Appell der Sechs« in Leipzig: »Keine Gewalt!«

Auch die hier gewählte Sprache bleibt ein Bild. Aber in der Analogie von MfS und wucherndem Krebs legt sie viel vom Charakter des Phänomens bloß. Und sofort drängt sich die Frage auf: Steckt diese Krankheit an? Steckt Krebs an? Krankes Denken jedenfalls. Diagnostizieren wir Metastasen heute noch? Und wo?[827]

Auch eine andere Seite des Bildes kommt in den Blick: Wie steht es mit der Therapie? Wie viel »Hygiene«, wie viel Wundschutz braucht eine Operation? Und wie schützen sich die »Therapeuten«, vergleichbar den Chirurgen, die immerhin u. a. einen »Mundschutz« tragen? Wie viele Krankheitskeime vermag ein »Organismus« bei ständiger Lektüre abzuwehren, damit krankes Denken weniger ansteckend wirkt?

Operation auf dem Markte grenzt an Mord. Aber genau das ist geschehen, zumindest versucht worden: Operation auf dem Markte. Bloßstellen ohne nähere Prüfung. Aufschneiden ohne genaue Diagnose. Wir operieren – und zwar sofort! Wer Offenheit mit Öffentlichkeit verwechselt, mit Medienöffentlichkeit gar, ist an medizinische Hygiene und an die uralte Erfahrung der Beichte zu erinnern: Offenheit braucht geschützte Räume, wenn das Leben nicht Schaden nehmen soll. Öffnung des Leibes braucht die Sterilität eines Operationssaales. Ein seelischer Eingriff braucht *einen Wall aus Liebe und Vertrauen«*, schreibt die Witwe eines Opfers. Ihr Mann nahm sich das Leben, weil er unbegründete Stasivorwürfe nicht ertrug.[828]

Die Folgen der Verwechslung von Offenheit und Öffentlichkeit treffen uns alle. Denn Krankheitskeime verwirrter Geister stoßen auf verwandtes Denken: »Wir müssen alles von allen wissen. Dann können wir uns gegen alles und alle schützen.« Daran krankt die Sicherheit-über-alles-Zunft weltweit seit Ha-

---

[826] Deuteronomium 32,35; Matthäus 5,5–26 und 5,38–48 und 7,3; Johannes 8,7.

[827] »Wer alle schützen kann, kann auch alle beherrschen«, soll ein englischer Politiker gesagt haben.

[828] Ihr »Tagebuch einer Trauer« hat dem Verf. vorgelegen. Es ist an ihr, ob und wann sie damit an die Öffentlichkeit gehen will.

run al Raschids Nachtstreifen durch Bagdad bis heute – wie Telekomspitzelei, »Lidl«-Überwacher und viele andere beweisen. Ihr Ziel? Sicherung der Macht um jeden Preis. Wenn wir alles von allen wissen wollen, gebrauchen wir unsere Freiheit ohne Tabus, unsere totale Informations- und Meinungsfreiheit? Total? Die Spähwerkzeuge wurden verfeinert und die Zivilgesellschaft noch wehrloser. Stimmt das Bild vom Krebs der Gedanken?

9.1 Die Stasi überall

Die Stasi war fast überall. Jeder erwachsene Bürger der DDR geriet vor 1989 unausweichlich mit dem MfS oder seinen Helfershelfern in direkten oder indirekten Kontakt, ob er es wusste oder nicht, denn alle annähernd öffentlichkeitsrelevanten Handlungen wie
– Wahlbeteiligung;[829]
– Verhalten zu »Massenorganisationen«;[830]
– Äußerungen in Versammlungen;[831]
– »Eingaben« zu öffentlichen Problemen[832]
lösten Überprüfungsvorgänge bei der Staatssicherheit aus oder sollten sie auslösen, auch wenn der Überwachungsapparat dafür noch nicht überall ausreichte.

Das gilt ebenso für ganz persönliche Angelegenheiten:

---

[829] »Hinweise über ausgewählte bedeutsame Probleme im Zusammenhang mit den Ergebnissen der Kommunalwahlen am 7. Mai 1989« lieferte das MfS über seine »ZAIG« (Zentrale Auswertungs- und Informationsgruppe) an Mittag, Neiber, Schwanitz und »intern MfS« mit Namensnennung einzelner auffällig gewordener kirchlicher Amtsträger. In: Mitter/ Wolle: »Ich liebe euch doch alle«, 97 ff.

[830] In Einleitungsberichten zu Operativen Vorgängen findet sich ebenso wie auf Formbögen zu Auskünften über Personen die Frage nach der Organisationszugehörigkeit (z. B. Vorverdichtungs- und Suchkartei, Formular 401 des MfS).

[831] Protest gegen die Ausbildungsablehnung Stefan Große bei Gespräch mit Rat des Bezirkes Gera am 10.10.1975 (BStU ASt Gera, MfS BV Gera, AOP 659/77, Bd. II, 139).

[832] Eine Niederschrift über vom Rat des Kreises geführtes Gespräch zu Eingaben u. a. aus der Superintendentur S. wurde mit handschriftlichem Vermerk der Protokollantin: »BV Gera XX/4 Bitte Rü.+ Vorschläge für op. geeignetere Themenzusammenstellung durch Staatsapp.« dem MfS direkt zugeleitet. (BStU Archiv ASt Gera, MfS BV Gera, A 1488/88, Bd. II, 192).

- Bewerbungen um Qualifizierungen, weiterführende Bildungswege (Oberschule, Universität, Fachhochschulen);[833]
- Bewerbungen um eine Ausbildung bei Ordnungskräften (neben Armee, Sicherheitsdiensten und Polizei auch Feuerwehr und Zivilschutz);[834]
- Bewerbungen um bzw. Übertragung von Ausbildungs- oder Leitungsfunktionen in Wirtschaft oder Gesellschaft;[835]
- Ausübung von staatlichen Funktionen (Standesämter, Teilhabe an der Verwaltungshoheit);
- »Westkontakte«;[836]
- Valutabesitz;[837]
- Wohnsitznahme im Grenzgebiet oder Passierscheine für persönliche Beziehungen dorthin;[838]

---

[833] Zuweilen wurde die Ablehnung von Bewerbungen um weiterführende Bildungseinrichtungen durch das MfS über die staatlichen Stellen direkt angewiesen. Eine Art von »Sippenhaft« hat das MfS zur Disziplinierung Unbotmäßiger ohne Umschweife angewandt. Vgl. EOS-Ablehnung Christina G. nach Dokument OV »Synodaler« MfS BV Gera, A 1488/88, Bd. II, 82 (BStU-Zählung.).

[834] Bewerbung eines Gemeindegliedes zum Dienst bei der Feuerwehr in Arnsgereuth »wegen der Kirche« abgelehnt (BStU Archiv ASt Gera, MfS BV Gera, A 1488/88, Bd. II, 147)

[835] Die Qualifizierung zur »Lehrfacharbeiterin« in einer Großbäckerei wurde Frau Carsta Koeppen, Saalfeld, wegen *enger Beziehungen zur Kirche* und Freundschaft zu einem Theologiestudenten verweigert (BStU Archi.ASt Gera, MfS BV Gera, AOP 659/77, Bd. II, 278).

[836] Wer z. B. bei der Deutschen Reichsbahn auch nur einen Bahnhof leitete, wurde gezwungen, alle Verwandten in Westdeutschland aufzulisten und regelmäßige Briefkontakte zu melden. Dafür war eigens ein hauptamtlicher Mitarbeiter der Staatssicherheit im nächstgelegenen Reichsbahnamt eingesetzt, der nicht nur die leitenden Mitarbeiter überwachte, aber an sie besonders strenge Maßstäbe anlegte. Als der Bruder des Verf. aus Anlass eines plötzlichen Todesfalles wegen der am Wochenende nicht geöffneten Poststelle in Pößneck vom Telefon seiner Dienstwohnung aus telegraphisch seine Teilnahme an der Trauerfeier seines Onkels absagen musste, trug ihm das ein Dienstrechtsverfahren aufgrund der Intervention des MfS ein und die unverhüllte Drohung, im Wiederholungsfall würden dienstrechtliche Konsequenzen gezogen (Schriftwechsel zwischen Reichsbahnamt, MfS und dem Beschuldigten in dessen Besitz).

[837] Unter den Mitarbeitern im »Intershop«, wo DDR-Bürger westliche Produkte für »harte Währung« kaufen konnten, hatte die Stasi ihre inoffiziellen Mitarbeiter ebenso wie in den Banken. Vgl. Beobachtungsbericht zum Verf. OV »Synodaler«, BStU MfS BV Gera, Abt. VIII, BBV 43/83.

[838] Pfr. Dr. Hertrampf, Wünschendorf b. Gera, wurde im Frühjahr 1976 der Zuzug in die Gemeinde Probstzella (Grenzgebiet) verweigert, obwohl schon grundsätzlich Zustimmung erteilt war. Das zwang damals zu dem Schluss, die Staatssicherheit habe die Hände im Spiel gehabt. Tatsächlich erweist BStU Archiv ASt Gera, MfS BV Gera, AOP 659/77, 206–208, dass »der Zuzug des Pfr. Dr. ...... (geschwärzt) auf Grund seines Verhaltens in Z. nicht ge-

– Ausbildungsbegehren für Berufe mit öffentlicher Wirksamkeit (z. B. Justiz)[839] oder außenpolitischer Wirkung bzw. Kontakten ins »Nichtsozialistische Wirtschaftsgebiet« – NSW – (z. B. Außenhandel).[840]

9.2 Grenzüberschreitende Reisen

Grenzüberschreitende Reisen oder Einladungen – auch in das sogenannte »Sozialistische Wirtschaftsgebiet« – also gen Osten – wurden der Staatssicherheit durch Polizei oder Grenzkontrollstellen zumindest gemeldet, ohne dass in jedem Falle weitere Schritte folgten, je nach der »politischen Unbescholtenheit« des Besuchers des Betreffenden oder der zwischenstaatlichen Relevanz des Besuches.[841] Deshalb fordert eine »Zuarbeit über Schwerpunkte der politischen Untergrundtätigkeit« vom 02.07.1981 »zur vorbeugenden Verhinderung bzw. Bekämpfung« solcher Tätigkeit »weitere effektivere Zusammenarbeit mit den Zollorganen und Organen des MdI.«[842]

9.3 Gespräche mit staatlichen Stellen

Gespräche kirchlicher Beauftragter mit staatlichen Stellen wurden durch diese Stellen dem MfS unverzüglich zur Kenntnis gegeben, so dass immer mit der – im Zweifelsfalle zumindest technischen – Anwesenheit des MfS zu rechnen war. Z. B. wurde eine »kurze Information« des Staatssekretärs für Kirchenfragen über »Verlauf und Ergebnisse der Herbstsynoden« mit handschriftlichem

---

nehmigt wird.« Diese Mitteilung erfolgte in einem Gespräch, das auf staatlicher Seite von drei als IM geführten Mitarbeitern von Rat des Bezirkes und des Kreises mit dem Verf. geführt wurde.

[839] Der Ausschluss von Nicht-Staatstreuen vom Jurastudium führte dazu, dass keine Juristen mehr in den kirchlichen Dienst nachrücken konnten. Erst eine Sonderregelung, die Bischof Dr. Leich als Vorsitzender der KKL über den Staatssekretär für Kirchenfragen erwirkte, sah vor, jährlich drei Studienplätze für Jura zur Auffüllung vakanter Juristenstellen den von den Kirchen genannten Studienbewerbern zu öffnen.

[840] Handel mit dem NSW (= Nichtsozialistisches Wirtschaftsgebiet).

[841] Z. B. wurden Konfirmandenfahrten der Gemeinden Tannroda/Thangelstedt zu Gemeinden der Evangelischen Kirche der Böhmischen Brüder in der ČSSR in den Akten registriert und kommentiert, obwohl keinerlei Vorschrift bestand, Privatreisen in die ČSSR zu melden oder genehmigen zu lassen (BStU ASt Gera, MfS BV Gera, OV »Ufer«, AOP 659/77, 148.159).

[842] In BStU ZA, MfS – HA XX/4 Nr. 3474, 92 (BStU-Zählung).

Vermerk Gysis für Paul Verner zur Weitergabe an Erich Honecker auch der HA XX/4 beim MfS direkt zugeleitet: »Wenn Du einverstanden bist, leite sie bitte weiter. Mit sozialistischem Gruß K. Gysi«.[843]

9.4 Staatsvertreter als IM

Zuweilen wurden die Gesprächspartner der »Bürger«[844] und der Kirchen in den staatlichen Behörden selbst als »IM« geführt. So waren nach Aktenlage auch Stellvertreter des Vorsitzenden für Inneres bei den Räten der Bezirke wie auch bei den Räten der Kreise zugleich als »IM« tätig.[845] Sie standen unter Berichtspflicht, empfingen Aufträge der Staatssicherheit und waren für deren Ausführung verantwortlich. Daraus folgt zwingend POZW.

9.5 POZW (Politisch-operatives Zusammenwirken)

Kontakt mit staatlichen Stellen war in der Regel Kontakt mit dem SSD. Für die angeordnete Zusammenarbeit von Staatsorganen, MfS und Polizei sowie anderen Kräften gab es die Spezialbezeichnung »POZW« – Politisch-operatives Zusammenwirken von MfS, Parteien, Staatsorganen, Polizei, Zoll usw., das in den Bearbeitungen von Kirchen und einzelnen Vertretern derselben mit großer Selbstverständlichkeit gehandhabt wurde. In jedem Falle wurde bei Großaktionen davon Gebrauch gemacht.[846]

---

[843] Quelle: SAPMO DO 4–427, Dokument 10-00 vom 19.12.1983. Zur Einbindung der staatlichen Stellen in Kontaktierung von kirchlichen Amtsträgern, Werbung von IM und Bearbeitungsvorgänge des MfS vgl. unten Abschnitt 11.1.

[844] Anrede für Besucher öffentlicher Dienststellen und in der Öffentlichkeit bei Kontrollen u. Ä. (nach »revolutionärer Tradition«?); bei Gesprächen am Telefon hieß es: »Teilnehmer?« Diese Anrede sollte zugleich die Machtverhältnisse klarstellen: »Wir sind die Behörde, der ›Bürger‹ oder ›Teilnehmer‹ ist Bittsteller, jedenfalls der Behörde gegenüber von untergeordneter Bedeutung.« Außerdem wurde so die zur »*Klassengesellschaft gehörende*« und damit antiquierte Anrede »Herr« vermieden.

[845] Das trifft sowohl für den Rat des Bezirkes Gera als auch für den Rat des Kreises Saalfeld zu.

[846] Säuberungsaktionen im Grenzgebiet zur Aussiedlung von »feindlichen, verdächtigen und kriminellen Elementen« wurden gemäß Befehl Nr. 35/61 des Ministers des Innern vom 01.09.1961 in solch »operativem Zusammenwirken« vorgenommen. Wer zu deportieren war, entschied sich im »POZW«: »Die Feststellung des obengenannten Personenkreises hat durch die Volkspolizei-Kreisämter in Zusammenarbeit mit den Kreisdienststellen des MfS und der Deutschen Grenzpolizei zu erfolgen.« Nach Volker Koop: »Den Gegner vernich-

9.6 Telefon und Post

Die Nutzung des Telefons und der Post – nicht nur grenzüberschreitend! – schloss die Möglichkeit der Mitschnitte oder Fotokopien etc. immer ein.[847] In Postkontrollstellen der MfS-Bezirksdienststellen wurden in den alphabetisch geordneten Karteien beäugter Postkunden (»feindlich-negativer Elemente«) rote Karteireiter auf die Karten von Personen gesteckt, die unter »Postfahndung« standen, so z. B. in Gera. Diese Fahndungsreiter wurden vierteljährlich auf ihre Weitergeltung geprüft.

9.7 Markante Punkte in der Öffentlichkeit

An markanten öffentlichen Punkten sowie in Gaststätten mit »interessantem« Publikum, z. B. Jugendlichen, Künstlern, Intellektuellen, Geistlichen, Transitreisenden (Raststätte »Hermsdorfer Kreuz«) war das MfS ständig präsent und im Einsatz, technisch und personell.[848] Zuweilen überschnitten sich die Zuständigkeiten des Geheimdienstes mit anderen Sicherheitsorganen insofern, als neben den auf DDR-Bürger angesetzten MfS-Einheiten gleichzeitig die DVP[849] und die Genossen der Abwehr tätig wurden. Das führte zu dem kuriosen Vorgang, angeblich für das MfS tätige IM zu bespitzeln und von der Volkspolizei Ermittlungen über sie »anzufordern«, die prompt auch geliefert wurden.[850]

---

[847] Vgl. auch die Abhörmaßnahmen nach Dokument BStU MfS BV Gera, AOP 659/77, 221.

[848] So wird z. B. ein Treffen von OKR Braecklein am 29.03.1962 mit Insassen eines westdeutschen PKW durch die Kreisdienststelle des MfS in Eisenach an die BV Erfurt des MfS gemeldet und werden Ermittlungen des KPA (Kreispolizeiamt) Eisenach, Abt. PM (Paß- und Meldewesen) der Bezirksverwaltung des MfS in Erfurt, Abt. VII) an die Abt. XX/4 MfS, Berlin, aufgrund »mündl. Absprache mit Gen. Sgraja« als »Material« weitergeleitet (BStU ZA, MfS 24028/91, 38). Die Stasi sammelte »Faustpfänder«.

[849] DVP = Deutsche Volkspolizei, später im Zuge der Abgrenzungspolitik gegenüber Westdeutschland nur noch VP = Volkspolizei.

[850] Das belegt z. B. ein »Sachstandsbericht der AVW – Boxberg« als »unregistriertes Op. Material« mit einem »Treffhinweis vom 10.3.62 in der Gaststätte HDK« (Hermsdorfer Kreuz), nach dem sich Oberkirchenrat Braecklein »zusammen mit drei anderen Bürgern aus der DDR mit 5 Personen« aus einem »West-PKW« getroffen habe. Solche »Hinweise« lassen eine ununterbrochene Beobachtung der Autobahn auf den Transitstrecken erkennen. Dem »Sachstandsbericht« der AVW liegt ein »Bericht« der HA VII/2 (»Hauptabteilung Abwehr-

9.8 Sicherheitsberatungen und »Objektdienststellen« des MfS

Objektdienststellen[851] in der volkseigenen Wirtschaft und im Verkehrswesen (z. B. Carl Zeiss Jena, Betrieb Saalfeld, Maxhütte Unterwellenborn, in Dienststellen der Deutschen Reichsbahn usw.) gehörten zur Struktur des MfS. In »Sicherheitsberatungen« wurden alle entsprechenden Einrichtungen regelmäßig und zusätzlich im besonderen Sicherungsfall überprüft. Ein für die Belange der Staatssicherheit zuständiger hauptamtlicher Mitarbeiter des MfS nahm an diesen Sicherheitsberatungen immer teil. Kein Mitarbeiter, der zur Teilnahme aufgefordert wurde oder einen Sicherheitsbereich im Betrieb zu verantworten hatte, konnte sich solchen Beratungen im »Kollektiv Sicherheit« entziehen.

Es bedarf noch genauer Untersuchungen für Wirtschafts- und Verwaltungsbereiche, wie oft auf diesem Wege »IM« registriert wurden, die sich auch unterschriftlich zur Verschwiegenheit hinsichtlich der Inhalte der Beratungen über die Sicherheit in ihrem Verantwortungsbereich verpflichten mussten, ohne dass ihnen vor 1989 bewusst sein konnte, dass sie damit als »inoffizielle Mitarbeiter« des MfS »geführt« wurden.[852] Für die kirchliche Arbeit sind diese »Sicherheitsberatungen« oder »Sicherheitskonferenzen« insofern relevant, als natürlicherweise Synodale, Kirchenälteste oder Gemeindeglieder als Betriebsangehörige an ihrer Arbeitsstelle an solchen Beratungen teilzunehmen hatten. Ihnen gegenüber wurden Werbungsversuche unternommen oder es wurden – falls sie nach Entscheidung des MfS ohnehin schon als »IM geführt« galten und registriert waren – ihre innerkirchlichen Kenntnisse beiläufig »abgeschöpft«.[853]

Problematisch ist, dass Betriebsangehörigen volkseigener Betriebe, die auf diese Weise vom MfS »als IM geführt« wurden, wovon sie nichts ahnten, nach 1989 Beruf und Ansehen gerichtlich abgesprochen wurde – trotz kirchlichen Protestes.

---

arbeit MdI/DVP«) vom 08.04.1962 zugrunde, der den »Sachverhalt« vom 10.03.1962 dokumentiert und als »eingeleitete Sofortmaßnahme« Ermittlungen der Volkspolizei »angefordert« hat (BStU ZA, MfS 24028/91, Teil I, 45) über einen, der seit 1959 angeblich IM war – laut Stasierfolgsmeldung.

851 Buthmann: Objektdienststellen.

852 Ein solcher Fall wird in der Erörterung des »Streitfalles IM« beschrieben. Für den Betroffenen bedeutete die nach der »Wende« aufgefundene Unterschrift Berufsverlust und eine Kränkung mit nachfolgender Erkrankung: Kirchenältester Uwe Scheer in Unterwellenborn.

853 Vgl. Begriffsbestimmung »abschöpfen« unter Abschnitt 4.2.

9.9   Totalüberwachung – ein politischer Allmachtswahn?

George Orwells Roman »1984« – bei seinem Erscheinen ein Zukunftsthriller – beschreibt eine Totalüberwachung, wie sie das MfS für die DDR und darüber hinaus immer angestrebt hat, aber nie erreichte und auch nicht erreichen konnte. Die Rede vom »Großen Bruder« war schon vor Erscheinen des Romanes in der DDR gang und gäbe. Sie bezog sich hier auf die Sowjetregierung als den »Großen Bruder« und machte die Phrase der DDR-Gewaltigen von der Bruderpartei und vom Großen Brudervolk lächerlich, indem sie den »Ehrentitel« scheinarglos benutzte.

10. Hermeneutisches Zwischenergebnis für die Interpretation von MfS-Texten

Nach allem bisher Gesagten ist festzuhalten und deutlich zu betonen: Nach Aktenlage sowie aus der Sicht und Erfahrung ehemaliger DDR-Bürger kann MfS-Kontakt nicht gleich MfS-Kontakt gesetzt werden.

10.1 Unterscheide legitime und illegitime Kontaktaufnahme?

Die Unterscheidung zwischen legitimen Gesprächen mit staatlichen Gesprächspartnern und illegitimer Kontaktnahme mit dem Geheimdienst ist für die Verhältnisse der DDR weitgehend illusorisch.[854] Die daraus abgeleitete Forderung, die Kirche habe auf solcher Unterscheidung bestehen müssen und so eine eher »neutrale« Kontaktaufnahme mit staatlichen Stellen erreichen können, übersieht, dass gerade Vertreter staatlicher Organe, die aus sachlichen Gründen mit Vertretern der Kirche Sachfragen zu klären hatten, von vornherein auch die wichtigsten Kontaktleute des MfS zu den »Staatsorganen« darstellten. Dazu wird in einer *»Einschätzung der politisch-operativen Situation bei der Bearbeitung feindlicher Angriffe auf dem Gebiet der Kirchen und Religionsgemeinschaften«* 1981 in Auswertung von Beschlüssen des X. Parteitages der SED vorgeschlagen:

> »Das einheitliche abgestimmte Zusammenwirken mit dem Staatsapparat ist jederzeit zu gewährleisten. Zur Verbesserung dieser Tätigkeit ist noch mehr dazu überzugehen, die Position des Referenten für Kirchenfragen bei den Räten der Bezirke, bzw. bei den Räten wichtiger Kreise, wie Greifswald, Dessau, Görlitz, Eisenach, Naumburg, mit Offizieren im besonderen Einsatz zu besetzen.«[855]

---

[854] Als zuständiger Gesprächspartner beim Rat des Kreises galt für Superintendenten im Normalfalle der Stellvertreter des Vorsitzenden des Rates für die Abteilung Inneres. Dass dieser mit der Staatssicherheit zusammenarbeitete, haben wir immer angenommen. Das bestätigte sich nach 1989 in den Akten des Rates des Kreises Saalfeld, wo ebendieser staatliche Gesprächspartner – der Stellvertreter des Vorsitzenden für Inneres – als IM »Erwin Kahn« verzeichnet steht.

[855] MfS – HA XX/4, Nr. 3474, 167 (BStU).

Also nicht nur »einfache« IM sollten den Verhandelnden von kirchlicher Seite in den Referenten für Kirchenfragen gegenüberstehen – damit war ohnehin immer zu rechnen, dass dieser Posten mit einem »Verbindungsmann« zum MfS besetzt war –, sondern Offiziere im besonderen Einsatz sollten »in Schlüsselstellungen operieren«. Fast wichtiger noch als diese Zielsetzung erscheint für unser Thema die hier ausgesprochene Erwartung: »Einheitlich abgestimmtes Zusammenwirken des MfS mit dem Staatsapparat« wird vorausgesetzt und ergänzend eingeschärft, dass es »jederzeit zu gewährleisten« sei. De facto bedeutete dies für alle Verhandlungsbeauftragten der Kirchen – gegenüber dem Rat des Kreises z. B. die Superintendenten – einen offiziellen »Dauerkontakt«, der auf gar keine Weise vermieden werden konnte, wenn der Amtsinhaber seiner Dienstpflicht nachkam und seinen Auftrag, die Interessen der Kirche und ihrer Glieder gegenüber den »staatlichen Stellen« zu vertreten, sachgemäß erfüllte.

Gegen Ende der oben zitierten Vorschläge[856] wird in einer auffallend realistischen Einschätzung zu erwartender Auseinandersetzungen mit der Kirche – realistischer als von vielen Kommentatoren der kirchlichen Position nach 1989 wahrgenommen – wiederum ganz enges Zusammenwirken von MfS und Staatsapparat verlangt:

> »Wir haben uns insgesamt im Bereich der Kirchen und Religionsgemeinschaften darauf einzurichten, dass uns längerfristig komplizierte Auseinandersetzungen bevorstehen, die mit politischen und politisch-operativen Mitteln zu führen sind. An die auf der Linie XX/4 tätigen politisch-operativen Mitarbeiter sind deshalb besonders hohe Anforderungen hinsichtlich ihrer politisch-operativen Erfahrungen und Qualifikation zu stellen.
> Hohe Anforderungen müssen wir aber auch an unsere konkrete Zusammenarbeit und unser stets abgestimmtes Zusammenwirken (welches gute Informationen – Beziehungen voraussetzt) stellen.«[857]

Die schlichte Forderung: »Kontakte mit den Staatsorganen ja, mit der Staatssicherheit nein!« geht für die DDR an der Wirklichkeit vorbei. Es kann allenfalls zwischen den von Gliedern der Kirchen »wissentlich und willentlich« herbeigeführten Kontakten ohne Wissen der eigenen Kirche und seitens des MfS

---

[856] A.a.O., 171

[857] Die geforderte »konkrete Zusammenarbeit und unser stets abgestimmtes Zusammenwirken« meint hier nach dem Zusammenhang mit dem vorangegangenen Zitat das Zusammenwirken des MfS mit dem Staatsapparat, nicht etwa mit den »Kirchen und Religionsgemeinschaften«, mit denen »längerfristig komplizierte Auseinandersetzungen« befürchtet werden (MfS – HA XX/4, Nr. 3474, 167 ff.).

technisch oder personell initiierten Kontakten bei sehr genauer Prüfung unterschieden werden, falls die auch für die MfS-Akten geltende Innentarnung wirksam überwunden wird.

Dass MfS-Kontakte in der zeitgeschichtlichen »Aufarbeitung« nach 1989 grundsätzlich tabuisiert wurden, entspringt m.E. der Unkenntnis oder mangelnder eigener Erfahrung mit der sehr weit gediehenen »Durchdringung« des öffentlichen Lebens und der staatlichen Behörden durch die »Sicherheitskräfte«.[858] Mitarbeiter der Kirche im Visier des MfS mussten zu jeder Zeit und an jedem Ort mit Zuhörern oder Beobachtern rechnen. Besucher aus weniger überwachten Gefilden belächelten zuweilen diese Wachsamkeit. Nach 1989 stellte sich heraus, dass die Bespitzelung noch dichter war, als von Kundigen ohnehin angenommen.

10.2 Staatsorgane und MfS getrennt?

Gleichwohl gilt, dass vor 1989 die im Auftrage der Kirchen handelnden Personen von einer Trennung dieser Bereiche ausgehen mussten.

Nur wenige – etwa Inhaftierte – wussten schon vor 1989, dass Staatsorgane jede Information über innerkirchliche Vorgänge dem MfS unmittelbar weitergaben und wie intensiv alle Bewegungen von Bürgern, Gruppen und erst recht Institutionen überwacht und »protokolliert« wurden.[859] Dass eine Totalüberwachung dennoch nie zustande kam, woraus sich erhebliche Einschätzungs- und Analysefehler auf Seiten des MfS erklären, ist den Grenzen von Personen und technischen Möglichkeiten geschuldet und letzten Endes nur ein *numerisches Problem*: Der Krake MfS konnte nicht mit 17 Millionen Fangarmen »arbeiten«, ohne sich selbst als Masse *ad absurdum* zu führen.[860]

---

[858] »Sicherheitskräfte« galt als Sammelbegriff für Staatssicherheit, Polizei, NVA und paramilitärische Organisationen (z.B. Kampfgruppen, Zivilverteidigung u.a.).

[859] Hafterfahrungen von Pfarrer Martin Giersch, Blankenhain bei Weimar (1957–1959 aus politischen Gründen inhaftiert), die er nach seiner Entlassung aus der Haft im Predigtkreis zu Tannroda/Ilm seinen Mitbrüdern berichtete.

[860] Das hat Mitarbeiter des MfS besonders in den raschen Veränderungen der achtziger Jahre bis an den Rand des Zusammenbruches überfordert, wie MfS-Offizier Klaus Roßberg bekennt: Roßberg/Richter: Kreuz, 20.

10.3 Fürsprache für Mitbürger ohne Preisgabe von Informationen

Beauftragte der Kirchen standen in Gesprächen mit Staatsvertretern zugunsten von Gemeindegliedern und in der Fürsprache für Mitbürger außerhalb der Gemeinde vor einer kaum lösbaren Aufgabe: Wie kann ich begründet und überzeugend für jemanden eintreten, ohne unter der Hand dem Gegenüber Informationen zu liefern, die auch gegen den zu Schützenden eingesetzt werden könnten?

Fallbeispiel: Wohnungsfragen und Zuzugsgenehmigungen

10.3.1 Wohnungsfrage

Für eine Mitarbeiterin in schwieriger persönlicher Lage musste schnell eine brauchbare Wohnung in Saalfeld gefunden werden. Als zuständiger Ansprechpartner für ihren Dienstvorgesetzten – nachdem ihre eigenen Bemühungen immer wieder erfolglos geblieben waren – galt wie stets der Stellvertreter des Vorsitzenden des Rates des Kreises für Inneres. Und nun stand der verantwortliche Superintendent vor dem Problem: Hat die notwendige, brüderlich und dienstlich gebotene Intervention auch nur die geringste Aussicht auf Erfolg, wenn es nicht gelingt, die Notlage der Betroffenen so deutlich zu machen, dass der zuständige Genosse auch innerlich berührt wird? Es war doch unsere Chance, dass wir es mit Menschen – wie auch immer geprägt – und nicht mit seelenlosen Apparaturen zu tun hatten, die etwa nur »einzuschalten«[861] waren. Aber wie soll ich jemand zu hilfreichem, wenn auch immer im politischen Kosten-Nutzen-Kalkül abgewogenem Eingreifen bewegen können, ohne irgendetwas darzustellen, das vielleicht Informationen enthält, die auch zum Schaden der Betroffenen ausgenutzt werden könnten, denen ich eigentlich helfen will? Auch die harmloseste Information kann missbraucht werden.

In solcher Lage konnte das Gebet aus einem Gesangbuchvers ermutigen: »Und wenn in meinem Amt ich reden soll und muss, so gib den Worten Kraft und Nachdruck ohn' Verdruß!«[862] Ohne dieses Vertrauen, Gott weiß um die Notlage der Schützlinge und weiß meine geringen Chancen zu beheben, aber

---

[861] Das Sprachbild »sich einschalten« oder »N. N. mit seinen Beziehungen einschalten« verrät unser von der Technik geformtes Apparate-Denken, das in Sprachräume eingewandert ist, in denen es um Beziehungen zwischen Menschen oder Sachanliegen gegenüber Institutionen geht.

[862] »O Gott, du frommer Gott«, EG 495,3.

auch ohne ein Minimalvertrauen,[863] der andere möge nicht nur Apparatschik sein, sondern sich menschlicher Not gegenüber noch öffnen, hätte wohl keines dieser Gespräche geführt werden können. Und die Erfahrung lehrte uns dann: Auch in solchen unter schwierigen Voraussetzungen geführten Gesprächen konnte Offenheit zuweilen das verspannte Gegenüber entwaffnen und die vertretene Sache zum Erfolg führen.

In dem hier im Hintergrunde stehenden Falle freilich führten die Gespräche nicht ans Ziel. Erst eine im Handstreich besetzte Wohnung wurde Ausgangspunkt und »Faustpfand«, zu einer akzeptablen Wohnung für die Mitarbeiterin zu kommen.

Nach solchen Erfahrungen mit den Staatsorganen, mit denen zu verhandeln wir um des Gewissens und um unseres Dienstauftrages willen genötigt waren, ist es bitter, sich dem törichten Vorwurf ausgesetzt zu sehen: »Die haben zu viel geredet.« Hätten wir schweigend den unter die Räuber Gefallenen[864] in seiner Not allein lassen sollen? Wäre das größere Unrecht nicht gewesen, dem allen achselzuckend den Rücken zu kehren: Was geht's mich an? Die Frage stellen heißt, sie verneinen.[865] Und als Leugnung Christi will mir der Selbstruhm erscheinen: »Ich habe nichts getan. Mein Gewissen ist rein.« – »Wer sich einsetzt, setzt sich aus.« Damit mussten wir leben. Und damit müssen wir auch heute – nach allen diesen Geschichten – offenbar immer noch leben.

Wohnungszuweisungen gehörten zu den schwierigsten Verhandlungsgegenständen. Das lag nicht nur am permanenten Wohnungsmangel, sondern auch daran, dass dieses knappe Gut als politisches Druckmittel eingesetzt und

---

[863] »Brauchen wir nicht ein ›Grundvertrauen‹ immer, wenn wir um sachgemäße, den Menschen dienliche Lösungen in Konfliktfällen ringen?«, war die Frage, die Landesbischof Dr. Hempel der Bundessynode in einem Bericht zum Staat-Kirche-Verhältnis vorlegte. Sie übernahm den Begriff nicht, sondern entschied in geschlossener Sitzung: Von Grundvertrauen der Kirche gegenüber dem Staat kann nach Lage der Dinge ehrlicherweise keine Rede sein. Zudem sprechen Christen von Grundvertrauen nur im Verhältnis zu Gott. Meine Frage damals: Wären wir mit dem Begriff »Minimalvertrauen« dem Gemeinten näher gekommen? Dieser freilich provoziert andere Missverständnisse, z. B.: Das Maß an Vertrauen zu Vertretern des Staats kann grundsätzlich nur sehr, sehr klein sein. Konnten wir sie alle über einen Kamm scheren? Gewiss nicht.

[864] Wie im Gleichnis vom Barmherzigen Samariter Priester und Levit »vorübergehen«? Lukas 10,25 ff.

[865] An dieser Stelle fühle ich mich an einen Satz von Ingo Braecklein erinnert, damals noch Superintendent in Weimar. Wir sprachen im Konvent vom Dilemma, zuweilen nur zwischen zwei Übeln wählen zu können, ohne das größere genau vom kleineren unterscheiden zu können. Dazu Braecklein: »Wer handelt, gerät ins Zwielicht. Wer nicht handelt, wird in jedem Falle schuldig.«

gegenüber Wohnungssuchenden für ganz andere Ziele missbraucht wurde als Wohnraum zu beschaffen. Deshalb war z. B. Zuzug ins Grenzgebiet kaum zu erreichen.

10.3.2 Zuzugsgenehmigung

Für den Zuzug ins Grenzgebiet waren gleich mehrere Probleme zu lösen:
- Da wäre von den besonderen Erfordernissen und Nöten der dort lebenden Gemeinden und ihrer Glieder zu reden gewesen. Aber genau das verbot sich doch vor den Ohren, die zum Schaden der Kirche horchten, und musste doch um dieser Menschen willen in ihrer besonders schwierigen Lage sein!
- Der Zuziehende hatte sich darauf einzustellen, keinen Besuch mehr aus Westdeutschland zu empfangen – außer in ganz wenigen Ausnahmesituationen, z. B. bei Todesfall eines Verwandten ersten Grades für die Antragsteller – und auch dann meist für sehr begrenzte Zeit. Besucher aus dem Inneren der DDR, sofern ihnen ein Passierschein »gewährt« wurde, mussten damit rechnen, von da an das besondere Interesse der Staatssicherheit zu »genießen«.
- Die Entscheidung über Zuzüge fiel stets beim MfS – aus »Sicherheitsgründen«.[866] Dort wurde geprüft, ob die Besetzung mit einem bestimmten »Kandidaten« zur Unterstützung »negativ-feindlicher« Kräfte führen und gegebenenfalls eine Zuzugsverweigerung gegen diese Kräfte »disziplinerend« wirken könne. Das MfS ließ sich keine Gelegenheit zur »Differenzierung und Polarisierung« unter den Mitgliedern eines Konventes entgehen. Das konnte im Einzelnen so aussehen wie im folgenden Beispiel.

Fallbeispiel: Stellenbesetzung in der Gemeinde P. mit GÜSt[867]

Nachdem es mit Mühe gelungen war, für die vakante Pfarrstelle in P. im Sperrgebiet einen Pfarrer zu gewinnen, wurde beim zuständigen Rat des Kreises ein Vorgespräch zur Erlangung der Zuzugsgenehmigung geführt. Obwohl dieser und auch die Abteilung Inneres beim Rat des Bezirkes zunächst keine Einwände erhoben, lehnten beide in der Folgezeit alle Anträge auf Zuzugsgeneh-

---

[866] Vgl. Anm. 290.
[867] GÜSt – Grenzübergangsstelle, in diesem Falle ein Grenzbahnhof nach Westdeutschland mit Personenverkehr in die DDR und nach Westberlin.

migung für den Pfarrstellenbewerber trotz landeskirchlicher Befürwortungen bis zum Landesbischof ab. Hinter den Kulissen der Staasorgane lief ab, was nun am Tage ist: »In Abstimmung und Koordinierung mit der Abt. XX/4 der BV Gera wurden Maßnahmen eingeleitet, die H. den Zuzug ins Grenzgebiet verwehren.«[868] Begründung: Der Superintendent »versuchte, diese Pfarrstelle mit dem als negativ bekannten Pfarrer ...... (geschwärzt) aus H. ... zu besetzen.«

Diese ablehnende Entscheidung wird erörtert innerhalb einer »längerfristigen Bearbeitungskonzeption« und in dem darin enthaltenen »Zwischenbericht zum Operativ-Vorgang ... X, der der ›Zurückdrängung und Zersetzung‹« des zuständigen Superintendenten galt. Im Klartext: Obwohl die Kreisbehörden zunächst keine Einwände erhoben hatten, mussten sie dann die Zuzugsgenehmigung auf Veranlassung des MfS verweigern.

Für mich gehört es zu den allzu leichtfertigen Urteilen, dass Unbeteiligte und Unbehelligte genau zu wissen vorgeben, wann Kirche hätte reden und wann sie hätten schweigen sollen. Verantwortlich Handelnde haben damals im vertrauensvollen Austausch von Fragen und geprüften Antworten die Wegbegleitung ihrer Kirche erfahren: im Konvent, im Gemeindekirchenrat, unter Mitarbeitern oder im Predigtkreis, in Gemeindegruppen und in den Vorbereitungskreisen Junger Gemeinde. Sogar und erst recht im Falle offensichtlicher Fehlurteile oder gar ihres Scheiterns konnten sie der Nähe und Zuwendung ihrer Kirche gewiss sein. Durfte diese Gemeinschaft nach 1989 innerhalb der Kirche Jesu Christi so leichtfertig aufgegeben werden? Wäre nicht als Minimalbedingung einzuhalten gewesen, vor einer öffentlichen Anklage oder gar literarischen Bewertung der Vorgänge mit den Betroffenen selbst zu sprechen? Hätte nicht wenigstens nach den Gründen gefragt werden müssen, die jemanden zu einem bestimmten Vorgehen gegenüber staatlichen Stellen bewogen? War schon vergessen, dass die staatliche Seite sogar auf begründet vorgetragene Beschwernisse mit strafrechtlichen Konsequenzen drohte?[869]

---

[868] BStU Archiv ASt Gera, MfS BV Gera, AOP 659/77, Bd. I, 112 (BStU-Zählung).

[869] Belegt durch MfS-Beschluss vom 22.11.1982 zum OV »Synodaler« mit dem Vermerk: »Prüfung §§ 98, 106, 220 StGB« in BV Gera, DE XX, Reg.-Nr. X 1311/82 im BStU-Archiv ASt Gera, MfS BV Gera, A 1488/88, Bd. II, 206 aufgrund einer Zusammenstellung von Beschwerdefällen gegenüber den staatlichen Stellen, einschließlich MfS.

11. Welche Wege wählen unerwünschte Werber? Kontaktaufnahme und Werbungsversuche zur Bearbeitung der Kirche

Niemand musste den Kontakt zum MfS suchen. Die Stasi ging selbst auf Suche. Zur Kontaktaufnahme schien ihr auch der krummste Weg und jeder Anlass recht, wenn das Eingreifen einmal beschlossen war.

Deshalb kann eine Analyse der Stasi-Bearbeitung von Gemeinden, Gruppen und Einzelnen in den Kirchen nicht umhin, die Annäherungsversuche der unerwünschten Werber zu benennen und ihre Praktiken zu beschreiben, ganz gleich, ob sie unmittelbar der Werbung oder nur der Ausspähung dienen sollten. In dieser Hinsicht liegen die Planungen der Dienststellen ohnehin nahe beieinander.[870] Ausschnittweise seien aus dem Grabensystem und den Pirschgängen der Gesinnungspolizei einige Beispiele genannt, die als typisch gelten können.

11.1 Sie stellen ihre Fallen auf – Fangnetze des Ministeriums für Staatssicherheit

Die Akten lassen im Nachhinein weit geworfene Netze erkennen, für die weder besondere Mittel noch ein großer Personalbestand erforderlich waren. Das MfS nutzte direkt eine Reihe vorhandener Strukturen:
- Das Netz der Staatsorgane überzog naturgemäß die ganze Republik. Wie an anderer Stelle schon dargestellt, liefen die Informationsströme über die Horizontal- und Vertikalverbindungen der Kreis- und Bezirksräte und dort vor allem über die Abteilungen Inneres direkt zum MfS.[871]
- Das Netz der CDU-Parteibüros, -vorstände und -sekretariate war wohl etwas weitmaschiger gestrickt, dafür verfügte es über zugfeste Verbindungen: Nach den dieser Arbeit zugrundeliegenden Recherchen waren Funk-

---

[870] Anwerbung oder Zersetzung werden im gleichen Maßnahmeplan als Alternative offengehalten: Können wir X. nicht für uns als IM gewinnen, dann werden wir ihn »zersetzen«. Rangfolge nach Liste »Spitzenkandidaten« für eine solche Entweder/Oder-Behandlung: Große – Leich – Schilling – Diakon Karsten Christ (BStU ZA, MfS – HA XX/4, Nr. 3578, 3).

[871] Walter Schilling: Die »Bearbeitung« der Landeskirche Thüringen durch das MfS, in: Vollnhals: Kirchenpolitik, 224, Anm. 49, zählt IM unter den Bezirksreferenten für Kirchenfragen für Thüringen auf.

tionsträger der CDU auf Orts-, Kreis- und Bezirksebene zumeist IM mit dem Spezialauftrag, sich der Christen in ihrem Umfeld besonders »anzunehmen«.[872]

– Das Netz der übrigen Blockparteien wurde ebenso als Operationsgeflecht genutzt. Auch dort waren mittlere und höhere Funktionsträger als IM tätig.

– Das Netz der z. B. in größeren volkseigenen Betrieben eingerichteten Objektdienststellen[873] des MfS stand jederzeit zur Nutzung bereit.

– Das Netz der Betriebs- und regionalen Parteisekretäre der SED musste nicht unter einer Tarnstruktur verborgen werden. Es war von den Landwirtschaftlichen Produktionsgenossenschaften über die Betriebe der Schwerindustrie bis in die Ministerien überall präsent, hatte Parteiweisungen zu vollziehen, wann immer sie ergingen und worauf auch immer sie sich bezogen.

– Das Netz der Justizorgane war mit dem MfS eng verknüpft, zumal die Staatssicherheit als Ermittlungsorgan galt.

– Das gilt ebenso vom Netz der bewaffneten Einheiten[874] bis zur Feuerwehr.

Alle diese Organisationen und Verwaltungssysteme wurden von oben nach unten gelenkt – entsprechend der Organisationsfigur des »demokratischen Zentralismus«. Eine später für das MfS verhängnisvolle Fehleinschätzung der Kirchen lag in dieser Von-oben-nach-unten-Struktur der Staats,- Partei- und MfS-Organe, die sie in Analogie zu den eigenen Netzen und deren Weisungsbefugnissen als auch ihr Bild von der Struktur der Kirchen pflegten – wozu mancher naive Christ natürlich beitrug.

Das aber konnte nicht funktionieren. Allen anders lautenden Unterstellungen zum Trotz blieben die evangelischen Kirchen demokratisch geordnet. Das lag nicht zuerst an sogenannten basisdemokratischen Gruppen, so gern sich diese auch das Verdienst um Öffnung und Demokratisierung kirchlicher Strukturen zurechnen. Vielmehr übernahmen sie hier und da demokratische Verfahren, die sie nur im kirchlichen Raum antrafen. Die sonst in der Republik nirgends anzutreffenden demokratischen Synodal- und Konziliarstrukturen hielten sich von der Gemeinde bis zur Synode und den Kirchenleitungen durch – länger als nur 40 Jahre. In ihnen hatte auch die Pfarrerschaft nicht einem absolutistischen Regiment des nächsthöheren Vorgesetzten zu gehorchen. Bei Entscheidungen, die den eigenen Dienstbereich betrafen, kam

---

[872] S. auch Abschnitt 11,4.

[873] Vgl. auch Abschnitt: Die »Firma« in der Firma, Maxhütte Unterwellenborn, Bericht Christfried Herklotz, Saalfeld, und Rainer Buthmann, BStU MfS-Handbuch, Teil II/3, Abschnitt OD, Berlin 1999.

[874] Ein Wehrkreiskommando wird als Werbeinstitut missbraucht. Vgl. dazu Abschnitt 15.2.

ihr mehr als ein Mitspracherecht zu.[875] Diakonie, landeskirchliche Werke, Arbeitsgemeinschaften und Kirchentage bewahrten ihre ursprünglich demokratischen Strukturen auch im Sozialismus. Natürlich begegneten auch Persönlichkeiten mit einem stark entwickelten Führungsanspruch innerhalb solcher Gemeinschaften. Zu ihnen ist ohne Zweifel der »Landesvater«, Bischof Mitzenheim, zu rechnen. Aber auch er musste sich wohl oder übel im Konfliktfalle der Mehrheit beugen, spätestens in den kontroversen Debatten der Synode.[876] Manche allzu autoritär sich Gebärdenden verloren ihr Amt, sofern sie sich über geltende Ordnungen oder abgesprochene Verfahren hinwegsetzten.[877]

11.2 MfS-Kontakte über Staatsorgane

Lokale oder regionale Staatsorgane vermittelten dem MfS Möglichkeiten zur Kontaktaufnahme. In den Abteilungen Inneres bei den Räten der Kreise und Bezirke war stets damit zu rechnen, dass zumindest ein Informant der Stasi anwesend war. In der Regel hatte der Stellvertreter des Vorsitzenden für Inneres oder sein Kirchenreferent diese Aufgabe. Aus einer Vielzahl von MfS-Papieren geht hervor, dass die staatlichen Stellen in die Arbeit des MfS unmittelbar einbezogen waren – von der Kontaktaufnahme über Anwerbungsversuche bis zur Durchführung Operativer Vorgänge.

In »Hinweisen über Pläne, Absichten und Machenschaften gegnerischer und reaktionärer kirchlicher … Kräfte«[878] stellte das MfS »zur Bearbeitung feindlicher Angriffe auf dem Gebiet der Kirchen und Religionsgemeinschaften« 1982 auf der Grundlage der Entschließungen des X. Parteitages auch dem

---

[875] Pfarrer verhinderten 1959 die Besetzung ihrer vakanten Zwergsuperintendentur Blankenhain/Thür.

[876] Planer-Friedrich beklagt, solchen autoritären ›Brüdern‹ in seiner Thüringer Zeit begegnet zu sein. Das kann ich von der nicht durch Thüringen verlaufenden Auguststraße in Berlin auch sagen. Am insgesamt demokratischem Aufbau der evangelischen Kirchen im Gegensatz zur katholischen ändert das nichts (Planer-Friedrich: Einfallstore, 75).

[877] Bischof Gienke, Greifswald, verlor durch politisches Taktieren sein Amt per Synodalbeschluss. Einem thüringischen Superintendenten wurde 1986 wegen Annahme eines CDU-Mandates ohne Konventrücksprache die Bewerbung um ein Pfarramt nahegelegt, weil Pfarrerschaft und Gemeinden bei der Kirchenleitung protestierten. Nach seiner Weigerung, das Mandat niederzulegen, wurde er in eine Pfarrstelle außerhalb seines bisherigen Dienstbereiches versetzt. Dazu Bischof Leich: »Kein Geistlicher im geistlichen Amt kann Mandatsträger in Kreistag, Bezirkstag oder der Volkskammer sein.« (BStU ZA, MfS – HA XX/4, Nr. 1454, 12 ff.).

[878] BStU ZA, MfS – HA XX/4, Nr. 3474, 109 ff.

»Staatsapparat« Aufgaben, war also diesen Stellen gegenüber weisungsberechtigt. Das entsprach der Ideologie: Der Staat galt als Machtinstrument der herrschenden Klasse, womit theoretisch die Arbeiterklasse gemeint war, tatsächlich aber Politbüro und ZK das Sagen hatten. Unter Ziffer 7 heißt es unverhohlen:

> »Das einheitliche abgestimmte Zusammenwirken mit dem Staatsapparat ist jederzeit zu gewährleisten. Zur Verbesserung dieser Tätigkeit ist noch mehr dazu überzugehen, die Position des Referenten für Kirchenfragen bei den Räten der Bezirke bzw. bei den Räten wichtiger Kreise, wie Greifswald, Dessau, Görlitz, Eisenach, Naumburg,[879] mit ›Offizieren im besonderen Einsatz‹ zu besetzen.«

An diesen von beiden Seiten unvermeidbar oft in Anspruch zu nehmenden Schnittstellen kirchlicher Arbeit und staatlicher Rechtszuständigkeit genügten also nicht mehr die einfachen »IM«, es mussten in konflikträchtigen oder strategisch wichtigen Regionen »Offiziere im besonderen Einsatz« sein. Dort waren auch Leute mit besonderer Ausbildung und – im Idealfalle – mit besonderen Fähigkeiten vonnöten.

In das *»politisch-operative Zusammenwirken«* konnten durch die Sicherheitskräfte im engeren Sinne alle Bereiche staatlicher Zuständigkeit einbezogen werden. Das mag nicht von Anfang an so gewesen sein, näherte sich jedoch im Laufe der Zeit der Idealvorstellung immer mehr an, die politischen Kräfte und Gruppierungen nicht nur völlig unter Kontrolle zu haben, sondern auch jederzeit ohne besondere Vorkehrungen oder vermittelnde Maßnahmen als Einsatzkräfte im Sinne des MfS nutzen zu können. Wie das MfS Räte der Kreise in seine Planspiele einbezog, auch wenn dadurch bestehende Gesprächskontakte mit kirchlichen Dienststellen gefährdet wurden, soll an einem ärgerlichen Vorgang verdeutlicht werden.

---

[879] Bei den genannten Kreisen handelt es sich um Städte mit einem Kirchenleitungs- oder Bischofssitz. Das trifft nur bei Naumburg nicht zu. Man könnte mutmaßen, dass dort eine kirchliche Ausbildungsstätte die besondere »Fürsorge« des MfS brauchte. Verschiedentlich werden die kirchlichen Ausbildungsstätten als Ausgangspunkt für »politisch bedeutsame politisch-negative Aktivitäten« angesehen, weshalb versucht werden soll, »in diese innerkirchlichen Ausbildungsstätten einzudringen«. So konnte es gelingen, die »Wer ist Wer«-Aufklärung zu verbessern und eine ständige operative Kontrolle über diese Einrichtungen zu gewährleisten.« So z. B. in BStU ZA, MfS – HA XX/4, Nr. 3474, 166 (BStU-Zählung).

Fallbeispiel: Werbende Gratulation 1983[880]

Bei einem Anwerbungsversuch gegenüber dem Verfasser wurden Mitarbeiter des Rates des Kreises Saalfeld »eingeschaltet«.[881] Die Räte der Kreise waren angewiesen, bei runden Geburtstagen ihren Gesprächspartnern auf kirchlicher Seite, z. B. Superintendenten, ihre Aufwartung zu machen und ein (nach »Chargen« im Preis festgelegtes) Präsent zu überreichen.[882] Diese Übung war den meisten »Beglückten« eher lästig, weil unter den gegebenen Spannungen das Ganze aus der Atmosphäre erzwungener Höflichkeit nicht herauskam. Beide Seiten absolvierten diese »Pflicht« als eine reine Höflichkeitsveranstaltung, um sich gegenseitig den Gesprächsraum für Verhandlungen offenzuhalten. Zwar konnte die Gelegenheit nicht konfrontativer Begegnung gelegentlich zu informellen Vorstößen zugunsten der Gemeindearbeit – beispielsweise für Passierscheine ins »Sperrgebiet« an der Grenze – genutzt werden. Aber die »Geschenke« – von der obligaten Flasche »Wilthener Meisterbrand« bis zur hübsch hässlichen Keramikschale für die »Frau Gemahlin« stellten bei kühler Betrachtung eine Belastung dar, weil sie die peinliche Frage aufwarfen: Und was dann, wenn der Herr Staatsvertreter selbst einen runden Geburtstag hat?[883]

Als besonders tückischen Missbrauch solchen Brauches betrachte ich mit meinen damaligen Mitarbeitern im Superintendenturbüro den Versuch, eine unvermeidbare Gratulation zum »50.« in einen Anwerbungsversuch umzufälschen.

Zur telefonisch vorher angekündigten Geburtstagsgratulation erschienen der Vorsitzende des Rates des Kreises und sein Stellvertreter Inneres mit einem zunächst unbekannten Dritten beim Verfasser. Nach der Gratulation »im Namen des Rates des Kreises und seiner Mitarbeiter und in unserem eigenen Namen« stellte der Vorsitzende den Unbekannten als »Mitarbeiter der Kreisdienststelle des MfS« vor, der darum gebeten habe, auch gratulieren zu dürfen. Meine offensichtliche Verärgerung über diesen billigen Trick ignorierend gratulierte der ungebetene Gast etwas unsicher und wünschte »weitere gute Zusammenarbeit«. Da musste ich sehr direkt reagieren und fragte ungehalten »Wie komme ich zu dieser ›Ehre‹? Ich wüsste nicht, von welcher Zusammenarbeit hier die Rede sein könnte!«

---

[880] BStU A 1488/88, Bd. III, Datum: 27.02.1983, Niederschrift vom 28.02.1983.

[881] Vgl. Abschnitt 4.2 zum Begriff »einschalten« im Jargon des MfS.

[882] Eigenerfahrung; s. auch Peter Beier: Die »Sonderkonten Kirchenfragen«. Sachleistungen und Geldzuwendungen an Pfarrer und kirchliche Mitarbeiter als Mittel der DDR-Politik, Göttingen 1997.

[883] S. auch Epilog: Ein runder Geburtstag.

Erst nach vielen Jahren las ich erstaunt in meiner Akte (Operativer Vorgang »Synodaler«), worüber der Fremde mit mir alles gesprochen haben wollte, obwohl er nach seiner Brüskierung durch den wenig erbauten »Kandidaten« kaum noch ein Wort sagte, sondern nur kleinlaut am Tische saß. Erst beim Lesen seiner Niederschrift begriff ich: Der abgewiesene »Werber« hatte für seinen »Bericht« ungeniert die Gesprächsgegenstände »eingesammelt«, die im kurzen, aber unvermeidbaren Gratulationsgeplauder mit den beiden anderen Herren z. T. nur andeutungsweise vorkamen, und sie flugs auf sein Erfolgskonto verbucht – als habe er selbst das »Gespräch« geführt.

Die von ihm überreichte ohrförmige Calla hieß im Büro fortan die »Mikrofonblume.«

Diese Erfahrung, dass der Abgewiesene den Gesprächsanteil seiner Begleiter stiehlt, steht in einer Reihe vieler vergleichbarer Erfahrungen: Das Plagiat, der geistige Diebstahl am Gedankengut anderer, war kein Tabu in der Horde von Jägern und Sammlern – Hauptsache, es wurde Beute eingebracht. Und wer das Protokoll anfertigte oder die Gedächtnisnachschrift komponierte – zumeist technisch unterstützt –, ist ohnehin im Vorteil bis heute. Ob und wieweit in dieser Gesprächswiedergabe auch hierarchische Über- und Unterordnungen, also Rangabstufungen innerhalb der dreiköpfigen Besuchergruppe eine Rolle spielten, durch die dem MfS-Mann das Protokollrecht und damit auch das Urheberrecht zukam, entzieht sich meiner Kenntnis.

Begegnungen mit Funktionären konnten sehr verschieden ausfallen. Das lag in der Regel an ihrer Persönlichkeit, die sich nicht immer den MfS-Plänen einpassen ließ.

11.3 Funktionärsbiographien und Hermeneutik

Hier geht es um die Rolle der Biographie für das Verstehen von Texten und für das unterschiedliche Handeln staatlicher Funktionäre und ihrer Mitarbeiter. Als Beleg für besondere biographische Prägungen verschiedener Funktionäre im gleichen politischen Raum – selbst dem MfS zugehörig oder zum »Politisch-Operativen-Zusammenwirken« verpflichtet – sollen vier »Typen« aus Staat und Partei vorgestellt werden. Sie sind dem Verfasser persönlich bekannt. Mit ihnen waren in schwierigen Zeiten politische und weltanschauliche Auseinandersetzungen zu bestehen. Jeder für sich stellte eine unverwechselbare Person dar und war insofern gewiss einmalig, aber alle waren eingespannt in das System des Sozialismus, das mehr war als ein »Gesellschaftsversuch in der DDR«, nämlich:

- ein kontinentales System gelenkten und doch nicht ganz beherrschbaren Lebens;
- von der »*Machtfrage*« besessen und doch so schwach;
- transnational von Kamtschatka bis nach Helmarshausen und Marienborn, vom Gelben und Schwarzen bis zum Weißen Meer;
- aber kleinkariert bis zur lächerlich sorgfältigen »Dokumentierung« einer schwarzen Aktentasche.[884]

Die Beispielcharaktere von Funktionärstypen können von jedem ehemaligen DDR-Bürger um weitere »Typen« ergänzt werden. Sie stehen für einen Machtraum, dessen Verantwortungsträger oft sehr leichtfertig in das gleiche Schubfach »Funktionärsseele« gesperrt und deshalb gefährlich missverstanden werden. Gefährlich ist das für sie selbst – denn aus solchen Schubfächern gibt es kein Entrinnen, weil in der sogenannten modernen Mediengesellschaft – ebenso wie in der DDR – nahezu jeder von jedem abschreibt, vorzugsweise das Negative. Gefährlich ist es aber auch für unser Land, denn so wird die seltene Chance vertan, vom Scheitern eines Systems her die lebensbedrohlichen Schwächen heute etablierter Machtgefüge zu erkennen und auch ihnen zu widerstehen. Denn »Sozialist« ist nicht gleich »Sozialist« und »Demokrat« ist nicht gleich »Demokrat«, oder welches Etikett auch immer aufgeklebt wurde. Gefährlich wird Schubkastendenken besonders für Christen, weil es den Blick auf den wirklichen Menschen verstellt, den Jesus auch in sonst Verachteten sah:
- Jesus und die Sünder/innen (Johannes 8; Matthäus 9,10; Lukas 15,2 u.ö.),
- Jesus und der »IM« Zachäus (Lukas 19,1 ff.).

Gibt es vom Neuen Testament her eine Art »Hermeneutik der Nächstenliebe«? Etwa in 1.Korinther 13, dem Hohenlied der Liebe? »Jetzt erkenne ich stückweise, dann aber werde ich erkennen, gleichwie ich erkannt bin.« (Vers 12)

11.3.1 Der Mann der Fairness

Stellvertreter des Vorsitzenden des Rates des Bezirkes Gera, Georg Krätzschmar, war im Umgang freundlich und verbindlich, auf Konsens angelegt. Das galt besonders für sein Verhalten gegenüber Vertretern der Kirche.[885] Denn eine persönliche Erfahrung aus seiner Kindheit verlor nie ganz ihre Wirkung: Er er-

---

[884] Vgl. Beobachtungsberichte vom 26.05.83 bis 05.06.83, BStU MfS BV Gera, Abt. VIII, 1 ff.

[885] Laut MfS hat K. nicht konsequent genug gegenüber dem Bischof parteilich zugunsten des Staates gegen Gr. argumentiert, vgl. BStU BV Gera, AKG, Operativplan 15.11.1982, OV X/1311/82, 58.

lebte als Kind die Verhaftung seines Vaters, der im KZ verstarb. Eine Tante, als Diakonisse im Dienst der Kirche, kümmerte sich um die Kinder und half der Familie zu überleben. Deshalb wohl bemühte sich Herr K. auch in Konfliktfällen mit kirchlichen Amtsträgern um Fairness und suchte Konfrontationen abzubauen. In den Augen der übrigen Genossen, die alles zu dirigieren und zu diktieren versuchten, ließ ihn das verdächtig werden. Und so haben sie ihn – feigerweise während eines Krankenhausaufenthaltes – schließlich aus seiner Stellung gedrängt.[886] Ihm verdanke ich neben einer kräftigen Förderung der Restaurierung der Johanneskirche in Saalfeld 1982 und manch anderem, dass ich auch dann noch gehört wurde, als meine »Zersetzung« vom MfS bereits beschlossen und der Rat des Kreises Saalfeld vom Landeskirchenrat schriftlich meine Abberufung verlangte.

Nach der Wende verstarb Herr Krätzschmar an einem Krebsleiden. Damit entfiel die Möglichkeit, seine Sicht jener Jahre in Ausschnitten zu bestimmten Phasen aufzunehmen und allzu schlichten Deutungsversuchen jener Zeit gegenüberzustellen. Davon hätte ich gern Gebrauch gemacht. Es blieb bei zwei Gesprächen mit dem bereits Erkrankten.

11.3.2 Der Skrupellose

Ganz anders war sein Stellvertreter für Inneres, Günter Uerkvitz, vom MfS als IM »Kramer« registriert, der immer als »der Mann an zweiter Stelle« (oder gar dritter) galt und sich wohl auch so sehen musste. So wurde er von einem Gespräch, das der Stellvertreter des Vorsitzenden des Rates des Bezirkes Gera mit mir unter vier Augen führte, brüsk ausgeschlossen und hatte unterdes im Vorzimmer mehr als eine Stunde zu warten.[887]

Wohl aus dieser und ähnlichen Konkurrenzerfahrungen wuchs in ihm eine Unzufriedenheit, die er auf sehr eigene Weise zu kompensieren suchte: anbiederndes Benehmen gegenüber höheren Kirchenvertretern, um sie auszuhorchen und dann umso härter gegen sie vorzugehen. Es ist nicht auszuschließen, dass gerade dieser Mitarbeiter am Sturz seines vermutlich als »versöhnlerisch« geltenden und deshalb nicht mehr tragbaren Vorgesetzten Herrn Krätzschmar beteiligt war.

---

[886] Noch vor 1989 wurde dieser während eines Krankenhausaufenthaltes seiner Funktion enthoben und arbeitete nach seiner Genesung einige Zeit als Reiseleiter für Reisen in die Sowjetunion beim Reisebüro der DDR.

[887] In den mir vorliegenden Akten ist dies naturgemäß nicht belegt. Es gibt außer mir keine Zeugen dafür.

11.3.3 Der Mann der Pflichterfüllung

Hierfür steht Otto Schnappauf, vom MfS geführt als IM »Erwin Kahn«, Stellvertreter des Vorsitzenden des Rates des Kreises für Inneres im thüringischen Grenzkreis Saalfeld.

Er hat mir von seinem Leben erzählt: von der Schule weg zur Wehrmacht einberufen, Landserleben im Osten und Gefangenschaft in der SU. Arbeit unter Tage. Russische Bergarbeiter teilen mit dem Jungen ihr karges Brot. Nur so überlebt er Gefangenschaft und Zwangsarbeit. Die parallel zu den Kameradschaftserweisen der Kollegen unter Tage sich vollziehende »Umerziehung« bringt ihn zur SED. Er versteht sich fortan als der parteitreu Überzeugte. Vorliebe: Natur und Jagd. Als überzeugtes Parteimitglied in leitender Position kann er Mitglied des Jagdkollektivs sein.

Zugleich aber begegnet er in den Akten als IM »Erwin Kahn«. Er lieferte – wie die Partei es befahl – zwar Berichte über seine Partner, also auch über den *»sattsam bekannten und negativ-feindlichen Superintendenten«* seines Kreises, wie er es für seine Pflicht hält. Der Vergleich seiner »Gesprächsprotokolle« aus dem Archiv des Rates des Kreises mit den Berichten im Stasi-Archiv lässt jedoch m. E. erkennen, dass er sachlich ohne besondere Gehässigkeit und – soweit das aus den mir zugänglichen und eingesehenen Berichten erschlossen werden kann – ohne ausdrückliche Unterstellungen und allzu grobe Verzeichnungen berichtet hat. Und das zwischen 1970 und 1988 in einer ausgesprochen konfliktreichen Phase mit zeitweise fast wöchentlichen Auseinandersetzungen um Jugendarbeit, um Wohnungs-, Zuzugs- oder Veranstaltungsprobleme in Stadt und Sperrgebiet, Wehrunterricht, Zulassungen zur Erweiterten Oberschule, Konflikte um ein Jugendrüstzeitheim in »Grenznähe«, Bildungsfragen u. a. m.

Um der Fairness und der Wahrhaftigkeit willen muss hier eine Zwischenfrage gestellt werden: Wo eigentlich schlagen sich in den zahllosen Untersuchungen der Wirksamkeit des MfS und seiner inoffiziellen Mitarbeiter solche differenzierten Urteile über Einzelpersonen nieder? In der Literatur jedenfalls sind sie mir kaum begegnet. Bedeutet es, »Vergangenheit aufzuarbeiten«, dass die Zugehörigkeit eines bestimmten Menschen zu einer Institution oder Partei oder seine Funktion innerhalb von DDR-Leitungsgremien oder des MfS schon ausreicht, nicht mehr nach seinem tatsächlichen Verhalten und seiner Einstellung zu fragen? Heißt das nicht, die Sicht der Verhältnisse und der Menschen vom Schwarz-Weiß-Denken der Partei einfach im Negativ zu übernehmen – und damit deren Irrtümer und Verzeichnungen in die Gegenwart zu übertragen?

Und liegt in solchem Verfahren nicht die Gefahr, nun wiederum vom Partei-buch her zu entscheiden, auch wenn damals »Schwarz« heute als »Weiß« gilt; was damals »reaktionär« hieß, heute *eo ipso* als »nach vorn schauend« und der Demokratie verbunden angesehen wird? Vor 1989 konnte das ganz anders aussehen.

11.3.4 Der Parteichrist und Gehilfe der Verführer

Hier soll Eberhard Sandberg, Vorsitzender des Bezirksvorstandes der CDU in Gera, vorgestellt werden. Immer verbindlich im Umgang mit jedermann, ver-tritt er die pseudochristliche Variante der SED-Politik, anknüpfend bei den angeblich »Kirche und CDU gemeinsamen humanistischen Zielen« und der »gemeinsamen Verantwortung für den Frieden«. Er versucht, kirchliche Ge-sprächspartner mittels Einladungen zu CDU-Parteikonferenzen, Angeboten von Freundschaftsreisen in die Sowjetunion – vorzugsweise Moskau – und durch Hilfsangebote in Konflikten mit dem Staat zu vereinnahmen, wofür der Eintritt in die CDU die Bedingung sein soll: »Einem Parteifreund N. N. kann ich viel wirksamer helfen als einem Superintendenten N. N.« Das misslingt. Allzu durchsichtig ist die »Werbung« eingefädelt. In den Akten fehlt sie.

Bei offiziellen Gesprächen versucht er, die sich auf Bibel und Bekenntnis berufenden Stellungnahmen der kirchlichen Vertreter zu Grund- oder Tages-fragen durch seine SED-nahe »christliche Überzeugung« auszuhebeln. (Mei-nes Wissens nahm er am Gemeindeleben so wenig teil wie an der Finanzierung kirchlicher Arbeit.) Ähnliches galt vom Vorsitzenden des Kreisvorstandes der CDU in Saalfeld, vom MfS als IM »Hans Schuster« geführt. Nach Auskunft seines Heimatpfarramtes zahlte er weder Kirchensteuern noch beteiligte er sich am Gemeindeleben.

Die Herren Sandberg und Kerl stehen hier als Beispiele für das politisch-operative Zusammenwirken der CDU mit dem MfS in der »Differenzierung und Polarisierung« kirchlicher Gruppen und Mitarbeiter.

11.4 Die Christlich Demokratische Union (Ost): IM-Einschleusungsraum in die Kirchen

Nahezu alle mir bekannten Einschleusungen von MfS-Gewährsleuten in die Kirche erfolgten über die CDU. Aber auch ganz harmlose »Nachrichtenquellen«, ahnungslose Kirchenälteste, die der CDU angehörten, wurden als IM registriert, »instruiert« und ausgenommen. So begegnet in den Akten als AIM »Fortschritt«[888] der Kirchenälteste Gustav Hagenberg, CDU-Mitglied, aber keineswegs eifrig in Erfüllung von Aufträgen.[889]

Auf dem Hintergrund solch persönlicher Begegnungen erhebt sich für mich die Frage, warum dem IM-Einschleusungskanal CDU nicht längst in einer Monographie über diese Funktion nachgegangen wurde. Hätte es eine öffentliche Diskussion darüber nicht spätestens 1990 angesichts der Entscheidung des amtierenden Bundeskanzlers Dr. Helmut Kohl geben müssen, alle Zuträgerparteien der SED, die von ihr sogenannten »Blockparteien der Nationalen Front«, im Volk »Blockflöten«, über Nacht in demokratische Parteien umzufälschen? Der »Blockflöten«-Begriff verharmlost den politischen Coup, der den keimhaften Anfängen der Demokratie auf dem Gebiet der ehemaligen DDR schweren Schaden zugefügt hat. Die Diskussion darüber wird ins Lächerliche gezogen und unterdrückt. Sie hätte vielleicht sogar mit einem Ergebnis enden können: einem öffentlichen Eingeständnis politischer Schuld zum Beispiel und einer Absage an die DDR-CDU, wie sie ehemalige CDU-Ost-Mitglieder von der PDS immer wieder in der PDS-SED-Diskussion verlangen. So wird im Nachhinein auch der politische Beitrag von einfachen CDU-Mitgliedern entwertet, die in der CDU-Ost eine »Fluchtpartei« sahen und in den ihnen gezogenen engen Grenzen hier und da eigene Positionen riskierten. Der CDU-»Apparat« bestand nach meinen Recherchen durchweg aus IM bis auf die Kreis- und z. T. auf die Ortsebene hinunter.

Diese überall vorhandenen und nach Aktenlage jederzeit einsatzbereiten Hilfstruppen der SED, des MfS und der Staatsorgane stellten ein republikweites Netz dar, dessen sich der Stab Mielke und seine Armee bedienten. Dass Polizei und Justiz sich solcher politisch-operativen »Waffenbrüderschaft« diensteifrig einfügten, mag verständlich erscheinen. Denn eine unabhängige Justiz war in der Diktatur des Proletariats konstitutionell nicht vorgesehen. Wer Gewaltenteilung forderte, galt als ideologischer Agent des Klassenfeindes.

---

[888] AIM = archivierter IM oder IM-Vorlauf (nach BStU-Abkürzungsverzeichnis [8]2007, 14). Im Bereich der HV A auch für »Austauschbarer Inoffizieller Mitarbeiter« gebraucht: Person außerhalb der DDR, deren Daten sich das MfS bediente.

[889] Vgl. dazu im Abschnitt 18.2, IMS/AIM »Fortschritt«.

Umso verwunderlicher, dass 1990 unter der Überschrift »Sicherheitspartnerschaft« ausgerechnet die Institutionen Polizei und Justiz beauftragt wurden, den Prozess der Entmachtung des Staatssicherheitsdienstes zu überwachen und zu sichern. Einige aus diesen »gesellschaftlichen Kräften« stellten sich tatsächlich ernsthaft zur Verfügung – wohl auch aus Unsicherheit über ihre Zukunft. Andere mussten erst mit obrigkeitlicher Nachhilfe zur Versiegelung der Aktenbestände gebracht werden.[890] Dass sie es dennoch taten, gehört für mich zu den selten bedachten Wundern der Wende – und ist mit dem Vorgang »Wendehälse« nicht hinreichend erklärt.

Die CDU indessen übertraf in ihrem Eifer, die Kirchen ihrer relativen Selbständigkeit zu berauben und sie zu einem willfährigen Werkzeug der »fortschrittlichen Kräfte« zu erniedrigen, zuweilen sogar die SED. Um das zu belegen, sei auf Aktivitäten Gerald Göttings verwiesen, der in dem Versuch der Gängelung der evangelischen Kirchen am weitesten ging. Dass er – wie die meisten Funktionäre der CDU – vom MfS als IM geführt wurde (Deckname »Göbel«), belegt nur, was schon vor 1989 am Tage war: In der CDU sah das MfS den wichtigsten Verbündeten der SED zur Unterwanderung und »Zurückdrängung« der Kirchen. Der CDU-Hauptvorstand, zu dem auch der thüringische Oberkirchenrat Gerhard Lotz gehörte, und die durch ihn bestimmte Politik gegenüber den Kirchen entsprachen passgenau dem kirchenpolitischen Programm der SED und ihrer Führung. Das wird vor allem an den Impulsen deutlich, die von der CDU-Führung selbst in die Kirchenpolitik der SED hineingegeben wurden.

Im Rahmen der Vorbereitung der neuen Verfassung der DDR 1968 empfahl Gerald Götting der SED als Vorsitzender des Hauptvorstandes der CDU und Stellvertretender Vorsitzender der CDU-Fraktion in der Volkskammer, den Geistlichen beider Kirchen einen Treueid auf die Verfassung der DDR abzuverlangen:[891] »Bereits am 3. Januar 1968 hatte sich Gerald Götting an Walter Ulbricht … gewandt, um Änderungsvorschläge zum Verfassungsentwurf zu unterbreiten.«[892] Unter diesen Vorschlägen findet sich auch, Geistli-

---

[890] Die Gruppe zur Stasiauflösung in Saalfeld berichtet: Der zuständige Kreisstaatsanwalt Franz erschien zwar in der Kreisdienststelle des MfS, weigerte sich aber, die Diensträume der Stasi zu versiegeln. Es bedurfte der unmittelbaren Anweisung aus der Regierung per Telefon (de Maizière) und der Vorsitzenden des Rates des Kreises, Frau Ludwig, ehe sich der Staatsanwalt zur Versiegelung bequemte. (Nach Wernicke: Auflösung, 102 ff.).

[891] Nach Dohle, Grundzüge, 28 f.

[892] Nach Dohles Quellenangabe: Beide Briefe in IML ZPA IV/A2/14/4, zitiert bei Dohle, a. a. O., 28 f.

che sollten vor ihrem Amtsantritt eine Loyalitätserklärung zur Verfassung der DDR abgeben.

>»Gerald Götting unterbreitete damit einen beachtlichen Vorschlag, der unter anderem auch positive Erfahrungen aus anderen sozialistischen Staaten enthielt. Die SED ist diesen Vorschlägen der im praktischen politischen Kampf eng verbündeten CDU nicht gefolgt, weil die grundsätzliche Entscheidung der evangelischen Kirchen in der DDR über ihre Haltung sich zwar seit längerem andeutete, aber noch längst nicht gefallen war ...«[893]

>»Den Kirchen in dieser Situation verfassungsrechtliche Garantien einzuräumen, hätte das Prinzip der Trennung von Staat und Kirche durchlöchert, hätte eine kirchliche Sonderstellung begründet, hätte im schlimmsten Fall Möglichkeiten eingeräumt, die mißbräuchlich im Sinne eines sozialismusfeindlichen Potentials nutzbar gewesen wären ... Die Einführung eines Loyalitätsversprechens für Geistliche bei Amtsantritt, etwa den in der VRU[894] und der CSSR üblichen Eid des Geistlichen auf die Landesverfassung, hätte von der politischen Hauptfrage, also der notwendigen Verselbständigung der Kirchen in der DDR abgelenkt und neue Fronten aufgerissen.«

Mangelnde Sensibilität für die eben erst überwundene Vergangenheit der Nazidiktatur, in der Geistlichen ein Treueid auf den Führer abgefordert wurde, ist das Geringste, was dem Leiter der CDU-Ost vorgeworfen werden muss. Seine Vorreiterrolle in dem Versuch, Christen und Kirchen gleichzuschalten, hatte auch zur Folge, dass die ohnehin vorhandene Skepsis gegenüber der CDU wuchs und damit ihr Einfluss – sowieso eher bescheiden – spürbar schwand.

Im Zusammenhang mit dem Vorschlag einer Pfarrervereidigung verweist Götting auf die »positiven Erfahrungen aus anderen sozialistischen Staaten«. Im Vergleich zu diesen konnten freilich die Kirchen in der DDR ihre Arbeit in ungleich größerer Freiheit tun. Ihre Mitgeistlichen etwa in der ČSSR und in Rumänien – dort vor allem in Siebenbürgen – standen auch mit ihrer Verkündigung und ihrem Dienst unter Aufsicht der örtlichen bzw. regionalen »Kirchensekretäre« der Partei.[895]

---

[893] Dohle versucht, eine innerkirchlich positive Entwicklung im Sinne der SED bei Schönherr nachzuweisen (Anm. 59 von Dohle a. a. O. auf Seite 10 der Anmerkungen): »Schönherr sah solche inhaltlichen Schritte u. a. in der Handreichung der EKU von 1959 ›Die Verkündigung des Evangeliums und das christliche Leben in der DDR‹. S. dazu Albrecht Schönherr: Um eine gerechtere und friedlichere Welt, in: Karl-Wolfgang Tröger (Hg.): Glaube und Weltverantwortung, Berlin 1987.

[894] Volksrepublik Ungarn.

[895] Freunde in der Evangelischen Kirche der Böhmischen Brüder erhielten ihr sehr niedriges Gehalt vom Staat, die Gemeinden durften es nicht durch Zuschüsse ergänzen. Im Konflikt konnten sie bis 1968 auf Vorschlag des örtlichen regionalen Kirchensekretärs der Partei sogar entlassen werden.

Das alles heißt im Klartext: Ebendie Partei, die sich gern als Interessenvertretung der Christen in der »sozialistischen Gesellschaft« ausgab, überholte hinsichtlich repressiver Pläne gegen die unabhängige kirchliche Arbeit zuweilen sogar Politbüro und Zentralkomitee der SED. Die CDU unter Gerald Götting versuchte, die direkte Kontrolle über den kirchlichen Dienst, wie sie von einigen kommunistischen Parteien Osteuropas ausgeübt wurde, gegenüber den Kirchen in der DDR mittels der SED einzuführen.

Zugleich aber ist festzuhalten: Dessen ungeachtet gab es in Kirchgemeinden, kirchlichen Dienststellen und Synoden redliche und politisch integere CDU-Mitglieder, die es ablehnten, dem MfS zu dienen.[896] Manche waren aus beruflichen Gründen in die »Blockpartei CDU« eingetreten, um dem SED-Eintritt zu entgehen, z. B. Juristen.[897] Auch ihre Rolle in der Auseinandersetzung zwischen Staat und Kirche und ihr Verhalten im »Bündnisfall« können nur von Einzelfall zu Einzelfall beurteilt werden.

Folgenreicher als die politisch radikalen Vorstöße der CDU-Führung im Block der »Nationalen Front« erwies sich die praktische Funktion der CDU als Einschleusungsraum für inoffizielle Mitarbeiter des MfS in Kirchgemeinden, Regionalgremien und Kirchenleitungen.[898]

11.5 Bündnispartner der SED: CDU u. a.

Welche Rolle gegenüber den Kirchen hatte die SED nach den Unterlagen des MfS den Blockparteien, insbesondere der CDU, zugedacht und wie verhielten sich deren Führung und Mitglieder zu den damit verbundenen Auflagen und Erwartungen? In das POZW, das *»politisch operative Zusammenwirken«* zwischen Staatsorganen und MfS, waren alle Parteien und *»Massenorganisationen«* fest eingebunden. In der Auseinandersetzung mit den Kirchen galt in der Sicht der SED vor allen anderen die CDU als zuverlässiger Bündnispartner.[899]

---

[896] Dr. Gottfried Müller, Leiter der Pressestelle der Ev.-Luth. Kirche in Thüringen, V-IM »Autor« (Vorlauf zur Gewinnung), 1977 erster Werbungsversuch; gibt Niederschrift an Bischof; wird dennoch weiter bedrängt. 1983 lehnt er erneute Bitte: »Vertrauen wagen!« ab. Wird erst am 16.04.1986 archiviert: »Zusammenarbeit nicht zustandegekommen« (so wörtlich auch bei Braecklein). »Informiert den Bischof« (BV Gera X/382/77).

[897] Als integerer Jurist hat sich Rechtsanwalt Lothar de Maizière, registriert als IM »Czerny«, als Synodaler des BEK für dessen Interessen eingesetzt. Gegen ihn nach 1889 erhobene Spitzelvorwürfe oder Mandantenverrat konnten nicht belegt werden.

[898] Vgl. Abschnitt 17.6, die spektakulären Fälle von KKR/OKR Martin Kirchner und OKR Wolfram Johannes.

[899] Dohle: Grundzüge, 9.

»Der beispielhafte Einsatz der Kräfte der CDU« wird u. a. in den »Grundzügen der Kirchenpolitik der SED zwischen 1968 und 1978«[900] lobend hervorgehoben und betont:

> »… ohne deren tagtäglichen, mühevollen und engagierten Einsatz wäre jener kirchenpolitische Fortschritt nicht erreichbar gewesen, der sich am Ende des Untersuchungszeitraumes eingestellt hat. Und so steht der Dank für diese Kräfte zugleich als Forderung an, ihre Geschichte in weiterführenden wissenschaftlichen Arbeiten darzustellen, zumal diese Kräfte am Beginn des Untersuchungszeitraumes mit hoher Argumentationsfähigkeit auf die theologische und organisatorische Selbstständigkeit der Kirchen in der DDR hinwirkten.«[901]

Deshalb erscheint ein Vorgang als höchst erstaunlich, der die Politik hierzulande immer noch prägt: die wundersame Wandlung der CDU von der SED-Fangfalle für Christen und IM-Schleuse zu einer »demokratischen Partei« westlichen Typs.

In einer »Information über beachtenswerte Aspekte des aktuellen Wirksamwerdens innerer, feindlicher, oppositioneller und anderer negativer Kräfte in personellen Zusammenschlüssen« (Berlin 01.06.1989)[902] der »Zentralen Auswertungs- und Informationsgruppe« des MfS wird nach einer breit angelegten Darstellung der neu entstandenen *»personellen Zusammenschlüsse«* – womit politisch zielgerichtet arbeitende Gruppen innerhalb der evangelischen Kirchen gemeint sind – ein Maßnahmenkatalog aufgestellt, mittels dessen man der Entstehung *»antisozialistischer Gruppierungen«*, wie alle Reformgruppen genannt wurden, Herr zu werden hoffte.

In diesem strategischen Maßnahmenkatalog findet sich die CDU an erster Stelle unter den *»befreundeten Parteien und gesellschaftlichen Organisationen«* von denen erwartet wird, dass sie sich als zuverlässige Helfer bei der *»Unterbindung des Wirksamwerdens«* der neuen Gruppierungen erweisen:

> »Bei Beachtung der Entwicklung und Aktivitäten in der DDR existierender personeller Zusammenschlüsse wird vorgeschlagen:

---

[900] A. a. O., 9.

[901] Ebd. in Anm. 13 listet Dohle 1988 (also *vor* der Revolution) auf, was überfällig sei: »Anzumahnen wären hier beispielsweise historische Arbeiten zum Wirken der Kirchlichen Bruderschaft Sachsens oder der Gossner Mission in der DDR … überhaupt die kirchenpolitisch wirksame Berichterstattung des Zentralorgans der CDU ›Neue Zeit‹, von ›Glaube und Gewissen‹, Evangelisches Pfarrerblatt und Standpunkt« – die ganze Phalanx SED-Verbündeter gegen die Kirche.

[902] MfS, ZAIG, Nr. 150/89.

1. Unter Führung der Partei sollte durch ein noch einheitlicheres und konzeptionell gesichertes politisch-ideologisches und operatives Zusammenwirken und Vorgehen aller zuständigen staatlichen Organe und einzubeziehenden gesellschaftlichen Organisationen und Kräfte der weiteren Profilierung bestehender und der Bildung neuer derartiger personeller Zusammenschlüsse, Gruppierungen und Gruppen konsequent entgegengewirkt und Maßnahmen der Sicherheitsorgane zur Zersetzung und Auflösung derselben und zur Paralysierung von diesen ausgehender antisozialistischer Aktivitäten differenziert wirkungsvoll unterstützt werden.

... Dabei sollte schwerpunktmäßig das Vorgehen abgestimmt und festgelegt werden hinsichtlich

– des gezielten anlaß- und personenbezogenen Einsatzes staatlicher und gesellschaftlicher Kräfte (bei Nutzung auch aller Formen der politischen Massenarbeit, der vielfältigen Möglichkeiten der befreundeten Parteien, besonders der CDU und der gesellschaftlichen Organisationen) zur vorbeugenden Einschränkung und Unterbindung des Wirksamwerdens in solchen Gruppen/Zusammenschlüssen agierender Personen,

– der umfassenderen Unterstützung progressiver innerkirchlicher Zusammenschlüsse (u. a. Christliche Friedenskonferenz, Weißenseer Arbeitskreis, Sächsische Bruderschaft), mit dem Ziel, sie noch stärker in den Prozeß der politischen Auseinandersetzung mit feindlichen, oppositionellen Kräften einzubeziehen ...«[903]

11.5.1

CDU-Bezirksvorstände in Gera, Erfurt und Suhl müssen als solche ergebenen Bündnispartner gelten. Dazu wird auf das oben angeführte Beispiel einer misslungenen Werbung durch den Bezirkssekretär der CDU in Gera, Eberhard Sandberg, verwiesen.[904] Um staatliche Stellen von der Redlichkeit und Sachlichkeit z. B. der Arbeit der Jungen Gemeinde in Saalfeld zu überzeugen, war dieser zu einem Junge-Gemeinde-Abend eingeladen worden, wo er die Position der CDU darstellen konnte. Danach zeigte er sich überrascht von der Aufgeschlossenheit der jungen Menschen, hat sich aber niemals spürbar für sie eingesetzt.

11.5.2

Der Leiter des Kreissekretariates der CDU Weimar, führte nach dem Überfall des Warschauer Paktes auf die ČSSR am 21.08.1968 im Auftrage des MfS u. a. Beschwichtigungsgespräche mit Pfarrern der Superintendentur Weimar. Diese hatten sich mit einer Kanzelabkündigung gegen die Beteiligung von NVA-Einheiten an der sowjetischen Okkupation zur Niederschlagung des »Prager Frühlings« im Nachbarland ausgesprochen und zur Fürbitte für die Gemeinden in der ČSSR aufgerufen. Der CDU-Kreisvorsitzende versuchte,

---

[903] Zit. nach Mitter/Wolle: »Ich liebe euch doch alle«, 54.
[904] S. o. Abschnitt 11.3.

ihnen die Notwendigkeit des Einmarsches zu begründen und sie von weiteren Protesten abzuhalten. In der kurzen konfrontativen Diskussion vertrat er die SED-Position vorbehaltlos. [905]

11.5.3   Das Kreissekretariat der CDU in Saalfeld, geleitet von Werner Kerl (geführt als IM »Hans Schuster«),[906] diente als Abschöpfungsort für das MfS unter den dort vorsprechenden CDU-Mitgliedern bzw. deren Familiengliedern. Als beauftragter Abschöpfer fungierte wohl vor allem der Leiter. Im OV »Synodaler« werden Reaktionen auf die Verleumdungskampagne des MfS gegen einen missliebigen Synodalen von Mitarbeitern und Besuchern des CDU-Kreissekretariates per (vermutlich heimlich laufendem) Tonband gesammelt und weitergeleitet.

11.5.4   Treue CDU-Mitglieder, die gegenüber ihrer Gemeinde und ihrer Kirche völlig loyal waren, wurden ohne ihr Wissen als IM missbraucht. Ahnungslose CDU-Mitglieder unter Kirchenältesten und Gemeindegliedern, die gar nicht daran dachten, dem MfS Zuträgerdienste leisten zu wollen, wurden ohne ihr Zutun und ohne Verpflichtung als IM registriert. Eingesetzt wurden sie vorzugsweise in den »Arbeitsgruppen Christliche Kreise«.

11.5.5   *Fallbeispiel: Arbeitsgruppe »Christliche Kreise«*

Der Name »Christliche Kreise«, für eine Arbeitsgruppe innerhalb der »Nationalen Front«,[907] soll zu der Annahme verführen, es handle sich um eine Gruppe von Christen. In Wahrheit tarnt der Name ein Machtinstrument in der Hand von SED und Stasi, das herbeigezaubert wird, wenn es aus der Sicht des

---

[905] BStU MfS BV Gera, AOP 659/77, Bd. I, 152: Die »Quelle« wird nicht angegeben. Da aber nur der Kreisvorsitzende der CDU Weimar nach dem 21.08.1968 mit dem Verf. in Sachen ČSSR gesprochen hat und sich die Aktennotiz in den Operativakten des OV »Ufer« findet, ist belegt, dass auch er für das MfS tätig war. Er meldet der KD des MfS in Weimar: »Pfarrer Grosse aus Tannroda erklärte, daß er Grundsatzfragen nur im Beisein seines Superintendenten bespreche. Nach seiner Meinung ist es ein großer Fehler, daß sich die DDR in der ČSSR beteilige. Von seinen Amtsbrüdern aus der ČSSR weiß er, daß es noch viele Vorbehalte gegen die Deutschen gebe und daß das bisher errungene Vertrauen wieder verloren gehe.« Korrekt!

[906] BStU ASt Gera, Schrb. 001402/02G vom 21.08.2007 zur Klarnamenermittlung.

[907] »Nationale Front« hieß die Zusammenfassung aller »fortschrittlichen Parteien und Organisationen«.

MfS nötig erscheint, z. B. wenn Christen, mit Vorzug kirchliche Mitarbeiter, »einzubinden« oder zu »disziplinieren« sind. Ein »Operativplan«[908] in S. lässt erkennen:

- Die AG »Christliche Kreise« wird einberufen, wenn es der SED nötig erscheint.
- Sie fungiert als ausführendes Organ von SED und MfS im Rahmen der »Nationalen Front« und hat die Aufgabe, Christen in die gesellschaftliche Arbeit »einzubeziehen«, in Wahrheit, sie auf diese Weise zu »disziplinieren«.
- Die Mitarbeit der CDU und ihre teilweise Federführung *in actu* hat Tarnfunktion.

Innerhalb einer Zersetzungsoperation ist die Arbeitsgruppe nur Mittel zum Zweck:

> »Die Tätigkeit der Arbeitsgruppe ›Christliche Kreise‹ ist so zu gestalten, daß sie über einen längeren Zeitraum arbeitsfähig ist und abrechenbare Ziele gestellt werden. Es ist zu erreichen, kirchliche Amtsträger, besonders … aktiv in die Arbeit einzubeziehen.
> Termin: laufend
>
> Verantwortlich: Oltn. Türk«[909]

Für die »*Arbeitsfähigkeit der Gruppe*« und für die Einbeziehung der kirchlichen Vertreter ist der Leiter der MfS-Kreisdienststelle verantwortlich!

Die Arbeitsgruppe »Christliche Kreise« stellte also keine Interessenvertretung der Christen in der sozialistischen Gesellschaft dar, sondern setzte sich unter Dominanz der SED aus den Vertretern der »Blockparteien«, des Kulturbundes, der Räte der Kreise und des MfS zusammen. Das MfS wirkte federführend im operativen Bereich.

Im vorliegenden Falle war ein ganzer Konvent zur »Mitarbeit« gedrängt worden, hatte ergangene Einladungen erörtert und seine »Vertreter« selbst bestimmt. Sie wurden beauftragt, Konfliktfragen in Schulen und Veranstaltungsprobleme einer Lösung zuzuführen. Von vornherein konnte vermieden werden, dass das MfS einen Keil in die Konventsgemeinschaft trieb. Staatsvertreter mussten Rede und Antwort stehen. Im Klartext: »Christliche Kreise« bestanden in der Mehrzahl aus Nichtchristen und nahmen die Christen ins Visier. Diese konnten zuweilen die Gruppe umfunktionieren.

---

[908] BStU MfS BV Gera, AOP 659/77, Bd. I, 32, Operativplan zur weiteren Bearbeitung des OV ›Ufer‹, Reg.-Nr X/183/71 der MfS-Kreisdienststelle Saalfeld.

[909] A. a. O., 33.

Fallbeispiel: CDU-Presse als Mittel zur Zersetzung von Geistlichen[910]

Wollte die SED verdeckte Attacken gegen kirchliche Mitarbeiter reiten, bezog sie die CDU-Presse ohne viel Federlesens in ihre Pläne ein. Über eine Absprache zwischen Oltn. Hermann von der Abt. XX/4 und dem Gen. Stöckert von der SED-Bezirksleitung in Gera findet sich eine Niederschrift vom 11.06.1974.[911] SED, MfS und CDU planen, dass mit Hilfe der Arbeitsgruppe »Christliche Kreise« innerhalb der »Nationalen Front« der Superintendent G. in S. vor der Volkswahl 1974 und dem 25. Jahrestag der DDR

> »zu einer Stellungnahme gezwungen werden muß. Diese positiven Aussagen sollen dokumentiert und publiziert werden … Sollte sich G. gegen positive Stellungnahmen aussprechen, dann sind seine negativen Argumente zu dokumentieren. Es wurde mit dem Gen. Stöckert abgesprochen, über die CDU-Presse ›Thüringer Tageblatt‹ und den verantwortlichen Redakteur, Karl-Heinz Friedrich, ein Interview mit Superintendent G. in Vorbereitung auf den 25. Jahrestag vorzubereiten und entsprechend unserem Vorhaben zu publizieren. Die Gesamtkonzeption für den Text wird in einer gemeinsamen Beratung am 13.06.1974 zwischen dem Genossen Stöckert und Unterzeichnendem erarbeitet.«

In dieser Absprache ist die Machtverteilung offensichtlich. Das MfS dirigiert: »Dabei wurde unser Standpunkt bezüglich Behandlung und Auftreten von Sup. G. dargelegt und Einverständnis erzielt.« Die Partei »sichert Unterstützung zu«. Über die CDU-Presse wird als Sprachrohr einfach verfügt. Sie hat nur noch »entsprechend unserem Vorhaben zu publizieren«.

Eine Nebenbemerkung fällt auf. Die SED-Bezirkszeitung scheidet als Plattform aus: »Jedoch ist eine Publikation in der ›Volkswacht‹ nicht möglich.«[912] Dieser Schachzug soll die Leser über die eigentlichen Urheber der »Stellungnahme« täuschen: SED und MfS treten erst gar nicht in Erscheinung, wohl aber eine CDU-Tageszeitung, die mangels anderer Möglichkeiten von vielen Gemeindegliedern der evangelischen Kirche gelesen wird und bei der die SED offenbar von problemlosem »operativen Zusammenwirken« ausgehen kann. In solch unheiliger Dreieinigkeit soll eine Dreifachfalle aufgestellt werden:
– Liefert der Bedrängte das gewünschte Interview – hat er auf dessen Endredaktion keinen Einfluss und läuft Gefahr, falsch zitiert zu werden. Richtigstellungen von Verzeichnungen oder falscher Wiedergabe des Gesagten, wenn er sie denn versucht, werden nicht gedruckt. Sollten sie doch ge-

---

[910] BStU MfS BV Gera, AOP 659/77, Bd. I, 32–37.
[911] BStU MfS Gera, a. a. O., 208.
[912] Ebd.

bracht werden, erscheinen sie nach dem Bericht irgendwann im Kleinge-
druckten und werden deshalb von kaum jemandem zum verfälschten Text
in Beziehung gesetzt.

– Bleibt der zu Interviewende ausschließlich kritisch, also »feindlich-negativ«, hat der Kommentator jede Handhabe, auf dieses feindliche Element
hinzuweisen und furchtsame Leute vor allzu großer Nähe zu dem Verfemten zu warnen.

– Gelingt es dagegen, dem Delinquenten eine »konstruktiv-positive« Stellungnahme abzuringen, wozu u. U. schon ein freundlich einleitender Satz
der Höflichkeit ausreichen kann, erhoffen sich ihre Verursacher im Hintergrund, dass kritische Leser unsicher werden und das Vertrauen, das der
Interviewte sehr zum Ärger der Partei und ihrer Helfershelfer genießt, erheblich Schaden nimmt.

Das Interview selbst kommt durch Einspruch der SED wegen des konfrontativen Verlaufs der Arbeitsgruppensitzung gar nicht erst zustande.

11.5.6   Die Fäden zieht das MfS

Unmittelbar vor oben beschriebener Zusammenkunft der »Arbeitsgruppe
Christliche Kreise« berät der Leiter der MfS-Kreisdienststelle Oltn. Türk mit
der Abt. XX/4 der Bezirksverwaltung des MfS, Oberstleutnant Schleitzer, zum
Op.-Vorgang »Ufer« noch einmal.[913] Ziffer 2 des Protokolls lautet:

»In Absprache mit Stellv. Inneres beim Rat des Kreises S. wird veranlaßt, den Sup. G.
anläßlich der Zusammenkunft der Arbeitsgruppe ›Christliche Kreise‹ am 16.5.74 in S.
zu einer positiven Stellungnahme betr. der Wahl am 19.5.74 zu bewegen.
   Nimmt der Sup. hierzu keine Stellung, wird die Verabschiedung eines Aufrufes an
die sozialistischen Staatsbürger christlichen Glaubens, am 19.5.74 den Kandidaten der
Nationalen Front ihre Stimme zu geben, vorgeschlagen und bei Einverständnis realisiert. Hierüber ist nach Rücksprache mit der SED-Kreisleitung in der Volkswacht (spätestens am 18.5.74) ein Artikel zu veröffentlichen, wo evtl. positive Aktivitäten des Sup.
G. hervorzuheben sind.
   Auch bei ablehnender Haltung des Sup. G. ist ein Artikel zu veröffentlichen, der
den Namen des Sup. hervorhebt und der geeignet ist, ihn Angriffen seitens negativer
klerikaler Kreise auszusetzen.
   Ein negatives Auftreten des Sup. ist in jedem Falle zu dokumentieren.
   Verantw. Oltn. Türk

---

[913] BStU MfS BV Gera, AOP 659/77, Bd. I, 32–37.

3. Es wird über eine noch von der KD S.[914] zu gewinnende inoffizielle Quelle veranlaßt, eine wie unter Punkt 2 genannte Veröffentlichung in der CDU-Zeitung zu verbreiten. Verantw. Oltn. Türk ...

Nach der Veröffentlichung des bewußten Volkswacht-Artikels werden dem Sup. G. anonyme Schreiben (von Mitarbeitern der KD verfaßt) mit Beschimpfungen bzw. Drohungen übersandt ...«

Als Meister des Intrigenspiels zeigen sich die Partner im »politisch-operativen Zusammenwirken« und das MfS ist mit mehreren IM mit im Geschäft. Da aber der Ahnungslose mit seiner Meinung zu den Wahlen nicht hinter dem Berge hält und andere ihm beipflichten, erscheint ein Interview mit ihm als nicht mehr brauchbar.

Außer der fugenlosen Einbindung der CDU in das Ränkespiel der SED und ihres Sicherheitsdienstes ist an dem Vorgang bemerkenswert: Die als Vereinnahmungsinstrument konzipierten »Christlichen Kreise« wurden in S. seitens der kirchlichen Mitarbeiter in Foren kritischer Auseinandersetzung umfunktioniert. Damit verlor die SED das Interesse an dieser Form misslungener »Einbeziehung« dort und ließ die Arbeitsgruppe einschlafen.

11.6 Die Schleuser

Als Schleuser müssen m. E. gelten: CDU-Hauptvorstand, CDU-Bezirks- und Kreisorganisationen. Für die Einschleusung von MfS-Mitarbeitern »im besonderen Einsatz« (IME, OibE) und IM allgemein in Gemeinden und Leitungsgruppen der Kirche werden unter Mithilfe der CDU Berufswege entwickelt, um die Maulwürfe als kirchlich sozialisiert und deshalb als politisch unverdächtig erscheinen zu lassen.[915] In den mir bekannnten thüringischen Fällen spielt die CDU dabei eine Schlüsselrolle im Doppelsinne: »Schlüsselpositionen«[916]

---

[914] MfS-Kreisdienststelle Saalfeld.

[915] Im Zusammenhang dieser Arbeit wird der spektakuläre Fall des Konsistorialpräsidenten Detlef Hammer, Magdeburg, nur erwähnt, nicht erörtert, weil es um einen Fall innerhalb der Kirchenprovinz Sachsen geht und die Studie von Harald Schultze und Waltraud Zachhuber seit 1994 verfügbar ist. Sie enthält alle bisher erreichbaren Informationen und stellt sie in größere Zusammenhänge (s. Abschnitt 24.3), Harald Schultze/Waltraud Zachhuber: Spionage gegen eine Kirchenleitung: Detlef Hammer, Stasi-Offizier im Konsistorium Magdeburg. Gespräche, Dokumente, Recherchen, Kommentare, Magdeburg1994.

[916] Taktischer Begriff des MfS in der Einschleichpolitik. Auseinandersetzungen durch IM in die zu bearbeitenden Institutionen oder Gruppen verlagern, nicht mehr von außen her angreifen.

der CDU auf Kreis-, Bezirks- und Republiksebene waren in der Hand von Funktionären, die als IM geführt wurden. So konnte ohne politische Widerstände von dieser Seite die Einschleusung von Agenten in die Kirchen generalstabsmäßig geplant, personell vorbereitet und mit einem Anschein von »Demokratie« durchgeführt werden.[917]

Sowohl der CDU-Funktionär Martin Kirchner als auch der Kirchenjurist Wolfram Johannes wurden nach Aktenlage über die CDU zu Kirchenjuristen »entwickelt«[918] und in die Landeskirche Thüringen eingeschleust.[919] Die beschriebenen Anpirschwege entwickelte das MfS in fast 40 Jahren und baute sie ständig aus. Dennoch wusste jeder Bürger der DDR um die Nähe der Stasi und blieb grundsätzlich misstrauisch. Warum führten Werbungsversuche doch immer wieder zum Erfolg? Weil kaum eine Werbung ohne Täuschung, sondern meist »legendiert« ablief.

11.7 Legendierung

MfS-Leute tarnten sich u. a. als willige Helfer, vertrauenswürdige Makler, solide Klienten, nette Patienten, freundliche Kollegen und als Seelsorge-Suchende.[920] Hinter dem harmlosen Begriff »Legendierung« verbergen sich ausgeklügelte Täuschungsmanöver, menschenverachtende Verführungen,[921] dreiste Lügen und schlichte Erpressungen. Das geht aus einem *»Überprüfungsbericht zum Angriff des Sup. Große, Saalfeld gegen das MfS – besonders gegen den Mitarbeiter Lerch/KD Saalfeld …«*[922] vom 30.05.1985 hervor:

»Bei der Aufklärung von IM-/GMS-Kandidaten zur Bearbeitung dieses politisch-operativen Schwerpunktbereiches[923] ist davon auszugehen, daß kirchliche Amtsträger im Sup.-Bereich Saalfeld langfristige Maßnahmen eingeleitet haben, um Quellen des MfS

---

[917] Vgl. Abschnitt 17.5.2: Fritz Flint als eifriger Werber für die Sache des MfS.

[918] Vgl. dazu Abschnitte 17.5.2, II und III, 501 ff.

[919] Beide Vorgänge werden unter Abschnitt 17.6.3 und 17.6.4 näher untersucht.

[920] Als ein Beispiel für eine zunächst wirksame, weil im Zusammenhang mit einem tragischen Suizid eingefädelte Legendierung vgl. Fallbeispiel: Ein Anwerbungsversuch wird als Hilfersuchen »legendiert«.

[921] Das Verfahren »Romeo und Julia« vom Markus Wolf: über einsame Sekretärinnen an einflussreiche Personen herankommen. Die Frauen werden zur Politintrige skrupellos missbraucht.

[922] BStU MfS BV Gera, A 1488/88, Bd. II, 155.

[923] Meint den »politisch operativen Schwerpunktbereich evangelische Kirche/JG« in und um Saalfeld.

zu entlarven und die dabei erarbeiteten Informationen zu nutzen, um die Arbeit des MfS zu diskreditieren.

Das stellt höchste Anforderungen an eine langfristige Vorbereitung geeigneter Kandidaten, erfordert bestätigtes Vorgehen in der Kontaktierungsphase und die Arbeit mit Legenden, um unsere Zielrichtung nicht zu offenbaren…

Dabei geht es um die direkte Bearbeitung mit eingeführten IM – nicht um Randprobleme – wie z. B. ihr Auftreten bei Predigten, in der JG[924] usw.«

11.7.1   Unter dem Vorwand, Rechtsverletzungen untersuchen zu müssen, wird die vorgesetzte Dienststelle eines Beschuldigten kontaktiert und – angeblich im Sinne des beschuldigten Mitarbeiters – um Diskretion gebeten. Kontakte werden wiederholt. Z. B. wird Superintendent Braecklein, Weimar, anlässlich der Verhaftung von Studentenpfarrer Martin Giersch, Weimar, im Juli 1957 von MfS-Offizieren aufgesucht, die sich als Mitarbeiter des MdI vorstellen, ihn tatsächlich aber durch wiederholte, stets legendierte Kontakte »allmählich herüberzuziehen« versuchen.[925]

11.7.2   Nachbarschaftsbeziehungen werden über längere Zeiträume in ein Abhängigkeitsverhältnis überführt, sobald eine »Vertrauensbasis gewachsen ist«. So wird der IM »Tomaschewski«[926] durch seinen bei der Stasi tätigen Gartennachbarn allmählich gewonnen. Später soll er durch Bewerbung um eine Pfarrstelle in die Superintendentur einer seit Jahren ergebnislos bearbeiteten Zielperson eingeschleust werden. Daraus wird nichts, weil nur eine Pfarrstelle im Grenzgebiet frei ist.

11.7.3   Aus Sportkameradschaften werden durch MfS-Leute Freundschaften entwickelt, so dass man über vieles »zwanglos« miteinander reden kann, auch einmal seinen Ärger über Vorgesetzte los wird und so Angriffsflächen freilegt, die dann in koordinierten Zersetzungsaktionen ausgenutzt werden: IM »Manfred Rilat«.[927] Dieser freundliche IM hat zwar seinem Sportsfreund mehr oder weniger eifrig berichtet, aber auch das »Opfer« über sonderbare »Freunde« informiert, die zu dessen rascher Zersetzung helfen sollten. Für dieses Verhalten gibt es nur zwei Erklärungsmöglichkeiten: Entweder war da ein Rest Verant-

---

[924] »JG« heißt »Junge Gemeinde«.
[925] In Abschnitt 17.6.1.
[926] Reg.-Nr. X/100/68.
[927] Reg.-Nr. X/133/67.

wortungsgefühl und die Information stellte eine ernstgemeinte Warnung dar, oder sie sollte innerhalb der Verunsicherungsaktion den Druck erhöhen. Die vorhandenen und zugänglichen Unterlagen verschweigen eine Antwort. Der als IM Geführte ist verstorben.

Hermeneutische Zwischenbemerkung:
Die harmlose Bezeichnung »mittels Legendierung kontaktiert« verdeckt, auf welch ausgeklügelte Weisen und vielfältigen Wegen sich die angehenden »Führungsoffiziere« in das Umfeld der Umworbenen einschlichen. Sie näherten sich ihrem Opfer nach Möglichkeit völlig unauffällig, um es »sich vertraut zu machen«. Ebendiese »Genossen« verteilten dann disqualifizierende Bemerkungen über die von ihnen »Geworbenen«, sobald diese aufmerksam wurden und sich dem Drängen zu entziehen suchten, um ihrem Gewissen zu folgen. Sie nannten solcherart Widerstrebende oder Aussteiger »unehrlich und unzuverlässig«.

11.7.4   Für ihre Kunst der Seelenverformung mit zuweilen tödlichem Ausgang[928] wurden künftige »Führungsoffiziere« eigens »geschult«, akademisch sogar – in einer »Hochschule«, die wie zum Hohn »Juristische Hochschule« genannt wurde. Was hat die Einübung von arglistigen Täuschungen und das psychologische Training für die Unterwerfung von ahnungslosen Menschen mit Recht oder gar Rechtspflege zu tun? Denn genau das mussten die künftigen »Führungsoffiziere« lernen: MfS-spezifische verdeckte Anwerbungsversuche nach vorausgehender psychologischer Analyse und eingehenden biographischen Recherchen auf die zu werbende Person individuell so zuzuschneiden, dass diese nicht mehr zwischen eigenem Wollen und Fremdeinfluss zu unterscheiden vermochte.[929]
Das aber heißt: Nicht die Arglosigkeit der Kontaktierten, sondern die gewissenlose Täuschung der Zielpersonen durch die mit allen Mitteln und Tarnungen sich anpirschenden Stasidiener ermöglichte in vielen Fällen überhaupt erst »Kontakte«. Die in allzu schnellen Urteilen über vermeintliche oder wirkliche IM erkennbare Vorstellung von Werbungen ist die des kleinen Max, wie er sich »die Stasi« vorstellt: »Guten Tag, wir kommen von der Stasi und wollten mal fragen, ob Sie nicht ein bisschen für uns arbeiten wollen.«

---

[928] S. Abschnitt 24.3.
[929] »Das Zurechtfinden in den motivierenden Erscheinungen … und das Einflußnehmen auf sie gehört zum täglichen Handwerkszeug des Tschekisten«. BStU ZA, JHS 24446, Potsdam 1985, 11.

Bei der Wahl der geeigneten Kontaktstellen zur »Werbung« zeigte sich das MfS als nicht besonders zimperlich. Es zählte nur, ob sich der erwünschte Zugang zu den Zielpersonen und ihrem Umfeld ermöglichen ließ oder nicht. Auch die Wahl dieser Mittel muss bedacht werden, wenn wir uns den in den Akten ehemals verborgenen Abläufen zu nähern und sie zu verstehen suchen.

12. Kontaktstellen für das MfS

Es gab vielerlei Kontaktgelegenheiten für das MfS. Aus dem großen Feld der Möglichkeiten können nur wenige Beispiele typischer Anwerbungssituationen aufgelistet werden.

- Dienstreisevorbereitungen hielten die Werber im »Grenzland DDR« (möglicherweise aus eigener Reisesehnsucht) für den leichtesten Zugang – eine DDR-spezifische Erpressungsmethode?[930]
- Wirtschaftliche Schwierigkeiten ausnutzen (Bischofswahl in Thüringen 1976);[931]
- Familienfeiern uneingeladen besuchen (z. B. Geburtstage);[932]
- berufliche Funktionen in Betrieben missbrauchen.[933]

Eins davon wird ausgeführt.

Fallbeispiel: Missbrauch von betrieblichen Kontakten

Der Kirchenälteste Uwe Scheer,[934] Unterwellenborn, tätig als Leiter der Technischen Kontrollorganisation (TKO)[935] im VEB Carl Zeiss, Betrieb Saalfeld,

---

[930] BStU MfS BV Gera, A 1488/88, Bd. II, 7 und BStU MfS BV Gera, OV »Stänker«, Bd. I, 43 f.: »Es wird bewusst auf ›vertrauliche Beziehungen‹ hingearbeitet. Vorurteile gegenüber unserem Organ sollen langsam abgebaut werden … Nach längerfristiger ›Gewöhnung‹ an diese Gespräche ist die Überleitung in eine inoffizielle Nutzung anzustreben«, schreibt Hauptmann Artur Hermann, der die Gespräche selbst fortzusetzen beabsichtigte, aber wegen sofortiger Dekonspiration vor Mitarbeitern und LKR aufgab.

[931] Vor der Wahl eines neuen Landesbischofs in Thüringen wurden Synodale mit allen Mitteln unter Druck gesetzt, den Kandidaten zu wählen, von dem sich der Staat besonders gute Beziehungen erhoffte. So drohte man dem selbständigen Handwerker F. aus S. ein Verfahren wegen Steuerhinterziehung an, wenn er nicht dem vom Staat favorisierten Kandidaten seine Stimme gäbe.

[932] Gespräch des Konsynodalen F. mit dem Verf. während der Wahlsynode der Ev.-Luth. Kirche in Thüringen, Dez. 1976.

[933] S. o. Ähnlich Frau Dr. G., S. die ein »Arztkollege« bittet, persönliche Kontakte zu ihrem Ehemann, Superintendent in S., herzustellen, in dessen privates Umfeld die Stasi einzudringen suchte.

[934] Der Vorgang wird mit Zustimmung des Betroffenen wiedergegeben.

[935] TKO hatte die Gütekontrolle der Produkte des Betriebes durchzuführen und zu verantworten.

wurde innerhalb seiner beruflichen Zuständigkeit ständig vom MfS überwacht und hatte an Sicherheitsberatungen teilzunehmen in Anwesenheit mindestens eines Mitarbeiters der Staatssicherheit. Dies war ihm bekannt. Herr Scheer konnte aber zu dieser Zeit nicht wissen, dass er vom MfS als IM/IME[936] »Heinze« und »Hoffmann« geführt wurde.[937] Als von Seiten des SSD Fragen zu seiner ehrenamtlichen kirchlichen Arbeit an ihn gerichtet wurden, lehnte er jede Auskunft ab. Das belegt ein »*Treffbericht*« in seiner Akte vom 19.04.1984, der zur »*Abschöpfung des IME zur Einschätzung der Lage im Verantwortungsbereich*« vom Führungsoffizier erstattet wurde.[938] Darin heißt es ausdrücklich:

> »Bei der Informationsgewinnung zur Problematik Kirchentätigkeit/JG muß mit dem IME langsam und kontinuierlich gearbeitet werden, da der IME äußerst feinfühlig und verletzbar eingeschätzt werden muß.«

Ein weiteres Schriftstück der IME-Akte fügt am 27.07.1988[939] warnend hinzu:

> »Es muss eingeschätzt werden, daß der IME bei der Berichterstattung zur Problematik Kirche nur bedingt ehrlich ist und nur oberflächlich informiert.«

So viel zum Missbrauch beruflicher Kontakte, die das MfS ungefragt herstellte und in allen volkseigenen Betrieben »*zur Absicherung des Verantwortungsbereiches*« als Regelfall durchführte.

Leider hatte dieser Missbrauch für den Betroffenen später bittere Folgen: Nach 1989 wurde Herr Scheer zum Beigeordneten des Bürgermeisters berufen und zur eidesstattlichen Versicherung aufgefordert, nicht mit der Stasi zusammengearbeitet zu haben. Weil er um die von ihm nicht herbeigeführte Anwesenheit der SSD-Leute wusste, beriet er sich mit seiner Ortspfarrerin, Frau Pastorin Gabriele Phieler. Sie riet ihm zur Unterschrift. Daraufhin wurde Herr Scheer des Meineides bezichtigt und aus dem Staatsdienst entlassen. Dagegen legte er Berufung ein und bat mich, zur Wahrheitsfindung beizutragen. Weil in seinen Akten der Begriff »*Abschöpfung*« ausdrücklich gebraucht wurde, zugleich seine Weigerung, über kirchliche Gegenstände zu berichten, in den Un-

---

[936] IME = Inoffizieller Mitarbeiter im besonderen Einsatz (lt. Kürzelverzeichnis der BStU, 8. Aufl., 43).

[937] Herr Sch. stand immer unter betrieblichem Druck: a) Wurde nicht oder zu spät geliefert, b) wurde rechtzeitig, aber in minderer Qualität geliefert, c) wurden Auflagen nicht eingehalten: Er war schuld.

[938] BStU IME »Hoffmann«, 78.

[939] A. a. O., 159.

terlagen festgehalten ist, vor allem aber Herr Scheer mir als ein integerer, der Sache unserer Kirche treu und redlich verbundener Kirchenältester über viele Jahre harter Konflikte mit dem Staat vertraut war, habe ich zugesagt.

Mit Schreiben vom 20.03.2003 an das Oberverwaltungsgericht in Weimar habe ich unter Berufung auf die Zeugenschaft des Ortspfarrers Joachim Winter und der ehemaligen Ortspfarrerin Gabriele Phieler unsere gemeinsame Sicht der Integrität des Beschuldigten dargelegt. Darauf erfolgte *ein* Jahr lang keine Antwort. Am 10.02.2004 habe ich gegen dieses Verfahren Beschwerde eingelegt und wiederum keine Antwort erhalten. Schließlich meldete sich ein mir unbekannter Verwaltungsrichter aus Weimar telefonisch und teilte mir knapp und unfreundlich mit, dass mein Brief keine Rolle gespielt habe, weil ich nicht in das Verfahren einbezogen gewesen sei. Alle meine Einwände wies er mit dieser stereotyp wiederholten Feststellung ab. Dreifach bitteres Fazit:

— Ein Kirchenältester wird über seine berufliche Arbeit hinaus, auf deren MfS-Begleitung er keinen Einfluss hat, vom MfS belästigt und weist das zurück.

— Er verweigert Auskünfte zur kirchlichen Arbeit, die ihm am Herzen liegt. Das MfS missbraucht ihn nach Feststellung des »Führungsoffiziers« nebenbei »zur Abschöpfung«.

— Er folgt dem Rat seiner wohlmeinenden Ortspfarrerin nach 1989 und unterschreibt *bona fide* die ihm vorgelegte Eidesstattliche Erklärung. Obwohl er nicht »willentlich« mit dem MfS zusammengearbeitet hat, die Anwesenheit des Stasimannes war von ihm nicht beeinflussbar, sondern war eine staatliche Maßnahme im Betrieb, verliert er Arbeit, Einkommen und seinen guten Ruf.

13. Erpressung als Prinzip des MfS

Erpressungsversuche durch Strafandrohung oder mittels »*kompromittierenden Materials*« geben Werber grundsätzlich nicht zu. Denn Erpressung stand auch im StGB der DDR unter Strafandrohung.[940] Sie vermerken sie auch nicht in den Akten. Und dennoch beruhte – nach meiner Kenntnis und Aktenlage – der größte Teil ihrer »Erfolge« auf unmittelbarem Druck, den sie auf Schwächere oder schwach Erscheinende ausübten. Allerdings holten sie sich eine große Zahl Misserfolge trotz erpresserischer Methoden.

13.1 Kirchenälteste

Kirchenälteste galten als besonders interessante Werbungsobjekte, vor allem, so sie in einem volkseigenen Betrieb angestellt waren.

Der ehrenamtliche Mitarbeiter der Kirchgemeinde Saalfeld in Jugendarbeit und Lektorendienst, Manfred Schwebel, verlor seine Stelle im staatlichen Verwaltungsdienst wegen seines kirchlichen Engagements. Er arbeitete danach in einem Betonwerk, leistete also eine körperlich wesentlich schwerere Arbeit als zuvor. Nicht genug; mit dieser Strafmaßnahme wollte ihn das MfS auf dem Wege über das Wehrkreiskommando Saalfeld zur Lieferung von Informationen aus der Jungen Gemeinde und deren Vorbereitungskreisen zwingen. Nach Versuchen dieser Art wandte er sich an seinen zuständigen Superintendenten, den er zunächst nicht mit seinen Widerfahrnissen hatte beunruhigen wollen. Dieser ließ sich die Rufnummer der Kreisdienststelle des MfS geben und rief dort an. Eine Stimme fragte, ohne sich mit Name und Dienststelle zu melden: «Teilnehmer?«[941]

Daraufhin erklärte der Superintendent dem Zuhörenden:

> »Wenn Manfred S. noch ein einziges Mal von einem Mitarbeiter Ihrer Dienststelle belästigt wird, wird im folgenden Gottesdienst die Gemeinde per Kanzelabkündigung

---

[940] StGB der DDR (1968), § 127.

[941] Bestimmte Dienststellen des Staates meldeten sich bei Anruf nie mit ihrer amtlichen Bezeichnung, sondern stets auf diese Weise. Vermutlich gehörte das Verfahren zur »Konspiration« gegenüber »Unbefugten«.

davon unterrichtet, wie Sie mit Gemeindegliedern umgehen, die redlich ihre Arbeit tun und sich zusätzlich in der Gemeindearbeit engagieren.«

Stille. Keine Reaktion. Aber der Kirchenälteste blieb fortan unbehelligt.[942]

13.2 Geiselnahme von Familien

Geiselnahme von Familien als Missachtung auch von DDR-Gesetzen sowie Geiselnahme unter Verwandten und Freunden bearbeiteter Zielpersonen gehörten zum physischen und psychischen Folterarsenal des MfS, obwohl auch die Geiselnahme zu den in der DDR als strafbar angesehenen Handlungen zählte. Als § 130a wurde der Tatbestand der Geiselnahme mit Gesetz vom 14.12.1988 in das Strafgesetzbuch der DDR von 1968 eingefügt.

Fallbeispiel: Zwangsdeportationen von Familien aus dem Grenzgebiet

Dem Bau der Mauer in Berlin am 13. August 1961 folgte in den Grenzgebieten die zweite große Welle der Zwangsaussiedlung von

»Personen, die durch ihre reaktionäre Gesinnung den Aufbau des Sozialismus behindern, sowie Personen, die ihrer Einstellung nach und durch ihre Handlungen eine Gefährdung für die Ordnung und Sicherheit im Grenzgebiet darstellen …«[943]

Es wurden außer den politisch inkriminierten Personen auch deren Familienangehörige und ihnen Nahestehende zwangsdeportiert, wie es der Minister befahl. Befehl Nr. 35/61 des Ministers des Innern vom 01.09.1961, Abschnitt f, ordnete u. a. die Deportation folgender DDR-Bürger aus dem Bereich der 5-km-Sperrzone und des 500-m-Schutzstreifens an:

»f) Ausländer und Staatenlose.
Die in enger Gemeinschaft lebenden Angehörigen der unter a – f genannten Personen sind mit auszuweisen.«

Wider Recht und Gesetz auch der DDR geschah dies nicht aufgrund eines gesetzlich geordneten und die Schuld der zu Deportierenden beweisenden

---

[942] Vgl. dazu auch unter POZW – politisch-operatives Zusammenwirken.
[943] Ausweisungsverfügung aus dem Befehl Nr. 35/61 des Ministers des Innern vom 01.09.1961, zitiert nach Koop: Den Gegner vernichten, 491 f., bei: Ritter/Lapp: Grenze, 29.

Verfahrens, sondern nach Tscheka-[944], GPU-[945], KGB-[946] und NKWD[947]-Manier ohne ordentliche Verfahren und Schuldnachweis:

> »Die Feststellung des obengenannten Personenkreises hat durch die Volkspolizei-Kreisämter in Zusammenarbeit mit den Kreisdienststellen des MfS und der Deutschen Grenzpolizei zu erfolgen.«

Es gab kein Verfahren, keine Rechtsmittel, keine Instanz, auf die sich Betroffene hätten berufen können. Für die »Einflussversuche des MfS auf die Kirche« muss hier ausdrücklich betont werden, dass vorzugsweise auch treue Kirchenälteste und Gemeindeglieder als Personen angesehen und behandelt wurden,

> »die ihrer Einstellung nach und durch ihre Handlungen eine Gefährdung für Ordnung und Sicherheit im Grenzgebiet darstellen«.

Dass in der DDR, dem Staat, der unablässig den »antiimperialistischen Befreiungskampf der Völker« zu unterstützen vorgab, ohne weitere Begründung »Ausländer« zu den Auszuweisenden gerechnet wurden, gibt dem Befehl des Innenministers eine zynische Note.

13.3 Sippenhaftung

»Sippenhaftung« wurde von der NS-Regierung angeblich in Nachahmung alten germanischen Rechtes z. B. gegenüber den Attentätern des 20. Juli 1943 angewandt: Familienangehörige politischer Gegner wurden Terrormaßnah-

---

[944] Tscheka – Mielkes und des MfS großes Vorbild: 1917–1922 die politische Polizei der Bolschewiki, die deren politische Macht durch ihre gesetzlosen Aktivitäten und ihre Brutalität »festigte«. Es kann deshalb nicht als linguistischer Zufall angesehen werden, dass die Zwangsdeportationen aus dem Grenzgebiet unter dem Decknamen »Festigung« liefen.

[945] GPU, 1922–1934 als »staatliche politische Verwaltung« (= russisch »GPU«) verbrämte Staatspolizei, die außerhalb von Recht und Gesetz agierte.

[946] KGB (russ.: Komitee für Staatssicherheit), ursprünglich »Ministerium für Staatssicherheit« (1946–1954; so auch in die Nomenklatur der DDR übernommen), untersteht dem Innenministerium.

[947] NKWD (russ.: Volkskommissariat für Innere Angelegenheiten), 1934 aus verschiedenen Umstrukturierungen der politischen Polizei und des Geheimdienstes hervorgegangen: Terror-Instrument des Stalinismus und der großen »Säuberungen« (= russisch »Tschistka«) von vermeintlichen oder wirklichen Gegnern der Partei der Bolschewiki und ihrer Politik. In den KGB, Putins politischen Hintergrund, übergegangen.

men ausgesetzt für Straftaten, die sie selbst nicht begangen hatten. Nicht anders verfuhr das MfS – nach tschekistischem und NKWD-Vorbild – gegenüber Personen und ihren Angehörigen, die für *»feindlich-negativ«* erklärt, damit kriminalisiert und allen opportun erscheinenden Methoden der Erpressung und Verfolgung ausgeliefert wurden.

Fallbeispiel: Disziplinierung durch Druck auf Familienglieder

In Disziplinierungsversuche an Einzelnen werden die Familien ohne geltende Rechtsgrundlage einbezogen. Innerhalb einer Disziplinierungsoperation gegen einen kirchlichen Amtsträger wurde die Einbeziehung der Familienglieder in die Pressionen von vonherein geplant: *»Längerfristige Bearbeitungskonzeption zum Operativen Vorgang ›Ufer‹«*.[948] In dieser Konzeption heißt es unter Ziffer 2:

> »2. Einflußnahme auf die Haltung staatlicher Organe gegenüber der Vorgangsperson, kirchlichen Amtsträgern, konfessionell gebundenen Personen
> *sowie Familienmitgliedern*[949] des N. N., um
> – die staatliche Kirchenpolitik durchzusetzen,
> – N. N. gegebenenfalls in die Schranken zu weisen,
> – Angriffen auf staatliche und gesellschaftliche Organe vorzubeugen und
> – unnötige Konfrontationen Kirche – Staat zu vermeiden.«

Was damit gegenüber einem der Familienglieder »politisch-operativ« ausgelöst werden sollte, spricht Ziffer 10 der »Bearbeitungskonzeption« unverhohlen aus:

> »10. Aufklärung der operativen und ideologischen Situation im VEG[950] Meilitz, der künftigen Arbeitsstelle des ältesten Sohnes des N. N.
> Ziel:
> – Durch politisch-ideologisch positive Beeinflussung N. N. in Widerspruch zur Haltung seines Vaters zu bringen oder
> – N. N. unter op. Kontrolle zu nehmen mit dem Ziel des Nachweises, daß evtl. Fehlverhalten auf eine ideologisch negative Position, verursacht durch den Vater, zurückzuführen ist.
> Über beide Punkte wird entschieden, wenn konkrete Angaben über das VEG Meilitz vorliegen.«

---

[948] Reg.-Nr. X/183/71 vom 06.12.1975.

[949] Hervorhebung des Verf.

[950] VEG = Volkseigenes Gut, wo der Sohn des Bearbeiteten, dem die Zulassung zum Erweiterten Oberschule verweigert worden war, die mühsam erkämpfte »Berufsausbildung zum Agrotechniker mit Abitur« antreten sollte.

Fallbeispiel: Operativplan zur Sippenhaftung 1982 im OV »Synodaler«

Im Operativen Vorgang »Synodaler« wurde ein Mitglied der Landessynode Thüringen und der Bundessynode sowie der Konferenz der Kirchenleitungen *bearbeitet* mit dem Ziel, die Person »Synodaler« aus allen diesen Gremien zu entfernen, sie zu diffamieren, zu isolieren und schließlich zu »zersetzen«. Dafür wurde am 15.02.1982 von der BV Gera, Abt. XX/4 ein umfangreicher Operativplan aufgestellt.[951] In diesem »*Operativplan*«[952] werden unter der Ziffer 2.2. »*Ermittlungen und Aufklären von Verbindungspersonen sowie Familienangehörigen des ...*« angeordnet. Der dort angegebene Zweck der »Ermittlungen«:

> »Die Erarbeiteten[953] Ergebnisse finden als Hintergrundinformation für Fehlverhaltensweisen sowie Gesetzesverletzungen Berücksichtigung.
> 2.2.1. Ehefrau – Ermittlungen im Arbeitsbereich. Mißbrauch[954] ihrer
> beruflichen Tätigkeit als Ärztin (Prüfung vorhandener Hinweise), Koordinierung mit Referat XX/1[955] und KD[956] S.
> Söhne – Arbeitsbereich, Wehrkreiskommando, FSU Jena,[957]
> Koordinierung mit KD[958] Jena und KD S.

> Bruder – ist in P. bei der Deutschen Reichsbahn beschäftigt
> Koordinierung mit der Abt. XIX[959]
> <u>Termin</u> 19.4.1982
> <u>verantwortlich</u> Hptm. Specht«

---

[951] BStU, MfS BV Gera, A 1488/88, Bd. I, 13 ff.

[952] A. a. O, 24.

[953] In allen Zitaten wird die Originalschreibweise einschließlich der Fehler im Dokument beibehalten.

[954] Es gab nicht nur keinen Missbrauch, sondern Einsatz weit über den Stellenumfang (50 %, wegen Kleinkindern) hinaus.

[955] Teil der Abt. XX = zuständig für Staatsapparat, Kultur, Kirche, Untergrund.

[956] KD = MfS-Kreisdienststelle.

[957] Friedrich-Schiller-Universität Jena, ausgesprochene Fehlleistung der BV XX/4, denn keines der vier Kinder des »Synodalen« war zur EOS (Erweiterte Oberschule mit Abitur) zugelassen worden. Also konnte auch keiner der »Söhne« in Jena studieren.

[958] S. Anm. 961.

[959] Abt. XIX – zuständige Abt. des MfS für Verkehr, Post, Nachrichtenwesen.

Fallbeispiel: Einsatz der Personendaten aus den Speicherkarteien der Volkspolizei und der Kerblochkartei

Zur Unterstützung der Erpressungen von Familienmitgliedern werden dem Operativplan beigefügt[960]
– »PAD-KK«, also die gespeicherten Personaldaten in der Kerblochkartei, die Datensätze 00001 für die Ehefrau mit allen Wohnorten, Schul- und Berufsausbildung, Eltern und Geschwistern; Reisen ins SW (Sozialistisches Wirtschaftsgebiet), Dienstreisen ins NSW (Nichtsozialistisches Wirtschaftsgebiet) – Fehlanzeige, Aufenthalte in der Sperrzone mit Passierscheingültigkeitsdauer, Arbeitsstelle mit Datenverbund zum Projekt Staatliche Versicherung, Einreisen aus dem NSW (gespeichert) bis zur Arbeitsbeschreibung
– für alle vier Kinder in gleicher Weise
Diese Datenverzeichnisse in Kürzeln[961] füllen allein vier DIN-A 4-Seiten zu je 62 Zeilen im Kleindruck mit bis zu 20 Daten pro Zeile und mehr, ergibt[962] mindestens 4960 Daten und mehr.

Die Erpresser, die sich als Operationsfeld die Familie vorgenommen haben, erhöhen den Druck: Nun ist ein Familienglied gegen den Bearbeiteten als IM zu werben.

Fallbeispiel: Präzisierter Operativplan der BV Gera zum OV »Synodaler«

Der Operativplan vom 15.11.1982[963] sieht vor: IM-Werbungsversuch in der Familie. Vor dem Hintergrund des Operativplanes vom 15.02.1982 wird im November 1982 eine teilweise präzisierte Fassung nachgeschoben. Offenbar haben die bisher angewandten Methoden das angestrebte Ziel nicht erreicht. Während die Ermittlungsaufträge gegenüber der Ehefrau des »Synodalen« unverändert abgeschrieben werden (also auch ohne Erfolg blieben), heißt es jetzt hinsichtlich seines Bruders:

---

[960] BStU, MfS BV Gera, A 1488/88, Bd. I, im Anschluss an »Operativplan« (13 ff.)
[961] Z.B. für die Arbeitsstelle:
»RDK AMB EINR RUDOLST, TEILBETRIEB: 00 0000001006109«
[962] Bei Durchsicht dieser auf engstem Raum gespeicherten Datensätze wurde die Ansicht eines ehemaligen Stasihäftlings – Pfarrer Martin Giersch, Blankenhain/Thür. – bestätigt: »Die Stasi weiß alles, womit sie jemandem schaden kann.«
[963] BStU MfS BV Gera, A 1488/88, Bd. I, 13 ff.

»2.2.1. … Prüfen, ob der bei der Deutschen Reichsbahn beschäftigte Bruder des … für eine inoffizielle Nutzung gewonnen werden kann.«[964]
Termin 22.3.1983
Verantwortlich Hptm. Specht«

13.4 Grunderpressung: Volkshaft hinter geschlossenen Grenzen

Bei alledem muss die Grunderpressung durch die hermetische Abriegelung der DDR mitgedacht werden, woran heute bereits wieder erinnert werden muss. Ihr war jeder Bürger unterworfen. Wie bekannt, wurde nur in besonderen Ausnahmefällen eine Reisegenehmigung für dienstliche oder private Zwecke erteilt. Zuweilen, als vor dem Hintergrund gesetzlicher Regelungen nach den Ostverträgen mit der Bundesregierung innerhalb des KSZE-Prozesses (z. B. für Rentner) lange genug darum gekämpft worden war, konnten Reisegenehmigungen erreicht werden, oder wenn »staatspolitische Gründe« – also die Rücksicht auf das Ansehen der DDR im Ausland – es erzwangen. Dies galt vor allem für die Teilnahme an internationalen Tagungen von Gremien, Gesellschaften, Verbänden oder Instituten, an deren Wohlwollen der SED lag.

So konnte bei Einladungen durch den Weltkirchenrat oder andere internationale ökumenische Gremien in der Regel mit einer Reisegenehmigung gerechnet werden. Besonders Missliebige standen aber auch immer wieder einmal unter »Reisesperre«.

13.5 Erpressung – ein unterschätzter Tatbestand

Warum kommt der Tatbestand Erpressung in den Verfahren der Disziplinarkammern oder auch vor Verwaltungsgerichten der BRD nach 1989 erklärtermaßen seltener vor, als vor 1989 angenommen und beobachtet?[965] Die Dif-

---

[964] Der zu »Prüfende« hatte bis zur Auffindung dieser Notiz 2006 nicht die geringste Ahnung von solchem Versuch. Er erinnert sich aber, dass es um die Arbeit seines Bruders eine Auseinandersetzung mit Kollegen der Bahn gegeben hat, bei der er zu deren Erstaunen sehr heftig dessen Partei ergriff (Gespräch mit dem Verf. am 02.01.2008).

[965] Wähler: Rechtsprechung, 573: »Nur in wenigen Fällen wurde von den Beschuldigten geltend gemacht, daß das MfS auf sie erheblichen psychischen Druck ausgeübt habe, um sie zu veranlassen, eine ihnen angetragene Mitarbeit nicht abzulehnen.« Dann zählt Wähler jedoch eine ganze Reihe verschiedener Epressungsmittel auf: Studienentzug, Einweisung in

ferenz zwischen der Anzahl von Erfahrungen mit Druckmitteln des MfS und deren bescheidener Bedeutung in der Literatur sowie für Disziplinar-, bzw. Strafverfahren ist so signifikant, dass es dafür besondere Gründe geben muss.

– Zunächst bildet die Zahl der wegen Stasikontakten mit einem Verfahren belegten Mitarbeiter naturgemäß bereits eine Auswahl »schwerer Fälle«. In den Vorüberprüfungen und der Akteneinsicht durch Untersuchungsausschüsse wurden diejenigen Beschuldigten, die nachweislich Erpressungen ausgesetzt waren, bereits unter die nicht ganz schweren Fälle eingestuft. Für einige von ihnen kam es dann gar nicht mehr zu einer Verhandlung vor den Disziplinargerichten.

– Erpressungsmethoden wurden massiv vor allem in der Frühzeit des MfS angewandt, ehe die moderne psychologische Schulung der Werber und Führungsoffiziere einsetzte und »sanftere Druckmittel« als wirksamer erkannt wurden – besonders auch gegenüber kirchlichen Mitarbeitern, die sich angesichts von Drohungen eher verhärteten und dann für eine »Mitarbeit« nicht mehr in Frage kamen. Dennoch bleibt Erpressung die häufigste Form der »Werbung«, auch wenn sie in »feineren« Formen und nicht mehr direkt ausgeübt wird.

– Nach persönlichem Überblick des Verfassers wurden erpresserische Werbungsverfahren vor allem bei beruflich und anderweitig Abhängigen angewandt, weniger bei Zielpersonen, auf die nicht unmittelbarer Druck ausgeübt werden konnte. Ebenso hüteten sich die Werber allzu direkt vorzugehen, wo jemand von einem großen Kreis von Menschen umgeben war.

– Erpressungsversuche durch »kompromittierendes Material« haben nie aufgehört.

– MfS-Mitarbeiter haben Erpressungen um ihrer eigenen Reputation willen nicht immer aktenkundig gemacht: Man wollte doch mit Geschick erfolgreich sein!

– Im Übrigen spielte wohl auch in der geschlossenen Gesellschaft der DDR unter den Erpressern die heimliche Sorge eine Rolle: Was wird, »wenn es einmal anders kommt«? Deshalb begegnen Erpressungsverfahren allenfalls verschleiert oder auch in bloßen Andeutungen, z. B. mit dem Begriff »Faustpfänder«.[966] Wo die Werbung ohne unmittelbare Druckmittel auskommen oder als Werbung gar nicht mehr erkennbar sein sollte, um eine Verweigerung des Angesprochenen von vornherein zu vermeiden oder doch

---

psychiatrische Anstalt, Nötigung in der Haft, Bloßstellungen wegen homophiler Neigungen.

[966] BStU ZA, 3043/86, Bd. I, 107.

unwahrscheinlich zu machen, wird sanftes Vorgehen vorgeschlagen. So gilt als »Zielstellung« in der Planung für einen »operativen Kontakt«:[967]
– »Herstellung eines ersten, längerfristig nutzbaren, sachlichen Kontaktes
– Einleitung eines längerfristig zu realisierenden Prozesses der Konsultations-Gesprächsbereitschaft bei ... (N. N.)
– Systematische Schaffung von Faktoren zur politisch-operativen Einflussnahme auf Handlungen und Aussagen von ... (N. N.)«. Und doch bleibt der Druck – längerfristig – als Mittel der Wahl in der Konzeption einer »sanften Heranziehung« im Konzept erhalten, wenn die »Zielstellung« fortfährt:
– »Erarbeitung von operativ nutzbaren Zusammenhängen für eine spätere Nutzung zur Durchführung von Verunsicherungs-/Zersetzungsmaßnahmen.«

Handelte es sich bei der ursprünglichen Werbung um einen Erpressungsversuch mittels »Kompromittierung«, bleibt oft die Angst des Betroffenen wirksam, auch heute noch Pressionen oder Folgen bei anderen ausgesetzt zu sein oder Ehrverlust hinnehmen zu müssen. Mancher schämt sich einfach, zuzugeben, Erpressungen nachgegeben und Kontakte mit dem MfS zugelassen zu haben. Denn im Zeitraum und im Umfeld von Überprüfungsmaßnahmen entsteht oft eine Drucksituation für den Beschuldigten, in der Scham ein vorherrschendes Gefühl werden kann. Darauf wird in den Verhaltensanalysen bei Beschuldigten viel zu wenig Bezug genommen. Vor allem aber scheint mir, dass mit solcher Scham fahrlässig umgegangen wurde und wird.
– Offenheit darf nicht mit gewaltsamer Entblößung, mit erzwungener Nacktheit verwechselt werden. In den Untersuchungen von Stasibeschuldigungen durch Christen hätten die Gedanken Bonhoeffers über die lebensbewahrende Funktion der Scham in einer gefallenen Welt eigentlich von Anfang an im Blickfeld sein müssen.[968] Dass Gott die Schuldigen verhüllt, versteht die Bibel weniger als Strafe denn als lebensbewahrenden Gnadenakt.[969]

---

[967] BStU MfS BV Gera, Abt. XX, OV »Synodaler« , Reg.-Nr. X/1311/82 vom 06.05.1987.

[968] Dietrich Bonhoeffer: Schöpfung und Fall. Theologische Auslegung zu Genesis 1–3, Berlin 1960, 75: »Scham gibt es nur im Wissen um die Entzweiung des Menschen, um die Entzweiung der Welt überhaupt, also auch um die Entzweiung seiner selbst ... Scham ist die Verhüllung meiner selbst vor dem anderen, um meines und seines eigenen Bösen willen, d. h. um der zwischen uns eingetretenen Entzweiung willen« und 98: »Die Scham des Menschen ist der widerwillige Hinweis auf die Offenbarung, auf die Grenze, auf den anderen, auf Gott.«

[969] Genesis 3,7–21.

– Bedrohtes Selbstwertgefühl verhärtet sich: Auch aus der Sicht der Psychologie kommt dem Erhalt oder der Wiedergewinnung des zerbrochenen Selbstwertgefühls angesichts nachgewiesener oder eingestandener Schuld große Bedeutung zu. Wer mit sich und seinem Versagen weiterleben will, braucht dazu einen Karenzraum, eine geschützte Zeit und eine nichtöffentliche Therapie- bzw. Genesungszone.

– Öffentliche Attacken wirken nach zwei Seiten zerstörend: Sie verdecken mit ihrer auf vermarktbare Storys angelegten Berichterstattung und effektsüchtigen journalistischen Aufbereitung in der Regel die tieferen Gründe und Hintergründe im Leben der Beschuldigten. Deren Bitterkeit weckt ihren Widerstand. Statt Einsicht in Schuld wächst der Zorn auf die Bloßsteller.

Zugleich lenken öffentliche Debatten von den eigentlichen Urhebern der Verbrechen ab. Insofern ist vieles an den IM-Kampagnen der neunziger Jahre, wenn es nicht einfach um politische Abfallverwertung ging, als Alibiveranstaltung anzusehen. Die sachlich notwendige und nüchtern zu führende Auseinandersetzung mit den damals Verantwortlichen und ihren Opfern über das Gesamtphänomen »Staatssicherheit in der DDR« ist darin untergegangen. Die Folge: Ehemalige Offiziere werden mobil.

– Angst hält sich lange: Die Furcht, in den Medien »bearbeitet« zu werden, verschließt sogar heute noch vielen den Mund, z. B. wurde bei Entstehen dieser Arbeit zuweilen die Kooperation verweigert, wo sie erhellend hätte wirken können: »Wozu wollen Sie das wissen?« Und eine noch direktere Frage wurde dem Verfasser im Hinblick auf offenen Umgang mit den Verursachern der Misere gestellt: »Brauchen Sie Polizeischutz?«

– Zwei Jahrzehnte nach dem Verschwinden der unmittelbaren Bedrohung durch das MfS[970] ist außerdem eine Ermüdung eingetreten, sich mit »Stasi und kein Ende« überhaupt noch zu befassen, zumal Existenzbedrohung heute aus ganz anderen Richtungen kommt. Darin liegt allerdings die Gefahr, nun dem gegenwärtig bestehenden Staate sehr weitgehende Einschränkungen der Bürgerrechte unter dem Schreckbild beispielsweise des Terrorismus zuzubilligen – weil dieser Staat wie die DDR mit Feindbildern arbeitet.

---

[970] Dass die Bedrohung ganz und gar verschwunden sei, glauben viele der Opfer nicht. »Betriebsausflüge« ehemaliger MfS-Generäle mit Öffentlichkeitsanspruch wie im November 2007 nach Odense in Dänemark und öffentliche Kooperation mit dem Freidenkerverein (2007 in Erfurt) signalisieren nicht nur den Traumatisierten, was eigentlich seit der höchstrichterlichen Garantie für ihre Hochpensionen jeder wissen konnte: »Sie sind wieder da!«

– Eine nur aus den Tiefen verwundeter Seelen deutbare Abneigung, mit den Finsternissen umstellter Jahre überhaupt in Verbindung gebracht zu werden, begegnet bei Bespitzelten und deren Zeitgenossen.

– Ungläubiges Erstaunen zeigt sich bei anderen, wenn die Rede auf Erfahrungen von damals kommt: Was, das gab es? So werde ich 2008 gefragt. In Deutschland. Zugleich sträuben sich Gesprächspartner von innen heraus, über totalitäre Strukturen in der DDR nachzudenken, geschweige denn, deren Spuren und Kopien in unserer Wirklichkeit nachzugehen.

– Viele Erpressungsversuche und Sanktionen wurden so selbstverständlich als zum Alltag der DDR gehörig empfunden, dass darüber eigentlich niemand zu reden für wichtig hielt. Dazu gehört z. B. die Nötigung zur offenen Stimmabgabe bei den sogenannten Wahlen. Allein die Benutzung der meist vorhandenen »Wahlkabine« hatte Folgen – ganz abgesehen davon, dass im ganzen »Wahllokal« alle erstarrten, sobald jemand auf die Kabine zusteuerte oder – noch schrecklicher! – ein Schreibgerät verlangte, weil es dort fehlte. Auch gutwillige Nachbarn oder wohlmeinende Gemeindeglieder konnten sich Vorwürfe gegen solche Eigenmächtigkeiten kaum verkneifen: So etwas tut man doch nicht! Man hatte sich abgefunden und eingerichtet. Wer gegen die Wände der Scheinbehaglichkeit anrannte, musste sich böse Blicke und Unverständnis von vielen Seiten gefallen lassen. Darauf spekulierten MfS und SED.

13.6 Die Erpresser

Was geschieht mit den Erpressern? Was hätte geschehen müssen – und zwar auch nach ehemals geltendem DDR-Recht, das im StGB § 127 den Tatbestand »Erpressung« unter Strafe stellte? Kann sich eine Gesellschaft, die für sich das Ideal eines Rechtsstaates beansprucht, wirklich damit beruhigen, es hätte der jeweils Betroffene Anzeige erstatten und als Kläger auftreten müssen? Können Staatsverbrechen überhaupt Gegenstand von Zivilklagen sein?

MfS-Mitarbeiter weisen dergleichen Überlegungen entrüstet zurück. Sie waren doch nur Helfer und Freunde der Bürger, die sich nichts vorzuwerfen haben.

14. Das MfS »als Freund und Helfer«

In die Rolle des Freundes und Helfers ihrer »Kontaktpersonen«[971] schlüpften Mitarbeiter des MfS, um so das Vertrauen ihrer Zielperson zu gewinnen.

Fallbeispiel: Hilfsangebot zum Zwecke der »Disziplinierung«

Innerhalb einer »*Konzeption zur Kontaktaufnahme*«[972] durch das MfS zur Verhinderung des »*weiteren funktionellen Aufstiegs*« einer Zielperson heißt es:

> »… um den bereits über mehrere Jahre laufenden ›*Prozeß der Disziplinierung*‹[973] zu forcieren, erfolgt die Kontakaufnahme durch unser Organ.
> <u>Langfristige Zielstellung</u>
> – Unterstützung der bisher eingeleiteten Maßnahmen zur Disziplinierung des … und Erreichen der Einhaltung von Mindestnormen im Verhalten gegenüber dem Staat
> – Verunsicherung des … durch den direkten Kontakt und Abbau bestimmter politisch falscher Haltungen zu bestimmten Einzelfragen
> – Anbieten der Möglichkeit, bestimmte ›Sorgen, Nöte, Schwierigkeiten‹ u.ä. im territorialen Bereich ›los zu werden‹ und gegebenenfalls positiv zu beeinflussen und damit ›Gewöhnung‹ an Gespräche mit dem MfS …«

Die eigentliche Zielsetzung folgt nach der Darstellung dieser zur Täuschung des Kontaktierten gedachten »Hilfsangebote«: Es

> »… wird angestrebt:
> – Unterlassen von politisch negativen Ausfällen und Darstellungen über die DDR …
> – loyale Haltung in Bezug auf unsere Außenpolitik
> – Einhaltung der ›Thüringer Linie‹ im Verhältnis Kirche – Staat«.

Nach 1990 und Stasi-Enthüllungen in allen Medien erscheint es als relativ leicht, ein solches Täuschungsmanöver zu durchschauen. Das setzt freilich

---

[971] Mit der »Kontaktaufnahme« zu einer zu bearbeitenden Person, die damit als »KP« (= Kontaktperson) galt, ging das MfS den ersten Schritt zu weiterer Bearbeitung.

[972] BStU MfS BV Gera, A 1488/88, Bd. I, 44 ff. vom 20.02.1980.

[973] Im Original durch Unterstreichung hervorgehoben. Der Satz hebt sich selbst auf: Welche Wirkung kann ein »Disziplinierungsprozess« gehabt haben, der sich »über mehrere Jahre« erstreckte und dann noch »forciert« werden muss?

Kenntnisse voraus, über die der einfache Mann vor der Öffnung der Stasiarchive gar nicht verfügen konnte. Dass Anwerbung und Zersetzung tatsächlich zwei Seiten im gleichen Prozess der »Zurückdrängung« oder »Disziplinierung« Andersdenkender darstellten, ist heute sogar vielen »gelernten DDR-Bürgern« noch völlig neu. Deshalb urteilen manche Nachbetrachter selbst fahrlässig, wenn sie dem Opfer geheimdienstlicher Machenschaften mangelnde Aufmerksamkeit, Blauäugigkeit oder schlicht Dummheit vorwerfen.

Die holzschnittartige Darstellung von Schwarz-Weiß-Alternativen in Beschreibungen der DDR-Zeit trägt dazu bei, dass neuerliche, fein eingefädelte Versuche, Menschen und Gruppen abhängig zu machen, schon wieder nicht mehr durchschaut, sondern verharmlost werden.[974] Der Vorwurf der Blauäugigkeit trifft die Opfer von damals weniger als heutige Beurteiler, wenn diese sich als außerstande erweisen, Parallelen und Unterschiede in den Verhältnissen nach 1990 zur Stasiherrschaft zu sehen und zu publizieren. Solche Schärfung des Blickes aber ist eines der Ziele von Aufklärung der MfS-Methoden: Wiederholungen oder auch nur Annäherungen an vergleichbar menschenverachtende und rechtswidrige Praktiken zu widerstehen. Das aber kann nur gelingen, wenn diese rechtzeitig als vergleichbar mit schon bekannten Methoden erkannt und daraus resultierende Gefährdungen ausgesprochen und verurteilt werden.

In den Akten und in Selbstdarstellungen von offiziellen und inoffiziellen MfS-Mitarbeitern finden sich verschiedene Spielarten der Anbiederung als »freundliche Helfer«. Sie werden z.T. in anderen Zusammenhängen dieser Studie ausführlich behandelt, sollen hier aber schon einmal in Beispielen aufgelistet werden.

– Der Wolf im Hirtenpelz: Das MfS habe die Aufgabe gehabt, die Kirche gegen »Missbrauch und Beschädigung abzusichern«,[975] behauptet beispielsweise Major Klaus Roßberg in seinem autobiographischen Rückblick und vor dem Untersuchungsausschuss des Landtages Brandenburg. Das war die Stereotyp-Begründung für alle gegen die Kirche gerichteten Aktivitäten von MfS und Staatsorganen: Nur dem politischen Missbrauch der Kirche wolle man wehren. Roßberg wörtlich:

---

[974] Dazu rechne ich heute Methoden der Werbung mit psychologischer Vorbereitung zur Beeinflussung von Zielgruppen, darunter Kindern und Jugendlichen! Denen wird kein Riegel vorgeschoben, ebenso wie den bis zur Korruption erhöhten Gehältern oder »Entschädigungen« etc. von Staatsvertretern mit Kontrollfunktion in den Leitungsgruppen großer Firmen oder Konzerne, z.B. der Energielieferanten.

[975] Roßberg/Richter: Kreuz, 17.

> »Als Staatsfunktionär hatte ich Religion und Kirche zur Kenntnis zu nehmen und im Rahmen der Verfassung auch zu akzeptieren, was ihren Schutz vor Mißbrauch und Beschädigung einschloß. Politisch feindliche Handlungen kirchlicher Amtsträger leitete ich nicht originär aus ihren Dogmen und Lehren ab, sondern aus ihren politischen Überzeugungen. Wenn ich mich dagegen wandte, war das kein Kirchenkampf, sondern politische Auseinandersetzung.«

Auffälligerweise ist von solchem »Missbrauch« nur dann die Rede, wenn kirchliche Verlautbarungen oder Aktionen in der Öffentlichkeit sich nicht als staatskonform vereinnahmen lassen.

– Falsche Helfer:[976] Selbst Einschüchterungs- und Werbungsversuche werden als Hilfe deklariert: Als der Verfasser 1980 durch die KKL zu einer Antirassismustagung des Ökumenischen Rates nach Stockholm delegiert wird, erscheint kurz vor dem Reisetermin MfS-Offizier Artur Hermann im Dienstzimmer und gibt vor, zum Zustandekommen der Reise beitragen zu wollen. Tatsächlich versucht er anhand mitgebrachter MfS-Akten nachzuweisen, dass der Delegierte eine Gefahr für das Ansehen der DDR darstelle. Was man denn da machen könne? Damit war klar, dass hier ein kirchlicher Reiseantrag gleich doppelt ausgenutzt werden soll: als Druckmittel für künftiges Wohlverhalten und als *»Gewöhnung«* an Gespräche mit dem MfS – also ein verkappter Werbungsversuch. Von der zornigen Entgegnung des zu Umgarnenden kein Wort. »Sie brauchen mir bloß keinen Pass zu geben, dann gibt es kein Risiko für das Ansehen der DDR« und: »Wenn Sie mich reisen lassen, werde ich dort wie hier sagen, was ich vertreten kann. Ich lasse mir keine Aufträge erteilen!« Auch die direkte Konfrontation: »Wie fühlt man sich eigentlich, wenn man Briefe liest, die nicht für einen bestimmt sind, Gespräche abhört, die andere miteinander führen, Predigten nur hört, um jemand hereinzulegen, das muss doch ein Sch…beruf sein!« wird unterschlagen.
– Unehrliche Makler – IM »Torsten«: Rechtsanwalt Schnur[977] berichtet direkt an das MfS über den Konvent Saalfeld, wo er in einem Referat über Möglichkeiten des Rechtsschutzes für Wehrdienstverweigerer sprach. In Bd. III, 209 f., schlägt er vor, einen Rechtsstreit der Familie des Superintendenten für längere Kontakte mit diesem auszunutzen.[978] Daraus wurde nichts.

---

976 Artur Hermann vor Schwedenreise 1980 – BStU MfS BV Gera, AOP 1488/88, 47.

977 IM »Torsten«: BStU ASt Rostock, I 1628/83, Archiv-Nr. 3275/90, Bd. V, 57, schlägt er vor, einen Rechtsstreit der Familie des Superintendenten für längere Kontakte auszunutzen.

978 A. a. O., Bd. III, 209 f.

– »Anwälte«: In Abschnitt 17.5.2 wird ausführlich die innere Entwicklung des nach Aktenlage aufgrund eigener Bewerbung für das MfS tätigen Juristen Martin Kirchner[979] untersucht.

– Konfliktlösungsangebote für Bedrängte dienten oft als Vorbereitung für eine spätere Werbung. Darin taten sich besonders CDU-Funktionäre hervor.[980]

– MfS-Mitarbeiter üben »Seelsorge« an von ihrer Kirche Enttäuschten: IM »Ernst Brenner«, Pfarrer Siegfried Nenke, Jena, der nach Ausschluss aus einem theologischen Arbeitskreis sich offenbar mehr und mehr der Stasi verpflichtet fühlte und zu voller Zusammenarbeit mit dem MfS überging und sie auch nach 1989 bewusst verteidigte. Ihre eigene Seelsorge übten die FO Sgraja und Roßberg gegenüber ihrem IM »Karl«, dem Juristen Gerhard Lotz.[981]

– Manche FO mögen sich geradezu als Psychotherapeuten gefühlt haben.[982]

– Schein-Aufwertung von Erfolglosen (IM »Nettelbeck«, OKR Johannes).[983]

Hermeneutisches Ergebnis:

Die MfS-Texte geben auch intern Werbevorgänge nicht zutreffend wieder. Sie nehmen die Täuschung des zu Werbenden unter dem Begriff der Legendierung als völlig legitimen Vorgang und fügen ihn in das eigene Wertesystem ein. Darin galten alle »Vergünstigungen« – auch die Zulassung zu weiterführenden Bildungseinrichtungen – als besonders gewährte Gnaden der Partei.

Eine »Werbung zur Mitarbeit« erfolgte gegenüber kirchlichen Mitarbeitern m.W. niemals als Aufforderung, mit dem MfS zusammenzuarbeiten, sondern wurde in der Regel in Formen legitimer Kontaktaufnahme gekleidet. So sollte durch Täuschung z.B. ein völlig harmlos erscheinendes Vertrauensverhältnis zum Gartennachbarn aufgebaut werden, in dem der Umworbene sehr lange oder immer ahnungslos blieb, mit wem er da in Wahrheit »den Rasen mähte«.[984]

Nach Lage der Dinge in einem Gemeinwesen, das Züge eines neurotischen Sicherheitswahnes trug, durfte im Konfliktfalle zur Rettung von Be-

---

[979] Vgl. Abschnitt 17.5.2.

[980] Vgl. Abschnitt 11.3, »Parteichrist« (Bezirksvorsitzender der CDU Gera, Eberhard Sandberg)

[981] Vgl. Abschnitt 17.5.2.

[982] Ebd.

[983] Ebd.

[984] Der Gartennachbar – ein Stasioffizier – entwickelte sich so zum vertrauten Freund des Hauses, vgl. Abschnitt 28.2.

L.T.

Wurst, Käse + Schinken
hätten wir uns, hat Dein Dr.
Apfelee + Rewe. Gratulation
zum Freuen uns ☺

drängten die direkte Konfrontation nicht gescheut werden. Der Behauptung, es habe überhaupt keine Gründe gegeben, »mit dem Staatsicherheitsdienst zu reden«, ist z. B. aus Kenntnis der damaligen Rechtslage mit Ernst zu widersprechen.[985]

---

[985] Wolf Krötke in der »Zeit« vom 04.09.1992: »Mußte die Kirche mit der Stasi reden?«

15. Bewusste Kontaktaufnahme zum MfS

Aus theologischen, rechtlichen und aktuell sachlichen Gründen waren in bestimmten Situationen direkte Kontakte mit Mitarbeitern des MfS nicht vermeidbar und sogar geboten. Dafür werden folgende Beispiele genannt.

15.1 Rechtliche Gründe

Das MfS gehörte zu den Ermittlungsbehörden und wurde bei Ermittlungen immer einbezogen, wenn Unglücksfälle oder Vorwürfe zu Straftaten zu untersuchen waren.

Fallbeispiel: Eine Haussuchung wird nicht zugelassen

Im Juli 1957 lehnte es Superintendent Ingo Braecklein, Weimar, ab, Mitarbeitern des MfS eine Haussuchung bei einem wegen Boykotthetze in Haft genommenen Pfarrer zuzulassen. Der besondere Charakter eines Pfarramtes mit der Pflicht zur seelsorglichen Verschwiegenheit schließe das aus. So instruierte er auch seine Vikare.[986]

Ein Aktenvermerk ist in den Unterlagen des MfS über diese Ablehnung der Haussuchung in einem Pfarrhaus nicht zu finden. Das hat Gründe: Die Anfrage wegen einer Haussuchung wurde vom MfS gegenüber dem Superintendenten Braecklein lediglich als Vorwand, als »Legende« für eine Kontaktaufnahme mit ganz anderem Ziele – nämlich einer allmählichen Werbung – vorgetragen. Nach damals geltender Gesetzeslage hätte sie ohne jede Rücksprache mit dem Superintendenten direkt erfolgen können. Einspruch eines Vorgesetzten wäre in Fällen der »Boykotthetze«, die Pfarrer Giersch vorgeworfen wurde, völlig wirkungslos gewesen. Tatsächlich half der unmittelbare Widerspruch des Superintendenten der Pfarrfrau, alle folgenden Besuchszumutungen seitens des Staates abzuweisen.

---

[986] Z.B. den Verf., der Zeuge des Vorganges war.

15.2 Theologische und dienstliche Gründe

Der Einsatz für bedrängte Mitarbeiter oder Gemeindeglieder im Konfliktfalle konnte eine direkte Konfrontation erzwingen, um dem MfS zu zeigen, dass die Gemeinde für ihre gefährdeten Glieder ohne Zögern eintritt. Aufgrund landeskirchlicher und regionaler Verabredungen und Erfahrungen, wie mit Werbungsversuchen des MfS umzugehen sei, konnte die Hinzuziehung von Dienstvorgesetzten als Bruch angetragener Konspiration eine hilfreiche Rolle spielen.

Fallbeispiel: Werbungsversuch im Grenzgebiet

Zur »*Durchdringung eines Konventes*« wurde Pfarrer Jochen M. Heinecke in Gräfenthal, das im Sperrgebiet an der Grenze lag, von einem Mitarbeiter des MfS aufgesucht und um Gespräche gebeten, die »*dem guten Verhältnis von Staat und Kirche dienen sollen*«.[987] Dies war auch eine Argumentationsfigur der Stasi, nicht immer eine Ausrede allzu williger Geistlicher, wie manche unter Berufung auf die Akten annehmen.

Pfarrer Heinecke wendet sich – wie für alle Fälle dieser Art im Konvent verabredet – an den Superintendenten. Der empfiehlt: freundliche Absage bei erneuter Anmeldung und bei unangemeldetem neuerlichen Auftauchen des SSD-Mannes Anruf in der Superintendentur und Eintreffen des Superintendenten abwarten. Diese telefonische Verabredung reichte aus. Der Besucher erschien nie wieder.

Eine einfache Verweigerung des Kontaktes ohne Einbeziehung des Vorgesetzten wäre für den Pfarrer im Grenzgebiet ungleich schwieriger gewesen als anderswo, weil Sonderbestimmungen für die »Sperrzone« Ermittlungen und Kontrollen verschiedener »Sicherheitskräfte« jederzeit zuließen. Der SSD aber gehörte zu den Ermittlungsorganen. Der junge Amtsbruder wollte eine Ausweisung nach der gerade erst erteilten Zuzugsgenehmigung, ohne die niemand ins Sperrgebiet kam, nicht riskieren. Sie erfolgte auch nicht.

---

[987] Die dazu unauffindbare Akte gehört in den Bereich der BV Suhl. Gräfenthal liegt im Kreis Neuhaus, ehemals Bezirk Suhl. Dort wurden mehr Akten vernichtet als anderswo. Rekonstruktion ist zu hoffen.

Fallbeispiele: IM-Werbungsversuche unter Gemeindegliedern

I.   Anwerbungsversuche unter Gemeindegliedern wurden durch Pfarrkonvent und Superintendentur als Auflistung von »Problemfällen« mit direktem Anschreiben an Rat des Kreises und Bezirkes über kirchliche Dienststellen (Visitator und LKR) öffentlich gemacht. Entsprechend einer »langfristigen Bearbeitungskonzeption« zur *Zersetzung* des Superintendenten und zur *Zerschlagung* der Jungen Gemeinde in Saalfeld versuchte die Kreisdienststelle Saalfeld des MfS, insbesondere durch ihren Mitarbeiter Lerch, in den siebziger Jahren intensiv, Glieder dieser Jungen Gemeinde als Spitzel anzuwerben. Als die Fälle sich häuften, beschloss der Konvent, diese Vorgänge aufzulisten und mit Unterschrift von Kreisjugendpfarrer, Vertrauenspfarrer und Superintendent beim Rat des Bezirkes zu protestieren.[988]

Dafür hatten Gemeindeglieder den Mut aufgebracht, ihre Namen nennen zu lassen, und sich damit angreifbar gemacht. Trotz der folgenden Belastung der Beziehung zwischen Kirche und staatlichen Stellen im Kreis blieben sie fast unbehelligt. Der betreffende MfS-Mitarbeiter Lerch sollte versetzt werden. Das unterblieb, um der »Kirche« diesen Triumph nicht zu gönnen. Vielmehr wurde er – befördert!

II.   Der Werbungsversuch gegenüber einem ehrenamtlichen Mitarbeiter in der Jugendarbeit, Manfred Schwebel, Saalfeld,[989] musste mit einem Anruf bei der Kreisdienststelle des MfS blockiert werden. Das MfS leitete einen seiner Versuche, diesen ehrenamtlichen Mitarbeiter in der Jugendarbeit der Region Saalfeld, zu inoffizieller Mitarbeit zu bewegen, mit einer Lüge ein, was beim MfS gemeinhin »Legende« heißt: Das Wehrkreiskommando Saalfeld lud Herrn Schwebel, Betonfacharbeiter in Kaulsdorf, Kreis Saalfeld, zur *Berichtigung der Wehrunterlagen* vor. Hintergrund: In und um Saalfeld mühte sich Herr Schwebel über viele Jahre um die »Junge Gemeinde« und genoss das Vertrauen vieler Jugendlicher.

Zum angegebenen Zeitpunkt fand er sich arglos beim WKK ein, wurde in ein Büro geführt und sich selbst überlassen. Dann erschien ein Zivilist, der mit dem WKK nichts, mit der Stasi aber umso mehr zu tun hatte. Er ging direkt auf das Ziel los: Man wolle *für ein gutes Verhältnis zwischen Staat und Kirche sorgen* und brauche dazu ein paar zutreffende Informationen, um nichts falsch zu machen. Und deshalb solle er sich einmal durch den Kopf gehen lassen,

---

[988] Kopie des Originalschreibens BStU MfS BV Gera Nr. 1488/88, 178, Echo des MfS, ebd., 155.

[989] Eigenbericht von Manfred Schwebel. Wiedergabe des Anrufes vgl. Abschnitt 13.1.

ob er nicht durch gelegentliche Gespräche viel Ärger im Voraus verhindern könne. Gelegentlich könne man sich ja wieder unterhalten. Natürlich interessiere das ja nicht jeden. Und deshalb wäre es besser, er schwiege über das Gespräch.

Er informierte den Superintendenten. Dieser drohte der Kreisdienststelle des MfS Saalfeld telefonisch Kanzelabkündigung an und der Mann war frei und blieb frei.

15.3 MfS-Kontakte im Einsatz für Bedrängte aus humanitären Gründen

Während der sowjetischen Besatzungszeit zwischen 1945 und 1949 und während des Bestehens der DDR bis zu deren Erlöschen wurden Pfarrer, Superintendenten, aber auch kirchliche Dienststellen und Kirchenleitungen und durch sie die evangelische Kirche um Hilfe gebeten, wo Einzelne oder Familien oder ganze Gruppen in Bedrängnis gerieten.[990] Manche Helfer haben darüber ihr Leben verloren.[991]

Fallbeispiel: Manfred Stolpe

Zu den in der Öffentlichkeit kontrovers diskutierten und oft verzerrt wiedergegebenen Hilfsversuchen der Evangelischen Kirchen in der DDR gehört der Auftrag des Bundes der Evangelischen Kirchen an den Leiter seines Sekretariats, Manfred Stolpe, sich mit den ihm zu Gebote stehenden Möglichkeiten um Hilfe für Bedrängte in besonders sensiblen Fällen und andere nicht mehr lösbar erscheinende Probleme zu kümmern. Nach 1989 wurde er der Zuarbeit zur SED bezichtigt.

Die Kernfrage im dazu eingesetzten Untersuchungsausschuss des Landtages wie auch im gleichzeitig laufenden Prüfungsverfahren der EKD lautete:

---

[990] Die Bitten reichten von Lebensmittelhilfen, Medikamentenbeschaffung und Unterstützung gegenüber der undurchschaubaren Verwaltungsbürokratie bis zu Übersiedlungsfürsprache in Notfällen.

[991] Pfarrer Wilhelm Trinkler, Großeutersdorf bei Kahla, wurde 1945 vor seinem Pfarrhause erschossen, als er einer Frau zu Hilfe eilte, die – nach übereinstimmenden Aussagen von Zeugen von »DP« (»Deported Persons« – ehemalige Zwangsarbeiter im Flugzeugwerk »Reimag« Großeuterdorf) vergewaltigt wurde. Der Mord wurde nie gesühnt. Pfarrer Trinkler hatte wegen der ständigen Übergriffe gegen die Zivilbevölkerung eine Selbstschutzgruppe organisiert.

Gehörte zu Stolpes Generalauftrag auch, in festgefahrenen Angelegenheiten und besonders diffizilen Notlagen mit Vertretern des MfS zu verhandeln? Einigkeit besteht unter den ehemaligen Vorsitzenden und Mitgliedern der Konferenz der Kirchenleitungen darin:

- Die KKL hat dem Leiter des Sekretariats und späteren Konsistorialpräsidenten Manfred Stolpe mehrfach eine Generalvollmacht zur Wahrnehmung besonderer humanitärer Anliegen erteilt.
- Niemand hat Manfred Stolpe dabei gefragt, auf welchen Wegen er in schwierigen Fällen zu Lösungen gelangt.
- In keinem Beauftragungsbeschluss der Konferenz oder ihres Vorstandes werden einzelne Hilfswege ausgeschlossen – auch nicht das MfS.
- Alle Mitglieder der Konferenz haben Manfred Stolpe aus ihren Verantwortungsbereichen die kompliziertesten »Fälle« anvertraut – mindestens aller zwei Monate, nämlich während der Tagungen der KKL. In Eilfällen auch öfter.

Daraus wurde der Schluss gezogen: Die KKL sprach mehrfach eine Generalbeauftragung an Manfred Stolpe aus, ohne ihn dabei auf bestimmte Verhandlungswege und -partner zu beschränken. Insofern waren Kontakte zur Lösung humanitärer Angelegenheiten auch mit dem MfS zu keiner Zeit ausgeschlossen. Das bestätigte auch Landesbischof em. Dr. Werner Leich.[992] Aber, so wird von einigen aus den Unterlagen geschlossen: Eine ausdrückliche Beauftragung zu Gesprächen mit dem MfS hat es nicht gegeben.

Dem ist nach Aktenlage der KKL und meinen Mitschriften zu widersprechen. Als Mitglied der KKL seit 1978 bis zum Übergang des BEK in die EKD habe ich an deren Tagungen teilgenommen und mit der gesamten KKL mehrfach die besondere Beauftragung Stolpes für den ganzen Raum der DDR auf allen Ebenen bestätigt, so am 12.09.1981, nach Tagesordnung der KKL unter TOP 4.1 Bericht des Vorstandes über seine 130. Sitzung am 21./22.08.1981 in Dresden.[993] Unter dem TOP 3.7 »*Beratungsdienste*« für Bürger der DDR wird festgestellt, dass Manfred Stolpe bisher diese Dienste wahrgenommen habe und gebeten werde, sie auch weiterhin wahrzunehmen.[994] Die KKL nimmt

---

[992] Leich: Du aber bleibst, 288 ff.

[993] 75. Tagung der Konferenz der Ev. Kirchenleitungen, Vorlage Nr. 5, Ziffer 3.7 der Vorlage Nr. 5 der 130. Sitzung des Vorstandes der KKL vom 21./22.08.1981.

[994] »Beratungsdienste für Bürger« betreffen auch kirchenpolitische Vorgänge, wo es sich um Gemeindeglieder und deren Nöte in Wahrnehmung ihrer Bürgerrechte handelt. Gegen Günter Nooke, der eine solche Beschränkung des Auftrages erschließen möchte: Landtag

ohne Widerspruch oder Einschränkung auf bestimmte Verhandlungspartner zustimmend Kenntnis und bestätigt damit den Beschluss des Vorstandes.

Im Protokoll wird ein Gesprächsgang nicht erwähnt, der sich aus einer Häufung von Konflikten zwischen Kirche und Staat und deren Erörterung in ebendieser Tagung der KKL ergab: Unter TOP 4.1 berichtete Frau Lewek aus der 130. Vorstandssitzung zu den Streitfragen Pressereglement Bundessynode (TOP 1.1); Sozialer Friedensdienst (TOP 1.2); Seelsorge im Militärstrafvollzug (TOP 1.3); Strafvollzug Jugendliche (TOP 1.4); Aktion Sühnezeichen (TOP 1.5) und Spitzengespräch (TOP 1.8).

Im Zusammenhang mit diesem Bericht und der Auftragserteilung unter TOP 3.7 an Manfred Stolpe hinsichtlich der »Beratungsdienste« ergab sich eine allgemeine Erörterung der Frage, wie denn die Macht in der DDR verteilt sei und wer der aussichtsreichste Ansprechpartner für erwartete Veränderungen und besondere Notfälle sei. Sie wurde eingeleitet durch einen Beitrag von Konsistorialpräsident Martin Kramer, Magdeburg, über die »drei Säulen der Macht in der DDR«. Hierarchisch abgestuft nannte er: SED mit ihrem Zentralkomitee an der Spitze, gefolgt vom Ministerium für Staatssicherheit und an letzter Stelle die selbst überwachten und kontrollierten Staatsorgane.

Zu dieser Analyse wurde die Meinung geäußert, dass sich die Macht inzwischen weiter verschoben habe und an der Staatssicherheit vorbei nichts mehr laufe.[995] Im Anschluss an diese Beschreibung der Machtverteilung in der DDR stellte Manfred Stolpe im Hinblick auf seine erneute Generalvollmacht in humanitären Angelegenheiten von Bürgern der DDR die Grundsatzfrage: Gilt diese Beauftragung für diffizile Fälle[996] im Gegenüber zur so von Martin Kramer beschriebenen Trias der Macht auf allen Ebenen und wird ihm wie bisher die Wahl geeigneter Schritte überlassen? Diese Frage wurde von der Konferenz ohne Aussprache mit Nachdruck bejaht. Damit war eine Generalvollmacht erteilt, die dem Beauftragten überließ, auf welchen Wegen und mit welchen Partnern er sich um eine Lösung der Probleme müht.

Brandenburg, Anlagen zum Bericht des Untersuchungsausschusses 1/3, DS 1/3009, Redebeitrag Nooke, 3.

[995] Nach Propst Hans-Otto Furian, Berlin, der wie andere von Stolpes Bemühungen auch unter Einbeziehung des MfS wusste, habe dabei diese Überlegung eine Rolle gespielt: »Der Einfluß der Staatsorgane sei nicht groß, die neigten dazu, Entscheidungen immer auf die nächsthöhere Ebene zu schieben. Während in den 70er Jahren der Einfluß der Partei noch relativ bedeutend gewesen wäre, würde sich zur Zeit, so sagte er damals, ohne Staatssicherheit wenig bewegen.« Nach Interview »Junge Welt« vom 04.05.1992, zitiert bei Roßberg/Richter: Kreuz, 85.

[996] »Wenn sonst nichts mehr geht« bezog sich auf alle auch kirchenpolitischen Bereiche.

Der Auftrag wird erneuert

Am 07.03.1986 in der 104. Tagung der KKL wird unter TOP 2.1 Bericht des Vorstandes über seine Sitzung vom 19.02.1986 in Berlin erneut mitgeteilt, dass nach TOP 3.10 der Vorstandssitzung mit der »Wahrnehmung besonderer humanitärer Anliegen« auch künftig Konsistorialpräsident Manfred Stolpe betraut werde.[997] Mit der zustimmenden Kenntnisnahme der gesamten KKL ohne Einwand wird die »Generalbevollmächtigung« für Manfred Stolpe erneut bestätigt – wiederum ohne Einschränkung der zu nutzenden Möglichkeiten.

Auf Anfrage von Dr. Christoph Demke habe ich mich – nach Zustimmung des Landeskirchenrates der Ev.-Luth. Kirche in Thüringen – zur Aussage vor dem Untersuchungsausschuss des Landtages Brandenburg bereit erklärt. Die Aussage wurde nicht abgefordert. Dennoch sehe ich mich noch immer in der Pflicht, jenen auch innerkirchlichen Stimmen aus meiner Erfahrung und aufgrund mir zur Verfügung stehender Unterlagen zu widersprechen, die
– nahezu ausschließlich von den MfS-Akten aus argumentieren;[998]
– die dort vorfindlichen Stasi-Meinungsäußerungen stellenweise sogar als solche Stolpes ausgeben;[999]
– und aus ihnen den Vorwurf ableiten, »daß Stolpe die Erwartungen des MfS an einen IMB erfüllte. Stolpe hat verdeckt, also nicht offen und erkennbar für Betroffene und für Mitarbeiter der Kirchenleitung sowie die als feindlich eingestuften Personen im Sinne der politischen Ziele der SED gehandelt.«
Mir und mir bekannten Mitarbeitern und Gemeindegliedern gegenüber hat Manfred Stolpe nie »*verdeckt*« gehandelt, sondern von dem gesprochen, was er für andere und für mich für sinnvoll und hilfreich hielt. Und erst recht gilt, dass er in allen mir bekannten Abläufen nie »*im Sinne der politischen Ziele der SED gehandelt*« hat.

Als nach 1989 die Vorwürfe gegen Konsistorialpräsident Dr. Manfred Stolpe wegen der IM-Akte »Sekretär« erhoben wurden, habe ich für den 16.05.1992 die ehemaligen Mitglieder der KKL in die Auguststraße zu einer Beratung eingeladen mit dem Ziel:

---

[997] 104. Tagung der KKL vom 07.–09.03.1986 in Bad Saarow, Vorlage Nr. 3: Tagesordng. der 182. Sitzg. des Vorstandes, TOP 3.10. Die erfolgte Beauftragung ist dort vom Verf. eigenhändig eingetragen.

[998] Ehrhart Neubert: Untersuchung zu den Vorwürfen gegen den Ministerpräsidenten des Landes Brandenburg Dr. Manfred Stolpe, Potsdam 1993, 50.

[999] A. a. O., 55 f. und öfter.

»… in einer von uns allen getragenen Erklärung vor der Öffentlichkeit die Kampagne der letzten Monate zurückzuweisen und von dem zu reden, das Evangelische Kirche tatsächlich getan hat.« Und dies aus der Verantwortung für unsere Gemeindeglieder: »Sie werden so bösartig und hämisch angegriffen, daß wir nicht dazu schweigen können. Bruder Stolpe ist einer von uns, der stellvertretend erfährt, was viele, viele betrifft …«

Die Beratung blieb nach kontroverser Debatte ohne gemeinsam verabschiedete Erklärung.[1000]

Meine vom Landtagsausschuss Brandenburg nicht abgeforderte Zeugenaussage hätte folgendermaßen gelautet: Politisches Ziel der SED war bei meiner »Bearbeitung« mittels OPK seit 1961 und dreier Operativer Vorgänge von 1971 bis 1988 und neuerlicher OPK bis 1990 – also über 28 Jahre – meine »Zersetzung«. Innerhalb dieser Zeit hat Manfred Stolpe im Gegensatz zu den SED-Zielen die Berufung des »feindlich-negativen« Superintendenten Große in die KKL, in Redaktionsgruppen für den Bericht der KKL vor der Bundessynode, in Arbeitsausschüsse des BEK, in den Berichtsausschuss der Bundessynode und in die Konsultationsgruppe von BEK und EKD unterstützt. Das kann niemand »konkludentes Handeln« im Sinne eines beauftragten IMB nennen.

Für die Problemregion Saalfeld-Rudolstadt-Braunsdorf-Jena hat Manfred Stolpe die Jugendarbeit mit ihrer vom MfS argwöhnisch belauerten Offenheit nicht nur verbal verteidigt, sondern wirksam unterstützt, z. B. durch Vermittlung von Valuta zur Instandsetzung behördlich geschlossener Rüstzeitheime, und den Neubau des baupolizeilich gesperrten Kantorats in Saalfeld ermöglicht, in dessen Chören Jugendliche mitsangen, die zugleich im Rahmen der Offenen Jugendarbeit in verschiedensten Bereichen und Formen mitarbeiteten und vom MfS belauert wurden.

Soweit meine Aussage – darüber hinaus bleibt nur zu sagen: Wer die Souveränität von Manfred Stolpe und seine innere Unabhängigkeit immer noch anzweifelt, möge einen Satz bedenken, der einem seiner Kontrahenten in seinen Lebenserinnerungen unterlief:

»Die ungewöhnliche Selbstsicherheit Stolpes im Umgang mit uns, seine Gelassenheit selbst gegenüber Vorhaltungen, Kritik, Ironie, ließen uns manchmal fragen, wen er außer dem lieben Gott noch zum Verbündeten haben könnte …«[1001]

[1000] Brief an die ehemaligen KKL-Mitglieder beim Verf.
[1001] Roßberg/Richter: Kreuz, 87.

Klaus Roßberg entwickelte aus seiner Beobachtung die abenteuerliche, aber einem überall Unrat witternden Geheimdienstler angemessene Überlegung, ob Stolpe vielleicht noch mit einem anderen Geheimdienst in Verbindung stehe und von diesem abgesichert werde. Auf die naheliegende Erklärung, die er selbst eben schon im Nebensatz geliefert hatte, kam der bekennende Atheist nicht: Wer sich dem »lieben Gott als Verbündetem« anvertraut hat, braucht keine fremden Geheimdienste zur Absicherung mehr.

Was aber soll dieses Fallbeispiel in einer Untersuchung zum »MfS-Einfluss auf Thüringen«? Es steht hier deshalb, weil Manfred Stolpe der thüringischen und den anderen Landeskirchen und vielen einzelnen ihrer Glieder unverdeckt und wirksam aus Notlagen half: Immer noch begegnet die ursprünglich von der SED, der CDU und dem MfS lancierte Behauptung, die Landeskirche Thüringen sei das »Trojanische Pferd« in EKD und Bund gewesen und habe ihre angebliche »Staatsloyalität« auf andere Landeskirchen und besonders in den BEK hinein verbreiten wollen. Die vorgetragenen Sachverhalte, weitere Akten der KKL und der Landeskirche in Thüringen sowie meine eigenen Aufzeichnungen belegen schlüssig: Einflussversuche des MfS auf die thüringische Landeskirche unter Instrumentalisierung des als IM »Sekretär« von der Stasi registrierten Leiters des Sekretariates des Bundes hat es weder in den von mir über zehn Jahre untersuchten Aktenmassen noch nach meiner Erfahrung gegeben.

Vielmehr hat Manfred Stolpe als Leiter des BEK-Sekretariates und innerhalb seiner Sondervollmacht für sonst nicht lösbare Probleme verschiedenster Art mit staatlichen Stellen und für humanitäre Anliegen von Gliedern unserer Landeskirche in schwierigsten Konfliktsituationen gangbare Wege gesucht, hilfreiche Kontakte (nicht mit dem MfS!) vermittelt und selbst unterstützend eingegriffen.[1002]

[1002] Ein weiteres Beispiel: Ausreisebegehren Gina Pachaly, Saalfeld, die 1978 von einem algerischen Staatsbürger ein Kind erwartete und in seine Heimat übersiedeln wollte. Stolpe sagte Hilfe zu, gab aber ausdrücklich zu bedenken, dass die Stellung der jungen Mutter im islamischen Kulturumfeld und in einer algerischen Großfamilie schwierig werden und eine Rückkkehr nicht möglich sein dürfte. Frau Pachaly entschloss sich zum Bleiben und lebt heute glücklich verheiratet noch immer in Deutschland samt Tochter und deren späteren Stiefgeschwistern.

Fallbeispiel: Vermeidung von Strafverfahren

Während der Bundessynode in Halle 1982 hatte ich in einem Diskussionsbeitrag sowohl auf faschistoide Erscheinungen in der DDR als auch auf die *»feindselige Rhetorik«* von Karl Eduard von Schnitzler hingewiesen und beides als unvereinbar mit den Erklärungen der DDR-Regierung zur Friedenspolitik bezeichnet. Der Jurist Prof. Dr. Kaul, Berlin, hatte mich daraufhin in einem an meine private Adresse gerichteten Brief auf strafrechtliche Folgen aufmerksam gemacht und beide Äußerungen scharf angegriffen. Es stand zu vermuten, er habe den Auftrag, nach strafrechtlicher Prüfung ein entsprechendes Verfahren einzuleiten bzw. betrachte den Brief bereits als eine Vorbereitung dazu.

Manfred Stolpe lud mich zu einem Gespräch mit dem Vorstand der KKL nach Berlin ein. Als dessen Ergebnis schlug er vor, in einem persönlichen Brief an Herrn Dr. Kaul meine Erfahrungen zu schildern und meine Stellungnahme ausführlich zu begründen. Dem Rat folgend schilderte ich meine Eindrücke und deren Folgen und belegte sie mit zeitlichen und örtlichen Angaben. Prof. Dr. Kaul beantwortete mein Schreiben sofort, bezeichnete meine Beispiele als Ausnahmeerscheinungen, die ich unzulässig verallgemeinert habe, wiederholte aber seine Hinweise auf strafrechtliche Folgerungen nicht.[1003]

Die »Aktion Prof. Kaul« steht als ein Beispiel für viele, die auch im thüringischen Raum belegen, wie Manfred Stolpe die ihm von der KKL erteilte Vollmacht genutzt hat, in prekären Fällen helfend einzugreifen. In diesem Falle durch Einbeziehung des KKL-Vorstandes und den rechten Rat zur rechten Zeit.

In diesem Zusammenhang muss durch die zitierten Vorgänge noch einmal nachdrücklich daran erinnert werden, was in der allgemeinen Klischeepflege nach 1989 untergegangen ist: Der sogenannte »Thüringer Weg« war nicht der Weg der Kirche in Thüringen.
– Von »Thüringern« gingen sehr kritische Impulse aus, besonders auch in Bundessynode und KKL[1004], wohin gerade die kritischen Synodalen trotz

---

[1003] Der Briefwechsel wurde auch im Gespräch des MfS-Offiziers Roßberg mit Bischof Leich erwähnt, vgl. Heidingsfeld/Schröter: »Meister«, 63. Er ist verloren gegangen, als ich ihn auf Anraten Superintendent Mieth in Zwickau für eine Antirassismustagung in den Niederlanden zusandte. Ein Kopiergerät stand nicht zur Verfügung. Alle Nachforschungen haben ihn nicht wieder zutage gefördert.

[1004] In diesem Leitungsgremium saßen als gewählte Vertreter aus Thüringen: Christina Schultheiß, Straßenmeisterin aus Stadtroda und alles andere als staatsloyal, bis zu seiner Berufung nach Wittenberg auch der aufmüpfige Arzt Dr. Bernhard Opitz und der »feindlich-nega-

aller gegenteiligen Anstrengungen des MfS von der Synode gewählt und von der Bundessynode entsandt worden waren. Zeitweise kamen von sieben gewählten synodalen Mitgliedern der KKL drei aus Thüringen.[1005] Das MfS hatte sich durch Jahrzehnte zum Ziel gesetzt, die besagten »feindlich-negativen Kräfte aus den leitenden Gremien herauszudrängen.« Es gelang bis zum Ende des MfS nicht.

– Ohne »Berliner Scheuklappen« (»Hier ist der Nabel der Welt und die Quelle wahrer Erkenntnis!«)[1006] kann aus der Entfernung manches schärfer gesehen werden, das sich per MfS-Akten-Einfluss zur »endgültigen« Meinung längst verfestigt hat.[1007]

– Als Thüringer Pfarrer und ehemaliger Bundessynodaler sehe ich mich verpflichtet, gegenüber auch von Thüringen aus angegriffenen Gefährten fair zu bleiben, die nicht Vollzugsknechte der Stasi waren, wie Desinformierte behaupten.

– »Mit Thüringen und seinen evangelischen Christen für die Gemeinschaft der Evangelischen Kirchen in der DDR im Bund – mit dem Bund für die Ev.-Luth. Kirche in Thüringen und für ihre Gemeindeglieder,« war die Devise der Vertreter Thüringens in den Gremien des Bundes. Sie hat sinngemäß auch heute noch zu gelten, trotz des bedauerlichen Rückfalles in die landeskirchliche Zersplitterung 1990, wenn wir jemals unsere Verantwortung für die nicht von uns begründete, aber von uns dankbar angenommene und praktizierte »Zeugnis- und Dienstgemeinschaft« ernst gemeint haben. In ihr habe ich Manfred Stolpe als einen redlichen und zuverlässigen Gefährten im Einsatz gegen Unrecht, Verleumdungen, Nötigungen und andere Übergriffe staatlicher Stellen erfahren.

---

tive« Verf. Außerdem als »geborene Mitglieder« der jeweilige Landesbischof und der Leiter des Kirchenamtes.

[1005] S. Anm. 1004.

[1006] Neuerdings werden »Hauptstadt« und »Provinz« immer öfter voneinander abgehoben: pure Hybris!

[1007] Neubert: Vergebung, 150, spricht von Thüringen als der »Provinz«, Götz Planer-Friedrich vom »Thüringer Weg systemkonformer Kirchenpolitik«, Planer-Friedrich: Einfallstore, 75.

Fallbeispiel: Evangelische Kirche in Thüringen im Clinch mit Brandstiftern[1008] –
IM »Jürgen Sommer« zündelt in der Niederen Köditzgasse, Saalfeld

In besonderen, mitunter von der Stasi erst geschaffenen Notlagen musste es zu scharfen Direktkonfrontationen mit SSD-Leuten kommen: In der Nacht von Sonnabend, dem 7., auf Sonntag, den 8. Januar 1984, ging das Wohnhaus des ehrenamtlichen Mitarbeiters der Kirchgemeinde Saalfeld, Jürgen Vogel, in der Niederen Köditzgasse zu Saalfeld in Flammen auf. Etwa 30 junge Leute aus allen Teilen der Republik verbrachten darin ihr Wochenende. Der Brandstifter Wolfgang Zorn, als IM »Jürgen Sommer« und »Peter Horn« registriert,[1009] hatte *vor* der Brandstiftung die KD Saalfeld des MfS angerufen. Mitarbeiter Lerch war noch vor der Feuerwehr am Brandort und führte zusammen mit einem Kommissar der K 1 der Kriminalpolizei nach Räumung der Brandstätte die jungen Leute in den großen Saal des Rathauses.

Gegen 4 Uhr morgens holt mich Wohnungsinhaber Jürgen Vogel zu Hilfe. Mit dem Hinweis, dass Herr Vogel ehrenamtlicher Mitarbeiter der Kirche sei und ich in dem Brand einen Anschlag auf die kirchliche Jugendarbeit sähe, bitte ich den vernehmenden Kriminalbeamten, bei der Gruppe bleiben zu dürfen. Dem wird stattgegeben. Den jungen Leuten schärfe ich ein: »Sagt die Wahrheit und nichts als die Wahrheit! – Und lasst euch nicht auf anderes ein als ihr erlebt habt.«

Gegen 7.30 Uhr erklärt mir Herr Lerch vom MfS, ich behindere die Ermittlungen, denn alle Vernommenen sagten dasselbe. Meine scharfe Replik:

> »Dass alle dasselbe sagen, weil sie die Wahrheit sagen – auf diesen Gedanken kommen Sie gar nicht erst! Ich gehe, weil ich ohnehin zum Gottesdienst muss, und werde die Gemeinde informieren und den Landesbischof anrufen.«
> Das gelang. Landesbischof Leich:
> »Gleich nach dem Gottesdienst fahre ich los und bin gegen 13 Uhr in Saalfeld.«

Diese Nachricht gab ich aus gutem Grund telefonisch an Betroffene weiter.[1010] Schon nach 12 Uhr wurden alle Zugeführten auf freien Fuß gesetzt. Im Prozess vor einer *»gewollten Öffentlichkeit«*[1011] wurde der Brandstifter verurteilt.

[1008] MfS BV Gera, A 1488/88, Bd. II, OV »Synodaler«, 104 f. (BStU-Zählung).

[1009] BStU ASt Gera, Schreiben vom 21.08.2007 unter Zeichen 001402/02G.

[1010] So war indirekt-direkt das MfS informiert, dass der Bischof unverzüglich nach Saalfeld komme.

[1011] Junge Gemeinde und kirchliche Mitarbeiter wurden zur »öffentlichen« Verhandlung nicht zugelassen, angeblich war der Saal durch »gesellschaftliche Kräfte« bereits überfüllt,

Dem Wohnungsinhaber und den Jugendlichen der »Reisegruppe«[1012] widerfuhr nichts.

Gegen innerkirchliche und außerkirchliche Ideologie: *»MfS Kontakte waren unnötig und unzulässig«*[1013] stelle ich das Brandbeispiel, das durch andere Berichte von Direktkonfrontationen einer »Kirche für andere« mit dem MfS ergänzt werden kann. Zu fragen wäre lediglich, ob diese nach meiner Erfahrung unvermeidbaren Kontakte »konspirativ« sein durften. Für meinen Teil sage ich: nein. Aber auch diese Frage ist unideologisch zu beantworten. Es sind Situationen denkbar, in denen Verschwiegenheit geboten sein konnte, z. B. bei Versuchen von Hauptamtlichen des MfS oder IM, von der Stasi wegzukommen. Das haben z. B. Ärzte mit Erfolg praktiziert.[1014] Manche sind deshalb nach 1989 gemaßregelt und entlassen worden. Niemand sühnt dies neue Unrecht oder klagt es an. Denn die Angst vor der Stasi ist immer noch da[1015] – und vor ihren Erben nicht minder.

Viel entscheidender als die Frage nach Kontakten ist m. E., ob sich Mitarbeiter der Kirche haben verpflichten lassen.

---

in Wahrheit sollte verhindert werden, dass der Angeklagte die Urheberschaft der wahren Brandstifter öffentlich machte.

[1012] Kirchliche Jugendgruppen besuchten sich gegenseitig republiksweit ohne Formalitäten. So kamen rasch einmal größere Gruppen unter einem Dach zusammen – für Aufpasser kaum zu handhaben.

[1013] Z. B. Wolf Krötke: »Musste die Kirche mit der Stasi reden?«, in der »Zeit« vom 04.09.1992. Ähnlich Neubert: Vergebung, 47 f., wo Krötke ausführlich zitiert wird.

[1014] Frau Dr. med. D. F., Rudolstadt, half einem Patienten, vom MfS freizukommen. Als sich herausstellte, dass dieser sie ohne ihr Wissen als IM »Daniel« geführt habe und das bestätigte, verlor sie dennoch Stelle, Arbeit und ihren guten Ruf. Sie klagte und wurde nach gewonnenem Prozess mit einer Abfindung abgespeist. »Die ›andere‹ Geschichte« (Lenski u. a.) nennt sie ohne jede Rücksprache.

[1015] Gesprächspartner für diese Arbeit fragten 2007: »Wollen Sie künftig mit Polizeischutz leben?« Andere lehnen Gepräche über das MfS ganz ab.

16. Dem MfS verpflichtet?

Wurden IM verpflichtet? – In der Regel ja und regelmäßig nicht. Verpflichtungen zur Mitarbeit versuchte das MfS in sehr verschiedenen Formen. Deshalb ist von fundamentaler Bedeutung, ob es gelingt, die Sprachformen der Anwerbungsversuche zu entschlüsseln. Nur so können wir den historischen Kern freilegen. Ungetarnte Werbungsberichte sind mir in den Akten nicht begegnet.

Diese Erfahrung widerspricht mancher Darstellung, die Urteilen kirchlicher Disziplinargerichte zugrunde liegen:[1016] »Der ersten Kontaktaufnahme folgte regelmäßig die Anwerbung zu laufenden Kontaktgesprächen ... und eine ›Verpflichtung‹ zur Fortführung dieser Kontakte und deren Geheimhaltung ...« Hier unterbricht der Berichterstatter und fügt zwei Einschränkungen an, die das Bild erheblich verändern: »... manchmal nur in mündlicher Form, häufig auch schriftlich ... oder mit Handschlag.«

Zugespitzt formuliert: Verpflichtet wurden geworbene Gemeindeglieder oder Geistliche und Juristen in der Regel und regelmäßig nicht.[1017]

16.1 Freiwillig gegebene Verpflichtungen zur Mitarbeit

Freiwillige Verpflichtungen gab es um persönlicher Vorteile willen oder wegen im kirchlichen Beruf nicht auszulebender persönlicher Interessen, so z. B. von Pfarrvikar Otto Ludorf, zunächst Mitarbeiter im volksmissionarischen Dienst der Ev.-Luth. Kirche in Thüringen, dann als Pfarrvikar u. a. in der Pfarrstelle Hermsdorf II tätig. Registriert als IM »Frohdul«, später »Franke«.[1018]

Ein »Offizier im besonderen Einsatz«?
Als IM »Johann Friedrich« oder »Peter« wird vom MfS Superintendent Peter Raatz »geführt«. Sein FO notiert, er wollte nie Pfarrer werden, denn er kön-

---

[1016] Wähler: Rechtssprechung, 571.
[1017] BStU AKG KD Erfurt, Nr. 6.
[1018] BStU MfS BV Gera, Reg.-Nr. 3392/60, Arbeitsakte Arch.-Nr. 232/70 (MfS) Vgl. Abschnitt 21.1.5.

ne nicht glauben, was er sagen müsse. Das bestreitet er selbst vehement.[1019]
Er habe lediglich schon als Kind viel für die Feuerwehr übrig gehabt, in deren
Nähe er aufwuchs.

Am 12.11.1963 wird er in Altenburg verpflichtet und schreibt mit eigener
Hand: »Ich … verpflichte mich, mit der DVP[1020] auf freiwilliger Grundlage
zusammenzuarbeiten«, schriftlich zu berichten und mit keiner Person darüber
zu sprechen, strengste Geheimhaltung zu wahren. Ziel des MfS ist, ihn an Ermittlungen und Bearbeitungsvorgängen im Raum der Kirche und der Sekten
zu beteiligen. MfS-Gespräche führt er bis zu Auflösung des MfS. Er sitzt dabei,
als im Ephorenkonvent Meiningen MfS-Einflussversuche besprochen werden,
was die Lauscher erwarten und wie mit ihnen umzugehen sei. Hier schweigt
er. Nach Aktenlage berichtet er der Stasi über dieses ganz interne Gespräch
ausführlich. So füllt er elf Bände Arbeitsakten mit »Berichten«, davon – soweit
bisher bekannt – 83 eigenhändige und 273 nach Tonband protokollierte Berichte. Er erklärt: *»Ich wollte mit diesen Gesprächen Misstrauen zwischen Staat
und Kirche abbauen helfen.«*

Er erhält Auszeichnungen[1021] und quasimilitärischen Rang: Am 07.02.
1969 soll er zum »Offizier im besonderen Einsatz« (OibE) ernannt worden sein
und regelmäßige Ergänzungszahlungen bis zum vollen Gehalt seines Dienst-
ranges erhalten haben. Beides bestreitet er.[1022] Auf die Frage, ob er Menschen,
über die er sprach, obwohl sie ihm vertrauten, noch in die Augen sehen könne,
bleibt er die Antwort schuldig: »Ich denke darüber nach.«

Das MfS vermerkt am 30.05.1976: »Gegen die Institution Kirche ist er
nicht einzusetzen.« – Aber: »Berichte« durch 26 Jahre – über Personen und innerkirchliche Fragen, Materialübergaben, Mitarbeit an Zersetzungsvorgängen,
gebrochenes Vertrauen wieder und wieder – unter einem laut Akten selbst-
gewähltem Decknamen. Gab es für ihn kein Zurück? Ihn trifft im Verfahren
vor der EKD-Kammer am 05.05.2003 die zweithöchste Dienststrafe, die das
Gesetz vorsieht: Suspendierung vom Dienst. Alle Rechte aus der Ordination
ruhen für fünf Jahre. Bezüge werden drastisch gekürzt.

[1019] Der Beschuldigte übernimmt nach Ablauf der von der Disziplinarkammer der EKD am
05.05.2003 verhängten Suspendierung für fünf Jahre gern Vertretungsdienste.

[1020] Nicht mit dem MfS – die Feuerwehr gehörte zur DVP. Seine freiwillige Mitarbeit dort bestritt er nie.

[1021] Medaillen »für treue Dienste« werden ihm verliehen und die Verdienstmedaille der NVA in
Gold, »dem tapferen Kämpfer«. Das vermelden die Akten.

[1022] Bis 1990 »Oberlöschmeister« = Unteroffiziersrang. Erst im Ruhestand wird er »Oberbrand-
meister«.

Als Mitglied des Ephorenkonventes, über den der »Offizier« berichtete, stelle ich trotzdem fest: Seine Kontakte haben weder die Offenheit des Kreises noch die dort dominierende kritische Haltung gegenüber SED, MfS und CDU verändern können. Was er weitergetragen hat,[1023] müsste im Einzelnen auf seine Wirkung hin geprüft werden. Das dürfte wegen der Vernichtung großer Aktenmengen im Bereich der BV Suhl nicht mehr möglich sein. Und wem sollte das noch nützen? Gott weiß es.

Sein Fazit: »Meine Schuld ist mir angerechnet worden und ich wurde demgemäß bestraft.«[1024] Mein Fazit: Die Kirche Jesu Christi kann nicht durch unsere Irrtümer – auch nicht durch MfS-Informanten oder Spitzelberichte – zu Fall gebracht werden.[1025]

16.2 Zur Unterschrift erpresst

Zur Unterschrift erpresst wurden »Kandidaten« zuweilen aufgrund von wirklichem oder behauptetem Fehlverhalten des »Umworbenen« oder seiner Familienglieder. Sie wurden erpresst z. B. in Haftanstalten, wobei dem »Kandidaten« auch Hafterleichterungen oder Haftverkürzung versprochen wurden.[1026]

Selbst bereits auf Bewährung ausgesetzter Strafvollzug wurde als Druckmittel eingesetzt: So geschehen Hartmut Dreßler, Schafhausen, thüringisches Grenzgebiet, wegen Planung eines Flugblattes am 26.08.1968 verhaftet, am 16.10.1968 wegen »staatsfeindlicher Hetze und Hetze gegen das sozialistische Lager« zu 27 Monaten Haft verurteilt, durch Gnadengesuch Bischof Mitzenheims an Walter Ulbricht am 15.07.1969 vorzeitig »auf Bewährung« (zweieinhalb Jahre) entlassen. Nach der Verurteilung schon übt sein Vernehmer Lück Druck aus, ihn zu werben: Wenn er sich nicht »kooperativ zeige«, könne er jederzeit aus dem Grenzgebiet ausgewiesen werden. Er wird als IM »Udo Ebert« registriert. Von da an besucht ihn ein »Herr König« aus Suhl[1027] und nutzt die Situation der Bewährungsstrafe zur Erpressung aus. Als Frau Dreßler durch einen Zufall davon erfährt, bedroht sie der MfS-Mann: »Wenn Sie irgendetwas

---

[1023] So ist eine seiner Informationen bis an das Zentralkomitee der SED gelangt und hat Maßnahmen der SED-Bezirksleitung Suhl gegen ein Mitglied des Ephorenkonventes ausgelöst. Sie blieben ohne Wirkung: BStU MfS BV Gera, 1488/88, Bd. II, 120.

[1024] Brief vom 14.12.2008.

[1025] Markus 14,10 ff.

[1026] Fall Thomas Kretschmer, vgl. Lenski u. a.: Die »andere« Geschichte, 329, und im dortigen Anhang, IV.

[1027] Besagter »Herr König« trieb sein Unwesen unter den Pfarrern in Südthüringen, vgl. Fallbeispiel: Ephorenkonvent Süd-Meiningen (Einschalten).

ausplaudern, können Sie Ihren Mann im Leichenschauhaus besuchen.« Verschreckt schweigt Frau Dreßler und trägt nun die Last mit, als IM registriert zu sein.

Nach 1989 werden zunächst nur Karteikarten gefunden. Dann taucht der Deckname »Udo Ebert« in verschiedenen Opferakten auf. Das Ausmaß der Zuarbeit für das MfS – auch durch die erpresste Ehefrau – wird erst während des laufenden Überprüfungsverfahrens erkennbar, auch regelmäßige Geldzahlungen, die beide angenommen haben. Eine Disziplinarstrafe wird verhängt, obwohl Opfer sehr unterschiedlich urteilen: *»Sie haben viel gelitten«*, sagen von ihnen Geschädigte. Andere: *»Sie verdienen kein Mitleid.«* Kann eine harte Strafe das durch Zuarbeit beider beschädigte Leben und das gebrochene Vertrauen heilen? Bitterkeit bleibt. Auch für die Schuldigen. In Kirche und Gemeinde aber können vielerlei Wege zur Versöhnung gesucht werden.

Die Hauptschuldigen freilich gehen wieder frei aus: das MfS. Die schon einmal Erpressten – wieweit auch immer sie sich drängen ließen und irgendwann nicht mehr nachdachten – sie trifft Strafe und Ehrverlust, nicht ihre Erpresser.

16.3 Verpflichtung »aus Überzeugung«?

Dies bedeutet zunächst nur, dass der Werber behauptet, ideologisches Einverständnis bei dem Geworbenen erreicht zu haben. Solcher Behauptung gegenüber ist äußerste Vorsicht geboten. Sie kann peinlich genau nur von Fall zu Fall beurteilt werden und stimmt in den meisten Fällen nicht. Beispielsweise konnte schon eine Mitarbeit des Anzuwerbenden in einer kirchlichen Friedensgruppe als »politische Überzeugung« zur Mitarbeit für das MfS deklariert werden – ungeachtet der Tatsache, dass der Staat in der Regel gerade die Friedensgruppen als »feindlich-negativ« einstufte.

Es kann sogar heißen, dass der so »Überzeugte« nichts anderes als seine biblisch begründete Verpflichtung benannte: »Gebt dem Kaiser, was des Kaisers ist, und Gott, was Gottes ist«[1028] und sich damit Barmen V verpflichtet wusste, dass »der Staat nach göttlicher Anordnung die Aufgabe hat, in der noch nicht erlösten Welt ... für Recht und Frieden zu sorgen.« Anwerbungsbereitschaft »aus Überzeugung« muss gar dazu herhalten, Erpressung zu übertünchen:

[1028] Matthäus 22,17.

»Die Werbung des N. N. … erfolgte am 18.4.55 auf der Basis der Überzeugung, aber unter Andeutung von kompromittierendem Material.« [1029]

16.4 Verpflichtung »per Handschlag«?

Diese Formulierung taucht in den Werbungsberichten auch gegenüber kirchlichen Mitarbeitern auf. Bei näherem Zusehen erweist sich aber, dass in vielen Fällen nur eine Bitte um Diskretion während der Verabschiedung beim nur als höflich verstandenem »Handschlag« ausgesprochen wurde, ohne dass der so unauffällig »Verpflichtete« eine Verpflichtungshandlung ahnen konnte. [1030]

16.5 Kirchliche Mitarbeiter – IM regelmäßig ohne Verpflichtung

Tatsächlich wurden kirchlichen Mitarbeitern nur in Ausnahmefällen formelle Verpflichtungen abverlangt. Häufiger findet sich der ausdrückliche Hinweis des jeweiligen Stasi-Werbers, dass »eine Verpflichtung unterblieb, weil N. N. dann für weitere Gespräche nicht mehr zur Verfügung gestanden hätte«. So spricht Major Roßberg in seinen Erinnerungen[1031] von der »wohl nur bei uns üblichen Praxis, auf förmliche Verpflichtungserklärungen zu verzichten«.[1032]

Hermeneutische Folgerung:
Die *termini technici* des Geheimdienstes sind sorgfältig darauf zu prüfen, ob sie tatsächlich wiedergeben, was vom allgemeinen Wortsinn her anzunehmen wäre. Oft entlarven sie sich selbst als Täuschung. Wenn beispielsweise festgestellt wird, dass der angeblich aufgrund politischer Überzeugung zur Mitarbeit Bereite von sich aus keinen Kontakt mit seinem Führungsoffizier sucht oder selbst auf Aufforderung hin Treffs nicht zustande kommen lässt: »Es ist außerordentlich schwer, einen Kontakt zustande zu bringen« (über Bischof Braecklein), wird die IM-Etikettierung fragwürdig. Zeigt nicht diese resignierende Feststellung, dass in Wahrheit keine »Bereitschaft zur Zusammenarbeit« besteht? Jahre später trifft eine »Einschätzung« ebendiese Feststellung.

[1029] Auskunftsbericht der HA V/4 Berlin (von 1954 bis 1964 für »Staat, Parteien, Kirche, Untergrund« zuständig) vom 20.09.1961 zu OKR Gerhard Lotz: BStU ZA, MfS 3043/86, 105.

[1030] BStU ZA, MfS Nr. 145/93, 11, Vgl. Fallbeispiel: Werbungsversuch als Hilfsangebot.

[1031] Vgl. auch Fallbeispiel: Ein Anwerbungsversuch wird als Hilfersuchen »legendiert«.

[1032] A. a. O., 64. »Bei uns« meint die Abt. XX/4 des MfS für »Kirchen … etc.«.

Auch Wortwahl und Begrifflichkeit wie das Sprachniveau insgesamt können nen Aufschluss darüber geben: Wird dem Kontaktierten etwas in den Mund gelegt oder trägt der Befragende mit seinen eigenen Wunschvorstellungen, was der Kontaktierte hätte sagen sollen, auch seinen eigenen Jargon ein?[1033]

Fallbeispiel: Unterstellung

Eine ausgesprochen gehässige Charakteristik Landesbischof Leichs, die angeblich Landesbischof Braecklein geliefert habe, kann nach Indizien der Sprache und ihres Inhaltes von Major Artur Hermann verfasst sein, und da in dieser Zeit auch Martin Kirchner in Gera als Kreiskirchenrat tätig war, der sich immer wieder einmal mit Psychogrammen seiner Kollegen hervortat,[1034] möglicherweise unter dessen Zuarbeit – wenigstens in Ton und Gefälle. Das Rätsel löst sich erst durch einen Zufallsfund.[1035] Die Identifikation des wahren Autors aufgrund solcher Indizien kann eigentlich nur durch einen Zeitzeugen gelingen, dem die Wirklichkeit hinter den Texten so bekannt ist, dass er sie auch in der gefälschten Zuordnung wiederzuerkennen vermag.

[1033] BStU ZA, Nr. 24028/91, Teil II, 122, und Leich: Du aber bleibst, 146, vgl. dazu auch BStU MfS BV Gera, AOP 1488/88, 135, O-Ton Kirchner wie in der Akte »Ingo«, II, 122!

[1034] IM »Franke«: »Durch den IM konnten neben einer detaillierten Wiedergabe der feindlich-negativen Äußerungen des G. in den verschiedensten kirchlichen Gremien vor allem typische Eigenschaften des Persönlichkeitsbildes (charakterliche Merkmale) erarbeitet werden.« BStU BV Gera AOP 1488/88, Bd. I, 63.

[1035] Vgl. u. Abschnitt 17.6 zur Akte »Ingo«.

17. Streitfall »IM« –
ein ungenaues Etikett zeitigt fatale Folgen

Aus dem bisher Diskutierten und der vom MfS vielfach veränderten Wertung und Ergänzung der Bezeichnung »Inoffizieller Mitarbeiter« geht hervor, dass es sich bei der Chiffre IM, für die Aufgaben zwar immer wieder beschrieben und Erwartungen formuliert, aber keine exakten Definitionen geliefert wurden, um eine Art *Etikett* handelt, das Mitarbeiter des MfS nach entsprechender Präparierung einem Menschen aufklebten.

Galt es anfangs als indiskutabel zuverlässig und beweiskräftig, wecken weitere und genauere Studien der MfS-Texte erhebliche Zweifel an solcher Zuverlässigkeit. Eine wichtige Veränderung in der Beurteilung der IM-Akten[1036] stellt der durch das Kohl-Urteil zur Geltung gebrachte Rechtsgrundsatz dar: Als »Inoffizielle Mitarbeiter« (IM) gelten Personen, denen »*nachgewiesen*« werden kann, dass sie »*wissentlich, willentlich und konspirativ für den Staatssicherheitsdienst gearbeitet haben*«.

Das aber heißt im Klartext: »IM« ist nicht gleich »IM«.[1037]

Dieser Satz wurde in den ersten Jahren der Gauckbehörde[1038] noch heftig angegriffen, als Untersuchungsausschüsse der Kirchen in manchen Fällen zu solchem Schluss aus dem Studium der ihnen zur Verfügung gestellten Akten und den Gesprächen mit wirklich oder angeblich Belasteten kamen. Denn zunächst ging man davon aus, dass die innerbetriebliche Kontrolle der offiziellen

---

[1036] Akten über oder mit Hilfe von »Inoffiziellen Mitarbeitern« über Zielpersonen angelegt.

[1037] Im 8. Tätigkeitsbericht der BStU, Berlin 2007, 13, stellt die Bundesbeauftragte für die Stasiunterlagen, Frau Marianne Birthler, im Hinblick auf verdächtigte Bundestagsabgeordnete des 6. Deutschen Bundestages fest, dass eine »wissentliche und willentliche« Zusammenarbeit mit dem MfS nachgewiesen werden muss, ehe IM-Tätigkeit behauptet werden kann – »so wie es die Rechtsprechung für die Einstufung einer Person als inoffizieller Mitarbeiter gemäß StUG fordert.« Vgl. dazu StUG (Stasiunterlagengesetz) § 6, (4) 2 in der Fassung vom 21.12.2006, BGBl I 2006, 3326 ff.

[1038] Die Behörde des bzw. der »Bundesbeauftragten für die personenbezogenen Unterlagen des ehemaligen Ministeriums für Staatssicherheit« (BStU) wurde und wird umgangssprachlich wegen ihrer umständlichen Bezeichnung jeweils nach der Leitungsperson benannt: »Gauckbehörde« nach Joachim Gauck, ihrem ersten Leiter (1990–2000), und seit 29.09.2000 nach der neuen Leiterin Marianne Birthler auch »Birthlerbehörde«.

und inoffiziellen Mitarbeiter des MfS durch das MfS »fiktive IM« ausschlösse. Inzwischen wurde deutlich: Ob mit oder ohne vorliegende Verpflichtungserklärung muss bei der Interpretation der Akten von Fall zu Fall geprüft werden, *»ob und gegebenenfalls in welcher Weise«* eine *»als IM geführte«* Person tatsächlich für das MfS gearbeitet hat bzw. zur Mitarbeit bereit war.

Die Kategorie *»fiktive IM«*, die zunächst nur frei erfundene Inoffizielle Mitarbeiter meint,[1039] ist zumindest durch die sehr viel mehr Fälle erfassende Kategorie *»angeblicher IM«* zu ergänzen. Darunter sind Personen zu verstehen, die ohne ihr Wissen oder gegen ihren Willen als *»Mitarbeiter«* eingeordnet und missbraucht wurden. Ihre Zahl ist nach Aktenlage des MfS und den hier vorliegenden Recherchen ungleich höher als bisher angenommen.

Es erscheint mir deshalb zwingend, um hermeneutischer Redlichkeit willen künftig zwischen Kategorien IM zu unterscheiden, die sich aus dem Grad ihrer Kenntnis, ihrer Bereitschaft, ihrer nachweislichen Zuarbeit für das MfS (konkludentes Handeln) und strikter Einhaltung der Konspiration ergeben:

- aktive IM, die für das MfS nachweisbar wissentlich und nachweisbar willentlich und nachweislich konspirativ im Sinne des MfS gearbeitet haben;
- fiktive IM, die zum Zwecke der Planerfüllung oder in einer sozialistischen »Wettbewerbsbewegung« erfunden wurden, ohne dass ein lebendiger Mensch, eine tatsächlich existierende Person dahinterstand. Deren Zahl dürfte sehr gering sein, was im Allgemeinen mit dem Hinweis begründet wird, dass ihre Nichtexistenz durch Überprüfung ihrer Personenkennzahl sofort festgestellt worden wäre. Davor musste sich der Werber natürlich hüten;
- angebliche IM: Als IM lediglich bezeichnete Personen hat es immer wieder gegeben, obwohl bei deren Nachweis harte Sanktionen durch die übergeordneten Dienststellen zu befürchten waren. Über ihre Anzahl divergieren Mutmaßungen und Nachweise erheblich. Angesichts der kaum möglichen Nachprüfbarkeit von laut BStU 46 Millionen Karteikarten bleibt sie für die nächsten 50 Jahre reine Spekulation.
- Davon streng zu unterscheiden sind m. E. »völlig unbeteiligte Personen«, die von den sogenannten Führungsoffizieren »entgegen allen dienstlichen Vorschriften als fiktive IM geführt« wurden. Dr. Vollnhals, Mitarbeiter der BStU in Berlin, nannte 1996 bei zwei Millionen Überprüfungsverfahren lediglich 20 dem BStU bekannt gewordene Fälle, »in denen MfS-Offiziere entgegen allen dienstlichen Vorschriften völlig unbeteiligte Personen als

---

1039 Sie werden mit dem Hinweis ausgeschlossen, dass spätestens bei Überprüfung der Personenkennzahl des gewonnenen »Mitarbeiters« festgestellt werden konnte, dass es die Person gar nicht gibt.

fiktive IM geführt haben … Bezogen auf rund hunderttausend Belastungs-
fälle, in denen der BStU Auskunft erteilt hat, sind dies 0,02 Prozent.«[1040]
Dem muss ich nach meinen Recherchen widersprechen. Unwissend als IM
Geführte sollten wegen der Verwechselbarkeit mit den oben genannten »erfundenen IM« nicht »fiktive IM« heißen, sondern genauer: »angebliche IM«,
also natürliche Personen, die ohne ihr Wissen *als IM geführt* wurden. Sie
haben nicht gewusst oder nicht wissen können oder abgelehnt, dass die mit
ihnen geführten Gespräche als Zuarbeit für das MfS gewertet und genutzt
wurden.[1041] Manche dieser Gespräche wurden auch nicht mit Mitarbeitern
des MfS geführt, die dem »als IM Geführten« als solche bekannt waren, sondern mit IM.[1042]

Bei ihnen handelt es sich im Grunde genommen um »fiktive« IM einer
anderen Kategorie: Ihnen wurde als wirklich existierenden Personen die IM-
Tätigkeit zugeschrieben.

Fallbeispiel: IM ohne Zusammenarbeit?

Wenn ein sogenannter Führungsoffizier von dem durch ihn angeblich »geführten Inoffiziellen Mitarbeiter« in seinem Bericht an die vorgesetzte Dienststelle nach Jahren über Landesbischof Ingo Braecklein resignierend feststellt: »Es
kann nicht davon gesprochen werden, dass eine Zusammenarbeit zustande gekommen ist«, darf dann im Nachhinein behauptet werden, es handle sich um
eine wissentlich und willentlich für das MfS wahrgenommene geheimdienstliche Tätigkeit?[1043]

Schon gar nicht kann die simple Zuordnung IM gleich Täter durchgehalten
werden in den vielfach verschlungenen Beziehungen zwischen Partei, Staatsapparat und MfS einerseits und den konspirativ geworbenen angeblichen oder
wirklichen *»Mitarbeitern«* andererseits. So begegnen in den Akten zum Kontakt genötigte *»geheime Informanten«*, die z. B. durch geschickte Auswahl ihrer

---

[1040] Vollnhals: Kirchenpolitik, 99.

[1041] Ingo Braecklein zu den »Werbern« nach BStU ZA, MfS 24028/91, Teil II, 41«: *»Er möchte
nicht von uns als ›Agent‹ angesehen werden«*. Das haben die Werber notiert, aber geflissent-
lich ignoriert.

[1042] IM »Fortschritt« im Kreissekretariat der CDU in Saalfeld mit IM »Hans Schuster«, BStU
MfS BV Gera, AJM 373/80.

[1043] So der »Führungsoffizier« in der Akte zu IM »Ingo«, unter der Landesbischof Ingo Braecklein als »Inoffizieller Mitarbeiter«, also als Spitzel des MfS »geführt«, d. h. registriert wurde,
ohne Rücksicht darauf, wie er selbst die durch das MfS ihm abgenötigten Gespräche verstand. BStU ZA, MfS 24028/91, HA XX/4, Bl. 46–48.

»Informationen« und deren sparsame Dosierung im Grunde genommen ihren Bedrückern auszuweichen versuchten, um *niemandem Schaden zuzufügen«.* Scharfrichter von heute erkennen darin natürlich nur den kläglichen Versuch, sich rein zu waschen. So billig dürfen Menschen nicht abgeschrieben werden. Gerade in vielen sogenannten »IM« begegnen uns zugleich Opfer von Nötigung und Terror, auch verzweifelt um verantwortbares Handeln sich Mühende, die ihrem Gewissen zu folgen versuchten. Viele heutige Leser der Akten nehmen in ihren Wertungen darauf keine Rücksicht und überprüfen die Registrierung kaum noch auf ihre Berechtigung.[1044]

»Wir haben mit der Angst gearbeitet – mit Angst, Angst und nochmals Angst«, erklärt ein ehemaliger Mitarbeiter des MfS ehrlich,[1045] so scheint mir, weil es für ihn nicht gerade ehrenwert ist. Darf von Agenten des MfS bewusst herbeigeführte Verängstigung wirklich keine entlastende Rolle spielen, wenn Vergangenes beurteilt wird? Und dürfen die Akteure wirklich als redliche Sicherheitsfacharbeiter gelten wie ein Milchkontrolleur, die andere Menschen auf Befehl – mit oder ohne innere Zustimmung – bis zum seelischen Zusammenbruch unter Druck gesetzt haben?

Fallbeispiel: Psychoterror zum Zweck der Verpflichtung

Die Frage schlägt um in eine Anklage, wenn wir aus dem Studienmaterial der sogenannten *»Juristischen Hochschule«* des MfS in unsere Wertung des »IM« die »Werbe«-Methoden einbeziehen. Sie werden als Erfahrungen aus der Praxis den zur IM-Werbung Auszubildenden weitergegeben.[1046] Mit diesem »Lehrmaterial« sollen die künftigen IM-Werber und Führungsoffiziere »psychologisch« geschult werden, um in der Jagd auf künftige IM und in der Bearbeitung ihrer Opfer erfolgreich zu sein. Zum Stichwort *»Pantomimik«* heißt es dort:

> »Wenn z. B. ein IM bei der Auftragserteilung ständig auf seinem Sitzplatz hin- und herrutscht, obwohl er während der ganzen Zeit des Treffs eine gelassene und ruhige Haltung zeigte, dann ist zu vermuten, daß diese Unruhe im Zusammenhang mit dem operativen Auftrag steht und dieser ihn emotional stark berührt ...«

[1044] Lenski u. a.: Die »andere« Geschichte, stellt im Anhang, I–IV, eine »IM«-Liste nach MfS-Karteikarten auf.

[1045] Gespräch am 13.03.2008 mit dem Verf.

[1046] Vertrauliche Verschlußsache: Lehrmaterial, Die psychischen Prozesse – ihre Wirkung und Nutzung in der politisch-operativen Arbeit, in: BStU ZA, JHS 24446, 77 ff.

Der Werber achte außerdem auf seine Stimme, die sich bei Werbungen oft verändert. In dem Fall weist das darauf hin, »*daß ihm der Auftrag unangenehm ist.*«

Für den heutigen Leser nur schwer zu ertragen sind die kalten Beobachtungen von

> »… äußerlich erkennbaren Veränderungen vegetativer Funktionen des Organismus … Vielfach bekannt ist das Erröten oder Erblassen des Gesichts oder das Hervortreten der Adern infolge der Beschleunigung oder Verlangsamung der Herztätigkeit und des Blutkreislaufes.
>
> Die operativen Mitarbeiter haben schon oft solche Erfahrungen gemacht, wenn sie IM Fragen stellen oder Äußerungen machen, die den Intimbereich des jeweiligen IM betreffen und die ihm peinlich sind. Plötzliches Händezittern oder Schweißausbrüche können genau wie eine veränderte Atmungsfrequenz oder der Tränenfluß Anzeichen für starke emotionale Erregung sein.
>
> So haben z. B. operative Mitarbeiter, die schon eine Vielzahl von Werbungen durchführten, festgestellt, daß manchen IM-Kandidaten gerade beim Schreiben ihrer Verpflichtung die Hände zitterten oder daß sie an der Stirn, am Hals oder an den Händen transpirierten …«

Den Wert von »*Verpflichtungen*« entlarvt die Angabe: »*gerade beim Schreiben ihrer Verpflichtung …*«! Dieser Text psychischen Terrors bedarf keines Kommentars. Ihm folgt als

> »Studienaufgabe«:
> »Wenden Sie Möglichkeiten des Erkennens von Gefühlen in einer Treffsituation an und beschreiben Sie anschaulich Ihre Feststellungen!«

Der so gequälte Mensch kann als äußerste Form des »Widerstandes« wohl nur noch den einen Gedanken haben: »Bloß raus hier!« Das ist der günstigste Augenblick für den Werber, freundlich die einzige Möglichkeit zu schildern, wie man »hier rauskommt«: mit der schriftlichen Zusicherung, »ganz einfache« Aufgaben zu erfüllen und darüber zu schweigen. Und schon ist der Mensch, der nur »raus wollte«, nach Willen des MfS für immer und hoffnungslos »drin«.

Angesichts solch perfider Zerstörung der Menschenwürde muss für die Zeit nach 1989 sehr ernst gefragt werden: Kann sich jemand die Wiederholung der vom MfS-Ausbilder geschilderten Situation gegenüber früheren »IM« nach 1989 in einem weltlichen oder kirchlichen »Überprüfungsausschuss« oder einer »Evaluierungskommission« ohne Abscheu vorstellen oder gar wünschen? In allen kirchlichen Untersuchungsverfahren, in denen ich mitarbeitete, wurde sehr zurückhaltend und so behutsam als möglich vorgegangen, um den schon einmal in seiner Menschenwürde Angetasteten nicht noch einmal zu »bearbeiten«. Aber ich habe auch den »Jägerblick« gesehen, der nicht nur Belastete zum Schaudern bringen kann. Im Gespräch mit einer als IM Beschuldigten, die sich nach unbedachter Unterschrift durch Verzicht auf ein schon begonnenes Studium selbst vom MfS befreite und mit Hilfe ihres Bischofs den Beruf wechselte, beugt sich einer ihrer Gesprächspartner vor und fragt mit lauerndem Unterton und leuchtenden Augen: »Und wie haben Sie sich gefühlt, als sie unterschrieben, was niemand wissen durfte …?«

Vergleichbares beschreibt Klaus Roßberg, der Spezialagent für »IM in Spitzenpositionen« und einmal selbst »Jäger« war, von seiner Vorladung vor den Untersuchungsausschuss des Brandenburger Landtages aus dem Sitzungssaal 306:

> »… Ich registrierte die steinernen Mienen, die lauernden Blicke und hatte das Gefühl, auf eine Woge von Haß und wilder Sensationsgier zu treffen. Wenn ich je erfahren wollte, wie Sieger der Geschichte mit den Verlierern umgehen, hier konnte ich es.«[1047]

Kein Gedanke daran, dass er einmal anderen angetan hat, was er nun selbst aushalten muss. Beides ist unmenschlich und nach der Friedlichen Revolution alles andere als ein Beitrag zu Aufarbeitung oder gar Neuanfang. Es dürfte wohl außerhalb alles Vertretbaren liegen, einem einst so gequälten Menschen Vorwürfe zu machen, dass er nicht voll Vertrauen freiwillig in eine vielleicht entlastende, möglicherweise aber auch sehr ähnliche Erfahrung hineintappen wollte, als der Ruf zu vertraulicher Bearbeitung von Stasibelastungen erscholl.

Ging es nicht auch anders? Dem Gruselkabinett tschekistischer Brutalität und nur Adolf Eichmann vergleichbarer eiskalter Emotionslosigkeit, wie sie eine »Juristische Hochschule« anerziehen wollte, seien Erfahrungen von Freiheit und zwar die zweier misslungener Werbungen gegenübergestellt. Denn Freiheit ist nicht zuerst eine Frage politischer Verhältnisse. Freiheit gründet für Christen in der Bindung an Christus und in der Bereitschaft, den Preis der Freiheit zu zahlen.

[1047] Roßberg/Richter: Kreuz, 8.

Fallbeispiele: Die »Firma« in der Firma – zwei erfolglose Werbungen im Betrieb

I. Christfried Herklotz, erfasst in der Operativen Personenkontrolle OPK »Prediger«[1048], nimmt laut IM-Bericht »Manfred Marx«[1049] vom 27.02.1985 seit 20.02.1985 an den Sitzungen des Gemeindekirchenrates teil:

> »Herklotz ist Ing. und arbeitet im VEB MHU[1050] in der Prozeßrechenautomatisierung. Er gehört der Landeskirchen-Gemeinschaft an und wird jetzt regelmäßig an den GKR-Sitzungen teilnehmen …

Der spätere Kirchenälteste schreibt zu »Stasierfahrungen«:[1051]

> »Direkte Erfahrungen mit der Stasi hatte ich in der DDR nicht bewußt. Wir haben geahnt, daß eine ständige Überwachung existiert, jedoch hat dies nicht direkt mein Leben bestimmt oder beeinflußt …
>
> Sicher war ein wesentlicher Grund dafür das Eingebundensein in die Kirchgemeinde bzw. Landeskirchliche Gemeinschaft und der Freundeskreis. Wir fühlten uns dort gebraucht, wohl und auch geborgen.
>
> Den Versuch einer Kontaktaufnahme gab es nur einmal in der Dienststelle des MfS in der Maxhütte, etwa 1988.
>
> Aber da ich von der Einladung der Stasi in die Dienststelle allen Freunden und Pfarrern erzählte, blieb es nur bei einem Versuch …«

Für unseren Zusammenhang erscheinen mir heute zwei Beobachtungen wichtig:
– Jeder größere Betrieb hatte seine betriebseigene MfS-Stelle, die sogenannten Objektdienststellen.[1052] Niemand musste die Stasi suchen. Sie war immer nebenan.
– Eine feste Einbindung in die Gemeinde und in das Leben im Freundeskreis vermittelt das gute Gefühl, gebraucht zu werden und gibt Geborgenheit. Das ist mehr und etwas anderes, als bloß unter ein imaginäres »Dach der Kirche« zu fliehen.

1048 OPK »Prediger«, BStU MfS BV Gera, Nr. 1625/88, 54.
1049 Der Bericht stammt von einem Arbeitskollegen, der unter Pressionen angeworben worden war.
1050 MHU = »Maxhütte Unterwellenborn«.
1051 Brief vom 13.01.2008 an den Verf.
1052 Innerhalb der »Anatomie der Staatssicherheit«, dem sogenannten MfS-Handbuch, Teil II/3, Abschnitt OD, 4, gibt Reinhard Buthmann eine Darstellung der »Objektdienststellen« am Ende der achtziger Jahre, die dem Schwerpunktprinzip in der Wirtschaft entsprachen: »*Wir müssen dort sein, wo das Wichtigste ist.*«

II.   Ralf Herbig (* 1964), 1981–1989 bei der Deutschen Reichsbahn angestellt, erzählt: *»Ich wurde im Februar/März 1987 ganz dringend zur Kaderleitung
meiner Abteilung gerufen. Der Anlaß dieses Gespräches wurde mir nicht mitgeteilt …«* Er wird von der Kaderleiterin in ein Nebenzimmer gebracht, wo zwei
Herren auf ihn warten,

> »die sich als Mitarbeiter des MfS (Dienststelle Gera/Abteilung Spionageabwehr vorstell-
> ten. Das Gespräch begann recht locker und sollte entspannend auf mich wirken … Die
> Fragen drehten sich anfangs um gesellschaftliche und politische Ereignisse des Alltags.
> Der ernstere Teil der Unterhaltung kam, als ich Auskunft über angebliche Sabotage-
> akte in unserer Abteilung geben sollte … Mir waren keinerlei Begebenheiten dieser Art
> bekannt gewesen und das Ausspionieren unserer russischen Werkzeuge und Anlagen
> konnten nicht der wahre Grund dieses Zusammentreffens sein. … Ich war und blieb
> natürlich durch und durch mißtrauisch, obwohl sich der kumpelhafte und Vertrauen
> erweckende Ton des Gesprächs zu keinem Zeitpunkt veränderte.
>   Ich denke, dass dieses Gespräch ein Werbeversuch meiner Person zur Zusammen-
> arbeit mit dem MfS, Informant für die Stasi zu werden, gewesen sein musste. Ich sollte
> zuerst meine Augen ud Ohren im Kollegenkreis offenhalten. Verdächtige und auffällige
> Personen und Dinge sollte ich vertraulich an diese Herren weiterleiten, denn es ginge
> um das ›Wohl der sozialistischen Produktion‹ und damit auch um das Wohl unseres so-
> zialistischen Staates und so weiter und so fort …
>   Zu keinem Zeitpunkt gingen die Herren auf meine christliche Gesinnung und
> Überzeugungen ein. Auch meiner Verweigerung des Wehrdienstes bei der NVA schien
> hier keinerlei Bedeutung zugemessen zu werden …
>   Am Ende des Gespräches wurde ich mit der Bitte verabschiedet, diese Angelegen-
> heit zu bedenken und selbstverständlich mit niemand ein Wort über dieses Treffen und
> den Inhalt des Gespräches zu wechseln.
>   Ich verabschiedete mich von den Herren mit den Worten, dass ich genau das Ge-
> genteil tun werde.
>   Ich sagte, dass ich als erstes und sofort meinem Kollegen, welcher unten vor dem
> Haus auf mich wartet, von den hier besprochenen Themen berichten werde. Nach mei-
> nem Dienstschluß kündige ich den verblüfften Herren an, werde ich direkt zum Kirch-
> büro in Saalfeld und zum Superintendenten Große gehen, um hier ebenfalls von diesem
> Gespräch zu berichten, damit Herr Große der Kirchenleitung in Eisenach dazu einen
> Erlebnisbericht weitergeben könne …
>   Eine ähnliche Situation mit dem MfS hat sich nicht wiederholt.
>   Genau wie ich es angekündigt hatte, bin ich anschließend auch vorgegangen.«[1053]

Wie schon im Erlebnisbericht von Christfried Herklotz gründet die Freiheit
des kecken Bahnarbeiters im Vertrauen auf seine Kirche. Denn für Ralf Herbig
war vor allem das Vorbild seines Großvaters wichtig, der durch Krieg und Ge-

---

[1053] Eigenbericht Ralf Herbig vom März 2008.

fangenschaft »*gläubiger Christ und absoluter Pazifist geworden*« war. Mit seiner Ankündigung, über den Vorgang bis hin zur Kirchenleitung zu informieren, verhindert Ralf Herbig alle weiteren Nachstellungen. Im Nachsatz fügt er noch an:

> »Im Übrigen gab es im engsten Freundes- und Mitarbeiterkreis der JG und der OA Saalfeld keinen inoffiziellen Mitarbeiter oder Spitzel, welcher Berichte über unseren »harten Kern« lieferte, denn auch andere Werbeaktionen der Stasi bei Mitgliedern unserer Gruppe verliefen erfolglos.«

Für das MfS war Geheimhaltung alles und die gefürchtete »Dekonspiration« unter allen Umständen zu verhindern. Wer sich daran nicht hielt, war und blieb frei. Um auch zufällige oder unbeabsichtigte Dekonspirationen zu vermeiden, erscheint in der Regel ein warnender Vermerk auf Werbungsprotokollen, Auskunftsberichten und Operativplänen: »*Der Kandidat/IM/IMB usw. kennt Gen. ... persönlich.*« Selbst gegenüber den IM werden in solchen Hinweisen nur die Decknamen der MfS-Leute verwendet.[1054]

Wie problematisch unscharf der Begriff »Inoffizieller Mitarbeiter« von Anfang an, zu Zeiten seines ausschließlich MfS-internen Gebrauchs war, zeigt sich daran, dass der Geheimdienst sich alsbald gezwungen sah, ihn präzisieren zu müssen, und zwar durch eine wachsende Zahl von Zusätzen: IM, IMA, IMB, IME, IMF und so weiter bis (jedenfalls vorläufig) IM/W.

Von den parallel bzw. zu bestimmten Zeiten gebrauchten Kürzeln GM, GMI, GMS usw. ist dabei noch gar nicht die Rede gewesen. Und was bedeuten diese Kürzel? Das neueste und erheblich erweiterte Abkürzungsverzeichnis der BStU von 2007 zählt 45 »IM«-Buchstabenkombinationen mit ebenso vielen Erläuterungen, darunter eine ganze Reihe gleichlautender Kürzel mit unterschiedlichen, abgeleiteten oder auch gegensätzlichen Bedeutungen. Deshalb bedarf jeder Zusatzbuchstabe einer eigenen Entschlüsselung oder verwirrenderweise gleich mehrerer, weil Doppel- oder Mehrfachbedeutungen keine Seltenheit sind. Das ist hier nicht zu leisten.

Auf den Stufen der MfS-Hierarchie galten Kürzel, deren Bedeutung nur den oberen Rängen bekannt war. Ohne die Hilfe des in Jahren entstandenen und immer wieder – zuletzt 2007 – aktualisierten Abkürzungsverzeichnisses der BStU sind Außenstehende völlig überfordert.[1055] Dem ernsthaft MfS-Akten Lesenden kann die Benutzung dieses Verzeichnisses, nur nachdrücklich

---

[1054] BStU ZA, MfS 240028/91, 51: »Der IM kennt folgende op. Mitarbeiter Gen. Ludwig, ›Müller‹, Gen. Sgraja, ›Zocher‹ ...« Das heißt aber: Dem »IM« sind in der Regel nur die operativen Decknamen, nicht aber die wirklichen Namen bekannt.

[1055] BStU: Abkürzungsverzeichnis.

empfohlen werden. Der nachdenkliche Beobachter fragt sich: »Und da kannten sich Leute wirklich aus? Damals? Heute?« Besehen wir uns ein schlichtes Beispiel mit politischen Folgen: Das Kürzel »IMA«.

17.1 Das Beispiel des Kürzels »IMA«

Die Buchstabenkombination »IMA« wird als Kurzbezeichnung für drei völlig verschiedene Kategorien[1056] verwendet:
- IMA: »IM Akte A (HV A) – *zur handschriftlichen Kennzeichnung auf der Vorgangskarteikarte (F 22) im Rahmen der Datenerfassung für SIRA;*[1057]
- IMA: Inoffizieller Mitarbeiter/Ausländer – *ausländischer Staatsangehöriger der als inoffizieller Mitarbeiter tätig war;*
- IMA: Inoffizieller Mitarbeiter für besondere Aufgaben (HV A).[1058]

Das konnte zum Zeitpunkt der Aktenöffnung nur sehr wenigen »Insidern« bekannt sein. »Selbst Mitarbeitern des MfS waren aus Gründen der Konspiration und der Arbeitsteilung nicht alle im Ministerium gebräuchlichen Abkürzungen und Kurzformen und deren Varianten geläufig.«[1059] Erst nach und nach ließen sich die Untergruppen entschlüsseln – zum Beispiel durch schrittweise Erweiterung des Gesichtsfeldes der BStU-Mitarbeiter und der Forscher mittels der durch das CIA auf dunklen Wegen »erworbenen« Rosewood-Dateien.[1060] Nur akribische Vergleiche im Aktendickicht erhellen Deutung für Deutung das Dunkel um gleichlautende oder ähnliche Kürzel mit divergierenden Bedeutungen. Noch einmal: Ohne das Hilfsmittel des BStU-Abkürzungsverzeichnisses kann sich niemand im Labyrinth der Aktengebirge und deren Spezialsprache zurechtfinden.

Wie groß die Verwechslungsgefahr bei gleichen Kurzbezeichnungen mit unterschiedlicher Bedeutung tatsächlich ist und dass darin bis in die politische Auseinandersetzung unserer Tage erheblicher Sprengstoff liegt, ließ

[1056] Alle folgenden Auflösungen werden zitiert nach diesem Abkürzungsverzeichnis, ausgewählt aus den dort in alphabetischer Reihenfolge aufgelisteten Kürzeln.

[1057] SIRA – »System der Informations-Recherche der HV A« – meint die von der BStU rekonstruierte elektronische Datenbank der Hauptverwaltung Aufklärung.

[1058] Vgl. Thomas Lindenberger, SED Herrschaft und soziale Praxis, in: Gieseke: Staatssicherheit, 33.

[1059] BStU-Abkürzungsverzeichnis, a. a. O., 3.

[1060] »Rosewood« s. o. Abschnitt 1.2, und 8. Tätigkeitsbericht der BStU 2007, 12.

2006 der Streit um die »Rosenholz«-Dateien[1061] und deren Öffnung erkennen.[1062]

Als unter dem Kürzel »IMA« die Namen von Bundestagsabgeordneten auftauchten, die bisher als unbescholten galten, erfolgte die Veröffentlichung des dazu angekündigten Berichtes nicht unmittelbar, weil *interne fachliche Abstimmungsprozesse sehr viel Zeit in Anspruch nahmen«*.[1063] Daraufhin erhob sich ein Sturm in den Blättern der in- und ausländischen Presse und fegte über die Behörde der Bundesbeauftragten hinweg, als habe man dort die Absicht, weitere »Enthüllungen« über die Erfolge der Stasi an der unsichtbaren Front zu unterschlagen. Besonders Argwöhnische vermuteten Ungleichbehandlung von Westdeutschen und Ostdeutschen durch die Behörde: Wo es um Westdeutsche geht, mauere die BStU.

Die von den BStU-Mitarbeitern gegebene Erklärung für die Bedeutung des Kürzels lässt im Nachhinein das Ganze als der Aufregung nicht wert erscheinen: »IMA« oder »IM-Akte A« als »handschriftliche Kennzeichnung auf der Vorgangskartei F 22«[1064] kann – nach Darstellung der Behörde der BStU – in der HV A[1065] auch schlicht »IM-Akte« heißen,

> »verwendet sowohl für die Erfassung inoffizieller Mitarbeiter im Operationsgebiet[1066] und Einsatzkader der DDR ... als auch für Dritte, (darunter u.a. Zielpersonen und bis 1988 Kontaktpersonen, die unter Umständen unwissentlich abgeschöpft wurden. Die dazu angelegte Akte bestand in der Regel aus drei Teilen (Personalakte/Übersiedlungsakte, Arbeitsakte, Beiakte zur Personalakte)«.[1067]

Nach dieser Auflösung handelt es sich um einen Registraturbegriff, unter dem sehr verschiedene Beziehungen des MfS zu unterschiedlich erfassten Personen

---

[1061] Das Problem wird dargestellt und kommentiert im »Achten Tätigkeitsbericht der Bundesbeauftragten 2007«, 12 f.

[1062] »Es handelte sich dabei um die Information, dass Vorgangskarteikarten zu 43 Abgeordneten des 6. Deutschen Bundestages den Vermerk ›IMA‹ enthielten. Zwar stellte die Bundesbeauftragte unverzüglich klar, dass ein solcher IMA-Vermerk auf Karteikarten der HV A in keiner Weise den Schluss erlaubt, dass die zugeordneten Personen inoffizielle Mitarbeiter waren, sondern dass es sich hierbei um die Angabe einer Aktenart handelt« ... »Dennoch hielt sich ... das Gerücht, dass die HV A in Fraktionsstärke in diesem Bundestag vertreten gewesen sei.« A.a.O., 13.

[1063] Ebd.

[1064] F 22 – Formular der Vorgangskartei.

[1065] HV A »Hauptverwaltung A« oder »Hauptverwaltung Aufklärung« meint die MfS-Auslandsspionage.

[1066] »Operationsgebiet« Deckname des MfS für die Bundesrepublik Deutschland.

[1067] Abkürzungsverzeichnis der BStU, Berlin 2007, zum Begriff IMA und IM-Akte A, 42 f.

zusammengezogen wurden. Diese Deutung ist für Außenstehende mit dem Image des MfS als einer preußisch penibel geführten Bürokratie, in der eigentlich gleichlautende Abkürzungen für sehr verschiedene Inhalte nicht vorkommen dürften, schwer vereinbar. Festzuhalten bleibt, dass Fehler in der Aktenführung des MfS oder nachträgliche Fehldeutungen derselben ganz erhebliche politische und erst recht persönliche Folgen haben und geräuschvolle Mediengewitter auslösen können.

Für diese Arbeit, die Einflussversuche des MfS auf die Kirchen untersucht, können wir uns gerade nach den letzten Deutungsversuchen die alte Frage aus den Anfängen der Aktenlektüre nicht ersparen, die bis zur Stunde umstritten bleibt: Wer muss denn nun zweifelsfrei als »IM« angesehen werden?

17.2 Wie definiert man den »Inoffiziellen Mitarbeiter«?

Das Stasi-Unterlagengesetz[1068] erklärt in § 6, (4) 2: »*Inoffizielle Mitarbeiter sind Personen, die sich zur Lieferung von Informationen an den Staatssicherheitsdienst bereiterklärt haben.*«

In der mittlerweile schon recht bunten Auslegungsgeschichte dieses Paragraphen des StUG konzentriert sich die Antwort auf die Frage: »IM oder nicht?« derzeit auf vier Kriterien, die sich in der Rechtsprechung als Voraussetzung einer Einstufung als »inoffizieller Mitarbeiter« im Sinne des StUG herausgebildet haben:

Hat der Beschuldigte
- »wissentlich«,
- »willentlich« oder durch
- »konkludentes Handeln«[1069] seine Bereitschaft erklärt, dem MfS Informationen zu liefern, und wurde nachweislich
- die »Konspiration« eingehalten?[1070]

[1068] Gesetz über die Unterlagen des Staatssicherheitsdienstes der ehemaligen DDR i. d. Fassung vom 21.12.2006 (BGBl. I, 3326 ff.).

[1069] »Allgemein war es ein gesellschaftlicher Lernprozess zu begreifen, das IM nicht gleich IM war, und dass nur jemand als stasibelastet angesehen werden darf, der willentlich und wissentlich dem MfS zu Diensten war.« Weispfenning/Wiegand: Der Umgang mit MfS-Belastungen, 12.

[1070] Vollnhals: Kirchenpolitik, 99: »Entscheidendes Kriterium für die Registrierung und Führung als IM war die Einhaltung der Konspiration ...« Dem widersprechen eine ganze Reihe Fälle gerade im kirchlichen Bereich. Dort wurde um der Fortführung des Kontaktes willen auch mehrfache Dekonspiration in Kauf genommen: Braecklein, Herden, Leich, von Frommannshausen (nennt oft z. B. »Herrn König« vom »Bezirk«).

Für manche – z. T. auch für kirchliche Untersuchungsausschüsse – lag hier die entscheidende Frage. Andere sehen sie als Hilfsargument im Hinblick auf »konkludentes Handeln«, was nichts heißt als: Lässt sich vom Handeln des »Registrierten« auf wissentliche und willentliche Zuarbeit für das MfS schließen?

Soweit herrscht annähernd Klarheit im Allgemeinen. Die Anwendung auf den einzelnen Fall wirft jedoch stets neue Fragen auf. Zum Beispiel: Jedes dieser Definitionskriterien ist für sich genommen gar nicht leicht nachweisbar. »Wissentlich« ist noch nicht dadurch erwiesen, dass es der Führungsoffizier in seinem Protokoll behauptet. Vielmehr hängt der Rückschluss u. a. davon ab, wie einleuchtend und nachvollziehbar die »Legende« gewesen ist, die dem zu Werbenden aufgetischt wurde, und ob eigenhändige »Berichte« oder Verpflichtungen vorliegen.[1071] Denn in der oben zitierten Deutung des Kürzels »IM« durch die BStU verbirgt sich ein ebenso unscheinbares wie brisantes Satzteilchen, das immer wieder für Streit sorgt:

> »Kontaktpersonen, die unter Umständen unwissentlich abgeschöpft wurden.«[1072]

Wo verläuft die Grenze bei MfS-Kontakten zwischen *unwissentlich abgeschöpft werden* einerseits und bejahtem *kooperieren* andererseits? Das bleibt bei der Beurteilung einzelner Fälle von entscheidender Bedeutung.

Es liegt auf der Hand, dass die Annahme, Mitarbeiter seien nur *»abgeschöpft«* worden, nicht nur Betroffene selbst entlastet, sondern auch das Image ihrer Gruppe oder Institution aufbessern kann. Aber gerade deshalb wird sie in der Regel misstrauisch als Schutzbehauptung interpretiert unter Hinweis auf die innerbetriebliche Kontrolle, die »fiktive« IM ausschlösse.[1073]

17.3 Bespitzelte Spitzel: Funktionierte die IM-Kontrolle?

Folgt man unmittelbar nach Aktenöffnung verbreiteten Meinungen, dann erwies sich die IM-Arbeit in der Bearbeitung der Kirchen als außerordentlich erfolgreich. Hier übernehmen Historiker offenbar den Eindruck, den Minister

---

[1071] Bei den drei mir bisher bekannten auf mich angesetzten Werbungsversuchen habe ich den ersten nur mit Hilfe meines damaligen Superintendenten durchschaut, den zweiten sofort und der dritte hat mich so erbost, dass ich Mühe hatte, den Werber nicht kopfüber hinauszuwerfen.

[1072] A. a. O., 43.

[1073] Vollnhals: Kirchenpolitik, 99 f.

Mielke selbst von dem Erfolg seiner »inoffiziellen Mitarbeiter« gegen anders-
lautende, ihm auch zugegangene Meldungen festhielt. Untersuchungen der
»Auswertungs- und Kontrollgruppe« der BV Erfurt des MfS bestätigen dergleichen staatssicherheitlichen Optimismus nicht.

Fallbeispiel: Kontrollgang in Erfurt

Dazu der Schlüsseltext: *Arbeits- und Kontrollgruppe in der BV Erfurt*, ein Kontrollgang der AKG[1074] in Erfurt. In einem »*Bericht über den durchgeführten
Kontrolleinsatz zur Überprüfung des Standes und der Wirksamkeit der politisch-
operativen Arbeit und deren Führung und Leitung im Referat XX/4*«,[1075] der
durch den Leiter der Bezirksverwaltung angeordnet worden war, wird als Ziel
der Kontrolle angegeben: »*Schwerpunkt der Überprüfung war auf die Arbeit mit
IM zu legen.*«[1076] Zunächst wurde aber – gut zentralistisch von oben nach unten – in einem ersten Abschnitt die »*Leitungstätigkeit im Referat XX/4*« geprüft.
Ergebnis u. a.:

> »Aus den Arbeitsplänen 1981, 1982 und 1983 wird deutlich, daß 1981 und 1982 hohe
> Forderungen abrechenbar formuliert, aber in der Endkonsequenz nicht umfassend re-
> alisiert wurden.«

Sollte die Auswertungs- und Kontrollgruppe in der BV Erfurt 1984 dahinter gekommen sein, dass man dort in den vorangegangenen Jahren zwar steile Vorhaben »*abrechenbar formuliert*« hatte, zumindest aber in der Kategorie
wackliger IM »*nachrechenbar*« gemogelt wurde, weil man es mit der »*Realisierung*« der »*hohen Forderungen*« nicht so genau nahm? »*Abrechnen*« hieß im
DDR-Deutsch nicht nur beim MfS, Verpflichtungen, Planauflagen und Wett-
bewerbsziele als erfüllt nachzuweisen.

Der Bericht aus dem Zentrum der Macht belegt, dass Erfolgsmeldungen
im »VEB Horch und Guck«[1077] mit ebensolcher Vorsicht zu genießen sind
wie die täglichen Meldungen in der »Aktuellen Kamera« über die »Siege« in
der Produktion, und das gleich für drei Jahre – wobei für das Jahr 1983 am

---

[1074] AKG = Auswertungs- und Kontrollgruppe.

[1075] BStU BV Erfurt, Abt. AKG 6, 1 ff., Kontrollbericht vom 07.01.1984.

[1076] A. a. O., 2.

[1077] Spottname der DDR-Bürger für den »volkseigenen Betrieb« Stasi, der keiner weiteren Erklärung bedarf.

07.01.1984, dem Datum des Kontrollberichtes, die »*Abrechnung*« noch nicht vollständig vorliegen kann.

Geradezu vernichtend wirkt die Kritik der Kontrollgruppe am rechten Glauben des Referatsleiters Gen. Barthel:

> »... In der Führungstätigkeit des Gen. Barthel ist die Tendenz des Zurückweichens vor komplizierten Aufgaben nicht zu übersehen, was unter anderem im Zweifeln an der Realisierbarkeit der Konzeption zur Entwicklung der inoffiziellen Basis im Sicherungsbereich Kirche in den Jahren 1983–90 gegenüber seinen Genossen im Referat zum Ausdruck kommt.«[1078]
>
> »... In der Zusammenarbeit des Referatsleiters mit IM ist erkennbar, daß er bei aller persönlicher Achtung und Wertschätzung seiner IM die tschekistische Wachsamkeit verliert, was erhärtet wird durch die wenigen vorgefundenen Hinweise auf Überprüfung der Ehrlichkeit und Zuverlässigkeit der inoffiziellen Basis des Referates im Prozeß der Zusammenarbeit ...«

Müssen wir davon ausgehen, dass es mit der Kontrolltätigkeit in diesem Falle (und dann wohl auch in anderen) nicht so sehr weit her war? Nachdem von der Kontrollgruppe bemängelt wurde, dass der Referatsleiter auch seinen erfahrenen Stellvertreter nicht ausreichend fordere, wird die IM-Arbeit direkt unter die Lupe genommen:

> »2. Zur Wirksamkeit der inoffiziellen Arbeit[1079]
>
> Das Referat XX/4 hat bezogen auf die evangelische Kirche teilweise bedeutende inoffizielle Positionen inne ... Dabei ist nicht zu übersehen, daß der vorhandene IM-Bestand ... nur ungenügend dazu befähigt wurde, operativ bedeutsame Informationen über Angriffsrichtungen des Gegners sowie die Art und Weise seines Vorgehens bzw. über geplante Aktivitäten des Mißbrauchs kirchlicher Einrichtungen und Personen zu erarbeiten.
>
> Völlig ungenügende Erkenntnisse wurden mit dem IM-Bestand bisher über den Mißbrauch des Einreiseverkehrs im Rahmen der sogenannten kirchlichen Friedensarbeit wirksam zu werden, erarbeitet ... So bedeutsam bischöfliche Rundschreiben sind, gelangen sie in der Regel erst nach dem Druck in den Besitz des MfS und stellen im wesentlichen Reaktionen auf staatliche Maßnahmen dar.
>
> Daraus resultiert auch, daß die Einschätzung der politisch-operativen Lage im wesentlichen auf offiziellen Materialien der Kirche beruht, die inoffiziell beschafft werden.
>
> Ungenügend ausgeprägt ist im Referat die Aufgabenstellung des Gen. Minister,[1080] die Frage ›Wer ist wer?‹ als einen ständigen Prozeß und hier speziell bezogen auf die

---

[1078] Hatte der Genosse Referatsleiter gar eine realistischere Sicht der Entwicklung als seine Kollegen?

[1079] BStU MfS BV Erfurt, Abt. AKG 6, 5.

[1080] Der Zusatz »Gen.« = »Genosse« wird bei allen Mitgliedern der SED anstelle der als »bürgerlich überholten« Anrede »Herr« verwendet, hier beim Minister wie beim »Genossen Honecker« auch.

hauptamtlichen Kirchenkräfte zu planen und zu organisieren, wobei auch hier die relativ schwachen Bindungsfaktoren der IM an das MfS sowie zu wenig Faustpfänder[1081] gegenüber den IM ursächlich sind.

Grundsätzlich muß festgestellt werden, daß auf den[1082] sich in der evangelischen Kirche vollziehenden Auseinandersetzungen und Spaltungen in der Ausrichtung der inoffiziellen Basis operativ nicht genügend reagiert wurde.«

Aus dem bisher zitierten Text sind einige Fakten hervorzuheben, die auf das Abstumpfen der »Hauptwaffe IM« schließen lassen:

– Die »inoffizielle Basis« wird – entgegen anders lautenden Vermutungen in der zeitgeschichtlichen Literatur – nicht ständig überprüft. Im vorliegenden Falle in drei entscheidenden Jahren nicht!
– IM in *»bedeutenden Positionen«* (keine Spitzenpositionen?) geben keineswegs immer Einblick in geplante Aktivitäten, sie übergeben nur bereits veröffentlichte Materialien;[1083]
– die Einschätzung der politisch-operativen Lage beruht im Wesentlichen auf offiziellen Materialien der Kirche, die inoffiziell beschafft werden. Dass dies notwendig gewesen sein soll, weil die Stasi möglichst früh an die Texte kommen wollte, wie nachträglich behauptet, lässt auf eine sehr bescheidene Kenntnis der zähen innerkirchlichen Informationsflüsse schließen.[1084]
– Die IM halten sich zu Einreisen von Mitgliedern der *»Friedensbewegung«* bedeckt;

vor allem aber:

– Sie weisen *»schwache Bindungsfaktoren«* auf
– und es gibt ihnen gegenüber wegen fehlender Verpflichtungen kaum wirksame Druckmittel: *»Faustpfänder«*.

Werden diese Beobachtungen in Verbindung gebracht mit der folgenden Feststellung, dass trotz vorhandener Treffmöglichkeiten in konspirativen Wohnun-

---

[1081] Der Begriff taucht wieder auf, wo behauptet wird, man verfüge bei OKR Lotz über so viele »Faustpfänder«, dass man »ihn fest in der Hand habe«. Die Erpressungsinstitution zeigt hier ihr wahres Gesicht – und das ist kein menschliches mehr. Vgl. Walter Schilling: Die »Bearbeitung« der Landeskirche Thüringen durch das MfS, zu »Faustpfänder« in: Vollnhals: Kirchenpolitik 226.

[1082] Grammatik und Schreibfehler des Originals wurden beibehalten. Hier muss es wohl »auf die« heißen oder es sollte vom «Auseinandersetzungs- und Spaltungsprozeß« gesprochen werden.

[1083] Bischofsrundschreiben, die als Drucksache jeder Briefträger lesen konnte.

[1084] Dank der umständlichen Wege bis zur Drucklegung erhielten die Dienststellen und Pfarrämter z. B. das Pfarrertaschenbuch in der Regel erst mitten im Jahr, für das es eigentlich bestimmt sein sollte. Alle anderen »offiziellen Materialien« wären per Postkopie viel schneller zu haben gewesen.

gen – »… Im Referat existieren gegenwärtig 3 IMK/KW«[1085] – aber »… der überwiegende Teil der hauptamtlich in der Kirche tätigen IM vorrangig in kirchlichen Dienstzimmern bzw. in ihren Wohnungen getroffen …« wurde, zu deutsch: »daß sogenannte Treffs in kirchlichen Räumen durchgeführt, persönliche Kontakte und Verbindungen (Mitarbeiter zu IM) überbetont werden und zum Teil Kontakte in die Familie des IM bestehen«.[1086] ergibt sich zwingend die Schlussfolgerung, dass sich die meisten »IM« nicht für Spitzel halten konnten.

Offenbar nutzten die hier angezählten MfS-Leute in der BV Erfurt vor allem dienstliche Kontakte (Treffs in Dienstzimmern) oder freundschaftliche Beziehungen (Treffs in Privatwohnungen und Familien) mit ihren »Quellen«[1087] zum Empfang ihrer *offiziellen Materialien*, die niemand als geheim empfand.

Solch laxen Umgang mit der Hauptwaffe des MfS stützt auch der Hinweis des »Kontrollorgans«, der als Abweichung von der Richtlinie 1/79 des Ministers scharf kritisiert wird: »Von insgesamt 27 IM wurden 11 schriftlich zur Zusammenarbeit verpflichtet und davon 1 IM mit Schweigeverpflichtung.«[1088] Man beachte: Einem IM von 27 wurde Schweigepflicht auferlegt, einem! Kaum überraschend, was daraus folgt: »Damit ursächlich im Zusammenhang steht die Tatsache, daß die IM im wesentlichen kirchliches Schriftgut übergeben und nur ein geringer Prozentsatz personenbezogen informiert.«

Wie hoch oder genauer: wie niedrig der Prozentsatz »personenbezogen Infomierender« war, unterschlägt sogar die Kontrollgruppe. Unfreiwillig demaskiert der innerbetriebliche Kontrollbericht daraufhin die gängige Praxis, auf die hier schon mehrfach hinzuweisen war, gerade weil sie immer wieder

---

[1085] IMK/KW – IM, der die Aufgabe hat, die Verbindung zwischen dem MfS und den IM abzusichern, indem er seine Wohnung oder einen Teil davon als »KW« – »konspirative Wohnung« – zur Verfügung stellt (nach Abkürzungsverzeichnis BStU, 7. Auflage).

[1086] So auch OKR Thurm, Gera, nach BStU MfS, BV Gera XX/4, Ausk.bericht 169/87, Reg.-Nr. X 460/75. »Beurteilung« Dokument im Anhang: »Er betont gelegentlich, daß er niemals das Gefühl haben möchte, ausgenommen zu werden … seine Ehefrau hat Kenntnis von der Zusammenarbeit.« Dok. 6 im Anhang.

[1087] »Quelle«: Tarnbezeichnung für Informationslieferanten, die auf den Informationsformularen einzutragen war. Aber in zugänglichen Akten fehlt der nach dem Doppelpunkt zu erwartende Name häufig, wurde gelöscht, geschwärzt oder (nachträglich) handschriftlich (wieder) eingetragen, z. B. BStU, MfS BV Gera, AOP 659/77, 50: Quelle gelöscht, Führungsoffizier angegeben.

[1088] Damit wird durch die MfS-eigene Kontrolle die Annahme von Weispfennig nicht bestätigt, dass schriftliche Verpflichtungserklärungen die Regel seien und den IM ausmachen. Weispfennig/Wiegand: Der Umgang mit MfS-Belastungen, 40 f.

bestritten wird: »Alle IM des Referates wurden auf der Basis der Überzeugung gewonnen, wobei das Motiv der Zusammenarbeit der IM mit dem MfS auf dem staatsbejahendem Verhältnis zwischen Kirche und Staat beruht.«

Aus dem verschlungenem Satzbau und der MfS-Sprache übersetzt heißt das: Die angebliche Zusammenarbeit »aus Überzeugung« hat hier im Referat XX/4 der BV Erfurt lediglich das Bemühen unter Bekannten um ein »gutes Verhältnis zwischen Kirche und Staat« zur Basis. Nur mit gewaltsamer Umdeutung kann daraus eine »Kooperation aus Überzeugung« konstruiert werden. Unentwegt wurde eine solche Motivation – auch von kirchlichen Disziplinargerichten – als reine Schutzbehauptung abgetan: Die innerbetriebliche »Auswertungs- und Kontrollgruppe« (AKG) sieht hier schärfer die »schwache Bindekraft« eines solchen Motives und beurteilt fehlende Verpflichtungen durchaus ernster.

Das wird gestützt durch den kritischen Hinweis auf eine andere »generelle Abweichung von der RL 1/79 des Ministers«:[1089] »Ca. 90 % der IM berichten mündlich und die Berichte werden im Nachhinein von den Mitarbeitern schriftlich fixiert.« Das ist wiederum kein Lob für den Erfurter Stil, obwohl er auch andernorts gang und gäbe war. Denn das beschriebene Verfahren ohne Verpflichtung stellt nicht nur eine weitere Fehlerquelle dar, sondern verringert auch die Zahl der möglichen »Faustpfänder« gegenüber dem IM, dem zum Zwecke späterer Erpressung nichts Schriftliches vorgehalten werden kann. Daraus folgt zwingend, dass angebliche Werbung ohne Verpflichtung bei genauer Nachprüfung auch die Zahl der »Karteileichen« erhöht und die der wirklich »funktionierenden« IM weiter reduziert.

Es kommt bei der Erfurter Kontrolle noch Schlimmeres zutage:

> »Im Referat XX/4 zeigen sich einige weitere Probleme, die die Wirksamkeit mit IM wesentlich beeinträchtigen:
> – Der Prozeß der Gewinnung wird zum Teil zu oberflächlich durchgeführt, wodurch es bereits zu Dekonspirationen in der Phase der Kontaktaufnahme kommt.
> – Es wird nicht mit Einsatz- und Entwicklungskonzeptionen gearbeitet.

[1089] RL 1/79 = Richtlinie Nr. 1 aus dem Jahre 1979 »... für die Arbeit mit Inoffiziellen Mitarbeitern (IM) und Gesellschaftlichen Mitarbeitern für Sicherheit (GMS)« unter »Geheime Verschlußsache MfS 0008-1/79«. Wem »Abweichungen« von dieser grundlegenden Dienstvorschrift vorgeworfen werden konnten, befand sich in schwieriger Lage. Für »Abweichler« gab es in der tschekistischen Dienstmoral harte Strafen, bis zum Ausschluss aus der Tscheka oder Liquidation, wie immer diese zu verschiedenen Zeiten unterschiedlich gehandhabt wurde.

– Die Beurteilungstätigkeit der IM trägt Aktionscharakter.
– Die Klärung der Frage ›Wer ist wer?‹ im IM-Bestand wird nicht zielstrebig organisiert.«

Hier wird ein ganzes Sammelsurium von – im Mielke-Jargon gesprochen – wahrlich unverzeihlichen Vernachlässigungen »*tschekistischer Wachsamkeit*«[1090] präsentiert: Oberflächliche Gewinnung mit gleichzeitiger Dekonspiration – wer spricht da noch begründet von »IM«? Keine perspektivische Arbeit? Dafür gab es zu DDR-Zeiten einen Volkswitz: »*Wir wissen nicht, was wir wollen, aber das mit aller Kraft!*« »Aktionscharakter« in der Beurteilung? Wird »beurteilt«, um Aktivität vorzutäuschen? Oder wird nur beurteilt, wenn es verlangt wird? Beides ist nicht im Sinne der RL 1/79 und sehr wenig tschekistisch: ungeprüfte und nicht ständig von Neuem überprüfte IM – und das auch noch bei zwei Dritteln des »*Bestandes*« ohne Verpflichtung!

Und wie steht es mit der absolut verbindlichen Konspiration sonst noch?

»IM erhalten Vergünstigungen und Unterstützungen, die zwangsläufig dekonspirierende Signalwirkung gegenüber ihrem konfessionellem Umfeld auslösen müssen (PKW-Kauf, Sprecherlaubnis in Haftanstalt, Aufhebung von Zollbeschlagnahmungen).«

Eine nachdenkenswerte Feststellung trifft der Bericht noch unter dem Urteil:

»Abweichungen von der Richtlinie«:
»… Die verausgabten Operativgelder erscheinen insgesamt relativ hoch, wobei zu beachten ist das (sic!) zu ca. 90 % die Quittungen lediglich vom operativen Mitarbeiter unterzeichnet sind.«

In diesem Kontrollbericht haben wir einen Schlüsseltext vor uns, der dem weit verbreiteten Bild vom exakt funktionierenden MfS nüchtern widerspricht. Immerhin handelt es sich bei der BV Erfurt um die MfS-Leitdienststelle für die drei thüringischen Bezirke Erfurt, Gera und Suhl, der eine hochkarätige Kommission auf den Zahn fühlt. Zugleich gibt der Bericht Aufschluss über interne Vorgänge, die – längst geahnt – in Operativplänen, Hinweisen und Informationen, vor allem aber in auf Erfolg getrimmten Treffberichten nicht zu erkennen sind.

[1090] Vgl. Fallbeispiel: Kontrollgang in Erfurt: Für den Referatsleiter und seine Mitarbeiter kann der Vorwurf mangelnder tschekistischer Wachsamkeit gefährlich werden.

Zeitgeschichtliche Einordnung des »Kontrollberichtes«:
Als Ausnahme kann der Bericht der Auswertungs- und Kontrollgruppe nicht gelten, da er die gesamte Arbeit des Referatsleiters und seiner Abt. XX/4 mit den IM in den Kirchen über einen Zeitraum von drei sehr spannungsvollen Jahren im Staat-Kirche-Verhältnis zu überprüfen hatte. Er offenbart, wie miserabel die angeblich so dichte Kontrolle der Mitarbeiter und der IM-Kolonnen vom Referatsleiter tatsächlich durchgeführt wurde – zumindest in der »Leitbezirksverwaltung« Erfurt. Und wie dicht hätte sie gerade in den Jahren 1979 bis 1983 sein müssen! Handelte es sich doch um die Zeit der Auseinandersetzungen mit der wachsenden Friedensbewegung in und um die Kirchen, mit dem Beginn der Friedensdekaden (1980 »Frieden schaffen ohne Waffen«) und deren Übernahme in Westdeutschland. Die Friedensgebete (1980 ff.) erfassten immer mehr Menschen und wurden seit 1981 in vielen Gemeinden allwöchentlich durchgehalten.

In der überprüften Zeit sorgte (1981) die »Dresdner Initiative Sozialer Friedensdienst« (»SoFD« anstelle von Waffen- oder Bausoldatendienst) für Konfrontationen zwischen Kirche und Staat, ebenso der Symbolstreit »Schwerter zu Pflugscharen« (1981/82 und länger) und der »Wehrunterricht« an allen Schulen für Jungen und Mädchen. Und last not least fluteten 1983 im »Lutherjahr« Reisende aus allen Teilen der Welt vor allem nach Thüringen und in die Kirchenprovinz Sachsen.

17.4 Karteileichen in den Tresoren?

Seit dem Beginn der IM-Diskussion wird versucht, die Verderbtheit einer Institution, eines Arbeitsfeldes, einer gesellschaftlichen Größe – wie eben auch der Kirche – mit dem Prozentsatz der ehemals dort tätigen IM darzustellen. Das ist grundfalsch. Denn wo nichts zu befürchten war, konnte das MfS mit einer relativ geringen Anzahl IM auskommen. Wo hingegen »feindlich-negative Kräfte« zu beherrschen, zu disziplinieren oder zu zersetzen waren, wuchs die Zahl der auf sie anzusetzenden IM sprunghaft an.[1091]

[1091] So der frühere thüringische Landesbeauftragte für die Stasiunterlagen, Haschke. Ebenso Müller-Enbergs in einem republikweiten Zahlenvergleich: Cottbus hatte, obwohl ein kleiner Bezirk, viel mehr IM als Erfurt. Müller-Enbergs: »Was nicht für Erfurt spricht.« Inoffizieller Kommentar zur Statistik, in: Helmut Müller-Enbergs (Hg.): Inoffizielle Mitarbeiter des Ministeriums für Staatssicherheit, Teil 3: Statistiken, Berlin 2008, 43. 45–79. 383. 405.

Einfachste Lösung: »*Jeder Mensch, den das MfS als IM registrierte, war IM*«. Nun muss deren Anzahl nur noch zur Gesamtmitarbeiterzahl der Institution o. Ä. in Beziehung gesetzt werden, schon liegt der »Prozentsatz« vor, es sei denn, man »vergisst«, einen Stichtag zu wählen und setzt IM aus 40 Jahren DDR in Beziehung zur regulären Mitarbeiterzahl eines Stichtages.

Solche Rechnung ginge nur auf, wenn zuerst die Voraussetzung stimmt: Jede als IM registrierte Person ist wirklich ein nachweisbar wissentlich und willentlich mit dem MfS konspirativ zusammen arbeitender Mensch.

Dass die primitive Feststellung: IM gleich IM! in die Irre führt, wurde hinreichend dargelegt. Der Überblick über den dienstrechtlichen Umgang mit MfS-Belastungen kirchlicher Mitarbeiter in der thüringischen Landeskirche[1092] weist es im Einzelnen nach.

Dessen ungeachtet stoßen wir immer wieder auf sonderbare Zahlenspiele. Sie sind mit Skepsis anzusehen: Zu welchem Stichtag wird gezählt? Zu welcher Mitarbeiterzahl werden gefundene Zahlen in Beziehung gesetzt? Und wie verhält es sich mit den genannten Kriterien bei den Gezählten?

Fallbeispiel: »Zwei plus eins gleich zwei?«

Am 25.08.1970 bedrängen Staatssekretär für Kirchenfragen Seigewasser (SED), sein Stellvertreter Flint (CDU) und Hauptabteilungsleiter Weise (SED) den ihrer Meinung nach störrischen OKR Lotz, dass er nichts getan habe, um ihren Wunschkandidaten für eine Wahl zum Oberkirchenrat aufzubauen. Nach einer für Lotz demütigenden Szene werden noch einmal alle Register gezogen:

> »Auch auf einen letzten staatlichen Hinweis hin, daß Lotz doch alle Kräfte hätte einsetzen müssen, einen zweiten zuverlässigen Mann … in den Landeskirchenrat zu bekommen, wußte der Besucher keine klare Antwort zu geben.«[1093]

Einen *»zweiten zuverlässigen Mann«*? Zählte das MfS nicht Bischof Braecklein selbst angeblich seit 1959 als IM »Ingo« und seit 1969 als IMV? Demnach gilt Landesbischof Braecklein nicht als *»zuverlässiger Mann«*? Falsch »eingestuft«?[1094]

[1092] Weispfenning: Der Umgang mit MfS-Belastungen.
[1093] BStU ZA, MfS Nr. 3043/86, Bd. II, 16 f.
[1094] Vgl. dazu Abschnitt 17.6.1.

17.5 IM in Spitzenpositionen der Ev.-Luth. Kirche in Thüringen

Hier geht es nun um die Statistik aus Mielkes Sicht, der Lüge zum Dienstauftrag machte.[1095] Um Gewaltmaßnahmen gegen die Kirchen von außen zu vermeiden, setzte das MfS seit etwa 1970 auf »IM in Spitzenpositionen«, Kirche von innen her zu steuern. MfS-Offizier Artur Hermann soll 1976 erklärt haben: »*Die Mehrheit im Landeskirchenrat haben wir.*«[1096] Vorbehaltlich einer unabdingbaren genauen Einzelfallprüfung ergibt sich für die Jahre 1975 bis 1978 jeweils mit Stichtag 1. August folgendes Bild:

1975

Als IM registriert: 4

LB Braecklein: Sein angeblicher MfS-»Führungsoffizier« Sgraja erklärt 1969, also zehn Jahre nach der für den 20.05.1959 behaupteten »Werbung«: »… eine kontinuierliche Zusammenarbeit ist nicht zustande gekommen.«[1097]

OKR Gerhard Lotz: Wird von CDU und MfS gehindert, aus dem kirchlichen in den Staatsdienst zu wechseln,[1098] kann sich aus dieser Zange zeitlebens nicht befreien.[1099]

OKR Hartmut Mitzenheim, reg. als IMS »Hans Klinger«: vgl. ausführlichere Darstellung in Abschnitt 17.5.2: Zusammenfassung im »Auskunftsbericht«: »*Sein Engagement entspricht der allgemeinen CDU-Linie.*«[1100]

OKR Sieber: Als IM »Günter« reg., »*Einsicht in Notwendigkeit direkter Kontakte*«. Auskunftsbericht 1723/9. Er schreibt 1974 mehrere Briefe an das MfS, in denen er jede Zusammenarbeit ablehnt.[1101] Es bleibt ungeklärt, weshalb er später den Decknamen akzeptiert und berichtet.

Nicht registriert: 5

[1095] Gill/Schröter: MfS, 346 ff.: Richtlinie 1/76, außerdem ebd., Abschnitt 2.4., bes. 2.6.2, (390 f.).

[1096] MfS-»Offizier« Artur Hermann, vom Hörensagen erzählt bei Schilling, »*Bearbeitung der Landeskirche Thüringen*«, in: Vollnhals: Kirchenpolitik, 227.

[1097] BStU ZA, MfS 24028/91, Teil II, 46.

[1098] S. Ziffer 17.5.2 I, IM »Karl«, BStU ZA, MfS Nr. 3043/86, Bd. I, 34 u. 140; ebd., Bd. 2, 16.

[1099] Schlussbericht OSL Roßberg vom 13.03.86 zur »Archivierung des IM-Vorganges ›Karl‹, Reg.-Nr. 10687/60, BStU ZA, MfS Nr. 3043/86, Bd. VI, 78 f.

[1100] BStU ZA, BV Gera, Nr. X/410/71, AIM Archiv.-Nr. 12940/89, Bd. I: Ausk.bericht 1713/9, 14.

[1101] Walter Schilling, in: Vollnhals: Kirchenpolitik, 226.

Die OKRe Heinz Krannich, Friedrich Zilz, Erich Stegmann, Dietrich Vogel von Frommannshausen-Schubart, Hans Kühlke).

1976

Als IM weiter registriert: 4 (+1) LB Braecklein, OKRe H. Mitzenheim, Sieber.[1102]

Neu registriert: OKR Walter Saft: Als IM »Salzmann« registriert: »Bisher nur zur operativen Einflußnahme eingesetzt« (21.09.1988);[1103] OKR Hans Schäfer.[1104]

Exkurs: OKR Hans Schäfer[1105]

Es besteht eine schwierige Quellenlage. Personal- und Arbeitsakten sind bislang nicht auffindbar. Damit entfällt die Möglichkeit, einander widersprechende Texte zu vergleichen, was m. E. für jede Bewertung unerlässlich ist.[1106] Aufgrund von Indizien in Opferakten und der Vernehmung seines »Führungsoffiziers« Artur Hermann gilt Hans Schäfer als IME »Gerstenberger«.[1107] Dem Verfasser wird die beantragte Klarnamenentschlüsselung von der BStU Außenstelle Gera nicht gewährt. Begründung: Es finde sich kein Verweis auf dessen Person unter »Gerstenberger«.[1108]

Festzuhalten ist: Die Verbindung Hans Schäfers zum späteren »Führungsoffizier« Hermann (ehemals kirchlicher Hintergrund) kommt durch eine Bitte des Leiters der Jungakademikerarbeit, Superintendent Hans Herbst in Ebeleben, zustande, sich um den Lehrer in Niederpöllnitz zu

---

[1102] Wie sind weitere Registrierung von OKR Sieber und seine »Gespräche« nach seiner schriftlichen Absage zu beurteilen?

[1103] IM-Registratur XI/187/68.

[1104] Im ordentlichen Verfahren 1997 vor der Disziplinarkammer der EKD schuldig gesprochen.

[1105] Im Disziplinarverfahren 1997 vor der Disziplinarkammer (DK) der EKD wegen Verletzung der Dienstverschwiegenheit auf fünf Jahre ohne Predigtrecht und Kürzung der Altersversorgung erkannt.

[1106] Vgl. dazu Auskunftsbericht zu OKR Thurm, der eine »wissentliche und willentliche« Zuarbeit für das MfS eher zweifelhaft erscheinen lässt. S. Dok. 6 im Anhang.

[1107] Laut Walter Schilling wird das durch BStU BV Gera X 537/76, Vorgangshefte 755 (Jürgen Specht) und 742 (Artur Hermann) belegt. Vgl. Vollnhals: Kirchenpolitik, 227.

[1108] Wie sollte sich auch ein Hinweis finden lassen, wenn die Akten nicht auffindbar sind? Tatsächlich gibt es aber eine Bemerkung »Gerstenbergers« zum Verf. laut MfS-Bericht von der Synode: G. sei »eine ehrliche Haut«. Das reichte wohl nicht zur Klarnamenmitteilung.

kümmern. Das geschah, ehe dieser Mitarbeiter des MfS wurde.[1109] Dieser legt 1972/73 einen OPK-Vorgang an und registriert den OKR ohne dessen Wissen und Zustimmung als IM. Er erklärt in der Vernehmung: »Sein interner Status bei der Bearbeitung durch das MfS war für ihn anfangs weder erkennbar noch bekannt ... Die Loyalität des Herrn Schäfer hat stets bei der Kirche gelegen. Sein Interesse diente der reibungslosen Gestaltung der Beziehungen zwischen Kirche und dem Staat.«[1110]

Statt einer »wissentlichen und willentlichen Zusammenarbeit mit dem MfS« begegnet m. E. in diesem Falle jene auch für das MfS gefährliche »Ambivalenz« der IM-Registrierung aufgrund ehemals kirchlicher Aktivitäten der FO, die zum »Nachlassen der tschekistischen Wachsamkeit« einerseits und andererseits zu Gesprächen ohne konspirativen Charakter führte.[1111] Hans Schäfer hat über die Kontakte im LKR berichtet, zumal sich Artur Hermann als Mitarbeiter des Rates des Bezirkes ausgab.

(weiter 1976)
Nicht registriert: 3 (+1)[1112] (OKRe Krannich, Zilz, von Frommannshausen, Finanzdez. unbesetzt, damit kommissarisch beauftr. KVR Helmut Weber, ohne Registrierung)

1977
Als IM weiter registriert: 4 (+1)[1113] (LB Braecklein, Mitzenheim, Schäfer, Sieber, Saft)
Vom MfS über CDU eingeschleust: OKR Johannes[1114] mit regelmäßigem »MfS-Gehalt«.
Nicht registriert: 3 (OKRe Krannich, Zilz, von Frommannshausen)

1978
LB Leich Anwerbungsversuch IM-Vorlauf »Meister«[1115]

[1109] Protokoll Disziplinarverfahren DK der EKD.
[1110] Protokoll Vernehmung Artur Hermann vom 11.04.1994 durch Kriminalpolizei Berlin, laut Schreiben vom 29.04.1994 (Az.: OJs 11/94) der Generalstaatsanwaltschaft Celle.
[1111] Walter Schilling, in: Vollnhals: Kirchenpolitik, 229.
[1112] KVR Helmut Weber ohne Registrierung.
[1113] Vorbehalt für Sieber (s. Anm. 1107).
[1114] Zu OKR Wolfram Johannes s. Ziffer 17.5.2 III, IM »Nettelbeck«.
[1115] Landesbischof Leich lässt keine Konspiration zu, Gespräche nur zu zweit, stets Niederschrift angefertigt, vgl. Heidingsfeld/Schröter: »Meister«.

Als IM reg.: 4 (OKRe Mitzenheim, Saft, Schäfer, Johannes)[1116]
Neu im LKR: Christoph Thurm,[1117] seit 1976 als Superintendent in Jena
»geworben« und als IM »Bruno Köhler« registriert. Aber das MfS warnt:
»*Streng gläubiger Christ ... Erfordert Höchstmaß an Fingerspitzengefühl. Er
betont gelegentlich, daß er ›niemals das Gefühl haben möchte, ausgenommen
zu werden‹*«. Ehefrau »hat Kenntnis« von den MfS-Kontakten[1118]
Nicht registriert: 3 (OKRe Wolfgang Höser, Fridrich Zilz, Dietrich von Frommannshausen-Schubart)

Die widersprüchlichen Charakteristiken in den MfS-Auskunftsberichten geben ein anderes Bild, als die schlichte Aufzählung der jeweiligen IM-Registra-
turen suggeriert, und sie belegen in mehr als einem Falle auch zu dieser Liste,
dass eine IM-Registratur noch nicht bedeutet, dass jemand »wissentlich und
willentlich« der Stasi zugearbeitet habe. Major Artur Hermanns Trugschluss
wird durch die Akten offenkundig: Ein registrierter IM – das sind wir! Das
wird nun am Beispiel von Landesbischof Ingo Braecklein genauer zu prüfen
sein.

17.5.1   Die Akte »Ingo«

KP, GI, IM, IMV »Ingo« – Landesbischof D. Ingo Braecklein: »Ich stelle mich
vor meine Kameraden«. Ingo Braecklein, Jahrgang 1906, Bürgermeistersohn
aus Eisenach, war Pfarrer in Esperstedt und Allendorf, leistete während des
Krieges Fronteinsatz, geriet 1945 in englische Kriegsgefangenschaft, war danach Pfarrer in Saalfeld und seit 1950 Superintendent in Weimar.
   Am 21.03.1956 – Frühlingsanfang nach einem bitterkalten Winter – verlangt das MfS, die damals für die Kirchen zuständige Hauptabteilung V, Abt. 4,
von der BV Erfurt, »ausführliche Ermittlungen über den Sup.Int. von Weimar zu tätigen und uns alles vorhandene Material über ihn zuzuschicken.«[1119]
Zwei Tage vorher hatte der GI[1120] »Karl«, alias Oberkirchenrat Gerhard Lotz,
im Landeskirchenamt Eisenach seinem Führungsoffizier erzählt, dass Superintendent Braecklein sich positiv über ein Gespräch des Innenministers Maron

---

[1116] Vgl. dazu ausführliche Darstellung, Abschnitt 17.5.2.
[1117] Als Reg.-Nr. X 460/75, Auskunftsbericht 169/87.
[1118] Vgl. dazu Dok. 7 im Anhang.
[1119] BStU ZA, MfS 24028/91, I, 10.
[1120] GI = Geheimer Informant.

mit Vertretern der Kirche geäußert habe. Im Übrigen habe er Aussichten, Landesbischof Mitzenheims Nachfolger zu werden.

Die von der BV Erfurt erbetene Auskunft aus Weimar vom 29.03. klingt eher mäßig:

> »Seine Einstellung gegenüber der DDR ist abwartend ... In Predigten hetzt er versteckt gegen die DDR. Bei der letzten Volkswahl machte er trotz dreimaliger Aufforderung von seinem Wahlrecht keinen Gebrauch ... unterstützt aber ehemalige Strafgefangene ... In der Zeit um den 17. Juni 1953 verhielt er sich ruhig ...«[1121]

Die Verhaftung von Studentenpfarrer Martin Giersch, Weimar, wird für einen neuen Kontakt im Juli 1957 ausgenutzt.[1122] Der Superintendent weist auf die Eigenständigkeit der Studentenpfarrer hin und gibt keine Auskünfte zur Person des Verhafteten, betont aber, dass ein gutes Verhältnis zwischen Staat und Kirche nötig sei.[1123]

Einschub aus eigener Kenntnis: Vom Besuch der Herren »vom Innenministerium« werden Konvent und Mitarbeiter unterrichtet, obwohl eine Niederschrift des MfS vom 11. September behauptet, B. habe der Vertraulichkeit zugestimmt. Solche Unterrichtung stellte keinen besonderen Fall dar: Superintendent Braecklein hat nie einen Hehl daraus gemacht, dass dergleichen ungebetene Besucher dann und wann auftauchten. Denn unmittelbar nach dem Verschwinden der beiden Herren, die sich in diesem Falle als Mitarbeiter des Innenministeriums ausgaben, hat er seinem damaligen Lehrvikar von dem Ansinnen einer Haussuchung im Pfarrhaus erzählt und hinzugefügt:

> »Lassen Sie niemals ein Amtszimmer oder andere Diensträume durchsuchen! Ein Pfarrhaus ist keine Privatwohnung. Und informieren Sie zuerst den Superintendenten, ehe Sie irgendetwas zugestehen.«

Diese Übung behielt er während seiner ganzen Dienstzeit auch im Bischofsamt bei. Umgekehrt hatte er auch gegenüber Staatsfunktionären keine Schwierigkeit, ihrer Bitte zu entsprechen, beim Kirchenältestentreffen dabei zu sein. Ob sie davon Gebrauch gemacht haben, entzieht sich meiner Kenntnis. Per IM sicher. Aber genau diesem verdeckten Vorgehen wollte der Superintendent zuvorkommen.

[1121] A. a. O., 12. Eine törichte Feststellung, denn die buchenwaldgeschädigte Residenzstadt Weimar mit mühsam aufrechterhaltenem klassischem Flair hatte im Gegensatz zu Jena und anderen Industriestädten einen eher geringen Anteil am Arbeiteraufstand vom Juni 1953.

[1122] Vgl. Fallbeispiel: Studentenpfarrer Martin Giersch, 1957 verhaftet wegen Boykotthetze.

[1123] A. a. O., 23 f.

Als Landesbischof teilte Braecklein dem Plenum der Synode mit, dass ein »Dr. Roßbach« vom MfS ihn möglicherweise in der Pause oder am Abend sprechen wolle. Er begründete vor den Synodalen seine Gesprächsbereitschaft gegenüber dem MfS sinngemäß mit der Absicht: Dann habe die Stasi keinen Grund mehr, die Synodalen zu belästigen. Er erhoffe sich davon ein Ende der Bespitzelung, von der ihn einige Synodale in ihrer Not in Kenntnis gesetzt hätten. Darin wurde er freilich getäuscht.

Sich vor andere zu stellen, wenn es zum Konflikt kam, sah Ingo Braecklein als seine Aufgabe an – als Pfarrer, als Superintendent, als Oberkirchenrat und im Bischofsamt. Braecklein erzählt im Gespräch mit Hagen Findeis und Detlef Pollack,[1124] dass Bischof Fränkel, Görlitz, als alter Haudegen bekannt, ihn dafür habe loben wollen:

> »Wenn in Thüringen irgendwas los ist, dann gehen Sie immer als erster und halten den Kopf hin.«

Braecklein – nach seiner eigenen Erinnerung – wehrt ab:

> »Das geht doch gar nicht anders. Du mußt! Das war ja auch der Hintergrund für mich mit diesen blöden Stasi-Gesprächen. Ich habe diese Gespräche nicht geführt, weil sie mir Spaß gemacht oder weil die mir Honig um den Bart geschmiert hätten, sondern weil es mir um Menschen ging, um meine Pfarrer, meine Leute, die in der Bredouille waren. Ich nenne nur den nicht angepaßten Schilling[1125] oder den heutigen Oberkirchenrat Große. Mit wieviel Gesprächen, gerade für Große, habe ich rechnen müssen.«[1126]

So hat er auch den Kontakt mit »Dr. Roßbach« an seinen Nachfolger Werner Leich »weitergegeben«, noch ehe Leich in sein Amt als Landesbischof eingeführt wurde. Dass dies im bischöflichen Dienstzimmer geschah, lässt erkennen: Braecklein hat die Kontakte als einen Teil seines Amtes als Bischof angesehen, auch gegenüber der Stasi *»für seine Leute einzutreten«.*[1127]

Wie aber sind die »Berichte« zu werten, die zwischen den Aktendeckeln mit der Aufschrift: *IMV »Ingo«, Reg.-Nr. 10679/60* durch die »Führungsoffiziere« Wiegand, Sgraja, Ludwig und Genossen emsig gesammelt wurden und nun im Zentralarchiv der BStU Berlin unter MfS 24028/91 allgemach vergilben? Dazu eine »Quelle«, die von niemandem der Parteilichkeit für Kirche und Bischöfe

---

[1124] Findeis/Pollack: Selbstbewahrung, 48 f.
[1125] Gemeint ist Pfarrer Walter Schilling in Braunsdorf.
[1126] Findeis/Pollack, a. a. O., 49.
[1127] Heidingsfeld/Schröter: »Meister«, 9 ff.

bezichtigt werden kann: Einer der Herren Offiziere, Klaus Roßberg nämlich, schreibt nach seiner Zeugenaussage im Fall Stolpe vor dem Untersuchungsausschuss des Brandenburgischen Landtages in seinen biographischen Notizen:

»… Wenn wir bei Lotz, bei Braecklein, bei Leich, bei Fränkel, bei Krusche[1128], bei Stolpe und vielen anderen bewußt auf eine schriftliche Verpflichtung verzichteten, dann geschah das nicht in erster Linie aus dem heute bevorzugt kolportierten Grund, sie nicht zu ›überfordern‹.

Bei ihnen handelte es sich tatsächlich nicht um Inoffizielle Mitarbeiter im landläufigen Sinne, sondern um Kontaktpersonen, um Gesprächspartner, mit denen wir auf der Basis gegenseitiger Anerkennung und Wertschätzung an einem gemeinsamen Werk arbeiteten …«[1129]

In diesen Sätzen stoßen wir auf eine frappierende Mischung aus Realität, Wunschbehauptungen und Auslassungen, die Roßbergs Texten einen Duktus in die von ihm gewünschte Richtung aufprägen. Im Endeffekt sollen Leser und die »Gesprächspartner« in die Irre geführt werden.

Die Praxis, auf eine »schriftliche Verpflichtung« zu verzichten, beschränkte sich nämlich keineswegs auf die hier locker aufgezählten »IM in Spitzenpositionen«, sondern war allgemeiner Brauch der Stasi bei Mitarbeitern der Kirche, die sonst zu Gesprächen nicht zur Verfügung gestanden hätten, wie die Aktenschreiber ständig vermerken. Gegenüber anderen kirchlichen Opfern gingen sie noch weiter: zuweilen »Verpflichtung mit Handschlag« als nur so hingeworfene Bemerkung über Vertraulichkeit bei der Verabschiedung, während man dem »Angeworbenen« die Hand reichte, worauf der nicht immer gefasst sein konnte und verwirrt »zugriff«. Oder Verzicht auf jede Form von Verpflichtung mit der ausdrücklichen Bemerkung im »Werbungsprotokoll«, es habe sonst die Gefahr bestanden, dass der Umworbene zu keinem weiteren Gespräch bereit war. Der »Vertreter an der Haustür« verzichtet nicht nur – wie hier suggeriert – auf schriftliche Bindung des erwünschten IM, sondern auf jeden Anschein einer Werbung überhaupt.[1130] Nichts als ein fauler Werbungstrick – aber mit Folgen für die ahnungslosen »Unverpflichteten«.

Das wusste Roßberg ganz genau. Er ließ es aus. Nicht nur bei ihm sind Lücken im Text oft das Wichtigste für deren Wertung und Verständnis. Es könnte ein spannendes Puzzlespiel sein, solche Lückenprotokolle mit »Füllungen« zu ergänzen.

[1128] Gemeint ist Generalsuperintendent Dr. Günter Krusche, Berlin.
[1129] Roßberg/Richter: Kreuz, 79 f.
[1130] Vgl. dazu auch Abschnitt 16.

Denn im Falle der immer neu versuchten Umgarnung von Bischof Werner Leich lässt Roßberg in seinen Niederschriften manche Lücke – günstig für ihn selbst, gefährlich für den kirchlichen Partner: So verschweigt er die anwesenden Zeugen seiner Besuche. Und deshalb können sie für den unbedarften Leser einfach nicht da sein. Im Falle von Bischof Leich half ihm das nicht, weil dieser in seiner sprichwörtlichen Genauigkeit fast nach jedem Gespräch einen Vermerk anfertigte und den von ihm jeweils beigezogenen Zeugen nannte.

Bischof Braecklein kam in der Regel ohne Vermerke aus. Und das hätte ihn nachträglich wehrlos gemacht, wären da nicht Zeugen seiner Gradlinigkeit und seiner Dienstauffassung gewesen. Sie kann mit seinen eigenen Worten so zusammengefasst werden: »Ich stelle mich vor meine Leute.«

Braeckleins »Führungsoffizier« Roßberg verfolgt in seiner biographischen Rückschau nach 1989 noch andere Zwecke, die in den Einschüben verborgen liegen, aber von hermeneutischer Bedeutung sind. Mit dem scheinbar freundlich entgegenkommenden Satz: Die Aufgezählten waren für uns keine »IM im landläufigen Sinne« wird erklärend untergeschoben: »sondern Gesprächspartner, mit denen wir auf der Basis gegenseitiger Anerkennung und Wertschätzung an einem gemeinsamen Werk arbeiteten.«

Drei steile Zwecklügen werden in diesem Nebensatz versteckt:
- Die »gegenseitige Anerkennung« – das sehen Braecklein und Leich allerdings anders![1131] Und die übrigen »Bearbeiteten« wohl auch.
- »Anerkennung und Wertschätzung« werden in einem Zuge beiden Seiten unterstellt und sollen offensichtlich den Verfasser Roßberg noch nach der »Wende« aufwerten. Dass sie für Roßberg *nicht* gelten, beweist sein heißes Bemühen, die »anerkannten und wertgeschätzten« Partner zu hintergehen: indem er verschweigt, sie hatten Zeugen bei den Unterredungen dabei, indem er verschweigt, sie haben sich auf Konspiration *nicht* eingelassen, indem er verschweigt, sie haben die ihnen gestellten Aufgaben *nicht* erfüllt, nicht einmal übernommen – so Leich in dem Versuch, ihn gegen Schilling, gegen Gruppen und andere zu deren Disziplinierung »einzusetzen«; und die Floskel
- »an einem gemeinsamen Werk arbeiten« versucht die fast ausschließlich auf Initiative des MfS kontaktierten Kirchenvertreter nachträglich zu verein-

---

[1131] Vgl. zu Braecklein: Findeis/Pollack: Selbstbewahrung, 49, Braecklein spricht von den »blöden Stasigesprächen«. Zu Leich vgl. Heidingsfeld/Schröter: »Meister«, 15, Treffort Dienstzimmer und Leich: Du aber bleibst, 146: »Am liebsten hätte ich diese Gespräche überhaupt nicht geführt …«.

nahmen. Das wird durch Gesprächsgang und Gesprächsergebnis in beiden Fällen widerlegt.

Müssen die vom MfS vorgenommenen wechselnden Einstufungen von Landesbischof Ingo Braecklein als GI, als IM »Ingo« als begründet angesehen werden? Die Antwort ergibt sich im Abschreiten der von BStU und Forschung genannten Kriterien:

a) Handelt es sich um »wissentlich« geführte Gespräche mit dem MfS? Antwort: Anfangs nicht, weil sie ständig neu »legendiert« werden mussten.[1132] Später unter immer neu legendierten Anlässen: Ja.

b) Wurden die Kontakte »willentlich« in der Absicht der Zusammenarbeit mit dem MfS herbeigeführt? Antwort: Nein. Vielmehr drängten die Stasivertreter sich immer wieder auf und schreckten vor einem mitternächtlichen Überfall am Landeskirchenamt nicht zurück. Sie müssen eingestehen, dass der stets von Neuem Bedrängte von sich aus keinen Kontakt sucht.

Hauptmann Sgraja, OKR Braecklein nur als »Herr Zocher« bekannt, notiert am 16.3.1962 unter der verfälschenden Überschrift

> »Treffbericht«
> »Am 15.3.62 fand ein außerplanmäßiger Treff mit ›Ingo‹ statt.
> ›Ingo‹ war bis 24 Uhr bei einer Besprechung mit dem Landesbischof … über die gegenwärtige Situation.
> Er wurde von mir auf offener Straße angesprochen und ich fuhr ihn nach Hause.
> Dabei besprachen wir folgendes …«[1133]

Am 13.03.1963 wird OKR Braecklein wieder überfallen, diesmal unmittelbar vor einem Krankenhausbesuch bei seiner Frau.[1134] Am 01.11.1966 – mehr als sieben Jahre nach der angeblich 1959 gelungenen Anwerbung Braeckleins – beklagt Major Sgraja:

> »Es muss in der Zusammenarbeit aber auch eingeschätzt werden, das »Ingo« einer eigenen Treffanbahnung aus dem Wege geht.«

[1132] Als Ermittlungsvorgang (Fall Giersch) mit angeblich notwendigem Klärungsbedarf im Sinne einer »ungestörten Arbeit der Kirche«.

[1133] BStU, ZA MfS 24028/91, Bd. I, 39.

[1134] A.a.O., 41.

Sgraja versucht diesen seinen Misserfolg sogleich abzumildern, deckt damit aber erst recht des Verfolgten fehlende Kooperationsbereitschaft auf, auch wenn er sein Verhalten primitiv interpretiert:

> »… das hat aber nichts mit, kein Vertrauen zu unserem Organ zu tun, sondern die Befürchtung einer Dekonspiration, mehr Angstgefühl.«[1135]

Diese Erklärung soll Sgrajas Misserfolg kaschieren und ist unwahr, weil der IM »Ingo« nie die Konspiration einhielt, sondern intern und öffentlich in der Synode und anderen Gremien die unerbetenen Besuche der Mitarbeiter von MfS bzw. MdI (je nach erfolgter, »legendierter« Vorstellung der Besucher) benannte. Am 04.02.1971 lässt der inzwischen zum Major beförderte Sgraja den erkrankten Landesbischof Braecklein buchstäblich aus dem Bett holen, um mit ihm über ökumenische Tagungen und die Entwicklung in der EKU zu reden und ihn zur Einflussnahme auf Personalfragen dort zu bewegen.[1136] Braeckleins Führungsoffiziere beschweren sich, dass er keinen Kontakt von sich aus sucht, immer wieder ausweicht, auch wenn ihm eine Zusage abgepresst worden ist, was einen von ihnen zu der Feststellung veranlasst, dass eine »Zusammenarbeit nicht zustande gekommen« sei, obwohl man sich eine lange Zeit gemüht habe, dass »in der Zusammenarbeit ein Vertrauensverhältnis geschaffen wurde.«[1137]

c)   Hat der angebliche GI, IM oder die »KP«[1138] die Konspiration durchgehalten? Antwort: Überhaupt nicht. Wo es um Verhaftete ging, hat sich Braecklein zwar mit Zwischeninformationen über den Stand von Entlastungsbemühungen um der Beschuldigten willen zurückgehalten, aber die Tatsache, dass ihn Mitarbeiter des MfS immer wieder ungebeten aufsuchten, hat er in den verschiedensten Gruppen und gegenüber Einzelnen erwähnt. Die Gegenstände solcher aufgezwungenen Besuchergespräche hat er benannt. Er sah es zwar als normal an, dass sich das MfS an Mitarbeiter heranmacht, drängte aber zugleich darauf, dass Kontaktversuche und Ansinnen von Zusammenarbeit dem Bischof mitzuteilen seien.[1139] Im Klartext: Landesbischof Ingo Braecklein »dekonspirierte« die Kontakte und forderte andere auf, dasselbe zu tun.[1140]

[1135] A. a. O., Teil I, 48 – wörtlich wiedergegeben.

[1136] A. a. O., Teil II, 81.

[1137] BStU, ZA MfS 24028/91, Bd. I, 46.

[1138] »Kontaktperson« ohne jede Bindung.

[1139] Landeskirchenratssitzung am 31.05.1977, nach BStU, ZA MfS 24028/91, Teil II, 111.

[1140] Der Auskunftsbericht vom 13.10.1976 lügt, wenn er behauptet: »Der Genannte ist zuverlässig und auf die Einhaltung der Konspiration bedacht.« BStU ZA, MfS 24028/91, I, 104.

d) »Konkludentes Handeln« – hat der Beschuldigte so gehandelt, dass auf eine wissentliche und willentliche Kooperation mit dem MfS geschlossen werden kann? Antwort: Die Begriffe für Braeckleins »Einstufung« durch das MfS wechseln auffälligerweise immer wieder: GI, KP, IM, und kehren wieder zu KP zurück. Das lässt auf erhebliche Unsicherheit des FO schließen, wie er denn nun sein Opfer eigentlich einzuordnen habe – wiewohl es dafür ganz klare Richtlinien gab. Nur: Das »Zielobjekt« fügte sich weder den Richtlinien noch angeblichen Weisungen.

Die Zahl aufgefundener »Treffberichte« der verschiedenen Führungsoffiziere legt andererseits die Vermutung nahe, Braecklein habe eben doch die Erwartungen des MfS weitgehend erfüllt. Diese Berichte bedürfen besonders genauer Prüfung. Zunächst: Selbst die oben genannten Überfälle werden als »Treffbericht« gewertet, obwohl »Treffen« doch etwas mit dem Willen beider Seiten zu tun haben sollten. Nicht beim erfolgssüchtigen und zum Erfolg verurteilten MfS! Sodann: Kein Bericht stammt von Braeckleins Hand. Alle »Berichte« wurden ohne eine einzige schriftliche Notiz von Braecklein im Nachhinein durch den FO, den »Führungsoffizier« angefertigt – manchmal am gleichen, manchmal am nächsten Tag und – wie aus den Berichten des MfS-Führungsoffiziers Roßberg über Bischof Leich erschlossen werden kann – zuweilen auch bis zu 36 Tagen später![1141] Bis dahin vermischte sich das Erinnerungsmaterial mit dem Denken des MfS-Mannes. Und es kann davon ausgegangen werden, dass er es von seinen Wunschvorstellungen nicht mehr zu unterscheiden vermochte.

In der Stasidiskussion wird häufig gegen die Erinnerung der Opfer ins Feld geführt, wie rasch und gründlich Verdrängungsprozesse ablaufen können. Warum wird dieser Maßstab so selten an die in Schriftform vorliegenden, also lediglich erstarrten Erinnerungsinhalte der MfS-Agenten angelegt?[1142] Soll so der Aberglauben an deren Zuverlässigkeit festgehalten werden?

Das MfS behauptet in der

Zu diesem Zeitpunkt wusste die von ihm informierte Synode Bescheid, der LKR ohnehin. Auch ich kannte die Versuche des MfS, mit ständig neuen Anläufen Braecklein zu ködern, seit der Verhaftung von Pfarrer Martin Giersch im Juli 1957.

[1141] Vgl. Zeitabstand von »Treff« und Bericht des Offiziers bei Heidingsfeld/Schröter: »Meister«, 23 und 37 ff.

[1142] Vgl. Bericht über eine misslungene Werbung, Abschnitt 6.3, dazu unter BStU A 1488/88, 47, den »Bericht«, der Gesprächsbeiträge von Staatsvertretern als Gespräch des MfS-Hauptmann Lerch der KD Saalfeld ausgibt. Dieser wohnte der Gratulationscour ziemlich kleinlaut und »am Rande« bei, weil der Ärger des Besuchten über die Selbsteinladung des ungebetenen Gastes deutlich zu spüren war.

»Einstufung des IM »Ingo« Reg.-Nr. 10679/60 nach der Richtlinie 1/68, zum »IMV«:[1143]

> »Der IM wurde am 20.5.59 durch Überzeugung für die konspirative Zusammenarbeit mit dem MfS gewonnen.
>
> Die Anwerbung erfolgte mit der Perspektive den Kandidat, als Oberkirchenrat spähter (sic!) als Bischof der Landeskirche Thüringen einzusetzen ...«

Ein MfS-Offizier »setzt einen Bischof ein«? Hier stoßen wir auf die allen DDR-Bürgern wohlbekannte Trittbrettfahrermethode gewiefter Sozialisten: Von anderen in Gang gesetzte Prozesse, Veränderungen, Erfolge werden als eigene Erfolge ausgegeben. Denn irgendwie musste ja die »Stärke der Partei« bewiesen werden – am bequemsten durch das, was andere zustande brachten. Hier freilich folgt sogleich ein Eingeständnis der Schwäche dieser Partei und des MfS auch – von diesem selbst dokumentiert. Major Sgraja, der »Einstufende«,[1144] muss nämlich beklagen:

> »Der IM kommt zu den Treffs, wenn es seine Bequemlichkeit gestattet, d. h. eine kontinuierliche Zusammenarbeit ist nicht zustandegekommen. Die Treffs müssen immer neu erarbeitet werden ... die Funktion des IM erlauben nicht, die Verbindung abzubrechen.«

Diese »Einstufung« Braeckleins erfolgte am 15.04.1969. Zehn Jahre nach der angeblichen Überzeugungswerbung muss eingestanden werden, dass eine Zusammenarbeit nicht zustande gekommen ist. Nur wegen der Funktion des nicht kooperationswilligen Geistlichen wird die Verbindung nicht abgebrochen. Im Klartext: Ingo Braecklein funktionierte nicht als IM. Er musste immer wieder überfallen werden.

Die »Gespräche«, um die es in den vorliegenden Akten geht, drehen sich für den MfS-Mann um die von der Partei einerseits gewünschte Isolierung Thüringens in der Gemeinschaft der Landeskirchen, im Widerspruch dazu aber auch um den erhofften Einfluss Thüringens auf diese Gemeinschaft. In Wahrheit treffen wir in den verschiedensten kirchenpolitischen Konstellationen auf die wiederholt geäußerte Ansicht und Absicht Braeckleins: Thüringen dürfe nicht aus der Gemeinschaft der evangelischen Landeskirchen in der DDR herausgebrochen werden.[1145] Denn Braecklein übernimmt keine »Auf-

---

[1143] BStU ZA, MfS 24028/91, Teil I, 49.

[1144] Das Dokument ist gegengezeichnet von Oberstleutnant Ludwig, Stellv. Leiter der HA XX/4.

[1145] BStU MfS 24028/91 Teil II, 40: März 1962: Thür. aus einer gewissen Isolierung noch nicht heraus; a. a. O., 44: »Ingo«: Es darf keine Isolierung der Landeskirche Thüringen erfolgen.

träge« und äußert sich nicht zu den »eigenen Angelegenheiten« der Nachbar-
und Partnerkirchen.

Laut einer »Information der HA XX/4«[1146] vom 21.10.1976 über eine
»Zusammenkunft leitender kirchlicher Amtsträger aus der DDR, BRD und
Westberlin in der kritischen Situation nach der Selbstverbrennung von Pfarrer
Oskar Brüsewitz verweist Bischof Braecklein auf die Informationsschritte, die
Bischof Dr. Krusche zur Selbstverbrennung des Pfarrers Brüsewitz gehen will,
ohne sie zu kommentieren. Er stellt zur Berichterstattung in der westdeutschen Presse fest, dass, »derartige Veröffentlichungen und Einmischungen in
die inneren Angelegenheiten der Kirchen in der DDR weder politisch, noch
kirchlich hilfreich seien.«

Wo die Rede auf Personen kommt, ergreift Braecklein entweder für sie
Partei, geht auf die Argumente des MfS nicht ein oder erörtert den damit in
Verbindung stehenden Sachverhalt. In diesen Zusammenhängen hält er keine
Konspiration ein, sondern berichtet den Betroffenen und sucht mit ihnen oder
ihren Angehörigen Auswege aus schwierigen Situationen.

Fallbeispiel: Studentenpfarrer Martin Giersch, 1957 verhaftet wegen
Boykotthetze[1147]

Als der schon erwähnte Studentenpfarrer Martin Giersch aus Weimar kurz
nach der Inhaftierung einiger Studenten aus der Studentengemeinde, die u. a.
Wahlplakate abgerissen haben sollen, ebenfalls verhaftet wird, sucht Hauptmann Sgraja vom MfS Ingo Braecklein auf. Legende: Er wolle den Superintendenten Braecklein informieren. Sgraja notiert später:

> »Giersch untersteht ihm nicht unmittelbar als Sup. Int., aber er fühlt sich für die Ge-
> schicke des G. ebenfalls verantwortlich.«

Im Klartext: Keine Distanzierung, sondern: Für meine Leute muss ich einstehen. Sgraja weiter:

[1146] BStU ZA, MfS 24028/91, Teil 1, 106: Die »Information 1072/76« trägt keinen Quellen-
vermerk, ist nicht unterzeichnet, zitiert Anwesende oder berichtet über sie – ist demnach
als eine kompilierte Gemeinschaftsproduktion verschiedener Nachrichtengeber anzusehen.
[1147] BStU MfS 24028/91, Teil II, 8.

»Als er von der Festnahme der Studenten erfuhr, setzte er sich sofort mit Giersch persönlich in Verbindung …«

Sorge um die Studentengemeinde und den *»Herrn Amtsbruder«* – wie der Superintendent von Weimar selbst uns Vikare zuweilen titulierte – bestimmen sein Tun. So habe ich jene Zeit als Lehrvikar in Weimar erlebt. Weiter Sgraja:

»Als ›Ingo‹ Giersch fragte, ob er sich mit dem Gedanken trägt, sich nach dem Westen abzusetzen, gab G. ihm das Versprechen, nicht republikflüchtig zu werden …[1148]

Zu Deutsch: dem Staat nicht noch die Handhabe »versuchter Republikflucht« liefern! Sgraja macht daraus:

»… ›Ingo‹ distanziert sich von den Handlungen des Giersch, bat mich jedoch, mit den Studenten milde zu verfahren.«

So weit die Geschichte des Stasimannes. Der setze ich meine eigene Erfahrung entgegen: Zur gleichen Stunde begab ich mich zur Dienstbesprechung bei Superintendent Braecklein, dem ich während des Predigerseminars als »Lehrvikar zur weiteren Ausbildung« zugeordnet war. Auf der Treppe begegnen mir unbekannte Herren in Zivil. Superintendent Braecklein empfängt mich freundlich wie immer, aber abwesenden Blickes. Für mich so ungewöhnlich, dass ich es bis heute nicht vergessen kann – wohl auch wegen der folgenden Beauftragung. Denn schließlich rafft er sich auf und fragt direkt: *»Herr Vikar, haben Sie eine Predigt?«* Das kann bejaht werden, weil im Predigerseminar unserer Landeskirche für die Praxisphasen der Ausbildung auch die Predigten gemeinsam vorbereitet wurden.

»Dann möchte ich Sie bitten, am Sonntag in der Jakobskirche diese Predigt zu halten. An sich wäre ich dran, aber ich fühle mich dazu nicht in der Lage. Bruder Giersch ist verhaftet worden. Das habe ich der Gemeinde mitzuteilen.«

Und schweigt. So war die mir bis zum Sonntag noch verbleibende Zeit mit der Mühsal ausgefüllt, die Geschichte von Zachäus, dem Zöllner und Werkzeug der römischen Besatzungsmacht, in Bezug zum Geschehenen zu setzen und danach in einer von einer ernsten Gemeinde überfüllten Jakobskirche auszu-

---

[1148] Darin kann der Versuch gesehen werden, Giersch wenigstens von dem Vorwurf versuchter Republikflucht zu entlasten. Gierschs Freund, Pfarrer Rudolf Hirzler in Tannroda, hatte unmittelbar nach Gierschs Verhaftung bereits die DDR verlassen.

legen: *»Denn der Menschensohn ist gekommen, zu suchen und zu retten, das verloren ist.«*[1149]

Stellungnahme Prozess Giersch laut MfS und laut Konventualen.[1150]
Nicht minder verzerrt gibt der »Treffbericht« vom 17.01.1958 die Stellungnahme Braeckleins vor dem Konvent zum Prozessausgang für Pfarrer Giersch wieder. Braecklein sei überrascht vom Strafmaß gewesen: Ein Jahr und zwei Monate Zuchthaus. Er und auch die anderen Geistlichen hätten *»alle mit 5–6 Jahren Zuchthaus gerechnet«*.

Der Treffbericht zitiert angeblich Braecklein: *»Giersch sagte zum Beispiel aus, dass er deshalb zum Feind der DDR geworden ist, weil ihn die Erziehung und die Anweisungen der Kirchenleitung dazu gezwungen haben …«* Über Braecklein: *»Seiner Meinung nach*[1151] *sei der Ausgang des Prozesses eine ausgestreckte Hand des Staates und es käme jetzt darauf an, dass die Kirchenleitung in diese Hand einschlägt.«*

In Wahrheit berichtete Braecklein dem Konvent, an dem ich teilnahm: Giersch habe vor Gericht ausgesagt, dass er nichts anderes als seine Pflicht getan hätte, wie sie ihm als Pfarrer für seinen Dienst gelehrt wurde und wie es der Ordnung der Kirche entspreche. Er habe seinen Dienst getan wie alle übrigen Pfarrer in Thüringen auch. Werde er dafür verurteilt, müssten auch alle anderen Pfarrer verurteilt werden.

Diese Erinnerung an die von Braecklein dem Konvent berichtete Argumentation Bruder Gierschs vor Gericht hat sich bei mir nicht verflüchtigen können. Denn nach dem Bericht kam es zu einem Wortwechsel mit dem Superintendenten, weil ich die Meinung vertrat, dass wir Pfarrer uns dann doch gegen das Urteil wehren müssten. Seine Gegenfrage: *»Was wollen Sie denn tun? Wollen Sie Schützengräben ausheben und wie viel Maschinengewehre haben Sie?«*

In dieser Kontroverse prallten zwei Generationen aufeinander. Auf der einen Seite die Kriegsteilnehmer, denn ältere Pfarrer schüttelten nur den Kopf wegen solch unreifer Gedanken eines Vikars und stimmten dem alten Kameraden Braecklein zu. Wir Jüngeren aber waren empört. War uns nicht ständig eingeredet worden, wir Deutsche hätten nicht schweigen dürfen – damals nach 1933? Da war ich gerade geboren – und nun sollte schon wieder offensichtliches Unrecht hingenommen werden? Das wollten und konnten wir

---

[1149] Lukas 19,1–10 nach der Perikopenordnung und Wochenspruch zum 3.Sonntag nach Trinitatis.
[1150] BStU ZA, MfS 24028/91, Teil II, 16.
[1151] Braeckleins Meinung zufolge.

nicht. So blieb ein Riss zwischen den »Alten« und den »Jungen« zurück, der ab und an wieder zu spüren war.

Hermeneutisch bedacht, urteilte jeder aus dem Lebensgefühl seiner Generation – »nur von Gottes Gebot und seinem Glauben getragen« – nachdenkend von sehr unterschiedlich gewachsenen Überzeugungen aus. Es bleibt für mich wahr, was der emeritierte Landesbischof Ingo Braecklein nach einem langen und ernsten Gespräch über seine IM-Akte schon im Gehen sagte: »*Lieber Bruder Große, ich habe viel falsch gemacht. Aber ein Verräter war ich nicht!*« Das kann ich unterschreiben. Und seine geheimen Bedränger bestätigen es unabsichtlich so ganz nebenbei. Sie müssen zugeben, dass er es abgelehnt habe, als »*Agent*« angesehen zu werden. Nach Wortlaut des angeblichen »*Treffberichts*«, in Wahrheit Niederschrift eines Überfalls, als Braecklein eigentlich seine Frau im Krankenhaus besuchen wollte:[1152]

> »In der anfangs allgemein gehaltenen Unterredung sagte ›Ingo‹, daß er stets dankbar für so eine Aussprache sei und auch als Kirchenmann bereit ist, zu einem guten Verhältnis zwischen Staat und Kirche beizutragen, aber er möchte nicht von uns als ›Agent‹ angesehen werden.«

Seine aufdringlichen Schatten haben das zwar überhört, aber penibel notiert. Sie mussten sich damit abfinden: Weder der Superintendent Braecklein in Weimar noch der Oberkirchenrat und spätere Landesbischof Braecklein in Eisenach führte MfS-Aufträge aus.[1153] Er blieb auch gegenüber dem Andersdenkenden fair – allem zum Trotz, was seine erfolgshungrigen Führungsoffiziere auch von ihm erwartet und über ihn geschrieben haben mögen. Und er versorgte auch »*feindlich-negative*« Gesellen – z. B. mich – über seine persönliche Anschrift mit theologischer Literatur aus Westdeutschland, ebenso Chöre mit Noten, die in der DDR nicht zu haben waren.[1154]

Lange Zeit konnte nicht geklärt werden, wie eine Charakteristik von Landesbischof Leich zustande gekommen ist, die FO Roßberg dem Altbischof Braecklein anlässlich eines nachträglichen Besuches zu dessen 80. Geburtstag unterstellt. In Sprache und Inhalt liegt die Darstellung so weit außerhalb der

---

[1152] BStU ZA, MfS 24028/91, Teil II, Sgraja: »Der Treff war nicht geplant«. Was ist ein »ungeplanter Treff«?

[1153] BStU ZA, MfS 24028/91, Teil II, 94 ff. Während der Wahlsynode für seinen Nachfolger musste er zwar den Mehrheitsbeschluss des LKR für einen vom Staat protegierten Kandidaten einbringen, obwohl er dagegen votiert hatte, aber er unterstützte ihn nicht.

[1154] BStU ZA, MfS 24028/91, Teil I, 39–41.100 f.

Ausdrucks- und Denkweise von Ingo Braecklein, dass dem Kundigen immer klar war: Hier redet ein anderer. Schon in einem Gespräch mit Bischof Braecklein aus Anlass der BStU-Auskunft vor seinem 90. Geburtstag herrschte über Stil und Herkunft dieser »Einschätzung« Ratlosigkeit bei allen Beteiligten.

Dieses Rätsel dürfte inzwischen als gelöst gelten: Eine *»äußerst gehässige«* Charakteristik des Superintendenten Leich in Lobenstein, auf die er in seinen Lebenserinnerungen verweist,[1155] stimmt in Sprache und Inhalt soweit mit der angeblichen Einschätzung Leichs durch Braecklein überein, dass der gleiche Autor vermutet werden muss. Demnach könnte es sich um eines der frühen Werke des MfS-Offiziers Artur Hermann aus Leichs Lobensteiner Zeit handeln.[1156] Wie immer wieder auch in anderen Fällen vorgekommen, wurden bereits gesammelte abfällige Äußerungen über den damaligen Lobensteiner Superintendenten sehr viel später in einen *»Treffbericht«* eingetragen und in diesem Falle vom »Sammler« Roßberg dem Vorgänger Leichs in den Mund gelegt. Wenn dieses Ergebnis der Recherche stimmt, dürften auch andere angeblich aus dem Munde des achtzigjährigen Braecklein stammende geschmacklose »Bischofsbilder« der von Roßberg inszenierten Geburtstagsparade zugehören und alles andere als Ergebnisse eines *»Treffberichtes«* sein.

Ein notwendiger persönlicher Nachtrag
Die Akten der Operativen Vorgänge »Ufer«[1157] und »Synodaler«[1158] berichten immer wieder hämisch von Zusammenstößen zwischen dem »Synodalen«[1159] Große und Landesbischof Braecklein in der Synode. Tatsache ist, dass in kirchenpolitischer Hinsicht dann und wann erhebliche Differenzen auftraten und im Rahmen synodaler Klärungsprozesse ausgetragen wurden.

Hätte Landesbischof Braecklein sich wirklich auf eine Kooperation mit dem MfS eingelassen, und das auch noch *»aus Überzeugung«*, wie Herr Sgraja behauptet, auf eine Zusammenarbeit mit gleichem Ziel also, wäre es für ihn im Sinne einer wirklichen Bindung an die Interessen des MfS z. B. unmöglich gewesen, sich für *»den sattsam bekannten, feindlich negativen«* Superintendenten von Saalfeld wiederholt und nachdrücklich einzusetzen, Pfarrer Walter Schil-

---

[1155] Nach Leich: Du aber bleibst, 146.

[1156] Dazu passt, dass Hermann sich bei Leich einschlich mit der Legende, er müsse Kunstraub aufklären und Superintendent Leich habe ja dergleichen auf dem Boden »aufbewahrt«. Später heißt das: »Bis unters Dach vollgestopft.« An anderer Stelle nennt er Leich »kalt und unnahbar« und schiebt das Braecklein zu.

[1157] BStU MfS BV Gera, AOP 659/77 und BStU ZA, MfS – HA XX/AKG, Nr. 6978, 1–93.

[1158] BStU MfS BV Gera, AOP 1488/88 (zum OV »Synodaler« mindestens drei Bände aufgefunden, z.T. rekonstruiert).

[1159] »Synodaler« war Deckname für eine der drei Zersetzungsoperationen gegen den Verf.

ling, Braunsdorf, nicht fallen zu lassen oder gar den vom Staat gewünschten Kandidaten für seine Nachfolge im Bischofsamt zum Rücktritt von der Kandidatur zu drängen und schließlich seine Wahl zu verhindern. Trotz Meinungsverschiedenheiten in Synodaltagungen konnten viele – auch ich – bis zu Ingo Braeckleins Ausscheiden aus dem Bischofsamt immer mit seiner Hilfe gegen Stasi-Angriffe und gegen die niemals endenden Attacken staatlicher Organe rechnen.

Zusammenfassend gilt nach eingehender Prüfung der Akte »Ingo« immer noch, was der LKR am 22.08.1996 zu den am 21.08.1996 von der BStU übermittelten IM-Vorwürfen gegen Ingo Braecklein öffentlich erklärte: Gespräche, die Mitarbeiter des Staatssicherheitsdienstes, die sich in der Regel als Mitarbeiter des Ministeriums des Inneren ausgaben, mit ihm geführt haben,

> »kamen … auf Initiative des Ministeriums für Staatssicherheit zustande.« Er »hat diese Gespräche … in der Überzeugung geführt, daß er in seiner Verantwortung für die Kirche Fehldeutungen kirchlichen Handelns zu begegnen habe. Er sah es als seine Pflicht an, evtl. Absichten der staatlichen Seite zu kennen. Außerdem begriff er es als seine Verantwortung, in Konfliktsituationen für die ihm anvertrauten Mitarbeiter einstehen zu müssen …
>
> Diese Gespräche wurden von ihm nicht als konspirativ angesehen und behandelt. Im Landeskirchenrat, im Bischofskonvent, in gemeindeständischen Werken, in der Synode und oft den betroffenen Personen gegenüber hat er von diesen Gesprächen berichtet.
>
> Aus damaliger Sicht dienten die Gespräche dem Zweck, alle Möglichkeiten für die kirchliche Arbeit offen zu halten und zu einem guten Verhältnis zwischen Staat und Kirche beizutragen.«[1160]

[1160] Erklärung des Landeskirchenrates vom 22.08.1996.

Exkurs: Ein Landesbischof wird gewählt, nicht vom MfS »eingesetzt« – Bischofswahl 1976

Die Wahl des Nachfolgers für Landesbischof Ingo Braecklein gehört zu den dramatischsten Prozessen, die eine thüringische Synode zu bestehen hatte. Im Spiegel der massiven, aber letztlich ergebnislosen Einflussversuche des MfS auf die Synode zeigt sich, dass die Rede von den besonders leicht beeinflussbaren Synodalen und der weitgehend gelungenen Unterwanderung von Synoden einer Überprüfung an der Wirklichkeit nicht standhält.

In zwei aufeinanderfolgenden Synodaltagungen[1161] versuchte die Synode, aus vier Kandidaten

Prof. Dr. Klaus Peter Hertzsch, Jena,
Superintendent Werner Leich, Lobenstein,
Oberkirchenrat Hans Schäfer, Gera,
Oberkirchenrat Prof. Dr. Walter Saft, Gotha,

den für das Bischofsamt geeignetsten zu wählen. MfS, SED und CDU mobilisierten ihrerseits alle Kräfte, ihren Wunschkandidaten mit allen Mitteln durchzusetzen.[1162]

Und wie sah das aus?

Zum Beispiel: Synodale werden mit Hilfe von staatlichen Stellen unter Druck gesetzt.

Synodaler G. F. – selbständiger Handwerker, Kirchenältester, nimmt an den Synodaltagungen 1976 zur Bischofswahl teil. Vorher – so erzählt er im Verlauf der Synode – wird er von Mitarbeitern der Steuerverwaltung aufgesucht, die durchblicken lassen, dass eine große Steuerprüfung sicher nicht besonders günstig für ihn sei. Und in diesem Zusammenhang wird ihm bedeutet, welcher Kandidat für alle am besten wäre, weil er doch als Selbständiger und Kirchenältester auch von einem guten Verhältnis zwischen Staat und Kirche profitiere. Er war in jenen beiden Synodaltagungen nicht der Einzige, der unter Druck stand:

[1161] 03.–06.11.1977 und 10.–11.12.1977.

[1162] Die Akten versuchter Einflussnahme füllen viele Ordner aller Ebenen vom ZK bis zu kleinen IM.

Synodaler E. – gestandener Bauer aus dem selbstbewussten Osten Thüringens, wo große Höfe in stattlichen Dörfern auffallen, beschwor die Synodalen, als in der Sondersitzung der thüringischen Synode zur Bischofswahl ein nicht mehr auflösbares Patt zwischen den Hauptkandidaten offensichtlich wurde:

> »Ich bitte euch, lasst uns um Himmels willen nicht ohne einen gewählten Bischof nach Hause fahren. Ich halte das nicht noch einmal aus!«

Wir haben nie erfahren, was er denn nicht noch einmal aushalten könne. Aber keiner, der diesen Notschrei gehört hatte, konnte darüber hinweggehen. Auch die Kandidaten selbst standen im Visier der Heckenschützen.

11. Dezember gegen 1 Uhr nachts
Als in dieser außerordentlichen Synodaltagung wieder eine Sperrminorität gegen den Kandidaten der Synode, Prof. Dr. Hertzsch, erkennbar wird, die sich auf den Wunschkandidaten des Staates versteift, holt der amtierende Bischof Braecklein die Sprecher der vier verschiedenen Kandidaturen im »Weißen Saal«[1163] zusammen. Alle empfinden die Atmosphäre als hochexplosiv. Was soll nun geschehen?

Nüchtern fasst Landesbischof Braecklein die Lage zusammen: Je öfter abgestimmt wird, umso deutlicher tritt die Sperrminorität zutage, die einer Entscheidung mit Zweidrittelmehrheit für Prof. Dr. Hertzsch im Wege steht. Es gibt nur noch zwei Chancen: Rücktritt eines der Kandidaten oder beider und dann einen letzten Wahlgang mit einem neuen Mann, sonst wird eine dritte Synodaltagung nötig.

In dieser Lage macht der Landesbischof zu unser aller Überraschung von seiner bischöflichen Vollmacht Gebrauch, um dem aussichtsreichsten und im Grunde von den meisten erwünschten Kandidaten, Prof. Dr. Hertzsch, den Weg zu öffnen. Denn tritt einer zurück, für den sich offensichtlich manche gebunden haben, sind alle zu neuer Entscheidung frei und das MfS ohne Chance zu zwischenzeitlicher Einflussnahme. Dem Kandidaten fehlten in der letzten Abstimmung nur noch sechs Stimmen an der Zweidrittelmehrheit.

Bischof Braecklein tritt auf OKR Prof. Dr. Saft zu, den eine wohl auch außerkirchlich gebundene Sperrminorität nicht fallen lässt, und sagt sehr ernst: *»Als Ihr Bischof gebiete ich Ihnen: Treten Sie zurück!«* In die atemlose Stille fällt mit gebrochener Stimme die Antwort: *»Ich kann nicht. Ich habe mein Wort ge-*

[1163] Konferenzraum im Landeskirchenamt auf dem Pflugensberg, Sitzungssaal des LKR.

geben und bin daran gebunden.« Die Synodalen haben nicht erfahren, wem das Wort gegeben sei und welche Bindung bestand.[1164]

Stasiakten behaupten, dass nun ein IM den Auftrag erhalten habe, auf den angeblich völlig labilen Gesundheitszustand von Prof. Dr. Hertzsch, der in den meisten Wahlgängen die höchste Stimmenzahl erreicht hatte, kurz vor seiner Wahl noch einmal hinzuweisen. Und das geschah am nächsten Morgen. Nicht nur mir blieb das Herz stehen, als mit trockenen Sätzen alle körperlichen Gebrechen des plötzlich für hinfällig erklärten Kandidaten aufgezählt wurden und ihm – einer der peinlichsten und bittersten Augenblicke für uns, seine Freunde und die Synode – die kalt berechnete Frage nach seiner Sehkraft gestellt wurde.[1165] Wer es bis dahin immer noch nicht begriffen hatte, war nun im Bilde: Hier sollte ein Marionettentheater ablaufen. Zorn, Trauer und Entsetzen mischten sich.

Aber die Stasi verlor. Denn der so Angegriffene erklärte ruhig: *»Ich bin bereit zurückzutreten, wenn auch mein Gegenkandidat zurücktritt.«* Wieder Unterbrechung der Plenarsitzung. Wieder alle Möglichkeiten durchrechnen. Wieder vergebliche Versuche, den letzten Gegenkandidaten umzustimmen. Und dann die überraschende Wende: Nachdem einer der bereits ausgeschiedenen Kandidaten, Superintendent Leich, auf Anfrage des Bischofs seine Bereitschaft zu erneuter Kandidatur erklärt hat, tritt der eben schwerer körperlicher Behinderungen bezichtigte Kandidat, Prof. Dr. Hertzsch, zurück. Und im nächsten, dem letztmöglichen Wahlgang geht der Kandidat durch, für den und gegen den sich niemand gebunden hatte und auch nicht mehr gebunden werden konnte: Superintendent Leich.

Die Stasi hatte verloren. Ihr ungeheurer Aufwand über Jahre und ihre unheimliche Verschwörerpräsenz während zweier Synodaltagungen war ins Leere gegangen. Auch wenn der Kandidat einer Fast-Zweidrittel-Mehrheit unter den Synodalen nicht ans Ziel gelangte: Wir haben dennoch erlebt, dass die Schattenarmee die schwächere blieb – trotz aller Erpressungen und ihrer Hintergrundanwesenheit.

[1164] »Die Leute, denen ich mein Wort gegeben habe, waren die zehn Superintendenten meines Aufsichtsbezirkes und Gemeindeglieder. Mit der Stasi habe ich kein Wort über die Bischofswahl gesprochen oder diesen Leuten mein Wort gegeben.« Brief Dr. Saft vom 03.12.2008 an den Verf.

[1165] Auf IM »Klinger« sei das Los gefallen, diese Frage zu stellen, wird berichtet.

17.5.2   Vier Fallbeispiele: Juristen im Unrecht

Die CDU diente als Einschleusungsraum für IM in die Kirche. In dieser Rolle hat sie der Ev.-Luth. Kirche in Thüringen schweren Schaden zugefügt mit Folgen, die bis heute nachwirken. Dabei bediente sie sich – wie andernorts auch – vor allem der Juristen unter ihren Mitgliedern. Das soll an drei besonderen Fällen exemplarisch dargestellt werden: an Oberkirchenrat Gerhard Lotz, Oberkirchenrat Wolfram Johannes und an Oberkirchenrat Martin Kirchner – soweit Teile seiner Akten aufgefunden wurden, in Opferakten sich finden bzw. bisher rekonstruiert werden konnten. Einzelnotizen zu Oberkirchenrat Hartmut Mitzenheim sollen die thüringische Juristenriege beschließen.

In der Phalanx angeblicher oder wirklicher »IM in Spitzenfunktionen« gilt OKR Gerhard Lotz als Protagonist für angeblich »rote« thüringische Kirchenpolitik. Wie ist seine Rolle bei Kenntnis der Akten beider Seiten und nach jahrelangen persönlichen Konfrontationen in Synode und Landeskirche zu verstehen?

I   IM »KARL«: ALLES AUF ROT – OKR GERHARD LOTZ IM SPIEL

Ziel der staatlichen Gewalt in der DDR war Ende der sechziger Jahre die Trennung der DDR-Kirchen von der EKD und ihre Aufsplitterung in einzelne Landeskirchen. Insbesondere die CDU preschte auf diesem Kampffeld immer wieder vor, so dass nicht einmal das ZK ihr zu folgen vermochte.[1166] Dabei hat der thüringische Oberkirchenrat Gerhard Lotz seine ganz eigene Rolle gespielt. Alles ein Spiel oder Fronteinsatz der CDU hinter den Linien des »Staatsfeindes« Kirche – muss er als Undercover-Agent der CDU in der Kirche angesehen werden?

Die zwielichtige Rolle des eigenwilligen Juristen bedarf einer eigenen Untersuchung, zu der bisher nur Ansätze vorliegen. Klar ist jedoch: Sein Handeln war weniger von seiner thüringischen Landeskirche als vielmehr von CDU und MfS bestimmt. Dass Gerhard Lotz meinte, beide im Sinne seiner eigenwilligen politischen Vorstellungen einsetzen zu können, und nicht wahrhaben wollte,

---

[1166] Dohle: Grundzüge, 27 ff. berichtet von »Vorschlägen« Gerald Göttings zum Verfassungsentwurf 1968.

selbst nur Werkzeug und Instrument im Spiele der roten Macht zu sein,[1167] kann mit guten Gründen vermutet werden, wird aber bis zum Jüngsten Tag im Dunkel bleiben.

Eine überflüssige Werbung

Als Hauptmann Sgraja vom Staatssekretariat für Staatssicherheit[1168] am 24.03.1955 Oberkirchenrat Gerhard Lotz in einem Nachtgespräch für Zuträgerei zugunsten der Staatssicherheit gewinnen will, trifft er auf einen Juristen, der sich innerlich schon von seiner Landeskirche gelöst hat und nur auf eine Chance wartet, in den Staatsdienst zu treten.[1169] Dass er dann doch formal in landeskirchlichen Diensten bleibt, muss als einer der wenigen politischen Erfolge der Mesalliance von CDU und Stasi (und mittels beider auf Wunsch der SED) angesehen werden. CDU und MfS versprachen sich von seiner Stellung als Stellvertreter des thüringischen Landesbischofs in weltlichen Angelegenheiten und als Leiter der Rechtsabteilung einen besonders großen Einfluss auf die Kirchenpolitik der thüringischen Kirchenleitung und drängten ihn gegen alle seine Emanzipationsversuche, an dieser Stelle zu bleiben.

Gerhard Lotz gehörte seit 1946 zur CDU, seit 1956 zu deren Hauptvorstand, seit 1967 fungierte er als Volkskammerabgeordneter dieser Partei. Eine rege politische Propagandatätigkeit in CDU-Parteiorganen für die Illusion eines von der CDU mitgestalteten »Sozialismus« verband er mit der Leitung der Rechtsabteilung der Landeskirche als Vertreter des Landesbischofs in weltlichen Angelegenheiten bis zu seiner Emeritierung nach schwerer Krankheit im Jahre 1976.

Wie konnte es geschehen, dass ein Mitglied des Landeskirchenrates der Ev.-Luth. Kirche in Thüringen, und zwar ausgerechnet der Leiter der Rechtsabteilung, zum Spitzenagenten und mehrfach ausgezeichneten Mitarbeiter des Mielke-Konzerns abstieg? Die Frage berührt ein strukturelles Problem und zugleich das einer schwer durchschaubaren Persönlichkeit. Um einer Antwort näherzukommen, werden Niederschriften des MfS aus der Zeit der inoffiziellen Mitarbeit von Gerhard Lotz, schriftliche Spuren seiner Agententätigkeit und innerkirchliche Texte aus dem Landeskirchenrat, Einzeltexte aus der Feder des Rechtsdezernenten und Mitschriften des Verfassers aus der Synode verglichen.

[1167] Vgl. Abschnitt 11.2.

[1168] Staatssekretariat für Staatssicherheit – 1953 bis 1955 Ersatzeinrichtung für das MfS, das nach dem Juni-Aufstand 1953 als Staatssekretariat dem Ministerium des Innern unterstellt und am 24.11.1955 mit Ernst Wollweber wieder zum Ministerium erklärt wurde.

[1169] BStU ZA, MfS-Nr. 3043/86, Bd. I, 30.

Die Werbung eines IM im Augenblick seiner Resignation
Zu den Schlüsseltexten, die jetzt vorliegen, gehört die Eröffnung des Spieles mit dem Leiter der Rechtsabteilung der Ev.-Luth. Kirche in Thüringen durch Hptm. Sgraja, Mitarbeiter des MfS. Die Art, wie Gerhard Lotz nach der Niederschrift des Stasioffiziers auf die eigentümliche Offerte einer Mitarbeit eingeht, verrät uns, soweit wir Notizen von MfS-Werbern überhaupt Glauben schenken dürfen, etwas über den Gemütszustand und das Lebensgefühl des Umworbenen in der Stunde der Versuchung. Liegen darin die eigentlichen Wurzeln seines Doppelspiels?

Nach Unterlagen aus dem Bestand des Staatssekretariates für Staatssicherheit offenbart die erste uns zugängliche Zielsetzung des Werbers Sgraja dessen ziemlich mangelhaften Kenntnisstand hinsichtlich der Struktur der thüringischen Landeskirche. Außerdem lässt sie zugleich eine nicht nur hier auffallende Selbstüberschätzung des SSD erkennen. Mit Schreiben vom 04.01.1955[1170] hatte die Hauptabteilung V des SSD, Abt. 4, angesichts bevorstehender Synodalwahlen in Thüringen ihre Bezirksverwaltung in Erfurt wegen mangelnder Aktivität gegenüber Lotz gerügt:

> »Sie wurden schon schriftlich und einige Male mündlich darauf hingewiesen, Lotz als Kandidat vorzubereiten. Bisher erhielten wir in dieser Angelegenheit noch keinen Bescheid.«

»Kandidat« wofür? Soll Gerhard Lotz als Landessynodaler aufgebaut werden? Das wäre völlig überflüssig gewesen. Als Mitglied des Landeskirchenrates gehört Lotz verfassungsgemäß mit Stimmrecht zur Synode. Weiß man das in der Hauptabteilung V/4 nicht? Oder soll er als Kandidat für eine Werbung vorbereitet werden? Dann hätten wir es in besagter Drucksache mit der Anordnung zu tun, einen IM-Vorlauf anzulegen. Letzteres liegt näher, weil mit gleichem Schreiben vorgeschlagen wird, »*Maßnahmen einzuleiten*«, Oberkirchenrat Lotz und Superintendent Stegmann,[1171] »*der ebenfalls kontra Mitzenheim steht, dem SfS baldigst als Kandidaten vorzuschlagen*«.

[1170] Ebd.

[1171] Dass Superintendent Erich Stegmann, damals in Pößneck, in einer Linie mit Lotz genannt wird, gehört zu den Recherchefehlern des »SfS«: Stegmann als altem BK-Mann und aus »rassischen« Gründen Verfolgtem in der Nazizeit lag nichts ferner, als Mitzenheim zu einer Annäherung – ebenfalls Mann der BK – an eine staatsloyale Haltung zu bewegen. Als Opposition gegenüber dem Bischof verstand sich Stegmann im Gegensatz zu Lotz, weil ihm und anderen Mitgliedern der laut Stasi »reaktionären Lutherischen Bekenntnisgemeinschaft« Mitzenheims Gesprächskurs gegenüber dem Staat Ende der fünfziger Jahre als zu wenig distanziert und zu wenig kritisch erschien.

Wichtige Schlüsselnotizen über Werbung und Weg des künftigen IM verbergen sich im schriftlichen Bericht von Hauptmann Sgraja[1172] zu einem mühsam zustande gebrachten Treffen mit dem »Kandidaten« am 21.03.1955 in Eisenach.[1173] Dessen wesentliche Informationen müssen aus beiläufigen Bemerkungen des »Protokollanten« erhoben werden, wie das für die innere Logik der MfS-Literatur als konstitutiv anzusehen ist. Durchgängige Hauptlinie der Berichte: das immer erfolgreiche Wirken der Stasi – ohne Rücksicht auf die Realität. Die Wahrheit verbirgt sich im Detail. Schludrige Recherche des MfS hinsichtlich *oppositioneller Kräfte in der Landeskirche*«: Der BK-Mann Stegmann wird mit Lotz auf eine Stufe gestellt und für anwerbungswürdig gehalten. Dabei verficht die BK gegenüber dem Staat einen noch härteren Kurs als Mitzenheim. Deshalb ist der Text dieses schlecht Informierten sehr genau und kritisch zu lesen.

Erster Schritt: Lotz wird unter Druck gesetzt.[1174]
Weil Stasiwerber Sgraja beim telefonischen Kontaktversuch mit Lotz zu Landesbischof Mitzenheim statt zu Lotz durchgestellt wird, tätigt er »anschließend einige Ermittlungen, über die Möglichkeit Lotz konspirativ abzufangen, die aber ergebnislos verliefen, weil Lotz selbst in den Gebäuden der Kirchenleitung wohnt«. Erst im dritten Anlauf kommt eine Begegnung im sogenannten »Spezialzimmer« des Rates des Kreises zustande, wohin Lotz sich bestellen lässt.

Sgraja gibt Lotz zu verstehen, dass man im SfS von »seinem Überfall« in Westberlin wisse, wo er volltrunken in eine Prügelei verwickelt wurde und liegenblieb.[1175] Auf diese wenig vornehme Weise soll »L.« moralisch zu Dank verpflichtet werden. Sgraja notiert wörtlich:

[1172] Bericht vom 24.03.1955.

[1173] BStU ZA, MfS – 3043/86, Bd. I, 31 ff.

[1174] Unverständlich bleibt dem die Akten genau lesenden Zeitzeugen, dass heute häufig behauptet wird, Erpressung habe keine oder nur eine geringe Rolle gespielt. Den Leiter einer kirchlichen Rechtsabteilung einer Schlägerei in Volltrunkenheit überführen zu können – kein Druckmittel? Vgl. Wähler: Rechtsprechung, 573.

[1175] Auskunftsbericht der HA V/4 Berlin (von 1954 bis 1964 für »Staat, Parteien, Kirche, Untergrund« zuständig) vom 20.09.1961, BStU, 105: »Die Werbung des ... durch das MfS erfolgte am 18.4.55 auf der Basis der Überzeugung, aber unter Andeutung von kompromittierendem Material. Nach einer kirchlichen Tagung am 17.3.1953 in Westberlin betrank er sich, geriet mit jugendlichen Rowdys in eine Schlägerei, wurde von diesen ausgeraubt und fiel der Polizei an. (S. Bericht vom 16.01.1954, Bl. 16 d. A.) ... Faustpfänder ergeben sich aus der allseitigen Berichterstattung über interne Sitzungen seines Landeskirchenrates, zentraler Sitzungen kirchlicher Gremien in Westberlin und der Aufklärung reaktionärer kirchlicher Persönlichkeiten. Lotz ist fest in unserer Hand.«

»Indirekt, ohne dass er etwas davon erfuhr, wurde L. auch von unseren Organen gestützt, z. B. bei seinen (sic!) Überfall in Westberlin. Dies wurde L. so indirekt zu verstehen gegeben, worauf er seinen Kopf neigte und sagte: ›Ich danke Ihnen.‹«

Diese Szene ist echt. Die weltmännische Geste entspricht dem Ästheten Lotz, den wir kennen. Mit Eleganz zieht er sich aus der Drucksituation und gibt scheinbar souverän dem Gegenüber noch die Chance, sich sehr erfolgreich zu fühlen – er selbst spielt den Überlegenen.

Zweiter Schritt: Der Druck wird erhöht
Lotz hatte Notizen über Bischof Otto Dibelius, Berlin, an das »Amt für Verbindung zu den Kirchen« geliefert. Diese wurden Dibelius zugespielt. Der MfS-Mann spielt auf diese Indiskretion an und lässt durchblicken, dass dies wohl durch das besagte Amt erfolgt sei, zu Deutsch: Wir wissen schon Bescheid. Lotz bejaht. Die Hintergründe für das weitere Verhalten von OKR Lotz erhellt unversehens seine eigene Bemerkung, auf welche Informationen er sich hinsichtlich der eben zu Ende gegangenen Generalsynode der VELKD stütze. Er könne darüber nichts aus eigenem Erleben wissen, weil er nicht in das Parlament der Lutheraner gewählt worden sei. Was er wisse, habe er von »*Wirth*[1176] *und Trebs*[1177] *aus der CDU-Parteileitung, die an der Synode teilgenommen haben.*«[1178]

Notabene: Das Mitglied einer lutherischen Kirchenleitung und der juristische Stellvertreter des Bischofs der Landeskirche muss sich seine Informationen über eine Generalsynode der Lutheraner aus dem Hauptvorstand der CDU holen! Er bekommt sie von dort – aber mit der Bitterkeit, von seinen eigenen Leuten nicht wiedergewählt worden zu sein.[1179]

Da stellt sich die Frage: In wessen Diensten steht Lotz eigentlich? Zurücksetzungen kann der sensible Schöngeist schwer verwinden, worin er seinem Bischof D. Mitzenheim nicht unähnlich ist. Kommt es aus solcher Bitterkeit, dass Lotz, der mit Recht von sehr unterschiedlichen Leuten als ein kluger und taktisch geschickter Jurist angesehen wurde, nach den MfS-Unterlagen mit fliegenden Fahnen zum Gegner übergeht? Oder vertraut er schon zu diesem Zeitpunkt seiner Partei, der CDU, mehr als der Kirche, für deren Recht er einzutreten und das er zu gestalten hat? Ist die Partei seine eigentliche geistige und politische Heimat?

[1176] Günter Wirth, Mitglied des CDU-Hauptvorstandes und Sekretär für Kirchenfragen.
[1177] Herbert Trebs, GI »Anton« seit 1950, Mitarbeit besonders in Friedensfragen in der CDU-Leitung.
[1178] A. a. O., 32.
[1179] Vgl. BStU ZA, MfS 3043/86, 143.

Jedenfalls hat er der CDU viel zu verdanken. Nach jener peinlichen Schlägerei in Westberlin holen ihn die Parteifreunde Günter Wirth und Heinz Wolfram Mascher[1180] aus der Notlage: Sie erklären vor der Polizei vorgeblich im Auftrag Otto Nuschkes,[1181] dass es nicht im staatspolitischen Interesse läge, den Vorfall öffentlich zu machen. Also unterbleibt es. Deshalb kann das MfS als *»seine wichtigsten persönlichen Verbindungen«* nennen:

»Hauptvorstandsmitglied der CDU Günter Wirth, Berlin
Hauptvorstandsmitglied der CDU Hermann Kalb, Erfurt«[1182]

und seine Funktion in der *deutschen Sektion der »Prager Christlichen Friedenskonferenz«.*[1183] Ist das sein Rückhalt und die ihn tragende Gemeinschaft?

Diese Frage stellt sich der Leser angesichts gleich mehrerer Texte in der Akte »Karl«.[1184] Wer Gerhard Lotz kannte und ihn in seinen verschiedenen Rollen erlebte, weiß, dass er sich für die zweite Reihe überhaupt nicht eignete und als der »ewige Zweite« einen Platz suchte, von dem aus souveränes Handeln entsprechend seinen Gaben möglich wäre. Denn selbst als Leiter der Rechtsabteilung und Bischofsstellvertreter in weltlichen Angelegenheiten blieb er bestenfalls Stellvertreter und der jeweilige Landesbischof sein »Chef«. Er strebte schon 1955 Höheres außerhalb der Kirche an.

Hoffte er, einen solchen Platz im Rahmen der Partei zu erreichen? Idealerweise als Chef des »Amtes Verbindung zu den Kirchen«? Dort hätte er die Einflussmöglichkeiten gefunden, die er suchte, um sein Bild einer neuen Gesellschaft mit oder auch gegen die Kirchen durchsetzen zu können. CDU und MfS waren freilich nicht bereit, auf ihren Spitzel im Landeskirchenrat zu verzichten. Außerdem stand das begehrte Amt vor seiner Liquidierung, weil die SED mit der Arbeit unter Otto Nuschke nicht zufrieden war:

> »Die Hauptabteilung ›Verbindung zu den Kirchen‹ bei Dr. Nuschke hat in keinerlei Hinsicht die Interessen des Staates gegenüber den Kirchen wahrgenommen.«[1185]

[1180] Heinz-Wolfram Mascher, von der FDJ über den FDJ-Zentralrat zum Referenten für Hochschulfragen im CDU-Vorstand avanciert.

[1181] Leiter des Amtes »Verbindung zu den Kirchen« und stellvertretender Ministerpräsident.

[1182] Hermann Kalb, GI und IM unter verschiedenen Decknamen: »Hermann«, »Hugo«, »Schütz«; nach BStU ZA, AIM 12983/63.

[1183] A. a. O., 107.

[1184] BStU ZA, MfS 3043/86, Bd. I.

[1185] Nach Armin Boyens: Das Staatssekretariat für Kirchenfragen, in: Vollnhals: Kirchenpolitik, 120 ff.

Am 23.03.1955 wechselt Gerhard Lotz auch in seinem Handeln die Fronten. Dieser Entscheidung bleibt er treu in allem, was er dann tut – bis zum bitteren Ende. Gleich zweimal hintereinander sagt er sich *de facto* von der Kirche los, falls sein Stasigast nur annähernd die Wahrheit protokolliert hat: Zunächst, schon in diesem Gespräch – 14 Jahre vor der Trennung der Evangelischen Kirchen in der DDR von der EKD – schlägt Lotz dem SfS Schritte vor, die auf eine Trennung von der EKD, aber zugleich auch auf eine Isolierung der DDR-Kirchen untereinander hinauslaufen: Die Staatszuschüsse für die evangelischen Landeskirchen sollten nicht mehr an eine zentrale Stelle der EKD in Westberlin, auch nicht an eine zentrale Stelle in Ostberlin, sondern an die Landeskirchen direkt überwiesen werden, die dann nach eigenem Gutdünken damit verfahren könnten.

Dass damit die Landeskirchen in der DDR in eine direkte Abhängigkeit von der DDR-Führung geraten mussten, hat Lotz wohl nicht nur in Kauf nehmen, sondern für eine landeskirchlich eigennützige Kirchenpolitik ausnutzen wollen. Er unterstützte demnach schon 1955 im Sinne der CDU-Ost und unter deren Mitwirkung die Spaltungspolitik und »Differenzierungsarbeit« des Staates direkt – aus der Führung der Ev.-Luth. Kirche in Thüringen heraus.[1186] Welche Rolle bei Lotz die Indiskretion einer Indiskretion – die Weitergabe seiner verdeckten Beurteilung von Dibelius aus dem »Amt für Verbindung zu den Kirchen« an die Betroffenen – für seine endgültige innere Trennung von der Kirche gespielt haben mag, darüber kann nur spekuliert werden.

Eine Einschätzung anlässlich seiner Einstufung als IMV vom 02.04.1969 begründet die Vorsicht von Lotz, keinerlei schriftliche Notizen aufzubewahren, noch immer mit jener frühen Erfahrung, als seine Notizen über Dibelius vom »Amt Nuschke« dem Benoteten zugespielt worden waren. Das lässt aber auch den Schluss zu, dieser Vorgang, mit dem er bloßgestellt wurde und zugleich seine Unabhängigkeit verlor, habe seinen Frontenwechsel von der Kirche über die CDU zum MfS begünstigt.[1187]

Den zweiten Schritt von seiner Kirche weg vollzieht der Angeworbene noch in derselben Stunde: Er akzeptiert konspirative telefonische Verbindungen zu Hauptmann Sgraja, der ihm nach MfS-Brauch nur als *Franz Zocher* bekannt ist,[1188] nimmt die ihm genannte Telefon-Nummer an und wählt sich für die Anrufe selbst »Max« als seinen ersten Decknamen. Hier erinnert sich der Leser an den hintergründigen, zuweilen auch zynischen Humor, für den Lotz bekannt war. Denn die Kombination frei nach Wilhelm Busch drängt

---

[1186] A. a. O., 33.
[1187] A. a. O., 143.
[1188] A. a. O., 145.

sich auf: »Max und Moritz«. Sie ergibt das Duo: »Max«, der Stellvertreter, und sein Bischof »Moritz«. In Wilhelm Buschs Duo steht allerdings »Max« immer vorn. In der Landeskirchenverfassung nicht: Lotz ist nicht die Thüringer Kirche, damals nicht und auch nicht später.

An dieser Stelle eine Zwischenbemerkung: Beurteilungen von Gerhard Lotz argumentieren häufig widersprüchlich. Einerseits wird als bekannt vorausgesetzt und dennoch immer wieder unterstrichen, dass er als der »rote Lotz« verrufen gewesen sei, andererseits habe er die Politik der thüringischen Kirche weitgehend bestimmt. So stellten sich Anhänger des *demokratischen Zentralismus* die Dinge vor, und ihre Sicht geistert immer noch durch die Schriften Nachlesender. Gegenfrage: Wenn Lotz doch in seiner eigenen Landeskirche so verschrien war, wie konnte er dann einen so großen Einfluss ausüben? Das Bild stimmt nach zwei Seiten nicht.

Wir haben – außer der allgemein verbreiteten Rede vom *»roten Lotz«* im Unterschied zum integren Synodalpräsidenten Dr. Rudolf Lotz[1189], Mitglied der BK – Belege für die Ablehnung der politischen Äußerungen des Oberkirchenrates und seiner daraus resultierenden Kirchenpolitik in den Gemeinden, der Pfarrerschaft und den »Kirchenbehörden«, auf die selten hingewiesen wird:
– In einem Aktenvermerk vom 08.12.1955[1190] hält die Kreisdienststelle Eisenach des MfS nach Auskunft eines Eisenacher Pfarrers fest, Lotz werde demnächst untersagt, weiter an der Zeitschrift »Glaube und Gewissen« mitzuarbeiten – und dies werde in einem Schreiben des Bischofs »an alle Kirchenbehörden« öffentlich gemacht. Wie immer es sich damit verhielt, es zeigt die Kritik innerhalb der Landeskirche am Leiter der Rechtsabteilung. Und weiter:
– Eine Gruppe in der thüringischen Kirchenleitung aus der Lutherischen Bekenntnisgemeinschaft: OKR Herden, Gera, OKR Dr. Schanze, Weimar, und OKR Köhler, Meiningen, protestierten am 26. und 27.06.1957 in der Sitzung des Landeskirchenrates gegen das Auftreten von Lotz bei einem »Wartburgtreffen«[1191] von Geistlichen: Der Landesbischof könne von den Superintendenten und Pfarrern nicht »politische Zurückhaltung« fordern, wenn das für die Mitglieder der Kirchenleitung, in diesem Falle Lotz, nicht gelte. Arbeitsgruppen der Superintendenten in Gera, Gotha und Meiningen sollen über die Oberkirchenräte Herden und Köhler »Vorschläge un-

---

[1189] Salopp das »doppelte Lotzchen« genannt.
[1190] A. a. O., 59.
[1191] Begegnung anlässlich des »5. Jahrestages des Gespräches Mitzenheim – Ulbricht«.

terbreiten, damit ein politisches Auftreten von Pfarrern und Mitgliedern des LKA unterbunden« wird.[1192]

– Der Konvent Sonneberg befasste sich am 17.06.1957 anstelle einer Aussprache mit Vertretern des Staates in Vorbereitung der Wahl mit der Frage, ob sich Pfarrer an dergleichen Aussprachen überhaupt beteiligen sollten.

Der Pfarrer von Sonneberg II (Köppelsdorf) beantragte:

> »Der Konvent möge beschließen, daß Oberkirchenrat Lotz, Eisenach, abgelöst werde, weil er in einem Artikel in der Zeitschrift ›Glaube und Gewissen‹ zu stark für ›diesen Staat eingetreten‹ ist.«

Superintendent Schilling, der wahrscheinlich selbst diesen Vorstoß auf Veranlassung anderer ausgelöst hatte, nahm diesen Antrag zur Kenntnis, um ihn weiterzuleiten. Das muss sich Lotz in einem Gespräch mit dem Referenten für Kirchenfragen des Bezirkes Erfurt sagen lassen.[1193]

Und Lotz fügt selbst hinzu,

> »daß erst vor wenigen Tagen Superintendent Schwalm, Meiningen, wegen der Haltung des Oberkirchenrates Lotz … eine Eingabe an den Landesbischof machte, in der die Mißbilligung der Pfarrer der Superintendentur zum Ausdruck gebracht wurde.«
> Lotz muss konstatieren, »seine Position im Landeskirchenrat werde immer schwieriger. Er sei ständigen Angriffen ausgesetzt.«[1194]

Das stimmt. Die Reihe der Proteste gegen Lotz und seine politische Haltung ließe sich durch alle Jahre bis zum Dienstende von OKR Lotz aufzählen. Allein in der Synode verging kaum eine Tagung – durch alle mir vorliegenden Aufzeichnungen, Beschlussprotokolle und erst recht durch die Tonbandprotokolle belegt – ohne eine Auseinandersetzung zwischen den wenigen Vertretern der CDU-Linie von Lotz und der Mehrzahl nicht ideologieverhafteter Synodaler.

Diese Mühseligkeiten können hier nicht alle aufgelistet werden. Aber von einem weiteren Versuch, Lotz abzulösen, muss noch die Rede sein, wenn er auch schon im ersten Anlauf scheiterte.

Die BK probt den Aufstand

In Thüringen ist Lotz nicht nur der ewige »Zweite«, sondern wird selbst von »seinem« Bischof Mitzenheim immer wieder angegriffen. Die innerthüringischen Versuche, den Einfluss von Lotz zu begrenzen oder ganz auszuschalten, werden von Verfechtern der These von der »Thüringer Isolierung«, die dem an-

---

[1192] BStU ZA, MfS Nr. 3043/86, 54.
[1193] BStU ZA, MfS Nr. 3043/86, 56.
[1194] A.a.O., 56 f.

geblich zu starkem Einfluss von Lotz zugeschrieben wird, gern unterschlagen. Aber sie gehören eben auch zu »Thüringen« wie Mitzenheims »Alleingänge« und der Frontenwechsel von OKR Lotz.

Schon zwei Jahre vor dem Vorstoß Eisenacher Pfarrer, der BK-Mitglieder im Landeskirchenrat und des Sonneberger Konventes hatte die Leitung der Lutherischen Bekenntnisgemeinschaft 1955 den Widerstand organisiert.[1195] Der von Lotz selbst informierte MfS-Mann meldet:

> »In einem Ferngespräch am 30. Oktober wollte der Superintendent von Gera[1196], Herr Walter Papst, eine Aussprache mit Oberkirchenrat Lotz vereinbaren, an der andere Superintendenten auch noch teilnehmen sollten.
>
> Auf die Rückfrage des von Gera aus antelefonierten Oberkirchenrates, gab er keine konkrete Auskunft, wer die Teilnehmer dieses Gespräches sein sollen und was der Inhalt dieses Gespräches sein würde.
>
> Oberkirchenrat Lotz erklärte daraufhin, er habe in den nächsten Tagen terminmäßig keine Gelegenheit für eine solche Zusammenkunft.
>
> Im übrigen möchte er, ehe er seine Zusage gebe, noch näheres über Inhalt und Teilnehmer dieses Gespräches wissen.
>
> Herr Papst gab ausweichende Antworten, auf die schließlich Oberkirchenrat Lotz antwortete, er müsse es ablehnen, sich vor einem Untersuchungsausschuss der Superintendenten zu verantworten.
>
> Aus einem Schreiben des Superintendenten Papst vom 29.10.1955, das an Landesbischof Mitzenheim persönlich gerichtet war, ergibt sich, dass dieses Gespräch mindestens mit Wissen des Landesbischofs stattfinden solle und an diesem Gespräch die Superintendenten S t ä b e[1197], H o f f m a n n aus Neustadt, S o n d e r s h a u s und R a t z[1198] teilnehmen sollen.
>
> Alle Superintendenten gehören der sogenannten Bekenntnisfront[1199] an und gehören zur schwärzesten Lutherischen Orthodoxie und sind politisch gegenüber der DDR mehr als zurückhaltend.
>
> Es darf vermutet werden, dass es sich darum handelt, Oberkirchenrat Lotz wegen seiner Haltung gegenüber dem Staat zur Verantwortung zu ziehen, vielleicht in der Absicht, um Bischof Mitzenheim Material gegen Lotz in die Hand zu spielen.«

[1195] A. a. O., 115 f.

[1196] Irrtum! Es handelt sich um Gotha, wo Walter Pabst, zu diesem Zeitpunkt erster Vorsitzender der Lutherischen Bekenntnisgemeinschaft in Thüringen, als Superintendent amtierte.

[1197] Horst Stäbe, Superintendent in Schleiz; Karl Hoffmann, Superintendent in Neustadt/Orla; Superintendent Manfred Sondershaus in Rudolstadt, alle Mitglieder der »BK« (s. o.)

[1198] Schreibfehler: Es handelte sich um Superintendent Willy Raatz, Saalfeld.

[1199] »Bekenntnisfront« nannten »Deutsche Christen« die Pfarrer der Bekennenden Kirche, die seit 1934 »Lutherische Bekenntnisgemeinschaft in Thüringen« heißt. Lotz verwendet also einen DC-Begriff!

Aus den Akten erfahren wir nicht, wie die Aktion nach der Absage von Lotz weitergegangen ist. Aber für viele meiner Generation, die ein Jahr später – Herbst 1956 – in den Vorbereitungsdienst der Ev.-Luth. Kirche in Thüringen traten, wurde die hinter den »Protestanten« stehende Gruppe, die Lutherische Bekenntnisgemeinschaft in Thüringen, *die* Theologische Arbeitsgemeinschaft. In ihr fanden wir die Verständigungsgemeinschaft, in der wir unseren Weg suchten und von den in Auseinandersetzungen gereiften BK-Leuten begleitet wurden.

Wo von der Isolierung »der Thüringer Kirche« geredet wird und damit ein »Kurs Mitzenheim« oder, noch sonderbarer, durch SED und CDU ein »Thüringer Weg« abgeleitet wird, sollten die Stimmen von Gemeinden, Mitarbeitern, Pfarrern und Superintendenten und Visitatoren nicht unterschlagen werden, die sich nicht auf eine isolierte Thüringer Linie einschwören ließen – bis zum Ende der DDR nicht. Denn in den Protesten aus der BK und ihrem Umfeld gegen Lotz hören wir die Stimme der Kirche in Thüringen. Und sie schwieg in der Synode und im Lande nie.

Die hier ausgewählten Proteste gegen Lotz von Eisenach über Gotha und Weimar, von Sonneberg über Meiningen und Rudolstadt sind nur für einen sehr begrenzten Zeitraum aufgelistet. Eine von Lotz gesteuerte »isolierte« oder »staatsloyale Thüringer Kirche« blieb ein Wunschtraum der staatlichen Seite. Ihre Einflüsterer wiederholten die oberflächliche Benotung so lange, bis sie anfingen, sie selbst zu glauben. Die Wirklichkeit der Gemeinden, der Mitarbeiterschaft in den Superintendenturen und Aufsichtsbezirken verfehlen solche Etikettierungen ebenso, wie das Denken, Reden und Handeln der Mehrzahl der Pfarrer und Superintendenten ihnen widerspricht. Spannungen zwischen Leitungspersönlichkeiten von Kirchen (etwa Dibelius contra Mitzenheim) zu Spannungen zwischen Landeskirchen aufzublasen, war der Versuch des MfS, Zwietracht zu säen.

Vergleichbar dem Ablösungsprozess des Oberkirchenrates Lotz von seiner Kirche ist auch die innere Distanzierung Mitzenheims von der EKD, ausgelöst durch Vertrauensverlust in der EKD einerseits und die unversöhnliche »theologische«, eher kirchenpolitische, vielleicht primär politische Gegnerschaft zu Dibelius andererseits. In beiden Fällen nutzt der Staatssicherheitsdienst vorhandene innerkirchliche Querelen und persönliche Dissonanzen aus, eine bereits vorbereitete Polarisierung kircheninternn zu forcieren. Spekulationen über einen »inneren Wandel« des BK-Mannes Moritz Mitzenheim sind fehl am Platze. Mitzenheim focht bis in seinem letzten Rundbrief für seine Kirche und in diesem »Vermächtnis« für die Wahrung des Beichtgeheimnisses und für dienstliche Verschwiegenheit. Das dürfte an der Seite von Lotz kein Zufall sein.[1200]

Nach Berichten des »Führungsoffiziers« Sgraja lamentiert Lotz immer wieder, er fühle sich in seiner Stellung nicht wohl. Schlüsseltext vom 01.09.1959 in originaler Schreibweise:[1201]

> »Ausgehend von der Einschätzung in der Zusammenarbeit mit ›Karl‹ vom 8.1.58 ist die Zusammenarbeit noch Erfolgreicher gestalltet worden …
>
> … 2. ›Karl‹ organisierte die gesammte posetive Entwicklung in der Landeskirche Thüringen, wodurch erreicht wurde
>
> a) Das die gesammte Landeskirche einschließlich des Bischofs Mitzenheims eine poletik zu unserem Staat einnehmt die von der Zielrichtung der Westberliner Zentralleitung entgegengesetzt ist und zur Grundlage der gesammten Kirchenpoletik unseres Staates dint.
>
> Der Brief des Bischofs Mitzenheims an Ministerpräsidenten O. Grotewohl während der Genfer Ausenministerkonferenz war ein offener Bruch mit der reaktionären Westberliner Kirchenpoletik. Das Zustandekommen des Briefes ist vornehmlich auf die iniziative von »Karl« zurückzuführen.
>
> b) Mit der eingeleiteten posetiven Entwicklung in der Landeskirche wurde durch ›Karl‹ an der Festigung dieser Position gearbeitet wozu eine reihe posetiver Pfarrer und Sup.-Int. an Schlüsselpositionen langsiert wurden und reaktionäre Personen zurückgedrängt wurden …
>
> c) Die posetive Entwicklung der Landeskirche Thüringen zu unserem Staat findet seine Auswirkungen bereits auch in anderen Landeskirchen …
>
> Es ist verständlich wenn alle reaktionäre Kirchenführer den ›Karl‹ hassen und bei jeder Gelegenheit eine inofiziele Hetze und intrigen gegen ›Karl‹ starten.
>
> Alle diese Erfolge sind mit ›Karl‹ bei lang anhaltenden Treffs vorher abgesprochen und organisiert worden …
>
> In der Zuammenarbeit lehnt ›Karl‹ auch jedliche Geld oder Sachgeschenke ab, die er nicht irgendwie decken kann, er ist ein großer Bücherfreund, ist gern dilekate Speisen und trinkt leicht über das Maaß.
>
> Bei solchen Treffs hatte ›Karl‹ oft einen ›moralischen Tiefstand‹ wo er beteuerte das nur hier (bei den Treffs) das Herz ausgeschüttet werden kann, ständig an zwei Fronten zu kämpfen fällt ihm oft nicht leicht.
>
> ›Karl‹ beteuerte auch ständig das er diesen Kampf nur der gemeinen Sache willen durchsteht.   Sgraja, Hptm.«

[1200] Mitzenheim/Björkman: Lebensraum, 343 f.
[1201] BStU ZA, MfS 3043/86, Bd. I, 74–77.

Die Wiedergabe des »Führungs-Protokolls« in Originalschreibweise[1202] belegt: 1959 versteigt sich der SSD-Mann zu der Behauptung, mit »Karl« eine positive Politik der gesamten Landeskirche »zu unserem Staat« erreicht zu haben:

> »Alle diese Erfolge sind mit ›Karl‹ bei langanhaltenden Treffs vorher abgesprochen und organisiert worden.«[1203]

Wahr ist: Am 30. Mai des gleichen Jahres 1959 verschickt Landesbischof D. Mitzenheim[1204] als »Material XX« das »Memorandum« an alle Dienststellen und Pfarrämter, das die evangelischen Bischöfe in der DDR mit Moritz Mitzenheim am 21.11.1958 an Ministerpräsident Grotewohl gerichtet hatten:

> »Setzen Sie seitens der Regierung dem fortschreitenden Prozeß einer Identifizierung des Staatsapparates mit der marxistisch-atheistischen Weltanschauung eine Grenze! Geben Sie uns Christen die Gewißheit, daß der Staat, der den Sozialismus aufbauen will, diesen Sozialismus nicht dem atheistischen Materialismus gleichsetzt …«[1205]

Mitzenheim muss dann aber mit seinen Brüdern im Bischofsamt feststellen:

> »Zu unserem Bedauern haben die Kirchenleitungen keine Antwort darauf erhalten.«[1206]

Sgrajas Niederschrift vom September 1959 ersetzt eine Beschreibung der Wirklichkeit durch seine Wunschvorstellungen. Die Landeskirche steht auch 1958 mit ihrem Bischof in der Gemeinschaft aller evangelischen Landeskirchen in der DDR. Es kann keine Rede davon sein, dass »Thüringen« damals andere Landeskirchen dazu bewogen habe, zu staatsfreundlicherer Haltung überzugehen.[1207] Grotesk ist die Selbstüberschätzung von Sgraja: »Alle diese Erfolge« vorher mit »Karl« »abgesprochen und organisiert« zu haben. Welche eigentlich? Und wie »organisiert« ein SSD-Mann »Erfolge«?

[1202] Hier stieg der PC aus: »Es sind zu viele Rechtschreib- oder Grammatikfehler im Text, die nicht vollständig angezeigt werden können. Wählen Sie ›Rechtschreibung und Grammatik‹ im Menü ›Extras‹ um das Dokument zu überprüfen« (automatische Einblendung von Microsoft »Word«).

[1203] BStU ZA, MfS Nr. 3043/86, Bd. I, 76.

[1204] Mitzenheim/Björkman: Lebensraum, 225 f.

[1205] A. a. O., 232.

[1206] Ebd.

[1207] Der Beschluss der Synode – wie schon mehrfach festgestellt –, in der Konfirmationsfrage eine kürzere Karenzzeit für Jugendgeweihte als andere festzulegen, war eine Entscheidung der Synode gegen Mitzenheim.

Lotz lehnt Geld und Geschenke ab, die er »nicht decken« kann. Das entspricht seiner Vorsicht, nie einen schriftlichen Bericht zu liefern und um der Konspiration willen keinen »Treff« in Eisenach zu akzeptieren. Und wieder macht der FO eine Bemerkung über die Vorliebe seines »Klienten« für den Alkohol. Dem Leser drängt sich die Frage auf: Steht »Trinken über das Maaß« in einem ursächlichen Zusammenhang mit der selbstverschuldeten Vereinsamung von Lotz in seiner Kirche?

Fest steht: Jahre nach seinem abrupten Frontenwechsel ist Lotz immer noch nicht »angekommen«. Die Maskerade und den ständigen Wechsel des wirklichen oder angeblichen Gegners »steht er nur um der gemeinen Sache willen durch«.[1208] Was ist eigentlich diese »gemeine Sache«? Das MfS? Die CDU? Die SED? Oder alle drei?

Aufschluss darüber bietet ein »*Kurzbericht*«, den CDU-Parteifreund Fritz Flint gibt, Stellvertreter des Staatssekretärs für Kirchenfragen Hans Seigewasser, über ein Gespräch das am 25.08.1970 »*auf staatlichen Wunsch*« herbeigeführt wurde, an dem außer Seigewasser auch Hauptabteilungsleiter Weise teilnimmt.[1209]

Die Herren kommen gegenüber dem zum Rapport Einbestellten schnell zur Sache:

> »Der Staatssekretär erläuterte einleitend den staatlichen Standpunkt zur Kandidatur N. N. für die freiwerdende Stelle des OKR-Sitzes im Leitungsgremium der Thüringischen Kirrche, dem Landeskirchenrat. Gen. Seigewasser[1210] erinnerte daran, daß es eine klare »Gipfel«-Festlegung zu diesem Problem gab und gibt. Im einzelnen wies Gen. Seigewasser dann in seinen Darlegungen nach, daß OKR Dr.[1211] Gerhard Lotz entgegen der damaligen Festlegung (Oktober 1968 auf der IGA in Erfurt) praktisch nichts getan habe, um diese Kandidatur für die freiwerdende Oberkirchenratsstelle aufzubauen …«

Flint (CDU) und Weise (SED) legen nach. Lotz windet sich und beschreibt zutreffend den gesetzlich geregelten Ablauf einer OKR-Wahl in Thüringen, den er nicht verändern könne, was ihm prompt als »*Ausweichen*« angekreidet wird. Das Ganze läuft ab wie ein Kaspertheater mit den Marionetten Flint und

---

[1208] BStu ZA, MfS Nr. 3043/86, Bd. I, 77.

[1209] BStu ZA, MfS Nr. 3043/86, Bd. II, 16–18.

[1210] »Gen. Seigewasser« schreibt der CDU-Mann Flint ins Protokoll. Geht seine Servilität schon so weit – oder sind CDU und SED »Genossen« der gleichen »Partei« – zumindest in den Augen Flints?

[1211] 1969 war OKR Lotz auf staatliches Betreiben der Ehrendoktor der juristischen Fakultät der Friedrich-Schiller-Universität Jena verliehen worden.

Weise, die gemeinsam auf den Delinquenten einprügeln. Tatsächlich geht es um Lotzens Reputation bei SED, MfS und CDU.

Als allerletzte disziplinierende Maßnahme droht Seigewasser

> »daß er seinerseits den Parteivorsitzenden der CDU, Gerald Götting,[1212] informieren würde, nachdem offensichtlich geworden sei, daß sich Dr. G. Lotz an die zentrale Festlegung vom Oktober 1968 nicht gehalten habe.«

SED, CDU, MfS ziehen die Fäden. Die Marionette »Karl« hat danach zu hampeln. Der massive Druck, ein »Einflussversuch« mit der geballten Kraft von SED, CDU und MfS, lässt darauf schließen, dass weniger Prominente als »Karl« noch viel tiefer erniedrigt und noch weiter unter aller Würde behandelt wurden.

Und wieder stellt sich die Kernfrage: Wo hat Lotz seine Gruppe? Wem vertraut er wirklich? Von seiner Kirche hat er sich im allerersten Gespräch mit Sgraja gelöst, als er noch auf eine staatliche Stelle im »Amt Verbindung zu den Kirchen« hoffte. 1957 schien er seine »Gemeinde« in der CDU gefunden zu haben. Damals fuhr er mit den Genossen Parteifreunden nach Moskau:

> »L.: ist angenehm aufgefallen. Er beurteilt die Rolle der Orthodoxen Kirche recht positiv. L. war mit einer CDU-Delegation im August 1957 in der SU«.[1213]

Aber schon 1960 notiert Major Ludwig:[1214]

> »Der GM hatte in der letzten Zeit starke seelische Belastungen auszuhalten … Er steht desweiteren in einer schweren Zerreißprobe zwischen dem Drängen von seiten seiner Partei und teilweise des Staatsapparates auf der einen Seite und den reaktionären Vertretern seiner Landeskirche auf der anderen Seite … Ihm mußte beim Treff längere Zeit vor allen Dingen Mut zugesprochen werden. Er versprach, keine voreiligen Handlungen ohne Rücksprache mit uns durchzuführen.«

[1212] IM »Göbel«, Parteivorsitzender der CDU, später Präsident der Volkskammer und Stellvertretender Staatsratsvorsitzender. Erfinder und Verfechter der CDU-Linie im Gehorsam gegen SED und MfS.

[1213] BStU ZA, MfS Nr. 3043/86, Bd. I, 59: Meldung des GI »Johannes« am 23.09.1957 an das MfS, BV Erfurt per Tonband, von dort aus der Hauptabteilung V/4/I an die Zentrale weitergereicht.

[1214] BStU ZA, 3043/86, Bd. III, 33, Bericht Major Ludwig vom 16.05.1960.

Was wäre »voreilig«? Kündigung mit Krach? Suizid? Inzwischen hält die rot-schwarze Faust viele »Pfänder« in petto: Die SED maßregelt ihn gemeinsam mit der CDU. Er soll Personalpolitik wider besseres Wissen treiben. Pariert er nicht, schwimmt womöglich sein »Nebenerwerb« als Artikelschreiber in der »Neuen Zeit«[1215] und anderen CDU-Blättern auch noch davon. Nach dieser Partei-Abstrafung kann niemand mehr Lotz als eine Stimme der Ev.-Luth. Kirche in Thüringen ausgeben.[1216]

Daraus folgt: Wer Gerhard Lotz meint, soll Gerhard Lotz sagen. Wer »CDU« meint, soll »CDU« sagen und nicht von »Kirche« reden, auch nicht in Thüringen. Allerdings Lotz einfach als »CDU-hörig« zu diagnostizieren, wird der Vielschichtigkeit dieses Mannes »am falschen Platz« auch nicht gerecht. Denn dass er ganz und gar mit »seiner CDU« übereinstimmte, kann ebenso wenig behauptet werden wie das Gegenteil, er sei nur ein Maulwurf in »seiner Kirche« gewesen.

»Die CDU ist weder eine christliche noch eine demokratische Partei«, lautet eine Negativcharakteristik aus seinem Munde, die in der thüringischen Synode immer wieder einmal die Runde machte. Reiner Zynismus? Nicht ganz. Denn die CDU-Ost blieb in ihrer auf ostdeutsche, von Kremlsklaven plump beherrschten Verhältnisse zugeschnittenen *pseudo-christlichen Akklamationspolitik* wohl noch am ehesten der Bereich, in dem eine nach Meinung von Gerhard Lotz »vernünftige Politik« versucht werden konnte: Versuche, Experimente, Politspiele. Denn nach meinem Eindruck fühlte sich dieser *exzentrische Hasardeur* wohl immer auch als Spieler. Schach soll eine seiner großen Leidenschaften gewesen sein. Hat er dabei übersehen, dass er selbst als Läufer zwischen den Figurengruppen hin und her geschoben wurde? Oder trifft eher die Umschreibung »Grenzgänger« auf ihn zu? Gerhard Lotz überschritt fast alle Grenzen, die einzuhalten er anderen auferlegte: sogar die Grenzen loyalen Verhaltens gegenüber seinem Bischof. Zu nächtlicher Stunde drang er ausgerechnet am Reformationsfest 1957 in dessen Dienstzimmer ein, begleitet von Hauptmann Sgraja, um den bischöflichen Schreibtisch zu durchsuchen. Das misslang.[1217]

[1215] »Neue Zeit« – Zentralorgan der CDU-Ost.

[1216] Es geht nicht an, politische Artikel des CDU-Hauptvorstandes und seiner Mitglieder in der »Neuen Zeit« oder »Glaube und Gewissen« oder im »Union-Pressedienst« oder in anderen CDU-Blättern bis heute als Verlautbarungen der Ev.-Luth. Kirche in Thüringen auszugeben. So begründen Lenski/Merker mit einem Artikel von Gerhard Lotz in der CDU-Zeitung »Neue Zeit« zur westlichen Berichterstattung über die Selbstverbrennung von Pfarrer Brüsewitz den Satz: »Die Thüringer Landeskirche bot für kritische Meinungsäußerungen wenig Rückhalt.« Lenski/Merker: Diktat.

[1217] BStU ZA, 3043/86, Bd. I, 117, Originalton Sgraja: »Nach dem Treff mit ›Karl‹, der in Langensalza stattfand, wurden die Räume der Landeskirche besichtigt. Die Gelegenheit

Am 25.11.1957 überlegt Lotz vor den Ohren von Hptm. Ludwig und Hptm. Sgraja:

> »Landesbischof Mitzenheim hat unter der christlichen Bevölkerung von Thüringen, auch unter den Pfarrern einen sehr großen Anhang. Es geht darum, Mitzenheim auch in dieser Hinsicht seinen Einfluß zu nehmen. ›Karl‹ will es auf folgende Weise erwirken: Mitzenheim hat einen Artikel geschrieben, der verhältnismäßig positiv ist. Jedoch theologisch derartig verworren und schlecht ist, daß er bei einer evtl. Veröffentlichung sich blamiert. Karl will diesen Artikel in der CDU-Presse des Thüringer Bezirkes veröffentlichen lassen mit der obengenannten Absicht.«[1218]

Lotz überschritt die Grenzen loyalen Verhaltens gegenüber seiner Kirche: Hemmungslos lieferte er innerkirchliche Informationen an die Gegenseite und versah sie obendrein mit detaillierten Ratschlägen, wie der Staat vorgehen könne, um etwas zu erreichen. Nur: Was hat er tatsächlich erreicht?

Er überschritt auch die Grenzen der Parteidisziplin gegenüber der CDU: Einerseits fiel er seiner Kirche mit Artikeln in der CDU-Presse in den Rücken, in denen er die SED-Politik lobte oder sich gegen »die böswillige Zweckpropaganda der westlichen Massenmedien« wandte.[1219] Andererseits mokierte er sich über seine »*weder christliche noch demokratische Partei*«, diese CDU.

Rätselhaft bleibt, wie er gleichzeitig seine Kirche verraten und für sie fechten konnte – und wohl nicht immer nur zum Schein. Denn darin verblüffte Gerhard Lotz uns Synodale immer wieder: War er in Synodalgefechten unterlegen, konnte er dann trotzdem die exakteste Formulierung des Anliegens seiner Gegner anbieten mit der lässigen Bemerkung: »*Wenn schon so, dann wenigstens juristisch unangreifbar.*« Gab es in seinem Denken so etwas wie einen juristischen Eifer, der sich einfach einmischen musste, wenn synodale Beschlüsse in ihrem juristischen Duktus humpelten? Dann konnte er sarkastisch werden: In der Diskussion um das Pastorinnengesetz erschien in einer Rechtsvorlage die Formulierung vom Pfarrer als dem »*Hirten der Gemeinde*«. Darauf Lotz mit Mephisto-Lächeln: »*Der ›Hirt der Gemeinde‹ ist der Schäfer der LPG.*«

---

dazu war günstig, da sich die prominenten Persönlichkeiten fast alle in Berlin aufhielten. Besichtigt wurden der kleine und der große Sitzungssaal und das Zimmer des Landesbischofs. Der Zweck war: 1. Überprüfung des nachgemachten Schlüssels. Ergebnis: Er paßte nicht. 2. Überprüfung der Möglichkeit einer konspirativen Duchsuchung des Schreibtisches des Mitzenheims. Ergebnis: Da die Ehefrau des Bischofs sich in den oberen Räumen aufhielt, konnte eine konspirative Durchsuchung des Schreibtisches nicht erfolgen. Zur späten Nachtstunde war es nicht möglich, da der Nachschlüssel nicht passte ... .«

[1218] BStU ZA, MfS 3049/86, 127 f.
[1219] »Neue Zeit« vom 23.09.1976, zit. nach Lenski/Merker: Diktat, 22.

Dass er ein kirchenpolitisches Doppelleben führte, zeigte sich immer wieder einmal im Aufblitzen eines besonderen Kurzschlusses seiner doppelten Bindungen: In der Nacht vom 20. zum 21.04.1955 führt er ein mehrstündiges Gespräch mit seinem MfS-Partner, informiert über innerkirchliche Strukturen, Vorgänge und Personen, bietet seinen Wechsel aus dem kirchlichen Dienst in das »Amt Verbindung zu den Kirchen« an – und formuliert noch am gleichen Tage auf Anordnung von Landesbischof Mitzenheim ein Rundschreiben, in dem die Amtsverschwiegenheit »allen Pfarrern, haupt- und neben- und ehrenamtlichen Mitarbeitern im kirchlichen Dienst« eingeschärft wird unter Berufung auf Artikel 48 der Verfassung der Landeskirche. Es schließt mit dem Satz: »Sollten Versuche gemacht werden, Sie zur Verletzung dieser Pflicht zu veranlassen, ist dies unverzüglich dem Dienstvorgesetzten oder dem Landeskirchenrat unmittelbar anzuzeigen.«[1220]

Diese knappe Fassung ist wesentlich prägnanter als spätere Fassungen mit ihrem weitschweifigen Einerseits und Andrerseits und Außerdem. Erfüllt der Chefjurist damit nur eine lästige Pflicht? Oder ergibt er sich in sein Los und will wenigstens auf diese Weise noch einen kleinen Triumph für sich verbuchen: Ohne mich könnt ihr ja noch nicht einmal formulieren, was ihr um meinetwillen unbedingt beschließen wolltet! Oder existieren Grenzen der Loyalität, die einzuhalten sind, in den Augen eines frei flottierenden »werktätigen Einzelchristen« gar nicht? Damit berühren wir eine Denkfigur des glänzenden Formulierers, von der wir bisher nicht wissen, wie ernst sie gemeint war. Wir werden es auch nicht mehr erfahren.

Vom »*werktätigen Einzelchristen*« redete der Jurist, als es in der Synode um die Formulierung von neu zu fassenden Paragraphen für die Verfassung ging.[1221] Sah er sich selbst als einen »werktätigen Einzelchristen« an? Einsam war er ohne Zweifel. In keine Gruppe finden wir ihn völlig integriert. Gerüchte über Alkoholprobleme[1222] bis zu zeitweiliger Ergebung in heimliches Trinken könnten auf Symptome solcher Einsamkeit hinweisen. Denn mit niemandem ging Lotz ganz konform. Seine Unionsfreunde mag er zuweilen verachtet haben, wie der zitierte Satz von dieser »*weder christlichen noch demokratischen Partei*« vermuten lässt – und seine »Kollegen« in der Kirche auch. Das wissen alle Synodalen jener Zeit. Wie er das MfS wirklich sah, darüber schweigen die Akten.

1220 LKR Sammelrundschreiben Nr. 7/55, R 21o/21.4.; an Sgraja übergeben, s. BStU ZA, MfS 3043/86, 35 ff. und 40/Treffbericht vom 11.05.1955.

1221 Nirgends in den Quellen war bisher diese merkwürdige Formulierung wiederzufinden, die er mehr als einmal gebrauchte.

1222 A.a.O., 65.

Das Märchen vom Königsmacher »Karl«

MfS und MfS-Aktenleser rechnen zu den besonderen Erfolgen von Lotz in der thüringischen Kirchenpolitik die Wahl von OKR Ingo Braecklein zum Landesbischof.[1223] Darin zeigt sich die einseitige Auswahl und Beurteilung von Informationen des MfS. Denn selbst in den Stasitexten wird eine ganz andere Linie erkennbar, die den realen Abläufen viel näherkommt.

Grund für die alleinige Kandidatur Braeckleins und seine Wahl zum Landesbischof war mitnichten der Einfluss des WAK[1224], sondern waren eher gegenteilige Erwartungen:

— Er genoss schon lange ein erhebliches Ansehen in Pfarrerschaft und Synode, noch ehe der sogenannte »Weimarer Arbeitskreis« von ihm und anderen gegründet wurde. Seine Art zu predigen und gut lutherisch bei vielen Fragen von der Schrift auszugehen, verschafften ihm Respekt auch bei Mitgliedern der BK.

— Niemand konnte ihm einseitige Parteinahme für den Staat nachsagen. Er sparte nicht mit Kritik[1225] und zeigte für die Belastungen von Eltern und Kindern durch den staatlichen Gewaltakt der Jugendweihe nicht nur Verständnis, sondern suchte nach Wegen, die Kinder »aus der Feuerlinie zu ziehen«.[1226]

— Die Kriegsgeneration sah seinen Einsatz für Angegriffene als zuverlässige Kameradschaft an.[1227]

— Jüngere erhofften sich von einem Wechsel nach dem überdehnten Episkopat Moritz Mitzenheims Veränderungen, »Beseitigung der ideologischen Trümmer einer zu großen Staatsnähe« und mehr Unterstützung gegenüber dem Staat. Damit verbindet sich die Erwartung, OKR Lotz solle mit Mitzenheim verschwinden, weil »mit dem Minister auch der Staatssekretär gehen müsse«.[1228]

— Als Braeckleins Unterstützer werden auch die Vertreter der »Schwarzen Front«, also der BK, in einem Sachstandsbericht zur OPK Werner Leich

---

[1223] Clemens Vollnhals: Zur IM-Akte »Karl«, 336 in: Deutschland-Archiv 27 (1994).

[1224] Weimarer Arbeitskreis.

[1225] BStU ZA, MfS 24028/91, 84: gegen schulische Übergriffe, Veranstaltungsverordnung, Interruptio-Gesetz.

[1226] Das Entweder-oder der kirchenamtlichen Linie empfand Braeckein als unbarmherzig und ideologisch.

[1227] Vgl. auch Findeis/Pollack: Selbstbewahrung, 48.

[1228] BStU ZA, MfS 24028/91, 58: In einem Gespräch des IMV »Etzdorf« mit dem einflussreichen Synodalen Albert Gerstner, Gräfenthal, sprach sich dieser enthusiastisch für Braecklein aus und erhoffte sich »eine strengere Abgrenzung gegenüber der Verbindung mit dem Staat« und eine Sammlung der jungen Kräfte sowie die Demissionierung von Lotz.

genannt: Synodaler Drafehn, Dr. Opitz, Pfr. Zollmann, Superintendent Leich selbst und Superintendent Große. Man hoffe, durch Braeckleins Wahl Pfarrer Zollmann *»nach Eisenach zu bringen«*.[1229]

– Braeckleins Wahl zum Präses der Bundessynode besiegelte Kandidatur und Wahl.[1230] Selbst Skeptikern wäre danach eine Gegenposition sehr erschwert gewesen, weil man sie als neuen, »konservativen« Affront gegen die Bundessynode und damit erneut als »Thüringer Alleingang« verschrien hätte.

Zusammenfassend: Selbst aus der Sicht kritischer Synodaler wurde Braecklein gegen Lotz und gegen den staatlich erhofften »Thüringer Weg« zum Bischof gewählt.

Der »andere« Lotz

Wie auch immer das MfS Lotz sah, seine Loyalität als Leiter der Rechtsabteilung auch gegenüber kritischen Gemeindegliedern und eine Art »Förderung des Gegners« kann niemand bestreiten. Viele waren sich darin einig: Lotz selbst verstand sich als Christenmensch – auf seine Weise. Und er setzte sich im Konfliktfall für seine Kirche ein, für unbotmäßige Pfarrer in der Jugendarbeit sogar – auch gegen die »Genossen« von Rot und Schwarz, von SED und CDU. So zum Beispiel im Fall eines Jugendgottesdienstes in Saalfeld-Graba.[1231]

Am 23.03.1972 sollte in der Gertrudiskirche zu Saalfeld-Graba ein Jugendgottesdienst stattfinden, zu dem eine Band aus Jena erwartet wurde. Eine Stunde vor Gottesdienstbeginn forderte der Rat des Kreises Saalfeld Pfarrer Kaufmann auf, den Gottesdienst *»nicht stattfinden zu lassen«*. Weil Jugendliche schon die Kirche füllten, holte der Bedrängte den Superintendenten zu Hilfe. Das Gespräch mit dem Rat des Kreises geriet zum Schlagabtausch ohne Ergebnis, denn die beiden Geistlichen blieben dabei: Solange kein reguläres Verbot ausgesprochen werde – für dessen Folgen allerdings der Rat des Kreises einstehen müsse –, fände der Gottesdienst statt.

Der telefonisch befragte Visitator, OKR von Frommannshausen: *»Sagen Sie den Gottesdienst nicht ab, aber sichern Sie sich durch Information an die Rechtsabteilung des Landeskirchenamtes ab!«* Anruf in Eisenach, wo nur OKR Lotz erreichbar war: *Was sollen wir tun?* Rückfragen von Lotz: *Gibt es in diesem Gottesdienst eine Predigt? Ja. Ein Glaubensbekenntnis? Ja. Gebete? Ja.* Knappe Antwort: *»Dann führen Sie durch.«*

[1229] BStU ZA, OPK Werner Leich, Nr. 11251/9.

[1230] Meinung in der Wahlsynode: »Die anderen Landeskirchen haben uns den Bischof gewählt.«

[1231] BStU MfS BV Gera, AOP 659/77, Bd. I, 189; Sakristeibuch Graba 1972, Niederschrift Superintendentur Saalfeld.

Der Gottesdienst fand mit Hunderten von Jugendlichen statt.[1232] Landesbischof Braecklein protestierte gegen das staatliche Vorgehen in ungewöhnlicher Schärfe beim Rat des Bezirkes.[1233] Der Vorsitzende des Rates des Kreises verlor seinen Posten, weil er Glieder der Jenaer Jungen Gemeinde, die mit der Reichsbahn zum Gottesdienst fahren wollten, durch die Transportpolizei aus dem Zug holen ließ und damit § 133 StGB der DDR[1234] verletzte. Eine gegen Ortspfarrer und Superintendent angedrohte Ordnungsstrafe blieb aus.

Oberkirchenrat Lotz wusste natürlich auch, dass er mit solchen Erfolgen innerkirchlich schwerer angreifbar wurde. Andererseits stimmt die einfache Maske des professionellen MfS-Knechtes bei genauerem Hinsehen nicht. Denn: Der Volkskammerabgeordnete Gerhard Lotz stimmte gegen die Freigabe der Schwangerschaftsunterbrechung per Fristenlösung. Das weiß das MfS auch.[1235] Fazit: Kein Mensch passt in ein Klischee. Auch Gerhard Lotz nicht.

Lotz wahrt das Recht auch für Unbotmäßige
Gleich zwei der verschiedenen gegensätzlichen Seiten des weltlichen Bischofsvertreters werden sichtbar nach einem Gespräch mit dem Rat des Kreises Saalfeld, in dem er sich als rechtskundiger Begleiter von Landesbischof Braecklein für den angegriffenen Superintendenten eingesetzt hatte, dessen Abberufung vom Vorsitzenden des Rates verlangt worden war.[1236] Lotz tat seine Pflicht und verwies die Funktionäre der SED in ihre gesetzlich gezogenen Grenzen. Danach war von Abberufung keine Rede mehr. Aber am gleichen Tage herrschte er ebendiesen Superintendenten nebenbei an: »*Noch ein solches Vorkommnis und Sie packen Ihre Koffer! Ich war immer gegen Ihre Berufung zum Superintendenten.*« Sprach's und ging.[1237]

1232 Laut Sakristeibuch Graba nahmen geschätzt 250 Jugendliche teil.

1233 ThStA Rudolstadt, Bezirkstag u. Rat des Bez., Nr. 17711 u. Schrb. LKR A 320/6.4.1972.

1234 § 133 StGB der DDR stellte unter Strafe, jemanden zur Teilnahme an einer religiösen Handlung zu zwingen oder unter Androhung von Gewalt daran zu hindern. Letzteres war der Fall.

1235 Roßberg/Richter: Kreuz, 74.

1236 BStU ZA, MfS – HA XX/AKG, Nr. 6978, 8: »Das offen negative Auftreten des G. nach seinem Amtsantritt war Anlaß, daß der Vorsitzende des Rates des Kreises S … den damaligen Landesbischof Ingo Braecklein zu einem Gespräch bat, welches im Mai 1972 stattfand. In diesem Gespräch verlangte der Vorsitzende des Rates des Kreises, daß G. von seiner Funktion abberufen werden soll.«

1237 Es gibt darüber keine schriftliche Notiz, aber eine klare Erinnerung des also Zurechtgewiesenen.

Bei der Lektüre der Akte »Karl« ist die düstere Rückseite dieses Lebens nicht zu übersehen: Die Doppelexistenz, die am Anfang noch einen spielerischen Charakter haben mochte – und Gerhard Lotz hatte Züge eines vom Spiel um die Macht Besessenen – raubt ihm Jahr um Jahr Kräfte, die nicht wiederkehren. Schon am Anfang dieser Karriere hinter verschlossenen Türen finden sich Zeichen von Niedergeschlagenheit und Fluchtgedanken, auch Sehnsucht nach Eindeutigkeit. Im Treffbericht vom 18.04.1955[1238] mit Frank Zocher, alias Hauptmann des MfS Sgraja – dem zweiten Treff überhaupt! – erzählt Lotz, dass der Bischof ihn gerügt und aufgefordert habe, sich bei Dibelius wegen einer von Lotz lancierten geheimen Information an das »Amt Verbindung zu den Kirchen«, die auch an das ZK gegangen sei, zu entschuldigen. Lotz denkt gar nicht daran und mault über seine Kirche: *Entweder sie werden vernünftiger oder ich kündige ihnen den Dienst.*«

Sgraja muss ihn zurückhalten. Das MfS braucht den Maulwurf im Bau des Gegners. Von seinem taktischen Geschick und seinen Kenntnissen kirchlicher *Interna* verspricht sich der Geheimdienst sehr viel mehr, als ein Wechsel in den Staatsdienst erbringen könnte. Trotzdem lenkt Lotz das Gespräch auf die freistehende Stelle des Leiters in der HA[1239] »Amt Verbindung zu den Kirchen«. Und er erklärt, dass er nicht abgeneigt sei, diese Stelle anzunehmen. Er habe schon vor Jahren mit Nuschke darüber gesprochen. Und wie aus dem Handgelenk entwickelt er einen Vier-Punkte-Plan, der als Bedingung für eine Übernahme durch ihn zunächst im »Amt« zu ändern sei. Offenbar hatte er sich gedanklich schon vorbereitet. Sgraja wiederholt gegen Ende des Protokolls:

> »Es ist noch zu bemerken, dass Lotz längst den kirchlichen Dienst aufgegeben hätte, wenn er eine entsprechende staatliche Anstellung erhalten würde.«[1240]

Müssen wir diese Bemerkung des unzufriedenen OKR im MfS-Bericht nicht geradezu als eine Bewerbung verstehen? Zwei Jahre später – 1958 – fleht Lotz immer noch um eine angemessene Stelle:

[1238] BStU ZA, MfS Nr. 3043/86, Bd. I, 36 f.

[1239] Die Bezeichnungen des Amts wechseln in den Unterlagen: »HA Verbindung zu den Kirchen« oder HA »Amt Verbindung zu den Kirchen«. Weil es von Otto Nuschke über Jahre geleitet wurde, wurde aus der Besetzung der Leitung zunächst eine innerhalb der CDU zu klärende Frage.

[1240] BStU ZA, MfS Nr. 3043/86, Bd. II, 34.140.

»Karl fühlt sich in seiner jetzigen Position nicht wohl. Er hat mehrmals den Wunsch geäußert, die Stellung aufzugeben. Nur die Zusammenarbeit mit uns hält ihn in seiner jetzigen Funktion.«[1241]

Lotz will wirklich nicht mehr Agent sein. Sgrajas Schlussfolgerung ist eine Lüge: Das MfS *zwingt* Lotz, in seiner Position zu bleiben, nicht dessen MfS-Treue! Täuschen wir uns, wenn wir hier einen um Entlastung Bettelnden sehen, der nicht gehen *darf* – einen Gefangenen der Seelenverkäufer vom MfS? Was Wunder, dass der »IM« verzweifelt, der alle Brücken hinter sich abgebrochen hat. Mit so vielen »Faustpfändern« in der Hand des MfS kann er nicht zurück. Nach vorn ausbrechen darf er auch nicht. Lotz resigniert. In dieser inneren Lage braucht er Seelsorge. Wird in der selbstverschuldeten Isolierung des Abtrünnigen der FO zum Seelenarzt?

Am 01.09.1959 hatte Sgraja notiert:

»Bei solchen Treffs hatte ›Karl‹ oft einen ›moralischen Tiefstand‹ wo er beteuerte das nur hier (bei den Treffs) das Herz ausgeschüttet werden kann im Mai 1960 sprach er von: ›einer schweren Zerreißprobe‹ … Ihm mußte beim Treff vor allem Mut zugesprochen werden.«,[1242]

Das ist nicht nur billige Stasimasche. Offenbar gibt es unter den Geistlichen an seiner Seite niemanden mehr, dem Lotz sich wirklich anvertrauen kann. Das liegt aber an seiner Doppelbindung CDU – MfS. Und Lotz bestätigt, dass er seine Bindung an die bergende Kirche verlor, wenn wir die pervertierten, in ihr Gegenteil verkehrten Stereotypen »seiner MfS-Vertrauten« richtig verstehen: »Nur noch die Zusammenarbeit mit uns hält ihn an seiner Stelle.« Das ist unwahr. Wahr ist: Lotz ist gefangen, gefesselt an die »Faustpfänder«, mit denen man ihn »fest in der Hand« hat. Nachdem er sich von »seiner Partei« und der Stasi zum Abbruch aller tragenden Brücken zu »seiner Kirche« hat verführen lassen – 1955 und immer wieder –, hat er niemanden mehr außer seinen Erpressern.

Nun sitzt er zwischen »Baum und Borke«. Und das führt unvermeidlich zu einem Taumelkurs mit ungewollten taktischen Entgleisungen, wie sein versehentlich wichtigster Beitrag zur Ordnung des Bundes der Evangelischen Kirchen in der DDR: der Artikel 4,4 der Ordnung des Bundes.

[1241] A. a. O., 65.
[1242] A. a. O., 77.

Erst denken, dann formulieren!
1968/69 ging es um die handlungsfähige Kirchengemeinschaft in der DDR
und ihr Verhältnis zur EKD. Im Ringen um die künftige Gestaltung dieser
Beziehung schlug Lotz den Artikel 4,4 von der »besonderen Gemeinschaft«
zwischen den Landeskirchen in der DDR und in Gesamtdeutschland für die
neue Bundesordnung 1969[1243] vor, um die Trennung überhaupt akzeptabel
zu machen.

Kaum hatte er so formuliert, bemerkte er in der Zustimmung seiner Gegner seinen taktischen Irrtum und bekämpfte sein eigenes Produkt heftig. Diese
Rolle rückwärts gehört zu den merkwürdig verschlungenen Wegen seines nicht
leicht zu durchschauenden Lebens. Im taktischen Fehler des Juristen kann aber
auch gesehen werden, wie Gott »auf krummen Linien gerade schreibt«. Denn
Lotz' heftiges Bemühen, die Formel wieder aus der Welt zu schaffen oder wenigstens durch Zusätze zu entschärfen, schlug fehl, auch innerhalb seiner eigenen Synode. Mit ihr, mit aufsässigen Superintendenten und eigenwilligen
Pfarrern hatte er ohnehin seine liebe Not.

Ein doppeltes Missverständnis
Als Beispiel für die vielfältigen Konflikte des Leiters der Rechtsabteilung mit
Pfarrern und Superintendenten soll ein Schlichtungsversuch von Lotz zwischen »Basis« und Staatsapparat stehen, ausgelöst durch einen Beschwerde-
brief des Vorsitzenden des Rates des Kreises Saalfeld über den dortigen Superintendenten. Nur wenige Monate nach dessen Diensantritt in Saalfeld war
in einem Konfliktgespräch grundsätzlicher Natur die Rede von der »Gruppe
Ulbricht« gewesen, die von Moskau eingeflogen worden sei, und kurz darauf
vom »Arbeiteraufstand des 17. Juni 1953«. Das genügte für einen Beschwer-
debrief vom Rat des Kreises mit dem Vorwurf der Staatsverleumdung an den
LKR. Während einer Synodalpause zog *»Oberkirchenrat Lotz, im Beisein von
Landesbischof Braecklein und dem Visitator von Südthüringen«* den Beschuldigten *»zur Rechenschaft.«*[1244]

Ein *»Auszug aus Kontaktgesprächen, die im Verlaufe der Synode vom 17. bis
21.04.1971 in Eisenach geführt wurden«* überliefert, wie Lotz den Beschuldigten
angreift:

> »In meiner Gegenwart hätten Sie so was nicht sagen dürfen, den Staatsratsvorsitzenden
> zu beleidigen. Sie wären achtkantig aus dem Zimmer geflogen, da der Ratsvorsitzende
> es nicht getan hat, scheint es doch nicht so schlimm zu sein. Trotzdem werden Sie eine

---

[1243] Ordnung des BEK Artikel 4,4, Wortlaut in Anm. 1413.
[1244] BStU MfS BV Gera, AOP 659/77, Bd. I, 171.

Stellungnahme zu <u>unserem</u> Staat abgeben, dann schreiben Sie an den Ratsvorsitzenden Ihre persönliche Stellungnahme zu Ihrem Verhalten und Stellung zu <u>unserem</u> Staat.« Zwischenbemerkung von Sup. Große: »Gut, einverstanden, ich werde eine Stellungnahme zum gegenwärtigen Staat schreiben.«

Oberkirchenrat Lotz: »Diese Bemerkung ist doch schon wieder falsch. Dieser Staat existiert und wird weiter existieren. Aber daran erkennt man Ihre ganze Grundhaltung. Sie leben ja nur vom Haß, sind durchdrungen vom Haß, Sie kennen nur Haß. Sie säen nur Haß, deswegen befürworten wir auch die Ablehnung des Passierscheines.[1245] Sie bringen ja nur Unruhe in die Grenzgemeinden ...«[1246]

Doppelt missverstanden: Die Darstellung allgemein bekannter Vorgänge soll den Staatsratsvorsitzenden »beleidigen«? Und Hass war nun wirklich nicht der Beweggrund der Streitgespräche des Superintendenten mit den »Staatsorganen«, sondern der Einsatz für die Entmündigten auch im Sperrgebiet aus Verantwortung, wohl mehr noch – aus Liebe zu den ihm anvertrauten Menschen und Gemeinden, die sonst keinen Anwalt hatten.

Was den *»weiter existierenden Staat«* angeht, stoßen wir darin auf das Bekenntnis von Lotz zum Aberglauben Erich Honeckers. Das ist erledigt.

»Die Folgezeit verändert viel und setzet jeglichem sein Ziel.«[1247]
Jahrzehnte hindurch versuchte Gerhard Lotz als Leiter der Rechtsabteilung und juristischer Stellvertreter des thüringischen Landesbischofs auf die Personal- und die Kirchenpolitik der Landeskirche Einfluss zu nehmen. Das Ergebnis war armselig. Seine Personalpolitik scheiterte in wichtigen Bereichen:
–   Die Synode hat er nie in den Griff bekommen und damit die »Trägerin aller der Kirche zustehenden Rechte« nicht gefügig machen können.[1248] Im Gegenteil: Sie wählte gerade ihre aufmüpfigen und kritischen Vertreter in die Bundessynode, Lutherische Generalsynode und andere überlandeskirchliche Gremien: Frau Jutta Keppler, Dornburg, Frau Straßenmeisterin Christina Schultheiß, Stadtroda, Pfarrer Friedrich Knoll, Greiz, Superintendent Werner Leich, Lobenstein, Dr. Bernhard Opitz, Bad Salzungen, Dipl. math. Karl-Heinz Jagusch, Jena, Pfarrer Erhard Brinkel, Waltersdorf, Pfarrer Gottfried Zollmann, Jena, und den Verfasser auch, seinen zeitweise wohl ärgsten Widerpart. Die theologische Arbeit der Lutherischen Bekenntnisgemeinschaft mit Synodalen und deren regelmäßigen Zusammen-

---

[1245] Dem Beschuldigten war durch Entzug des Passierscheines die Ausübung seines Dienstes in den Grenzgemeinden unmöglich gemacht worden, um ihn zu »disziplinieren«.
[1246] BStU Archiv ASt Gera, MfS BV Gera, AOP 659/71, Bd. I, 171.
[1247] EG 369,5.
[1248] Zum Jahr 1958 vgl. Abschnitt 20.5.

künfte am Vorabend der Tagungen im Diakonissenmutterhaus trugen zu Selbständigkeit und kritischem Urteil bei.[1249]

– Die Wahl der Synodalen selbst folgte nicht dem Lotzschen Fortschrittsprinzip.

– Der von ihm mit begründete »Weimarer Arbeitskreis« erreichte nie die Wirkung von Lutherischer Bekenntnisgemeinschaft oder Thüringer Kirchlicher Konferenz.[1250]

– Die Wahl von Oberkirchenrat Braecklein 1970 zum Landesbischof war mit der Wahl zum Präses der Bundessynode 1969 schon vorentschieden und keineswegs das Verdienst von OKR Lotz oder gar des MfS. Sie entsprach seinem Ansehen.

– Die Bischofswahlsynode 1977 trotzte der massiven Einflussnahme des MfS in vielen Wahlgängen und fügte sich dem erzwungenen Patt zwischen zwei Kandidaten nicht.

– Die Besetzung von Superintendentenstellen hing mehr von den zuständigen Visitatoren und den Pfarrkonventen ab, als dass sie aus der Rechtsabteilung hätte gesteuert werden können.[1251] Deshalb beklagt 1983 das MfS »in den letzten Jahren unter den Superintendenten eine stärkere Kräftepolarisierung … Reaktionäre klerikale Vertreter … traten zunehmend provokatorisch in Erscheinung.«[1252]

– Die offizielle Weitergabe von Fürbittenlisten und Handreichungen hat das MfS über Lotz verschiedentlich zu behindern versucht. Sofern diese Texte über Thüringer in überlandeskirchlichen Gremien liefen oder Thüringer daran mitgearbeitet hatten, misslang auch dies. Und andere wichtige Papiere haben sich Superintendenten und Pfarrer direkt beschafft. Damit blieb – entgegen allen Gerüchten – auch in dieser Hinsicht die thüringische Kirche nicht außen vor.

[1249] OPK Werner Leich, Bd. III, vom 15.06.72, 95 (Kopie AR 8).

[1250] Dies bestätigt MfS-Mitarbeiter Artur Hermann, BV Gera, in: Die Kenntnis der Entwicklung und des Charakters der Evangelisch-Lutherischen Kirche in Thüringen, ihrer Stellung, ihrer wichtigsten organisatorischen Strukturen und Regimefragen, ihrer materiellen sozialen und geistigen Basis als Voraussetzung für eine zielgerichtete und wirkungsvolle politisch-operative Abwehrarbeit des MfS, BStU ZA, MfS – HA XX/4, Nr. 2422, 173.

[1251] Pfarrer im Südkreis Weimar verhinderten 1959/60 die Wiederbesetzung der Zwergsuperintendentur Blankenhain/Th.

[1252] Hermann: Kenntnis der Ev.-Luth. Kirche in Thüringen (s. Anm. 1250), 172.

»Der Mohr hat seine Schuldigkeit getan«
Juristischer Stellvertreter des Landesbischofs, Leiter der Rechtsabteilung, CDU-Hauptvorstand, Präsidium des Weltfriedensrates, Dr. h. c. jur. der Friedrich-Schiller-Universität Jena, Schöngeist und Spieler, »Verdienter Mitarbeiter des Ministeriums für Staatssicherheit« – nicht der Kirche? Von der CDU gemaßregelt. Vom MfS gezwungen, an seinem Platz in der Kirche zu bleiben, den er innerlich längst verlassen hatte. Ein gelungenes Leben? »Gott sei seiner Seele gnädig«, sage ich.

Nach Herzinfarkten und Verfall klagt Lotz seinem »Beicht«-Offizier Roßberg:

> »Er bereut, so schnell und abrupt in Rente gegangen zu sein und alle kirchl. u. kirchenpol. Aktivitäten abgebrochen zu haben. Der IM beklagt sich über das völlige Fallenlassen seiner Person durch leitende Mitarbeiter der staatl. Organe in der CDU (Berl. Stellen), lediglich der Friedensrat u. das MfS durch Unterzeichneten sind ihm gegenüber noch aktiv. Er sprach darüber in sehr bewegten Worten seinen Dank aus … Dem IM wurde die Erinnerungsmedaille »30 Jahre DDR« überreicht, wofür er sich in warmen Worten bedankte …«[1253]

Gerhard Lotz verstirbt am 10.12.1981 an Herzversagen. Fünf Jahre später heißt es im »Schlußbericht« vom 13.03.1986 – »*zur Archivierung des IM-Vorganges ›Karl‹ Reg.-Nr. 10687/60*«:

> »Die Ablegung und Archivierung des IM-Vorganges erfolgt durch den Tod des IM und nach Beendigung der Recherchen über evtl. Hinweise zu einer Dekonspiration des Verhältnisses zw. IM u. dem MfS. Es wurden keine derartigen Hinweise bekannt …
>
> Der IM hat sich durch höchste tschekistische Leistungen ausgezeichnet … Der IM verstarb nach bereits vorausgegangenen Herzinfarkten an Herzversagen.
>
> Roßberg, OSL«

Nachklang: Der Landeskirchenrat contra »Spiegel« und Zeitgeist
Am 22.06.1992 veröffentlicht der »Spiegel« in Nr. 26 zurechtgeschriebene Ausschnitte aus der IM-Akte »Karl«[1254] mit der einleitenden Feststellung:

> »Anhand der Akte … läßt sich ein Lehrstück über das verdrängte, heimliche Bündnis zwischen Thron und Altar nachzeichnen.« Den Beweis für die flinke Behauptung, es seien »mehr als 4 000 Seiten Aufzeichnungen« dazu ausgewertet worden, »Stasi- und

---

1253 BStU ZA, Nr. 3043/86, Bd. II, 102 f.
1254 »Der Spiegel«, Nr. 26 vom 22.06.1992, 129: Das geheime Leben des Oberkirchenrats »Karl«.

> Kirchenakten, Aufzeichnungen der SED und des Staates ebenso wie die Aussagen einer
> Reihe von Zeitzeugen«,

tritt die Ausschnittsammlung nicht an.

Sie unterschlägt Wesentliches: Kein Wort davon, dass Lotz immer eine staatliche Anstellung anstrebte; kein Wort von der Erpressung mit »kompromittierendem Material«; nicht ein Satz zur CDU, die ihn jahrzehntelang bedrängte und benutzte und fallen ließ; ein Eintritt in diese Partei wird gar erst für 1956 erfunden – Lotz gehörte seit 1946 zur CDU und ab 1956 zum Hauptvorstand. Keine Silbe vom Widerstand der Thüringer gegen Lotz. Alles in allem eine schlechte Wiedergabe gezielt ausgewählter MfS-Texte, die allenfalls die Überschrift verdient hätte: »Wie sich ein Führungsoffizier des MfS die Kirche in Thüringen erträumte und wie das dem ›Spiegel‹-Bild zustatten kommt«.

Unmittelbar nach Erscheinen des Artikels am 23. Juni stellt der Landeskirchenrat fest:

> »(1) Aus den dem LKR zur Verfügung stehenden Unterlagen ergibt sich kein Hinweis
> auf eine Tätigkeit für das MfS, wie sie im Spiegel-Artikel vom 21.6.1992 dem ehemaligen Oberkirchenrat Gerhard Lotz angelastet wird.
> (2) Die vom Spiegel zitierte Akte des MfS steht dem LKR nicht zur Verfügung. Nach
> geltenden Rechtsgrundsätzen sind Verstorbene jedem Dienstrechtsverfahren entzogen.
> Deshalb konnte und kann der LKR keine Überprüfung wegen einer vermuteten Tätigkeit für den Staatssicherheistdienst beantragen.
> Nach geltendem Recht können lediglich lebende Angehörige Verstorbener Antrag auf
> Überprüfung und Akteneinsicht stellen.
> (3) Der LKR hat mit anderen Gliedkirchen der EKD der Bildung einer Arbeitsgruppe
> zugestimmt, die sich mit der Aufarbeitung der jüngsten Geschichte des Bundes befaßt.
> Er beteiligt sich selbst durch ein Mitglied des Landeskirchenrates an dieser Arbeit und
> öffnet dafür die Unterlagen des Landeskirchenrates.
> In dieser Arbeitsgemeinschaft sind die vom Spiegel vorgetragenen Beschuldigungen zu
> überprüfen.
> (4) In allen Fällen von Beschuldigungen von Mitarbeitern der Kirche gehen Synode
> und Landeskirchenrat von dem Grundsatz aus, daß vor Beurteilung, öffentlicher Stellungnahme oder dienstrechtlicher Entscheidung die Beschuldigten zu hören sind. Auch
> deshalb sind Verfahren zur Vergangenheit Verstorbener nicht möglich.
> (5) Das gültige Urteil Gottes über Schuld und Unschuld eines abgeschlossenen Lebens liegt nach unserem christlichen Glauben allein beim lebendigen Gott, der ein
> Richter ist der Lebenden und der Toten. Seinem Urteil greifen wir nicht vor.
> (6) An den Vorwürfen gegenüber dem ehemaligen Oberkirchenrat Lotz, wie an
> anderen Vorgängen wird deutlich, daß die Verbindungen eines hauptamtlich kirchlichen Amtes, das Vertrauen braucht und vertrauliche Vorgänge berührt, mit einer poli-

tischen Funktion außerhalb der Kirche (Lotz war Volkskammerabgeordneter und Mitglied des CDU-Hauptvorstandes) dem innerkirchlichen Dienst nicht zuträglich sind. Der Landeskirchenrat spricht seine ernsten Bedenken gegen eine solche Verbindung aus. Das gilt auch heute. Die Pflicht zur Verschwiegenheit im Vertrauensamt einer Kirche verträgt sich nur schwer mit einer zusätzlichen, davon abgetrennten politischen Beauftragung außerhalb der Kirche, die Loyalität gegenüber einem Dritten verlangt.

(7) Erneut muß der Landeskirchenrat die Frage stellen, ob die Veröffentlichung von Akten ohne geltende Rechtsgrundlage, deren Inhalt tief in das Leben von Bürgern unseres Landes eingreift, einem Rechtsstaat angemessen ist und widerspruchslos hingenommen werden kann.

Eisenach, 23. Juni 1992«

Verfasser und Redaktoren dieser Erklärung sind Gegner von Lotz in Synode und Superintendentenkonvent gewesen und haben durch ihn manche Blessuren davongetragen. Gerade deshalb lehnen sie es ab, in die allgemeine IM-Hysterie einzustimmen oder gar mit dem Beschuldigten wohlfeil abzurechnen. Sie wollen zu sachlicher Prüfung der Fakten ohne Vorverurteilung und ohne Vertrauensvorschuss zurücklenken. Sie stellen Akten- und Rechtslage fest (Ziffer 1–2), kündigen Prüfung an (3), verweisen auf die Anhörungspflicht vor Veröffentlichungen (4), stellen den Beschuldigten und sich unter das »endgültige Urteil« Gottes, dem sie nicht vorgreifen wollen (5), ziehen Konsequenzen für gegenwärtige Beurteilung von Parteibindungen hauptamtlicher Inhaber kirchlicher Vertrauensämter (6) und fragen nach rechtsstaatlichem Umgang mit Enthüllungsjournalismus.

Diese nüchterne Haltung passt nicht in die auch vom »Spiegel« aufgeheizte Stimmung und erntet Hohn und Spott. Den – wie vom MfS sattsam herumerzählt – immer »staatsnahen Thüringern« gesteht niemand das Recht auf selbstbewusste Sachlichkeit zu: »Hilflos, politisch instinktlos, theologisch ärmlich und obendrein falsch, ethisch verantwortungslos«, lauten die Etiketten, die dieser Erklärung aufgeklebt werden.

Da ist von »verständnisvollen Worten« für Lotz die Rede. Es gibt sie in der Erklärung nicht. »Pauschales Weißwaschen« wird behauptet. Der LKR urteilt bewusst vor Kenntnis der Akten überhaupt nicht. Die Frage nach der Rechtsgrundlage wird »larmoyant« gescholten. Doch es bleibt geschichtlich und theologisch richtig: Das am Ende gültige Urteil steht aus. Und es ist nicht in unsere Hand gegeben.

II   IM »Küster«/»Andreas«/»Franke«/»Hesselbarth«

Drei und mehr Decknamen ohne Identität schmücken ein und dieselbe Person – falls jemand in jahrzehntelangem Dienst des MfS mit wechselnden Identitäten dieselbe Person bleiben kann: Martin Kirchner, letzte öffentliche Funktion: Generalsekretär der CDU-Ost auf Wunsch von Dr. Helmut Kohl – nach sehr plötzlichem Abschied von seiner Kirche, in der er Leiter der Rechtsabteilung im Landeskirchenamt und verfassungsgemäß immerhin Stellvertreter des Landesbischofs in weltlichen Angelegenheiten war[1255] und über Nacht zur CDU zurückkehrte, wo er bis 1975 hauptamtlich tätig war.

Nach bisherigen Recherchen unterschiedlich Interessierter sind seine Akten vernichtet. Da er zu diesem Zeitpunkt des StUG[1256] nicht mehr im Dienst der Ev.-Luth. Kirche in Thüringen stand, gab es keine Rechtsgrundlage für seine Einbeziehung in das innerkirchliche Überprüfungsverfahren. Seine Spuren finden sich aber in der »Diaspora« – in der »Zerstreuung«, verborgen in »Opferakten«, »Informationen« und »Auskunftsberichten«, zu denen er Material beigesteuert hat – mit Vorliebe Charakteristiken seiner »Brüder«, aus denen seine lässig-sarkastische Sprache manchem Zeitgenossen noch heute unverkennbar echt herausklingt. Der Sammel- und Vernichtungsaktion im Wechsel der Systeme ist noch manches entgangen, das untersucht wird und Aufschlüsse bietet.

Bewerbung ohne Adressat[1257]
Eine solche findet sich in der Arbeitsakte »Küster« mit ursprünglich 30 Seiten, darunter einem Lebenslauf mit »konkreten Ergänzungen«. Dieser Lebenslauf mit seinen Stationen lässt zweifelsfrei erkennen, wer sich da bewirbt und wofür. Seine kirchliche »Laufbahn« – mit Namensnennung eines ihm befreundeten IM, den er als sein politisches Vorbild ansieht – habe bewirkt, dass er

> »sowohl im Jungmännerwerk wie auch bei der ev. luth. Kirche … ausserordentlich starkes Vertrauen geniesse.
>
> Mit meinem ehrlichen Überzeugungswandel im Hinblick auf die politisch-ideologische Einstellung kamen auch völlig neue Perspektiven für mich zum Ausdruck. Die Pläne meines Vaters[1258] schieden daher von vornherein für mich aus, was bis zum heutigen Tag zu mehr oder minder schweren Konflikten zwischen meinem Vater und mir geführt hat bzw. noch führt.«

[1255] Gemäß Verfassung der Ev.-Luth. Kirche in Thüringen, § 85.
[1256] Stasi-Unterlagen-Gesetz, vgl. Abschnitt 1.2.
[1257] BStU ZA, MfS 10509/73, Reg.-Nr. Erfurt/IX/9/70, Bd. IV, ab 170.
[1258] Studium der *Minerologie* (sic!).

Mit dieser Textpassage halten wir den Schlüssel für vieles in der Hand, das folgt:

– *»Ehrlicher Überzeugungswandel«* – nur zwei Jahre später wird er vor seinen engsten Freunden wiederum einen *»ehrlichen Überzeugungswandel«* beschwören: als er Kreiskirchenrat in der Verwaltung des Aufsichtsbezirkes Gera der Ev.-Luth. Kirche in Thüringen werden soll. Er benutzt die Freunde aus Jungmännerwerk und IMAK[1259] als Bürgen, weil es erhebliche Zweifel an seiner Integrität gibt, die nach seinen eigenen Zeilen wohl begründet sind und zu denen wir zurückkehren:

– Wie einer hier seine Eltern beschreibt, den Vater vor Fremden bloßstellt bis zur Nennung von dessen Verbindungen nach Bremen zu früheren Geschäftsfreunden und deren freundlicher »Patenpakete« – und das alles, um beim MfS Karriere zu machen –, tut einfach weh.

– *»Im Hinblick auf meine zukünftig grundsätzliche Tätigkeit bitte ich um eine intensive Beratung, inwieweit ich meine gesellschaftspolitische Tätigkeit einschränken muss …«* Es folgt die Aufzählung dreier leitender Positionen in der CDU sowie der Mitarbeit in der Nationalen Front Halle und der Friedenskonferenz Prag.

– *»Zusätzlich zu der von mir angefertigten Liste über Verwandte, Bekannte und Freunde möchte ich einige Ergänzungen in dieser Hinsicht machen, die für die zukünftige Arbeit von Bedeutung sein könnten.«*

– Nach der Liste bisher bereits Verratener werden weitere Freunde und Bekannte dem »Schwert der Partei« ausgeliefert – aus Westberlin, Hamburg, den Niederlanden, dem Allgäu,[1260] aus Weimar.[1261]

– Mit der *»Schilderung einer Situation an der Staatsgrenze zur westdeutschen Bundesrepublik«*, wo es an der Werra eine undichte Stelle geben soll, denunziert Kirchner einen *»netten und kontaktfreudigen jungen Mann, Vater von 2 Kindern, mit dem er guten Kontakt gefunden hat und diesen weiter pflegen wird«* und liefert ihn vollends aus: *»Ich verweise darauf, … dass er über die Vorkommnisse an der Staatsgrenze scheinbar keine Meldung erstattet hat, obwohl es sich doch um relativ häufige Vorkommnisse handelt …«*

– Mit weiteren acht Denunziationen, einer Klage, dass seinem politischen Vorbild IM »Goya« ein Genex-Wartburg nicht ausgeliefert werde, der Emp-

---

[1259] IMAK = Jungmännerarbeitskreis.

[1260] *»Es handelt sich hier um einen militanten Gegner unseres Vaterlandes, jedoch würde er ohne Zweifel mir – als Sohn seines alten besten Freundes – jede Hilfe zuteil werden lassen, sowohl finanzieller wie anderer Art«*, – a. a. O., 174.

[1261] Beide für das MfS tätig: *»Bei Beiden handelt es sich um absolut zuverlässige Garanten unserer Sicherheit«*, – a. a. O., 175.

fehlung eines »treuergebenen Mannes«, der für die Mitarbeit »in unseren Sicherheitsorganen« entsprechend »seinem Bewusstseinstand« allmählich gewonnen werden könnte, wird die Liste fortgesetzt – über einen Theologiestudenten, einen Diakon in Erfurt-Bindersleben, einen Brieffreund, einen Pfarrer aus der Entwicklungsarbeit und so weiter. Die Denunzierten sind ahnungslos. Auch der Kriegsteilnehmer, der VP-Oberstleutnant war und sich später nach Westdeutschland absetzte – Kirchner vermutet Zusammenhänge mit der Tätigkeit im Kriege und meldet das.

Bedarf es weiterer Zeugen? Die Decknamenentschlüsselung bestätigt ein Schreiben des LKR, in dem unter Aktenzeichen A 811/11.12.1969 Herrn stud. oec. Martin Kirchner mitgeteilt wird, dass seine Delegierung für die V. Vollversammlung des Lutherischen Weltbundes in Porto Alegre nicht aufrechterhalten werden kann.[1262]

Ein *»Treffbericht mit dem IM Küster«* vom 27.07.1973 teilt mit:

> »Ab 1.8. wird der IM dann seine Tätigkeit bei der CDU aufnehmen … Nach wie vor will der Im (sic!) versuchen in das Referat Kirchenfragen zu kommen. Er will sein Interesse nochmals dem Leiter des Referats, Quast, vortragen …«
> Neue Aufgabe, neuer Name:
> »Der Genosse F ö r s t e r gab dem IM die Tel Nr. 6353339. Der IM wird sich unter dem Namen »A n d r e a s« melden.«[1263]

Anlässlich einer Dienstreise zum CDU-Kreisvorstand Saalfeld wird u. a. die *»Arbeit mit kirchlichen Amtsträgern im Rahmen der Nationalen Front«* erörtert und als *»stark verbesserungsbedürftig«* beschrieben.[1264] Der Stellv. Inneres beim Rat des Kreises, Koll. Sch. (IM »Erwin Kahn«)

> »sprach im Blick auf die evangelische Pfarrerschaft von einer Konzentration reaktionärer Kräfte im Kreis Saalfeld. Die Pfarrer seien … nahezu völlig hörig.«[1265]

Weil man mit den Pfarrern nicht weiterkomme, solle künftig besonders mit *»Unionsfreunden Gemeindekirchenräten (nach Angabe von Unionsfreund Scholz ca. 17 im KV[1266])«* gearbeitet werden. Dem widersetzten sich freilich die Kirchenältesten, um sich nicht gegeneinander ausspielen zu lassen.

[1262] BStU ZA, MfS 10509/73, Reg.-Nr. Erfurt/IX/9/70, Bd. IV, 187.

[1263] BStU ZA, MfS 10509/73, Reg.-Nr. Erfurt/IX/9/70, Bd. V, 65.

[1264] A. a. O., 138.

[1265] A. a. O., 139.

[1266] Kreisverband der CDU.

Major Förster notiert im Januar 1975:

> »Dem IM wurde erklärt, daß wir als MfS seinem Wunsche gerne nachkommen werden und wir ihn schon längere Zeit als Genosse bewerten. Seit dem 26.1. wird ›Andreas‹ nun mit Genosse angesprochen.
> Maßnahmen 1. Auswertung des Treffberichtes und Erarbeitung einer Information für den 1. Stellv. des Ministers Gen. B e a t e r[1267]
> 2. F10 – Überprüfung zur Person N. N.«

Ist der IM nun »angekommen« – in seiner Partei? Oder bedeutet das den nächsten Schritt auf der Rangleiter, als deren Ziel der *»Offizier im besonderen Einsatz«* erreicht werden soll? Ist der CDU-Mann gleichzeitig SED-Genosse? Es bleiben Fragen.

Eine davon: Als Kirchner für die Stelle des Leiters der Rechtsabteilung im LKR vorgeschlagen werden soll, wird mir von einem Mitglied des Vorstandes die Bitte vorgelegt, dem nicht zu widerstehen, weil sonst die Mehrheit in der Synode nicht erreicht werden könnte. Im Jungmännerwerk habe man für seine Integrität gebürgt. Ich spreche meine Bedenken aus und benenne meine Gründe. Auch die Synodalpräsidentin, Christina Schultheiß, widersetzt sich. Die Synode entscheidet anders.

Und es bleibt offen eine Erfahrung anlässlich einer Berlinfahrt viele Jahre später, bei der mich Martin Kirchner freundlicherweise in seinem Dienstwagen zu einer abendlichen Ausschusssitzung in der Auguststraße mitgenommen hatte. Nach der Ankunft im Hospiz verabreden wir uns zum gemeinsamen Abendessen. OKR Kirchner erscheint nicht. Der Kellner erklärt, dem Gast sei nicht gut. Besorgt suche ich den vor einer Stunde noch Vergnügten in seinem Zimmer auf. Es geht ihm sehr schlecht. Ein Arzt sei schon dagewesen. Mein Angebot, einen Fahrer wegen der Rückfahrt des Dienstwagens kommen zu lassen, lehnt er ab. Ratlos ziehe ich mich zurück mit der Zusage, ihn am nächsten Tage auf der Sitzung in Dessau zu entschuldigen. Nach anderen Akten muss vermutet werden, dass er offenbar in der kurzen Zeit zwischen Ankunft und Abendessen aus dem Schattenreich seiner geheimen Vorgesetzten scharf zurechtgewiesen wurde. Brachte ihn das an den Rand des Zusammenbruches? Die Chance, sich mir zu öffnen, schlug er aus. Hatte er sie noch?

Andere[1268] verweisen zu seinen Gunsten auf seinen Einsatz für die »ÜSE« – die Übersiedlungsersuchenden, deren Kirchenbesetzungen er in mehr als

---

[1267] BStU ZA, MfS 10509/73, Reg.-Nr. Erfurt/IX/9/70, Bd. VI, 152.

[1268] Z. B. Superintendent i. R. Ernst Büttner, Jena, ehemals Eisfeld.

einem Falle in eine Ausreise verwandeln konnte. Zur Tarnung durch seine eigentlichen Dienstherren, um den Schein der Kirchlichkeit zu wahren? Oder doch mehr?

Schließlich: Triumph und Absturz

Der »Brief aus Weimar«, der den Ruf der CDU-Ost retten und ihren »Wendewandel« dokumentieren soll, wurde auch von Martin Kirchner verfasst und unter »Nutzung« der Öffentlichkeit der Bundessynode mit einer vom Präsidium nicht genehmigten Pressekonferenz an die (westdeutsche) Öffentlichkeit gebracht. Was ist von einem Dokument zu halten, das von einem Spitzenagenten des MfS mitverfasst wurde?[1269]

Kirchner wird von Bundeskanzler Dr. Kohl noch zum Generalsekretär der CDU-Ost berufen – und unmittelbar darauf als Zuträger des MfS enttarnt. Jahrzehntelang hatte er zäh und ohne Skrupel an seinem Aufstieg gearbeitet, um dann jäh und sehr tief abzustürzen. Es bleibt wie bei anderen Kundschafterkarrieren die Frage nach der Mitte eines solchen Lebens: In welcher Bindung, in welchem Auftrag, in welchem Schwur, Gelöbnis, Bekenntnis hatte der IM, OibE, Genosse, Bruder wirklich seine Identität?

III   IM »Nettelbeck« und ein regelmässiges Gehalt[1270]

In einem Kontrollbericht über die BV Erfurt werden »*die materiellen Zuwendungen der vom Gen. Barthel gesteuerten IM lt. in den Akten vorhandenen Quittungen*« aufgelistet. Unter den dort verzeichneten Beträgen steht auch eine Übersicht über Zahlungen, die in den Jahren 1979 bis 1983 geleistet wurden an:

»IM Nettelbeck – IX 163/73 Jurist und Oberkirchenrat in Thüringer Landeskirche

1979	3200,— M
1980	4300,— M
1981	3834,— M
1982	4149,— M
1983	4478,— M
gesamt	19961,— M

[1269] Andreas Dornheim/Stephan Schnitzler (Hg.): Thüringen 1989/90. Akteure des Umbruchs berichten, Erfurt 1995, 267. Der Weimarer Brief und die Erneuerung Ost-CDU. Die IM-Tätigkeit des Mitverfassers wird verschwiegen.

[1270] BStU MfS BV Erfurt, Abt. AKG, 6, 11, Kontrollbericht vom 07.01.1984.

Diese Quittungen sind bis auf wenige Ausnahmen mit geringen Beträgen vom IM quittiert.
Gemäß einer in der Akte vorhandenen Aufstellung vom Mai 1979 erhielt der IM im Zeitraum von 1973–1978 eine Summe von 12 454,— M.
Im Vorschlag zur Umgruppierung zum IMV von September 1980 ist formuliert, daß der IMB eine monatliche Zuwendung von 300,— M erhält (ohne weitere Begründung).
Der IM berichtete mündlich im Rahmen seiner beruflichen Tätigkeit (6. Arbeitsband).«

»Nettelbeck« erzählt »*aus seiner beruflichen Arbeit*« mehr als sechs Bände. Obwohl sich diese Arbeit vor aller Augen vollzieht, erhält er vom MfS eine »*monatliche Zuwendung*«. Insgesamt berechnen sich seine Bezüge nach damaliger Besoldung folgendermaßen:

    1 020,— M monatl. Grundvergütung (1980)
    170,— M Ausgleichszulage
    125,— M Wohngeldentschädigung
    1 315,— M brutto, zzgl. 300,— M ohne Abzg. (MfS)

    =1 615,— M

Der Vergleich von »Nettelbecks« Gesamtsalär mit einem Pfarrergehalt (Stand 1980) ergibt: 1615,— M für »Nettelbeck« stehen 720,— M brutto Pfarrergehalt zzgl. Dienstwohnung gegenüber. Es handelte sich also um eine regelrechte Gehaltszahlung, durch die OKR Wolfram Johannes auf mehr als das Doppelte eines Pfarrergehalts kam.

Mitarbeiter des MfS »*im besonderen Einsatz*« wurden per Zusatzvergütung zu ihrem beruflichen Verdienst bis zur Höhe des ihnen nach Rang zustehenden Gehaltes bezahlt. Bei Kenntnis der Vergütungstabelle des MfS wäre also im Rückschluss der Rang des IM (OibE?) festzustellen. Wofür das alles? Die seit 1973 regelmäßige hohe Zusatzvergütung und die Anfänge der Personalakte belegen, dass »Nettelbeck«, laut Klarnamenmitteilung OKR Wolfram Johannes,[1271] schon vor seinem Eintritt in den kirchlichen Dienst in den Diensten des MfS stand und deshalb allein durch diese regelmäßig angenommenen Gelder in der Hand des MfS war. Im Klartext: Es handelt sich bei ihm nicht um einen Überläufer von der Kirche zum MfS, vielmehr wurde er als IMB auf dem Wege über die CDU und eine arglos offene Kirchgemeinde Arnstadt gezielt in die Kirche eingeschleust. Wie »Küster-Andreas-Franke-Hesselbarth« hat auch »Nettelbeck« eine MfS-gelenkte Berufsentwicklung über

---

1271 Klarnamenmitteilung BStU ASt Gera, nach § 13, Abs. 5 des StUG. – Reg.-Nr. X/410/71.

Jurastudium, Familienrichter in Arnstadt und Mitarbeit in der Kirchgemeinde, z. B. in Hauskreisen, und andere kirchliche Tarnaktivitäten durchlaufen.
Insofern sind beide dem OibE Detlef Hammer im Konsistorium Magdeburg
durchaus zu vergleichen.[1272]

IV   IMV/IMS »Hans Klinger«

Hartmut Mitzenheim, wurde lt. Abschlussbericht Roßberg, Berlin (HA XX/4)
vom 23.11.1989 am 16.8.1972 geworben.[1273] Im Auskunftsbericht vom
29.11.1973 heißt es:

> »Der IMV hat eine positive Einstellung zur sozialistischen Gesellschaft, jedoch hat er
> Vorbehalte in bestimmten Bereichen (Bildungspolitik u.a.) ... Seine polit. Haltung
> und sein Engagement entspricht der allg. CDU-Linie ... Einsicht in die Notwendigkeit
> direkter Kontakte zum MfS zur Durchsetzung der Kirchenpolitik aus der Sicht der Lan-
> deskirche ... Zuverlässigkeit nur mit Vorbehalt gegeben.«

Seit 1967 ist er Abgeordneter des Bezirkstages und seit 1972 der Volkskammer.
Er wird in seiner Dienststelle oder Wohnung aufgesucht. Es gibt keine »konspirativen« Treffs. »Ehefrau kennt op. MA persönlich, weiß von offiz. Kontakt Sicherheitsorganen. Einsicht in die Notwendigkeit direkter Kontakte zum
MfS zur Durchsetzung der Kirchenpolitik aus Sicht der Landeskirche ...«[1274]
Also sieht sich H. Mitzenheim nicht als MfS-Zuarbeiter, sondern als Unterhändler, wenn sich die staatliche Seite an ihn wendet: »Verbindungsaufnahme
nur durch op. MA möglich«, vermerkt MfS-Offizier Artur Hermann, der sich
als seinen »Führungsoffizier« ansah.
    Der OKR lehnt es ab, Angaben über Mitarbeiter zu machen, als sie das
MfS verlangt. Seine Äußerungen über den Verfasser in den Akten entsprechen wörtlich dem, was er mir selbst gesagt hat: Negative Erfahrungen vor
Ort würden von mir verallgemeinert. Also hielt er auch in diesem Falle keine
Konspiration ein. Eine mir auferlegte Ordnungsstrafe wegen eines nicht angemeldeten Jugendabends hält er für berechtigt, weil er mich gar nicht zur

---

[1272] Damit relativiert sich Artur Hermanns (Ltr. Ref. Kirchen BV Gera, später in der Abt. XX/4
in Berlin) Triumph: »Die Mehrheit im LKR haben wir!« oder: »Die Kirchenpolitik machen wir!« Beide Sätze sind schlecht belegt, Walter Schilling in: Vollnhals: Kirchenpolitik,
224.227.

[1273] BStU ZA, MfS BV Gera, 12940/89; Teil I, 1–20.

[1274] A. a. O., 16.

Sache befragt.[1275] Er weist seinen Nachfolger in Gera, Martin Kirchner, in einem Gespräch mit dem Rat des Bezirkes zurecht, als dieser die Eingabe eines Jugendlichen fremden Ursprunges verdächtigt. Das Referat Propst Falckes auf der Bundessynode in Dresden 1972 »leiht er« zur Einsichtnahme dem Mitarbeiter des MfS und verlangt es zurück.

Am 23.11.1989 wird sein Vorgang gesperrt archiviert.[1276] Als Rentner muss er nach 1989 sein Einverständnis mit einem Gespräch im Überprüfungsauschuss erklären. Das lehnt er ab. Also kann es nicht geführt werden. Nach meiner Kenntnis der MfS-Akten hätte er ein solches Gespräch nicht fürchten müssen.

[1275] Das wird nach 1989 selbst bei Beschuldigungen wegen angeblicher IM-Tätigkeit häufig versäumt.

[1276] A. a. O., 20.

18. Trittbrettfahrer kommen weit, bewegen aber nichts

Aus den »Blockparteien« der »Nationalen Front« rekrutierte das MfS seine Hilfstruppen nach der Spezifik ihrer jeweiligen Partei. Der CDU fiel der Frontabschnitt »Kirche(n)« zu. Albert Norden[1277] schlägt der verbündeten Partei in einem Grußwort auf dem 13. Parteitag der CDU im Oktober 1972 in Erfurt vor, die »*sozialistischen Bürger christlichen Glaubens*«[1278] zu sammeln. Obwohl die SED diesen Begriff bald wieder fallen lässt – auf die Schützenhilfe der CDU kann sie sich bis 1989 verlassen. So fürchtet das MfS 1979 angesichts der »Empfehlungen« der Delegiertenversammlung zur Bildung einer »Vereinigten Evangelischen Kirche« (VEK):

> »Der Passus 3/4 der Empfehlungen, der von der Abwehr ›kirchenzerstörender Irrlehre‹ spricht, kann sich unter den gegebenen Umständen … nur gegen die religiös motivierte Option für den Sozialismus richten. Es ist nicht auszuschließen, daß sich solche Tendenzen, die sich nicht zuletzt gegen die CDU und ihre Funktionäre richten, durch die Bildung der VEK verstärken.«
> Also wird festgelegt:
> »Durch geeignete Maßnahmen ist die besondere Wertschätzung der Partei- und Staatsorgane für das Wirken der CDU und der anderen gesellschaftlich engagierten Kräfte in den Kirchen zu betonen.«[1279]

18.1 »Geführte« Führer

Während der Recherchen zu dieser Arbeit ergab sich für eine auffallend hohe Zahl IM in den Kirchen von Gemeindegliedern bis zu den sogenannten »IM in Spitzenpositionen« ein Zusammenhang zwischen CDU-Parteizugehörigkeit und IM-Tätigkeit, und zweifelsfrei waren die meisten Funktionsträger dieser Partei als IM registriert. Mir ist in den Akten kein Funktionsträger der CDU

[1277] Albert Norden, (*1904, †1982) Altkommunist seit 1920, 1955 Mitglied des ZK der SED und Sekretär für Propaganda, seit 1958 Mitglied des Politbüros der SED.

[1278] Für wenig mehr als ein Jahr sollte dieser Begriff der CDU die Möglichkeit geben, ohne ausdrückliche Anerkennung des Atheismus der Staatsideologie auch Christen als vollwertige Bürger in Gewissens- und Glaubensfreiheit für den Sozialismus zu gewinnen.

[1279] BStU ZA, MfS – HA XX/4, Nr. 3012, 58.

ab der Ebene Kreisvorstand aufwärts begegnet, der nicht als IM registriert gewesen wäre. Selbst Hinweise, dass praktizierende IM in der CDU gute Freunde zur Mitarbeit beim MfS ermunterten und Empfehlungsschreiben für sie
ausfertigten, fehlen in den MfS-Akten für die Gruppe der CDU-Mitglieder
und Funktionäre nicht.[1280]

Diese bedrückende Einsicht wird in Rechtsverfahren der kirchlichen Disziplinargerichte aller Landeskirchen bestätigt. Klaus Wähler fasst deren vorläufige
Ergebnisse im Jahr 2000 so zusammen:

> »Ein nicht unerheblicher Teil der wegen Stasi-Mitarbeit disziplinarisch gemaßregelten
> Pfarrer fühlte sich aber gar nicht als Sünder, die Buße zu tun hatten und der Vergebung
> bedurften, sondern … als unschuldig Verfolgte und Wendeopfer. Sie waren typischer-
> weise (jedenfalls nach den persönlichen Erfahrungen des Verf.) vielfach aktive Mitglie-
> der der CFK, z.T. auch Abgeordnete oder Parteitagsdelegierte[1281] der Ost-CDU und
> betrieben ihre Gemeindearbeit wegen ihrer häufigen Reisen zu Tagungen eher neben-
> bei. Sie fühlten sich als Gemeindpfarrer nicht innerlich ausgefüllt und versuchten sich
> daher politisch im Sinne des DDR-Regimes zu profilieren. Dies schloß aus ihrer Sicht
> eine Zusammenarbeit mit dem MfS ein, die von ihnen aber nicht als Informantentätig-
> keit, sondern als ›Gesprächsbereitschaft‹ verstanden wurde. Sie fühlten sich angeblich
> berufen, die Kirche mit dem SED-Staat zu versöhnen …«[1282]

Auch wenn nicht alle Schlussfolgerungen Wählers bestätigt werden können
(es wurden durchaus auch eifrige Gemeindpfarrer und Jugendwarte als IM
registriert), ergibt die Übereinstimmung der Recherchen in Thüringen mit
Überprüfungsergebnissen im weiten Raum der EKD-Disziplinarkammern einen signifikanten Zusammenhang von CDU-Zugehörigkeit und IM-Registrierung. Im Nachhinein ist schwer festzustellen, mit welcher Kausalitätsfolge
im Einzelfall zu rechnen ist: Folgte das Nachlassen der Gemeindearbeit einer allzu deutlichen politischen Parteinahme, weil möglicherweise Gemein-
degliededer politische Zurückhaltung von ihren Geistlichen erwarteten oder die
Vermischung zweier so konträrer »Ämter« aus guten Gründen nicht tolerieren konnten[1283] oder – wie bei Wähler angedeutet – ergänzten die Belaste-

---

[1280] Arbeitsakte »Küster«, BStU ZA, MfS 10509/73, Bd. IV, 174 ff., vor allem die nachdrück-
liche Befürwortung für Diakon Kerst in Weimar (in der Kopie ungeschwärzt).

[1281] Wähler übersieht: Nur Parteimitglieder der CDU konnten zum CDU-Parteitag »delegiert«
werden.

[1282] Wähler: Rechtsprechung, 590.

[1283] So im Falle des GM »Frohdul«, später »Franke«, BStU MfS BV Gera, Nr. 232/70, 171.212
u. ö.

ten frustrierende Gemeindearbeit mit der bedeutenderen »politischen Position«?[1284]

Für die grundsätzliche Feststellung der Koinzidenz von politischer Betätigung innerhalb der CDU-Ost und IM-Registrierung bleibt das unerheblich.

18.2 Die kleinen Leute in der CDU: IMS/AIM »Fortschritt«

Eine Spezialeinheit in Reserve für das Gefechtsfeld »Kirche«
In der Absicht, Kirche und Religion durch Einbeziehung von Gemeindegliedern in politische Arbeit und Organisationen der sogenannten »Nationalen Front« zu überwinden, sahen die SED-Strategen bereits politisch tätige Christen in der CDU vorzugsweise als geeignete IM-Kandidaten an. Es soll deshalb am Beispiel des IMS »Fortschritt« überprüft werden, ob und mit welchen Mitteln es dem MfS tatsächlich gelang, zuverlässige IM aus den Reihen integerer Gemeindeglieder zu gewinnen.

Fallbeispiel: IMS »Fortschritt«[1285]

Der Kirchenälteste und Stellvertretende Vorsitzende des Kreisvorstandes der CDU in Saalfeld Gustav Hagenberg fällt dem MfS im Dezember 1955 innerhalb eines Operativen Vorganges[1286] auf, als er schriftlich zur Tagung der Synode der Ev.-Luth. Kirche in Thüringen eingeladen wird. Daraufhin wird in seinem Betrieb im Zimmer des Kaderleiters mit ihm *»eine Aussprache organisiert ... zu prüfen, wie weit er sich als Agentur eignet«.*[1287]

Mit der Legende, es gehe um die »notwendige ökonomische Stärkung unserer DDR«, gegen die »westliche Agentenzentralen und andere Stellen verstärkt den Abzug von Fachkräften und Ingenieuren organisieren, um unseren Aufbau zu schädigen«, wird der Ingenieur bereits unter Druck gesetzt, da er argwöhnen muss, man unterstelle ihm Vorbereitung zur Republikflucht, was er von sich weist. »An der Wahrung eines guten Verhältnisses zwischen Staat

---

[1284] So kann IMV/IMS »Walter Bauer«, Reg.-Nr.X 682/74, verstanden werden: U. a. CDU-Abgeordn. im Kreis- und Bez.tag, Nationalrat.
[1285] BStU MfS BV Gera, Reg.Nr. 1125/60, Arbeitsakte MfS-Archiv 373/80.
[1286] Operativer Vorgang Nr. 55/54.
[1287] A. a. O., 10.

und Kirche interessiert« bringen die getarnten Werber das Gespräch auf die Jugendweihe. Der Angesprochene

> »vertrat jedoch den rein kirchlichen Standpunkt dazu. Seiner Meinung nach kann man nicht auf der einen Seite ein Gelöbnis auf Gott sprechen und durch die Teilnahme an der Jugendweihe zum Gegenteil veranlasst werden. … sprach sich dafür aus, alles von staatlicher Seite aus zu tun, damit durch dieses Problem keine ernsthaften Komplikationen entstehen. Die Kirche könne auf Grund ihrer Ordnung nicht anders entscheiden …
> Einschätzung und Maßnahmen:
> … muss bei den nächsten Treffs veranlasst werden, dass er sich gegen seine Kirchenordnung kompromittiert, um ihn fest in unsere Hand zu bekommen.
> In Vereinbarung mit dem Abteilungsleiter wird … zunächst als GI registriert. Er erhält von uns den Decknamen »Fortschritt«.
> Da … Angehöriger der Intelligenz ist und starke religiöse Bindungen vorhanden sind, wird vorläufig von einer schriftlichen Verpflichtung Abstand genommen. Dieselbe wird dann nachgeholt, wenn … sich fest in unserer Hand befindet.«[1288]

Keine Zustimmung des Opfers zu den Meinungen der Besucher, kein Abrücken von seinem *»rein kirchlichen Standpunkt«*, keine Verpflichtung, keine Kenntnis von der Zuteilung eines »Decknamens« – aber angeblich *»am 17.12. 1955 auf der Basis der Überzeugung … geworben«*.[1289] Diese schlichte Lüge des MfS widerlegt nicht nur in diesem Falle die Behauptung, *»Überzeugung«* in Stasiakten sei *»ein Synonym für einen hohen Grad von innerer Abhängigkeit und Bindung«* gewesen und habe durch *»Mitarbeit«* und *»durch Machtteilhabe«* von Angst entlastet.[1290]

Vollmundige Verurteilungen von IM *»aus Überzeugung«* bedürfen in jedem Falle genauer Prüfung der faktischen Voraussetzungen der MfS-Zwecklügen.[1291] Es ist nicht auszuschließen, dass öfter als im vorliegenden Falle angebliche Werbung *»aus Überzeugung«* das Fehlen jeglicher Bereitschaft zur »Mitarbeit« überdecken soll. Das beweist der Fortgang der fiktiven *»Zusammenarbeit«* mit »Fortschritt«. Zwei Jahre später – Auskunftsbericht Abt. V/4 BV Gera vom 04.04.1957:[1292] *»›Fortschritt‹ weigert sich, Geld anzunehmen, mit der Begründung, sich zu nichts zu verpflichten … Der GI ist bedingt ehrlich.«*[1293]

[1288] Sie wurde nie nachgeholt, weil sich der Kirchenälteste nicht »fest in die Hand nehmen« ließ.

[1289] BStU MfS BV Gera, Nr. 373/80, 28.

[1290] So Neubert: Vergebung, 95.

[1291] Vgl. Abschnitt 16.3.

[1292] BStU MfS BV Gera, Archiv-Nr. 3737/80, Bd. I, 42 ff.

[1293] A. a. O., 31.

Das wird fünf Jahre nach der »Werbung« wörtlich wiederholt, nun unter dem (irrtümlichen?) Decknamen GI »Freundschaft«:

> »… die Mentalität ist so, daß er meißt immer recht haben will. Speziell geht er von seiner irrigen Ansicht Kirche und Staat nicht herunter. Er vertritt konsequent den Standpunkt der Kirche … Den Versuch, die Treffs mit dem GI im Hotelzimmer durchzuführen wurde von ihm strikt abgelehnt mit der Begründung, daß er sich vorkommt wie ein geprügelter Hund. Es ist einzuschätzen, daß die Treffdurchführung nicht den Prinzipien entsprach um den GI zu einer qualitativen Zusammenarbeit zu bewegen …«[1294]

Der Mann wehrt sich. Er nennt die Methoden des MfS, Menschen wie »*Hunde zu prügeln*«. Hat das MfS ihn »*fest in der Hand*«? Ein Sohn in Westdeutschland, Geschwister in Braunschweig und Hamburg – sind das die Druckmittel? Oder die Tatsache, dass er sich »*Fahrtkosten und Auslagen*« zum Kirchentag in Frankfurt am Main erstatten lässt, obwohl er mit seiner namentlichen Unterschrift auf der Quittung beweist, dass er darin offenbar nichts Konspiratives sieht? Handschriftliche Bemerkung des MfS-Mannes:

> »Da der GI als Intelligenzler und Synodaler erstmalig Geld vom MfS erhielt, u. beim Schreiben der Quittung Hemmungen zeigte, wurde von der ausführlichen Abfassung derselben Abstand genommen.«[1295]

Sollte auf diese Weise die längst überfällige Verpflichtungserklärung nachgeholt werden? Dann wäre es wohl angesichts der »*Hemmungen*« des wackeren CDU-Freundes mit einer Zuarbeit ganz und gar vorbei gewesen. Der MfS-Mann rechnet »*Treff-Auslagen*« ab zwischen 4,00 M und 19,55 M (»*Geburtstagsgeschenk*«). Hat das MfS den GI »Fortschritt« nun in der Hand? Mitnichten: Am 30.05.1964 – neun Jahre nach der »*Werbung*« – wird »*eingeschätzt*«:

> »Er träumt von einer besonderen Rolle der CDU, sein Widerspruch ist ständig angeregt, weil er die CDU als gleichgeschaltet ansieht, im Schlepptau der SED befindlich … F. ist bigott und bibelfromm, das ist seine naive Reserve …
> Aufträge: Werden unter Vorbehalt erledigt. Den Brief an … hat er bis heute nicht geschrieben.«[1296]

Im Klartext: »Fortschritt« führt Aufträge nicht aus. Aber es kommt noch schlimmer. MfS BV Dresden meldet am 18.10.1965 nach Gera:

[1294] A.a.O., 42 ff. in Originalschreibweise, um die Legende von den hochqualifizierten MfS-Leuten zu widerlegen.

[1295] Quittung vom 05.08.1956.

[1296] A.a.O., Bl. 50.

»… ist in einem OPV negativ angefallen. Er nahm an einem Treffen des illegalen Vereins »Wernigeröder Kreis« im Mai 1965 teil.

Zum Zwecke der Koordinierung der operativen Bearbeitung ist die sofortige Verbindungsaufnahme durch Ihren zuständigen Mitarbeiter … unbedingt erforderlich.«[1297]

In der »*Einschätzung*« vom 09.01.1969[1298] schreibt der Einschätzende: »*Fortschritt*« bittet um »*Entlassung*«. Nach MfS wörtlich begründet:

»Von unserem Organ hat F. immer betont eine besondere Rolle, eine neutrale schiedsrichtende Funktion erwartet. Unter diesem Vorzeichen entstand seine Bindung zu uns. F. Kritiksucht gefiel sich unter dieser Voraussetzung in einer besonders offenen und taktisch ungeschützten Dreistigkeit.

Grundproblem Nr. 1 von F. war: Die gelebte und alltägliche soz. Demokratie in der DDR …«

Er hätte wohl zutreffend formulieren müssen: die fehlende Demokratie in der DDR.

»*Einschätzung* …« vom 12.12.1969:[1299]

»… entsprechend bekannter Feststellungen zur Person wird eindeutig klar, dass er nur von Fall zu Fall, als Quelle abgeschöpft werden kann … Eine Alternative-Nutzungsfrage könnte nur dahingehend beantwortet werden, die Akte des IM abzulegen …«

Das geschieht nicht. Im »*Auskunftsbericht 1707/9*«[1300] vom 29.11.1973 wird zwar eingestanden, dass seine Informationen »*keinen großen operativen Wert besaßen. Seine Berichterstattung war einseitig.*« Jedoch wird behauptet: »Die dabei von ihm erbrachten Informationen und Berichte konnten bei der Zersetzung des Rüstzeitheimes »Hoheneiche« operativ genutzt werden.«

Dass der Beitrag Saalfelder Kirchenältester zur »Zersetzung des Rüstzeitheimes« darin bestand, mehrere Male gegen 2 Uhr morgens auf dem Güterbahnhof in Saalfeld Ziegelsteine und anderes Baumaterial aus- und nach Transport durch einen Kirchenältesten mit LKW in Hoheneiche abzuladen, war dem MfS wohl bekannt, aber als Erfolgsmeldung über einen unbrauchbaren IM eben nicht brauchbar.

[1297] A. a. O., Bl. 53.
[1298] A. a. O., Bl. 62.
[1299] A. a. O., Bl. 64.
[1300] A. a. O., Bl. 129 ff.

Im Rahmen des Operativen Vorganges »Ufer« zur Zersetzung des Superintendenten von Saalfeld wird der Kirchenälteste vom »*AIM*«[1301] ohne sein Wissen zum IMS[1302] umregistriert, weil er als CDU-Mitglied noch ab und an Kontakt mit dem CDU-Kreissekretariat hat. Und er gehört zum Gemeindekirchenrat – nach wie vor. Gegenüber dem Angegriffenen verhält er sich nicht nur loyal, sondern unterstützt während all der Jahre, in denen er als Kirchenältester und auch als Stellvertreter des »Bearbeiteten« im Vorsitz des Gemeindekirchenrates tätig ist, alle Arbeit in der Kirchgemeinde mit großer Liebe zu seiner Kirche. Eine vom MfS ausgelöste anonyme Rufmordkampagne lehnt er nicht nur empört ab und bezeichnet sie als »primitiv«, sondern versucht auch nach Kräften, die vorgetragenen Beschuldigungen zu zerstreuen.[1303]

In bewusster Verfälschung dieser aktenkundigen Tatsachen behauptet die Abt. XX/2 der BV Gera am 07.04.1980:

> »Erst als der IM keine Funktionen mehr innerhalb der Thüringer Landeskirche bekleidete, engagierte er sich stärker in der inoffiziellen Arbeit. Das spiegelte sich in der operativen Bearbeitung des OV ›Ufer‹ und in der operativen Aufklärung und Absicherung der »Arbeitsgruppe christlicher Kreise« wider.«

Das Gegenteil ist wahr[1304] und kann in den MfS-Akten nachgelesen werden: Er engagierte sich noch stärker als vorher für seine Kirche und die vom MfS angegriffenen Mitarbeiter einschließlich des Superintendenten.

Fazit: Das MfS führt einen integeren, seiner Kirche treu ergebenen Kirchenältesten als GI und IM und IMS, ohne dass dieser sich für die angestrebten Ziele einspannen ließe. Der Registrierte setzt sich vielmehr zur Wehr, so gut das einem Ingenieur in einem VEB möglich ist, nutzt alle Gespräche, die Sache der Kirche mit Nachdruck zu vertreten, ergreift nachdrücklich Partei für seinen mit Zersetzung bedrohten Superintendenten – und »*meldet sich ab*«, als er genug hat.

Den Kern trifft die »*Einschätzung*« vom 30.05.1964:

> »Er träumt von einer besonderen Rolle der CDU, sein Widerspruch ist ständig angeregt, weil er die CDU als gleichgeschaltet ansieht, im Schlepptau der SED befindlich

---

[1301] »Archivierter IM-Vorgang« wird nach BStU MfS BV Gera, A 1488/88, I, 15, als IMS reaktiviert: »*Mit der Schaffung dieser Quelle sollen N. N. innerkirchliche Dienstverletzungen nachgewiesen werden.*«

[1302] Laut BStU-Abkürzungsverzeichnis 2007, 444, »Inoff. Mitarb. zur Sicherg. eines Verantwortungsbereichs«.

[1303] Nach BStU MfS BV Gera, AOP 659/77, Bd. II, 34.40.

[1304] Wie man den unter Anm. 1308 angegebenen Belegen entnehmen kann.

... Diese Einstellung würde zu unseren Lasten gehen, d. h. wir hätten versäumt, F. ideologisch zu beeinflussen. Damit würde jedoch nur eine halbe Wahrheit vermittelt. F. ist bigott und bibelfromm, das ist seine naive Reserve.«[1305]

Mir scheint, diese Geschichte sei dem »Braven Soldaten Schwejk«[1306] sehr viel näher als einer innerkirchlichen Verräterei. »Verraten und verkauft« wäre nach dem Willen und Bestreben des MfS der IM »Fortschritt« gewesen, wenn er sich Faustpfänder hätte abpressen lassen und auf die erwünschte Spitzelrolle eingeschwenkt wäre.

Unaufgeklärt bleibt bisher, warum und durch wen die Operative Information Nr. 60/75[1307] der BV Gera, in der vier Abhörergebnisse zusammengefasst sind, als Quelle dem IMS »Fortschritt« zugeschrieben wird. Denn Abhörmöglichkeiten standen dem Rentner und Kirchenältesten nicht zur Verfügung. Wer also soll mit dieser Quellenzuschreibung hereingelegt werden? Waren solche Sammelzuschreibungen von Informationen gang und gäbe? Und wenn ja, mit welcher Absicht? Für alle Betroffenen stellt dieser Vorgang eine ausgesprochene Teufelei dar, weil ungeschulte Leser dergleichen Fehlinformationen für zutreffend halten müssen. Aber er unterstreicht die Notwendigkeit hermeneutischer Bemühung und sorgfältigen Umganges mit den vielschichtigen Texten. Gegenüber Pfarrer Martin Kramer, Magdeburg, erklärt 1992/93 der letzte Leiter der BV Magdeburg, Abt. XX/4, »... er habe mitunter Ergebnisse unterschiedlicher Herkunft zu einem Bericht zusammengefügt und diesen Bericht dann mit dem Namen einer einzelnen Quelle aus den vielen in den Geschäftsgang gegeben.« (Brief Pfr. i. R.Martin Kramer an Verfasser vom 9. April 2010.)

[1305] BStU MfS BV Gera, AIM 373/80 I, 98.
[1306] Jaroslav Hašek: Die Abenteuer des braven Soldaten Schwejk, Berlin 1962.
[1307] BStU MfS BV Gera, AOP 659/77, 57.

SECHSTER TEIL:

»SUCHT IHR MICH, DANN LASST DIESE GEHEN!« WER AUF DIE KIRCHE ZIELT, TRIFFT CHRISTUS

Als die Häscher des Synhedrions, des Obersten Gerichtshofes Israels, Jesus im Garten Gethsemane festnehmen wollen, greifen sie im Dunkel der Nacht jeden, dessen sie habhaft werden können. Jesus stellt sich den Greifern entgegen: »Sucht ihr mich, dann lasst diese gehn!«[1308] Wer die Jünger Jesu antastet, meint ihren Herrn. Und so zielen die Angriffe des MfS im Auftrag von Partei- und Staatsführung nicht auf die Peripherie, sondern auf den Kern von Glauben und Kirche – auf Christus selbst.

Aufgrund der – wie das Beispiel des IM »Fortschritt« gezeigt hat – zu Erfolgsmeldungen geschönten und vielfach verfälschten »Berichte« wird mit oder auch ohne Kenntnis der Akten darüber diskutiert, was die Wühlarbeit der Stasi auf Seiten der »Bearbeiteten« erleichtert oder gar ermöglicht habe. Und es wird über besondere »Prägungen« spekuliert, die dem MfS zustatten gekommen wären. Hier ist Genauigkeit geboten. Für Vermutungen sind Belege zu erbringen.

[1308] Johannes 18,8.

19. Auf welche »Prägungen« trifft der Angriff des MfS gegen die Kirche?

In der Analyse des Phänomens »IM in der Kirche« – zweifellos ein Sonderfall der Kirchengeschichte des 20. Jahrhunderts – müssen nicht nur die Wege bedacht werden, die das MfS zur Gewinnung solcher »Mitarbeiter« beschritt, sondern auch die Frage, auf welche Prägungen dieser Angriff traf. Denn allgemein ist offensichtlich: Selten lag es an der Harmlosigkeit der »Kontaktierten«, an der Observierungsmasse *Volk*, die dem MfS »Kontakte« ermöglichte. Zumeist erschlichen sich haupt- und nebenamtliche Stasileute das Vertrauen der Arglosen durch gewissenlosen Missbrauch scheinbar unverfänglicher Beziehungen, wie eben am Beispiel »Fortschritt« dargestellt. Gezielte Täuschungsmanöver durch das MfS und seine Mitarbeiter tarnten sich harmlos als »Legendierung«.[1309]

Trifft es zu, dass auf Seiten der Umworbenen Voraussetzungen und Grundprägungen vorhanden waren, die eine Art Einladung für die Werber darstellten, zumindest ihnen die Arbeit erleichterten? Kurz: Können biographisch, theologisch oder anders begründete Vorverständnisse Hindernis oder »Einfallstor« für die Stasi sein?

19.1 Eignung nicht erforderlich

Keine Prägung kann als dem MfS besonders förderlich oder hinderlich gelten, weil es »Systemkonforme« und »Unangepasste«, »Ordnungstheologen«[1310] oder »Individualisten«, »Moderne«[1311] und »Konservative« oder Berliner und Thüringer gleichermaßen als Ziel der Bearbeitung ansah. Das MfS bildete seine Mitarbeiter für gegensätzliche Zielgruppen aus und passte sie im Bedarfsfalle diesen an. Als Grundsatz lässt sich aus den Akten ablesen: Allein ob die vermutete Gefährlichkeitsstufe der Zielperson oder durch ihre Stellung erhoff-

---

[1309] Vgl. Abschnitt 11.7.

[1310] Natürlich gingen die Hüter von *»Ordnung und Sicherheit«* mit *»ordentlichen Bürgern«* lieber um.

[1311] Pfarrer Messlin wird für das MfS interessant, weil er gerade als *»nicht kirchenleitungstreu«* gilt und in Cottbus in der Goßner-Mission mit *»neuen Methoden«* arbeitet (vgl. Anm. 543).

te Instrumentalisierung dem MfS nützlich erschien, war ausschlaggebend für Anwerbungsversuche oder Zersetzungspläne.

Das strategische Ziel des MfS entschied darüber, wer zu »bearbeiten« sei, nicht die »theologische« oder »psychosoziale« oder sonstige »Eignung«. Erst in der Phase der »Bearbeitung« spielten theologische, soziale, politische und andere Prägungen eine Rolle für die Wahl der als besonders geeignet erscheinenden Bearbeitungsmethode und der entsprechenden Bearbeiter mit einschlägiger Erfahrung.[1312] Theologische oder psychosoziale Prägungen waren für die Wahl der so oder anders geprägten Zielperson bedeutungslos.[1313] Insofern führt es in die Irre, eine Landeskirche auf ihre MfS-fördernden Theologien oder Traditionen abzuklopfen.

Beleg: Perspektiv-IM[1314] – wie immer sie theologisch oder politisch standen, wurden fallengelassen, sobald sich herausstellte, dass für sie kein »Aufstieg« mehr zu erwarten war oder sie von sich aus auf einen solchen verzichteten.[1315]

19.1.1   Im Gegensatz zum Selbstverständnis mancher ehemals jugendlicher Gruppen, sie seien besonders offen, demokratisch und deshalb gegen Unterwanderung stärker immun gewesen als andere, stellten sie nach »Grundorientierungen für die politisch operative Arbeit«[1316] einen bevorzugten Angriffsraum dar: Für den IM-Einsatz

> »muß besonders auf die Tätigkeit feindlich-negativer Kräfte an der Basis orientiert werden … Aus diesem Grunde müssen Werbungen besonders unter solchen jugendlichen Personenkreisen vorgenommen werden, die unter dem Einfluß bzw. im Blickfeld feindlich-negativer Kräfte stehen.

[1312] So eignete sich nach eigener Aussage MfS-Offizier Roßberg dank einer Jugendfreundschaft im Junge-Gemeinde-Milieu besonders für die »Kirchenlinie« (Roßberg/Richter: Kreuz, 12 f. u. ö.).

[1313] Den gegenteiligen Überlegungen von Planer-Friedrich: Einfallstore, 75 ff., die immer wieder abgeschrieben werden (z. B. Neubert: Vergebung, 150), ist aus Kenntnis der Einflusspläne des MfS und deren Niederschlag in den Akten zu widersprechen.

[1314] »Kandidaten« mit innerkirchlicher Aufstiegschance zu erhoffter Ausdehnung des MfS-Einflusses.

[1315] Pfarrer Klaus Herden, Schöndorf bei Schleiz: als Synodaler »auf Kontakt genommen« (MfS-Ausdruck; anders formuliert »kontaktiert«, Anm. des Verf.), dekonspiriert gegenüber dem Superintendenten. Setzt sich mit dessen Kenntnis telefonisch beim MfS für eine Lehrerin ein, die wegen Weitergabe von Einladungen für die Junge Gemeinde Disziplinarverfahren unterworfen wurde, ähnlich für einen Postangestellten. Nach Ausscheiden aus der Synode erlischt das MfS-Interesse.

[1316] BStU ZA, MfS JHS 24036, 105 ff.

Dazu gehören:
- ehemalige Bausoldaten, Jugendliche mit negativer Haltung zur Wehrerziehung bzw. Wehrdienstverweigerer,
- Schüler, Lehrlinge, insbesondere Abiturienten, die gesellschaftswissenschaftliche, medizinische oder künstlerische Studienrichtungen wählen,
- Teilnehmer an kirchlichen Jugendveranstaltungen, negative, vorbestrafte und zur Asozialität neigende Personen.«

Abgesehen von der aparten Zusammenstellung »gesellschaftswissenschaftlicher Studienrichtungen« mit »negativen, vorbestraften und zur Asozialität neigenden Personen« muss hermeneutisch für das Quellenverständnis unterstrichen werden: Nicht, wer sich aus irgendwelchen Gründen als besonders leicht zu werbender Musterschüler, beruflicher Versager,[1317] »Bürgerlicher« oder Vertreter einer »verknechteten Theologie«[1318] anzubieten scheint, sondern wer operativ interessant ist, soll geworben werden.[1319] Erst in der zweiten, der »Bearbeitungsphase«, werden »Negativeignungen« lediglich für die Wahl der Bearbeitungsmethode wichtig.

19.1.2   Werbungsabsichten auf Bezirksebene unter gerade nicht als »realistisch« eingeschätzten, sondern als feindlich-negativ geltenden Geistlichen bestätigen, dass es für »Feinde« immer zwei Möglichkeiten gibt: Anwerbung oder Zersetzung, zunächst wird meist beides gleichzeitig versucht.

»Personelle Schwerpunkte im Verantwortungsbereich und deren zielgerichtete operative Bearbeitung« der BV Gera[1320] zählen in dieser Reihenfolge auf:

- »OV ›Ufer‹ KD Saalfeld/XX 4/Gera, eingesetzt 8 IMV und IMS KD Saalfeld und 4 IMV der Abt. XX/4 Gera: »nach Schaffung[1321] kompromittierenden Materials erfolgt im Dezember 1974 Entscheidung über a) Anwerbung b) Zersetzung

---

[1317] Götz Planer-Friedrich nennt das »Peterprinzip« (Aufstieg wegen guter Leistungen auf »unterer Ebene« bis in die »Leitungsebene«, für die die Kompetenz fehlt) als »Einfallstor« für die Stasi (Planer-Friedrich: Trojanische Pferde, in: Seidel: Gottlose Jahre, 47 ff.). Ganz nebenbei zweifelt er die Kompetenz von Wahlgremien, Nominierungsausschüssen und Synoden an: »Auf Kirchenleitungsebene werden aber die Ämter selten nach Kompetenz oder Charisma vergeben.«, Planer-Friedrich: Einfallstore, 51.

[1318] Neubert: Vergebung, 149.

[1319] Harald Messlin, Cottbus, später Jena, wurde dem MfS gerade wegen seiner »modernen« Arbeit und seiner kritischen Haltung gegenüber der Kirchenleitung interessant (s. Anm. 546).

[1320] BStU MfS – HA XX/4, Nr. 3578, 3.

[1321] Vgl. Fallbeispiel: Werbungsversuch als Hilfsangebot.

— OPK »Superintendent«/XX/4/Gera, eingesetzt 3 IMV XX/4 Gera Ausbau der bereits aufgenommenen persönlichen Kontakte durch RL XX/4[1322]

— OV »Reaktionär« KD Rudolstadt/XX/4 Gera, eingesetzt: mehrere IMV und IMS d. KD und 5 IMV der Abt. XX/4 Gera

> Geplant ist: »Gewährleistung des eingeleiteten OV-Abschlusses durch Versetzung in eine andere Pfarrstelle.«

Weder theologische Prägung, denn alle drei sind theologisch unterschiedlich geprägt, noch ihre Stellung in einer »Hierarchie«, denn sie gehören unterschiedlichen Ebenen zu, und schon gar nicht ihre persönlichen Charakterzüge geben den Ausschlag für die MfS-Ziele, sondern allein ihre »operative Relevanz«, zu Deutsch: ihre Gefährlichkeit in den Augen der Späher. Und deshalb wird auch beim »Reaktionär«, Pfarrer Walter Schilling, Braunsdorf, erst Anwerbung, danach Zersetzung erwogen und diese Reihenfolge festgelegt.[1323]

19.2 MfS einladende landeskirchliche Strukturen?

Konzentrische Kreise der Verfassung der Ev.-Luth. Kirche in Thüringen
Wurde die »zentralistische« und »demokratiehemmende« Struktur der Thüringer Kirche wirklich analog zum »demokratischen Zentralismus« gestaltet (wie OKR Lotz behauptet haben mag)[1324] und bot sie Infiltrationsversuchen des MfS eine offene Flanke? Diese Argumentation stimmt weder historisch noch inhaltlich:

— Als die Verfassung der Landeskirche bis 1948 entstand, gehörte Thüringen zur Sowjetischen Besatzungszone. Es gab keinen »demokratischen Zentralismus«.

— Ihr Gestaltungsprinzip der »konzentrischen Kreise« nahm Erfahrungen der BK auf. Deren Vertreter in der ersten Kirchenleitung und Synode suchten einen verfassungsgesicherten Schutz gegen innerkirchliche Überfremdung. Sie wollten verhindern, dass per Abstimmung in »demokratischen Verfahren« noch einmal eine Minderheit wie einst die Deutschen Christen die Thüringer Kirche überfremden könne.

— »Konzentrische Kreise« bedeuten deshalb: Jeder Kreis hat sein Zentrum in Christus, der in Wort und Sakrament in seiner Gemeinde gegenwärtig ist. Wort und Sakrament sind das Zentrum aller Kreise.

[1322] RL = Referatsleiter XX/4, hier: Artur Hermann.

[1323] Schilling: Bearbeitung, in: Vollnhals: Kirchenpolitik, 222 f.

[1324] Planer-Friedrich: Einfallstore, 75.

Das heißt praktisch: Entscheidungen sind nicht zuerst eine Mehrheitsfrage, sondern haben sich »am Wort« zu begründen – wie die Ein-Mann-Minderheit Dr. Martinus Luther vor Kaiser und Reich allein aufgrund des biblischen Wortes die Wahrheit vertrat und Konzilien zum Entsetzen seines Kurfürsten kurzerhand für irrtumsfähig erklärte.

Für Wort und Sakrament Verantwortliche sind in einen Kreis Zugeordneter so eingebettet, dass jede »Ebene« von einer Gruppe um die mit Wort und Sakrament Beauftragten vertreten und verantwortet wird: Gemeindekirchenrat um Wort und Sakrament (verwaltet vom Pfarrer); Konvent um die geistliche Leitung durch Wort und Sakrament (Superintendent), Aufsichtsbezirk mit Ephorenkonvent um die geistliche Leitung durch Wort und Sakrament (Visitator), Synode und Landeskirchenrat um die geistliche Leitung durch Wort und Sakrament (Landesbischof), denn in Wort und Sakrament stehen alle um die Mitte: Christus.[1325]

Und deshalb hatten »Leitungsentscheidungen« sich an Schrift und Bekenntnis und an der im Sakrament versammelten und an Christus gebundenen Gemeinde prüfen zu lassen. Dass diese Verfassungsform – wie jede andere auch – nur so gut ist, wie die darin arbeitenden Personen sie wahrnehmen und nutzen, versteht sich von selbst.

Nicht an dieser »Struktur« der konzentrischen Kreise, sondern allein an der Art, wie Amtsträger mit Korrektur durch die sie umgebende Gemeinschaft sich dem Wort und dem Sakrament aussetzen, ist zu prüfen, was Fremdeinflüssen förderlich oder hinderlich ist, z. B. die vielfach apostrophierten »Alleingänge« von Moritz Mitzenheim oder die Fälle CDU-Höriger und MfS-Abhängiger, kurz: ob und wie Personen sie handhaben. Das Argument von der »demokratisch-zentralistischen« Struktur als »Stasi-Einfallstor«[1326] wäre nur stichhaltig, wenn sich die Fronten wirklich auf die Inhaber bestimmter Ämter bzw. Personen auf bestimmten Ebenen verteilt hätten. Nun lässt sich aber leicht nachweisen, dass zum Beispiel die »Struktur« des Superintendentenamtes nicht verhindert hat, dass verschiedene Träger dieses »Amtes«, also in dessen »Struktur eingebunden«, auch sehr unterschiedliche Haltungen ausgebildet haben, von angeblich »feindlich-negativen« Kräften über den bewusst Informationen an das MfS liefernden »Planeten« bis zum OibE – »Offizier im besonderen Einsatz«: »Johann Friedrich«[1327], Träger militärischer Auszeichnungen. Die übergroße Mehrzahl der Superintendenten erlag den Einflussversuchen nicht.

[1325] Abbild des Leibes Christi, da Christus das Haupt ist: Epheser 1,22; 4,15; Kolosser 1,18.
[1326] Planer-Friedrich: Einfallstore, 75.
[1327] S.u. Abschnitt 16.1

Ebenso finden wir in der »Visitatorenstruktur«[1328] keineswegs nur gelernte Despoten oder autoritäre Machtbesessene. Dort steht z. B. der über jeden Zweifel erhabene Oberkirchenrat Ernst Köhler, erprobter Mitstreiter in der BK und treuer Begleiter seiner »Ephorenrunde«[1329], »Herzog Ernst der Fromme«, wie ihn seine Pfarrer und Superintendenten liebevoll-spöttisch nannten, und auch der ebenso integere, ökumenisch versierte und bekannte Oberkirchenrat Dr. Wolfgang Schanze, Visitator in Weimar. Und es gab auf der anderen Seite Oberkirchenrat Prof. Dr. Walter Saft, den das MfS als besonders staatsloyal ansah und ihn gerne ins Bischofsamt lanciert hätte, weil man ihn für schwach und nachgiebig hielt. Die Synode wählte ihn nicht.

Ernst Köhlers Nachfolger, Dietrich Vogel von Frommannshausen-Schubart, sammelte die ihm Anvertrauten in so brüderlicher und offener Weise um sich, dass sie sich z. B. über Unterwanderungsversuche der Stasi[1330] gegenseitig informierten und auch amüsierten – von einer für alle bitteren Ausnahme abgesehen, die keinerlei Einfluss auf die Runde gewann. Davon wird noch die Rede sein müssen.[1331] In der Leitung der Diakonie löste den einfühlsamen Seelsorger Heinz Krannich der ernste Lutheraner Wolfgang Höser ab, in der »Thüringer Kirchlichen Konferenz« für viele wegweisend und zuverlässiger Halt.

Läuft die Methode, »*Einfallstore der Stasi*« überall sonst zu suchen außer in den menschenverachtenden Methoden der Stasi und ihren ausgeklügelten Verführungs- und Tarnkünsten, nicht auf die absurde Frage hinaus, womit das Opfer seine Not verschuldet habe? Im Klartext: nicht die Lügner, sondern die Belogenen sind schuldig?

19.3 Theologische Prägungen

Auf welche theologischen »Prägungen« trifft das MfS in den Kirchen? In der Diskussion über Kirche in Sowjetischer Besatzungszone und DDR werden theologische Prägungen in einer sonderbaren Ambivalenz erörtert: Einerseits

---

[1328] Vier Aufsichtsbezirke in Thüringen leiteten Visitatoren, unmittelbare Vorgesetzte der Ephoren.

[1329] Regelzusammenkunft der Superintendenten eines Aufsichtsbezirkes mit dem Visitator.

[1330] Dies geschah regelmäßig in den Ephorenkonventen des Aufsichtsbezirkes Süd, Meiningen, was auch die Stasi zähneknirschend eingestehen musste.

[1331] OibE »Johann Friedrich«, Superintendent Peter Raatz, Vacha, wird wegen Zuarbeit für das MfS mit einer Disziplinarstrafe belegt und vom Pfarrdienst suspendiert. Vgl. Abschnitt 16.1.

treten geistliche Gesichtspunkte in Beschreibung und Diskussion jener 40 Jahre so weit zurück, dass der Eindruck entstehen kann, sie spielten überhaupt keine Rolle. Es zählt nur, was politisch relevant erscheint und für die Interessen des Beobachters oder das Vor-Urteil eines Kommentators nutzbar gemacht werden kann. Andererseits überraschen Globalurteile, die »falsche« politische Haltungen aus »falschen« theologischen Positionen herleiten.[1332] In diesem Umgang mit kirchlicher Realität liegen östliche und westliche Beobachter nicht weit auseinander.[1333]

19.3.1 Entkirchlicht?

Aus Sicht der SED wird Kirche in all ihren Spielarten nach der Lehre des M.-L.[1334] auf ein primitives Schema gebracht: Christlicher Glaube stirbt mit dem Rest der überlebten bürgerlichen Gesellschaft und ihrer Ideologie. Propagandistisch nutzbaren »Annäherungen« an Kirche zum Trotz – so etwa im »Lutherjahr« – änderte sich an ihrer Beurteilung bis 1989 nichts.

Die Entwicklung aber gab der ruhigen Entgegnung zahlloser Prediger Recht: *»Die Schlünde der Hölle sollen sie nicht verschlingen.«*[1335] Wohl setzte unter dem massiven Druck von mehr als 40 Jahren[1336] eine Entkirchlichung hinter volkskirchlichen Ritualen ein, die zunächst nicht sehr ernst genommen wurde. Nach dem Einbruch durch die Jugendweihe wird es dann – beim Abblättern von Generation zu Generation – heißen: *»gründlich ausgetrieben!«*[1337] Das gilt noch immer.

Gibt es in dieser Hinsicht wirklich signifikante Unterschiede zwischen den Landeskirchen? Allenfalls in der Hinsicht, dass ein Süd-Nord-Gefälle in Kirchenzugehörigkeit und Gottesdienstbesuch statistisch nachgewiesen werden konnte, auffälligerweise grenzüberschreitend auch für Westdeutschland gültig.

[1332] Moderne Gemeindearbeit (Goßner-Mission) und Friedenskreisarbeit.

[1333] Vgl. Fallbeispiel: Fritz Pleitgen und die Arbeit der Laien in der Kirche.

[1334] Saloppes Kürzel für Marxismus-Leninismus.

[1335] Matthäus 16,18.

[1336] Inklusive Nazizeit 60 Jahre!

[1337] Ehrhart Neubert: »gründlich ausgetrieben«. Eine Studie zum Profil und zur psychosozialen, kulturellen und religiösen Situation von Konfessionslosigkeit in Ostdeutschland und den Voraussetzungen kirchlicher Arbeit (Mission), Berlin 1996.

19.3.2 Gefälschte Landkarten

DDR-Landkarten zeigen die kartographische Ideologie ihrer vermeintlich Mächtigen in Farbe: Entweder endete »Landschaft« an den Grenzen der DDR überhaupt und danach war Leere, oder jenseits des »Grenzwalles zum Imperialismus« fanden sich gerade noch pastellen angedeutete Flächen mit einem Flusslauf, Bergzug oder Waldgebiet. Städte, Dörfer, Straßen, Eisenbahnlinien – Fehlanzeige. Es gab also Bilder einer Landschaft heute nur diesseits der Grenze, dafür prähistorische Gegenden vor der Besiedlung durch den Menschen jenseits der Linie Metallgitterzaun.

Solcher Verfälschung der Wirklichkeit entsprechen die Klischees einer Stasilandkarte und ihrer Gläubigen unter Nachwendezensoren. Als »*cantus firmus*« beim Staat wie leider auch in kirchlichen Kommentaren ist seit 1958 zu hören: Thüringen war »staatsnah«, Mecklenburg und Berlin-Brandenburg ein bißchen mehr als die anderen, der Rest »widersprüchlich« – je nach aktueller Beurteilung in der Arbeitsgruppe Kirchenfragen beim ZK der SED oder im Politbüro.

Im Gegensatz zu solch zweifelhaften Etiketten, die bereits eine SED-Geschichte hinter sich hatten, ehe sie in die Kirche einwanderten, und inzwischen von Generation zu Generation auch außerhalb der Partei weitergereicht werden, verliefen die theologischen und kirchenpolitischen Unterschiede quer durch alle Generationen und Landeskirchen und machten an der Staatsgrenze nicht Halt. Das hat sich in den Auseinandersetzungen mit der SED noch verschärft: Die Palette umfasste in jeder Landeskirche die Farben von CDU-CFK-WAK[1338] bis zu kritischen Kräften in Synoden und Gemeinden, in Kirchenleitungen, »Mittlerer Ebene«[1339], Jugendgruppen und der Akademikerarbeit.

»Thüringen« auf bestimmte Theologien einebnen zu wollen, zeugt von fehlender Geschichtskenntnis und Volkskunde.

Seit der Aufteilung des Königreiches Thüringen zwischen Sachsen und Franken 531 nach der Schlacht bei Burgscheidungen zerfiel das Land bis 1918 in immer mehr und folglich immer kleinere Gebilde und wurde 1952 schließlich in drei Bezirke gepresst. Der flickenreichen politischen Landkarte der Kleinstaatenversammlung »Thüringen« entsprach und entspricht ein ver-

---

[1338] Die Abkürzung kann wechselweise für »Weimarer Arbeitskreis« wie auch für »Weißenseer Arbeitskreis« gelten – welch Zufall! Beide galten dem MfS als zu fördernde Fortschrittsgruppen im Versuch, die Kirchen zu unterwandern und sie in einander befehdende Gruppen zu spalten.

[1339] Konvente, Kirchenältestentage und informelle Superintendenturgremien *vor* Einführung einer verwaltungsakzentuierten Kirchenkreisstruktur.

gleichbar buntes Feld unterschiedlicher bis gegensätzlicher Frömmigkeitsprägungen ehemaliger Zwergstaaten. Sie reichen bis in die Gegenwart hinein und verschleifen sich nur langsam.

In neueren Versuchen, »thüringische Anfälligkeit« auf die dreißiger und frühere Jahre zurückzuführen, wird völlig übersehen, dass aus Schlesien, Pommern und Ostpreußen Theologen nach Thüringen kamen, die wacker das Ihre taten gemeinsam mit hier Ansässigen. Die Stasi aber wurde mit beiden nicht fertig.[1340] Wie sonst wäre es erklärbar, dass im Gegensatz zu groben Vereinfachungen heutiger Deutungsbeflissener republikweit wirksame Brennpunkte der Auseinandersetzung mit dem Staat gerade im angeblich »staatsnahen Thüringen«, zum Beispiel an der »Schwarzen Front«[1341] im Dreieck Lobenstein – Saalfeld – Rudolstadt lagen? Dort ergänzte sich gleichermaßen bekenntnistreues Gemeindeleben (seit frommen Fürsten jahrhundertelang und durch die Bekennende Kirche in der NS-Zeit) mit einer sehr lebendigen und vielfältig offenen Jugend- und Gemeindearbeit, die sich keineswegs auf »Offene Arbeit« im engeren Sinne beschränkte.

Thüringen war immer mehr und immer anders, als geschichtslose MfS-Strategen es wünschten. Wie sonst konnten – mutwillig gezogenen politischen und ideologischen Grenzlinien zum Trotz – im »preußischen Erfurt« die lebendigsten Kirchentage mit Gemeinden aus dem fränkischen Süden, der »Kirchenwüste« nördlich von Weimar, dem lutherischen Osten und der bekenntnistreuen Rhön gefeiert werden? Wie sonst konnte Jena mit Zeiss und Schott und einer unberechenbaren Studentenschaft und später der bunten Jugendarbeit zwischen 1953 und 1989 zum Dauerproblem für das MfS werden?

Im angeblich »erzkonservativen Eisenach« strömten Jugendliche zu Tausenden zu Landesjugendsonntagen – aus den eben beschriebenen Gebieten samt ihren gegensätzlichen Frömmigkeitsprägungen – und Schmalkalden und das »Henneberger Land« zogen ebenso »hinauf auf das Fest«[1342] wie Saaletal und Rennsteighöhen.

Ideologische Städtebilder grassieren nicht minder und täuschen die Betrachter: Kann es sein, dass »Weimar« als Synonym für angepasste Kirche gilt, wo es z. B. im März 1960 im Handgemenge der Zwangskollektivierung der Landwirtschaft einen kirchlichen »Bauerntag« und tägliche Konfrontationen zwischen den Rollkommandos der Werber und Pfarrern und Kirchenältesten gab,

---

1340 Manfred Sondershaus und Traugott Schmitt in Rudolstadt, Otto Welk in Schmölln u. v. a.
1341 »Schwarze« oder »Bekenntnisfront« im MfS-Jargon meint Mitglieder der Lutherischen Bekenntnisgemeinschaft oder ihnen nahestehende kritische Theologen und Laien.
1342 Lukas 2,42.

die den Bedrängten zu Hilfe eilten? Wo 1968 ganze Regionen gegen die Besetzung der ČSSR durch Truppen des Warschauer Paktes mit DDR-NVA-Kon-
tingenten protestierten, Kanzelabkündigungen verfassten und verlasen und
CDU-Beschwichtigungsbesuchen widerstanden?

Kann es angehen, dass Spätbetrachter mit ihren Analysen – wie einst das
MfS – nur einen jeweils zeitlich sehr begrenzten Stand der Dinge mit einem
Ortsnamen verbinden, das Davor ausklammern und das Danach ignorieren?
Und das in doppelter Verzeichnung: Wenn von der »Staatsnähe« Thüringens
geredet wird, meint man einen »Kurs Mitzenheim« unter dem Schatten von
Gerhard Lotz. Wenn von kritischer Widerständigkeit geredet wird, begnügt
man sich mit dem Hinweis auf »Inseln« der »Offenen Arbeit«. Beides ist unzu-
lässig verkürzt und deshalb falsch:

– Lotz hatte nicht einmal die Landessynode, geschweige denn die Landeskirche »im Griff«, wofür er – allen Auszeichnungen durch den Staat zum
  Trotz – heftig von CDU und SED gerügt wurde,[1343] und den Landesbischof höchst selten. In der Synode musste er sich von Tagung zu Tagung
  seiner Haut wehren, obsiegte oder unterlag wie andere auch.
– Formen Offener Jugend- und Erwachsenenarbeit entfalteten sich in, mit
  und unter der Arbeit in allen Altersgruppen ganz unterschiedlicher, auch
  »herkömmlicher« Prägung. Alle Gruppenarbeit lebte im Schutz von und
  gestützt durch lebendige Gemeinden. Sie auf eine angebliche »Insel im Roten Meer« Braunsdorf[1344] zu reduzieren, tut vielen jungen Menschen und
  den mit ihnen lebenden Gemeinden Unrecht. Die »Insel« konnte sich nur
  halten, weil sie vom Festland einer nicht gleichgeschalteten Landeskirche
  umgeben war und treue Fürsprecher bis in Synode und Landeskirchenrat
  hatte, die für diese Arbeit eintraten.

19.3.3 Und wofür steht der sonderbare Begriff »Mitzenheimpolitik«?

Kaum ein Bischof ist mir begegnet, der sich in gleicher Weise landauf, landab
auf zahllosen Gemeindetagen, die weithin sichtbare Demonstrationen auch
von Seiten der Gemeinde gegen die Politik des sozialistisch sein wollenden
Staates darstellten – mit Tausenden von Gemeindegliedern – gegen die Zerstörung der Jugendarbeit durch FDJ und Bildungswesen, gegen die Durch-
peitschung der Jugendweihe, gegen die Menschenrechtsverletzungen bei der

---

[1343] BStU ZA, MfS, Nr. 3043/86, Bd. II, 16–18.
[1344] Walter Schilling: Die 68er Insel im »Roten Meer«, Interview von Andreas Dornheim, in:
Dornheim/Schnitzler: Thüringen 1989/90, 193 ff.

Zwangssozialisierung gewandt hat und Deportationen aus dem Grenzgebiet vor Ort protestierend entgegentrat. All dies begegnet in seinen Rundbriefen – jedermann zugänglich.

Formeln wie »Mitzenheimpolitik« oder noch seltsamer »Mitzenheimismus«[1345] entspringen einer Geschichtslosigkeit, die ernsthaften Untersuchungen eigentlich nicht unterlaufen dürfte. Gegen die unhistorische Karikatur von Moritz Mitzenheim mit seiner ganzen Landeskirche muss an Jahre und Jahrzehnte erinnert werden, in denen er und *»seine Thüringer«* mit den Nachbarn ihr Reden und Tun vor Gott geprüft haben: »Herr, was willst du, das wir tun sollen?«

19.3.4 *»Oppositionelle Kreise«*

Ende der fünfziger Jahre versuchte das MfS über die CDU-Spitze und Agenten auf Gerhard Lotz und durch CDU-Repräsentanten auf irrtümlich als *»fortschrittlich«* eingeschätzte Superintendenten und potentielle Mitglieder des Landeskirchenrates einzuwirken, um eine *»Opposition«* gegen Mitzenheim aufzubauen. In ihrem blinden Eifer warfen Stasi-Agenten die Lutherische Bekenntnisgemeinschaft gleich mit in den Topf angeblich *»Oppositioneller«*. Sie übersahen, dass diese *»oppositionell«* nur insofern waren, als sie aus Gründen der Glaubensverbindlichkeit einen noch schärferen als Mitzenheim *»Kurs«* gegenüber dem Staat anstrebten. Sie traten für eine *»verbindliche Kirche«* ein, wie ein Memorandum der Thüringer Kirchlichen Konferenz und der Lutherischen Bekenntnisgemeinschaft forderte.

Die Bedeutung des Begriffes »Opposition« – bezogen auf Thüringen – wechselt innerhalb und außerhalb der Stasiakten mehrmals, was einige Verwirrungen unter den Interpreten zur Folge hat.

Ende der fünfziger Jahre wurden alle darunter zusammengefasst, die irgendwie mit Landesbischof Moritz Mitzenheim nicht einverstanden waren, auch die aus rein theologischen Gründen seine öffentlichen Auftritte hinterfragten. Später werden Kritiker staatlichen Vorgehens so benannt.[1346] Schließlich wandern die westlichen Medien entstammenden Bezeichnungen *»oppositioneller Kräfte«*

[1345] Die seltsame Wortschöpfung »Mitzenheimismus« erinnert an die Inflation von -ismus-Etiketten der SED-Ideologen. Vgl. Christian Dietrich: Die Gründung des Bundes der Evangelischen Kirchen der DDR in den Jahren 1968/69, in: Seidel: Gottlose Jahre, 29.

[1346] So nach IMV »Etzdorf«, BStU MfS IMV »Ingo«, Reg.-Nr. 10679/60, Teil I, 57 f., im Gespräch mit dem Synodalen Albert Gerstner, Gräfenthal. 1983 auch BStU ZA, MfS – HA XX/4, Nr. 8, 316 f.

in die DDR ein und gelangen so in den Sprachgebrauch der Sicherheitsanalysen auch des MfS.[1347] Nach 1989 begegnen sie als Selbstbezeichnung verschiedener Gruppen, die sich als Träger der Revolution verstehen.

19.3.5 Generationenunterschiede spielten in Gestalt und Leben der Kirchen in der DDR eine wesentlich größere Rolle als landeskirchliche Prägungen. Sie wirkten sich in Gruppenbildungen aus, so in Landes-, Bundes- und VELK-Synoden, in verschiedenen Arbeitsbereichen und theologischen Interessengruppen, in der Akademie, in der Kirchentagsarbeit u. a.

Vorkriegs-, Kriegs-, Umbruchs-, Nachkriegs- und DDR-sozialisierte Generationen unterscheiden sich – auch wegen der nach 1949 sehr eng begrenzten Wahlmöglichkeiten für bestimmte Ausbildungsstätten bzw. Fakultäten so stark, dass schon innerhalb eines Predigtkreises wie z. B. Superintendentur Weimar-Süd fast so viele »Theologien« aufeinandertrafen, wie Pfarrer dort mitarbeiteten. In der Haltung gegenüber Landesbischof Mitzenheim spielten unterschiedliche Erfahrungen verschiedener Generationen eine prägende Rolle:

– Respekt vor seinen Leistungen im Neubeginn 1945;
– Dankbarkeit für seinen entschlossenen Widerstand gegen die Kinder- und Jugendverfolgung von 1953;
– Unverständnis angesichts vermeintlicher oder wirklicher Eigenwilligkeiten (z. B. Wortführung beim Kommunique von 1958 mit dem Ergebnis: *»Wir respektieren den Aufbau des Sozialismus«*);
– Zorn darüber, dass er sich im August 1961 von Gerhard Lotz zur Annahme des Vaterländischen Verdienstordens unmittelbar nach dem Mauerbau überreden ließ, obwohl er schon abgesagt hatte.[1348]

Es funktionierte auch eine thüringenweite Kooperation mit der KPS, mit Schmalkalden und Schleusingen in der Jugend- und Kirchentagsarbeit, die vor allem von Mitarbeitern und Pfarrern beider Landeskirchen getragen wurde. Auch gab es den Landeskirchengrenzen überschreitenden »Ketzerkonvent« der Ordinanden 1957 – eine theologische Arbeitsgemeinschaft in Jena mit Pfarrern aus der KPS[1349] und Thüringen um Klaus-Peter Hertzsch.[1350]

[1347] Mitarbeiter des Staatssekretärs für Kirchenfragen beklagten öfter, dass sie mit ihren Analysen immer zu spät kämen, weil »ganz oben« die Sicht der Dinge längst von Tagesschau, Tagesthemen, Kennzeichen D, Report, Monitor und anderen übernommen worden sei.

[1348] Danach konnte im Südkreis Weimar erklärt werden: *»Hier beginnt bischofsfreies Gebiet.«*

[1349] Z. B. Rudolf Krauße, Eisleben; Hans Treu, Lauchhammer; Woldemar Schultz, Nordhausen.

[1350] Vgl. Ludwig Große: Mutuum colloquium et consolatio fratrum, Erinnerungen an einen

Niemand verstand sich besonders als Mitzenheimjünger oder »Gogartenianer«[1351]. Mit Bonhoeffer versuchte nicht nur die jüngere Generation in gemeinsamer theologischer Arbeit an Texten und Themen in regelmäßigen Predigtvorbereitungskreisen gemeinsam herauszufinden, was Gott mit seiner Kirche in diesem Lande vorhabe.

19.3.6 Mit der »Generationenfrage« wird die Wirkung von Herkunft und »Milieu« zur Debatte gestellt. Was haben die Älteren mit diesem Staat und seinen »Vorgängern« schon erlebt?

Im Gespräch der Generationen schlugen die »Fronterfahrungen« der Bekennenden Kirche und des »Bundes der Mitte«[1352] aus den Jahren durch, in denen die Minderheit »*Deutscher Christen*« in Thüringen die Kirchenleitung stellte. In der BK waren in den Gemeinden und Kirchenkreisen Thüringens Formen geistlicher und theologischer Selbständigkeit eingeübt worden, von denen die nächste Generation nun profitieren konnte. Inzwischen erreichbare Zeugnisse aus den Zeiten des inneren Widerstandes taten ihr Übriges. Bonhoeffers nach und nach ins Land blätternde Schriften haben nicht nur Diskussionen geprägt, sondern auch kirchenpolitische Vorstellungen korrigiert und Gemeindearbeit in Bewegung gebracht. In den Auseinandersetzungen mit dem atheistischen Staat und seinen Steigbügelhaltern fanden sich in den fünfziger und sechziger Jahren junge Theologen zur noch arbeitenden »BK«.

Das widerspricht gängigen Klischees von evangelischer Kirche in Thüringen, wie sie fort und fort kolportiert werden. Die »Prägung« dieser Nachkriegsgeneration lag vor allem in gemeinsamer theologischer Arbeit vor Ort mit Nachbargeistlichen, Mitarbeitern, Predigtkreisen und Jugendgruppen (Weimar, Tannroda, Saalfeld usw.) und in der gemeinsam bedachten und oft gemeinsam gestalteten Gemeindearbeit über den Horizont des eigenen Kirchspiels hinaus. In theologischen Arbeitsgemeinschaften auch außerhalb der BK und Thüringens fanden diese Gruppen wichtige Gesprächspartner – z.B. die Generalsuperintendenten Ringhandt, Berlin und Günter Jacob im »Reichsbru-

---

Ketzerkonvent, in: Klaus Petzold/Klaus Raschzok (Hg.): Vertraut den neuen Wegen. Praktische Theologie zwischen Ost und West, Leipzig 2000, 72.

[1351] Die angeblich bestimmende Theologie Friedrich Gogartens, die durch den Weimarer Arbeitskreis, Walter Grundmann, Oskar Ziegner, Superintendent Glombitza u. a. thüringenweit wirksam geworden sei. Mir ist sie nur in der Ablehnung durch den Jenaer Systematiker Gerhard Gloege begegnet.

[1352] »Bund der Mitte« oder »Wittenberger Bund« stand mit der BK gegen die DC, aber fühlte sich dem »liberaleren Geist« verpflichtet, der von der Jenaer Fakultät ausging, ehe DC sie okkupierten.

derrat« der BK Martin Niemöller und Kurt Scharf, später Jürgen Moltmann und andere westdeutsche Partner. An den Vorabenden der Synodaltagungen trafen sich die synodalen Mitglieder der BK im Diakonissenmutterhaus Eisenach zu Vorabsprachen, ohne dass der Einzelne einem Fraktionsdruck ausgesetzt gewesen wäre.

19.3.7 Aus dem Schubfach- und Schwarz-Weiß-Denken von MfS und Partei (»*Feindlich-negativ*« oder »*realistisch-progressiv*« usw.) entwickelten sich nach 1989 ähnliche Schnittmuster, nun gewissermaßen im Gegenlicht: »*Apologeten und Aufklärer*«,[1353] »*Apologeten und Ankläger*«,[1354] ja, es wird eine »*apologetische Aggressivität*«[1355] diagnostiziert, wo mit klaren Abgrenzungen lediglich verwaschenen Begriffen und allzu schlichten Analysen zu begegnen war.

Wo Fehlinterpretationen kirchlichen Handelns und Verzeichnungen historischer Prozesse begründet widersprochen wird und absolut gesetzte Teilerfahrungen hinterfragt werden, geht es nicht um Apologie, sondern um das ganze Bild einer Geschichte, die Generationen vor uns verantworteten – mit dem Maß der ihnen gegebenen Einsicht. »*Sine ira et studio?*« So wenig bei Zeitzeugen wie bei später Geborenen das eigene Erleben und die eigenen Grundprägungen verleugnet werden können, sollten auch Zorn und Eifer in der historisch-kritischen Auseinandersetzung nicht hinter Scheinobjektivität versteckt werden. Niemand kann aus seiner Existenz heraustreten in sterile Neutralität und sollte deshalb auch nicht so tun. Es ist vielmehr auszusprechen, aus welchen Gründen und Hintergründen der mühsame Weg zum Verständnis von Vergangenem beschritten wird.

Zugleich gilt: Der Versuch bleibt unabdingbar, durch Differenzierung von Urteilen und Protest gegen Vor-Urteile diesem Vergangenen annähernd gerecht zu werden. Korrektur ist um der Wahrheit willen nicht nur zuzulassen, sondern einzufordern, wenn Anfragen an die Vergangenheit gestellt und kurzschlüssiger Umgang mit Geschichte vermieden werden sollen.

Der Krieg der SED, der Staatsorgane und der Bündnistruppen der Partei gegen Kirche und Glaube währte 40 Jahre. Auf welchen Teil, auf welchen Aspekt, auf welchen Arbeitsbereich von Kirche vor allem richtete sich die Zersetzungsabsicht?

[1353] Z. B. bei Neubert: Vergebung, 2.
[1354] A. a. O., 29.
[1355] Seidel: Gottlose Jahre, 14.20.

20. Zeugnis und Dienst der evangelischen Kirchen im Visier des MfS

In der Auseinandersetzung von Partei- und Staatsführung der DDR mit den Kirchen und hier vor allem mit den evangelischen Landeskirchen spielte sich ein erbittertes Ringen der Grundüberzeugungen ab, zwischen denen eine Vermittlung oder auch nur Annäherung auf Dauer wegen der sich ausschließenden geistigen Grundlagen beider überhaupt nicht denkbar war. Die Phasen der Auseinandersetzung bilden zugleich den Zusammenprall ideologisch-politischer Zielsetzungen des antitheistischen Staates mit Zeugnis und Dienst evangelischer Kirchen ab.

Konflikte der Kirchen mit dem SED-Staat begannen eben nicht erst im politischen Bereich, als habe es einen rein religiösen Raum gegeben, innerhalb dessen jeder ungekränkt seines Glaubens hätte leben können, und einen davon abgetrennten, in dem man sich allen möglichen »humanistischen Zielen« hätte verpflichten oder ihnen widerstehen sollen. Dieses Bild trugen zwar die Funktionäre der SED und aller Blockparteien vor sich her. Sie nahmen es aber nicht einmal selber ernst.

Die SED übersah zu lange: Wie Kirche mit ihren Gliedern in der Welt lebt (was sich nach irriger Auffassung der marxistisch-leninistischen Partei irgendwie für die Diktatur des Proletariats vereinnahmen lassen sollte), leitet sich aus den Glaubensgründen der Kirche Jesu Christi und aller Glieder her, letztlich aus der schriftgemäßen Verkündigung des Evangeliums und der stiftungsgemäßen Verwaltung der Sakramente. Zeugnis und Dienst der Kirche sind von Jesus Christus nicht ablösbar, der spricht: »*Ich bin der Weinstock, ihr seid die Reben. Ohne mich könnt ihr nichts tun.*«[1356]

In der Lehre Luthers von den beiden Herrschaftsweisen Gottes, die missverständlich »*Zwei-Reiche-Lehre*« genannt wird, bleibt das Handeln der Vernunft unter Gottes Herrschaft und ihm verantwortlich. Darin trifft sie sich mit der Lehre von der Königsherrschaft Jesu Christi, wie sie in der These 1 der Theologischen Erklärung von Barmen, die 1934 auch durch Lutheraner akzeptiert und unterzeichnet wurde, für unsere Zeit Gestalt gewonnen hat:

[1356] Johannes 15,1 ff.

> »Jesus Christus, wie er uns in der Heiligen Schrift bezeugt wird, ist das eine Wort Gottes, das wir zu hören, dem wir im Leben und im Sterben zu vertrauen und zu gehorchen haben.«

Und These 2:

> »Wie Jesus Christus Gottes Zuspruch der Vergebung aller unserer Sünden ist, so und mit gleichem Ernst ist er auch Gottes kräftiger Anspruch auf unser ganzes Leben; durch ihn widerfährt uns frohe Befreiung aus den gottlosen Bindungen dieser Welt zu freiem, dankbarem Dienst an seinen Geschöpfen.
>
> Wir verwerfen die falsche Lehre, als gebe es Bereiche unseres Lebens, in denen wir nicht Christus, sondern anderen Herren zu eigen wären, Bereiche, in denen wir nicht der Rechtfertigung und Heiligung durch ihn bedürften.«

Es konnte also gar keine *»Umbildung des Stoffes Religion«* durch *»Einbeziehung der Christen in die Mitarbeit an der sozialistischen Gesellschaft«* geben, wie es in den späten achtziger Jahren Dr. Dohle, Büroleiter des Staatssekretärs für Kirchenfragen und IM »Horst«, in seiner Dissertation noch träumte. Vielmehr mussten im »Vierzigjährigen Krieg« mit einem totalitären Regime und seinem *»humanistischen«* Anspruch die Kirchen in der DDR die dialektische Korrespondenz von »Zwei-Regimenten-Lehre« und »Lehre von der Königsherrschaft Jesu Christi« als komplementär aufeinander bezogene Ausdrucksweisen des *einen* Glaubens begreifen, ihre spannungsvolle Einheit beschreiben und damit leben.[1357]

Dieses Ineinander von Glaube und Leben, von »Dogmatik« und »Ethik«, blieb den Parteistrategen immer verborgen. Ihr Mangel an Verstehen führte in der Konsequenz zum nervenaufreibenden Taumelkurs der Genossen gegenüber den Kirchen: Sie reagierten, aber sie regierten nicht. Sie konnten weder wahrnehmen noch wahrhaben, dass politische Entscheidungen von Kirchen und ihren Gliedern ihren Wurzelgrund im Glauben, also in der Bindung an Christus haben. Sie begriffen gerade noch, dass es Einwände gegen die angeordneten marxistisch-leninistischen Bildungsziele geben konnte. Sie verstanden nie, dass Verantwortung vor Gott für den Frieden zum Beispiel Erziehung zu Hass und Gewalt ausschließt. Denn alles Reden und Handeln protestantischer Kirchen versteht sich als Schriftauslegung, auch in der Gesellschaft.

Das kann nach kritischer Prüfung gesellschaftlicher oder politischer Entwicklungen von Fall zu Fall Zustimmung oder auch Protest bedeuten. Irritiert von solcher vermeintlichen Widersprüchlichkeit reagierten Partei, Staatsorgane und MfS nun ihrerseits ausgesprochen widersprüchlich, weil zu simpel: Jede Zustimmung von kirchlicher Seite zu einzelnen Schritten oder gar pro-

---

[1357] Rogge/Zeddies: Kirchengemeinschaft.

grammatischen Entwürfen war hochwillkommen und wurde nach innen und nach außen propagandistisch verwertet – ohne Prüfung, woher die Zustimmung denn komme und ob sie nicht Zündstoff berge. Der Streit um »Frieden« beweist das ebenso wie die Verselbständigung der Kirchen in der DDR.

Jede kritische Äußerung hingegen griff der Staat unter den tödlichen Schlagworten *»feindlich-negativ«* bis zu *»konterrevolutionär«* heftig an und reagierte mit besonderen Maßnahmeplänen, Operativen Vorgängen, Verboten und Pressekampagnen. Und nahm offenbar zu keiner Zeit wahr, dass er sich damit des schöpferischen Streites der Meinungen beraubte, den jedes Gemeinwesen braucht, das leben will.

Der Staat blieb dem Traumbild von einer aufs Kultische beschränkbaren Kirche verhaftet, wie es die sowjetischen Genossen aus Erfahrungen mit der Russisch-Orthodoxen Kirche mitbrachten. Denn in dem Augenblick, da Kirche öffentlich redete und in die Gesellschaft hinein auf ihre Weise wirkte, wiesen Parteien und Staatsführung sie zurecht in der Absicht, sie auf den kultischen Raum zu beschränken. Sie zielten mit Worten auf die Peripherie, aber administrativ immer aufs Zentrum. Dann war für Spitzel und Spione Hochkonjunktur.

Aus den Kernaufgaben kirchlicher Arbeit wird nun eine Auswahl den gesellschaftspolitischen Zielen der Partei und den Aktivitäten des MfS gegenübergestellt. Weil hier die Ev.-Luth. Kirche in Thüringen untersucht wird, setzt diese Beispielsammlung auch bei Thüringen ein.

20.1 Verkündigung für alle: »Raum für das Evangelium«

Landesbischof D. Moritz Mitzenheim beschrieb 1957 uns Vikaren der nächsten Generation als eine der Kernaufgaben der ganzen Kirche und in ihr zuerst der Kirchenleitung: *»Raum schaffen für das Evangelium«*.[1358] Konkret hieß das für ihn gegenüber der sowjetischen Besatzungsmacht, Gardegeneral Kolesnitschenko, und der jeweiligen Regierung der DDR, das Recht auf freie kirchliche Verkündigung an alle Generationen, uneingeschränkte Seelsorge in allen Bereichen, diakonische Arbeit an allen, die es begehren, bis in den Dienst an der Gesellschaft hinein, Versammlungsfreiheit ohne staatliche Bevormundung und nichtzensierte Kirchenpresse einzuklagen und damit zugleich für Gewissens- und Glaubensfreiheit aller Menschen einzutreten.

[1358] Mitzenheim/Björkmann: Lebensraum, sehe ich als unerlässliche Pflichtlektüre für Mitzenheim-Interpreten an, ehe sie urteilen.

Landesbischof Mitzenheim kämpfte nicht hinter verschlossenen Türen oder mittels diplomatischer Zwischenträger auf verschlungenen Wegen – auch nicht über SED und CDU, sondern aus bewährten Erfahrungen der zwanziger Jahre als Pfarrer in Saalfeld bis zu seinem Dienstende immer im direkten Gespräch mit den Zuständigen. Wer das heute »Geheimdiplomatie« nennt, sollte sich deshalb sein Urteil über das, was Mitzenheim in direkten – und per Brief den Gemeinden unmittelbar anschließend mitgeteilten – Aktionen getan und erreicht hat, noch einmal durch den Kopf gehen lassen und seine Rundbriefe nachlesen. Moritz Mitzenheim mag manchen seiner Schritte ähnlich verstanden haben wie Paulus seine missionarischen Alleingänge:

> »Da es aber Gott wohlgefiel, dass ich seinen Sohn durchs Evangelium verkündigen sollte unter den Heiden, da fuhr ich zu und besprach mich nicht mit Fleisch und Blut, ging auch nicht hinauf nach Jerusalem zu denen, die vor mir Apostel waren, sondern zog hin nach Arabien und kam wieder nach Damaskus.«[1359]

Das kann anmaßend wirken, wenn übersehen wird: Beide empfanden ihre »Alleingänge« als unaufschiebbaren Gehorsam gegenüber dem Ruf zum Dienst. Wer also hinter des wackeren Thüringers Direktaktionen nur Lotzens Einflüsterungen oder die der Staatssicherheit vermutet, muss die Jahre von 1945 bis August 1961 aus der Biographie Mitzenheims streichen. Freilich: Im Augenblick des Angriffs auf die ganze Kirche bedarf es dringlich wechselseitiger Absprachen und gemeinsamen Handelns aller Christen. Einzelgänger können Spaltungsversuche direkt fördern. Hier lag Mitzenheims Grenze. Das gilt aber nicht nur von Bischöfen. Auch scheinbar souverän wider alle Absprachen in der Gemeinschaft vorgeblich *»von unten«* Handelnde arbeiteten Gegnern in die Hand.

Das riefen Mitglieder *»seiner«* Lutherischen Bekenntnisgemeinschaft dem trotzigen Einzelkämpfer oft genug in Erinnerung – zum Beispiel in der Landessynode. Sie forderten einen Synodalbeschluss für alle Verantwortungsträger der Kirchen, sich vor öffentlichen Verlautbarungen oder Direktkontakten zu staatlichen Stellen mit den *»Schwestern und Brüdern im gleichen Amt«*[1360] zu verständigen[1361] und zwar auf allen »Ebenen« – auch über die Grenzen der

---

[1359] Galaterbrief 1,16 f.

[1360] Also auch Landeskirchengrenzen überschreitend zwischen Bischöfen, Leitern diakonischer Einrichtungen, Ausbildungsdezernenten, Landesjugendpfarrern usw.

[1361] So zum Beispiel nach der militärischen Niederschlagung des »Prager Frühlings« 1968 durch Truppen des Warschauer Paktes unter Beteiligung von NVA-Einheiten. Als der Bischof seine Weigerung, einer verurteilenden Abkündigung Raum zu geben, vor der Synode mit einer Lagebeurteilung durch den slowakischen Bischof Michalko begründete, warfen

Landeskirchen hinweg. Auffälligerweise opponierten zunächst drei sehr verschiedene Gruppen gegen eine solche als »*Maulkorbregelung*« verunglimpfte Vorab-Verständigung:

- Verfechter einer absoluten landeskirchlichen Autonomie[1362] und von der Notwendigkeit innerkirchlicher Hierarchien Überzeugte;[1363]
- jeder verantwortlichen Einbindung in Gruppensolidarität abholde Individualisten[1364] und natürlich
- die auf Spaltung der Kirchen hinarbeitende Staatssicherheit via Lotz;
- später sogar – für solidarisch Denkende und verabredet solidarisch Handelnde völlig unverständlich – die »Arbeitsgemeinschaft Solidarische Kirche«.[1365]

Obwohl Moritz Mitzenheim leider manche Warnung vor Alleingängen in den Wind schlug, sind Glieder der Lutherischen Bekenntnisgemeinschaft nicht bereit, ihn als willfähriges Werkzeug von SED und CDU diffamieren zu lassen. Das war er nie. Seine Grundforderung: »Raum für das Evangelium!« mag theologisch angreifbar sein, wenn man dem Redenden unterstellt, sich selbst mit dem handelnden Subjekt Christus zu verwechseln. Gewiss schafft sich das Evangelium selbst Raum. Aber das eben geschieht in, mit und unter Zeugnis und Dienst derer, die dem Evangelium vertrauen und es »*mit seinen heilenden Kräften ins Volk tragen*«.[1366]

Diese Formulierung aus den Briefen Mitzenheims umfasst mehr als Wortverkündigung und Sakramentsverwaltung. Der Dienst der Liebe, die »*diakonia*«, in der freie Christenmenschen nach Luther »dienstbare Knechte und jedermann untertan« werden, bis hin zur »politischen Diakonie« gehörte für ihn unabdingbar hinzu. Mit einem heute üblichen Schlagwort war sein Einsatz

---

ihm BK-Mitglieder Verrat an den Brüdern vor und empfahlen ihm, nun auch nicht mehr das Wort »Brüder« in den Mund zu nehmen (eigene Niederschrift des Verf. und Tonbandprotokoll des Synodalbüros, Herbstsynode 1968).

[1362] Allen voran OKR Gerhard Lotz.

[1363] »Roma locuta, causa finita« – wenn Rom, also der »Chef«, gesprochen hat, ist die Sache erledigt. Dergleichen begegnete auch unter sich als gut lutherisch verstehenden Synodalen.

[1364] Ein missliches und ganz und gar unchristliches Selbstverständnis, dem aber gerade Pfarrer leicht erliegen. Von Luthers »*Ein Christenmensch ist ein freier Herr aller Dinge*« wird Satz zwei: Bindung an Liebe und Gehorsam »*ein dienstbarer Knecht aller Dinge und jedermann untertan*« unterschlagen.

[1365] Der »AKSK« (vgl. Seidel: Gottlose Jahre, »Thüringer Weg« und »Thüringer Initiative«, 85 ff.) befürchtete wohl Einschränkung seiner Unabhängigkeit und übersah, dass es um die Verständigung unter den Mitarbeitern auf gleicher Ebene ging: Jeder sollte vom anderen wissen, um staatliche Spaltungsversuche auszuschließen. Konvente, die das praktizierten, blieben ungetrennt.

[1366] Eine von Bischof Mitzenheim gern gebrauchte Metapher für sein Dienstverständnis.

für Elternrecht und freie Erziehung, gegen Gewissensdruck und Menschenverachtung ein Einsatz für die Rechte aller Bürger. Die später »Bürgerrechtler« genannt wurden, haben zu ihrer Zeit nur weitergeführt, was während der sowjetischen Besatzung und im ersten Jahrzehnt der DDR Moritz Mitzenheim als den »Dienst der Kirche im Volk und für das Volk« verstand und evangelische Kirche mit ihm und nach ihm immer anstrebte.

Deshalb kämpfte Landesbischof Mitzenheim seit 1945 um Christenlehre und Elternrecht, um freie Konfirmandenrüstzeiten und selbstbestimmte Jugendarbeit, um die Ausbildung junger Theologen[1367] und freie Lehre an den Universitäten, um kirchenmusikalische Ausbildung und Posaunenarbeit, um diakonische Einrichtungen und kostendeckende Pflegesätze – und scheute dafür auch keinen Kontakt mit sowjetischen Generälen oder neuen Ministerpräsidenten. In diesen Kampf gehört auch der Dienst der jungen Diakonisse Schwester Anni Heid, die auf Bitten des Gardegenerals I. S. Kolesnitschenko in Weimar und mit Zustimmung ihres Bischofs die kleine Tochter des »Russen« betreute, der sonst niemandem traute als »Mütterchen Anna«.[1368]

An Mitzenheims positive Erfahrungen aus diesen Gesprächen muss erinnert werden, wenn die Taktik seiner direkten persönlichen Vorstöße kritisiert wird. Dass solche Schritte propagandistisch ausgenutzt werden konnten, nahm er billigend in Kauf: *»Wer handelt, gerät ins Zwielicht. Wer nichts tut, wird erst recht schuldig.«*[1369]

In den programmatischen Sätzen Mitzenheims, um deretwillen er mit den Mächtigen zu reden bereit war: »Raum für das Evangelium« und »Dienst der Kirche am Volk«, keimten schon alle seine späteren Konflikte mit totalitärer »Obrigkeit«. Denn: Es sind die Kernaufgaben der evangelischen Kirchen, die dem DDR-Staat durch alle Zeit seiner Existenz Kopfschmerzen bereiteten und das Konzept verdarben.

Es war die eine Kirche Jesu Christi in der Vielfalt von Kirchen und Gemeinden, auf die SED-Ideologen, -Taktiker und -Strategen sich über Jahrzehnte nicht einzustellen vermochten und so auf ihre politische Wirkung nicht vorbereitet waren.[1370] Anfangs sah die SED in der grenzüberschreitenden Gemeinschaft von »Kirche« noch eine Chance, »Deutsche an einen Tisch« zu

---

[1367] Bat eine Gemeinde ihn direkt, ihr einen Pfarrer zu schicken, fragte er stets: »Wann ist aus eurer Gemeinde der letzte Pfarrer hervorgegangen?«

[1368] Das Kind des Mächtigen der sowjetischen Militäradministration sollte bei »Mütterchen Anna« etwas spüren von der grenzenlos und ideologiefrei bergenden Liebe Gottes zu seinen Geschöpfen.

[1369] Ein Satz von Ingo Braecklein, 1958 Superintendent in Weimar.

[1370] Mau: Realsozialismus.

bringen.[1371] Aber schon bald nach Gründung der DDR wird es zu den »*feind-lich-negativen*« Aktivitäten gerechnet werden, öffentlichkeitswirksam zu predigen und den »Einflussbereich« der Kirche erweitern zu wollen. Der Glaubenskrieg von 1953 belegt das in allen seinen Stadien: Kirche hatte gefälligst abzusterben, statt junge Leute zu einem Leben mit Christus einzuladen. Sie hatte in der »Mitarbeit« an *gemeinsamen humanistischen Zielen* aufzugehen, wie es die marxistisch-leninistische Geschichtsprophetie verkündete. Da konnte kirchliches Wirken in die Öffentlichkeit hinein nur hinderlich sein und die Erfüllung der Prophezeiung verzögern.

20.2 Kernaufgabe Kinder- und Jugendarbeit

Landesbischof Mitzenheim hat sich für Christenlehre, Konfirmandenunterricht und Jugendarbeit energischer und dauerhafter eingesetzt als alle anderen Bischöfe und Kirchenpräsidenten, die ich kenne, und darin auch für die Bürgerrechte der Eltern und ihrer Kinder. Wie er sich einsetzte, ist in seinen Rundschreiben vor allem aus den Jahren 1952/53 nachzulesen.[1372] Hartnäckig hält sich die Behauptung, Mitzenheim unter Einfluss von Lotz und MfS habe samt seiner Kirche die Gemeinschaft der übrigen Kirchen durch Anerkennung der Jugendweihe brüskiert. Das ist historisch nicht haltbar.

Fallbeispiel: »Thüringer Weg«[1373] *und Jugendweihekonflikt*

Die Frage nach den Urhebern des Begriffes »*Thüringer Weg*« beantwortet sich sprachlich: Wer den »Bitterfelder Weg« – die Bewegung »*schreibender Arbeiter*« – als Königsweg zur neuen sozialistischen Literatur erfindet, kann die Ur-

---

[1371] Ursprüngliches Ziel der SED im Sinne ihrer sowjetischen Auftraggeber war die »Einheit Deutschlands« ohne Einbindung in westeuropäische Gemeinschaften. Erst als das durch Konrad Adenauers Politik der Eingliederung Westdeutschlands in die westeuropäische Gemeinschaft unmöglich wurde, schwenkte die SU und mit ihr die SED auf die Spaltung Deutschlands ein.

[1372] Mitzenheim/Björkmann: Lebensraum.

[1373] In allen Diskussionen um einen eigenen Weg der thüringischen Landeskirche habe ich den Begriff fast ausschließlich von staatlichen Funktionären als vielfach wiederholte Beschwörungsformel und von besorgten nichtthüringischen Kirchenleuten gehört. Selbst Thüringer, die mit einem Sonderweg geliebäugelt haben mögen, wagten gar nicht, diesen vielfach verspotteten Begriff unter uns ernsthaft zu vertreten, wenn sie ihr Renommee in Thüringen nicht völlig verlieren wollten.

529

heberschaft für den »*Thüringer Weg*« als erhofften Königsweg zu einer »*Kirche im Sozialismus*« nicht verleugnen.

– Als sein Beginn wird oft der Thüringer Synodalbeschluss zu Konfirmation und Jugendweihe von 1958/59 ausgegeben: die Verkürzung der Karenzzeit zwischen beiden Handlungen von einem Jahr auf die Zeit zwischen Palmarum und Trinitatis. Die thüringische Synode hat das »Entweder-Oder« zwischen Konfirmation und Jugendweihe niemals aufgegeben. Die Laiensynodalen haben 1959 gegen ihren Landesbischof nur diese Fristenverkürzung durchgesetzt.

– Diese Entscheidung fiel gegen den damals als »Hardliner« angesehenen Bischof Mitzenheim. Im Gegensatz zum MfS-Selbstlob in der Akte »Karl« spielten MfS und »Weimarer Arbeitskreis« dabei keine entscheidende Rolle.

– Es waren zuerst und vor allem Laiensynodale, die mit den bitteren Erfahrungen der Kinder, der Schwächsten in der Gemeinde, vor Augen sich gegen Landesbischof und BK[1374] durchsetzten und gegen den kirchenamtlichen Besuch von Oberkirchenrat Heidler, der mit Ermahnungen aus dem Lutherischem Kirchenamt (Ost) die selbstbewussten Thüringer noch mehr verärgerte.[1375]

Synodale aus verschiedenen »Lagern« rangen damals um Antwort auf Fragen, die sich der neunzigjährige Bischof Werner Krusche heute in seiner Autobiographie stellt:

> »War es richtig, daß wir uns bei der Erklärung des status confessionis so auf die Jugendweihe fixiert haben, warum nicht auf den Eid bei der Nationalen Volksarmee, gegen dessen Wortlaut der des Jugendweihegelöbnisses doch ausgesprochen harmlos ist? Warum mußte die Entscheidung auf dem Rücken der Kinder ausgetragen werden?«[1376]

Und in einem Interview[1377] erzählt Bischof Dr. Krusche:

> »Johannes Hamel hat einmal gesagt, daß ihm die Kirchenleitungen vorkämen wie Offiziere, die mit gezogenem Degen vorneweggehen, und die Gemeinden sitzen hinten in den Schützengräben und sagen: ›Donnerwetter! Alle Achtung!‹«

Bruder Krusche verdanke ich sehr viel und zolle ihm hohen Respekt. In Sachen Jugendweihe stelle ich die gleichen Fragen wie er. Aber das von Johannes Hamel gebrauchte Bild ist falsch. In sicheren Schützengräben saßen nicht

---

[1374] Die BK = Lutherische Bekenntnisgemeinschaft.

[1375] BStU ZA, MfS 3043/86, Bd. II, 29.

[1376] Werner Krusche: Ich werde nie mehr Geige spielen können. Erinnerungen, Stuttgart 2007, 192.

[1377] Findeis/Pollack: Selbstbewahrung, 216.

die Gemeinden, sondern die Kirchenleitungen, denen niemand etwas »antun« konnte. Ins Feuer geschickt wurden Kinder, die schwächsten Glieder der Gemeinde. Hier gehört ein derber Ausspruch hin, der Luther zugeschrieben wird: *»Mit fremdem Arsch ist gut durchs Feuer fahren!«* Verbrannt haben sich die Kinder, von denen manche noch heute als Erwachsene die Folgen einer hartherzigen kirchenamtlichen Fremdentscheidung zu tragen haben.

An der Thüringer Synodalentscheidung war ich noch nicht beteiligt. Dem Entweder-Oder – auch mit verkürzter Karenzzeit – habe ich mich um der Gemeinsamkeit in der Kirche willen gebeugt. Sehr schweren Herzens, seit ich erleben musste, wie eine Konfirmandin aus meiner Tannrodaer Gemeinde von Verwandten zur Jugendweihe gezwungen wurde, obwohl sie sich schreiend und strampelnd widersetzte. Wohl wissend, dass auch dies zu den ungesühnten Verbrechen der SED und ihrer Helfershelfer gehört und dort die Hauptverantwortung liegt, das »Entweder-Oder« kann ich nach wie vor nur als unbarmherzige Ideologie aus Amtsstuben ansehen, nicht als geistliche Entscheidung. Eine Machtprobe zwischen Kirche und Staat zu Lasten von Kindern hat nichts mit dem Bekenntnisstand, dem *»status confessionis«*, zu tun, wohl aber mit dem Worte Christi:

> »Wer einem dieser Kleinen einen Anstoß gibt, dass er zu Fall kommt, für den wäre es besser, dass ihm ein Mühlstein an den Hals gehängt und er ins Meer geworfen würde.«[1378]

Die Folgen verdanken unsere Kirchen auch dieser falschen Entscheidung. Der Staat hätte das Entweder-Oder proklamieren und sein wahres Gesicht zeigen müssen, was er ohne Zweifel auch bald getan hätte. Wir in der evangelischen Kirche haben es ihm leicht und den Kindern sehr schwer gemacht.

20.3 Kernaufgabe Diakonie

Diakonie als umfassenden Dienst der Liebe an Leib, Seele und Geist aller Bedürftigen ohne Ansehen der Person, der Herkunft, der politischen Haltung und der Religion zu ermöglichen und zu tun, ist allen Kirchen gemeinsam. Sie schien lange Zeit zu den anerkannten und vom Staat nicht angegriffenen Arbeitsfeldern der Kirche zu gehören. Immer noch werden Geschichten von Parteigenossen und »Funktionären« erzählt, die sich besonders gern in ein konfessionelles Krankenhaus einweisen oder von Diakonissen pflegen ließen.

[1378] Markus 9,42.

Dennoch: Auch dieser Bereich kirchlicher Arbeit widersprach von vornherein Grundintentionen des Staates. Die geistliche Begleitung der Patienten und des Personals wie überhaupt der Zusammenklang von Leibfürsorge und Seelsorge in kirchlichen Einrichtungen musste dem erklärt atheistischen Staat ein Gräuel sein. Staatlicher Mangel an erfahrenem Personal, tüchtigen Ärzten aller Fachrichtungen, besonders in der Zeit vor 1961, als jeder noch das Land verlassen konnte, Mangel an Experten auf Gebieten wie etwa der Behindertentherapie, an Mitteln und Häusern verhinderte die Einlösung des sozialistischen Versprechens eines alle Felder abdeckenden rein staatlichen Gesundheitswesens – entsprechend der konkurrenzlosen, weil für alle verbindlichen Sozialversicherung.

Aber durch diesen nicht behebbaren Mangel ließ sich die SED keineswegs abhalten, zum Beispiel im Generalangriff 1953 auf kirchliche Einrichtungen, die Diakonie mit den absurdesten Unterstellungen und lächerlichen »Beweisen« als »Einfallstor des Klassenfeindes« und »Brückenkopf des Imperialismus« zu attackieren: Verbale Bombardements sollten so den Einsatz von Bodentruppen – den Sturm auf die Einrichtungen selbst – vorbereiten.

Ziel blieb, den Alleinvertretungsanspruch des Staates auch auf die kirchliche Gesundheitsfürsorge auszudehnen, staatliche Bildungs- und Erziehungsgrundsätze auch in diakonische Fördereinrichtungen zu tragen, das Recht und die Möglichkeit auf Selbstbestimmung der Patienten in der Wahl ihrer Behandlungs- und Pflegeeinrichtung völlig zu liquidieren, kurz, sich den gesamten diakonischen Bereich mit stehendem und liegendem und beweglichem Inventar einzuverleiben. Dazu gehörte im Gesamtprogramm der SED natürlich auch die »Zurückdrängung« kirchlicher Seelsorge als »weltanschaulicher Bevormundung« beim Aufbau eines nur noch staatlichen Gesundheitswesens.

Alle diese Ziele haben Partei und Sicherheitsdienst und staatliches Gesundheitswesen nicht erreicht. Im Gegenteil: Sie sahen sich bald gezwungen, um dem Mangel an Heil- und Pflegemöglichkeiten insgesamt abzuhelfen und einen gewissen Modernisierungsgrad zu erreichen, diakonischen Einrichtungen großzügig Einfuhrgenehmigungen für medizinische Geräte und Ausstattungen, Medikamente, Valuta für Auf- und Ausbau neuer Einrichtungen und die entsprechenden Baugenehmigungen zu erteilen.

Gleichwohl bemühte sich das MfS, unvermeidbare Sachgespräche der staatlichen Verwaltungsstellen mit den Leitern diakonischer Arbeitsbereiche zu nutzen, um diese allgemach auf seine Seite zu ziehen. Werber verbanden im Gewand von Sachbearbeitern der Kreis- und Bezirks-Räte die Gespräche, die um der Klienten und Patienten willen über Pflegesätze und gesetzliche Regelungen immer zu führen waren, mit dem Versuch, Mitarbeiter durch Zugeständnisse oder »allmähliche Heranführung« als inoffizielle Zuträger zu gewinnen.

So hatte Heinrich Behr, ein treues Mitglied der »Lutherischen Bekenntnisgemeinschaft in Thüringen«, Direktor des Marienstiftes in Arnstadt, einer diakonischen Anstalt mit Spezialkrankenhaus, Fördereinrichtungen, Ausbildungsbereich, Pflegeschule und Heimen samt moderner Behindertentherapie, im Rahmen seiner vier Jahrzehnte umfassenden Leitertätigkeit, von denen 38 Jahre in die Zeit des »Sozialismus« fielen, von Amts wegen unzählige Sachgespräche mit Vertretern staatlicher Stellen zu führen. Einer dieser »Vertreter« kam als »Herr Möller« gegen Ende der Dienstzeit des freundlichen Direktors und bemühte sich über vier Monate, eine Art Vertrauensverhältnis aufzubauen, indem er um Seelsorge bat und sich fürsorglich nach Unterstützungsmöglichkeiten für den Betrieb des Mängel verwaltenden Leiters erkundigte. Er »führte« den Direktor auch noch nach dessen Ruhestandsbeginn als Inoffiziellen Mitarbeiter.

Seine »Unterstützungen« müssen der Einrichtung gewaltig auf die Beine geholfen haben: In den Jahren von 1982–1989 überreichte der Besucher »Sachgeschenke« in Höhe von 587,50 M – einschließlich derer zum 60. Geburtstag des Umworbenen. Zugleich bot »Herr Möller« an, in Schwierigkeiten mit staatlichen Stellen aushelfen zu können und so die Arbeitsmöglichkeiten der Einrichtung zu sichern. Sein wahres Interesse galt nach Aktenlage der »politisch-operativen Kontrolle« der diakonischen Einrichtung, der stereotypen Mielke-Frage: »Wer ist wer?« unter dem Personal und Informationen über kirchliche Großveranstaltungen.

Weshalb es dazu eines »legendierten«, also verlogenen Kontaktes bedurfte, bleibt das Geheimnis des MfS. Denn all dies war auch in »Glaube und Heimat« zu lesen, lag in Arbeitsverträgen den einschlägigen Abteilungen der Räte der Kreise vor und wurde in den Informationsblättern der Einrichtung Freundes- und Förderkreisen mitgeteilt. Unter dem Strich sind für 20 nachweisliche Berichte des »Führungsoffiziers« – nicht des Heimgesuchten! manche mit dem Vermerk »aufgrund mündlicher Information des IMS« erhebliche Steuergelder verschleudert worden, wenn das nicht unerhebliche Gehalt des Offiziers »Möller« entsprechend seinem militärischen Rang ins Verhältnis zum informatorischen Reingewinn gesetzt wird.

Einfluss auf die geistliche Wirkung dieser diakonischen Einrichtung gewannen dergleichen Besuche nicht. Sie lag gegenüber der leistungsorientierten sozialistischen Gesellschaft darin: Kirche nimmt sich auch der nicht mehr oder nie zuvor Leistungsfähigen an. Denn des Menschen Wert liegt nicht in seiner »Leistung«, sondern darin: Du bist von Gott geliebt – allein aus Gnade.

Das zog auch Unangepasste, Gescheiterte und Freiheit Suchende zur diakonischen Arbeit hin. Gerade aus ihren Reihen kamen Hilfspfleger und Auszubildende. Liegt hier ein Grund dafür, dass Parteifunktionäre sich besonders gern in diakonischen Einrichtungen kurieren und von diakonischen Pflegekräften betreuen ließen? Hatten sie es mehr als andere nötig, dass über der »Leibsorge« die »Seelsorge« nicht zu kurz kam? Diakoniehäuser erlebten bewegende Schicksale.

Ökumenische Diakonie

Erst recht störte beim *»Aufbau der entwickelten sozialistischen Gesellschaft«* die grenzüberschreitende Arbeit der Gesamtkirche, die sich weder auf Landeskirchen noch auf den engen Raum der DDR beschränken ließ. Verbindungen in die weltweite Gemeinschaft der Christenheit stellten Partei- und Staatsführung und das MfS vor schier unlösbare Aufgaben. Einerseits schienen sich in den internationalen Kontakten hochwillkommene Möglichkeiten zu eröffnen, einflussreichen Besuchern aus dem NSW, dem nichtsozialistischen Wirtschaftsgebiet, das Bild einer gastfreundlichen und weltoffenen DDR zu vermitteln und auf diesem Wege der internationalen Anerkennung ein Stück näherzukommen. Das konnte natürlich nur funktionieren, wenn diese Besucher auf Christen in der DDR trafen, deren Erfahrungen den staatlich erwünschten Eindruck nicht zunichte machten. Und schon war die SED gezwungen, um des Außeneindrucks willen den Innendruck auf Kirchen und Gemeinden in Grenzen zu halten.

Andererseits stärkten solche Besuche auch das Ansehen von Kirchen und Gemeinden unter den Menschen in der DDR. Sie trugen eine ideologisch gar nicht erwünschte Botschaft ins Land: Christen leben in einer weltweiten Gemeinschaft. Und diese Gemeinschaft sieht nicht danach aus, als ob sie demnächst absterben würde.[1379]

[1379] Es ist an der Zeit, die weltweiten Verbindungen der Kirche in ihrer Rückwirkung auf Freiheit und Selbstbewusstsein der Gemeinden, selbst im isolierten Grenzgebiet, zu untersuchen. Christenlehreklassen, Konfirmanden und Junge Gemeinde und die Gottesdienst feiernde Gemeinde, z. B. in Saalfeld, ließen sich durch Besucher aus Württemberg, der ČSSR, Holland, Japan und den USA ermutigen, unerschrocken als Glieder der *einen* Christenheit zu leben.

20.4 Panzer gegen ein Bruderland und Solidarität mit den Überfallenen

1967/68 – während in der DDR eine »Volksaussprache zum Entwurf der neuen Verfassung« inszeniert wird und die SED die Kirchen in der DDR von der EKD mit Hilfe von CDU und MfS abspalten will, beunruhigen Partei und Staatsführung ganz neue Probleme: In der ČSSR wagt der »Prager Frühling« den Versuch eines »Sozialismus mit menschlichem Antlitz«. Eine Politreisewelle – auch aus der DDR – setzt in das ohnehin beliebte Urlaubsland ein.

Am 21. August rollen Panzer der Warschauer-Pakt-Staaten gen Prag und schlagen den Reformversuch der tschechischen Genossen blutig nieder, nachdem sie die politische und militärische Führungsspitze in eine Falle gelockt und ausgeschaltet haben. Dank Ulbrichts ganzer Sympathie für die Okkupanten und seiner Angst vor ideologischen Infektionen werden Einheiten der Nationalen Volksarmee zur Unterstützung[1380] dieser »Hilfsmaßnahmen«[1381] in Marsch gesetzt.

In den Annalen des MfS und auch in Kommentaren der Zeitgeschichtler lesen wir viel über das Hin und Her einer gemeinsamen Kanzelabkündigung als Protest gegen den Bruch des Völkerrechtes und den brutalen Überfall. Und wir erfahren mit Verwunderung, dass »Thüringen« dazu geholfen habe, sie zu verhindern.

Das stimmt so nicht. Selbst wenn IM »Karl« das wollte und Bischof Mitzenheim ihn nicht zurückwies – dann vertraten sie damals nicht Kirche Jesu Christi in Thüringen. Längst gab es nämlich – ohne die ökumenischen Kontakte kirchenleitender Persönlichkeiten und an diesen vorbei – sehr lebendige Verbindungen zwischen Pfarrern und Gemeinden der Evangelischen Kirche der Böhmischen Brüder in der ČSSR und der Ev.-Luth. Kirche in Thüringen. Sie – die mit Jugendgruppen beider Seiten auf gemeinsamen Rüstzeiten einen Teil des Sommers verbracht und die guten Erfahrungen dieser Tage genossen hatten – »*Wie gut, dass wir nicht mehr Feinde sind!*« – traf das Geschehen

---

[1380] Auf Drängen Ulbrichts wurden NVA-Einheiten gegen die ČSSR in Marsch gesetzt mit dem Ziel, zusammen mit den Truppen der übrigen Warschauer-Pakt-Staaten einzumarschieren. Ob Letzteres tatsächlich geschah, ist umstritten. Laut Version 1 wurden sie in den Grenzwäldern auf sowjetische Anweisung gestoppt. Laut Version 2 haben tschechische Bürger in den nördlichen Grenzgebieten Transparente in deutscher Sprache »den Deutschen entgegengehalten«, die an den Einmarsch 1938 erinnerten. Als Beleg dafür gelten Berichte von Touristen und besonders des Wehrpflichtigen Manfred Kurzke, Glied der Jungen Gemeinde Tannroda, der in erhöhter Gefechtsbereitschaft per Schützenpanzerwagen an die tschechische Grenze transportiert wurde ohne Angabe des Einsatzzieles.

[1381] So wurden die Unterdrückungsoperationen zynisch kaschiert.

doppelt hart: Zum zweiten Mal innerhalb von 40 Jahren trugen Deutsche zur Vergewaltigung des kleinen Nachbarvolkes bei, und zugleich zermalmten Panzerketten alle Hoffnungen auf mehr Freiheit. Das konnte nicht hingenommen werden.

Wir Pfarrer und Synodalen in Thüringen hörten zwar von dem Protest in Berlin-Brandenburg und der dortigen Kanzelabkündigung. Aber wir konnten nicht warten, bis sie uns jemand beschafft hatte. Also gingen wir selbst ans Werk: Predigtkreise z. B. um Weimar drängten die Kirchenleitung, ebenfalls zu protestieren, und verfassten gleichzeitig ein eigenes Kanzelwort für unsere Superintendentur Weimar, ausgehend vom Predigtkreis um Blankenhain. Sie schrieben an die Gemeinden in Brno, Jeseník, Zruč an der Sázava und Praha und versicherten sie ihrer Solidarität und Fürbitte. Und sie verbreiteten Abkündigung und Fürbittgebet unter Freunden in Thüringen und darüber hinaus.

Glieder der Jungen Gemeinde klebten Protestplakate. Und eine tapfere Bäuerin[1382] machte sich auf die Reise zu den bedrängten Partnergemeinden, nach ihnen zu sehen in der fröhlichen Zuversicht: »*Ich falle doch nicht auf!*«

Vom Landeskirchenrat forderten wir ein stellvertretendes Schuldbekenntnis für unser wieder schuldig gewordenes Land. Die Antwort blieb aus.

Die Teilnahme an einer Sitzung der Arbeitsgruppe »Christliche Kreise«, zu der einige unserer »Aufständischen« eingeladen waren – um sie zu »*disziplinieren*«? –, sagten wir schriftlich mit der Begründung ab: Da sich das einladende Gremium »nicht gegen die Beteiligung von NVA-Verbänden an der ČSSR-Aktion gewandt oder sie nachträglich mißbilligt hat«, sähen wir »unter den gegebenen Umständen keine Möglichkeit, an einem Gespräch teilzunehmen, für das keine gemeinsame Ausgangsbasis mehr vorhanden ist.«[1383]

Auch unser Predigtkreis um Tannroda an der Ilm und Nachbarn aus dem »Ketzerkonvent« – der theologischen und kirchenpraktischen Arbeitsgemeinschaft aus unserem Ordinandenjahrgang 1957 – protestierten noch am gleichen Tage gegen die Berichterstattung der »Thüringischen Landeszeitung« und gegen die dort veröffentlichten Zustimmungserklärungen.

Die Briefe kamen – trotz Stasi – an. Aber ausgerechnet der Kreisvorsitzende der CDU in Weimar wurde ins Zentrum der »Protestanten« geschickt, um sie zu beschwichtigen. Das misslang ihm gründlich.[1384]

[1382] Gunda Schmidt aus Thangelstedt, Kreis Weimar.

[1383] Brief vom 26.08.1968. Die Einladung zum Gespräch mit Carl Ordnung war zum 29.08. 1968 ergangen. Im Besitz des Verf.

[1384] BStU MfS BV Gera, AOP 659/77, Bd. I, 152.

In der Thüringer Herbstsynode folgte eine harte Auseinandersetzung mit Landesbischof Mitzenheim, der sich auf den slowakischen Generalbischof Jan Michalko berief, mit dem er gesprochen habe und der angeblich vor unüberlegten Aktionen gewarnt habe: *»Sie könnten nur schaden.«*

Vielleicht kann auch dieses Beispiel helfen, in dem die Stasi eine Randrolle spielte – in ihren Akten finden sich fast nur harmlose Bemerkungen zu *»Ferien in der Tschechei«*, mit dem viel zu selbstverständlichen Gebrauch des Begriffes *»Thüringer Weg«* und dem Stasiwort von der *»staatsloyalen Thüringer Kirche«* in Zukunft etwas zurückhaltender umzugehen. Denn Oberkirchenrat Lotz war nicht Repräsentant einer staatsloyalen Thüringer Kirche, sondern Agent der staatskonformen CDU *in* dieser Kirche. Und der sonst so streitbare Bischof Moritz Mitzenheim war 1968 an den falschen Informanten geraten.

»Kirche in Thüringen« aber war zu jener Stunde die keineswegs staatskonforme »Gemeinschaft der Gläubigen«, die sich außerstande sah, ihre bedrängten Schwestern und Brüder in der Tschechoslowakei im Stich zu lassen, die öffentlich protestierte, für die Unterdrückten betete und die Verbindung zu ihnen so schnell als möglich wiederherstellte, die sie bis heute durchhält.

Zu den weit verbreiteten Märchen gehört auch die Gründung des Bundes durch OKR Lotz und das MfS[1385] und die »freiwillige Trennung« der Kirchen in Ostdeutschland von der EKD.

20.5 Die Gründung des »Bundes der Evangelischen Kirchen in der DDR«

Die Gründung des Bundes der Evangelischen Kirchen in »besonderer Gemeinschaft mit der EKD« gegen staatliche Spaltungsversuche 1969 heftet sich das MfS als Sieg an die tschekistische Fahne. Andere übernehmen nach 1989 diese Sicht und übersehen die wirkliche Ursache für den Gang der Dinge: Der eigentliche Grund für das Zusammenrücken der evangelischen Kirchen in der DDR liegt im Wesen christlicher Existenz. Sie vollzieht sich im gemeinsamen Reden und Handeln der Jünger im Leib Christi. Für solche Gemeinsamkeit brauchten die östlichen Gliedkirchen der EKD eine rechtswirksame Gestalt gegenüber ihrem militant atheistischem Umfeld. Denn das erbittet Jesus für seine Jünger:

[1385] Roßberg/Richter, Kreuz, 73 ff.

»Wie du, Vater, in mir bist und ich in dir, so sollen auch sie in uns eins sein, wie wir eins sind, damit die Welt glaube, daß du mich gesandt hast.«[1386]

Darin liegt der eigentliche Grund für das Zusammenrücken der evangelischen Kirchen in der DDR. Und deshalb sind auf dem Wege zur Bundesgründung beide Ziele immer verbunden geblieben: eine rechtsfähige Gestalt der Ostkirchen und eine vom Staat nicht mehr zu störende tiefere Gemeinschaft mit der Evangelischen Kirche in Deutschland.[1387]

20.5.1 Stationen auf dem Wege zum Bund der Evangelischen Kirchen in der DDR – Zur Vorgeschichte

Station 1:
15.02.1966 – Die Regionalsynoden Ost und West der Evangelischen Kirche in Berlin-Brandenburg wählen den »Verweser im Bischofsamt« für den Bereich Ost der Evangelischen Kirche in Berlin-Brandenburg und Ratsvorsitzenden der EKD Kurt Scharf, dem im August 1961 die Wiedereinreise nach Ostberlin verweigert worden war, zum Bischof der Evangelischen Kirche in Berlin-Brandenburg. Auf diesen Affront reagieren Partei- und Staatsführung mit von da an durchgehaltener Einreiseverweigerung für Kurt Scharf.[1388]

Station 2:
09.02.1967 – Namens der CDU-Ost erklärt deren Vorsitzender und Stellvertretender Vorsitzender der CDU-Fraktion in der Volkskammer, Gerald Götting, auf dem CDU-Parteitag am 09.02.1967 die EKD, zu der die Landeskirchen in der DDR nach wie vor gehören!, als »NATO-hörig«, um eine Abspaltung der Kirchen in der DDR von der Gesamt-EKD zu erreichen. Damit stellt sich ein IM in der CDU[1389] an die Spitze der Aktion: Trennt die evangelischen Kirchen in der DDR von der gesamtdeutschen EKD! Götting führt gehorsam aus, wozu die SED ihren »*Bündnispartner*« brauchte: »*Speerspitze*« der SED

[1386] Johannes 17,21.

[1387] Anders Dietrich: Gründung, in: Seidel: Gottlose Jahre, 23 ff.

[1388] Sie trieben damit bewusst zugleich einen Keil zwischen Evangelische und Katholiken, indem sie Kardinal Bengsch weiterhin Freizügigkeit zugestanden (vgl. Abschnitt 25.1.4).

[1389] Im Folgenden wird der Zusatz »Ost«, wenn von der CDU in der DDR die Rede ist, nicht mehr verwendet, wenn aus dem Zusammenhang zweifelsfrei hervorgeht, dass es sich um die CDU als den Bündnispartner der SED gegen die Kirchen im Rahmen der Blockparteien der »Nationalen Front« in der DDR handelt.

im »*Differenzierungs- und Polarisierungsprozess*« innerhalb der Kirche zu sein. In diesen Zusammenhang gehört auch das nicht leicht durchschaubare Spiel, das OKR Lotz zu jener Zeit noch mit CDU und MfS aus der Leitung der Ev.-Luth. Kirche in Thüringen heraus zu spielen meinte.[1390]

Station 3:

01.–07.04.1967 – Die Reaktion aller evangelischen Kirchen in der DDR fällt eindeutig aus. Auf der EKD-Synode, deren gemeinsame Tagung der Staat durch Ein- und Ausreise-Behinderungen gespalten hatte, beschlossen die Vertreter Ost in Fürstenwalde – allen Pressionen zum Trotz – an der Einheit der EKD festzuhalten. Zwei Faktoren müssen angesichts dieses Beschlusses für Spätere unterstrichen werden:

– Die praktische Durchführung dieser beiden Regionalsynoden Ost und West der EKD als einer gemeinsamen Tagung – oder vielmehr ihre auf abenteuerlichen Wegen umgangene Undurchführbarkeit[1391] – bewies, dass es dem Staat ein Leichtes wäre, rechtlich wirksame und technisch machbare gemeinsame Gremienarbeit innerhalb der EKD zu verhindern: Er brauchte nur das Zusammenkommen der Gremienmitglieder durch Verweigerung ihres Grenzübertrittes zu blockieren und das Gremium dadurch zu dauernder Beschlussunfähigkeit zu verdammen bzw. die Sitzung oder Tagung der jeweiligen Gruppe überhaupt auszuschließen.

– Um an der Einheit mit der EKD festhalten zu können, bedurfte es – wie Bischof Fränkel, Görlitz,[1392] sofort anmerkte – einer Gemeinschaftsform der evangelischen Kirchen in der DDR, die sie unabhängig von staatlichen

---

[1390] S. Abschnitt 17.5.2.

[1391] Durch Kuriere grenzüber zwischen Fürstenwalde und Berlin-Spandau mussten der Gesprächsstand vor Entscheidungen wie auch alle Abstimmungen und deren Ergebnisse auf schnellstem Wege dem jeweils anderen Partner übermittelt werden. Dieser »Synodaltransfer« stand unter ständiger Gefahr, dass ein oder mehrere Kuriere an der Wiedereinreise oder Wiederausreise gehindert wurden. Ein Kuriosum jener letzten nominell, aber nicht de facto gemeinsamen Tagung der EKD-Synode traf die Arbeit des Staatssicherheitsdienstes: Die gesamte Überwachung brach zusammen, als Behinderte aus den gastgebenden Samariteranstalten aus Dankbarkeit für die Aufnahme eingeladen wurden, sich von den Synodalen mit deren PKWs zu selbstgewählten Ausflugspunkten fahren zu lassen. In alle Himmelsrichtungen stoben die Fahrzeuge davon. Die Stasi hatte buchstäblich das Nachsehen.

[1392] Hans Joachim Fränkel, seit 1964 Bischof der Evangelischen Kirche von Schlesien, die 1968 den Namen »Evangelische Kirche des Kirchengebiets Görlitz« annahm, galt allgemein als nachdrücklicher Verfechter der Zugehörigkeit zur EKD, erlebte aber an seiner eigenen kleinen Landeskirche, wie wichtig ein rechtlich geordneter und gegenüber dem Staat gemeinsam handelnder Kirchenbund in der DDR sein musste. Martin Kramer, ehem. Konsistorialpräsident der Kirchenprovinz Sachsen in Magdeburg, zitiert Fränkel aus der Erinnerung:

Genehmigungsverfahren in die Lage versetzte, als Kirche – nicht als einzelne Landeskirchen in leichter Aufspaltbarkeit – solche Einheit im geistlichen Sinne zu praktizieren. Darauf konnte offen und öffentlich kein Staat mehr Einfluss nehmen.

Vor diesem Hintergrund wird deutlich: Die Entscheidung der evangelischen Kirchen in der DDR, sich zu einer rechtlich verbindlichen Gemeinschaftsform innerhalb der DDR zusammenzufinden, war angesichts der Blockade- und Störversuche des Staates unumgänglich. Denn der versuchte, mit allen Mitteln sein Doppelziel durchzusetzen:

– Trennung der Evangelischen Kirchen in der DDR von der EKD und danach

– Einzelvertragsregelungen mit jeder Landeskirche in der DDR, um deren völlige Zersplitterung zu erreichen und zu zementieren und je nach Lage der Dinge eine Landeskirche gegen die anderen auszuspielen.

Eine solche Aufspaltung hätte den Vorstellungen von OKR Gerhard Lotz entsprochen, die er ansatzweise bereits im allererersten Kontaktgespräch mit einem Vertreter des MfS vortrug. Das Doppelziel der Kirchen stand dem diametral entgegen:

– Die als Minderheiten in den überlandeskirchlichen Gremien der EKD mit ihren spezifischen Belastungen und Möglichkeiten kaum mehr wirksamen Landeskirchen in der DDR mussten zu einer wieder wirksam entscheidungsfähigen und verbindlichen Rechtsgröße unter vergleichbaren Lebensverhältnissen zusammengeführt werden. Das konnte die EKD nicht leisten.

– Unter weitgehender Ausschaltung staatlicher Blockademöglichkeiten war die Zusammenarbeit mit den evangelischen Kirchen in der Bundesrepublik Deutschland so zu vertiefen, dass sie bis zu einem gewissen Grade »störfrei« gegenüber staatlichen Eingriffen und Blockaden gestaltet werden konnte, z. B. durch immer stärker aufgegliederte und zugleich untereinander vernetzte Verteilung auf alle Arbeitsfelder und alle kirchlichen Ebenen.

20.5.2 Die Maus und der Elefant

An einen Kinderwitz mag sich erinnert fühlen, wer die maßlose Selbstüberschätzung mancher hauptamtlicher Mitarbeiter des MfS und »Führungsoffiziere« hinsichtlich ihrer Mitwirkung an der Gründung des »Bundes der Evangelischen Kirchen« nachliest:

»Dieser Beschluss führt auf direktem Weg zur Gründung des Bundes der Evangelischen Kirchen in der DDR« (Mitteilung gegenüber dem Verf. am 12.12.2007).

540

»Eine kleine graue Maus und ein gemächlich einherstampfender Elefant queren gemeinsam eine Brücke. Als sie zu schwanken beginnt, ruft das Mäuslein: »Toll! Sind wir aber stark!«

In den »*Verpflichtungen des Kollektivs der Hauptabteilung XX/4 anläßlich des 20. Jahrestages der Gründung der Deutschen Demokratischen Republik und des Ministeriums für Staatssicherheit*«[1393] steht als Selbstverpflichtung des Majors Franz Sgraja[1394] zu lesen:

»1. Die Schaffung einer selbständigen evangelischen Kirche in der DDR ist angesichts der Bonner Alleinvertretungsanmaßung, wie sie in der ›Einheit der EKD‹ zum Ausdruck kommt, und der Existenz zweier souveräner Staaten deutscher Nation ein objektives Erfordernis.

Durch den vielschichtigen, koordinierten Einsatz von IM wurde der Prozeß zur Schaffung eines ›Bundes der evangelischen Kirche‹ in der DDR bei Beibehaltung einer differenzierten Struktur soweit vorangetrieben, daß er in seine letzte Etappe, die Bildung eines ›Bundes der evangelischen Kirchen in der DDR‹ getreten ist.

Durch folgende globale Maßnahmen soll der Prozeß bis zu seinem Abschluß im Oktober 1969 vorangetrieben werden:

a) Die in der DDR wohnenden Mitglieder des ›Rates der EKD‹ werden so beeinflußt, daß sie im September 1969 ihre Mandate als Ratsmitglieder niederlegen.

b) Organisierung einer konstituierenden Synode des Bundes, wo die Annahme des Bundes in der DDR proklamiert wird.
Termin: November 1969

c) Ausarbeitung einer Prognose für die politisch-operative Tätigkeit im Zusammenhang mit der weiteren Entwicklung des Bundes
Termin: Oktober 1969«

An dieser Stelle ist die Wiedergabe der Selbstverpflichtung des MfS-Majors durch einen Hinweis zu unterbrechen: Ebenso wichtig wie die »Trennung von der EKD« war dem Staat die »*Beibehaltung einer differenzierten Struktur*« – also die landeskirchliche Zergliederung der evangelischen Kirchen in der DDR, wie in der anmaßenden Selbstverpflichtung des MfS-Offiziers oben wieder unterstrichen wird. Dies misslang beides gründlich: Die geistliche Gemeinschaft mit den Landeskirchen der EKD lebte nun in vielen Lebensformen erst recht auf. Und die Kirchen in der DDR begannen ihre Gemeinschaft untereinander zu vertiefen, wie bereits in der Bundesordnung Artikel 1, Abs. 2 als gemeinsames Ziel anvisiert: »*Der Bund als ein Zusammenschluss von bekenntnisbestimmten und rechtlich selbständigen Gliedkirchen strebt an, in der Einheit und Gemeinsamkeit des christlichen Zeugnisses und Dienstes zusammenzuwachsen.*« In einer Samm-

---

[1393] BStU ZA, MfS – HA XX/4, Nr. 3571, 109 ff. (BStU-Zählung).
[1394] A. a. O., 112 f.

lung von Dokumenten des Bundes[1395] wird ausgesprochen, was uns von da an in der Bundessynode, der Konferenz der Kirchenleitungen, in Ausschüssen und Kommissionen und in den Landeskirchen beschäftigte: »*An diesem Ziel waren alle Aufgaben, Vorhaben und Arbeiten des Bundes auszurichten.*«

Und wie geht es in der Selbstverpflichtung unseres MfS-Mannes weiter? Er kehrt nach seinem Höhenflug in die große Kirchenpolitik auf den Boden der Realität zurück und beschreibt, auf welcher Ebene und mit welchen »Maßnahmen« und »Einflüssen« er sich als Genosse Major in Wahrheit beschäftigt:

> »2. Werbung
> Für die Sicherstellung des Informationsbedarfs bei äußerst wichtigen zentralen Tagungen, Besprechungen und Einzelerscheinungen auf höchster Ebene der evangelischen Kirche, für die Beeinflussung des positiven Entwicklungsweges der evangelischen Kirche in der DDR, für die Informationsausnutzung internationaler Verbindungen macht sich die Anwerbung des Beauftragten der ev. Bischöfe der DDR ...... (geschwärzt)[1396] objektiv notwendig.
>
> Die Ermittlungen zur Person sind abgeschlossen, ein Auskunftsbericht ist erarbeitet. Die Anwerbung muß im Prozeß über mehrere Etappen durch Legenden[1397] erfolgen.
> a) Die Schwierigkeiten der Studienaufnahme seiner Tochter vergrößern und diesen Umstand zum ersten Gespräch über die Aufnahmemöglichkeiten seiner Tochter benutzen.
> b) Zweites Gespräch über die Einfuhr seines VW. Termin: Ende Juni 1969
> c) Evtl. Angebot einer 2 ½ Zimmer-Neubauwohnung für seine verheiratete Tochter. Termin: Juli 1969
> d) Drittes Gespräch über seine zu genehmigende Dienstreise zur Sitzung des ...... nach ......
> Termin: Anfang August 1969
> Anschließende Auswertung[1398] und Festigung der Zusammenarbeit.[1399]

[1395] Bund der Evangelischen Kirchen in der DDR (Hg.): Kirche als Lerngemeinschaft. Dokumente aus der Arbeit des Bundes der Evangelischen Kirchen in der DDR, Berlin, 1981, 11 zum Kapitel »Kirchengemeinschaft«.

[1396] Umworben wird OKR Walter Pabst, Berlin; Sekretariat des BEK.

[1397] »Legenden« – das wird sich im folgenden Text herausstellen – sind keineswegs nur Täuschungsversuche gegenüber der »operativ bearbeiteten Person«, sondern bedürfen massiver Druck- und Lockmittel, um glaubwürdig zu erscheinen. In diesem Beispielfalle wird die Familie des »Umworbenen« aufs Korn genommen.

[1398] »Auswertung« heißt im Klartext: Den »Lohn« für die scheinbaren Hilfsleistungen einfordern, die mit MfS-Druck zunächst provoziert werden mussten. Erst werden die Aufnahmeschwierigkeiten für die Tochter des Anvisierten vergrößert, damit dann der MfS-Mitarbeiter als verständnisvoller und hilfreicher Onkel in Erscheinung treten und sie »beheben« kann.

[1399] Die »Zusammenarbeit«, die bisher in verfassungswidriger und strafrechtlich relevanter Familienerpressung und vorgetäuschten Hilfeleistungen bestand, soll nun durch Aushorchen des Opfers zur Stillung des Informationsbedarfes »gefestigt« werden.

Im Rahmen des Fernstudiums nehme ich zu Ehren des 20. Jahrestages in einer Arbeitsgruppe an der Anfertigung eines Katalogs über Informationsträger teil.«

So landet die Selbstverpflichtung nach dem Höhenflug in kirchenpolitische
Erfolgsillusionen etwas hart in der Alltagswirklichkeit des Mitarbeiters: kleine
Gemeinheiten gegen DDR-Bürger zur Erfüllung »großer Pläne« und bürokratisches Katalogisieren von Informationsträgern.

Dessen ungeachtet behauptet ein anderer Top-Agent des MfS zur Bearbeitung der Kirchen, Führungsoffizier a. D. Klaus Roßberg,[1400] in seinem autobiographischen Selbstrechtfertigungsversuch »Das Kreuz mit dem Kreuz«[1401]
als Kapitelüberschrift: »Der Geheimdienst gründet einen Kirchenbund«, und
bezeichnet den *Bund der Evangelischen Kirchen in der DDR*« als Produkt einer
Kooperation von MfS und Kirchenleuten, die sich als »*Architekten am gemeinsamen Werk*«[1402] verstanden hätten. Wer damals Synodaler war und um die
Dringlichkeit einer engeren, rechtsfähigen, abgestimmt handelnden Gemeinschaft der Kirchen gegenüber dem geschlossen agierenden Staat wusste, kann
angesichts solch abenteuerlicher Selbstüberhebung nur am Wahrnehmungsvermögen des MfS-Offiziers zweifeln.

Ein zweiter politischer und zugleich kirchenpolitisch folgenreicher Doppelfehler findet sich bei den vermeintlichen »Architekten am gemeinsamen
Werk« in der Begründung für die Notwendigkeit einer »selbständigen Kirche
in der DDR«: Diese sei »angesichts der Bonner Alleinvertretungsanmaßung,
wie sie in der ›Einheit der EKD‹ zum Ausdruck kommt, … ein objektives
Erfordernis.« Dass die Einheit der Evangelischen Kirche in Deutschland ein
Ausdruck der »Bonner Alleinvertretungsanmaßung« sei, verkennt nicht nur
die Selbständigkeit jeder Kirche dort, wo das Prinzip der Trennung von Kirche
und Staat gilt, es wird sich vor allem als kräftige Selbsttäuschung erweisen.

In solch grober Fehleinschätzung haben wir zum wiederholten Male ein
Beispiel für die gefährliche Unterschätzung der geistlichen Gemeinschaft – gefährlich für jeden, der die den Christen gegebene Zusammengehörigkeit für
leicht überwindbar durch »*Differenzierung und Polarisation*« hält – und gefährlich für die Gläubigen einer politischen Pseudoreligion, die lange Zeit kein
Gespür dafür entwickeln können, dass beiderseits der DDR-Grenze und beiderseits jeder Grenze Glieder der gleichen Familie leben: Glieder der Familie
der Christen allüberall.

[1400] Zuletzt als Oberstleutnant stellvertretender Abteilungsleiter der Abt. XX/4 des MfS.
[1401] Roßberg/Richter: Kreuz, 23.
[1402] A. a. O., 71.

Als nicht minder folgenschwer wird sich der Denkfehler erweisen, der Bund könne *»eine selbständige Kirche in der DDR«* sein, ohne »eine selbständige Kirche in der DDR« zu sein: nämlich unangreifbar von staatlichen Wunschträumen einer Zersplitterung in einzelne Landeskirchen. Mit ihrer Taktik gegenüber der *»Bonner Alleinvertretungsanmaßung«* bringen SED, MfS und CDU[1403] das strategische Konzept der »Alleinvertretungsanmaßung« der SED für alle Bürger der DDR in Gefahr. In blindem Eifer streben sie eine »selbständige Kirche in der DDR« an, die sie bald ergebnislos werden bekämpfen müssen. Offenbar hat der sich selbst Verpflichtende zu diesem Zeitpunkt noch gar nicht bemerkt, dass er eine höchst unerwünschte Entwicklung in der Kirche fördert. Statt ersehnter Vielfalt nur lose miteinander kooperierender Landeskirchen, deren eine gegen die andere ausgespielt werden kann, wächst im Lande unter dem staatlichen Druck etwas zusammen, das zusammengehört: eine Gemeinschaft in Zeugnis und Dienst, die sich unverzüglich auf den Weg macht, auch in ihrer Rechtsgestalt eine »Vereinigte Evangelische Kirche in der DDR« zu bilden.

Der Schmerz in EKD und BEK über die nicht mehr vermeidbare Preisgabe einer täglich durch die DDR-Behörden verwundbaren Struktur in der von niemandem bezweifelten geistlichen Gemeinschaft aller evangelischen Kirchen in Deutschland beflügelt die nun unternommenen Anstrengungen, der besonderen Gemeinschaft Gestalt zu geben und darin zu leben. Dass allen Umständen und Pressionen zum Trotz daraus eine lebendige Gemeinschaft wurde, gibt das oben zitierte MfS-Papier widerwillig zu. Dass sie bis heute lebendig bliebe und mit den ihr gegebenen Kräften zum Ende der DDR beitragen und dadurch eins würde, konnten dessen Verfasser nicht ahnen.

Zum Weg des Bundes, den Thüringen bis 1989 mitverantwortet hat, bleibt Bischof Werner Krusches »Rückblick auf 21 Jahre im Bund der Evangelischen Kirchen«[1404] vom Februar 1991 gültig:

> »Wir haben uns nicht eigenmächtig auf den Weg gemacht, den wir in diesen 21 Jahren miteinander gegangen sind, sondern es war ein Weg, auf den uns Gott geführt hat, ein Weg unter seinem Geleit. Daß wir unterwegs oft genug unsicher, ängstlich, mutlos gewesen und gestolpert sind, daß wir seine Wegzeichen oft nicht erkannt, seinen Verheißungen nicht getraut haben, das ist uns selber schmerzlich genug bewußt, aber das ändert nichts daran: auf den Weg, den wir als Kirchen des Bundes miteinander gegangen sind, hat uns kein Irrgeist gelockt und keine Angst uns getrieben, sondern es war Gottes Weg mit uns.«[1405]

[1403] Vgl. Abschnitt 20.5.1.

[1404] Werner Krusche: Weg- und Arbeitsgemeinschaft, in: Seidel: Gottlose Jahre?, 109–140.

[1405] A. a. O., 109.

Die vermeintlichen, jedenfalls unfreiwilligen Geburtshelfer in den Aktenkellern und in angeblichen »*Schattensynoden*« des MfS haben es nicht geahnt: 1969 finden die evangelischen Kirchen in der DDR für ihre Gemeinsamkeit eine Rechtsgestalt, die schließlich entscheidend zum Beginn der friedlichen Revolution und zu ihrem gewaltfrei errungenen Erfolg beigetragen hat.

20.5.3 *Thüringen und der Bund Evangelischer Kirchen in der DDR*

Angesichts der regelmäßigen MfS-gesteuerten Siegesmeldungen über die »*Durchsetzung des Thüringer Weges*« argwöhnten Nichtthüringer, dass Thüringen dem Bund »im Alleingang« nicht zustimmen würde. So wurde aus allen Himmelsrichtungen gefragt: »Und was macht ihr?« Das stand niemals in Zweifel: »Die Synode der Evangelisch-Lutherischen Kirche in Thüringen stimmt für die Gründung des Bundes der Evangelischen Kirchen in der DDR«. Und das tat sie – nahezu einstimmig. Sie hatte klare Gründe.

Nicht die Kapitulation vor staatlichem Druck oder Gehorsam gegenüber einer angeblich »*staatsnahen Kirchenleitung*« oder gar der Einfluss von IM und verwandter Chargen hat die Ev.-Luth. Kirche in Thüringen und vorweg ihre Synode der Bundesgründung zustimmen lassen. Ihre Gründe waren:[1406]

– Erstens die beinharte Notwendigkeit, gegenüber dem relativ geschlossen agierenden Gegner des Glaubens und der Kirche, dem sozialistisch sich gebenden Staat DDR, in rechtsverbindlich geordneter Gemeinschaft von Kirchen unteilbar handeln zu können. Das hieß zugleich, allen Versuchen und Versuchungen zu widerstehen, sich in ein Einzelvertragswerk einpressen zu lassen, das der Staat separat mit jeder Landeskirche abzuschließen gedachte.

– Sodann die Entschlossenheit einer großen auch synodalen Mehrheit in unserer Landeskirche mit allen anderen Landessynoden und Kirchenleitungen und in gleicher Klarheit mit den Gemeinden, sich als evangelische Kirche in Deutschland nicht auseinanderdividieren und gegeneinander ausspielen zu lassen. Deshalb stand der Artikel 4.4 der Bundesordnung von der »be-

---

[1406] Druck und Zweifel von außen bestärkten uns erst recht in der Doppelentscheidung: Der Bund muss sein, und wir werden darin nach Kräften mitarbeiten und die besondere Gemeinschaft mit der EKD nicht in Frage stellen, sondern sie vertiefen. Dem trug unsere Synode dadurch Rechnung, dass an ihren immer nichtöffentlichen Sitzungen Vertreter Württembergs teilnahmen – in der Regel der Synodalpräsident oder sein Stellvertreter, außerdem Vertreter der VELKD, des BEK und der EKD.

sonderen Gemeinschaft[1407] mit der EKD nie zur Debatte. OKR Lotz hatte keine Chance, seine ursprünglich eigene Formel wieder aus der Gesamtordnung herauszuschießen.

– Schließlich kam es für die Zukunft vor allem darauf an, in »störfreien«[1408] Formen der Zusammenarbeit auf Gemeinde-, Mitarbeiter- und Kirchenleitungsebene die geistliche Gemeinschaft mit der Evangelischen Kirche in Deutschland festzuhalten und zu vertiefen. Und ebendas geschah.

20.5.4 Zur Wirkung der Bundesgründung auf die evangelischen Kirchen in der DDR

Mit der Gründung des Bundes der Evangelischen Kirchen reagierten die evangelischen Kirchen auf die neue Verfassung der DDR von 1968, aufgrund deren die »Partei- und Staatsführung« Staatsgrenzen auch als Grenzen der kirchlichen Organisationsmöglichkeiten deklarierte.[1409] Zugleich unterlief aber diese Bundesgründung die Polizei- und Zollmaßnahmen der DDR gegen unliebsame Besucher und schloss die Evangelischen Kirchen in der DDR zu einer vom Staat heftig angegriffenen Gemeinschaft zusammen. Sie konnten nun viel schneller, realitätsnäher und geschlossener mit ihren Kirchenleitungen, Synoden und Gemeinden auf die DDR-Verhältnisse reagieren, als es bis dahin innerhalb gesamtdeutscher Synoden und Leitungsgremien überhaupt möglich war.

Dazu ein Kirchenhistoriker und Zeitzeuge:

»Und nun also hatte es die SED seit 1969 nicht mehr nur mit den einzelnen in der DDR gelegenen Gliedkirchen der EKD zu tun, sondern mit dem Kirchenbund (BEK DDR). Dessen Gründung hatte entgegen der oft geäußerten anderen Meinung nichts zu tun mit einer Erwartung oder gar ausdrücklichen Vorgabe von Staat und Partei, son-

---

[1407] Wortlaut von Artikel 4,4 der Bundesordnung: »*Der Bund bekennt sich zu der besonderen Gemeinschaft der ganzen evangelischen Christenheit in Deutschland. In der Mitverantwortung für diese Gemeinschaft nimmt der Bund Aufgaben, die alle evangelischen Kirchen in der Deutschen Demokratischen Republik und in der Bundesrepublik gemeinsam betreffen, in partnerschaftlicher Freiheit durch seine Organe wahr.*«

[1408] »Störfrei« wurden in der DDR die wirtschaftlichen Versuche genannt, sich von Importen aus dem nichtsozialistischen Wirtschaftsgebiet unabhängig zu machen, um dem »Klassengegner« die Chance zu Störversuchen zu nehmen. Im Sprachgebrauch der Kirchen hieß das völlig konträr, dem Staat DDR die Chance für störendes Eingreifen zu nehmen.

[1409] Bald muss das MfS selbst zugeben: »Die Abgrenzung wird nach wie vor unterlaufen ...« (BStU ZA, MfS – HA XX/4 Nr. 3474, 94 nach BStU Zählung).

dern durchkreuzte eindeutig-aktenkundig die Differenzierungspolitik – jedenfalls auf dieser Ebene – für beträchtliche Zeit.«[1410]

Dass die Gründung des Bundes der Evangelischen Kirchen in der DDR dem Staat DDR in gar keiner Weise willkommen war, kann man an der einfachen Tatsache ablesen: Die Regierung der DDR brauchte Jahre, ehe sie sich bereitfand, eine Abordnung der Leitung des Bundes der Evangelischen Kirchen in der DDR zu empfangen: Am 10.06.1969 gründete sich der Bund der Evangelischen Kirchen in der DDR.[1411] Erst am 24.02.1971 ist die Regierung der DDR bereit, durch den Staatssekretär für Kirchenfragen, Hans Seigewasser, den Vorstand des BEK zu einem sehr verspäteten Antrittsbesuch zu empfangen.

Fallbeispiel: Konsultationsgruppe EKD – BEK

Als ein Beispiel unter vielen für die Intensivierung der Zusammenarbeit nach Gründung des BEK können die sogenannte Beratergruppe[1412] und die Konsultationsgruppe zwischen BEK und EKD in Friedensfragen gelten.

Die Kirchen praktizierten ihre Friedensverantwortung in enger ökumenischer Gemeinschaft mit allen Christen über Grenzen und politische Blockbildungen hinweg und in vielfältigen Partnerschaften so, dass eine kritische Funktion der Kirchen immer offen gehalten werden konnte. Sie wurde u. a. auch politisch wirksam in gemeinsamen west-östlichen Verlautbarungen,[1413] in vielfältigen Begegnungen der Ökumene (international und zwischen den christlichen Kirchen im Lande), in geordneten und institutionalisierten Partnerschaften, z. B. von Gemeinden zu Gemeinden nach allen Himmelsrichtungen, von Landeskirche zu Landeskirche (z. B. zwischen Württemberg und Thüringen)[1414] und in gemeinsamer Vorbereitung von ökumenischen Konferenzen.

[1410] Rudolf Mau: Der Weg des Bundes 1969 bis 1989 als Problem der SED, in: Seidel: Gottlose Jahre, 37.

[1411] Im Folgenden mit »BEK« abgekürzt.

[1412] Regelmäßige Treffen von kirchenleitenden Persönlichkeiten aus der EKD mit KKL u. a. in Berlin.

[1413] In Hammer/Heidingsfeld: Konsultationen, 287–314, sind »Gemeinsame Worte« festgehalten, die in der Gesprächsgruppe BEK – EKD erarbeitet wurden. Auch die Ordnung des ersten gemeinsamen Friedensbittgottesdienstes ist in dieser Gruppe entstanden.

[1414] Vgl. Abschnitt 23.7.

Um in der Friedensarbeit und in anderen beide Seiten betreffenden grundsätzlichen und aktuellen Fragen eine enge Abstimmung zwischen der EKD und dem BEK zu erreichen, wurden seit März 1980 Konsultationen zwischen den Leitungsgremien beider Seiten vereinbart. Der zu diesem Zwecke eingesetzten »Konsultationsgruppe« gehörten je sechs Vertreter aus BEK und EKD an.[1415]

Laut Aktenlage hat das MfS versucht – nach eigener Einschätzung –, auf die Zusammensetzung dieser Gruppe Einfluss zu nehmen. Es finden sich bisher zwei MfS-Vermerke dazu im Operativen Vorgang »Synodaler« zu einem Teilnehmer der Gruppe aus dem Bund der Evangelischen Kirchen in der DDR.

In beiden Notizen wird behauptet, ein Sprecher der Gruppe habe

»gegenüber einer Quelle unserer DE[1416] zum Ausdruck gebracht, daß dieser Einfluß nehmen möchte, daß N.N. aus der gemeinsamen Kontaktgruppe EkiD und Bund Evangelischer Kirchen herausgenommen wird, weil durch seine Äußerungen die Beziehungen Staat-Kirche in der DDR getrübt werden könnten.«[1417]

In einem weiteren Operativplan wird gar die Behauptung aufgestellt, dass

»die Koordinierungs- bzw. Kontaktgruppe, die zwischen der EKD und dem BEK bestanden hat, im Sommer 1982 ihre Arbeit vorerst eingestellt und sich aufgelöst hat …«

In einer Schlußeinschätzung soll gesagt worden sein,

»daß durch einige Teilnehmer … die eigentliche theologische Arbeit wenig erfolgreich gewesen sei. Durch N.N. seien Probleme wie Friedensbewegung u.ä. Tageserscheinungen vordergründig behandelt worden. Das eigentliche Anliegen der Arbeit sei dadurch in den Hintergrund gedrängt worden. Es ginge darum, von einer theologischen Aufarbeitung her herauszuarbeiten, welchen Beitrag die Kirchen heute in der Welt zu leisten hätten …«

Es sei empfohlen worden,

»daß eine künftige Arbeitsgruppe nur noch aus kirchenleitenden Amtsträgern bestehe, damit könne sie kompetenter reden …«

[1415] Hammer/Heidingsfeld: Konsultationen.

[1416] »DE« = Diensteinheit des MfS.

[1417] Operativplan zum Material »Synodaler« der Abt. XX/4, BV Gera, vom 15.02.1982, BStU, 22.

548

Aus diesen Einschätzungen sind drei Punkte hervorzuheben:

– Das MfS hat immer versucht, theologische Differenzen für seine Zwecke auszunutzen. Insofern konnten auch scheinbar harmlose Informationen über theologische und erst recht über kirchenpolitische Meinungsverschiedenheiten – ganz gleich, ob sie »von oben« oder »von unten« ausgelöst wurden, der Staatssicherheit für ihre »Differenzierungs- und Polarisierungsversuche« nützen.

– Natürlich hat es verschiedene Auffassungen zum Verhältnis von theologischer Grundsatzdiskussion und Lageberichten zu »Tageserscheinungen« innerhalb der Konsultationsgruppe gegeben. Dass dabei die Einflussnahme des MfS in irgendeiner Weise eine Rolle gespielt habe, will mir als Anmaßung erscheinen.

– Der Vorgang zeigt aber wieder die Trittbrettfahrermethode der Stasileute: Nicht von ihnen ausgelöste und vom MfS völlig unbeeinflussbare Vorgänge werden auf das eigene Konto gezogen und als Erfolg verbucht.

Fallbeispiel: Partnerschaft Ev.-Luth. Kirche in Thüringen und Evangelische Landeskirche in Württemberg

Die Bundesgründung verschärfte nicht die Trennung der DDR-Kirchen von der EKD, sondern eröffnete neue, vielfältige Begegnungsformen und Möglichkeiten engerer Kooperation. Das beweisen landeskirchliche Partnerschaften. Mir scheint, die zwischen Thüringen und Württemberg war eine der engsten.

Schon lange vor der Gründung des BEK, aber seit 1970 in landeskirchlich durch das Hilfswerk planvoll geordneter Weise, wurden nicht nur die Leitungsgruppen (Oberkirchenrat in Stuttgart und Landeskirchenrat in Eisenach sowie die beiden Landessynoden) ohne juristisch angreifbare Struktur miteinander verzahnt, sondern auch alle thüringischen Superintendenturen mit württembergischen Dekanaten zu Partnerschaften zusammengeführt und in gleicher Weise Mitarbeiterschaften und Gemeinden aneinander gewiesen. Dem schlossen sich die Werke und Arbeitsgemeinschaften an.[1418] Auch Chöre und andere Arbeitsgruppen in den Kirchgemeinden nahmen Partnerschaftsbeziehungen auf, von denen die meisten bis heute lebendig geblieben sind.

[1418] So arbeiten »Lutherische Bekenntnisgemeinschaft« und »Arbeitsgemeinschaft Evangelium und Kirche in Württemberg« bis zur Stunde in Begegnungen, gemeinsamen theologischen Tagungen und kirchenpolitischen Vorhaben zusammen.

Seither gibt es kaum ein größeres Fest oder kleineres Jubiläum in Thüringer Gemeinden, das nicht auch »Schwaben« und andere Volksstämme Württembergs evangelischer Konfession als Gäste und meist auch als Mitgestaltende mitfeiern.[1419]

20.6 Gespräch um Gewissens- und Glaubensfreiheit

Im »Spitzengespräch« vom 06.03.1978 tritt die evangelische Kirche für die Bürgerrechte der Gewissens- und Glaubensfreiheit ein. Um Partei- und Staatsführung zur Einhaltung und Ausweitung der Rechte der Bürger und aller Gemeindeglieder zu drängen, verfolgte der BEK eine Doppelstrategie:

– In immer wieder gesuchten Grundsatzgesprächen wurden Regierungsvertretern zitierfähige Aussagen abgerungen. Sie sollten dazu dienen, Übergriffen unterer Dienststellen wirksam entgegenzutreten.

– Zugleich versuchten Mitarbeiter und Gemeinde den Handlungsrahmen kirchlicher Arbeit innerhalb der geltenden Gesetzlichkeit so weit als möglich auszudehnen. Damit sollte in der Praxis erreicht werden, dass der Verfassungsgrundsatz, »die Kirche ordnet ihre Angelegenheiten selbst«, Gültigkeit behielt oder vielmehr erlangte. Jeder Einengung von Arbeitsformen war zu widerstehen.

Angesichts der Strukturen des sogenannten »demokratischen Zentralismus« – was nichts anderes als eine straffe Führung des Staates durch die Partei bedeutete – hatten sich Vorstand und Konferenz der Evangelischen Kirchenleitungen auch im Auftrag der Synoden Jahre um Jahre darum bemüht, strittige Grundsatzfragen um Gewissens- und Glaubensfreiheit in einem Grundsatzgespräch mit der Regierung vortragen und nach Möglichkeit einer Klärung zuführen zu können. Aber es musste ein Jahrzehnt vergehen, ehe dieses Gespräch zwischen dem Vorstand der KKL unter Leitung von Bischof Schönherr und dem Staatsratsvorsitzenden Erich Honecker am 06.03.1978 zustande kam.

Das Ergebnis erfüllte nicht alle Erwartungen und war von Anfang an umstritten. So sei von staatlicher Seite die Reihe der Gesprächsgegenstände in Vorgesprächen begrenzt worden. Wesentliche Probleme – wie zum Beispiel die Jugendarbeit und Fragen des Wehrdienstes – habe man nicht angesprochen. Demgegenüber ist festzuhalten: Das Ziel von kirchlicher Seite war, Gewissens- und Glaubensfreiheit für alle zu erreichen – nicht nur für Christen. Und dies zumindest wurde – neben einer Reihe von Einzelklärungen – zugesagt.

[1419] Eine ausführliche »Würdigung« dieser Partnerschaften aus der Sicht des MfS, s. Abschnitt 23.3.

Der entscheidende Satz für die Glieder der Kirchen – nicht nur der evangelischen –, der als Gesprächsergebnis auch im »Neuen Deutschland«, dem Zentralorgan der SED angedruckt war und deshalb von Freund und Feind der Kirche zur Kenntnis genommen werden musste, lautete: *»Das Verhältnis zwischen Staat und Kirche ist so gut, wie es der einzelne Christ vor Ort erfährt.«* In Verbindung mit der Zusage des Regierungschefs, dass Christen in der Gesellschaft der DDR *»gleichgeachtet und gleichberechtigt«* seien, konnte auf allen Ebenen gegen Ungleichbehandlung und Einschränkung von Rechten vorgegangen werden, wenn auch mit unterschiedlichem Erfolg. Zitierfähige Aussagen anstelle einer geordneten Rechtsbeziehung zwischen Staat und Kirche bleiben natürlich problematisch. Aber wo aufgrund der Weigerung des Staates rechtliche Regelungen nicht ereichbar waren, stellten sie eine Handhabe dar, Einzelnen und Gruppen und Gemeinden Freiraum zu erstreiten.

Eine gewisse Zeit zeigten sich die Sicherheitskräfte verunsichert. Sie mussten erst neue Anweisungen abwarten, wie denn nun mit der Kirche zu verfahren sei.[1420]

Niemand hatte erwartet, dass mit einem »Spitzengespräch« alle Probleme ausgeräumt würden und sich alle Bürger in allen Bereichen der Gleichachtung und Gleichberechtigung erfreuen könnten. Aber die Zusagen Honeckers zeigten insofern Wirkung, als nun viele Formen kirchlicher Arbeit tatsächlich offenere Möglichkeiten wahrnehmen konnten – wenn auch Wehrfragen und Bildungsfragen von bald folgenden »Sachgesprächen« auf Dauer ausgenommen blieben.

Die kirchliche Arbeit – nicht nur der evangelischen Kirche! – profitierte von den Ergebnissen des »Spitzengespräches«. Das war vom Staat nicht beabsichtigt. Schon zwei Jahre später verschärfte er ein altes Kontroll- und Eindämmungsmittel.

[1420] So gelang es, als Beobachter »der Kirche« an einem Prozess gegen ein Junge-Gemeinde-Glied in Saalfeld teilzunehmen, obwohl die Verhandlung als nichtöffentlich galt. Durch diese Anwesenheit konnte dem Angeklagten zumindest das Gefühl vermittelt werden: »Wir sind in der Nähe und werden genau zuhören. Du bist nicht ausgeliefert.« Der Zulassung zur Verhandlung waren aufgeregte Telefonate und Beratungen seitens des Gerichtes vorausgegangen.

20.7 Veranstaltungsverordnung und ziviler Ungehorsam

Um den sich rasch ausdehnenden Freiraum »Kirche« einzuengen und »nicht rein religiöse« Gemeindearbeit zu kontrollieren, wenn nicht zu verhindern, wurde am 30.06.1980 die Veranstaltungsverordnung von 1970 neu gefasst: *»Verordnung über die Durchführung von Veranstaltungen – Veranstaltungsverordnung – VAVO«*.[1421] Ihr Ziel: Veranstaltungen der Kirchen, die aus der Sicht des Staates nicht als rein religiös galten, anmeldepflichtig zu machen und auf diese Weise unter Kontrolle zu bringen. Wurde die Annahme der Anmeldung verweigert, galt die Veranstaltung als nicht angemeldet. Damit bestand die Gefahr, die Anmeldung in ein Instrument der Genehmigung umzuwandeln. Denn für den Fall der Nichtanmeldung wurden die Veranstalter mit Ordnungsstrafverfahren bedroht, die von der Volkspolizei nach Beratung mit MfS, Partei und Staatsorganen auch ausgesprochen und »durchgezogen« wurden.

20.7.1 Diese Zielsetzung der VAVO erklärt eine »Lektion« der Sektion Rechtswissenschaft in der Hochschule des MfS, Lehrstuhl Internationale Rechtsbeziehungen der DDR, vom Juli 1984[1422] als

> »weitere bedeutsame Rechtsvorschrift zur Aufdeckung, vorbeugenden Verhinderung und Bekämpfung feindlich-negativer Aktivitäten zur Sammlung und Zusammenführung von Personen und zur Formierung einer oppositionellen Bewegung unter Mißbrauch des gesetzlich gesicherten Handlungsraumes der Kirchen«.[1423]

Außer der Kontrolle und gegebenenfalls Verboten kirchlicher Veranstaltungen, die nach Ermessen des Staates als »rein religiös« oder als »anmeldepflichtig« behandelt wurden, sollte diese Verordnung auch der Disziplinierung von kirchlichen Mitarbeitern durch deren eigene Vorgesetzte dienen:

> »Der Nachweis von Verletzungen der VAVO durch feindlich-negative Kräfte sollte vor allem genutzt werden, um in der Auseinandersetzung mit den Kirchenleitungen deren Bereitschaft zu erreichen, in ihrem Zuständigkeitsbereich auf die Einhaltung der sozialistischen Gesetzlichkeit hinzuwirken. Im Einzelfall kann auch die Anwendung staatlichen Zwanges (z. B. Ordnungsstrafmaßnahmen) auf der Grundlage der VAVO sinnvoll sein. Es kommt dabei jedoch darauf an, die sich aus der VAVO ergebenden rechtlichen Möglichkeiten in die Gesamtheit der politisch-operativen Maßnahmen … einzuordnen und die rechtlichen Sanktionsmöglichkeiten in differenzierter Form z. B.

[1421] GBl. I, Nr. 24, 235.
[1422] VVS – o001, MfS JHS-Nr.: 106/84 in BStU ASt Erfurt, KD Erfurt 641, 22 ff.
[1423] A.a.O., 55.

dann zu nutzen, wenn dies zur Disziplinierung der Rechtsverletzer notwendig und zweckmäßig ist.«

Das waren keine leeren Drohungen. Gerade im Rahmen der Jugendarbeit, bei Gemeindeveranstaltungen mit missliebigen »Intellektuellen« und nicht angemeldeten Aufführungen von Kirchenmusik[1424] wurden schon vor Erlass der VAVO gegen Veranstaltungen und deren Verantwortliche immer wieder Ordnungsstrafen verhängt. Sie verfolgten einen dreifachen Zweck:

- die Zielperson durch den Vorwurf der Gesetzesverletzung und die nachfolgenden Sanktionen zu beschäftigen und von ihren eigentlichen Aufgaben abzulenken;
- *»feindlich-negative«* Personen als angebliche Rechtsbrecher in den Augen der kirchlichen Vorgesetzten zu beschädigen und Dienstvorgesetzte zu disziplinierendem Eingreifen zu bewegen, und schließlich
- Veranstaltungen zu erschweren oder zu verhindern, die sich des Interesses besonders junger Menschen erfreuten.

Deshalb standen vor allem Vorhaben mit technischen Hilfs- und modernen Kommunikationsmitteln[1425] auf der roten Liste. Sie waren im Grunde aus juristisch unerfindlichen Gründen immer »anmeldepflichtig«.

Um die Freiheit der Kirche in der Gestaltung von Zeugnis und Dienst zu bewahren, haben Pfarrer und kirchliche Mitarbeiter Ordnungsstrafen auf sich nehmen müssen. Die Bußgelder wurden nicht von der Kirchenleitung erstattet, sondern als Rechtsverletzungen bei Zahlungsverweigerung sogar gepfändet. Das MfS maßte sich an, den Grad »anmeldungsfreier Religiosität« zu überwachen, und sandte seine »Spitzelscharen« aus. Das lief dann so ab:

20.7.2   Ziviler Ungehorsam für die Freiheit des kirchlichen Dienstes

Ein ehemaliger Studienkollege des Verfassers, Mitglied und Funktionsträger von CDU und CFK, legte es wohl auf Veranlassung des MfS darauf an, Superintendent und Junge Gemeinde in Saalfeld straffällig zu machen. Am 04.12.1975 zeigt Siegfried Nenke, als IM »Ernst Brenner« registriert, nach einem CKF-Tagungsbericht »Christen am Suez« Lichtbilder und meldet dies im Nachhinein in einem siebenseitigen DIN A 4-Bericht seinem Führungsoffi-

---

[1424] Um Abendmusiken und Motetten aus der Anmeldepflicht herauszunehmen, die u. a. vom Saalfelder Kantor unter der Überschrift »Soli Deo Gloria!« ohnehin als Gottesdienst verstanden wurden, verfochten wir ihre liturgische Gestaltung als »nicht anmeldepflichtigen Gottesdienst«. Das gelang nicht, sobald Eintritt erhoben wurde.

[1425] Lichtbilder, Tonkonserven, Filme etc.

zier.[1426] Da »Lichtbildervorträge« der Anmeldepflicht unterliegen, wird gegen die »Veranstalter« eine Ordnungsstrafe verhängt. Als besondere Zusatzleistung zur Erfüllung seines Auftrages versucht der politisch »progressiv Tätige«, seinem ehemaligen Kommilitonen auch noch illegale Verbreitung von nichtlizenzierter »Westliteratur« unterzuschieben. Er meldet dem MfS wörtlich:

> »Ich habe über die Sitzung der Nahostkommission der CFK gesprochen, die im April 1974 in Kairo stattgefunden hat und habe dazu Lichtbilder gezeigt. Es waren einige Provokationen in den Text eingebaut worden. Ich habe ausführlich westliche Literatur zum Thema zitiert unter anderem mit Namensnennung den früheren Nahostkorrespondenten von ARD Gerhard Konzelmann und habe aus seinem Buch »Die Araber und ihr Traum vom großarabischen Reich« zitiert ...
> Ich habe nach dem Vortrag das Buch von Konzelmann sehr provokatorisch offen liegen lassen. Es kamen dann auch einige junge Leute und sahen es sich an und fragten, wie man dazu komme, ob man sich das schicken lassen könne oder mitbringen lassen müsse und man nahm es auch in die Hand und behandelten es sehr ehrfurchtsvoll wie ein heiliges Buch ...«

Es folgen weitere Seiten »*zur Person G.*«, Beobachtungen aus deren Umfeld und der Familie. Verschwiegen wird, dass »G.« besagtes Konzelmannbuch, das auf dem Pult »vergessen« worden war, dem Referenten zurückgab mit der Bitte, es doch zu verstauen, um nicht Glieder der Jungen Gemeinde in Schwierigkeiten zu bringen. Verschwiegen wird auch, dass der Referent vom Veranstalter schon bei Verabredung des Vortrages gefragt worden war, ob Veranstaltungen der »Christlichen Friedenskonferenz« anzumelden seien, was der Studienfreund und IM verneinte. Er habe noch nie eine Veranstaltung anmelden müssen.

Dem beschriebenen Vorgang folgten:
- »Befragungen« einer zwischen Polizei und Superintendentur strittigen Anzahl von Gliedern der Jungen Gemeinde durch das Volkspolizeikreisamt Saalfeld zum JG-Abend – in Ausbildungsbetrieben, Schulen und auf der Straße;[1427]
- Ordnungstrafverfügung Nr. 1048 in Höhe von 75,— M nach § 3 (1) in Verbindung mit § 10 (1) der VAVO gegen den Superintendenten: ein Achtel des Monatsgehalts;[1428]
- eine Information des Rates des Kreises, Kirchenreferentin Kiefer, an das MfS, KD Saalfeld, über eine Beschwerde von G. beim Referenten des

---

[1426] BStU MfS BV Gera, AOP 659/77, Bd. II, 172–178.
[1427] Ebd.
[1428] A.a.O., 193 f.

Abends nach dem Eingreifen der Polizei.[1429] Sie war im Telefon abgehört worden;

—   Beschwerde des Superintendenten gegen den Ordnungsstrafbescheid der Polizei an die Bezirksbehörde der Deutschen Volkspolizei (BDVP) in Gera;[1430]

—   Weitergabe an den Leiter dieser Behörde mit dem Vorschlag:

»Genosse General!
Ich schlage Ihnen vor, die vom Leiter des VPKA Saalfeld ausgesprochene Ordnungsstrafe in voller Höhe zu bestätigen …
Dieser Vorschlag wurde mit der Bezirksleitung der SED, Genossen Stöckert, dem Stellvertreter Inneres beim Rat des Bezirkes Gera, Genossen Krätzschmar und Genossen Herrmann, Bezirksverwaltung MfS, abgestimmt.«;[1431]

—   eine Beschwerde des Stellvertreters des Vorsitzenden Inneres beim Landesbischof[1432] über drei »*Verletzungen hinsichtlich der Veranstaltungsverordnung und anderer gesetzlichen Bestimmungen der DDR*« und über eine Veranstaltung des Rates des Bezirkes am 16.03.1976 in Weida, »*die Herr Superintendent G… nutzte, um in befremdender Weise die sachliche Atmosphäre zu stören und die vertrauensvolle Zusammenarbeit zwischen Staat und Kirche in Frage zu stellen …*«;[1433]

—   Tonbandabschrift eines Berichtes vom Treff mit dem IMV »Klinger« unter der »*Zielstellung … mögliche Angriffe und Attacken von G. auf dem Superintendentenkonvent und auf der bevorstehenden Frühjahrsynode … abzufangen … ›Klinger‹ bestätigt die Richtigkeit der gegen G. ausgesprochenen Ordnungsstrafen und bestätigt, daß bei Nichtzahlung die Forderungen von seiten der VP einpfändbar wären einschließlich Lohnpfändungen …*«.[1434]

Die durch die Veranstaltung »Christen am Suez« ausgelöste Lawine von Befragungen unter den Gliedern der Jungen Gemeinde, Schreiben und Gegenschreiben im Zusammenwirken von MfS-Kreisdienststelle und MfS-Bezirksverwaltung, Volkspolizei-Kreisamt, Rat des Kreises und des Bezirkes sowie

---

[1429] A.a.O., 192.

[1430] In den MfS-Akten nicht enthalten und aus den Superintendenturakten »verschwunden«.

[1431] A.a.O., 193.

[1432] A.a.O., 190 f.

[1433] Der Beschuldigte hatte bei einer Begegnung der Superintendenten und Synodalen mit dem Rat des Bezirkes Zahl und Art der Befragungen von Jugendlichen kritisiert und gefragt, wie sich dies mit den ständigen Beteuerungen vertrage, sachliche Bziehungen zwischen Staat und Kirche anzustreben.

[1434] BStU MfS BV Gera, AOP 659, Bd. II, 201.

zweier IM aus dem innerkirchlichen Bereich entspricht genau den Absichten der Verordnung, wie sie im Schulungsmaterial der MfS-Hochschule empfohlen werden:

»Dauerbeschäftigung der Zielpersonen, Disziplinierungsversuche durch kirchliche Vorgesetzte und Zurückdrängung öffentlichkeitswirksamer Aktivitäten.«[1435]

Funktionäre haben uns Glieder und Mitarbeiter der Kirche beschäftigt – manchmal bis an die Grenzen unserer Kraft. Disziplinieren und aus der Öffentlichkeit verdrängen konnten sie evangelische Gemeinden, evangelische Kirche in Thüringen und andernorts nicht. Kaum eine Veranstaltung wurde abgesagt oder unterbrochen.[1436] Denn wir hatten gelernt, Paulus zu buchstabieren:

»Wir haben aber diesen Schatz des Evangeliums von Jesus Christus in irdenen Gefäßen, auf dass die überschwängliche Kraft von Gott sei und nicht von uns.
Wir sind von allen Seiten bedrängt, aber wir ängsten uns nicht.
Uns ist bange, aber wir verzagen nicht.
Wir leiden Verfolgung, aber wir werden nicht verlassen.
Wir werden unterdrückt, aber wir kommen nicht um.«
(2.Korinther 4,7–9)

20.8 Solidarność und BEK

Wer »Solidarność« angreift, bekommt es mit dem Bund Evangelischer Kirchen in der DDR zu tun. Seit September 1980 entwickelte sich in der benachbarten Volksrepublik Polen die staatlich unabhängige Gewerkschaftsbewegung »Solidarność«. Die katholische Kirche in der DDR, die sich gegenüber der Regierung der DDR zur »Abstinenz« von gesellschaftlicher und politischer Tätigkeit verpflichtet hatte,[1437] verhielt sich auch gegenüber den Vorgängen im Nachbarlande abwartend – von Ausnahmen unter den Gemeinden und einzelnen Priestern abgesehen.

Anders die evangelischen Kirchen in der DDR. Seit der staatlich verordneten Abschnürung mit Mauer und Grenzregime 1961 hatten Kirchen, Gemeinden und Jugendgruppen evangelische Partner in Osteuropa gesucht, Verbindungen geknüpft und z. T. regelmäßigen Austausch gepflegt. Weil nur noch

---

[1435] VVS – o001, MfS JHS-Nr.: 106/84 in: BStU ASt Erfurt, KD Erfurt 641, 22 ff.
[1436] Vg. Abschnitt 6.6.4.
[1437] Vgl. – BStU ZA, MfS, Nr. 3474, 188; BStU ZA, MfS – HA XX/4, Nr. 3439, Bl. 48 ff.

in dieser Richtung eine gewisse Reisefreiheit in Anspruch genommen werden konnte, ergaben sich auch durch Urlaubs- und Erkundungsfahrten Kontakte, die im Laufe der Jahre zu lebendigen Partnerschaften führten. Viele davon dauern heute noch an.[1438]

Nachrichten von Streiks und Protestdemonstrationen in und um Danzig mussten Solidarisierungen ganz verschiedener Art auslösen. Bereits bestehende Arbeitsgruppen mit dem Ziel, im Nachkriegseuropa zur Versöhnung beizutragen, wie »Aktion Sühnezeichen«, waren die ersten, die sich auf den Weg machten, um nachzusehen, wie es den Schwestern und Brüdern wirklich ginge. Denn die offiziellen Nachrichten aus Ost und West widersprachen einander so, dass kaum zu erkennen war, ob von den gleichen Vorgängen die Rede war.

In dieser Lage äußern sich »*Hinweise zu politisch bedeutsamen Entwicklungen und Vorgängen in den Kirchen und Religionsgemeinschaften der DDR des MfS*«[1439] am 15.07.1981 besorgt zum Gang der Dinge in den evangelischen Kirchen der DDR:

> »Trotz Zurückhaltung in der Öffentlichkeit beschäftigen sich leitende Gremien und Personen der evangelischen Kirchen in der DDR intensiv mit der Entwicklung in der VR[1440] Polen. Vom Bund der Evangelischen Kirchen in der DDR wurden Bischof WOLLSTADT, Görlitz, und Oberkonsistorialrat STOLPE/Berlin beauftragt, zur Aktivierung der Kontinuität der bisherigen Verbindungen zwischen den evangelischen Kirchen beider Staaten im Rahmen einer kurzfristigen Besuchsreise Sondierungsgespräche in Warschau zu führen. In deren Ergebnis wurde eine mündliche Übereinkunft getroffen, die Kontakte auf »Leiterebene« fortzuführen und zu intensivieren. Darüber hinaus wurden inzwischen Maßnahmen zur Unterstützung kirchlicher Kreise in der VR Polen mit Lebensmitteln eingeleitet …«

Nach der unkommentierten Mitteilung über den Besuch einer Delegation des Bundes in Polen, die »*im Herbst 1981 eine gemeinsame Arbeitsgruppe zu bilden*« beabsichtige, heißt es weiter:

[1438] Vgl. Petzold/Raschzok: Vertraut den neuen Wegen, 72. Dort wird zum Beispiel beschrieben, wie durch die Verbindung zur theologischen Fakultät der Ev. Kirche der Böhmischen Brüder in Prag eine Partnerschaft zum »Ketzerkonvent« in Jena und in weiteren Schritten zu evangelischen Gemeinden in Tschechien entstand. Sie hat sich während der Okkupation der ČSSR für beide Seiten bewährt, blieb in Gemeinden und Familien bis heute lebendig und neue folgten.

[1439] BStU ZA, MfS – HA XX/4, Nr. 3474, 103 f.

[1440] »VR« Kürzel für »Volksrepublik«, hier: Polen.

»… Ersten internen Hinweisen zufolge beabsichtige die Leitung der evangelischen Kirchen in der DDR, bei einer eventuellen ›Intervention sozialistischer Länder‹ gegen die VR Polen mit Erklärungen‹ an die Öffentlichkeit zu treten.

Es ist zu verzeichnen, daß durch die Lage in der VR Polen offensichtlich auch die bekannten Internationalisierungsbestrebungen feindlich-negativer Kräfte unter dem Deckmantel kirchlicher Arbeit neu belebt wurden.

(Z. B. Versuche der Organisierung oppositioneller Bewegungen in der DDR und deren Zusammenschluß mit gleichartigen Personenkreisen und -gruppierungen vorrangig in der ČSSR und der VR Polen wie ›Charta 77‹, ›KOR‹ u. a.)«

Die »Aktion Sühnezeichen« wird wegen ihrer »Aktionsgruppe Polen«, die Texte und Dokumentationen für Informationsveranstaltungen plant, besonders hervorgehoben, da Jugendliche und Studenten als Zielgruppe angenommen und polnische Bürger in die Informationsveranstaltungen mit einbezogen werden sollen.

»Außerdem hat die Leitung der ›Aktion Sühnezeichen‹ in Abstimmung mit politisch negativen Personen aus der VR Polen polnische Bürger für eine Teilnahme an ihren sogenannten Aufbaulagern in der DDR eingeladen.«

Glieder von Jungen Gemeinden werden gehindert, nach Polen zu reisen, wie 1968 schon in die ČSSR. Das löst wiederum Proteste von kirchlicher Seite bei verschiedenen Gelegenheiten aus. Sie ändern aber wenig.

Die aus der Analyse entwickelten Vorschläge des MfS[1441] wirken hilflos wie eine Mischung aus Entgegenkommen und Härte nach verbrauchten Rezepten:
— »*Staatsämter für Kirchenfragen und Außenministerien der sozialistischen Länder*« sollen »internationalen kirchlichen Leitungsgremien entgegenwirken«, falls diese gegen Maßnahmen und Beschlüsse sozialistischer Länder vorgehen.
— »*Sektiererische Handlungen*« sind zu vermeiden, und es sollen
— »*kirchliche Amtsträger … differenzierter behandelt werden*«.
Anders gesagt: Die »Guten« werden belohnt, die »Bösen« bestraft. Nichts Neues gibt es unter der Sonne, sondern weiter geht's im verbrauchten Programm: den »Progressiven« alle Unterstützung, den »Feindlich-Negativen« operative Maßnahmen, auf dass sie »zurückgedrängt« werden. Im Widerspruch dazu wird im Schulungsmaterial der MfS-Hochschule in Potsdam ausdrücklich davor gewarnt, die Kirchen in Polen und in der DDR gleich zu beurteilen und

---

[1441] A.a. O., 103 ff.

zu behandeln.[1442] Nach einer Auflistung der »*unterschiedlichen Wege*« des Gegners »*in seinem Vorgehen gegen die sozialistischen Staaten*« bis zum Konflikt mit »Solidarność« und der Katholischen Kirche in Polen wird den Studierenden der Hochschule des MfS als Hinweis in Klammern eingeschärft:

> »Es darf keinesfalls eine Gleichsetzung der Katholischen Kirche in Polen mit der Katholischen Kirche oder den Evangelischen Kirchen in der DDR erfolgen. Die Rolle, Stellung und Bedeutung der Kirchen in beiden Ländern sind nicht vergleichbar.«

Warum? In welcher Beziehung? Das wird nicht erklärt. Vermutlich steht ein taktisches Kalkül Pate bei der Warnung vor »Sektierertum«, also vor allzu hartem Vorgehen, und der Mahnung zu sanfterem Differenzieren: Druck erzeugt Gegendruck – und den können wir jetzt überhaupt nicht gebrauchen. Das ist verständlich, denn außer der bedrohlichen Entwicklung in Polen stehen der DDR erhebliche Probleme mit der sich unter dem Druck der Raketenaufrüstung in Ost und West rasch entwickelnden Friedensbewegung ins Haus.

20.9 Friedensdekaden seit 1980 und »Schwerter zu Pflugscharen«

Die SED bestritt den evangelischen Kirchen das Recht auf »eigenständige« Friedensarbeit bis zum Herbst 1989. Dennoch nahmen die Kirchen Eigenständigkeit für ihre Friedensbemühungen in Anspruch. Dem Staat gelang es nicht, diesen Anspruch in der Öffentlichkeit zu desavouieren, geschweige denn kirchliche Friedensarbeit in seine einseitig pro-östlich bestimmten »Friedensanstrengungen« zu integrieren.

Friedensdekaden und vielerorts in Permanenz durchgehaltene Friedensgebete konnten von Anfang an (seit November 1980) weder formal noch inhaltlich in eine einseitig pro-westlich oder pro-östlich ausgerichtete staatliche Friedenspropaganda vereinnahmt werden. Ihren geistlichen Grundrhythmus hielten sie in verschiedenen Varianten durch:
– Schriftauslegung;
– Zeugnisse der Betroffenheit;
– Schuldbekenntnis;
– Fürbittengebet, Vaterunser und Segen und

[1442] BStU KD Erfurt, Nr. 641, »Seminarhinweise für die politisch-operative Fachschulung« JHS des MfS, 7 (BStU-Zählung).

– Friedenslieder aus Gesangbuch und Ökumene.

Allein mit diesem Aufbau bezeugten die Betenden, dass es ihnen nicht um »östliche« oder »westliche« Friedensvorstellungen, sondern um Recht und Frieden ging, wie sie nach These V der Barmer Theologischen Erklärung von 1934 gegenüber Gottes Reich, Gottes Gebot und seiner Gerechtigkeit von Regierenden und Regierten verantwortet werden können. Denn kirchliche Bemühungen um inneren und äußeren Frieden messen sich an Christus, der »*zwischen den Lagern seinen Ort hat*«[1443] und allen Menschen Versöhnung anbietet.

In einer Predigt zur Friedenswerkstatt »Frieden konkret II« in Eisenach 1984 wurde ebendieser Text ausgelegt und trug zur Überwindung falscher Fronten bei (z. B. Friedensgruppen contra kirchliche »Obrigkeit«, aber auch Friedensgruppen West und Ost, die gegeneinander ausgespielt werden sollten).

Er half unterschiedlichen Gruppen zur Einsicht, dass Kirche mit ihren Gliedern in der Nachfolge Jesu zwischen den Lagern für keinen der politischen und militärischen Gegner einseitig Partei ergreifen kann.[1444] Trotz Widerspruches aus den eigenen Reihen verstanden deshalb viele evangelische Christen in der DDR »Friedensdienst ohne Waffe« als das »deutlichere Zeichen« für das christliche Bekenntnis zum Frieden. Der Staat empfand ihn als existentielle Bedrohung.

Die Dresdner Initiative »Sozialer Friedensdienst« nahm die seit Jahren erhobenen Forderungen nach einem echten Wehrersatzdienst statt oder neben der Bausoldatenregelung auf. Das führte aber nach anfänglichen Zeichen von Offenheit in Sondierungsgesprächen der sächsischen Kirchenleitung zur Kraftprobe in der Öffentlichkeit: Die jugendlichen Befürworter des »SoFd«-Gedankens nutzten die Anwesenheit von westlichen Pressevertretern anlässlich einer Tagung des Ökumenischen Rates in Dresden, um ihr Anliegen einer breiten Öffentlichkeit vorzustellen. Der Tenor mancher Berichte der Korrespondenten: Es bleibt abzuwarten, wie ein totalitäres Regime auf eine Initiative »*von unten*«, auf eine »*Basisinitiative*« reagiert. Damit war die Sache erledigt. »*Wir lassen uns nicht unter Druck setzen.*«

Nervosität und Ratlosigkeit führen zu völlig überzogenen Maßnahmen gegen das Symbol »Schwerter zu Pflugscharen«. Sie rufen den entschiedenen und geschlossenen Protest aller Gliedkirchen des Bundes hervor. Die Vorgänge vor Ort, in der Konfrontation Staat – Kirche in Berlin, die Reaktionen der Landeskirchen und die Härte der Maßnahmen sind im Prolog dieser Studie be-

---

[1443] Hebräer 13,13.

[1444] Daran müssen »christliche« Parteien und Gruppen zu Zeiten von Auslandseinsätzen der Bundeswehr unter fremder Regie und für fremde Interessen wieder erinnert werden.

schrieben. Die dort zitierten Quellen legen offen, dass MfS und Staatsorgane nur noch mit Härte und Unwahrheit reagieren. Die Kirchen und ihre Synoden wie die Gemeinden und ihre Glieder lassen sich davon nicht beeindrucken.

So kam im Grunde genommen nicht einmal ein Burgfrieden zustande, auch wenn dies aus Unkenntnis immer wieder behauptet wird.[1445] Denn das Jahr 1982 ging als »Raketenjahr« in die Geschichte ein. Der Ost-West-Konflikt eskalierte um die Stationierung der sowjetischen SS-20-Raketen und die einsetzende Aufstockung des westeuropäischen Raketenarsenals mit der Pershing II, die über eine Reichweite bis zu 1800 km verfügen sollte.

Die evangelischen Kirchen setzten sich gegen die weitere Aufrüstung in Ost und West zur Wehr. Angestoßen von der evangelischen Jugendarbeit in der DDR rief der Bund der Evangelischen Kirchen zur ersten Friedensdekade auf. Damit gerieten die Evangelischen Kirchen zwischen die Fronten des Kalten Krieges. Sie ließen sich aber nicht beirren und widerstanden der Vereinnahmung durch jede der beiden Seiten.

So hatten Partei- und Staatsführung der DDR ein neues Problem: Wollten sie einerseits gern die Kirchen für ihre Friedenpropaganda gen Westen vereinnahmen, sahen sie in der Verurteilung auch der sowjetischen Aufrüstung einen *»Angriff auf die Friedenspolitik der DDR und der mit ihr befreundeten Staaten«.* Hochkonjunktur für die Staatssicherheit. Weil sich die Republik in der Vorbereitungsphase auf das Lutherjahr mit einem staatlichen und einem eigenständigen kirchlichen Lutherkomitee befand, musste aus Sicht der Partei sowohl Offenheit nach außen demonstriert als auch tschekistische Wachsamkeit nach innen gewahrt werden. Das führte zu völlig gegenläufigen Entwicklungen.

20.10 Lutherjahr und »neues« Lutherbild 1982/83: Das Janusgesicht eines Jahres

Öffnung nach außen und verstärkter Druck nach innen – mit der alten Formel von der Erhaltung und Festigung der Macht häufte sich der Staatssicherheitsdienst kaum überwindbare Widersprüche auf: In Vorbereitung des Luthergedenkens und solange eine Vielzahl ökumenischer Gäste in der DDR weilte,

---

[1445] In Leugnung aller schriftlich belegten Tatsachen bezeichnet Besier die Friedensdekade als eine »ohne Zutun, ja zum Teil gegen den erklärten Willen der Kirchenleitungen« entstandene »Basisbewegung« und redet von einer »beschwichtigenden Haltung der Kirchenleitungen während des Jahres 1982«. Damit übernimmt er die Position einer Forschungsarbeit von Stasi-Offizieren aus der »Juristischen Hochschule« Potsdam als seine eigene: Grundorientierungen für die politisch-operative Arbeit des MfS, 354 ff.

versuchte die DDR-Führung, im Umgang mit ihnen und um ihrer eigenen internationalen Anerkennung willen auch mit ihren Gastgebern in der DDR als weltoffener und demokratischer Staat zu erscheinen.

Gleichzeitig sollten »ideologische Einflüsse des Gegners« mit allen Mitteln unterbunden werden. Aber »alle Mittel« waren vor den Augen der Weltöffentlichkeit gar nicht mehr anwendbar. Und der über Jahre erhoffte und immer weniger spürbare »Abgrenzungsprozess« zwischen EKD und BEK hatte sich von Anfang an in sein Gegenteil verkehrt.

Welche Langzeitwirkung für die evangelischen Kirchen in der DDR ihre schmerzliche Entscheidung, sich formal und strukturell von der EKD trennen zu müssen, um die unmittelbaren Abschnürungsmöglichkeiten des Staates zu unterlaufen, tatsächlich für den Zusammenhalt über die zementierten Grenzen hinweg hatte, wird zwölf Jahre nach Gründung des Bundes sozusagen zähneknirschend in einem MfS-Papier[1446] eingestanden. Im Juli 1981 stellt die HA XX/4 des BE fest:

> »Nach wie vor wird der Abgrenzungsprozess zwischen den Kirchen der DDR und denen der BRD unterlaufen.
>
> Obwohl offiziell eine organisatorische und juristische Trennung zwischen den evangelischen Kirchen in der DDR und denen der BRD durch die Gründung eines Bundes der Evangelischen Kirchen in der DDR erfolgte, sind besonders von der ›Evangelischen Kirche Deutschlands‹ in der BRD ausgehende Aktivitäten erkennbar, vor allem unter Mißbrauch der Möglichkeiten des Reiseverkehrs diese Abgrenzung zu unterlaufen und Versuche zu unternehmen, die Bonner Fiktion von der Kirche als ›gesamtdeutsche Klammer‹ neu zu beleben.
>
> Andererseits sind auch die evangelischen Kirchen in der DDR noch nicht durchgängig[1447] bereit, ihre Beziehungen zur ›Evangelischen Kirche in Deutschland‹ in die allgemeine Ökumene einzugliedern.«

[1446] BStU ZA, MfS – HA XX/4, Nr. 3474, 103 ff.

[1447] Typisches Beispiel von Wunschdenken, das sich in der Sprache verrät: »*Noch nicht bereit*« suggeriert Schreiber wie Lesern, dass es innerhalb der Kirchen eine vom Staat erwünschte Entwicklung in Richtung Abgrenzung gäbe. Dass ganz im Gegenteil die Kontakte ausgeweitet werden und sich kaum noch kontrollierbar »auf privatem Wege« vervielfachen, wird in den nächsten Sätzen widerwillig eingestanden. Wir haben es hier mit einer Grundfigur des Funktionärsdenkens zu tun: Weil es Stillstand oder gar Rückschritt auf dem Wege zum Siege des Sozialismus gar nicht geben darf, werden Stillstand und Rückschritt, wo sie auf Dauer nicht zu leugnen sind, als vorübergehende Widersprüche einer im Ganzen positiven Entwicklung angesehen (wirklich?) oder jedenfalls behauptet. Es müsste untersucht und durch Interviews mit den Akteuren als Erkenntnis abgesichert werden, ob diese systemimmanente Erfolgsorientierung als eine der Ursachen für die Realitätsferne des Apparates und damit auch für das Scheitern des Staatssicherheitsdienstes angesehen werden kann.

Sie wurden es nie. Unfreiwillig beschreibt das eben zitierte Dokument in den aufgeführten Belegen für die »*noch nicht*« erfolgte Trennung in Wahrheit die Erfolgsgeschichte der Partnerschaftsarbeit zwischen EKD und BEK und damit für das Funktionieren der »besonderen Gemeinschaft«. Partei und MfS widerlegen darin sich selbst und ihre verfrühten Erfolgsmeldungen von einem »Abgrenzungsprozess« zwischen EKD und Bund der Evangelischen Kirchen in der DDR.

Hermeneutisch ist zur MfS-Sprache hervorzuheben: Unbeirrt wird ein »*Abgrenzungsprozess*« nur behauptet, den der Staat von der Gründung des Bundes erhoffte. An allen dem MfS und anderen Staatsorganen vorliegenden Informationen hätten diese ablesen können, dass die Bundesgründung eben nicht Abgrenzung auslöste, sondern die Formen der Zusammenarbeit multiplizierte, sie sachlich vertiefte und immer unangreifbarer machte. Sie sehen es und geben ihre Sprache der Selbsttäuschung trotzdem nicht auf:

> »Sichtbarer Ausdruck der auf das Unterlaufen des Abgrenzungsprozesses abzielenden Aktivitäten sind u.a.[1448]
> – Regelmäßige offizielle und als Privatbesuche abgedeckte Einreisen kirchenleitender Personen aus der BRD zu Kirchengremien und kirchenleitenden Personen in der DDR sowie deren Teilnahme an Sitzungen, Konferenzen, Synoden, Kirchentagungen;
> – Ausweitung der Reisetätigkeit kirchenleitender Personen aus der DDR in die BRD und andere nichtsozialistische Staaten im Zusammenhang mit der Organisierung gemeinsamer Tagungen und Beratungen sowohl auf kirchenleitender als auch auf unterer Ebene, verschiedentlich verbunden mit der Abfassung gemeinsamer Erklärungen zu gesellschaftspolitischen Ereignissen (z.B. 40. Jahrestage der Kristallnacht und des Beginns des 2. Weltkrieges);
> – Schaffung bestimmter Konsultationsorgane (u.a.[1449] Ost-West-Kommission beim Bund der Evangelischen Kirchen in der DDR und der ›Evangelischen Kirche in Deutschland‹ in der BRD ...)«[1450]

Eine nur eingeschobene Klammerbemerkung vor dem eben zitierten Abschnitt der »Hinweise« deutet zugleich verschämt an, warum so viele unerwünschte Besuche seitens der DDR-Führung überhaupt zugelassen werden:

[1448] Beachte hier die Formulierung »u.a.«! Also bringt die folgende Aufzählung nur eine Auswahl von Beispielen der *besonderen Gemeinschaft*.

[1449] Nochmals wird eine bloße Teilaufzählung mit »u.a.« eingeführt. Hat das gern als allwissend sich gebende MfS schon jeden Überblick verloren, wer sich da alles zueinander findet, miteinander berät und auch noch gemeinsame Verlautbarungen abgibt?

[1450] MfS – HA XX/4 Nr. 3474, 94 f. im Wortlaut.

»Das[1451] ergibt sich auch aus der ständigen finanziellen Abhängigkeit von den Kirchen der BRD. (letzteres ist auch auf die katholische Kirche zutreffend)«

An jeder Einnahme »harter« Devisen brennend interessiert, kann sich die DDR-Führung nicht leisten, auf Einnahmen aus dem Zwangsumtausch von DDR-Besuchern – auch wenn diese nicht gerade willkommen sind – und aus jedem anderen Finanz-Transfer von West nach Ost zu verzichten, obwohl dies den *»zwangsläufig absterbenden Kirchen als ideologischen Überresten der überholten bürgerlichen Gesellschaft«* zugutekommt.

Von besonderer Bedeutung sind die Transferleistungen, die der Arbeit der Diakonie und damit indirekt auch dem Gesundheitswesen der DDR zugutekommen, das z. B. in der Behindertenarbeit und -förderung weit hinter der Zahl der Einrichtungen der Diakonie und auch hinter deren fachlichen Kenntnissen und Leistungen zurückliegt.

Auch der innerdeutsche Besucherverkehr, der infolge der KSZE-Vereinbarungen von Helsinki und nach dem Grundlagenvertrag zwischen den Regierungen der Bundesrepublik und der DDR sprunghaft zunimmt, kehrt in den politischen Grundsatzerklärungen des MfS jener Zeit als Ausgangsüberlegung für die operative Arbeit immer wieder. Einerseits wird gerade in Lageberichten und »Einschätzungen« des MfS vielfach beklagt, dass die evangelischen Kirchen alle die Partnerschaftsbeziehungen besonders mit Westdeutschland immer weiter ausbauen. Andererseits stellen vielfältige Besuche, z. T. unter Inanspruchnahme des Reisebüros der DDR, eine Stärkung der Finanzen der DDR in harter Währung dar, die zu Buche schlägt. Auf sie kann nicht verzichtet werden: Lutherjahr, Luthergedenkstätten, Goethestätten und das NKE[1452] ziehen in Verbindung mit dem zunehmenden »Kleinen Grenzverkehr« Besucherströme an, die zwar große D-Mark-Summen bringen, aber auch nicht mehr kontrollierbare Begegnungen ermöglichen. Durch den so entstehenden Gedankenaustausch und persönliche Beziehungen zwischen bisher einander Fremden vollziehen sie das, was eben noch *»Politisch-ideologische Diversion«* hieß. Aus diesem Dilemma konnten sich die Funktionäre bis zuletzt nicht befreien.

[1451] »Das« meint die fehlende Bereitschaft der Kirchen in der DDR und der BRD, sich nur als ökumenische Partner im allgemeinen Sinne zu verstehen.

[1452] »NKE«: Kürzel für »Nationales Kulturerbe«, worunter alles zu verstehen ist, das an überkommenen Zeugnissen in bildender Kunst, Literatur, Musik, Architektur usw. aus der Geschichte herübergerettet werden konnte. Einerseits spielte das »NKE« in den Bemühungen von Partei und Regierung um Anerkennung der DDR und ihre Finanzierung eine wesentliche Rolle, zum anderen sollte es dazu helfen, eine DDR-Identität als Nation zu entwickeln.

20.11 Zwischen Rechts und Links blockiert: VEK

Zwischen »Rechts« und »Links« zerrieben, kommt die »Vereinigte Evangelische Kirche« nicht zustande. Durch Jahre hindurch arbeiten die Evangelischen Landeskirchen mit ihren Synoden und Ausschüssen an einer Vertiefung der Gemeinschaft im Bund. Staat und Stasi jedoch wollen eine enge, weil schwerer angreifbare Kirchengemeinschaft verhindern. Deshalb läuten alle Alarmglocken, als der BEK offen und öffentlich über die Vertiefung seiner Gemeinschaft verhandelt und mit raschen Schritten die einzelnen Stadien auf diesem Wege hinter sich zu bringen sucht.

Eine »Information« der HA XX/4 vom 19.04.1979[1453] listet die

> »bisherigen Äußerungen zu den politischen Hintergründen. bzw. Motiven der Bildung der ›Vereinigten Evangelischen Kirche‹«

auf und fügt

> »6 Thesen zur Einflußnahme auf den Prozeß der Bildung der Vereinigten Evangelischen Kirche in der DDR«[1454]

an, in denen es u. a. heißt:[1455]

> »Aus der Sicht des sozialistischen Staates und seiner Interessen ist das Projekt ... differenziert einzuschätzen. Es hat vorteilhafte und nachteilige Seiten ...
>
> Ein mit mehr Kompetenz als der BEK ausgestatteter Zusammenschluß kann mit größerer Verbindlichkeit jeweilige kirchenpolitische Konzeptionen durchsetzen, was bei gesicherter staatlicher Einfußnahme positive Wirkungen hätte.
>
> Es ist aber auch zu bedenken, daß sich andererseits die Möglichkeiten kirchenpolitischer Differenzierung ungünstiger gestalten. Die Profilierung einzelner Landeskirchen und kirchenleitender Kräfte im Sinne einer staatsbejahenden Haltung ist schwieriger, da sie fester an gesamtkirchliche Orientierung und Beschlüsse gebunden sein werden.
>
> Es ist ferner zu bedenken, daß die Bildung der VEK zu einem Zeitpunkt statfindet, da sich die Linie des guten Einvernehmens mit den staatlichen Organen und eine durchgängige loyale Haltung der kirchlichen Amtsträger zum sozialistischen Staat gegenüber dem auf kritische Distanz oder Konfrontation gerichteten Kurs noch nicht eindeutig durchgesetzt haben.
>
> Das Dominieren der positiven oder negativen Aspekte bei der Bildung der VEK hängt primär davon ab, welche Kräfte in dem neuen Zusammenschluß bestimmend sein werden, welche kirchenpolitische Konzeption zum Tragen kommen wird und welche Kader in die leitenden Organe gewählt werden.

[1453] BStU ZA, MfS – HA XX/4, Nr. 3012, 41.

[1454] A. a. O., 47 ff.

[1455] Die leidigen Fehler gehören zum Original.

Daraus folgt als Generallinie, daß staatlicherseits der neue kirhliche Zusammenschluß nicht verhindert werden kann.«

Es soll aber – wie ein folgender Satz umständlich darlegt:

»die Entwicklung sachlicher und vertrauensvoller Beziehungen von Staat und Kirche«
gemäß Gespräch vom 06.03.1978 fortgesetzt werden.

Zum Entwurf dieser sechs Thesen heißt es am 08.03.1979[1456] offensichtlich von höchster Stelle mit heftigen Unterstreichungen von Hand:

»… Ist der Prozeß zur VEK <u>nicht</u> aufzuhalten, dann
- Maßnahmeplan mit dem Ziel, durch inoffizielle und of<u>fizielle[1457]</u> Agenturen in der
  <u>VEK ihre mögliche Lähmung oder Steuerung in unserem Interesse zu sichern;</u>
- <u>Kampf um das föderative Prinzip</u> in der VEK, d. h. <u>volle Selbständigkeit der Landeskirchen,</u> der Hilfswerke und der Inneren Mission.
      Die VEK darf nur den Willen der Landeskirchen realisieren, nicht mehr.
      Die <u>Selbständigkeit der Landeskirchen,</u> Hilfswerke und Innere Mission muß
  durch unsere Agenturen in diesen Organisationen den <u>korrektiven Druck sichern,
  den wir brauchen,</u>[1458] <u>um die VEK entweder fortschrittlich agieren</u> zu lassen oder zu
  lähmen.
      Oder <u>volle Ausnutzung theologisch und kirchengeschichtlich unterschiedlicher
  Auffassungen</u> bei den reformierten, uniierten und lutherischen Kirchen.[1459]
- <u>Volle Reaktivierung oppositioneller Gruppen</u> (Wei<u>ßensee, Bruder</u>schaften u. a.) Der
  Einfluß der Arbeitskreise der NF darf dabei nicht überschätzt werden, ebenso der
  CDU. <u>Der Kampf um die VEK wird in ihr</u>[1460] zu gewinnen sein!
- Der Kampf wird <u>mit allen Mitteln geführt</u> werden müssen, <u>die gesetzlich sind</u>; da
  eindeutig ist, daß wir 1985 die protestantischen Kirchen entweder geschlossen in der
  Hand oder gegen uns haben werden«.

Der eigentliche Grund aller Aufregung wird freimütig eingestanden: Partei und Staatsführung sitzen in einer Zwickmühle wie 1969.

»Es wiederholt sich eine Situation, vor der wir vor Jahren standen, um die EKD zu
spalten, mußten wir den Bund in Kauf nehmen, um das Prinzip der 2Staatlichkeit ab-
schließend zu verwirklichen, steht vor uns die VEK … Die VEK scheint nicht unser
Kampfziel zu sein, sondern die Konsequenz aus der damaligen Spaltung, die der Feind

---

[1456] BStU MfS – HA XX/4, Nr. 3012, 83.

[1457] Man beachte die Reihenfolge!

[1458] Handschriftlicher Zusatz am Rande: »*Diff.prozeß d. LK durchgehend org.!*« (organisieren?).

[1459] Handschriftlich in Klammern angefügt: »*(konfess. Frg.f. uns nutzen)*«, d. h.: *Spielt die Lutheraner gegen die Evangelische Kirche der Union aus!*

[1460] Dreifach handschriftlich unterstrichen!

566

hinnehmen mußte und aus der er eine Verkürzung der Front, eine Zentralisierung der Macht, insgesamt eine Neuformierung der Kräfte gegen uns abgeleitet hat …«

In einem Punkt schafft das Papier völlige Klarheit: Der »Feind« war und ist der Bund der Evangelischen Kirchen in der DDR.

Wir müssen uns eine gründliche Analyse dieses Schlüsseldokumentes leider versagen. Immerhin zeigen die hektischen Unterstreichungen und der Befehlston, dass der Korrektor des Thesenentwurfes sehr beunruhigt ist. Dem befohlenen *»Kampf mit allen Mitteln«* wird die Einschränkung *»die gesetzlich sind«*, gerade noch nachgeschoben. Der Korrektor kennt wohl seine Pappenheimer und ihre begrenzte Achtung vor dem Gesetz, wenn sie einmal losgelassen sind.

Ein Dokument vom März 1979 belegt, dass vom MfS her immer noch für möglich gehalten und versucht wird, die Landeskirchen gegeneinander auszuspielen:

»1.3. Bearbeitung negativ-klerikaler Kräfte zur Durchsetzung der s t a a t s b e j a h e n d e n L i n i e der Thüringer Landeskirche – Linie XX/4 –
1.3.1. OV ›N. N.‹, Reg.-Nr. 776/78
Im Zusammenhang mit dem Einsatz von IMF ›TIMASCHEWSKI‹[1461] zur Mitgliederversammlung der Bekennenden Kirche (17.3.1979) wurde bekannt, daß ›N. N.‹
– für eine ›Vereinigte Evangelische Kirche‹ in der DDR eintritt;
– die anwesenden 34 Theologen aufforderte, in ihren Gemeinden festzustellen, wer sich im beruflichen Einsatz in Angola befindet, um sich seitens der Kirche um die Angehörigen kümmern zu können. Des weiteren fordert er, festzustellen, ob DDR-Bürger in Angola im Zusammenhang mit Kampfhandlungen getötet wurden …«

Der Beschuldigte hat viel auf dem Kerbholz: Er gehört zu den *»negativ-klerikalen Kräften«* und behindert offensichtlich die *»Durchsetzung der staatsbejahenden Linie der Thüringer Landeskirche«*.[1462] Er tritt *»für eine »Vereinigte Evangelische Kirche« in der DDR ein«* … Diese »Vereinigte Evangelische Kirche in der DDR« beängstigt den Staat so, dass ihre Verfechter als Staatsfeinde deklariert und bekämpft werden müssen. In der entscheidenden Tagung der Berlin-Brandenburgischen Synode scheitert die Zustimmung an wenigen Stimmen, die zur Zweidrittelmehrheit fehlen. Verfechter zweier gegensätzlicher politischer Ideologien: »National Gesinnte«, die in der Kirche vor allem

---

[1461] Der IMF trug den Decknamen »Tomaschewski«, wie in der Opferakte des Verf. zu lesen steht.

[1462] Zwischenfrage: Hat die Thüringer Landeskirche eine »staatsbejahende Linie« oder muss sie 1979 erst noch »durchgesetzt« werden?

eine letzte Klammer der Nation sehen, und »Fortschrittliche«, die Sozialismus als religionslose Interpretation des Evangeliums andererseits, bringen die VEK zum Scheitern. Das belegt: Politische Optionen in religiösen Begriffen und die Missachtung jahrelangen Bemühens im BEK öffneten dem MfS Tür und Tor.

Dass die bis zur Unterschriftsreife gediehene »Vereinigte Evangelische Kirche in der DDR« scheiterte, war ein Triumph für die Stasi. Für die Evangelischen Kirchen in der DDR bedeutete sie Missachtung ihrer jahrelangen Arbeit an der Vertiefung ihrer Gemeinschaft und Blockade aller Bemühungen um Geschlossenheit gegenüber der SED und ihren Hilfstruppen.

20.12 Friedensgebete und veränderte Konfrontationen 1989

Friedensgebete seit 1980, gewaltlose Demonstrationen in den achtziger Jahren immer wieder, Aufbrüche in ein neues politisches Denken und Handeln seit der »Konferenz für Sicherheit und Zusammenarbeit in Europa« (KSZE) und seit dem Ökumenischen Prozess »Gerechtigkeit, Friede und Bewahrung der Schöpfung« flossen Ende der achtziger Jahre in einen Strom zusammen. Im Zusammenhang mit den durch den Abschluss der KSZE-Vereinbarungen möglich gewordenen Ausreiseanträgen und Grenzöffnungen in Ungarn und der ČSSR lösten sie eine Bewegung aus, die Gorbatschows Politik nicht aufhalten wollte und einzelne Staaten des zerfallenden Ostblocks nicht mehr aufhalten konnten. In der DDR beschränkte sie sich weder auf Berlin und Leipzig noch auf informelle Gruppen oder auf Aktionen vor den Kameras westlicher Jounalisten.

Für die DDR gilt: Alle diese Bewegungen flossen in den evangelischen Kirchen zusammen und traten mit diesen in die Öffentlichkeit.

Mit einer Information über das Wirken »antisozialistischer Sammlungsbewegungen« vom 23.10.1989, die an Regierung, ZK der SED und »MfS intern« ging, gesteht das MfS die rasche Zunahme der Beteiligung an Friedensdekaden und Friedensgebeten bis zum Jahre 1989 ein.[1463] Dort werden die Quellen des Zustroms beschrieben:

> »... Bedeutendste Ausgangsbasis für das Wirken aller antisozialistischen Sammlungsbewegungen bilden nach wie vor die evangelischen Kirchen. Feststellungen zufolge[1464]

[1463] Zitiert nach Mitter/Wolle: »Ich liebe euch doch alle«, 232. Es ist daran zu erinnern: Friedensgebete wurden in vielen Städten seit 1981/82 wöchentlich gehalten.

[1464] ..., die wohl nur von den unteren Diensteinheiten stammen können, nämlich den Kreisdienststellen des MfS in den Bezirken!

nahmen in der Zeit vom 16. bis 22.10.1989 an Veranstaltungen ausschließlich politischen Charakters in Kirchen und kirchlichen Räumen, in denen Kräfte antisozialistischer Sammlungsbewegungen ungehindert auftreten konnten, weit über 100 000 Personen teil. Fast alle dieser Veranstaltungen verzeichnen eine in diesen Kirchen und in diesem Ausmaß nicht gekannte Besucherresonanz: Görlitz – 7 000 Personen, Magdeburg 6 000, Rudolstadt 3 000. Eine sogenannte Informationsveranstaltung des ›Neuen Forums‹ in der Friedrichskirche in Potsdam mußte aus Kapazitätsgründen wegen des hohen Zuspruchs in insgesamt 5 Durchgängen erfolgen – es nahmen insgesamt ca. 6 000 Personen teil ...«

Für die Frage nach den »Gruppen« und ihrem Wirken lediglich »*unter dem Dach der Kirche*« ist neu zu hören, was über die Zustimmung und Beteiligung der Gemeinden und Gemeindepfarrer sowie der Kirchenleitungen an den Friedensgebeten und Aktionen des Herbstes 1989 festgestellt wird:

»Bei der Mehrzahl dieser generell mit Wissen und Zustimmung kirchenleitender Kräfte und z. T. unter unmittelbarer Mitwirkung der jeweiligen Gemeindepfarrer durchgeführten Veranstaltungen werden die Ziele und Inhalte der antisozialistischen Sammlungsbewegungen dargelegt, erläutert und diskutiert, verbunden mit immer massiver werdenden Angriffen gegen die Politik von Partei und Regierung, führende Repräsentanten, die Schutz- und Sicherheitsorgane ...

Beachtenswert ist, daß die Ankündigungen von solchen politischen Veranstaltungen in Kirchen und kirchlichen Räumen nicht mehr abgedeckt oder religiös verbrämt, z. B. als sog. Friedensgottesdienst, sondern überwiegend mit direktem Hinweis auf deren Inhalte in kirchlichen Schaukästen und anderweitig vorgenommen wird.«[1465]

Selbst in diesem »Text der letzten Stunde« kommt dem Ministerium für Staatssicherheit nicht einmal eine leise Ahnung von der geistlichen Kraft in der Bewegung des Herbstes 1989: Vielmehr werden nach MfS-Sprachregelung die politischen Veranstaltungen »... *nicht mehr abgedeckt oder religiös verbrämt.*« Solche Blindheit teilt der Mielke-Konzern freilich auch mit Beobachtern von außen und mit Betrachtern der Nachwendezeit.

Die Gewaltlosigkeit im Herbst 1989 ist auf dem Nährboden der von und in den Kirchen durch Jahrzehnte kultivierten Erziehung zum Frieden gewachsen.

– Die geistliche Mitte der Revolution lag eindeutig in den Friedensgebeten, denn der Ruf: »Keine Gewalt!« war die direkte Wirkung biblischer Texte aus Micha 4,3 und Jesaja 2,4.

[1465] MfS, ZAIG, Nr. 471/89 zit. nach Mitter/Wolle, a. a. O, 232 f.

– Diese Forderung reifte in wenigen Monaten zu einer auch von Nichtchristen akzeptierten und staunend übernommenen neuen Kultur der Konfliktaustragung.

Davon ist freilich immer seltener die Rede, und weil Kirche als Sündenbock herhalten muss, wird die biblische Wurzel inzwischen totgeschwiegen.

Hermeneutisch – als Schlüssel zum Verstehen also – bleibt zu bemerken: Wir haben es mit einem gesellschaftlichen Verdrängungsprozess zu tun, in dem Selbstrechtfertigungsprozesse der Zu-spät-Gekommenen ablaufen und ein Sündenbock gebraucht wird, auf dass sich Otto Normalspitzel beruhigt zurücklehne und befriedigt feststelle: Die »Kirche« war noch schlimmer. So gilt in Ost und West in vermeintlich »weltanschaulicher Neutralität« die absurde Devise, die für das Handeln von Partei- und Staatsführung immer starre Maxime war, an der sie festhielt, als nichts mehr zu halten war, und noch im Zusammenbruch sich daran klammerte: »*Weil nicht sein kann, was nicht sein darf*«: Eine »*überlebte Kirche*« darf nicht kraftvoller Lebensquell einer gewaltfreien Revolution gewesen sein. Sie war es dennoch – auch in der »Provinz« – und zwar nicht nur in Berlin und Leipzig oder nach diesen Brennpunkten.

Deshalb soll hier ein Zeitzeuge zu Wort kommen, der den Tag der Entscheidung in Saalfeld benennt: Es war der 06.10.1989.[1466]

Fallbeispiel: Friedensgebete Saalfeld in Thüringen

In der Johanneskirche zu Saalfeld wurden ökumenische Friedensgebete seit 1980 zunächst in Verbindung mit der Friedensdekade, ab November 1981 wöchentlich, Freitag für Freitag[1467] gehalten. Die Zahl der Betenden wechselte zwischen sechs und 60 und schließlich hunderten (tausenden?) je nach außen- und innenpolitischer Lage und erreichte 1989 im Herbst das absolute Maximum. Christfried Herklotz, EDV-Ingenieur in der Maxhütte Unterwellenborn, vom MfS erfasst in der OPK-Akte »Prediger«,[1468] Kirchenältester in der

---

[1466] Bischof Leich hatte angewiesen, ab 06.10.1989 Kirchen zu öffnen und Hilfesuchende aufzunehmen.

[1467] Die Friedensgebete werden in Saalfeld seit November 1981 bis heute (2008) wegen der Studierenden und Montagearbeiter freitags gehalten.

[1468] Deckname nach dem Beruf des Vaters, Prediger in der Landeskirchlichen Gemeinschaft, OPK-Akte »Prediger«, Archiv-Nr. 162/88 MfS BV Gera, u. a., 84.

Gemeinde Saalfeld/Saale, berichtet vom Friedensgebet am 06.10.1989 und dessen spezieller »Begleitung« durch MfS und andere Sicherheitskräfte:

> »Bei den verschiedenen Veranstaltungen der Kirchgemeinde (GD, Hauskreis, Hoheneiche, Friedensgebete) haben wir uns nie bedroht oder belauert gefühlt. Uns war klar, dass die Stasi überall mithört. Wir fühlten uns in der Kirche geschützt und geborgen.
>
> Ich glaube erst am 06.10.1989 kam Angst auf. Wir gingen zur Veranstaltung in der Kirche und wußten nicht, ob wir am Abend wieder nach Hause zu unseren Kindern kommen würden oder von der Stasi verhaftet werden.
>
> Diese Angst steigerte sich noch, als wir erfuhren, daß ganz Saalfeld von bewaffneten Kräften umstellt sei und in der Polizei Sonderkommandos stationiert waren ...«[1469]

Joachim Schneider, Kampfgruppenmitglied, warnt die Gemeinde unmittelbar vor dem Friedensgebet:

> »Die Innenstadt ist von Kampfgruppen umstellt. Wir haben scharfe Munition und die Anweisung, Provokationen mit der Waffe zu verhindern.«[1470]

IM »Rolf Beier« berichtet über den 06.10.1989[1471] in der Johanneskirche zu Saalfeld:

> »...Die Veranstaltung wurde nach meinen Schätzungen von ca. 1 500 Menschen besucht ... Seitens der Kirche rechnete man mit einem Zulauf von ca. 500 Personen ...
>
> »Es sprach ein gewisser Pfarrer Richter[1472] ... Er legte einen Programmentwurf für das ›Neue Forum‹ vor ... Er verlangte eine demokratische Staatsform, d.h. den demokratischen Parlamentarismus ...
>
> Die Ausführungen wurden von den Anwesenden mit Begeisterung und Zustimmung aufgenommen ...«

Nun laufen auch in Thüringen revolutionäre Prozesse immer schneller ab.

[1469] Brief des Kirchenältesten Christfried Herklotz im Besitz des Verf.
[1470] J. Schneider, Kaulsdorf, wurde Mitglied der Kampfgruppe, um dem Reservistendienst zu entgehen. Bericht des Superintendenten Zimmermann und Eigenbericht Schneider.
[1471] BStU MfS BV Gera, KD Saalfeld vom 09.10.1989, 353.
[1472] Edelbert Richter, Mitbegründer des »Neuen Forum«, sprach im Friedensgebet am 06.10.1989 auf Einladung des »Wochenendgesprächskreises junger Erwachsener« in der Johanneskirche zu Saalfeld.

Fallbeispiel: Hirtenbrief Landesbischof D. Leich[1473] vom 15.10.1989

Von allen Kanzeln Thüringens wird ein Hirtenbrief des Bischofs verlesen. Er fordert:
– Erneuerung von Staat und Gesellschaft in der Wahrheit;
– öffentliche und offene Aussprache über die Verhältnisse in unserem Land;
– kritische Stimmen dürfen nicht als staatsfeindlich abgetan werden, auch nicht aus den neuen Gruppierungen im gesellschaftlichen Bereich;
– offene Medienpolitik als Instrument der öffentlichen Aussprache;
– kommende Wahlen als geheime, eindeutige Entscheidung über Kandidaten und deren Programm für jeden Bürger ermöglichen;
– Recht der Reisefreiheit für jeden Bürger als Zeichen seiner Mündigkeit, die vom Staat zu achten ist.

Die kommentarlose Wiedergabe dieses Hirtenbriefes in den Akten – ohne Schlussfolgerungen und nachfolgende Operativpläne – offenbart völlige Ratlosigkeit. Das gilt ebenso von den folgenden Schritten und Schriftsätzen unterer MfS-Stellen.

Geradezu verwirrt wirkt auch das Protokoll der Kreisdienststelle Saalfeld des MfS vom 27.10.1989 über eine

> »Absprache mit der Abt. XX/4 der BV Gera am 25.10.1989
> … Gen. Lerch informierte einleitend umfassend die aktuell politische Lage im Bereich XX/4 der KD Saalfeld …
> Es wurde in diesem Zusammenhang als Notwendigkeit bezeichnet, daß Vertreter der SED und der Staatsorgane mit den Demonstranten in den Dialog kommen. Besonders wurde auf die Verantwortung der SED-Kreisleitung hingewiesen …
> Inoffiziell wurde bekannt, daß der Generalsekretär der SED Gen. Egon Krenz die 1. Sekretäre der SED-Bezirksleitungen angewiesen hat, sich mit den territorialen Führern der oppositionellen Gruppen zu treffen und den Dialog zu führen …«[1474]

Grotesk, dass »der Dialog« mit Druck durchgesetzt werden soll:

> »Der 1. Sekretär der SED-Kreisleitung Saalfeld Gen. Herrmann Schulz soll mit dem Pfarrer Jo Winter ein konzeptionelles und eindeutiges Gespräch führen, wo dem W. der Konzens (sic!) zum Dialog abgefordert werden soll …
> Das Gespräch wird dem W. auf der Basis, Dialog von Parteiführer zu Parteiführer, unterbreitet …«[1475]

[1473] BStU ZA, MfS – HA XX/4, Nr. 1513, 204.
[1474] BStU MfS BV Gera, KD Saalfeld vom 27.10.1989 ohne Signatur.
[1475] Ebd.

Im Klartext: Was der »*Genosse Generalsekretär*« Egon Krenz anordnet, wird nicht mehr diskutiert, sondern ausgeführt – koste, was es wolle! –, als ob nicht dadurch alles in Frage gestellt würde, was bisher zu vertreten und zu verteidigen war. Regt sich in den preisgegebenen Mitarbeitern und den zum Dialog befohlenen »*Parteiführern*« kein Widerspruch? Liegt hier eine der Wurzeln bloß, aus denen hier das Scheitern des MfS verständlich wird? Keine Spur von Eigenverantwortlichkeit und kein eigenes, kritisches Nachdenken? Kadavergehorsam wie in den letzten Tagen des Zweiten Weltkrieges bei den Einheiten der gescheiterten SS und Gestapo bis zum kläglichen Ende, auch wenn die Befehle im Vergleich zu allem Bisherigen unsinnig erscheinen müssen?

Die hermeneutischen Fragen an die letzten MfS-Akten der entscheidenden Tage führen zu Psychogrammen der Sicherheitsfunktionäre. Was sich vor deren Augen abspielte, entsprach keiner Ausbildungslektion, keinem konstruierbaren »Fall«. Es war schlicht nicht möglich. Aber ebendeshalb konnte es geschehen: Einsatz der »Volkspolizei« – nun im Auftrag von Bürgergruppen, die eben noch hart und brutal »zerschlagen« werden sollten? Polizei gegen Stasi? Partner im politisch-operativen Zusammenwirken gegeneinander? Staatsanwälte gegen Sicherheitskräfte? Und das sollte funktionieren? Es hat »funktioniert« – allen angeblich wissenschaftlichen Voraussagen vom Sieg des Sozialismus zum Trotz.

SIEBENTER TEIL:

BILANZ OHNE ERFOLGE

21. Elf Thesen zur Wirkungsgeschichte des MfS

Was haben die Einflussversuche erreicht? Der Aufwand des MfS zur Differenzierung, Polarisierung und Steuerung der Kirchen wuchs ständig. An ausgewählten Fallbeispielen ist der erzielte Erfolg zu prüfen.

1. MfS-Ziel einer »Bundesgründung« 1968/69: Die Evangelischen Kirchen in der DDR sollen von der EKD getrennt und untereinander aufgespalten werden.

Erfolg: Die Landeskirchen finden im BEK (DDR) ihre Rechtsgestalt und brechen zu noch engerer Gemeinschaft (VEK) auf. Sie vertiefen die besondere Gemeinschaft mit der EKD auf allen Ebenen bis in die Gemeinden hinein. Seit 1980 ermöglichen Berater- und Konsultationsgruppen auch wieder gemeinsame Worte und konzertiertes Handeln von EKD und BEK gegenüber Öffentlichkeit und Ökumene.

2. MfS-Ziel: Synoden sollen unterwandert und bis in Personalentscheidungen hinein gesteuert werden: Zum Beispiel die Bischofswahl 1976 in Thüringen.

Erfolg: Angeblich »als IM geführte« Synodale bringen über zwei Wahlsynoden den vom Staat erwünschten Kandidaten nicht durch. Weil die Synode eine Sperrminorität gegen ihren Wunschkandidaten Prof. Dr. Hertzsch nicht überwinden kann, wählt sie den staatlich ebenso unerwünschten Kandidaten Superintendent Werner Leich.

3. MfS-Ziel: Pfarrer Walter Schilling, Braunsdorf, soll wegen Nichtanzeige eines Deserteurs versetzt, die »Offene Arbeit« in Braunsdorf »zerschlagen« werden.

Erfolg: Die Synode verhindert die Versetzung und den Abbruch der Arbeit.

4. MfS-Ziel: Staatskritische »Kanzelabkündigungen« sind zu unterbinden, z. B. nach der Selbstverbrennung von Pfarrer Oskar Brüsewitz in Zeitz.

Erfolg: Am 11.09.1976 verabschiedet die KKL einstimmig einen »Brief an die Gemeinden« zur Verlesung am 19.09.1976 in allen Landeskirchen. Das nennt Honecker einen »der größten konterrevolutionären Akte« gegen die DDR.[1476]

5. MfS-Ziel: Mit dem Symbolkrieg gegen den Aufnäher »Schwerter zu Pflugscharen« soll 1982 zugleich jeder Versuch einer »staatsunabhängigen« Friedensbewegung unterdrückt und »zerschlagen« werden.[1477]

Erfolg: Das Symbol wird beibehalten. Friedensdekaden und Friedensgebete in allen Landeskirchen werden zum Ausgangspunkt der Friedlichen Revolution 1989.

6. MfS-Ziel: Kritische Kulturschaffende sollen am Auftreten gehindert und ihre Werke der Öffentlichkeit vorenthalten werden.

Erfolg: Evangelische Gemeinden bieten den Ausgegrenzten auf Anregung der KKL und gedeckt von Kirchenleitungen, Pfarrern und Mitarbeitern DDR-weit einen geschützten öffentlichen »Freiraum«, und ein Rezeptionspublikum, und sie sammeln Geld zur materiellen Unterstützung der Verfemten. So entziehen sie Betroffene unmittelbarer Bedrohung und »Auftrittsverboten«.

7. MfS-Ziel: Mittels der Veranstaltungsverordnung[1478] soll kirchliche Arbeit indirekt der Genehmigung unterworfen und so inhaltlich gesteuert werden.

Erfolg: In zivilem Ungehorsam verweigern kirchliche Mitarbeiter die Anmeldung und schließen so aus, dass der Staat entscheidet, was »religiös« sei. Die Polizei belegt sie dafür mit Ordnungsstrafen. Bei Nichtzahlung wird gepfändet. Die Arbeit geht weiter.

[1476] Vgl. Dohle: Grundzüge, 162.
[1477] S. Prolog, 21 ff.
[1478] S. Abschnitt 20.7.

8. MfS-Ziel: Kirche soll – analog den Verhältnissen in der Sowjetunion – auf den rein kultischen Bereich zurückgedrängt werden.

Erfolg: In allen Arbeitsbereichen – von örtlichen Gemeindetreffen über Regional-, Landes- und Gesamtkirchentage bis zum Posaunenchoral von Türmen und auf Plätzen, mit Kreuzweggängen, Prozessionen, Friedensmärschen und schließlich Demonstrationen – geht Kirche allezeit auch vor 1989 in die Öffentlichkeit.

9. MfS-Ziel: »Realistische und progressive« Gruppen[1479] und deren Veröffentlichungen[1480] sollen die politische Haltung der Pfarrerschaft prägen.

Erfolg: Zu keiner Zeit haben diese Gruppen und ihr Schrifttum einen messbaren Einfluss auf Mitarbeiter oder Gemeindeleben erreichen können. Seit Konflikte in Verhandlungen zwischen BEK und Staat direkt angesprochen werden, versinken sie samt ihren Publikationsorganen in völliger Bedeutungslosigkeit.

10. MfS-Ziel: In landes- und gesamtkirchliche Leitungsfunktionen eingeschleuste Mitarbeiter sollen Kirchen und Gemeinden im Sinne der SED lenken.

Ergebnis: Landeskirchen lassen sich nicht steuern. Trotz mancher IM in »Spitzenpositionen« und deren Einzelerfolgen[1481] hat das MfS die Landeskirchen nie lenken können. Viele Einflussversuche scheitern an synodalen, kollegialen und bekenntnistreuen Gruppen auf allen Ebenen. Selbst Eingeschleuste unterliegen korrigierenden Wirkungen ihrer Kirche.[1482] So muss IM »Franke-Küster-Hesselbarth-Andreas« mit dem Mandat der Thüringer Kirche mehrfach dafür sorgen, dass Kirchenasyl von Ausreisebegehrenden in deren Sinne beendet werden kann.[1483] Der ebenfalls eingeschleuste IM »Nettelbeck« wird vom MfS gemaßregelt, dass er »Aufträge« nicht ausführe und keine Erfolge melden könne.

[1479] Z. B. Weimarer und Weißenseer Arbeitskreis, Ev. Pfarrrerbund, Teile der CFK.
[1480] »Glaube und Gewissen«; »Union-Pressedienst« der CDU; »frieda« u. a.
[1481] Z. B. Verhinderung eines landeskirchlichen Protestes gegen den ČSSR-Einmarsch 1968.
[1482] Vgl. dazu Schultze/Zachhuber: Spionage.
[1483] Z. B. in der Kirche zu Eisfeld.

11. MfS-Ziel: in die Familien operativ Bearbeiteter eindringen und Angehörige zur Zersetzung der Bearbeiteten missbrauchen.

Erfolg: Diese heimtückische »Unterwanderung« gelingt in Einzelfällen, aber seltener, als das MfS meldet. Es findet sich in Operativen Vorgängen der Satz: Aus »*objektiven Gründen war die Einrichtung eines Stützpunktes im Umfeld, in der Wohnung etc. nicht möglich*« (am Rande handschriftlicher Protest des »Leiters Operativ«: »*Was heißt hier objektiv?*«)[1484]

Mit dieser Auswahl von Misserfolgen soll nicht überdeckt werden, was in Teil V: »Der Fall Stasi« bereits aufgelistet und beschrieben wird: Unter Missachtung der Bürger- und Menschenrechte und mit Mitteln, die weder zivilrechtlich noch moralisch vertretbar sind, hat das MfS Einzelnen und Familien, Gemeinden und Kirchen schwere, z. T. irreparable Schäden an Leib, Seele und Geist, Ehre und Besitz zugefügt. Dazu bediente es sich abhängig gemachter Bürger, die nach der Herbstrevolution in der Öffentlichkeit gebrandmarkt wurden – ohne Rücksicht darauf, aus welchen Motiven, unter welchen Pressionen und ob sie wirklich berichtsgemäß handelten.

Ihre Hinterlassenschaften, die ihrer »*Führungsoffiziere*« wie die Akten ihrer Vorgesetzten verlängern die zerstörende Wirkung, für die sie konzipiert wurden in unsere Tage, obwohl die DDR nicht mehr besteht und die Ziele der Organisation erloschen sind.

[1484] Vgl. dazu Beispiele unter Abschnitt 13.3.

22. Der größte Geheimdienst deutscher Geschichte scheitert – auch an der Kirche

Zur Wirkungsgeschichte des MfS

Sehr unterschiedliche Gruppen und Einzelpersonen heften sich den Sieg über das Ministerium für Staatssicherheit und seine Helfershelfer an ihre Fahnen. Denn jeder Erfolg hat viele Väter. Dagegen liegen entscheidende Gründe für das Scheitern dieses aufgeblähten Überwachungsapparates schon im MfS selbst, in seiner Geschichte, in seinen Zielsetzungen und den daraus abgeleiteten Methoden.

Im Versuch des Staatssicherheitsdienstes, die Methoden und Erfahrungen seines Vorbildes, nämlich der »Tschekisten« oder des NKWD bzw. KGB, auf die Verhältnisse in der DDR 1:1 zu übertragen, liegt eine Fehlentwicklung, die zu spät und auch dann nur teilweise korrigiert wurde. Was dieses Vorbild in den Köpfen der Obertschekisten anrichtete, kann nachempfunden werden, wenn Mielke sein Bild des Idealtschekisten und die Methoden der Feindbekämpfung vor einer Delegiertenkonferenz der SED-Grundorganisation der Bezirksverwaltung Cottbus 1979 so beschreibt:

> »Man muß solche jungen Tschekisten heraussuchen, herausfinden und erziehen, daß man ihnen sagt: Du gehst dorthin, den erschießt du dort in Feindesland. Da muß er hingehen und selbst, wenn sie ihn kriegen, dann steht er vor dem Richter und sagt: Jawohl, ›den habe ich im Auftrag meiner proletarischen Ehre erledigt‹. So muß es sein! Das sind Aufgaben der FDJ. So war es im KJVD[1485], davon komm ich auch, aus dem kommunistischen Jugendverband. Auftrag, der gegeben wird, wird durchgeführt und selbst, wenn man dabei kaputt geht.«[1486]

Das Zitat wird wiederholt, weil mit dieser Haltung immer zu rechnen war. Auch noch im Oktober 1989 – und danach.[1487]

[1485] KJVD = Kommunistischer Jugendverband Deutschlands.

[1486] Zitiert nach Auerbach: Vorbereitung, 126 (dort Tonbandabschrift von BStU ASt Frankfurt/Oder, nach C Tb/G/081).

[1487] Am 15.03.1998 wird der ehemalige Grenzschutzbeamte Hans Plüschke ermordet, der den DDR-Grenzoffizier Rudi Arnstadt bei einem Schusswechsel nahe Hünfeld tödlich verletzt hatte. Vgl. FAZ 14.03.2008.

Den Rückfall »in alte Sünden« tschekistischen Verhaltens missbilligt Klaus Roßberg in seiner autobiographischen Rückschau nach 1989, begründet sie aber mit vom ZK nicht begriffenen Veränderungen in der DDR:

> »Der Niedergang der DDR, der Aufschwung politischen Widerstandes, in dem die Kirche eine wesentliche Rolle spielte, verunsicherten viele Leiter, und sie trafen Entscheidungen, die der Situation nicht angemessen waren.
>
> Schon seit Beginn der 80er Jahre hatte ich mich mehr und mehr als Opportunist gefühlt, hatte mit vielem innerlich gehadert, nach außen hin aber alles mitgetragen und mitgemacht. Die Differenzen zu meinen Vorgesetzten nahmen zu; immer weniger konnte ich ihre Entscheidungen verstehen und befolgen ... Meine Distanz zur Parteilinie wuchs, aber einen Ausweg sah ich nicht.«[1488]

Es sei dahingestellt, wie viel an diesem Eingeständnis ernst zu nehmen oder vielmehr der Situation eines ehemaligen MfS-Offiziers nach 1989 geschuldet ist. Tatsächlich beschreibt Roßberg einen Vorgang, der 1987 und später bei einigen Funktionären zu beobachten war, sofern sie hinter vorgehaltener Hand einmal ihre wahre Meinung andeuteten, *»nach außen hin aber alles mittrugen und mitmachten.«*

Die DDR war von außen leichter zu beobachten als etwa die unendlichen Weiten der Sowjetunion. In den Zeiten des Besatzungsregimes in der sowjetischen Zone (1945 bis 1949) hat der sowjetische Sicherheitsdienst noch die Methode der Straflager angewandt.[1489] So wurde das NS-KZ »Buchenwald« bei Weimar 1945 einer »Nachnutzung« zugeführt.[1490] Doch drangen Informationen von dort ins Umland. Und eines Tages gelang dem thüringischen Landesbischof D. Mitzenheim, eine Predigterlaubnis für das Lager zu erreichen. So hörten ihn die Gefangenen, wie andere vor ihnen während der Nazizeit Paul Schneider,

---

[1488] Roßberg/Richter: Kreuz, 20.

[1489] 1945 verschwand mein Patenonkel, Förster Walter Schache, Altenberga bei Kahla/Thür., vermutlich aufgrund böswilliger Denunziation »in Sibirien«. Wir wissen bis heute nicht, wann und wo und woran er verstorben ist. Fronteinsatz, russische Gefangenschaft und mehrfache »Überprüfungen« sowie seine reguläre Entlassung hatte er hinter sich, als er in der Nähe seines Heimatdorfes von einem Flurgang nicht zurückkehrte – für immer. Auch die Nutzung des NS-KZ Buchenwald durch die Rote Armee als Lager für ehemalige Nazis und andere Wegzuschließende, aber auch für manche nur von Nachbarn Denunzierte ohne politische Vergehen, gehört zu den Erfahrungen mit »den Russen«.

[1490] Das Lager wird 1950 aufgelöst, die Gefangenen werden in deutsche Haftanstalten überführt (z. B. nach Bautzen) oder in die Sowjetunion verschleppt.

den »Prediger von Buchenwald«,[1491] gehört hatten. Ehemalige Häftlinge, die das Lager überlebten, berichten, dass dieses Erlebnis: »Wir sind nicht vergessen!« manche geradezu aus der Verzweiflung und so ins Leben rettete.

Haftentlassene aus der DDR sowie Bedrohte oder Gestrafte konnten unvergleichlich leichter das westliche Ausland und damit die Weltöffentlichkeit erreichen als nach Sibirien oder Workuta Verschleppte. Zudem wurden sie aus Devisenbegehrlichkeiten der Partei- und Staatsführung auch noch »verkauft«. Die Bloßstellung des Staates, in dem sie gelitten hatten, nahmen dessen Machtträger nach Ulbricht gegen »harte Währung« in Kauf.

Das MfS scheiterte auch an der Fehleinschätzung der tatsächlichen Lage, die schon in die Berichte der untersten Ebene einfloss. Das nicht durch wirkliche Realitätsnähe korrigierte Wunschdenken der im Parteiapparat und seiner Hierarchie Gefangenen verhinderte zunächst nüchterne Berichte und dann situationsangemessenes Reagieren, weil das die Vorgaben der Führung und der Aberglaube an die eigene »Siegerrolle« so erzwangen.

Die Lageeinschätzung vom 31.08.1989, einer der letzten Dienstbesprechungen bei Minister Mielke, kann als ein besonders groteskes Beispiel für Selbstbetrug und Illusionen gelten: Bezirk für Bezirk werden die Lageberichte der Genossen Generalmajore abgefragt. Schließlich wird der Leiter der Bezirksverwaltung Erfurt durch den Minister aufgerufen:

>»Der Genosse aus Erfurt bitte mal.«

Generalmajor Schwarz, Erfurt:

>»Genosse Generaloberst, liebe Genossen!
> Ich glaube, dass man mit Recht sagen kann, dass die Lage bei uns im Bezirk sehr stabil ist, natürlich gekennzeichnet durch die Probleme, die bereits … hier dargelegt worden sind. Ausgehend von einer erweiterten Sekretariatssitzung vor drei Wochen hat der erste Sekretär eigentlich eine sehr große politisch-ideologische Offensive gestartet. Es waren alle Kreissekretäre eingeladen. Das Material, was wir zur Verfügung gestellt haben, ist ausgewertet worden. Es ist ausgewertet worden, was der Generalsekretär in dieser Politbürositzung sagte, und letztendlich eine Information, die ich an den 1.Sekretär gegeben habe im Zusammenhang mit den ganzen Problemen des Verbleibens von Bürgern in der BRD.

[1491] Pfarrer Paul Schneider, *1897, 1937 aus dem Hunsrück ausgewiesen, seit 1937 im KZ Buchenwald gefangengehalten. Wegen seiner Predigten aus der Zelle am 18.07.1939 von der SS ermordet.

Ich muss sagen, man kann das natürlich gar nicht so ohne weiteres auf einen Nenner bringen, es sind ja vielschichtige Ursachen, Ursachen, die – meines Erachtens nach – eine ganze Palette von Problemen beinhalten …«[1492]

Im Klartext: Dass man sich durch eine Fülle von Informationen hindurchquält und noch dazu mit den Anweisungen des Generalsekretärs befasst, gilt als politisches Handeln – ohne eine einzige konkrete Maßnahme. Das ist sogar dem Genossen Minister zu viel. Er fragt Generalmajor Hähnel, Bezirksverwaltung Berlin, nach der politischen Wirkung der im Juni gegebenen Minister-Informationen und weist ihn zurecht, als dieser sich zu rechtfertigen versucht, die Zeit bis Ende August sei zu kurz gewesen:

> »Im Juni haben wir das schon gegeben …, da müsste sich doch irgendetwas tun oder müßte etwas sichtbar werden, was man einschätzen kann. Ist die Partei mobilisiert? Ich will nicht hören ›der Erste Kreissekretär hat es entgegengenommen‹, aber sind nun die Genossen informiert und wie stellen sie sich dazu? Die Hauptfrage ist die Aktivität der Avantgarde der Partei …«[1493]

Gab es sie zu diesem Zeitpunkt noch?

Fragen wir nach Ursachen für das totale Scheitern des »Mielke-Imperiums«, haben wir eine davon vor Augen, wenn wir stolze Werbungserfolge mit »selbstkritischen« Randbemerkungen vergleichen: die Selbstüberschätzung der Funktionäre als DDR-typisches Syndrom. Die nach 1989 als überaus zuverlässig gepriesenen Akten spiegeln in den eben zitierten Zusammenhängen nicht Zuverlässigkeit, sondern die DDR-typische Selbstüberschätzung der Funktionsträger wider, deren ideologische Brille eine kritische Sicht auf die wirklichen Verhältnisse verhinderte.[1494]

Die Mielkesche Utopie: »Wir wollen alles von allen wissen« entspricht der Tonnenideologie und Sammelsucht sozialistischer Ideologen. Die Fülle aller Informationen unterschiedlichster Herkunft und Qualität hat Einsichten in wichtige Entwicklungen letztlich verhindert. Der stellvertretende Abteilungsleiter der Abt. XX/4 im MfS, Oberstleutnant Klaus Roßberg, beschreibt diesen Zustand für die achtziger Jahre so:

[1492] Vgl. Protokollauszug der Dienstbesprechung bei Mielke, Berlin, 31.08.1989; zitiert nach Mitter/Wolle: »Ich liebe euch doch alle«, 113 ff.
[1493] Ebd.
[1494] S. auch: BStU ZA, MfS 3571, 47.

»Die Wochenenden wurden für mich zum Alptraum, denn jeweils am Wochenende hatte ich Rapport zu erstatten: über die schnell wachsenden Aktivitäten der Kirchen und der an sie gebundenen Opposition. Ich sollte über jedes Ereignis in meinem Verantwortungsbereich Bescheid wissen, doch eine solche totale Überwachung der Kirchen wurde mehr und mehr zum Ding der Unmöglichkeit. Die, die das selbst nicht mehr vermochten, warfen mir Unvermögen und Versagen vor. Meine Distanz zur Parteilinie wuchs, aber einen Ausweg sah ich nicht.«[1495]

[1495] Roßberg/Richter: Kreuz, 20. So bleibt Roßberg bei seiner Aufgabe – trotz seiner eigenen Einsichten, wenn er sie sich schon vor der Wende tatsächlich so eingestanden haben sollte – bis zum bitteren Ende, seiner Invalidisierung im Februar 1990.

23. Spezifische Gründe für das Scheitern des MfS gegenüber der Kirche

MfS-Wirkungsgeschichte in der Kirche
Über die allgemein bekannten Fehler im System des MfS hinaus, wie sie von Praktikern und Theoretikern des MfS selbst eingestanden werden, sind Fehlleistungen nicht zu unterschätzen, die sich vor allem im Verhalten gegenüber den Kirchen finden. Sie wurzeln letztlich in dem Unvermögen, sich gedanklich auf Beweggründe einzulassen, die dem eigenen Denken fremd sind, aber Denken und Handeln des Gegenübers bestimmen. Folgenreiche psychologische Fehleinschätzungen (»Was ich denk und tu, trau ich andern zu!«) entspringen der Unfähigkeit von Mitarbeitern des MfS, sich in geistliche Beweggründe hineinzudenken oder gar beim Gegenüber so etwas wie die Kraft des Glaubens zu vermuten. Sie kann es für berufsmäßige Atheisten gar nicht geben. Abgesehen von Methoden und Anweisungen, die psychologischer Schulung zu danken sind,[1496] lassen die Akten zudem darauf schließen, dass eigene Wunschvorstellungen und Lebensgewohnheiten häufig auch beim »Gegner« vermutet wurden und dass man ihn so behandelte, wie man selbst verführbar war.

23.1 Unterschätzung der Gemeinschaft

Kirche als Gemeinschaft der Gläubigen wurde durch das MfS in ihrem Zusammenhalt und der Loyalität der Mitarbeiter gegenüber ihren Leitern oder Leitungsgruppen immer wieder unterschätzt. Es fiel den Agenten schwer – anders als ihre erfolgsgetrimmten Berichte erkennen lassen –, Junge Gemeinden, Pfarrkonvente und Predigtkreise, Gemeindekirchenräte, Kirchenältestentage oder gar Synoden zu »durchdringen«.[1497]

[1496] Aus »Lehrmaterial für die zentrale politisch-operative Fachschulung« der Juristischen Hochschule des MfS Potsdam, Oktober 1984, BStU ASt Erfurt, KD Erfurt 641, 111: *»Die Gewinnung eines Menschen ist deshalb in erster Linie ein Kampf um diesen Menschen, ein oftmals geduldiges Ringen um sein Vertrauen und um seine bewußte Zustimmung.«* Deshalb sollte es zur Fähigkeit des Werbenden gehören, *»den IM-Kandidaten und künftigen IM für die Lösung politisch-operativer Aufgaben zu motivieren, anzuleiten, zu kontrollieren und seine erbrachten Leistungen richtig zu bewerten ebenso wie das eigene, vorbildliche konspirative Verhalten.«*

[1497] Von *»durchdringen«* sprach das MfS schon, wenn nur *ein* Mitarbeiter eingeschleust worden war: S. Fallbeispiel: Werbungsversuch im Grenzgebiet.

Fallbeispiel: Thüringische Herbstsynode 1976 (4.–7. November)

Zu den Hauptthemen der Herbsttagung 1976 der thüringischen Synode »Ämter auf Zeit«[1498] und »Ausbildungskonzeption« trat im Öffentlichkeitsausschuss die Frage: Sollten gegenseitige Absprachen der Geistlichen und Mitarbeiter *»im gleichen Amt«* – also auf der gleichen Dienstebene – vor einer öffentlichen Äußerung zu politischen Fragen oder vor Stellungnahmen gegenüber dem Staat nicht allgemein empfohlen und bis zu einem gewissen Grade auch verbindlich gemacht werden – auf jeden Fall innerhalb einer Region, aber auch bis hin zu den Landeskirchen untereinander? Dabei sollte es nicht um gegenseitige Kontrolle, sondern um rechtzeitige wechselseitige Information gehen, um andere Glieder von Gemeinde und Kirche vor unliebsamen Überraschungen durch Staatsvertreter zu schützen.

Diese Übung hatte sich in belauerten Konventen längst bewährt und wurde als hilfreich auch im nachbarlichen ökumenischen Miteinander empfunden. So konnten evangelische und katholische Christen von staatlicher Seite nicht mehr gegeneinander ausgespielt oder durch unvorhersehbare Informationen seitens staatlicher Besucher überrascht werden.[1499]

Das MfS begriff schnell, wie solcher Brauch die Tätigkeit der Lauscher und Beobachter erschweren würde und wie hilfreich eine solche Regelung für alle Gremien, auch für die Landessynode hätte sein können:

> »Es ging um die … geforderte Abstimmung und Absprache von kirchlichen Amtsträgern vor Gesprächen bzw. Aussagen gegenüber dem Staat. Hier bezog sich N. N. auf eine angebliche Aussage des Stellvertreters für Inneres beim Rat des Bezirkes Gera, der auf einer der letzten Zusammenkünfte der Superintendenten[1500] gesagt haben soll, daß N. N. sich im Öffentlichkeitsausschuß angeblich scharf gegen den Staat geäußert hätte … Man beabsichtigt vom Synodalpräsidium aus an N. N.[1501] die Anfrage zu stellen, woher er die Information bezogen hat, daß (… N. N. …) im Öffentlichkeitsausschuß negativ aufgetreten sei.«[1502]

[1498] In Thüringen gibt es gemäß VELKD-Ordnung keine geistlichen Leitungsämter auf Zeit. Die einmal Gewählten bleiben bis Erreichen des Ruhestandsalters im Amt, sofern nicht Disziplinarverfahren oder Gesundheitszustand dies ausschließen. Ein Änderungsantrag scheiterte im Herbst 1976.

[1499] Eine Absprache zwischen der KKL und dem katholischen Bischof von Berlin wie auch der Katholischen Bischofskonferenz verfolgte ebendiese Absicht zum Nutzen beider.

[1500] Es handelte sich um ein vom Rat des Bezirkes Gera organisiertes Gespräch mit Superintendenten.

[1501] Besagter Stellvertreter für Inneres beim Rat des Bezirkes Gera.

[1502] Schreibweise original.

... Es wurde auch an anderen Stellen bekannt, daß (... N. N. ...) versuchte zu provozieren, indem er CDU-Mitglieder oder Personen, die in den Arbeitsgruppen der christlichen Kreise mitarbeiten, zu verdächtigen, Informationen aus dem innerkirchlichen Raum weiterzugeben.«[1503]

Anfrage an den Berichterstatter des MfS: Hat die »Quelle« wirklich nicht gemerkt, dass ihre Information ebendas beweist, was sie widerlegen sollte?

23.2 Kirchliche Partnerschaften

Kirchliche Partnerschaften mit Westdeutschland wurden zwar misstrauisch beobachtet, aber sie entzogen sich je länger je mehr der Beeinflussung und Kontrolle durch staatliche Stellen »*durch massenhafte Kontakte an der Basis, in den Gemeinden*«.[1504] Dazu trugen Reiseerleichterungen im Zuge der »Neuen Ostpolitik« und die Werbungen des DDR-Reisebüros[1505] wesentlich bei.

In der MfS-Hochschule in Potsdam wird 1983 besorgt festgestellt:

»Ein weiteres bedeutendes Kriterium im Gesamtmechanismus zur Gewährleistung des Einflusses der BRD-Kirchen auf die Kirchen in der DDR ist die Partnerschaftsarbeit. Diese Art des Zusammenwirkens umfaßt eine Vielzahl von Aktivitäten und Ebenen und ist in den evangelischen Kirchen besonders stark ausgeprägt.

So hat jede der acht evangelischen Landeskirchen in der DDR eine oder zwei Partnerkirchen in der BRD ...«

Nach deren Aufzählung werden Details der Beziehungen mitgeteilt – »*ohne auf Vollständigkeit Wert zu legen ...*«:

»Zwischen diesen Partnern bestehen umfangreiche und zum Teil sehr enge Beziehungen, die seit Ende der 70er Jahre in noch forcierterem Tempo vorangetrieben werden. Um ihre »besondere Gemeinschaft« sowie die Fiktion der Regierung der Bundesrepublik Deutschland von der Kirche als »Gesamtdeutsche Klammer« zu untermauern, organisieren sie die verschiedensten Partnerschaftstreffen.

Dies betrifft die Leitungen der Landeskirche ebenso wie die Superintenduren, Dekanaten (sic!) und Kirchengemeinden ...

Zunehmende Bedeutung erlangen auch die Partnerschaften zwischen ›Evangelischen Studentengemeinden‹ (ESG) und den ›Jungen Gemeinen‹ (JG) ...

[1503] Information 549/76 vom 23.11.1976 in BStU MfS BV Gera, AOP 659/77, Bd. II, 170 f.
[1504] BStU ZA, MfS JHS 24936, 60.
[1505] Das staatseigene »DER« (»Deutsches Reisebüro«) hatte so viel Valutamark als möglich einzufahren.

Neben religiösen Themen stehen bei den Partnerschaftstreffen auf allen Ebenen in verstärktem Maße solche politisch brisanten Probleme im Mittelpunkt der Veranstaltungen, wie
- Kirchenpolitik in der DDR
- Verhältnis Staat-Kirche in der DDR
- Abgrenzung der Kirchen in der DDR von denen der BRD
- Erhaltung des Friedens aus kirchlicher Sicht
- Erziehung zum Frieden
- Wehrdienst, Wehrerziehung, Sozialer Friedensdienst
- Ökologiefragen
… Rechnet man nun noch die durch die ökumenische Tätigkeit der Kirchen in der BRD und in der DDR gegebenen Kontaktmöglichkeiten sowie die durch Konspirierung von Beziehungen, indem sie als Verwandtschafts-, Bekanntschaftskontakte u. ä. ausgegeben werden, bzw. die Einbettung von Kontaktreisen in die Gruppentouristik hinzu, muß der Umfang der Verbindungen mit hohen vierstelligen Zahlen erfaßt werden …«

So gewiss die »Klammerfunktion« der Evangelischen Kirchen zwischen Ost und West strukturell richtig beschrieben ist,[1506] in ihrem tatsächlichen Umfang wird sie noch weit unterschätzt: Der Berichterstatter übersieht ihre gewollte und gezielt geförderte Verästelung bis in Familien auch bei Gemeindepartnerschaften, in Arbeitskreise, Arbeitsformen (Chöre) sowie Berufs- und Ausbildungszweige aller Art.

Allein für Thüringen lagen die Kontakte weit über »*hohen vierstelligen Zahlen*« – die ökumenischen Verbindungen noch nicht einmal eingerechnet. Zu Kontakten mit Württemberg kamen noch die immer intensiveren Beziehungen mit den unmittelbaren fränkischen und hessischen Nachbarn seit Einrichtung des »Kleinen Grenzverkehrs«.[1507]

Aber: Die kirchlichen Partnerschaften trugen nicht zuerst als »*ideologische Einflußmöglichkeiten*« zum Scheitern des MfS und der DDR bei, sondern weil sie

---

[1506] Jeder dieser Kontakte war unerwünscht und gefürchtet und sollte eigentlich durch vielfach gestaffelte Sicherungssysteme in Berlin und rund um die DDR verhindert werden. Aber die Freiheit von Psalm 18,30: »Mit meinem Gott kann ich über die Mauer springen« wurde zwischen Christen und Kirchen hunderttausendfach erlebt und fröhlich praktiziert. Sie geriet »mit unserem Gott« weit über historisch gewachsene Verbindungen hinaus zu einer sehr »besonderen Gemeinschaft«, die vielerorts bis heute ungebrochen lebt.

[1507] Seit 1980 z. B. zwischen dem Dekanat Ludwigsstadt und der Superintendentur Saalfeld. In diese Partnerschaften wurden von Anfang an Kirchenälteste, Gemeindeglieder und Familien, insbesondere aber auch Glieder der Jungen Gemeinden im Sperrgebiet einbezogen. Mit ihnen trafen sich die fränkischen Gäste in Saalfeld, weil es für Westdeutsche keine Einreiseerlaubnis ins Grenzgebiet gab.

- Feindbilder des Kalten Krieges auf *beiden* Seiten auflösten;
- sich nicht primär als »gesamtdeutsche Klammer« verstanden, vielmehr als vorgegebene geistliche Gemeinschaft erlebt wurden und weil
- jedes Treffen, jedes gemeinsame Gebet, jeder zusammen gefeierte Gottesdienst und jedes Gespräch sinnenfällig die Ideologie von der angeblich schon halbtoten Kirche widerlegte und bewies: Der »Leib Christi« des Auferstandenen in, mit und unter seiner Kirche kann durch politische Abgrenzungsanstrengungen nicht zerteilt oder wieder aus der Welt hinausgedrängt werden.

In »Hinweisen zu politisch bedeutsamen Entwicklungen und Vorgängen in den Kirchen und Religionsgemeinschaften der DDR« der Hauptabteilung XX/4 vom 15.07.1981 wird zugegeben:

> »Seitens der Kirchen der BRD sind organisierte Verbindungen zu den Kirchen der DDR auf allen Ebenen geschaffen worden, die im Interesse der Weiterführung und Abdeckung privatisiert wurden, so u. a.[1508] zwischen den Landeskirchen, Kirchenkreisen und Kirchengemeinden, den evangelischen und katholischen Studentengemeinden sowie den Jungen Gemeinden, aber auch zwischen den kirchlichen Ausbildungsstätten, Krankenhäusern und Pflegeheimen.«[1509]

Daran ist richtig: Es wurden nahezu flächendeckend – soweit ich sehen kann am konsequentesten zwischen der Evangelischen Kirche von Württemberg und der Ev.-Luth. Kirche in Thüringen – »*Verbindungen auf allen Ebenen geschaffen … die im Interesse der Weiterführung und Abdeckung privatisiert wurden*«. Daran ist falsch, dass allein von der EKD aus Verbindungen gesucht, geknüpft und über Jahrzehnte stabil gehalten wurden. Sie beruhten auf Gegenseitigkeit.

[1508] Die Formulierung »so u. a.« gesteht ein, dass es sich um eine Auswahl bestehender Verbindungen handelt. In der Aufzählung fehlen z. B. völlig die eng verzahnten Arbeits- und Gemeinschaftsformen von Arbeitsgruppen und Bekenntnisgemeinschaften, z. B. vom ehemaligen »Reichsbruderrat der Bekennenden Kirche« mit seinen noch arbeitenden BK-Gruppen in der DDR, oder die Partnerschaftsarbeit von »Evangelium und Kirche in Württemberg« und der »Lutherischen Bekenntnisgemeinschaft in Thüringen« und viele andere auch.

[1509] MfS – HA XX/4, BStU Nr. 3474, 96.

23.3 Kirchliche Flexibilität

Die Flexibilität der Kirche des lebendigen Wortes ist dem in eine hierarchische Befehls- und Gehorsamspyramide fest eingebundenen »Kollektiv« – wie das MfS und die Partei sie darstellten – schwer vorstellbar, aber ebendeshalb überlegen. Die Wirkung der biblischen Texte als Gestaltungskraft auch für politisches Handeln wird nicht nur von ehemaligen MfS-Mitarbeitern, sondern auch häufig von Zeitgeschichtsforschern als politisch wirksame Kraft in der DDR weit unterschätzt. Nur in geheimen Studien werden vereinzelt

> »die geistigen und ideologischen Potenzen der Kirchen in der DDR, die vom Gegner besonders genutzt werden können ... die Erfahrungen, Fähigkeiten und Fertigkeiten im Umgang mit dem Wort und der Schrift zur Massenbeeinflussung«[1510]

angesprochen. Selbst die Bibel ist als wirksame Kraft anerkannt, auch wenn sie abfällig beschrieben wird:

> »Mit der Bibel ist den Kirchen ein Instrument gegeben, mit dem alles ›belegbar‹ und ›begründbar‹ ist, mit dem eine Aussage in ihr Gegenteil verkehrbar ist, mit dem Demagogie und Manipulation im großen Stil betrieben wird.«[1511]

Dagegen spricht eine Fülle von zeitbezogenen biblischen Texten, etwa aus den vorgeschriebenen Predigttexten, mit ihrer von niemandem vorhersehbaren Sprengkraft in aktuelle Zeiterfahrungen hinein: Jesaja 9,1–6 am Heiligabend 1981 nach der Einsetzung eines Militärrates in Warschau:

> »Jeder Stiefel, der mit Gedröhn dahergeht, und jeder Mantel, durch Blut geschleift, wird verbrannt und vom Feuer verzehrt. Denn uns ist ein Kind geboren, ein Sohn ist uns gegeben, und die Herrschaft ruht auf seiner Schulter.«[1512]

Jesaja 5,1 ff. am Bußtag, 17.11.1976, nach der Ausbürgerung Wolf Biermanns, das Weinberglied als Klage des »Sängers im Tor« über das Unrecht in seinem Volke:

> »Der Herr wartete auf Rechtsspruch, siehe, da war Rechtsbruch, auf Gerechtigkeit, siehe, da war Geschrei über Schlechtigkeit.«

[1510] Grundorientierungen für die politisch-operative Arbeit des MfS, 100. Dergleichen zitiert Besier nicht.

[1511] A.a.O., 101.

[1512] Vgl. Fallbeispiel: Predigttext für den Heiligabend 1981.

Amos 5,4 zum regionalen Kirchentag Thüringen 1988 in Erfurt »Umkehr führt weiter«:

> »›Suchet mich, so werdet ihr leben!‹, spricht Gott der Herr.«

2.Korinther 3,17 als Monatsspruch für den Oktober 1989: *»Wo aber der Geist des Herrn wirkt, da ist Freiheit«.*

Dies sind nur wenige herausgegriffene Beispiele. Zusammenfassend zitiere ich deshalb Landesbischof Dr. Leich aus seinen Erinnerungen:

> »40 Jahre hindurch Sonntag für Sonntag griffen die Pfarrer und Pastorinnen aus der Sicht des Wortes Gottes aktuelle Fragen auf und schonten dabei den Staat durchaus nicht. Die Funktionäre waren sich dieses Potentials aus Widerspruch und Ermutigung der nicht angepassten Bürger immer bewusst.[1513] Ob die Historiker eines Tages dieses Potential entdecken und würdigen werden?«[1514]

Bis zur Stunde nicht.

23.4 Kirchliche Offenheit

Die Offenheit der Gemeinden gefährdete und schützte sie zugleich. Die Offenheit aller Gemeindekreise, kirchlichen Zusammenkünfte und ihrer Räume wird heute fast ausschließlich der sogenannten *»Offenen Arbeit«* zugeschrieben. Sie galt aber allgemein: Alle Arbeits- und Gemeinschaftsformen standen jedem offen, unabhängig von der Kirchenzugehörigkeit. Die Diakonie, alle Formen der Sozialarbeit, der Jugendarbeit, Chöre und Instrumentalgruppen, Gemeindeveranstaltungen und die kirchenmusikalische Arbeit waren jedermann zugänglich. Kontrollen der Teilnehmenden fanden nicht statt, Einladungen (außer zu gewählten Gremien) gingen immer über die Gemeindegruppen hinaus. Jeder war willkommen.

Hatte deshalb die Stasi leichtes Spiel, Predigten abzuhören und auf diese Weise *»kompromittierendes Material«* zu sammeln? Damals rechneten Prediger nicht nur großer Gemeinden immer mit dieser Möglichkeit. Für viele führte solche Erfahrung nicht zur Zurückhaltung, sondern zu direkter »Ansprache«. Nicht nur Bruder Leich verlangte bei kritischen Stellen von den fremden Gästen Genauigkeit in der Mitschrift auf offener Szene von der Kanzel herab.

[1513] Das bezweifle ich für viele. Denn »rein Religiöses« galt als operativ irrelevant.
[1514] Leich: Du aber bleibst, 144.

Wurde doch jemand von internen Zusammenkünften oder bestimmten Gruppen in der Kirche ausgeschlossen, mussten schon Beweise oder zumindest hinreichend begründete Verdachtsmomente für Spitzeldienste oder auf andere Weise gemeinschaftsgefährdendes Verhalten vorliegen. Dann aber hatte die Gemeinschaft selbst zu entscheiden, von wem sie meinte sich trennen zu müssen.

Fallbeispiel: Ausschluss aus theologischer Arbeitsgemeinschaft[1515]

In der theologischen Arbeitsgemeinschaft des Predigerseminarjahrganges 1957 der Ev.-Luth. Kirche in Thüringen, dem sogenannten »Ketzerkonvent«, hatten Glieder dieser Gruppe, die im Sperrgebiet arbeiteten, den Eindruck gewonnen, dass es da eine undichte Stelle gäbe, durch die sehr Persönliches an ungebetene Zuhörer weitergegeben wurde. Sie konnten auch in Erfahrung bringen, wer da berichtete. Ehe freilich der Betreffende ausgeschlossen wurde, fand eine interne Auseinandersetzung darüber statt, ob Ausschluss oder brüderliche Einbindung mit offenem Gespräch für ihn und für den Kreis besser sei. Das Gespräch mit ihm wurde geführt, aber veränderte nichts. Da erst beschloss eine Mehrheit, sich von ihm zu trennen.

Aus Sorge, der Ausgeschlossene werde danach erst recht in völlige Abhängigkeit von der Stasi abdriften, habe ich damals gegen die Trennung gestimmt, musste aber die Gründe der im Sperrgebiet besonders Gefährdeten respektieren. Leider erwies sich meine Sorge später als begründet.[1516]

Ein unkalkulierbares Risiko für die Gewinnung oder Einschleusung von Zuträgern stellte der relativ offene Umgang der Gemeindeglieder untereinander dar: »*Sie reden unter sich über alles, das sie bewegt*«, warnte ein kirchenfremder Funktionär am Rande einer Begegnung von Kirchgemeinderäten mit Vertretern der Nationalen Front seine Genossen. Offenheit erwies sich als wirksamste Waffe gegen Unterwanderung mit Spitzeln von außen, gegen Versuche zur Anwerbung und Verpflichtungen zur Mitarbeit und oft schon gegen die Zumutung, eine solche Offerte überhaupt zu machen.

1515 Vgl. Petzold/Raschzok: Vertraut den neuen Wegen, 59 ff., bes. 73 f.

1516 Vgl. dazu den Bericht über einen »*agent provocateur*« in der Jungen Gemeinde S.: Information 4/76 der KD Saalfeld an BV Gera vom 12.12.1975 durch Gen. Specht (Tonbandabschrift innerhalb OV »Synodaler« nach BStU-Zählung: 172).

Fallbeispiel: Rundbrief der Luth. Bekenntnisgemeinschaft vom 16.7.1982[1517]

Noch ehe die von Landesbischof Mitzenheim 1955 bereits eingeschärfte Pflicht zur Verschwiegenheit[1518] zusammen mit kirchenleitenden Regeln für den Umgang mit Vertretern staatlicher Stellen, insbesondere des MfS, und Offenlegung von Kontakten in Sammelrundschreiben vom 26.10.1983 und 29.04.1988 nochmals allgemein verbindlich gemacht wurde, empfahl die Lutherische Bekenntnisgemeinschaft in Thüringen am 16.07.1982 *»Mitgliedern und Freunden«*:

> »Helfen Sie unserem Landesbischof in seiner Arbeit, indem Sie ihm besondere Erfahrungen und Vorgänge rasch zur Kenntnis geben, wobei ein Durchschlag für den Superintendenten und den Visitator hilft, die Informationskette[1519] straff und funktionstüchtig zu halten.
>
> In diesem Zusammenhang erinnert der Landesbruderrat daran, daß wir verpflichtet sind, Besuche von Mitarbeitern außerkirchlicher Institutionen und Dienststellen so rasch als möglich den Amtsbrüdern und über den Superintendenten dem Landeskirchenrat mitzuteilen. Wir wissen, daß in bestimmten Gesprächen immer wieder Verschwiegenheit gefordert wird. Das Gegenteil ist nötig und Offenheit befreit, wie die Erfahrung lehrt. Das gilt auch für unsere Gemeindeglieder.
>
> Daß wir nach Möglichkeit solche Gespräche nie allein führen, entspricht der Regelung auf staatlicher Seite ebenso wie der praktischen Vernunft … Je offener wir überall in unserer Kirche miteinander umgehen, umso gewisser wird das Vertrauen, das uns Rückhalt und Geborgenheit in unserer Bruderschaft gibt.«[1520]

Wie scharf der Staatssicherheitsdienst die Gefahr sah, die für seine Wühltätigkeit vom BK-Rundschreiben ausging, ist daran zu erkennen, dass er den Brief in Gänze dem Operativplan beifügte, mittels dessen sowohl Verfasser als auch »BK« zersetzt werden sollten. Die Operativpläne sind gescheitert. Die »BK« gibt es noch und sie arbeitet von Bibel und Bekenntnis her weiter.

[1517] BStU MfS BV Gera, A 1488/88 Bd. II, 17 ff.

[1518] Rundschreiben Nr. 7/55 des Landeskirchenrates vom 21.04.1955 an alle Pfarrämter, Kreiskirchenämter und Superintendenturen.

[1519] Fehler in der Vervielfältigung: Irrtümlich »Informationshefte« statt »Informationskette«.

[1520] A. a. O., 19.

23.5 Kirchliche Geschlossenheit

»Mutuum colloquium et consolatio fratrum (et sororum)«[1521] schützte Geistliche. Wer in der Gemeinde nicht nur zahlendes Mitglied war, sondern von der dort vorgegebenen Zusammengehörigkeit Gebrauch machte, blieb gegen Unterwanderungsversuche und Isolierung von außen her gefeit.

Während meiner ersten Dienstjahre im Pfarramt war es Superintendent Braecklein, der uns immer davor warnte, bei Annäherungsversuchen staatlicher Beauftragter – wer auch immer da anklopfen mochte – allein zu bleiben: keine Gespräche unter vier Augen! Diese und ähnliche Erfahrungen widerlegen die spekulative Behauptung, »hierarchische Strukturen« hätten in Thüringen dem MfS Tor und Tür geöffnet.[1522] Braecklein ließ sich auch nicht auf Spaltungsversuche in den ihm anvertrauten Bereichen ein.

Fallbeispiel: »Bauerntag«

In den ersten Anläufen des Staates zur Zwangskollektivierung der Landwirtschaft hatten Pfarrer im Ilmtal südlich Weimar für den 05.03.1958 zu einem »Bauerntag« eingeladen. Der Rat des Kreises Weimar versuchte, über den Superintendenten diese Veranstaltung zu verhindern. Kurzer Anruf von Superintendent Braecklein: »Was haben Sie vor?« Meine ahnungslose Antwort unterbrach er: »Habe ich Sie richtig verstanden? Sie bereiten einen Gemeindetag für Ihre Dorfgemeinden vor?« Ich bejahte verwirrt. Und dabei blieb es. Alles konnte wie geplant mit der Abschirmung durch den Superintendenten ablaufen. Darüber schweigt die MfS-Akte, nicht aber über die Veranstaltung selbst.[1523]

Auch andere Superintendenten stoppten die Stasi vor Amtszimmern: Superintendent Friedrich Victor, Weimar, schützte mich vor der Umwandlung eines Seelsorgegespräches in eine IM-Bindung, indem er mich aufforderte, mir den Ausweis des Seelsorgeheischenden zeigen zu lassen. Und ich sah: »*Ministerium für Staatssicherheit Berlin*«. Das war das Ende einer Dienstfahrt für den Gast. Aus dem geschickt legendierten Werbungsversuch eines jungen »*Kriminalpolizisten*« wurde ein Fehlschlag.[1524]

[1521] Zu Deutsch: »Das Gespräch untereinander und gegenseitige Beratung der Brüder« (und Schwestern!).

[1522] Planer-Friedrich: Einfallstore, vgl. auch 163 f.

[1523] BStU MfS BV Gera, AOP 659/77, Bd. I, 137.

[1524] BStU a. a. O., 117 und 118. Vgl. dazu auch Abschnitt 6.3.

Im Predigtkreis Weimar-Süd haben wir seit 1957 mit dem ehemals inhaftierten Pfarrer Martin Giersch aus Weimar, später Blankenhain, Kreis Weimar, unter den wachen Augen des MfS eine Gemeinschaft gepflegt, die von der Predigtvorbereitung ausging, aber weit über diese hinaus eine Arbeits- und Hilfsgemeinschaft wurde, die unter Amtsnachfolgern noch heute (2009) besteht. Kopfschüttelnd mussten wir nach 1989 zur Kenntnis nehmen, wie töricht die feindfixierte Stasi unser harmloses Tun einschätzte. In einem »Ermittlungsbericht« der »MfS-Kreisdienststelle Weimar« vom 23.04.1961 steht zu lesen:

> »Aufgrund der negativen Einstellung des G. wird vermutet, dass er zu einer Gruppe reaktionärer Pfarrer gehört, die gegen Mitzenheim sind und damit gegen das kirchliche Regime. Es wurde festgestellt, daß G., nachdem er von einer Berlinfahrt zurück war, er sich mit einer Gruppe negativer Pfarrer in seiner Wohnung getroffen hat.«[1525]

Dann werden alle meine Nachbarn aus dem Predigtkreis aufgezählt – von Kranichfeld über Tonndorf, Buchfart und Bad Berka bis nach Blankenhain und Hochdorf. Gegenüber dieser Runde gab es – soweit mir bekannt – keinen zweiten Versuch, eine Lücke zu öffnen.

Mit solch tragenden Erfahrungen im Hintergrund kamen nach 1970 in Saalfeld auf der Grundlage gemeinsamer Arbeit an der Predigt vier weitere Predigtkreise zustande. Sie trafen sich wöchentlich: Grenzpfarrer und ihre »Inlandkollegen« ebenso wie Mitarbeiter aus Kirchenmusik, Diakonie und Verwaltung. »Unter dem Wort«, also mit Bezug zum aktuellen Predigttext, sprachen sie alle Dienste durch, aber Seelennot und Lebensfreude auch – und das Mittwoch für Mittwoch. Das MfS fand keinen Ansatz zur »Durchdringung«. Das nenne ich Kirche in Thüringen, nicht einzelne eingeschleuste oder gedungene MfS-Knechte.[1526] Denn diese Kreise gab es eben an vielen Orten – nicht nur im Weimarer Südkreis oder im Oberen Saaletal und am Rennsteig.

Aus der Offenheit der Gemeindeglieder und der Mitarbeiter folgt: Fehlende oder verdeckte »Verpflichtungen«,[1527] die dem »Verpflichteten« gar nicht bekannt sein konnten, stellten ein ständiges Risiko für die Spitzelwerber dar, zumal schon der Versuch einer angedeuteten Verpflichtung das Ende jeder Gesprächsbereitschaft bedeuten konnte, wie die Aktenschreiber selbst vermerken.

[1525] BStU a. a. O. 133 f.
[1526] Vgl. dazu Abschnitt 17.6.
[1527] Vgl. Abschnitt 16.

In Gesprächen mit kirchlichen Mitarbeitern und Gemeindegliedern waren MfS-Agenten außerdem einer Denkweise und Haltung ausgesetzt, die sich nicht ins ideologische Raster fügte: Christen stehen gegenüber jedem Menschen unter dem Auftrag zum Zeugnis: Auch diesem »Partner« gilt Gottes Erbarmen. Er hat ein Recht darauf, das zu erfahren.[1528] Und alle anderen Menschen ungeachtet ihrer politischen Haltung ebenso. Letzteres haben sogar Funktionäre begriffen. Sie selbst haben sich gegen »*weltanschauliche Agitation*« immer gewehrt, aber nicht immer erfolgreich. In ihren schriftlichen »Vermächtnissen« schimmert zuweilen durch, dass sie manches besser verstanden haben, als sie vor sich und den Genossen zugeben konnten.

»*Grundorientierungen für die politisch-operative Arbeit*« aus der Juristischen Hochschule des MfS notieren im Jahre 1983 ausgesprochen besorgt:

> »In den Kirchen werden, bedingt durch ihr Selbstverständnis, sich um alle Menschen kümmern zu müssen, jedem oppositionellen Geist, der sich gegen den Sozialismus richtet, Raum zur Entfaltung gegeben und, wie die Ergebnisse in Polen zeigen, dadurch evolutionäre Prozesse begünstigt, die die sozialistische Gesellschaft ändern können.
> Damit sind gute Anknüpfungspunkte sowohl für die Organisierung der politisch-ideologischen Diversion als auch für damit verbundene Wirkungen gegeben.«[1529]

Ideologen können sich schwer auf Denkweisen einstellen, die einer anderen Denk- und Sprachwelt entstammen, als ihre eigene Ideologie umfasst. Deshalb unterstellten Funktionäre kirchlichen Partnern oft die »Doppelzüngigkeit«, deren sie sich selbst bedienten.

Dialektisch geschulte Funktionäre konnten sich von anerzogenem Argwohn selten lösen: Wer offen redet, kann nur verdeckt reden und muss etwas besonders Gefährliches im Schilde führen. Freie Rede kann gar nicht sein. Wo sie gebraucht wird, kann es sich nur um einen besonders heimtückisch vorbereiteten Umgarnungsversuch handeln. Ratlosigkeit breitete sich unter Funktionären aus, wenn sich kirchliche Gesprächspartner offensichtlich mit ihrem geistlichen Auftrag identifizierten. Immer wiederholtes Bemühen um Verständnis für den geistlichen Auftrag bei gleichzeitig unnachgiebigem Verhandlungsstil im Sachgespräch wurde mir vom Rat des Kreises Saalfeld als »Doppelzüngigkeit« ausgelegt und damit gründlich missverstanden. Zwischen Person und Sache konnte das MfS nicht unterscheiden.

[1528] Vgl. Epilog: Ein runder Geburtstag.
[1529] BStU ZA, MfS JHS 21941, 101.

Geistlich begründete Einheit

An der wechselseitigen Fürbitte in den Gemeinden und ihrer im Gottesdienst begründeten und sich vollziehenden Einheit für Mitarbeiter und Gemeindeglieder scheiterten viele »Differenzierungs«-, also Spaltungsversuche des MfS. Wer miteinander und füreinander ernsthaft betet, bespitzelt sich nicht. Mit täglichen Bibelworten in Losungen und Bibelleseplänen, morgendlichen Andachten unter Dienst- und Tagungsgruppen, sonntäglichen Gottesdiensten, wöchentlichen Friedensgebeten mit Betenden aller Generationen und Schichten wuchs eine geistlich begründete Einheit, die allen Strukturdebatten zum Trotz geistlich und formell bis heute nicht wieder erreicht wurde.

An dieser Einheit scheiterten auch Anstrengungen der DDR-Regierung und ihrer Sicherheitswächter, Christen und Kirchen in der DDR von westdeutschen und westeuropäischen Gemeinden und Kirchen abzuriegeln. Sie blieben ebenso erfolglos gegenüber Verbindungen nach Osten und Südosten – zu Kirchen in der ČSSR (1968), Polen, Rumänien, und nach Westen – EKD, Schwaben, Niederlande, Großbritannien, Schweden und andernorts. Durch alle Krisenzeiten hindurch hielten evangelische Gemeinden in Gottesdiensten, Friedensgebeten, gegenseitigen Besuchen und vielen, vielen Briefen aneinander fest.

Diese Glaubens-, Gebets- und Dienstgemeinschaft fürchtete das MfS als Internationalisierungsbestrebung über die Maßen und versuchte, sie mit den Mitteln staatlicher Zwänge bis zum Pass- und Meldewesen wenigstens unter Kontrolle zu halten. Auch das misslang.[1530] Die Gemeinschaft vertiefte sich und die Zahl der Partnerschaften wuchs. Vergeblich mühte sich die DDR, als weltoffener Staat zu erscheinen und gleichzeitig die mit den Reiseerleichterungen sich multiplizierenden Partnerschaften zu verhindern:

> »Die mit der Entscheidung über Verhinderung der Einreise von Vertretern der Kirchen der BRD und Westberlins verbundenen hohe politische Brisanz erfordert in jedem Einzelfall eine sorgfältige Prüfung und muß in der Praxis auf Einzelfälle beschränkt bleiben.«[1531]

An diesen »*Einzelfällen*« fluteten die innerkirchlichen Besucherströme vorbei. Sie brachten dem sozialistischen Staate Devisen, aber in ihren Köpfen und

---

[1530] Die per Zwangsumtausch eingenommenen Valutamittel wurden dringend gebraucht. Also war eine restriktive Genehmigungspraxis finanziell nicht aufzufangen. Außerdem zwangen »staatspolitische Gründe« oft genug dazu, selbst missliebige Geistliche aus verhängter Reisesperre zu entlassen.

[1531] A. a. O., 603.

Herzen auch noch sehr viel anderes ins Land. Den Christen beiderseits der Grenzen kam es zugute und ließ die ideologischen Augenbinden immer fadenscheiniger werden – bis sie der Herbstwind 1989 davontrug.

23.6 Streitfrage »Einfallstore für die Stasi«

Hat das MfS seine Einflussmöglichkeiten auf die Kirchen und Gemeinden wirklich überschätzt und Teilerfolge in Beherrschbarkeitswahn umgemünzt? Es gab doch die vielen IM und massenhaft Berichte über kirchliches Leben!

Angesichts von Erfolgsmeldungen des MfS über eine »Durchdringung« der Kirchen musste sich jeder, der es mit seiner Kirche ernst meint, natürlich fragen: Wie passt das zueinander – Kirche als Geburtshelfer der »Friedlichen Revolution« und dann von der Stasi »gesteuert«? Wollte das MfS die DDR mittels der Kirche anbohren und versenken? Wohl kaum – und Zeitungsartikel, die dergleichen Garn spinnen, machen sich selbst und die Friedliche Revolution nur lächerlich.[1532]

Andererseits bleiben die Enthüllungen nach Öffnung der Archive über IM in den Kirchen ein Skandal. Ein Skandal für wen? Gab es in den Kirchen aufweisbare Faktoren, die den Unterwanderungsversuchen der MfS-Leute entgegenkamen? Unter der Überschrift »Einfallstore für die Stasi« gibt Götz Planer-Friedrich 1992 in einem Zeitschriftenartikel die Antwort gleich im Untertitel: »Der Thüringer Weg systemkonformer Kirchenpolitik«.[1533]

Zunächst warnt er mit Heino Falcke die Leser davor, sich nach der Methode Gerhard Besiers, »die Betrachtungsweise kirchenpolitischer Vorgänge durch die Stasi zu eigen zu machen und für bare Münze zu nehmen, was hier[1534] durch die Feindperspektive des Staatssicherheitsdienstes gefiltert vorliegt.« Das kann nur unterstrichen werden. Auch Planer-Friedrichs Hinweise auf Ausnutzung der Persönlichkeitsstruktur von Überforderten, Erfolgsarmen, Individualisten und allzu Ordnungsabhängigen (»im Gottesdienst nur Agende I«) mit Psychotricks durch »im allgemeinen gut ausgebildete« Führungsoffiziere sollten dann und wann wieder in Erinnerung gerufen werden.[1535]

[1532] Neubert: Vergebung, 185, verweist auf Henryk M. Broder: Eine schöne Revolution, in: »Die Zeit« vom 10.01.1992, und Stefan Wolle: Die Wende im Untergrund. War die Herbstrevolution 1989 vom MfS gesteuert?, in: FAZ vom 30.01.1992.

[1533] Planer-Friedrich: Einfallstore.

[1534] In: Besier/Wolf: Pfarrer.

[1535] Es ist das Nötige in Abschnitt 14: Das MfS »als Freund und Helfer« unterstrichen worden.

Dass es nicht nur in Thüringen, sondern auch andernorts »nachweislich vorzugsweise die Kirchenjuristen (waren), deren sich die Stasi bediente«, kann demnach nicht mit dem Hinweis beantwortet werden, »daß die leitenden Theologen und die Synodalen[1536] dem Kirchenrecht wenig Sympathie und Aufmerksamkeit entgegenbrachten«. Denn auch die zitierten juristischen Kollegen anderer Landeskirchen, »die sich an der Debatte über die Eigenständigkeit und theologische Begründung des Kirchenrechts beteiligten«, waren den Anläufen der Stasileute ausgesetzt. Also lag es an »verknechteter Theologie«?

23.7 Zwei-Regimenten-Lehre und Lehre von der Königsherrschaft Jesu Christi

Noch immer begegnet die Behauptung, »*in der Thüringer Kirche*« habe man eine besonders starre Interpretation der Zwei-Reiche-Lehre Luthers gepflegt. Gewiss vertrat u. a. Landesbischof Mitzenheim eine Art statische Zweibereiche-Lehre: »Hie Kirche, da Rathaus.« In der Praxis hat er – wie später in der Schrift »Kirchengemeinschaft und politische Ethik« als Korrelation zur »Zweiregimentenlehre Luthers« vom gesamten BEK unterstrichen und in Barmen V begründet – vom »Wächteramt« gegenüber einem sein Mandat überschreitenden Staat offen und öffentlich Gebrauch gemacht: in Sachen Erziehung und Bildung, angesichts der Missachtung der Menschenwürde bei den Zwangsdeportationen aus dem Grenzgebiet und während der erpressten Kollektivierung der Landwirtschaft, gegen die Beeinträchtigung von Kinder- und Jugendarbeit, gegen die Gefährdung der Diakonie, die Verweigerung der Reisefreiheit und anderes mehr.[1537]

Er verstand und praktizierte sein bischöfliches Amt im Rahmen der landeskirchlichen Verfassung und auf ihrem Rechtsgrunde mit der Überzeugung, zu den »*Lebensfragen des Volkes*« Stellung nehmen zu müssen – unter beiden Herrschaftsweisen Gottes. In seinen Rundbriefen kann das jeder nachlesen, obwohl diese kaum die kraftvolle Intensität und Wirkung seines landesweiten Einsatzes für Gewissens- und Glaubensfreiheit – also die Rechte der Bürger – vermitteln.[1538]

[1536] Doch wohl in Thüringen, oder?
[1537] Vgl. Fallbeispiel: Zwangsdeportationen von Familien aus dem Grenzgebiet.
[1538] Mitzenheim/Björkman: Lebensraum.

23.8 Kein »Thüringer Weg«

Einen »*Thüringer Weg systemkonformer Kirchenpolitik*« kann man demnach weder Landesbischof D. Mitzenheim in seinem bischöflichen Handeln noch der Synode oder der Landeskirche als Ganzer nachweisen, es sei denn, man leugne Jahrzehnte ihres Wirkens. Die Formel »*Thüringer Weg*« als eines staatlicherseits erhofften kirchenpolitischen Separatweges wurde von Funktionären erfunden und ständig wiederholt.[1539] SED-Funktionäre verbreiteten das Etikett massenhaft und klebten es jeder ihnen willkommenen oder scheinbar nützlichen Thüringer Entscheidung auf – ganz gleich, aus welchen Hintergründen sie kam und worauf sie aus war. Damit stumpfte der Spaltkeil ab – zuerst unter uns Thüringern. Denn niemand fand die Formel geistloser als wir Thüringer selbst – von einigen Spaltpilzen oder politisch Kalkulierenden abgesehen. »Thüringen« nahm sie weder an noch ernst, sondern unterlief sie: zum Beispiel durch die zuverlässige Mitarbeit von Thüringer Synodalen in allen überlandeskirchlichen Gremien, im BEK, durch gemeinsame Landesjugendsonntage und Regionale Kirchentage mit den Propsteien Erfurt und Nordhausen, durch gemeinsame Arbeit in den »kirchlichen Werken«, der Diakonie und über die DDR-Grenzen hinaus.

Es ist der Wirkung eines massiven propagandistischen Gebrauchs des Etiketts durch Staatsfunktionäre und der Einflussnahme des MfS zuzuschreiben, dass weniger Informierte die Formel als wahr ansahen und bis heute als ein Synonym für »*thüringische Alleingänge*« verwenden. Darin liegt einer der größten Erfolge des MfS. Für thüringische Mitarbeiter und Gemeindeglieder war es mehr als bitter, in überlandeskirchlichen Gremien von der Seite angesehen zu werden, als hätten wir ein Rüchlein an uns, ein »G'schmäckle« (was Schwaben uns *nicht* vorwarfen). Die Mehrzahl der Thüringer hat sich durch diesen Täuschungsbegriff nicht von den Nachbarn trennen lassen.

Im Klartext: Die Formel vom »Thüringer Weg« war als Spaltungsformel gedacht. Sie hat – trotz Lotz und anderer CDU-Mitglieder in kirchenjuristischen Funktionen – keine Abspaltung Thüringens von den anderen Landeskirchen erreicht. Denn: Der »*Thüringer Weg*« war nicht der Weg der Kirche in Thüringen.

Zu widersprechen ist ebenso nachdrücklich der Einschätzung der Verfassung der thüringischen Landeskirche als einer Nachahmung des »demokratischen Zentralismus«:[1540] Sollte der pensionierte Jurist Gerhard Lotz in einem per-

---

[1539] Auch wenn in Gesprächen die Geschlossenheit des Bundes von uns unterstrichen wurde.
[1540] Planer-Friedrich: Einfallstore, 75 ff.

sönlichen Gespräch geprahlt haben, er habe die Verfassung nach dem Muster des »demokratischen Zentralismus« gestrickt, dürfte ihm sein Gedächtnis einen bösen Streich gespielt haben: Der »demokratische Zentralismus« wird erst in der Entwicklung der Verfassung der DDR 1968 aufgenommen – in Artikel 47,2 als Ausdruck des der »Souveränität des werktätigen Volkes« Rechnung tragenden Strukturprinzips.

Die Verfassung der Ev.-Luth. Kirche in Thüringen aber entstand bereits 1948. Sie folgte auch in der Ausarbeitung durch Gerhard Lotz den Erfahrungen der Bekennenden Kirche, präzise: der Lutherischen Bekenntnisgemeinschaft in Thüringen. Mit der Rechtsgestalt der »konzentrischen Kreise«, in deren geistlichem Mittelpunkt allein *Christus* in Wort und Sakrament lebt, wollte sie einer Wiederholung der manipulierten Machtergreifung in »demokratischen Spielregeln« durch nicht bekenntnisgebundene Gruppen wie der DC vorbeugen.[1541]

Das lässt sich belegen: Gerade die Synode hat sich trotz der Formalbestimmung, der Landesbischof sei ihr »Vorsitzender« neben dem »Präsidenten«, immer wieder als eigenständig erwiesen. Sie hat von ihrer Souveränität gegen drei Landesbischöfe Gebrauch gemacht:

– In der Frage der Konfirmationsregelung 1958 gegen Landesbischof Moritz Mitzenheim. Er vertrat gegenüber der Jugendweihe die sogenannte »harte Linie«: entweder – oder. Wer an der Jugenweihe teilnimmt, darf bei Wohlverhalten erst ein Jahr später konfirmiert werden. Sie wurde auf Initiative und durch entschlossenen Widerstand der Laiensynodalen modifiziert. Die Synode widerstand dem Versuch, Pfarrer Walter Schilling unter der Drohung eines Strafverfahrens[1542] von Braunsdorf weg in eine andere Pfarrstelle versetzen zu lassen, gegen Landesbischof Ingo Braecklein.

– Die Entscheidung der Synode für die Ordination der Theologinnen und ihre Einsetzung in alle geistlichen Rechte fiel gegen den amtierenden Landesbischof Braecklein trotz seiner Intervention noch in der laufenden Abstimmung.

[1541] Vgl. die Interpretation der Verfassungsstruktur »konzentrische Kreise« unter Abschnitt 19.2.

[1542] Schilling war wegen eines ihm bekannten Wehrpflichtigen, der sich unerlaubt von seiner NVA-Einheit entfernt hatte und den er bei sich verbarg, vom Staat gegenüber der Kirchenleitung vor die Alternative gestellt worden: freiwilliger bzw. angeordneter Stellenwechsel von Braunsdorf weg oder Strafprozess und Haft. Mancher im LKR war geneigt, dem nachzugeben, um ein Strafverfahren zu vermeiden. Die Synode widerstand der Erpressung, um nicht weiteren Erpressungsversuchen gegen andere Amtsträger ausgesetzt zu werden. Pfarrer Schilling wurde nicht verhaftet und blieb in Braunsdorf bis zu seiner regulären Emeritierung aus Altersgründen. Dort wohnt er noch heute.

– In der Frage der allsonntäglichen Abendmahlsfeier als »Lutherischer Messe« widersetzte sie sich Landesbischof Werner Leich – nicht im Grundanliegen, möglichst häufig das Abendmahl zu feiern, wohl aber einer quasi »von oben« herbeigeführten flächendeckenden Regelung einer geistlichen Entscheidung. Selbst das bischöfliche Recht in § 82, aus Bekenntnisgründen Synodalentscheidungen zu blockieren, bedeutet nur Aufschub. Der Einspruch muss vom Superintendentenkonvent geprüft und kann von der Synode aufgehoben werden. Auch das habe ich erlebt. Die Verfassung der Ev.-Luth. Kirche in Thüringen jedenfalls kann nicht ernsthaft als probates Instrument hierarchischen Gebarens diskreditiert werden.

23.9 Fazit

Die mit Abstand wichtigsten »Einfallstore« für die Stasimachenschaften finden sich in dem erörterten Artikel nicht:
– Uneinigkeit zwischen Christen, Gemeinden, Regionen und Landeskirchen. Wo immer jemand sein Ideal höher schätzte als die vorfindliche Gemeinschaft[1543] und den Konsens nicht innerhalb der Kirche suchte, lieferte er seine Kirche ans Messer.[1544]
– Die Parteizugehörigkeit von kirchlichen Verantwortungsträgern zur CDU und Übernahme von Funktionen in dieser Partei – Kirchenälteste bis zu kirchenleitenden Amtsträgern. Die Rolle der »Christlich-Demokratischen Union« (Ost) als Einschleusungsraum für Inoffizielle Mitarbeiter der Stasi in die kirchliche Arbeit wird verschwiegen.
Eine von Götz Planer-Friedrich vermutete Anfälligkeit besonders einzelner Juristen für stasikonformes Verhalten ist außerdem daraufhin zu prüfen, ob sie sich nachweisen lässt und wie weit diese ihre Wurzel in deren Tätigkeit als z.T.

[1543] Vgl. Abschnitt 6.1. Das gilt für alle nach außen getragenen Konflikte. Beispiel: In seinem Pfingstbrief 1987 musste der Berliner Bischof Dr. Forck die Verunsicherungen benennen, die durch Initiative eines »*Kirchentages von unten*« in die Gemeinden getragen wurde und neben den staatlichen Angriffen und Behinderungen eine Art zweite Front gegen den gemeinsamen Kirchentag in Berlin eröffnete. »*Ich war eigentlich der Meinung, dass sich die Kirchenleitung immer wieder den Gesprächen gestellt hat und offen war für viele berechtigte Anliegen von Menschen. Wir haben uns unsere Entscheidungen nicht leicht gemacht ... Ich lade deshalb alle am ›Kirchentag von unten‹ Engagierten zu einer Aussprache ein ... Lassen Sie sich nicht verunsichern, kommen Sie zum Kirchentag, besonders zu seinem Abschlussgottesdienst ...«.*

[1544] BStU MfS – HA XX/4, Nr. 3012, 83, wird »*volle Ausnutzung theologisch und kirchengeschichtlich unterschiedlicher Aufassungen*« und Aktivierung »*progressiver*« Gruppen gegen die Kirche angeordnet.

führende Mitglieder der CDU hat. Gerade Juristen wurden von CDU und MfS in einem langfristigen Schleusungsprozess in die Kirche(n) lanciert,[1545] empfingen doch manche ein Gehalt des MfS zusätzlich oder regelmäßige, teils beträchtliche Zahlungen. Solche Abhängigkeiten lassen sich für Einzelne nachweisen.[1546]

Nach Lektüre entsprechender Listen und nach Ergebnissen kirchlicher Überprüfungsausschüsse gilt das nicht nur für den »Offizier im besonderen Einsatz« (»OibE«) Detlef Hammer in Magdeburg und seine Adjutantin Marion Staudte,[1547] sondern – wie hier dargestellt – auch für Martin Kirchner und Wolfram Johannes auf weniger militärischer Basis. Beide sind *vor* ihrer kirchlichen Tätigkeit vom MfS als IM registriert und eingesetzt, also gezielt in die kirchliche Arbeit eingeschleust worden. Die Rede von »Anfälligkeiten« betrifft sie nicht. Sie kamen bereits »von der anderen Seite«.[1548]

[1545] »Nettelbeck«, »Andreas-Küster-Franke-Hesselbarth«, Versuch im Studium bei Stefan Große gescheitert.

[1546] In den Akten findet sich eine Zusammenstellung von Zahlungen für den in die thüringische Kirche eingeschleusten ehemaligen Richter W. J., Deckname »Nettelbeck«, BStU MfS BV Erfurt Nr. 163/73, Bd. IV, 12. Auch der IM »Johann Friedrich«, Superintendent im Grenzgebiet, empfing ein Zusatzgehalt über viele Jahre und einen »tschekistischen« Orden dazu: BStU BV Suhl XI, Nr. 537/64; BStU ZA, F 16, vgl. mit F 22.

[1547] Vgl. zu beiden: Schultze/Zachhuber: Spionage.

[1548] Nach Abschluss dieser Arbeit gelangt ein Aufsatz von Heino Falcke in meine Hände, der sich ebenfalls sehr kritisch zum problematischen Umgang mit der Wahrheit im Erbe der Vergangenheit äußert. Mit ihm stimme ich in vielen Gedanken überein. Ich empfinde als typisch für den Umgang mit der Wahrheit, dass solche kritischen Stimmen angesichts leichtfertigen Urteilens nicht ins Bild passen und sie deshalb – weil ihnen nichts entgegengesetzt werden kann – totgeschwiegen und ignoriert werden. Das gilt auch von Mau: Realsozialismus.

ACHTER TEIL:

DIE SAAT DER DRACHENZÄHNE
GEHT AUF

Nach griechischer Mythologie sät Jason die Zähne eines von ihm getöteten Drachens. Daraus wachsen wieder Drachen auf: Mit den Nachwirkungen der MfS-Tätigkeit und ihrer schriftlichen Präsenz unter uns hat nicht nur die Generation der Betroffenen zu tun. Die Wirkungen setzten noch mitten im Umbruch ein. Und sie dauern an.

24. Die Sühne bleibt aus: Sündenböcke gesucht!

Der Streit um den rechten Umgang mit den Stasihinterlassenschaften begann mit deren Öffnung in der Nachwendezeit und ist noch lange nicht abgeschlossen. Forschungsergebnisse modifizieren ihn ständig weiter. Er gehört insofern zum Rahmen dieser Arbeit, die einen begrenzten Teilbereich im Umgang mit den Hinterlassenschaften des MfS untersucht und selbst ein Teil dieser Bemühungen ist. Wendezeiten lösen immer die Frage aus: Wer war schuld an alledem? Und wenn innerste Geheimfächer des zerbrochenen Machtsystems geöffnet werden, multiplizieren sich die Fragen: Wer war an diesem und an jenem und auch daran schuld? Also werden Sündenböcke gebraucht, die man mit der Schuld des Volkes beladen und in die Wüste schicken kann, um mit dem unseligen Erbe »fertig« zu werden.

24.1 Sündenbock IM: Statt die eigentlich Schuldigen zu bestrafen, werden die IM gejagt

Statt wirklich Schuldige zu bestrafen, setzt eine Hetzjagd gegen die IM ein – von allen Seiten, während die »Primärtäter« frei ausgehen. Die »IM« werden zum Sündenbock für alle hauptamtlichen Funktionäre der Diktatur und insofern für den gesamten Apparat – nicht nur im MfS. Die Primärtäter verhalten sich fein still. Während die von ihnen Abhängigen und Missbrauchten im Scheinwerferlicht stehen, bringen sich die Hauptverantwortlichen in Sicherheit, um bald wieder fröhlich an anderer Stelle aufzutauchen. Das Spiel heißt »Elitenwechsel«. Aber da wird allenfalls »Bäumchen wechsel dich!« gespielt – von A-Dorf nach B-Stadt zum Beispiel. Von Kreis-Dienststellen in Maklerbüros oder Wach- und Schließgesellschaften.

Die nahezu jedes unmenschliche und gemeinschaftszerstörende Mittel gegen unbescholtene Mitbürger eingesetzt haben, um sie ihrem Auftrag gefügig zu machen oder um Erfolgsmeldungen abgeben zu können, werden Prozesszeugen und Gehilfen zur »Wahrheitsfindung«. Indessen eröffnen Medien und Gruppen mit der – zunächst gesetzlich ungeregelten – »Verwertung« des SSD-Erbes ein Kesseltreiben gegen viele schon einmal Erpresste, Erniedrigte und Gedemütigte. Dieser Vorgang muss als grandiose Alibiveranstaltung begriffen werden. Eine juristische Auseinandersetzung mit den Haupttätern findet kaum statt. Zu dieser Fehlentwicklung tragen BND, CIA und andere »Kollegen« der Stasi kräftig bei. Die Justiz von nebenan leistet wirkungsvolle Schützenhilfe unter Anleitung bereits bewährter »Wechseleliten«.

Während einer öffentlichen Veranstaltung der Gauckbehörde spricht der ehemalige MfS-Offizier Zeiseweis seine Verwunderung darüber aus, dass eigentlich niemand daran denke, sich von dem Geschrei über die Verworfenheit der IM einmal abzuwenden und der Frage nachzugehen: *»Wieso läuft man den Informanten nach, statt sich mit uns zu befassen?«* Niemand ging auf diese Frage auch nur im Geringsten ein. Durch bittere Erfahrungen gewitzt füge ich wohlbedacht ein: Nach 28 Jahren nahezu ununterbrochener Bespitzelung und von einer sehr großen Zahl »Berichtender« umgeben, habe ich keinerlei Veranlassung, Spitzel in Schutz zu nehmen. Sie haben meiner Familie und guten Freunden zugesetzt, dass die Folgen nur durch Gottes Gnade allgemach verheilen. Aber gerade deshalb lasse ich mir den Blick für die eigentlich Schuldigen nicht trüben: Diese leben unbehelligt mitten unter uns und verkaufen ihre Lügen von gestern auf Konferenzen von heute.[1549]

Die zweifelhafte Begründung für die Ersatzjagd auf Informanten lautet: Das Instrumentarium des Rechtsstaates Bundesrepublik Deutschland ist für die rechtlich geordnete Aufarbeitung einer Zeit pervertierten Rechtsgebrauches durch eine Diktatur nicht geeignet. Das ist historisch falsch und für die Bewältigung von Rechtsbruch heute sich entwickelnder Diktaturansätze zukunftsgefährdend.

Historisch falsch: Der »Rechtsstaat« Bundesrepublik Deutschland entwickelte sich unmittelbar nach dem Zusammenbruch einer deutschen Diktatur. Dass zu diesem Zeitpunkt eine Erörterung der Rechtsgestaltung im neuen Gemeinwesen zur Bewältigung der Diktaturfolgen als nicht opportun erschien, hat finstere Hintergründe:

— Die Auseinandersetzung mit der 1945 zusammengebrochenen NS-Diktatur überließ man den Besatzungsmächten, die wegen des sich bald entwickelnden Ost-West-Konfliktes nicht mehr sonderlich interessiert waren: Uns geht das nichts mehr an. Und so begnügte man sich in der neuen Republik mit der Repristinierung von Rechtsformen vor 1933, in denen eine Auseinandersetzung mit den Folgen einer Diktatur nicht vorgesehen sein konnte.

— Das zu entwickelnde Rechtsinstrumentarium, das auch zur juristischen Bewältigung der Folgen der Hitlerdiktatur tauglich gewesen wäre, hätte zahl-

---

[1549] »Wissenschaftliche Tagung« in Odense, Dänemark, 2007.

reiche ehemalige NS-Leute in der bundesdeutschen Justiz gefährdet, woran diese begreiflicherweise nicht interessiert sein konnten.

– Daher wurden sicherheitshalber (sicher für die aus der Nazizeit übernommene juristische »Elite«) Modelle aus »westlichen Demokratien« importiert, die freilich wenig Anlass hatten, sich mit den Folgen von Diktaturen auseinanderzusetzen.

– Dass die Reinigung der Justiz unterblieb, rückt die Verhältnisse in Westdeutschland nach 1945 in die Nähe der Nachwendejustiz 1990 ff. in der ehemaligen DDR.[1550]

Schon mit der Einbeziehung der DDR-Justiz in die Sicherung der Aktenbestände des ehemaligen MfS, die von den Auflösungsgruppen veranlasst wurde, vollzog sich ein Legitimierungsvorgang der Vertreter des »Rechtes« in der DDR, der zu den erstaunlichsten Vorgängen der »Friedlichen Revolution« gehört. Mutierten die Gehilfen der Unterdrückung im POZW[1551] über Nacht zu Geburtshelfern der »Freiheit«? Nein, so einfach war das nicht. Es müssen die kläglichen Ausflüchte von Staatsanwälten einmal bedacht werden, die sich vergeblich drehten und wendeten und zu Bett legten – um z. B. den »Aufträgen« zur Sicherung der MfS-Akten zu entkommen.[1552]

24.2 Seilschaften der Hauptamtlichen formieren sich: »Interessenvertretungen« und das Urteil des BVG

Hauptamtliche MfS-Mitarbeiter erfreuen sich öffentlichen Interesses, posieren im Fernsehen (z. B. der inzwischen verstorbene Spitzenagent Markus Wolf oder der Leiter der Abt. XX/4, Herr Wiegand usw.), und beziehen aufgrund eines Verwaltungsgerichtsurteiles ungleich höhere Pensionen, als ihre Opfer Rente erhalten. Das wird im Jahre 2004 durch einen erneuten Gerichtsbeschluß des Obersten Verwaltungsgerichtes noch verschärft.

Dass die geordnete Strafverfolgung auch kapitaler Verbrechen unterlassen wurde, trägt nun Früchte: Die Folterknechte der Diktatur loben sich auf inter-

---

[1550] Vgl. dazu Hildigund Neubert: Die kirchliche Stasi-Aufarbeitung im Vergleich mit anderen gesellschaftlichen Institutionen, in: epd-Dokumentation (16/2007), 35 ff., zur »Aufarbeitung« in der ehemaligen DDR-Justiz.

[1551] »Politisch Operatives Zusammenwirken« der SED mit Parteien und gesellschaftlichen Institutionen – eben auch der Justiz – gegen den »Feind«, wozu für die SED in erster Linie die Kirchen rechneten.

[1552] Vgl. Wernicke: Auflösung, bes. 104 ff.

nationalen »Konferenzen«[1553] als Retter des Friedens, indes ihre Opfer versuchen, mit Hartz IV sich und ihre Familien am Leben zu erhalten. Sie erreichen dank vergesslicher Richter und Richterinnen einstweilige Verfügungen gegen ihre Opfer,[1554] die nur sagen wollen, wer ihnen Unrecht tat. Sie formieren sich in »Interessenvertretungen«, die alle Freiheiten des Rechtsstaates dazu missbrauchen, Rechte durchzusetzen, die nachträglich an Menschen begangene Verbechen zu lukrativen Einnahmequellen umfälschen.

Darin liegt ein krasser Widerspruch zwischen der »Behandlung« der sogenannten »IM« und den in ihren Handlungen kriminellen Erpressern, Verführern und Mördern, denen zu dienen IM gezwungen oder verführt worden waren.

24.3 »Die Toten mahnen.« Aber niemand will sie hören

Mord kommt in den Texten als MfS-Methode nicht vor. Mielke aber hielt ihn für eine Tat »proletarischer Ehre« unter Tschekisten.[1555] Als Erinnerungszeichen an Opfer des NS-Regimes sind zu DDR-Zeiten Denkmale mit der Aufschrift »Die Toten mahnen« errichtet worden. Wie gehen wir in unserem Land mit Todesfällen im Umfeld der Stasi um? »Ungeklärte Todesfälle« verjähren nicht. Namen sind bekannt. Und sie finden sich in den »höchsten Kreisen«. Zu den bekanntesten Todesfällen unter den Mächtigen der DDR gehört der unaufgeklärte Flugunfall von Werner Lamberz.

24.3.1 Werner Lamberz, Mitglied des Politbüros der SED und als Erich Honeckers Nachfolger gehandelt, kommt beim Absturz seines Hubschraubers am 05.03.1978 in der libyschen Wüste ums Leben.[1556] Ein Rotorschaden? Ein Attentat?

Aus seiner Umgebung wird erzählt, wegen sonderbarer Hotelgäste am Vorabend sei Lamberz beunruhigt gewesen und habe »äußerste Wachsamkeit« angeordnet. Über Untersuchungsergebnisse im Zusammenhang mit dem Hubschrauberabsturz gibt es keine Nachricht. Dieses Beispiel soll einführend illustrieren, dass selbst in der politischen Führung der SED, in der nichts dem Zufall überlassen werden durfte, ungeklärte Todesfälle Grund zu Vermutungen

---

[1553] In Odense in Dänemark 2007.

[1554] Fall Käbisch und eine abgebrochene Stasi-Ausstellung 2008 in Sachsen.

[1555] Auerbach: Vorbereitung, 126, vgl. auch Abschnitt 22.

[1556] Zeitungsartikel vom 07.03.2008 (Berliner Kurier).

über politische Hintergründe geben. Außerhalb der DDR – im ehemals sozialistischen Osten – gehört der Verkehrsunfall, bei dem der Staatspräsident und Urheber des »Prager Frühlings«, Alexander Dubček, ums Leben kam, zu den nicht aufgeklärten Fällen unter politischem Verdacht.

Hier aber soll von Mitchristen die Rede sein, die im Zusammenhang mit Aktivitäten des Staatssicherheitsdienstes zu Tode kamen und zu schnell in Vergessenheit geraten sind.

24.3.2 Matthias Domaschk, Tod am 12.04.1981 in der Stasi-Untersuchungshaftanstalt in Gera. Offiziell erklärte Todesursache: Suizid.

Renate Ellmenreich, die ihn besser kannte als andere, stellt mit guten Gründen diese Auskunft in Frage. Und selbst wenn ein Suizid erwiesen wäre, bleibt die Tatsache: Er starb im Gewahrsam der Staatssicherheit ohne unabhängige Zeugen.[1557]

24.3.3 Detlef Hammer, Konsistorialpräsident, Jurist und Major des MfS im besonderen Einsatz zur Ausspähung der Evangelischen Kirche der Kirchenprovinz Sachsen. Jäher Tod am 03.04.1991 nach seiner Geburtstagsfeier: 41 Jahre alt.

Im Bericht der Kirchenleitung heißt es: »Der Pathologe stellte fest, daß es sich um eine chronische Koronarinsuffizienz handele, die zum plötzlichen Herztod geführt habe. Mediziner erklären dazu, daß es für einen solchen Tod gerade charakteristisch sei, daß er ohne jede Vorankündigung eintrete. Das sei auch bei Menschen in diesem Alter nicht ungewöhnlich.«[1558] Nachdenkend über alle Fragen, die angesichts seines plötzlichen Todes vor seiner nach Lage der Dinge unabwendbaren »Enttarnung« zu stellen sind, aber bisher nicht beantwortet werden können, stellt der Bericht fest: »*Jedenfalls war seine persönliche Situation unmittelbar vor seinem Tod ausweglos.*«[1559]

Wer ihn kannte – es hatte immerhin den Gedanken unserer Synodalpräsidentin, Frau Christina Schultheiß, gegeben, ihn um Mitarbeit in Thüringen zu bitten – kann nicht übersehen: Auch wenn alle Fragen derzeit und in Zukunft offenbleiben sollten, der Zusammenhang zwischen seinem plötzlichen

---

[1557] Ellmenreich: Politisches Verbrechen, dazu auch: Andreas Kurschat/Harald Schultze (Hg.): »Ihr Ende schaut an …«, Evangelische Märtyrer des 20. Jahrhunderts, Leipzig 2008², 657 f.

[1558] Schultze/Zachhuber: Spionage, 69.

[1559] A.a.O., 75.

Tod und seiner Zuarbeit für das MfS ist nicht zu leugnen. Und deshalb sollen die Schlusssätze des Berichtes aus Magdeburg auch hier stehen:

> »Detlef Hammer hat vielen Menschen geholfen.
> Er hat als Spion unserer Kirche sehr geschadet.
> Trotzdem können wir nicht vergessen, daß er auch für unsere Kirche Gutes bewirkt hat.«

24.3.4 Pfarrer Reinhard Naumann, Schmalkalden, Suizid am 31.10.1990 nach dem Vorwurf, er habe mit der Stasi zusammengearbeitet.[1560]

Pfarrer Reinhard Naumann wird von vielen als Zentralgestalt im Umbruch 1989 für die Stadt Schmalkalden angesehen. Hilfesuchende wissen ihn unentwegt im Gespräch mit Verantwortlichen von Stadt und Kreis für Menschen, die sich ihm anvertraut haben oder die ihm in seiner Seelsorgetätigkeit anvertraut sind. Sie teilen ihm ihre Sorgen mit, und er setzt sich für sie ein. Er wirbt um Verständnis für sie bei den Behörden. Einem zur MfS-Mitarbeit erpressten Gemeindeglied hilft er, von der Stasi wegzukommen. Im Beisein der Pfarrfrau hatte sich das Werbungsopfer dem Seelsorger anvertraut und auf diese Weise die Konspiration gebrochen.

Als die Villa der Stasi besetzt wird und Lynchjustiz droht, rufen ihn die Bedrohten selbst zu Hilfe. Mit persönlichem Einsatz sorgt er dafür, dass auch in dieser Stadt kein Blut fließt. Dann treffen ihn jäh Vorwürfe wegen Zuarbeit für das MfS. Das geht über seine Kräfte. Seine Seele hat sich müde gearbeitet. Aus dem letzten Konvent verabschiedet er sich, weil er »zum Friedhof müsse«. Und kehrt nicht wieder.

Ihn traf unberechtigt ein Vorwurf, dessen Hintergründe wir heute genau kennen: Der Mitarbeiter beim Rat des Kreises, mit dem Pfarrer Naumann verhandeln musste, stand – wie mein Zwangspartner in Saalfeld auch – im Dienst des MfS. Die Gespräche mit dem Pfarrer hat er – ohne dessen Wissen – als Treffberichte deklariert und ihn selbst – ohne sein Wissen – als IM registriert.

Auch dieser Tod unter dem Druck unbewiesener Vorwürfe gehört zu den Folgen der MfS-Tätigkeit. Selbst wenn psychische Probleme und physische Belastungen eine Rolle gespielt haben sollten, bleibt die Frage: Hat auch die Art des Umganges mit dem Gerücht zum Gefühl der Ausweglosigkeit beigetragen und so den Tod mitverschuldet? Müssen wir im Tod von Pfarrer Reinhard Naumann sowohl eine Folge der Tarnung des MfS – als auch leicht-ferti-

---

[1560] BStU MfS BV Suhl, AIM 598/93, Bd. I, 89 und 159. Vom MfS als IM »Januskopf« geführt.

ger »Aufklärung« der Folgezeit sehen? Wie viele Tote kommen auf das Konto angemaßter Schnellurteile nach 1989?

Auch Menschen, die als ehemalige IM oder auf andere Weise vom MfS abhängig gemacht und zu willfährigen Knechten deformiert wurden, die sich aus Angst oder Scham oder Verzweiflung oder völliger Ausweglosigkeit nach 1989 das Leben nahmen, sind Opfer der Staatssicherheit und – ihrer Erben. Schutzverbände und Interessenvertretungen, wie sie ehemalige Hauptamtliche begründet haben, die ihren Mitgliedern kräftig zur Rückkehr in eine veränderte Gesellschaft helfen, haben die IM nicht.

Andere zu benennen, deren Tod in gleicher Weise mit dem Wirken des MfS zusammenhängt, wie ich weiß, verbietet mir der Respekt vor dem Willen ihrer Familien. Es gehört zur Würde des Menschen, in Frieden ruhen zu dürfen, wenn Unabänderliches nur so von den Hinterbliebenen ertragen werden kann. Diesen Respekt sollten alle zollen, die aktenlesend auf fremde Schicksale mit tödlichem Ausgang stoßen. Und nicht nur dann.

24.4 »Wer ist wer?« contra Datenschutz: Voyeurismus im MfS und heute

Die Methode Mielke »Wer ist wer?« zerstört die Menschenwürde. »Wer ist wer?« war die Losung, unter der die Jäger ausschwärmten und vor nichts Halt machten, bis sie die Menschen im Griff hatten, die sie zum Freiwild erklärten. Was sie unter Verletzung der Menschenwürde und Bruch aller Persönlichkeitsrechte als »Kundschafter des Proletariats« ausspähten, wurde zu Papierbergen. Es gab einst die Devise für den Umgang damit: Nicht rechtsstaatlich zustande gekommene Informationen sind tabu. Aber was wären »rechtsstaatlich zustande gekommene« Stasiakten? Begrifflichkeit und Folgerungen sind inkonsequent. Warum?

Beschuldigte erzählen vom Phänomen der *leuchtenden Augen*. Sogenannten *Enttarnten* begegnet dieser besondere Blick: »Sieh mal an, der auch!« Oder die unversehens abgeschossene Frage in Befragungen durch Ausschüsse: »Wie haben Sie sich gefühlt als …?« Neugier steckt an. Und Voyeurismus vergiftet. *Wir wollen alles von allen wissen* ist kein respektvoller Umgang mit des Menschen Leben, verletzt seine Würde und widerspricht dem Gebot Jesu, zuerst den Balken aus dem eigenen Auge zu ziehen, danach den Splitter aus des Bruders Auge.[1561]

[1561] Matthäus 7,3.

In Konfliktgesprächen über den rechten Umgang mit »*nicht rechtsstaatlich zustandegekommenen Informationen*« werden immer weiter fortgesetzte Untersuchungen so begründet: »*Was haben die IM erreicht? Wir wissen es nicht.*« »*Welchen Einfluss hatten sie und auf wen? Wir wissen es nicht.*« »*Welche Pläne wurden erfüllt und welche nicht? Wir wissen es nicht.*« Das klingt wie ein Nachwende-Echo auf Stasispannereien, nur eben als Echo etwas schwächer. »*Wir wissen nicht, was der Staatssicherheitsdienst mit seinen IM erreicht hat*«? Doch, wir wissen es: nichts. Gewiss, sie haben alle Untaten begangen, die in dieser Arbeit aufgezählt werden. Sie haben Leben zerstört oder für immer gekränkt. Sie haben den Virus einer Krankheit ins Land getragen, die noch lange nicht überwunden ist. Aber keine der Aufgaben, die Partei- und Staatsführung dem MfS gestellt hatten, wurde wirklich erfüllt. Und am wenigsten die Hauptaufgabe: die Macht der Wenigen vor dem Volk zu schützen.

»*Wir wissen nicht, was bei den millionenfachen Schnüffeleien herausgekommen ist*«? Doch, wir wissen es: das klägliche Ende des »Gesellschaftsversuches DDR« – auch am MfS gescheitert, das alles und jedes und alle und jeden ausspähen wollte.

»*Wir wissen nicht, wer wen, wann, wo mit welcher Absicht und mit welchem Erfolg belauert hat*«? Und warum müssen wir das wissen – »*alles von allen wissen*«? Wozu immer noch Mielke spielen? Wenn das das Ziel aller »*Aufklärung*« ist, dann haben wir nicht nur den Begriff »*aufklären*«, einen stasi-militärischen Begriff im Angesicht des Feindes, sondern auch die wichtigste Methode der Stasi gleich mit übernommen: Ungebeten eindringen in fremdes Leben – in »*das Leben der Anderen.*« Das geht uns nichts an.

Oder kann dafür auch nur ein zureichender Grund genannt werden? Oftmals habe ich mich während der Recherchen innerhalb des mir erteilten Forschungsauftrages gefragt: Was tust du da eigentlich in den Hinterlassenschaften von Gesinnungsschnüfflern? Wie wichtig ist es wirklich, Einzelzüge von Verachtung der Menschenwürde nachzuzeichnen? Für wen kann das wichtig sein – außer für die Opfer? Was fangen wir und andere damit an? Aufklärung ist kein Wert an sich. Sie wird zum Unwert, wo sie nur um den Preis neuer Verletzungen und Untaten zu haben ist. Vor 1989 kam ich vielen Menschen ziemlich nahe, die im Nachhinein als registrierte IM gebrandmarkt erscheinen – gebrandmarkt vom MfS. Müssen wir wirklich dessen mörderisches Handwerk weiter betreiben?

Genügt es nicht völlig, exemplarisch – wie hier versucht – Wesenszüge der Gesinnungspolizei und an Fallbeispielen ihre Methoden darzustellen, damit die unfreiwillig hinterlassenen Tagebücher der Gewalt von Betroffenen verstanden werden können? Von den Betroffenen! Brauchen wir wirklich ein unerschöpfliches Reservoir von Schmier- und Schmutzgeschichten für die »Athener« von heute, die »*stets auf Neues bedacht sind*«?[1562] Die *politische Instrumentalisierung* von schweren *Opferschicksalen* verletzt die Menschenwürde. Es ist Zeit für die Frage: Wie viel geistige und geistliche Hygiene ist nötig, um unbeschadet aus dem Umgang mit den Rückständen einer schweren Krankheit hervorzugehen?

Wird nicht jetzt viel zu viel Zeit darauf verwendet, an den Akten entlang sogenannte Verstrickungen zu enthüllen? Was stellen wir den giftigen »Berichtskaskaden« entgegen? Wie viel Zeit und Energie verwenden Institute, Akademien, Synoden, verwendet die »*Öffentlichkeit*« darauf, die »*andere Seite*«, die widerständige zu untersuchen? Viel weniger. Zu wenig. Aber Widerständigkeit zu stärken, wäre unsere Aufgabe angesichts von immer noch wirksamer Stasidenkweise und wiederauflebenden Stasimethoden, die sich offensichtlich in politisches und wirtschaftliches Handeln unseres Gemeinwesens mischen: Der Begriff »Terrorismus« wird längst in einem Sinn politisch instrumentalisiert, der uns aus DDR-Zeiten für »Imperialismus« wohl vertraut ist. Er muss herhalten für die Einschränkung von Bürgerrechten, heimliche Ausspähung, für »*Kriegseinsätze*«[1563] gar, Entsendung von Truppen »*out of area*«. Und für 51 000 Tote im Irak oder mehr – getötet in einem vom Geheimdienst CIA herbeigelogenen Krieg. Das ist genug, nein, viel zu viel! Aber nicht der resignierende Seufzer: »So ist der Mensch!«, sondern ein entschiedenes »Wehret den Anfängen!« ist geboten. Auch bei Telekom und Lidl und im Ministerium Schäuble wie angesichts der Superüberwachung Schwedens etc.

Im Übrigen: Die »Experten« der Bespitzelung, die sie nämlich als Opfer »erfuhren«, die Zeitzeugen, die Last und Elend bitterer Jahre ohne Aufhebens trugen und sich nicht bestechen ließen, sie sterben nach und nach aus. Aber wer interessiert sich für sie? Wer interessiert sich dafür: Wie kam es, dass da Jugendliche und Greise, Angestellte und Chefs, Gemeindeglieder und Bischöfe – die einen bedrängt, die anderen hofiert – widerstanden, während manche ihresgleichen erlagen?

[1562] Apostelgeschichte 17,16 ff.(21).

[1563] Unfreiwillige Enthüllung der eigentlichen Absichten des »Verteidigungministers« Jung angesichts des Fregatteneinsatzes vor der libanesischen Küste 2007. 2008 spricht er von »*Gefallenen*«.

In meinen Augen ist manche Art des Umganges mit den Negativbildern von Leben in den Akten der Stasi ein perfider Umgang mit der Gnade Gottes, der einfachen und komplizierten Leuten in seiner Kirche die Kraft gegeben hat, nicht mit den Wölfen zu heulen, sondern sich Druck und Verführung zu widersetzen. Aber wer interessiert sich schon

– für die Bäuerin, die ungebetene Besucher mit dem Besen einfach hinausgekehrt hat;
– für die Straßenmeisterin, die man aus dem Auto zerrte, um sie unter Druck zu setzen und sie von ihrer Kirche zu trennen? Wen interessiert, dass sie vor Honecker für ihre Gemeinden einstand, 40 % der Brücken in der DDR als nicht mehr tragfähig bezeichnete und einem Bundespräsidenten die Sorgen ihrer Kirche vortrug?
– Für die Eltern, die in ihrem Beruf Zurücksetzung und Missachtung ausgehalten haben, weil sie ihren Kindern nicht Anpassungsbereitschaft, sondern Mut zur eigenen Meinung und zu kritischem Urteil mitgeben wollten und nun hören müssen, wie Skrupellose den Ton angeben? Nun sind ihre erwachsenen Kinder arbeitslos.

Kein Interesse dafür und keine Zeit – wir müssen doch die Fährten der Verstrickten aufnehmen im Labyrinth der Gedankengänge eines untergegangenen Unterdrückungsapparates! Indessen vollzieht sich vor unseren Augen wieder Unmenschliches – in Bespitzelungen, Verdächtigungen und stasigleicher Aufteilung der Menschen in »*terrorismusverdächtig*«, »*Feinde unserer freiheitlich demokratischen Ordnung*« und »*antidemokratisch*« mit neuen und alten Akteuren. Was ist aus der ursprünglichen Begründung für Stasiforschung geworden: Wir wollen verhindern, dass sich solches wiederholt? Es wiederholt sich längst – mit umgekehrten Vorzeichen und in gewendeten Mäntelchen. »*Und alle machen mit!*«[1564]

Als wohlbedachter Protest gegen angebliche Aufklärung: *Wer hat wann und wo und mit wem und warum und woraufhin konspiriert?* werden Auszüge aus einem Brief der Lutherischen Bekenntnisgemeinschaft dieser Studie als Dokument beigegeben. Sie schrieb ein ehemaliger Ingenieur in der Maxhütte Unterwellenborn, der selbst beäugt und bespitzelt wurde. Er verwahrt sich dagegen, nun als Kirche und Gemeinde die Schnüffelei fortzusetzen.[1565] Denn deren Folgen sind verheerend:

[1564] »Jeder macht, was er will. Keiner macht, was er soll. Und alle machen mit!« DDR-Witz. Gilt er schon wieder?
[1565] Christfried Herklotz, Brief aus der Lutherischen Bekenntnisgemeinschaft, Dok. 7 im Anhang.

24.5 IM-Veröffentlichung ohne Rücksprache

Unrecherchierte und ohne Rücksprache mit den Betroffenen erfolgte Veröffentlichung von »IM«-Namen hat schon zu Rufmord und beruflichen Katastrophen geführt, ohne dass irgendein geordnetes Verfahren in die Wege geleitet worden oder abgelaufen wäre.

Fallbeispiel: Pastorin A.

Der Postmitarbeiterin H. wird eine Studienzulassung an der Ingenieurschule Leipzig angeboten und für die Einstellung nach Studienabschluss eine »*Schlüsselposition in der Hauptpost in S.*« zugesichert. Schon während ihres Studiums fordert das MfS Informationen von ihr über Vorgänge und Personen an der Ingenieurschule. Schwerpunkt: Blockpartei CDU. Unter diesem Druck bricht sie im September 1969 das Studium ab, informiert Landesbischof Braecklein, kündigt bei der Post und tritt in den kirchlichen Dienst. Im April 1970 wird die »Bearbeitung« eingestellt. Um sich den Nachstellungen der Werber endgültig zu entziehen, wechselt sie zum Theologiestudium. Das gelingt und sie hat hinfort Ruhe. Nach 1989 aber wird sie in einer Schrift aus der Feder kirchlicher Mitarbeiter ohne Rücksprache oder Prüfung des Vorganges öffentlich unter Angabe ihres Decknamens aus dem »IM-Vorlauf«[1566] der Zusammenarbeit mit dem MfS bezichtigt. Sie hat zunächst keine Chance, ihren Ruf wiederherzustellen.

Aussage steht gegen Aussage. Nur: Die Behauptung der Spitzelorganisation ist aktenkundig, die der Beschuldigten nicht. Das ist für die »*vorbehaltlos Aufklärenden*« entscheidend. Und die Frau, die sich weder fangen noch erpressen ließ, sondern ausbrach und um ihres Gewissens willen bereit war, ihren Wunschberuf aufzugeben, dass sie unabhängig bleibe, erlebt die Umkehrung des Rechtsgrundsatzes »Schuld muss bewiesen werden« in die Absurdität: Gegen die selbst nach Aktenlage des MfS offensichtliche Schuld gewissenloser Erpressung soll die Beschuldigte ihre Unschuld beweisen.

Der zuständige kirchliche Überprüfungsausschuss rehabilitiert nach Prüfung aller Unterlagen und der Anhörung von Zeugen die öffentlich Beschuldigte und gibt ihr gegenüber und vor ihrem Konvent eine Ehrenerklärung ab: Die Beschuldigte hat sich

---

[1566] »IM-Vorlauf« hieß die Werbephase vor einer Verpflichtung.

»durch ihr Ausscheiden aus dem Postdienst aus Gewissensgründen, durch den Abbruch des Studiums und mündliche und schriftliche Information an den Bischof ihrer Landeskirche jeder Erpressbarkeit entzogen. Sie hat sich späteren Anwerbungsversuchen erfolgreich widersetzt.«[1567]

Ihre Lebensgeschichte ist eine Geschichte von individuellem Widerstand, die öffentlicher Anerkennung wert gewesen wäre, jedenfalls vieles andere übertrifft, was hier und da als »Widerständigkeit« angesehen wird. Die ungeprüft ins Land gestreute Behauptung aber, sie habe als »IM« mit der Stasi »zusammengearbeitet«, holt niemand mehr zurück.

Und immer noch, beinahe wöchentlich, werden ohne Nachprüfung und Chance für Beschuldigte Namen in die Öffentlichkeit lanciert. Wie kommt solch leichtfertiges Tun im Vergleich zu den Akten der urspünglichen Gewalttäter zu stehen? Mit dem Ruf: »Keine Gewalt!« ist das nicht zu vereinbaren. Auch Rufmord ist Gewalt, nackte Gewalt und entblößende Gewalt. Wie viele Opfer werden noch ins Visier genommen?

[1567] Beschluss des LKR der Ev.-Luth. Kirche in Thüringen vom 25.06.1996.

25. Evangelische Kirche: Sündenbock für die DDR-Gesellschaft

Wie IM zu Sündenböcken für das MfS, für Partei und Staat gemacht und in die Wüste geschickt wurden aufgrund von Karteikarten des MfS, traf die evangelische Kirche das Los, zum Sündenbock für die ganze DDR-Gesellschaft gemacht zu werden – stellvertretend für das Volk der DDR wird sie gedemütigt und aufgrund der problematischen MfS-Akten aufs Neue verleumdet. Das ist nicht neu und beinahe biblisch: »*Denn der Jünger ist nicht über seinem Meister … Haben sie den Hausherrn Beelzebul genannt, wie viel mehr werden sie seine Hausgenossen so nennen.*«[1568] Besonders erschreckend aber und wider alle historische Wahrheit spielt sich ein Vorgang bis in die politische Bildung hinein ab: Gemeinsame Grundüberzeugungen in den Kirchen und ihren Gruppen, in Gemeinde und Gesellschaft, von denen aus der Widerstand geistig und geistlich sich begründete und in die Öffentlichkeit hinaustrat, werden nach der Revolution totgeschwiegen,[1569] geleugnet oder mit politischen Differenzen von damals oder heute überblendet.

Dabei wird in der Regel argumentiert: Wenn etwas »schiefging«, war »die Kirche« schuld. Was gelang, ist das Verdienst der Beurteilenden – je nachdem, ob es sich um zeitgeschichtliche Materialbeschauer, Vertreter plötzlich nicht mehr kirchlich sein wollender Gruppen oder Einzelne handelt, die sich irgendwann ungerecht behandelt fühlten. Dabei werden negative politische Tendenzen oder Unterwerfungsmuster selbst dort unterstellt, wo im Richtungsstreit innerkirchliche, theologische oder kirchenpolitische Meinungsverschiedenheiten ausgetragen werden mussten.[1570]

Obwohl die Kirchen früher und konsequenter als alle anderen Organisationen der ehemaligen DDR die Überprüfung ihrer Pfarrer und Kirchenbeamten vollzogen, wurde ihnen alsbald zögernde »Aufdeckung« und halbherzige »Auf-

---

[1568] Matthäus 10,24 f.

[1569] Hans-Peter Schwarz (Hg.): Die Bundesrepublik Deutschland. Eine Bilanz nach 60 Jahren, Köln, Weimar, Wien 2008, verschweigt auf 698 Seiten den kirchlichen Beitrag zur Revolution völlig. Cui bono – wem nütz's?

[1570] Streit um Inhalt und Gestalt »Offener Arbeit« zwischen Vertretern ihrer verschiedenen Formen und Gruppen, zwischen Gemeinden und Leitungsgruppen gab es immer. Wer eine andere Form vertrat, oder »herkömmliche« Jugendarbeit einforderte, war deshalb noch kein Verbündeter der Stasi. Gegen Lenski/Merker: Diktat.

klärung« vorgeworfen. Damit berühren wir einen Vorgang, der das »Zusammenwachsen« von Ost und West behindert hat und noch behindert.

25.1 Interessengeleitete Aktendeutung

Die Kampagne gegen die evangelischen Kirchen nach 1990 gehört zum Thema »Umgang mit den MfS-Akten« und lässt nach meiner Sicht besonders deutlich erkennen, wie das Verständnis der hinterlassenen Texte des DDR-Unterdrückungsapparates von unterschiedlichen Interessen der Folgezeit geprägt und verfälscht wird. Fragen wir deshalb zuerst nach den Interessen, die nach 1989 im Umgang mit den Texten wirksam wurden und zu ihrer nachträglichen politischen Instrumentalisierung führten.

An einer Schwächung der Glaubwürdigkeit evangelischer Kirchen waren nach 1990 nach meinen Erkenntnissen im Wesentlichen interessiert:
— MfS-Offiziere, Funktionäre aller Blockparteien und alle anderen Nutznießer der Verhältnisse in der DDR.
— Gruppen, die sich den Erfolg des Herbstes 1989 allein zuschreiben möchten, obwohl sie (oder weil sie?) den Schutz von Kirchen und Gemeinden nutzten.
— Verantwortliche für Öffentlichkeitsarbeit in der katholischen Amtskirche, die anders als katholische Gemeinden und Priester und Ordensleute vor Ort den von Kardinal Bengsch mit der SED abgestimmten und ihr hochwillkommenen Kurs »politischer Abstinenz« nachträglich in Widerstand umdeuten.
— Teile der westdeutschen (Medien-)Öffentlichkeit, die wohl aus grundsätzlich kirchenkritischer Haltung und Ressentiments gegenüber der evangelischen Kirche ihr die Schutzmantelfunktion für bedrängte Regimekritiker und widerständige Kräfte und eine Geburtshelferrolle bei der Herbstrevolution aus ideologischen Gründen nicht zugestehen wollen. Ehemalige DDR-Medien – z.T. noch mit der alten Besatzung – schließen sich dem schadenfroh an.
— Einzelne Gruppen und Publikationsorgane mit sogenanntem evangelikalen Hintergrund übertragen ihre Aversion gegen Großkirchen auf die Nicht-mehr-Großkirche in der Nach-DDR. Sie verkehren die Erklärung Luthers zum achten Gebot[1571] ins Gegenteil, indem sie ihrer Glaubensgeschwister

---

[1571] Achtes Gebot: »Du sollst nicht falsch Zeugnis reden wider deinen Nächsten« (Exodus 20,16) und Luthers Erklärung im »Kleinen Katechismus«, EG 1555.

»Ruf verderben, sie beschuldigen, Übles von ihnen reden und alles zum Schlechten kehren«. Damit setzen sie ihre eigenen Gruppen nachträglich ins Unrecht, die sich dankbar der engen geschwisterlichen Gemeinsamkeit des Glaubens und der Hoffnung mit allen Christen hierzulande erinnern.

25.1.1 Funktionäre und andere Nutznießer der DDR-Verhältnisse

Als Nutznießer des DDR-Regimes zu betrachten ist von Partei- und Staatsführung selbst über die Stasi bis zu den »Blockparteien« z. B. die CDU in der DDR. Besonders die CDU hat durch Jahrzehnte die pseudochristliche Begründung für die SED-Politik geliefert und mutierte – wohl zu ihrer eigenen Überraschung – durch Bundeskanzler Dr. Helmut Kohl ohne Weiteres über Nacht zur demokratischen Partei, wie andere sogenannte »Blockparteien« auch. Mit der sofort einsetzenden Abwehr der »Blockflötendiskussion« soll kritische Erinnerung lächerlich gemacht und zum Schweigen gebracht werden.

Fallbeispiel: CDU

Klaus Wähler vermerkt in seiner Abhandlung über die Rechtsprechung kirchlicher Disziplinargerichte in Stasi-Fällen zur Motivation erwiesener IM-Tätigkeit:

> »Ein nicht unerheblicher Teil der wegen Stasimitarbeit disziplinarisch gemaßregelten Pfarrer fühlte sich gar nicht als Sünder, die Buße zu tun hatten und der Vergebung bedurften, sondern ... als unschuldig Verfolgte und Wendeopfer. Sie waren typischerweise (jedenfalls nach den persönlichen Erfahrungen des Verfassers als Vorsitzender einer DK[1572]) vielfach aktive Mitglieder der CFK, z.T. auch Abgeordnete oder Parteitagsdelegierte der Ost-CDU und betrieben ihre Gemeindearbeit wegen ihrer häufigen Reisen zu Tagungen eher nebenbei. Sie fühlten sich als Gemeindepfarrer nicht innerlich ausgefüllt und versuchten sich daher im Sinne der DDR politisch zu profilieren. Dies schloss aus ihrer Sicht eine Zusammenarbeit mit dem MfS ein, die von ihnen aber nicht als Informantentätigkeit, sondern als ›Gesprächsbereitschaft‹ verstanden wurde.
>
> Sie fühlten sich angeblich berufen, die Kirche mit dem SED-Staat zu versöhnen, und taten daher alles, um jede geringste Regung von Widerstand gegen den Wehrkundeunterricht, von ›verdächtigen‹ Westkontakten oder Fluchtvorbereitungen ihrer Gemeindeglieder oder Amtsbrüder, gegen aus ihrer Sicht illegale Geldtransfers usw. sogleich ihren Führungsoffizieren mitzuteilen ...«[1573]

[1572] DK = (in diesem Falle eine kirchliche) Disziplinarkammer.
[1573] Vgl. Abschnitt 18.1.

Auch wenn Wählers Thema in der zitierten Schrift der disziplinarrechtliche Umgang mit Pfarrern ist, denen Stasibelastung vorgeworfen wird, hätte an dieser Stelle wohl doch eine Überlegung Platz finden müssen, welches Maß an Einfluss seitens der genannten Partei CDU und der übrigen genannten angeblich christlichen Organisationen als Ursache und Triebkraft von Meinungen und Haltungen angenommen werden muss, die keineswegs in der Pfarrerschaft verbreitet waren. Immerhin: Dass ein Zusammenhang von »Gesprächsbereitschaft« gegenüber dem MfS und der Zugehörigkeit zu christlich genannten politischen Organisationen nachgewiesen werden kann, stellt ein Jurist nach seinen Erfahrungen in den kirchlichen Disziplinarkammern zum Thema Stasi-Nähe fest.

Wer sich als Geistlicher in solchen Organisationen politisch betätigte, musste vor 1989 damit rechnen, sein Ansehen und damit auch seinen Einfluss in den Kirchen und Gemeinden zu verlieren. Pfarrer innerhalb der CFK galten unter ihren Amtsbrüdern als »Friedenspfarrer« – mit einem degoutanten Nebenton – und konnten sich keines besonderen Vertrauens erfreuen. Ähnliches galt von den in der CDU und deren Funktionen tätigen Geistlichen. In den verschiedenen Regionen operierte die SED mit Vorzeigechristen, die bei jedem offiziellen Anlass der SED nach dem Munde redeten und mit scheinchristlichen Argumenten die Kritik ihrer Kollegen an staatlichen Organen oder der Parteipolitik auszuhebeln oder abzuschwächen sich bemühten.

Ihr Einfluss erstreckte sich freilich allenfalls auf die Region und regionale Zusammenkünfte. Er schwand dahin, als mehr und mehr direkte Verhandlungen zwischen den Leitungsgremien der Landeskirchen und des BEK mit den Staatsorganen über die weitere Gestaltung des Staat-Kirche-Verhältnisses entschieden. Schwierig wurde die Situation für die Geistlichen der Landeskirche in staatlich organisierten Gruppenbegegnungen, wenn der eingeladene »*agent provocateur*« einer Gruppe außerhalb der Landeskirche oder einer Freikirche angehörte. Deren Argumentation griff sozusagen von der Flanke her an. Ihnen innerhalb der Begegnung mit Staatsvertretern direkt zu widersprechen, konnte leicht als überheblich oder als dem geschwisterlichen Klima zwischen Landes- und Freikirchen abträglich empfunden werden. Verschwiegen werden darf diese Erfahrung aber umso weniger, als gerade von dieser Seite nach 1990 den Landeskirchen der Vorwurf gemacht wurde, sich zu sehr mit dem Staate eingelassen zu haben.

Im Bereich des Bezirkes Gera wurde öfter ein Kollege der methodistischen Kirche, der zugleich als Bezirkstagabgeordneter fungierte, vorgeschickt, wenn in Gesprächen der Superintendenten mit dem Rat des Bezirkes Probleme auftraten. Seine Elogen auf die Verhältnisse im Sozialismus sind mir in peinlicher Erinnerung. Der SED hochwillkommen, brauchten deren Vertreter nur noch auf den »überaus wertvollen Gesprächsbeitrag« des Kollegen Abgeordneten des Bezirkstages zu verweisen, um sich einer Beantwortung der an sie selbst gerichteten kritischen Fragen zu entziehen.[1574]

Fallbeispiel: »Beratung kirchlicher Amtsträger ... und der Stellv.Inneres«[1575]

Die Referentin für Kirchenfragen, Frau Kiefer, Saalfeld, notiert: Nach Darstellung der »*Aufgaben, die an die Bürger im Ergebnis des IX. Parteitages gestellt werden ...*« wies der Stellvertreter für Inneres beim Rat des Bezirkes eine Beschwerde zurück, nach der im Zusammenhang mit einer nicht angemeldeten Veranstaltung viele Glieder der Jungen Gemeinde vernommen worden seien. Nur drei seien siebenmal vernommen worden.[1576] Der Beschwerdeführer widersprach. Daraufhin mahnte Oberkirchenrat Sieber, Visitator für den Aufsichtsbezirk Ost, ein offenes Gespräch an und wies darauf hin, dass vor allem im Dienstbereich des Beschwerdeführenden immer wieder Auseinandersetzungen zu bemerken wären. Die Niederschrift fährt fort:

> »Als nächster sprach Pastor .... (Name geschwärzt), Methodistenpfarrer aus S. Er dankt für die Möglichkeit, daß er an dieser Beratung teilnehmen durfte und berichtete den Anwesenden über seine interessante und ehrenvolle Tätigkeit als Abgeordneter des Bezirkstages.«

An einer Minderung des Ansehens der evangelischen Kirche sind natürlich ehemalige Genossen in der Presse und in anderen Medien sowie in Parteien und ehemaligen Massenorganisationen lebhaft interessiert. Auch sie lenken auf diese Weise von sich und ihrem Anteil am Funktionieren der Diktatur ab und rufen fröhlich mit Fingerzeig auf die Kirche: Haltet den Dieb! Zu ihnen rechne ich Dr. Horst Dohle,[1577] der sich auf dem Umwege einer »Beratung«

[1574] In der »*Information 140/76*« berichtet »*Gen. Hermann*« über ein »*Superintendentengespräch*« am 30.03.1976, in dem einem der evangelischen Superintendenten sein »*Auftreten ... mit einer negativen Zielsetzung in provokatorischer Absicht*« vorgeworfen wurde, »*und daß sich entsprechende Konsequenzen in der Haltung der staatlichen Seite gegenüber ... notwendig machen*«, BStU MfS BV Gera, AOP 659/77, Bl. 201.

[1575] Niederschrift BStU, a. a. O., Bl. 202 vom 29.06.1976.

[1576] 3 × 7 = 21 Vernehmungen – und von fast 30 war die Rede gewesen. Dabei sind die vom MfS durchgeführten Befragungen noch nicht mitgezählt.

[1577] Dohle: Grundzüge. Ders. u. a. (Hg.): Beiträge zur Theorie und Geschichte der Religion und des Atheismus.

und »Kooperation« mit dem Kirchenhistoriker und Theologen Gerhard Besier eine seriöse »wissenschaftliche Beschäftigung mit der Kirche«[1578] zertifizieren ließ, um von seinen Diensten an der »Diktatur des Proletariats«, also dem Unrechtssystem der SED, abzulenken und in die Riege anerkannter »Forscher« wieder aufgenommen zu werden. Mit dauerhaftem Erfolg, wie sich zeigt.

25.1.2 Gruppen »unter dem Dach der Kirche«

Einige Vertreter kirchlicher Gruppen, die 1986–1990 eine Rolle spielten, scheinen die Erinnerung an ihren Ursprung, ihre Arbeits- und Begegnungsmöglichkeiten als kirchliche Gruppe ganz zu verdrängen. Die sogenannten »neuen sozialethischen Gruppen« gingen aus Gruppen evangelischer Jugendarbeit hervor oder schlossen sich diesen an. Die von außen hinzukamen, fanden Unterschlupf »unter dem Dach der Kirche«, d. h. sie wurden ohne Frage nach Kircheneintritt oder Weltanschauung in kirchlichen Räumen offen aufgenommen. Sie genossen von vornherein alle Rechte von Gemeindegliedern in den Zuständigkeits- und Verantwortungsbereichen von Gemeindekirchenräten, Ortspfarrern und Superintendenten mit deren Zustimmung. Von ihnen wurden sie unterstützt. Die Mehrzahl der Glieder solcher »Gruppen« gehörte selbst zu den Gemeinden. Umso unverständlicher, dass sich manche von ihnen heute der damals angenommenen solidarischen Gemeinschaft in ihrer Kirche offenbar schämen.

Gerade in Konflikten mit dem Staat konnten die meisten von ihnen mit Schutz und Fürsprache kirchlich Verantwortlicher rechnen, die sich mündlich und schriftlich auf unterschiedlichen Ebenen für sie einsetzten. Und es sprach sich unter den Gruppen sehr schnell herum, welcher Pfarrer, Superintendent, Visitator oder Bischof bereit war, ohne Ansehen der Person für sie einzutreten. Dafür aus der Fülle der Proteste und Eingaben für die Rechte der Bürger nur ein Beispiel:

Fallbeispiel: Eine Superintendentur klagt die Bürgerrechte ein

Mit Schreiben vom 01.02.1983 unter der Tgb.-Nr. 111/83 protestiert die Ev.-Luth. Superintendentur Saalfeld beim Rat des Bezirkes Gera gegen Verletzungen der Verfassungs- und Bürgerrechte in Gemeinden der Kreise Saalfeld, Neu-

---

[1578] Im Institut für Gesellschaftswissenschaften.

haus und Lobenstein.[1579] Eine Zusammenstellung von *»Einschränkungen der Glaubens- und Gewissensfreiheit und Verletzungen des Prinzips der Gleichachtung und Gleichberechtigung christlicher Bürger«* wird dem Rat des Bezirkes Gera vorgelegt. Das Schreiben ist außer vom Superintendenten auch von Pfarrer Hans-Werner Modersohn, Hoheneiche, Vertrauenspfarrer der Superintendentur, und von Stadtjugendpfarrer Arnd Morgenroth, Saalfeld, unterzeichnet. An der Materialsammlung hatten sich Pfarrer, Kirchenälteste und Glieder der Jungen Gemeinde aus der gesamten Superintendentur beteiligt.

Das Schreiben greift den Kern sozialistischer Zerstörung der Bürgerrechte an. Öffentlich wird die Einhaltung der Verfassungsgrundsätze von Gewissens- und Glaubensfreiheit, von Gleichachtung und Gleichberechtigung auch der christlichen Bürger durch Repräsentanten des Staates zugesichert,[1580] weiter wörtlich:

> »1.3. Ausführungsbestimmungen, Richtlinien, Anweisungen und Festlegungen höhlen diese Grundsätze aus und hebeln ihre Wirkung aus oder schränken sie ein.
>
> Das gilt vor allem im Bereich der Volksbildung, der Landesverteidigung und dem Komplex Ordnung und Sicherheit.
>
> 1.4. Die Klärung von Einzelfällen hilft hier überhaupt nicht weiter, weil sie die Verantwortung für ›Störungen‹ einzelnen Mitarbeitern im staatlichen Bereich anlastet, die lediglich ausgeführt haben, was sie aus den ihnen erteilten internen Anweisungen als ihre Pflicht ansehen mußten.«[1581]

Außerstande, die erhobenen Vorwürfe zu widerlegen, beschränkte sich die staatliche Seite auf Lüge und Gewalt:
– Das Schreiben wurde als *»Pamphlet«* diffamiert, wiewohl die genannten Personen als »existent« anerkannt werden mussten und die Sachvorwürfe nicht als erfunden abgewiesen werden konnten: *»Die von Große in seinem Pamphlet an Leich genannten Personen sind existent. Es ist zutreffend, daß zu diesen Personen politisch-operative Aktivitäten durchgeführt wurden.«*[1582]

[1579] Die Einforderung der Bürgerrechte liegt natürlich auch dem MfS im Wortlaut »zur Bearbeitung« vor: BStU MfS BV Gera, OV »Synodaler«, Reg.-Nr. X/1311/82, 178 ff. Sie umfasst 16 Seiten und fünf Seiten Anlagen mit Einzelbelegen.

[1580] A. a. O., 178, Ziffer 1.2.

[1581] Das Schreiben ist im Anhang als Dokument Nr. 4.3 beigefügt.

[1582] *»Überprüfungsbericht der BV Gera zum Angriff des Sup. Große gegen das MfS ...«* vom 30.05.1985, MfS BV Gera, Abt. XX, AKG zum OV »Synodaler« (Reg.-Nr. X/1311/82), 157.

– Bürgermeister Richard Pohle, Saalfeld, wurde vom MfS veranlasst, in einem Brief[1583] an Landesbischof Dr. Leich gegen den auf der Bundessynode erhobenen Vorwurf zu protestieren, Verfassungswirklichkeit und Politik der Staatsorgane klafften auseinander, der am 27.09.1982 in der FAZ veröffentlich worden war.[1584]

– Innerhalb des bereits laufenden Operativen Vorganges »Synodaler«[1585] wurde am 10.05.1983 auch für das vierte Kind des Superintendenten, Tochter Christina, durch unmittelbare Anweisung der Abt. XX/4 die Zulassung zur Erweiterten Oberschule untersagt, obwohl Schule und Volksbildungsabteilung beim Rat des Kreises mit Abt. Inneres die Zulassung der Klassenbesten befürwortet hatten.[1586]

– Den »Protestanten« wurde ein zermürbender Gesprächsprozess mit verschiedenen staatlichen Stellen aufgenötigt.[1587]

– In Operativplänen wurde die »Zersetzung« der Unterzeichner forciert, aber nie erreicht.[1588]

Dies ist nur ein Beispiel aus den vielen Fällen, in denen Kirchenleitungen, Synoden, Superintendenturen oder Kirchenkreise und Gemeinden für die »Bürgerrechte« aller Menschen eintraten, als in der Öffentlichkeit noch längst keine Rede von den Bürgerrechtlern der letzten Stunde war. Ebenso wenig Aufhebens wird von der unter Christen selbstverständlichen Solidarität mit Künstlern und Schriftstellern gemacht, die staatlichen Sanktionen ausgesetzt waren.

25.1.3 Künstler nach der Vorstellung

Als der Staat kritische »Kuturschaffende« mittels Ausgrenzung zu disziplinieren suchte, boten ihnen Kirchen und Gemeinden Freiräume an. Das wurde nach der Revolution »vergessen«.

[1583] BStU MfS BV Gera, A 1488/88, Bd. II, 68 f., Brief vom 11.02.1983, Antwort Leich, 10.03.1983, 71.

[1584] BStU MfS BV Gera, Abt. XX/4 Information vom 30.09.1982, 12.

[1585] OV »Synodaler«, Reg.-Nr.X/1311/82.

[1586] BStU MfS BV Gera, A 1488/88, Bd. II, 82.

[1587] A.a.O., 76.83.85.78 u.ö.

[1588] A.a.O., 103.107–110 u.ö.

Fallbeispiel: Freya Klier und Stephan Krawczyk, Saalfeld

So wurden beispielsweise Frau Freya Klier und Herrn Stephan Krawczyk die Gemeinderäume im evangelischen Gemeindehaus zu Saalfeld mehrmals für ihre Arbeit geöffnet, als der Staat Auftrittsverbot über sie verhängt hatte. Auch Bettina Wegener, Brigitte Martin, Hanns Cibulka fanden offene Türen und aufgeschlossene Zuhörer.

Mitarbeiter, Pfarrer und Gemeindeglieder bemühten sich um Werbung für Auftritte der Ausgegrenzten. Kirchenälteste, Pfarrer und Superintendent nahmen dafür Zurechtweisungen und Drohungen staatlicher Stellen in Kauf. Gemeindegliedern in volkseigenen Betrieben hat diese schlichte und für sie aus dem Glauben an Christus wachsende Solidarität zum Teil erhebliche Unannehmlichkeiten eingebracht.

Heute spricht Freya Klier davon nicht mehr. Im Gegenteil: Sie weiß genau, was die Gemeinschaft der Gläubigen, die ihr in der Zeit der Bedrängnis Raum und Leben öffnete, eigentlich hätte tun müssen und nicht getan hat.

Andere aber hielten Verbindung über den Zeitenwechsel hinweg und schrieben von ihrer »Zuflucht noch hinter der Zuflucht«.

Reiner Kunze, Lyriker,[1589] damals Greiz:

> »Pfarrhaus
> (für pfarrer W.)
> Wer da bedrängt ist findet
> mauern, ein dach und
> muß nicht beten«

Mit Reiner Kunze wurde durch Vermittlung des Synodalen Hartmut Geier in Greiz nach einem Weihnachtsaufenthalt des Ehepaares bei Pfarrer Modersohn in Hoheneiche eine Lesung seiner Dichtung »Orgeln« mit Orgelmusik vereinbart. Der damalige Kirchenmusikdirektor in Saalfeld, zugleich Dozent an der Musikhochschule Weimar, Kirchenmusikdirektor Walter Schönheit, sagte seine Mitwirkung zu und nahm die Vorbereitung für eine entsprechende Motette auf. Zum Erschrecken der Vorbereitenden musste Herr Kunze plötzlich absagen, wie er in einem dem Superintendenten durch dessen Schwester »konspirativ« zugespielten Brief mitteilte und zugleich um Verständnis bat.[1590] Seine

---

[1589] Schriftsteller – aus der Bewegung »Schreibende Arbeiter« hervorgegangen., s. Fallbeispiel: Reiner Kunze.

[1590] Brief im Besitz des Verf.: *»Bitte im Interesse aller Lesung auf unbestimmte Zeit zu verschieben. Gründe zwingend. Seien Sie versichert, daß die Gründe in der Tat so sind. Vielleicht können wir*

Gedichte gingen in Abschrift von Hand zu Hand und wurden in der Jungen Gemeinde gelesen und besprochen, als er selbst einer Einladung dorthin nicht folgen konnte. Dafür wurde der kirchlich Zuständige zum Rat des Kreises »einbestellt« und gemaßregelt, was dieser dann im Kreise der jungen Leute noch in der gleichen Stunde berichtete.[1591]

Die ökumenische Gemeinschaft aller Christen hat sich in Krisensituationen vor Ort sehr oft bewährt. Dafür sind alle Beteiligten dankbar. Umso nachdenklicher stimmt die offizielle Darstellung der Einflussversuche auf Geistliche, Gemeinden und Diözesen aus katholischer Sicht.

25.1.4 Katholische Kirche

Die katholische Kirche, die – nach Aktenlage – ihren Mitarbeitern politisches Wirken untersagte und zugleich dem Staat Wohlverhalten zusicherte, hat die politische und gesellschaftliche Auseinandersetzung mit dem militant atheistischen Staat den evangelischen Kirchen überlassen. Die entscheidende Zäsur in der Politik der katholischen Kirche gegenüber dem Staat setzte Alfred Bengsch im August 1961 unmittelbar nach dem Mauerbau.

> »Um die Einheit des Bistums über den Zugang des Bischofs nach Westberlin aufrecht-zuerhalten, ließ Alfred Bengsch, seit dem 21. August 1961 auch neuer Vorsitzender der BOK[1592], keinerlei kirchlichen Protest gegen den Bau der Absperrungsanlagen in Berlin und die DDR-weite Propaganda zur Beibringung von öffentlichen Stellungnahmen zu.

---

gelegentlich miteinander sprechen. Ich drücke Ihnen und allen Freunden die Hand, herzlich Ihr Reiner Kunze.«

[1591] BStU MfS BV Gera, AOP 659/77, Bd. II, 27, berichtet der IM »Werner Pohl« über einen Junge-Gemeinde-Abend in Saalfeld vom 06.03.1975, in dem Gedichte Kunzes aus der Reclam-Ausgabe Leipzig gelesen und besprochen wurden. Unmittelbar vorher wurde der zuständige Superintendent zum Rat des Kreises zitiert, weil man aufgrund einer MfS-Information mit der Anwesenheit Kunzes gerechnet hatte. Ton und Inhalt der dort erhobenen Vorwürfe lassen Schlüsse darauf zu, was in solchem Falle zu erwarten gewesen wäre. Der zurückkehrende Superintendent informiert die JG. Der IM teil mit: *»Die Art und Weise, in der er das* (die Information über den Rat des Kreises, Anm. L.G.) *vorbringt, ist herausfordernd für Andersdenkende. Seine Ironie ist bösartig. Dieses Verhalten und auch die Art und Weise, in der er solche Dinge in der Öffentlichkeit in der Jungen Gemeinde preisgibt, ist dazu angelegt, die Opposition gegen den Staat zu stärken.«* Wer hat eigentlich vor wem Angst?

[1592] BOK = Berliner Ordinarienkonferenz.

Ein Entwurf aus dem Ordinariat Bautzen Ende August 1961 zu einem Protestschreiben an Ulbricht wurde nicht übernommen.«[1593]

Durch Gespräche des von Bengsch beauftragten Prälaten Johannes Zinke mit dem MfS vorbereitet beschließt das Politbüro der SED am 29. August den am 27. Juli 1951 zum Bischof von Berlin gewählten Alfred Bengsch zu einem Antrittsbesuch beim stellvertretenden Ministerpräsidenten Willy Stoph zu empfangen und seinem Wunsch nach *friedlicher und gedeihlicher Zusammenarbeit* zu entsprechen. Parteitheoretiker gestehen intern ein:

> »Freilich hat die SED ihr methodisches Instrumentarium zur Durchsetzung ihrer Politik gegenüber der katholischen Kirche anders zu gestalten als gegenüber dem Protestantismus.«[1594]

Das wird mit dem Charakter einer Diasporakirche begründet:

> »Die Überlebensstrategie einer solchen Diasporakirche ist markiert durch einheitliche Geschlossenheit nach außen, stärkeren innergemeindlichen Zusammenhalt, hohe Klerusdisziplin und ausgeprägte Romtreue. Schon mit diesen Stichworten ist deutlich, daß für die praktische Politik der SED hier Aufgaben gestellt sind, die zu anderen Fragestellungen zwingen.«[1595]

Wer um den Drang der DDR-Führung nach internationaler Anerkennung weiß, kennt auch noch andere Gründe: Die Regierung wollte den Politikern katholischer Länder kein Argument liefern, sich mit dem Hinweis auf Kirchenkampf gegen die katholische Kirche in der DDR einer politischen Annäherung an die DDR zu entziehen. Im Übrigen muss in Rechnung gestellt werden:

– Die durchgängige Politik der »Abstinenz« der katholischen Kirche in der DDR machte es dem Staat leicht, ohne Konfrontationen auszukommen.
– Unsere evangelischen Freunde in der Evangelischen Kirche der Böhmischen Brüder in der ČSSR wiesen uns darauf hin, dass es kleine Diasporakirchen in der Auseinandersetzung mit einem atheistischen Staat immer leichter haben als die zahlenmäßig stärkeren »Großkirchen«. Das konnte heißen: Die Kleinen werden weitgehend in Ruhe gelassen, die Großen geprügelt. In der DDR war die katholische Kirche die »Kleine«.

[1593] Bernd Schäfer: »Schwarze Kutten«. Staat und katholische Kirche im Bezirk Suhl bzw. im Bischöflichen Kommissariat Meiningen zwischen 1958 und 1966, Suhl 1999, 22.
[1594] Dohle: Grundzüge, 5 f.
[1595] Ebd.

Diese Doppelstrategie wandte die SED seit 1961 gegenüber den beiden Konfessionen in der DDR an:

> »Die Behandlung der katholischen Kirche nach dem Mauerbau wurde von der SED-Führung als bewußter Kontrast zum Umgang mit der evangelischen Kirche inszeniert, deren in Ostberlin wohnender Präses Kurt Scharf, seit 1961 auch EKD-Ratsvorsitzender, am 31. August nach einer Ausreisegenehmigung zu einer Ratssitzung in Westberlin nicht mehr in den Ostteil der Stadt zurückkehren durfte.«[1596]

Eine Notiz aus der Dienststelle des Staatsekretärs belegt, dass die unterschiedliche Behandlung beider Kirchenführer zu weiterer »Differenzierung«, sprich Entzweiung von katholischer und evangelischer Kirche dienen sollte.

> »Auch die Differenzierung zwischen der Ev. und Kath. Kirche könnte dadurch vertieft werden, daß dem Bischof Scharf vorläufig keine Zugeständnisse zum Besuch des demokratischen Berlin gemacht werden, dem kath. Bischof Bengsch aber in Einzelfällen, die von Fall zu Fall entschieden werden, die Möglichkeit gegeben wird, Westberlin zu besuchen.«[1597]

Der Großzügigkeit der SED gegenüber dem katholischen Bischof soll mit voller Absicht des MfS die Härte gegenüber dem Protestanten entsprechen: Ein- und Ausreise wird dem gestattet, der dem Staat Loyalität seiner Kirche zugesichert hat und die Bereitschaft zeigt, Unbotmäßige unter seinen Priestern selbst zu disziplinieren. Sie wird dem verwehrt, der sich und seiner Kirche das Eintreten für die Schwachen und Entrechteten nicht verbieten lässt. Ein katholischer Rechercheur beschreibt das so:

> »Nach der Zusicherung von Loyalität und politischer Abstinenz durch die katholische Kirchenleitung in Berlin wurde dieselbe künftig von den staatlichen Organen für die präventive oder nachträgliche Disziplinierung aller katholischen Geistlichen verantwortlich gemacht, die vermeintlich oder real gegen deren ohnehin dehnbaren Gesetze verstießen. Statt zu verhaften, informierte das MfS nun zunächst Johannes Zinke«.[1598]

Trotz der grundsätzlichen politischen Abstinenz ihrer Kirche beteiligten sich katholische Christen vielfach nicht nur an den Möglichkeiten der Jugendarbeit, der Kirchenmusik, an Friedensgebeten und Kirchentagen in evangelischen Ge-

---

[1596] Schäfer: »Schwarze Kutten«, 24.

[1597] Bundesarchiv Berlin, Dokument – 4, 2722 (zitiert nach Schäfer, a. a. O. 25).

[1598] Prälat Johannes Zinke, seit August 1958 – im Zusammenhang mit einem Prozess gegen vier Jesuitenpatres – von Bischof Döpfner, Berlin, beauftragt, Verhandlungen mit dem MfS direkt zu führen. Diese Beauftragung wurde von Döpfners Nachfolgern erneuert und nach Zinkes Tod 1968 von anderen Beauftragten bis 1989 weitergeführt.

meinden, sondern teilten dem evangelischen Superintendenten auch Probleme mit, die es z. B. in den Schulen gab, die dieser dann gleich mit vorbrachte, wenn er beschwerdeführend beim Rat des Kreises vorsprechen musste.[1599]

Dass man sich dort gegen solche ökumenische Partnerhilfe verwahrte, versteht sich von selbst. Aber die Probleme auch katholischer Gemeindeglieder wurden angesprochen und manchmal ohne viel Aufhebens geregelt. Auf bischöfliche Intervention zu warten, so die jungen Leute, hätte manche »Bereinigung« unmöglich gemacht, weil die Dinge inzwischen schon sehr viel weiter gegangen waren.

Unmittelbar nach dem Herbst 1989 waren sich katholische Bischöfe dieser ungleichen Lastenverteilung noch bewusst. In seinem Grußwort an die 1. Tagung der VI. Bundessynode in Berlin erklärt Bischof Georg Sterzinsky am 24.02.1990:[1600]

> »... Ich möchte die Gelegenheit nutzen, um in Ehrlichkeit evangelischen Christen und Gemeinden zu danken für ihren Einsatz und Mut bei den Ereignissen des vergangenen Herbstes. Ich meine jene Ereignisse, die zum Umbruch in den gesellschaftspolitischen Verhältnissen und zum Neuaufbruch in unserer Gesellschaft geführt haben. Ich bin sicher, daß ich diesen Dank nicht nur von mir aus persönlich sage, sondern in der Zwischenzeit auch die Überzeugung sich in der Bischofskonferenz gebildet hat und unter sehr vielen Katholiken, daß wir evangelischen Christen und evangelischen Pfarrern und evangelischen Kirchengemeinden und evangelischen Kirchenleitungen viel zu danken haben.
> Wir werden noch viel überlegen müssen, worin eigentlich unser Versagen, und ich meine unser Versagen auf der katholischen Seite bestanden hat. Die Erkenntnis ist noch nicht gereift und das Bekenntnis ist noch nicht ausgesprochen. Ich kann mich aber dem anschließen, was einer der Redner hier gesagt hat, wir haben nicht die Hoffnung gehabt, daß Demonstrationen, Willensbekundungen und Willensäußerungen zu einem Erfolg führen könnten. Und haben (uns) deshalb bedauerlicherweise sehr zurückgehalten und uns viel zu wenig an dem Neuaufbruch und der Vorbereitung des Neuaufbruches beteiligt ...«

Diese klare Sprache hat den Bundessynodalen gut getan. Sie wurde als brüderlich und der Situation angemessen empfunden. Die *public-relations-policy* der Römisch-Katholischen Kirche ist ihr nicht gefolgt.

In den Akten des Staatssicherheitsdienstes finden sich Protokolle von Gesprächen, die z. B. Prälat Gerhard Lange im Auftrag geführt hat, aus denen –

[1599] BStU MfS BV Gera, A 1488/88, Bd. II, 181. Dort ist eine schriftliche Fürsprache dokumentiert.

[1600] Grußwort Sterzinsky als Synodeninformation im Besitz des Verf. (ehem. Bundessynodaler).

wenn denn Gesagtes richtig wiedergeben wird – hervorgeht, dass die staatliche Ungleichbehandlung von evangelischer und katholischer Kirche tatsächlich polarisierend wirkte und zumindest von diesem »Beauftragten« akzeptiert und unterstützt wurde. Im Protokoll des Gespräches vom 20.08.1982,[1601] geführt von Oberstleutnant Wiegand unter dem Decknamen »Wagner« und Major Baethge (»Ebert«), legendiert als faires Gesprächsangebot wegen der Devisenvergehen eines Caritasmitarbeiters, steht als Diktat des SSD-Mannes Wiegand zu lesen:

> »Durch die Mitarbeiter des MfS wurde das Gespräch auf andere interessierende Fragen gelenkt, wobei ...... (Name geschwärzt) einen sachlichen und aufgeschlossenen Eindruck machte.
>
> Er brachte zum Ausdruck, daß sich die Leitung der katholischen Kirche bemühe, den vom verstorbenen Kardinal B e n g s c h vorgegebenen Weg im Verhältnis Staat – Kirche in der DDR fortzusetzen, die an einer Konfrontation nicht interessiert sei und sich dankbar dem (sic!) der katholischen Kirche in der DDR eröffneten Möglichkeiten der seelsorgerischen und caritativen Möglichkeit stelle.«

So ganz nebenbei fällt der Prälat einem Bischofsbruder in den Rücken, wenn die Tonbandabschrift das Gespräch korrekt wiedergibt:

> »Die Mitarbeiter des MfS sollen versichert sein, daß auch die Leitung der katholischen Kirche in der DDR solchen Handlungen, wie sie zum Beispiel von Bischof Wanke (Erfurt) mit einer Kanzelabkündigung im Frühjahr 1982 und den anschließenden Presseveröffentlichungen im Westen unternommen wurden, skeptisch gegenübersteht ...
>
> Im weiteren Gesprächsverlauf wurden von Prälat .... (geschwärzt) folgende operativ wesentlichen Positionen bezogen:
> – Die evangelische Kirche in der DDR sei mit ihren sog. Friedensaktivitäten schlecht beraten. Dieses Vorgehen entspräche nicht dem Evangelium, sei aber typisch für das Selbstverständnis einiger Vertreter dieser Kirche.
> – Die katholische Kirche würde allen ähnlichen Anfängen oder Aktivitäten entgegentreten.
> – Der Staat soll seine Autorität stärken und wieder dazu übergehen, größere Staatsräson zu fordern und sie seinen Bürgern stärker anerziehen ...«

Eine »*Analyse über feindlich-negative Angriffe im Verantwortungsbereich Kirchen*« der HA XX/4 vom 20.04.1981[1602] lastet den evangelischen Kirchenleitungen der Landeskirche Sachsen (Dresden) und der Kirchenprovinz Sachsen (Magdeburg) an, sie

---

[1601] BStU ZA MfS – HA XX/4, Nr. 3439, Bl. 48 ff.
[1602] BStU ZA MfS – HA XX/4, Nr. 3474, 1 ff.

»haben sich in letzter Zeit weitgehend mit den Positionen politisch-negativer Kräfte solidarisiert. So forderte die Kirchenleitung in Dresden die sofortige Freilassung des wegen § 106 StGB[1603] inhaftiert gewesenen WEIGEL (Königswalde, Bezirk Karl-Marx-Stadt) und die Entbindung von Reservisten der NVA vom Fahneneid. Der Präsident des Landeskirchenamtes Dresden, DOMSCH, unternahm den Versuch, die Ablehnung der neuen Veranstaltungsverordnung zu organisieren … Auf der gleichen Ebene liegen die Aktivitäten dieser und einiger anderer Kirchenleitungen zur Diskreditierung des Unterrichtsfaches sozialistische Wehrerziehung an den POS in der DDR. Durch Vertreter der Kirchenleitungen von Dresden, Mageburg und Schwerin (Evangelisch-Lutherische Landeskirche Mecklenburg) in auffallender Form aggressive Verhaltensweisen gegenüber staatlichen Vertretern bekannt.«

Gegenüber diesem Sündenregister evangelischer Kirche nimmt sich die katholische Seite in der Darstellung der HA XX/4 geradezu makellos aus:

»Im Bereich der katholischen Kirche gab es in der letzten Zeit mit Ausnahme des letzten Hirtenbriefes, keine offenen Angriffe gegen die sozialistischen Verhältnisse.

Das entspricht der Grundhaltung des Leitenden katholischen Klerus in der DDR, ›politische Abstinenz‹ zu üben und damit keine Substanzverluste der katholischen Kirche zuzulassen. Diese Linie wird aufgrund der streng hierarchischen Ordnung und der sich hieraus ergebenden Unterordnung und Disziplin im wesentlichen vom niederen katholischen Klerus eingehalten, was seinen Einfluß in der gesamten katholischen Kirche hat. Bestrebungen einzelner innerkirchlicher Personen sich im Rahmen der Kirche progressiv oder politisch negativ zu betätigen, wurden und werden vom leitenden katholischen Klerus nicht akzeptiert und erhalten keine Unterstützung.«[1604]

In der Veröffentlichung Nr. 12 des Bürgerkomitees des Landes Thüringen[1605] werden Zersetzungsmaßnahmen des MfS gegenüber kritischen Geistlichen mit Einfluss auf Gruppen Jugendlicher beschrieben, die mit ihrer kirchenamtlichen (Rück-)Berufung nach Westdeutschland endeten. Dazu hatte das MfS Verleumdungsaktionen ausgelöst und Gerüchte über moralische Verfehlungen ausgestreut, die als »Zersetzung« gedacht waren und sich durch vorgenommene Versetzungen als erfolgreich erwiesen. Insofern sind Methoden und »Erfolge« die gleichen, wie sie das MfS mittels Instrumentalisierung der Kontakte mit Kirchenleitungen beider Konfessionen anwandte: nicht mehr Direktbeeinflussung von außen, sondern auf Umwegen »von innen« und deshalb wesentlich geräuschloser und in Einzelfällen sogar erfolgreicher.

[1603] »Staatsfeindliche Hetze«, bis zu acht Jahren Freiheitsstrafe, Vorbereitung und Versuch strafbar.

[1604] BStU ZA MfS – HA XX/4, Nr. 3474, 18 f.

[1605] Schäfer: »Schwarze Kutten«.

In der gleichen Studie wird die »*Institutionalisierung eines dauerhaften Ge-sprächskanals zwischen katholischer Kirche und MfS und der kirchenpolitische Kurswechsel zur ›politischen Abstinenz‹ seit 1961*« dargestellt. Dem entspricht auf evangelischer Seite beispielsweise die Beauftragung von Manfred Stolpe, Verhandlungen in besonderen humanitären Fällen vorzubereiten oder selbst zu führen, um zu direkten Problemlösungen zu kommen.[1606]

Dank einer geschickten Regie und der von der SED lobend hervorgeho-benen »*hohen Klerusdisziplin*«[1607] entzog sich die katholische Kirche in der DDR nach 1989 Vorwürfen, mit dem MfS kooperiert zu haben, obwohl es nicht nur einen »*institutionalisierten dauerhaften Gesprächskanal zwischen ka-tholischer Kirche und MfS*« gab.[1608] So wurden u. a. hohe Amtsträger, die das MfS als »IM« geführt hatte, als Sonderbeauftragte des jeweiligen Bischofs beim Staat deklariert. Dazu stellt Wähler[1609] nach einer IM-Statistik für das Jahr 1987 von den insgesamt 156 angegebenen IM im Raum der Kirchen fest:

> »von denen in Anbetracht der Minderheitensituation der katholischen Kirche in der DDR der größte Teil aus Mitarbeitern der evangelischen Kirche, bestanden haben wird«.

Er fügt in Fußnote 12 hinzu:

> »Das bedeutet allerdings keineswegs, daß es innerhalb der katholischen Kirche in der DDR (der dort 1945 12 % und 1989 immerhin noch 6 % der Gesamtbevölkerung angehörten) keine Stasi-Verstrickungen gegeben habe. In der katholischen Kirche Ost-deutschlands gab es sowohl auf der zentralen Ebene der Berliner Bischofskonferenz als auch auf der regionalen Ebene (insbes. in den Bistümern Berlin und Dresden-Meißen und in den Apostolischen Administraturen Magdeburg und Schwerin) institutionali-sierte Kontakte zum MfS in Gestalt sog. Gesprächsbeauftragter, die zwar ihrem zustän-digen Bischof zur regelmäßigen (meist wöchentlichen) Berichterstattung verpflichtet waren, von denen aber einige (die Prälaten Otto Groß, Paul Dissemond und Gerhard Lange) ihren offiziellen Auftrag überschritten und gegenüber dem MfS eine »offenher-zige Infomationspolitik« getrieben haben oder sogar vom MfS verpflichtet worden sein sollen (Hans Peter Gospos).
>
> Für alle übrigen katholischen Priester und hauptamtlich tätigen Laien galten strik-te, immer wieder erneuerte oberhirtliche Anweisungen, staatlichen Stellen keine Stel-lungnahmen zu politischen Tagesfragen abzugeben und keinerlei Auskünfte über in-nerkirchliche Angelegenheiten und kirchliche Personen zu erteilen, über gleichwohl stattgefundene MfS-Kontakte sofort dem Bischof zu berichten. Dennoch haben

---

[1606] Vgl. Abschnitt 15.3.
[1607] Schäfer: »Schwarze Kutten«, 18.
[1608] A. a. O., 21 ff.
[1609] Wähler: Rechtssprechung, 568.

einzelne Priester und sonstige kirchliche Miitarbeiter ohne Wissen des Bischofs MfS-Kontakte unterhalten und sich zur geheimen Zusammenarbeit mit dem MfS verpflichtet (vgl. Vollnhals[1610]).«

Fallbeispiel: Ökumenische Versammlung für Gerechtigkeit, Friede und Bewahrung der Schöpfung

Katholische Vertreter nahmen an der ökumenischen Versammlung zunächst nur im Beobachterstatus teil. Erst als sich der überraschende Gang der Dinge zugunsten dieser Versammlung abzeichnete, beteiligten sie sich auf Betreiben von Monsignore Dr. Ducke auch offiziell.

Noch 1988 distanzierten sich Verantwortliche der katholischen Kirche gegenüber Staatsvertretern von Aktivitäten, die »*unter dem Dach*« der Evangelischen Kirche liefen. So wird in einer »*Information über Maßnahmen der politischen Arbeit mit kirchlichen Vertretern*«[1611] über Gespräche berichtet, die »*als Reaktion auf die staatsfeindlichen Provokationen vom 17.01.1988*[1612] *und der darauffolgenden Tage (und Wochen) … mit den wichtigsten kirchlichen Amtsträgern zu führen*« waren. Darin heißt es von evangelischen Gesprächspartnern:[1613]

> »Meinungen werden dahingehend geäußert, daß der Staat die ›Souveränität‹ haben könne, solche Aktivitäten zu ›verkraften‹. Teilweise wird von ›unangemessenen‹ Reaktionen des Staates gesprochen, die man ›überwunden‹ glaubte … Nicht selten wird die Meinung vertreten, daß die Aktivitäten … Ausdruck von ›gesellschaftlichen Defiziten‹ sind und nur ›die Spitze eines Eisbergs.‹ Der Umstand, daß o. g. Aktivitäten unter dem Dach der Kirche zum tragen kommen wird damit begründet, daß es ›immer Aufgabe der Kirche war, sich um die Schwachen und Entrechteten zu kümmern‹. Es gehe um ›seelsorgerische Begleitung‹. Man könne ›die Leute nicht vor die Tür setzen‹ (z. B. Bischof Forck, Superintendent Laudin).
>
> In Gesprächen mit Vertretern der Katholischen Kirche kam deren einseitige Ablehnung der Aktivitäten zum Ausdruck, ›weil diese nach katholischem Verständnis nichts mit Kirche zu tun haben‹. Prälat Walter beispielsweise bezeichnete einige Aktivitäten in der evangelischen Kirche als ›Politclownerie‹«.

Im Gegensatz dazu verhielten sich viele katholische Gemeindeglieder und Geistliche vor Ort gegenüber ihren evangelischen Mitschwestern und -brüdern solidarisch, arbeiteten von Anfang an in Konflikten mit dem Staat mit

---

[1610] Vollnhals: Kirchenpolitik, 353–404, insbes. Haese, 371 ff., und Grande/Schäfer, 388 ff.

[1611] BStU ZA, MfS – HA XX/4, Nr. 1728, 36 f.

[1612] Rosa-Luxemburg-Demonstrationen, durch harten Einsatz der Sicherheitskräfte »zerschlagen«.

[1613] Orthographie und Interpunktion nach Original.

den Evangelischen Hand in Hand, beteiligten sich treulich an den mancherorts seit 1980 bis heute durchgehaltenen Friedensgebeten und baten stellenweise evangelische Amtsträger, vor den staatlichen Stellen auch die Interessen ihrer Gemeindeglieder mit zu vertreten, da sie selbst nicht aktiv werden konnten und durften.[1614]

25.1.5 Ressentiments gegen »Großkirchen«

Manche sich als evangelikal Verstehende in Westdeutschland versuchten ihre abwartende Haltung gegenüber den 1989 sich vollziehenden politischen Veränderungen in der DDR nachträglich zu kaschieren und sich auf Kosten vermeintlicher »Großkirchen« – die es so im Osten Deutschlands gar nicht mehr gab – zu profilieren. An dieser Stelle gebührt den Gliedern der Kirchen und christlichen Gemeinschaften in der DDR der Dank für einen geschwisterlichen über die Jahre unverbrüchlichen Zusammenhalt gegenüber allen antichristlichen Angriffen von außen. Gerade in Zeiten bösartigster Angriffe aus dem Hinterhalt bewährte sich Kirche Jesu Christi in ihrer Vielfalt als Einheit.

Fallbeispiel: Ein »Runder Tisch der Christen« zu Saalfeld 1975

Im Jahre 1975 ging das MfS nach harten Auseinandersetzungen um die evangelische kirchliche Jugendarbeit, nach Einschränkung der Gewissens- und Glaubensfreiheit für Einzelne und Gruppen und häufigen Beanstandungen des kirchlichen Lebens mit einer stabsmäßig geplanten[1615] thüringenweiten Verleumdungskampagne über mehrere Monate gegen evangelische Kirche im gesamten Superintendenturbereich der Kreise Saalfeld, Neuhaus und Lobenstein vor. Um dem zu begegnen, trafen sich Vertreter aller Kirchen und Gemeinschaften der auf Christus Getauften aus der ganzen Region zu einer Art »Allchristlichem Runden Tisch« in Saalfeld mit dem Ziel: in der Gemeinschaft des Glaubens wachsam füreinander einzustehen, füreinander zu beten, sich gegenseitig zu informieren und alle Spaltungsversuche von außen in der Gemeinschaft des Leibes Christi abzuwehren. Das gelang in einer seltenen Ein-

---

[1614] So hat der Verf. vor dem Weg zum Rat des Kreises jeweils bei seinem katholischen Kollegen angerufen, ob etwas »mitzugeben« wäre – das beschwerdeführend vorgetragen werden könne. Vgl. Schrb. d. Superintendentur Saalfeld vom 01.02.1983, auch in BStU MfS BV Gera, A 1488/88, Bd. II, 152 ff.

[1615] Vgl. Dok. 4.3 im Anhang.

mütigkeit, an der alle Anläufe abprallten und sich schließlich im Herbst des gleichen Jahres ohne erkennbare Wirkung erschöpften.

Andere Beispiele gemeinsamen Widerstandes, der Fürbitte für bedrängte Glieder und wechselseitiger Beratung und Unterstützung ließen sich beibringen. Ökumenisches Handeln aus *einem* Geist half allen. Leider gelang es nicht, nach 1989 Einreisenden und Einflussnehmenden aus Westdeutschland und Westeuropa zur Einsicht zu helfen, dass diese Gemeinsamkeit Voraussetzung für glaubwürdige Verkündigung in den Gebieten der DDR und des europäischen Ostens bleibe, wie es das Johannesevangelium im Gebet Jesu für die Seinen über 2000 Jahre überliefert hat:

> »Ich bitte aber nicht allein für sie, sondern auch für die, die durch ihr Wort an mich glauben werden, damit sie alle eins werden … und die Welt erkenne, dass du mich gesandt hast und sie liebst, wie du mich liebst.«[1616]

Einige fühlten sich als Missionare des nun endlich befreiten Ostens und kamen mit Vorurteilen und ideologischen Vorbehalten über die Grenze in die als »gottlos« angesehenen Gebiete, zugleich mit einem kaum zu bremsenden Missionseifer. Ihm den Weg zu bereiten, musste erst einmal *»DDR-infiziertes«* Kirchentum an den Pranger.

Zu diesen selbstberufenen Aposteln ist der Herausgeber des *»Dokumentenbandes« »Pfarrer, Christen und Katholiken«* aus massenweise nachgedruckten MfS-Akten Gerhard Besier zu zählen. Besier plünderte die gesetzlich noch nicht zur publizistischen Nutzung freigegebenen MfS-Akten vor der rechtlichen Klärung durch das StUG und versuchte, sich damit im akademischen Betrieb als einer der ersten und entscheidend aufklärenden Historiker der Nachwendezeit zu profilieren.

Fallbeispiel: Gerhard Besier/Stephan Wolf (Hg.):
»Pfarrer, Christen und Katholiken«, Neukirchen-Vluyn 1991

Die Herausgeber erheben den Anspruch, eine Dokumentation vorzulegen, die Quellen für weitere »historisch-theologische Studien« zur Verfügung stellt. Dabei bleiben sie mitnichten. Schon das dem »Vorwort« vorangestellte Lutherzitat[1617] überrascht, weil es die angreift, die nicht wahrhaben wollen, dass

---

[1616] Johannes 17,20 ff.

[1617] »In Christus ist die Kirche heilig und gewiß; außer Christi Wort ist sie gewiß eine irrige, arme Sünderin, doch unverdammt um Christi willen, an den sie glaubt. Das will ich gedie Kirche »*außerhalb des Wortes Christi eine irrige, arme Sünderin sei.*« Wer sind die »Ruhmredner« in den Augen der Herausgeber?

- Geht es ihnen im Oktober 1991 darum, die allgemein verbreitete Hochschätzung des Beitrages der Evangelischen Kirchen zur Friedlichen Revolution 1989 zu paralysieren?
- Oder wirkt ein einfacheres Motiv: die für eine kurze Zeit im rechtsfreien Raum offenliegenden Hinterlassenschaften einer Diktatur für eine »*wissenschaftliche*« Profilierung und öffentliche Anerkennung der Herausgeber zu nutzen?
- Wie verträgt sich damit die völlig unkritische Übernahme der Perspektive von MfS und SED, die viel weiter geht, als dem Nichtzeitzeugen erkennbar sein kann?

Zu den SED-Kronzeugen der Herausgeber gehört z. B. Dr. Horst Dohle, weiland Oberassistent an der TU Dresden im »gesellschaftswissenschaftlichen Grundstudium«, 1963 promoviert mit einer »gesellschaftswissenschaftlichen Arbeit« in Berlin,[1618] Verfasser der »Grundzüge der Kirchenpolitik der SED«. Diese Arbeit wird von Besier/Wolf immer wieder zustimmend oder kommentarlos zitiert, findet sich aber erstaunlicherweise nicht im Literaturverzeichnis. Weder Erscheinungsjahr noch Erscheinungsort noch die »wissenschaftliche« Instanz wird genannt, der die Arbeit ihre Entstehung verdankt, bzw. von der sie zu beurteilen war. Das kann kein Versehen sein.

Das Interesse des ehemaligen persönlichen Referenten und Leiters des Büros des Staatssekretärs für Kirchenfragen und sozialistischen Gesellschaftswissenschaftlers Dr. Horst Dohle an seiner Mitarbeit an einem kirchenkritischen »*Quellenwerk*« dürfte auf der Hand liegen: Auf diese Weise wird er öffentlich als »*Historiker*« deklariert[1619] und betritt im Schutze des westdeutschen Theologen und Kirchenhistorikers Gerhard Besier die Bühne der wissenschaftlichen Forschung und Auseinandersetzung, ohne sich mit der eigenen Vergangenheit, deren parteibestimmten Zielsetzungen und eklatanten Irrtümern auseinandersetzen zu müssen. Da er dem Uneingeweihten in den jeweiligen Fußnoten keineswegs als marxistisch-leninistischer Ideologe der SED und Gesellschaftswissenschaftler solcher Provenienz vorgestellt wird – wer studiert schon das Perso-

---

sagt haben wider die halsstarrigen Ruhmredner, die immer plärren: die Kirche, die Kirche, die Kirche! und wissen nicht, weder was (Heiligkeit) der Kirche sei; fahren darüber zu und machen die Kiche so heilig, daß Christus darüber ein Lügner sein muß und sein Wort gar nichts gelte.« (Seite V – ohne Quellenangabe).

[1618] Dohle: Grundzüge.

[1619] A.a.O., 799.

nenregister in allen Einzelheiten bis zur Seite 799? –, kommt kein unvorbereiteter Leser auf den Gedanken, er könne es mit einem Mann zu tun haben, der bis zum Herbst 1989 namens der SED direkten Einfluss auf die Kirchenpolitik genommen hat. So hat er an der Durchsetzung der »Differenzierungspolitik« unter den Kirchen und ihren Mitarbeitern (Motto: »Divide et impera!«) aktiven Anteil und zu diesem Zwecke als aufmerksamer Zuhörer, Hintergrundberater und Büroleiter des Staatssekretärs an Gesprächen teilgenommen, die Vertreter der Kirchen mit dem Staatssekretär zu führen hatten.

Dr. Dohle fungierte ehemals als Ideologe der SED mit dem Auftrag, die Schwächen der Kirchen auszuspähen, um ihnen besser beizukommen. Als Büroleiter des Staatssekretärs für Kirchenfragen hatte er die Verhandlungen mit den Kirchen vorzubereiten und zu deren Ungunsten zu begleiten. So leistete er seinen Teil an der »Differenzierungs- und Zersetzungs«arbeit des MfS.[1620]

Danach verwundert es nicht mehr, dass die Herausgeber im Vorwort feststellen, »von früheren SED-Funktionären und MfS-Offizieren« weder behindert noch bedroht worden zu sein: »Unter Wahrung einer beiderseitigen, selbstgesetzten Zurückhaltung erhielten die Herausgeber von dieser Seite sogar einige unterstützende Hinweise und wichtige Auskünfte.«[1621] Unbeantwortet freilich bleibt die Frage, worauf sich solche Unterstützung bezieht und welche wichtigen Auskünfte die Akteure und politischen Drahtzieher des »SED-Unterdrückungsregimes«[1622] bereitwillig den Herausgebern zur Verfügung stellten, jeder Einzelne »ohne Einsicht in das Verwerfliche der Institution, der er einmal diente«,[1623] was die Herausgeber allerdings nur einem »IM« nachsagen. Besier/Wolf teilen so die Methoden mancher »Aufklärer« und »Aufarbeiter«, die sich gern der Unterstützung und Strukturhinweise ehemals Hauptamtlicher in MfS und SED, also der Täter, bedienen und sie ungeschoren lassen, während ihre Spürarbeit und politische Ächtung den »Inoffiziellen Mitarbeitern« gilt. Dabei lässt sich nachweisen, dass eine große Zahl dieser »IM« selbst als erpresst oder hintergangen gelten muss, weil sie mittels »Legenden« getäuscht oder mit den verschiedensten Drohungen unter Druck gesetzt wurden.[1624]

Im krassen Widerspruch zur von Besier/Wolf erhobenen Forderung nach völliger Offenheit und Öffentlichkeit der Auseinandersetzung mit der Vergangenheit steht ihr eigenes Verfahren, dass sie selbst nicht nur die Namen ihrer

---

[1620] BStU ZA, MfS – HA XX/4, Nr. 1457, 31 f.

[1621] Besier/Wolf: Pfarrer, Vorwort, VII.

[1622] A. a. O., 91.

[1623] A. a. O., 95.

[1624] Vgl. Abschnitt 17.

Gewährsleute aus dem MfS verschweigen, sondern auch die Namen »vieler Kollegen und Freunde aus dem Raum der Kirche und von den Bürgerkomitees, die zum überwiegenden Teil ungenannt bleiben wollen ... ohne deren Hilfe die Dokumentation nicht hätte zustandekommen können«.[1625]

Gerhard Besier bietet im Jahre 2003 Promovenden Arbeiten an, mittels deren sie in seinem Auftrag die »*Verbrechen der Thüringer*« aufdecken sollen. Ob das geschieht, weil ihm von Thüringern scharfer öffentlicher Widerspruch widerfuhr, sei dahingestellt.

Fazit: Es entsteht trotz Abdruckes von den Herausgebern unter Zuarbeit von Mitarbeitern des MfS ausgewählter und kommentierter Dokumente aus dem MfS-Archiv ein Fremdbild, in dem Zeitzeugen weder ihre Erfahrung der Wirklichkeit noch ihren geistigen und geistlichen »Ort« wiedererkennen können. Zielstellung, Materialauswahl und -verknüpfung, Zeugenwahl und Methode rechtfertigen allenfalls den Untertitel: »Die evangelischen Kirchen in der Sicht von SED und MfS – Dokumente der Feinde der Kirche, zusammengetragen und interpretiert mit konspirativer Unterstützung kompetenter Vertreter von SED und MfS.«

Legt man an Besier die Maßstäbe an, unter denen er selbst die evangelische Kirche verurteilt und die nach dem StUG als Definition für IM gelten, dann kann für ihn aufgrund seines eigenen schriftlichen Zeugnisses schlüssig nachgewiesen werden:

— Besier hat wissentlich mit MfS-Mitarbeitern zusammengearbeitet.
— Er hat dies willentlich getan.
— Besier hat die von MfS-Partnern verlangte Konspiration gehalten.
— Er hat durch konkludentes Handeln das Erbe der Zersetzer angetreten, Mitchristen und Gemeinden in Bedrängnis gebracht und sich bei ihrer Zersetzung die Anerkennung der willigen Helfer und Mitwisser aus dem MfS erworben.
— Auch Vorteilsnahme gehört zu seinen stasibegünstigten Delikten: öffentliche Profilierung auf Kosten der Geschwister im Glauben als Honorar der aufgewerteten Aktenschreiber und Agenten zur Liquidierung der Kirche und des Glaubens.
— Wie ein Plagiator stützt er sich auf seitenweise Auszüge von Ausarbeitungen ehemaliger MfS-Offiziere, ohne den Zitatcharakter überall zu kennzeichnen, und stellenweise ohne Angabe der Autoren.

[1625] Besier/Wolf: Pfarrer, Vorwort, VII.

Würden heute die von Besier gegenüber der »Kirche« gebrauchten Kriterien und die Grundsätze der BStU für die IM-Definition auf Besiers bewusste Kooperation mit Hauptamtlichen des MfS angewandt, könnte ihm der Deckname: »IME Plagiator« mit Fug und Recht verliehen werden.

In Besiers Gefolge (der sein erstes Enthüllungsbuch im Neukirchener Verlag veröffentlichte!)[1626] haben andere evangelikale Blätter mit Vorliebe die Vergehen »*der Kirchen*« angeprangert und dabei wie Besier selbst völlig kritiklos die Sicht des MfS und dessen Erfolgsmeldungen gegenüber den Kirchen 1 : 1 übernommen. Der Zeitzeuge reibt sich die Augen ob der unheiligen Allianz zwischen alten Genossen und ihren Presseerzeugnissen und etwa »idea«, das nach Besiers Vorbild schlicht übernahm, was da aus den MfS-Akten herüberschwappte. Geschah das auch mit dem gleichen Ziel, der »*Kirche*« und den Mitchristen zu schaden?

a)   Textvergleiche mit den Veröffentlichungen des Bundes der Evangelischen Kirchen oder den an alle Superintendenturen verschickten »Schnellinformationen« bei wichtigen Anlässen von Staat-Kirche-Gesprächen oder Entschließungen von Synodaltagungen oder Verlautbarungen der Konferenz der Kirchenleitungen werden durchweg nicht angestellt.

b)   Als unwahre Schutzbehauptung muss gelten, dass Gerhard Besier erklärt, ein Vergleich der Stasi-Texte mit kirchlichen Dokumenten sei wegen der Nichtzugänglichkeit der kirchlichen Akten nicht möglich gewesen. Das stimmt weder für die »Schnellinformationen des BEK« noch für Kanzelworte, Hirtenbriefe und Synodalverlautbarungen. Die aufgrund der MfS-Vorlagen und der Beratung durch MfS-Mitarbeiter inkriminierten »Schwestern und Brüder« werden keiner – vom Neuen Testament nach Matthäus 18,15 ff. und Lukas 17,3b f. geforderten – Rücksprache gewürdigt, vielmehr ohne Prüfung der Sachverhalte zur »*wissenschaftlichen*« Profilierung des vertraulich, also konspirativ mit dem MfS zusammenarbeitenden Besier missbraucht.

Den eigentlichen Beweggrund seiner Kooperation mit den Offizieren des MfS gibt Besier beiläufig kund in seiner Replik auf die Rückschau von Mitarbeitern des BEK auf den Weg dieses Kirchenbundes.[1627] »*Ein furchtbares Stück groß-*

[1626] Der »Neukirchener Kalender« gehörte seit meiner Kindheit zu den freundlichen Begleitern aller Tage, solange er im Osten noch erhältlich war. Es schmerzt mich doppelt, dass dieser Verlag ein solches Machwerk verlegte und damit Geschwister im Glauben dem schnöden Geldgewinn opferte.

[1627] Bund d. Ev. Kirchen i. d. DDR: Anpassung.

kirchlicher Selbstoffenbarung« nennt er diesen Versuch einer Rückschau. Die Großkirche will er also angreifen – aus offenbar evangelikalen Hintergründen heraus. Und er empfiehlt auch gleich, was statt des Textes *»mit jesuitischen Qualitäten«*[1628] hätte geliefert werden sollen: »*... all das Elend menschlicher Fehleinschätzungen, Überheblichkeiten und Selbsttäuschungen – auch im Blick auf den Kirchenbund.*«

Frage: Hat er jemals etwas von der »*Gnade Gottes gehört, die in den schwachen und fehlsamen Gliedern seines Volkes mächtig ist*«? Für sie danken wir von Herzen. Für den aller biblischen Menschensicht und Brüderlichkeit baren Hochmut aus Südwesten nicht. Besiers MfS-gestützter und MfS-gesteuerter Zitatensammlung widerspricht die Wirklichkeit christlicher Existenz durch vier Jahrzehnte.

Im Rückblick auf die Jahre in der DDR kann nur dankbar davon erzählt werden, wie geschwisterlich z. B. Freikirchen, Landeskirchliche Gemeinschaft und die Gemeinden der Ev.-Luth. Kirche in Thüringen miteinander umgegangen sind. Das Beispiel des »Allchristlichen Runden Tisches« in Saalfeld 1975,[1629] gemeinsame Gebetswochen, ökumenische Bibelwochen, große gemeinsame Kirchentage, das Einstehen füreinander zeigen es. Die Solidarität der Schwachen untereinander war ein Teil ihrer gottgeschenkten Kraft.

Zu beklagen bleibt, dass manche westdeutsche Vertreter in die dank des Einsatzes vor allem der evangelischen Kirchen vor 1989 wieder möglich gewordenen deutschlandweiten Zusammenkünfte, wie z. B. in die Allianzkonferenz in Bad Blankenburg, trotz aller Bitten um Behutsamkeit nach der Friedlichen Revolution antigroßkirchliche Ressentiments einbrachten und die zu Zeiten der DDR vertiefte Gemeinschaft aller sich zu Christus Bekennenden und auf ihn Getauften störten.

Schließlich trifft auf die evangelischen Kirchen, die aus einem vierzigjährigen Krieg mit dem militanten Atheismus der DDR hervorgingen, die abfällige Nomenklatur »Großkirchen« überhaupt nicht mehr zu. Bekennende Gemeinden, nicht leere Institutionen überlebten dank Gottes Gnade und allen Anläufen zum Trotz in und mit ihren Landeskirchen. Aus dieser Gnade Gottes wuchs auch die gewaltfreie Revolution. Und letztendlich gibt es überhaupt keinen Grund, von »evangelikaler« Seite auf »Großkirchen« oder »landeskirchliche Christen« herabzublicken. Zuarbeit zum MfS gab es – Gott sei's geklagt! – in allen Großkirchen und Kleingruppen. Dafür folgendes Fallbeispiel.

[1628] Welch eine Sprache! – finsteren Arsenalen von NS-Attacken gegen unsere katholischen Brüder und Schwestern entlehnt.

[1629] S. o. in diesem Abschnitt.

Fallbeispiel: IM »Frohdul«/»Franke« – ein Maulwurf im Habitus des »Bekehrten«

Ein »bekehrter Bruder«, Otto Ludorf, ehemals Betriebsleiter eines volkseigenen Betriebes in Thüringen, hat nach seinem Übergang in den volksmissionarischen Dienst der Landeskirche mit sehr engen persönlichen Verbindungen zur Evangelischen Allianz[1630] als GM[1631] »Frohdul«, seit 04.12.1964 in »Franke«[1632] verändert, über Jahre bewusst und vielfältig dem MfS zugearbeitet.[1633] Kirchliche Arbeit hat er in vorgeblich missionarischem Eifer mit verworrenen politischen Zielvorstellungen bewusst unterwandert – aus erkennbar materiellem Interesse in der Maske des Missionars.[1634]

GM »Frohdul«/»Franke«[1635] gebärdete sich einerseits wie ein besonders Frommer und trieb andererseits hemmungslos Propaganda für die SED und den von ihm mitbegründeten Pfarrerbund.[1636] Er schrieb im Auftrag des MfS an die thüringische Synode.[1637] Er sah sich als einen »erweckten« Christen an. Mag das zunächst biographisch für ihn zutreffen, in seiner Verurteilung der »abgefallenen Großkirche« zögerte er nicht, sich mit »weltlichen Mächten« zu verbünden, der »Kirche« das Gericht Gottes in Gestalt dieser außerkirchlichen Mächte anzukündigen, wenn nicht gar nach eigenem Ermessen mit dem MfS an Einzelnen zu vollziehen. So denunzierte er beim MfS im Dezember 1960 einen Tierarzt aus Aue und einen Dachdeckermeister aus Lauter wegen angeblich beabsichtigter »Republikflucht«.[1638]

Weil Landesbischof Mitzenheim die schwärmerischen Politeskapaden des Pfarrvikars sehr kritisch beurteilte und mit dem Landeskirchenrat um der Gemeinden willen seine Zwangsversetzung betrieb, fiel GM »Frohdul« seiner Kirche auch öffentlich in den Rücken: In der regionalen SED-Presse warnte er vor

---

[1630] BStU MfS BV Gera, Arbeitsakte Gera 3392/60, MfS Archiv Nr. 2323/70, Bd. IV, 109.119.

[1631] GM – seit 1968: Geheimer Mitarbeiter nach BStU: Abkürzungsverzeichnis.

[1632] BStU MfS BV Gera, Arbeitsakte Gera 3392/60, MfS Archiv Nr. 2323/70, Bd. IV, 151: Sein als Anagramm leicht durchschaubarer Deckname »*Frohdul*« wurde auf seinen eigenen Wunsch in »Franke« geändert.

[1633] Sein Name fehlt im sonst sehr ausführlichen Register bei Besier. Warum? Personal- und mehrere Bände Arbeitsakten finden sich unter BStU MfS BV Gera, Abt. V/4, 3392/60.

[1634] Bettelbrief an MfS wegen eines Kleinrollers: A. a. O., 15.

[1635] BStU MfS BV Gera, MfS-Archiv-Nr. 232/70, Beginn 07.08.1956.

[1636] Bund Evangelischer Pfarrer, auf Betreiben der SED gegründete Vereinigung von als »fortschrittlich« geltenden evangelischen Pfarrern. Der Bund erreichte niemals politische Bedeutung und erlosch, nachdem der BEK gegründet und in Direktverhandlungen mit dem Staat eintrat.

[1637] A. a. O., 95 f.

[1638] BStU MfS BV Gera, Arbeitsakte Gera 3392/60, MfS Archiv Nr. 2323/70, Bd. IV, 77.

einem Besuch des Kirchentages 1961 in Berlin, nachdem die DDR-Regierung wegen der hohen Flüchtlingszahlen aus der DDR für Ostberlin keine Erlaubnis gegeben hatte: »Christen fahren nicht zum Kirchentag nach Berlin!«[1639] »Frohdul«/»Franke« bezichtigte öffentlich die »Kirche« des Abfalls von ihrem Herrn, als sie nicht bereit war, dem Druck der SED zu weichen, die einen Kirchentag in Leipzig nur deshalb empfahl, weil Leipzig keine Fluchtmöglichkeiten bot wie Berlin.

Immer wieder ließ »Frohdul«/»Franke« sich vom MfS auf »Kontaktreisen« nach Westdeutschland schicken,[1640] nutzte den Bonus eines *christlichen Bruders im Herrn* auch für die Erfüllllung ganz materieller Wünsche und berichtete ohne erkennbare Gewissensregungen alles, was er in westdeutschen Häusern hatte wahrnehmen können, wo er freundlich aufgenommen worden war.[1641] Seine »Arbeitsakte« ist mit politischen Ergebenheitserklärungen gegenüber der DDR,[1642] übertrieben fromm formulierten Anbiederungsschreiben[1643] insbesondere an westdeutsche Adressaten und mit Bettelbriefen[1644] unterschiedlichster Art gefüllt.

Sein politisches Bekenntnis zur SED nach Daniel 2,21: »ER hat auch die Machthaber von Heute … mit SEINER Machthabe auf Erden betraut … Wir haben nicht nur ›zu dulden‹; wir haben uns dienstbeflissen mit unter- und ein-zu-ordnen!«[1645] Als Mitglied im Vorstand des von der SED geplanten und protegierten, aber völlig unwirksamen »Pfarrerbundes«[1646] lancierte er Ernteaufrufe, Angriffe auf die EKD und Artikel mit abstrusen Vermischungen bi-

---

[1639] A.a.O., 117 f., gedruckt in »Neues Deutschland«, »Volkswacht« und CDU-Organ »Neue Zeit«, 17.6. Aktenvermerk des MfS (A.a.O., 130): »Die Ausdrucksweise und Darlegungen des … auch in diesen Dingen ist manchmal sehr wirr.«

[1640] BStU MfS BV Gera, MfS-Archiv-Nr. 232/70, 13.32.69 u.ö.

[1641] A.a.O., 16–19.

[1642] Die er auch in der »Volkswacht« (SED-Organ für Ostthüringen) veröffentlichte: a.a.O., 14.

[1643] Z.B: »*Hochverehrter Herr Superintendent, lieber Bruder …… (geschwärzt)! Es verlautet, Sie hätten das große Wagnis angenommen, vor unserer Synode Probleme um die gesellschaftliche Mitarbeit des Pfarrerstandes darzulegen. Jeder Einsichtige wird Ihnen dankbar sein und die Fülle des Geistes auf Sie herabflehen … Ach! Daß unser Pfarrerstand erwachte zur Erfüllung der Seelsorgepflicht – zu der Gott r u f t und selbst die Wege ebnet! …«*, a.a.O., 153.

[1644] Auch an das MfS z.B. wegen eines Motorrollers (s. Anm. 1634) neben würdelosen Geldbetteleien.

[1645] A.a.O., 25.

[1646] »Bund Evangelischer Pfarrer« – »BePf« genannt. Auf SED-Politbüro-Beschluss hin am 01.04.1958 gegründet, ohne erkennbare politische Wirkung während seines Bestehens schon 1974 erloschen (s. Anm. 1642).

blischer Texte und politischer Tagesparolen. Diese Mixtur und sein hoch entwickeltes materielles Interesse wurden selbst dem MfS zu viel.[1647]

Nach vielen Querelen mit Landesbischof Mitzenheim und dem LKR, der ihn wiederholt maßregelte und wegen seiner politischen Ergebenheitserklärungen, die in den Gemeinden für Unruhe sorgten, zwangsversetzen ließ, verzog er schließlich nach Westdeutschland, wohl kaum zur Missionsarbeit. Die »operative Bilanz« muss nach dem »Abschlußbericht« für das MfS sehr mager ausgefallen sein.

Zu den sonderbaren Sprachveränderungen nach 1989 gehört die Übernahme des MfS-Leitbegriffes für die Beschreibung des Verhältnisses von Kirche und ihren Schutzsuchenden.

25.2 »Unter dem Dach der Kirche« – ein Distanzierungsbegriff macht Karriere

Die Ortsangabe »unter dem Dach der Kirche« durchlief seit ihrem Gebrauch durch das MfS – wo sie noch den Geruch von »unter dem Deckmantel« an sich hatte – eine steile Karriere, die wohl noch nicht zu Ende ist. Zunächst vom MfS gebraucht, um einen Keil zwischen Kirchenleitungen und dem Staat missliebige Aktivitäten oder Gruppen der Kirchen zu treiben, wird die Floskel *»unter dem Dach der Kirche«* bald als Drohformel der Stasi eingesetzt: »Kirchenfremdes« zu scheiden von eigentlichem »Religiösen« und Kirchenleitungen dazu zu bringen, nur »Religiöses« unter besagtem »Dach« zuzulassen.

Demgegenüber haben Kirchenleitungen, Mitarbeiter und Gemeinden immer betont: Kirche allein entscheidet darüber, was »religiös« oder nichtreligiös sei, und haben sich lieber Strafverfahren anhängen lassen als Veranstaltungen anzumelden. Im Übrigen galt: *»Jede Lebensfrage ist eine Glaubensfrage und jede Glaubensfrage ist eine Lebensfrage«.*[1648] Denn zu Glaubens- und Lebensfragen war Kirche niemandem rechenschaftspflichtig außer ihrem Herrn. Zugleich galt der Konsens für alle Beteiligten – von außen Kommende und kirchliche Verantwortungsträger –, dass es sich bei allen angegriffenen Lebensformen um kirchliche Aktivitäten und Gruppen handle, deren Arbeit zur Existenz der Gesamtkirche gehöre und von ihr verantwortet werde. Auch ehrenamtlich etwa

---

[1647] A. a. O., 130.

[1648] Mit diesem Grundsatz hat z. B. Jugendarbeit in Saalfeld alle Anmeldeforderungen des Rates des Kreises und der VP abgewiesen und sich Einmischungen verbeten. Der Superintendent zahlte.

in der »Offenen Jugendarbeit« Tätige standen ausdrücklich als kirchliche Mitarbeiter unter der Zuständigkeit und unter dem Schutz der Kirche.[1649] Im Klartext: Es gab keine Organisation »Kirche«, die ein alle äußeren Bedrohungen oder Eingriffe abschirmendes, frei schwebendes »Dach« besessen hätte, unter dem sich dieses und jenes und anderes fröhlich und unbehelligt hätte einrichten können, während die »Institution Kirche« oder »Amtskirche« oder die »Kirche da oben« unterdes ihren eigenen Vorstellungen nachhing.

Die Formel »*unter dem Dach der Kirche*« wird nach der Revolution zum Alibi-Begriff. Er suggeriert: Wir hatten eigentlich »*gar nichts mit Kirche am Hut*«.[1650] Wer ihn so gebraucht, weist es weit von sich, selbst Kirche gewesen zu sein. Vor 1989 lasen wir es anders. Damals wurde er vor allem von den Gegnern der Kirche, nach 1989 von Nutznießern der gleichen Kirche und deren Kommentatoren gebraucht.

Die Karikatur, wie sie die Floskel »*unter dem Dach der Kirche*« suggeriert, haben nicht einmal die Mitarbeiter des MfS ernst genommen. Sie wussten, dass sie es nicht mit einer »Kultkirche« zu tun hatten, wie uns heutzutage mancher glauben machen möchte, auch wenn sie die Gemeinden gern auf rein Kultisches »zurückgedrängt« hätten. Das misslang ihnen gründlich – wie nicht erst die Ereignisse des Herbstes 1989 beweisen. Sie rechneten sehr wohl mit einer Glaubensgemeinschaft, die sich aus allen Schichten der Bevölkerung zusammenfindet und mit der man – im Gegensatz zu allen marxistischen Theorien – noch lange zu tun haben würde.[1651]

Im Klartext: Statt eines freischwebenden Daches gab es nur die Gemeinschaft der Gläubigen, die unter Anfeindungen, Spott und Diskriminierungen im Beruf und bei Behörden, unter Ausweisungsdruck im Sperrgebiet und unter ständiger misstrauischer Bespitzelung ihrer Glieder und Gemeinden, trotz Inhaftierungen und Enteignungen unter großen Opfern an Zeit, Kraft und Geld als Kirche Jesu Christi zu leben suchte und dem Druck eines militant atheistischen Systems widerstehend betete, sang, glaubte und erfuhr, dass Jesus Christus der Herr sei – auch hier.

[1649] Vgl. Abschnitt 15.3.

[1650] Lenski u. a.: Die »andere« Geschichte, 364.

[1651] Dohle, a. a. O., 4: »*Jede Zielbestimmung in der Politik der SED, diese Kirche auf eine reine Kultkirche zu minimieren, mußte illusorisch, weil ahistorisch sein.*« Paul Verner nach Dohle, a. a. O., 183: »*Die SED gehe davon aus, daß Kirchen für eine lange Zeit existieren werden und ›daß es deshalb notwendig ist, sich Gedanken zu machen, wie die Kirchen in die sozialistische Gesellschaft eingeordnet werden können‹.*«

Und deshalb haben »KAT«[1652], einfache Gemeindeglieder, Familienväter und -mütter in volkseigenen und in immer bedrohten privaten Betrieben, in staatlicher Anstellung oder anders gearteter beruflicher Abhängigkeit – von wenigen Ausnahmen abgesehen – zugestimmt, sich dafür eingesetzt und böswilligen Anfeindungen und Erpressungen gegenüber standgehalten, »unangepassten« Jugendlichen »Freiraum« und Entfaltungsmöglichkeiten zu bieten, kritischen Künstlern und Schriftstellern Auftrittsmöglichkeiten in den Gemeinden zu schaffen, die bei der SED in Ungnade gefallen waren, oder für das Recht derer einzutreten, die in Kirchen oder Gemeinderäumen Zuflucht suchten.

Dafür gibt es eine eigens von Manfred Stolpe angeregte Verabredung der KKL, ohne Widerspruch beschlossen, Kirchen und Gemeindehäuser z. B. für ausgegrenzte Kulturschaffende zu öffnen. Kollekten und Solidaritätssammlungen darüber hinaus sollten sie nach den freilich begrenzten Mitteln von Gemeindegliedern und Kirchgemeinden in finanziellen Schwierigkeiten stützen.

In Konflikten mit dem Staat erfreuten sich Belauerte und Verfolgte, Gedemütigte und Abgestrafte der Fürsprache, Fürbitte und Solidarität einer großen Mehrheit der Gemeinden und ihrer Glieder, kirchlicher Mitarbeiter, Pfarrer, Superintendenten und Visitatoren, der landeskirchlichen Synoden und Kirchenleitungen bis hin zur Konferenz der Kirchenleitungen. Sie haben es sich gern gefallen lassen. Welche Anfeindungen, Drohungen und Repressalien ihre »Gastgeber« hingegen immer wieder von staatlicher Seite aushalten mussten, wenn sie trotz staatlichen Druckes sich weigerten, Kirchen und Gemeinderäume nicht mehr den als »Feinde des Staates« deklarierten Gruppen oder Einzelnen zur Verfügung zu stellen, das steht nirgendwo geschrieben. Ehemals wohlwollend aufgenommene »Gäste« höre ich selten und manche gar nicht darüber sprechen. Dann freilich erzählen manche, wie »halbherzig« ihnen geholfen worden sei, wenn sich nicht alle ihre Träume gleich erfüllen ließen.[1653]

Unter der Hand bekam die Formel »unter dem Dach der Kirche« nach der Revolution – die ohne diese Solidarität in evangelischen Kirchen und Gemeinden von MfS und »Sicherheitskräften« nach menschlichem Ermessen schon im Keime hätte erstickt werden können – eine ganz andere Funktion. Sie diente z. B. in manchen Medien nun dazu, die Rolle von Kirchen und Gemeinden

---

1652 KAT = Kürzel für »Kirchliche Amtsträger« bei staatlichen Stellen in deren Protokollen und Plänen.

1653 »Halbherzig« begegnet als Begriff, wo zur Förderung eines Veränderungsprozesses eine Schrittfolge einzuhalten war, während ein »Alles oder nichts!« den ganzen Prozess gefährdet hätte.

zu schmälern und in degoutanter Nähe zum MfS-Sprachgebrauch zu suggerieren: »*Das war ja gar nicht Kirche, sondern vollzog sich ›nur‹ unter ihrem Dach. Das war ja gar nicht ›religiös‹ und hatte nichts mit Glauben zu tun.*«

Mir erscheint solches Denken als »Mielke pur«. Seine MfS-Wurzel: »Wie kann ein so abgelebte Größe wie Kirche Zukunft eröffnen?« Sie kann – allein aus Gnade, und zwar meist im Widerstand gegen den Zeitgeist – vor 1989, während 1989 und heute nicht minder. Besonders kläglich wirkt, dass die Ausrede: »Wir waren ja nur unter dem Dach der Kirche!« gerade von Leuten gebraucht wird, die sich gern in den Räumen und Kirchen der Gemeinde Jesu Christi bargen.[1654] So verkommt die Formel zur Distanzierung von Menschen und Gemeinden, denen man viel zu verdanken hat.

Aber von den relativ wenigen unter kirchlich Verantwortlichen wird ständig geredet, die aus ihrer eigenen, ganz persönlichen Sicht der Lage – z. T. ausdrücklich gegen die Festlegungen ihrer Landeskirchen[1655] – sich anders verhielten und anders handelten, als es z. B. Bischof Forck formulierte: »Daß es immer Aufgabe der Kirche war, sich um die Schwachen und Entrechteten zu kümmern.«[1656]

25.3 Nachbemerkung: »Kirche ist für alle da, aber nicht für alles«

Streitpunkt innerhalb der kirchlichen Gruppen war vor 1989 und mitten in den revolutionären Prozessen der Satz: »*Die Kirche ist für alle da, aber nicht für alles.*« Aus Grundsätzen der Lutherischen Bekenntnisgemeinschaft stammend: »*Kirche muss Kirche bleiben*«, haben ihn Landesbischof Dr. Leich und nach ihm andere oft gebraucht. Kirche darf nicht zum Supermarkt der Selbstbedienung für alles und jedes verkommen.

In seinem Pfingstbrief vom 09.06.1987 benennt Bischof Dr. Forck, den niemand der Enge bezichtigen kann, die »Grenzen« dessen, was kirchlich nicht mehr zu verantworten ist:

> »Eine Veranstaltung ist kirchlich nicht mehr zu verantworten, wenn
> – der Inhalt menschenverachtend, rassistisch, militaristisch, faschistisch ist; wenn zur Gewalttätigkeit aufgerufen wird,[1657]
> – die Versöhnung zwischen Menschen nicht mehr das entscheidende Ziel ist,

---

[1654] Lenski u. a.: Die »andere« Geschichte, 364.
[1655] Z. B. IMS »Beier«, der wegen seiner politischen Eigenmächtigkeit Amt und Stelle verlor.
[1656] Zitiert nach BStU ZA, MfS – HA XX/4, Nr. 1728, 36 f.
[1657] Vgl. z. B. Lenski u. a.: Die »andere« Geschichte, 93.

- Probleme, welcher Art auch immer, nicht mehr zur Sprache gebracht werden können und bagatellisiert werden,
- das Leiden des Menschen und der Menschen nicht mehr ernstgenommen wird,
- sie in ihrer inhaltlichen Gestaltung nicht mehr offen ist für die biblische Botschaft ...[1658]

... Inhaltliche Klärungen

Veranstaltungen im Raum der Kirche und sämtliche kirchlichen Veranstaltungen sind vom Grundsatz aus für alle Fragen und Themen des Menschen offen;

- in ihnen wird letztlich die biblische Sicht des Menschen inhaltliches Kriterium und Ziel sein, daß sich alle Menschen vor Gott in der gleichen Lage erkennen: sie sind zur Umkehr gerufene schuldbeladene Menschen, denen frohe Befreiung aus gottlosen, letztlich inhumanen Bindungen widerfahren kann und will,[1659]
- ... daß jeder Mensch sich ändern kann – zum Glaubenden, zum Hoffenden, zum Liebenden.«

Das bleibt unser, der Christen Auftrag.

[1658] Arbeitshilfe für Kirchliche Veranstaltungen und Veranstaltungen im Raum der Kirche vom 18.05.1987.
[1659] Barmer Theologische Erklärung, These 2.

NEUNTER TEIL:

WIRKLICHKEIT UND WAHRHEIT

Erwartungen an zeitgeschichtliche Forschung

26. Streit um Deutungshoheit und Deutungsmuster für MfS-Akten

Im Streit um den tatsächlichen Einfluss des MfS auf kirchliches Handeln begegnen neben völlig gegensätzlichen Urteilen auch solche, die nur in Nuancen verschieden sind. Es soll versucht werden, an einigen Beispielen eine Annäherung an die Wirkungsmitte unterschiedlich erlebter Prozesse und damit an den Kern des Geschehens zu erreichen. Das setzt allerdings voraus, inzwischen verfestigte Urteile noch einmal einer Prüfung zu unterziehen.

26.1 »Dokumentensammlungen« – Urteile ohne Anhörungen

Sogenannte Dokumentensammlungen auch von kirchlichen Gruppen wurden vor allem in der ersten Zeit nach Öffnung der MfS-Akten ohne Rücksprache mit den Betroffenen, ohne Prüfung der besonderen Voraussetzungen von Stasiakten und der Umstände ihrer Entstehung und ohne eingehende Recherchen außerhalb der Akten zu den darin behaupteten Sachverhalten veröffentlicht. Meist entsprach deren Kommentierung und Anordnung der Zitate der Tendenz des MfS-Materials. Das widerspricht dem Umgang mit Schuld in der Gemeinde[1660] und der Verantwortung für fremdes Leben, kann nur als fahrlässig bezeichnet werden und bis zu lebensgefährdenden Folgen führen.[1661] Und es widerspricht den Prinzipien historischer Forschung. In Anbetracht des besonderen Charakters von Überlieferungen aus Diktaturen und fehlender schriftlicher Dokumente widerständigen Denkens muss auch die »oral history« – die mündliche Überlieferung – als eine unverzichtbare Quelle sui generis angesehen und herangezogen werden. Sonst bleibt nur übrig, den (überdies teilweise geschwärzten) Aktenauszügen einen unbedingten Wahrheitsgehalt zuzuerkennen.[1662]

[1660] Matthäus 18,15 ff. Vgl. Thomas A. Seidel (Hg.): Thüringer Gratwanderungen. Beiträge zur fünfundsiebzigjährigen Geschichte der Evangelischen Landeskirche Thüringens, Leipzig 1998, 209 ff.

[1661] Superintendent i. R. Otto-Heinrich Müller, Gera, erlitt nach einer öffentlichen IM-Beschuldigung ohne Rücksprache mit ihm selbst, eine lebensbedrohliche Herzattacke (vgl. Lenski/Merker: Diktat).

[1662] Die Broschüre »Seid untertan der Obrigkeit«, herausgegeben von Tina Krone und Reinhard Schult, stellt »Dokumente« des MfS als unumstößliche Wahrheit dar, geht in deren Kommentierung ziemlich sorglos mit dem Begriff »Kirche« um und fällt Urteile über diese

Der Einwand, historische Forschung habe sich nicht danach umzuschauen, welche Folgen für Betroffene von »Forschungsergebnissen« ausgehen, kann wegen der aus den MfS-Quellen zu erwartenden persönlichen, familiären, gesellschaftlichen und wirtschaftlichen Wirkungen für Beschuldigte nicht akzeptiert werden.

Zumal Fehldeutungen durch die als zuverlässig angesehenen Akten selbst herbeigeführt werden, z. B. wo diese in der Regel widerständiges Verhalten als unmoralisch diffamieren oder schlicht unterschlagen. Weil die Aktenschreiber nicht als unfähig und einflusslos gelten wollten, ist immer damit zu rechnen, dass sie – dazu ausgebildet und darin geübt, aller Kontrolle, auch der innerbetrieblichen zu entgehen – für ihre Berichte

– nachprüfbare Fakten so auswählten und zusammenstellten, dass sie dem erteilten Auftrag entsprachen und erfolgreiche Arbeit zu dokumentieren schienen;
– ihrer Karriere Schädliches aussortierten;
– dem Erfolgsnachweis Dienliches unterstrichen oder in den Mittelpunkt rückten;
– und die so entstandenen Kunstgebilde auf amtlichen Formularen selbst unterzeichneten und gegenzeichnen ließen, außerdem (die heute nicht mehr nachprüfbare) Autorenangabe mit »Quelle« chiffrierten.

Werden die Inhalte dieser Zweckprodukte von Nichtzeitzeugen und ohne nähere Untersuchung einschlägiger Quellen außerhalb des MfS oder ohne Einbeziehung der »Bearbeiteten« übernommen, kann es im Nachhinein zu Beurteilungen durch das MfS »bearbeiteter« Menschen kommen, die bis zum Rufmord führen und katastrophale Folgen im Leben einst Bespitzelter auslösen.[1663] Inhalte dieser Hinterlassenschaften können 1 : 1 nur bei Strafe eines MfS-ähnlichen Realitätsverlustes übernommen werden. Der Beispiele sind Legion.[1664]

»Kirche«, zu der die Verfasser zumeist gehörten oder zu der sie sich vor 1989 hielten, die langjährigen Erfahrungen in Gemeinden, Arbeitsgebieten und kirchenleitenden Gremien widersprechen. Beliebte Methode: Einzelne Amtsträger, die in den MfS-Akten als »fortschrittlich« bezeichnet werden, gelten dann als repräsentativ für das Ganze der Kirche oder werden »die Kirche« genannt. Von den anderen redet man nicht oder nur in einem Nebensatz nach dem Muster: »Zwar gab es auch noch X und Y«, aber dies ändert am fertigen Urteil über »die Kirche« nichts mehr.

[1663] So den Tod von Pfarrer Reinhard Naumann, Schmalkalden, vgl. Abschnitt 24.3.4.
[1664] Vgl. Fallbeispiel: Verstopfte Quellen: Illusionen verschleiern die Wirklichkeit.

Schwerer wiegt, dass mit den meisten Beschuldigten vor der Klarnamenveröffentlichung keine Rücksprache erfolgt, die z. T. falschen Angaben des MfS und dessen fast ausschließlich überhöhte Erfolgsmeldungen unkorrigiert als wahr ausgegeben werden und in den MfS-Akten nicht vermerkte Verweigerung der Kooperation unterschlagen wird. Sprache, Methode und Aggressivität mancher Texte der »Aufarbeitung« entsprechen nicht der grundsätzlichen Forderung: »Recht statt Rache!«

Solange eine Untersuchung sich ausschließlich darauf beschränkt, Struktur und Methoden des MfS zu analysieren, mag das angehen. Sobald allerdings der Anspruch erhoben wird, zugleich den Wahrheitsgehalt der Texte zu erheben, um von diesem her allgemein gültige Urteile über ganze Bereiche der Gesellschaft, z. B. über »Kirche« zu fällen, reichen die schriftlichen Zeugen nur der einen Seite nicht aus. Das wirkt sich in einer Broschüre verheerend aus, die persiflierenderweise mit einem Zitat aus dem Römerbrief überschrieben ist.[1665]

26.1.1 »Seid untertan der Obrigkeit« (Römer 13,1) – Kommentar und Auswahl dieser Zusammenstellung von »Originaldokumenten der Stasi-Kirchenabteilung XX/4« bezieht sich nur teilweise auf Thüringen, weil die Verfasser zunächst von Manfred Stolpe und den Leitungsgremien des BEK ausgehen, dann aber »Spiegel«-Artikel zu Gerhard Lotz abdrucken.

In der Auswahl der zumeist ungeprüft als historische Zeugnisse überlieferten Stasi-»Dokumente« und in ihrer unkritischen Übernahme von MfS-Texten – als wären sie Zeugnisse der Wahrheit 1:1 – wie oft auch in ihrer gewalttätigen Sprache[1666] kann diese frühe Sammlung m. E. kaum als Hilfe zur »Aufarbeitung« wirken. Sie stellt vielmehr eine sehr vorläufige, vorwiegend emotionale Reaktion auf ein undurchschaubares Gemisch wirklicher und vermeintlicher »Enthüllungen« dar.

So übernehmen z. B. die Verfasser in ihren Darstellungen von »*Schattensynoden*« die Erfolgsträume der auf Einfluss bedachten MfS-Offiziere. Die beim MfS bezogene Analyse der Synode 1974 in Potsdam-Hermannswerder überliefert Detaillügen des MfS: Die Aufführung der »Zauberflöte« für die Synode im Schlosstheater Sanssouci sei unterbesetzt gewesen, weil sich die IM in Synodenstärke mit ihren Führungsoffizieren getroffen hätten. Wahr ist, dass ich

---

[1665] Krone/Schult: »Seid untertan der Obrigkeit«.

[1666] A. a. O., 7: »Ein pastorales Gewäsch, das eine vorauseilende und pauschale Versöhnung propagiert.«

selbst als Synodaler Mühe hatte, zu einem Platz zu kommen, so überfüllt war das kleine Theater.

Auch die übrige Wiedergabe stellt in ihrer engen Anlehnung an MfS-Texte insgesamt eine äffische Karikatur dieser Synode dar. Das sage ich als Synodaler und Teilnehmer an dieser Synode mit Ernst und Trauer.

26.1.2   In der Mehrzahl von Darstellungen der MfS-Wühltätigkeit unterbleibt die Einbeziehung von Erfahrungen »Bearbeiteter«.

Im Falle »Kirche« hätten Frauen und Männer aus Synoden und Kirchenleitungen zur Analyse der MfS-Texte gehört werden müssen, zumindest solche, die selbst Zielobjekt von »Zersetzungsmaßnahmen« des MfS waren, aber nicht nur sie. Statt an Begründungen kritisierter Entscheidungen herumzurätseln, hätte es der Wahrheit gedient, zugängliche innerkirchliche Quellen zu nutzen und die Entscheidungsträger in den Diskurs einzubeziehen. Das hätte zudem einem christusgemäßen Umgang mit dem Mielke-Erbe entsprochen und der Verpflichtung, als »Kirche« auch im Konflikt und angesichts von Schuld Kirche Jesu Christi zu bleiben.

26.2 Das Erbe der Gegner

Von herausragender hermeneutischer Bedeutung für die Beurteilung einer Diktatur bleiben die Hinterlassenschaften vor allem ihrer Gegner. Die wirklich wichtigen Dinge mit widerständigem Charakter konnten zwar nicht aufgeschrieben werden, um niemanden unmittelbar oder auch mittelbar zu gefährden, aber das Quellenmaterial außerhalb des MfS ist auch für den Zeitraum der DDR viel umfassender, als dass die Präferenz schriftlicher Quellen als wichtigster Grundlage historischer Forschung für die Geschichte von Diktaturen festgehalten werden müsste. Wie im Medium Fernsehen immer wieder gleiche Bildsequenzen für sehr unterschiedliche Nachrichten verwendet werden, gehen viele Interpretationen von MfS-Texten stereotyp von den gleichen Abläufen und wenigen vielfach publizierten vorgeblichen »Zentren des Widerstandes« aus. Es begegnen immer die gleichen Orte und Personennamen. Nur in wenigen Veröffentlichungen wird der freilich mühsame Versuch gemacht, die ganze Breite des Geschehens in vielfachen Brechungen durch Berichte unterschiedlich Wahrnehmender einzufangen.

Das aber kann gelingen, wenn sich die Darstellung auf Beispielhaftes beschränkt und gerade für exemplarisch vorgeführte Gegenstände die Zeugenschaft auf viele ausweitet.[1667]

26.3 »Argumenta e silentio« – »Argumente aus dem Schweigen«

Solche Argumente der Quellen werden trotz ihrer relativen Unsicherheit und vielfältigen Deutbarkeit in der Erforschung von Diktaturen weit wichtiger als oft angenommen. Häufig ist an einem Text aus einer Unterdrückungssituation das aufschlussreicher, was *nicht* darin steht, als das, was er enthält. Siehe das Fallbeispiel: Reiner Kunze.

26.4 Der »blinde Fleck«

Dem Funktionär einer sich als atheistisch verstehenden Partei kann der sogenannte »blinde Fleck« gegenüber dem geistlichen Innenleben von Gemeinden und Kirchen kaum übel genommen werden. Für die Forschung aber muss gelten: Das Verhältnis von Staat und Kirche war nicht das einzige und schon gar nicht das wichtigste Thema für die Kirche. Ursprung, Kern und Zweckbestimmung kirchlichen Handelns sind geistlicher Natur. Wird das ausgeblendet, geht das Eigentliche christlicher Existenz verloren und jede so abgehobene Wertung gleitet in die Verflachung ab. Siehe das Fallbeispiel: Fritz Pleitgen und die Arbeit der Laien in der Kirche, darin Fritz Pleitgens seltsame Übereinstimmung mit dem MfS-Protokoll zum Thema der Görlitzer Bundessynode: Die Rolle des Laien in der Gemeinde sei *»politisch nicht relevant«*.[1668]

26.5 Grundwiderspruch Staat – Kirche

Der in der DDR niemals auflösbare und in jeder Begegnung von Vertretern des DDR-Staates mit Gliedern der Kirchen wirksame Grundwiderspruch Atheismus gegen christlichen Glauben wird bei der Beschränkung auf rein politische Aspekte zu leicht genommen. Während 40 Jahren DDR und vorher durch die NS-Zeit standen sich Vertreter des totalen Herrschaftsanspruches einer Partei

---

[1667] Ein überzeugendes Beispiel solchen Verfahrens liefert Jankowski: Tag. Ein anderes: Mau: Realsozialismus.

[1668] Vgl. Fallbeispiel: Fritz Pleitgen und die Arbeit der Laien in der Kirche.

und ihrer Ideologie einerseits und andererseits die Gemeinde Jesu Christi gegenüber, die Kirche des Herrn also, der gesagt hat: »*Mein Reich ist nicht von dieser Welt, aber mitten unter euch.*«[1669]

26.6 »Wer schreibt, der bleibt«

Dies bedeutet für Tagungen, Symposien, in denen unter Einbeziehung von Zeitzeugen Aufarbeitung versucht wird, dass nicht nur die gehaltenen Referate, sondern auch der Einspruch der Betroffenen überliefert werden muss, also zu drucken ist. Das geschieht – soweit ich sehen kann – nicht.[1670] Und deshalb bestimmt oft schon die Auswahl der Referenten das Ergebnis einer Tagung, weil nur deren Position in den gegebenenfalls veröffentlichten Tagungstexten mitgeteilt wird.[1671] Schon bei den Anhörungen der Enquete-Kommission des Deutschen Bundestages fiel auf, wie merkwürdig einseitig die Auswahl der Anzuhörenden ausgefallen war.[1672]

26.7 Argumentationsfalle für Zeitzeugen

Zeitzeugen sehen sich – außer ihrer allgemein unter Historikern üblichen spöttischen Abwertung – auch einer fatalen Argumentationsfalle ausgeliefert:
– »Wer dem Trend allgemeiner Verurteilung widerspricht, hat Gründe, sich zu rechtfertigen«;
– aber zugleich: »Wer schweigt, gesteht ein«, und das Gegenteil gilt auch:
– »Wer sich entschuldigt, klagt sich an«.

[1669] Johannes 18,36 und Lukas 17,21.

[1670] Seidel: Gratwanderungen. Und die Tagung der Ev. Akademie in Guthmannshausen zur Aufarbeitung von Stasibelastungen in der Ev.-Luth. Kirche in Thüringen. Proteste gegen Referate bleiben unveröffentlicht.

[1671] Auf einer Tagung der Ev. Akademie Thüringen mit Prof. Dr. Raschzok: »Predigt in der DDR« wurden als Beweismaterial für die »Enttheologisierung der Predigt in der DDR« die unter Aufsicht des Amtes für Literatur und Verlagswesen gedruckten Lesepredigten herangezogen. Bericht Prof. Dr. Klaus-Peter Hertzsch, Jena.

[1672] Das z.B. die westdeutsche Journalistin Heike Schmoll unter dem Stichwort »Ökumene« ihre Sicht ökumenischer Konferenzen entfaltete und an keiner Stelle die ermutigende und stabilisierende Wirkung ökumenischer Verbindungen für die Gemeinden und Kinder- und Jugendarbeit auch nur zur Sprache kam, z.B. die Auswirkungen des Prager Frühlings auf die Gemeinden in der DDR, wurde der Bedeutung ökumenischer Arbeit für die eingeschlossenen Gemeinden in keiner Weise gerecht.

Dies erinnert fatal an rhetorische Fangmethoden der zu Ende gegangenen Ära der zweiten deutschen Diktatur und ihrer Gesinnungspolizei. So wird die Wirkung der Herrschaftssprache von Diktatoren verlängert, in der dem Beschuldigten keine Chance gelassen wird, weil er sie nicht haben soll.

26.8 »Zwar – Aber« – Retusche historischer Befunde

Dient die »Zwar-Aber-Verminderung« zur Retusche historischer Befunde? Eine Verschiebung vom unvermeidbar positiven, weil historisch belegten Urteil zum negativen, das dann allein übrig bleibt, vollzieht die Sprachschleife: »Zwar ist der Beitrag der Evangelischen Kirchen zur Herbstrevolution 1989 unbestreitbar, aber …« und dann werden im eigentlichen Text nur noch »vertane Chancen, Versäumnisse und Irrtümer« von Kirche oder einzelnen ihrer Beauftragten aufgehäuft.[1673] Hinter solchen Schuldbergen verschwindet die schlichte Tatsache, dass es ohne die Frei- und Schutzräume und den ständigen Einsatz des BEK und der Landeskirchen wie auch der Gemeinden für Bedrohte oder Angegriffene auf *allen Ebenen* eine Sammlung und wirksame Koordinierung von »Opposition« gar nicht hätte geben können.

26.9 Die schweigende Kirche: katholische Kirche in der DDR

Warum wird in der zeitgeschichtlichen Forschung das Stillhalteabkommen der katholischen Kirche mit dem DDR-Staat von 1961 kaum erwähnt? Dass öffentliche Äußerungen der katholischen Kirche zum sehr eigenen Weg in der DDR rar sind, ist verständlich. Dass aber zeitgeschichtliche Studien gleiche Zurückhaltung üben, die sie gegenüber anderen durchaus nicht an den Tag legen, verwundert schon.

Der zwischen dem Berliner Bischof Alfred Bengsch und der Regierung der DDR ausgehandelte Nichtangriffspakt vom September 1961 erscheint in keiner mir bekannten Veröffentlichung. Er wird euphemistisch als »politische Abstinenz« umschrieben, bedeutet aber praktisch: Wir unterbinden politische Aktivitäten unserer Geistlichen und öffentliche Angriffe und erwarten von der staatlichen Seite, dass sie das innerkirchliche Leben unangefochten lässt.[1674]

1673 Paradebeispiel Besiers Aufzählung des »Elends« im Kirchenbund, Gerhard Besier: Ein furchtbares Stück großkirchlicher Selbstoffenbarung, in: idea-Dokumentation (100/95).

1674 Brief des Berliner Ordinariats vom 21.08.1961 an den Ministerrat der DDR und den Magistrat von Ostberlin, zitiert in Schäfer: »Schwarze Kutten«, 24.

Dies akzeptiert das Politbüro der SED am 29.08.1961 – 16 Tage nach dem Mauerbau. In der Dienststelle des Staatssekretärs für Kirchenfragen wird das Abkommen »*zu friedlicher und gedeihlicher Zusammenarbeit*«[1675] mit der katholischen Kirche noch am 15. September in einen bewussten Affront gegen die evangelische Kirche umgemünzt:

> »Auch die Differenzierung zwischen der Ev. und Kath. Kirche könnte dadurch vertieft werden, daß dem Bischof Scharf vorläufig keinerlei Zugeständnisse zum Besuch des demokratischen Berlin gemacht werden.«[1676]

Im Grußwort Bischof Sterzinskys vor der Bundessynode 1990 in Berlin wird das Ungleichgewicht in Bemühen und Wertung zwischen beiden Konfessionen noch gesehen und nüchtern als »Versagen« der katholischen Seite bezeichnet.[1677]

[1675] Ebd.
[1676] A. a. O., 25.
[1677] Vgl. Abschnitt 25.1.4.

27. Offene Fragen an kirchliche Veröffentlichungen zum Thema MfS und Kirche

27.1 Der »bittere Weg der Erkenntnis« – Selbstbezichtigung gefragt?

»Barmherzigkeit? Ja, aber nur über den bitteren Weg der Erkenntnis«, steht als Motto über einem der Bände, die mit der Vergangenheit – der anderen – abrechnen.[1678] Welche »Erkenntnis« wird hier verlangt? Die Erkenntnis der Schuld, wie sie sich darstellt in den Augen derer, die »Erkenntnis« fordern? Diese Erkenntnis soll sich der Beschuldigte zu eigen machen? Liegen wirklich Schuld und Versagen in den Akten so klar und unbezweifelbar offen? Und vor welchen Richtern wäre diese »Erkenntnis« auszusprechen?

Wird die Forderung von Theologen erhoben, muss sie sich am Umgang mit Schuld messen lassen, wie er im Neuen Testament geboten wird. Sonst ist der Eindruck kaum zu vermeiden, es werde eine Neuauflage jener rätselhaften Selbstbezichtigungen erwartet, die in den Gesinnungsprozessen der großen Säuberungen unter Josef Wissarionowitsch Stalin in den dreißiger Jahren gang und gäbe waren: »Gib zu, was man von dir verlangt, dass du es zugibst, dann kannst du deinem Urteilsspruch wahrhaftig und aufrecht entgegensehen.« Und was zugegeben werden muss, geben Richter vor, die sich für unschuldig halten.

27.2 »Wenn dein Bruder an dir schuldig geworden ist«

Gegen eben Gesagtes stehen für mich klare Gründe: zuerst theologische. Die Bewältigung von Schuld unter Christen fängt zwischen Betroffenen an. *»Wenn dein Bruder an dir schuldig geworden ist, so geh hin und weise ihn zurecht zwischen dir und ihm allein.«*[1679] Dort beginnt die Arbeit mit angenommener oder erwiesener Schuld – also die »Aufarbeitung«.

Von diesem Grundsatz ließ sich z. B. der Überprüfungsausschuss unserer Landeskirche leiten. Viele aber verzichten von vornherein auf das Gespräch

---

[1678] »Barmherzigkeit? Ja, aber nur über den bitteren Weg der Erkenntnis.« Das ist das Motto des Sammelbandes von »Originaldokumenten der Stasi-Kirchenabteilung XX/4«, Krone/Schult: »Seid untertan der Obrigkeit«.

[1679] Matthäus 18,15 ff.

mit dem Beschuldigten, selbst wenn er nebenan wohnt und bereit ist, Rede und Antwort zu stehen. Kronzeugen sind dann in der Regel die Akten der Gesinnungspolizei und die der Gegner von Christen und Gemeinden.[1680]

Ein Ausschluss aus der Gemeinde steht bei Matthäus an allerletzter Stelle. Das schließt die Forderung aus: erst öffentlich bloßstellen, gar weltlich verurteilen, dann Barmherzigkeit üben! Gleicht das nicht dem Weg der Inquisition: Wir verbrennen den Leib und die »Sünde«, damit Barmherzigkeit dem Verbrannten zuteil werden kann?

27.3 »Wer ohne Schuld ist, werfe den ersten Stein«

Auch Johannes 8 steht gegen Vergebung unter Vorbedingungen: Die Ehebrecherin wird ohne Schuldbekenntnis von Jesus freigesprochen, nachdem ihre Ankläger gegangen sind, weil diese sich – offenbar klarsichtiger als mancher Ankläger heute – durch Jesu Wort an ihre eigene Fehlsamkeit erinnern ließen.

27.4 »Sind wir noch brauchbar?«, fragt Dietrich Bonhoeffer

Woher kommt die Forderung, sich den »bitteren Weg der Erkenntnis« von außen aufzwingen zu lassen? Ankläger geben vor, mit Dietrich Bonhoeffer »billige Gnade« vermeiden zu wollen. In Wahrheit soll der Beschuldigte aufgrund von MfS-Behauptungen diese ohne Weiteres akzeptieren und sogleich öffentlich Selbstkritik üben. Hier wird das Denkmuster von sozialistischer Kritik und Selbstkritik angewandt, nicht aber die Theologie Bonhoeffers vertreten. Was diese angeht, kann Bonhoeffers Rückblick »nach zehn Jahren« hilfreich sein: »Sind wir noch brauchbar?«[1681] »Wir?«, fragt Dietrich Bonhoeffer.

Oder soll gezeigt werden, wie »ehrlich« Kirche mit Schuldiggewordenen umgeht? Also spielt sich so etwas ab wie eine innerkirchliche Selbstreinigung – auf Kosten anderer? Oder begegnet uns in alledem eine Haltung, die Lukas

---

[1680] Lenski/Merker: Diktat. Die Verfasser arbeiten extensiv mit Interviews von Zeitzeugen, die ihre Position bestätigen, auch mit solchen, die als »IM« geführt wurden. Einer der Hauptbeschuldigten aber, Superintendent i. R. Otto-Heinrich Müller, Gera, wird vor allem nach Niederschriften der Kirchenreferentin des Rates der Stadt, Frau Maihorn, zitiert. Es wäre ein Leichtes gewesen, ihn selbst zu Wort kommen zu lassen. Das unterbleibt.

[1681] Bonhoeffer: »Nach zehn Jahren«, in: Widerstand, 9.

Pharisäern zuschreibt?[1682] Wie lesen wir dann Matthäus 7,1–5, besonders mit dem sehr deutlich sprechenden Vers 5, wenn er in *diese* Situation gehalten wird: »*Du Heuchler, zieh zuerst den Balken aus deinem Auge; danach siehe zu, wie du den Splitter aus deines Bruders Auge ziehst*«?

27.5 Aufarbeitung nur für »IM«?

Und wie soll begründet werden, dass nur die als »IM« von der Stasi angeblich »*Geführten*« ihre Schuld erkennen sollen, indes ihre Erpresser und Verführer – die »Primärtäter« – sich öffentlichen Interesses und höchstrichterlich gesicherter Pensionen erfreuen? Es muss gar nicht erst das Johannesevangelium zitiert werden: »*Wer ohne Schuld ist, werfe den ersten Stein*«;[1683] es genügt, diese schlichte Frage zu stellen: Wie kann es sein, dass sich die »Aufarbeitung« nahezu ausschließlich auf schon einmal hinters Licht Geführte, Erpresste und Belogene stürzt? Ich rede von Menschen, die zu »IM« genötigt wurden und nicht auf Dauer die Kraft hatten, sich zu verweigern.

Und die ernsteste Frage: Wie kann die schriftliche Hinterlassenschaft einer Unterdrückungsorganisation, die nach ihren eigenen Schriftsätzen zu jeder Lüge und Täuschung nicht nur bereit war, sondern bewusst und gezielt damit arbeitete und dies auch noch in ihren eigenen Papieren festhielt,[1684] als Kronzeuge der Verurteilung von Menschen um der Wahrheit willen dienen?

27.6 Bloßstellen *vor* Schulderweis aufgrund von Karteikarten?

Neben den schon genannten theologischen Bedenken rufe ich das allgemeine Rechtsempfinden auf: Zwangsentblößungen in der Öffentlichkeit *vor* Erweis von Schuld sind Vergewaltigung. Davon hatten wir vor 1989 schon zu viele, als dass sie nach einer Revolution gegen geistige und politische Vergewaltigungen noch zugelassen werden dürften. Und die Umkehrung der Beweislast, es müsse angesichts von MfS-Akten Unschuld bewiesen statt Schuld nachgewiesen werden, ist weder juristisch noch moralisch akzeptabel.

[1682] Matthäus 18,9–14 im Gleichnis vom Pharisäer und Zöllner.

[1683] Johannes 8, 3–11.

[1684] Nicht nur in den sogenannten »Legendierungen«, sondern auch in den unzähligen Konspirationsvorgängen, die ohne bewusste Täuschung von Familie, Freunden, Verwandten, Kollegen und übrigem Umfeld des zur »Konspiration« Gedrängten gar nicht möglich waren.

Damit treffen wir noch einmal auf das hermeneutische Grundproblem: Wie entfernen wir uns von Willkürurteilen und stoßen zum Kern des damals Geschehenen durch? Anders ausgedrückt:

27.7 »Dichtung und Wahrheit« – neueste Auflage?

Wie unterscheide ich in den Akten des MfS zutreffende Darstellung der Fakten vom Papier gewordenen Wunschdenken staatlicher Funktionäre? Schon ein kleiner Gedächtnis- oder Lesefehler oder auch nur ein Versprecher kann die Beurteilung der Aktenzuverlässigkeit sehr verändern, z. B. als Beleg für das dienen, was im Zitat gar nicht behauptet wird, und auf diese Weise zu juristischen Fehlurteilen führen.

Fallbeispiel: Zitierfehler mit Rechtsfolgen

Ehrhart Neubert behandelt unter der Überschrift »Akten und Zeugen« in einem Beitrag »zur Aufarbeitung des Stasiproblems« die Frage nach der »Aussagekraft« der Stasiakten. Er fordert Sorgfalt für den Umgang mit ihnen,

> »an der es bisweilen fehlt, wenn manche Journalisten und Aufklärer oft leichtfertig mit Akten und deren Bewertung umgehen. Es gilt also, die ernsthaften Argumente zu prüfen, die die Aussagekraft der Akten bezweifeln bzw. auf die Fehlerquellen hinweisen.«[1685]

Nachdem ebensolche Fehler anhand zweier Beispiele aus dem ihm bekannten Lebensumfeld[1686] dargestellt und darüber hinaus »*in den IM-Berichten unzählige Fehler*« eingeräumt wurden, fügt Neubert hinzu:

> »Für Betroffene konnte es aber sehr gefährlich werden, wenn der IM aus Wichtigtuerei offensichtlich Falsches berichtete.
> Trotz dieser Einschränkungen besitzen aber die MfS-Akten einen hohen Aussagewert ... Selbst wenn in den Akten Unwahrheiten enthalten sind, etwa fehlerhafte IM-Berichte, sagt das ja etwas über die Stasi und ihre Helfer aus.«

Aus Neuberts Feststellung zum »*hohen Aussagewert der Akten*« – in welcher Richtung auch immer – wird in der Darstellung der »*Rechtsprechung der kirch-*

[1685] Neubert: Vergebung, 32 f.

[1686] Das ist kein Zufall, denn wo Vertraute in den Akten als belastet oder zu Unrecht Vereinnahmte erscheinen, sind Lesende zu genauer Lektüre und sorgfältiger Prüfung selbstverständlich eher bereit als bei völlig Fremden.

lichen Disziplinargerichte in sog. ›Stasifällen‹« von Klaus Wähler[1687] durch eine minimale Veränderung die Feststellung zum falschen, sinnentstellten Zitat: *»MfS-Akten besitzen einen ›hohen Beweiswert‹«.* Handelt es sich nur um einen Verschreiber des Juristen oder um einen Lesefehler? Wie auch immer: *»Aussagewert«* im Sinne von Erkenntniszuwachs und *»Beweiswert«,* der gerichtliche Urteile ermöglicht, sind zwei Werte sehr unterschiedlichen Gewichtes.

Neubert spricht in dem bei Wähler zitierten Satzzusammenhang von dem Aussagewert der Akten im Hinblick auf deren Verfasser, das MfS als Ganzes und seine Verfahrensweisen, gerade nicht von dem *»Beweiswert«* gegenüber Beschuldigten innerhalb eines Prozesses oder Verfahrens. Im Gegenteil: Er mahnt

> »hermeneutische (Verstehens)Grundsätze zum Verständnis der Akten an«, um ihre »substantiellen Aussagen sachgerecht zu erfassen.«

Denn

> »die Mischung aus Erfolgssucht, Fehlschlüssen und Unverständnis kommt Fälschungen bisweilen sehr nahe.«

Es fehlt in Neuberts Analyse der verderblichen »Mischung« die gezielte Zerstörungsabsicht gegenüber Menschen, die Objekt der MfS-Anstrengungen waren, also die grundsätzliche Menschenverachtung. Andere zuverlässige Quellen zum Vergleich heranzuziehen, die sich mit dem gleichen Vorgang aus anderer Sicht als der des MfS befassen, um ideologische Dichtung von historischer Wahrheit annähernd zu unterscheiden, bleibt in vielen Fällen für immer ausgeschlossen.[1688]

Betroffene und Zeitzeugen geraten deshalb mit ihren von den Akten abweichenden Erfahrungen häufig in Beweisnot. Sie wissen aus eigenem Erleiden, dass MfS-Akten vielfach nicht die Wahrheit, sondern die Erfolg vortäuschende Sicht ihres Schreibers transportieren. Aber gerade das können sie nicht beweisen. Infolgedessen konnte die angebliche Beweislast der Stasiarchive inzwischen über Jahrzehnte hinweg zur Verurteilung von Menschen und zur Ge-

---

[1687] Wähler: Rechtssprechung, 580.
[1688] Zum Beispiel in den Fällen, wo Akten in größerem Maße vernichtet wurden. Auch die unterschiedliche Verfahrensweise bei der Klarnamen-Mitteilung an die Opfer oder an Forscher und Medien hilft nicht gerade zur Aufhellung, geschweige denn zur Klarheit. Einem Antragsteller, der die Aufdeckung der Namen der auf ihn angesetzten IM erbittet, wird dies nur gewährt, wenn sein Name auch in den Arbeitsakten des IM vorkommt. Und wenn diese unauffindbar bleiben, z. B. weil sie vernichtet wurden? Dann erfährt der Betroffene die Namen seiner Peiniger nie.

fährdung und Zerstörung von Familien, Freundschaften und Gemeindeleben führen. Das gehört für mich zu den düsteren Kapiteln der Nachwendezeit, die nach meiner Überzeugung mit dem Postulat eines »Rechtsstaates« nicht vereinbar sind. Denn zur Zersetzung wurden die Akten angelegt und vor 1989 benutzt. Dafür sollten sie nicht mehr herhalten dürfen.

27.8 Ein neues Schuldbekenntnis?

Sollte nach dem Herbst 1989 ein Schuldbekenntnis gesprochen werden? Und wenn ja: von wem und vor wem? Gab es denn nicht Feigheit, mangelndes Gottvertrauen, Angst, Versagen? Natürlich – die gibt es noch und wird es wieder geben. Denn nach reformatorischem Glauben ist Kirche Jesu Christi die Gemeinschaft der gerechtfertigten Sünder immer beides in einem: als Schuldiggewordene in Christus begnadigt. Der Traum von der reinen und unfehlbaren Kirche ist nicht biblischen Ursprunges, sondern hat in der Inquisition zu Reinigungsprozessen geführt, die mit dem Evangelium von der freien Gnade Gottes in Christus Jesus nicht vereinbar sind.

Evangelische Kirche in Deutschland kommt von einem Schuldbekenntnis her, das 1945 ihre Vertreter vor den Schwestern und Brüdern der weltweiten Christenheit gesprochen haben, um einen Neuanfang in ökumenischer Gemeinschaft zu erbitten.[1689] Sie wollten nicht den Durst von Medien stillen. Teile dieses Bekenntnisses wurden in die frühen Ordnungen der Friedensgebete aufgenommen und mit Recht auch nach 1989 in Gemeinden beibehalten. Sie gelten heute wie damals:

> »Herr, unser Gott!
> Auch dieser Tag ist mit Unfrieden gefüllt … (Es folgen Bezüge zum Tagesgeschehen).
> Wir tragen selber dazu bei, dass Angst, Vergeltung und Gewalt von neuem mächtig werden.
> Wir bitten: Lass uns mutiger bekennen, treuer beten, fröhlicher glauben, brennender lieben.
> Herr, schenke uns einen neuen Anfang und gib der Welt Frieden.
> Ohne dich können wir nichts tun. Herr, erhöre uns!«[1690]

[1689] Das sogenannte »Stuttgarter Schuldbekenntnis«.
[1690] Friedensgebet in der Johanneskirche zu Saalfeld seit November 1980. Original beim Verf.

Denn Schuld bekennen kann nicht ein für allemal geschehen und schon gar nicht zur Sensationsbefriedigung einer neugierigen Öffentlichkeit dienen.[1691] Es geschieht in jedem Gottesdienst – allein vor Gott und mit seiner Gemeinde. Luthers Abendsegen[1692] bittet jeden Abend um Vergebung. Wer dies nicht als leeres Ritual ansieht, spricht für sich und mit der Gemeinde:

> »Vor Gott erkennen wir, dass wir gesündigt haben mit Gedanken, Worten und in dem, was wir getan haben. Aus eigener Kraft können wir nicht frei werden. Darum sehen wir auf Christus und beten: Gott, sei uns Sündern gnädig.«[1693]

»Wir« – nicht die anderen. »Vor Gott« – nicht auf dem Markt. Und wir können uns über niemanden erheben, weil wir selbst *»aus eigener Kraft nicht frei werden können«.*

Schuld bekennen vor Gott und den Schwestern und Brüdern in Gemeinde und Christenheit ermöglicht einen Neuanfang – auch nach 1989. Aber damit kann kein politisches Schuldbekenntnis vor einer ost-westdeutschen Öffentlichkeit gemeint sein. Denn worauf könnte sich eine solch öffentliche rein politische Beichte beziehen?

Darauf, dass evangelische Kirche in Ostdeutschland durch 45 Jahre sich des Ansturmes eines immer aggressiveren Atheismus zu erwehren hatte und die Hauptlast dieses Ansturmes aushalten musste?

Darauf, dass viele wehrlose Kinder aus christlichen Familien in der DDR von jeder weiterführenden Bildung ausgeschlossen wurden und z.T. bis heute an den seelischen und beruflichen Folgen solch brutaler Ausgrenzung leiden?

Darauf, dass christliche Familien und besonders Ehepartner von Zersetzungsobjekten des MfS psychischem Terror ausgesetzt, in ihrer beruflichen Entwicklung behindert und über Jahrzehnte belauert, belogen und bedroht wurden?

Darauf, dass Christen um aufrechten Ganges und offener Rede willen gemaßregelt, verdächtigt und über Jahrzehnte hin menschenverachtenden Disziplinierungs-, Zurückdrängungs- und Zersetzungsmaßnahmen unterworfen wurden?

[1691] Luthers erste seiner 95 Thesen lautet: »*Wenn unser Herr Jesus Chrstus will, dass wir Buße tun, dann meint er damit, dass wir täglich neu zum ihm umkehren sollen.*«

[1692] EG 843,1.

[1693] EG 675,2.

Darauf, dass Kirchen, Gemeinden und Einzelne dem staatlich verordneten Rechtsbruch entgegentraten, Einhaltung der Verfassungsrechte einklagten und sich vor Bedrängte stellten?

Darauf, dass treue Gemeindeglieder als Erste den sozialistischen Säuberungsaktionen in den Grenzgebieten zum Opfer fielen und über Nacht deportiert wurden?

Und vor wem wäre eine solche »politische Beichte« abzulegen? Vor einer Öffentlichkeit, die täglich Sensationen braucht und sich selbst von Verantwortung für politisches Unrecht freisprechen will, indem sie auf die Träger inneren und äußeren Widerstandes gegen das Unrecht damals und heute mit dem Finger weist: »Die sind doch auch schuld, sogar noch schuldiger, denn sie sind Christen«? Oder vor Vertretern von bekannten Paparazzi-Publikationen, die mit Stasimethoden in gewissenloser Jagdlust und Entblößungssucht Menschen vor sich hertreiben, deren Leben aufs Spiel setzen und ihnen keine Chance lassen, ohne dass jemand dafür zur Verantwortung gezogen würde? Steht inzwischen Veröffentlichungswillkür unter dem falschen Etikett des hohen Gutes der »Meinungs- und Informationsfreiheit« hierzulande über der Unantastbarkeit der Menschenwürde, weil die »Methode Mielke« »alles von allen zu wissen« vielen Leuten Geld bringt und zahlloser Menschen Voyeurismus befriedigt? Oder wird gar ein Schuldeingeständnis vor Rechtswahrern erwartet, die nach Nazizeit und deren Skandalurteilen unangefochten weiterhin »Recht sprachen«, oder anderen, die in der DDR den Mächtigen nach dem Munde geredet haben, ihr Unrecht in Recht umgefälscht haben und so den unter die Räuber Gefallenen im Stich gelassen haben?

1945 haben Christen für ihre Schwestern und Brüder im Volk und vor ihren Schwestern und Brüdern aus der Ökumene in der Gemeinschaft der Kirche Jesu Christi stellvertretend ihre Schuld ausgesprochen und die ihres Volkes auch. In den Friedensgebeten und ihrer in Ost zuerst und in West später übernommenen ursprünglichen Ordnung haben viele vor Gott und der Gemeinde dieses Schuldbekenntnis vor 1989 Woche für Woche in tiefem Ernst abgelegt – und sprechen es heute noch – bittend um einen neuen Anfang, von dem Luthers erste seiner 95 Thesen sagt, dass dieser tagtäglich nötig sei.

Wenn im Rückblick auf die Jahre der DDR, die alles andere als *gottlose Jahre*[1694] waren, in denen Gott durch sein Wort mit uns geredet und uns im Sakrament gestärkt hat, im Rückblick auf diese Zeit Schuld zu bekennen ist, dann gehört sie vor das Angesicht unseres Herrn im Angesicht der Schwestern

---

[1694] Seidel: Gottlose Jahre.

und Brüder – nicht auf den Markt, vor den brutalsten Götzen unserer Tage. »*Der Markt wird's richten*«, ist ein Bekenntnis des Aberglaubens, das schon viel zu viele Opfer gefordert hat und – Gott sei's geklagt! – noch fordert, wie das Jahr 2008 zeigt.

Wenn ich selbst öffentlich aussprechen sollte, was öffentlich verletzte, dann dies, dass wir als Kirche Kindern und Heranwachsungen und Erwachsenen sehr viel zugemutet haben, als wir sie einluden in die »Freiheit, zu der uns Christus befreit hat«: zum Beispiel durch das »Entweder – Oder« zwischen Konfirmation und Jugendweihe. Niemals hätten wir Erfindungen und Erpressungen der Machtwillkür der SED zum Anlass für »Kirchenzuchtmaßnahmen« gegenüber Vierzehn- und Fünfzehnjährigen machen dürfen. Dies und anderes, das wir als Kirche Menschen zu tragen auferlegten, manches wohl auch auferlegen mussten, will ich gern als Schuld aussprechen, wo es über die Kräfte der Schwachen ging. Aber mit Schwachen und Geschwächten danke ich für die Gnade, die wir gerade in unserer Schwachheit erfuhren. Sie erhielt uns in der Freiheit und befreit uns in die Zukunft hinein (2.Korinther 12,9).

28. Problematischer Umgang mit problematischem Erbe

Problematischer Umgang mit problematischem Erbe überschattet den Neuanfang in Gesamtdeutschland. Die von Anfang an kontrovers geführte Diskussion, wie mit dem Erbe Mielkes und seiner Genossen umzugehen sei, deutete Probleme schon an, mit denen nun Öffentlichkeit und Forschung seit Jahren konfrontiert sind und konfrontiert bleiben. Aus den Ergebnissen dieser Untersuchung nenne ich eine Auswahl.

28.1 Exportierte Akten

»Exportierte« Akten bleiben von der Stasi-Erforschung ausgeschlossen. Nicht nur die CIA dürfte sich in der Zeit der Öffnung der Archive in der Normannenstraße mit den sogenannten Rosenholz-Akten bedient und möglicherweise bei der Rückgabe eine gewisse Auswahl getroffen haben. Das muss in gleicher Weise vom KGB und anderen »Diensten« angenommen werden.

Über den Umfang solcher Bestände kann nur spekuliert werden. Die bisher offenliegenden Massenbestände in ihrer relativen Gleichförmigkeit lassen freilich die Vermutung zu, dass keine grundstürzend neuen Erkenntnisse mehr ausstehen.

28.2 Eingekaufte Agenten

Vom ehemaligen »Gegner« übernommene hauptamtliche Mitarbeiter arbeiten mit ihrem Insiderwissen unter Ausschluss von Öffentlichkeit und Forschung. Das gilt auch für ehemalige Doppelagenten und deren Material:

Fallbeispiel: GI/IMV/IM »Tomaschewski«/»Krause«/»Friedrich Georg«

In der Ev.-Luth. Kirche in Thüringen kann der Fall eines IM in der Pfarrrerschaft trotz vielfältiger Bemühungen des Überprüfungsausschusses nicht abgeschlossen werden, weil nach allem, was ermittelt wurde, mindestens zwei, möglicherweise sogar drei Geheimdienste ihre Hand im Spiele hatten bzw. haben, von denen zwei noch arbeiten. Die Ermittlungen der Beauftragten wurden mehrfach behindert. Der Beschuldigte streitet alles ab. Ohne seine Mitarbeit ist eine Klärung nicht möglich. Bei Besuchen durch Beauftragte des Ausschusses konnte auch wegen der Anwesenheit eines Dritten, der vom Beschuldigten um Zeugenschaft gebeten worden war, keine Klärung erreicht werden.

Allein die Häufung von MfS-Funktionsbegriffen und Decknamen lässt auf einen längeren »Nutzungsprozess« seit 1968 bis heute schließen. Die Versicherung eines Führungsoffiziers 1992,[1695] der Pfarrer habe nichts von seiner inoffiziellen Bindung an das MfS gewusst, wird durch nachweisliche »Zuwendungen« in Höhe von 16 818,00 Mark (ohne Berücksichtigung von Erstattungsbeträgen für Auslagen) unglaubwürdig. Es gibt also Indizien für eine weiter bestehende Abhängigkeit.

Die besondere hermeneutische Bedeutung dieses »Falles« liegt in der Doppeleinsicht:

– Nicht alle Abhängigkeitsverhältnisse von Geheimdienstagenten endeten mit der Auflösung des MfS. Es ist mit einer unbekannten Zahl von weiterhin Abhängigen zu rechnen.
– Aufklärungsprozesse können durch noch bestehende Beziehungen von Beschuldigten zu arbeitenden Geheimdiensten direkt behindert und durch den »Einsatz« ehemals hauptamtlicher MfS-Mitarbeiter blockiert werden.

Eine nicht ermittelbare Anzahl ehemals hauptamtlicher Mitarbeiter des MfS wurde nach dessen Auflösung von westlichen Diensten vermutlich unter gleichzeitiger Übernahme noch verwertbaren Materials übernommen. Insofern ist davon auszugehen, dass mit einer wirklich »umfassenden Aufklärung« auch künftig nicht gerechnet werden kann. Es blockiert also nicht nur die Fülle des Materials einen befriedigend abzuschließenden Bearbeitungsprozess, sondern auch die Verbindung ehemaliger MfS-Agenten mit gegenwärtig noch intakten und »arbeitenden« Geheimdiensten.[1696] Das von diesen Diensten »geborgene« Material dürfte sich auf Dauer jedem Zugriff entziehen.

[1695] Niederschrift OKR Köhler, Gera, vom 18. und 20.01.1992.
[1696] Die drohende Schließung der Akten der »Securitate« in Rumänien zeigt die Grenzen verantwortlicher »Aufarbeitung« bei gegenläufigen Interessen unterschiedlicher politischer Kräfte.

28.3 Verantwortung für die Folgen

Zur Verantwortung der zeitgeschichtlichen Forschung gehört auch, die Folgen für Betroffene vor Veröffentlichungen angeblicher oder wirklicher Stasikontakte zu bedenken und mit den Betroffenen zu erörtern. »Personen der Zeitgeschichte«[1697] sind bis zu einem gewissen Grade vom wirksamen Schutz ihrer Daten ausgenommen, ohne dass es dafür eine allgemein kodifizierte Rechtsgrundlage gäbe. Aber nicht nur für sie kann fahrlässiger Umgang mit den Akten zum Rufmord oder zur fahrlässigen Tötung werden, wenn »Aufarbeitung« ohne vorherige Kontakte mit den betroffenen Personen geschieht.[1698]

28.4 Fürsorge für die Opfer?

Für die Opfer wird keine allgemeine Fürsorge vorgesehen.[1699] Wiedergutmachungsprojekte können verlorene Lebensqualität, verhinderte Ausbildungsgänge und gestohlene Lebenszeit nicht wirklich ersetzen. Auf Deutschland als Ganzes gesehen bleibt das Schicksal der Ostdeutschen, fast ein halbes Jahrhundert »Faustpfand« in der Hand der Sowjetunion und ihrer Vasallen gewesen zu sein und so die Entwicklung Westdeutschlands mit Leib und Leben abgesichert zu haben, ein ungesühntes Opferschicksal. Daran ist im Nachhinein nichts zu ändern.

Aber auch eine zeichenhafte »Wiedergutmachung« wenigstens für die noch an den Folgen Leidenden ist unterblieben: Kinder und Enkel von Zersetzungsopfern des MfS zahlen heute noch mit Zurücksetzung und Chancenarmut, Lohneinbuße oder Arbeitslosigkeit im Vergleich zu anderen. Rehabilitierungsverfahren schleppen sich über Jahre. Wenn am Ende eine »Schülerbescheinigung« zum Ausbildungszugang ausgestellt wird, können sich Fünfzigjährige mit Familie in ausbildungsbedingt schwieriger wirtschaftlicher Lage nur verhöhnt fühlen. Sollte ein nachgewiesenes Opferschicksal nicht die Chancen wenigstens der nächsten Generation verbessern?

[1697] Bis heute gibt es keine Definition für diesen »Status« und keine Begründung für die Regelung, dass Informationen über sie in der Regel einfach weitergegeben werden können.

[1698] Vgl. Abschnitt 24.3.

[1699] So erhalten z. B. Erwachsene, denen durch das MfS eine weiterführende Bildung unmöglich gemacht wurde, nur eine »Schülerbescheinigung«, mit der sie inzwischen nichts mehr anfangen können.

28.5 »Aufarbeitung« nach heutiger Interessenlage

»Aufarbeitung« geschieht vor allem dort, wo sie aktuellen Interessen von Gruppen, Parteien, Verbänden und Einzelnen dient. Ungeachtet aller Aufarbeitungsprogramme und -absichten wurden sogenannte »Eliten« zum zweiten Male in der deutschen Geschichte stillschweigend übernommen: Blockparteien, Wirtschaftsfunktionäre, Medienmitarbeiterschaften, Pädagogen, Juristen, Spitzensportler mit ihren Verbänden usw. Die Rechtsanwaltkammer fordert bis heute nicht einmal eine Überprüfung ihrer Mitglieder auf MfS-Mitarbeit. Also sprechen ehemalige Täter heute »Recht«. Zumindest des Versuchs einer »Selbstreinigung« hätte es überall bedurft. Kirchen haben sich dieser mühseligen, kräftezehrenden Arbeit unterzogen, nach Hildigund Neubert mehr als alle anderen.[1700] Und deshalb stehen sie wieder im Feuer – mehr als alle anderen.

Jetzt stellt die Verjährung nach geltendem Recht ein innenpolitisches und vor allem ein gesellschaftliches Problem dar: Sie bricht den zur Gesundung nach schwerer Krankheit der Gesellschaft notwendigen Prozess von Schuld und Sühne ab. Denn erfahrungsgemäß verkümmert auch die geistige Auseinandersetzung, wenn Opfer kein Verfahren mehr anstrengen können und die Täter strafrechtliche Folgen nicht mehr befürchten müssen. Vor diesem Hintergrund werden die im Folgenden gestellten Fragen erst recht dringlich.

28.6 Welche »Hygiene« beugt der Stasi-Ansteckung vor?

Wo und wie vollzieht sich die geistige »Hygiene« gegen Ansteckung durch das Stasidenken? Welche Hilfe kann dafür gegeben werden? Gibt es ein »gesundes«, immunisierendes Denken gegen das aus den Akten sickernde Gift für Betroffene, professionelle »Aufarbeiter«, BStU-Mitarbeiter, Forscher, Journalisten, Untersuchungsausschussmitglieder und andere Dauerleser?

»Neues Denken« müsste die Selbsttäuschung von der eigenen Gottgleichheit überwinden, die uns vorgaukelt, die eigene Lehre »*sei allmächtig, weil sie wahr ist*«.[1701] Sich an Gottes Stelle zu setzen und für alle Menschen bestimmen zu wollen, was da gut oder böse sei, heißt, der Einflüsterung des Bösen zu erliegen.[1702] Eine menschengemäße und heilende Sprache finden wir nur auf

---

[1700] Neubert: Stasi-Aufarbeitung, 35.

[1701] »*Die Lehre von Marx ist allmächtig, weil sie wahr ist.*« Lenin: Werke, Bd. 21, 80.

[1702] Genesis 3,5: »*Ihr werdet sein wie Gott, wissend was gut und böse ist*«, flüstert die Schlange dem Menschen zu. Die Folgen sind teuflisch bis zur »*Achse des Bösen und des Guten*« von George W. Bush.

Augenhöhe mit dem anderen und d. h. im Wissen um unsere eigenen Grenzen.[1703] Beichte hören hält auf Dauer nur aus, wer selbst beichtet und darin alle Anmaßung aufgibt. Pervertieren Nachwendeschriften deshalb so oft zu Spiegelbildern der Unterdrückungsmacht, gegen die sie sich einst auflehnten? Und wie viele besteigen den Richterthron, von dem sie andere stießen? Eine Karteikarte genügt. Der, dessen Namen sie trägt, ist verloren. Und die Hintergründe (die Gründe dahinter) werden nicht mehr geprüft.

Wie kann der weitere Umgang mit dem Material unter dem Gesichtspunkt des Datenschutzes und der sozialen »Seuchenvorsorge« gestaltet werden? Nicht ohne eine Umkehr im Denken. Dass die Akten sich zu einem schier unerschöpflichen Fundus für nachrichtenarme Zeiten und für den jeweiligen Tageskick sowie als Waffenkammer für politische Gefechte entwickelt haben, zeigt sich an kleinen Skandälchen und großen Beben, die dank Stasiakten in häßlicher Regelmäßigkeit Parteien, Behörden, Kommunen, Wirtschaftsbetriebe erschüttern oder Einzelne »zersetzen« und eine direkte Ansteckung von der Krankheit Stasidenken darstellen.[1704] Gorbatschow forderte neues Denken. Es ist angesichts der Stasiakten und ihres allgemein gewordenen Missbrauches erneut überlebensnotwendig.

[1703] Matthäus 7,3. Vgl. dazu den Brief des Kirchenältesten Christfried Herklotz, Dok. 7 im Anhang.

[1704] Steffen Heitmann beklagt *die vordergründige parteipolitische Instrumentalisierung der jüngsten Geschichte* und *undifferenzierte Schwarz-Weiß-Malerei* (25.09.2008 im »Rheinischen Merkur«).

29. Hermeneutische Schlussfolgerungen und Anmerkungen

29.1 Bestimmen vorgefasste Fragen die Analyse?

»Vergangenheit aufzuarbeiten«, kann nicht heißen, Zeitgeschichte als Steinbruch zu benutzen, dem das Material für die Bestätigung vorgefasster Meinungen entnommen wird. Zeitzeugen und Nachgeborene haben sich gründlich mit den damals gegebenen Zusammenhängen auseinanderzusetzen. Nur so wird Immunisierung gegen das vergiftete Denken aus den Akten möglich.

Eine Überprüfung des unvermeidlich gegebenen je eigenen »Vorverständnisses« oder gar eine Korrektur der mitgebrachten Fragestellung aufgrund vorliegender historischer Fakten gehört zu jedem Versuch der »Aufarbeitung«. Zitat aus einem Symposion im Institut für Zeitgeschichte der Friedrich-Schiller-Universität Jena: »*Wir fragen nicht mehr wie einst Leopold von Ranke, wie es wirklich war. Wir stellen vielmehr eine Arbeitshypothese auf und suchen sie mit dem vorliegenden Material zu belegen.*«[1705] Der Versuch, »Vergangenheit aufzuarbeiten«, meinte doch wohl eine methodisch geordnete Bemühung, sich mit früherem Denken, Reden und Handeln unter sorgfältiger Beachtung der damals gegebenen Rahmenbedingungen auseinanderzusetzen – in Kenntnis eigener Irrtumsfähigkeit.

Zum Beispiel fordert die immer wieder gestellte Frage: »Wie konnte es geschehen?« eine genaue Analyse aller Bewegungen und Entwicklungen, die in der Vergangenheit zu einem bestimmten Ergebnis geführt haben.[1706] Es muss möglich bleiben, dass solche Analyse zur Korrektur bereits gegebener Antworten und sogar des die ursprüngliche Fragestellung begründenden »Vorverständnisses« führen kann. Dabei gehört die Prüfung dieses eigenen Vorverständnisses zu den entscheidenden Schritten, eine Überfremdung der angestrebten historischen Analyse durch eigene aktuelle Interessen zu vermeiden. Das zeigt sich u. a. auch im Vorrang nicht mehr überprüfter politischer Fragestellungen.

[1705] Prof. Dr. Lutz Niethammer, Institut für Zeitgeschichte Jena.

[1706] Wie in dieser Studie z. B. mit der Untersuchung der Stationen auf dem Wege zur Gründung des Bundes der Evangelischen Kirchen in der DDR versucht (Abschnitt 20,5).

29.2 Mit politischer Brille auswählen?

Zeitgeschichtliche Forschung operiert in ihren Untersuchungen vorrangig mit politischen Fragestellungen – etwa nach dem Verhältnis von Staat und Kirche in der DDR. In der Untersuchung kirchlichen Handelns hat das immer wieder zur Folge, dass theologische und kircheninterne Motive unterbewertet oder gar nicht zur Kenntnis genommen werden.

In dieser Hinsicht entsprechen die Frageraster mancher Historiker und Medienvertreter verblüffend denen der Stasi-Mitarbeiter aller Couleur: Was ist am Handeln der Kirche und ihrer Glieder »politisch relevant«? Die Fragestellung aber beeinflusst das Ergebnis: Wer ausschließlich politisch fragt, kann nur politische Antworten finden. Auch das wird hermeneutisch oft nicht überprüft und erschwert die wirkliche Annäherung an die zu verstehende Geschichte.[1707]

29.3 Falsche Alternativen

Die in der Auseinandersetzung um die Vergangenheit auch innerhalb kirchlicher Veröffentlichungen begegnenden Alternativen »Zwischen Anpassung und Verweigerung«,[1708] »Selbstbewahrung oder Selbstverlust«[1709] erschweren eine differenzierte Beurteilung vorliegender Fakten. Sie werden zu axiomatischen Interpretationsvorgaben, in denen Kirche – oder wer auch immer – »zwischen« diese negativen oder negativ-positiven Alternativen eingeklemmt wird – und zwangsläufig nur noch als reagierende Größe gegenüber staatlichen Maßnahmen und Strategien erscheint. Aber die Alternativen sind falsch. Sie lassen ein unabhängiges oder außerhalb des Staat-Kirche-Verhältnisses oder der Ost-West-Beziehung oder des IM-Nicht-IM-Verhältnisses oder ... usw. begründetes Denken und Handeln nicht mehr zu. Diese »zwischen-zwischen«-Schemata engen geistig ein und bilden zwanghaftes Denken ab.

Genuin kirchliche, also in theologischer Grundhaltung oder im kirchlichen Auftrag begründete Entscheidungen werden von solchem auf vorgegebene Alternativen eingeengten Raster überhaupt nicht erfasst, so dass die wirklich wir-

---

[1707] Findeis/Pollack: Selbstbewahrung, 12 (in der Einleitung, die eigentlich ein Resümee darstellt und zugleich die von den Verfassern angewandte Methode beschreibt.) »*Stets haben wir allerdings unsere Interviews mit der Frage eröffnet, welche politischen Ereignisse unsere Gesprächspartner besonders geprägt hätten.*«

[1708] Bund d. Ev. Kirchen i. d. DDR: Anpassung.

[1709] Findeis/Pollack: Selbstbewahrung.

kenden Beweggründe gar nicht wahrgenommen werden können, bzw. bewusst ausgeblendet oder geleugnet werden müssen.

29.4 Aktuelle Interessenwahrung oder Annäherung an Geschichte?

Bisheriges Fazit der »Aufarbeitung«: Cui bono? Wem nützt sie?

> »Geschichtsschreibung ist immer interessengeleitet, nämlich stets von den jeweiligen Interessen der Schreibenden bestimmt.«[1710]

Wem nützt die bisherige Form der »Aufarbeitung« zweier Diktaturen? In der sogenannten Aufarbeitung der Vergangenheit werden sehr unterschiedliche aktuelle Interessen wirksam, behindern sich zuweilen gegenseitig und erschweren die Erfassung der historischen Wirklichkeit. Oft genügt es, die heute wirksamen Motive mancher »Forscher« zu erheben, um die eigentliche Stoßrichtung der Faktenverknüpfung und Quellendeutung bloßzulegen.[1711] Muss »Aufarbeitung« nicht zur interessengeleiteten Bearbeitung dargestellter Geschichte und zur Verfälschung untersuchter Prozesse in der zeitgeschichtlichen Darstellung missraten, wenn Vorurteile, Vorverständnisse und Legendenbildung den zeitgeschichtlichen Befund überwuchern? Auch wenn grundsätzlich zuzugestehen ist, dass in der Forschung immer mehr oder weniger deutliche Interessen die Linien bestimmen, die vom untersuchten Material aus gezogen werden, kann die Schlussfolgerung nicht heißen: Wir wollen gar nicht mehr wissen, wie es wirklich war! Es muss eine Annäherung an das »wirkliche«, also an das bis heute wirkende Geschehen von damals so redlich als möglich versucht werden. Denn Forschungsergebnisse auf diesem Felde zeitigen Folgen für andere.

29.5 Bedenke die Folgen für andere!

Gerichtsurteile, Berufsabbrüche und biographische Katastrophen sowohl auf Seiten der »Opfer« als auch auf Seiten der »Täter«[1712] hängen von der Beurteilung der damaligen Situation ab – und was heißt dann: Wir *können* nur

---

[1710] Hübner/Kaiser: Diakonie.

[1711] S. Abschnitte 20.5, 21.15, 25.1.

[1712] Das Opfer-Täter-Schema als völlig unzureichend zu begreifen, wird sowohl unter dem Abschnitt 17 als auch unter Abschnitt 26.7 versucht.

interessengeleitet forschen? Im schlimmsten Falle Rechtsbruch und neues Unrecht?

Die Chance, wenigstens einen Teil der Verbrechensvoraussetzungen zu erkennen und »dingfest« zu machen, dass einfache Wiederholungen wenigstens erschwert werden, ginge dann verloren. Denn eine der Begründungen für die Analyse dieser besonderen Quellen heißt immer: Wehret den Anfängen! Ist das wirklich noch gewollt? Wer zu aktuellen Verbrechen, zu Rechtsbeugung und Missachtung der Menschenrechte heute – beispielsweise durch den Geheimdienst CIA – schweigt, begibt der sich nicht des Rechtes, Verbrechen der Vergangenheit anzuklagen?

Insofern muss zumindest der Versuch gemacht werden, ohne Rachegelüste sich der historischen Wirklichkeit so weit als möglich anzunähern, aber auch eingedenk des *»Zornes über das Unrecht, der die Stimme heiser macht«.*[1713] Und das heißt nach meiner Erfahrung: Niemand, der ein menschliches Herz hat, kann unberührt bleiben von dem, was die fremden Protokolle, Berichte, Operativpläne, Richtlinien erkennen oder zumindest ahnen lassen. Sonst wäre er untauglich zum Verstehen. Scheinbare Neutralität weist auf die Unfähigkeit, sich dem Kern der aufgeschlagenen Geschichte auszusetzen. Wir lesen die Akten als ganze Menschen. Deshalb können wir auch nur mit unserer berührbaren, fühlend verletzbaren Existenz »reagieren« – gegenhandeln.

Was könnte das für den hermeneutischen Prozess austragen?

[1713] Bertolt Brecht: An die Nachgeborenen. Gedichte Bd. IV, Berlin 1961, 150.

30. Hermeneutisches Parallelogramm

Um Prozesse zwischen zwei ständig sich verändernden Größen zu erfassen, wird vorgeschlagen, die Figur des »hermeneutischen Zirkels«[1714] für das Verstehen von Geschichte zu ergänzen durch das Denkmodell eines »hermeneutischen Parallelogramms«.

Wo das Beziehungsgeflecht zwischen zwei gegensätzlichen Größen raschen Veränderungen unterliegt, ohne dass die als aufeinander bezogen gedachten Veränderungsprozesse die jeweilige Grundrichtung jeder der beiden Größen völlig aufheben, könnte die eine in ihrer Eigenlinie als Senkrechte auf der Grundlinie der anderen Größe gedacht werden. Oder in Abwandlung des Bildes: Die Grundfrage aller Forschung: »Wie war/ist es wirklich?« sei die senkrechte Koordinate. Die horizontale Koordinate: »Weil wir sowieso nicht mehr fragen können, wie es denn wirklich war, Geschichte nicht noch einmal leben können, stellen wir eine Arbeitshypothese auf, die sich im Diskurs bewähren muss.« Die Senkrechte darf nicht aufgegeben werden: Es ist anzustreben, sich dem wirklich Geschehenen zu nähern – in Arbeitshypothesen und Diskurs und der Frage: Wie war es wirklich?

In wechselseitiger Abhängigkeit ergäbe sich je nach Intensität des Einflusses einer der beiden Größen eine neue Linie, die weder ganz der Grundlinie einer Seite noch der Senkrechten der anderen Seite entspricht, vielmehr eine Art Diagonale entwickelt – entsprechend der physikalischen Denkfigur vom Parallelogramm der Kräfte. Das Ergebnis könnte sein: Ein realitätsnahes »Verstehen« des zu untersuchenden Beziehungsprozesses als »Diagonale« zwischen den beiden Stoßrichtungen der konkurrierenden Kraftzentren und ihrer Interpretationslinien.

[1714] Hermeneutischer Zirkel: »*Wer einen Text verstehen will, vollzieht immer ein Entwerfen. Er wirft sich immer einen Sinn des Ganzen voraus, sobald sich ein erster Sinn im Text zeigt. Ein solcher zeigt sich wiederum nur, weil man den Text schon mit gewissen Erwartungen auf einen Sinn hin liest. Im Ausarbeiten eines solchen Vorentwurfs, der freilich beständig von dem her revidiert wird, was sich bei weiterem Eindringen in den Sinn ergibt, besteht das Verstehen dessen, was dasteht.*« Hans-Georg Gadamer: Wahrheit und Methode, Grundzüge einer philosophischen Hermeneutik, Tübingen 1975[4], 251.

Fallbeispiel: Abgrenzung nach innen contra Öffnung nach außen

Das Ringen der DDR-Führung um internationale Anerkennung einerseits und Devisennot andererseits und der daraus resultierende Zwang, für ökumenische Beziehungen der Kirchen eine Freiheit zu gestatten, die im Widerspruch zum internen totalitären Verhalten geraten musste (Horizontale der politischen Deutung), ergibt bei Festhalten der Kirche an ihrer Zugehörigkeit zu EKD (Vertikale der kirchlichen Interpretation mit theologischem Hintergrund) eine Linie relativer Freizügigkeit als Ergebnis einander sich grundsätzlich ausschließender Handlungsstränge.

Fallbeispiel: Der Choral vom Pflugensberg

Um den Devisenhunger der DDR-Wirtschaft zu stillen, warb das Reisebüro der DDR seit dem Lutherjahr 1983 mit begleiteten Reisen auf den Spuren Goethes und Luthers und nahm dafür Kontakte mit DDR-Bürgern in Kauf. Die Kirchen in der DDR hielten trotz SED und MfS und deren immer wieder mitgeteilter Aversion an der *»besonderen Gemeinschaft mit der EKD«* fest. Daraus wurde: Um der Devisen willen durfte der Pfarrkonvent aus Geislingen a. d. Steige in Württemberg Weimar und Eisenach besuchen. Gegen SED und MfS wurde mit dem Partnerkonvent Saalfeld eine gemeinsame Tagung verabredet.

Am Abend der Ankunft der Schwaben in Eisenach stiegen nach Ende des offiziellen Reisebüro-Programmes beide Pfarrkonvente von verschiedenen Seiten zum Pflugensberg im Stadtpark auf. Dort trafen sie zum ersten Male zusammen. Und so geschah das Unplanbare, das »Dritte«, das weder in der Grundlinie der staatlichen Handlungsmaximen noch innerhalb der kirchlichen Möglichkeiten lag: Im Sturm der Herbstnacht stimmten die Gäste aus Freude und Dankbarkeit spontan ein donnerndes: »Ein feste Burg ist unser Gott« an, in das die »Gastgeber« zunächst nur zögerlich einfielen. Aber alle blieben unbehelligt, weil die *»Massenkontakte«* vom MfS schon nicht mehr überblickt werden konnten.[1715] Am folgenden Tage wurde die Reisebüro-Begleitung von den schwäbischen Damen um ein spezielles Damenprogramm gebeten und zum Kaffee eingeladen. Indessen tagten die beiden Partnerkonvente in kirchlichen Räumen zum ersten Male gemeinsam – volle sechs Jahre vor dem Mauerfall.

[1715] Roßberg/Richter: Kreuz, 20.

31. Geschichte der Kirche unter Gericht und Gnade Gottes

31.1 Kirchengeschichte als Gottes Weg mit der Kirche

Geschichte zu verstehen suchen, genau hinsehen und sich einfühlend auf das zu Verstehende in dessen Beweggründen einlassen: Was bedeutet das für den Umgang mit der Geschichte der Kirche? Kirche begreift ihre Geschichte als Gottes Weg mit seinem Volk durch die Zeiten unter Gericht und Gnade. Mit Respekt vor dem Gericht Gottes (»Ich hatte nichts als Zorn verdienet …«) und Dank gegenüber seiner Gnade (»und soll bei Gott in Gnaden sein« – EG 355,2 von Philipp Friedrich Hiller) und »Vergiß nicht, was er dir Gutes getan hat« – (Psalm 103,2) nimmt Kirche ihre Geschichte wahr. Im Rückblick auf 40 Jahre DDR, denen vier Jahre Besatzungszeit und mehr als 12 Jahre NS-Herrschaft vorangegangen waren, gilt: »Mein Gott hat seinen Engel gesandt, der den Löwen den Rachen zugehalten hat, dass sie mir kein Leid antun konnten.«[1716]

31.2 Theologische Prämissen

Werden diese theologischen Prämissen völlig ignoriert – »als ob es Gott nicht gäbe«, müssen die eigentlichen Beweggründe für kirchliches Handeln verfehlt werden. Geistliche Motive, Wirkungen biblischer Texte, Seelsorgeanliegen oder diakonische Absichten verschwänden aus den Analysen kirchlichen Handelns. Fehlurteile bis zu Geschichtsverhüllungen müssten die Folge sein.

31.3 Kirche nach dem Bekenntnis

Wo in dieser Arbeit »Kirche« steht, ist immer die *»Versammlung aller Gläubigen«* gemeint, in der *»das Evangelium rein gepredigt und die Sakramente stiftungsgemäß gereicht werden«*.[1717] In ihren vielfältigen Gestaltungsformen und -ordnungen versteht sie sich als: *»Ein Leib und ein Geist, wie ihr berufen seid zu einer Hoffnung eurer Berufung; ein Herr, ein Glaube, eine Taufe.«*[1718] Sie

---

[1716] Daniel 6,23.

[1717] Augsburgisches Bekenntnis (Confessio Augustana) 1530, in: EG 906, Artikel VII und VIII.

[1718] Epheser 4,4–5.

schwebt weder »zwischen« Himmel und Erde noch taumelt sie »zwischen« Anpassung und Widerstand oder ähnlichen Alternativen hin und her,[1719] sondern lebt – um es mit einer Ortsbestimmung Luthers aus seinem Kleinen Katechismus[1720] zu sagen – »*in, mit und unter*« der irdischen und deshalb fehlsamen, menschlichen Gestalt von Kirche in ihren vielfältigen Ausprägungen als Gemeinde Jesu Christi in unseren Tagen. »Kirche« ist dort, »*wo zwei oder drei beisammen sind in meinem Namen*«, denn: »*da bin ich mitten unter ihnen*«, spricht Christus.[1721]

Die Irrlehre vom »werktätigen Einzelchristen« gehört zum Denken des ehemaligen Oberkirchenrates Gerhard Lotz. Sie ist dem SED-Satz: »*Wo ein Genosse ist, da ist die Partei*«[1722]näher als dem Begriff »Kirche« in der Confessio Augustana.[1723] Davon ist auszugehen, wenn – wie hier – nach »Kirche« in der Auseinandersetzung mit der SED und ihren Hilfstruppen gefragt wird. Ihre Reduzierung auf »Institution« oder »Amtskirche« widerspricht reformatorischer Lehre von der Kirche. Kirche im Sinne des Bekenntnisses und ihre vorfindliche Gestalt sind wohl zu unterscheiden, aber nicht zu trennen, als wäre das eine ohne das andere zu haben, auch wenn »*in diesem Leben unter den Frommen viele falsche Christen und Heuchler, auch öffentliche Sünder bleiben*«.[1724]

Niemand käme auf die Idee, den Faschismus ohne seine geistigen Wurzeln in übersteigertem Nationalismus und der krampfhaften Wiederbelebung vermeintlich alter Mythen, ohne Antisemitismus sowie seine neoromantische Anknüpfung an das Traumbild eines wiedererstehenden Heiligen Deutschen Reiches zu interpretieren. Wie also kann es angehen, dass nicht einmal die geistigen, geschweige denn die geistlichen »Beweggründe« – die wirkenden und wachsenden Wurzeln der Kirche(n) ernst genommen, sondern als geschichtlich irrelevant übergangen werden? Es kann m. E. weder als ein Erweis »*weltanschaulicher Neutralität*« noch als Zeichen für exakte historisch-kritische Forschung angesehen werden, wenn beispielsweise theologische Begründungen für ein bestimmtes Handeln schlichtweg unterschlagen oder als Motiv für Entscheidungen mit politischer Wirkung nicht anerkannt werden.

[1719] S. Abschnitt 8.17.

[1720] Kleiner Katechismus, Zur Taufe, EG 905,4, Das Sakrament der Heiligen Taufe.

[1721] Matthäus 18,20.

[1722] ThStA Rudolstadt, Kreisleitg. der SED, Nr. 7, Diskussionsbeitrag des 1. Sekretärs d. Kreisleitg., 8.

[1723] Confessio Augustana, Artikel VII.

[1724] A. a. O., Artikel VIII.

31.4 Kirche und Welt unter der Gnade – ein Brief unter »Nicht-IM«

Aus Begegnungen mit den Kontrahenten aus MfS, Partei und Staatsorganen, aus dem Nachdenken über die Frage: überprüfen – ja oder nein?, aus dem Gespräch über IM und die Folgen und über unsere Verantwortung als Kirche in den Prozessen des Umbruches stammen Briefe von Gliedern unserer Lutherischen Bekenntnisgemeinschaft. Sie gehen von sehr persönlichen Einsichten und Entscheidungen aus. Aber weil sie aus Glauben erwachsen sind, reichen sie über das Persönliche hinaus: Sie fragen danach, was in den sich vollziehenden Umbrüchen der Kirche Jesu Christi zukomme.

Christfried Herklotz, Ingenieur für elektronische Datentechnik, der selbst belauert wurde und »bearbeitet« werden sollte und – ohne es wissen zu können – mit dem einem und wohl auch anderen »IM« zusammengearbeitet und Gottesdienst gefeiert hat, erklärt seine Bereitschaft, sich überprüfen zu lassen, lehnt aber eine allgemeine Überprüfung des Gemeindekirchenrates Saalfeld ab. Zur Begründung fragt er nach Wiedergabe der allgemeinen Meinung über die Untaten des »IM« nach den Untaten des »Nicht-IM«:

> »Was aber hat der NICHT-IM getan?
> Auch er/sie hat durch sein Verhalten den DDR-Staat gestützt und gestärkt, und damit Schaden angerichtet. Jeder auf seine eigene Weise. z. B.
> – Den Mund gehalten und Unrecht geduldet,
> – Resolutionen der SED unterschrieben,
> – an angeordneten Demonstrationen (z. B. 1. Mai) teilgenommen,
> – seine Kinder zur Jugendweihe geschickt,
> – seine Kinder im Sinne der SED erziehen lassen (z. B. Kindergarten)
> – in irgendeiner anderen Partei die Befehle der SED ausgeführt,
> – die Liste der Nationalen Front gewählt,
> – vertrauliche Informationen aus dem GKR[1725] an Freunde und Bekannte weitererzählt,
> – usw.
>
> **Bitte verstehen Sie mich nicht falsch.** Ich möchte dies keinem von Ihnen vorwerfen, aber ich möchte erinnern an das Bibelwort: ›Wer unter euch ohne Sünde ist, der werfe den ersten Stein.‹ (Johannes 8,7; Anm. des Verf.) In der zitierten Geschichte wurde eine Frau eindeutig eines Vergehens überführt, auf welches nach jüdischem Gesetz die Todesstrafe stand. Jesus hätte sie ausführen lassen müssen, aber er handelte anders …
> Deshalb geht es um – und gibt es unter Christen – die Vergebung!
> … Ich schlage einen anderen Weg vor. Beantragen Sie die Einsichtnahme in Ihre persönliche Stasiakte und lassen Sie sich die Klarnamen der in Ihrer Akte aufgeführten

---

[1725] GKR = Gemeindekirchenrat.

IMs geben. Bitte führen Sie dann ganz persönliche Gespräche mit den betreffenden Menschen. So kann Vergangenheit viel persönlicher und intensiver aufgearbeitet werden.
Mit herzlichen Grüßen
Ihr Christfried Herklotz.«

Und wie könnte Versöhnung aussehen, wenn wir unversehens oder bewusst herbeigeführt einem Widersacher von einst gegenüberstehen?

31.5 Versöhnung?

Versöhnung vor den Toren der Stadt?

Auf dem Wege von einer Trauerfeier begegnet mir ein älterer Herr. Kenne ich ihn? Noch überlege ich und gehe unsicher auf ihn zu. Könnte es der »Herr Vorsitzende« sein, mit dem ich so manchen Strauß gefochten, zu dem – wenn es denn sein musste – ich höchst ungern mich auf den Weg machte? Wie oft trennten wir uns in Zorn oder erschöpfter Resignation!

Mit der zögernden Frage: »*Herr* ... ?« strecke ich unbewusst meine Hand aus – aber er nimmt sie nicht. Erschrocken frage ich mich: Was habe ich falsch gemacht? Da sieht er mich an und sagt leise: »*Dass Sie mit mir reden!*« und in seinen Augen stehen Tränen. Und noch einmal: »*Dass Sie mit mir reden!*« Nun ist es an mir: »*Sie hatten die Anweisungen Ihrer Partei und haben versucht, Sie umzusetzen. Ich hatte meinen Auftrag als Pfarrer und bin ihm gefolgt. So mussten wir aneinandergeraten, weil jeder das Seine tat. Sollten wir nicht gerade deshalb miteinander reden?*« Dann geben wir uns doch noch die Hand und sprechen miteinander. Diesmal trennen wir uns nicht im Zorn, aber tief in Gedanken. Und dankbar für ein Wiedersehen anderer Art. Gott sei Dank!

War diese Begegnung erst nach 1989 möglich? Gab es denn vorher gar keine Chance, den Graben zu überwinden, der den einen vom anderen in der sozialistisch genannten Gesellschaft trennte? Hatten wir wirklich Zeit bis zu einer geglückten Revolution, mit der niemand rechnen konnte? Als Antwort soll eine zweite Erinnerung stehen, die das Thema wie Licht in einer Linse bündelt: Begegnungen, Einflussversuche – auch der Stasi – haben immer zwei Seiten. Auch vor der sanften Revolution trafen MfS-Mitarbeiter auf ein Gegenüber, das sie nicht immer unberührt ließ.

Epilog: Ein runder Geburtstag

Weil Christen jedem Menschen die Botschaft von der rettenden Liebe Gottes und seinem gnädigen Zorn schuldig sind, bleiben sie auch gegenüber dem Gegner in *politicis* Zeugen des auferstandenen Christus. Es gilt für sie, was Paulus vom seinem Apostolat sagt: »*Die Liebe Christi lässt uns gar keine andere Wahl*« als »*Botschafter an Christi Statt*« zu sein.[1726] So gewiss eine Predigt sogar dem Menschen zum Troste und Halt werden soll, der nach menschlichem Ermessen nur noch eine kurze Wegstrecke vor sich hat, so gewiss dürfen Christen sich aus ihrer Zeugenschaft auch dort nicht davonstehlen, wo sie ausdrücklich abgelehnt wird. Obwohl sich die Machtträger der DDR und ihre Genossen in allen Rängen ständig dagegen verwahrt haben, »*weltanschaulich agitiert zu werden*«, waren wir – ihre kirchlichen Gesprächspartner und Kontrahenten – ihnen wie jedem anderen Menschen das Evangelium von Jesus Christus schuldig.[1727]

Und das konnte so ausgehen: Bei den Räten der Kreise galt – von der Partei befohlen – eine Zeit lang die Übung, den Superintendenten »*des Territoriums*« zu runden Geburtstagen zu gratulieren und ein im Wert festgelegtes Geschenk zu überreichen.[1728]

So bin ich anlässlich meines 50. Geburtstages außer mit einer Flasche »Wilthener Edelbranntwein« mit einer Keramikschale für meine Frau beglückt worden, die jenseits aller mir tolerabel erscheinenden Geschmacksrichtungen lag. Sie anzunehmen, war für mich ein Akt opferbereiter Höflichkeit. Kurz darauf feierte der Stellvertreter des Vorsitzenden des Rates des Kreises für Inneres ebenfalls einen runden Geburtstag. Mich quälte die Frage: gratulieren oder nicht? Und wenn gratulieren – persönlich durch Besuch oder schriftlich? Und wenn persönlich – mit Geschenk oder nicht?

In Gesprächen mit Kirchenältesten, mit dem Pfarrkonvent und Gemeindegruppen wurde entschieden: Als höflicher Akt gegenüber einem sachlich unvermeidbaren Partner im Beziehungsgefüge des Kreises sollte ein Besuch erfolgen und ein Geschenk überreicht werden. Da griff wohl eine höhere Regie

---

[1726] 2.Korintherbrief 5,14.
[1727] 2.Korintherbrief 5,20.
[1728] Beier: »Sonderkonten«, 229 ff.

ein: In diesen Tagen der Entscheidungssuche nämlich konnte ich ein wunderschönes Psalmbuch als Lizenzausgabe für die DDR aus dem Anker-Verlag der Methodistischen Kirche erwerben. In ganzseitige prachtvolle Naturaufnahmen waren Psalmentexte eingedruckt. Wer die Bilder genießen wollte, musste auch die Texte lesen.

Von meinem Partner beim Rat des Kreises wusste ich, dass er passionierter Jäger war und sich in den Wäldern vom Amtsstress – beispielsweise von Streitgesprächen mit mir – zu erholen pflegte. So hatte ich nach einer heftigen Auseinandersetzung die halblaute Bemerkung von ihm gehört: »*Jetzt brauche ich nur noch Waldluft!*« Und nun standen da Psalmworte, Gebetslieder über blauen Bergketten, Dankgesänge in schräg einfallenden Sonnenstrahlen einer Waldlichtung! Da ahnte ich, dass dieses Buch zu diesem Zeitpunkt kein Zufall sein könne, sondern hier eine Regie walte, die unter Christen Gottes freundliche Fügung heißt. Damit hadernd, weil ich den Band selbst sehr gern behalten und – probate Ausrede – etwa für Unterrichtszwecke verwenden wollte, musste ich einsehen, dass sich kaum wieder eine ähnlich gute Gelegenheit ergäbe, unseres Glaubens Sprache in so glücklicher und schöner Verbindung mit der vom Jäger geliebten Natur darzutun.

Also überwand ich Abneigung, Eigensucht und Zögern und schrieb eine Widmung ins Buch, in der ich dem staatlichen Gesprächspartner anbot, über die Sachkontroversen hinaus einmal etwas von unserer christlichen Glaubenswelt, von den tieferen Gründen unseres Denkens und von der Sprachkraft unseres Glaubens wahrzunehmen. Das sprach ich bei der Gratulation auch aus. Der eine oder andere Zuhörende zeigte sich verunsichert, der Beschenkte bewegt wie nie zuvor, nahezu fassungslos.

Wir sind uns nicht wieder begegnet. Denn einige Zeit darauf verstarb er. Was zwischen ihm und den Texten des Buches in dessen leuchtenden Bildern während der ihm verbliebenen Zeit hin und her gegangen sein mag, weiß ich nicht. Aber ich weiß, dass ich gar keine Wahl hatte und meines Lebens nicht mehr froh geworden wäre, wenn ich diese Chance zur Zeugenschaft hätte verstreichen lassen.

Jahre später erzählten mir ehemalige Mitarbeiter aus dem Rat des Kreises, dass der Besuch und das Geschenk unter der Mitarbeiterschaft lebhaft diskutiert wurden. Manche hätten beides als Zeichen der Glaubwürdigkeit christlicher Existenz unter Atheisten angesehen. Das mag so sein.

Für mich – und vielleicht auch für mein Gegenüber von damals – gehörte dieser runde Geburtstag zu den Geschichten, in denen sich Gottes Geschichte mit uns und unseren Mitmenschen ereignet. Und diese Geschichte Gottes mit uns reicht immer noch tiefer, umfasst immer noch viel mehr, als das feinste In-strumentarium historischer Wissenschaft und die zuverlässigste Beschreibung durch Zeitzeugen zu erfassen vermag.

Dank

gebührt allen, die mir durch die Jahre, die hier bedacht wurden, aufmerksame, liebevolle und kritisch-hilfreiche Gefährten in Familie, Kirche und Gesellschaft der DDR und weit darüber hinaus gewesen sind: »in guten und in schweren Tagen«. Weil es sie gab, konnten die beschriebenen Wege überhaupt begangen werden. Weil Gott seine Kirche in eine weltumspannende und vielfarbige Gemeinschaft gestellt hat, haben wir überlebt. Dafür haben wir einzig und allein ihm zu danken.

Unter der Last der mit dieser Studie verbrachten Jahre und der Zeiten vorher sind so viele mitgegangen, dass ich nur stellvertretend nennen kann: Meine Familie, die mit großer Geduld half, dass es immer weiterging – von meiner Frau Ursula über die mitbetroffenen und mittragenden Kinder und Schwiegerkinder bis zu den Enkeln und deren datenverarbeitenden Künsten.

Dem Landeskirchenrat der Ev.-Luth. Kirche in Thüringen danke ich für die Erteilung des Auftrages; Professor Dr. Michael Trowitzsch, Jena, für die Übernahme der Beauftragung in den Zuständigkeitsbereich der Hermeneutischen Forschungsstelle an der Theologischen Fakultät der Friedrich-Schiller-Universität Jena; den sachkundigen Beraterinnen in der Behörde der Bundesbeauftragten, insbesondere Frau Mehlhorn und Frau Staedter in Berlin und Frau Sehrt in Gera, und jedem, der zwischendurch brauchbare Hinweise freundlich gab. Als unentbehrlicher Berater und fachkundiger Helfer durch Jahre bei der Nutzung von PC, Internet und im vielfach verästelten Labyrinth ihrer Möglichkeiten erwies sich Dipl.-Ingenieur Christfried Herklotz. Mit Respekt und Dank nenne ich die Mühsal, mit der sich Frau Christine Lässig, unsere frühere Chefredakteurin von »Glaube und Heimat«, sachkundig der zeitraubenden und kräftezehrenden Korrektur der Studie annahm. Unter den vielen, die sich auf Seiten des Verlags verdient gemacht haben, danke ich besonders Frau Elisabeth Neijenhuis und Frau Sybille Lepper für ihr fleißiges und gründliches Lektorat sowie Herrn Kai-Michael Gustmann für die anspruchsvollen Satzarbeiten des umfänglichen Werkes. Und immer wieder habe ich Gemeindegliedern, Mitarbeitern und Gefährten im geistlichen Dienst zu danken. Einige von ihnen sind als Zeugen benannt, aber ihre Zahl ist ungleich größer und kein einziger hätte fehlen dürfen.

Die Geschichte einer in Anfechtungen von Gott durchgehaltenen und gesegneten Kirche in meiner Heimat Thüringen geht weiter – allen geheimdienstlichen Lemuren von damals und törichten Anläufen heute zum Trotz. Einen winzigen Ausschnitt aus dem prallen, überbordenden Leben ihrer Gemeinden habe ich zu erfassen versucht. Unterwegs und in die Zukunft hinein gilt von diesem fahrenden Volke Gottes im Herzen Europas das Gebetswort vom Tage meiner Geburt:

*»Gottes Hilfe habe ich erfahren bis zum heutigen Tag
und stehe nun hier und bin sein Zeuge bei Groß und Klein.«*

(Apostelgeschichte 26,22)

Abkürzungen

Die verwendeten Abkürzungen richten sich im Allgemeinen nach dem Internationalen Abkürzungsverzeichnis für Theologie und ihre Grenzgebiete, IATG (2. Auflage 1995), von Siegfried Schwertner.

Darüber hinaus und ergänzend finden die unten aufgeführten Abkürzungen Verwendung.

Dazu folgende Erläuterung: Das MfS hat sehr viele Abkürzungen verwendet, darunter konspirative, die nur bestimmten Rängen zugänglich und verständlich waren. Gleichen Kürzeln wurden unterschiedliche Bedeutungen beigelegt. Zur Entschlüsselung der MfS-Texte erweist sich das dafür entwickelte und mit fortschreitender Forschung ständig verbesserte Abkürzungsverzeichnis der BStU (BStU Abkürzungsverzeichnis, 8., völlig neu bearbeitete und erweiterte Auflage, Berlin 2007) als unentbehrlich. Es wurde auch für diese sehr verkürzte Übersicht mit Gewinn genutzt.

Abk.	Abkürzung
Abt.	Abteilung (Gliederungseinheit des MfS nach Bearbeitungsbereichen)
AIM	Archivierter IM
ABV	Abschnittsbevollmächtigter
AKG	Auswertungs- und Kontrollgruppe, dem Leiter einer Bezirksverwaltung o.a. Selbstständigen MfS-Abteilung zugeordnet
ASt	Außenstelle (der BStU in den ehemaligen Bezirken der DDR)
BBC	Britisch Broadcasting Corporation
BDVP/BdVP	Bezirksbehörde der Deutschen Volkspolizei
BEK	Bund der Evangelischen Kirchen in der DDR
(Abt.) BF	(Abteilung) Bildung und Forschung (innerhalb der BStU)
BK	Bekennende Kirche, in Thüringen als »Lutherische Bekenntnisgemeinschaft in Thüringen«
BKM	Beauftragter der Bundesregierung für Kultur und Medien
BND	Bundesnachrichtendienst
BOK	Berliner Ordinarienkonferenz (kath.) oder Beobachtungskräfte (MfS)
bpb	Bundeszentrale für politische Bildung
BRD	Bundesrepublik Deutschland
BStU	Bundesbeauftragte(r) für die Unterlagen des Staatssicherheitsdienstes der ehemaligen Deutschen Demokratischen Republik

691

BV	Bezirksverwaltung (des MfS)
CDU	Christlich Demokratische Union (Ost)
CFK	Christliche Friedenskonferenz
CIA	Central Intelligence Agency – Zentraler US-Geheimdienst
CVJM	Christlicher Verein Junger Menschen
DC	Deutsche Christen
DDR	Deutsche Demokratische Republik
DE	Diensteinheit
DER	Deutsches Reisebüro
DH	Disziplinarhof
DK	Disziplinarkammer
Dok.	Dokument
DVP	Deutsche Volkspolizei
EDV	Elektronische Datenverarbeitung
EG	Evangelisches Gesangbuch
EKD	Evangelische Kirche in Deutschland
EKU	Evangelische Kirche der Union
EOS	Erweiterte Oberschule
Ev. Komm.	Evangelische Kommentare (Zeitschrift)
F	Formular (Karteikartenkürzel des MfS)
FDJ	Freie Deutsche Jugend
FO	Führungsoffizier
GBl.	Gesetzblatt
GD	Gottesdienst
Gen.	Genosse
GI	Geheimer Informant
GKR	Gemeindekirchenrat
GM (S)	Geheimer Mitarbeiter (Sicherheit)
GO	Grundorganisation
GPU	Staatliche politische Verwaltung 1922–23 (SU); Tscheka-Nachfolgeorganisation
GÜSt	Grenzübergangsstelle
GULAG	Hauptverwaltung Straflager der Sowjetunion
HA	Hauptabteilung
HV A	Hauptverwaltung Aufklärung
IM	Inoffizieller Mitarbeiter
IMA	IM-Akte (Registerbegriff, siehe Vielfachbedeutung Abkürzungsverzeichnis der BStU)
IMB	Inoffizieller Mitarbeiter mit Feindberührung
IME	Inoffizieller Mitarbeiter im besonderen Einsatz, in Schlüsselposition

IMF	siehe IMB (so ab 1979)
IMK	Inoffizieller Mitarbeiter zur Sicherung der Konspiration
IMS	Inoffizieller Mitarbeiter zur Sicherung
IM-V	IM-Vorlauf, zur Werbung vorgesehener Vorgang
IMV	Inoffizieller Mitarbeiter mit vertraulichen Beziehungen (später IMB)
ITK	Industrie-Technisches Kombinat
JG	Junge Gemeinde
JHS	Juristische Hochschule (des MfS)
JMAK	Jungmännerarbeitskreis (ev.)
KAT	Kirchliche Amtsträger (MfS- und Parteikürzel)
KD	Kreisdienststelle (des MfS)
KGB	russ. Komitee für Staatssicherheit der SU, 1954–1989
KJVD	Kommunistischer Jugendverband Deutschlands
KKL	Konferenz der (Evangelischen) Kirchenleitungen
KOR	poln. Komitee zur Verteidigung der Arbeiter
KP	Kontaktperson
KPS	Kirchenprovinz Sachsen
KSZE	Konferenz über Sicherheit und Zusammenarbeit in Europa
KVR	Kirchenverwaltungsrat
KZ	Konzentrationslager
LB	Landesbischof
LBG(Th)	Lutherische Bekenntnisgemeinschaft (in Thüringen)
LDPD	Liberaldemokratische Partei Deutschlands
LKA	Landeskirchenamt
LKR	Landeskirchenrat
M (26)	Maßnahme (26 Postkontrolle)
M 26 A	Maßnahme 26 A – Telefon abhören
M 26 B	Maßnahme 26 B – mit Mikrofon abhören (»Wanze«)
MdI	Ministerium des Inneren
MfS	Ministerium für Staatssicherheit
ML / m.-l.	Marxismus-Leninismus/marxistisch-leninistisch
Nasi	Amt für Nationale Sicherheit, kurzfristig Folgeeinrichtung für das MfS
NATO	North Atlantic Treaty Organization
NF	Nationale Front
NGO	Non-Governmental Organization, Nichtregierungsorganisation, z. B. bei der Konferenz über Sicherheit und Zusammenarbeit in Europa (KSZE)
NKE	Nationales Kulturerbe
NKWD	Narodni Kommissariat Wnutrennych Del: »Volkskommissariat für Innere Angelegenheiten« (mit GPU geheimdienstliche Organisation seit Stalin)
NS	Nationalsozialismus, nationalsozialistisch
NSW	Nichtsozialistisches Wirtschaftsgebiet
NVA	Nationale Volksarmee

OA	Offene Arbeit (Jugend- und Gemeindearbeit)
OibE	Offizier im besonderen Einsatz
OKR	Oberkirchenrat (Plural: Oberkirchenräte, OKRe)
Oltn.	Oberleutnant
op.	operativ
OPK	Operative Personenkontrolle
OSL	Oberstleutnant
OV/OPV	Operativer Vorgang (von der Disziplinierung bis zur Zersetzung)
OVG	Oberverwaltungsgericht
PGH	Produktionsgenossenschaft Handwerk
PiD	Politisch ideologische Diversion
POS	Polytechnische Oberschule (Abschluss 10. Klasse ohne Abiturstufe)
POZW	Politisch-operatives Zusammenwirken
RL	Richtlinie/Referatsleiter
reg.	registriert
Reg.-Nr.	Registriernummer (z. B. für IM: X/1596/87)
SAPMO	Staatsarchiv Parteien und Massenorganisationen
Schrb.	Schreiben
SED	Sozialistische Einheitspartei Deutschland
SfS	Staatssekretariat für Staatssicherheit
SIRA	System der Informationsrecherche der HV A
SoFD	Sozialer Friedensdienst
SSD	Staatssicherheitsdienst
StGB	Strafgesetzbuch
StUG	Stasi-Unterlagen-Gesetz
SU	Sowjetunion
Sup.	Superintendent
ThStA	Theologische Studienabteilung
TKO	Technische Kontrollorganisation
UNO	United Nations Organisation – Vereinte Nationen
ÜSE	Übersiedlungsersuchende (nach der KSZE-Vereinbarung)
UWE	Umwelt – Wasser – Energie (Fachbereich bei Behörden, Betrieben etc.)
VAVO	Veranstaltungsverordnung von 1980
VEB	Volkseigener Betrieb
VEG	Volkseigenes Gut
VEK	Vereinigte Evangelische Kirche in der DDR (nicht zustande gekommen)
VELK(D)	Vereinigte Evangelisch-Lutherische Kirche (Deutschlands)
Verf.	Verfasser
V-IM	Vorlauf-IM, zur Werbung als IM vorgesehen, auch: VIM
VP	Volkspolizei, urspr. DVP – Deutsche Volkspolizei

VPKA	Volkspolizeikreisamt
VR	Volksrepublik
(V)VS	(Vertrauliche) Verschlusssache
VSH-Kartei	Vorverdichtungs-, Such- und Hinweiskartei

WAK	Weimarer Arbeitskreis
WKK	Wehrkreiskommando
WS	Wasserschutzpolizei

ZA	Zentralarchiv (der BStU)
ZAIG	Zentrale Auswertungs- und Informationsgruppe (MfS)
ZevKR	Zeitschrift für evangelisches Kirchenrecht
ZK	Zentralkomitee (der SED)

Literatur

Die Menge der Veröffentlichungen zum Thema Staatssicherheit (und Kirche) ist 2008 auf ein solches Übermaß angewachsen, dass in dieses Verzeichnis nicht alle einschlägige Literatur aufgenommen werden konnte. Das gilt u. a. beispielsweise von den einzelnen Titeln des »MfS-Handbuches« der BStU, das in immer neuen Folgen erscheint, für Arbeiten zur Stasiproblematik Pflichtlektüre darstellt und auch in dieser Studie mit Gewinn genutzt wurde. Im Übrigen erwies sich die Beschränkung auf eine Auswahl besonders hilfreicher Titel für den Fortgang dieser Studie als unumgänglich.

Ins Verzeichnis nicht aufgenommen wurden die per Forschungsauftrag zur Einsichtnahme vorgelegten MfS-Akten sowie meine eigenen »Opferakten«. Sie werden im Text mit Archiv- und Registratursignatur in der Fußnote dort angegeben, wo sie zitiert sind bzw. auf sie Bezug genommen wird.

Agende für Evangelisch-Lutherische Kirchen und Gemeinden, Bd. IV: Ordination und Einsegnung, Einführungshandlungen, Einweihungshandlungen, 2. Aufl. Berlin/Hamburg 1966 und neu bearbeitete Ausgabe 1987

Akademie des Ministeriums für Innere Angelegenheiten der UdSSR: Geschichte der Sowjetmiliz, übersetzt und herausgegeben von Ministerium des Inneren der DDR, Berlin 1983.

Arnold, Karl-Heinz: Schild und Schwert. Das Ende von Stasi und Nasi, Berlin 1995.

Auer, Frank von (Hg.): Vom Widerstand zur Gestaltung. Gewerkschaften im Aufbruch Europas, Mössingen-Talheim 1991.

Auerbach, Thomas: Vorbereitung auf den Tag X. Die geplanten Isolierungslager des MfS, unter Mitarb. von Wolf-Dieter Sailer, Berlin 1994.

Autorenkollektiv des ZK der SED (Leiter Gerhard Roßmann): Geschichte der SED (Abriß), Berlin 1978.

Bahrmann, Hannes/Links, Christoph: Chronik der Wende. Die Ereignisse in der DDR zwischen 7. Oktober 1989 und 18. März 1990, Berlin 1999.

Baier, Helmut (Hg.): Kirche und sozialistischer Staat. Umbruch und Wandel 1945–1990, Referate und Fachvorträge des 7. Internationalen Kirchenarchivtags Prag 1995, Neustadt an der Aisch, 1996.

Barth, Karl: Brief an einen Pfarrer in der Deutschen Demokratischen Republik, St. Gallen 1958.

Beier, Peter: Die »Sonderkonten Kirchenfragen«. Sachleistungen und Geldzuwendungen an Pfarrer und kirchliche Mitarbeiter als Mittel der DDR-Kirchenpolitik (1955–1989/90). Mit einer Einführung in das Forschungsprojekt »Kirche und Staat in der DDR« von Joachim Mehlhausen, Göttingen 1997.

Bennewitz, Inge/Potratz, Rainer: Zwangsaussiedlungen an der innerdeutschen Grenze.

Analysen und Dokumente, 2. Aufl. Berlin 1997.

Bensussan, Agnès/Dakowska, Dorota/Beaupré, Nicolas (Hg.): Die Überlieferung der Diktaturen: Beiträge zum Umgang mit Archiven der Geheimpolizei in Polen und Deutschland nach 1989, Essen 2004.

Besier, Gerhard: Der SED-Staat und die Kirche. Der Weg in die Anpassung, München 1993.

Ders.: Aus der Resistenz in die Kooperation. Der »Thüringer Weg« zur »Kirche im Sozialismus«, in: Günther Heydemann/ Lothar Kettenacker (Hg.): Kirche in der Diktatur. Drittes Reich und SED-Staat, Göttingen 1993.

Ders.: Die evangelische Kirche in den Umbrüchen des 20. Jahrhunderts, Bd. 2, Historisch-theologische Studien zum 19. und 20. Jahrhundert, Neukirchen 1994.

Ders./Wolf, Stephan (Hg.): »Pfarrer, Christen, Katholiken«. Das Ministerium für Staatssicherheit der ehemaligen DDR und die Kirchen, Neukirchen-Vluyn 1991.

Bethge, Eberhard: Dietrich Bonhoeffer. Theologe – Christ – Zeitgenosse. Eine Biographie, 7., aktualisierte Aufl. Gütersloh 2001.

Bill, Günter Ingo (Hg.): Die »Gauck-Behörde«. Institutionalisierung der Erinnerung durch »Aufarbeitung der Vergangenheit«, Dokumentation Deutsche Welle, Köln 1997.

Blaich, Walter (Hg.): »Evangelium und Kirche«: Rundbriefe 1/92, Stuttgart 1992.

Bloch, Ernst: Werkausgabe Bd. 5, Das Prinzip Hoffnung, 7. Aufl. Frankfurt am Main 2004.

Bonhoeffer, Dietrich: Gemeinsames Leben, Berlin 1954.

Ders.: Nachfolge, Berlin 1954.

Ders.: Schöpfung und Fall. Theologische Auslegung von Genesis 1–3, Berlin 1960.

Ders.: Widerstand und Ergebung, Briefe und Aufzeichnungen aus der Haft, herausgegeben von Gremmels, Christian/

Bethge, Eberhard/Bethge, Renate, in Zusammenarbeit mit Ilse Tödt, Gütersloh, 1998.

Braun, Matthias: Kulturinsel und Machtinstrument. Die Akademie der Künste, die Partei und die Staatssicherheit, Göttingen 2007.

Brecht, Bertolt: An die Nachgeborenen. Gedichte, Bd. IV, Berlin 1961.

Ders.: Me-ti, Buch der Wendungen, 7. Aufl. Frankfurt am Main 1992.

BStU: Abkürzungsverzeichnis. Häufig verwendete Abkürzungen und Begriffe des Ministeriums für Staatssicherheit, 8., völlig neu bearb. und erw. Aufl. Bonn 2007, zusammengestellt u. bearb. von Ralf Blum u.a.

Ders. (Hg.): Abteilung Bildung und Forschung. Die ersten zehn Jahre – eine Bilanz, Berlin 2004.

Ders. (Hg.): Achter Tätigkeitsbericht der Bundesbeauftragten Marianne Birthler 2007.

Ders. (Hg.): Entscheidung gegen das Schweigen. 15 Jahre Einsicht in die Stasi-Unterlagen, Berlin 2007.

Ders. (Hg.): Jahresberichte des/der Bundesbeauftragten bis einschließlich 2007.

Ders. (Hg.): Zehn Jahre Stasi-Unterlagen-Gesetze, Berlin 2001.

Bürgerkomitee des Landes Thüringen e.V.: »Im Interesse eines guten Verhältnisses I«. Die Zusammenarbeit der Staatsorgane und des MfS gegenüber der Ev. Luth. Landeskirche Thüringens, Heft 6, o.J.

Dass.: »Im Interesse eines guten Verhältnisses II«. Die Zusammenarbeit der Staatsorgane und des MfS gegenüber der Ev. Luth. Landeskirche Thüringens, Heft 8, o.J.

Bund der Evangelischen Kirchen in der DDR (Hg.): Zwischen Anpassung und Verweigerung, herausgegeben von Christoph Demke, Leipzig 1994.

Ders. (Hg.): Kirche als Lerngemeinschaft. Dokumente aus d. Arbeit d. Bundes d. Evang. Kirchen in d. DDR, Berlin 1981.

Ders. (Hg.): Gemeinsam unterwegs. Dokumente aus d. Arbeit d. Bundes d. Evang. Kirchen in d. DDR, Berlin 1981.

Bund der Stalinistisch Verfolgten e. V. Landesverband Thüringen (Hg.): Warum die Stasi ausgezeichnete Fachleute des ITK in Hermsdorf/Thür. zersetzen wollte, Gera 2000.

Bundesministerium für Innerdeutsche Beziehungen (Hg.): DDR-Handbuch, 3. überarb. u. erw. Aufl. Köln 1985 (2 Bde).

Burkhardt, Armin/Fritzsche, K. Peter (Hg.): Sprache im Umbruch. Politischer Sprachwandel im Zeichen von »Wende« und Vereinigung, Berlin/New York 1992.

Buschfort, Wolfgang: Parteien im Kalten Krieg. Die Ostbüros von SPD, CDU und FDP, Berlin 2000.

Buthmann, Reinhard: Die Objektdienststellen des MfS, Berlin 1999.

Ciesla, Burghard (Hg.): Freiheit wollen wir! Der 17. Juni 1953 in Brandenburg, Berlin 2003.

Deutscher Bundestag, 12. Wahlperiode, Enquetekommission Aufarbeitung von Geschichte und Folgen der SED-Diktatur in Deutschland, Protokoll Nr. 56, Erfurt 1993.

Deutz-Schroeder, Monika/Schroeder, Klaus: Soziales Paradies oder Stasi-Staat? Das DDR-Bild von Schülern – ein Ost-West-Vergleich, Berlin/München 2008.

Die Geschichte des Bürgerkomitees in Erfurt. Zeitzeugenberichte, herausgegeben von der Thüringer Landesbeauftragten für die Unterlagen des Staatssicherheitsdienstes der ehemaligen DDR und der »Gesellschaft für Zeitgeschichte« e. V., Erfurt 2004.

Dieckmann, Christoph: Time is on my side. Ein deutsches Heimatbuch, Berlin 1995.

Diedrich, Torsten (Hg.): Staatsgründung auf Raten. Zu den Auswirkungen des Volksaufstandes 1953 und des Mauerbaus auf Staat, Militär und Gesellschaft in der DDR, Berlin 2005.

Dietrich, Christian/Jander, Martin: Die Revolution in Thüringen. Die Sonderrolle des »Südens« im Jahr 1989, in: Günther Heydemann (Hg.): Revolution und Transformation in der DDR 1989/90, Berlin 1999.

Dippel, Carsten: Ausreiseproblematik und Evangelische Kirche, in: Deutschland Archiv 4/2003.

Dohle, Horst: Grundzüge der Kirchenpolitik der SED zwischen 1968 und 1978, unveröffentlichte Dissertation, Akademie für Gesellschaftswissenschaften beim ZK der SED, Berlin 1988.

Dornheim, Andreas/Schnitzler, Stephan (Hg.): Thüringen 1989/90. Akteure des Umbruchs berichten, Erfurt 1995.

Eckardt, Michael: Der Philosoph und Wissenschaftstheoretiker Georg Klaus, in: Deutschland Archiv 3/2002, 344 f.

Eichhorn, Wolfgang u. a. (Hg.): Wörterbuch der marxistisch-leninistischen Soziologie, Berlin 1969.

Eisenfeld, Bernd/Kowalczuk, Ilko Sascha/Neubert, Ehrhart: Die verdrängte Revolution. Der Platz des 17. Juni 1953 in der deutschen Geschichte, Bremen 2004.

Eisenfeld, Peter: »... rausschmeißen ...«. Zwanzig Jahre politische Gegnerschaft in der DDR, Bremen 2002.

Ellmenreich, Renate: Matthias Domaschk. Die Geschichte eines politischen Verbrechens in der DDR und die Schwierigkeiten, dasselbe aufzuklären, herausgegeben vom Landesbeauftragten des Freistaates Thüringen für die Unterlagen des Staatssicherheitsdienstes der Ehemaligen DDR, Erfurt 1996.

Elster, Jon: Die Akten schließen. Recht und Gerechtigkeit nach dem Ende von Diktaturen, Bonn 2005.

Engelmann, Roger/Großbölting, Thomas/Wentker, Hermann (Hg.): Kommunismus in der Krise. Die Entstalinisierung 1956 und die Folgen, Göttingen 2008.

Ders.: Zu Struktur, Charakter und Bedeutung der Unterlagen des Ministeriums für Staatssicherheit, BStU, Abteilung Bildung und Forschung 1994.

Ders./Kowalczuk, Ilko Sascha (Hg.): Volkserhebung gegen den SED-Staat. Eine Bestandsaufnahme zum 17. Juni 1953, Göttingen 2005.

Ders./Vollnhals, Clemens: Justiz im Dienste der Parteiherrschaft. Rechtspraxis und Staatssicherheit in der DDR, Berlin 1999.

Erhart, Walter/Jaumann, Herbert (Hg.): Jahrhundertbücher. Große Theorien von Freud bis Luhmann, München 2000.

Eulenspiegel Verlag (Hg.): Das dicke DDR-Buch, Berlin 2002.

Evangelische Kirche in Deutschland (Hg.): Aus Gottes Frieden leben – für gerechten Frieden sorgen. Eine Denkschrift des Rates der Evangelischen Kirche in Deutschland, Gütersloh 2007.

Falcke, Heino: Verdrängen, vergelten oder versöhnen? Über den Umgang mit der Wahrheit , in: Ökumenische Rundschau 42 (3/1993), 346–359.

Findeis, Hagen/Pollack, Detlef (Hg.): Selbstbewahrung oder Selbstverlust. Bischöfe und Repräsentanten der evangelischen Kirchen in der DDR über ihr Leben. 17 Interviews, Berlin 1999.

Fischer, Konrad: »Ohn menschlichen Gewalt, sondern allein durch Gottes Wort« – Melanchthons Konzept einer geistlichen Kybernetik, Deutsches Pfarrerblatt, 107 (12/2007).

Fricke, Karl Wilhelm/Engelmann, Roger: Der »Tag X« und die Staatssicherheit. 17. Juni. Reaktionen und Konsequenzen im DDR-Machtapparat, Bremen 2003.

Frisch, Max: Tagebuch 1946–1949, Frankfurt am Main 1950, 61.

Gadamer, Hans-Georg: Wahrheit und Methode. Grundzüge einer philosophischen Hermeneutik, 4. Aufl. Tübingen 1975, 251.

Gatzmaga, Ditmar/Voß, Thomas: Auferstehen aus Ruinen. Arbeitswelt und Gewerkschaften in der früheren DDR, Marburg 1991.

Gerhold, Gerhard: Sozialismus und Protestantismus, Salzburg 1981.

Geschichtswerkstatt Jena e.V. (Hg.): Zeitschrift »Gerbergasse 18« 8 (29/2003).

Gieseke, Jens: Die hauptamtlichen Mitarbeiter der Staatssicherheit. Personalstruktur und Lebenswelt 1950–1989/90, Berlin 2000.

Ders. (Hg.): Staatssicherheit und Gesellschaft. Studien zum Herrschaftsalltag in der DDR, Göttingen 2007.

Gill, David/Schröter, Ulrich: Das Ministerium für Staatssicherheit. Anatomie des Mielke-Imperiums, Reinbek bei Hamburg 1993.

Golz, Hans-Georg: Friedensbewegung und Menschenrechte. Tagungsbericht Amsterdam 8.–10. März 2002, in: Deutschland Archiv 3/2002, 471–474.

Grafe, Roman: Deutsche Gerechtigkeit. Prozesse gegen DDR-Grenzschützen und ihre Befehlsgeber, München 2004.

Granzow, Joachim/Suckut, Siegfried (Hg.): Die Löwengrube. Als Arzt in DDR-Haftanstalten Mitte der fünfziger Jahre. Ein Erlebnisbericht, Berlin 2005.

Große, Ludwig/Schultze, Harald/Winter, Friedrich: Überprüfungen auf Stasikontakte in den östlichen Gliedkirchen der DDR. Dokumentation und Kommentar, in: Zeichen der Zeit 51 (1997), Beiheft 1.

Gruhle, Jürgen: »Ohne Gott und Sonnenschein«, Nauendorf 2000.

Hammer, Walter/Heidingsfeld, Uwe-Peter: Die Konsultationen. Ein Ausdruck der »besonderen Gemeinschaft« zwischen der Evangelischen Kirche in Deutschland und dem Bund der Evangelischen Kirchen in der Deutschen Demokratischen Republik in den Jahren 1980 bis 1990, Frankfurt am Main 1995.

Hašek, Jaroslav: Die Abenteuer des braven Soldaten Schwejk, Berlin 1962.

Heidingsfeld, Uwe-Peter/Schröter, Ulrich: »Meister«. Die MfS-Vorlaufsakte des Thüringer Landesbischofs Werner Leich im Spiegel seiner Vermerke, idea-Dokumentation 15/1996.

Heine, Heinrich: Buch der Lieder, Leipzig 2008.

Herbstritt, Georg: Bundesbürger im Dienst der DDR-Spionage. Eine analytische Studie, Göttingen 2007.

Ders./Müller-Enbergs, Helmut (Hg.): Das Gesicht dem Westen zu … DDR-Spionage gegen die Bundesrepublik Deutschland, Bremen 2003.

Hertle, Hans-Hermann/Wolle, Stefan: Damals in der DDR, Taschenbuchausgabe, München 2006.

Herz, Andrea: Das MfS in Thüringen. Ein erster Überblick, Erfurt 1998.

Heym, Stefan: Der König-David-Bericht. Roman, 2. Aufl. Berlin 1974.

Höppner, Reinhard (Hg.): Bleiben, wohin Gott uns gestellt hat. Zeitzeugen berichten über die Kirche in der DDR, Leipzig 2004.

Hoffmann, Paul: Politische Todesurteile gegen Johann Muras und Ernst Wilhelm 1952 und die Rehabilitierung 1991, Erfurt 2005.

Hohmann, Martin: Schwerter zu Pflugscharen. Die Friedensarbeit der evangelischen Kirchen in der DDR 1981/82 – dargestellt an Beispielen aus der Evangelischen Kirche der Kirchenprovinz Sachsen, Berlin 1998.

Honecker, Erich: Moabiter Notizen. Letztes schriftliches Zeugnis und Gesprächsprotokolle vom BRD-Besuch 1987 aus dem persönlichen Besitz Erich Honeckers 2. Aufl. Berlin 1994.

Ders.: Aus meinem Leben, 13. Aufl. Berlin 1988.

Jankowski, Martin: Der Tag, der Deutschland veränderte. 9. Oktober 1989, Leipzig 2007.

Jüngel, Eberhard/Schunack, Gerd (Hg.): Lesebuch. Ausgewählte Texte/Ernst Fuchs, Tübingen 2003.

Kafka, Franz: Romane und Erzählungen, Ausgabe für die DDR, Berlin 1965.

Kierkegaard, Søren: Die Krankheit zum Tode, München 1969.

Kirche von unten (Hg.): Wunder gibt es immer wieder. Fragmente zur Geschichte der Offenen Arbeit Berlin und der Kirche von unten, Berlin 1997.

Klaus, Georg/Buhr, Manfred: Philosophisches Wörterbuch, 5., unveränd. Aufl. Leipzig 1966.

Kleßmann, Christoph u. a. (Hg.): Deutsche Vergangenheiten – eine gemeinsame Herausforderung. Der schwierige Umgang mit der doppelten Nachkriegsgeschichte, Berlin 1999.

Knabe, Hubertus: West-Arbeit des MfS. Das Zusammenspiel von »Aufklärung« und »Abwehr«, Berlin 1999.

Ders.: Der diskrete Charme der DDR. Stasi und Westmedien, Berlin 2001.

Koch, Christine: Die Junge Gemeinde der evangelischen Landeskirchen in Sachsen und Thüringen 1945–1953. Dargestellt unter der besonderen Berücksichtigung des Konflikts zwischen Staat und kirchlicher Jugendarbeit, Regensburg 2000.

Koch, Ernst: 75 Jahre Protestantismus in Thüringen 1921–1996. Beobachtungen zum Weg einer jungen mitteldeutschen Landeskirche, Blätter des Vereins für Thüringische Kirchengeschichte 7/1997.

Kowalczuk, Ilko-Sascha (unter Mitarb. v. Gudrun Weber): »17.6.1953: Volksaufstand in der DDR«, BStU, Berlin 2003.

Krone, Tina/Kukutz, Irena/Leide, Henry: Wenn wir unsere Akten lesen. Handbuch zum Umgang mit den Stasi-Akten, Berlin 1992.

Dies./Schult, Reinhard: »Seid untertan der Obrigkeit«, Originaldokumente der Stasi-Kirchenabteilung XX/4, Berlin 1992.

Krusche, Werner: Ich werde nie mehr Geige spielen können, Stuttgart 2007.

Kunze, Reiner: Brief mit blauem Siegel, Leipzig 1974.

Kurschat, Andreas/Schultze Harald (Hg.) unter Mitarb. v. Claudia Bendick: »Ihr Ende schaut an …«. Evangelische Märtyrer des 20. Jahrhunderts, Leipzig 22008.

Landtag Brandenburg, I. Wahlperiode, Drucksache 1/3009, Bericht des Untersuchungsausschusses I/3, 30.05.1994, mit Teil B – Anlage.

Leich, Werner: Du aber bleibst im Wechsel der Horizonte – Lebenserinnerungen, 3. Aufl. Weimar 2002.

Ders.: Gesandt zum Dienst, Weimar 2002.

Ders.: Erfahrungen mit der Formel »Kirche im Sozialismus«, in: Deutschland Archiv 27/1994, 329–332.

Leide, Henry: NS-Verbrecher und Staatssicherheit. Die geheime Vergangenheitspolitik der DDR, Göttingen 2005.

Leiner, Martin u. a. (Hg.): Gott mehr gehorchen als den Menschen. Christliche Wurzeln, Zeitgeschichte und Gegenwart des Widerstands, Göttingen 2005.

Lenin, Wladimir Iljitsch, Werke, 2. Aufl. Berlin 1963.

Lenski, Katharina u. a. (Hg.): Die »andere« Geschichte. Kirche und MfS in Thüringen, Erfurt 1993.

Dies./Merker, Reiner: Zwischen Diktat und Diskurs. Oppositionelle Handlungsräume in Gera in den 80er Jahren, Thüringer Archiv für Zeitgeschichte »Matthias Domaschk«, Jena 2006, herausgegeben von der Landesbeauftragten des Frei-

staates Thüringen für die Unterlagen des Staatssicherheitsdienstes der Ehemaligen DDR.

Liebknecht, Wilhelm: Volksfremdwörterbuch, 22., neue, umgearb. u. gekürzte Aufl. Berlin 1953.

Löhn, Hans-Peter: Spitzbart, Bauch und Brille – sind nicht des Volkes Wille! Der Volksaufstand am 17. Juni 1953 in Halle an der Saale, Bremen 2003.

Martin-Luther-King-Zentrum für Gewaltfreiheit und Zivilcourage – Archiv der Bürgerbewegung Südwestsachsens (Hg.): Raum für Güte und Gewissen. Das christliche Friedensseminar Königswalde im damaligen Bezirk Karl-Marx-Stadt/DDR 1973–1990, Königswalde/Werdau 2004.

Maser, Peter: Glauben im Sozialismus: Kirchen und Religionsgemeinschaften in der DDR, Berlin 1989.

Ders.: Die Einwirkungen der SED-Diktatur auf die (evangelischen) Kirchen, in: Veröffentlichung der Arbeitsgemeinschaft der Archive und Bibliotheken in der evangelischen Kirche, Nr. 22.

Mau, Rudolf: Eingebunden in den Realsozialismus? Die evangelische Kirche als Problem der SED, Göttingen 1994.

Mitter, Armin/Wolle, Stefan: »Ich liebe euch doch alle! « Befehle und Lageberichte des MfS, Januar–November 1989. 2. Aufl. 50.–150. Tsd. Berlin, 1990.

Mitzenheim, Moritz/Björkman, Thomas (Hg.): Die Evangelisch-Lutherische Kirche in Thüringen 1945–1970, Kirche und Politik, Lund 1993.

Ders./Björkman, Thomas (Hg.): Ein Lebensraum für die Kirche. Die Rundbriefe von Landesbischof D. Mitzenheim 1945–1970, Lund 1991.

Möller, Klaus-Peter: Der wahre E. ein Wörterbuch der DDR-Soldatensprache, Berlin 2000.

Morgenstern, Christian: Alle Galgenlieder.

Galgenlieder, Palmström, Palma Kunkel, Gingganz. – Gedichte, Leipzig 1953.

Müller, Hanfried, Von der Kirche zur Welt. Ein Beitrag zu der Beziehung des Wortes Gottes auf die societas in Dietrich Bonhoeffers theologischer Entwicklung (Diss. Berlin 1956), 2. Aufl. Leipzig 1966.

Müller-Enbergs, Helmut (Hg.): Inoffizielle Mitarbeiter des Ministeriums für Staatssicherheit, Teil 3: Statistik, Berlin 2008.

Neubert, Ehrhart: Untersuchung zu den Vorwürfen gegen den Ministerpräsidenten des Landes Brandenburg Dr. Manfred Stolpe, herausgegeben von der Fraktion Bündnis im Landtag Brandenburg, Potsdam 1993.

Ders.: »Kirche und Stasi in Thüringen – Erträge und Perspektiven«, in: Stasi-Aufarbeitung in der Thüringer Landeskirche. Dokumentation einer Tagung der Evangelischen Akademie Thüringen, Guthmannshausen, 29. September bis 1. Oktober 2006, epd-Dokumentation 16/2007, Frankfurt am Main 2007.

Ders.: Vergebung oder Weißwäscherei? Zur Aufarbeitung des Stasiproblems in den Kirchen, Freiburg im Breisgau 1993.

Ders.: Unsere Revolution, Die Geschichte der Jahre 1989/90, München/Zürich 2008.

Ders./Auerbach, Thomas: Es kann anders werden. Opposition und Widerstand in Thüringen 1945–1989, Köln/Weimar/Wien 2005.

Ders.: »gründlich ausgetrieben« Eine Studie zum Profil und zur psychosozialen, kulturellen und religiösen Situation von Konfessionslosigkeit in Ostdeutschland und den Voraussetzungen kirchlicher Arbeit (Mission), Berlin 1996.

Neubert, Hildigund: Die kirchliche Stasi-Aufarbeitung im Vergleich mit anderen gesellschaftlichen Institutionen, in: Stasi-Aufarbeitung in der Thüringer Landeskirche. Dokumentation einer Tagung der Evangelischen Akademie Thüringen, Guthmannshausen, 29. September bis 1. Oktober 2006, epd-Dokumentation 16/2007, Frankfurt am Main 2007.

Petzold, Klaus/Raschzok, Klaus (Hg.): »Vertraut den neuen Wegen«. Praktische Theologie zwischen Ost und West. Festschrift für Klaus-Peter Hertzsch zum 70. Geburtstag, Leipzig 2000.

Planer-Friedrich, Götz: Einfallstore für die Stasi. Der Thüringer Weg systemkonformer Kirchenpolitik, in: Evangelische Kommentare 25 (2/1992).

Polzin, Arno: Der Wandel Robert Havemanns vom inoffiziellen Mitarbeiter zum Dissidenten im Spiegel der MfS-Akten, Berlin 2005.

Ritter, Jürgen/Lapp, Peter Joachim: Die Grenze. Ein deutsches Bauwerk, 3. Aufl. Berlin 1999.

Riemann, Dietmar: Laufzettel. Tagebuch einer Ausreise, Göttingen 2005.

Rogge, Joachim/Zeddies, Helmut: Kirchengemeinschaft und politische Ethik. Ergebnis eines theologischen Gespräches zum Verhältnis von Zwei-Reiche-Lehre und Lehre von der Königsherrschaft Christi, Berlin 1980.

Sachse, Christian (Hg.): »Mündig werden zum Gebrauch der Freiheit«. Politische Zuschriften an die Ökumenische Versammlung 1987–89 in der DDR, Münster 2004.

Sass, Ulrich von/Suchodoletz, Harriet: »Feindlich-negativ«. Zur politisch-operativen Arbeit einer Stasi-Zentrale, Berlin 1990.

Schäfer, Bernd: »Schwarze Kutten«. Staat und katholische Kirche im Bezirk Suhl bzw. im Bischöflichen Kommissariat Meiningen zwischen 1958 und 1966, herausgegeben vom Bürgerkomitee des Landes Thüringen e. V., Suhl, 1999.

Scheer, Udo/Schmitt, Oliver/Voigt, Heinz: Auf einen Blick. Leitfaden zur regionalen Geschichtsschreibung, herausgegeben von der Thüringer Staatskanzlei, Jena 2000.

Schollwer, Wolfgang: »Gesamtdeutschland ist uns Verpflichtung«. Aufzeichnungen aus dem FDP-Ostbüro 1951–1957, Bremen 2004.

Schwarz, Hans-Peter: Die Bundesrepublik Deutschland. Eine Bilanz nach 60 Jahren, Köln/Weimar/Wien 2008.

Schreiter, Jörg: Hermeneutik – Wahrheit und Verstehen. Darstellung und Texte, Berlin 1988.

Schröder, Richard: Wir brauchen eine Auslegungskunde für Stasi-Akten, in: Die Kirche 20/1992 (1. Mai 1992).

Schröter, Ulrich/Zeddies, Helmut (Hg.): Nach-Denken. Zum Weg des Bundes der evangelischen Kirchen in der DDR, Frankfurt am Main 1995.

Schultze, Harald: Die Stasi-Aufarbeitung der Kirchenprovinz Sachsen, in: Stasi-Aufarbeitung in der Thüringer Landeskirche. Dokumentation einer Tagung der Evangelischen Akademie Thüringen, Guthmannshausen, 29. September bis 1. Oktober 2006, epd-Dokumentation 16/2007, Frankfurt am Main 2007.

Ders./Zachhuber, Waltraut: Spionage gegen eine Kirchenleitung. Detlef Hammer, Stasi-Offizier im Konsistorium Magdeburg, Magdeburg 1994.

Sedler, Karin/Schurich, Frank-Rainer/Schumann, Frank: Glaubenskrieg. Kirche im Sozialismus. Zeugnisse und Zeugen eines Kulturkampfes, Berlin 1995.

Seidel, Thomas A. (Hg.): Gottlose Jahre? Rückblicke auf die Kirche im Sozialismus der DDR, Leipzig 2002.

Ders.: (Hg.): Thüringer Gratwanderungen. Beiträge zur fünfundsiebzigjährigen Geschichte der evangelischen Landeskirche Thüringens, Leipzig 1998.

Sekretariat des Bundes der Evangelischen Kirchen in der DDR: Findbuch zum Bestand 101 des Evangelischen Zentralarchivs in Berlin, bearb. von Ruth Pabst, Neustadt an der Aisch 2005.

Silomon, Anke: Synode und SED-Staat. Die Synode des Bundes der Evangelischen Kirchen in der DDR in Görlitz vom 18.–22. September 1987, Göttingen 1997.

Stegmann, Erich: Der Kirchenkampf in der Thüringer Evangelischen Kirche 1933–1945, Berlin 1984.

Stein, Eberhard: »Sorgt dafür, daß sie die Mehrheit nicht hinter sich kriegen!«. MfS und SED im Bezirk Erfurt, BStU, Berlin 1999.

Suckut, Siegfried (Hg.): Das Wörterbuch der Staatssicherheit. Definitionen des MfS zur »politisch-operativen Arbeit«, Berlin 1993.

Ders./Weber, Jürgen (Hg.): Stasi-Akten zwischen Politik und Zeitgeschichte, München 2003.

Süß, Walter: Staatssicherheit am Ende. Warum es den Mächtigen nicht gelang, 1989 eine Revolution zu verhindern, Berlin 1999.

Tasche, Brigitte: Barfuss. Wege meines Lebens durch zwei Diktaturen, Gera 2004.

Teske, Regina: Staatssicherheit auf dem Dorfe. Zur Überwachung der ländlichen Gesellschaft vor der Vollkollektivierung 1952 bis 1958, Berlin 2006.

Tröger, Karl-Wolfgang (Hg.): Glaube und Weltverantwortung, Berlin 1987. Vom Wert der Freiheit. 8. Kongress der Landesbeauftragten für die Unterlagen des Staatssicherheitsdienstes der ehemaligen DDR und Stiftung zur Aufarbeitung der SED-Diktatur mit den Verfolgtenverbänden und Aufarbeitungsinitiativen, Mai 2004 in Jena, Erfurt 2004.

Unverhau, Dagmar (Hg.): Hatte »Janus« eine Chance? Das Ende der DDR und die Sicherung einer Zukunft der Vergangenheit, Münster 2003.

Unverhau, Dagmar: Das »NS-Archiv« des Ministeriums für Staatssicherheit. Stationen einer Entwicklung, 2. durchgesehene Auflage Münster 2004.

Dies. (Hg.): Das Stasi-Unterlagen-Gesetz im Lichte von Datenschutz und Archivgesetzgebung, 2., durchges. Aufl. Münster 2003.

Dies. (Hg.): Kartenverfälschung als Folge übergroßer Geheimhaltung? Eine Annäherung an das Thema Einflussnahme der Staatssicherheit auf das Kartenwesen der DDR, 2., durchges. Aufl. Münster 2003.

Vollnhals, Clemens: Die Kirchenpolitik von SED und Staatssicherheit. Eine Zwischenbilanz, Berlin 1996.

Ders.: Die Akte »Karl«, in: Deutschland Archiv 27/1994, 332 – 336.

Ders.: Die kirchenpolitische Abteilung des Ministeriums für Staatssicherheit, Berlin 1997.

Vester, Michael/Hofmann, Michael/Zierke, Irene: Soziale Milieus in Ostdeutschland. Gesellschaftliche Strukturen zwischen Zerfall und Neubildung, Köln 1995.

Wähler, Klaus: Zur Rechtsprechung der kirchlichen Disziplinargerichte in sog. »Stasi-Fällen«, in: Zeitschrift für evangelischen Kirchenrecht 45 (4/2000).

Wagner-Kyora, Georg: Eine protestantische Revolution in Halle, in: Günther Heydemann (Hg.): Revolution und Transformation in der DDR 1989/90, Berlin, 1999.

Weispfenning, Walter: Der Umgang mit MfS-Belastungen kirchlicher Mitarbeiter in der Evangelisch-Lutherischen Kirche in Thüringen. Aufarbeitung von Stasi-Verstrickungen – Ein Bericht im Auftrag des Landeskirchenrates der Evangelisch-Lutherischen Kirche in Thüringen von Oberkirchenrat i. R. Walter Weispfenning, Eisenach, September 2006, epd-Dokumentation 40/2006, Frankfurt am Main 2006.

Ders./Wiegand, Dietmar: Der Umgang mit MfS-Belastungen in der Evangelisch-Lutherischen Kirche in Thüringen, in: Stasi-Aufarbeitung in der Thüringer Landeskirche. Dokumentation einer Tagung der Evangelischen Akademie Thüringen, Guthmannshausen, 29. September bis 1. Oktober 2006, epd-Dokumentation 16/2007, Frankfurt am Main 2007.

Wernicke, Rolf: Zur Auflösung der MfS-Kreisdienststelle Saalfeld, Erfurt 2003.

Bibelstellenregister

Reden und Handeln der Kirche gründen im biblischen Wort. Deshalb stehen Bibeltexte als Entscheidungsgründe an wichtigen Stellen dieser Arbeit. Denn Bibeltexte bestimmen Einsichten und Entscheidungen der Kirchen und ihrer Glieder nicht nur in herausgehobenen Zeiten.

Von diesen Texten kann nur eine sehr begrenzte Auswahl genannt werden. Denn allein die Fülle der Predigttexte erstreckt sich mit sechs Predigtreihen über sechs Jahre. Je eine Textreihe bestimmt also das Kirchenjahr. Der gleiche Text kehrt erst nach sechs Jahren wieder. Ganze Jahresreihen müssten auszitiert werden, um auch die Korrespondenz von biblischer Botschaft, ihrer Auslegung und dem aktuellen politischen Handeln nachzuzeichnen. Dabei sind die parallel laufenden täglichen Bibellesen und die für jeden Tag ausgelosten Sätze der weltweit verbreiteten Herrnhuter Losungen noch nicht einmal genannt.

Personenregister

In das Personenregister wurden neben zitierten Autoren, Personen der Zeitgeschichte und verantwortlichen Mitarbeitern des MfS auch Namen von Gemeindegliedern und kirchlichen Mitarbeitern aufgenommen. Darunter finden sich solche mit scheinbar nur lokaler und regionaler Bedeutung: Kirche lebt und wirkt aber nur als ganze. So wird vermieden, im Rückblick auf Kirche in der DDR und ihre Gegner vor und danach stets die gleiche, ständig enger begrenzte, weil immer wieder abgeschriebene Auswahl von Namen zu wiederholen. Eine Beschränkung auf bereits bekannte Figuren vermittelt das falsche Bild, als sei die Auseinandersetzung mit dem atheistisch sich verstehenden Staat die Sache einiger herausragender Persönlichkeiten und weniger repräsentativer Gruppen an bestimmten Brennpunkten gewesen. Das ist historisch falsch.

Den eigentlichen Trägern jahrzehntelangen Ringens mit dem militanten Atheismus geschieht so in mehrfacher Weise Unrecht:

- Kirche handelt immer nur als Gemeinschaft unterschiedlicher Menschen. Ihre Gesamtleistung erwächst aus Dienst und Zeugnis aller ihrer Glieder. Der Einzelne erfährt sich als ein Glied in der Gesamtgemeinschaft und wird von dieser getragen.[1729]
- Spektakuläre Einzelaktionen sind stets nur ein Teil kirchlichen Lebens. Sie haben zu Veränderungen in der DDR beigetragen, sie aber weder ausgelöst, geschweige denn über längere Zeit durchgehalten.

Auch hier aufgenommene Namen stellen nur einen verschwindend kleinen Bruchteil der Zahl von Gemeindegliedern dar, für die sie stehen: Für die Mütter und Väter, die um ihrer Kinder willen widerstanden, und die niemand nennt. Für die Jugendlichen auch und ihre Großeltern zumal, die sich nicht beugen ließen. Für viele unbekannte Einzelne und die Gemeinde und deren Wirkungen in die Gesellschaft hinein. Und für kirchliche Mitarbeiter aller Verantwortungsbereiche, die zu ihrem Auftrag standen und Anwälte der Schwachen und Angefeindeten blieben.

Die gleichzeitig verzeichneten Namen ihrer Verächter geben dem Angriff auf die Kirchen und der gezielten Täuschung ihrer Glieder lediglich Gesicht und Ort. Deshalb stehen sie exemplarisch für die zahllosen Anläufe, die christliche Gemeinden mit ihren Gliedern zu bestehen hatten.

[1729] Vgl. 1.Korinther 15,10.

Sachregister

Das MfS versuchte, alle Lebensbereiche und Lebensformen zu durchdringen. Eine Untersuchung seines Einflusses auf Kirche sieht sich genötigt, die unterschiedlichsten Themen und Bereiche in Kirche, Gesellschaft und Staat im Hinblick auf ihren MfS-Bezug wenigstens zu benennen, stellenweise auch zu erörtern. Mit dem Sachregister soll versucht werden, die entsprechenden Sachzusammenhänge leichter aufzufinden, in denen eine Einzelfrage begegnet.

Dokumente

1. Dokumente zum 21. August 1968, Einmarsch der Truppen des Warschauer Paktes in die ČSSR

Solidarität mit den überfallenen Nachbarn (zu Abschnitt 20.4)

Dok. 1.1 Bitte an den Landeskirchenrat der Ev.-Luth. Kirche in Thüringen um
   – ein stellvertretendes Schuldbekenntnis und
   – öffentliches Bedauern deutscher Beteiligung am Überfall
   – mit biblischer Begründung.

Dok. 1.2 Kanzelabkündigung anstelle eines fehlenden landeskirchlichen Votums für den gleichen Bereich und thüringenweit angeboten. Die Warnung vor »öffentlichen Stellungnahmen« bezieht sich auf die von der Presse verbreiteten Zustimmungserklärungen zum Einmarsch.

Dok. 1.3 Absage eines Gespräches mit Carl Ordnung vom Hauptvorstand der CDU.

An den
Landeskirchenrat
der Ev.-Luth. Kirche in Thüringen

Zutiefst beunruhigt durch die Ereignisse der letzten Wochen
wenden wir uns an den Landeskirchenrat der Ev.-Luth. Kirche
in Thüringen mit der Bitte, mit uns die Reichweite unsrer
politischen Verantwortung zu prüfen und zugleich nach Möglichkeiten zu suchen, ihr zu entsprechen. Dazu haben uns folgende
Gründe veranlaßt:

Im Gehorsam gegen den Herrn der Kirche, der uns durch das Wort
der Schrift gebietet: "Suche Frieden und jage ihm nach!" und
uns in seiner Christenheit zu Gliedern seines Leibes gemacht hat
(1.Kor.12,12ff), haben Pfarrer unsrer Superintendentur Weimar
die Verbindung zu evangelischen Gemeinden in der CSSR gesucht
und seit Jahren gepflegt. Bei vielen Begegnungen und Gesprächen
haben wir erfahren, wie schwer noch heute die Besetzung der
Tschechoslowakei durch deutsche Truppen im Jahre 1938 das Verhältnis unsrer beiden Völker belastet und eine tiefgreifende
Aussöhnung erschwert. Daran haben offizielle Freundschaftsbekun-
dungen der verschiedensten Gremien nichts zu ändern vermocht.

Aufgrund dieser Erfahrung empfinden wir die Wiederholung
einer deutschen Besetzung tschechoslowakischen Territoriums
auch unter veränderten Begleitumständen als eine unerträgliche
Belastung der Beziehungen zwischen den Menschen in der ČSSR und
der DDR. Das Vertrauen unsrer Nachbarn und Brüder, um das wir
uns durch Jahre mit der Bitte um Vergebung geschehenen Unrechts
bemüht haben, ist im Aufkeimen vernichtet worden.

Wir sehen es daher als Aufgabe der Kirche Jesu Christi in unsern
Lande an, im Interesse einer dauerhaften Aussöhnung des deutsch
und tschechoslowakischen Volkes stellvertretend für unser wieder
schuldiggewordenes Volk diese Schuld zu bekennen. Wir halten es
für unsere Pflicht, die Beteiligung deutscher Verbände an der
militärischen Aktion auf dem Boden der CSSR zu bedauern. Zuglei

Dok. 1.1   Bitte an den Landeskirchenrat.

bitten wir Gott, uns die Möglichkeit eines echten Neubeginns
zu eröffnen.

1.Johannes 4,19: Lasset uns lieben, denn er hat uns zuerst
geliebt. So jemand spricht: Ich liebe Gott und hasset seinen
Bruder, der ist ein Lügner. Denn wer seinen Bruder nicht liebt,
den er sieht, wie kann er Gott lieben, den er nicht sieht?"

1.Johannes 3,18: Lasset uns nicht lieben mit Worten noch mit
der Zunge, sondern mit der Tat und mit der Wahrheit.

Matthäus 5,23f:Wenn du deine Gabe auf dem Altar opferst und
wirst allda eingedenk, daß dein Bruder etwas wider dich habe,
so laß allda vor dem Altar deine Gabe und gehe zuvor hin und
versöhne dich mit deinem Bruder und sledann komm und opfere
deine Gabe.

Dok. 1.1   Bitte an den Landeskirchenrat.

Aus der uns von Gott gebotenen Verantwortung für die Welt,
in der wir leben, bitten Pfarrer unserer Superintendentur
Weimar die Gemeinden, folgendes ernsthaft zu bedenken:

Wir alle sind davon unterrichtet, daß es in unserem Nachbarland, der ČSSR, zu heftigen politischen Auseinandersetzungen gekommen ist, in deren Verlauf auch Streitkräfte
unseres Staates eingegriffen haben. Im Hinblick auf unsere
deutsche Vergangenheit sind wir dadurch in unserem an Jesus
Christus gebundenen Gewissen beschwert.

Wir wissen nicht genau, mit welchen Gefühlen unsere Schwestern und Brüder in unserem Nachbarland diesen Ereignissen
gegenüberstehen. Wir wissen aber, daß sie um unsere Fürbitte
und unseren brüderlichen Beistand gebeten haben.

Wir wollten daher unsere Brüder und Schwestern in unsere
Fürbitte einschließen, daß ihnen und ihrem Lande Unrecht,
Gewalt und Blutvergießen erspart bleibe. Zugleich sollten wir
uns um unsrer Brüderlichkeit willen mit öffentlichen Stellung-
nahmen zurückhalten, von denen wir nicht wissen, ob sie der
Lage unserer Brüder und Schwestern gerecht werden.

Predigttext: 1.Kor.12,12-13.24b - 27

Eingangsliturgie bis
"Lasset uns beten!"

O Herr, allmächtiger Gott,
du lenkst die Herzen der Menschen;
wehre allem bösen Rat und Willen,
gib denen, die Macht haben,
und Verantwortung tragen,
die rechte Erkenntnis,
was zur wahren Wohlfahrt der Völker
                        dient,
damit der Friede wiederhergestellt
                        werde.
Durch unsern Herren Jesum Christum
deinen Sohn,
der mit dir und dem Heiligen Geiste
lebet und regieret von Ewigkeit zu
Ewigkeit.
            Gemeinde: Amen.

Dok. 1.2   Kanzelabkündigung.

Ludwig Große
        Pfarrer
    5301 Tannroda
    Lindenberg 4   26. August 1968

An den
Bezirksausschuß der Nationalen Front
Arbeitsgruppe "Christliche Kreise"

Betr.: Gesprächseinladung für den 29.8.1968

        Auf Anfrage von Herrn L i s s , Mitarbeiter des Kreis-
vorstandes der CDU Weimar, hatte ich für ein Gespräch mit Herrn
Carl O r d n u n g am 29.8.1968 eine Einladung angenommen mit
der Zusage, ihr zu folgen.

        In der Zwischenzeit erfolgte zum zweiten Male in der
deutschen Geschichte die Besetzung tschechoslowakischen Territoriums durch deutsche Truppen. Aus vielen Gesprächen mit Menschen aus der ČSSR weiß ich, daß die bittere Erfahrung der ersten
deutschen Besetzung bis heute jedes Zusammensein deutscher und
tschechoslowakischer Menschen überschattet. Deshalb muß ich die
Wiederholung des Vorganges auch unter veränderten Begleitumständen
als Vernichtung alles Vertrauens unsrer Nachbarn ansehen, für
dessen Wiedergewinnung zwei Jahrzehnte hindurch unendlich viel
Liebe, Mühe und Geduld aufgewendet wurde.

        Da mir nicht bekannt ist, daß sich das einladende Gremium
gegen die Beteiligung von NVA-Verbänden an der ČSSR-Aktion gewandt oder sie nachträglich mißbilligt hat, sehe ich unter den
gegebenen Umständen keine Möglichkeit, an einem Gespräch teilzunehmen, für das keine gemeinsame Ausgangsbasis mehr vorhanden ist.
Sollte jedoch eine solche Mißbilligung ausgesprochen worden sein,
ohne daß die Öffentlichkeit davon Kenntnis erhalten hätte, wäre
ich für eine entsprechende Mitteilung dankbar und zum Gespräch
bereit.

                    Ludwig Große

Dok. 1.3   Absage eines Gespräches mit Carl Ordnung vom Hauptvorstand der CDU.

2. Dokumente zum Verfahren bei den »Volkswahlen«
1979 und 1984

Dok. 2.1 BStU ZA, MfS – HA XX/AKG, Nr. 6978, Blatt 24
Auszug aus »Abschlußbericht zum Operativ-Vorgang ... Reg.-Nr.
X/776/78« Bezirksverwaltung für Staatssicherheit, Abteilung XX
Gera, Auswertungs- und Kontrollgruppe mit Bezugnahme aus
Wahleingabe und wörtlichen Zitaten.

Dok. 2.2 BStU MfS BV Gera, A 1488/88, Bd. II, 109 f.
Schriftliche Erklärung als Gegenstimme zur Volkswahl 1984.[1730]

[1730] Mit Heftapparat an den Stimmzettel angeklammert und trotz Protest der anwesenden Mitglieder der Wahlkommission nicht abgetrennt, sondern in die Wahlurne gesteckt.

```
                                              000024      5
```

Im April 1979 richtete die Vorgangsperson nach dem Pfarrkonvent
in Saalfeld ein 10-Punkteschreiben mit angeblich nicht erfüllten
Sachfragen und mehreren Behauptungen an den Stellvertreter Innere
Saalfeld (Text liegt vor). Das Schreiben endet im Punkt 10 wie
folgt

»... wie sieht eine gültige Gegenstimme aus? ... wie geheim
sind Wahlen? Wir sehen mit Vorbehalt der Wahl am 20. 5. 79
entgegen, weil die Mehrzahl der Probleme nicht gelöst worden
sind.«

Dieser Text enthielt eindeutige Angriffe gegen die sozialistische
Wahlordnung in der DDR.

G r o ß e   entwickelte intensive Aktivitäten in dem von ihm be-
einflußbaren Personenkreisen, die Unterschrift zur Willenserklä-
rung des Nationalrates der Nationalen Front der DDR zu verweigern
Hierzu beauftragte er den IM "Tomaschowsky", die Position der
Bekenntnisgemeinschaft Sachsen zu dieser Problematik festzustell
Bekräftigt durch die negative Haltung der Bekenntnisgemeinschaft
Sachsens zur Willenserklärung, trug er diese Tendenz auch in die
Bekenntnisgemeinschaft Thüringen zu ihrer Tagung im November 197
(IM-Bericht "Tomaschowsky" vom 6. 11. 79).   G r o ß e   machte
deutlich, daß der Beschluß der Bundessynode vom 25. 9. 79 alle
Christen der DDR verpflichtet, die Willenserklärung nicht zu unt
schreiben, denn sie hätten sich mit dem Synodalbeschluß schon fe
gelegt.

Durch die Abteilung 26/A konnte erarbeitet werden, daß G r o ß
alle Theologen seines Verantwortungsbereiches aufforderte, die
Unterschrift unter die Willenserklärung zu verweigern (Bericht
dazu liegt vor - inoffizielles Beweismittel).

Von der Arbeitsstelle der Ehefrau des G r o ß e   (VEB Carl Ze
Saalfeld) wurde ein Protestschreiben gegen die antikubanischen
Umtriebe der USA verfaßt. G r o ß e   untersagte ihr, dieses
Protestschreiben zu unterzeichnen. Er berief sich hierbei auf di
Erklärung der Konferenz Europäischer Kirchen, in der die sowjetischen, die ungarischen Christen und die von der anderen Seite
eindeutig zum Ausdruck brachten, daß es unmöglich ist, nur der
einen Seite die Schuld zuzuschieben. G r o ß e   bezeichnete
das Protestschreiben als ein Stück "kalter Krieg".

Dok. 2.1   BStU ZA, MfS – HA XX/AKG, Nr. 6978, Blatt 24.

Kreisdienststelle Saalfeld   Saalfeld, 07. Mai 1984
                                    th-lk

Abschrift eines Duplikats

Blatt
Format: A5, 1 1/2zeilig beschrieben, Vorder- und Rückseite mit
Schreibmaschine (Hochformat)

Ich stimme   g e g e n   den Wahlvorschlag der Nationalen Front,
weil ich das Verfahren dieser Wahl ablehnen muß, das politische
Einflußnahme der Bürger unmöglich macht und sie zur Entschei-
dungslosigkeit entmündigt.
Ich kann nicht anders handeln, weil ich politische Einflußnahme
der Bürger als Voraussetzung für den inneren Frieden einer Gesellschaft ansehe, sie aber zu praktizieren versuche, wo das möglich
ist,
und die Entscheidungsfähigkeit und Entscheidungsbereitschaft der
Bürger für gesellschaftlich nützlicher halte als die Durchsetzung
von Entscheidungen der Parteileitungen.

Die   A r b e i t   der Kandidaten unterstütze ich,   W E N N
sie sich dem Grundsatz widersetzen: "Mehr produzieren, um besser
zu leben" und stattdessen der Einsicht folgen: "Einfacher leben,
um überleben zu können".
Nur so kann unser Land vor dem völligen Ausbluten geschützt werden,
statt weiterhin über jedes verantwortbare Maß hinaus ausgebeutet
zu werden (Raubbau an unsren Fichtenwäldern, Vergiftung von Luft
und Wasser über die Grenze der Gesundheitsschädlichkeit, Auf-
brauchen der Rohstoffe, von denen auch noch künftige Generationen
leben müssen, usw.)

Jeden Schritt auf eine überlebensfähige Gesellschaft hin werde ich
im Rahmen meiner Möglichkeiten nach Kräften unterstützen.

Diese Begründung meiner Entscheidung bitte ich den Kandidaten für
den Fall ihrer Wahl zur Kenntnis zu bringen.

Dok. 2.2   BStU MfS BV Gera, A 1488/88, Bd. 2, 109 f.

3. Dokumente zum Symbolstreit »Schwerter zu Pflugscharen«, Frühjahr 1982

Dok. 3.1   MfS – HA XX/AKG Nr. 6978, Blatt 29 und 30
Protest der Superintendentur Saalfeld am 30.03.1982 gegen die
Zwangseinziehung des Aufnähers »Schwerter zu Pflugscharen«
(Information des Amtsleiters der Volkspolizei an die Bezirksdirek-
tion der Volkspolizei in Gera).

Dok. 3.2   BStU ZA, MfS – HA XX/4, Nr. 3470, 23
Brief der Synode der Ev.-Luth. Kirche in Thüringen an die Gemeinden: Kanzelabkündigung in allen Gottesdiensten des Sonntags Palmarum, 04.04.1982.

Dok. 3.3   Zeitzeugenbericht[1731] Rechtsanwalt Bertram Fritzenwanker,[1732]
Saalfeld, niedergeschrieben am 16.02.2008.

[1731] Liegt im Original im Privatarchiv des Verf.
[1732] Geb. am 01.09.1968, nach ungeklärtem Unfall am 18.08.2008 in Saalfeld verstorben.

```
    + bdvp gera snd 892 -dr- 30.03.82 2005 hs              6675
                                                           40087
    ohne

    an odh                                         ┌─────────────┐
                                                   │    BStU     │    2+
                                                   │   000029    │
                                                   └─────────────┘
    information                                                     40087

    am 30.03.82 erschienen 09.30 uhr bis 10.20 uhr in der sprechstunde
    des ltr. des vpka der uuperintendent  g r o s z e, Ludwig
    geb. 27.02.1933 in zeutsch, wh. in saalfeld, kirchplatz 03       VSH
    und der pfarrer ▬▬▬▬▬▬▬▬▬▬▬▬▬▬▬▬▬▬▬▬▬ geb. ▬▬▬
    in ▬▬▬▬, wh. in saalfeld, am hohen ufer 08                      VSH

    in gegenwart des ltr. vpka und des ltr. kriminalpolizei,
    genossen hptmjm der k t r i e b e l, wurde das anliegen der
    herren grosze und ▬▬▬▬▬▬▬▬ entgegengenommen.

    herr grosze brachte im wesentlichen vor:

    - er waere zur synode am 28.03.82 durch den landesbischhof
    l e i c h  eingewiesen worden, dasz das tragen der symbole, die zur
    zeit von der dvp eingezogen werden, lediglich in den einrichtungen
    der volks- und berufsbildung nicht gestattet waere.

    - deshalb seinerseits die frage: warum wird von der dvp das
    abtrennen der symbole verlangtjb
    auf welcher rechtlichen grundlage handelt die dvp?
    gibt es dazu zentrale weisungen?

    herr grosze und ▬▬▬▬▬▬▬▬ argumentierten in der folge:

    - diese symbole werden seit 1981 getragen und wuerden den
    friedenswillen der kircheund jener, die die symbole tragen,
    zum ausdruck bringen.
    seine frage deshalb: weshalb jetzt die reaktion der dvp, zumal
    das tragen zustimmung hoechster staatlicher stellen
    (staatsekretaer fuer kirchenfragen) gefunden haette.

    - die regierung der ddr wuerde mit diesen handlungen einen
    ernsten fehler begehen, da dies die jugend nicht verstehen
    wuerde und das bestreben der jugend, sich fuer abruestung
    einzusetzen, miszachtet wird.

    - das tragen der symbole einzig und allein den friedenswillen
    der kirche und der jugend zum ausdruck bringt und sie sich
    damit in uebereinstimmung mit helsinki, mit der politik der su
    befinden wuerde, wo letztlich das symbol ( person mit schwert
    und hammer) auch herstamme.

    auf diese argumentation der herren grosze und▬▬▬▬▬▬▬
    wurde im wesentlichen wie folgt geantwortet:

    - diese symbole sind bei uns im kreis erst seit kurzer zeit
    festgestellt worden und seit dieser zeit sei auf grund der
    rechtswidrigkeit dagegen eingeschritten worden

    - dieses symbol allein betrachtet ohne primaere  forderung der
    bereitschaft zur verteidigung des sozialistischen vaterlandes,
    pazifistisches gedankengut foerdert

    - verweisend auf die rede des ministers fuer nationale
    verteidigung und armeegenerals genossen heinz h o f f m a n n,
    vor der volkskammer wurde aufgezeigt, dasz in der gegen-
    waertigen zeit in der ddr aufgrund der friedensgefaehrdenden
    politik des imperialismus pflugschare und schwerter benoetigt
    werden.
```

Dok. 3.1   MfS – HA XX/AKG Nr. 6978, Blatt 29.

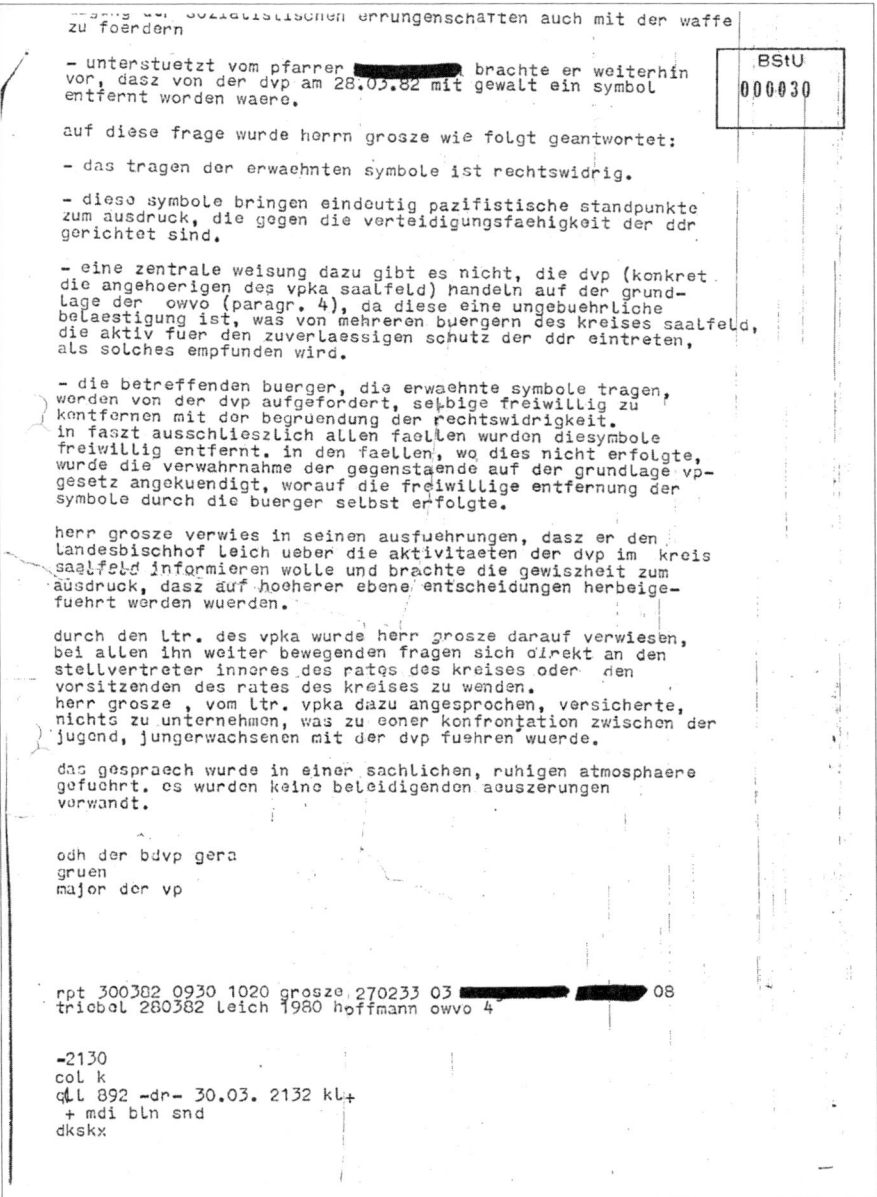

der sozialistischen errungenschaften auch mit der waffe zu foerdern

- unterstuetzt vom pfarrer ████████ brachte er weiterhin vor, dasz von der dvp am 28.03.82 mit gewalt ein symbol entfernt worden waere.

BStU
000030

auf diese frage wurde herrn grosze wie folgt geantwortet:

- das tragen der erwaehnten symbole ist rechtswidrig.

- diese symbole bringen eindeutig pazifistische standpunkte zum ausdruck, die gegen die verteidigungsfaehigkeit der ddr gerichtet sind.

- eine zentrale weisung dazu gibt es nicht, die dvp (konkret die angehoerigen des vpka saalfeld) handeln auf der grund-lage der owvo (paragr. 4), da diese eine ungebuehrliche belaestigung ist, was von mehreren buergern des kreises saalfeld, die aktiv fuer den zuverlaessigen schutz der ddr eintreten, als solches empfunden wird.

- die betreffenden buerger, die erwaehnte symbole tragen, werden von der dvp aufgefordert, selbige freiwillig zu kentfernen mit der begruendung der rechtswidrigkeit. in faszt ausschlieszlich allen faellen wurden diesymbole freiwillig entfernt. in den faellen, wo dies nicht erfolgte, wurde die verwahrnahme der gegenstaende auf der grundlage vp-gesetz angekuendigt, worauf die freiwillige entfernung der symbole durch die buerger selbst erfolgte.

herr grosze verwies in seinen ausfuehrungen, dasz er den landesbischhof leich ueber die aktivitaeten der dvp im kreis saalfeld informieren wolle und brachte die gewiszheit zum ausdruck, dasz auf hoeherer ebene entscheidungen herbeige-fuehrt werden wuerden.

durch den ltr. des vpka wurde herr grosze darauf verwiesen, bei allen ihn weiter bewegenden fragen sich direkt an den stellvertreter inneres des rates des kreises oder den vorsitzenden des rates des kreises zu wenden. herr grosze , vom ltr. vpka dazu angesprochen, versicherte, nichts zu unternehmen, was zu eoner konfrontation zwischen der jugend, jungerwachsenen mit der dvp fuehren wuerde.

das gespraech wurde in einer sachlichen, ruhigen atmosphaere gefuehrt. es wurden keine beleidigenden aeuszerungen verwandt.

odh der bdvp gera
gruen
major der vp

rpt 300382 0930 1020 grosze 270233 03 ████████ ████████ 08
triebel 280382 leich 1980 hoffmann owvo 4

-2130
col k
qll 892 -dr- 30.03. 2132 kl+
+ mdi bln snd
dkskx

Dok. 3.1 MfS – HA XX/AKG Nr. 6978, Blatt 30.

Gemeinsamer Antrag vom Ausschuß für Katechetik und Jugendfragen
Öffentlichkeitsausschuß und Innerkirchlichen Ausschuß

Synode wolle beschließen:

Liebe Gemeinde !

Die Synode unserer Landeskirche hat sich auf ihrer Frühjahrstagung
vom 25. März bis 28. März 1982 in Eisenach auf Grund der ange-
spannten Weltlage erneut mit der Frage befaßt, wie wir unserer
Friedensverantwortung nachkommen können. Wir haben uns dabei die
Stellungnahme der Konferenz der Evangelischen Kirchenleitungen in
der DDR vom März dieses Jahres zu eigen gemacht. Darin heißt es:

"Die Mitwirkung der Christen bei der Erhaltung des Friedens ist
und bleibt als eine Folge unseres Glaubens an den Herren des
Friedens notwendig. Jesus Christus, der auch für uns Menschen in
unserem inneren und äußeren Unfrieden gestorben und auferstanden
ist, will, daß wir mit friedlichen Mitteln die Chancen des
Friedens in der Welt stärken. Wir sind überzeugt, daß wir damit
den politischen Friedensbemühungen in der Welt, auch denen
unserer eigenen Regierung, zur Seite stehen."

Seit der Friedensdekade 1981 tragen Jugendliche aus unseren Gemeinden den Aufnäher 'Schwerter zu Pflugscharen' (Micha 4, 3)
mit der Abbildung des sowjetischen Denkmals, das in Moskau
und vor dem UNO-Gebäude in New York steht. Um dieses Symbol hat
es in letzter Zeit Mißverständnisse und Auseinandersetzungen mit
staatlichen Organen gegeben. Zum Inhalt dieses Zeichens hat unser
Landesbischof folgendes erklärt:

(1) Es ist wichtig, den Inhalt des Prophetenwortes Micha 4, 3 zu
kennen, um klare Antworten geben zu können. Das Prophetenwort
bezieht sich auf die Endzeit. Es versteht sich nicht als politisches Programm. Es spricht von der Verheißung des Friedens-
reiches Gottes und artikuliert auch die tiefe Friedenssehnsucht
der Menschen. Es deckt sowohl das Anliegen derer, die zum Dienst
mit der Waffe bereit sind, als auch derer, die solchen Dienst
für sich ablehnen, sofern nur beide die Erhaltung des Friedens ...
als Motivation ihres Handelns glaubhaft machen können.

Dok. 3.2   BStU ZA, MfS – HA XX/4, Nr. 3470, 23.

Der Bildteil des Symbols gibt ein Denkmal wieder, das die
Sowjetunion den Vereinten Nationen geschenkt hat ...
Daraus geht hervor, daß das Symbol keineswegs gegen die sozialistische
Friedenspolitik gerichtet ist. Die Herstellung des Symbols als Flies-
druck erfolgte in der DDR.

(2) Das Symbol der Friedensdekade 1981 ist von der Konferenz der Kirchenleitungen im Zusammenhang der Friedensdekade für die Evangelischen
Kirchen in der DDR übernommen worden. Es ist ein Zeichen, das den
Friedensdienst der Kirchen verdeutlicht. Die Angriffe auf dieses
Zeichen treffen nicht einzelne Jugendliche, sondern die ganze Kirche.
Die Kirche steht zu den jugendlichen Trägern dieses Abzeichens. Sie
muß aber den Jugendlichen gegenüber aussprechen, daß sie keine Macht
hat, die Jugendlichen vor Schwierigkeiten zu schützen. Daher muß
jeder die Folgen seiner Entscheidung in seine Überlegungen einbeziehen und sich prüfen, ob er bereit ist zum Leiden.

(3) Auf keinen Fall darf das Symbol der Friedensdekade zu einem Unter-
scheidungsmerkmal für "standhafte" oder "gefallene" Christen innerhalb der Kirche werden.

Wir sind betroffen, daß diesem auf Abrüstung hinweisenden Engagement für
den Frieden in zunehmenden Maße mit Unverständnis und Zurückweisung begegnet wird. Wir bedauern, daß dadurch erwachendes Bewußtsein für die
Friedensverantwortung ungenutzt bleibt und Hoffnungen enttäuscht werden.

Wir bitten Euch, liebe Gemeinde, die jungen Menschen nicht allein zu
lassen und gemeinsam Wege zu suchen, wie wir miteinander das Anliegen von
Frieden, Versöhnung und Gerechtigkeit deutlich machen können.

Wir bitten Euch, die jungen Glieder der Gemeinde, bedenkt, daß in unserem
Denken, Reden und Handeln der Herr wirken will, der Frieden stiftet.
Er will Frieden stiften. Er will auch den gewinnen, der uns wehtut.

Laßt Euch nicht in die Vereinzelung drängen, sondern macht Gebrauch von
der Gemeinschaft, in der Ihr schon steht: Haltet Euch an erfahrene Gemeindeglieder, sprecht mit Kirchenältesten, geht zu Eurem Pfarrer.

Wenn einer von Euch doch in Schwierigkeiten gerät, die über seine Kräfte
gehen, dann soll er wissen: Die Fürbitte der Gemeinde umgibt und trägt ihn.

Wir gehören mit Euch zusammen in der Gemeinschaft, von der Paulus schreibt:

"Wenn ein Glied leidet, so leiden alle Glieder mit, und wenn ein Glied
geehrt wird, so freuen sich alle Glieder mit" (1. Korinther 12, 26).

Wir grüßen Euch herzlich !

Die Synode der Evang.-Luth. Kirche
in Thüringen

Dok. 3.2   BStU ZA, MfS – HA XX/4, Nr. 3470, 23.

Schwerter zu Pflugscharen

Ich kann mich noch gut erinnern, wie diese Losung der Friedensdekade im Jahr 1981 für Hoffnung und Unruhe zugleich sorgte. Zu diesem Zeitpunkt besuchte ich die 7. Klasse in einer Saalfelder Polytechnischen Oberschule. Seit mehr als fünf Jahren war ich bereits, wie meine Brüder, Mitglied der Thüringer Sängerknaben und dadurch wurde meine christliche Einstellung maßgeblich mitgeprägt. Weiterhin war ich im Konfirmandenunterricht bei Arndt Morgenroth. Da ich als jüngster von drei Brüdern nicht sehr zurückhaltend war, machte ich auch in der Schule aus meiner Meinung keinen Hehl. Natürlich gab es Konflikte, da schon Kleinigkeiten ausreichten, um zu provozieren, was gerade einem 13jährigen gelegentlich Freude bereitet.

Manches was sich in meiner Schule zutrug ist aus heutiger Sicht amüsant, anderes ist bis heute in schmerzlicher Erinnerung.

„Meine" vorbildliche sozialistische Schule wurde 1977 neu erbaut und zeichnete sich dadurch aus, dass sie von einer sehr linientreuen Genossin und überwiegend „zuverlässigen" Lehrern geführt wurde. Natürlich gab es auch hier solche und solche.

Unvergesslich war beispielsweise der Versuch meines Geschichtslehrers, mich wegen meines Glaubens vor der Klasse lächerlich zu machen, indem er mich fragte, wie ich denn an sowas wie „einen lieben Gott" glauben könne, obwohl es keinen Beweis gäbe. Er fügte hinzu, dass er nur an das glaube, was er mit seinen eigenen Augen gesehen habe. Als ich ihm daraufhin mit der Frage erwiderte, ob er denn glaube, dass es Amerika gäbe, tobte die Klasse vor Lachen. Mein Geschichtslehrer bekam einen roten Kopf, wechselte sofort das Thema und hat es mir nicht vergessen.

Wir hatten uns im Konfirmandenunterricht auch mit der Friedensdekade und dem Motto „Schwerter zu Pflugscharen" befasst und waren der Ansicht, dass dies die richtige Antwort auf die weltweite Aufrüstung war. Das Motto war als Lesezeichen aus Papier und Vliesstoff verteilt worden und sehr begehrt. Es wurde dann nach einiger Zeit „in" sich das Zeichen aus dem Vliesstoff auszuschneiden und als Aufnäher an Jacken, Taschen und Mützen zu tragen. Einige Zeit ging alles gut.

Anfang Dezember 1981 wurde mein damals 17jähriger Bruder eines Morgens von der Stasi unter fadenscheinigen Gründen verhaftet und ist für drei Wochen verschwunden, ohne das meine Eltern wußten wo er sich genau befand und was ihm vorgeworfen wird. Einen Tag vor Weihnachten kam er zurück. Es war eine schwere und bedrückende Zeit.

Als ich mir den Aufnäher an die Jacke nähen lies hatte ich schon ein mulmiges Gefühl. Von den staatlichen Stellen wurde dieses kleine bedruckte Stückchen Vliesstoff inzwischen als Provokation aufgefasst. In der Schule erklärte mir mein Klassenlehrer, dass dieses Symbol gegen die Politik der DDR-Friedenssicherung gerichtet sei, da der Friede bewaffnet sein müsse. Ich weigerte mich natürlich den Aufnäher zu entfernen, zumal mir damals auch bekannt war, dass die darauf abgebildete Plastik von einem russischen Bildhauer geschaffen wurde und ein Geschenk an die UNO war. Es gab sogar ein Bild im Geschichtsbuch! Ich fühlte mich im Recht. Meine Weigerung hatte Folgen.

Kurze Zeit später wurde ich eines schönen Morgens vor dem Betreten meiner Schule von drei „Leerkörpern" in ein belangloses Gespräch verwickelt. Sie erklärten mir, dass es etwas zu besprechen gäbe und ich heute etwas später in den Unterricht gehen kann. Nachdem alle Schüler in den Klassenräumen waren, wurde ich in die Umkleidekabinen, die sich im Erdgeschoß befanden, geleitet. Ich sollte den Aufnäher sofort entfernen. Ich habe mich lautstark geweigert und aus meiner Schultasche, die seit einiger Zeit ständig mitgeführte Verfassung der DDR gezogen und auf die garantierte Glaubens- und Meinungsfreiheit verwiesen. (Hierzu hatte Pfarrer Morgenrot geraten.) Dann flog erst die Verfassung in die Ecke, ich wurde am Arm festgehalten und der Aufnäher von der Jacke gerissen. Er wurde als angebliches westliches Provokationsmaterial eingezogen.

Dok. 3.3 Zeitzeugenbericht Rechtsanwalt Bertram Fritzenwanker.

Es gab noch zahlreiche weitere kleine oder große Gemeinheiten gegen mich und andere, die aber nur dafür sorgten, dass unsere Überzeugungen gestärkt und geäußert wurden.

Weitere direkte Konsequenzen gab es für mich daraufhin nicht. Das Stigma der Kirchenzugehörigkeit machte sich erst später bei der Lehrstellensuche bemerkbar.

Die Beurteilung meines Klassenlehrers bescheinigte mir unter anderem, dass ich sehr an politischen Grundfragen unserer Zeit interessiert sei, dass ich bei offenen und kämpferischen Auseinandersetzungen mit weltanschaulichen und politischen Fragen spontan reagiere wobei ich es noch besser verstehen müsse, einen gefestigten parteilichen Standpunkt aus der Sicht der Arbeiterklasse zu vertreten. (Beurteilung vom 15.08.1984)

Ich konnte kein direktes Abitur machen, da ich mich nicht für 3 Jahre zur Armee verpflichten wollte.

Mein Berufswunsch war Krankenpfleger. Ablehnung der staatlichen medizinischen Fachschule, weil meine Leistungen nicht den Voraussetzungen für die Aufnahme eines medizinischen Fachschulstudiums entsprechen. (Schreiben vom 24.09.1984)

Einen Lehrvertrag für eine Berufsausbildung mit Abitur hatte mir der Ausbildungsbetrieb schon zugesagt. Die Zustimmung des Kreisschulrates war aber noch erforderlich. Der Antrag wurde durch den damaligen Kreisschulrat, wegen mangelndem Leistungsvermögen abgelehnt. Meine Leistungen in mehreren Fächern sowie meine Verhaltensweisen insbesondere sein wechselhaftes Lernverhalten, entsprechen nicht den hohen Anforderungen, die an eine Zulassung zur Erlangung der Hochschulreife gestellt werden. (Schreiben vom 29.04.1985)

Fünf Monate vor Beginn der Lehre im September stand ich ohne Ausbildungsplatz da. Anfang August brachte mich mein Vater noch in der Maxhütte unter.

Nachdem ich meine Lehre als Schlosser in der Maxhütte als „Bester Lehrling" abgeschlossen hatte, holte ich das ABI ab 1987 mit einigen anderen Sängerknaben und Freunden auf der Abendschule nach.

Wir waren im Juli 1989 mit dem ABI fertig. Am 01.11.1989 wurde ich noch zum „Ehrendienst" bei der NVA nach Erfurt in die Steigerkaserne einberufen. Dort verweigerte ich am 04.11.1989 den Wehrdienst und wurde am Morgen des 10.11.1989 entlassen. Ab Mai 1990 war ich für ein Jahr einer der ersten Zivis im Krankenhaus in Saalfeld.

Als ich mich 1991 um einen Jurastudienplatz bewarb, ging es wegen zusätzlicher Wartezeiten um die Frage, ob es mir aus politischen Gründen nicht möglich war mein Abitur früher abzulegen. Ich bat damals eine Lehrerin aus meiner alten Schule um Hilfe und ich bekam eine schriftliche Erklärung, dass ich aufgrund meiner christlichen Einstellung Nachteile zu erleiden hatte. (Erklärung vom 20.06.1991)

Mein ehemaliger Geschichtslehrer hat auch unterschrieben, er hatte mich nicht vergessen.

Bertram Fritzenwanker

Saalfeld, 16.02.2008

Dok. 3.3   Zeitzeugenbericht Rechtsanwalt Bertram Fritzenwanker.

4. Dokumente zum Einsatz für die Rechte der Bürger

Zu den Abschnitten

Dok. 4.1   BStU Außenstelle Gera, MfS BV Gera, A 1488/88, Bd. II, 12 f.
Information des Leiters der Bezirksverwaltung Gera des MfS vom 30.09.1982 über eine Veröffentlichung der »Frankfurter Allgemeinen Zeitung« (FAZ) vom 27.09.1982 zur Bundessynode in Halle

Dok. 4.2   A. a. O., 14: Abschrift des FAZ-Artikels
(Beilage der MfS-Information nach Ziffer 4,1 oben)

Dok. 4.3   A. a. O., 178–193: Schreiben der Ev.-Luth. Superintendentur auf Anforderung der staatlichen Stellen, die auf der Bundessynode genannten Verletzungen der Gewissens- und Glaubensfreiheit zu benennen.
Die Namen der Bürger, die mit ihrer namentlichen Erwähnung einverstanden waren, wurden angeführt, die übrigen Beschwernisse ohne Nennung der Namen der Betroffenen kritisch angesprochen.
Das Schreiben ist sowohl vom Vertrauenspfarrer der Superintendentur, Hans-Werner Modersohn, Hoheneiche, als auch vom Stadtjugendpfarrer Arnd Morgenroth, Saalfeld, unterzeichnet.

Dok. 4.4   A. a. O., Blatt 194 bis 198
Zur Einforderung von Gewissens- und Glaubensfreiheit gehören auch die in den Anlagen dargestellten »Einzelfälle« als Beispiele für die grundsätzliche Feststellung fehlender Rechtswahrung in der DDR: Anlagen 1–3.

7

MINISTERIUM FÜR STAATSSICHERHEIT

Bezirksverwaltung Gera

Der Leiter

000012

Streng vertraulich!
Um Rückgabe wird gebeten!

Gera , den 30. 9. 1982

.... Blatt

.... Exemplar

Nr. ..../...........

INFORMATION
über

eine Veröffentlichung der "Frankfurter Allgemeinen Zeitung" (FAZ) vom 27. 9. 1982 zu der "Synode des Evangelischen Kirchenbundes der DDR " in Halle

Der Verlauf und die Ergebnisse dieser Synode lassen erkennen, daß bei der Leitung des Bundes der Evangelischen Kirchen in der DDR Ansätze vorhanden sind, Widersprüche zur staatlichen Kirchenpolitik insbesondere zu Fragen der Sicherung und Erhaltung des Friedens abzubauen und die staatliche Kirchenpolitik zu tolerieren.

Westliche Massenmedien sind bestrebt, diesen Anzeichen eines gewissen Einschwenkens auf die von unserem Staat geforderten Positionen entgegenzuwirken.
So werden in der Veröffentlichung der "FAZ" Meinungen und Beiträge reaktionärer Teilnehmer der Synode genutzt, um die staatliche Kirchenpolitik zu verleumden und eine tiefe Widersprüchlichkeit der Christen in der DDR zu diesen positiven Positionen zu konstruieren.

In dem Artikel der "FAZ" wird u. a. formuliert:
"Die Leitung des Bundes der Evangelischen Kirchen in der DDR ist bestrebt, das Gespräch mit dem sozialistischen Staat über die Wahrnehmung der eigenständigen christlichen Friedensverantwortung offenzuhalten und dafür bereit, auf gewisse öffentliche Zeichen christlicher Friedensaktivität, etwa auf den Aufnäher "Schwerter zu Pflugscharen" zu verzichten.

Dok. 4.1   BStU ASt Gera, MfS BV Gera, A 1488/88, Bd. II, 12.

2

000013

MINISTERIUM FÜR STAATSSICHERHEIT

Diese moderate Haltung der Kirchenleitung stößt bei vielen
Christen in der DDR, die "vor Ort" erfahren müssen, daß Grundsatzerklärungen führender Politiker der DDR und staatlicher Vertreter in Gesprächen mit der Kirchenleitung in der täglichen
Wirklichkeit keine Entsprechung finden, zunehmend auf Kritik."

Um ihren verleumderischen Aussagen eine höhere Präsenz zu ver-
leihen und Wirkungen unter christlichen Kreisen im Sinne ihrer
Bestrebungen auszulösen, stellen sie die Meinung des Super-
intendenten Große aus Saalfeld in den Vordergrund ihrer
Veröffentlichung. Einzuordnen in ihr zielgerichtetes Vorgehen
ist auch der Fakt, daß alle anderen Meinungen und Beiträge von
Teilnehmern der Synode anonym behandelt werden, während es bei
Sup. Große eine Personifizierung gibt.

In mehreren Ihnen übergebenen Informationen wurde bereits über
gleiche negativ-feindliche Argumentationen des Sup. Große im
Rahmen kirchenleitender Gremien berichtet.

Ich schlage vor, in einem Gespräch mit Landesbischof Leich
diesen deutlich zu machen, in welchem Maße westliche Massenmedien negative Standpunkte und Haltungen kirchlicher Amtsträger ausnutzen, um die staatliche Kirchenpolitik zu verleumden und das Vertrauensverhältnis Staat und Kirche zu stören.

Zur Unterbindung derartiger Wirkungsmöglichkeiten westlicher Massenmedien sollte der Landesbischof Leich für eine
innerkirchliche Disziplinierung von Sup. Große ersucht werden.

Die in der Veröffentlichung der "FAZ" zitierte Meinung von
Sup. Große liegt dem Bericht bei. Sie sollte dem Landesbischof
Leich im Wortlaut zur Kenntnis gegeben werden.

Lehmann
Generalmajor

Dok. 4.1   A.a.O., 13.

9

000014

Superintendent Große aus Saalfeld (Bezirk Gera) meinte,
kirchliche Eigenständigkeit und Zusammenarbeit mit dem Staat
in Fragen des Friedens erforderten nüchterne Redlichkeit
und vorbehaltlose Offenheit. Deswegen müsse ausgesprochen
werden, daß im Gegensatz zu den Grundsatzerklärungen des
Staatsratsvorsitzenden Honecker, im Gegensatz zu dem, was
von den Staatsvertretern in den Gesprächen mit Kirchenvertretern gesagt werden und im SED-Zentralorgan
"Neues Deutschland" geschrieben stehe, "von Glaubens- und
Gewissensfreiheit keine Rede sein kann in einer solchen
Zahl von Einzelfällen - immer wenn es um Fragen der Friedenssicherung geht -, daß ich nicht mehr von Einzelfällen sprechen
kann".
Er verwies auf sich häufende Erfahrungen im gesamten Ausbildungsbereich, wo es zur Benachteiligung von Jugendlichen
komme, die sich für den Frieden engagierten, sei es in den
Schulen, bei der Lehrlingsausbildung oder bei der Ableistung
des waffenlosen Dienstes als "Bausoldat". Die Kirche dürfe
nicht hinnehmen, daß ein ganzer Bereich aus der Garantie
der Glaubens- und Gewissensfreiheit ausgeklammert werde, so
wenn die vormilitärische Ausbildung zum Bestandteil des
Lehrvertrages gemacht werde oder ehemalige Bausoldaten
bestimmte Berufe nicht ergreifen könnten.

Dok. 4.2   A. a. O., 14: Abschrift des FAZ-Artikels.

EV.-LUTH. SUPERINTENDENTUR

68 Saalfeld (Saale) – Kirchplatz 3

060178

Ev.-luth. Superintendentur · 68 Saalfeld (Saale) · Kirchplatz 3

An den
Rat des Bezirkes Gera
Stellv. des Vorsitzenden
Abteilung Inneres
Herrn Krätzschmar

6500 Gera

Ihr Zeichen	Ihre Nachricht vom	Unser Zeichen	Tgb.-Nr.: 111/83
		Gr/Fr	Datum 1. Februar 1983

Einschränkungen der Glaubens- und Gewissensfreiheit und Verletzungen des Prinzips der Gleichachtung und Gleichberechtigung
christlicher Bürger

Anlaß des Schreibens

Am 5. November 1982 wurde ich durch den Stellv. des Vorsitzenden
des Rates des Bezirkes Gera, Abteilung Inneres, Herrn Krätzschmar,
aufgefordert, die "Einzelfälle" zusammenzustellen, die Anlaß für
meine Bitten um Offenheit und Redlichkeit im Verhältnis Staat-
Kirche während der Synode des Bundes Sept. 1982 in Halle gewesen
seien. Diese Aufforderung wurde im Dezember 1982 durch den Rat
des Kreises Saalfeld mehrfach wiederholt und am 25. 1. 1983 vom
Rat des Bezirkes Gera durch den Referent für Kirchenfragen, Herrn
Uerkwitz, noch einmal nachdrücklich ausgesprochen.

Klarstellung der Absicht

Schon am 5. November 1982 habe ich ausdrücklich erklärt: Die For-
derung, "abzuarbeitende Einzelfälle zusammenzustellen", geht am
Anliegen meines Gesprächsbeitrages auf der Bundessynode vorbei
und hebt die dort angesprochenen Belastungen des Verhältnisses
Staat - Kirche nicht auf.
Und das hat folgende Gründe:

1. Bemühung um Glaubens- und Gewissensfreiheit durch "Klärung von
Einzelfällen" geht von der Voraussetzung aus, daß Glaubens-
und Gewissensfreiheit bestehen und lediglich Verstöße einzelner Personen zu Störungen der garantierten und praktizierten
Grundfreiheiten führen. Diese Voraussetzung ist nicht gegeben.
Die Erfahrung durch Jahre - nicht nur im Bereich der Superintendentur Saalfeld - geben ein anderes Bild:

    1.1. Glaubens- und Gewissensfreiheit sind grundsätzlich garantiert.

    1.2. Maßgebende und autorisierte Repräsentanten der Staatsorgane
    bis hin zum Staatsratsvorsitzenden erklären öffentlich,
    daß die Politik des Staates gegenüber christlichen Bürgern
    von den Prinzipien der Gleichachtung und Gleichberechti-
    gung auch der Christen bestimmt sei.

Dok. 4.3   A. a. O., 178: Schreiben der Ev.-Luth. Superintendentur.

000172

1.3. Ausführungsbestimmungen, Richtlinien, Anweisungen und Festlegungen unterhalb der Autorität der Verfassung in einzelnen Ministerien oder Territorien höhlen diese Grundsätze aus und heben ihre Wirkung auf oder schränken sie ein.
Das gilt vor allem im Bereich der Volksbildung, der Landesverteidigung und dem Komplex Ordnung und Sicherheit.

1.4. Die Klärung von "Einzelfällen" hilft hier überhaupt nicht weiter, weil sie die Verantwortung für Störungen einzelnen Mitarbeitern im staatlichen Bereich anlastet, die lediglich ausgeführt haben, was sie aus den ihnen erteilten internen Anweisungen als ihre Pflicht ansehen mußten.

2. Durch solches Verfahren entsteht vielmehr eine neue Belastung der Beziehungen zwischen Staat und Kirche:

2.1. Die Mitarbeiter auf staatlicher Seite, die nunmehr für Äußerungen und Bemühungen gerügt werden, die sie als das von ihnen erwartete Verhalten verstanden haben, werden verunsichert und sehen nun in ihren christlichen Partnern die Störfaktoren für ihren Berufs- und Verantwortungsbereich.

2.2. Die ernste Bereitschaft vieler Menschen in Staat und Gesellschaft zu zielbezogener Zusammenarbeit auf a l l e n Gebieten des Lebens wird gefährdet.
Selbst gesprächsoffene und partnerschaftsfähige Menschen beider Seiten halten sich nach solchen Erfahrungen zurück, weil sie nicht mehr wissen, was nun eigentlich gilt:
Die öffentlich erklärten Grundsätze oder die einzuhaltenden internen Anweisungen, die mit den Grundsätzen nicht vereinbar sind.

3. Auf diesem Hintergrund muß ich meine Bitte um Offenheit und Redlichkeit wiederholen, gerade weil ich in meinem Verantwortungsbereich manchem Verantwortungsträger im Staatsapparat für energische Bemühungen um ein gutes Verhältnis zwischen Staat und Kirche dankbar bin. Das gilt für Partner auf der Ebene der Räte der Kreise Saalfeld, Lobenstein und Neuhaus ebenso wie für Gesprächspartner im Rat des Bezirkes Gera. Deshalb richtet sich meine Bitte nicht zuerst dorthin, sondern an die Verantwortungsträger, die zentrale Festlegungen treffen und Anweisungen an größere Bereiche erteilen.

Aus dreifacher Verantwortung

erwächst mir die Pflicht, Verstöße gegen Verfassungsrecht und international geltende Prinzipien beim Namen zu nennen:

1. Aus Verantwortung für die Christen in meinem Dienstbereich muß ich innerhalb der Superintendentur Saalfeld, als Synodaler der Evang.-Luth. Kirche in Thüringen für die Superintendenten des Aufsichtsbezirkes Süd, die mich in die Synode geschickt haben, als Mitglied der Bundessynode für alles, was mir aus dem Gebiet des Bundes zugewiesen oder angetragen wird, einstehen.
Selbst wenn die Möglichkeit einer "Regelung aller Einzelfälle" im Kreis Saalfeld überhaupt bestünde, was aus den obengenannten Widersprüchen zwischen Grundsätzen und Praxis noch nicht denkbar ist, wäre damit nur ein Ausschnitt erfaßt. Es gilt für

Dok. 4.3   A. a. O., 179: Schreiben der Ev.-Luth. Superintendentur.

743

172

3

000150

Christen: "Wo ein Glied leidet, leiden alle andern mit."

2. Als Bürger der Deutschen Demokratischen Republik versuche
ich, meine Verantwortung für den Staat, in dem ich lebe,
auch dann zu praktizieren, wenn daraus kritische Anfragen
oder Bitten um Veränderung der politischen Praxis werden
müssen.

3. Diese Verantwortung ist für Christen eingebettet in die
geistliche Zeugnis- und Dienstgemeinschaft aller Christen,
also der weltweiten Kirche Jesu Christi. Ich muß in ihr
meine Arbeit "vor Ort" leisten - und kann meine Glaubens-
brüder in der Welt nur um Einsatz für Glaubens- und Gewissensfreiheit, für Friede und Verständigung an ihrem Ort
bitten, wenn ich an meinem Platz den gleichen Einsatz wage.

Diese dreifache Verantwortung ist für mich die Entfaltung der
e i n e n Verantwortung, die ich vor Christus meinen Herrn
zu bewähren versuche: "Suchet der Stadt Bestes" und "nehmt
euch der Brüder an!"

Zu den Beispielen

Für den Widerspruch zwischen Verfassung und internen Regelungen
oder deren Folgen nenne ich B e i s p i e l e , mehr nicht.
Ich habe nicht die Absicht, Mitarbeitern mittlerer Ebenen eine
Fülle von Einzelarbeit aufzubürden, die eine Veränderung der
zentralen Weisungen oder Empfehlungen nicht erreichen kann.
Diese Beispiele sind zweifach gegliedert:

a) Mit Name und Ort bezeichnete Beispiele, um deren Weitergabe
   mich die Betroffenen ausdrücklich gebeten haben.
   Sie stellen auf dem Erfahrungsfeld jedes kirchlichen Amtsträgers nur einen verschwindend geringen Teil der Belastungs-
   erfahrungen dar. Angst vor dem Folgen offener Kritik durch
   eigene berufliche Nachteile oder Bedrückung von Familiengliedern lähmt die Bereitschaft der meisten Menschen, das
   ihnen widerfahrene Unrecht beim Namen zu nennen. Andere haben
   aufgegeben, weil ihr Protest gegen verfassungswidrige Bedrückung nur veränderte Verfahren, nicht deren Ende zur Folge
   hatte.

b) Um das Ganze der Erfahrungen anzudeuten, nenne ich auch Vorgänge, die ich bewußt nicht mit Namen und Ort bezeichne. Sie
   stellen die eigentliche Belastung des Verhältnisses von Staat
   und Kirche dar. Im Vollzug von Seelsorge stoße ich mit meinen
   Mitarbeitern "nahezu täglich" (Zitat Bundessynode Herbst 1982)
   auf solche Berichte oder auch nur Andeutungen. Sie müssen von
   den zentralen Verantwortungsstellen ausgeschlossen werden,
   indem überall die Einhaltung der Verfassungsgrundsätze und die
   Achtung der Menschenwürde und des Gewissens des Einzelnen
   ü b e r die Durchsetzung von Richtlinien etc. gestellt wird.
   Deshalb rede ich davon.

Dok. 4.3   A. a. O., 180: Schreiben der Ev.-Luth. Superintendentur.

173

4

000131

Beispielangaben VOLKSBILDUNGSWESEN

1. Bereich: Mitarbeit in der Elternvertretung

"Elternhaus und Schule sollen positiv in der Fürsorge, in der Aussprache, in der Beschäftigung zusammenwirken, nicht in der 'strafenden' Unterdrückung der Jugend! Das gibt keine Zukunftsbürger!" (Paul Oestreich)

Solches Zusammenwirken wird verhindert, weil zentral festgelegt ist, daß christliche Eltern nicht in einer Elternvertretung mitwirken dürfen, wenn sie von ihrer Glaubensfreiheit Gebrauch machen, z. B. ihre Kinder nicht zur Jugendweihe schicken oder aus Gewissensgründen und aus ökumenisch begründeter Friedensbemühung den Wehrunterricht ablehnen.
Kein Gespräch zwischen kirchlichen und staatlichen Stellen hat dies ändern können. Damit hebt die interne Anweisung des zuständigen Ministeriums in der Praxis Glaubens- und Gewissensfreiheit auf.

Die unmittelbare Folge für das Verfahren an den Schulen ist, daß Eltern gegen ihren erklärten Willen aus Elternbeirat und -aktiv herausgedrängt oder zwangsweise unter Mißachtung aller demokratischen Formen oder durch demagogisch verschleierte Intrigen von vornherein von der Mitarbeit ferngehalten werden. Das gilt für alle Amtsträger und ihre Ehepartner in unsrem Umkreis.

Beispiele allein aus dem Raum Saalfeld in zeitlicher Reihenfolge:

- Dr. Ursula Große, Saalfeld, Facharzt für Allgemeinmedizin

- Ursula Modersohn, Hoheneiche, Lehrerin

- Hans-Werner Modersohn, Hoheneiche, Pfarrer

- Barbara Morgenroth, Saalfeld, Gemeindehelferin

- Dr. Reingard Kaufmann, Saalfeld/Graba, Kinderärztin,
  (In diesem Falle wiegt die Diskriminierung besonders schwer, da Pfarrer Kaufmann in der Hilfsschulzeit seiner behinderten Söhne im Elternaktiv mitarbeiten "durfte", in der Klasse seiner nicht behinderten Tochter Katharina aber die Mitarbeit beider Eheleute verhindert wurde. "Zusammenarbeit mit Christen bei Behinderten erwünscht, im übrigen verboten"?)

- Maria Winter, Langenschade, Bauingenieur

- Klaus-Dieter Klädtke, Saalfeld, Autoschlosser

- alle Pfarrer und Pastorinnen, die schulpflichtige Kinder haben in der Superintendentur Saalfeld.

Außerdem wird darauf hingewiesen, daß erst im Herbst 1982 zwei Glieder der katholischen Gemeinde in Saalfeld aus der Elternvertretung entfernt wurden, die man – wegen ihrer Weigerung, ihre Kinder zur Jugendweihe zuzulassen – darüberhinaus noch als "Staatsfeinde" diffamierte.

Dok. 4.3   A. a. O., 181: Schreiben der Ev.-Luth. Superintendentur.

Verstöße gegen die Artikel 19, 1-3 und 20,1 der Verfassung
der DDR,
Verletzung des Prinzips der Gleichachtung und Gleichberechtigung für Christen,
Verletzung der UNO-Deklaration über Religionsfreiheit vom
25. 11. 1981, Artikel 1,1 und 1,2 sowie Artikel 4,1 und 5,1

2. Bereich: Zulassung zur Erweiterten Oberschule

Kinder christlicher Eltern, die sich konfirmieren lassen,
nicht an der Jugendweihe teilnehmen oder nicht in die FDJ
eintreten, werden trotz guter schulischer Leistungen nicht
zur Erweiterten Oberschule zugelassen.

Beispiele allein aus dem Raum Saalfeld
- Stefan, Hans-Ullrich und Ekkehard Große; Saalfeld
- Christoph Modersohn, Hoheneiche
- Susanne Krampf, Lichte (vgl. Anlage 3)

In letzter Zeit mehren sich die Erfahrungen, daß schon die
Konfirmation (bei Erfüllung aller übrigen Forderungen)
Hinderungsgrund für die EOS-Zulassung ist, so daß beispielsweise in einem besonders bedenklichen Fall ein Mitarbeiter
der Abteilung Volksbildung beim Rat des Bezirkes Gera Druck
ausübt und die Konfirmation verhindert:

- Carina Rauh., Lehesten, Kreis Lobenstein
- POS Leutenberg empfiehlt, konfirmierte Schüler nicht
zur EOS vorzuschlagen.

Gespräche zwischen Vertretern von Kirche und Staat haben
daran nichts geändert.

- In Gesprächen mit Eltern wird immer wieder davon berichtet, daß Mitarbeiter aus Schule und Ausbildungs-
wesen Eltern oder Jugendliche aufsuchen, um ihnen
"vertraulich" mitzuteilen, daß die Teilnahme an der
Konfirmation für die Oberschulzulassung oder gar für
die Berufsausbildung hinderlich sei (z. B. Neuhaus,
Rennweg, Bezirk Suhl)

Verstöße gegen Artikel 20, 1 und 25, 1 im Zusammenhang mit
39, 1
Verletzung des Prinzips der Gleichachtung und Gleichberechtigung der Christen.
Nichteinhaltung der UNO-Deklaration über Religionsfreiheit.

3. Bereich: Gelenkte Mißachtung kirchlicher Berufe, Funktionen
und Einrichtungen

Für die Selbstachtung eines Kindes in einer Kindergartengruppe, einer Klasse, einem Kollektiv ist von ausschlag-
gebender Bedeutung, daß auch Beruf und Arbeit der Eltern
geachtet sind und solche Achtung spürbar wird.
Deshalb sehen Beschäftigungs- und Lehrpläne auch die Vorstellung von Eltern in ihrer Berufsaufgabe vor.
Dabei soll jedes Kind spüren, daß die verschiedenen Berufe
verschiedener Eltern sich untereinander ergänzen und jeder
Beruf seine besondere Aufgabe und Würde im Ganzen der Gesellschaft hat.

Dok. 4.3   A. a. O., 182: Schreiben der Ev.-Luth. Superintendentur.

Nach unsrer Erfahrung kommen Eltern, die hauptamtlich in der Kirche arbeiten, in solchen Gesprächen nicht vor. Versucht ein Lehrer (meist am Anfang der Berufsausübung) dennoch, etwa einen Pfarrer oder Diakon in seiner besonderen Arbeit vorzustellen, wie das mit den Eltern anderer Kinder schon im Kindergarten geschieht, wird er gerügt oder sein Vorhaben administrativ verhindert.

Beispiele:

- In allen Fällen, in denen einer der Lehrer meiner vier Kinder schon angefragt oder abgesprochen hatte, durch Kirchenbesichtigung oder ähnliches auch diese Berufswelt vorzustellen, wurde solches Vorhaben verhindert.

- Während meine Frau als Ärztin immer wieder einmal in Kindergartengruppe oder Schulklasse meiner Kinder eingeladen wurde, blieben alle meine Angebote und die Bereitschaft zu ähnlicher Arbeit ohne Echo.

- Eine Erzieherin, die mit den ihr anvertrauten Kindern einen Stadtspaziergang macht, dabei das Rathaus und andere Gebäude erklärt, auch an der Kirche vorübergeht und auf Fragen der Kinder antwortet, wird disziplinarisch bestraft. Sie erhält einen Verweis der Abteilung Volksbildung, beim Rat des Kreises.

4. Bereich: Diffamierung von Christen, Christenlehre und Junger Gemeinde

Kinder werden von Lehrern oder Pionierleitern aufgefordert, nicht mehr zur Christenlehre zu gehen.

- Feststellung aus dem gesamten Bereich der Ev.-Luth. Kirche in Thüringen, wie eine Arbeitsgruppe des Superintendentenkonvents im November 1982 in Friedrichroda mitteilt.

- Carolin Quohs, 9. Klasse, Saalfeld
"Junge Gemeinde ist nichts für dich."

- A. Finkner, Klasse 5, POS III, wird von Frau van de Sand aufgefordert: "Wirke nun endlich auf deine Eltern ein, daß sie dich nicht mehr zur Christenlehre schicken, wie Ronny Junge!"

- Kathrin Weedermann, Juri-Gagarin-Oberschule Saalfeld/Gorndorf (POS VIII)
Am 11. 1. 83 erklärt Herr Meinke im Geschichtsunterricht: "Ich könnte mich über solche Menschen totlachen, die an Gott glauben."
Alle Christenkinder der Klasse fühlen sich tief verletzt.

- In Leheston werden Eltern eingeschüchtert, deren Kinder zur Konfirmation bzw. Jungen Gemeinde gingen.
Die Junge Gemeinde wird - wie 1953 - als eine staatsfeindliche oder -gefährdende Gruppe bezeichnet.

Seit Februar 1982 (Aktion der Staatsorgane gegen Träger des Symbols "Schwerter zu Pflugscharen") ist die Zahl solcher Vorfälle jäh angewachsen. Seitdem sind auch wieder Repressalien gegen Eltern und Kinder zu befürchten, die sich an kirchliche Organe mit der Bitte um Hilfe wenden. Deshalb werden hier nur Beispiele genannt.

Dok. 4.3   A. a. O., 183: Schreiben der Ev.-Luth. Superintendentur.

7

000134

- In St. Jakob wird eine Kreuzwegwanderung am Karfreitag '81 als "Ostermarsch" verdächtigt. Jugendliche werden verhört und bedroht.

- In Lichte-Wallendorf werden Jugendliche von ~~Lehraus~~ bildern vor dem Besuch der Jungen Gemeinde gewarnt (Bezirk Suhl).

- In Langenschade wird auf dem Weg über Eltern versucht, Jugendliche von der Teilnahme an der Jungen Gemeinde fernzuhalten.

In diesen und anderen Fällen wird berichtet, daß dabei der Inhalt der Jugendarbeit (ohne wirkliche Sachkenntnis) entstellt wird und die Ziele der pädagogischen Bemühungen unsrer Amtsträger plump verfälscht werden.

- Zitat 1: "Den (gemeint ist der Jugendwart Bär) kennen wir schon!" (Kreis Saalfeld, Bezirk Gera)

- Zitat 2: "Die glauben doch selber nicht an den lieben Gott!" (Kreis Saalfeld, Bezirk Gera; Kreis Neuhaus, Bezirk Suhl)

- Zitat 3: "Staatsfeinden muß das Handwerk gelegt werden." Dabei wird der Name eines Pfarrers der Superintendentur genannt.

Diese Zitate entstammen Berichten aus Befragungen und Vorladungen von Jugendlichen durch Angehörige der Sicherheitsorgane. Unterzeichnete Gedächtnisprotokolle liegen der Superintendentur vor.

Eine notwendige Zwischenbemerkung zu den Bereichen 3 bis 5:

Der Zusammenhang solch scheinbarer Einzelentgleisungen untereinander fällt nicht sofort auf. Dennoch kann es nicht als Zufall angesehen werden, wenn in ganz Thüringen (vgl. Ziffer 4 - Superintendentenkonvent) festgestellt wird, daß im Volksbildungsbereich an sehr verschiedenen Orten von sehr verschiedenen Leuten der Besuch der Christenlehre als entwicklungshemmend oder als negativer Faktor für eine schulische Beurteilung bezeichnet wird.

Es kann nur mit der zentralen Anleitung der Pädagogen zusammenhängen, wenn in Einzeläußerungen erkennbar wird, daß christlicher Glaube als "rückschrittlich" oder "nicht fortschrittlich" oder "überholt" angesehen wird. Hier wirkt sich das Erziehungsziel des "kommunistischen Menschen" aus, von dem her Christen als Zurückgebliebene oder Gestrige erscheinen müssen. Auf solchem Boden können Glaubensfreiheit und Gewissensfreiheit und Achtung der Würde Andersdenkender schwer gedeihen.

Dok. 4.3   A.a.O., 184: Schreiben der Ev.-Luth. Superintendentur.

177

Daraus folgen dann katastrophale Einzelurteile selbst über kirchliche Persönlichkeiten, die in der DDR allgemein anerkannt sind:

> Frau Van de Sand (POS III, Wladimir-Komarow-Oberschule Saalfeld) zu Andreas Finkner anläßlich einer Papstreise:
> "Der Papst ist ein Verbrecher. Er sagt den Bauern: Bearbeitet eure kleinen Feldchen. Dabei ist die LPG das größte und beste ... Überhaupt hat die Kirche die größten Verbrechen begangen ..."

Dies alles widerspricht selbst den öffentlichen Einschätzungen der Rolle der Kirche z. B. in Lateinamerika und andernorts.
Die Fehlentwicklung im Volksbildungsbereich auf diesem Felde hat schwere Irrtümer zur Folge auch für die Zusammenarbeit mit Christen außerhalb der Grenzen der DDR, beispielsweise für die Beurteilung der Arbeit des Oekumenischen Rates.

Die Behauptung, eine Leitungsfunktion in Pionierverband oder FDJ werde durch kirchliche Bindung ausgeschlossen, kann nicht die Erfindung einzelner sein. Sie entspricht einer zentralen Regelung, weil sie in allen Bezirken auftaucht.
Hier fühle ich mich persönlich verletzt - mit vielen anderen Christen, die in der Hunger- und Aufbauzeit nach dem Kriege die Jugendarbeit in Pioniergruppen und FDJ-Gruppen unter persönlichen Opfern mit aufgebaut haben.
Sie haben dies aus ihrer Verantwortung für junge Menschen getan, die aus unsrem Glauben wächst.

Heute erleben sie:

Dok. 4.3   A.a.O., 185: Schreiben der Ev.-Luth. Superintendentur.

Kinder und Jugendliche werden von der Mitarbeit in Leitungsgruppen des Pionierverbandes oder der FDJ ausgeschlossen,
wenn sie zur Christenlehre gehen oder an kirchenmusikalischen
und anderen Arbeitsformen der Kirchgemeinden teilnehmen.

- Susanne Ehrler, POS VIII Gorndorf, 5. Klasse
  wurde von der Lehrerin Frau Donath vor die Entscheidung
  gestellt: Freundschaftsrat o d e r Christenlehre.

- Die gleiche Lehrerin stellte es vor Kindern als Makel
  hin, daß der Sohn von Frau Chefarzt Dr. Trautsch,
  Poliklinik Unterwellenborn, im Chor der "Thüringer
  Sängerknaben" singt.

- Ulrike Haupt, Medizinische Fachschule Kleinkamsdorf,
  Klasse Kr. 81a soll in einem Jahr Tätigkeit in der
  "Grundorganisationsleitung" (GOL) durch die zuständige
  FDJ-Sekretärin, Frau Klingenberg, an der weiteren Mit-
  arbeit dort gehindert werden, weil sie Mitglied des
  Mädelchores und damit kirchlich tätig ist. "Die Tätig-
  keit in der Grundorganisationsleitung ist mit aktiver
  Mitarbeit in der Kirche nicht vereinbar."
  Nach mehrstündiger Diskussion wird Ulrike aus der GOL
  ausgeschlossen, nach einem Monat wieder nominiert. Sie
  fühlt sich mit anderen Mädelchoristinnen ausgesprochen
  diskriminiert.

- Matthias Hoppe, POS VIII, Gorndorf, Klasse 3
  Pionierleiterin stellt Mutter vor die Alternative
  "Christenlehre oder Gruppenrat".

- Die Tochter einer Kirchenältesten im Kreis Pößneck
  wird vor die Alternative gestellt:
  Entweder du gehst nicht mehr zur Christenlehre oder die
  (als Auszeichnung vergebene) Fahrt in die Pionierrepu-
  blik kommt für dich nicht in Frage.

5. Bereich: Unterdrückung christlicher Symbole

Es soll hier nicht auf die unerträglich zahlreichen Akte der
Diskriminierung eingegangen werden, die durch die verfassungs-
widrigen Polizeiaktionen gegen Glieder der Jungen Gemeinde,
kirchliche Mitarbeiter und Pfarrer ausgelöst wurden, wo das
Zeichen "Schwerter zu Pflugscharen" als Bekundung ernsten
Friedensengagements aus christlicher Überzeugung, ökumenischer
Verbundenheit und staatsbürgerlicher Verantwortung getragen
wurde.
Die Verwundungserfahrungen und ihre bitteren Folgen haben die
Träger der Staatsmacht und Mitarbeiter der Sicherheitsorgane
zu verantworten. Sie müssen sich fragen lassen, wie ein Staat
die Einhaltung seiner Verfassung von den Bürgern erwarten
kann, der sich an seine eigenen Grundsätze nicht hält.

Hier soll vielmehr die Rede sein von dem immer wieder begegnenden Verbot, das Symbol des Opfertodes Jesu Christi in Gestalt eines Kreuzes öffentlich zu tragen, z. B. in Schulen.
Besonders verletzend wirkt auf viele Gemeindeglieder die Tatsache, daß diese Anordnungen von Direktoren u. a. Mitarbeitern
im Volksbildungswesen in Verbindung gebracht wird mit dem
Tragen von Hakenkreuzen.

- BBS Geiersthal, Lichte, Kreis Neuhaus, Bezirk Suhl
  Staatsbürgerkundelehrer im April 1982 zu Gliedern der
  Jungen Gemeinde: Solche Symbole dürfe man nicht tragen,
  es dürften auch keine Hakenkreuze getragen werden.

Dok. 4.3   A. a. O., 186: Schreiben der Ev.-Luth. Superintendentur.

Wer vom Leidensweg und Opfertod vieler Christen ~~weiß, die~~ unter dem Zeichen dieses Kreuzes in Konzentrationslagern der NS-Zeit litten und starben, kann gegen solche Gleichsetzung nur scharf protestieren.

- Kirchgemeinde Kaulsdorf:
Kreuze müssen von Lehrlingen abgegeben werden, wobei der Arbeitsschutz als Begründung vorgeschoben wird.

- Saalfeld-Gorndorf:
Schüler der 10. Klasse der EOS werden zur Kreuzabnahme gezwungen.

- Saalfeld:
Katechetin Frau Klinger, katholische Gemeinde, berichtet, daß Kinder einer 6. Klasse das Kreuz nur noch unter dem Pullover tragen dürfen.

- Ralph Herbig, Saalfeld, Wilhelm-Pieck-Str. 72,
muß unter Druck durch Staatsbürgerkundelehrer Wittig und Klassenleiter Conen, BBS des Reichsbahn Erfurt, Am Wasserturm 6, sein Kreuz abnehmen, bzw. unter dem Pullover verstecken.
(Herr Landesbischof Leich hat auf diesen Sachverhalt bereits hingewiesen und Einspruch erhoben.)

- Studentin Uta Egerer, Gorndorf, wird wegen einer Plakette "Jesus lebt" von der Praktikumsleiterin in Pößneck aufgefordert, sie solle "doch lieber bei der Kirche arbeiten".

6. Bereich: Schießausbildung von Kindern und Jugendlichen

Entgegen den Zusagen, daß der Umgang mit der Waffe für Kinder nicht obligatorisch sei, die aus Glaubens- und Gewissensgründen den Gebrauch der Waffe ablehnen und insbesondere sich weigern, auf Schießscheiben mit menschlichen Umrissen zu schießen, wird immer wieder Druck ausgeübt. Es werden negative Beurteilungen oder Folgen für die Ausbildung angedroht, wenn der Waffengebrauch konsequent verweigert wird.

- Ralph Herbig, Saalfeld-Gorndorf, Wilhelm-Pieck-Str. 72,
Berufsschule Reichsbahn Erfurt, Direktor Wittig.
Herr Herbig verweigert die Schießausbildung.
Das wird am 28. 4. 82 akzeptiert. Später wird ihm mitgeteilt, daß ein Disziplinarverfahren eingeleitet wurde, außerdem seine Saalfelder Dienststelle, BW Saalfeld, informiert wurde.
Falls diese Dienststelle die Weigerung nicht akzeptiere und sie als Klausel in den Lehrvertrag aufnehme, werde der Lehrvertrag gekündigt. Dabei beruft sich die Schule auf das neue Gesetz zum ...ardienst.

- Benita Brükau, Saalfeld, Bruder
wird gegen ihr Gewissen durch ...nnung und Härte gezwungen, an den Schießübungen teilzunehmen. Als sie darüber in einem Gemeindekreis berichtet, bricht sie in einem Weinkrampf zusammen.

- Schülerinnen einer 6. Klasse in Saalfeld wenden sich Januar/Februar 1983 an ihren Gemeindepfarrer in Gewissensnot, weil sie während eines für Februar vorgesehenen Manövers auf menschenähnliche Schießscheiben schießen sollen.

Dok. 4.3   A. a. O., 187: Schreiben der Ev.-Luth. Superintendentur.

Verstoß gegen Artikel 20, 1-25, 1 und 4 der Verfassung der
DDR, Bruch der immer wiederholten Zusicherungen gegenüber den
Kirchenleitungen der DDR, Gewissensentscheidungen würden ge-
achtet und negative Folgen träten für die Betroffenen nicht ein.

Beispielangaben Bereich WEHRAUSBILDUNG allgemein

7. Bereich: Berufsbehinderung bei Bausoldaten

Gemeindeglieder, die vom Recht auf Ableistung ihres Dienstes
bei der NVA in Baueinheiten Gebrauch machen wollen, werden
diffamiert, in ihrer beruflichen Qualifizierung behindert
oder die bereits begonnene Ausbildung zwangsweise unterbrochen:

- Uwe Petzold, Saalfeld, Mitarbeiter im VEB Carl Zeiss Jena,
  Betrieb Saalfeld, bewirbt sich seit Jahren vergeblich um
  das Studium der Elektronik. Als Begründung für seine Nichtzulassung wird von verschiedenen Dienststellen auf seine
  Entscheidung verwiesen, Bausoldat zu werden.

- Karsten Schellenberg, Saalfeld, VEB Thüringer Elektromotorenwerke Saalfeld, bereits als Lehrausbilder eingesetzt
  und wegen zuverlässiger Arbeit ausgezeichnet, muß die
  Meisterausbildung abbrechen, als er erklärt, Bausoldat
  werden zu wollen. Trotz wiederholter Zusagen gegenüber
  Herrn Landesbischof Leich und gegenüber den Eltern, darf
  er sein Studium bis zur Stunde nicht wieder aufnehmen.(Vgl.Anlage)

- Ralph Herbig, Saalfeld, Wilhelm-Pieck-Straße 72, wird
  aufgrund seiner Bitte, den Dienst bei der NVA in einer
  Bausoldateneinheit ableisten zu dürfen, beschuldigt,
  seine Art von Friedensengagement sei "Lug und Trug",
  seine christliche Nächstenliebe totaler Blödsinn. Er
  verstecke sich hinter einem religiösen Deckmantel, um
  sich vor seiner Verantwortung im Kampf um den Frieden
  zu drücken.

Verstöße gegen Artikel 20, 1 bis 25, 1 und 27, 1 der Verfassung der DDR, Bruch von Zusagen gegenüber verschiedenen
kirchlichen Amtsträgern der Kirche im Falle Schellenberg.

8. Bereich: Freizügigkeitsbeschränkungen bei Gliedern der
   Jungen Gemeinde und bei Entscheidung für Bausoldatendienst

Die Entscheidung für Bausoldatendienst zieht Beschränkungen
der Freizügigkeit auf verschiedene Weise nach sich. So werden Gemeindeglieder - z. T. über mehrere Jahre hintereinander - an Urlaubs- und Erholungsreisen ins sozialistische
Ausland gehindert. Reiseeinlagen zum Grenzübertritt in die
befreundeten Staaten Ungarn, Rumänien, Bulgarien werden
ihnen verweigert.

- Uwe Petzold, Saalfeld, Langewiesenweg 33
  (Das schikanöse Vorgehen gegen dieses Gemeindeglied
  wird in der Anlage 2 zu diesem Schreiben mit Daten
  angedeutet. Es gipfelt in der bis heute ohne Begründung gebliebenen Zurückweisung an der Grenze zur CSSR.
  Alle Eingaben blieben ohne Erfolg.)

Dok. 4.3   A. a. O., 188: Schreiben der Ev.-Luth. Superintendentur.

189

12

000189

- Jürgen Schilling, Saalfeld, Gerbergasse 6
- Steffen Fey, Saalfeld, Wilhelm-Pieck-Str. 64
- Andreas Kob, Saalfeld, Str. der Einheit 41
- Christian Kuhl, Saalfeld, Str. der Befreiung 17
- Michael Rasch, Saalfeld, Wilhelm-Pieck-Str. 22
- Frank Beuthan, Arnsgereuth bei Saalfeld
  (1981 wiederholt abgelehnt, 1982 ohne Veränderung der
  Lage Visum erteilt)

und viele andere.

Zwei Gruppen sind von diesen unbegründeten Beschränkungen
besonders betroffen: Glieder der Jungen Gemeinde Saalfeld
(verantwortlich: Pfarrer Morgenroth, Saalfeld, Am Hohen
Ufer 8) und der Jungen Gemeinde Gorndorf (verantwortlich:
Diakon und Jugendwart Ulrich Bär, 6801 Könitz, Pfarrhaus).

Besonders belastend wird empfunden:
Pfarrer Morgenroth hat sich für die unbegründet Zurückge-
wiesenen beim

- Rat des Kreises Saalfeld mündlich,
- mit einer Wahleingabe schriftlich und
- mit einem ausführlichen Brief an den Minister für Justiz
  als seinen Parteifreund (Pfarrer Morgenroth gehört der
  LDPD an) eingesetzt.

Er hat insbesondere gegen das Verfahren der unbegründeten
Ablehnung protestiert. Auf seine Wahleingabe hat Pfarrer
Morgenroth nicht einmal eine Antwort erhalten. Bis heute
ist keine Veränderung des Verfahrens eingetreten. Die Freizügigkeit der jungen Leute wurde nicht wiederhergestellt.
Begründungen für die Zurückweisung unterblieben.
Wenn einige dieser Jugendlichen (die tatsächliche Liste ist
um viele Namen länger!) nach mehrjährigen Enttäuschungen
sich verbittert von gesellschaftlicher Mitverantwortung zu-
rückziehen, dann tragen allein die staatlichen Organe die
Verantwortung dafür.

Es müssen in solchen Vorgehen Verstöße gegen Artikel 20, 1
und 19, 2 der Verfassung gesehen werden.
Außerdem werden damit die vom Vorsitzenden des Staatsrates
in Helsinki unterzeichneten Absichtserklärungen, u. a. Forderung von Sicherheit und Zusammenarbeit in Europa Reisen in
benachbarte Länder ständig zu erleichtern, unglaubwürdig gemacht.
In den "Gesprächen" mit Jugendlichen in diesen und anderen
Zusammenhängen ist als Diskriminierung der kirchlichen Arbeit
anzusehen, daß Mitarbeiter von Polizei und Sicherheitsorganen
immer wieder Bezug auf die Person des Jugendleiters nehmen
und diese sowie die Arbeit in der Jungen Gemeinde andeutungsweise als Ursache für besondere vorbeugende Maßnahmen der
Sicherheitsorgane umschreiben.

Darüberhinaus werden immer wieder Freizügigkeitsbeschränkungen
i n n e r h a l b der DDR gegen Glieder der Jungen Gemeinde
ausgesprochen, denen z. B. auferlegt wird, während größerer

Dok. 4.3   A.a.O., 189: Schreiben der Ev.-Luth. Superintendentur.

000190   13

Treffen in Berlin, Karl-Marx-Stadt, Leipzig, diese Orte
nicht zu betreten. Die Einschränkung solcher Grundrechte
wird ebensowenig begründet wie die Verweigerung von Reise-
anlagen.

z. B. Wolfgang Schanze, Saalfeld, Krankenpfleger,
Sohn von Pfarrer Schanze, Döschnitz, Enkel von
Oberkirchenrat Dr. Schanze, ehemaliges Mitglied
des Exekutivkomitees des Lutherischen Weltbundes.
Wolfgang Schanze hat aufgrund dieser und anderer
Erfahrungen nunmehr Ausreiseantrag zusammen mit
seiner Ehefrau gestellt.

Es muß auf solche jungen Menschen wie eine böswillige Ver-
höhnung wirken, wenn dann im Saarländischen Rundfunk junge
Bürger der DDR erklären: Eine Reise ins Saarland zu bekommen, sei in der DDR "völlig normal". Man habe Interesse
daran gehabt, das Saaland kennenzulernen, einen entsprechenden Antrag gestellt und nun sei man hier (Sommer 1982).
Dies gehört zu den Widersprüchen zwischen öffentlichen Erklärungen und tatsächlicher Praxis, die niemand hinnehmen
kann, dem am Ansehen der DDR und ihrer Regierung wirklich
liegt.

9. Bereich: Strafverfolgung von Gewissensentscheidungen

Die strafrechtliche Verfolgung von

- Wehrpflichtigen, die Bausoldaten werden wollen, aber
  einer Waffeneinheit zugewiesen wurden;

- Reservisten, die als Wehrpflichtige vereidigt wurden
  und später aus Gewissensgründen Waffendienst verweigern;

- Waffendienstverweigerern, die auch den Bausoldatendienst
  ablehnen, aber zu zivilem Ersatzdienst bereit sind,

bedeutet Androhung von Gewalt und Anwendung von Gewalt gegen
das von der Verfassung geschützte Gewissen des Einzelnen und
damit Verfassungsbruch und verletzt ein auch von der Regierung der DDR öffentlich anerkanntes Menschenrecht.

In dieser Hinsicht kann ich mich inzwischen sehr kurz fassen.
Die Sachverhalte sind durch die Konferenz der Kirchenleitungen
mehrfach und durch ihren Vorstand zuletzt noch einmal am
10. Januar vorgetragen worden. Grundsätzlich möchte ich zwei
Gesichtspunkte unterstreichen:

- Die Bestrafung einer Gewissensentscheidung - ganz gleich,
  ob christlich oder anders begründet - ist ein Vorgang,
  der die Autorität jedes Staates aushöhlt und ihn in In-
  und Ausland unglaubwürdig macht.
  Christen treten für ihr Land ein, wenn sie dagegen protestieren.

- Die starre Weigerung, den Gewissensentscheidungen von ver-
  eidigten Soldaten und Reservisten Raum zu geben, weil die
  Verfassung es verbiete, übersieht, daß damit das ebenfalls
  in der Verfassung gegründete Gewissensrecht aufgehoben
  wird, das als allgemeines Menschenrecht über sicherheits-
  politischen oder innerstaatlichen Regelungen stehen muß.

Im übrigen wird dabei verschwiegen, daß tatsächlich auch
im geltenden Recht der DDR der Fahneneid keineswegs le-
benslänglich gilt, vielmehr Bürger ohne Verfassungsände-
rung davon entbunden werden,

Dok. 4.3   A.a.O., 190: Schreiben der Ev.-Luth. Superintendentur.

z. B. durch Erreichen der Altersgrenze für Reservisten oder durch Strafverfahren u. a.

Als Seelsorger kann ich in diesem Zusammenhang keine Namen nennen. Aber ich muß aus Verantwortung für viele, viele junge Leute, die in schweren Gewissenskonflikten ihre Seelsorger aufsuchen, vor den verheerenden Folgen warnen, die Mißachtung des Gewissens für die Betroffenen und den Staat, der sie auslöst, haben wird.

Es sei in diesem Zusammenhang Luther zitiert:
"Der Leib ist allen Mühen unterworfen; das Gewissen aber soll niemandem unterworfen sein, weil es Freiheit hat..von der Sünde, vom Tode, vom Gesetze, von der Hölle und von allen menschlichen Satzungen." (Weimarer Ausgabe 12, 335, 17 - 28)

Beispielangaben allgemein

10. Bereich: Paß- und Visaangelegenheiten

Die Würde von christlichen u. a. Bürgern der DDR wird verletzt, wo ihnen in Anwendung von § 17 der Verordnung über Paß- und Visaangelegenheiten ohne Angabe von Gründen die Möglichkeit genommen wird, in Ländern wie Ungarn, Rumänien oder Bulgarien, andere Landschaften, Menschen und Kulturen kennenzulernen.

Dieser § 17 der Verordnung Paß- und Visaangelegenheiten stellt einen Verstoß gegen Artikel 19, 2 und 20, 1 (Gleichheit aller vor dem Gesetz) und 30, 2 dar.

Alle Bitten und Hinweise, seit Jahren vorgetragen, haben nichts verändert. Die Zahl der Diskriminierungen wächst, die Verletzung der Menschenwürde bleibt ungestraft. Die Verstöße gegen die Absichtserklärungen der Schlußakte von Helsinki, den Tourismus zu fördern und durch die Erleichterung von Reisen zum nachbarlichen Kennenlernen Sicherheit und Zusammenarbeit in Europa zu entwickeln, mehren sich.

Es ist in diesem Zusammenhang mit Dankbarkeit festzustellen, daß gegenüber hauptamtlichen Mitarbeitern der Kirchen außerordentlich großzügig verfahren wird, wenn ökumenische Reisen seitens der Kirchenleitungen erbeten werden. Dies hat ohne Zweifel erheblich dazu beigetragen, bei den zahlreichen ökumenischen Partnern unserer Kirchen im Ausland das Ansehen der DDR zu stärken und Verständnis für die Politik von Partei und Regierung zu wecken.

Die auf diese Weise vertrauensvoll eröffneten Reisemöglichkeiten wurden von den Dienstreisenden wohl in allen Fällen dazu genutzt, als Botschafter guten Willens zu Versöhnung und Frieden beizutragen.

Deshalb aber muß als beschwerlich empfunden werden, daß in letzter Zeit die Ablehnung von Dienstreisen auch ökumenischen Charakters einzelne Mitarbeiter verschreckt und verunsichert. Dafür seien als Beispiele allein aus der Superintendentur Saalfeld genannt:

- Frau Pastorin Müller, Drognitz (Reise zur ökumenischen Fachtagung für Seelsorge an psychisch Kranken in Basel, Schweiz verweigert)

- Pfarrer Victor, Leutenberg (Reise als Referent der Ev.-Luth. Kirche in Thüringen, zugleich Superintendenturbeauftragter für Ökumene, verweigert)

Dok. 4.3   A. a. O., 191: Schreiben der Ev.-Luth. Superintendentur.

15

000132

- Frau Pastorin Krampf, Lichte (Reise zu ökumenischer
  Begegnung mit Referaten- und Predigtauftrag verweigert)

Auch hier führt die Anwendung des § 17 der Verordnung über
Paß- und Visaangelegenheiten zu persönlichen Belastungen, die
Gesprächsbereitschaft und Kooperationsfreudigkeit der Betroffenen nicht gerade fördern.

Abschlußbemerkungen

In der Superintendentur Saalfeld gab es bisher keine Registrierung
von Belastungen des Verhältnisses Staat-Kirche. Die um Rat fragenden Gemeindeglieder wurden im persönlichen Gespräch auf ihre Möglichkeiten hingewiesen, oder zuständige Dienststellen um Hilfe gebeten.
Schwerwiegende Vorkommnisse wurden von Fall zu Fall mit der
Abteilung Inneres beim Rat des Kreises Saalfeld besprochen,
deren Mitarbeiter in dankenswerter Weise um die Wahrung der Rechte
der Bürger und ein gutes Verhältnis von Staat und Kirche bemüht
waren und sind. In besonders gravierenden Fällen wurde Herr Landesbischof Leich um Hilfe gebeten.
Seit Frühjahr 1982 - in manchen Sachbereichen schon früher -
fällt jedoch auf, daß diese Kooperationsbereitschaft an grundsätzlichen Regelungen scheitern muß, die mit ihren Folgen hier
durch herausgegriffene Beispiele beschrieben wurden.
Damit ist keineswegs die Summe der Erfahrungen erfaßt oder ihre
Erfassung auch nur beabsichtigt. Dies sei an einem letzten Beispiel deutlich gemacht:

Wo Pfarrer eine klare Entscheidung für ihre Kinder treffen und
dafür einstehen, etwa in der Frage Teilnahme am Wehrunterricht
oder Fernbleiben, wird in vielen Fällen ihre Entscheidung respektiert, wenn sie die Folgen - z. B. Nichtzulassung zur EOS - zu
tragen bereit sind.

Dies gilt aber für Gemeindeglieder nicht unangefochten. Sie
werden härterem Zugriff ausgesetzt und gezwungen, ihre Entscheidung
zu revidieren.

- Mona Sokol, Kl. 9, Thomas-Müntzer-Oberschule Kleingeschwenda.
  Die Mutter bittet aufgrund der Zusage des Vorsitzenden des
  Ministerrates, Gewissensentscheidungen werden auch im Hinblick
  auf den Wehrunterricht Raum gegeben, um Freistellung ihrer Tochter
  vom Wehrunterricht. Während an der gleichen Schule die Entscheidung der Söhne von Pfarrer Modersohn respektiert wird, muß
  Mona am Wehrunterricht teilnehmen und wird lediglich vom Wehrlager befreit.

Damit wird die Gruppierung von Beispielen beendet.

Es muß jedoch noch eine Erklärung angefügt werden:

In den Gesprächen um meinen Diskussionsbeitrag auf der Bundessynode Halle wurden Vertreter des Staates gefragt, warum gerade
im Bereich der Superinten - Saalfeld so viele Belastungen
erlebt würden. Dazu ist   bei festzustellen:

1. Es gibt sie ähnlich und stellenweise noch häufiger in anderen
   Bereichen, wie ich aus Berichten der Superintendenten, Berichten
   vor der Synode und der Konferenz der Kirchenleitungen erkenne.

Dok. 4.3   A. a. O., 192: Schreiben der Ev.-Luth. Superintendentur.

000139   485

2. Daß viele Betroffene ihre Sorgen auch telefonisch, mündlich oder schriftlich mir vortragen, liegt daran: Seit dem 6. März 1978 habe ich in Inland und Ausland mit Nachdruck die Prinzipien der Gleichachtung und Gleichberechtigung aller Bürger als Grundzug der Politik in der DDR dargestellt. Ich habe Gemeindeglieder, die mir andre Erfahrungen entgegenhielten, zu neuem Vertrauen in die Politik unsres Staates ermutigt. Sie haben mich beim Wort genommen - wie ich die Zusagen der Verantwortungsträger ernstgenommen habe.

Wir sind bitter enttäuscht worden. Das ist der Grund, weshalb mich die Anfragen vieler Menschen eher erreichten als manchen anderen. Noch kann ich mir nicht vorstellen, daß im Volksbildungsbereich und für die Sicherheitsorgane und für den Bereich der Landesverteidigung alle gegebenen Zusagen und die Garantien der Verfassung auf Dauer außer Kraft gesetzt sein sollen.

Solange freilich die aufgereihten zentralen Festlegungen die Alltagserfahrungen der Menschen im Lande bestimmen und die garantierten Grundrechte der Bürger einschränken oder aufheben, kann ich nicht mehr von Gewissens- und Glaubensfreiheit in der DDR sprechen. Diese auf Ersuchen der staatlichen Stellen geschriebene Zusammenstellung ist ein Stück meines Versuches, zur Wiederherstellung der Grundrechte der Bürger in unsrem Lande beizutragen.

Ludwig Große

Vorstehende Zusammenstellung gibt nicht nur einen persönlichen Eindruck wieder, sondern entspricht den Erfahrungen unsrer Superintendentur Saalfeld.

Hans Werner Modersohn

Vertrauenspfarrer
der Superintendentur

Lutz Morgenroth

Stadtjugendpfarrer
von Saalfeld

Dok. 4.3   A. a. O., 193: Schreiben der Ev.-Luth. Superintendentur.

Anlage 1

Meisterstudium Karsten Schellenberg, Saalfeld

Zum wiederholten Mal hat Herr Landesbischof Leich in einem Gespräch mit dem Rat des Bezirkes Gera die Angelegenheit Meisterstudium Karsten Schellenberg, VEB Thüringer Elektromotorenwerke Saalfeld im VEB Hauswirtschaftl. Dienstleistungen Gera, vortragen müssen. Immer wieder wurde Klärung zugesagt. Sie steht bis heute aus, obwohl immer wieder von verschiedensten Seiten zugesagt worden ist, Herr Schellenberg könne sein Studium fortsetzen.
Weil die Angelegenheit nun über Jahre verschleppt wurde, noch einmal die Fakten in aller Kürze:

1. Karsten Schellenberg wird vom Betrieb VEB Thüringer Elektromotorenwerk Saalfeld wegen seiner zuverlässigen und umsichtigen Arbeit mit 18 Jahren beauftragt, die Lehrausbildung zu übernehmen.

2. Damit er auch in der Ausbildung den Stand erreicht, den sachgemäße Lehrausbildung voraussetzt, nimmt er am 1. 11. 1979 das Meisterstudium in der Kreislandwirtschaftsschule Saalfeld auf.

3. Schon vorher reifte in ihm die Gewissensentscheidung, entsprechend den in der DDR geltenden Gesetzen seine Dienstzeit bei der Nationalen Volksarmee in einer Bausoldateneinheit abzuleisten. Darüber informiert er das Wehrkreiskommando in Saalfeld am 3. 9. 1980.

4. Offenbar aufgrund dieser Mitteilung muß er das Meisterstudium unterbrechen, die Verantwortung für den Ausbildungsbereich aber weiterhin tragen.

5. Zahlreiche persönliche Anfragen und Eingaben, Gespräche des Vaters mit Betrieb und Gewerkschaft, sowie Vorstellung von Herrn Landesbischof Leich beim Rat des Bezirkes Gera verändern die Lage nicht.

6. Im Verlaufe dieser Gespräche werden wiederholt Zusagen gegeben:

6.1. Gegenüber Herrn Karl-Heinz-Schellenberg, dem Vater, wird seitens der Betriebsleitung, sowie durch Herrn Klaus Müller vom FDGB-Kreisvorstand Saalfeld im Oktober 1981 erklärt:
Betriebsleitung und Gewerkschaft haben nichts gegen eine Fortführung des Meisterstudiums einzuwenden, unterstützen dies sogar.

6.2. Gegenüber dem Superintendenten wird durch Herrn Uerkvitz in Gegenwart von Pfarrer Morgenroth, dem zuständigen Gemeindepfarrer, festgestellt:
Wenn der Betrieb nichts dagegen hat, ist auch der Rat des Bezirkes einverstanden.

Umsomehr befremdet, daß bis heute keine Aufhebung der Unterbrechungsentscheidung erfolgt ist, vielmehr weitere Anfragen mit Achselzucken beantwortet werden. Damit muß die Frage gestellt werden, ob die Zusage der Verfassung, Glaubens- und Gewissensfreiheit werde jedem Bürger garantiert, für Herrn Schellenberg nicht gilt. Sollte die Wiederaufnahme des Studiums nicht unverzüglich ermög   werden, müssen wir in der Kirchgemeinde Saalfeld zur Kenntni   men, daß

Dok. 4.4   A. a. O., Blatt 194.

758

Anlage 1
Blatt 2

die Verfassung für ein Glied unsrer Gemeinde außer Kraft gesetzt,
mindestens aber in diesem Falle grob mißachtet wurde.

Das Verfahren steht außerdem in krassem Widerspruch zur Erklärung des Herrn Staatsratsvorsitzenden in einem Presseinterview
vor der Weltöffentlichkeit, die Gewissensentscheidung eines
Bausoldaten werde in der DDR geachtet und habe keinerlei negative Folgen für den betreffenden Bürger.

Dok. 4.4   A. a. O., Blatt 195.

189

000196

Anlage 2

Einzelbeispiel Verfahren bei Reiseverweigerungen durch mehrere Jahre

Uwe Petzold, 6800 Saalfeld, Langewiesenweg 33

1980: - Mitte Mai Visum nach VR Ungarn, SR Rumänien, VR Bulgarien beantragt

- 19. 6. 80 wurde dieses Visum vom Volkspolizei-Kreisamt Saalfeld abgelehnt

- 19. 6. 80 deswegen Eingabe an die Bezirksbehörde der Volkspolizei Gera und Ministerium des Inneren Berlin

- 3. 7. 1980 Antwort von der Bezirksbehörde der Volkspolizei Gera:
  "Getroffene Entscheidung kann nicht geändert werden"
  Verweisen auf § 17 der Anordnung über Paß- und Visaangelegenheiten:
  "Solche Entscheidung bedarf keiner Begründung"

- 7. 7. 1980 Eingabe zur gleichen Sache an den Staatsratsvorsitzenden Erich Honecker

- 28. 7. 1980 Antwort zuständigkeitshalber vom Ministerium des Inneren:
  "Entscheidung kann nicht geändert werden ..."

1981: - 17. 4. 1981 Visum nach VR Ungarn, SR Rumänien und VR Bulgarien beantragt

- 5. 5. 1981 Visum vom Volkspolizeikreisamt Saalfeld abgelehnt

- Eingabe zu diesem Sachverhalt an das Volkspolizei-Kreisamt Saalfeld, parallel dazu an den Staatsratsvorsitzenden Erich Honecker

- 26. 5. 1981 Vorladung zum Volkspolizeikreisamt Saalfeld: die Eingabe wird abgelehnt, d. h. das Visum kann mir nicht erteilt werden, Gründe werden nicht genannt - § 17

- 11. 6. 81 Schreiben von der Bezirksbehörde der Volkspolizei Gera:
  Meine Eingabe an den Staatsratsvorsitzenden wurde zuständigkeitshalber dorthin weitergeleitet;
  Visum kann nicht erteilt werden, Gründe werden nicht genannt - § 17

- 25. 6. 81 Eingabe an den Staatsratsvorsitzenden Erich Honecker:
  Schilderung des vorausgegangenen Sachverhaltes, betreffend der Ablehnung des Visums 81

- 6. 7. 81 Schreiben vom Büro des Staatsratsvorsitzenden:
  Ministerium des Inneren prüfte Sachverhalt nochmals, getroffene Entscheidung kann nicht geändert werden, keine Begründung - § 17

- 1. 9. 81 Visum in die VR Ungarn beantragt

- 8. 9. 81 Ablehnung des Visums durch das Volkspolizei-Kreisamt Saalfeld

Dok. 4.4 A. a. O., Blatt 196.

189

Anlage 2
Blatt 2

000197

1982:   - 4. 5. 1982 Visum nach der VR Ungarn, der SR Rumänien
und der VR Bulgarien beantragt

    - 25. 5. 1982 Visum vom Volkspolizei-Kreisamt Saalfeld
abgelehnt

    - 1. 6. 82 Brief an den Staatsratsvorsitzenden Erich Honecker:

Da nun schon zum wiederholten Male mein Visum abgelehnt wird, möchte ich die Gründe dafür nicht länger
vorenthalten bekommen.
Könnte mein Engagement als Christ daran Schuld sein?
Bitte, diesen Sachverhalt nochmals zentral zu überprüfen.

Eine ähnlich lautende Eingabe ging an das Volkspolizei-
Kreisamt Saalfeld.

    - 15. 6. 1982 Vorladung zum VPKA Saalfeld
Visum bleibt abgelehnt, keine Begründung - § 17

    - 9. 6. 82 Schreiben vom Büro des Staatsratsvorsitzenden

für Ausreiseangelegenheiten ist nicht Partei, sondern
das Volkspolizeikreisamt und das Ministerium des
Inneren zuständig...
keine Klärung des Sachverhaltes möglich...

    - 20. 6. 82 Eingabe an das Ministerium des Inneren, Abteilung
Paß- und Ausländerangelegenheiten, ähnlich dem Schreiben
an den Staatsratsvorsitzenden

    - 6. 7. 1982 Antwort vom Ministerium des Inneren:

vom Volkspolizei-Kreisamt Saalfeld getroffene Entscheidung bleibt bestehen, keine Begründung - § 17

    - 11. 8. 82 Am Grenzübergang Reitzenhain Ablehnung der
Einreise in die CSSR, keine Begründung dafür.

    - 12. 8. 82 Vorsprache wegen dieses Sachverhaltes in Berlin
beim Ministerium des Inneren:

Keine Zuständigkeit; Vorsprache bei der Bezirkszollverwaltung Berlin: keine Zuständigkeit;
Anruf bei der Zollhauptverwaltung Berlin: kein zuständiger Beamter im Dienst.

    - Vorsprache bei der Bezirkszollverwaltung Dresden:
kein zuständiger Beamter im Dienst
(13. 8. 82)

    - 17. 8. 82 Vorsprache bei selber Behörde:
Sachverhalt wurde angehört, Telefonate,

Maßnahme wurde nicht vom Zoll der DDR getroffen,
Problem wird zuständiger Behörde weitergeleitet.

    - 31. 8. 1982 Gleichlautende schriftliche Antwort von der
Bezirkszollverwaltung Dresden, aber kein Hinweis auf
Weiterleitung

    - 21. 9. 82 Eingabe an Bezirkszollverwaltung Dresden:

Warum wurde der Sachverhalt nicht weitergeleitet?

    - 25. 10. 82 Antwort von der Bezirkszollverwaltung Dresden:

Sachverhalt wurde ordnungsgemäß bearbeitet und das Ergebnis mir mitgeteilt

Dok. 4.4   A. a. O., Blatt 197.

Anlage 3 — Nichtzulassung zur Erweiterten Oberschule 006198
wegen Verweigerung der Teilnahme am Wehrunterricht

Susanne Krampf, 6427 Lichte, Lamprecht-Straße 18

1. 24.6.1982 Bewerbung um Zulassung zur Erweiterten Ober-
Schule bei der Abt.Volksbildung beim Rat des
Kreises Neuhaus
2. 29.9.1982 Mitteilung Direktor POS Lichte über Ablehnung
3. 10.10.1982 Eingabe an den Rat des Bezirkes Suhl, Abt.
Volksbildung
4. 11.10.1982 Mitteilung über die Eingabe an den Rat des
Bezirkes an Herrn Landesbischof Leich
5. 22.10.1982 Antwort von Herrn Landesbischof
6. 25.10.1982 Zwischenbescheid vom Rat des Bezirkes Suhl und
Einladung zu einer Aussprache
7. 5.11.1982 Aussprache mit Bezirksschulinspektor in
Neuhaus
8. 12.11.1982 Rat des Bezirkes Suhl; Bezirksschulrat:
Die Entscheidung ist nach der mündlichen
Aussprache endgültig
9. 20.12.1982 Mitteilung von Herrn Landesbischof: In einem
Gespräch mit dem Rat des Bezirkes Suhl am
15.12.1982 wurde nochmalige Überprüfung zugesagt
10. 4.2.1983 Telefonisch teilt Herr Landesbischof mit:
Endgültige Ablehnung liegt vor.
Gründe: Nichtteilnahme am Wehrunterricht
Nichtteilnahme am Kampfmeeting vom
Pfingstsonnabend 1982 (Dazu war eine
schriftliche Entschuldigung der Eltern
wegen dringender Arbeiten Susannes in der
Vorbereitung der Pfingstgottesdienste etc.
vom Klassenlehrer nicht angenommen worden.)

Lichte-Wallendorf,
am 5.Februar 1983

Dok. 4.4   A.a.O., Blatt 198.

5. Dokumente zur Ausbildung zur Seelenmanipulation

Lehrmittel für operative Mitarbeiter in der Arbeit mit IM u. a.
»Die psychischen Prozesse – ihre Wirkung und Nutzung in der politisch-operativen Arbeit«, MfS Hochschule, BStU ZA, JHS 24446.

Dok. 5.1   Vertrauliche Verschlußsache, VVS-o001, MfS-JHS: 75/85/II, 2117, Blatt 82 ff.:
»3.4. Möglichkeiten der Beeinflussung von Gefühlen in der politisch-operativen Arbeit
... Was ist aber zu beachten, wenn es speziell um eine Beeinflussung der Emotionen des Menschen geht? Es geht hierbei nicht nur um das Erzeugen irgendwelcher Gefühle, sondern um jene, die diesen Aufgaben und Forderungen zugetan sind, d. h. es kommt auf solche Gefühle an, die den Menschen veranlassen, eben diese gestellten Aufgaben anzunehmen, zu akzeptieren und ein Handeln in Richtung der Lösung dieser Aufgaben anzunehmen ...«

Dok. 5.2   A. a. O., Blatt 85:
»Das kann in der Praxis sehr unterschiedlich erfolgen ...
Dabei reichen die Vorgehensweisen von der einfühlsamen Aufforderung bis zu betont energischem, keinen Widerspruch duldenden Auftreten ...
So kann es z. B. in dem einen Fall durchaus notwendig sein, daß einem IM Forderungen in einem sehr strengen Ton gestellt werden, während in einem anderen Fall wohlüberlegte und einfühlsame Worte gefunden werden müssen.«

Dok. 5.3   A. a. O., Blatt 86:
»2. Die bewußte Steuerung des eigenen Verhaltens des Einflußnehmenden ... Beeinflussung von Gefühlen operativer Kräfte und operativ interessierender Personen ...

Solche bekannten Aussprüche[1733] wie z.B.: ›Es ist angenehm, ihm zuzuhören, er hat eine so warme Stimme‹; ›Sein aufmerksames und taktvolles Benehmen zieht an, und man ist gern mit ihm zusammen‹; ›Bei ihm merkt man, daß man als Mensch geachtet wird.‹; aber auch: ›Sein arrogantes Gehabe war nicht zu überhören‹ … zeugen davon, daß das Verhalten anderer Menschen gleichfalls emotional bewertet und erlebt wird.

Daraus ergibt sich die Möglichkeit, durch das eigene Verhalten Einfluß auf die Gefühle des anderen zu nehmen …«

[1733] Im Folgenden wird offenbar aus der Praxis zitiert.

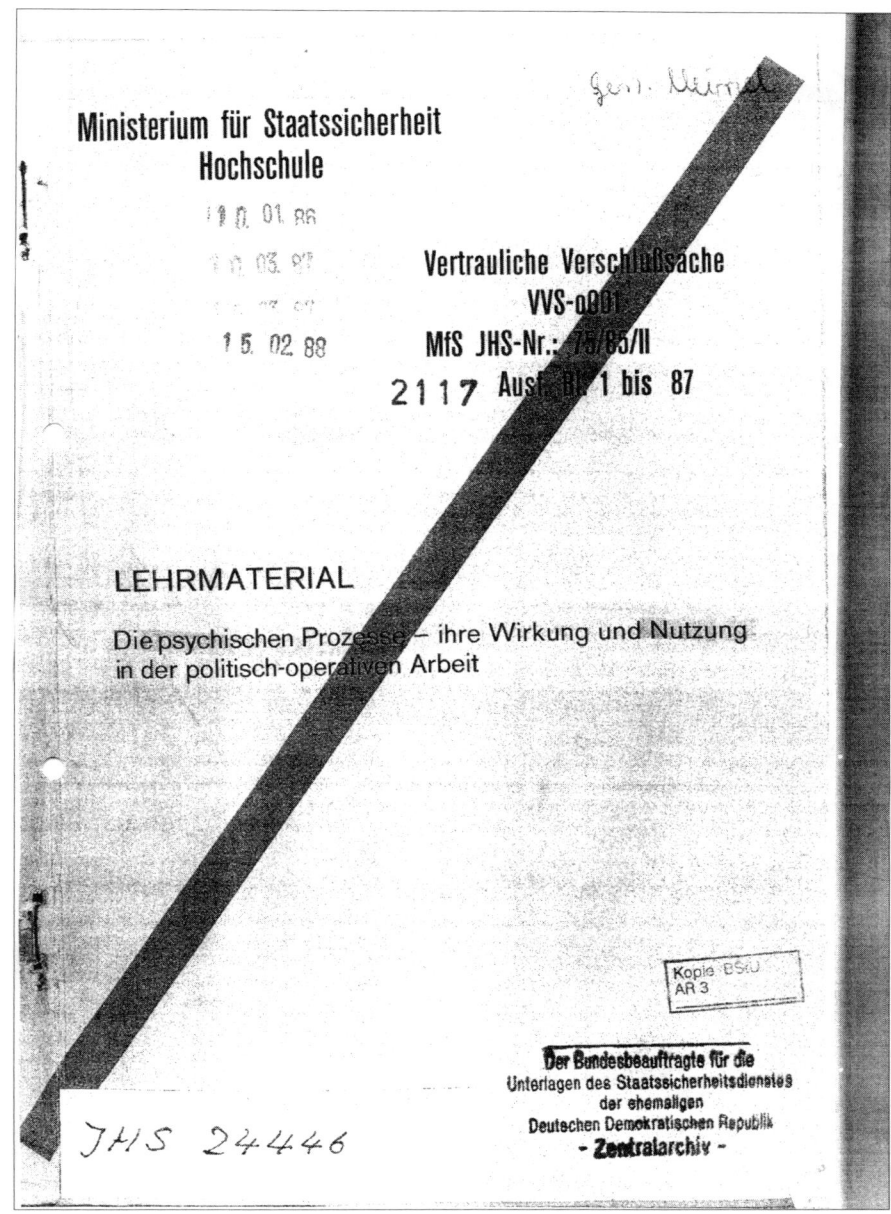

Dok. 5.1   Vertrauliche Verschlußsache, VVS-o001, MfS-JHS: 75/85/II, 2117.

VVS JHS o001 - 75/85/II

3.4. Möglichkeiten der Beeinflussung von Gefühlen in
     der politisch-operativen Arbeit

Die Forderung in der politisch-operativen Arbeit nach
Erziehung und Befähigung der operativen Kräfte geht
davon aus, daß der Mensch nicht nur denkend, sondern
auch fühlend handelt.

Dieser Forderung liegt die psychologische Einsicht
über die Einheit von Psychischem und Tätigkeit zugrunde, von der sich auch die Wirksamkeit der Gefühle im Handeln und Verhalten ableitet. Nun ergibt
sich aber aus dem Wesen und den Erscheinungsformen
der emotionalen Prozesse, daß sie in Einheit mit den
anderen psychischen Prozessen nicht immer das
menschliche Verhalten geeignet beeinflussen, sondern
auch zu einem der Situation unangepaßten Verhalten
führen können.

In der politisch-operativen Tätigkeit werden die
operativen Kräfte mit vielen und unterschiedlichen
Situationen konfrontiert, in denen es im Interesse
der operativen Aufgabenlösung aber wichtig ist, daß
die operativen Kräfte aktuell positive, d. h. operativ brauchbare Gefühle haben. Durch die fördernde
Rolle jener Gefühle im Handeln, die auf das operative Ziel gerichtet sind, haben sie große Bedeutung
für das Erreichen des operativen Zieles und damit
gleichsam für das Erreichen operativer Arbeitsergebnisse überhaupt.

Daher ist in der Zusammenarbeit mit den operativen
Kräften, besonders mit den IM, die Herausbildung
operativ brauchbarer Gefühle mit notwendig. Die Er-
zeugung solcher, die operative Aufgabenlösung för-
dernden Gefühle hilft u. a. auch, mit persönlichen
Ängsten und Unsicherheiten der operativen Kräfte im
konkreten Fall schneller fertig zu werden.

Darüber hinaus macht es sich in der politisch-operativen Arbeit notwendig, daß auch die Gefühle der
operativ interessierenden Personen beeinflußt werden. Denn jede Kontaktaufnahme zu ihnen und das Bemühen um deren Vertrauen z. B. schließt unweigerlich
die aktuelle Gefühlslage der operativ interessierenden Personen mit ein. Je positiver dabei ihre Gefühle
zum IM sind, desto sicherer wird der operative Erfolg sein. In einer anderen Situation, z. B. bei

Dok. 5.1   Vertrauliche Verschlußsache, VVS-o001, MfS-JHS: 75/85/II, 2117, Blatt 82 f.

VVS JHS o001 - 75/85/II

Im folgenden sollen einige wesentliche Möglichkeiten
komplexer Art vorgestellt und beschrieben werden:

1. Die Veranlassung zum Handeln

Wenn Psychisches und damit auch Emotionen im Handeln
entstehen, dann ist es eine erste und vorrangige Aufgabe der Beeinflussung, einen Menschen zum Handeln zu
veranlassen. Handlungsveranlassung heißt Stellen von
Aufgaben und Forderungen. Dadurch wird der Mensch mit
Erscheinungen der objektiven Realität konfrontiert
und zu einem Verhalten herausgefordert. Diese Konfrontation mit Forderungen und Aufgaben erzeugt in dem
Menschen einen Widerspruch, der zwischen ihm und diesen Forderungen und Aufgaben besteht. Dieser Widerspruch - wenn er dem Menschen bewußt wird - läßt in
seiner Widerspiegelung einen Komplex von Motiven für
ein Handeln entstehen, in dem auch Gefühle hemmend
oder fördernd wirksam werden können.

Gefühle entstehen aber nicht nur bei der Auftrags-
entgegennahme, wenn z. B. der operative Mitarbeiter
vom Leiter eine Aufgabe oder der IM vom operativen
Mitarbeiter einen operativen Auftrag erhält. Gefühle
entstehen auch während der Auftragsrealisierung, weil
sich die operativen Kräfte mit den Realisierungsbe-
dingungen und den Teilergebnissen auseinandersetzen
müssen und schließlich auch nach der Lösung von Aufgaben, weil deren Ergebnisse als Erfolg oder Miß-
folg emotional bewertet werden. Diese Tatsache macht
auf die große Bedeutung der Schaffung von Erfolgs-
erlebnissen aufmerksam.

Wir haben also hier einen engen Zusammenhang zwischen
der Motivierung eines Menschen und der Beeinflussung
seiner Emotionen. Das stützt noch einmal die prinzi-
pielle Aussage, wonach jeder Einfluß auf die ganze
Persönlichkeit wirkt.

Was ist aber zu beachten, wenn es speziell um eine
Beeinflussung der Emotionen des Menschen geht? Es
geht hierbei nicht nur um das Erzeugen irgendwelcher
Gefühle, sondern um jene, die diesen Aufgaben und
Forderungen zugetan sind, d. h., es kommt auf solche
Gefühle an, die den Menschen veranlassen, eben diese
gestellten Aufgaben anzunehmen, zu akzeptieren und
ein Handeln in Richtung der Lösung dieser Aufgaben
aufzunehmen. Daher müssen die zu stellenden Aufgaben

Dok. 5.2   A. a. O., Blatt 84.

84

durch den konkreten Menschen lösbar und die damit in
Verbindung stehenden Forderungen für ihn erfüllbar
sein. Jede wirkliche Überbelastung wie jede eingebil-
dete Überbelastung führt bei den operativen Kräften
in der Tendenz zu ablehnenden Gefühlen und damit
gleichsam zur Handlungsbehinderung.

Ähnliche Emotionen können durch Aufgaben ausgelöst
werden, die den Handelnden unterfordern. Will man
also bei den operativen Kräften operativ brauchbare
Emotionen durch Aufgabenstellung wecken, so sind Inhalt, Umfang und Kompliziertheit der Aufgaben im Zusammenhang mit den jeweiligen subjektiven Voraussetzungen der operativen Kräfte zu sehen, d. h. inwieweit stimmen diese Aufgaben mit den vorhandenen
Kenntnissen, Fähigkeiten, Einstellungen, Interessen
u. a. psychischen Bedingungen überein.

Beeinflussung von Emotionen durch Aufgaben und Forderungen verlangt besonders, die Art und Weise des
Stellens von Aufgaben und Forderungen zu berücksich-
tigen. Die emotionale Widerspiegelung erfaßt nicht
nur die Inhalte, mit denen der Mensch konfrontiert
wird, sondern auch und vor allem die Form, auf welche Weise er herausgefordert wird.

Das kann in der Praxis sehr unterschiedlich erfolgen
und wird auch in der politisch-operativen Arbeit unterschiedlich praktiziert.

Dabei reichen die Vorgehensweisen von der einfühlsamen Aufforderung bis zu betont energischem, keinen
Widerspruch duldendem Auftreten. Es sind viele Nuan-
cierungen in der Form möglich und auch notwendig, jedoch ist stets von der konkreten Persönlichkeit und
der aktuellen Situation auszugehen.

So kann es z. B. in dem einen Fall durchaus
notwendig sein, daß einem IM Forderungen in
einem strengen Ton gestellt werden, während
in einem anderen Fall wohlüberlegte und einfühlsame Worte gefunden werden müssen.

Dieser Sachverhalt macht auf eine weitere Möglichkeit
der Beeinflussung von Emotionen aufmerksam.

Dok. 5.2   A. a. O., Blatt 85.

VVS JHS o001 - 75/85/II

BStU

000086

85

2. Die bewußte Steuerung des eigenen Verhaltens des Einflußnehmenden

Wenn Gefühle in der Auseinandersetzung mit den Erscheinungen der objektiven Realität entstehen, dann
gehören dazu nicht nur Gegenstände, Ereignisse und
Sachverhalte, sondern in erster Linie Menschen und
ihre Verhaltensweisen. Tritt der IM mit anderen Menschen, z. B. mit dem operativen Mitarbeiter oder operativ interessierenden Personen in Beziehung, so
widerspiegelt und bewertet er auch deren Auftreten
und Benehmen. Dabei geht es sowohl um den verbalen
Ausdruck als auch um mimische, gestische und panto-
mimische Bewegungen.

Diese Erkenntnis dient auch der Beeinflussung von Gefühlen operativer Kräfte und operativ interessierender
Personen und ist für das Verhalten des Einflußnehmenden nutzvoll.

> Solche bekannten Aussprüche wie z. B.: "Es ist
> angenehm ihm zuzuhören, er hat eine so warme
> Stimme"; "Sein aufmerksames und taktvolles Be-
> nehmen zieht an, und man ist gern mit ihm zu-
> sammen"; "Bei ihm merkt man, daß man als Mensch
> geachtet wird"; aber auch: "Sein arrogantes
> Gehabe war nicht zu überhören" ... zeugen da-
> von, daß das Verhalten anderer Menschen gleich-
> falls emotional bewertet und erlebt wird.

Daraus ergibt sich die Möglichkeit, durch das eigene
Verhalten Einfluß auf die Gefühle des anderen zu nehmen. Für die politisch-operative Tätigkeit bedeutet
das, daß jedes Zusammentreffen zwischen Leiter und
operativem Mitarbeiter oder operativem Mitarbeiter
und IM zur Beeinflussung der Gefühlslage des anderen
durch bewußtes Steuern des eigenen Verhaltens genutzt
werden kann.

> Wenn z. B. der operative Mitarbeiter beim Treff
> laufend auf die Uhr schaut, unruhig auf seinem
> Platz hin- und herrutscht oder ständig auf Ne-
> bengeräusche achtet, dann überträgt sich dieses
> Verhalten auf den IM, und er wird auch unruhig
> oder gar unsicher.

> Wenn aber der operative Mitarbeiter in aller
> Ruhe und Sachlichkeit mit dem IM spricht, diesem
> aufmerksam und ohne ständige Unterbrechung zu-

Dok. 5.3 A. a. O., Blatt 86.

6. Dokument zur Beurteilung in Widersprüchen

BStU MfS BV Gera, Auskunftsbericht zu »IME« X 460/75 (unpag.)
zu Abschnitt 17.6 »IM in Spitzenpositionen«

Dok. 6   Dem angeblich als IME[1734] geworbenem »Bruno Köhler« wird
bescheinigt: »Streng gläubiger Christ …« Deshalb »erfordert die
Führung ›Köhlers‹ ein Höchstmaß an Fingerspitzengefühl. Er betont gelegentlich[1735], daß er niemals das Gefühl haben möchte,
ausgenommen zu werden.«

Dennoch heißt es:
»Derzeit wird ›Köhler‹ als Quelle und operativer Einflußfaktor im
Landeskirchenrat genutzt.« Und im Gegensatz dazu muss gleich
wieder eingestanden werden: »Köhler berichtet über interne theologische Probleme[1736] nur widerwillig.«
Das wird sofort heruntergespielt:
»Da diese Probleme in der politisch-operativen Arbeit nicht
das Primat darstellen, kann bei der Nutzung Köhlers diesbezüglich
mit eingeschränkten Forderungen gearbeitet werden.«

Erneuter Widerspruch:
»›Köhler‹ ist ehrlich und wahrt die Konspiration. Seine Ehefrau
hat Kenntnis von der Zusammenarbeit.« Damit nicht jemand auf
den Gedanken komme, es gäbe demnach gar keine Konspiration,
da ja die Ehefrau eingeweiht ist, wird in einem Rätselwort hinzugefügt: »Diese Konstellation ist positiv.«

[1734] IME = Inoffizieller Mitarbeiter im besonderen Einsatz (nach Abkürzungsverzeichnis BStU,
7. Aufl. 2007).

[1735] Also nicht nur einmal, was sein Führungsoffizier offenbar nicht verheimlichen kann.

[1736] Gemeint sind nach dem Zusammenhang interne kirchliche Angelegenheiten.

Überraschende Erfolgsbehauptung

»›Köhler‹ wird zur Entwicklung von kirchlichen Nachwuchskadern genutzt.«

Abgesehen von der demaskierenden Formulierung, dass ein Mensch hier »genutzt« wird wie ein Gegenstand, muss festgestellt werden:

Für die Ausbildung ist »Köhler« nicht zuständig – weder für Theologen noch für Katecheten – und ebenso wenig für das Predigerseminar oder das thüringische Pastoralkolleg, auch nicht für das Seminar auf dem Hainstein.

Das Pfarrertaschenbuch vermerkt nur: »Zuständig für die kirchliche Studentenarbeit und für die Freikirchen.«

Die Studentenarbeit liegt in den Händen kritischer Studentenpfarrer, zu denen lange Zeit – in gleicher kritischer Grundhaltung – »Bruno Köhler« gehörte und in dieser Beauftragung auch Studentenrüsten im Pfarrhause des Verfassers durchführte, ohne an irgendjemand irgendwelche »Berichte« zu liefern.

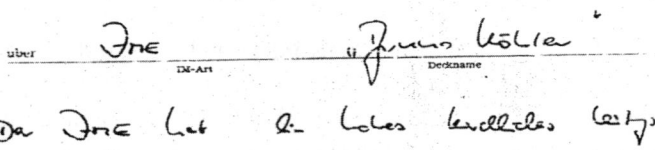

Reg.-Nr. *F 460175*

Beurteilung*⁾

über ____Jne____ _____*Junus Köller*_____
                IM-Art   Deckname

[handschriftlicher Text, weitgehend unleserlich]

Dok. 6   Beurteilung in Widersprüchen.

7.   Dokument Christfried Herklotz

Ein Brief aus der Luth. Bekenntnisgemeinschaft wider den Zeitgeist
(Christfried Herklotz, Gemeindekirchenrat Saalfeld; Dokument nachgesetzt)

Saalfeld, am 11.09.1996

Liebe Schwestern und Brüder,

aus Anlaß unserer Debatte am vergangenen Samstag zur Gauck-Überprüfung des GKR Saalfeld möchte ich mich nochmals an Sie wenden.

In unserer Debatte hatte ich den Eindruck, daß meine Gedanken nicht so von Ihnen verstanden wurden, wie ich verstanden werden wollte.

Ich will deshalb in diesem Brief versuchen mich noch einmal klarer auszudrücken.

1) Ich lehne die Überprüfung ab und möchte, daß Sie dies verstehen.
2) Gegen ein Überprüfung meiner Person habe ich nichts einzuwenden.
3) Gern würde ich Ihre Gründe für eine Überprüfung verstehen.

Ich lehne die Überprüfung ab,

weil dadurch Vertrauen zu uns als GKR nicht entsteht oder gefördert wird.
Wer uns jetzt nicht traut, tut es dann sicher auch nicht.

Weil dadurch Vertrauen untereinander nicht stärker werden kann, denn eine Rest-unsicherheit bleibt auch nach der Überprüfung. Die Berurteilung erfolgt nach dem aktuellen Kenntnisstand der Gauck-Behörde, mehr geht nicht.

Wenn Sie daran denken wieviele Akten noch nicht sortiert oder verschwunden sind, kann uns die Überprüfung nie eine 100 % ige Sicherheit bringen.

Bevor wir überhaupt ans Überprüfen denken, sollten wir VOR einer Überprüfung genau überlegen was wir mit den Ergebnissen tun werden:

Wie verhalten wir uns gegenüber einem dann enttarnten IM?
Wie verhalten wir uns, wenn die Unterlagen sagen: »IM«, aber der Betreffende äußert: »Niemals, ich weiß nichts davon!« Wem glauben wir?

Ich denke wir sollten an die Lösung dieser Frage ganz, ganz anders herangehen!
Bitte überdenken Sie doch einmal vorbehaltlos die folgenden Fragen:
Wodurch unterscheidet sich ein IM eigentlich von einem anderen Menschen in der DDR?
Ich kenne keinen IM, der mit Feuereifer für die Stasi Informationen gesammelt oder beschafft hat. Diese Art von Spionen gab es, aber sehr selten.

Meistens wurden die Informationen in einem Gespräch unter Freunden oder unter Druck herausgefiltert oder herausgepreßt.

Keiner hat mit dem Vorsatz der Kirche zu schaden, gehandelt. Jeder IM im kirchlichen Raum war der Überzeugung, daß seine Äußerungen von geringer Bedeutung seien.

Dok. 7   Brief Christfried Herklotz.

Man müßte also sagen, daß der IM Informationen fahrlässig und nie vorsätzlich an die Stasi weiter gegeben hat.

Was hat aber der NICHT-IM getan?
Auch er/sie hat durch sein Verhalten den DDR-Staat gestützt und gestärkt, und damit Schaden angerichtet. Jeder auf seine eigene Weise.
z. B.
– den Mund gehalten und Unrecht geduldet,
– Resolutionen der SED unterschrieben,
– an angeordneten Demonstrationen (z. B. 1. Mai) teilgenommen,
– seine Kinder zur Jugendweihe geschickt,
– seine Kinder im Sinne der SED erziehen lassen (z. B. Kindergarten),
– in irgend einer anderen Partei die Befehle der SED ausgeführt,
– die Liste der Nationalen Front gewählt,
– vertrauliche Informationen aus dem GKR an Freunde und Bekannte weitererzählt,
– usw.

Bitte verstehen Sie mich nicht falsch. Ich möchte dies keinem von Ihnen vorwerfen, aber ich möchte erinnern an das Bibelwort: »Wer unter euch ohne Sünde ist, der werfe den ersten Stein.« In der zitierten Geschichte wurde eine Frau eindeutig eines Vergehens überführt, auf welches nach jüdischem Gesetz die Todesstrafe stand. Jesus hätte sie ausführen lassen müssen aber er handelte anders.

Ich will damit sagen, daß sowohl der IM als auch der NICHT-IM schuldig geworden ist. Beide sind schuldig wenn auch in unterschiedlicher Schwere. Schuld aber ist Schuld, ob klein oder groß!
Deshalb geht es um – und gibt es unter Christen – die Vergebung!
Und wie stell' ich mir diese vor?

Auf keinen Fall darf Vergebung ein Darüberhinwegsehen sein!
Bei Vergebung denke ich an
1) Erkenntnis, daß ich (nicht der andere) schuldig bin (war),
2) Bekenntnis meiner Schuld in z. B. der Beichte,
3) Buße (Umkehr), so will ich nicht mehr weiterleben,
4) Zuspruch der Vergebung. (»Dir sind Deine Sünden vergeben«)
5) Wiedergutmachung, soweit dies irgend möglich ist
Nur dies alles zusammen ist für mich Vergebung. Es gibt genügend Beispiele aus dem Neuen Testament, wo dies so ablief. Denken Sie z. B. bitte an das Gleichnis vom verlorenen Sohn oder an den Jünger Petrus.

Die Tat muß verurteilt wurden nach allem was recht ist, jedoch der Täter kann nur durch Vergebung weiterleben!

Dok. 7   Brief Christfried Herklotz.

Beide, sowohl der IM als auch der NICHT-IM müssen Buße tun und Vergebung erhalten.

Bitte bedenken Sie bei Ihrer Entscheidung, daß jeder von uns, der nicht zum IM wurde viel Glück oder sehr gute Brüder und Schwestern gehabt hat.
Wer von uns hat einer Werbung der Stasi standhaft widerstehen müssen?

Bitte bedenken Sie bei Ihrer Entscheidung, daß nur unsere schwachen Brüder zum Opfer der Stasi wurden. Sollen sie nun zum zweitenmal Opfer der Masse werden.

Bitte bedenken Sie bei Ihrer Entscheidung, daß es durchaus passieren kann, daß SIE auf der Liste stehen. Die Stasi-Akten lügen. Es gibt Beispiele dafür, daß Leute als IM geführt wurden, aber nie IM waren. Was dann? Wie wollen wir dann den Verdächtigungen, Beschimpfungen, Verurteilungen entgegenstehen und Ihnen helfen.

Bitte bedenken Sie bei Ihrer Entscheidung, daß es sehr bedeutsame und aktive IM's gab, aber auch solche die kaum Informationen geliefert haben.
Zwischen beiden kann die Masse unserer Menschen aber nicht unterscheiden. Sobald die Nachricht im GKR ist, ist sie auch in Saalfeld und dann geht die Hexenjagd gegen nun endlich gefundene IM los. Das können wir nicht verhindern.
Wollen Sie die Verantwortung übernehmen für die Schäden die dann entstehen.

Bitte überdenken Sie Ihre Entscheidung und stimmen Sie bitte gegen eine Überprüfung des GKR.

Wir sind doch Kirche und können von Buße und Vergebung leben und nur davon.

Ich schlage einen anderen Weg vor. Beantragen Sie die Einsichtnahme in Ihre persönlichen Stasiakten und lassen Sie sich die Klarnamen der in Ihrer Akte aufgeführten IM's geben. Bitte führen Sie dann ganz persönliche Gespräche mit den betreffenden Menschen. So kann Vergangenheit viel persönlicher und intensiver aufgearbeitet werden.

Mit herzlichen Grüßen

Ihr Christfried Herklotz

Dok. 7   Brief Christfried Herklotz.